张家界风光

湖南统计年鉴

2015 HUNAN STATISTICAL YEARBOOK

湖南省统计局　编

Compiled by

Hunan Provincial Bureau of Statistics

（总第33期　NO.33）

中国统计出版社
China Statistics Press

湖湘数典

DIGITAL HUNAN

★ 湖南省地区生产总值（亿元）

★ 三次产业增加值（亿元）

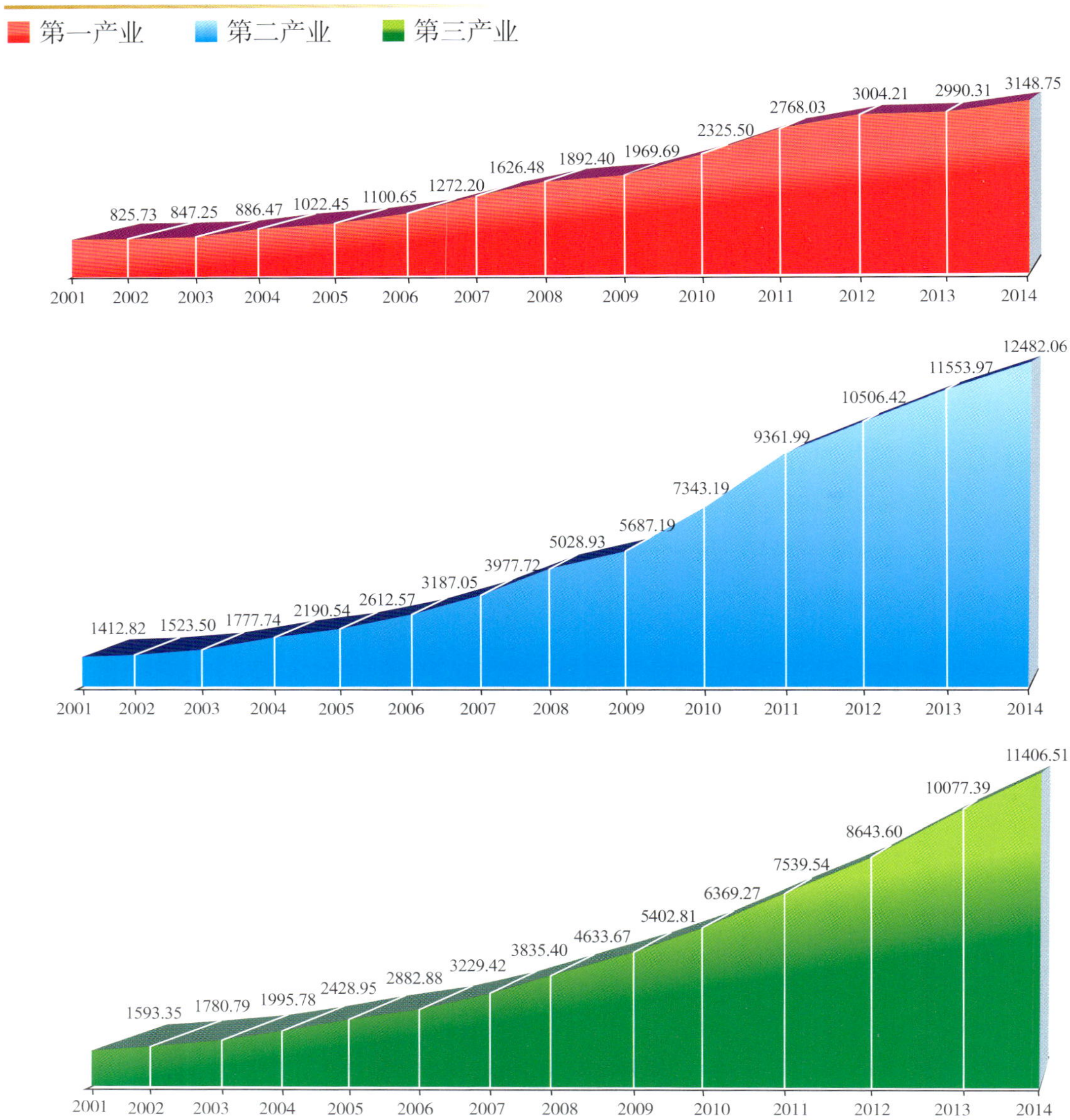

★ 人均生产总值（元）

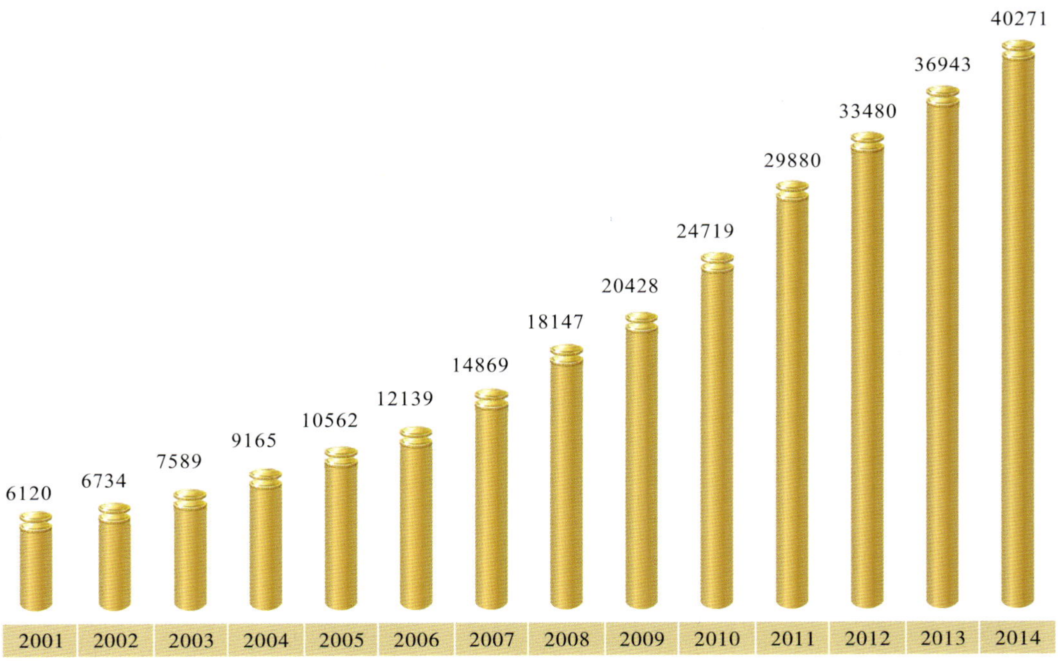

★ 工业增加值（亿元）

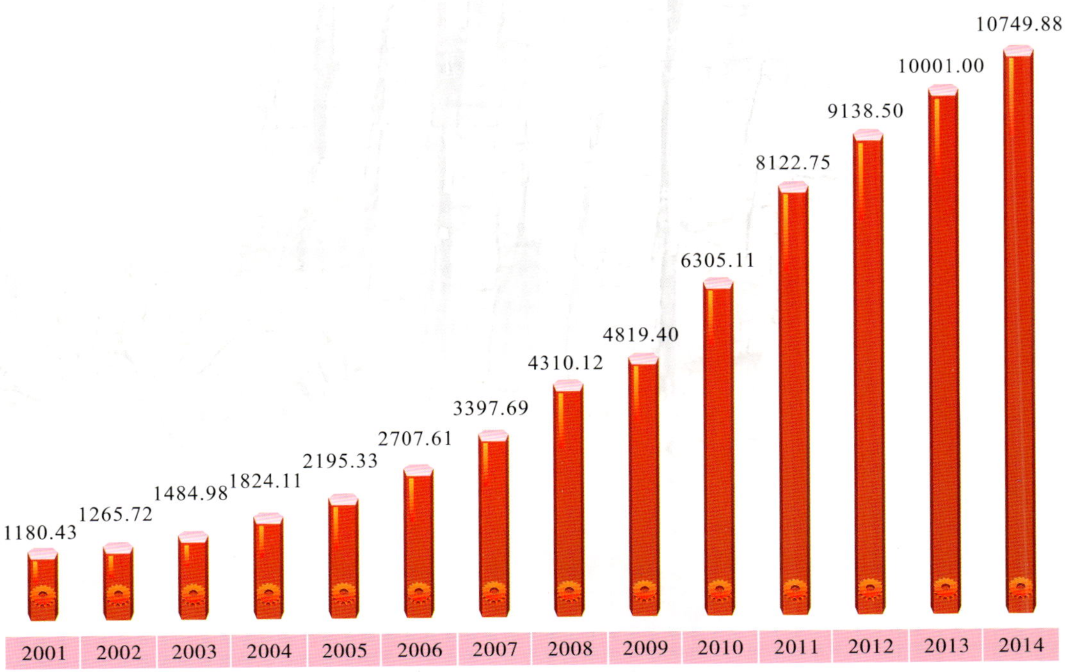

★ 年末总人口（万人）

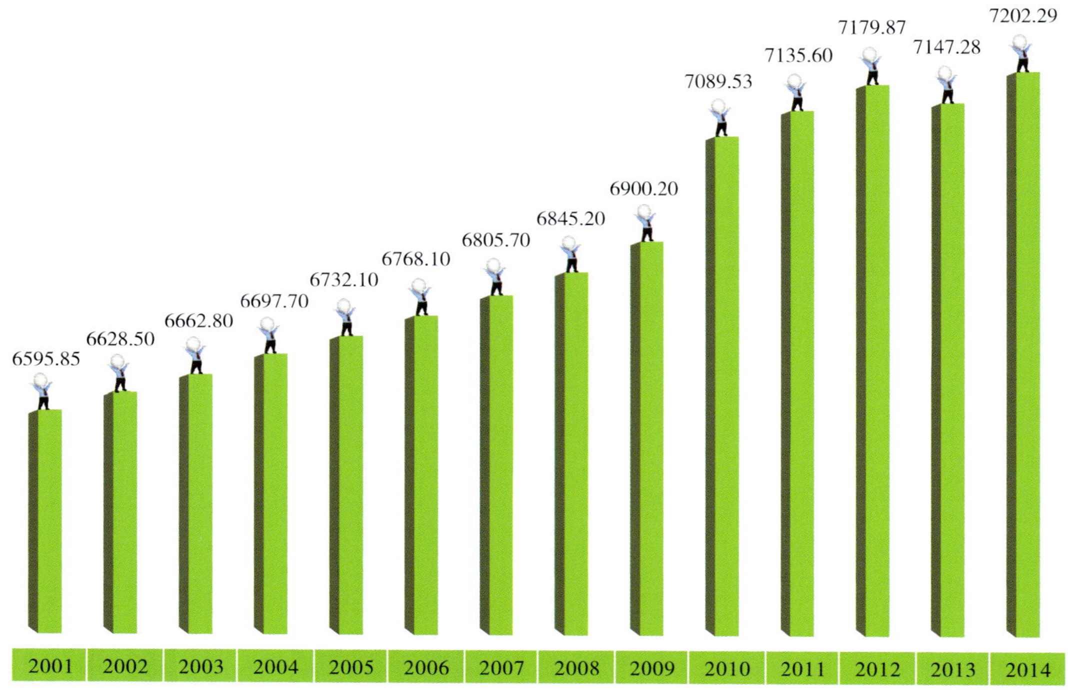

★ 城镇人口（万人）

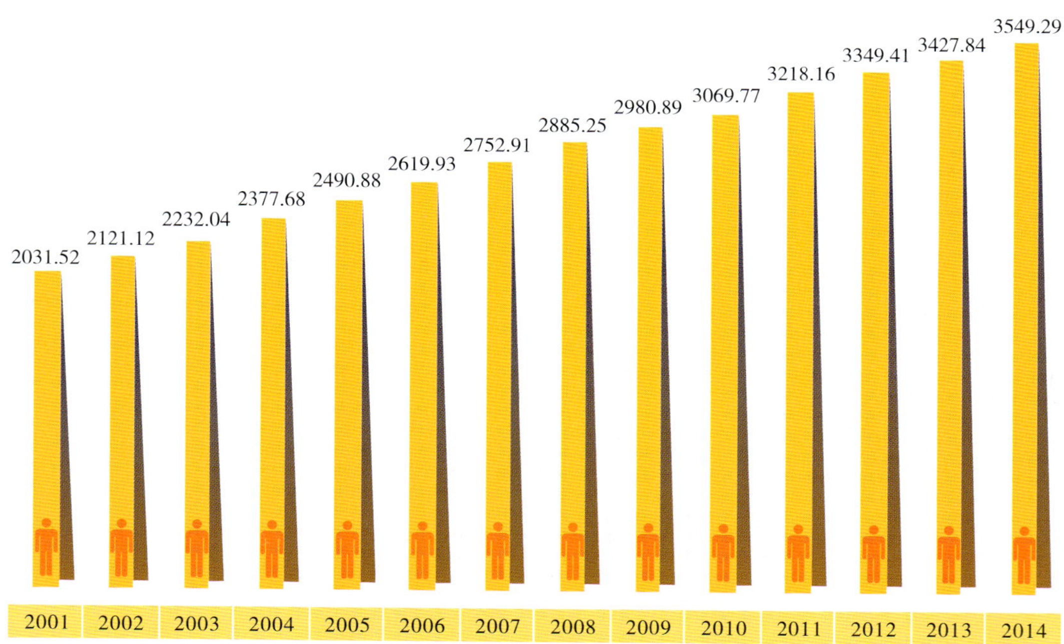

★ 乡村人口（万人）

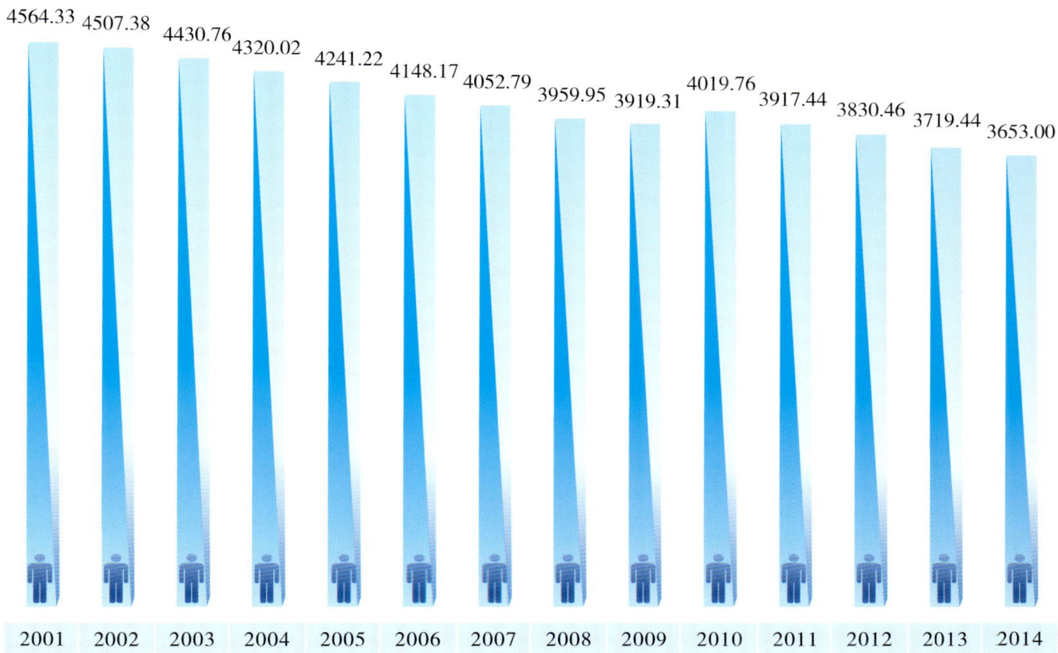

★ 三次产业从业人口（万人）

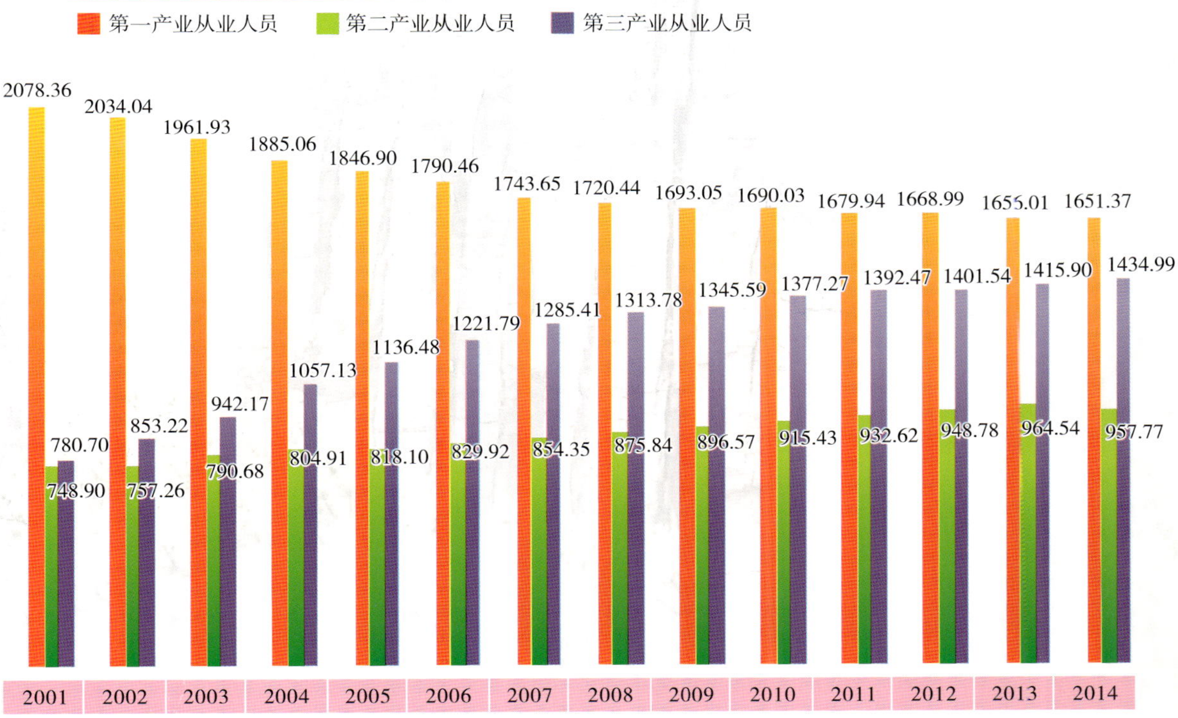

★ 财政收支（亿元）

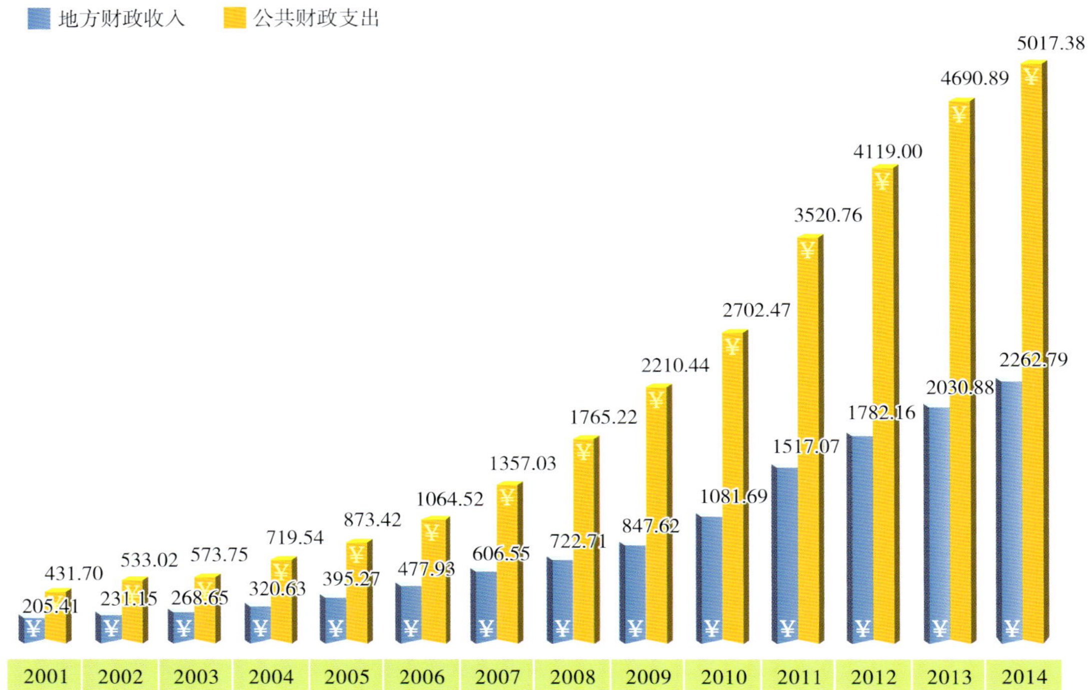

★ 固定资产投资（亿元）

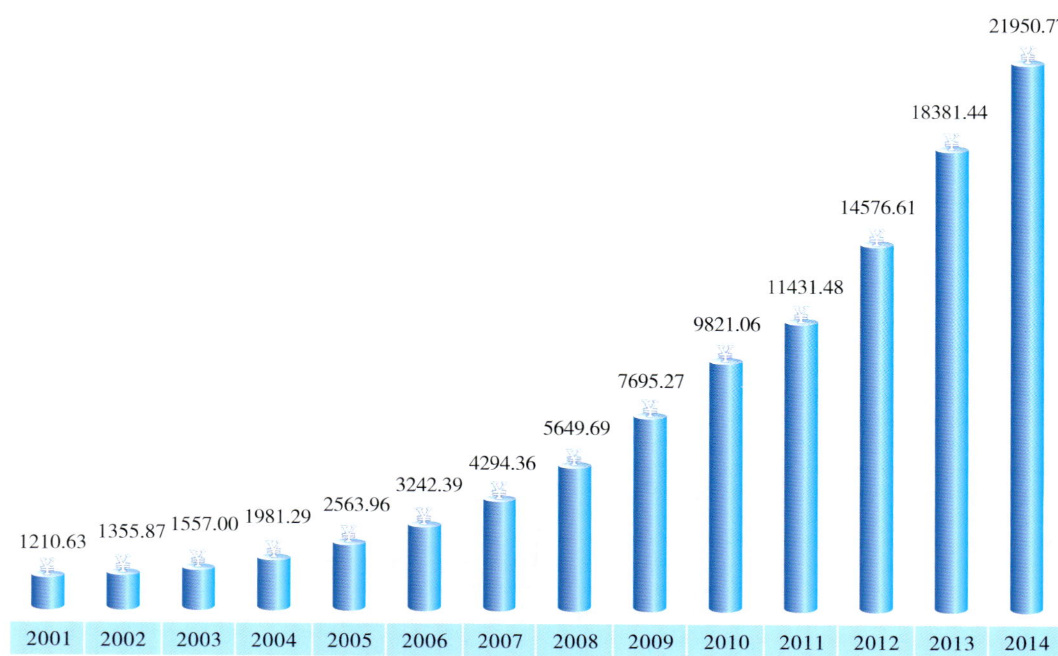

★ 社会消费品零售总额（亿元）

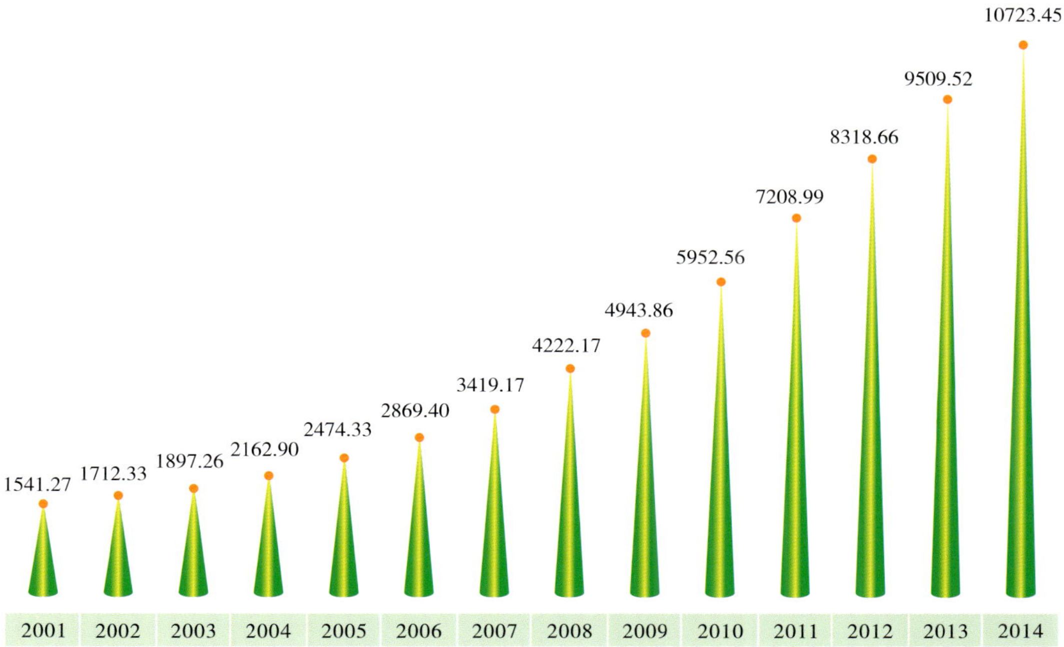

★ 进出口总额（亿美元）

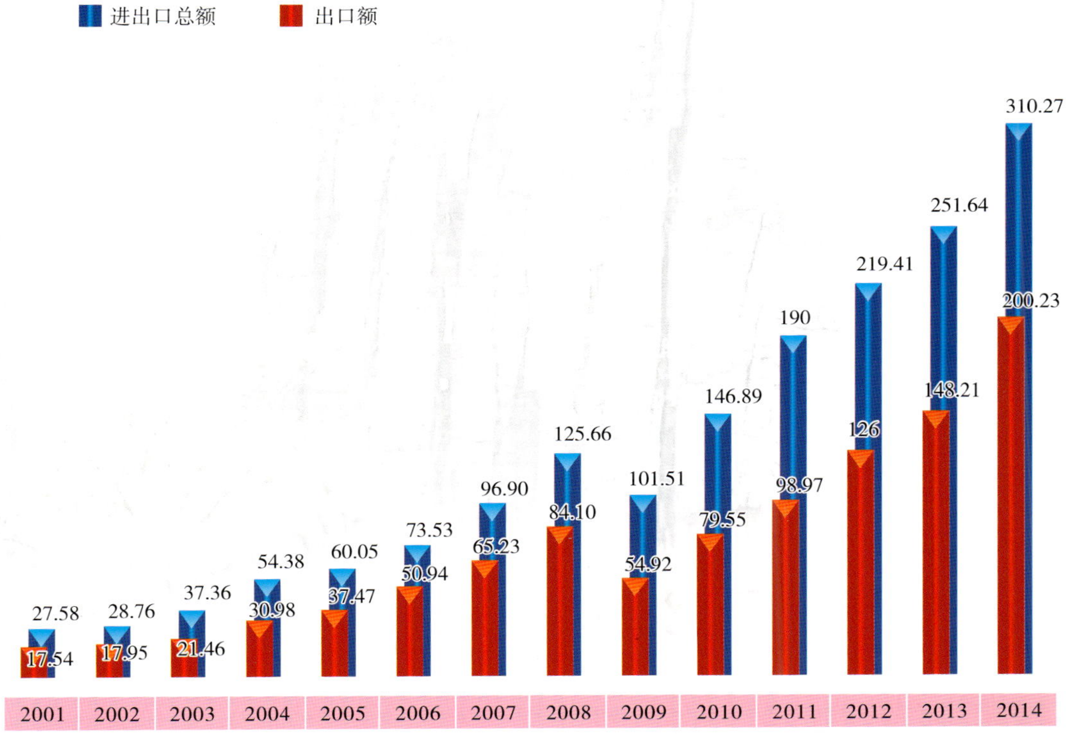

★ 实际利用外资直接投资（亿美元）

★ 在岗职工年平均工资（元）

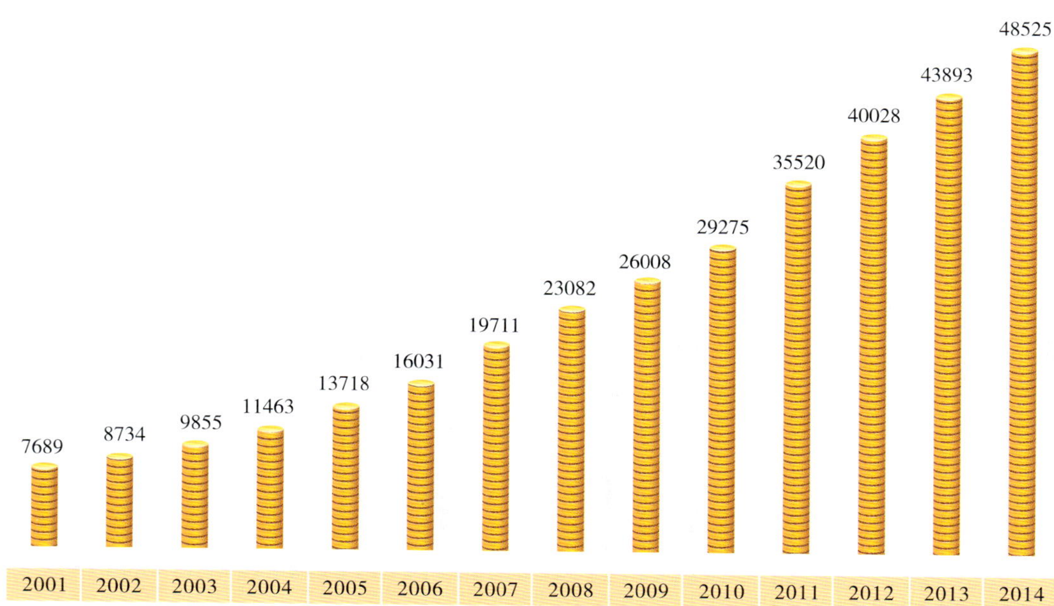

★ 城乡居民人均可支配收入（元）

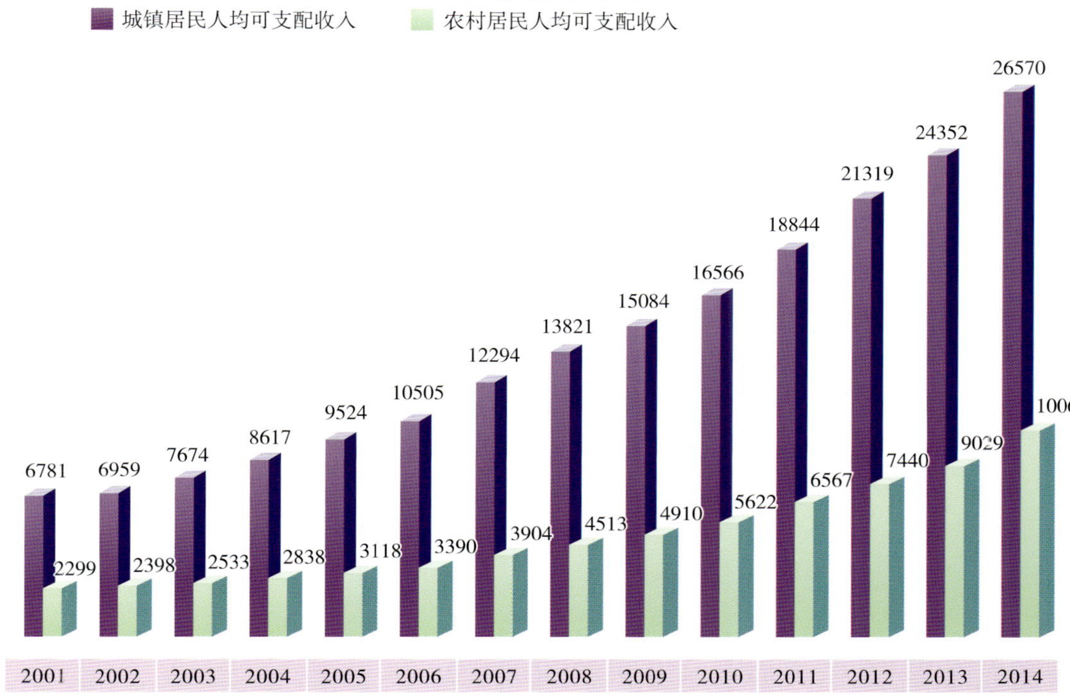

★ 城乡居民人均消费支出（元）

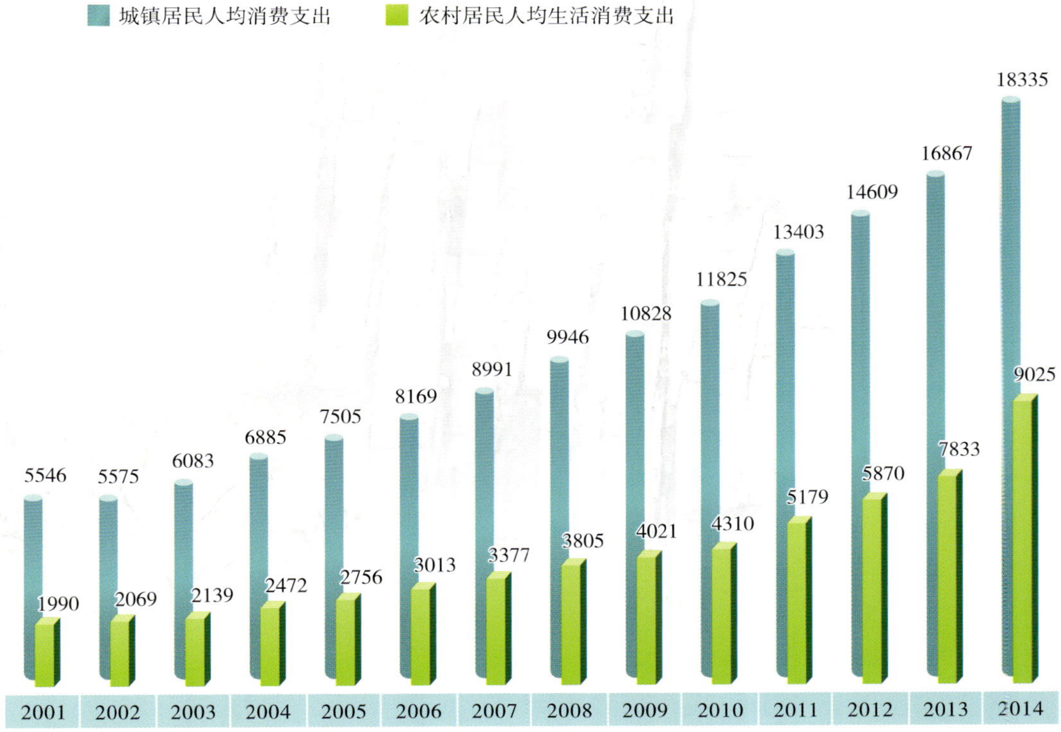

★ 汽车拥有量（万辆）

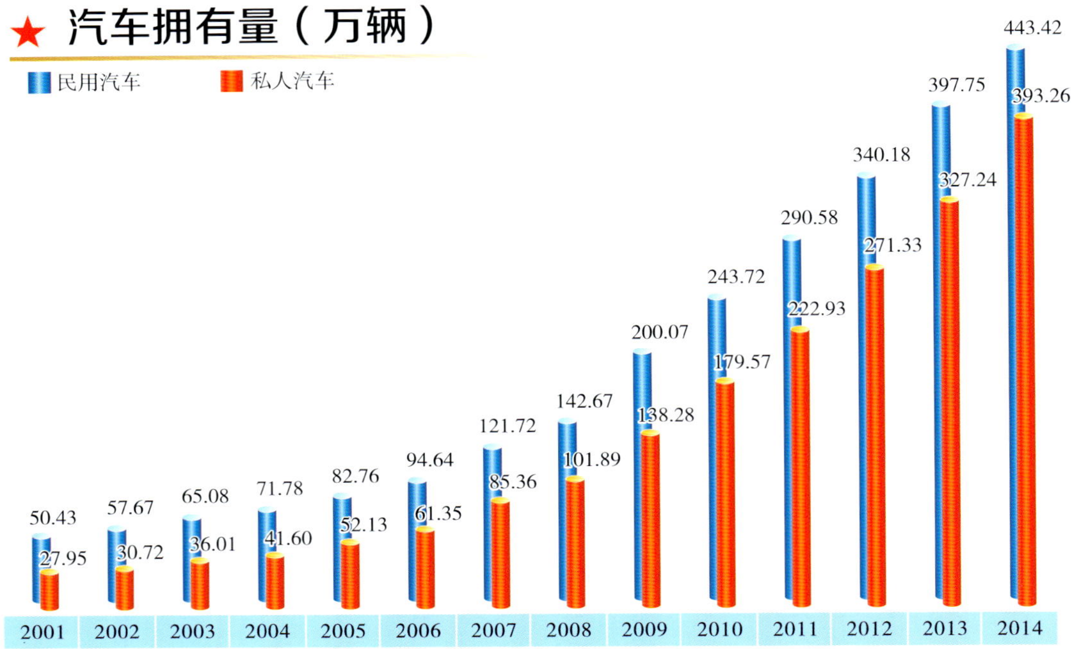

★ 卫生技术人员与医生数（万人）

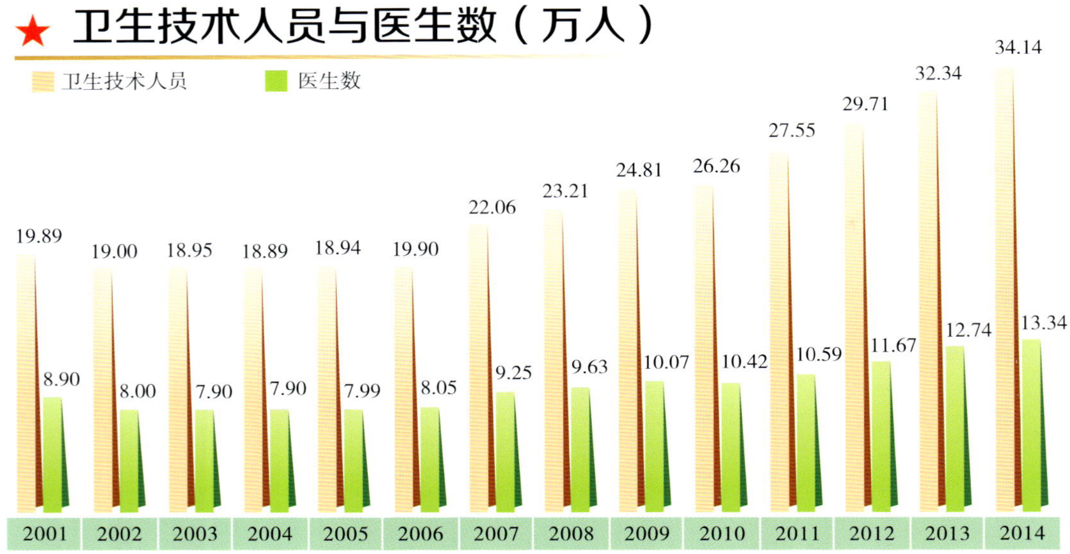

★ 高等学校毕业生数（万人）

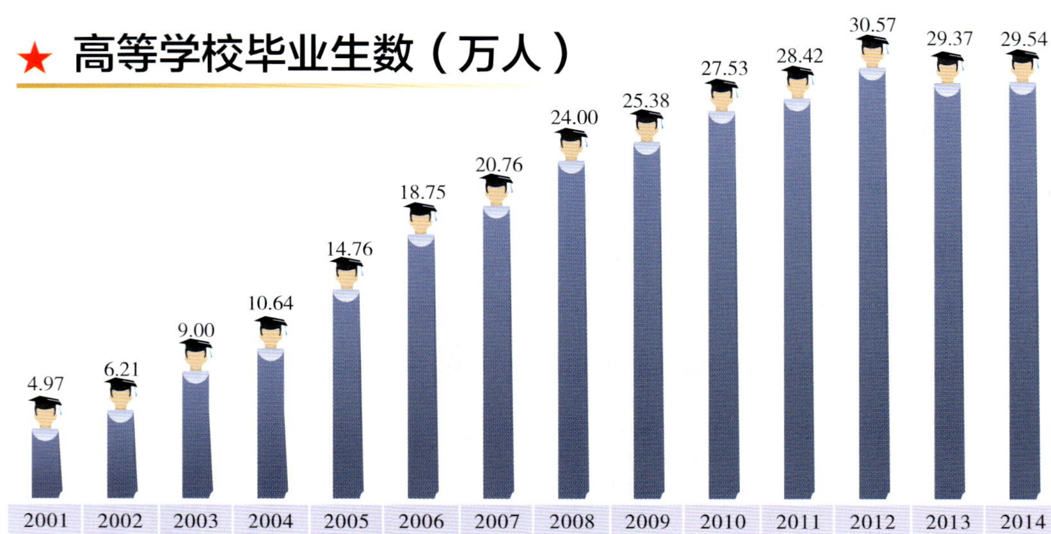

湖南的一天

指标		Item		2000	2005	2013	2014
全省每天创造的财富		**Daily Production**					
地区生产总值	(亿元)	Gross Domestic Product	(100 million yuan)	9.73	18.07	67.13	74.07
农业总产值	(亿元)	Gross Output Value of Agriculture	(100 million yuan)	3.43	5.63	13.82	14.53
地方财政收入	(万元)	Public Budgetary Revenue	(10 000 yuan)	4850.40	10829.18	55640.43	61994.20
布	(万米)	Cloth	(10 000 m)	93.42	98.98	96.51	94.76
机制纸及纸板	(吨)	Machine-made Paper and Paperboard	(ton)	1919.73	4673.70	11546.36	11138.63
原煤	(万吨)	Coal	(10 000 tons)	4.08	9.99	19.38	14.83
发电量	(万度)	Electricity	(10 000 kw.h)	9710.14	17268.08	35224.66	34024.66
原油加工量	(吨)	Machining Crude Oil	(ton)	14422.47	16189.52	25893.15	21917.81
粗钢	(吨)	Crude Steel	(ton)	8331.51	26717.09	50420.83	52536.82
钢材	(吨)	Steel	(ton)	8193.15	26335.95	54189.41	54502.71
水泥	(万吨)	Cement	(10 000 tons)	6.56	9.78	30.86	32.85
粮食	(万吨)	Grain	(10 000 tons)	7.88	7.83	8.02	8.22
棉花	(吨)	Cotton	(ton)	469.32	508.49	542.47	353.42
油料	(吨)	Oil-bearing Crops	(ton)	3817.81	3862.47	6149.04	6404.66
苎麻	(吨)	Ramie	(ton)	181.37	358.08	44.11	44.38
烤烟	(吨)	Flue-cured Tobacco	(ton)	426.03	558.63	693.15	615.07
茶叶	(吨)	Tea	(ton)	156.99	197.26	400.27	443.84
柑桔	(吨)	Oranges	(ton)	3449.86	5630.41	11433.42	12013.70
猪牛羊肉	(吨)	Pork, Beef and Mutton	(ton)	11959.18	14957.26	12588.70	13372.60
水产品	(吨)	Aquatic Products	(ton)	3649.59	4910.14	6408.45	6793.55
进出口总额	(万美元)	Total Imports and Exports	(USD 10 000)	688.49	1645.16	6894.35	8500.63
进口额	(万美元)	#Total Imports	(USD 10 000)	235.62	618.68	2833.85	3014.74
出口额	(万美元)	Total Exports	(USD 10 000)	452.88	1026.48	4060.50	5485.88
其他经济活动		**Other Daily Economic Activities**					
邮电业务总量	(万元)	Business Volume of Postal and Telecommunications Services	(10 000 yuan)	3860.89	10198.36	15158.63	20410.87
出版图书	(万册)	Books Published	(10 000 copies)	68.07	91.06	98.09	115.60
出版杂志	(万册)	Magazines Published	(10 000 copies)	28.78	32.08	35.59	36.83
出版报纸	(万份)	Newspaper Published	(10 000 pieces)	228.68	291.58	367.43	374.62
邮寄函件	(万份)	Post Letters	(10 000 pieces)	58.23	31.07	15.78	12.42
全省每天人口变动和婚姻		**Daily Population Changes and Marriages**					
出生	(人)	Births	(person)	2054	2195	2650	2658
死亡	(人)	Deaths	(person)	1218	1245	1366	1354
结婚	(对)	Marriages	(couples)	1050	1259	1700	1704
离婚	(对)	Divorces	(couples)	177	227	430	462

（京）新登字041号

图书在版编目（CIP）数据

湖南统计年鉴. 2015 : 汉英对照 / 湖南省统计局编. -- 北京 : 中国统计出版社，2015.9
ISBN 978-7-5037-7520-8

Ⅰ. ①湖… Ⅱ. ①湖… Ⅲ. ①统计资料－湖南省－2015－年鉴－汉、英 Ⅳ. ①C832.64-54

中国版本图书馆CIP数据核字（2015）第181394号

湖南统计年鉴—2015

作　　者 / 湖南省统计局
责任编辑 / 佘竞雄
装帧设计 / 刘　雁
出版发行 / 中国统计出版社
地　　址 / 北京市丰台区西三环南路甲6号　邮政编码/100073
电　　话 / 邮购（010）63376909　书店（010）68783171
网　　址 / http://www.zgtjcbs.com
印　　刷 / 湖南雅嘉彩色印刷有限公司
经　　销 / 新华书店
开　　本 / 890mm×1240mm　1/16
字　　数 / 1455 千字
印　　张 / 48
版　　别 / 2015年9月第1版
版　　次 / 2015年9月第1次印刷
定　　价 / 350.00元

本书附同版本CD-ROM一张，光盘内容以书面文字为准。
如有印装差错，由本社发行部调换。

《湖南统计年鉴-2015》

编辑委员会和编辑工作人员

编辑委员会

编辑工作人员

《Hunan Statistical Yearbook - 2015》

Editorial Board and Staff

Editorial Board

Editorial Staff

编辑说明

一、《湖南统计年鉴—2015》系统收录了全省及各市、州、县2014年经济和社会发展方面的大量统计数据，以及重要历史年份的全省主要统计数据，是一部全面反映湖南省经济和社会发展情况的资料性年刊。

二、全书分为首卷和统计资料。首卷为特载《政府工作报告》和《2014年湖南省国民经济和社会发展统计公报》。统计资料分为21个章节，即：1.综合；2.国民经济核算；3.人口；4.就业人员和工资；5.固定资产投资；6.对外经济、旅游和开发区；7.能源；8.财政、金融和保险；9.城市建设和环境保护；10.农业；11.工业；12.建筑业；13.交通运输和邮电业；14.批发和零售业、住宿和餐饮业；15.教育和科技；16.文化、体育和卫生；17.党群、政法和社会福利；18.区域经济；19.各市、州主要经济和社会统计指标；20.各县、市(区)主要经济和社会统计指标；21.各省、市、自治区主要经济和社会统计指标。为方便读者使用，各篇章篇末附有《主要统计指标解释》。

三、根据新的国民经济行业分类，本《年鉴》对有关指标进行了增减和调整，并对有关统计资料进行不同程度的充实。

四、本《年鉴》中价值指标均按当年价格计算，指数均按可比价格计算。如有变化，表后附有说明。本年鉴数据均为电脑合成，由于单位取舍按四舍五入处理产生的计算误差，均未作机械调整。

五、本《年鉴》按照《中国统计年鉴》大体框架和规范要求编辑。统一使用《中国统计年鉴》指标解释，统一采用国际度量衡标准计量单位，统一使用《中国统计年鉴》规范符号。

六、本《年鉴》中特载《政府工作报告》、《2014年湖南省国民经济和社会发展统计公报》和第21章节使用的数字为快报数或初步统计数。

七、本《年鉴》表中的符号使用说明：“#”表示其中的主要项；“空格”表示指标数据不详、无该项统计数据或数据不足最小计量单位。

八、本《年鉴》编辑中如有不足之处，恳请广大读者批评指正。

EDITOR'S NOTES

Ⅰ.*Hunan Statistical Yearbook-2015* is an annual statistical publication, which reflects comprehensively the economic and social development of Hunan. It covers data for 2014 and key statistical data in some historically important years at provincial level and local levels of cities, prefecture and counties.

Ⅱ.*Hunan Statistical Yearbook-2015* includes a special issue and statistical figures. The special issue are Government Work Report and Statistical Communiqué of Hunan Province on the 2014 National Economic and Social Development. The statistical data contain the following 21 parts: 1. General Survey; 2. National Accounts; 3. Population; 4. Employment and Wages; 5.Investment in Fixed Assets; 6. Foreign Economy ,Tourism and Development Zones;7. Energy ;8. Finance, Banking and Insurance; 9. Construction of Cities and Environmental Protection; 10. Agriculture; 11. Industry; 12. Construction; 13. Transportation, Post and Telecommunication Services; 14. Wholesale and Retail Trades, Hotels, Catering Services; 15. Education, Science and Technology; 16. Culture, Sports and Public Health; 17.Party and Mass, Politics and Law, Social Service; 18. Regional Economy; 19. Main Economic and Social Statistics Indicators of Cities and Prefecture;20. Main Economic and Social Statistics Indicators of Counties and Cities (districts); 21. Main Economic and Social Indicators by Provinces (Municipalities and Autonomous Regions). To facilitate readers, at the end of each chapter, Explanatory Notes on Main Statistical Indicators are included.

Ⅲ. According to Classification of National Economic Industries, relevant statistics are increased or adjusted to enrich relative Statistical Indicators in different degree.

Ⅳ. All of the value indicators in this book are calculated by the same year's prices. All of the indices are calculated by the constant price. Explanatory notes are provided behind the list in which if there are changes. Data of the book are composed by computers.

Ⅴ. The book is edited according to the frame and standard of China Statistical Yearbook. The indicator explanatory notes are edited according to China Statistical Yearbook, and the units of measurement are internationally standard measurement units. The notations are standard notations of China Statistical Yearbook.

Ⅵ. Figures in Government Work Report, the communiqué and Chapter 21 are preliminary statistics.

Ⅶ. Notations used in the yearbook: "#" indicates the major items of the total; "(blank)" indicates that data are not available or the figure is not large enough to be measured with the smallest unit in the table.

Ⅷ. Based on our limited level, perhaps there are some mistakes in the book, we welcome all candid comments and criticism from our readers.

目 录

CONTENTS

特 载
SPECIAL ISSUE

政府工作报告……1
Government Work Report
湖南省2014年国民经济和社会发展统计公报……11
Statistical Communiqué of Hunan Province on the 2014 National Economic and Social Development

统计资料
STATISTICAL DATA

一、综合
General Survey

1-1 行政区划……45
Administrative Divisions
1-2 人口和自然资源……47
Population and Natural Resources
1-3 土地状况 (2014年)……48
Land Characteristics (2014)
1-4 主要山脉基本情况……49
Major Mountain Ranges
1-5 主要河流基本情况……49
Major Rivers
1-6 主要城市平均气温 (2014年)……50
Monthly Average Temperature of Major Cities (2014)
1-7 主要城市降水量 (2014年)……51
Monthly Precipitation in Major Cities (2014)
1-8 主要城市日照时数 (2014年)……52
Monthly Sunshine Hours in Major Cities (2014)
1-9 国民经济和社会发展总量指标……53
Principal Indicators of National Economy and Social Development
1-10 国民经济和社会发展速度指标……57
Develop Speed of National Economy and Social Development
1-11 国民经济和社会发展效益指标……61
Beneficial Indicators of National Economy and Social Development
1-12 国民经济主要比例关系……63
Main Proportional Relations of National Economy

1-13 平均每天主要社会经济活动 ... 65
Selected Indicators of Average Daily Social and Economic Activities

1-14 人均主要工农业产品产量 ... 66
Per Capita Output of Major Agricultural and Industrial Products

1-15 贫困市县基本情况 (2014年)... 67
Basic Statistics on Poverty Counties and Cities (2014)

1-16 城乡私营企业基本情况 (2014年)... 68
Basic Statistics on Private Enterprises in Urban and Rural Areas (2014)

1-17 城乡个体工商业基本情况 (2014年)... 68
Basic Statistics on Individuals and Commerce in Urban and Rural Areas (2014)

1-18 "三资"企业投资基本情况 (2014年)... 69
Basic Statistics on Investment of "Three Types of Capital" Enterprises (2014)

1-19 非公有制经济指标（2014年） ... 71
Principal Indicators of Non-public Economy (2014)

1-20 分行业规模以上服务业企业主要经济指标（2014年） ... 72
Main Indicators of Service Industry Units above Designated Size by Sector (2014)

1-21 按登记注册类型分产业法人单位数（2014年） ... 73
Corporate Units by Registration Type and Industry (2014)

1-22 按登记注册类型分机构类型法人单位数（2014年） ... 74
Corporate Units by Registration Type and Organization Type (2014)

1-23 按登记注册类型分行业法人单位数（2014年） ... 76
Corporate Units by Registration Type and Sector (2014)

主要统计指标解释 ... 79
Explanatory Notes on Main Statistical Indicators

二、国民经济核算
National Accounts

2-1 总产出 ... 87
Gross Output

2-2 总产出构成 ... 88
Composition of Gross Output

2-3 总产出发展速度 ... 89
Growth Rate of Gross Output

2-4 总产出指数 ... 90
Indices of Gross Output

2-5 按产业分的地区生产总值 ... 91
Gross Domestic Product by Industry

2-6 分行业增加值 ... 93
Value added by Sector

2-7 地区生产总值构成.. 95
Composition of GDP

2-8 地区生产总值发展速度 ... 97
Growth Rate of GDP

2-9 主要行业增加值发展速度 ... 98
Growth Rate of Value added by Sector

2-10 地区生产总值指数 ... 99
Indices of Cross Domestic Product

2-11 主要行业增加值指数 ... 102
Indices of Value added by Seceor

2-12 地区生产总值构成项目表 103
Structure of Gross Domestic Product

2-13 支出法地区生产总值 106
Gross Domestic Product by Expenditure Approach

2-14 最终消费发展速度及指数 110
Growth Rate and Indices of Final Consumption Expenditure

2 -15 居民消费水平 111
Household Consumption

2-16 支出法地区生产总值构成 112
Composition of Gross Domestic Product by Expenditure Approach

2-17 资产形成总额发展速度及指数 113
Growth Rate and Indices of Gross Capital Formation

2-18 三次产业对地区生产总值增长的贡献率和拉动 114
Contribution Share and contribution of the Three strata of industry to the Growth of GDP

2-19 三大需求对地区生产总值增长的贡献率和拉动 114
Contribution share and contribution of the Three Components of GDP to the Growth of GDP

主要统计指标解释 115
Explanatory Notes on Main Statistical Indicators

三、人口
Population

3-1 年末人口数 123
Population at the Year-end

3-2 人口出生率、死亡率、自然增长率 125
Birth Rate, Death Rate and Natural Growth Rate of Population

3-3 第1-4次全国人口普查基本情况 127
Basic Statistics on National Population of 1st-4th Censuses

3-4 第五次全国人口普查基本情况 128
Basic Statistics on National Population of Fifth Censuses

3-5 第六次全国人口普查基本情况 129
Basic Statistics on National Population of Sixth Censuses

主要统计指标解释 130
Explanatory Notes on Main Statistical Indicators

四、就业人员和工资
Employment and Wages

4-1 年末从业人员人数 133
Number of Employed Persons at the Year-end

4-2 按三次产业分的年末从业人员 135
Employees by Type of Industry at the Year-end

4-3 年末城镇从业人员 137
Number of Employed Persons in Urban Areas at the Year-end

4-4 按类型分的年末从业人员 138
Employees by Type at the Year-end

4-5 各行业年末从业人员及构成 (2014年) 139
Number of Employees and Its Composition by Sector at the Year-end (2014)

4-6 年末城乡劳动力资源与分配 140
Resources and Distribution of Labor Force in Urban and Rural Areas at theYear-end

4-7 年末城镇各单位按行业分组的女性从业人员 (2014年) ... 140
Number of Female Employees by Sector at the Year-end (2014)
4-8 各行业年末在岗职工 (2014年)... 141
Total Number of Staff and Workers on the Job by Sector at the Year-end (2014)
4-9 在岗职工工资总额及年平均工资 ... 144
Total Wages and Average Annual Wage of Staff and Workers on the Job
4-10 各行业在岗职工工资总额 (2014年)... 145
Total Wages of Staff and Workers on the Job by Sector (2014)
4-11 各行业在岗职工年平均工资 (2014年)... 148
Average Annual Wage of Staff and Workers on the Job by Sector (2014)
4-12 社会保险参保人员情况 ... 151
Basic Indicators of Staff and Workers Participated in Social Security System
主要统计指标解释 ... 152
Explanatory Notes on Main Statistical Indicators

五、固定资产投资
Investment in Fixed Assets

5-1 历年固定资产投资及构成 ... 157
Composition of Investments in Fixed Assets over the Years
5-2 固定资产投资 ... 158
Investment in Fixed Assets
5-3 按经济类型分固定资产投资及构成 (2014年)... 159
Investments in Fixed Assets and its Composition by Economic Types (2014)
5-4 按行业分固定资产投资 ... 160
Investment of Fixed Assets by Sector
5-5 按行业、构成、隶属关系和注册类型分固定资产投资 (2014年)... 161
Investment of Fixed Assets by Sector, Source of Funds, Jurisdiction of Management and Registration Status (2014)
5-6 各市州按行业分固定资产投资 (2014年)... 165
Investment of Fixed Assets by Sector of Cities and Prefecture (2014)
5-7 各市州按行业分新增固定资产 (2014年)... 167
Newly Increased Fixed Assets by Sector of Cities and Prefecture (2014)
5-8 固定资产投资项目个数、项目投产率 (2014年)... 169
Number of Investment of Fixed Assets Projects, Rate of Projects Put into Use (2014)
5-9 国有经济固定资产投资及构成 ... 170
Investment in Fixed Assets and Its Composition of State - owned Units
5-10 国有经济各种分组的固定资产投资 ... 171
Investment in Fixed Assets of State - owned Units by Various Characteristics
5-11 国有经济各行业固定资产投资 (2014年)... 172
Investment in Fixed Assets of State-owned Units by Sector (2014)
5-12 国有经济各行业新增固定资产 (2014年)... 173
Newly Increased Fixed Assets of State-owned Units by Sector (2014)
5-13 国有农林牧渔业投资及新增固定资产 ... 174
Investment and Newly Increased Fixed Assets of State-owned Units of Farming, Forestry, Animal Husbandry and Fishery
5-14 非国有经济投资 ... 174
Investment of Non-State - owned Units
5-15 新增生产能力 (2014年)... 175
Newly Increased Production Capacity (2014)
5-16 房地产开发统计主要指标 (2014年)... 178
Major Statistics Indicators of Real Estate Development (2014)

5-17 国有工业施工、投资项目及项目投产率(2014年)...... 179
Projects Under Construction,Put into Use and Rate of Projects Put into Use of State - Owned Industrial Enterprises (2014)
主要统计指标解释 180
Explanatory Notes on Main Statistical Indicators

六、对外经济、旅游和开发区
Foreign Economy ,Tourism and Development Zones

6-1 对外经济和旅游 189
Foreign Economy and Tourism
6-2 对外经济贸易和旅游概况 190
A Survey on Foreign Trade and Tourism
6-3 进出口商品总值 191
Total Value of Imports and Exports
6-4 进出口商品主要产销国别(地区)总值...... 191
Value of Imports and Exports by Main Producer and Sales Countries (Regions)
6-5 进出口商品机电电子产品情况 192
Import and Export Value of Machinery and Electrical Products
6-6 进出口商品贸易方式 192
Value of Imports and Exports by Trade Ways
6-7 主要出口商品总值 193
Major Exports Commodities in Value
6-8 主要进口商品总值 194
Major Imports Commodities in Value
6-9 利用外商直接投资 195
Foreign Direct Investments
6-10 外商直接投资签订合同情况(分国别、地区) (2014年) 195
Basic Statistics on Signed Contracts of Direct Fo reign Investment(by Country or Region) (2014)
6-11 旅游业基本情况 196
Basic Statistics of Tourism
6-12 国际旅游人数和人天数 196
Number of International Tourists and Days of Tourism
6-13 接待外国人按国别分组 196
Number of Foreign Tourists by Country
6-14 湖南省产业园区基本情况(2014年) 197
Basic Indicators of above the provincial level Development Zones (2014)
6-15 湖南省国家级开发区基本情况(2014年) 198
Basic Indicators of National Development Zones(2014)
6-16 湖南省省级开发区基本情况(2014年) 199
Basic Indicators of Provincial Development Zone (2014)
6-17 湖南省省级工业集中区基本情况(2014年) 200
Basic Indicators of above the provincial level Development Zones (2014)
主要统计指标解释 201
Explanatory Notes on Main Statistical Indicators

七、能源
Energy

7-1 能源生产消费及构成 207
The Structure of Energy Production and Consumption

7-2 综合能源平衡表 ... 208
Consolidated Balance Sheet of Energy

7-3 煤炭平衡表 ... 209
Balance Sheet of Coal

7-4 石油平衡表 ... 210
Balance Sheet of Petroleum

7-5 电力平衡表 ... 210
Balance Sheet of Electricity

7-6 分行业分品种能源消费总量 (2014年)... 211
Total Consumption of Various Energy in Different Trades (2014)

7-7 能源加工转换情况 (2014年)... 213
Energy Processing and Conversion (2014)

7-8 主要能源库存量和周转天数 (2014年)... 213
The Stock and Inventory Turnover of the Main Energy (2014)

7-9 工业企业能源购进、消费及库存 (2014年)... 214
Energy Purchase, Consumption and Stock of Industry (2014)

7-10 主要能源按工业行业分组消费量 (2014年)... 217
Consumption of Energy and Its Main Varieties by Sector (2014)

7-11 主要用能工业企业单位产品能源消耗情况 ... 220
Unit Product Energy Consumption of Industry

7-12 规模工业企业水消费 ... 221
Water Consumption of Scale Industry

7-13 能源消耗指标 ... 221
Indicators of Energy Consumption

7-14 非工业主要耗能单位综合能源消费量 ... 222
Comprehensive Energy Consumption of Non-agricultural Major Enery-Consuming Units

主要统计指标解释 ... 223
Explanatory Notes on Main Statistical Indicators

八、财政、金融和保险
Government Finance, Banking and Insurance

8-1 财政、金融和保险 ... 229
Government Finance, Banking And Insurance

8-2 财政收支基本情况 ... 231
Government Financial Revenue and Expenditure

8-3 财政收入及构成 ... 232
Government Financial Revenue and Composition

8-4 财政支出及构成 ... 233
Government Financial Expenditure and Composition

8-5 金融机构本外币信贷收支 ... 234
Loans and Deposits of Financial Institutions

8-6 金融机构本外币存款分机构表 ... 236
Deposits of Financial Institutions by Agency

8-7 金融机构本外币贷款分机构表 ... 237
Loans of Financial Institutions by Agency

8-8 主要金融机构大中小型企业贷款分行业情况统计表 (2014年) ... 238
Loans for Enterprises of All Size by Sector (2014)

8-9 保险机构与人员 ... 239
Institutions and Personnel of Insurance System

8-10 财产保险公司业务主要指标（2014年）...... 239
Major Indicators of Property Insurance Business (2014)

8-11 人寿保险公司主要业务指标（2014年）...... 240
Major Indicators of Life Insurance Business (2014)

主要统计指标解释 242
Explanatory Notes on Main Statistical Indicators

九、城市建设和环境保护
Construction of Cities and Environmental Protection

9-1 城市公用事业基本情况 247
Basic Statistics for urban Public Utilities

9-2 城市规模和建设用地 (2014年)...... 249
Urban Scale and Construction Land (2014)

9-3 城市设施水平 (2014年)...... 250
Indicators of Municipal Public Utilities Level (2014)

9-4 城市供水 (2014年)...... 252
Tap Water Supply in Cities (2014)

9-5 城市公共交通 (2014年)...... 253
Public Traffic in Cities (2014)

9-6 城市市政设施 (2014年)...... 254
Urban Civil Facilities (2014)

9-7 城市园林绿化 (2014年)...... 256
Urban Parks, Gardens and Green Areas (2014)

9-8 城市燃气使用情况 (2014年)...... 257
Urban Coal Gas and Liquefied Petroleum (2014)

9-9 环境综合统计基本状况 (2014年)...... 259
Basic Environment Comprehensive Statistics (2014)

9-10 全省环保产业统计情况（2014年）...... 260
Statistical Report of Hunan Environmental Protection Industry (2014)

主要统计指标解释 261
Explanatory Notes on Main Statistical Indicators

十、农业
Agriculture

10-1 农林牧渔业总产值和指数 269
Gross Output Value and Indices of Farming,Forestry, Animal Husbandry and Fishery

10-2 农业基本情况 271
Basic Indicators of Agriculture

10-3 农村基层组织...... 272
Grassroots Units of Rural Areas

10-4 农林牧渔业增加值（2014年）...... 272
Added - Value of Farming, Forestry, Animal Husbandry and Fishery (2014)

10-5 耕地面积...... 272
Cultivated Areas

10-6 农业生产条件...... 273
Condition of Agricultural Production

10-7 农林牧渔业分项产值 275
Gross Output Value of Farming, Forestry, Animal Husbandry and Fishery by Branch

10-8 农业机械年末拥有值 ... 276
Year – End Possession of Agriculture Machinery

10-9 农作物生产情况 (2014年)... 277
Basic Indicators of Farm Corp Production (2014)

10-10 林产品产量 (2014年)... 278
Output of Major Forestry Products (2014)

10-11 茶叶、水果生产情况 (2014年)... 278
Output of Tea and Fruit (2014)

10-12 林 业 情 况 ... 279
Basic Indicators of Forestry

10-13 畜牧业年末存栏情况 (2014年)... 279
Year - end Animals in Stock (2014)

10-14 主要牲畜存栏和水产品产量 ... 280
Number of Live Stocks and Output of Aquatic Products

10-15 渔业生产情况 ... 282
Basic Indicators of Fishery Production

10-16 按全省人口平均的主要农产品产量 ... 282
Per Capita Output of Major Farm Products

10-17 洞庭湖区主要社会经济指标 ... 283
Major Economic Indicators and Social Indicators on The DongTing Lake Area

10-18 农村主要能源及物资消耗 ... 284
Consumption of Major Energy and Materials of Rural Areas

10-19 自然灾害情况 ... 285
Statistics on Natural Disaster

主要统计指标解释 ... 286
Explanatory Notes on Main Statistical Indicators

十一、工业
Industry

11-1 规模以上工业企业基本情况 ... 293
Basic Conditions of Industrial Enterprises above Designated Size

11-2 规模以上工业企业各种分组的主要生产指标 (2014年)... 294
Major Production Indicators of Industrial Enterprises above Designated Size by Various Characteristics (2014)

11-3 规模以上工业企业主要经济指标 (2014年)... 296
Major Economic Indicators of Industrial Enterprises above Designated Size (2014)

11-4 规模以上工业企业行业大类主要经济指标 (2014年)... 308
Main Economic indicators of Industrial Enterprises above Designated Size by Industrial Sector (2014)

11-5 规模以上国有控股工业企业主要经济指标 (2014年)... 323
Major Economic Indications of State-owned Share Holding Industrial Enterprises above Designated Size (2014)

11-6 集体工业企业主要经济指标 (2014年)... 331
Major Economic Indications of Collective-owned Industrial Enterprises (2014)

11-7 私营工业企业主要经济指标 (2014年) ... 339
Major Economic Indications of Private Industrial Enterprises (2014)

11-8 外商投资和港澳台投资工业企业主要经济指标 (2014年)... 347
Main Indicators of Industrial Enterprises with Hong Kong,Taiwan and Foreign Funds (2014)

11-9 规模以上大中型工业企业主要经济指标及在工业中的地位 (2014年)... 355
Main Indicatorsof Large and Medium-sized Industrial Enterprises above Designated Size & Percentage of Industry Total (2014)

11-10 规模以上中小型工业企业主要经济指标及在工业中的地位 (2014年)... 359
Main Indicators of Small and Medium-sized Industrial Enterprises above Designated Size & Percentage of Industry Total (2014)

11-11 规模以上非公有制工业主要经济指标及在工业中的地位 (2014年) 363
Main Indicators of Non-public Industrial Enterprises above Designated Size & Percentage of Industry Total (2014)

11-12 规模以上工业主要产品产量 367
Output of Industrial Products above Designated Size

11-13 规模以上工业企业主要产品、生产能力及能力利用率综合表（2014年）........ 370
Main Products, Production Capacity and Utilization Rate of Industrial Enterprises above Designated Size (2014)

11-14 按全省人口平均的主要产品产量 372
Per Capita Output of Major Industrial Products

11-15 各市、州规模以上工业主要经济指标 (2014年)........ 373
Main Indicators of Industrial Enterprises above Designated Size by Region (2014)

11-16 省级及以上产业园区规模工业主营业务收入 (2014年)........ 377
Revenue from Principal Business of above the provincial level Industrial Park (2014)

主要统计指标解释 379
Explanatory Notes on Main Statistical Indicators

十二、建筑业
Construction

12-1 建筑企业概况 387
General Survey of Construction Enterprises

12-2 建筑施工企业个数和平均人数 391
Number of Construction Enterprises and Its Average Annual Staff and Workers

12-3 建筑施工企业主要效益指标 (2014年)........ 391
Major Benefit Indicators of Construction Enterprises (2014)

12-4 国有建筑企业主要经济指标 392
Major Economic Indicators on State - owned Construction Enterprises

12-5 房屋建筑面积 393
Floor Space of Building Construction

12-6 国有、集体建筑企业生产指标 (2014年)........ 394
Production Indicators of State - owned and Collective - owned Construction Enterprises (2014)

12-7 建筑业企业分行业生产指标 (2014年)........ 395
Production Indicators of Construction Enterprises by Sector (2014)

主要统计指标解释 398
Explanatory Notes on Main Statistical Indicators

十三、交通运输和邮电业
Transportation, Postal and Telecommunication Services

13-1 运输线路长度和民用汽车拥有量 403
Length of Transportation Routes and Number of Civil Vehicles Owned

13-2 运输线路、铁路机车基本情况 405
Basic Statistics on Transportation Routes and Railway Locomotives

13-3 民用车辆拥有量 (2014年)........ 406
Number of Civil Motor Vehicles (2014)

13-4 水路运输工具拥有量 (2014年)........ 406
Number of Civil Transport Vessels (2014)

13-5 公路客货运输量 (2014年)........ 407
Passenger and Freight Traffic of Highway Transportation (2014)

13-6 水路客货运输量 (2014年)........ 407
Passenger and Freight Traffic of Waterway Transportation (2014)

13-7 旅客运量和旅客周转量 408
Passenger Traffic and Turnover Volume of Passenger Traffic

13-8 货物运量和货物周转量 409
Freight Traffic and Turnover Volume of Freight Traffic

13-9 邮政业务基本情况 410
Basic Statistics of Postal Business

13-10 电信业务基本情况 411
Basic Statistics of Telecommunication

13-11 邮电通信水平（2014年） 411
Development of Postal and Telecommunications Services (2014)

主要统计指标解释 412
Explanatory Notes on Main Statistical Indicators

十四、批发和零售业、住宿和餐饮业
Wholesale and Retail Trades, Hotels, Catering Services

14-1 社会消费品零售总额 419
Retail Sale of Consumer Goods

14-2 国内贸易基本情况 421
Basic Statistics on Domestic Trade

14-3 限额以上批发零售、住宿餐饮业基本情况 (2014年)......422
Basic Conditions on Gross Value of Purchases, Sales and Inventory of Wholesale and Retail Trade above Designated Size (2014)

14-4 商品交易市场基本情况 (2014年)......423
Basic Statistics on Commodity Exchange Markets (2014)

14-5 商品交易市场经营情况 425
Business Statistics of Commodity Exchange Markets

14-6 亿元以上商品交易市场基本情况 426
Basic Statistics on Commodity Transaction Markets of Turnover above 100 Million Yuan

14-7 限额以上批发、零售业商品购进、销售、库存总额 (2014年)......427
Total Value of Purchases Sales and Inventory of above Designated Size in Wholesale and Retail Sales Trade (2014)

14-8 限额以上批发和零售业企业财务状况 (2014年)......429
Financial Affairs of above Designated Size in Wholesale and Retail Trade Enterprises (2014)

14-9 限额以上批发零售企业商品分类零售额（2014） 433
Business Statistics of Commodity Exchange Markets (2014)

14-10 限额以上住宿和餐饮企业财务状况 (2014年)......434
Financial Conditions of Hotels and Catering Services Enterprises above Designated Size (2014)

14-11 限额以上住宿和餐饮企业经营情况......437
Business Statistics of Hotels and Catering Services Enterprises above Designated Size

14-12 批发和零售业、住宿和餐饮业连锁经营情况（2014年） 438
Business of chain stores above Designated Size of Whloesale and Retail Trade and Catering Services (2014)

主要统计指标解释 439
Explanatory Notes on Main Statistical Indicators

十五、教育和科技
Education, Science and Technology

15-1 教育基本情况 447
Basic Statistics for Education

15-2 各级学校单位数及教职工数 449
Number of Schools and School Staff

15-3 各级学校招生及毕业生数 449
New Student Enrollment and Graduates
15-4 研究生在校学生、招生及毕业生数 450
Student Enrollment, New Student Enrollment and Graduates of Postgraduates
15-5 普通高等学校本科在校学生、招生及毕业生数 450
Student Enrollment, New Student Enrollment and Graduates of Colleges and Universities
15-6 普通高等学校、中等职业教育学校教职工情况 451
Staff and Workers in General Institutions of Higher Education and Specialized Secondary Schools
15-7 普通高等学校分科专任教师情况 (2014年)... 451
Full - Time Teachers in General Institutions of Higher Education by Field of Study (2014)
15-8 中等职业教育分科专任教师和学生数 (2014年)... 452
Students and Full-Time Teachers in General Specialized Secondary Schools (2014)
15-9 普通中学、小学按城乡和主办部门分组的情况（2014年） 453
Basic Statistics on General Secondary Schools, Primary Schools by Urban and Rural Area and by Department (2014)
15-10 各级学校在校女学生和女教职工数 454
Number of Female Students and Faculties by Level of School
15-11 平均每万人口中在校学生 454
Student Enrollment Per 10,000 Population
15-12 民办(私立)学校情况... 455
Statistics on Private Schools
15-13 特殊教育学校基本情况 455
Basic Statistics on Schools for Special Education
15-14 各类学校代课教师及临时工人数 455
Provisional Teachers and Temporary Workers by Type of School
15-15 平均每一教职工负担学生 456
Student/ Staff and Worker Ratio
15-16 初中和小学毕业生升学率及学龄儿童入学率 456
Percentage of Graduates of Junior Middle Schools and Primary Schools Entering Higher Level Schools,Percentage of School - Age Children Enrolled
15-17 学前教育基本情况 457
Basic Statistics on Pre-school Education
15-18 各类专业技术人员... 457
Various Specialized Technical Personnel
15-19 自然科学研究获奖成果 457
Number of Achievements in Natural Scientific Research
15-20 科技成果情况(2014年) 458
Statistics on Achievements of Science and Technology (2014)
15-21 三种专利申请与批准项数 459
Three Types of Patent Applications Examined and Certified
15-22 各类技术合同签订及执行情况(2014年)... 459
Statistics on Contracts Signed and Performed (2014)
15-23 各级科技计划项目进入技术市场情况(2014年) 459
Statistics on Different Levels of Scientific Plan Items Put into Technical Markets (2014)
15-24 高新技术产业情况(2014年)... 460
Basic Statistics on High-tech Industries (2014)
15-25 全省R&D活动基本情况(2014年)... 462
Basic Statistics on Scientific Research and Development (2014)
15-26 R&D活动人员情况(2014年)... 463
Personnel of Having R&D Activities (2014)
15-27 R&D人员全时当量情况(2014年)... 464
Full-time Equivalent of R&D Personnel (2014)

15-28 按经费来源分R&D经费内部支出情况(2014年)... 465
Intramurac Expenditure on R&D by Sources (2014)
15-29 按支出用途分R&D经费内部支出情况(2014年)... 466
Intramural Expenditure on R&D by Use (2014)
15-30 按活动类型分R&D经费内部支出情况(2014年)... 467
Intramural Expenditure on R&D by Activities (2014)
15-31 R&D经费外部支出情况(2014年)... 468
External Expenditure on R&D (2014)
15-32 研究机构情况(2014年)... 469
Statistics on Scientific Research Institutions (2014)
15-33 全部R&D项目（课题）情况(2014年)... 470
Statistics on Total R&D Projects (2014)
15-34 R&D活动产出情况(2014年) ... 472
Statistics on R&D Outputs (2014)
15-35 规模以上工业企业科技活动情况(2014年)... 473
Basic Statistics on Scientific and Technological Activities in Industrial Enterprises above Designated Size (2014)
15-36 规模以上工业企业R&D活动人员情况(2014年)... 474
Personnel of Having R&D Activities in Industrial Enterprises above Designated Size (2014)
15-37 规模以上工业企业按经费来源分R&D经费内部支出情况(2014年) ... 476
Intramural R&D Expenditures in Industrial Enterprises above Designated Size by Sources (2014)
15-38 规模以上工业企业按支出用途分R&D经费内部支出情况(2014年) ... 478
Intramural R&D Expenditures in Industrial Enterprises above Designated Size by Use (2014)
15-39 规模以上工业企业办科技机构情况(2014年)... 480
Basic Statistics on Institutions for Scientific and Technological in Industrial Enterprises above Designated Size(2014)
15-40 规模以上工业企业R&D项目和新产品开发项目情况(2014年)... 482
Basic Statistics on Projects for R&D and New Products Development in Industrial Enterprises above Designated Size(2014)
15-41 规模以上工业企业科技活动产出情况(2014年) ... 484
Basic Statistics on Scientific and Technological Outputs in Industrial Enterprises above Designated Size (2014)
15-42 大中型工业企业科技活动情况(2014年) ... 486
Basic Statistics on Scientific and Technological Activities in Large and Medium-Sized Industrial Enterprises (2014)
15-43 大中型工业企业R&D活动人员情况(2014年) ... 487
Personnel of Having R&D Activities in Large and Medium-Sized Industrial Enterprises (2014)
15-44 大中型工业企业按经费来源分R&D经费内部支出情况(2014年) ... 489
Intramural R&D Expenditures in Large and Medium-Sized Industrial Enterprises by Sources (2014)
15-45 大中型工业企业按支出用途分R&D经费内部支出情况(2014年)... 491
Intramural R&D Expenditures in Large and Medium-Sized Industrial Enterprises by Use (2014)
15-46 大中型工业企业办科技机构情况(2014年)... 493
Basic Statistics on Institutions for Scientific and Technological in Large and Medium-Sized Industrial Enterprises (2014)
15-47 大中型工业企业R&D项目和新产品开发项目情况(2014年)... 495
Basic Statistics on Projects for R&D and New Products Development in Large and Medium-Sized Industrial Enterprises (2014)
15-48 大中型工业企业科技活动产出情况(2014年) ... 497
Basic Statistics on Scientific and Technological Outputs in Large and Medium-Sized Industrial Enterprises (2014)
主要统计指标解释 ... 499
Explanatory Notes on Main Statistical Indicators

十六、文化、体育和卫生

Culture,Sports and Public Health

16-1 文化事业基本情况 ... 507
Basic Statistics on Culture

16-2 文化产业机构和人员 (2014年)......509
Cultural Institutions and Personnel (2014)

16-3 艺术业机构和人员......509
Art Institutions and Personnel

16-4 出版发行、文物、图书馆、群众文化业机构人员 (2014年)......510
Number of Institutions and Personnel in Publishing and Distribution, Cultural Relics, Libraries and Mass Culture (2014)

16-5 图书、杂志、报纸出版情况......510
Statistics on Books, Magazines and Newspapers Published

16-6 广播、电视事业情况......511
Statistics on Broadcasting and Television Stations

16-7 文化和创意产业总产出......512
Gross Output of Cultural and Creative Industries

16-8 文化和创意产业增加值......513
Value-added of Cultural and Creative Industries

16-9 卫生事业基本情况......514
Basic Statistics on Health Institutions

16-10 各类卫生机构、床位和人员 (2014年)......516
Health Care Institutions, Beds and Personnel by Type (2014)

16-11 医疗机构运营情况（2014年）......518
Basic Statistics of Operation on Health Care Institutions (2014)

16-12 诊所、卫生所、医务室基本情况 (2014年)......519
Statistics on Clinics,Health Service Stations and Health Center (2014)

16-13 村卫生室基本情况 (2014年）......519
Statistics on Village Health Center (2014)

16-14 体育事业情况......520
Statistics on Sports

主要统计指标解释......521
Explanatory Notes on Main Statistical Indicators

十七、党群、政法和社会服务
Party and Mass, Politics and Law, Social Service

17-1 历届省人民代表大会的代表人数......527
Number of Deputies to All the Previous Provincial People's Congress

17-2 历届省政治协商会议的委员人数......527
Number of Deputies to All the Previous Provincial People's Political consultative Conferences

17-3 工会工作情况......528
Labor Union Work

17-4 其他社会福利事业单位机构和人员......528
Institution and Personnel in Social Welfare and Special Care

17-5 提供住宿的社会服务机构基本情况(2014年)......529
Basic Statistics of Social service Agencies with Accommodate (2014)

17-6 社会救济和福利主要费用......529
Value of Major Social Relief and Welfare Funds

17-7 婚姻登记情况......530
Basic Statistics on Marriage Registration

17-8 律师、公证、调解工作基本情况......530
Basic Statistics on Lawyers, Notarization and Mediation

17-9 交通事故发生情况......531
Statistics on Traffic Accidents

17-10 火灾发生情况 ... 532
Statistics on Fires
主要统计指标解释 ... 533
Explanatory Notes on Main Statistical Indicators

十八、区域经济
Regional Economy

18-1 "长株潭城市群"主要经济指标情况（2014年） ... 537
Main Economic Indicators of "Changsha, Zhuzhou & Xiangtan" City Clusters (2014)
18-2 "环长株潭城市群"主要经济指标情况（2014年） ... 538
Main Economic Indicators of the Rim Chang-Zhu-Tan City Clusters (2014)
18-3 "湘南地区"主要经济指标情况（2014年） ... 539
Main Economic Indicators of "Southern Hunan" (2014)
18-4 "大湘西地区"主要经济指标情况（2014年） ... 540
Main Economic Indicators of "West Hunan" (2014)
18-5 "洞庭湖生态经济区"主要经济指标情况（2014年） ... 541
Main Economic Indicators of "Dongting Lake" (2014)
18-6 各市州中心城区人口情况 (2014年)... 542
City Center Population (2014)
18-7 各市州中心城区从业人员情况 (2014年)... 543
City Center Staff (2014)
18-8 各市州中心城区土地面积情况 (2014年)... 544
City Center Land Area (2014)
18-9 各市州中心城区生产总值情况 (2014年)... 545
City Center GDP (2014)
18-10 各市州中心城区财政收支情况 (2014年)... 546
City Center Financial Revenue and Expenditure (2014)
18-11 各市州中心城区规模以上工业情况 (2014年)... 547
City Center above Industrial Enterprises Designated Size (2014)
18-12 各市州中心城区贸易主要情况 (2014年)... 548
City Center Trade (2014)
18-13 各市州中心城区固定资产投资情况 (2014年)... 549
City Center Investment In Fixed Assets (2014)
18-14 各市州中心城区教育情况 (2014年)... 550
City Center Education (2014)
18-15 各市州中心城区文化、体育、卫生情况 (2014年)... 551
City Center Culture, Sports and Public, Health (2014)
18-16 各市州中心城区社会保障情况 (2014年)... 552
City Center Social Security (2014)

十九、各市、州主要经济和社会统计指标
Main Economic and Social Statistics Indicators of Cities and Prefecture

19-1 全社会总产出及指数 (2014年)... 555
Gross Output of Society and Its Indices (2014)
19-2 按产业分的地区生产总值(2014年)... 555
Gross Domestic Product by Three Strata of Industry (2014)
19-3 按产业分的地区生产总值指数 (2014年) ... 556
Indices of Gross Domestic Product by Three Strata of Industry (2014)

19-4 地区生产总值项目构成 (2014年).. 556
Item Composition of Gross Domestic Product (2014)

19-5 按行业分的地区生产总值 (2014年).. 557
Gross Domestic Product by Sector (2014)

19-6 按行业分的地区生产总值指数(2014年).. 558
Indices of Gross Domestic Product by Sector(2014)

19-7 支出法地区生产总值(2014年).. 559
Gross Domestic Product by Expenditure Approach (2014)

19-8 支出法地区生产总值结构(2014年).. 559
Structure of Gross Domestic Product by Expenditure Approach (2014)

19-9 年末常住人口(2014年).. 560
Population at the Year-end (2014)

19-10 计划生育指标(2014年).. 560
Indicators of Family Plan (2014)

19-11 国有经济各行业在岗职工年末人数(2014年).. 561
Employed Staff and Workers in State – Owned Units by Sector at the Year-end (2014)

19-12 城镇集体经济各行业在岗职工年末人数(2014年).. 562
Employed Staff and Workers in Urban Collective-Owned Units by Sector at the Year-end (2014)

19-13 在岗职工工资总额和年平均工资(2014年).. 563
Total Wage Bill and Average Annual Wage of Employed Staff and Workers (2014)

19-14 从业人员年末人数(2014年).. 564
Employment at the Year-end (2014)

19-15 年末在岗职工人数(2014年).. 564
Number of Staff and Workers on the Job of Cities and Prefecture at the Year-end (2014)

19-16 年末城镇从业人员(2014年).. 565
Number of Employed Persons in Urban Areas at the Year-end(2014)

19-17 固定资产投资、新增固定资产及房屋竣工面积(2014年).. 566
Investment in Fixed Assets, Newly Increased Fixed Assets and Completed Building Floor Space (2014)

19-18 按经济类型分固定资产投资(2014年).. 567
Total Investment in Fixed Assets by Economic Types(2014)

19-19 按构成和建设性质分固定资产投资(2014年).. 568
Total Investment in Fixed Assets by Structure and Construction of Cities and Prefecture (2014)

19-20 按资金来源和隶属关系分固定资产投资(2014年).. 568
Total Investment in Fixed Assets by Source of Funds and Jurisdiction of Management of Cities and Prefecture(2014)

19-21 国有经济分地市项目个数、项目投产率及固定资产交付使用率(2014年).. 569
Number of Projects，Rate of Projects Put into Use and Rate of Fixed Assets Put into Use of State—owned Units (2014)

19-22 房地产开发情况(2014年).. 570
Real Estate Development (2014)

19-23 商品房屋销售情况(2014年).. 571
Sales of Commercial House (2014)

19-24 房地产开发建设房屋建筑面积和价值(2014年).. 571
Floor Space of Building and Value of Real Estate Development (2014)

19-25 地方财政收入情况(2014年).. 572
Public Budgetary Revenue(2014)

19-26 公共财政支出情况(2014年).. 572
Public Budgetary Expenditure(2014)

19-27 金融机构人民币存款情况(2014年).. 573
RMB Deposits of Financial Institutions(2014)

19-28 金融机构人民币贷款情况(2014年).. 573
RMB Loans of Financial Institutions(2014)

19-29 农作物播种面积(2014年)... 574
Sown Area of Crops (2014)
19-30 机耕面积及水库、堤防(2014年)... 574
Tractor-Ploughed Area, Reservoirs and Dikes (2014)
19-31 主要农业机械年末拥有量(2014年)... 575
Year-End Possession of Major Agriculture Machinery (2014)
19-32 农林牧渔业总产值(2014年)... 575
Gross Output Value of Farming, Forestry, Animal Husbandry and fishery (2014)
19-33 主要农产品产量(2014年)... 576
Output of Major Farm Crops (2014)
19-34 主要林产品产量(2014年) ... 577
Output of Major Forest Products (2014)
19-35 牲畜头数、畜产品产量(2014年)... 577
Number of Live stocks, Output of Livestock Products (2014)
19-36 农业生产条件(2014年) ... 578
Condition of Agricultural Production(2014)
19-37 农畜产品产量(2014年)... 578
Output of Major Farm and Livestocks Products(2014)
19-38 农业基本情况(2014年)... 579
Basic Indicators of Agriculture(2014)
19-39 规模以上工业企业个数(2014年)... 580
The Number of Units of Industrial Enterprises above Designated Size(2014)
19-40 规模以上工业企业基本情况(2014年) ... 580
Basic Indicators of Industrial Enterprises above Designated Size (2014)
19-41 主要工业产品产量(2014年)... 581
Output of Major Industrial Products of Cities and Prefecture(2014)
19-42 建筑企业概况(2014年) ... 583
General Survey of Construction Enterprises(2014)
19-43 建筑业指标(2014年) ... 583
Statistics Indicators on Construction Enterprises of Cities and Prefecture (2014)
19-44 房屋建筑面积(2014年)... 584
Floor Space of Building Construction(2014)
19-45 公路长度(2014年)... 585
Length of Highways (2014)
19-46 民用车辆拥有量(2014年) ... 585
Number of Civil Motor Vehicles (2014)
19-47 邮电业务量(2014年)... 586
Volume of Postal and Telecommunications Services (2014)
19-48 规模以上服务业企业主要经济指标(2014年) ... 587
Main Indicators of Service Industry Units above Designated Size (2014)
19-49 国内外贸易、对外经济和旅游(2014年) ... 588
Domestic Trade, Foreign Trade, Foreign Economy And Tourism(2014)
19-50 限额以上批发零售贸易业商品购销存总额(2014年) ... 588
Total Purchases, Sales and Inventory of Enterprise above Designated Size in Wholesale and Retail Trade (2014)
19-51 限额以上批发零售、住宿餐饮业法人企业数... 589
Number of Corporation Units above Designated Size in Wholesale and Retail Trade, Hotels and Catering Services
19-52 限额以上批发零售、住宿餐饮业从业人员... 589
Number of Persons Employed in Enterprises Units above Designated Size in Wholesale and Retail Trade, Hotels and Catering Services
19-53 商品交易市场基本情况(2014年) ... 590
Basic Statistics on Commodity Exchange Markets(2014)
19-54 星级宾馆数(2014年)... 591
The Number of Star-Rated Hotels (2014)

19-55 进出口商品总值(2014年) 591
Major Expors Commodities in Value(2014)
19-56 外商直接投资分地区情况(2014年)...... 592
Foreign Direct Investment by Region (2014)
19-57 内联引资项目个数情况 592
Number of Projects of Domestic Direct Investment
19-58 内联引资实际到位资金情况...... 593
Capital Actually Used of Domestic Direct Investment
19-59 对外经济合作情况(2014年)...... 594
Foreign Economic Cooperation (2014)
19-60 旅游业基本情况(2014年) 594
Basic Statistics of Tourism by Cities and Prefecture(2014)
19-61 高新技术产业情况(2014年)...... 595
Basic Statistics on High-tech Industries (2014)
19-62 规模以上工业企业R&D活动人员情况(2014年)...... 597
Personnel of Having R&D Activities in Industrial Enterprises above Designated Size (2014)
19-63 规模以上工业企业按经费来源分R&D经费内部支出情况(2014年)...... 597
Intramural R&D Expenditures in Industrial Enterprises above Designated Size by Sources (2014)
19-64 规模以上工业企业按支出用途分R&D经费内部支出情况(2014年)...... 598
Intramural R&D Expenditures in Industrial Enterprises above Designated Size by Use (2014)
19-65 规模以上工业企业办科技机构情况(2014年)...... 598
Basic Statistics on Institutions for Scientific and Technological in Industrial Enterprises above Designated Size(2014)
19-66 规模以上工业企业R&D项目和新产品开发项目情况(2014年)...... 599
Basic Statistics on Projects for R&D and New Products Development in Industrial Enterprises above Designated Size(2014)
19-67 规模以上工业企业科技活动产出情况(2014年)...... 599
Basic Statistics on Scientific and Technological Outputs in Industrial Enterprises above Designated Size (2014)
19-68 大中型工业企业R&D活动人员情况(2014年)...... 600
Personnel of Having R&D Activities in Large and Medium-Sized Industrial Enterprises (2014)
19-69 大中型工业企业按经费来源分R&D经费内部支出情况(2014年) 600
Intramural R&D Expenditures in Large and Medium-Sized Industrial Enterprises by Sources (2014)
19-70 大中型工业企业按支出用途分R&D经费内部支出情况(2014年) 601
Intramural R&D Expenditures in Large and Medium-Sized Industrial Enterprises by Use(2014)
19-71 大中型工业企业办科技机构情况(2014年) 601
Basic Statistics on Institutions for Scientific and Technological in Large and Medium-Sized Industrial Enterprises (2014)
19-72 大中型工业企业R&D项目和新产品开发项目情况(2014年)...... 602
Basic Statistics on Projects for R&D and New Products Development in Large and Medium-Sized Industrial Enterprises (2014)
19-73 大中型工业企业科技活动产出情况(2014年) 602
Basic Statistics on Scientific and Technological Outputs in Large and Medium-Sized Industrial Enterprises (2014)
19-74 幼儿园与小学基本情况(2014年)...... 603
Statistics on Kingdergartens and Primary Schools(2014)
19-75 普通中学基本情况(2014年) 604
Statistics on Regular Secondary Schools(2014)
19-76 普通高等学校基本情况 (2014年)...... 604
Statistics on Regular Institutions of Higher Education(2014)
19-77 各级学校(2014年) 605
Schools by Level and Region(2014)
19-78 各级学校教职工(2014年) 605
School Staff and Workers by Level and Region (2014)
19-79 各级学校专任教师(2014年) 606
Full-time Teachers by Level and Region(2014)

19-80 各级学校在校学生(2014年)... 606
Students Enrollment by Level and Region(2014)

19-81 公共图书馆、广播和电视综合人口覆盖情况（2014年）... 607
Statistics on Public Libraries、Coverage of Radio and TV Program Broadcasting(2014)

19-82 卫生机构基本情况(2014年)... 607
Basic Statistics on Health Institutions(2014)

19-83 居民人均可支配收入(2014年)... 608
Per Capita Annual Disposable Income of Residents (2014)

19-84 能源消耗指标(2014年)... 609
Index of Energy Consumption (2014)

19-85 规模以上工业企业综合能源消费量... 609
Total Energy Consumption of Scale Industry

19-86 规模以上工业企业主要能源品种消费量(2014年)... 610
Main Energy Consumption of Industrial Enterprises above Designated Size (2014)

19-87 规模以上工业企业取水总量... 611
Water Intake Amount of Scale Industry

19-88 分产业法人单位数(2014年)... 612
Corporate Units by Industry(2014)

19-89 分机构类型法人单位数(2014年)... 613
Corporate Units by Organization Type(2014)

19-90 分行业法人单位数（2014年）... 614
Corporate Units by Sector(2014)

19-91 “一套表”联网直报调查单位数(2014年)... 616
“A set of table” Networking Straight Survey respondent Numbers(2014)

19-92 新增“一套表”联网直报调查单位数(2014年)... 617
Newly Increased “A set of table” Networking Straight Survey respondent Numbers(2014)

19-93 退出“一套表”联网直报调查单位数(2014年)... 619
Exited “A set of table” Networking Straight Survey respondent Numbers(2014)

二十、各县(市、区)主要经济和社会统计指标
Main Economic and Social Statistics Indicators of Counties and Cities (Districts)

20-1 年末常住人口 (2014年)... 623
Population at the Year-end (2014)

20-2 计划生育指标 (2014年)... 626
Indicators of Family Plan (2014)

20-3 从业人员年末人数 (2014年)... 629
Employment at the Year-end (2014)

20-4 国有经济各行业在岗职工年末人数 (2014年)... 632
Employed Staff and Workers in State-Owned Units by Sector at the Year-end (2014)

20-5 城镇集体经济各行业在岗职工年末人数 (2014年)... 638
Employed Staff and Workers in Urban Collective-Owned Units by Sector at the Year-end (2014)

20-6 在岗职工工资总额和年平均工资 (2014年)... 644
Total Wage Bill and Average Annual Wage of Employed Staff and Workers (2014)

20-7 地区生产总值 (2014年)... 647
Gross Domestic Product (2014)

20-8 农作物播种面积 (2014年)... 650
Sown Area of Crops (2014)

20-9 机耕、灌溉面积及水库、堤防 (2014年)... 653
Tractor-Ploughed Area and Irrigated Area, Reservoirs and Dikes (2014)

20-10 主要农业机械年末拥有量 (2014年)........ 656
Year-End Possession of Major Agriculture Machinery (2014)

20-11 农林牧渔业总产值 (2014年)........ 659
Gross Output Value of Farming, Forestry, Animal Husbandry and fishery (2014)

20-12 主要农产品产量 (2014年)........ 662
Output of Major Farm Crops (2014)

20-13 主要林产品产量 (2014年)........ 668
Output of Major Forest Products (2014)

20-14 牲畜头数、畜产品及水产品产量 (2014年)........ 671
Number of Live stocks, Output of Livestock Products and Aquatic Products (2014)

20-15 规模以上工业主营业务收入 (2014年)........ 674
Revenue of Major Business of Industrial Enterprises above Designated Size (2014)

20-16 规模以上工业企业基本情况 (2014年)........ 677
Basic Indicators of Industrial Enterprises above Designated Size (2014)

20-17 固定资产投资、新增固定资产及房屋竣工面积 (2014年)........ 680
Investment in Fixed Assets,Newly Increased Fixed Assets and Completed Building Floor Space (2014)

20-18 社会消费品零售总额 (2014年)........ 683
Total Value of Retail Sales of Consumer Goods (2014)

20-19 地方财政收入与支出 (2014年) 686
Public Budgetary Revenue and Expenditure (2014)

20-20 各级学校 (2014年) 688
Schools by Level and Region (2014)

20-21 各级学校教职工 (2014年) 691
School Staff and workers by Level and Region (2014)

20-22 各级学校专任教师 (2014年) 694
Full-time Teachers by Level and Region (2014)

20-23 各级学校在校学生 (2014年) 697
Students Enrollment by Level and Region (2014)

20-24 卫生机构、人员与床位 (2014年) 700
Health Care Institutions, Personnel and Beds (2014)

20-25 城乡居民收入、支出和住房情况 (2014年) 703
Urban and Rural Residents Income and Expenditure and Houssing Conditions(2014)

20-26 规模工业增加值能耗降低率 (2014年) 706
Decreasing Rate of Added Value Energy Consumption of Scale Industry (2014)

20-27 分行业法人单位数 (2014年)........ 709
Corporate Units by Sector (2014)

二十一、各省（市、自治区）主要经济和社会统计指标
Main Economic and Social Statistics Indicators By Provinces, Municipalities and Autonomous Regions

21-1 年末常住人口........ 717
Population at the Year-end

21-2 地区生产总值........ 718
Gross Domestic Product

21-3 地区生产总值指数 719
Indices of Gross Regional Product

21-4 人均地区生产总值 720
Per Capita Gross Domestic Product

21-5 人均地区生产总值指数 721
Indices of Per Capita Gross Domestic Product

21-6 地区生产总值和指数 (2014年) ... 722
Gross Domestic Product and Indices (2014)
21-7 电力消费量 ... 724
Electricity Consumption
21-8 固定资产投资 ... 725
Investment in Fixed Assets
21-9 房地产开发企业投资和房屋施工、竣工面积 ... 726
Invesment of Enerprises for Real Estate Development and Floor Space of Buildings under Construction and Completed
21-10 商品房销售面积和销售额... 727
Floor Space and Sale of Commercialized Buildings Sold
21-11 按境内目的地和货源地分货物进出口总额 ... 728
Import Value of Commodities by Place of Destination and Export Value of Commodities by Place of Origin
21-12 农林牧渔业总产值及指数(2014年) ... 729
Gross Output Value of Agriculture, Forestry, Animal Husbandry and Fishery and Related Indices(2014)
21-13 主要农产品产量(2014年) ... 730
Output of Major Farm Products(2013)
21-14 规模以上工业企业主要经济指标(2014年)... 732
Main Indicators of Industrial Enterprises above Designated Size(2014)
21-15 规模以上工业企业主要经济效益指标(2014年) ... 733
Main Indicators on Economic Benefit of Industrial Enterprises above Designated Size (2014)
21-16 主要工业产品产量 (2014年) ... 734
Output of Industrial Products(2014)
21-17 社会消费品零售总额 ... 736
Total Retail Sales of Consumer Goods
21-18 客运量和旅客周转量(2014年)... 737
Passenger Traffic and Passenger-kilometers(2014)
21-19 货运量和货物周转量 (2014年)... 738
Freight Traffic and Freight Ton-kilometers (2014)
21-20 城镇居民人均收入与支出(2014年)... 739
Per capita Income and Expenditure of Urban Households(2014)
21-21 农村居民人均收入与支出(2014年)... 740
Per capita Income and Expenditure of Rural Households(2014)

湖南省政府工作报告

湖南省人民政府省长　杜家毫

2015 年 1 月 27 日

各位代表：

现在，我代表省人民政府向大会作政府工作报告，请予审查，并请各位政协委员和其他列席人员提出意见。

一、2014 年的政府工作

过去一年，在党中央、国务院的坚强领导下，按照中共湖南省委决策部署，我们主动适应经济发展新常态，全力稳增长促改革调结构惠民生，有针对性地出台实施系列政策措施，努力克服经济下行压力加大等不利影响，基本实现全年预期目标，为全面完成“十二五”规划奠定了坚实基础。

（一）是全省发展步入新阶段。发展平台实现新突破。洞庭湖生态经济区和长株潭国家自主创新示范区获国务院批复，标志着我省四大板块全部上升为国家区域发展战略。主要经济指标迈上新台阶。完成地区生产总值 2.7 万亿元，增长 9.5%；投资规模突破 2 万亿元；社会消费品零售总额、规模工业增加值首次突破万亿元；存贷款余额分别达 3.03 万亿元、2.08 万亿元。交通枢纽地位得到新提升。高速铁路、高速公路通车里程分别达到 1296 公里、5493 公里，分别居全国第一位、第五位；欧美航线、货运班列开通取得突破；黄花机场旅客吞吐量达 1800 多万人次，居中部首位；黄花机场至高铁南站的中低速磁浮工程顺利开工，黔张常、怀邵衡、蒙华铁路湖南段等项目全面启动。

（二）是经济结构持续优化。三次产业比调整为 11.6：46.2：42.2，第三产业比重提高 1.4 个百分点。粮食总产稳定在 600 亿斤以上，“百千万”工程进展顺利，农产品加工企业建立各类种植基地 8300 万亩，联结农户 950 万户。实施亿元以上重点技改项目 867 项，蓝思科技新材料、华菱汽车板等重大产业项目正式投产；电子信息、生物医药、汽车、轨道交通等产业均保持 15%以上增速，园区工业占全省工业比重首次超过 50%。移动互联网、电子商务、服务外包等新兴服务业分别增长 120%、105.8%、21.9%。投资结构继续改善，基础设施、生态环境和民生工程投资增速分别高于全省投资平均增速 4.2 个、11.6 个、21.2 个百分点；民间投资占比提高 3.2 个百分点。城乡区域协调发展，分类推进全面建成小康社会取得新进展，城镇化率提高 1.32 个百分点，美丽乡村建设有力推进。

（三）是创新能力不断提高。“网络计算的模式及基础理论研究”获国家自然科学奖一等奖，超级杂交稻百亩连片平均亩产 1026.7 公斤。高性能计算、南方粮油作物协同创新中心获国家批复，产业技术创新战略联盟达 74 个。国内首条、世界第二条 8 英寸 IGBT 专业芯片生产线投产，长沙超算中心投入使用。高技术产业增长 27.8%，占规模工业比重提高 1.3 个百分点。

（四）是改革开放加快推进。长株潭两型试验区十大重点改革不断深化，排污权交易范围扩大，民用阶梯式水电气价制度、绿色出行、绿色建筑推广到全省。省级部门预算和“三公”经费公开实现全覆盖，省级专项压减率超过 50%，政府购买服务和 PPP 模式试点有序开展，政府性债务预警机制不断完善。省政府机构改革完成，市、县政府机构改革有序推进；取消和下放 68 项省级行政审批事项，公布省级行政许可事项和全部涉企收费目录。深化国企改革工作全面启动，混合所有制试点取得积极进展，市州上轮国企改革基本完成。商事制度改革有序推进，新登记企业户数、注册资本（金）分别增长 34.7%和 89.1%。教育、医疗卫生等改革积极推进。27 家经营性文化事业单位完成剥离转企改制，文化创意产业增加值超过 1500 亿元。主动参与国家“一带一路”、京津冀协同发展、长江经济带三大战略的实施，在基础设施互联互通、承接产业转移、湘品出湘、环境保护等方面开展对接合作。综合保税区、口岸等平台建设取得突破性进展；友城合作积极开展，南美、东盟、非洲等新兴市场有力开拓，中联重科、三一重工等企业的重大境外投资成效明显。实现进出口总额 310.3 亿美元，增长 23.1%；实际利用外资 102.7 亿美元，增长 17.9%。

（五）是生态建设力度加大。湘江保护与治理省政府“一号重点工程”完成年度目标，湘潭竹埠港片区率先实现重化企业全部关停退出，全省淘汰关闭涉重企业 1147 家，退出规模养殖 1351 家，拆除栏舍 67.9 万平方米，湘江水质持续好转。大气污染联防联控机制建立健全，30 万千瓦以上火电机组和新型干法水泥生产线全部完成脱硫脱硝设施建设。土壤重金属污染修复力度加大，启动重金属污染耕地修复及农作物种植结构调整试点。完成全年节能减排目标任务。基本建立生态保护与建设的责任、治理和监管机制，启动自然生态空间统一确权登记和生态红线划定试点，28 个县（市、区）开展整县推进农村环境综合整治。森林覆盖率稳定在 57%以上，湿地保护率达 69.3%。

（六）是民生工作有力有效。保障投入大幅增加，用于民生的财政支出达 3314.8 亿元，占总支出的 66%。保障政策不断完善，落实城镇独生子女父母奖励、原民办代课教师及老年乡村医生生活困难补助、重度残疾人护理补贴、重性精神疾病患者救治和老工伤人员社保等政策；全省低保标准由平均线调整为保底线，实施农村月人均 165 元和城镇 330 元的最低标准，贫困地区农村低保保障率达到 7.4%。保障水平稳步提高，发放社保待遇支出 971.4 亿元，增长 9.8%；城乡居民医保年人均财政补助标准提高 40 元。保障成效更加明显，城乡居民收入分别达到 26570 元、10060 元，分别增长 9.1%、11.4%；全面完成 15 项 26 个为民办实事项目，新增城镇就业 82.7 万人和农村劳动力转移就业 68 万人，解决 368.6 万农村人口饮水安全问题，超额完成“两房两棚”、“两供两治”建设任务；圆满完成粮食托市收购。精准扶贫取得积极进展，减少贫困人口 100 万，全面完成贫困人口识别建档立卡工作；实施扶贫攻坚项目 1672 个，完成投资 1100 亿元；重点贫困县的城乡居民收入、公共服务和基础设施投入增幅均高于全省平均水平。社会事业继续发展，教育惠民力度加大，医疗卫生公共服务体系建设继续加强，广播电视、新闻出版、体育等社会事业取得新进步，食品药品及质量安全形势总体平稳。社会治理进一步加强，安全生产、信访维稳工作力度加大，保障平安的能力得到提升。

（七）是精神文明和民主法制建设取得新成效。深入推进社会主义核心价值观学习教育实践，广泛开展思想道德建设和群众性精神文明创建活动。自觉接受人大及其常委会法律监督、工作监督和政协民主监督，充分吸纳各民主党派、工商联、无党派人士的意见、建议，办理省人大代表建议 1244 件、省政协委员提案 658 件。完成第九次村委会换届选举。

（八）是政府自身建设加强。深入开展第二批党的群众路线教育实践活动，坚决贯彻中央八项规定和省委九项规定，干部作风明显好转。政务服务和政务公开深入推进。政府权力清单、责任清单和负面清单制定工作加快。省级公共资源交易平台挂牌运行。政府法制建设加强，全面清理 1978 年以来省政府制定下发的规范性文件，在全国率先分类实施依法行政考核。行政监察、经济责任审计和社会监督加强。

国防和后备力量建设取得新成绩。国防动员工作制度不断健全，民兵预备役调整转型初见成效。双拥共建和“双带双促”活动深入开展，军政军民团结局面进一步巩固。驻湘解放军、武警部队和民兵预备役为全省经济社会发展作出了积极贡献。

各位代表，过去一年的工作让我们深刻体会到，必须坚持发展第一要务，保持定力，精准发力，努力保持经济在合理区间运行；必须坚持全面深化改革，充分激发创新创造创业活力；必须坚持转方式调结构，加快经济发展的战略转型；必须坚持底线思维，千方百计改善民生、保护环境，努力促进社会和谐稳定；必须坚持依法行政，把法治思维贯穿于各项工作之中。

各位代表，过去一年的发展成绩，是党中央、国务院以及中共湖南省委正确领导的结果，是全省人民同心同德、凝聚起强大正能量的结果，是社会各界关心支持的结果。在此，我谨代表省人民政府，向全省人民，向驻湘解放军和武警部队指战员，向中央驻湘单位，向支持湖南改革发展和现代化建设的海内外各界人士，表示衷心感谢！

在肯定成绩的同时，我们要清醒认识面临的困难和问题。一是部分指标没有达到预期。受宏观经济形势严峻、市场需求疲软、投资扩张动能不足等影响，固定资产投资、规模工业增加值等指标增速没有达到年初预期。二是经济转型仍然较慢。发展方式比较粗放，新的增长点还在培育发展之中，传统产业发展面临较大困难。三是改革力度仍需加大。等待观望现象仍然存在，涉险滩、啃硬骨头的主动性、创造性有待增强。四是经济运行仍然存在风险。部分企业经营困难，房地产、地方债务、金融等方面长期累积的风险有待化解。五是安全生产形势仍然严峻。去年下半年发生了三起重特大事故，部分行业和地区安全生产基础还较差。六是政府部门作风建设成效有待进一步转化。有的地方和部门存在不求有功、但求无过的现象，投资环境不优的问题仍然存在。对此，我们要采取有效措施加以解决。

二、2015 年的形势和主要工作

今年是全面深化改革的关键之年，是全面推进依法治国的开局之年，也是全面完成“十二五”规划的收官之年。

当前，国际环境复杂多变，世界经济复苏动力不足，但仍保持曲折向好；我国经济正向形态更高级、分工更复杂、结构更合理的阶段演化，经济发展进入新常态。我们要认识新常态、抢抓新机遇，把思想和行动统一到中央的认识和判断上来，加快长株潭城市群两型社会综合配套改革试验区、国家自主创新示范区以及洞庭湖生态经济区、湘南承接产业转移示范区建设，持续推进武陵山和罗霄山片区区域发展与扶贫攻坚，努力培育新的增长点、增长极和增长带；要适应新常态、培育新动力，坚决破除体制机制束缚，把转型发展、创新驱动放在更加突出的位置，保持稳增长和调结构之间平衡；要引领新常态、战胜新挑战，准确把握改革发展稳定的平衡点，准确把握近期目标和长期发展的平衡点，准确把握经济社会发展和人民生活改善的结合点，为谱写中国梦的湖南篇章奠定坚实基础。

今年政府工作的总体要求是：认真贯彻党的十八大以及十八届三中、四中全会和中央经济工作会议精神，以中国特色社会主义理论和习近平总书记系列重要讲话精神为指导，按照省委决策部署，坚持稳中求进工作总基调，坚持“一带一部”战略定位，以提高发展质量和效益为中心，大力促进“三量齐升”、“四化两型”，分类推进全面建成小康社会，更加突出转方式调结构，更加突出改革攻坚，更加突出创新驱动，注重底线思维，强化风险防控，加强民生保障，努力保持经济平稳健康发展和社会和谐稳定。

今年经济社会发展的主要目标是：地区生产总值增长 8.5%；规模工业增加值增长 9.5%左右，固定资产投资增长 18%左右，社会消费品零售总额增长 12%，进出口总额增长 12%以上，一般公共预算收入增长 9%左右，全体居民人均可支配收入增长 8.5%以上，万元 GDP 能耗下降 1%左右。

主要抓好七个方面的工作。

（一）促进经济稳定增长，保持稳增长和调结构之间平衡

积极培育内需新增长点。不断扩大有效投资。力争完成固定资产投资 2.6 万亿元，实施 50 个重大工程，推进 1000 个重大项目。交通，力争新增通车高速公路 210 公里以上，建设干线公路 1800 公里；加快湘江、沅水、澧水等高等级航道及重点港口建设；推进长沙中低速磁浮工程、黔张常、怀邵衡、蒙华铁路湖南段和娄邵铁路扩能等项目建设，争取启动张吉怀、常岳九等铁路项目前期工作；推进长沙航空

枢纽建设，加快实施市州支线机场项目。能源，新增装机容量419万千瓦，推进大型电源点和核电项目建设，积极发展风电和光伏发电。水利，加快洞庭湖综合治理、涔天河水库扩建、莽山水库等重点工程建设，全面推进水库除险加固。城市建设，加快长沙轨道交通、长株潭城际铁路，以及长株潭与益阳、岳阳之间的干线公路建设，完善市州城市主干道、供水、排水等设施，推进城市防洪工程建设。信息，重点推进4G无线网络、宽带提速、老城区光纤改造和基站，以及主要场所无线局域网建设。增强消费的基础作用。促进房地产业平稳发展，稳定住房消费；巩固汽车等大件商品消费，培育移动互联网、文化旅游、数字家庭、节能环保等新的消费增长点；深入推进百城千镇县乡流通再造工程和邮政便民综合服务平台建设，加强商贸物流园区和标准化配送中心建设；继续推进湘品出湘。多渠道提升保障能力。加快建设煤炭储备基地和输煤输电通道，继续推进成品油、天然气管道及储备基地建设，大力实施“气化湖南”工程；盘活存量土地，强化供地率考核，保障重大基础设施、产业转型升级、民生改善等项目用地。

坚持新型工业化第一推动力。发掘做大产业新增长点，构筑多点支撑、多极发展的产业格局。大力发展先进装备制造、新材料、文化创意、生物医药、新能源、电子信息、节能环保等战略性新兴产业，重点扶持集成电路、新能源汽车、工业机器人、3D 打印、北斗应用、通用航空、两型住宅等产业。推动信息化和工业化融合发展，促进移动互联网、大数据、云计算、新一代信息技术与传统产业跨界融合，引导石油化工、工程机械、钢铁有色等传统优势产业加快向中高端迈进。加快推进上海大众长沙生产基地、广汽菲亚特克莱斯勒吉普车、中联重科农业机械、三一重工产品研发项目、中兴通讯研发基地、中航湖南通用发动机、蓝思科技三期、泰富重工二期、IGBT 优化提升、格力电器宁乡生产基地等重大项目。实施创新创业园区“135”工程，推动科研、生产、服务、销售全产业链集群发展。大力扶持小微企业，实施涉企收费目录清单管理，帮助解决融资难、融资贵，以及用工、社保等问题。

加快转变农业发展方式。稳定大宗农产品生产，确保粮食总产保持在600亿斤左右。夯实农业发展基础，加快实施高标准农田建设规划；抓好大中型灌区续建配套与节水改造、大型灌溉泵站更新改造、“五小”水利等重点项目建设。优化农业产业结构，重点打造粮食、畜禽、果蔬三大千亿产业，做强做优油料、茶叶、竹木等特色优势产业，培育壮大100家农业产业化龙头企业。发展生态循环农业，推行农业标准化清洁生产，完善节水、节肥、节药的激励约束机制，严控农村面源污染，强化农产品质量安全监管。深入实施“百千万”工程，加快农业科技创新和重大技术推广，提高农业生产全程机械化水平，健全农业产业化信息服务平台，建立新型职业农民培训机制，走产出高效、产品安全、资源节约、环境友好的现代农业发展道路。

大力发展现代服务业。着力培育新兴业态，推动电子商务、文化创意、互联网金融等产业融合发展，重点培育一批知名电子商务龙头企业和平台。积极发展研发设计、现代物流、融资租赁、信息技术服务、会展等生产性服务业，提升矿物宝石、汽车和农业等国际博览会办会水平。改造提升商贸流通、住宿餐饮、家政服务、健康养老、社区服务等生活性服务业。加快发展服务贸易，扩大技术、文化艺术、中医药等领域的服务出口和国际合作，积极承接离岸服务外包业务。促进旅游产业升级发展，加强以旅游交通、智慧旅游为重点的服务体系建设，构建资源优化、空间有序、产品丰富、品牌鲜明的旅游体系。

（二）全面深化改革开放，增强全社会发展活力

加快新一轮国企改革。坚持“因企制宜、一企一策”，推进国有资本运营平台组建、企业重组整合、混合所有制经济发展、企业办社会职能分离等试点工作。着力解决上轮国企改革遗留问题。推进政企、政资分开，基本完成党政机关、承担行政职能的事业单位与下属企业脱钩。

推进财税体制改革。清理规范税收等优惠政策，稳步推进“营改增”试点和资源税改革。建立全口

径预算管理、跨年度预算平衡机制和透明预算制度，进一步公开财政专项资金的申请、审批和执行结果。编制省级重大基础设施债务预算，控制政府性债务规模，完善债务风险预警机制。在环保、交通、水利等领域试行省市县事权与支出责任划分，省级财政专项压缩到100项以内。开展县级统筹整合涉农资金试点。推行政府购买服务。加强国库资金调度与管理。

推动投融资体制改革和金融创新。建立新兴产业股权投资基金，探索符合省情的PPP、资产证券化、股权融资等投融资模式。规范预算内投资管理。加快民营银行、省级金融资产管理公司建设。健全多层次资本市场体系，建设区域性股权交易市场，启动金融资产交易所、中小企业融资服务中心建设。加快农村信用社改革，支持设立村镇银行，实现融资担保服务县域全覆盖，扩大贫困地区信贷规模。规范发展小额信贷公司。完善大宗和特色农产品保险制度。加强金融风险防控，引导和规范民间融资。

深化农村各项改革。有序引导土地流转，发展适度规模经营。推进农村土地承包经营权确权登记颁证，开展农民合作社信用合作和担保、土地承包经营权抵押贷款、农房抵押融资、农村集体产权制度和宅基地制度改革等试点。加快推进省直管县改革。开展供销合作社综合改革。基本完成国有林场改革。

统筹推进社会事业改革。加快教育领域综合改革，实施招生考试制度改革，完善学生安全保障机制。深化文化体制改革，健全现代文化市场体系。深入推进医药卫生体制改革，巩固和完善基本药物制度，推动基本药物制度向县级以上和非政府办基层医疗机构、村卫生室延伸；研究建立分级诊疗制度，全面开展县级公立医院综合改革，深化城市公立医院综合改革试点，健全重大疾病保障和救助机制。推动不动产统一登记，建立配套制度体系。

大力激发非公有制经济活力。探索实行负面清单管理模式。进一步放开非公资本投资领域。鼓励有条件的非公企业创新经营和管理模式，建立现代企业制度。依法保障非公企业合法权益。继续推进商事制度改革，加强改革后的市场监管。

提高对外开放水平。发挥“一带一部”区位优势，大力推进水、路、空、铁四网联动，积极对接长三角、珠三角、北部湾、港澳台，建设高铁沿线地区经济增长带，发展临港、临空经济，主动服务“一带一路”战略，加强与京津冀地区的经济联系，融入长江经济带建设。稳定扩大外贸规模，培育加工贸易产业集群和出口基地，增加能源资源和关键设备技术的进口。提高引进外资质量，完善重大招商项目推进机制。整合对外交往资源，支持企业“走出去”，完善境外投资风险预警和信息服务机制，推动传统优势产业向外拓展。加快综合保税区项目入驻和配套，建设运营好各类进口口岸、加工贸易平台、跨境电商监管中心，拓展国际国内航班航线。推动口岸通关便利化，推进区域通关一体化合作。

（三）大力实施创新驱动发展战略，促进大众创业、万众创新

全面启动长株潭国家自主创新示范区建设。把示范区建设作为实现动力转换、结构优化、产业升级的重大战略机遇，在科研院所转制、科技成果转化、军民融合发展、科技金融、文化科技融合、人才引进、绿色发展等方面先行先试。加快创新型城市群建设，完善创新活动组织、创新资源配置和创新制度供给的统筹协调机制，集聚创新要素，整合创新力量，完善创新生态，提升创新品质，努力建设创新驱动发展引领区、科技体制改革先行区、军民融合创新示范区。

以产业化创新培育新的增长点。加强工程机械及汽车零部件、轨道交通、动力电池、高性能数字芯片等关键技术的集成攻关，促进互联网技术向研发设计、生产制造环节渗透，向管理、营销环节延伸，加快把新技术、新产品、新业态、新模式培育发展成新的增长点。

加快科技体制改革。建立由市场决定创新项目、经费分配和成果评价的机制。完善科技成果转化和推广体系，开展科技成果处置权、收益权试点。建设技术服务、成果交易、金融支持、科技企业孵化等服务载体，把创新成果转变成实实在在的产业活动。完善以企业为主体的技术创新体系，支持企业联合

高校和科研院所共建产学研合作平台、产业技术创新战略联盟。

鼓励全民创新创业。弘扬湖湘文化敢为人先的创新传统，完善人才评价、引进、培养、使用、激励机制，形成人尽其才、才尽其用、人才辈出的生动局面。落实支持创新创业的财税金融政策，完善创新创业公共服务平台。强化知识产权保护和运用，营造崇尚创新、宽容失败的氛围，让创新创业精神蔚然成风。

（四）优化经济发展空间格局，统筹区域城乡协调发展

建设更加秀美富饶的大湖经济区。以推进生态文明为主题，以创新体制机制为动力，着力保障生态安全、水安全和国家粮食安全。大力发展沿江环湖产业，努力构建和谐人水新关系、现代产业新格局、统筹城乡新福地、合作发展新平台。发挥岳阳作为融入长江经济带“桥头堡”的作用，将其培育成全省发展的新增长极。建设以洞庭湖区中心城市为枢纽、以环湖公路为纽带的综合交通体系，培育发展常德、益阳、津澧新城等中心城市，努力把洞庭湖区建设成为全省经济社会发展的新引擎。

统筹推进长株潭、湘南和大湘西地区发展。提升长株潭城市群的核心地位，申报建设湘江新区，把长株潭培育成为中西部地区发展新的增长极。以湘南承接产业转移示范区和试点县、重点县为平台，建设湘粤开放合作试验区，把湘南打造成为对外开放的重要窗口和门户。发挥大湘西地区生态资源和沪昆高铁优势，发展生态经济和特色产业，支持娄底资源型产业转型升级，把邵阳、怀化、吉首培育成各具特色的区域性中心城市，推进张家界旅游城市建设。坚持宜农则农、宜工则工、宜商则商、宜游则游，继续实施特色县域经济发展工程，培育充满活力的县域经济。

加快扶贫攻坚步伐。继续把自治州作为全省扶贫攻坚主战场，全面推进武陵山和罗霄山片区区域发展与扶贫攻坚。加大基本公共服务和扶贫济困力度，织好最低生活保障、新农合、新农保、农村义务教育“四张网”，保障贫困人口基本生活。实施精准扶贫，推动各种扶贫资源向建档立卡的贫困户、贫困村聚集。实施整村推进、雨露计划、危房改造等重点工程，推进水、电、路、气、房、环境整治“六到户”。加大产业扶贫力度，突出发展特色种养、特色加工、商贸物流、文化旅游等产业，建设一批省际边界区域性商贸物流中心。健全社会扶贫组织动员机制，完善干部驻村帮扶制度，建立贫困县考核、约束、退出机制。抓好库区移民后扶工作。

推进以人为核心的城镇化。健全空间规划体系，推进“多规合一”，促进新型城镇化规划与主体功能区、全面小康等重大规划的统筹衔接。加强规划的实施和监管，强化城市边界和生态红线的刚性控制，促进城区功能提升与山水生态保护、历史文化传承相结合。推进城市群、区域中心城市和小城镇协调发展，提高县级市和县城发展水平，推动重点镇加快发展。开展长沙、株洲和资兴市国家新型城镇化综合试点。强化城市公共设施的建设、运营和管理，完善城市应急管理、治安防控、救济救援体系。开展农业转移人口市民化成本分担机制改革试点，所有城镇原则上全面放开落户限制，将新落户人口纳入城镇社会保障、住房保障和公共服务体系。促进城乡一体规划、同步建设，逐步实现基本公共服务均衡配置。保护特色古村落，整治村容村貌和乡镇集市，建设一批美丽乡村。

（五）加快两型社会建设，共建共享美丽家园

多管齐下开展污染防治。加大水污染治理力度，全面完成湘江保护与治理省政府“一号重点工程”第一个“三年行动计划”。加强工业废水、生活污水、养殖污染等源头防控，实施生活垃圾无害化处置和资源化利用，加大株洲清水塘、湘潭竹埠港、衡阳水口山、郴州三十六湾、娄底锡矿山，以及邵阳龙须塘等其它重点区域的污染整治。大力推进雾霾治理，降低工业污染物排放强度，严控建筑工地和道路扬尘，推广清洁能源和新能源汽车，提高城市污染物扩散和消纳能力，抓好长株潭等重点地区的大气污染防治。完成重金属污染防治“十二五”规划，继续实施重金属污染耕地修复及农作物种植结构调整试点。

坚持不懈推进节能减排。强化能源消费总量和强度双控制，因地制宜发展绿色能源。突出分业施策和减量调整，严格执行节能节地节水和环境、技术、安全等市场准入标准。坚决淘汰落后产能、化解过剩产能，遏制产能盲目扩张。加快推进污水、垃圾处理设施和配套管网建设，加强污染治理设施日常运行监管。促进循环经济发展和资源综合利用，推进节能改造和节能技术产品产业化。支持环保企业发展，培育环保产业集群。

持之以恒加强生态文明建设。全面完成长株潭两型试验区第二阶段改革。加快自然资源及其产品价格改革；全面推行排污权有偿使用和交易，探索建立水权交易制度。建立健全生态补偿机制，推进“一市两县一片”主体功能区试点示范和武陵山片区、湘江源头生态文明先行示范区建设，创新昭山生态绿心保护发展模式。落实最严格的耕地保护、节约集约用地和水资源管理制度，对山水林田湖统一保护、统一治理，修复治理矿山生态，在重点生态敏感区域实施禁伐限伐，推进裸露山体复绿。加强两型标准体系建设和认证，完善节能环保监测监管机制，实行重大环境问题责任追究。倡导生态文明理念，推行低碳生活方式。

（六）切实改善民生，让发展成果更多更公平惠及人民群众

积极扩大就业。抓好高校毕业生、农村转移劳动力和退役军人等重点群体的就业工作，帮助下岗失业人员再就业，依法保障残疾人等困难群体就业。健全面向全体劳动者的职业培训制度，构建终身职业培训体系。完善收费减免、金融扶持等政策，支持劳动密集型产业、中小微企业、非公经济发展，扩大吸纳就业的容量。

提高居民收入水平。深化收入分配制度改革，规范收入分配秩序，优化收入分配格局，缩小收入分配差距。完善企业职工工资决定和正常增长机制，推进国有企业薪酬制度改革，深化机关事业单位工资和津补贴制度改革，研究实行县以下机关公务员职务与职级并行，以及乡镇机关事业单位人员工作补贴制度。完善最低工资标准调整机制和工资指导线制度，增强刚性约束。维护劳动者合法权益，落实同工同酬，增加农民和低收入者收入。

完善社会保障体系。推进机关事业单位养老保险制度改革，建立统一的城乡居民养老保险制度。加快推进医保城乡统筹，巩固完善医疗保险市级统筹，深化医疗保险支付方式改革。全面推进城乡居民大病保险制度，继续做好老工伤人员纳入工伤保险统筹管理工作。推进全民参保登记试点和五险合一征缴，企业退休人员基本养老金提高 10%，城乡居民基础养老金提高到 75 元，城乡居民基本医疗保险财政补贴标准提高到 380 元。完善社会救助体系，保障特殊困难群众基本生活。规范保障性住房分配和管理。加快完善社会养老服务体系。实施妇女儿童发展规划纲要，保障妇女儿童合法权益。关心和支持残疾人事业，加快发展公益慈善事业。

坚持为民办实事。重点实施 2015 年基本公共服务清单，抓好 15 项 24 个重点民生实事项目。1、建设农村公路 5000 公里，完成 1.5 万公里普通公路安保设施建设；2、解决 360 万农村人口饮水安全问题；3、新增城镇就业 70 万人；4、建设义务教育合格学校 500 所，建设农村公办幼儿园 200 所；5、推进“两房两棚”建设，改造农村（农垦）危房 13 万户，新增公共租赁住房 16 万套，改造城市棚户区 22 万套和国有工矿棚户区 1 万套；6、推进“两供两治”设施建设，新增管输天然气用户 32 万户，确保县以上城镇公共供水厂水质达标，县以上城镇污水处理率达到 90%以上、生活垃圾无害化处理率达到 95%以上；7、帮助 5000 名 0–7 岁残疾儿童实施抢救性康复；8、救治救助贫困重性精神疾病患者 1.1 万人，改扩建精神卫生服务机构 20 家；9、新增社会治安视频监控摄像头 3 万个；10、建设社区矫正中心 50 个；11、新增养老服务床位 2 万张；12、标准化改造 300 个农贸市场；13、推进 1200 个行政村环境综合整治；14、实现 40 个县的行政村广播“村村响”；15、改造 600 个行政村的配电网。

（七）统筹发展社会事业，保持社会和谐稳定

优先发展教育事业。加快建设教育强省，提升教育质量，促进教育公平。启动新一轮学前教育三年行动计划，推动义务教育资源向农村和老少边穷地区倾斜，支持普通高中多样化发展，促进高等教育内涵式发展。着力发展现代职业教育，深化产教融合、校企合作。加快推进教育信息化。加强师德师风建设，健全教师培训和流动机制。支持和规范民办教育发展。加强教育国际交流合作。完善教育资助政策，保障学生平等接受教育的权利。

推动文化大发展大繁荣。深入推进社会主义核心价值观建设，加强社会公德、职业道德、家庭美德、个人品德教育。出台现代公共文化服务体系建设实施意见，启动省级公共文化服务标准化试点，深入开展文化惠民活动。加强文物和非物质文化遗产的保护与利用，加快省博物馆改扩建等重点文化设施建设。加强文艺精品创作。发展和繁荣哲学社会科学。大力发展广播、电视、出版事业，建设中部地区工业创意中心和全国性互联网文化产业基地。推进老司城申遗。加快华声在线和体坛传媒上市。

积极发展医药卫生等社会事业。完善农村三级医疗卫生服务网络和城市社区卫生服务体系。继续加强重点传染病防控和精神卫生工作，有效控制艾滋病、结核病等重大传染性疾病，加大职业病防治。进一步发展中医药事业。加强农村医生培训。支持社会办医。加快健康产业园区建设。稳妥实施“单独两孩”政策，促进人口长期均衡发展。深入开展全民健身，发展壮大体育产业。实施 GDP 统一核算等统计制度改革，做好人口抽样调查。推进气象、地震等工作。

加强民主法制建设。自觉接受人大及其常委会监督，执行人大及其常委会的决议决定，支持人民政协参政议政，认真办理人大代表建议和政协委员提案，积极采纳民主党派、工商联和无党派人士的调研成果。发展基层民主，健全基层选举、议事、公开、述职、问责等机制，做好第九次社区居委会换届选举。支持司法机关依法独立行使职权。深入开展全民普法，提升社会法治化水平。进一步加强民族宗教工作。

推进多层次多领域依法治理。完善立体化社会治安防控体系，依法严厉打击暴力恐怖等违法犯罪活动。完善人民调解、行政调解、司法调解联动工作体系，做好社区矫正和法律援助工作。健全“党政同责、一岗双责、齐抓共管”和“管行业必须管安全、管业务必须管安全、管生产经营必须管安全”的工作机制和责任体系，深入推进“四大三基”三年行动计划，加快推进隐患排查治理体系和安全生产标准化建设。强化公共安全保障，提高突发事件应对能力。加快建立覆盖全过程的食品药品监管制度，深入开展食品药品安全重点专项整治，以最严格的监管、最严厉的处罚、最严肃的问责，保证食品药品安全。建立群众诉求依法有序表达、及时就地解决的机制，深入推进涉法涉诉信访改革，依法终结信访事项。健全基层综合服务管理平台，创新社区治理服务方式，发挥乡规民约在社会治理中的积极作用。加强虚拟社会管理，依法规范网络行为。

加强国防和后备力量建设。统筹推进军民融合深度发展，扎实抓好国防动员、民兵预备役、武警、人民防空及军事设施保护工作。深化兵役制度改革，提高兵员质量。广泛开展全民国防教育和双拥共建活动，认真落实军转安置任务。

三、贯彻依法治国基本方略，努力建设法治政府

坚持在宪法法律范围内活动，提高运用法治思维和法治方式解决问题、推动工作的能力，促进治理体系和治理能力现代化。

依法全面履行政府职能。推进行政机关机构、职能、权限、程序、责任法治化。全面公开政府权力清单、责任清单和负面清单。合理划分和依法规范各级政府事权。进一步减少和规范行政许可等审批事项。完成市、县政府机构改革和省直行政类事业单位改革。

完善行政决策机制。推进科学民主依法决策，严格执行公众参与、专家论证、风险评估、合法性审查、集体讨论决定等法定程序。建立健全重大决策终身责任追究及责任倒查机制。发挥院士专家咨询委员会等智库作用。推行政府法律顾问制度。

改革行政执法体制。健全统一领导、综合协调、分工协作的行政执法管理机制，推广相对集中执法权，推进综合执法。严格规范公正文明执法，在省直部门率先开展行政许可裁量权基准制订工作。

强化对行政权力的制约和监督。加强监督体系建设，支持监察、财政、审计、法制等部门开展监督，对公共资金、国有资产、国有资源、领导干部履行经济责任情况，实行审计监督全覆盖。完善政府内部层级监督，改进上级机关对下级机关的监督。完善行政复议制度和纠错问责机制。全面推行政务公开，加强电子政务平台建设，提高政府公信力和执行力。

持续加强作风建设。巩固党的群众路线教育实践活动成果，自觉践行“三严三实”，形成作风建设长效机制。完善“三公”经费、楼堂馆所、办公用房、会议经费、节庆活动、评比达标、招商引资、领导干部职务消费等管理制度。推进公务用车改革。进一步优化发展环境，加强社会信用体系建设，集中治理和解决办事难、乱检查、乱收费、乱处罚等问题。严肃廉政纪律，严格落实党风廉政建设责任制，严格执行招投标、项目审批、公共资源交易、国有资产处置等规定，坚决杜绝违法干预和插手工程、项目建设等行为，依法严厉查处腐败案件。

科学编制“十三五”规划是今年的一项重大任务。要从我省实际出发，深入研究新常态下的发展规律，准确把握面临的重大机遇和挑战，科学提出今后五年的发展目标和任务，使规划成为凝聚力量、指引发展的任务书、路线图。

各位代表，过去一年，我们众志成城、齐心协力，经受了考验、赢得了挑战。新的一年，我们要乘势而上、顺势而为，持之以恒、锲而不舍，全面完成“十二五”规划目标。我们要勇于变革、勇于创新，坚决破除路径依赖、思维定势和工作惯性，奋力开创转型发展新局面。我们要紧密团结在以习近平同志为总书记的党中央周围，在中共湖南省委的坚强领导下，求真务实、奋发有为，把人民的期待变成我们的行动，把人民的希望变成美好的现实，为早日建成全面小康社会而努力奋斗！

湖南省 2014 年国民经济和社会发展统计公报

湖南省统计局

2015 年 3 月 17 日

2014 年，面对复杂多变的国内外经济运行环境，湖南省委、省政府领导全省人民认真贯彻落实中央各项决策部署，继续坚持稳中求进的工作总基调，主动适应新常态，积极作为，大力促进“三量齐升”，有效推进“四化两型”，全面深化改革，全面推进小康社会建设，全省经济社会发展呈现稳中有进、稳中提质的良好局面。

一、综　合

初步核算，全省地区生产总值 27048.5 亿元，比上年增长 9.5%。其中，第一产业增加值 3148.8 亿元，增长 4.5%；第二产业增加值 12481.9 亿元，增长 9.3%；第三产业增加值 11417.8 亿元，增长 11.1%。按常住人口计算，人均地区生产总值 40287 元，增长 8.7%。

图1 2009-2014年地区生产总值及其增长速度

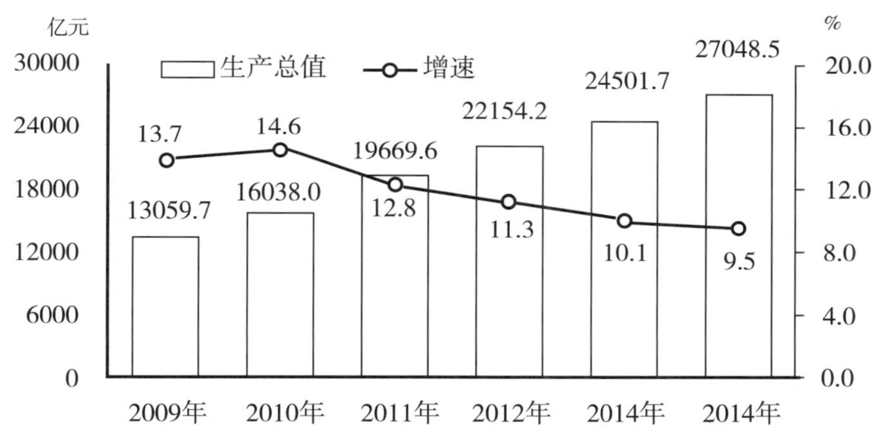

全省三次产业结构为 11.6∶46.2∶42.2，第三产业比重比上年提高 1.3 个百分点。工业增加值占地区生产总值的比重为 39.7%，比上年下降 0.9 个百分点；高新技术产业增加值占地区生产总值的比重为 19.0%，比上年提高 2.7 个百分点。第一、二、三次产业对经济增长的贡献率分别为 5.3%、47.5%和 47.2%。其中，工业增加值对经济增长的贡献率为 41.3%，生产性服务业增加值对经济增长的贡献率为 22.8%。非公有制经济增加值 15896.3 亿元，增长 10.3%，占地区生产总值的比重为 58.8%，比上年提高 0.9 个百分点。

分区域看，长株潭地区生产总值 11555.9 亿元,比上年增长 10.5%；湘南地区生产总值 5568.1 亿元，增长 10.2%；大湘西地区生产总值 4520.6 亿元，增长 8.3%；洞庭湖地区生产总值 6436.7 亿元，增长 10.1%。

二、农　业

第一产业中，农业实现增加值 2020.3 亿元，比上年增长 4.2%；林业增加值 225.5 亿元，增长 5.8%；牧业增加值 682.4 亿元，增长 4.7%；渔业增加值 220.6 亿元，增长 5.6%。

全省粮食播种面积497.5万公顷，比上年增长0.8%；棉花种植面积13.0万公顷，减少18.5%；糖料种植面积1.3万公顷，下降6.2%；油料种植面积142.5万公顷，增长3.0%；蔬菜种植面积133.0万公顷，增长3.6%。

全省粮食总产量3001.3万吨，比上年增长2.6%；油料、茶叶和蔬菜分别增产4.3%、10.8%和4.4%；棉花和烤烟产量分别减少34.8%和9.4%；猪、牛、羊肉类增产6.2%，禽蛋增产2.4%，牛奶增产4.5%，水产品增产6.0%。

全年新增农田有效灌溉面积2.0万公顷，比上年增长11.0%；新增节水灌溉面积1.4万公顷；开工各类水利工程6.2万处，投入资金248.0亿元，完成水利工程土石方8.6亿立方米；建设农村公路8283公里。

三、工业和建筑业

全省全部工业增加值10749.9亿元，比上年增长9.2%。规模以上工业增加值增长9.6%。规模以上工业新产品产值增长13%，占工业总产值比重为13.3%，比上年提高0.2个百分点。规模以上高加工度工业和高技术产业增加值分别增长13.5%和27.8%；增加值占规模以上工业的比重分别为36.6%和10.3%，比上年提高1个和1.3个百分点。六大高耗能行业增加值增长7.1%，占规模以上工业的比重为31.2%，比上年下降0.4个百分点。非公有制规模以上工业增加值增长11.8%。分区域看，长株潭地区规模以上工业增加值增长11.4%，湘南地区增长10.6%，大湘西地区增长9.0%，洞庭湖地区增长9.4%。

图2 2009-2014年全部工业增加值及其增长速度

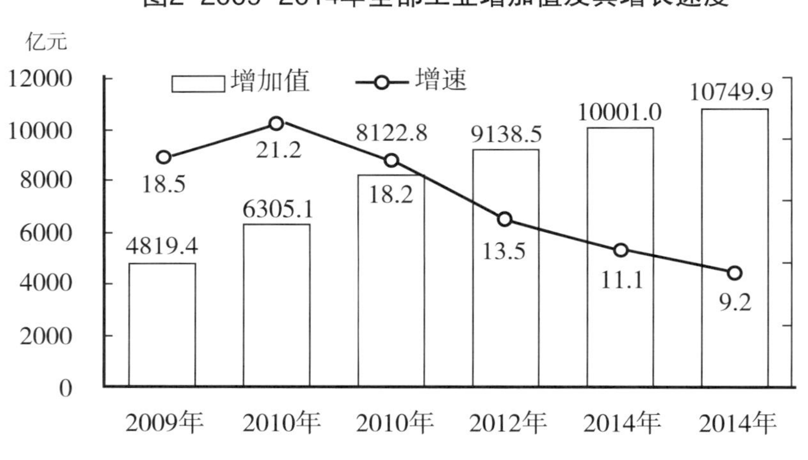

全省规模以上工业统计的主要工业产品中，产量比上年增长的有283种，占产品总数的比重为61.9%。大米1245.1万吨，增长7.6%；原油加工量800.0万吨，下降15.4%；水泥11991.3万吨，增长5.7%；钢材1989.3万吨，增长0.1%；十种有色金属283.1万吨，下降0.9%；混凝土机械7.4万台，增长5.4%；汽车62.1万辆，增长1.9%；发电量1241.9亿千瓦时，下降2.4%。

表1 2014年规模以上工业主要产品产量及其增长速度

产品名称	计量单位	产　　量	比上年增长（%）
原煤	万吨	5413.7	-23.2
原盐	万吨	280.9	9.3

表 1: 续

大米	万吨	1245.1	7.6
饲料	万吨	1619.1	3.7
精制食用植物油	万吨	298.8	8.4
卷烟	亿支	1743.8	2.2
机制纸及纸板	万吨	406.6	-4.7
原油加工量	万吨	800.0	-15.4
硫酸（折 100%）	万吨	397.6	7.9
烧碱（折 100%）	万吨	64.6	-13.9
合成氨	万吨	123.9	-19.5
农用化学肥料（折纯）	万吨	105.5	-21.4
水泥	万吨	11991.3	5.7
平板玻璃	万重量箱	1208.2	-33.1
生铁	万吨	1780.7	2.8
粗钢	万吨	1917.6	4.3
钢材	万吨	1989.3	0.1
十种有色金属	万吨	283.1	-0.9
白银	吨	8360.1	21.0
起重机	万吨	107.4	-21.4
混凝土机械	万台	7.4	5.4
汽车	万辆	62.1	1.9
其中：轿车	万辆	40.6	7.3
发电设备	万千瓦	136.6	0.5
交流电动机	万千瓦	1738.0	3.3
变压器	万千伏安	10415.8	3.4
发电量	亿千瓦时	1241.9	-2.4
其中：火电	亿千瓦时	749.2	-10.1
水电	亿千瓦时	466.1	10.9

规模以上工业企业盈亏相抵后实现利润 1523.2 亿元，比上年下降 3.7%。分经济类型看，国有企业实现利润 127.2 亿元，下降 1.9%；集体企业实现利润 13.1 亿元，下降 13.8%；股份合作制企业实现利润 3.3 亿元，下降 5.7%；股份制企业实现利润 1124.9 亿元，下降 3.3%；外商及港澳台商投资企业实现利润 123.5 亿元，下降 1.0%；其他内资企业实现利润 131.2 亿元，下降 10.1%。规模以上工业大类行业中，利润总额居前五位的是非金属矿物制品业、化学原料和化学制品制造业、烟草制品业、专用设备制造业、农副食品加工业，分别实现利润 140.6 亿元、132.8 亿元、115.5 亿元、110.5 亿元和 99.4 亿元。

全省建筑业增加值 1744.9 亿元，比上年增长 9.9%。具有资质等级的总承包和专业承包建筑企业实现利润 228.6 亿元，增长 20.1%。房屋建筑施工面积 47433.2 万平方米，增长 9.0%。房屋建筑竣工面积 16583.0 万平方米，增长 4.4%。

图3 2009-2014年建筑业增加值及其增长速度

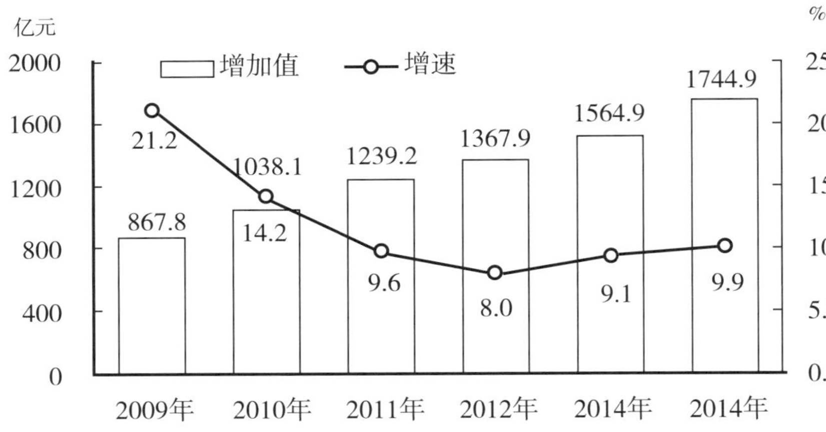

四、固定资产投资

全省固定资产投资（不含农户）21950.8 亿元，比上年增长 19.4%。分经济类型看，国有投资 6393.1 亿元，增长 14.7%；非国有投资 15557.7 亿元，增长 21.5%；民间投资 14409.8 亿元，增长 21.2%，占全部投资的比重为 65.6%，比上年提高 3.2 个百分点。分投资方向看，民生投资 1530.0 亿元，增长 40.6%；生态投资 809.9 亿元，增长 31.0%；基础设施投资 5012.0 亿元，增长 23.6%；高新技术产业投资 808.7 亿元，增长 14.7%；技改投资 7617.3 亿元，增长 9.3%；战略性新兴产业投资 4949.8 亿元，增长 17.7%。分区域看，长株潭地区固定资产投资 8776.2 亿元，增长 20.0%；湘南地区投资 4885.1 亿元，增长 22.6%；大湘西地区投资 3607.9 亿元，增长 17.2%；洞庭湖地区投资 4368.5 亿元，增长 20.9%。

表 2　2014 年分行业固定资产投资及其增长速度

指　　标	投资额（亿元）	比上年增长（%）
固定资产投资（不含农户）	21950.8	19.4
第一产业	710.0	34.9
第二产业	9321.2	15.9
其中：采矿业	679.9	5.0
制造业	7641.1	14.6
电力、热力、燃气及水生产和供应业	783.2	28.2
建筑业	238.1	54.4
第三产业	11919.6	21.4
其中：交通运输、仓储和邮政业	1559.9	12.9
信息传输、软件和信息技术服务业	121.1	30.1

表 2: 续

批发和零售业	965.5	63.1
住宿和餐饮业	299.2	21.1
金融业	75.1	30.0
房地产业	3732.5	12.3
租赁和商务服务业	419.4	16.6
科学研究和技术服务业	217.4	55.7
水利、环境和公共设施管理	2729.9	30.0
居民服务、修理和其他服务业	99.8	15.5
教育	417.5	38.1
卫生和社会工作	256.0	48.5
文化、体育和娱乐业	265.7	32.5
公共管理、社会保障和社会组织	590.5	–3.4

全省施工项目共有 40308 个，本年投产项目 29186 个。亿元以上项目 3154 个，完成投资 5542.9 亿元，占全部投资的比重为 25.3%。

全省房地产开发投资 2883.6 亿元，比上年增长 9.7%。其中，住宅投资 1998.5 亿元，增长 8.3%。商品房销售面积 5439.5 万平方米，下降 8.6%。其中，住宅销售面积 4852.3 万平方米，下降 10.3%。商品房销售额 2299.1 亿元，下降 9.0%。其中，住宅销售额 1858.6 亿元，下降 12.1%。

五、国内贸易和物价

全省社会消费品零售总额 10081.9 亿元，比上年增长 12.8%。分经营地看，城镇零售额 9062.5 亿元，增长 12.8%；乡村零售额 1019.4 亿元，增长 12.4%。分区域看，长株潭地区零售额 4355.4 亿元，增长 12.8%；湘南地区 1955.5 亿元，增长 12.8%；大湘西地区 1616.8 亿元，增长 12.6%；洞庭湖地区 2154.3 亿元，增长 12.7%。

限额以上法人批发和零售业商品零售额 4155.9 亿元，比上年增长 14.2%。其中，文化娱乐体育健康类零售额增长 16.8%，通过互联网实现的商品零售额增长 65.0%。分商品类别看，粮油、食品、饮料、烟酒类零售额增长 23.1%，服装、鞋帽、针纺织品类增长 12.9%，日用品类增长 18.8%，书报杂志类增长 15.9%，家用电器和音像器材类增长 12.3%，文化办公用品类增长 22.0%，机电产品及设备类增长 22.7%，汽车类增长 15.0%。

表 3　2014 年社会消费品零售额及其增长速度

指　　标	零售额（亿元）	比上年增长（%）
社会消费品零售总额	10081.9	12.8
按经营地分		
其中：城镇	9062.5	12.8
乡村	1019.4	12.4
按限额类别分		

表 3:续

其中：限额以上	5084.5	11.1
限额以上法人批发和零售业商品零售额	4155.9	14.2
其中：粮油、食品、饮料、烟酒类	508.0	23.1
服装、鞋帽、针纺织品类	311.5	12.9
化妆品类	47.5	16.6
金银珠宝类	70.4	8.3
日用品类	122.8	18.8
五金、电料类	50.7	27.6
体育、娱乐用品类	8.0	10.4
书报杂志类	73.5	15.9
电子出版物及音像制品类	3.9	26.2
家用电器和音像器材类	279.3	12.3
中西药品类	260.7	15.9
文化办公用品类	62.1	22.0
家具类	28.9	15.3
通讯器材类	44.9	20.1
煤炭及制品类	60.5	17.9
石油及制品类	805.1	4.7
建筑及装潢材料类	67.8	15.9
机电产品及设备类	39.3	22.7
汽车类	1184.6	15.0

全省居民消费价格比上年上涨 1.9%。其中，城市上涨 2.1%，农村上涨 1.4%。商品零售价格上涨 1.2%。工业生产者出厂价格下降 1.6%，工业生产者购进价格下降 2.1%。固定资产投资价格上涨 1.5%。农产品生产者价格下降 1.4%，农业生产资料价格上涨 0.2%。

表 4　2014 年居民消费价格比上年涨跌幅度

指　　标	比上年上涨（%）
居民消费价格	1.9
其中：食品	2.6
烟酒及用品	-0.5
衣着	1.7
家庭设备用品及维修服务	1.3
医疗保健和个人用品	2.1
交通和通信	0.2
娱乐教育文化用品及服务	3.0
居住	1.4

六、对外经济

全省进出口总额 1906.9 亿元，比上年增长 22.2%。其中，出口 1230.4 亿元，增长 33.9%；进口 676.5 亿元，增长 5.4%。分贸易方式看，一般贸易出口 866.4 亿元，增长 38.1%；加工贸易出口 321.5 亿元，增长 15.4%。分重点商品看，机电产品出口 516.2 亿元，增长 44.3%，占出口总额的比重为 42.0%，比上年提高 3.1 个百分点；高新技术产品出口 147.5 亿元，增长 43.4%，占出口总额的比重为 12.0%，比上年提高 0.8 个百分点；农产品出口 67.2 亿元，增长 22.6%。

表 5　2014 年进出口总额及其增长速度

指　　标	绝对数（亿元）	比上年增长（%）
进出口总额	1906.9	22.2
出口额	1230.4	33.9
按贸易方式分		
其中：一般贸易	866.4	38.1
加工贸易	321.5	15.4
按重点商品分		
其中：机电产品	516.2	44.3
高新技术产品	147.5	43.4
农产品	67.2	22.6
进口额	676.5	5.4
按贸易方式分		
其中：一般贸易	408.8	–5.0
加工贸易	214.0	9.5
按重点商品分		
其中：机电产品	253.4	32.7
高新技术产品	93.4	32.5
农产品	24.3	–16.6

全省实际利用外商直接投资 102.7 亿美元，比上年增长 17.9%。其中，第一产业 5.8 亿美元，增长 9.1%；第二产业 65.8 亿美元，增长 12.2%；第三产业 31.0 亿美元，增长 34.7%。新引进 3000 万美元以上外资项目 24 个。年内引进世界 500 强企业 3 家，截止 2014 年末，在湘投资的世界 500 强企业 134 家。实际引进境内省外资金 3300.8 亿元，增长 14.5%。其中，第一产业 104.6 亿元，增长 5.8%；第二产业 2128.0 亿元，增长 13.4%；第三产业 1068.1 亿元，增长 17.6%。引进亿元以上境内省外项目 803 个，增长 18.3%；实际到位资金 1655.3 亿元，增长 30.4%。

全省新签对外承包工程、劳务合作和设计咨询合同金额 51.9 亿美元，比上年增长 14.8%；实现营业额 40.8 亿美元，增长 23.3%；外派劳务 6.9 万人，增长 16.1%。新批境外投资企业 144 家，对外合同投资额 21.5 亿美元。

七、交通、邮电和旅游

全省客货运输换算周转量5137.6亿吨公里，比上年增长6.9%。货物周转量4159.3亿吨公里，增长7.7%。其中，铁路周转量858.3亿吨公里，减少11.5%；公路周转量2578.9亿吨公里，增长10.7%。旅客周转量1780.1亿人公里，增长5.5%。其中，铁路周转量891.2亿人公里，增长2.9%；公路周转量776.5亿人公里，增长7.6%；民航周转量109.6亿人公里，增长12.9%。

表6　2014年各种运输方式完成客货运输量及其增长速度

指　　标	计量单位	绝对数	比上年增长（%）
客货运输换算周转量	亿吨公里	5137.6	6.9
货运量	万吨	203587.4	10.0
其中：铁路	万吨	4477.2	-8.7
公路	万吨	172613.4	10.5
水运	万吨	25687.0	11.2
民航	万吨	6.3	3.0
管道	万吨	803.7	10.5
客运量	万人	162458.8	1.3
其中：铁路	万人	9556.7	4.8
公路	万人	150583.3	1.1
水运	万人	1448.8	-2.1
民航	万人	870.1	15.0

年末全省公路通车里程23.6万公里，比上年末增长0.4%。其中，高速公路通车里程5493公里，比上年末增加409公里。年末铁路营业里程4551.9公里，增长13.0%。其中，高速铁路1110公里，比上年末增加506公里。年末全省民用汽车保有量443.4万辆，增长11.5%；私人汽车保有量393.3万辆，增长20.2%；轿车保有量234.1万辆，增长20.1%。

全省邮电业务总量745.0亿元，比上年增长25.9%。其中，邮政业务总量81.2亿元，增长34.7%；电信业务总量663.8亿元，增长24.9%。年末局用交换机总容量669.4万门，减少23.0%。年末固定电话用户844.1万户，减少8.5%；移动电话用户4729.7万户，新增36.3万户。年末互联网宽带用户754.4万户，增长5.0%。

全省接待国内旅游者4.1亿人次，比上年增长14.4%；接待入境旅游者219.5万人次，减少4.8%。实现旅游总收入3050.7亿元，增长13.8%。其中，国内旅游收入3001.5亿元，增长14.1%；国际旅游外汇收入8亿美元，减少2.8%。

八、财政、金融和保险

全省一般公共预算收入 3629.7 亿元，比上年增长 9.5%。地方收入 2259.9 亿元，增长 11.3%。其中，税收收入 1438.2 亿元，增长 10.7%；非税收入 821.8 亿元，增长 12.3%。上划中央"两税"1047.3 亿元，增长 5.0%；上划中央所得税 317.1 亿元，增长 13.1%。全省一般公共预算支出 5024.5 亿元，增长 7.1%。其中，一般公共服务、教育、社会保障和就业、医疗卫生与计划生育、城乡社区、农林水和住房保障分别支出 674.4 亿元、822.9 亿元、674.0 亿元、414.2 亿元、456.3 亿元、536.2 亿元和 192.6 亿元，增长 15.0%、1.7%、7.7%、7.8%、17.5%、3.8%和 10.3%。

表 7　2014 年公共财政收入与支出

指　　标	绝对数（亿元）	比上年增长（%）
一般公共预算收入	3629.7	9.5
其中：地方收入	2259.9	11.3
其中：税收收入	1438.2	10.7
非税收入	821.8	12.3
上划中央“两税”	1047.3	5.0
上划中央所得税	317.1	13.1
一般公共预算支出	5024.5	7.1
其中：一般公共服务	674.4	15.0
教育	822.9	1.7
科学技术	59.1	6.5
文化体育与传媒	80.6	17.0
社会保障和就业	674.0	7.7
医疗卫生与计划生育	414.2	7.8
节能环保	129.2	0.4
城乡社区事务	456.3	17.5
农林水事务	536.2	3.8
住房保障	192.6	10.3

年末全省金融机构本外币各项存款余额 30255.6 亿元，比年初新增 3376.5 亿元。其中，单位存款余额 12357.4 亿元，比年初新增 1372.2 亿元；个人存款余额 16767.1 亿元，比年初新增 1982.6 亿元。本外币各项贷款余额 20783.1 亿元，比年初新增 2524.4 亿元。其中，短期贷款余额 6059.0 亿元，比年初新增 386.4 亿元；中长期贷款余额 14312.7 亿元，比年初新增 2007.8 亿元。其中，房地产开发、中小企业和保障性住房开发贷款余额分别为 1196.9 亿元、7345.7 亿元和 280.0 亿元。

表 8　2014 年末金融机构本外币存贷款余额及其新增额

指　　标	年末余额（亿元）	比年初新增额（亿元）
各项存款余额	30255.6	3376.5
其中：单位存款	12357.4	1372.2
个人存款	16767.1	1982.6
其中：人民币存款	30073.4	3316.7
各项贷款余额	20783.1	2524.4
其中：短期贷款	6059.0	386.4
中长期贷款	14312.7	2007.8
其中：人民币贷款	20356.4	2464.0

年末全省上市公司数量 93 家。其中，境内上市公司 78 家，境外上市公司 15 家。全省全年直接融资总额达 1856.3 亿元，增长 30.7%。其中，通过首发、增发、配股、发公司债共筹集资金 403.7 亿元，增长 181.7%。年末全省证券公司营业部 255 家，证券交易额 41662.6 亿元。辖区共有期货公司 3 家，成交金额 94485.7 亿元。

全年保险公司保费收入 587.7 亿元，比上年增长 15.6%。其中，寿险保费收入 317.0 亿元，增长 10.8%；健康险保费收入 43.5 亿元，增长 33.0%；意外伤害险保费收入 16.0 亿元，增长 15.5%；财产险保费收入 211.3 亿元，增长 20.2%。各项赔款和给付支出 226.3 亿元，增长 17.4%。

九、教育和科学技术

年末全省有普通高校 109 所。普通高等教育研究生毕业生 1.9 万人，本专科毕业生 29.6 万人，中等职业教育毕业生 20.5 万人，普通高中毕业生 32.0 万人，初中学校毕业生 65.2 万人，普通小学毕业生 74.1 万人。在园幼儿 203.2 万人，比上年增长 6.2%。小学适龄儿童入学率 99.96%，高中阶段教育毛入学率 89.0%。各类民办学校 11699 所，在校学生 234.0 万人。落实农村义务教育保障资金 69.5 亿元，发放普通高中国家助学金 2.6 亿元，发放高校国家奖学金、助学金 10.6 亿元。发放中职国家助学金 2.3 亿元，资助中职学生 30.7 万人次；落实中职免学费资金 11.2 亿元，资助中职学生 92.4 万人次。

表 9　2014 年各级学校招生、在校及毕业生人数及其增长速度

指　　标	招生人数		在校（学）人数		毕业人数	
	绝对数（万人）	比上年增长（%）	绝对数（万人）	比上年增长（%）	绝对数（万人）	比上年增长（%）
研究生教育	2.1	1.9	6.6	1.5	1.9	10.0
普通高等教育	34.5	5.8	113.6	3.2	29.6	0.5
中等职业教育	22.7	-0.7	64.5	-0.9	20.5	-13.5
普通高中	36.5	-2.2	105.7	1.5	32.0	1.2
初中学校	74.5	-2.8	220.6	3.0	65.2	-2.1

表 9:续

普通小学	81.4	-4.0	473.8	1.3	74.1	-3.8
特殊教育	0.3	32.9	1.6	55.4	0.1	-29.3

年末全省有国家工程技术研究中心 14 个，省级工程技术研究中心 168 个。国家级重点实验室 12 个，省级重点实验室 125 个。国家认定企业技术中心 33 个。签订技术合同 4879 项，技术合同成交金额 97.7 亿元。登记科技成果 953 项。获得国家科技进步奖励成果 20 项、国家技术发明奖励 3 项、国家自然科学奖 2 项。超级杂交稻百亩连片平均亩产达到 1026.7 公斤，国内首条、世界第二条 8 英寸 IGBT 专业芯片生产线投产，长沙超算中心投入使用。专利申请量 44194 件，比上年增长 6.9%。其中，发明专利申请量 14474 件，增长 21.2%。专利授权量 26637 件，增长 9.2%。其中，发明专利授权量 4160 件，增长 15.1%。企业、大专院校和科研单位专利申请量分别为 23524 件、5806 件和 596 件，专利授权量分别为 15126 件、3040 件和 319 件。高新技术产业增加值 5147.5 亿元，增长 20.7%。

图4 2009-2014年专利申请量和授权量

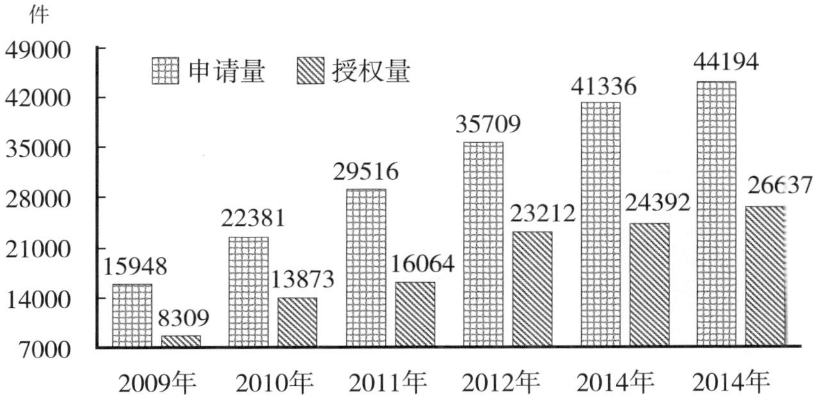

年末全省有产品检测实验室 1716 个，新增 63 个。其中，国家产品质量监督检验中心 19 个，新增 1 个。法定计量检定机构 103 个，特种设备检验机构 104 个，重点工业产品质量监督抽查 10065 批次。参与制定国家标准 25 项，组织制定地方标准 153 项。测绘部门公开出版地图 111 种，为经济社会发展提供大地成果 275000 点、航摄成果 31700 片、基础地理信息数据成果 59291 幅。

十、文化、卫生和体育

年末全省有艺术表演团体 103 个，群众艺术馆、文化馆 142 个，公共图书馆 136 个，博物馆、纪念馆 103 个。广播电台 13 座，电视台 15 座。有线电视用户 878.0 万户，比上年增加 36.9 万户。广播综合人口覆盖率 93.48%，电视综合人口覆盖率 97.51%，分别比上年提高 0.23 个和 0.11 个百分点。国家级非物质文化遗产保护目录 116 个，省级非物质文化遗产保护目录 220 个。出版图书 11300 种、期刊 247 种、报纸 85 种，图书、杂志、报纸出版总印数分别为 3.7 亿册、1.4 亿册和 13.6 亿份。

年末全省共有卫生机构 61572 个。其中，医院 1018 个，妇幼保健院（所、站）139 个，专科疾病防治院（所、站）86 个，乡镇卫生院 2298 个，社区卫生服务中心（站）666 个，诊所、卫生所、医务室 9584 个，村卫生室 44699 个。卫生技术人员 34.1 万人，比上年增长 5.5%。其中，执业医师和执业助理医师 13.3

万人，增长 4.6%；注册护士 13.6 万人，增长 8.4%。医院拥有床位总数 24.8 万张，增长 15.3%。乡镇卫生院拥有床位总数 8.4 万张，增长 8.0%。

全省经常参加体育锻炼人数 2369.1 万人，开展全民健身项目 2453 项次。新建农民体育健身工程的行政村 5000 个。全年获得 8 个世界冠军、18 个亚洲冠军和 49 个全国冠军。体育场地 72926 个。其中，体育馆 218 座，运动场（含体育场、小运动场、田径场）5778 个，游泳池（含游泳跳水场馆）388 个，各种训练房（含综合房及专项训练房）3444 个。

十一、人口、人民生活和社会保障

年末全省常住人口 6737.2 万人。其中，城镇人口 3320.1 万人，城镇化率 49.28%，比上年末提高 1.32 个百分点。全年出生人口 90.8 万人，出生率 13.52‰；死亡人口 46.3 万人，死亡率 6.89‰；人口自然增长率 6.63‰。0–15 岁（含不满 16 周岁）人口 1303.6 万人，占常住人口的 19.35%；16–59 岁（含不满 60 周岁）人口 4307.1 万人，占常住人口的 63.93%；60 岁及以上人口 1126.5 万人，占常住人口的 16.72%。年末从业人员 4056 万人，比上年末增加 19.5 万人。

表 10　2014 年末常住人口数及构成

指　　标	年末数（万人）	比重（%）
常住人口	6737.2	100
其中：城镇	3320.1	49.28
乡村	3417.1	50.72
其中：男性	3471.1	51.52
女性	3266.1	48.48
其中：0–15 岁（含不满 16 周岁）	1303.6	19.35
16–59 岁（含不满 60 周岁）	4307.1	63.93
60 岁及以上	1126.5	16.72
其中：65 岁及以上	742.4	11.02

全省全体居民人均可支配收入 17622 元，比上年增长 10.1%，扣除价格因素实际增长 8.0%。其中，城镇居民人均可支配收入 26570 元，比上年增长 9.1%，扣除价格因素实际增长 6.9%；农村居民人均可支配收入 10060 元，增长 11.4%，扣除价格因素实际增长 9.9%。分区域看，长株潭地区居民人均可支配收入 28287 元，增长 9.6%；湘南地区 16541 元，增长 10.0%；大湘西地区 11683 元，增长 10.2%；洞庭湖地区 16061 元，增长 10.1%。

全省城镇居民人均消费支出 18335 元，比上年增长 8.7%；农村居民人均生活消费支出 9025 元，增长 15.2%。城镇居民食品消费支出占消费总支出的比重（恩格尔系数）为 30.5%，农村居民为 34.3%。

图5 2009-2014年城镇居民人均可支配收入及其实际增长速度

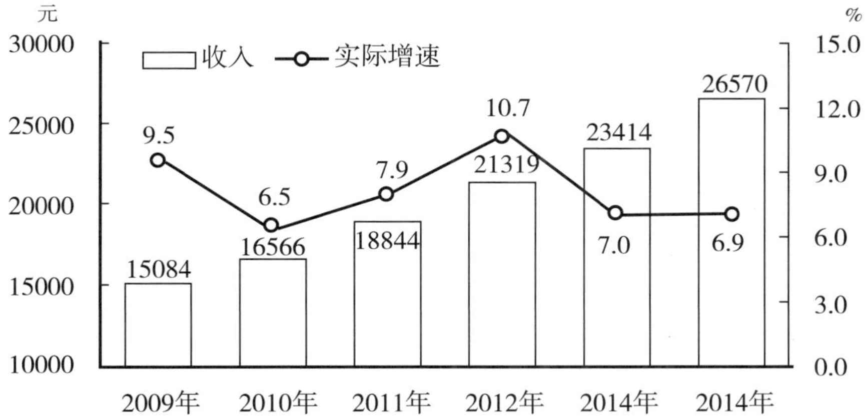

图6 2009-2014年农村居民人均纯收入及其实际增长速度

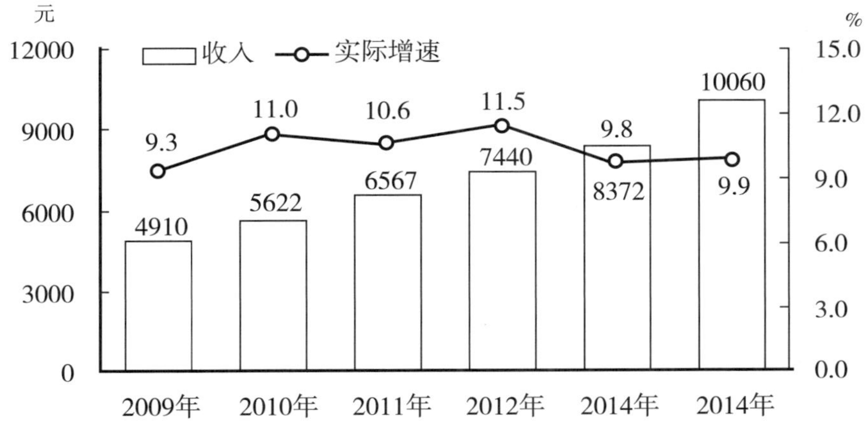

全省新增城镇就业人员 82.7 万人。年末参加城镇基本养老保险职工人数 1118.3 万人，比上年末增加 26.6 万人。其中，参保职工 769.4 万人，参保离退休人员 348.9 万人。参加城镇基本医疗保险人数 2298.4 万人。其中，城镇职工基本医疗保险参保人数 807.8 万人，城镇居民基本医疗保险参保人数 1490.6 万人。参加失业保险职工人数 509.5 万人，增加 47.8 万人。参加工伤保险职工人数 748.0 万人，增加 17.0 万人。参加生育保险职工人数 537.6 万人，增加 1.8 万人。新型农村养老保险登记参保人数 3284.0 万人。参加新型农村合作医疗人数 4796.5 万人（不含长沙），参合率 99.3%。年末领取失业保险金职工人数 14.1 万人。城市最低生活保障标准 360 元/月，月救助水平达 266 元；农村最低生活保障标准 204 元/月，月救助水平达 120 元。发放城镇居民最低生活保障经费 43.7 亿元，发放农村居民最低生活保障经费 42.1 亿元。年末各类收养性社会福利单位床位 18.4 万张，收养各类人员 13.7 万人。城镇建立各种社区服务设施 7714 个，其中综合性社区服务中心 2585 个。全年销售社会福利彩票 72.9 亿元，筹集社会福利资金 20.1 亿元；直接接收社会捐赠 1.9 亿元。解决农村 368.6 万人饮水不安全问题，改扩建 169 所乡镇敬老院，支持 11.7 万户农村危房改造。

十二、资源、环境和安全生产

全省已发现矿种 143 种，探明资源储量矿种 108 种。其中，能源矿产 7 种，金属矿产 38 种，非金属矿产 61 种，水气矿产 2 种。实施地质勘查项目（含续作项目）381 个，实施老矿山边深部找矿项目 17 个，新发现大中型矿产地 5 处。完成资源整合的重点矿区 14 个，完成资源整合的重要矿种 4 种。国家地质公园 12 个，地质遗迹保护区 4 个。实施省以上土地综合整治项目 291 个，整治土地 16.8 万公顷。

全省设市城市污水处理率 89.9%，比上年提高 1.5 个百分点；设市城市生活垃圾无害化处理率 99.7%，提高 3.7 个百分点。11 个城市空气质量达到二级标准，增加 2 个。实际监测的地表水断面中，达到 III 类标准的比重为 82.6%。已批准建设自然保护区 190 个，面积 136.1 万公顷。其中，国家级自然保护区 22 个，省级自然保护区 26 个。全年完成造林面积 39.2 万公顷，退耕还林工程造林面积 2 万公顷，新增综合治理水土流失面积 426.1 平方公里。年末实有封山（沙）育林面积 96.8 万公顷，活立木蓄积 4.8 亿立方米；森林覆盖率 59.57%，比上年提高 2.05 个百分点。

初步核算，全省规模工业综合能源消费量 6525.8 万吨标准煤，比上年下降 3.4%。其中，六大高耗能行业综合能源消费量 5153.95 万吨标准煤，下降 3.6%。万元规模工业增加值能耗 0.65 吨标准煤/万元。化学需氧量、二氧化硫、氨氮、氮氧化物排放量分别比上年削减 1.6%、2.7%、2.1%和 6.0%。

全省全年发生各类安全生产事故 5522 起，比上年下降 5.0%；经营性生产安全事故死亡人数 995 人，下降 6.4%。亿元 GDP 事故死亡人数 0.08 人，下降 16.5%；工矿商贸从业人员十万人事故死亡人数 1.21 人，下降 3.2%；煤矿百万吨死亡人数 1.07 人，下降 18.9%。全年发生道路交通事故 8785 起，增长 0.7%；道路交通死亡率 2.02 人/万辆，下降 7.3%。

注释：

1.本公报数据均为初步统计数，部分数据因四舍五入的原因，存在与分项合计不等情况。

2.地区生产总值、各产业增加值绝对数按现价计算，增长速度按不变价计算。

3.根据《国民经济行业分类》（GB/T4754-2011），2013 年国家统计局对三次产业划分进行了修订，将“农、林、牧、渔业”中的“农、林、牧、渔服务业”，“采矿业”中的“开采辅助活动”，“制造业”中的“金属制品、机械和设备修理业”等三个大类调入第三产业，2014 年三次产业数据按照此标准进行统计。

4.长株潭地区是指长沙、株洲和湘潭 3 市，湘南地区是指衡阳、郴州和永州 3 市，大湘西地区是指邵阳、张家界、怀化、娄底和湘西自治州 5 市（州），洞庭湖地区是指岳阳、益阳和常德 3 市。因区域划分调整，大湘西地区和洞庭湖地区 2014 年数据与 2013 年不可比。

5.根据有关规定，对外贸易改用人民币计价。

6.小学适龄儿童入学率指调查范围内已入小学学习的学龄儿童占校内外学龄儿童总数的百分比。

7.高中阶段教育毛入学率主要反映高中阶段教育覆盖面，是指高中阶段在校生总数占 15—17 岁学龄人口数的百分比。

8.根据《国家体育总局、教育部、铁道部、国家旅游局关于开展第六次全国体育场地普查工作的通知》，湖南省以 2013 年 12 月 31 日为标准时点对全省（除铁路、军队系统外）各系统、各行业、各种所有制形式的类体育场地，开展了第六次全国体育场地普查。按照普查标准，2014 年对全省上年体育场地相关数据进行了修正。

9.常住人口是指实际经常居住在某地区一定时间的人口。按人口普查和抽样调查规定，主要包括：居住在本乡镇街道、户口在本乡镇街道或户口待定的人，居住在本乡镇街道、离开户口所在的乡镇街道半年以上的人，户口在本乡镇街道、外出不满半年或在境外工作学习的人。

10.2014 年年末，全省 0−14 岁（含不满 15 周岁）人口为 1236.3 万人，15−59 岁（含不满 60 周岁）人口为 4374.7 万人。

11.2012 年四季度，国家统计局开始实施城乡一体化住户调查改革，统一了城乡居民收入名称、分类和统计标准。2014 年，国家统计局湖南调查总队计算了城乡可比的新口径全省居民人均可支配收入，同时将农村居民人均纯收入改为农村居民人均可支配收入，2013 年及以前年份农村居民收入仍为纯收入。

12.2014 年，根据相关规定，湖南对提供住宿的社会服务机构、社区服务中心进行归类清理，相应数据口径有所调整。

13.能耗数据为国家统计局初步审核数据。

资料来源：

本公报中财政数据来自省财政厅；物价、城乡居民收入和支出、恩格尔系数、部分农业数据来自国家统计局湖南调查总队；铁路客货运输量、周转量数据来自石长铁路有限责任公司、广州铁路(集团)公司和南昌铁路局；公路客货运输量、周转量，水路客货运输量数据来自省交通运输厅；民航客货运输量、周转量数据来自省机场管理集团有限公司；管道货运量数据来自中国石化集团资产经营管理有限公司长岭分公司、中国石化集团资产经营管理有限公司巴陵石化分公司、中国石化股份有限公司长岭分公司、中国石化销售有限公司华中分公司湖南输油管理处、长沙新奥燃气有限公司；电信业务量、移动电话用户数、固定电话用户数、互联网宽带用户数来自省电信公司、省移动公司、省联通公司和省铁通公司；邮政业务量来自省邮政管理局；旅游数据来自省旅游局；存贷款数据来自中国人民银行长沙中心支行；上市公司数据来自省人民政府金融工作办公室；证券数据来自中国证券监督管理委员会湖南监管局；保险业数据来自中国保险监督管理委员湖南监管局；教育数据来自省教育厅；科技数据来自省科技厅；专利数据来自省知识产权局；质量检测、行业标准数据来自省质量技术监督局；矿产资源、地质公园遗迹、土地和测绘数据来自省国土资源厅；艺术表演团体、博物馆、公共图书馆、文化馆、非物质文化遗产保护数据来自省文化厅；广播、电视、报纸、期刊、图书数据来自省新闻出版广电局；卫生、新农合数据来自省卫生和计划生育委员会；体育数据来自省体育局；城镇新增就业、社会保险数据来自省人力资源和社会保障厅；城乡低保、社会福利、社区服务、敬老院、社会捐赠数据来省自省民政厅；治理水土流失、农村饮水安全数据来自省水利厅；农村危房改造、污水和垃圾处理数据来自省住房和城乡建设厅；自然保护区、造林、育林、活立木、森林覆盖率数据来自省林业厅；空气和地表水质量、污染物排放数据来自省环境保护厅；安全生产数据来自省安全生产监督管理局；道路交通事故数据来自省公安厅；其他数据来自省统计局。

Hunan Province Statistical Communiqué for the 2014 National Economic and Social Development

Hunan Bureau of Statistics

March 17, 2015

In 2014, faced with the complicated and changeable domestic and foreign economic state, CPC Hunan Provincial Committee and Hunan Provincial People's Government led the people of Hunan Province to earnestly implement every decision of the Central Committee, continued to insist on the general keynote of trying to make progress in stabilization, actively adapted to the new normal, positively took actions, strongly promoted "The Three Measurements", effectively propelled "Four Modernizations and Two Types", comprehensively deepened the reforms, and comprehensively promoted the construction of a well-off society. The economic and social development of Hunan province presented a favorable situation where progresses were made and qualities were promoted in stabilization.

I. General Outlook

In 2014, after preliminary accounting, Hunan's gross domestic product (GDP) for the year was 2,704.85 billion Yuan, up by 9.5 percent over the previous year. Out of this total, the added value of the primary industry was 314.88 billion Yuan, a 4.5 percent increase;that of the secondary industry was 1,248.19 billion Yuan, up by 9.3 percent; that of the tertiary industry was 1,141.78 billion Yuan, rising by 11.1 percent. Calculated over permanent population, the Per Capita GDP turned out to be 40,287 Yuan, up by 8.7 percent.

Figure1 Gross Domestic Product and the Growth Rates,2009–2014

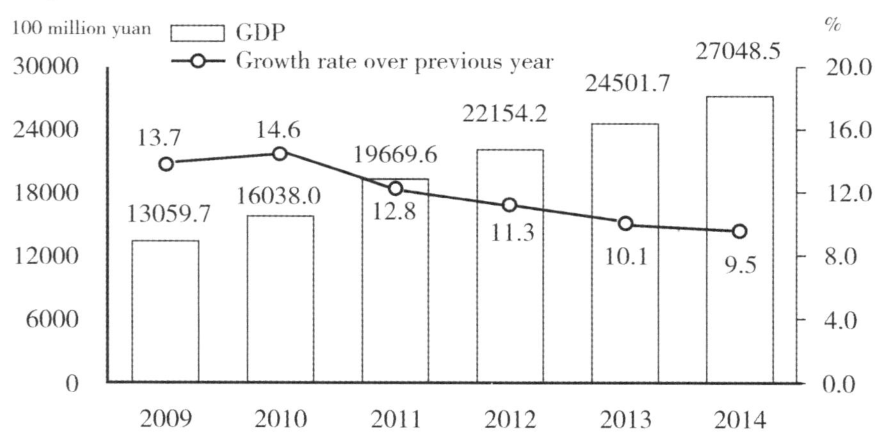

The proportion of the three industries in Hunan Province was calculated as 11.6:46.2:42.2, and the tertiary industrial proportion increased by 1.3 percentage points over the previous year. The added value of the secondary industry accounted for 39.7 percent of Hunan's GDP, down by 0.9 percentages over the preceding year. The added value of the high and new technology industry accounted for 19.0 percent, up by 2.7 percentages over the preceding year. The contribution rate of the primary, secondary and tertiary industry to economic growth was 5.3

percent, 47.5 percent and 47.2 percent respectively. Of the total, the contribution rate of industrial added value to economic growth was 41.3 percent, and that of the added value of product services to economic growth was 22.8 percent. The added value of non-public sectors of the economy was 1,589.63 billion Yuan, up by 10.3 percent. And it accounted for 58.8 percent of Hunan's GDP, up by 0.9 percentage points over the previous year.

Looking from regions, the GDP of Changsha-Zhuzhou-Xiangtan (CZT) region was 1,155.59 billion Yuan, up by 10.5 percent over the previous year; The GDP of south Hunan was 556.81 billion Yuan, up by 10.2 percent; The GDP of large western Hunan was 452.06 billion Yuan, up by 8.3%; The GDP of Dongting Lake areas was 643.67 billion Yuan, up by 10.1 percent.

II. Agriculture

In primary industry, the added value of farming was 202.03 billion Yuan, up by 4.2 percent, and that of forestry was 22.55 billion Yuan, up by 5.8 percent, meanwhile, that of animal husbandry was 68.24 billion Yuan, up by 4.7 percent, and that of fishery was 22.06 billion Yuan, up by 5.6 percent.

The grain sown areas were 4,975,000 hectares, experiencing an increase of 0.8 percent compared with that in the previous year; the planting areas for cotton were 130,000 hectares, down by 18.5 percent; sugar crops were 13,000 hectares, a decrease of 6.2 percent; oil-bearing crops were 1,425,000 hectares, up by 3.0 percent; and the sown areas of vegetables were 1,330,000 hectares, up by 3.6 percent.

The total output of grain in 2014 was 30,013,000 tons, increased by 2.6 percent over the previous year; that of oil-bearing crops, tea and fruits increased by 4.3 percent, 10.8 percent and 4.4 percent respectively; that of cotton and flue-cured tobacco decreased by 34.8 percent and 9.4 percent respectively; The increase of total output for meat is 6.2 percent, 4.5 percent for milk, 6.0 percent for aquatic products.

Over 20,000 hectares of farmland was increased owing to effective irrigation systems, up by 11.0 percent over the previous year; another 14,000 hectares of farmland was guaranteed by water-saving irrigation systems; there were 62,000 water conservancy projects under construction with an investment of 24.8 billion Yuan; a total area of 860 million cubic meters of earth and stone was covered; and 8,283 kilometers of rural highway was built.

III. Industry and Construction

The total added value of the industry sector was 1,074.99 billion Yuan, a year-on-year increase of 9.2%. The value added of industrial enterprise above designated size grew by 9.6%. The output value for new products of industrial enterprise above designated size increased by 13%, which took up 13.3% of industrial total value, 0.2 percentage points higher than the previous year. The value added of high-processing industry and high-tech industry above designated size rose by 13.5% and 27.8% respectively. In the industrial enterprises above designated size, the value added of high-processing industry and high-tech industry respectively took up 36.6% and 10.3% of the total,1.0 percentage points and 1.3 percentage points higher than that of the previous year. The growth of the value added for six major high energy consuming industries was 7.1%, accounting for 31.2% of industrial enterprise above designated size, 0.4 percentage points lower than that of the previous year. The growth of value added of non-public industrial enterprise above designated size reached 11.8%. In terms of regions, the value added of industrial enterprise above designated size in Changsha-Zhuzhou-Xiangtan(CZT) areas, southern Hunan, western Hunan and Dongting Lake areas grew by 11.4%, 10.6%, 9.0% and 9.4% respectively.

Figure 2:The Total Value Added of the Industry and the Growth Rates,2009–2014

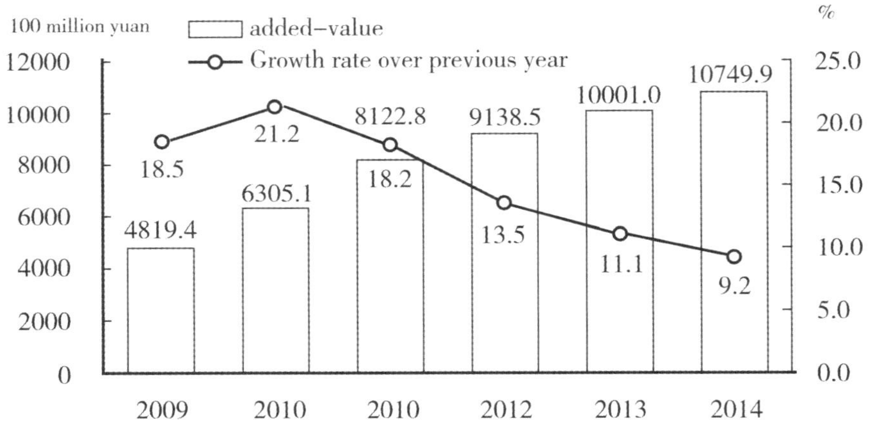

In the statistics of industrial products about the industrial enterprises above designated size, there are 283 kinds of industrial products increased, which accounted for 61.9% of the whole industrial products. The output of rice was 12.451 million tons, up by 7.6%; the output of crude processing volume was 8,000 thousand tons, a decrease of 15.4%; the output of cement reached 119.913 million tons, an increase of 5.7%; the output of rolled steel was 19.893 million tons, up by 0.1%; the output of ten kinds of non-ferrous metal was 2.831 million tons, a decrease of 0.9%; the output of concrete machineries totaled 74 thousand, up by 5.4%; the output of cars was 621 thousand, up by 1.9%; and the electric energy production was 124.19 billion kilowatt-hours, a decrease of 2.4%.

Table 1: Outputs and Growth rates of Major Products in Industries above Designated Size, 2014

Product	Unit	Output	Increase over 2013（%）
Raw Coal	10,000 tons	5413.7	-23.2
Crude Salt	10,000 tons	280.9	9.3
Rice	10,000 tons	1245.1	7.6
Feedstuff	10,000 tons	1619.1	3.7
Edible Vegetable Oil	10,000 tons	298.8	8.4
Cigarette	100 million	1743.8	2.2
Machine-made Paper and Paperboard	10,000 tons	406.6	-4.7
Crude Processing Volume	10,000 tons	800	-15.4
Sulfuric Acid（converted into 100%）	10,000 tons	397.6	7.9
Caustic Soda（converted into 100%）	10,000 tons	64.6	-13.9
Synthetic Ammonia	10,000 tons	123.9	-19.5
Chemical Fertilizers（converted into pure）	10,000 tons	105.5	-21.4
Cement	10,000 tons	11991.3	5.7
Plate Glass	10,000 weight cases	1208.2	-33.1
Pig iron	10,000 tons	1780.7	2.8
Crude Steel	10,000 tons	1917.6	4.3
Rolled Steel	10,000 tons	1989.3	0.1
Ten kinds of Nonferrous Metals	10,000 tons	283.1	-0.9
Silver	tons	8360.1	21
Jack-up Equipment	10,000 tons	107.4	-21.4
Concrete Machinery	10,000 units	7.4	5.4

Motor Vehicles	10,000 units	62.1	1.9
Of which: Car	10,000 units	40.6	7.3
Power Generating Equipment	10,000 kilowatts	136.6	0.5
AC Electric Motor	10,000 kilowatts	1738	3.3
Transformer	10,000 KVA	10415.8	3.4
Electricity	100 million kilowatt-hours	1241.9	-2.4
Of which: Thermal power	100 million kilowatt-hours	749.2	-10.1
Hydropower	100 million kilowatt-hours	466.1	10.9

The profits after balancing out between deficits and surpluses of industrial enterprises above designated size was 152.32 billion Yuan, down by 3.7% compared with last year. Grouped by ownership, the profits of the state-owned enterprises was 12.72 billion Yuan, a decrease of 1.9%; that of the collective enterprises was 1.31 billion Yuan, down by 13.8%; that of the share collaboration enterprises was 330 million Yuan, down by 5.7%; that of the share-holding enterprises was 112.49 billion Yuan, a decrease of 3.3%; that of the enterprises by foreign investors and investors from Hong Kong, Macao and Taiwan was 12.35 billion Yuan, down by 1.0%; that of other domestic-funded enterprises was 13.12 billion Yuan, down by 10.1%. Among industrial sectors above designated size, the total profits in the top five were manufacture of non-metallic mineral products, manufacture of raw chemical materials and chemical products, manufacture of cigarette, manufacture of special purpose machinery and agricultural food processing industry. Their profits respectively were 14.06 billion Yuan, 13.28 billion Yuan, 11.55 billion Yuan, 11.05 billion Yuan and 9.94 billion Yuan.

The added value of construction enterprises was 174.49 billion Yuan, up by 9.9% over last year. The profits made by general contracting and specialized contracting construction enterprises with qualification reached 22.86 billion Yuan, up by 20.1%. The floor space of building under construction was 474.332 million square meters, up by 9.0%. The floor space of building completed was 165.830 million square meters, up by 4.4%.

Figure 3: The Value Added of the Construction and the Growth Rates, 2009–2014

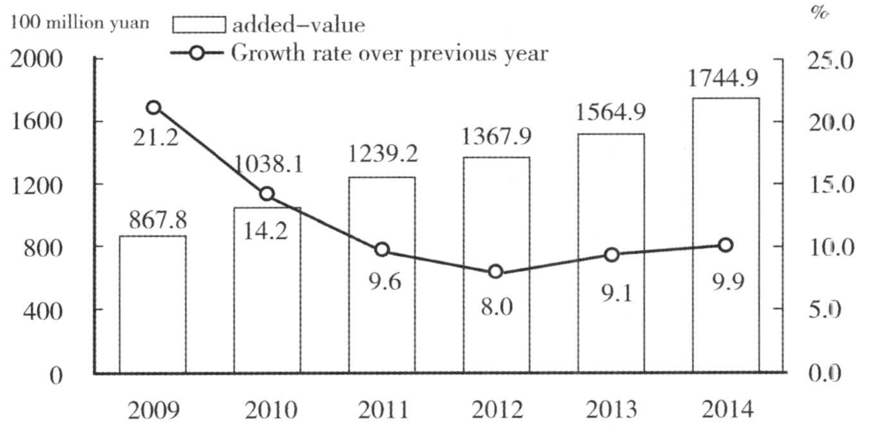

IV. Investment in Fixed Assets

The provincial investment in fixed assets (excluding rural households) increased by 19.4% to 2,195.08 billion Yuan. Grouped by ownership, the investment in fixed assets of state-owned units was 639.31 billion Yuan, up by 14.7%; the investment in fixed assets of non-state-owned units was 1,555.77 billion Yuan, up by 21.5%; and private investment in Hunan totaled 1,440.98 billion Yuan with a year-on-year growth of 21.2%, accounting for 65.6% of the provincial investment in fixed assets, up by 3.2%. Grouped by investment orientation, the investment of people's livelihood was 153.00 billion Yuan, up by 40.6%; that of ecology was 80.99 billion Yuan, up by 31.0%; that of infrastructure was 501.20 billion Yuan, up by 23.6%; that of high and new technology industries was 80.87 billion Yuan, up by 14.7%; that of technical innovation was 761.73 billion Yuan, up by 9.3%; and that of strategic emerging industries was 494.98 billion Yuan, up by 17.7%. Grouped by region, the investment in fixed assets of Changsha-Zhuzhou-Xiangtan areas, southern Hunan, western Hunan and Dongting Lake areas was 877.62 billion Yuan, 488.51 billion Yuan, 360.79 billion Yuan and 436.85 billion Yuan respectively, and grew by 20.0%, 22.6%, 17.2% and 20.9% respectively.

Table 2: Fixed Assets Investments and Growth Rates grouped by industry, 2014

Index	Investment (100 million Yuan)	Increase over 2013(%)
Fixed Assets Investment (Excluding Rural Households)	21950.8	19.4
Primary Industry	710	34.9
Secondary Industry	9321.2	15.9
Of which: Mining Industry	679.9	5
Manufacturing Industry	7641.1	14.6
Production and Supply of Electricity, Heat, Gas and Water	783.2	28.2
Construction Industry	238.1	54.4
Tertiary Industry	11919.6	21.4
Of which: Transportation, warehousing and postal service	1559.9	12.9
Information Transmission, Software and IT Service	121.1	30.1
Wholesale and Retail Sale	965.5	63.1
Hotels and Catering Service	299.2	21.1
Financial Industry	75.1	30
Real Estate	3732.5	12.3
Leasing and Commercial Service	419.4	16.6
Scientific Research and Technological Service	217.4	55.7
Management of Water Conservancy, Environment and Public Facilities	2729.9	30
Residents Service, Repair and Other Services	99.8	15.5
Education	417.5	38.1
Sanitation and Social Work	256	48.5
Culture, Sport and Entertainment	265.7	32.5
Public Management, Social Security and Social Organization	590.5	-3.4

The province's total number of construction projects was 40308, and the number of the projects that were undertaken this year was 29186. The investment in 3154 billion-Yuan projects was 554.29 billion Yuan, accounting for 25.3% of the total project investment.

The investment in province's real estate development was 288.36 billion Yuan, up by 9.7% over the previous year. Of this total, the investment in residential buildings reached 199.85 billion Yuan, up by 8.3%. The floor space of commercialized buildings sold was 54.395 million square meters, a decrease of 8.6%. Of which, the floor space of residential buildings sold was 48.523 million square meters, a decrease of 10.3%. The total sale of commercialized buildings was 229.91 billion Yuan, down by 9.0%. Of which, the sale of residential buildings was 185.86 billion Yuan, down by 12.1%.

V. Domestic Trade and Price

In 2014, Hunan's total retail sales of consumer goods reached 1,008.19 billion Yuan, a growth of 12.8% over the previous year. An analysis of several areas showed that the retail sales of consumer goods in urban areas stood at 906.25 billion Yuan, up by 12.8%, and that in rural areas reached 101.94 billion Yuan, up by 12.4%. In terms of regions, the total retail sales of consumer goods in Changsha-Zhuzhou-Xiangtan (CZT) zone was increased by 12.8% to 435.54 billion Yuan, 12.8% to 195.55 billion Yuan in southern Hunan, 12.6% to 161.68 billion Yuan in western Hunan, 12.7% to 215.43 billion Yuan in Dongting Lake areas.

The retail sale of the legal entities' wholesale and retail industry above designated size was 415.59 billion Yuan, up by 14.2% over the previous year. Of that total, the retail sales of cultural, recreational, sporting and healthy merchandise increased by 16.8%, and the retail sales through Internet grew by 65.0%. According to types of commodity, the retail sales of grain, oil, food, beverage, tobacco and liquor increased by 23.1%; that of garments, shoes, hats, and needles textiles increased by 12.9%; that of daily supplies increased by 18.8%; that of newspapers and magazines increased by 15.9%; that of household appliances and audiovisual equipment increased by 12.3%; that of cultural and official goods increased by 22.0%; that of mechanical and electrical products increased by 22.7%; and that of cars increased by 15.0%.

Table 3: Retail Sales and Growth Rates of Social Consumer Goods, 2014

Index	Retail Sale (100 million Yuan)	Increase over 2013(%)
Total Retail Sale of Consumer Goods	10081.9	12.8
Grouped by Location		
Of which: Town	9062.5	12.8
Village	1019.4	12.4
Grouped by Norm		
Of which: Above Norm	5084.5	11.1
Retail Sale of Above-norm Corporate Wholesale and Retailing Merchandise	4155.9	14.2
Of which: Grain and Oils, Food, Beverages, Alcohols and Tobaccos	508	23.1
Clothing, Shoes, Hats, Textiles	311.5	12.9
Cosmetics	47.5	16.6
Silver and Jewelry	70.4	8.3
Daily Commodity	122.8	18.8
Hardware and Electrical Materials	50.7	27.6
Sports and Recreation Articles	8	10.4
Newspapers and Magazines	73.5	15.9
Electronic Publications and Audio and Video Products	3.9	26.2
Household Appliances and Audio and Video Accessories	279.3	12.3
Traditional Chinese and Western Medicines	260.7	15.9
Culture and Office Articles	62.1	22
Furniture	28.9	15.3

Communication Appliances	44.9	20.1
Coal and Related Products	60.5	17.9
Petroleum and Related Products	805.1	4.7
Building and Decoration Materials	67.8	15.9
Mechanical and Electrical Products	39.3	22.7
Automobiles	1184.6	15

The consumer prices index (CPI) of household in Hunan was 1.9% higher than the previous year. Of the total, CPI in urban area grew by 2.1%, and CPI in rural area grew by 1.4%. The retail prices of commodities increased by 1.2%. PPI drop by 1.6% and IPI drop by 2.1%. The prices for investment in fixed assets grew by 1.5%. The prices of farm products drop by 1.4%. The prices of means of agricultural production grew by 0.2%.

Table 4: The Change Rate of Consumer Prices compared with 2013, 2014

Index	Increase over 2013(%)
CPI (Consumer Price Index)	1.9
Of which: Food	2.6
Tobacco and Articles	-0.5
Clothing	1.7
Household Appliances and Maintenance Services	1.3
Health Care and Personal Items	2.1
Traffic and Telecommunications	0.2
Recreation, Education and Cultural Articles and Services	3
Residence	1.4

VI. International Economics / Trade

Hunan's total import and export value was worth 190.69 billion Yuan, a year-on-year increase of 22.2%. Of the total, the export value was 123.04 billion Yuan and the import value was 67.65 billion Yuan, up by 33.9% and 5.4% respectively. In terms of types of trade, the export value of general trade reached 86.64 billion Yuan, up by 38.1%, and that of processing trade totaled 32.15 billion Yuan, up by 15.4%. Analyzed from the key commodities perspective, the export value of mechanical and electrical products totaled 51.62 billion Yuan, up by 44.3%, accounting for 42.0% of the total export value, a year-on-year increase of 3.1%; that of new high-tech products reached 14.75 billion Yuan and marking an increase of 43.4%, accounting for 12.0% of the total export value, up by 0.8%; and that of agricultural products was 6.72 billion Yuan, an increase of 22.6%.

Table 5: Total Export-import Volume and Growth Rate, 2014

Index	Absolute Number (100 million Yuan)	Increase over 2013(%)
Total Export-import Volume	1906.9	22.2
Value of Export	1230.4	33.9
Grouped by Mode of Trade		
Of which: Original Trade	866.4	38.1
Processing Trade	321.5	15.4
Grouped by Main Commodity		
Of which: Electromechanical Products	516.2	44.3
High-tech Products	147.5	43.4

Agricultural Products	67.2	22.6
Value of Import	676.5	5.4
Grouped by Mode of Trade		
Of which: Original Trade	408.8	-5
Processing Trade	214	9.5
Grouped by Main Commodity		
Of which: Electromechanical Products	253.4	32.7
High-tech Products	93.4	32.5
Agricultural Products	24.3	-16.6

The foreign capital actually utilized was 10.27 billion dollars, up by 17.9%. Of which the foreign capital in the primary industry was 580 million dollars, up by 9.1%; the foreign capital in the secondary industry was 6.58 billion dollars, up by 12.2%; and the foreign capital in the tertiary industry was 3.10 billion dollars, up by 34.7%. There were 24 projects of foreign investment above 30 million dollars newly approved. Three enterprises of the world top 500 were newly introduced in Hunan, and the number reached 134 by the end of 2014. The actually utilized capital out of the province and inside China was 330.08 billion Yuan, up by 14.5%. The actually utilized capital of the primary industry, the secondary industry and tertiary industry was 10.46 billion Yuan (up by 5.8%), 212.80 billion Yuan (up by 13.4%) and 106.81 billion Yuan (up by 17.6%) respectively. There were 803 projects above 100 million Yuan, up by 18.3%, and the actually utilized capital was 165.53 billion Yuan, up by 30.4%.

The value in the new contracts signed through contracted projects, labor contracts and design consultation contracts reached 5.19 billion dollars, up by 14.8%. The accomplished turnover was 4.08 billion dollars, up by 23.3%. The expatriate labors reached 69 thousand, up by 16.1%. The number of overseas investment enterprises newly approved was 144, and the overseas investment was 2.15 billion dollars.

VII. Transportation, Post and Telecommunications and Tourism

Hunan's converted turnover volume of passenger and freight transportation reached 513.76 billion ton-km, an increase of 6.9%. The total turnover volume of freight transport was 415.93 billon ton-km, a year-on-year increase of 7.7%. Of the total, goods transported via rail were 85.83 billion ton-km, a decrease of 11.5%, and that by road was 257.89 billion ton-km, increasing by 10.7%. The total turnover volume of passenger traffic was 178.01 billion person-km, a 5.5% increase. Of the total, passengers travelling by rail increased to 89.12 billion person-km, 2.9% higher than the previous year; that by road increased to 77.65 billion person-km, up by 7.6%; and that utilizing civil aviation reached 10.96 billion per-km, increasing by 12.9%.

Table 6: Volume of Passenger and Freight Transportation by Various Means and Growth Rate, 2014

Index	Unit	Absolute Number	Increase over 2013(%)
Converted Turnover Volume of Passenger and Freight Transportation	100 million ton-kilometers	5137.6	6.9
Volume of Freight Traffic	10,000 tons	203587.4	10
Of which: Railway	10,000 tons	4477.2	-8.7
Highway	10,000 tons	172613.4	10.5
Waterway	10,000 tons	25687	11.2
Civil Aviation	10,000 tons	6.3	3
Pipeline	10,000 tons	803.7	10.5
Volume of Passenger Traffic	10,000 people	162458.8	1.3
Of which: Railway	10,000 people	9556.7	4.8

Highway	10,000 people	150583.3	1.1
Waterway	10,000 people	1448.8	-2.1
Civil Aviation	10,000 people	870.1	15

At the end of the year, the province's mileage in highway open to traffic reached 236 thousand kilometers, up by 0.4%. Of the total, the mileage in expressway open to traffic was 5,493 kilometers, an increase of 409 kilometers. The length of railway in operation reached 4,551.9 kilometers, up by 13%. Of the total, express railway measured 1,110 kilometers long, an increase of 506 kilometers over the previous year. The total number of the civil automobile in province reached 4.434 million by the end of 2014, up by 11.5%. The number of private vehicles was 3.933 million, up by 20.2%. The number of cars was 2.341 million, up by 20.1%.

The total value of post and telecommunications amounted to 74.50 billion Yuan, up by 25.9% compared with the previous year. Among them, the value of mail service totaled 8.12 billion Yuan, up by 34.7%, and that of teleservice reached 66.38 billion Yuan, a 24.9% growth. The number of switchboard and fixed telephones users was 6.694 million (a decrease of 23.0%) and 8.441 million (a decrease of 8.5%) respectively by the end of the year. Mobile phone users hit 47.297 million, an addition of 363 thousand, and the Internet broadband users totaled 7.544 million, an increase of 5.0%.

As for tourism, Hunan received 410 million domestic tourists (a 14.4% increase) and 2.195 million inbound tourists (a 4.8% decrease) respectively. The total revenue of tourism was 305.07 billion Yuan, increasing by 13.8%. Of the total, domestic revenue, marking a 14.1% growth, reached 300.15 billion Yuan, while foreign exchange earnings, marking a 2.8% decrease, lowered to 800 million dollars.

VIII. Finance and Insurance

Hunan's total revenue of general public budget reached 362.97 billion Yuan, up by 9.5% compared with the previous year. Local revenue was 225.99 billion Yuan, increased by 11.3%. Of the total, tax revenue and nontax revenue reached 143.82 billion Yuan (a 10.7% increase) and 82.18 billion Yuan (a 12.3% increase) respectively. Tax revenue turned over to central government was 104.73 billion Yuan, a 5.0% growth, including 31.71 billion Yuan income tax, a 13.1% growth. The total expenditure of general public budget totaled 502.45 billion Yuan, up by 7.1%. Of the total, the expenditure for public service, education, social security and employment, medical service and birth control, urban and rural community, agriculture, forestry, water and housing security was 67.44 billion Yuan (up by15.0%), 82.29 billion Yuan (up by 1.7%), 67.40 billion Yuan (up by 7.7%), 41.42 billion Yuan (up by 7.8%), 45.63 billion Yuan (up by 17.5%), 53.62 billion Yuan (up by 3.8%) and 19.26 billion Yuan (up by 10.3%) respectively.

Table 7: Revenue and Expenditure of Public Finance, 2014

Index	Absolute Number (100 million Yuan)	Increase over 2013(%)
Revenue of General Public Budget	3629.7	9.5
Of which: Local Revenue	2259.9	11.3
Of which: Tax Revenue	1438.2	10.7
Nontax Revenue	821.8	12.3
"Two Tax" turned over to Central Government	1047.3	5
Income Tax turned over to Central Government	317.1	13.1
Expenditure of General Public Budget	5024.5	7.1
Of which: General Public Service	674.4	15
Education	822.9	1.7

Science and Technology	59.1	6.5
Culture, Sports and Media	80.6	17
Social Security and Employment	674	7.7
Medical Service and Birth Control	414.2	7.8
Energy Conservation and Environment Protection	129.2	0.4
Urban and Rural Community Affair	456.3	17.5
Agriculture, Forestry and Water	536.2	3.8
Housing Security	192.6	10.3

Deposit balance of RMB and overseas currencies in financial institutions totaled 3,025.56 billion Yuan at the end of the year, a 337.65 billion Yuan increase compared to the start of the year. Of the total, corporate deposit and individual deposit were 1,235.74 billion Yuan and 1,676.71 Billion Yuan, increasing by 137.22 billion Yuan and 198.26 billion Yuan respectively. By the end of the year, loan balance of RMB and overseas currencies in financial institutions totaled 2,078.31 billion Yuan, an increase of 252.44 billion Yuan in relation to the beginning of the year. Of the total, short-term loan balance and medium and long-term loan balance were 605.90 billion Yuan and 1,431.27 billion Yuan, up by 38.64 billion Yuan and 200.78 billion Yuan respectively. Besides, loan balance for development of real estate, small and medium-sized enterprises and security housing was 119.69 billion Yuan, 734.57 billion Yuan and 28.00 billion Yuan respectively.

Table 8: Deposit Balance of RMB and Overseas Currencies in Financial Institutions and Added Balance, At the End of 2014

Index	Balance(100 million Yuan)	Added Balance over the beginning of 2104(100 million Yuan)
Total Deposit Balance	30255.6	3376.5
Of which: Corporate Deposit	12357.4	1372.2
Individual Deposit	16767.1	1982.6
Of which: RMB Deposit	30073.4	3316.7
Total Loan Balance	20783.1	2524.4
Of which: Short-term Loan	6059	386.4
Medium and Long-term Loan	14312.7	2007.8
Of which: RMB Loan	20356.4	2464

At the end of 2014, the number of listed companies reached 93. Of the total, the number of listed companies in China was 78 and that beyond the borders was 15. The total amount of direct financing in Hunan annually was 185.63 billion Yuan, up by 30.7%. Of the total, the capital raised from Initial Public Offerings (IPO), seasoned equity offering, allotment, and issuing corporate bond totaled 40.37 billion Yuan, up by 181.7%. At the end of this year, there were 255 business departments of security companies in the province and 3 futures companies in the area under jurisdiction, whose turnover was 4,166.26 billion Yuan and 9,448.57 billion Yuan respectively.

The annual premium income, marking a 15.6% increase, reached 58.77 billion Yuan. Of the total, income from life insurance, health insurance, accident insurance and property insurance was 31.70 billion Yuan(a 10.8% increase), 4.35 billion Yuan(an increase of 33.0%), 1.60 billion Yuan(an increase of 15.5%) and 21.13 billion Yuan(an increase of 20.2%) respectively. Meanwhile, the total payment was 22.63 billion, a growth of 17.4%.

IX. Education, Science and Technology

There were 109 regular institutions of higher learning at the end of the year. The number of graduates with a master degree associated with regular higher education was 19 thousand, that of graduates from university and specialized colleges was 296 thousand, and that of graduates from secondary technical schools was 205 thousand. The number of regular high school graduates, middle school graduates and regular primary school graduates was 320 thousand, 652 thousand and 741 thousand respectively. Enrollment of children in kindergarten totaled 2.032 million, a year-on-year increase of 6.2%. Enrollment rate of children in primary school hit 99.96%. Gross enrollment rate of teenagers in senior high school was 89.0%. As for the 11,699 non-government colleges and schools, the enrolled population was 2.340 million students. The security fund of rural compulsory education implemented was 6.95 billion Yuan. The provided state grant for regular high school was 260 million Yuan. And the provided state scholarship and grant for colleges and universities was 1.06 billion Yuan. The provided state grant for secondary vocational school was 230 million Yuan, subsidizing 307 thousand vocational students. While the provided capital for tuition waiver in secondary vocational school was 1.12 billion Yuan, subsidizing 924 thousand vocational students.

Table 9: Number of New Student Enrollment, Student Enrollment and Graduates in All Types of Schools at Different Levels and Growth rates, 2014

Index	New Student Enrollment		Student Enrollment		Graduate	
	Absolute Number (10,000 people)	Increase over 2013 (%)	Absolute Number (10,000 people)	Increase over 2013 (%)	Absolute Number (10,000 people)	Increase over 2013 (%)
Post-graduate Education	2.1	1.9	6.6	1.5	1.9	10
Regular Higher Education	34.5	5.8	113.6	3.2	29.6	0.5
Secondary Vocational Education	22.7	-0.7	64.5	-0.9	20.5	-13.5
Regular Senior Secondary School	36.5	-2.2	105.7	1.5	32	1.2
Junior Middle Schools	74.5	-2.8	220.6	3	65.2	-2.1
Regular Primary School	81.4	-4	473.8	1.3	74.1	-3.8
Special Education	0.3	32.9	1.6	55.4	0.1	-29.3

The year 2014 saw establishment of a total of 14 national engineering technology research centers, and 168 provincial engineering technology research centers. And there were 12 national key laboratories and 125 provincial key laboratories in 2014. The number of state validated enterprise technical centers reached 33. A total of 4879 technology transfer contracts were signed, representing 9.77 billion Yuan in value. The number of registered scientific and technological achievements was 953, with 20 National Scientific and Technological Advancement Awards, 3 National Awards for Technological Invention and 2 National Natural Science Awards. The average output of super hybrid rice in the hundred-acre demonstration fields per mu reached 1026.7 kilogram. The production line of specialized chip IGBT with a size of 8 inches which was domestic first and the second in the world went into operation. Besides, Changsha Supercomputer Center also was put into operation. The number of patent applications numbered 44194, a year-on-year rise of 6.9%. Of this total, 14474 patent applications for original inventions were accepted, up by 21.2%. The number of authorized patents was 26637, a year-on-year rise of 9.2%. Of the total, there were 4160 authorized patents for original inventions, up by 15.1%. The number of patent applications in enterprises, universities and colleges, and scientific research institutes reached 23524, 5806 and 596, while the number of patents authorized were 15126, 3040 and 319. The added value of new and high technology industries was 514.75 billion Yuan, up by 20.7%.

Figure 4: The number of patent application and patent authorization, 2009–2014

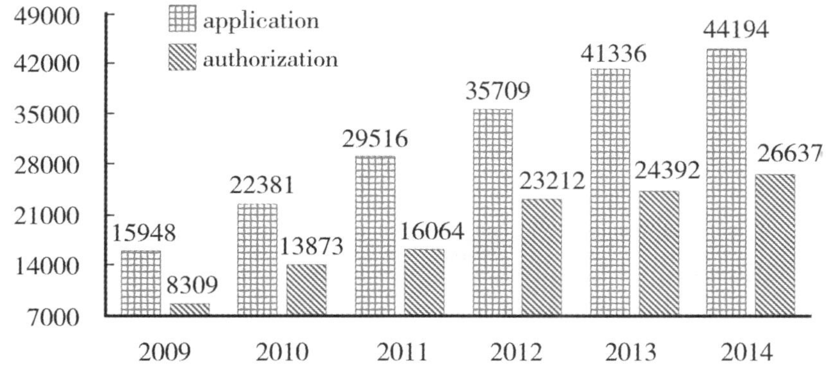

There were 1,716 laboratories for product inspection, an increase of 63. Of the total, there were 19 national quality testing and inspection centers with an increase of one. There were 103 authorized measurement institutions and 104 inspection institutions for special equipment. The quality supervision and spot check of key industrial products reached 10,065. A total of 25 national standards and 153 local standards were developed in the year. Mapping departments published 111 types of maps, and provided 275,000 geodetic survey achievements, 317,000 aerial photographing achievements and 59,291 data results of basic geographic information for the economic and social development.

X. Culture, Public Health and Sport

By the end of 2014, there were 103 art-performing groups, 142 mass art centers and culture centers, 136 public libraries, 103 museums and memorials, 13 radio broadcasting stations, and 15 television stations. The users of CATV were 8.780 million households, an increase of 369,000 households over the previous year. Broadcasting and television coverage rates were 93.48% and 97.51%, up by 0.23% and 0.11%. There were 116 state-level intangible cultural heritage protection projects and 220 provincial level protection projects in the province. All sorts of books were issued under 11,300 categories, with 247 types of magazines and newspapers with 85 styles. A total of 370 million copies of books were published, and 140 million copies of magazines and 1.36 billion copies of newspapers were issued.

By the end of 2014, there were 61,572 health institutions in the province, including 1018 hospitals, 139 maternal and child health-care institutions, 86 specialized health institutions, 2298 township hospitals, 666 community health service centers, 9584 clinics and infirmaries, and 44699 village clinics. There were 341 thousand health workers were installed, up by 5.5%. Among these health workers, there were 133 thousand practicing doctors and assistant practicing doctors, up by 4.6%; and 136 thousand registered nurses, up by 8.4%. The total of beds in hospitals was 248 thousand, up by 15.3%. And the total of beds in township hospitals was 84 thousand, up by 8.0%.

The province carried out 2453 fitness programs for all people projects throughout the province with a participation of 23.691 million. The number of newly built administrative village of farmer sports fitness projects was 5,000. The athletes of Hunan province won 8 World Championships, 18 Asian Championship gold medals and 49 National Championships. There were 72926 sports fields and associated buildings, including 218 gyms, 5778 sports grounds (containing stadiums, little playgrounds and track fields), 388 swimming pools (containing swimming and diving venues), and 3444 all sorts of training rooms (containing comprehensive training rooms and specialized training rooms).

XI. Population, Living Conditions and Social Security

By the end of 2014, the permanent residents of Hunan province reached 67.372 million. Of the total, the population in cities and towns was 33.201 million, and urbanization rates was 49.28%, an increase of 1.32 percent points. The annual newly-born population was 908 thousand with a birth rate of 13.52 ‰, and dead population was 463 thousand with a death rate of 6.89‰. The natural growth rate was 6.63‰. The population aged 0-15 (under 16) was 13.036 million, accounting for 19.35% of the permanent resident population; the population aged 16-59(under 60) was 43.071 million, accounting for 63.93%; and the population aged 60 and above was 11.265 million, accounting for 16.72%. The number of employed personnel in the end of 2014 was estimated to 40.56 million, an increase of 195,000 over previous year.

Table 10: Resident Population and its Composition, At the End of 2014

Index	Number (10,000 people)	Proportion (%)
Resident Population	6737.2	100
Of which: Town	3320.1	49.28
Village	3417.1	50.72
Of which: Male	3471.1	51.52
Female	3266.1	48.48
Of which: Aged 0-15 (under 16)	1303.6	19.35
Aged 16-59 (under 60)	4307.1	63.93
Aged 60 and Above	1126.5	16.72
Of which: Aged 65 and Above	742.4	11.02

The province's per capita disposable income reached 17,622 Yuan, up by 10.1%, or a real increase of 8.0% over the previous year without the factor of price. Of the total, the per capita disposable income for urban dwellers was 26,570 Yuan, up by 9.1%, or a real increase of 6.9% without the price factor, and that for rural residents was 10060, up by 11.4%, or a real increase of 9.9% without the price factor. In terms of region, the per capita disposable income in Changsha-Zhuzhou-Xiangtan areas, southern Hunan, western Hunan and Dongting Lake areas was 28287 Yuan, 16541 Yuan, 11683 Yuan and 16061 Yuan respectively, up by 9.6%, 10.0%, 10.2% and 10.1%

The province's per capita consumption expenditure for urban dwellers and rural residents reached 18335 Yuan and 9025 Yuan respectively, up by 8.7% and 15.2% over the previous year. The proportion of expenditure on food to the total expenditure was 30.5 percent for urban dwellers and 34.3 percent for rural residents.

Figure 5: The average per capita disposable incomes of city dwellers and the real growth rates, 2009–2014

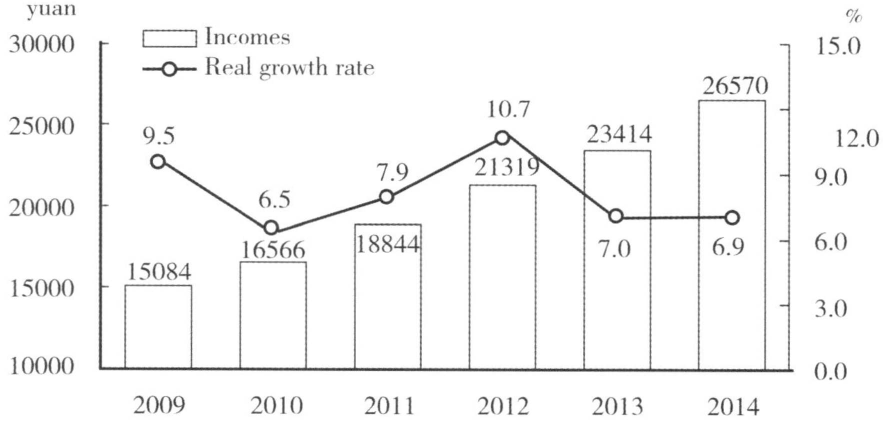

Figure 6: The average per capita net incomes of rural residents and the real growth rates, 2009–2014

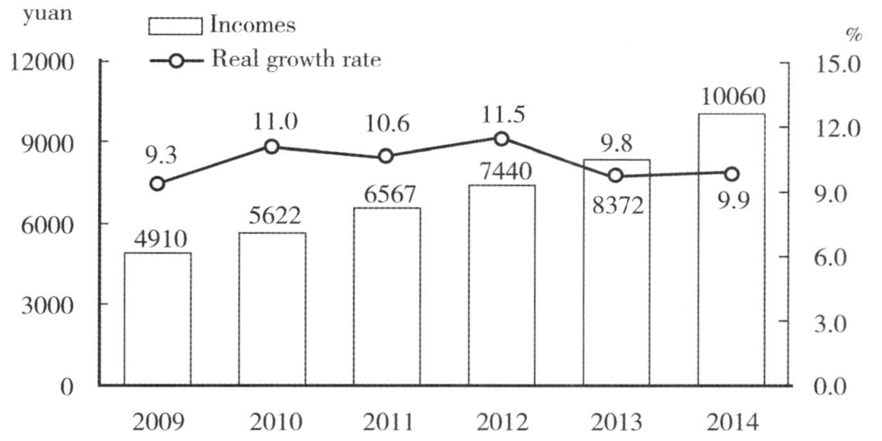

The newly-added employed people in urban areas were 827 thousand. At the end of 2014, a total of 11.183 million people participated in urban basic endowment insurance, a year-on-year increase of 266 thousand. Of the total, the insured employees and retirees was 7.694 million and 3.489 million respectively. A total of 22.984 million people participated in urban basic health insurance. Of the total, the number of insured staff and workers was 8.078 million, and that of the insured residents was 14.906 million. A total of 5.095 million staff and workers participated in unemployment insurance, an increase of 478 thousand. A total of 7.480 million staff and workers participated in work-related injury insurance, an increase of 170 thousand. A total of 5.376 million staff and workers participated in maternity insurance, an increase of 18 thousand. A total of 32.840 million people registered the new rural endowment insurance. A total of 47.965 million people (excluding Changsha) participated in the new rural cooperative medical system, with a participation rate of 99.3%. At the end of the year, 141 thousand staff and workers received the unemployment insurance payments. The standard of urban minimum subsistence allowance was 360 Yuan a month, and rescue level reached 266 Yuan a month. While the standard of rural minimum subsistence allowance was 204 Yuan a month, and rescue level reached 120 Yuan a month. A total of 4.37 billion Yuan was dispensed for urban minimum subsistence allowance and 4.21 billion Yuan was dispensed for rural minimum subsistence allowance. Adopting Social Welfare Institutions of various types provided 184 thousand beds, accepting 137 thousand inmates. There were 7,714 community service facilities set up in urban areas. Of the total, the number of comprehensive community service centers was 2585. A total of 7.29 billion Yuan worth of social welfare lottery was sold, raising 2.01 billion Yuan of social welfare funds. A total of 190 million Yuan were received from direct donations. There were 3.686 million rural residents benefiting from the solving of unsafe drinking water problems. A total of 169 homes for the aged in towns was rebuild or expanded and 117 thousand dilapidated houses in rural areas was renovated.

XII. Resources, Environment and Work Safety

A total of 143 minerals have been discovered in the province and the reserves of 108 minerals have been explored, including 7 energy minerals, 38 metal minerals, 61 non-metal minerals and 2 water and gas minerals. Implementation of geological explorations projects (including continue projects) were 381 and exploration projects for prospecting in the depth portion and the periphery of old mines were 17 last year. A total of 5 new mineral deposits in large or medium size were discovered. A total of 14 key mining areas and 4 key minerals realized resources integration. There were 12 National Geology Park and 4 geological sites. Implementation of comprehensive land consolidation projects above province level were 291, and 168,000 hectares of land was regulated.

In urban areas, the city sewage treatment rate and the treatment rate of solid waste from daily life processed under nontoxic programs were respectively 89.9% and 99.7%, up by 1.5% and 3.7%. The air quality of 11 cities successfully met the Grade II air quality standard, an increase of two. The rate of actual surface water monitoring across sections which met the Grade III standard was 82.6%. A total of 190 natural reserves with an area of 1,361,000 hectares was approved, including 22 state-level and 26 provincial-level reserves. A total of 392,000 hectares of forest in the barren hills and waste (sand) was planted and 20,000 hectares of forest was returned through the Grain-to-Green program. An increase of 426.1 square kilometers of land was returned through Comprehensive Land Recovery program. At the end of the year, there was 968,000 hectares of afforested area near closed off mountains and 480 million cubic meters of standing forest stock. The forest coverage rate reached 59.57%, up by 2.05%.

Preliminary estimation indicated that the comprehensive energy consumption of designed size enterprises amounted to 65.258 million tons of standard coal equivalent, a decrease of 3.4% compared with the previous year. Of which, the comprehensive energy consumption for the major six high energy consuming industries was 51.5395 million tons of standard coal equivalent, a decrease of 3.6%. The energy consumption of added-value in ten-thousand-Yuan industrial enterprises was 0.65 tons of standard coal per 10,000 Yuan. Chemical oxygen demand was 1.6 percent down on last year. And the emission of sulfur dioxide, ammonia nitrogen and nitrogen oxide also decreased by 2.7%, 2.1% and 6.0% respectively.

In 2014, a total of 5522 work related accidents of various kinds were reported in the province, down 5.0%. The death toll due to commercial production safety accidents amounted to 995, a year-on-year decrease of 6.4%. The death toll from work accidents every 100 million Yuan worth of GDP was 0.08 people, a decline of 16.5%. Work accidents in industrial, mining and commercial enterprises caused 1.21 deaths out of every 100 thousand employees, down 3.2%. The death toll in coalmines while producing one million tons of coal was 1.07, down 18.9%. The year 2014 witnessed 8,785 traffic accidents, up by 0.7%. The road traffic death toll per 10 thousand vehicles was 2.02, a decrease of 7.3%.

Notes:

1. All figures in this Communiqué are preliminary statistics. There may be slight discrepancy between the sum of individual items and the total owing to rounding.

2. Gross domestic product (GDP) and industrial added value as quoted in this Communiqué are calculated at current prices, whereas their growth rates are calculated at constant prices.

3. According to "National Industries Classification" (GB/T4754-2011), State Statistics Bureau revised the triple divisions of industry in 2013. The services of "farming, forestry, animal husbandry and fishery", "mining auxiliary activities" of "mining industry" and "repair services of metal product, machinery and equipment" in "manufacturing industry" were divided into the tertiary industry, so the data in 2014 of the tertiary industry was counted depends on this standard.

4. Changsha-Zhuzhou-Xiangtan (CZT) region refers to Changsha, Zhuzhou and Xiangtan; southern Hunan refers to Hengyang, Chenzhou and Yongzhou; western Hunan refers to Shaoyang, Zhangjiajie, Huaihua, Loudi and Xiangxi autonomous prefecture; Dongting Lake areas refers to Yueyang, Yiyang and Changde. Because of the zoning adjustment, the data of western Hunan and Dongting Lake areas in 2014 is not comparable to the data in 2013.

5. According to relevant regulations, the foreign trades are accounted in RMB.

6. The enrollment rate for elementary-age kids refers to the percentage of school-age children in primary school to the total number inside and outside of the school within the scope of investigation.

7. The secondary gross enrollment ratio mainly reflects the coverage of senior secondary education, referring to the percentage of the total number of high school students to population aged 15-17.

8. According to "The Notice of Developing Sixth National General Survey of Sports Fields by State General Administration of Sports, Ministry of Education, Ministry of Railways and National Tourism Administration", Hunan developed the sixth general survey for sports fields of all systems (except railway and army), industries and with various proprietorship on December 31, 2013. According to the standard, the previous year's related data about sports fields was corrected in 2014.

9. Resident population refers to the population of often living actually in a certain area in a certain time. According to the census and sampling requirements, it mainly includes people who live in the current townships and whose household registration are located or whose household registration is to be settled; people who live in the current townships and leave the townships of their household registration over 6 months; people who leave the townships of their household registration for less than 6 months or work or study overseas, with their household registration located in the current townships.

10. At the end of 2014, the population aged 0-14 (under 15) was 12.363 million; the population aged 15-59 (under 60) was 43.747 million.

11. In the fourth quarter of 2012, State Statistics Bureau began to implement the reforms of household survey for urban-rural integration, realized unification of income's name and classification and statistical standards of urban and rural residents. In 2014, NBS Survey Office in Hunan calculated per capita disposable income in the province by new caliber. Meanwhile, the per capita net income of rural residents was replaced by the per capita disposable income, but rural resident's income is still net income before 2013.

12. In 2014, According to relevant regulations, social service agencies and community service centers which can support accommodations were classified in Hunan, so the corresponding data has been adjusted.

13. The figures of energy consumption are verified initially by National Bureau of Statistics of China.

Source:

In this Communique，fiscal data are from the Hunan Financial Department. Goods' Prices, the income and expenditure of urban and rural residents, the Engel's coefficient and data in the agricultural section are from the NBS Survey Office in Hunan; data about the traffic volume and the turnover volume of passengers and cargo in railway are from Shichang Railway Co., Ltd, Guangzhou Railway (group) Company and Nanchang Railway Administration; data about the traffic volume and the turnover volume of passengers and cargo in highway and waterway are from Hunan Road Transport Bureau; data about the traffic volume and the turnover volume of passengers and cargo in civil aviation are from Hunan Airport Management Co., Ltd; data about volume of freight traffic by pipeline are from Changling Branch and Baling Branch of China Petrochemical Group Assets Management co., LTD, Changling branch of China Petrochemical co., LTD, Hunan Oil Transportation Management Department of China Petrochemical Marketing co., LTD central-China Branch, and Changsha Xinao Gas co., LTD; data about telecommunications business, mobile phone users, fixed telephone users, broadband Internet users are from Hunan Telecommunications Company of, Hunan Mobile Company, Hunan Unicom Company, Hunan Tietong Company; Data about postal business are from Hunan Postal Service Administration; Travel data are from Hunan Tourism Bureau; The financial data are from Changsha Central Sub-branch of the People's Bank of China; data about listed company are from Hunan Financial Affairs Office; stock data are from Hunan authority of China Securities Regulatory Commission; Insurance data are from the Hunan Authority of China Insurance Regulatory Commission; Education data are from Hunan Education Department; Data about science and technology are from Hunan Science and Technology Department; Patent data from Hunan Intellectual Property Office; data about quality inspection, industry standard are from Hunan Quality and Technical Supervision Bureau; data about mineral resources, geological parks and land surveying and mapping are from Hunan Land and Resources Ministry; data about art performing groups, museums, public libraries, cultural centers, non-material cultural heritage protection are from the Cultural Department of Hunan; data are from the Bureau

Radio and Television of Hunan Province; data about radio, television newspapers, periodicals, book are from the Press and Publication of Hunan; data about hygiene and the new rural cooperative are from the Hygiene Bureau and Family Planning Committee of Hunan; data about sports are from the Sports Bureau of Hunan; data about newly-added urban jobs and social security are from Human Resources and Social Security Department; data about insurances providing for urban and rural low-income people, social welfare, community services, nursing homes and social donation are from the Department of Civil Affairs of Hunan; data about soil and water loss control and healthy drinking water provision to rural area are from the Water Resources Bureau of Hunan; data about rural dilapidated housing rehabilitation and sewage and garbage disposal are from the Housing and Construction Department of Hunan; data about nature reserve, forestation, coverage of forest and standing tree are from Hunan Forestry Department; data about the quality of air and surface water and pollutant emission are from the Environmental Protection Bureau of Hunan Province; data about safe production are from the Work safety Administration of Hunan; data about road traffic accidents are from Hunan Public Security Department; all the other data are from Hunan Bureau of Statistics.

1 综 合

General Survey

资料整理人员：

唐双全	范　毅	欧阳普
赵　宏	张　驰	孙　靖
田杰平	倪凡伟	田　原
贺淑贞	吕　燕	孟　强
何　达	陈　慧	李培楚
宋　超	鲁　喆	殷梓晴
廖闻菲	陈　思	伍春阳
韩建芳	王西军	雷芙蓉
徐　虹	邓海波	刘　洋
周　迅	陈晗文	谢　凡
汤炼坤	蔡冬娥	肖首雄
阳小林	刘　峰	赵莉淇
彭　颖		

1-1 行政区划

Administrative Divisions

单位：个 (unit)

年份 Year	市州 Cities and A.P	地州数 Number of Prefecture and A.P	地级市 Number of Cities at Prefectural Level	县级市 Number of Cities at County Level	县数 Number of Counties	市辖区数 Districts Under the Jurisdiction of Cities at Prefectural Level	镇数 Number of Towns	乡数 Number of Township
1978		12	3	7	90	13	154	3295
1980		12	5	9	90	22	155	3321
1985		9	6	14	84	27	544	3011
1986		7	6	16	82	27	581	2895
1987		7	6	18	80	26	585	2903
1988		6	8	17	78	30	596	2889
1989		6	8	17	78	30	621	2807
1990		6	8	18	78	29	628	2801
1991		6	8	18	78	29	639	2784
1992		6	8	19	77	26	663	2773
1993		6	8	20	76	26	748	2689
1994		5	9	20	74	28	769	2658
1995		4	10	19	73	30	899	1406
1996		3	11	17	73	32	950	1360
1997		3	11	18	72	32	979	1327
1998		2	12	17	72	33	1001	1350
1999		1	13	16	72	34	1023	1330
2000		1	13	16	72	34	1055	1310
2001		1	13	16	72	34	1087	1275
2002		1	13	16	72	34	1097	1257
2003		1	13	16	72	34	1098	1264
2004		1	13	16	72	34	1098	1244
2005		1	13	16	72	34	1089	1087
2006		1	13	16	72	34	1091	1085
2007		1	13	16	72	34	1095	1071
2008		1	13	16	72	34	1101	1063
2009		1	13	16	72	34	1106	959
2010		1	13	16	72	34	1109	1052
2011		1	13	16	71	35	1121	1038
2012		1	13	16	71	35	1131	952
2013		1	13	16	71	35	1138	828
2014		1	13	16	71	35	1153	805
长沙市	Changsha City		1	1	2	6	80	14
株洲市	Zhuzhou City		1	1	4	4	64	36
湘潭市	Xiangtan City		1	2	1	2	38	15
衡阳市	Hengyang City		1	2	5	5	117	63
邵阳市	Shaoyang City		1	1	8	3	107	69
岳阳市	Yueyang City		1	2	4	3	100	56
常德市	Changde City		1	1	6	2	102	93
张家界市	Zhangjiajie City		1		2	2	32	47
益阳市	Yiyang City		1	1	3	2	72	13
郴州市	Chenzhou City		1	1	8	2	107	66
永州市	Yongzhou City		1		9	2	115	49
怀化市	Huaihua City		1	1	10	1	90	175
娄底市	Loudi City		1	2	2	1	60	20
湘西土家族苗族自治州	West Hunan Tujia and Miao A.P	1		1	7		69	89

1-1 续表 continued

长沙市 Changsha City

芙蓉区(Furong District)、天心区(Tianxin District)、岳麓区(Yuelu District)、开福区(Kaifu District)、雨花区(Yuhua District)
望城区(Wangcheng District)、浏阳市(Liuyang City)、长沙县(Changsha County)、宁乡县(Ningxiang County)

株洲市 Zhuzhou City

荷塘区(Hetang District)、石峰区(Shifeng District)、芦淞区(LouSong District)、天元区(Tianyuan District)、醴陵市(Liling City)
株洲县(Zhuzhou County)、攸县(Youxiang County)、茶陵县(Chaling County)、炎陵县(Yanling County)

湘潭市 Xiangtan City

雨湖区(Yuhu District)、岳塘区(Yuetang District)、湘乡市(Xiangxiang City)、韶山市(Shaoshan City)、湘潭县(Xiangtan County)

衡阳市 Hengyang City

珠晖区(zhuhui District)、雁峰区（yanfeng District)、石鼓区(shigu District)、蒸湘区（zhengxiang District)
南岳区(Nanyue District)、耒阳市(Leiyang City)、常宁市(Changning City)、衡阳县(Hengyang County)、衡南县(Hengnan County)
衡山县(Hengshan County)、衡东县(Hengdong County)、祁东县(Qidong County)

邵阳市 Shaoyang City

双清区(Shuangqing District)、大祥区(Daxiang District)、北塔区(Beita District)、武冈市(Wugang City)、邵东县(Shaodong County)
新邵县(Xinshao County)、邵阳县(Shaoyang County)、隆回县(Longhui County)、洞口县(Dongkou County)、
新宁县(Xinning County)、绥宁县(Suining County)、城步苗族自治县 (Chengbu Miao Autonomous County)

岳阳市 Yueyang City

岳阳楼区(Yueyanglou District)、云溪区(Yunxi District)、君山区(Junshan District)、汨罗市(Miluo City)、临湘市(Linxiang City)
岳阳县(Yueyang County)、平江县(Pingjiang County)、湘阴县(Xiangyin County)、华容县(Huarong County)

常德市 Changde City

武陵区(Wuling District)、鼎城区(Dingcheng District)、津市市(Jinshi City)、安乡县(Anxiang County)、汉寿县(Huanshou County)
澧县(Li County)、临澧县(Linli County)、桃源县(Taoyuan County)、石门县(Shimen County)

张家界市 Zhangjiajie City

永定区(Yongding District)、武陵源区(Wulingyuan District)、慈利县(Chili County)、桑植县(Shanhzhi County)

益阳市 Yiyang City

资阳区(Ziyang District)、赫山区(Heshan District)、沅江市(Yuanjiang City)、南县(Nan County)、桃江县(Taojiang County)、
安化县(Anhuan County)

郴州市 Chenzhou City

北湖区(Beihu District)、苏仙区(Suxian District)、资兴市(Zixing City)、桂阳县(Guiyang County)、永兴县(Yongxing County)、
宜章县(Yizhang County)、嘉禾县(Jiahe County)、临武县(Linwu County)、汝城县(Rucheng County)、桂东县(Guidong County)、
安仁县(Anren County)

永州市 Yongzhou City

零陵区(Lingling District)、冷水滩区(Lengshuitan District)、东安县(Dongan County)、道县(Dao County)、
宁远县(Ningyuan County)、江永县(Jiangyong County)、江华瑶族自治县(Jianghua Yao Autonomous County)、
蓝山县(Lanshan County)、新田县(Xintian County)、双牌县(Shuangpai County)、祁阳县(Qiyang County)

怀化市 Huaihua City

鹤城区(Hecheng District)、洪江市(Hongjiang City)、中方县(Zhongfang County)、沅陵县(Yuanling County)、
辰溪县(Shenxi County)、溆浦县(Xupu County)、麻阳苗族自治县(Mayang Miao Autonomous County)、会同县(Huitong County)
新晃侗族自治县(Xinhuang Tong Autonomous County)、芷江侗族自治县(Zhijiang Tong Autonomous County),
靖州苗族侗族自治县(Jinzhou Miao and Tong Autonomous County)、通道侗族自治县(Tongdao Tong Autonomous County)

娄底市 Loudi City

娄星区(Louxing District)、冷水江市(Lengshuijiang City)、涟源市(Lianyuan City)、双峰县(Shuangfeng County)、
新化县(Xinhua County)

湘西土家族苗族自治州 West Hunan Tujia and Miao Autonomous Prefecture

吉首市(Jishou City)、泸溪县(Louxi County)、凤凰县(Fenghuang County)、花垣县(Huayuan County)、保靖县(Baojin County)、
古丈县(Guzhang County)、永顺县(Yongshun County)、龙山县(Longshan County)

1-2 人口和自然资源

Population and Natural Resources

项 目		Item		2014
人口		**Population**		
年底人口数	(万人)	Total Population at the Year-end	(10 000 persons)	7202.29
人口密度	(人/平方公里)	Density of Population	(person/sq.km)	340.05
土地		**Land**		
土地面积	(万平方公里)	Area of Land	(10 000 sq.km)	21.18
耕地面积	(万公顷)	Area of Cultivated Land	(10 000 hectares)	415.32
气候		**Climate**		
年平均降水量	(毫米)	Annual Average Precipitation	(mm)	1411.90
年降水总量	(亿立方米)	Annual Total Precipitation	(100 million cu.m)	2990.81
森林		**Forest**		
有林地面积	(万公顷)	Area with woodland	(10 000 hectares)	1090.30
	(万亩)	Area of Forest	(10 000 mu)	16354.50
森林覆盖率	(%)	Forest Coverage Rate	(%)	59.57
活立木总蓄积量	(万立方米)	Stock Volume of the Forest	(10 000 cu.m)	48410.00
水文、水利		**Water**		
5公里以上河流	(条)	Rivers Over 5 km	(unit)	5341.00
5公里以上河流长度	(万公里)	Total Length of Rivers Over 5 km	(10 000 km)	9.00
河川年径流总量	(亿立方米)	Annual Total Flow of Rivers	(100 million cu.m)	2136.00
淡水总面积	(万公顷)	Total Area of Fresh Water	(10 000 hectares)	135.38
	(万亩)	Total Area of Fresh Water	(10 000 mu)	2030.70
#已放养面积	(万公顷)	# Cultivated Area	(10 000 hectares)	42.25
	(万亩)		(10 000 mu)	633.72
天然水资源总量	(亿立方米)	Natural Water Volume	(100 million cu.m)	2682.80
地表水资源总量	(亿立方米)	Surface Water Volume	(100 million cu.m)	1419.30
地下(浅层)水量	(亿立方米)	Shallow Ground Water Volume	(100 million cu.m)	350.40
水力资源蕴藏量	(万千瓦)	Hydropower Resources	(10 000 kw)	1532.45
#可开发量		#Developable Resources		1083.84
矿产资源保有储量	**(截至2002年底)**	**Mineral Resources Ensured Resources**	**(at the 2002 year-end)**	
煤	(亿吨)	Coal	(100 million tons)	29.97
铁矿石	(亿吨)	Iron Ore	(100 million tons)	11.06
磷矿石	(亿吨)	Phosphate Ore	(100 million tons)	20.32
盐	(亿吨)	Salt	(100 million tons)	36.05

注: 1. 本表淡水面积、可养殖面积、水力资源蕴藏量均为过去清查数，有待进一步普查和勘测。

2.河川年径流总量=省内各水系年径流量+客水+地下水。

3.耕地面积是指年末耕地总资源面积，包括常用耕地和临时性耕地。由国土部门提供（后同）。

a. Figures in this table, except population, cultivated area and mineral resources were obtained from surveys in previous years, and is subject to further verification.

b. The annual total flow of rivers=annual flow of major rivers in our province + branch water + groundwater.

c. The data of cultivated land is actual cultivated land total resources(year end),including common cultivated land and temporary cultivated land.The date came from Hunan Province Territory Resource Burear。The same as in the following table。

1-3 土 地 状 况(2014年)
Land Characteristics (2014)

项 目	Item	总面积 Total Area 万公顷 (10 000hectares)	万亩 (10 000 mu)	占总面积的% Percentage to Total Area
总面积	**Total Area**	**2118.29**	**31774.35**	**100.0**
按地形分	**By Topographic Feature**			
山地	Mountains	1084.72	16270.80	51.2
盆地	Basins	294.12	4411.73	13.9
平原	Plains	277.86	4167.90	13.1
丘陵	Hills	326.22	4893.28	15.4
水面	Water-face	135.27	2030.64	6.4
按地高分	**By Altitude**			
50米以下	Under 50m	210.65	3159.76	9.9
50-100米	50-100m	235.27	3529.03	11.1
100-300米	100-300m	491.74	7376.03	23.2
300-500米	300-500m	478.36	7175.34	22.6
500-800米	500-800m	390.48	5857.19	18.5
800-1000米	800-1000m	220.58	3308.73	10.4
1000米以上	Above 1000m	91.21	1368.21	4.3
按特征分	**By Land Use**			
耕地	Cultivated Land	415.3	6229.5	
有林地	Woodland	1090.3	16354.50	
宜林荒山	Undeveloped Land Usable for Afforestation	31.80	477.00	
疏林	Sparsely Forests	5.45	81.75	
灌木	Shrubbery	116.80	1752.00	
未成林造林地	Afforestation for Undeveloped Forests	35.53	532.95	
淡水总面积	Total Area of Fresh Water			
其他	Others			

1-4 主要山脉基本情况
Major Mountain Ranges

名 称	Name	平均高度(米) Average Height(m)	最高峰(米) Heightest Peak (m)	
雪峰山	Xuefeng Mountain Range	1500	2021 (城步县二宝顶)	Erbao Peak in Chengbu County
武陵山	Wuling Mountain Range	500--1200	2098.7 (石门县壶瓶山)	Huping Mountain in Shimen County
南岭山脉 (指大庾岭、骑田岭、萌渚岭、都庞岭、越城岭)	Nanling Mountain Range (Dayu Peak,Qitian Peak, Mengzhu Peak, DuPang Peak, Yuecheng Peak)		2009 (道县韭菜岭)	Jiucai Peak in Dao County
幕阜山---罗霄山	Mofu Mountain ---Luoxiao Mountain Range	1000	2052 (炎陵县斗笠顶)	Douli Peak in Yanling County
			2041.1 (桂东县八面山)	Bamian Mountain in Guidong County

1-5 主要河流基本情况
Major Rivers

名称	Item	河长(公里) Length of River (km)	#省内 #In Province	河流条数(条) Number of River (unit)	流域面积(平方公里) Drainage Area (sq.km)	#省内 #In Province	省内年径流量(亿立方米) Annual Flow in Province (100 million cu.m)	水力资源蕴藏量(万千瓦) Hydro-power Resources (10000 kw)	#可开发量 Develop-able Resources
总计	**Total**			**5341**		**211829**	**2560.00**	**1532.45**	**1083.84**
湘 江	Xiangjiang River	856	670	2157	94660	85383	1059.62	470.70	318.29
资 水	Zijiang River	713	630	771	28142	26738	319.96	201.03	147.71
沅 江	Yuanjiang River	1033	568	1491	89163	51066	609.49	537.51	460.21
澧 水	Lishui River	388	388	326	18496	15505	190.55	152.46	137.11
洞庭湖水系	Water System of Dongting Lake			432		27269	299.71	140.20	13.65
鄱阳湖水系	Water System of Poyang Lake			16		683	10.79	3.12	0.58
珠江水系	Water System of Zhujiang River			148		5185	69.88	27.43	6.29

注: 1. 河流条数指河长5公里以上的河流数，河长共9万公里。

2.资水河长以夫夷水作水源计算。

3.据1986年勘定，洞庭湖面积为2691平方公里。

a. Rivers refer to those which are more than 5 km long, and the total length of the rivers are 90 000 km.

b. The length of Zishui River refers to that of Fuyi River.

c. The figure on the area of Dongting Lake was taken from the survey in 1986.

1-6 主要城市平均气温(2014年)
Monthly Average Temperature of Major Cities(2014)

单位:摄氏度 (℃)

城 市	City	1月 January	2月 February	3月 March	4月 April	5月 May	6月 June	7月 July
长沙市	Changsha	9.2	6.5	13.6	18.8	22.6	26.1	29.2
株洲市	Zhuzhou	8.5	6.3	13.2	18.6	22.1	25.8	28.5
湘潭市	Xiangtan	8.3	6.0	13.0	18.4	22.0	25.6	28.3
衡阳市	Hengyang	9.9	6.9	13.6	19.4	23.2	26.6	29.8
邵阳市	Shaoyang	8.8	5.4	12.4	17.8	21.1	24.5	27.5
岳阳市	Yueyang	9.0	5.9	13.5	17.7	22.0	25.7	27.7
常德市	Changde	8.6	4.9	12.8	16.9	20.8	24.4	26.9
张家界市	Zhangjiajie	8.2	6.2	13.5	17.8	20.9	25.0	27.6
益阳市	Yiyang	8.6	5.8	13.1	17.9	22.2	25.6	28.3
郴州市	Chenzhou	10.3	7.2	14.3	20.2	24.0	27.1	30.0
永州市	Yongzhou	9.8	6.7	13.6	19.1	22.7	26.0	29.2
怀化市	Huaihua	8.2	5.7	12.5	17.2	20.6	24.1	27.6
娄底市	Loudi	9.0	5.7	12.6	17.9	21.5	25.0	27.8
吉首市	Jishou	7.3	5.4	12.2	16.8	20.0	23.9	26.5

城 市	City	8月 August	9月 September	10月 October	11月 November	12月 December	全年平均 Annual Average	上年平均 Annual Average Preceding Year
长沙市	Changsha	27.5	25.2	21.7	14.4	8.4	18.6	18.0
株洲市	Zhuzhou	26.9	25.0	21.3	13.8	7.8	18.2	18.7
湘潭市	Xiangtan	26.8	24.6	20.6	13.6	7.6	17.9	18.5
衡阳市	Hengyang	27.6	26.4	22.6	14.6	8.9	19.1	19.6
邵阳市	Shaoyang	25.8	24.1	20.4	12.9	7.5	17.4	17.8
岳阳市	Yueyang	26.5	24.0	20.8	13.6	7.8	17.9	18.5
常德市	Changde	25.3	22.8	19.8	12.8	7.4	17.0	18.0
张家界市	Zhangjiajie	26.7	24.5	20.0	13.7	7.9	17.7	18.4
益阳市	Yiyang	26.6	24.4	21.0	14.0	8.0	18.0	18.7
郴州市	Chenzhou	27.5	26.7	22.5	14.8	8.3	19.4	19.4
永州市	Yongzhou	26.8	25.7	21.8	14.1	8.5	18.7	19.0
怀化市	Huaihua	26.3	24.2	20.1	12.8	7.3	17.2	17.8
娄底市	Loudi	26.3	24.0	20.6	13.1	7.4	17.6	18.3
吉首市	Jishou	25.3	23.4	19.0	12.6	7.4	16.7	17.2

1-7 主要城市降水量(2014年)

Monthly Precipitation in Major Cities (2014)

单位:毫米 (millimeter)

城 市	City	1月 January	2月 February	3月 March	4月 April	5月 May	6月 June	7月 July
长沙市	Changsha	13.2	105.4	210.0	107.3	226.3	158.7	250.1
株洲市	Zhuzhou	17.0	149.8	193.8	100.2	337.8	240.9	252.0
湘潭市	Xiangtan	18.8	140.9	170.0	111.9	318.4	251.9	193.5
衡阳市	Hengyang	21.8	94.1	156.9	89.6	261.4	262.3	176.0
邵阳市	Shaoyang	15.2	110.3	186.4	119.3	237.0	202.0	81.7
岳阳市	Yueyang	35.8	131.8	145.0	103.7	248.2	43.1	211.2
常德市	Changde	35.5	93.4	116.3	96.3	205.4	42.5	178.3
张家界市	Zhangjiajie	27.5	67.8	85.1	91.5	217.8	51.3	268.0
益阳市	Yiyang	45.2	140.1	164.6	118.5	212.6	75.4	252.4
郴州市	Chenzhou	16.0	80.3	160.6	106.0	166.8	142.3	126.8
永州市	Yongzhou	33.9	67.2	144.3	180.6	231.9	174.9	125.7
怀化市	Huaihua	28.7	89.3	76.2	98.4	251.4	385.9	239.1
娄底市	Loudi	20.1	109.0	139.5	146.9	256.9	142.4	280.8
吉首市	Jishou	19.7	82.9	50.9	80.7	252.1	231.0	713.7

城 市	City	8月 August	9月 September	10月 October	11月 November	12月 December	全年 Annual Total	上年全年 Annual Total Preceding year
长沙市	Changsha	127.6	40.6	53.4	79.3	14.9	1386.8	1441.0
株洲市	Zhuzhou	140.5	52.1	49.0	134.5	29.2	1696.8	1374.0
湘潭市	Xiangtan	119.2	29.1	70.3	104.6	25.0	1553.6	1263.0
衡阳市	Hengyang	220.4	20.1	16.2	113.0	23.9	1455.7	892.0
邵阳市	Shaoyang	120.2	52.4	45.3	107.8	28.5	1306.1	1017.0
岳阳市	Yueyang	126.9	65.8	150.6	138.1	3.2	1403.4	1057.0
常德市	Changde	95.0	74.5	138.1	146.9	5.2	1227.4	1286.0
张家界市	Zhangjiajie	202.3	113.0	159.6	108.1	10.4	1402.4	1228.0
益阳市	Yiyang	139.5	48.5	101.0	111.7	18.9	1428.4	1159.0
郴州市	Chenzhou	113.0	14.7	5.5	103.5	56.0	1091.5	1433.0
永州市	Yongzhou	150.5	17.1	8.9	101.3	33.7	1270.0	1462.0
怀化市	Huaihua	94.1	136.6	103.3	125.0	13.7	1641.7	1420.0
娄底市	Loudi	178.0	80.6	49.7	122.0	21.7	1547.6	1146.0
吉首市	Jishou	276.9	139.1	234.1	119.0	9.4	2209.5	1447.0

1-8 主要城市日照时数(2014年)

Monthly Sunshine Hours in Major Cities (2014)

单位:小时 (hour)

城市	City	1月 January	2月 February	3月 March	4月 April	5月 May	6月 June	7月 July
长沙市	Changsha	162	55	93	117	127	107	228
株洲市	Zhuzhou	135	46	78	97	111	94	204
湘潭市	Xiangtan	133	42	74	84	109	74	197
衡阳市	Hengyang	137	44	53	79	105	82	244
邵阳市	Shaoyang	136	42	44	68	71	44	141
岳阳市	Yueyang	166	52	95	85	82	69	190
常德市	Changde	158	47	100	90	111	70	195
张家界市	Zhangjiajie	123	34	87	68	78	37	179
益阳市	Yiyang	138	39	83	90	115	58	151
郴州市	Chenzhou	134	37	39	60	110	97	250
永州市	Yongzhou	121	36	35	56	87	85	220
怀化市	Huaihua	115	48	48	49	85	54	195
娄底市	Loudi	144	50	73	84	97	64	174
吉首市	Jishou	100	20	44	42	73	38	149

城市	City	8月 August	9月 September	10月 October	11月 November	12月 December	全年 Annual Total	上年全年 Annual Total Preceding year
长沙市	Changsha	187	151	205	73	131	1634	2047
株洲市	Zhuzhou	169	155	201	66	133	1487	1867
湘潭市	Xiangtan	162	156	183	61	131	1404	1806
衡阳市	Hengyang	158	161	196	63	143	1466	1801
邵阳市	Shaoyang	135	125	148	56	129	1140	1762
岳阳市	Yueyang	157	120	191	93	161	1460	1981
常德市	Changde	130	105	168	89	128	1391	1912
张家界市	Zhangjiajie	116	91	142	67	108	1129	1629
益阳市	Yiyang	127	120	161	79	133	1296	1829
郴州市	Chenzhou	130	139	173	61	100	1329	1472
永州市	Yongzhou	174	155	183	50	126	1328	1534
怀化市	Huaihua	156	143	175	36	114	1217	1684
娄底市	Loudi	143	127	180	65	109	1309	1719
吉首市	Jishou	120	102	141	39	79	946	1429

1-9 国民经济和社会发展总量指标

Principal Indicators of National Economy and Social Development

指 标	Item	总量指标 Aggregate Data 2000	2005	2013	2014
人口与就业	**Population and Employment**				
人口 （万人）	**Population (10 000 persons)**				
年底总人口	Population at the Year-end	6562.05	6732.10	7147.28	7202.29
城镇人口	Urban	1952.21	2490.88	3427.84	3549.29
乡村人口	Rural	4609.84	4241.22	3719.44	3653.00
男性人口	Male	3422.77	3490.59	3712.32	3740.97
女性人口	Female	3139.28	3241.51	3434.96	3461.32
就业 （万人）	**Employment (10 000 persons)**				
从业人员数	Employees	3577.58	3801.48	4036.45	4044.13
在岗职工数	Staff and Workers on the Job	580.82	451.80	554.44	552.81
宏观经济	**Macro-economy**				
国民经济核算 （亿元）	**National Accounting (100 million yuan)**				
地区生产总值	Gross Domestic Products	3551.49	6596.10	24621.67	27037.32
第一产业	Primary Industry	784.92	1100.65	2990.31	3148.75
第二产业	Secondary Industry	1293.18	2612.57	11553.97	12482.06
第三产业	Tertiary Industry	1473.39	2882.88	10077.39	11406.51
人均地区生产总值(元)	Per Capita Gross Regional Product (yuan)	5425	10562	36943	40271
支出法地区生产总值	Gross Regional Product by Expenditure Approach	3551.49	6596.10	24621.67	27037.32
最终消费	Final Consumption	2471.77	4026.02	11281.02	12463.11
居民消费	Households Consumption	1928.94	3092.25	8610.74	9657.14
政府消费	Government Consumption	542.83	933.77	2670.28	2805.97
资本形成总额	Gross Capital Formation	1046.05	2576.17	14121.63	15652.18
固定资本形成	Gross Fixed Capital Formation	1082.00	2520.38	13693.85	15139.68
固定资产投资 （亿元）	**Investment in Fixed Assets (100 million yuan)**				
固定资产投资总额	Total Investment in Fixed Assets	1066.70	2563.96	18381.44	21950.77
国有单位	State-owned unit	574.12	1000.96	5574.42	6393.07
集体单位	Collective-owned Unit	118.80	94.89	670.24	649.97
个体经济	Individuals	281.89	499.08	5819.41	7513.60
财政 （亿元）	**Public Finance (100 million yuan)**				
地方财政收入	Public Budgetary Revenue	177.04	395.27	2030.88	2262.79
公共财政支出	Public Budgetary Expenditure	347.83	873.42	4690.89	5017.38
物价总指数（上年＝100）	**Price Index (preceding year=100)**				
居民消费价格总指数	General Consumer Price Index	101.4	102.3	102.5	101.9
商品零售价格总指数	General Retail Price Index	99.3	102.3	101.7	101.2
农产品生产者价格指数	Producer Price Indices of Farm Products	96.8	99.5	102.1	98.6
利用外资 （万美元）	**Utilization of Foreign Capital (USD 10 000)**				
实际利用外商直接投资	Foreign Direct Investment	110843	207235	870482	1026585
产 业	**Industry**				
农业	**Agriculture**				
耕地面积 （千公顷）	Cultivated Areas (1 000 hectares)	3921.60	3815.98	4149.71	4153.22
农林牧渔业从业人员 （万人）	Number of Persons Engaged in Farming, Forestry, Animal Husbandry and Fishery (10 000 persons)	2065.92	1951.90	1832.65	1808.33

1-9 续表 1 continued

指　标	Item	总量指标 Aggregate Data			
		2000	2005	2013	2014
农林牧渔业总产值　(亿元)	Gross Output Value of Farming, Forestry, Animal Husbandry and Fishery (100 million yuan)	1251.89	2056.24	5043.58	5304.82
农业	Planting	633.84	947.72	2726.75	2884.73
林业	Forestry	51.01	100.96	287.67	304.81
牧业	Animal Husbandry	486.13	834.52	1467.37	1503.21
渔业	Fishery	80.91	138.37	309.89	338.85
主要农产品产量　(万吨)	Output of Major Farm Products (10 000 tons)				
粮食	Grain	2874.97	2856.55	2925.80	3001.26
棉花	Cotton	17.13	18.56	19.80	12.90
油料	Oil-bearing Crops	139.35	140.98	224.44	233.77
黄红麻　(熟麻)	Jute and Ambary Hemp	0.23	0.06	0.06	0.06
苎麻	Ramie	6.62	13.07	1.61	1.62
烤烟	Fluecured Tobacco	15.55	20.39	25.30	22.45
茶叶	Tea	5.73	7.20	14.61	16.20
柑桔	Citrus	125.92	205.51	417.32	438.50
猪牛羊肉	Pork, Beef and Mutton	436.51	545.94	459.49	488.10
水产品	Aquatic Products	133.21	179.22	233.91	247.96
工业	**Industry**				
主要工业产品产量	Output of Major Industrial Products				
布　(亿米)	Cloth (100 million m)	3.41	3.61	3.52	3.46
机制纸及纸板　(万吨)	Machine-made Paper and Paperboards (10 000 tons)	70.07	170.59	421.44	406.56
成品糖　(万吨)	Sugar (10 000 tons)	4.44	2.10	0.67	0.09
合成洗涤剂　(万吨)	Synthetic Detergents (10 000 tons)	8.12	32.06	44.62	49.35
家用电冰箱　(万台)	Household Refrigerators (10 000 sets)	44.54	55.54	21.03	12.18
原煤　(万吨)	Coal (10 000 tons)	1490.81	3646.51	7072.20	5413.70
发电量　(亿千瓦小时)	Electricity (100 million kw.h)	354.42	630.29	1285.70	1241.90
粗钢　(万吨)	Crude Steel (10 000 tons)	304.13	975.17	1840.36	1917.59
钢材　(万吨)	Steel (10 000 tons)	299.05	961.26	1977.91	1989.35
水泥　(万吨)	Cement (10 000 tons)	2395.72	3571.07	11264.67	11991.30
规模工业企业财务指标	Principal Financial Item of Industrial Enterprises above Designated Size				
年底固定资产原价　(亿元)	Original Value of Fixed Assets (100 million yuan)	1947.23	2932.81	12129.92	13149.25
利润和税金总额　(亿元)	Profits and Taxes (100 million yuan)	205.87	575.09	4250.03	3865.01
建筑业	**Construction**				
建筑业企业人数　(万人)	Number of Employed Persons (10 000 persons)	76.30	118.61	199.74	211.55
建筑业总产值　(亿元)	Gross Output Value of Construction (100 million yuan)	354.29	1219.35	5283.84	6020.97
施工房屋面积　(万平方米)	Floor Space of Buildings Under Construction (10 000 m^2)	5087.93	13774.87	43528.16	47433.19
#竣工房屋面积	Floor Space of Buildings Completed	2603.03	6846.04	15890.95	16583.00
交通运输	**Transportation**				
货运量　(万吨)	Freight Traffic (10 000 tons)	51228	76876	211389	203604
铁路	Railways	4676	5218	4890	4495
公路	Highways	42868	67040	156268	172613
水运	Waterways	3406	4615	23097	25687
客运量　(万人)	Passenger Traffic (10 000 persons)	87462	116457	197541	162540
铁路	Railways	5233	5423	9067	9639
公路	Highways	81005	109728	149016	150583
水运	Waterways	1094	702	1480	1449

注：2013年开始，公路水路客货运输数据，源自交通运输业经济统计专项调查，统计口径有所调整（下表同）。
Beginning in 2013,highway and waterway freignt volume data,from traffic transportation economic statistics,special inrestigation,statistical adjustments（the same below）.

1-9 续表 2 continued

指 标	Item	总量指标 Aggregate Data 2000	2005	2013	2014
邮电通信业	**Postal and Telecommunications Services**				
邮电业务总量 (亿元)	Total Business Revenue (100 million yuan)	140.92	372.24	553.29	745.00
函件(万件)	Number of Letters Delivered (10 000 pieces)	21255.00	11338.80	5760.86	4534.91
报刊期发数 (万份)	Newspapers and Magazines Distributed (10 000 copies)	1042.72	582.89	527.00	513.18
交换机容量 (万门)	Capacity of Office Telephone Exchanges (10 000 lines)	873.20	1216.62	869.83	669.40
国内商业 (亿元)	**Domestic Trade (100 million yuan)**				
社会消费品零售总额	Total Retail Sales of Consumer Goods	1383.72	2459.12	9509.44	10723.45
对外经济贸易和旅游	**Foreign Trade and Tourism**				
进出口总额 (亿美元)	Total Exports and Imports (USD 100 million)	25.13	60.05	251.64	310.27
进口额	Imports	8.60	22.58	103.44	110.04
出口额	Exports	16.53	37.47	148.21	200.23
国际旅游	International Tourism				
来湘旅游人数(万人次)	Tourism to Hunan (10 000 person-times)	45.40	71.98	230.66	219.55
旅游外汇收入(亿美元)	Foreign Exchange Earnings from Tourism (USD 100 million)	2.21	3.90	8.23	8.00
金融保险 (亿元)	**Finance and Insurance (100 million yuan)**				
金融机构人民币存款余额	Total Saving Depositit of F inancial Institutions	2874.75	6498.23	26756.64	30073.36
金融机构人民币贷款余额	Total Loan Balances of F inancial Institutions	2403.39	4509.09	17774.99	20356.39
财产险保费收入	Premium Income from Property Insurance	13.12	31.50	184.67	211.27
人身险保费收入	Premium Income from Life Insurance	46.78	95.68	323.89	365.15
教育、科技、文化	**Education, Science and Technology, Culture**				
教育	**Education**				
专任教师数 (万人)	Full-time Teachers (1 0000 persons)				
普通高等学校	Institutions of Higher Education	2.03	4.53	6.39	6.49
中等职业学校	Specialized Secondary Schools	1.08	2.60	2.48	2.51
普通中学	Secondary Schools	22.37	26.14	23.64	23.85
小学	Primary Schools	30.64	24.61	24.63	24.81
在校学生 (万人)	Students Enrollment (10 000 persons)				
普通高等学校	Institutions of Higher Education	25.31	74.24	109.93	113.50
中等职业学校	Specialized Secondary Schools	25.83	70.56	65.07	64.48
普通中学	Secondary Schools	391.73	429.11	318.39	326.34
小学	Primary Schools	663.93	419.83	467.81	473.84
国家财政性教育经费(亿元)	State Fiscal Funding on Education (100 million yuan)	85.77	166.91	844.92	
科技	**Science and Technology**				
各类专业技术人员数(万人)	Scientific and Technical Personnel (10000 person)	109.34	122.91	101.20	98.65
科技拨款 (亿元)	Funding for Scientific and Technical Activities (100 million yuan)	5.55	10.77	55.80	59.38
技术市场技术交易成交额 (亿元)	Transaction Value in Technical Market (100 million yuan)	10.95	20.70	51.46	52.69
文化	**Culture**				
出版数量	Publications				
图书 (万册)	Number of Books (10 000 copies)	24844	33238	35803	42194
杂志 (万册)	Number of Magazines (10 000 copies)	10504	11708	12991	13442
报纸 (万份)	Number of Newspapers Issue (10 000 copies)	83467	106428	134113	136738
电视节目每周播出时间 (小时)	Time for TV Programs Telecasting (hour)	2338	13210	14285	14523

注:对外贸易中的进出口总额,统一按海关统计数据。

Figures on total imports and exports from foreign trade are obtained from the customs statistics.

1-9 续表 3 continued

指 标	Item	总量指标 Aggregate Data			
		2000	2005	2013	2014
家庭、生活、环境	**Family, People's Livelihood and Environment**				
家庭	**Family**				
城镇居民户均家庭人口(人)	Average Household Size in Urban Areas (person)	3.09	2.93	3.00	2.94
农村居民户均常住人口(人)	Average Household Size in Rural Areas (person)	3.97	3.94	3.97	3.19
婚姻 (万对)	**Marriages and Divorces (10 000 couples)**				
结婚数	Number of Marriages	38.31	45.97	62.06	62.20
离婚数	Number of Divorces	6.45	8.30	15.69	16.87
居住 (平方米/人)	**Housing (sq.m/person)**				
城市居民人均居住面积	Per Capita Floor Space of Urban Residents	11.75	22.03	42.1	39.52
农村居民人均住房面积	Per Capita Floor Space of Rural Residents	30.92	38.38	47.94	54.25
生活	**People's Livelihood**				
城镇居民人均可支配收入 (元)	Per Capita Annual Disposable Income of Urban Households (yuan)	6219	9524	24352	26570
农村居民人均可支配收入 (元)	Per Capita Annual Net Income of Rural Households (yuan)	2197	3118	9029	10060
个人本外币存款余额 (亿元)	Outstanding Amount of Personal Saving (100 million yuan)	1874.22	4153.70	14784.49	16767.09
工资福利	**Wages and Welfare**				
在岗职工工资总额(亿元)	Total Wages on the Job (100 million yuan)	377.19	616.86	2407.62	2665.89
在岗职工平均工资 (元)	Average Wage of Staff and Workers on the Job (yuan)	6515	13718	43893	48525
卫生	**Health Care**				
医院与卫生院 (个)	Number of Hospitals (unit)	3339	4097	3226	3318
执业(助理)医师(万人)	Number of Doctors (10 000 persons)	8.87	7.99	12.74	13.34
医院床位数 (万张)	Number of Hospital Beds (10 000 units)	9.32	15.22	21.50	24.70
市政建设	**City Construction**				
供水总量 (亿立方米)	Volume of Tap Water Supply (100 million tons)	28.24	26.78	19.01	24.07
排水管道长度 (公里)	Length of Sewer Pipelines (km)	3754.00	5593.83	12050.00	21770.61
城市煤气供气量(万立方)	Volume of Coal Gas Supply in Urban Areas (10 000 cu.m)	60375	44064	2765	2765
液化石油气用量 (万吨)	Volume of Liquefied Petroleum Gas (10 000 tons)	20.20	29.47	19.52	39.36
天然气供气量(万立方米)	Volume of Natural Gas (10 000 cu.m)			19.97	24.72
公共汽车总数 (辆)	Total Number of Public Buses (unit)	9083	9611	17864	19754
公交客运总量 (万人次)	Total Passenger Traffic of Public Transportation (10 000 person-times)	106227	212507	322295	330865
环境、灾害	**Environment and Disaster**				
火灾发生数 (次)	Number of Fire Disasters (times)	3440	5223	16030	18237
火灾经济损失 (万元)	Loss of Fire Accidents (10 000 yuan)	4799	4862	28302	25090
交通事故发生数 (次)	Number of Traffic Accidents (times)	23938	15013	8709	8786
交通事故经济损失(万元)	Loss of Traffic Accidents (10 000 yuan)	9662	7131	6487	7093

注：2002年起，医生数是指执业医生数。2000年起，城镇居民人均居住面积由建设厅提供。2006年劳动厅取消有关离退休人员人数、劳保福利费等统计指标。2007年起，卫生部网络直报数据包含了诊所、医务室、卫生所、社区服务站；而2007年前是没有包括的。

Data of doctors are doctors and assistant doctors since 2002. Data on living floor space of urban residents came from Constructional Bureau of Hunan Province since 2006. The statistical indicators on retired staff and workers have been canceled in 2006.The data submitted directly by network of Ministry of Health has included clinics,health service stations,health service centers for community from 2007, but before 2007, has not included.

1-10 国民经济和社会发展速度指标

Develop Speed of National Economy and Social Development

单位：% (%)

指 标	Item	发展速度（以上年为100） Growth Rate (precending year=100) 2000	2005	2013	2014
人口与就业	**Population and Employment**				
人口	**Population**				
年底总人口	Population at the Year-end	100.5	100.5	99.5	100.70
城镇人口	Urban	113.2	104.8	102.3	103.47
乡村人口	Rural	95.9	98.2	97.1	98.14
男性人口	Male	101.0	100.6	99.6	100.57
女性人口	Female	99.9	100.5	99.4	100.83
就业	**Employment**				
从业人员数	Employees	99.3	101.5	100.4	100.2
在岗职工人数	Staff and Workers on the Job	98.3	95.9	106.0	99.7
宏观经济	**Macro-economy**				
国民经济核算	**National Accounting**				
地区生产总值	Gross Domestic Products	109.0	112.2	110.1	109.5
第一产业	Primary Industry	103.9	105.7	102.7	104.5
第二产业	Secondary Industry	110.6	112.9	110.9	109.3
第三产业	Tertiary Industry	110.9	113.8	111.3	111.0
人均地区生产总值	Per Capita Gross Regional Product	108.5	110.6	109.3	108.7
支出法地区生产总值	Gross Regional Product by Expenditure Approach	109.0	112.2	110.1	109.5
最终消费	Final Consumption	106.7	110.3	108.7	108.6
居民消费	Households Consumption	105.6	111.3	108.8	110.0
政府消费	Government Consumption	110.8	107.3	108.1	103.8
资本形成总额	Gross Capital Formation	104.3	116.8	111.3	110.4
固定资本形成	Gross Fixed Capital Formation	110.9	122.1	111.8	110.2
固定资产投资	**Investment in Fixed Assets**				
固定资产投资总额	Total Investment in Fixed Assets	113.0	129.4	126.1	119.4
国有单位	State-owned unit	109.8	113.8	121.7	114.7
集体单位	Collective-owned Unit	124.0	124.4	126.7	97.0
个体经济	Individuals	107.0	127.32	151.9	129.1
财政	**Pubic Finance**				
地方财政收入	Public Budgetary Revenue	106.3	123.3	114.0	111.4
公共财政支出	Public Budgetary Expenditure	111.1	121.4	113.9	107.0
物价总指数 (上年=100)	**Price Index** **(preceding year=100)**				
居民消费价格总指数	General Consumer Price Index	101.4	102 3	102.5	101.9
商品零售价格总指数	General Retail Price Index	99.3	102 3	101.7	101.2
农产品生产者价格指数	Producer Price Indices of Farm Products	96.8	99.5	102.1	98.6
利用外资	**Utilization of Foreign Capital**				
实际利用外商直接投资	Foreign Direct Investment	103.6	146.1	119.6	117.9
产 业	**Industry**				
农业	**Agriculture**				
耕地面积	Cultivated Areas	122.1	100.0		100.1
农林牧渔业从业人员	Number of Persons Engaged in Farming, Forestry, Animal Husbandry and Fishery	99.6	98.8	98.7	98.7

1-10 续表 1 continued

单位：% (%)

指 标	Item	发展速度（以上年为100） Growth Rate (precending year=100)			
		2000	2005	2013	2014
农林牧渔业总产值	Gross Output Value of Farming, Forestry,Animal Husbandry and Fishery	104.3	105.8	102.7	104.7
农业	Farming	103.1	104.5	102.8	104.2
林业	Forestry	104.3	109.8	106.0	105.8
牧业	Animal Husbandry	103.9	106.3	100.7	104.7
渔业	Fishery	111.5	109.6	106.3	105.6
主要农产品产量	Output of Major Farm Products				
粮食	Grain	99.4	101.6	97.3	102.6
棉花	Cotton	96.8	90.8	79.0	65.2
油料	Oil-bearing Crops	107.1	131.8	108.0	104.2
黄红麻(熟麻)	Jute and Ambary Hemp	100.0	85.7	99.8	103.9
苎麻	Ramie	173.3	109.0	69.4	102.0
烤烟	Fluecured Tobacco	125.4	113.6	107.0	90.6
茶叶	Tea	101.8	108.1	107.9	110.8
柑桔	Citrus	84.1	112.8	89.2	108.7
猪牛羊肉	Pork, Beef and Mutton	103.8	105.6	104.8	106.2
水产品	Aquatic Products	107.0	107.2	106.3	106.0
工业	**Industry**				
主要规模工业产品产量	Output of Major Industrial Products above Designated Size				
布	Cloth	118.8	86.4	106.9	101.6
机制纸及纸板	Machine-made Paper and Paperboards	132.1	101.6	92.0	95.3
成品糖	Refined Sugar	43.8	95.5	87.9	12.6
合成洗涤剂	Synthetic Detergents	119.6	126.8	81.2	103.1
家用电冰箱	Household Refrigerators	155.7	90.8	122.3	60.8
原煤	Coal	104.0	120.1	80.2	76.5
发电量	Electricity	106.6	104.1	102.0	96.6
粗钢	Crude Steel	98.4	121.3	104.8	104.3
钢材	Steel	103.6	119.8	106.5	100.1
水泥	Cement	105.4	106.3	109.2	105.7
规模工业企业财务指标	Principal Financial Item of Industrial Enterprises above Designated Size				
年底固定资产原价	Original Value of Fixed Assets	108.2	106.4	110.7	108.4
利润和税金总额	Profits and Taxes	116.3	127.6	114.8	90.9
建筑业	**Construction**				
建筑业企业人数	Number of Employed Persons	98.9	102.8	114.5	107.1
建筑业总产值	Gross Output Value of Construction	106.1	118.6	119.2	113.9
施工房屋面积	Floor Space of Buildings Under Construction	97.8	110.0	118.5	108.9
竣工房屋面积	Floor Space of Buildings Completed	97.1	109.5	115.9	104.4
交通运输	**Transportation**				
货运量	Freight Traffic	100.1	110.3	110.5	110.1
铁路	Railways	104.9	96.6	91.7	91.9
公路	Highways	99.0	111.2	111.0	110.5
水运	Waterways	107.2	115.8	110.6	111.2
客运量	Passenger Traffic	99.6	109.5	106.9	101.4
铁路	Railways	104.5	101.8	107.6	106.3

1-10 续表 2 continued

单位：% (%)

指 标	Item	发展速度（以上年为100） Growth Rate (precending year=100)			
		2000	2005	2013	2014
公路	Highways	99.2	109.8	106.9	101.1
水运	Waterways	109.2	90.9	102.6	97.9
邮电通信业	**Postal and Telecommunications Services**				
邮电业务总量	Total Business Revenue	152.4	142.7	112.9	125.9
函件	Number of Letters Delivered	83.8	71.9	83.3	78.7
报刊期发数	Number of Newspapers and Magazines Distributed	65.1	88.2	78.2	97.3
交换机容量	Capacity of Office Telephone Exchanges	149.0	108.5	89.2	77.0
国内商业	**Domestic Trade**				
社会消费品零售总额	Total Retail Sales of Consumer Goods	111.0	114.4	114.3	112.8
对外经济贸易和旅游	**Foreign Trade and Tourism**				
进出口总额	Total Exports and Imports	128.5	110.4	114.7	123.2
进口额	Imports	127.6	96.5	110.7	106.3
出口额	Exports	128.9	120.9	117.6	135.1
国际旅游	International Tourism				
来湘旅游人数	Number of Tourism to Hunan	117.7	130.1	102.7	95.2
旅游外汇收入	Foreign Exchange Earnings from Tourism	119.2	124.6	88.6	97.2
金融保险	**Finance and Insurance**				
金融机构人民币存款余额	Total Saving Depositit of F inancial Institutions	113.2	118.1	116.1	112.4
金融机构人民币贷款余额	Total Loan Balances of F inancial Institutions	99.8	105.9	115.9	114.5
财产险保费收入	Premium Income from Property Insurance	102.0	119.3	121.9	114.4
人身险保费收入	Premium Income from Life Insurance	159.0	117.0	103.2	112.7
教育、科技、文化	**Education, Science and Technology, Culture**				
教育	**Education**				
专任教师数	Full-time Teachers				
普通高等学校	Institutions of Higher Education	112.9	118.3	102.2	101.6
中等职业学校	Specialized Secondary Schools			90.8	101.2
普通中学	Secondary Schools	105.3	100.2	88.5	100.9
小学	Primary Schools	99.7	99.1	99.8	100.7
在校学生	Students Enrollment				
普通高等学校	Institutions of Higher Education	140.7	118.7	101.7	103.2
中等职业学校	Specialized Secondary Schools			88.6	99.1
普通中学	Secondary Schools	124.7	90.9	101.5	102.5
小学	Primary Schools	92.0	97.1	98.7	101.3
国家财政性教育经费	State Fiscal on Education	107.1	118.4	101.5	
科技	**Science and Technology**				
各类专业技术人员数	Number of Scientific and Technical Personnel	101.8	102.1	98.7	97.5
科技拨款	Funding for Scientific and Technical Activities	126.1	121.1	115.8	106.4
技术市场技术交易成交额	Transaction Value in Technical Market	153.2	123.9	144.0	102.4
文化	**Culture**				
出版数量	Publications				
图书	Number of Books	80.8	108.9	98.7	117.9

注：对外贸易中的进出口总额，统一按海关统计数据。

Figures on total imports and exports from foreign trade are obtained from the customs statistics.

1-10 续表 3 continued

单位：% (%)

指　标	Item	发展速度（以上年为100） Growth Rate (precending year=100)			
		2000	2005	2013	2014
杂志	Number of Magazines	84.5	61.2	102.5	103.5
报纸	Number of Newspapers Issue	98.2	102.2	101.7	102.0
电视节目每周播出时间	Time for TV Programs Telecasting	107.7	114.2	94.7	101.7
家庭、生活、环境	**Family, People's Livelihood and Environment**				
家庭	**Family**				
城镇居民平均每户家庭人口	Average Household Size in Urban Areas	100.3	98.0	104.5	103.2
农村居民平均每户常住人口	Average Household Size in Rural Areas	101.0	101.3	100.0	100.1
婚姻	**Marriages and Divorces**				
结婚数	Number of Marriages	94.6	108.0	96.4	100.2
离婚数	Number of Divorces	113.8	102.6	93.2	107.5
居住	**Housing**				
城市居民人均自有现准房面积	Per Capita Floor Space of Urban Residents	104.5	86.8	104.7	98.9
农村居民人均自有现住房面积	Per Capita Floor Space of Rural Residents	103.5	105.0	102.5	102.5
生活	**People's Livelihood**				
城镇居民人均可支配收入	Per Capita Annual Disposable Income of Urban Households	106.9	110.5	109.8	109.1
农村居民人均可支配收入	Per Capita Annual Net Income of Rural Households	102.3	109.9	112.5	111.4
个人本外币存款余额	Outstanding Amount of Personal Saving	111.0	119.2	116.4	113.4
工资福利	**Wages and Welfare**				
在岗职工工资总额	Total Wages on the Job	108.1	113.4	115.9	110.7
在岗职工平均工资	Average Wage of Staff and Workers on the Job	108.3	119.7	109.7	110.6
卫生	**Health Care**				
医院与卫生院	Number of Hospitals	99.4	101.4	104.3	102.9
执业（助理）医师	Number of Doctors	104.5	100.0	109.2	104.7
医院床位数	Number of Hospital Beds	106.5	103.0	113.7	114.9
市政建设	**City Construction**				
供水总量	Volume of Tap Water Supply	99.7	112.6	101.9	126.6
排水管道长度	Length of Sewer Pipelines	76.3	113.1	105.7	180.7
城市煤气供气量	Volume of Coal Gas Supply in Urban Areas	81.0	99.9	102.1	100.0
液化石油气用量	Volume of Liquefied Petroleum Gas	106.5	98.1	97.0	201.7
天然气供气量	Volume of Natural Gas			123.8	123.7
公共汽车总数	Total Number of Public Buses	102.2	102.9	108.2	110.6
公交客运总量	Total Passenger Traffic of Public Transportation	115.7	121.3	100.7	102.7
环境、灾害	**Environment and Disaster**				
火灾发生数	Number of Fire Disasters	119.8	138.8	327.3	113.8
火灾经济损失	Loss of Fire Accidents	57.7	158.0	178.7	88.7
交通事故发生数	Number of Traffic Accidents	156.1	64.6	99.5	100.9
交通事故经济损失	Loss of Traffic Accidents	116.2	69.4	96.0	109.3

1-11 国民经济和社会发展效益指标

Beneficial Indicators of National Economy and Social Development

指标		Item		2000	2005	2013	2014
人口与就业		**Population and Employment**					
人口出生率	(‰)	Birth Rate	(‰)	11.45	11.9	13.5	13.52
人口死亡率	(‰)	Death Rate	(‰)	6.79	6.75	6.96	6.89
人口自然增长率	(‰)	Natural Growth Rate	(‰)	4.66	5.15	6.54	6.63
就业者负担人口	(人)	Dependency Rate	(person)	1.83	1.77	1.77	1.78
宏观经济		**Macro Economy**					
全社会劳动生产率	(元/年人)	Overall Labor Productivity	(yuan/person year)	9894	17188	60830	66919
第一产业		Primary Industry		3785	5899	17987	19041
第二产业		Secondary Industry		15399	31706	120266	129865
第三产业		Tertiary Industry		21791	24449	71029	80021
人均地区生产总值	(元)	Per Capita Gross Regional Product	(yuan)	5425	10562	36943	40271
固定资产投资相当于生产总值	(%)	Proportion of Investment in Fixed Assets to GDP	(%)	30	39.4	75.0	81.2
国有经济项目投产率	(%)	Rate of Projects Completed and Put into Use in State-owned Economic	(%)	62.3	56.1	62.8	66.1
国有经济固定资产交付使用率	(%)	Rate of Fixed Assets Completed and Put into Use in State-owned Economic	(%)	69.8	56.2	60.6	63.0
地方财政收入相当于生产总值	(%)	Proportion of Public Budgetary Revenue to GDP	(%)	5.0	6.1	8.3	8.4
公共财政支出相当于生产总值	(%)	Proportion of Public Budgetary Expenditure to GDP	(%)	9.8	13.4	19.1	18.6
产 业		**Industry**					
人均耕地面积	(公顷)	Per Capita Cultivated Land	(hectare)	0.06	0.06	0.06	0.06
农业从业者人均耕地面积	(公顷)	Cultivated Land per Agricultural Laborer	(hectare)	0.19	0.2	0.23	0.23
农业从业者人均农业总产值	(元)	Agricultural Output Value per Agricultural Laborer	(yuan)	6060	10535	2752	2934
每公顷耕地农业机械总动力	(千瓦)	Total Power of Agricultural Machinery per Hectare Cultivated Land	(kw)	5.63	8.36	13.1	13.7
每公顷耕地用电量	(千瓦小时)	Electric Power Consumption per Hectare Cultivated Land	(kw.h)	1135.00	1709.55	2857.61	2981.55
每公顷播种面积化肥施用量	(公斤)	Chemical Fertilizer Consumption per Hectare Sown Area	(kg)	228.00	251.75	286.93	282.75
每公顷耕地生产的农业产值	(元)	Agricultural Output Value per Hectare Cultivated Land	(yuan)	31923	53885	121541	127728
每一农业从业者农产品产量		Output of Farm Products per Agricultural Laborer					
粮食	(公斤)	Grain	(kg)	1388.86	1463.47	1596.45	1659.69
棉花	(公斤)	Cotton	(kg)	8.28	9.51	10.80	7.13
油料	(公斤)	Oil-bearing Crops	(kg)	67.32	72.23	122.467	129.274
肉类	(公斤)	Meat	(kg)	239.69	322.74	250.72	302.23
水产品	(公斤)	Aquatic Products	(kg)	64.35	91.82	127.63	137.12
每公顷播种面积农产品产量		Output of Farm Products per Hectare Sown Area					
粮食	(公斤)	Grain	(kg)	5716	5477	5927	6033
棉花	(公斤)	Cotton	(kg)	1173	1395	1241	992
油料	(公斤)	Oil-bearing Crops	(kg)	1490	1569	1623	1641
规模以上工业企业效益		Economic Efficiency of Industrial Enterprises above Designated Size					
固定资产利税率	(%)	Rate of Per-tax Profits to Fixed Assets	(%)	10.57	19.61	35.04	29.39

1-11 续表 continued

指 标		Item		2000	2005	2013	2014
产值利税率	(%)	Rate of Per-tax Profits to Output Value	(%)	12.70	12.10	12.94	11.05
百元销售收入实现利税	(元)	Per-tax profits per 100 Yuan Sales Revenue	(yuan)	13.20	12.50	13.34	11.39
工业产品销售率	(%)	Proportion of Industrial Products Sold	(%)	99.32	99.52	97.91	98.34
建筑业技术装备率	(元/人)	Value of Machinery in Construction per Laborer	(yuan/person)	5428	8051	8977	9773
建筑业动力装备率	(千瓦/人)	Power of Machinery per Laborer	(kw/person)	4.7	4.9	6.1	6.2
建筑业产值利税率	(%)	Ratio of Per-tax Profits to Gross Output Value	(%)	4.3	6.0	7.4	7.1
建筑业全员劳动生产率	(元/人)	Overall Labor Productivity	(yuan/person-year)	46436	105740	267425	284618
运输业铁路网密度	(公里/万平方公里)	Railway Density in Transportation	(km/10 000 sq.km)	138.07	132.29	190.18	213.97
运输业公路网密度	(公里/万平方公里)	Highway Density in Transportation	(km/10 000 sq.km)	2872.90	4164.31	11114.07	11154.39
全省人均消费品零售额	(元)	Per Capita Retail Sales of Consumer Goods	(yuan)	2113.51	3652.83	13531.76	15971.97
进出口总额相当于生产总值	(%)	Proportion of Total Imports and Exports to GDP	(%)	5.63	7.47	6.37	7.05
每一来湘旅游客人次支出	(美元)	Expenditure per International Tourist in Hunan	(USD)	486.92	541.82	356.80	364.38
教育、科技、文化		**Education, Science and Technology , Culture**					
学龄儿童入学率	(%)	Rate of School-age Children Enrollment	(%)	98.42	99.03	99.96	99.96
小学升学率	(%)	Rate of Graduates of Primary Schools Entering Junior Secondary Schools	(%)	97.04	99.66	99.48	100.59
初中升学率	(%)	Rate of Graduates of Junior Secondary Schools Entering Senior Secondary Schools	(%)	51.15	60.82	87.32	88.57
学校每一专任教师负担学生人数		Number of Students Supported by Each Fulltime Teacher					
#高等学校	(人)	Institutions of Higher Education	(person)	12.50	16.40	17.11	19.88
普通中学	(人)	Secondary Schools	(person)	17.50	16.41	13.46	13.68
小学学校	(人)	Primary Schools	(person)	21.70	17.06	19.00	19.10
国家财政性教育经费占GDP比例	(%)	Proportion of State Fiscal Funding on Education to GDP	(%)	2.42	2.53	3.45	
科技拨款相当于生产总值	(%)	Proportion of Funding for Scientific and Technical Activities to GDP	(%)	0.15	0.17	0.23	0.22
每百万人有艺术表演团体	(个)	Number of Troupes per Million Persons	(unit)	1.39	1.35	3.39	4.02
每百万人有公共图书馆	(个)	Number of Public Libraries per Million Persons	(unit)	1.75	1.78	2.03	2.02
家庭、生活、环境		**Family , People's Livelihood and Environment**					
离婚率	(‰)	Divorce Rate	(‰)	1.97	2.50	2.19	2.50
每万人口中医院卫生院数	(个)	Number of Hospitals per 10 000 persons	(unit)	0.51	0.61	0.48	0.49
每万人口中执业(助理)医师数	(人)	Number of Doctors per 10 000 persons	(person)	13.52	11.87	19.10	19.8
每万人口中医院床位数	(张)	Number of Hospital Beds per 10 000 persons	(unit)	14.20	22.61	32.14	36.66
医院病床使用率	(%)	Utilization Rate of Hospital Beds	(%)	45.59	68.20	99.27	89.5
城市用水普及率	(%)	Percentage of Households with Access to Tap Water	(%)	97.50	91.11	96.86	97.05
城市用气普及率	(%)	Percentage of Households with Access to Tap Gas	(%)	78.35	75.43	91.93	91.24
人均公园绿地面积	(平方米)	Park Green Land Per Capita	(sq.m)	5.10	6.87	8.99	9.85
每起火灾经济损失	(万元)	Average Loss of per Fire Disaster	(10 000 yuan)	1.40	0.93	1.77	1.38
每起交通事故经济损失	(万元)	Average Loss of per Traffic Accident	(10 000 yuan)	0.40	0.48	0.74	0.81

注：自2010年起艺术表演团体含民间职业剧团，此前为文化部门专业剧团数据。

Since 2010, arts performance troupes included folk troupes. And before that, arts performance troupes included professional troupes of cultural department only.

1-12 国民经济主要比例关系

Main Proportional Relations of National Economy

单位:%　　(%)

指 标	Item	2000	2005	2013	2014
地区生产总值(生产法)	**Ratio of Gross Domestic Products**				
第一产业	Primary Industry	22.1	16.7	12.2	11.6
第二产业	Secondary Industry	36.4	39.6	46.9	46.2
第三产业	Tertiary Industry	41.5	43.7	40.9	42.2
地区生产总值(支出法)	**Ratio of Gross National Expenditure**				
资本形成总额	Gross Capital Formation	29.5	39.1	57.4	57.9
#固定资本形成总额	#Fixed Capital Formation	103.4	97.8	97.0	96.7
存货增加	Changes in Inventories	-3.4	2.2	3.0	3.3
最终消费	Final Consumption Expenditure	69.6	61.0	45.8	46.1
#居民消费	#Resident Consumption	78.0	76.8	76.3	77.5
#农村居民	#Rural Household	46.7	36.9	28.6	28.2
城镇居民	Urban Household	53.3	63.1	71.4	71.8
政府消费	Government Consumption	22.0	23.2	23.7	22.5
固定资产投资的资金来源	**Ratio of Investment in Fixed Assets by Source of Finance**				
国家预算内投资	State Budgetary Appropriation	7.2	3.3	5.3	5.6
国内贷款	Domestic Loans	20.0	13.5	9.3	8.4
债 券	Bunds	0.2	0.3		0.2
利用外资	Foreign Investment	2.1	2.5	0.6	0.2
自筹投资	Fundraising	58.5	66.0	71.7	75.0
其他投资	Others	12.1	14.4	13.1	10.6
国有经济投资中各行业比例	**Ratio of Investment in Fixed Assets by Sector**				
(国有经济)	(State-owned Economic)				
农 业	Agriculture	0.8	2.2	3.0	2.9
工 业	Industry	23.7	25.5	14.8	13.1
#能源工业	#Energy	15.5	12.0	4.2	4.5
运输、邮电业	Transportation, Postal and Telecommunications, Storage	42.5	20.7	20.1	18.1
地方财政收入比例	**Ratio of Public Budgetary Revenue**				
企业所得税	Income Tax of Enterprises	6.77	5.50	6.71	6.85
国有企业亏损补贴	Subsidies to Loss-suffering State-owned Enterprises	-2.78	-0.95	-0.08	-0.08

注:从2013年执行新的三次产业划分规定,即第一产业不含农林牧渔服务业;第二产业不含采矿业的开采辅助活动和制造业的金属制品、机械和设备修理业,因此第二产业不等于工业加建筑业,下表同。

Since 2013,the rules of the new division of three industries has been excuted.That is the first industry exclude agriculture,forestry,animal musbandry and fishery services ,the secondary industry exclude mining auxiliary activities in mining industry and metal products, machinery and equipment repair in manufacturing industry. So the secondary industry is not equal to the industry and the construction industry.The same applies to the relvant tables following.

1-12 续表 continued

单位：%　　(%)

指　标		2000	2005	2013	2014
农业总产值中农林牧副渔比例	**Ratio of Agricultural Output Value**				
农业	Agriculture	50.6	46.1	54.1	54.4
林业	Forestry	4.1	4.9	5.7	5.7
牧业	Animal Husbandry	38.8	40.6	29.1	28.3
渔业	Fishery	6.5	6.7	6.1	6.4
客运量比例	**Ratio of Total Passenger Traffic**				
铁路	Railways	6.0	4.7	4.6	5.9
公路	Highways	92.6	94.2	94.3	92.6
水运	Waterways	1.3	0.6	0.7	0.9
民用航空	Civil Aviation	0.2	0.5	0.4	0.5
货运量比例	**Ratio of Total Freight Traffic**				
铁路	Railways	9.2	6.8	2.3	2.2
公路	Highways	83.7	87.2	87.6	84.8
水运	Waterways	6.6	6.0	9.8	12.6
货物周转量比例	**Ratio of Total Freight Ton-kilometers**				
铁路	Railways	58.8	56.0	21.8	20.1
公路	Highways	27.7	32.4	64.0	62.4
水运	Waterways	13.4	11.5	13.9	17.2
全社会消费品零售总额比例	**Ratio of Total Retail Sales of Consumer Goods**				
城镇	Urban			90.5	90.5
其中：城区	City Proper			59.0	58.8
乡村	Rural			9.5	9.5

注：从2010年起，社会消费品零售总额统计采用新的分组，即将经营单位所在地分组由“市”、“县”、“县以下”改为“城镇”、“乡村

From 2010, new grouping method is adopted for the statistics on the total retail sales of consumer goods: grouping according to operation location changes from city, county and below county level to urban and rural areas.

1-13 平均每天主要社会经济活动

Selected Indicators of Average Daily Social and Economic Activities

指 标		Item		2000	2005	2013	2014
全省每天创造的财富		**Daily Production**					
地区生产总值	(亿元)	Gross Domestic Product	(100 million yuan)	9.73	18.07	67.13	74.07
农业总产值	(亿元)	Gross Output Value of Agriculture	(100 million yuan)	3.43	5.63	13.82	14.53
地方财政收入	(万元)	Public Budgetary Revenue	(10 000 yuan)	4850.40	10829.18	55640.43	61994.20
布	(万米)	Cloth	(10 000 m)	93.42	98.98	96.51	94.76
机制纸及纸板	(吨)	Machine-made Paper and Paperboard	(ton)	1919.73	4673.70	11546.36	11138.63
原 煤	(万吨)	Coal	(10 000 tons)	4.08	9.99	19.38	14.83
发电量	(万度)	Electricity	(10 000 kw.h)	9710.14	17268.08	35224.66	34024.66
原油加工量	(吨)	Machining Crude Oil	(ton)	14422.47	16189.52	25893.15	21917.81
粗钢	(吨)	Crude Steel	(ton)	8331.51	26717.09	50420.83	52536.82
钢材	(吨)	Steel	(ton)	8193.15	26335.95	54189.41	54502.71
水 泥	(万吨)	Cement	(10 000 tons)	6.56	9.78	30.86	32.85
粮 食	(万吨)	Grain	(10 000 tons)	7.88	7.83	8.02	8.22
棉 花	(吨)	Cotton	(ton)	469.32	508.49	542.47	353.42
油 料	(吨)	Oil-bearing Crops	(ton)	3817.81	3862.47	6149.04	6404.66
苎 麻	(吨)	Ramie	(ton)	181.37	358.08	44.11	44.38
烤 烟	(吨)	Flue-cured Tobacco	(ton)	426.03	558.63	693.15	615.07
茶 叶	(吨)	Tea	(ton)	156.99	197.26	400.27	443.84
柑 桔	(吨)	Oranges	(ton)	3449.86	5630.41	11433.42	12013.70
猪牛羊肉	(吨)	Pork, Beef and Mutton	(ton)	11959.18	14957.26	12588.70	13372.60
水产品	(吨)	Aquatic Products	(ton)	3649.59	4910.14	6408.45	6793.55
进出口总额	(万美元)	Total Imports and Exports	(USD 10 000)	688.49	1645.16	6894.35	8500.63
进口额	(万美元)	#Total Imports	(USD 10 000)	235.62	618.68	2833.85	3014.74
出口额	(万美元)	Total Exports	(USD 10 000)	452.88	1026.48	4060.50	5485.88
其他经济活动		**Other Daily Economic Activities**					
邮电业务总量	(万元)	Business Volume of Postal and Telecommunications Services	(10 000 yuan)	3860.89	10198.36	15158.63	20410.87
出版图书	(万册)	Books Published	(10 000 copies)	68.07	91.06	98.09	115.60
出版杂志	(万册)	Magazines Published	(10 000 copies)	28.78	32.08	35.59	36.83
出版报纸	(万份)	Newspaper Published	(10 000 pieces)	228.68	291.58	367.43	374.62
邮寄函件	(万份)	Post Letters	(10 000 pieces)	58.23	31.07	15.78	12.42
全省每天人口变动和婚姻		**Daily Population Changes and Marriages**					
出 生	(人)	Births	(person)	2054	2195	2650	2658
死 亡	(人)	Deaths	(person)	1218	1245	1366	1354
结 婚	(对)	Marriages	(couples)	1050	1259	1700	1704
离 婚	(对)	Divorces	(couples)	177	227	430	462

注：邮电业务总量从2010年起，由2000年不变价调整为2010年不变价。
From 2010, the index of Revenue From Postal and Telecommunication is adjusted from 2000’s constant price to 2010's constant price.

1-14 人均主要工农业产品产量

Per Capita Output of Major Agricultural and Industrial Products

指 标		Item		2000	2005	2013	2014
粮食	(公斤)	Grain	(kg)	439.00	425.41	438.99	447.02
棉花	(公斤)	Cotton	(kg)	2.60	2.76	2.97	1.92
甘蔗	(公斤)	Sugarcane	(kg)	17.70	14.95	11.06	9.81
烤烟	(公斤)	Flue-cured Tobacco	(kg)	2.40	3.03	3.80	3.34
茶叶	(公斤)	Tea	(kg)	0.90	1.07	2.19	2.41
水果	(公斤)	Fruit	(kg)	23.00	80.26	131.95	137.03
#柑桔	(公斤)	#Oranges	(kg)	19.20	30.60	62.62	65.31
猪牛羊肉	(公斤)	Pork, Beef and Mutton	(kg)	66.70	81.30	68.94	72.70
#猪肉	(公斤)	#Pork	(kg)	63.30	76.20	64.61	68.23
禽蛋	(公斤)	Poultry Eggs	(kg)	11.20	13.70	14.34	14.58
水产品	(公斤)	Aquatic Products	(kg)	20.30	26.70	35.10	36.90
纱(混合数)	(公斤)	Yarn	(kg)	2.53	3.88	15.92	15.79
布(混合数)	(米)	Cloth	(meter)	5.19	5.38	5.26	5.15
针棉织品(折用纱量)	(公斤)	Cotton Knitwear	(kg)	0.10	0.24	0.17	0.05
机制纸及纸板	(公斤)	Machine-made Paper and Paperboard	(kg)	10.68	25.40	62.99	60.55
家用电冰箱	(台/百人)	Household Refrigerators	(unit / 100 persons)	0.68	0.83	0.31	0.18
合成洗涤剂	(公斤)	Synthetic Detergents	(kg)	1.24	4.77	6.67	7.35
原盐	(公斤)	Salt	(kg)	11.11	17.67	38.40	41.84
成品糖	(公斤)	Sugar	(kg)	0.68	0.31	0.10	0.01
卷烟	(箱 / 百人)	Cigarettes	(cases/100 persons)	3.51	4.31	5.57	5.19
原煤	(吨)	Coal	(ton)	0.23	0.54	1.06	0.80
原油加工量	(公斤)	Machining Crude Oil	(kg)	80.22	88.00	141.26	118.74
发电量	(度)	Electricity	(kw.h)	540.11	938.64	1921.65	1843.34
生铁	(公斤)	Pig Iron	(kg)	50.70	143.17	260.03	265.22
粗钢	(公斤)	Crude Steel	(kg)	46.35	145.23	275.07	285.61
钢材	(公斤)	Steel	(kg)	45.57	143.15	295.63	296.30
水泥	(吨)	Cement	(ton)	0.37	0.53	1.68	1.79
合成氨	(公斤)	Synthetic Ammonia	(kg)	25.49	28.84	22.76	18.45
农用化肥(折纯量)	(公斤)	Chemical Fertilizers	(kg)	21.60	38.35	19.17	15.72
#氮肥	(公斤)	#Nitrogen Fertilizers	(kg)	17.21	34.09	17.59	14.01
化学农药原药	(公斤)	Chemical Pesticide	(kg)	0.70	1.34	1.73	0.90
汽车	(辆/万人)	Motor Vehicles	(unit/10 000 persons)	2.68	13.79	68.56	92.52
摩托车	(辆/万人)	Motorcycles	(unit/10 000 persons)	21.72	43.99	29.71	35.96

1-15 贫困市县基本情况 (2014年)

Basic Statistics on Poverty Counties and Cities (2014)

市 县	Counties and Cities	常住人口 (万人) Total Population (10 000 persons)	地区生产总值 (万元) Gross Regional Products (10 000 yuan)	第一产业增加值 (万元) Added Value of Primary Industry (10 000 yuan)	工业增加值 (万元) Added Value of Industry (10 000 yuan)	一般公共预算总收入 (万元) Government Revenue (10 000 yuan)	粮食产量 (吨) Total Output of Grain (ton)	农民人均可支配收入 (元) Per Capita Annual Net Income of Rural Households (yuan)
武陵山片区	**Wuling mountainous Area**							
新邵县	Xinshao County	76.01	1065136	260849	356706	92181	311897	7269
邵阳县	Shaoyang County	95.06	1113475	294713	333681	73883	450373	7040
隆回县	Longhui County	109.22	1260668	299784	286081	90530	456888	6358
洞口县	Dongkou County	78.43	1256758	432230	339821	76582	446873	6920
绥宁县	Suining County	35.64	690487	162746	305928	42678	142478	6592
新宁县	Xinning County	57.26	754080	215910	151143	61730	305899	6375
城步县	Chengbu County	25.91	301494	87462	101074	35239	77743	4687
武冈市	Wugang City	75.93	1070581	378272	190128	75810	462990	7596
石门县	Shimen County	59.98	1938447	347335	739194	101666	265415	8066
慈利县	Cili County	61.20	1380589	227702	415365	90124	296327	7091
桑植县	Sangzhi County	38.81	679164	87941	128844	50768	145546	4719
安化县	Anhua County	91.35	1628404	371115	616896	111826	243183	6196
中方县	Zhongfang County	24.17	861140	112638	482766	46150	113686	7577
沅陵县	Yuanling County	59.14	1639506	178789	1032645	96998	221022	6402
辰溪县	Chenxi County	46.13	925276	145981	347914	65650	183114	6693
溆浦县	Xupu County	75.04	1147816	279704	348721	55642	347669	7575
会同县	Huitong County	32.98	555672	116287	123056	40061	119216	6672
麻阳县	Mayang County	34.90	580821	144453	172941	36243	109486	5373
新晃县	Xinhuang County	24.88	454360	64615	218416	32983	78945	5393
芷江县	Zhijiang County	34.60	832155	197138	350425	58740	209702	5838
靖州县	Jingzhou County	24.86	621183	126653	211953	33888	124452	6435
通道县	Tongdao County	21.02	311837	66719	99995	29000	80882	4784
新化县	Xinhua County	112.71	1870041	506660	462650	106049	477854	5819
涟源市	Lianyuan City	100.94	2231332	456188	961754	113063	475522	6639
泸溪县	Louxi County	28.51	525679	69939	273934	39311	73711	5256
凤凰县	Fenghuang County	35.75	613612	76947	60222	70578	120378	6415
花垣县	Huayuan County	29.41	599590	59083	338439	74592	90945	5509
保靖县	Baojing County	28.61	398382	74875	118317	31793	87568	6168
古丈县	Guzhang County	13.03	197895	41027	42056	27611	32922	4626
永顺县	Yongsun County	44.14	511064	142469	78256	40465	209854	4906
龙山县	Longshan County	51.47	615634	163497	81161	49630	179327	6095
罗霄山片区	**Luoxiao mountainous Area**							
茶陵县	Chaling County	58.20	1446022	306312	503762	111996	318030	6660
炎陵县	Yanling County	20.22	552611	73713	258264	82312	91461	6155
宜章县	Yizhang County	58.88	1666622	181740	730851	170011	242061	6534
汝城县	Nucheng County	33.44	468475	101936	149175	89855	196080	6847
桂东县	Guidong County	23.20	245417	41484	63918	24232	63633	6419
安仁县	Anren County	38.94	698497	162101	234884	49207	286406	7461
片区外国扶县	**Other State Aided Counties**							
平江县	Pingjiang County	97.18	1987672	379359	843220	93410	429390	6828
新田县	Xintian County	33.73	575916	152712	137644	46940	160430	6377
江华县	Jianghua County	42.45	846989	225116	229288	80009	217942	6981
片区外省扶县	**Other Province Aided Counties**							
祁东县	Qidong County	99.91	2182950	549148	785410	89362	461618	10240
永定区	Yongding Distract	45.84	1684491	144525	293294	79190	146553	6640
武陵源区	Wulingyuan Distract	6.05	409456	15333	2042	49210	15178	8899
双牌县	Shuangpai County	20.24	464533	138155	167490	35057	72700	6106
江永县	Jiangyong County	23.91	474774	170159	101342	33006	121741	6895
宁远县	Ningyuan County	72.32	1092862	243743	327834	100699	302441	9585
双峰县	Shuangfeng County	86.86	1842089	592225	669386	88698	539598	7916
吉首市	Jishou City	31.13	1108189	60133	260428	90688	48351	7018

1-16 城乡私营企业基本情况(2014年)

Basic Statistics on Private Enterprises in Urban and Rural Areas (2014)

项 目	Item	户 数 (户) Number of Enterprises (unit)	投资者 (人) Employers (person)	雇工人数 (人) Number of Employed Persons (person)	注册资金 (万元) Registered Capital (10 000 yuan)
总 计	**Total**	**383998**	**815166**	**5011043**	**153360651**
#城镇	Urban	304201	646790	4139180	128687894
独资企业	Private-funded Enterprises	94942	178021	304920	40234085
合伙企业	Private Partnership Enterprises	11396	52007	202637	8020298
有限责任公司	Private Limited Liability Corporations	303673	683828	4091643	135594481
股份有限公司	Private Share-holding Corporations Ltd.	2620	13677	41289	6709651

注：本表资料由湖南省工商行政管理局提供。

Data in the table were obtained from the Administrative Bureau for Industry and Commerce of Hunan Province.

1-17 城乡个体工商业基本情况(2014年)

Basic Statistics on Individuals and Commerce in Urban and Rural Areas (2014)

单位：亿元 (100 million yuan)

项 目	Item	期末户数(户) Number of Enterprise (household)	#城镇 Urban	期末从业人员(人) Number of Employees (person)	#城镇 Urban	期末注册资金 Registered Capital	#城镇 Urban
总 计	**Total**	**2054819**	**1742057**	**3851514**	**3316247**	**12260676**	**10568499**
农林牧渔业	Farming, Forestry, Animal Husbandry and Fishery	25704	16087	75008	44862	789929	444978
采矿业	Mining and Quarrying	2319	1358	10515	6261	154680	122946
制造业	Manufacturing	99799	78446	305079	232692	963334	744852
建筑业	Construction	3767	3098	10641	8759	46824	38931
交通运输、仓储和邮政业	Transport, Storage and Post	57620	46099	77789	63700	378731	312683
信息传输、软件和信息技术服务业	Information Transfer, Computer Services and Software	17422	13272	27842	21795	70817	56981
批发零售贸易	Wholesale and Retail Trades	1465288	1236490	2406046	2064723	7053850	6259742
住宿和餐饮业	Hotels and Catering Trades	158997	147225	445066	419871	1330749	1260239
房地产业	Real Estate Trade	682	667	1691	1649	7248	7024
租赁和商务服务业	Tenancy and Business Services	21854	20460	47409	44864	199534	186905
居民服务、修理和其他服务业	Resident Services Repair and Other Services	173892	155089	365495	335871	859092	800183
文化、体育和娱乐业	Culture,Sports and Entertainment	11004	9796	41424	38987	196540	188024

注：本表资料由湖南省工商行政管理局提供。

Data in the table were obtained from the Administrative Bureau for Industry and Commerce of Hunan Province.

1-18 "三资"企业投资基本情况(2014年)

Basic Statistics on Investment of "Three Types of Capital" Enterprises (2014)

类 别	Item	本期实际投资（万美元）Used Value (USD 10 000)	年末实有企业数（个）Number of Registered Enterprises (unit)	#本年新增企业 Newly Increase this Year
总 计	**Total**	**361762**	**5353**	**333**
中外合资企业	Foint-venture Enterprises	86616	988	12
中外合作企业	Cooperation Enterprises	74425	125	4
外商独资企业	Enterprises with Sole Foreign Investment	200721	1193	58
按国民经济行业分组	**By Economic Sector**			
农、林、牧、渔业	Agriculture, Forestry, Animal Husbandry and Fishery	34406	160	19
采矿业	Mining		19	
制造业	Manufacturing	118286	1253	6
电力、热力、燃气及水生产和供应业	Production and Distribution of Electricity, Heat, Gas and Water	21620	317	10
建筑业	Construction	13327	57	4
批发和零售业	Wholesale and Retail Trade	22724	1444	177
交通运输、仓储和邮政业	Transportation, Storage and Post	8693	98	8
住宿和餐饮业	Hotel and Restaurants	3635	408	30
信息传输、软件和信息技术服务业	Information Transmission, Software and Information Technology	68	443	9
金融业	Financial Intermediation		207	6
房地产业	Real Estate Trade	56923	294	-8
租赁和商务服务业	Tenancy and Business Services	62698	361	56
科学研究和技术服务业	Scientific Research, Technical Services,	1548	109	14
水利、环境和公共设施管理业	Management of Water Conservancy, Environment and Public Facilities	7397	34	5
居民服务、修理和其他服务业	Services to Households, Repair and Other Services	405	92	-5
教育	Education	33	6	
卫生和社会工作	Health and Social Service	10000	3	2
文化、体育和娱乐业	Culture, Sports and Entertainment		48	

注：本表年末实有企业数由湖南省工商行政管理局提供。

Figures on Number of Registered Enterprises were obtained from the Administrative Bureau for Indestry and Commerce of Hunan Province.

1-18 续表 continued

类 别	Item	本期实际投资（万美元）Used Value (USD 10 000)	年末实有企业数（个）Number of Registered Enterprises (unit)	#本年新增企业 Newly Increase this Year
按国别(地区)分组	**By Country (Territory)**			
亚洲	Asian	326213	1762	64
香港	Hong Kong	287034	1246	48
澳门	Macao	2500	32	2
台湾	Taiwan	28099	261	14
日本	Japan	2832	66	-1
韩国	Republic of Korea	2573	38	-2
亚洲其他国家（地区）		3175	119	3
非洲	Africa	3977	29	5
欧洲	Europe	7434	136	5
德国	Federal Republic of Germany	5688	29	3
法国	France		11	
英国	United Kingdom	1359	29	1
欧洲其他国家（地区）		387	67	1
拉丁美洲	Latin America	18628	157	-2
维尔京群岛	Virgin Islands		118	-4
北美洲	North America	3415	197	-1
加拿大	Canada	220	43	3
美国	United States	3196	146	-2
大洋洲	Oceanic	2095	48	3
澳大利亚	Australia	277	19	2
新西兰	New Zealand		1	

1-19 非公有制经济指标(2014年)

Principal Indicators of Non-public Economy(2014)

指标	Item	总量指标 Aggregate Date	发展速度（%）（以上年为100） Growth Rate (precending year=100)	人均增加值（元） Per Capita Value Added (yuan)
增加值总计 (亿元)	Total Value Added (100 million yuan)	15896.32	110.3	23677
第一产业	Primary Industry	803.46	105.1	
第二产业	Secondary Industry	7987.16	111.2	
#工业	# Industry	932.98	110.5	
建筑业	Construction	1902.17	107.6	
第三产业	Tertiary Industry	609.96	105.3	
交通运输、仓储、邮政业	Transport, Storage and Post	457.83	106.8	
批发和零售业	Wholesale and Retail Trades	87.96	117.0	
住宿和餐饮业	Hotels and Catering Trades	601.84	101.5	
金融业	Banking	2512.96	115.5	
房地产业	Real Estate Traade	685.32	104.8	
其他服务业	Others	8907.64	111.1	
实缴税金（亿元）	Tax	6303.36	109.8	
第二、三产业从业人员数 (万人)	Employed Persons in Primary and Secondary Industry (10000 person)			
增加值按市州分列 (亿元)	Cities and Prefecture (100 million yuan)			
长沙	Changsha	4979.21	112.0	68523
株洲	Zhuzhou	1233.35	109.6	31242
湘潭	Xiangtan	1048.19	112.1	37353
衡阳	Hengyang	2000.25	111.0	27488
邵阳	Shaoyang	826.24	111.2	11460
岳阳	Yueyang	1653.30	112.1	29644
常德	Changde	1327.76	111.0	22823
张家界	Zhangjiajie	241.53	115.1	15935
益阳	Yiyang	812.33	111.3	18537
郴州	Chenzhou	1312.26	111.5	28030
永州	Yongzhou	744.28	109.8	13894
怀化	Huaihua	676.06	104.5	13947
娄底	Loudi	554.79	109.6	14436
自治州	West Hunan	304.00	108.5	11646

1-20 分行业规模以上服务业企业主要经济指标(2014年)

Main Indicators of Service Industry Units above Designated Size by Sector(2014)

指　标	Item	收入(亿元) Revenue (100 million Yuan)	利税(亿元) Tax (100 million Yuan)	资产总计(亿元) Total assets (100 million Yuan)	从业人员期末人数(人) The number of Employees in the final (person)
总计	Total	1939.22	251.64	15036.97	493011
交通运输、仓储和邮政业	Traffic, Transport, Storage and Post	373.29	-23.20	1365.64	157784
信息传输、计算机服务和软件业	Information Transfer, Computer Services and Software	517.22	110.15	992.17	65546
物业管理和房地产中介	Property Management and Real Estate Agent	34.04	1.77	51.52	48229
租赁和商务服务业	Tenancyand Business Services	466.10	65.11	11105.42	74057
科学研究和技术服务业	Scientific Research,Technical Service	265.74	31.77	568.13	61494
水利、环境和公共设施管理业	Management of Water Conservancy, Environment and Public Establishment	29.85	2.48	196.15	7531
居民服务、修理和其他服务业	Resident Services and Other Services	24.54	1.94	25.99	19317
教育	Education	14.39	1.01	43.99	12652
卫生和社会工作	Sanitation, Social Security	52.72	4.20	65.93	21865
文化、体育和娱乐业	Culture, Sports and Entertainment	161.33	56.41	622.03	24536

1-21 按登记注册类型分产业法人单位数(2014年)
Corporate Units by Registration Type and Industry(2014)

单位：个 (Unit)

指标	Item	合计 Total	第一产业 Primary Industry	第二产业 Secondary Industry	第三产业 Tertiary Industry
总计	Total	425019	15675	82288	327056
内资	Internal-invested	423178	15650	81285	326243
国有	State-owned	60189	290	1262	58637
集体	Collective-owned	8694	685	1988	6021
股份合作	Cooperated by Joint-stock	1109	30	417	662
联营	Cooperative	799	38	198	563
国有联营	State-owned Cooperative	114	5	29	80
集体联营	Collective-owned Cooperative	362	17	107	238
国有与集体联营	State-owned and Collective-owned Cooperative	71	2	18	51
其他联营	Other Cooperative	252	14	44	194
有限责任公司	Limited Liability Company	43664	652	10104	32908
国有独资公司	Wholly State-owned Cooperative Company	1446	12	410	1024
其他有限责任公司	Other Limited Liability Company	42218	640	9694	31884
股份有限公司	Company Limited by Shares	6764	140	1819	4805
私营	Individual-owned	196155	4838	61478	129839
私营独资	Wholly Individual-owned	72535	1696	22305	48534
私营合伙	Individual-owned Partnership	15279	358	8242	6679
私营有限责任公司	Individual-owned Limited Liability Company	99900	2556	28033	69311
私营股份有限公司	Individual-owned Company Limited by Shares	8441	228	2898	5315
其他内资	Other Internal-invested	105804	8977	4019	92808
港澳台商投资	Enterprises Funded by Entrepreneurs From Hong Kong, Macao and Taiwan	1011	15	558	438
与港澳台商合资经营	Uoint Venture with Entrepreneurs From Hong Kong, Macao and Taiwan	469	5	260	204
与港澳台商合作经营	Cooperative Venture with Entrepreneurs From Hong Kong,Macao and Taiwan	41		20	21
港澳台商独资	Wholly Entrepreneurs-owned From Hong Kong, Macao and Taiwan	444	9	257	178
港澳台商投资股份有限公司	Enterprises Limited by Shares Funded by Entrepreneurs From Hong Kong,Macao and Taiwan	47	1	18	28
其他港、澳、台商投资	Other Enterprises Funded by Entrepreneurs From Hong Kong, Macao and Taiwan	10		3	7
外商投资	Enterprises Funded by Foreigners	830	10	445	375
中外合资经营	Sino-foreign Joint Equity	383	5	244	134
中外合作经营	Sino-foreign Cooperative Ventures	38		17	21
外资企业	Foreign-funded Enterprise	313	2	152	159
外商投资股份有限公司	Enterprises Limited by Shares Funded by Foreigners	33	1	12	20
其他外商投资	Other Enterprises Funded by Foreigners	63	2	20	41

1-22 按登记注册类型分机构类型法人单位数(2014年)
Corporate Units by Registration Type and Organization Type(2014)

单位：个 (Unit)

指标	Item	合计 Total	企业 Enterprises	事业单位 Public Institution	机关 Government Department	社会团体 Social Organization
总计	Total	425019	277752	44415	12947	11693
内资	Internal-invested	423178	275934	44415	12947	11687
国有	State-owned	60189	3724	39531	12947	2837
集体	Collective-owned	8694	4000	1549		300
股份合作	Cooperated by Joint-stock	1109	895	21		14
联营	Cooperative	799	519	79		60
国有联营	State-owned Cooperative	114	63	40		4
集体联营	Collective-owned Cooperative	362	269	25		23
国有与集体联营	State-owned and Collective-owned Cooperative	71	49	9		2
其他联营	Other Cooperative	252	138	5		31
有限责任公司	Limited Liability Company	43664	43471			30
国有独资公司	Wholly State-owned Cooperative Company	1446	1428			7
其他有限责任公司	Other Limited Liability Company	42218	42043			23
股份有限公司	Company Limited by Shares	6764	6699			16
私营	Individual-owned	196155	190477			172
私营独资	Wholly Individual-owned	72535	68290			92
私营合伙	Individual-owned Partnership	15279	14121			55
私营有限责任公司	Individual-owned Limited Liability Company	99900	99685			22
私营股份有限公司	Individual-owned Company Limited by Shares	8441	8381			3
其他内资	Other Internal-invested	105804	26149	3235		8258
港澳台商投资	Enterprises Funded by Entrepreneurs From Hong Kong,Macao and Taiwan	1011	1001			3
与港澳台商合资经营	Uoint Venture with Entrepreneurs From Hong Kong,Macao and Taiwan	469	466			1
与港澳台商合作经营	Cooperative Venture with Entrepreneurs From Hong Kong,Macao and Taiwan	41	40			
港澳台商独资	Wholly Entrepreneurs-owned From Hong Kong, Macao and Taiwan	444	438			2
港澳台商投资股份有限公司	Enterprises Limited by Shares Funded by Entrepreneurs From Hong Kong, Macao and Taiwan	47	47			
其他港、澳、台商投资	Other Enterprises Funded by Entrepreneurs From Hong Kong,Macao and Taiwan	10	10			
外商投资	Enterprises Funded by Foreigners	830	817			3
中外合资经营	Sino-foreign Joint Equity	383	382			1
中外合作经营	Sino-foreign Cooperative Ventures	38	38			
外资企业	Foreign-funded Enterprise	313	312			1
外商投资股份有限公司	Enterprises Limited by Shares Funded by Foreigners	33	33			
其他外商投资	Other Enterprises Funded by Foreigners	63	52			1

1-22 续表 continued

单位：个 (Unit)

指标	Item	民办非企业单位 Private Non-enterprise Units	基金会 Foundation	居委会 Neighbo-rhood Committee	村委会 Village Committee	其他组织机构 Other Organization
总计	Total	13638	112	4503	41905	18054
内资	Internal-invested	13636	112	4503	41905	18039
国有	State-owned	379	28			743
集体	Collective-owned	521	3			2321
股份合作	Cooperated by Joint-stock	137				42
联营	Cooperative	61				80
国有联营	State-owned Cooperative	3				4
集体联营	Collective-owned Cooperative	22				23
国有与集体联营	State-owned and Collective-owned Cooperative	5				6
其他联营	Other Cooperative	31				47
有限责任公司	Limited Liability Company	73				90
国有独资公司	Wholly State-owned Cooperative Company	2				9
其他有限责任公司	Other Limited Liability Company	71				81
股份有限公司	Company Limited by Shares	23				26
私营	Individual-owned	3959				1547
私营独资	Wholly Individual-owned	3110				1043
私营合伙	Individual-owned Partnership	717				386
私营有限责任公司	Individual-owned Limited Liability Company	98				95
私营股份有限公司	Individual-owned Company Limited by Shares	34				23
其他内资	Other Internal-invested	8483	81	4503	41905	13190
港澳台商投资	Enterprises Funded by Entrepreneurs From Hong Kong,Macao and Taiwan	2				5
与港澳台商合资经营	Uoint Venture with Entrepreneurs From Hong Kong,Macao and Taiwan					2
与港澳台商合作经营	Cooperative Venture with Entrepreneurs From Hong Kong,Macao and Taiwan					1
港澳台商独资	Wholly Entrepreneurs-owned From Hong Kong, Macao and Taiwan	2				2
港澳台商投资股份有限公司	Enterprises Limited by Shares Funded by Entrepreneurs From Hong Kong, Macao and Taiwan					
其他港、澳、台商投资	Other Enterprises Funded by Entrepreneurs From Hong Kong,Macao and Taiwan					
外商投资	Enterprises Funded by Foreigners					10
中外合资经营	Sino-foreign Joint Equity					
中外合作经营	Sino-foreign Cooperative Ventures					
外资企业	Foreign-funded Enterprise					
外商投资股份有限公司	Enterprises Limited by Shares Funded by Foreigners					
其他外商投资	Other Enterprises Funded by Foreigners					10

1-23 按登记注册类型分行业法人单位数(2014年)
Corporate Units by Registration Type and Sector(2014)

单位数：个 (Unit)

指标	Item	合计 Total	农、林、牧、渔业 Agriculture, Forestry, Animal Husbandry and Fishing	采矿业 Mining	制造业 Manufacturing	电力、燃气及水的生产和供应业 Production and Supply of Electricity, Gas and Water	建筑业 Construction
总计	Total	425019	22396	7151	61103	5507	8832
内资	Internal-invested	423178	22365	7134	60197	5448	8809
国有	State-owned	60189	892	79	434	541	213
集体	Collective-owned	8694	765	249	1032	455	258
股份合作	Cooperated by Joint-stock	1109	45	71	223	104	19
联营	Cooperative	799	52	18	112	58	10
有限责任公司	Limited Liability Company	43664	881	429	6664	484	2569
股份有限公司	Company Limited by Shares	6764	186	111	1151	149	411
私营	Individual-owned	196155	6319	5743	47549	3316	5095
其他内资	Other Internal-invested	105804	13225	434	3032	341	234
港澳台商投资	Enterprises Funded by Entrepreneurs From Hong Kong,Macao and Taiwan	1011	17	7	500	38	13
与港澳台商合资经营	Uoint Venture with Entrepreneurs From Hong Kong,Macao and Taiwan	469	5	5	224	21	10
与港澳台商合作经营	Cooperative Venture with Entrepreneurs From Hong Kong,Macao and Taiwan	41	2		18	2	
港澳台商独资	Wholly Entrepreneurs-owned From Hong Kong, Macao and Taiwan	444	9	1	240	13	3
港澳台商投资股份有限公司	Enterprises Limited by Shares Funded by Entrepreneurs From Hong Kong,Macao and Taiwan	47	1	1	16	1	
其他港、澳、台商投资	Other Enterprises Funded by Entrepreneurs From Hong Kong, Macao and Taiwan	10			2	1	
外商投资	Enterprises Funded by Foreigners	830	14	10	406	21	10
中外合资经营	Sino-foreign Joint Equity	383	5	5	220	15	4
中外合作经营	Sino-foreign Cooperative Ventures	38		1	15	1	
外资企业	Foreign-funded Enterprise	313	4	1	147	3	2
外商投资股份有限公司	Enterprises Limited by Shares Funded by Foreigners	33	1	1	10	1	
其他外商投资	Other Enterprises Funded by Foreigners	63	4	2	14	1	4

1-23 续表1 continued

单位数：个 (Unit)

指标	Item	批发和零售业 Wholesa-le and Retail Trade	交通运输、仓储和邮政业 Transport, Storage and Post	住宿和餐饮业 Lodging and Catering Services	信息传输、计算机服务和软件业 Information Transmission, Computer Services and Software	金融业 Bank-ing	房地产业 Real Estate	租赁和商务服务业 Leasing and Business Services
总计	Total	90472	6602	9442	5989	2306	12366	24433
内资	Internal-invested	90264	6562	9352	5941	2277	12160	24357
国有	State-owned	783	638	232	331	145	323	1565
集体	Collective-owned	748	199	74	27	40	124	338
股份合作	Cooperated by Joint-stock	127	20	43	10	91	32	66
联营	Cooperative	128	27	24	9	7	11	41
有限责任公司	Limited Liability Company	12560	1383	975	1537	549	4321	6860
股份有限公司	Company Limited by Shares	1697	254	144	165	611	563	684
私营	Individual-owned	65927	3759	7014	3548	766	6508	13356
其他内资	Other Internal-invested	8294	282	846	314	68	278	1447
港澳台商投资	Enterprises Funded by Entrepreneurs From Hong Kong,Macao and Taiwan	93	19	56	23	7	145	37
与港澳台商合资经营	Uoint Venture with Entrepreneurs From Hong Kong,Macao and Taiwan	36	10	34	10	3	65	19
与港澳台商合作经营	Cooperative Venture with Entrepreneurs From Hong Kong,Macao and Taiwan	1	4	3	1		6	1
港澳台商独资	Wholly Entrepreneurs-owned From Hong Kong, Macao and Taiwan	35	4	15	10	4	72	14
港澳台商投资股份有限公司	Enterprises Limited by Shares Funded by Entrepreneurs From Hong Kong,Macao and Taiwan	18		2	2		2	3
其他港、澳、台商投资	Other Enterprises Funded by Entrepreneurs From Hong Kong, Macao and Taiwan	3	1	2				
外商投资	Enterprises Funded by Foreigners	115	21	34	25	22	61	39
中外合资经营	Sino-foreign Joint Equity	38	7	7	6	13	27	13
中外合作经营	Sino-foreign Cooperative Ventures	7	8	1	1	2		
外资企业	Foreign-funded Enterprise	51	4	23	14	4	28	18
外商投资股份有限公司	Enterprises Limited by Shares Funded by Foreigners	6	2	2	2	2	3	1
其他外商投资	Other Enterprises Funded by Foreigners	13		1	2	1	3	7

1-23 续表2 continued

单位数：个 (Unit)

指标	Item	科学研究和技术服务业 Scientific Research, Technical Service and Geologic Perambulation	水利、环境和公共设施管理业 Water Conservancy, Environment and Public Facilities Management	居民服务、修理和其他服务业 Services to Households and Other Services	教育 Education	卫生和社会工作 Sanitation,Social Security and Social Welfare	文化、体育和娱乐业 Culture, Sports and Entertainment	公共管理、社会保障和社会组织 Public Management and Social Organization	国际组织 International Organization
总计	Total	13862	3964	7792	21750	16015	14327	90710	
内资	Internal-invested	13840	3957	7766	21743	16008	14295	90703	
国有	State-owned	3655	2252	243	8732	5671	1908	31552	
集体	Collective-owned	216	139	73	294	3020	102	541	
股份合作	Cooperated by Joint-stock	15	3	14	128	55	28	15	
联营	Cooperative	34	10	13	52	72	27	94	
有限责任公司	Limited Liability Company	2105	391	843	305	97	679	32	
股份有限公司	Company Limited by Shares	229	64	112	60	31	126	16	
私营	Individual-owned	5281	777	5667	5109	1124	9044	253	
其他内资	Other Internal-invested	2305	321	801	7063	5938	2381	58200	
港澳台商投资	Enterprises Funded by Entrepreneurs From Hong Kong,Macao and Taiwan	12	3	14	3	4	17	3	
与港澳台商合资经营	Uoint Venture with Entrepreneurs From Hong Kong,Macao and Taiwan	6	2	6	1	2	9	1	
与港澳台商合作经营	Cooperative Venture with Entrepreneurs From Hong Kong,Macao and Taiwan			1		1	1		
港澳台商独资	Wholly Entrepreneurs-owned From Hong Kong, Macao and Taiwan	6	1	7	2	1	5	2	
港澳台商投资股份有限公司	Enterprises Limited by Shares Funded by Entrepreneurs From Hong Kong,Macao and Tai wan and Taiwan						1		
其他港、澳、台商投资	Other Enterprises Funded by Entrepreneurs From Hong Kong, Macao and Taiwan						1		
外商投资	Enterprises Funded by Foreigners	10	4	12	4	3	15	4	
中外合资经营	Sino-foreign Joint Equity	5	1	5	3	1	7	1	
中外合作经营	Sino-foreign Cooperative Ventures	1					1		
外资企业	Foreign-funded Enterprise	3	1	6			3	1	
外商投资股份有限公司	Enterprises Limited by Shares Funded by Foreigners		2						
其他外商投资	Other Enterprises Funded by Foreigners	1		1	1	2	4	2	

主要统计指标解释

行政区划 指国家对行政区域的划分。根据宪法规定，我国的行政区域划分如下：(1)全国分为省、自治区、直辖市；(2)省、自治区分为自治州、县、自治县、市；(3)自治州分为县、自治县、市；(4)县、自治县分为乡、民族乡、镇； (5)直辖市和较大的市分为区、县；(6)国家在必要时设立的特别行政区。

国民经济行业分类 自 2003 年定期报表开始使用新的《国民经济行业分类》（GB/T4754-2002）该分类是由国家统计局组织修订，经国家质量监督检验检疫总局批准，于 2002 年 5 月 10 日发布实施。这次修订是在 1994 年分类标准的基础上，参照联合国《全部经济活动的国际标准产业分类》（ISIC/Rev.3）进行的。修订后的《国民经济行业分类》（GB/T4754-2002）共有门类 20 个，大类 95 个，中类 396 个，小类 913 个。新增门类 4 个，大类增加 3 个，中类增加 28 个，小类增加 67 个。

企业（单位）登记注册类型 是以在工商行政管理机关登记注册的各类企业为划分对象，以工商行政管理部门对企业登记注册的类型为依据，将企业登记注册类型分为内资企业、港澳台商投资企业和外商投资企业三大类。内资企业包括国有企业、集体企业、股份合作企业、联营企业、有限责任公司、股份有限公司、私营公司和其他企业；港澳台商投资企业和外商投资企业分别包括合资经营企业、合作经营企业、独资经营企业和股份有限公司。对不在工商行政管理部门进行登记注册的行政机关、事业单位和社会团体，主要按其经费来源和管理方式进行划分。

国有企业 指企业全部资产归国家所有，并按《中华人民共和国企业法人登记管理条例》规定登记注册的非公司制的经济组织。不包括有限责任公司中的国有独资公司。

集体企业 指企业资产归集体所有，并按《中华人民共和国企业法人登记管理条例》规定登记注册的经济组织。

股份合作企业 指以合作制为基础，由企业职工共同出资入股，吸收一定比例的社会资产投资组建，实行自主经营，自负盈亏，共同劳动，民主管理，按劳分配与按股分红相结合的一种集体经济组织。

联营企业 指两个及两个以上相同或不同所有制性质的企业法人或事业单位法人，按自愿、平等、互利的原则，共同投资组成的经济组织。联营企业包括国有联营企业、集体联营企业、国有与集体联营企业和其他联营企业。

有限责任公司 指根据《中华人民共和国公司登记管理条例》规定登记注册，由两个以上、五十个以下的股东共同出资，每个股东以其所认缴的出资额对公司承担有限责任，公司以其全部资产对其债务承担责任的经济组织。有限责任公司包括国有独资公司以及其他有限责任公司。

股份有限公司 指根据《中华人民共和国公司登记管理条例》规定登记注册，其全部注册资本由等额股份构成并通过发行股票筹集资本，股东以其认购的股份对公司承担有限责任，公司以其全部资产对其债务承担责任的经济组织。

私营企业 指由自然人投资设立或由自然人控股，以雇佣劳动为基础的营利性经济组织。包括按照《公司法》、《合伙企业法》、《私营企业暂行条例》规定登记注册的私营有限责任公司、私营股份有限公司、私营合伙企业和私营独资企业。

其他企业 指上述企业之外的其他内资经济组织。

与港澳台商合资经营企业 指港澳台地区投资者与内地企业依照《中华人民共和国中外合资经营企业法》及有关法律的规定，按合同规定的比例投资设立、分享利润和分担风险的企业。

与港澳台商合作经营企业 指港澳台地区投资者与内地企业依照《中华人民共和国中外合作经营企业法》及有关法律的规定，依照合作合同的约定进行投资或提供条件设立、分配利润和分担风险的企业。

港澳台商独资经营企业 指依照《中华人民共和国外资企业法》及有关法律的规定，在内地由港澳台地区投资者全额投资设立的企业。

港澳台商投资股份有限公司 指根据国家有关规定，经原外经贸部依法批准设立，其中港、澳、台商的股本占公司注册资本的比例达 25%以上的股份有限公司。凡其中港、澳、台商的股本占公司注册资本的比例小于 25%的，属于内资企业中的股份有限公司。

中外合资经营企业 指外国企业或外国人与中国内地企业依照《中华人民共和国中外合资经营企业法》及有关法律的规定，按合同规定的比例投资设立、分享利润和分担风险的企业。

中外合作经营企业 指外国企业或外国人与中国内地企业依照《中华人民共和国中外合作经营企业法》及有关法律的规定，依照合作合同的约定进行投资或提供条件设立、分配利润和分担风险的企业。

外资企业 指依照《中华人民共和国外资企业法》及有关法律的规定，在中国内地由外国投资者全额投资设立的企业。

外商投资股份有限公司 指根据国家有关规定，经原外经贸部依法批准设立，其中外资的股本占公司注册资本的比例达 25%以上的股份有限公司。凡其中外资股本占公司注册资本的比例小于 25%的，属于内资企业中的股份有限公司。

行政机关、事业单位和社会团体 参照企业登记注册类型，主要按其经费来源和管理方式划分。具体规定如下：

⑴行政机关：包括国家机关和政党机关，原则上均列为“国有”。但有特殊规定的，如供销社等，则列为“集体”。

⑵事业单位：包括经国家机构编制部门和有关业务主管部门批准成立的各类事业单位，不包括实行企业化管理的事业单位。事业单位的划分办法如下：

①由国家财政预算拨款或列入财政预算外资金管理以及经费主要来源于国有主管部门或国有上级单位的事业单位，列为“国有”。

②经费主要来源于集体单位的事业单位，列为“集体”。

③公民个人(或个人合伙)开办的事业单位，列为“私营”。

④上述以外的其他事业单位，如果其经费来源不明确，按管理方式进行归类。

⑶社会团体：包括经民政部门批准成立以及未纳入社会团体管理条例范围的工会、妇联等各类社会团体。社会团体的划分办法如下：

①未纳入民政部社会团体管理条例范围的工会、妇联、共青团、青联、工商联、科协、侨联等社会团体，国家拨款设立的基金会或基金管理组织以及经费主要来源于国有业务主管部门或国有上级单位的社会团体，列为“国有”。

②经费主要来源于集体单位的社会团体，列为“集体”。

③公民个人(或个人合伙)开办的社会团体，划为“私营”。

④上述以外的其他社会团体，如果其经费来源不明确，改按管理方式进行归类。

Explanatory Notes on Main Statistical Indicators

Divisions of Administrative Areas refers to the division of administrative areas by the state. The Constitution of the People Republic of China stipulates that the administrative areas in China are divided as: 1) The whole country is divided into provinces, autonomous regions and municipalities directly under the central government; 2) Provinces and autonomous regions are divided into autonomous prefectures, counties, autonomous counties and cities; 3) Autonomous prefectures are divided into counties, autonomous counties and cities; 4) Counties and autonomous counties are divided into townships, nationality townships and towns; 5) Municipalities and large cities are divided into districts and counties, 6) The state shall, when necessary, establish special administrative regions.

Industrial Classification of the National Economy The new Industrial Classification of the National Economy (GB/T 4754-2002) is introduced starting from the compilation of 2003 annual statistics. The new revision was basedon the 1994 classification and organized by the National Bureau of Statistics taking into consideration of the International Standards of the Industrial Classification of All Economic Activities (ISIC/Rev.3) of the United Nations, and the new Classification was promulgated by the National Administration of Quality Supervision, Inspection and Quarantine on May 10, 2002. The revised version of the Industrial Classification of the National Economy (GB/T 4754-2002) is composed of 20 major divisions, 95 divisions, 396 major groups and 913 groups, including 4 new major divisions, 3 new divisions, 28 major groups and 67 groups.

Registration Status of Enterprises Enterprises are classified into 3 categories, namely domestic funded enterprises, enterprises with investment from Hong Kong, Macau and Taiwan, and enterprises with foreign investment, in the light of the registration status of an enterprise in industrial and commercial administration agencies. Domestic-funded enterprises include state-owned enterprises, collective-owned enterprises, cooperative enterprises, joint ownership enterprises, limited liability corporations, share-holding corporations Ltd., private enterprises and other enterprises. Included in the enterprises with investment from Hong Kong, Macau and Taiwan and enterprises with foreign investment are joint-venture enterprises, cooperative enterprises, sole investment enterprises and share holding corporations Ltd. For government agencies, institutions and social organizations which are not requested to be registered in industrial and commercial administration agencies, they are classified mainly by their sources of funds and way of management.

State-owned Enterprises refer to non-corporation economic units where the entire assets are owned by the state and which have registered in accordance with the Regulation of the People's Republic of China on the Management of Registration of Corporate Enterprises. Excluded from this category are sole state funded corporations in the limited liability corporations.

Collective-owned Enterprisesrefer refer to economic units where the assets are owned collectively and which have registered in accordance with the Regulation of the People's Republic of China on the Management of Registration of Corporate Enterprises.

Cooperative Enterprisesrefer refer to a form of collective economic units (enterprises) where capitals come mainly from employees as their shares, with certain proportion of capital from the outside, where production is organized on the basis of independent operation, independent accounting for profits and losses, joint work, democratic management, and a distribution system that integrates remuneration according to work with dividend according to capital share.

Joint Ownership Enterprises refer to economic units established by two or more corporate enterprises or corporate institutions of the same or different ownership, through joint investment on the basis of equality, voluntary participation and mutual benefits. They include state joint ownership enterprises, collective joint ownership enterprises, joint state-collective enterprises, other joint ownership enterprises.

Limited Liability Corporationsrefer refer to economic units established with investment from 2-50 investors and registered in accordance with the Regulation of the People's Republic of China on the Management of Registration of Corporations, each investor bearing limited liability to the corporation depending on its share of investment, and the corporation bearing liability to its debt to the maximum of its total assets. Limited liability corporations include exclusive state funded limited liability corporations and other limited liability corporations.

Share-holding Corporations Ltd. refer to economic units registered in accordance with the Regulation of the People's Republic of China on the Management of Registration of Corporations, with total registered capitals divided into equal shares and raised through issuing stocks. Each investor bears limited liability to the corporation depending on the holding of shares, and the corporation bears liability to its debt to the maximum of its total assets.

Private Enterprises refer to profit-making economic units invested and established by natural persons, or controlled by natural persons using employed labour. Included in this category are private limited liability corporations, private share-holding corporations Ltd., private partnership enterprises and private-funded enterprises registered in accordance with the Corporation Law, Partnership Enterprises Law and Interim Regulations on Private Enterprises.

Other Domestic-funded Enterprises refer to domestic funded economic units other than those mentioned above.

Cooperative Enterprises with Funds from Hong Kong Macau and Taiwan established by investors from Hong Kong, Macau and Taiwan with enterprises in the mainland of China in accordance with the Law of the People's Republic of China on Sino-foreign Cooperative Enterprises and other relevant laws, where the investment or provision of facilities, and the share of profits and risks is stipulated in the cooperative contract.

Enterprises with Sole (exclusive) Investment from Hong Kong, Macau and Taiwan refer to enterprises established in the mainland of China with exclusive investment from investors from Hong Kong, Macau and Taiwan in accordance with the Law of the People's Republic of China on Foreign Funded Enterprises and other relevant laws.

Share-holding Corporations Ltd. with Investment from Hong Kong, Macau and Taiwan refer to share holding corporations Ltd. established with the approval from the former Ministry of Foreign Trade and Economic Relations in line with relevant state regulations, where the share of investment from Hong Kong, Macau or Taiwan businessmen exceeds 25% of the total registered capital of the corporation. In case the share of investment from Hong Kong, Macau or Taiwan is less than 25% of the total registered capital, the enterprise is to be classified as domestic-funded share-holding corporation Ltd.

Joint-venture Enterprises with Foreign Investment refer to enterprises jointly established by foreign enterprises or foreigners with enterprises in the mainland of China in accordance with the Law of the People's Republic of China on Sino-foreign Joint Venture Enterprises and other relevant laws, where the share of investment, profits and risks is stipulated in the contract.

Cooperation Enterprises with Foreign Investment refer to enterprises jointly established by foreign enterprises or foreigners with enterprises in the mainland of China in accordance with the Law of the People's Republic of China on Sino foreign Cooperative Enterprises and other relevant laws, where the investment or provision of facilities, and the share of profits and risks is stipulated in the cooperative contract.

Enterprises with Sole (exclusive) Foreign Investment refer to enterprises established in the mainland of China with exclusive investment from foreign investors in accordance with the Law of the People's Republic of China on Foreign Funded Enterprises and other relevant laws.

Share-holding Corporations Ltd. with Foreign Investment refer to share-holding corporations Ltd. established with the approval from the Ministry of Foreign Trade and Economic Relations in line with relevant state regulations, where the share of investment from foreign investors exceeds 25% of the total registered capital of the corporation. In case the share of foreign investment is less than 25% of the total registered capital, the enterprise is to be classified as domestic funded share holding corporation Ltd.

Government Agencies, Institutions and Social Organizations are classified into following categories by source of funds and way of management taking reference of the registration status of enterprises:

(1) Government agencies: include state and party agencies, classified in principle as state owned. There are exceptions, such as supply and marketing cooperatives which are classified as collective-owned.

(2) Institutions: include institutions of various types established with the approval by organization and staffing departments of the government, but exclude institutions where enterprise management system is introduced. Institutions are further classified as follows:

(a) Institutions whose main budget is listed in the government budget appropriations or extra budget funds, or allocated from the budget of their competent government agencies. Such institutions are classified as state owned.

(b) Institutions whose budget mainly comes from collective units. Such institutions are classified as collective owned.

(c) Institutions other than those mentioned above whose source of budget is not clear. Such institutions are classified by way of management.

(3) Social organizations: include social organizations established with the approval from the Ministry of Civil Affairs, and organizations that are not covered by social organization management regulations such as trade unions, womens federations etc.. Social organizations are further classified as follows:

(a) Social organizations that are not covered by social organization management regulations of the Ministry of Civil Affairs such as trade unions, womens federations, communist youth leagues, youth associations, industrial and commerce associations, scientists associations, overseas Chinese associations, etc., foundations and fund management organizations established with funds from the state, and social organizations whose funds mainly come from the budget of their competent government agencies. Such institutions are classified as state owned.

(b) Social organizations whose budget mainly comes from collective units. Such institutions are classified as collective owned.

(c) Social organizations established by individual or a group of citizens, which are classified as private.

(d) Social organizations other than those mentioned above whose source of budget is not clear. Such organizations are classified by way of management.

2 国民经济核算

National Accounts

资料整理人员：唐双全　　范　毅

2-1 总产出

Gross Output

单位：亿元 (100 million yuan)

年份 Year	总产出 Gross Output	第一产业 Primary Industry	第二产业 Secondary Industry	第三产业 Tertiary Industry
1952	39.34	23.79	9.09	6.46
1955	49.24	25.83	14.47	8.94
1960	113.37	27.78	62.58	23.01
1965	107.35	42.70	45.55	19.10
1970	162.14	58.22	78.40	25.52
1975	234.10	76.06	120.60	37.44
1978	289.79	81.91	160.32	47.56
1979	347.74	109.18	186.04	52.52
1980	376.14	111.14	206.57	58.43
1981	408.13	126.36	214.61	67.16
1982	449.11	142.71	235.37	71.03
1983	498.03	158.16	261.66	78.21
1984	562.67	171.26	299.00	92.41
1985	698.36	198.44	372.89	127.03
1986	810.42	222.68	437.15	150.59
1987	980.08	253.39	540.92	185.77
1988	1239.59	303.01	690.19	246.39
1989	1390.89	337.48	768.85	284.56
1990	1571.34	397.42	809.86	364.06
1991	1777.40	425.58	928.67	423.15
1992	2210.80	471.22	1147.44	592.14
1993	2784.91	563.47	1472.01	749.43
1994	3532.16	792.90	1720.94	1018.32
1995	4247.69	1046.97	1982.36	1218.36
1996	5211.98	1226.32	2635.35	1350.31
1997	5927.87	1322.26	2939.06	1666.55
1998	6412.42	1262.46	3267.33	1882.63
1999	6883.16	1200.94	3484.59	2197.63
2000	7486.38	1251.89	3837.54	2396.95
2001	8263.96	1313.23	4209.32	2741.41
2002	9068.02	1349.92	4576.36	3141.74
2003	10272.43	1425.44	5319.03	3527.96
2004	12035.95	1677.92	6471.77	3886.26
2005	14452.14	1819.75	8048.75	4583.64
2006	17007.22	2104.95	9798.17	5104.10
2007	21204.26	2632.19	12528.83	6043.24
2008	27333.29	3131.12	16646.37	7555.80
2009	30927.67	3207.88	18750.36	8969.43
2010	38623.39	3787.48	24337.56	10498.35
2011	48712.03	4508.20	31817.67	12386.16
2012	54231.43	4904.10	35126.85	14200.48
2013	60184.06	4791.68	38672.76	16719.62
2014	66208.44	5031.60	42224.24	18952.60

注：从2013年执行新的三次产业划分规定，即第一产业不含农林牧渔服务业；第二产业不含采矿业的开采辅助活动和制造业的金属制品、机械和设备修理业，因此第二产业不等于工业加建筑业，下表同。

Since 2013,the rules of the new division of three industries has been excuted.That is the first industry exclude agriculture,forestry,animal musbandry and fishery services ,the secondary industry exclude mining auxiliary activities in mining industry and metal products, machinery and equipment repair in manufacturing industry. So the secondary industry is not equal to the industry and the construction industry.The same applies to the relvant tables following.

2-2 总产出构成

Composition of Gross Output

单位：%　　(以总产出为100) (Gross Output=100)　　(%)

年份 Year	总产出 Gross Output	第一产业 Primary Industry	第二产业 Secondary Industry	第三产业 Tertiary Industry
1952	100.0	60.5	23.1	16.4
1955	100.0	52.5	29.4	18.1
1960	100.0	24.5	55.2	20.3
1965	100.0	39.8	42.4	17.8
1970	100.0	35.9	48.4	15.7
1975	100.0	32.5	51.5	16.0
1978	100.0	28.3	55.3	16.4
1979	100.0	31.4	53.5	15.1
1980	100.0	29.5	54.9	15.6
1981	100.0	31.0	52.6	16.4
1982	100.0	31.8	52.4	15.8
1983	100.0	31.8	52.5	15.7
1984	100.0	30.4	53.1	16.5
1985	100.0	28.4	53.4	18.2
1986	100.0	27.5	53.9	18.6
1987	100.0	25.9	55.2	18.9
1988	100.0	24.4	55.7	19.9
1989	100.0	24.3	55.3	20.4
1990	100.0	25.3	51.5	23.2
1991	100.0	23.9	52.2	23.9
1992	100.0	21.3	51.9	26.8
1993	100.0	20.2	52.9	26.9
1994	100.0	22.4	48.7	28.9
1995	100.0	24.6	46.7	28.7
1996	100.0	23.5	50.6	25.9
1997	100.0	22.3	49.6	28.1
1998	100.0	19.7	51.0	29.3
1999	100.0	17.4	50.6	32.0
2000	100.0	16.7	51.3	32.0
2001	100.0	15.9	50.9	33.2
2002	100.0	14.9	50.5	34.6
2003	100.0	13.9	51.8	34.3
2004	100.0	13.9	53.8	32.3
2005	100.0	12.6	55.7	31.7
2006	100.0	12.4	57.6	30.0
2007	100.0	12.4	59.1	28.5
2008	100.0	11.5	60.9	27.6
2009	100.0	10.4	60.6	29.0
2010	100.0	9.8	63.0	27.2
2011	100.0	9.3	65.3	25.4
2012	100.0	9.0	64.8	26.2
2013	100.0	8.0	64.3	27.8
2014	100.0	7.6	63.8	28.6

2-3 总产出发展速度

Growth Rate of Gross Output

单位：% (以上年为100)(precending year=100) (%)

年份 Year	总产出 Gross Output	第一产业 Primary Industry	第二产业 Secondary Industry	第三产业 Tertiary Industry
1952	100.0	121.3	151.9	100.0
1955	115.1	118.5	111.8	110.2
1960	105.2	84.7	117.1	105.3
1965	115.5	104.4	126.1	112.2
1970	124.3	105.0	142.3	100.9
1975	117.4	104.6	128.4	112.9
1978	114.8	110.2	117.0	115.8
1979	110.4	106.3	112.9	108.7
1980	105.8	98.1	109.8	104.8
1981	105.6	106.1	103.2	112.9
1982	108.7	110.1	109.2	104.4
1983	108.9	105.0	111.4	108.2
1984	110.7	105.7	112.2	115.1
1985	114.5	104.9	116.1	125.9
1986	110.6	105.4	112.1	113.6
1987	113.3	103.3	116.2	117.8
1988	111.0	100.5	114.6	112.6
1989	104.3	105.1	103.1	107.2
1990	103.9	101.9	104.7	103.8
1991	109.5	103.9	111.9	110.5
1992	112.6	103.8	116.3	113.6
1993	115.4	105.3	119.0	116.5
1994	113.5	106.4	116.0	113.7
1995	113.9	120.5	113.6	109.4
1996	119.4	108.4	126.3	111.8
1997	113.0	108.3	114.8	111.9
1998	111.1	101.5	113.3	112.8
1999	109.6	103.4	109.5	114.3
2000	110.7	104.3	111.2	113.3
2001	109.5	104.0	110.0	111.7
2002	110.0	100.2	110.7	113.5
2003	111.2	103.7	114.3	109.5
2004	111.4	107.5	114.2	108.6
2005	115.5	105.8	117.8	115.3
2006	114.0	104.9	116.8	112.6
2007	117.2	104.0	121.3	114.8
2008	116.2	105.3	118.0	116.2
2009	115.1	105.2	118.5	111.6
2010	116.6	104.3	120.8	111.5
2011	114.4	104.3	117.4	111.0
2012	112.1	102.9	113.4	112.0
2013	110.5	102.6	111.1	111.4
2014	109.6	104.5	109.6	111.0

2-4 总产出指数

Indices of Gross Output

单位：% (1952 =100) (%)

年份 Year	总产出 Gross Output	第一产业 Primary Industry	第二产业 Secondary Industry	第三产业 Tertiary Industry
1952	100.0	100.0	100.0	100.0
1955	126.2	108.7	175.7	132.4
1960	260.8	103.1	773.1	320.5
1965	213.6	116.7	541.0	248.7
1970	341.1	151.4	1015.3	350.7
1975	494.8	186.5	1573.9	532.0
1978	622.9	209.5	2104.0	675.6
1979	687.6	222.7	2375.4	734.3
1980	727.5	218.4	2608.1	769.6
1981	768.2	231.6	2691.6	868.8
1982	835.1	255.1	2939.3	907.1
1983	909.4	267.9	3274.3	981.5
1984	1006.7	283.1	3673.8	1129.7
1985	1152.7	297.0	4265.3	1422.2
1986	1274.9	313.2	4781.4	1615.7
1987	1444.4	323.5	5556.6	1903.3
1988	1603.3	325.2	6367.2	2143.1
1989	1672.3	341.8	6564.5	2297.4
1990	1737.5	348.3	6873.1	2384.7
1991	1902.6	361.9	7691.0	2635.1
1992	2142.3	375.6	8944.6	2993.5
1993	2472.2	395.5	10644.1	3487.4
1994	2805.9	420.8	12347.2	3965.2
1995	3195.9	507.1	14026.4	4337.9
1996	3815.9	549.7	17715.3	4849.8
1997	4312.0	595.3	20337.2	5426.9
1998	4790.6	604.2	23042.0	6121.5
1999	5250.5	624.7	25231.0	6996.9
2000	5812.3	651.6	28056.9	7927.5
2001	6364.5	677.7	30862.6	8855.0
2002	7001.0	679.1	34164.9	10050.4
2003	7785.1	704.2	39050.5	11005.2
2004	8672.6	757.0	44595.7	11951.6
2005	10016.9	800.9	52533.7	13780.2
2006	11419.3	840.1	61359.4	15516.5
2007	13383.4	873.7	74429.0	17812.9
2008	15551.5	920.0	87826.2	20698.6
2009	17899.8	967.8	104074.0	23099.6
2010	20871.2	1009.4	125721.4	25756.1
2011	23876.6	1052.8	147596.9	28589.2
2012	26765.7	1083.4	167374.9	32019.9
2013	29576.1	1111.5	185953.5	35670.2
2014	32415.4	1161.5	203805.1	39593.9

2-5 按产业分的地区生产总值

Gross Domestic Product by Industry

单位：亿元 (100 million yuan)

年份 Year	地区生产总值 Gross Domestic Product	第一产业 Primary Industry	第二产业 Secondary Industry	第三产业 Tertiary Industry	人均地区生产总值 Per Capita Gross Domestic Product(yuan)
1952	27.81	18.72	3.43	5.66	86
1953	30.29	18.48	4.28	7.53	91
1954	30.51	17.03	5.13	8.35	90
1955	35.83	21.13	5.76	8.94	104
1956	37.93	20.56	6.57	10.80	109
1957	45.20	26.41	7.45	11.34	127
1958	55.85	26.65	16.63	12.57	154
1959	61.95	23.60	21.57	16.78	168
1960	64.07	20.58	25.47	18.02	176
1961	46.64	20.78	11.69	14.17	132
1962	51.19	27.17	10.59	13.43	144
1963	48.08	25.11	11.37	11.60	131
1964	57.36	30.41	15.60	11.35	153
1965	65.32	34.00	19.17	12.15	170
1966	72.73	37.30	22.16	13.27	184
1967	73.51	40.07	19.89	13.55	181
1968	75.67	44.85	17.31	13.51	181
1969	81.26	44.08	21.98	15.20	189
1970	93.05	44.62	31.98	16.45	211
1971	99.10	46.31	35.33	17.46	218
1972	107.01	47.73	39.91	19.37	230
1973	115.80	51.91	43.35	20.54	244
1974	108.17	53.17	34.87	20.13	223
1975	118.40	54.97	41.96	21.47	239
1976	118.53	55.07	41.47	21.99	236
1977	129.17	55.95	49.59	23.63	254

2-5 续表1 continued

单位：亿元 (100 million yuan)

年份 Year	地区生产总值 Gross Domestic Product	第一产业 Primary Industry	第二产业 Secondary Industry	第三产业 Tertiary Industry	人均地区生产总值 Per Capita Gross Domestic Product(yuan)
1978	146.99	59.83	59.82	27.34	286
1979	178.01	79.40	68.42	30.19	343
1980	191.72	81.14	76.99	33.59	365
1981	209.68	93.29	77.78	38.61	394
1982	232.52	107.99	82.51	42.02	430
1983	257.43	117.79	93.37	46.27	470
1984	287.29	128.28	104.34	54.67	519
1985	349.95	147.72	127.08	75.15	626
1986	397.68	165.28	143.31	89.09	703
1987	469.44	187.09	172.45	109.90	818
1988	584.07	217.03	221.28	145.76	999
1989	640.80	234.31	238.15	168.34	1074
1990	744.44	279.09	249.98	215.37	1228
1991	833.30	301.02	281.95	250.33	1357
1992	986.98	323.91	337.17	325.90	1595
1993	1244.71	383.68	470.05	390.98	1997
1994	1650.02	532.89	589.72	527.41	2630
1995	2132.13	685.30	770.67	676.16	3359
1996	2540.13	793.98	920.06	826.09	3963
1997	2849.27	855.75	1041.79	951.73	4420
1998	3025.53	828.31	1123.08	1074.14	4667
1999	3214.54	778.25	1192.99	1243.30	4933
2000	3551.49	784.92	1293.18	1473.39	5425
2001	3831.90	825.73	1412.82	1593.35	6120
2002	4151.54	847.25	1523.50	1780.79	6734
2003	4659.99	886.47	1777.74	1995.78	7589
2004	5641.94	1022.45	2190.54	2428.95	9165
2005	6596.10	1100.65	2612.57	2882.88	10562
2006	7688.67	1272.20	3187.05	3229.42	12139
2007	9439.60	1626.48	3977.72	3835.40	14869
2008	11555.00	1892.40	5028.93	4633.67	18147
2009	13059.69	1969.69	5687.19	5402.81	20428
2010	16037.96	2325.50	7343.19	6369.27	24719
2011	19669.56	2768.03	9361.99	7539.54	29880
2012	22154.23	3004.21	10506.42	8643.60	33480
2013	24621.67	2990.31	11553.97	10077.39	36943
2014	27037.32	3148.75	12482.06	11406.51	40271

2-6 分行业增加值

Value added by Sector

单位：亿元 （100 million yuan)

年份	农、林、牧、渔业 Agriculture, Forestry, Farming of Animals and Fishing Farming of Animals and Fishing	工业 Industry	建筑业 Construction	批发和零售业 Wholesale and Retail Trade	交通运输、仓储和邮政业 Traffic,Transport, Storage and Post	金融业 Finance	房地产业 Real Estate
1952	18.72	2.94	0.49	2.50	1.10		
1953	18.48	3.53	0.75	3.54	1.64		
1954	17.03	4.22	0.91	3.98	1.77		
1955	21.13	4.25	1.51	3.83	2.07		
1956	20.56	5.19	1.38	4.83	2.38		
1957	26.41	5.94	1.51	4.51	2.71		
1958	26.65	12.40	4.23	4.58	3.51		
1959	23.60	16.57	5.00	6.04	5.45		
1960	20.58	19.22	6.25	6.60	5.42		
1961	20.78	10.25	1.44	4.95	3.20		
1962	27.17	9.46	1.13	4.93	2.73		
1963	25.11	10.31	1.06	2.82	3.25		
1964	30.41	13.50	2.10	3.45	2.57		
1965	34.00	16.86	2.31	3.68	2.98		
1966	37.30	19.67	2.49	4.41	3.14		
1967	40.07	17.46	2.43	4.54	3.03		
1968	44.85	15.03	2.28	4.22	2.92		
1969	44.08	19.39	2.59	5.20	3.37		
1970	44.62	28.83	3.15	5.67	3.96		
1971	46.31	30.35	4.98	5.63	4.34		
1972	47.73	34.31	5.60	6.68	4.89		
1973	51.91	37.92	5.43	7.23	5.01		
1974	53.17	29.21	5.66	6.98	4.34		
1975	54.97	35.58	6.38	7.29	4.92		
1976	55.07	34.95	6.52	7.17	4.83		
1977	55.95	43.41	6.45	8.06	5.33		

2-6 续表1 continued

单位：亿元 (100 million yuan)

年份	农、林、牧、渔业 Agriculture, Forestry, Farming of Animals and Fishing Farming of Animals and Fishing	工业 Industry	建筑业 Construction	批发和零售业 Wholesale and Retail Trade	交通运输、仓储和邮政业 Traffic,Transport, Storage and Post	金融业 Finance	房地产业 Real Estate
1978	59.83	51.94	7.88	9.71	5.91	2.55	2.03
1979	79.40	59.23	9.19	10.85	6.47	2.50	2.10
1980	81.14	65.31	11.68	11.73	6.77	2.70	2.32
1981	93.29	67.19	10.59	13.42	6.93	3.60	3.56
1982	107.99	71.31	11.20	12.81	7.61	5.02	3.96
1983	117.79	78.84	14.53	12.56	8.16	5.66	5.18
1984	128.28	90.79	13.55	15.40	9.30	6.53	5.76
1985	147.72	110.05	17.03	22.94	13.23	8.85	7.84
1986	165.28	124.30	19.01	27.60	15.00	12.55	7.93
1987	187.09	149.67	22.78	34.56	20.13	15.94	8.53
1988	217.03	190.40	30.88	46.61	24.12	20.91	9.96
1989	234.31	212.21	25.94	45.48	26.81	26.94	11.00
1990	279.09	220.69	29.29	62.94	32.27	31.01	16.25
1991	301.02	242.96	38.99	73.91	41.68	38.26	17.73
1992	323.91	284.66	52.51	104.96	51.29	49.01	20.57
1993	383.68	399.58	70.47	123.52	72.71	47.53	26.45
1994	532.89	499.97	89.75	167.24	100.30	54.07	34.13
1995	685.30	658.67	112.00	210.40	133.71	64.96	44.43
1996	793.98	790.19	129.87	244.45	171.14	74.32	64.06
1997	855.75	903.90	137.89	268.06	198.66	82.66	75.47
1998	828.31	960.70	162.38	289.06	220.86	85.44	89.28
1999	778.25	1010.53	182.46	311.68	246.08	86.57	105.50
2000	784.92	1094.76	198.42	342.30	288.16	88.88	131.58
2001	825.73	1180.43	232.39	377.18	303.88	91.71	138.41
2002	847.25	1265.72	257.78	416.15	333.51	92.43	165.29
2003	886.47	1484.98	292.76	458.07	373.27	99.35	186.49
2004	1022.45	1824.11	366.43	590.22	415.00	118.64	191.50
2005	1100.65	2195.33	417.24	587.21	386.96	162.37	215.63
2006	1272.20	2707.61	479.44	634.69	440.96	204.72	254.81
2007	1626.48	3397.69	580.03	771.73	517.67	260.14	301.80
2008	1892.40	4310.12	718.81	975.46	624.68	334.32	340.07
2009	1969.69	4819.40	867.79	1221.20	704.83	402.57	400.11
2010	2325.50	6305.11	1038.08	1434.68	832.28	463.16	464.21
2011	2768.03	8122.75	1239.24	1662.34	948.82	501.09	518.04
2012	3004.21	9138.50	1367.92	1849.04	1077.65	579.76	568.52
2013	3099.23	10001.00	1564.93	2031.81	1172.31	758.90	642.19
2014	3266.89	10749.88	1744.86	2211.82	1257.64	950.04	673.38

2-7 地区生产总值构成
Composition of GDP

单位：% (GDP=100) (%)

年份 Year	地区生产总值 Gross Domestic Product	第一产业 Primary Industry	第二产业 Secondary Industry	第三产业 Tertiary Industry
1952	100.0	67.3	12.3	20.4
1953	100.0	61.0	14.1	24.9
1954	100.0	55.8	16.8	27.4
1955	100.0	59.0	16.1	25.0
1956	100.0	54.2	17.3	28.5
1957	100.0	58.4	16.5	25.1
1958	100.0	47.7	29.8	22.5
1959	100.0	38.1	34.8	27.1
1960	100.0	32.1	39.8	28.1
1961	100.0	44.6	25.1	30.4
1962	100.0	53.1	20.7	26.2
1963	100.0	52.2	23.6	24.1
1964	100.0	53.0	27.2	19.8
1965	100.0	52.1	29.3	18.6
1966	100.0	51.3	30.5	18.2
1967	100.0	54.5	27.1	18.4
1968	100.0	59.3	22.9	17.9
1969	100.0	54.2	27.0	18.7
1970	100.0	48.0	34.4	17.7
1971	100.0	46.7	35.7	17.6
1972	100.0	44.6	37.3	18.1
1973	100.0	44.8	37.4	17.7
1974	100.0	49.2	32.2	18.6
1975	100.0	46.4	35.4	18.1
1976	100.0	46.5	35.0	18.6
1977	100.0	43.3	38.4	18.3

2-7 续表 1 continued

单位：%

年份 Year	地区生产总值 Gross Domestic Product	第一产业 Primary Industry	第二产业 Secondary Industry	第三产业 Tertiary Industry
1978	100.0	40.7	40.7	18.6
1979	100.0	44.6	38.4	17.0
1980	100.0	42.3	40.2	17.5
1981	100.0	44.5	37.1	18.4
1982	100.0	46.4	35.5	18.1
1983	100.0	45.8	36.3	17.9
1984	100.0	44.7	36.3	19.0
1985	100.0	42.2	36.3	21.5
1986	100.0	41.6	36.0	22.4
1987	100.0	39.9	36.7	23.4
1988	100.0	37.2	37.9	24.9
1989	100.0	36.6	37.2	26.2
1990	100.0	37.5	33.6	28.9
1991	100.0	36.1	33.8	30.1
1992	100.0	32.8	34.2	33.0
1993	100.0	30.8	37.8	31.4
1994	100.0	32.3	35.7	32.0
1995	100.0	32.1	36.1	31.8
1996	100.0	31.3	36.2	32.5
1997	100.0	30.0	36.6	33.4
1998	100.0	27.4	37.1	35.5
1999	100.0	24.2	37.1	38.7
2000	100.0	22.1	36.4	41.5
2001	100.0	21.5	36.9	41.6
2002	100.0	20.4	36.7	42.9
2003	100.0	19.0	38.1	42.9
2004	100.0	18.1	38.8	43.1
2005	100.0	16.7	39.6	43.7
2006	100.0	16.5	41.5	42.0
2007	100.0	17.2	42.1	40.7
2008	100.0	16.4	43.5	40.1
2009	100.0	15.1	43.5	41.4
2010	100.0	14.5	45.8	39.7
2011	100.0	14.1	47.6	38.3
2012	100.0	13.6	47.4	39.0
2013	100.0	12.2	46.9	40.9
2014	100.0	11.6	46.2	42.2

2-8 地区生产总值发展速度

Growth Rate of GDP

单位：%　　(以上年为100) (precending year=100)　　(%)

年份 Year	地区生产总值 Gross Domestic Product	第一产业 Primary Industry	第二产业 Secondary Industry	第三产业 Tertiary Industry	人均地区生产总值 Per Capita Gross Domestic Product
1978	116.4	111.7	121.8	115.5	115.1
1979	109.1	106.8	111.4	109.0	107.9
1980	105.2	98.9	111.0	105.5	104.1
1981	105.5	107.0	100.2	113.3	104.1
1982	109.4	113.0	106.0	107.5	107.7
1983	109.2	103.7	116.7	108.2	107.7
1984	109.4	106.6	109.7	115.6	108.3
1985	112.0	103.7	113.6	127.2	110.9
1986	108.1	105.2	107.7	114.1	106.8
1987	109.3	102.9	112.8	114.0	107.8
1988	108.2	97.7	115.0	112.6	106.0
1989	103.6	105.7	101.2	105.0	101.6
1990	104.0	103.2	104.6	103.8	102.3
1991	107.9	105.6	108.5	110.5	106.6
1992	111.1	103.5	117.3	114.1	110.3
1993	112.4	104.3	118.2	116.0	111.7
1994	110.6	105.4	115.4	111.0	109.8
1995	110.3	106.5	113.5	110.6	109.1
1996	112.1	106.2	116.3	112.9	111.0
1997	110.6	106.1	113.3	111.6	110.0
1998	108.5	100.9	111.5	111.5	107.8
1999	108.4	103.3	109.3	111.4	107.8
2000	109.0	103.9	110.6	110.9	108.5
2001	109.0	104.0	110.3	110.6	110.6
2002	109.0	102.6	110.9	110.5	110.7
2003	109.6	103.6	112.5	109.7	110.0
2004	112.1	107.4	116.1	110.5	111.8
2005	112.2	105.7	112.9	113.8	110.6
2006	112.8	104.7	117.1	112.0	111.2
2007	115.0	103.9	118.6	115.7	114.7
2008	113.9	105.3	115.2	115.5	113.6
2009	113.7	105.0	118.9	111.3	113.2
2010	114.6	104.3	120.2	111.7	112.9
2011	112.8	104.2	117.0	111.0	111.2
2012	111.3	103.0	112.8	112.2	110.7
2013	110.1	102.7	110.9	111.3	109.3
2014	109.5	104.5	109.3	111.0	108.7

2-9 主要行业增加值发展速度
Growth Rate of Value added by Sector

单位：% (以上年为100) (precending year=100) (%)

年份 Year	农、林、牧、渔业 Agriculture, Forestry, Farming of Animals and Fishing Farming of Animals and Fishing	工业 Industry	建筑业 Construction	批发和零售业 Wholesale and Retail Trade	交通运输、仓储和邮政业 Traffic,Transport,Storage and Post	金融业 Finance	房地产业 Real Estate
1978	111.7	121.6	123.3	120.4	110.7	115.3	104.0
1979	106.8	111.3	112.1	110.1	109.3	96.5	101.7
1980	98.9	109.7	119.9	102.5	104.5	97.8	110.4
1981	107.0	101.4	92.7	112.6	102.6	131.0	146.4
1982	113.0	106.1	105.0	94.0	109.6	137.3	110.3
1983	103.7	114.8	130.2	95.8	107.2	110.1	128.5
1984	106.6	113.0	89.8	119.3	113.9	111.9	110.0
1985	103.7	114.3	108.7	134.8	140.6	122.1	128.4
1986	105.2	108.5	101.6	114.6	112.6	135.3	100.9
1987	102.9	113.3	108.6	113.8	127.1	114.9	105. 0
1988	97.7	115.3	112.6	108.9	120.4	104.6	109.5
1989	105.7	103.0	79.3	90.6	97.3	150.6	86.7
1990	103.2	104.5	106.1	83.7	113.7	109.0	109.0
1991	105.6	107.4	116.7	112.0	118.6	115.5	106.1
1992	103.5	116.8	120.4	110.0	112.8	130.3	110.6
1993	104.3	120.0	105.5	110.8	125.2	121.3	124.0
1994	105.4	115.9	111.7	109.0	110.6	105.7	112.0
1995	106.5	113.4	114.6	109.1	116.3	106.0	114.7
1996	106.2	116.8	112.3	109.0	117.8	110.6	117.1
1997	106.1	114.3	104.4	109.5	115.0	110.3	110.2
1998	100.9	111.2	114.1	110.3	113.4	105.2	113.3
1999	103.3	109.0	111.7	110.5	108.0	105.1	117.3
2000	103.9	110.5	111.5	111.4	114.5	106.0	109.2
2001	104.0	109.9	112.3	111.3	110.2	103.5	109.3
2002	102.6	111.0	110.3	111.5	109.9	103.2	111.2
2003	103.6	112.7	111.2	109.6	110.3	105.4	109.0
2004	107.4	115.9	117.4	108.9	114.0	102.1	105.8
2005	105.7	113.6	109.2	117.1	113.1	112.6	107.4
2006	104.7	118.3	111.1	111.7	111.3	115.2	111.6
2007	103.9	119.7	112.4	116.7	116.2	120.9	110.0
2008	105.3	116.0	110.4	118.7	116.4	118.1	106.9
2009	105.0	118.5	121.2	114.9	106.8	118.0	110.0
2010	104.3	121.2	114.2	111.7	113.3	109.1	109.3
2011	104.2	118.2	109.6	108.3	112.6	105.6	104.1
2012	103.0	113.5	108.0	108.0	111.4	113.6	106.9
2013	102.8	111.1	109.1	108.0	105.9	118.7	108.4
2014	104.6	109.2	109.9	107.6	104.8	123.8	102.9

2-10 地区生产总值指数

Indices of Gross Domestic Product

单位：% （1952=100） (%)

年份 Year	地区生产总值 Gross Domestic Product	第一产业 Primary Industry	第二产业 Secondary Industry	第三产业 Tertiary Industry	人均地区生产总值 Per Capita Gross Domestic Product
1952	100.0	100.0	100.0	100.0	100.0
1953	108.4	99.9	131.5	128.1	105.8
1954	106.4	89.8	157.9	141.1	101.5
1955	126.1	110.3	190.0	150.4	118.1
1956	132.9	106.4	226.8	181.6	123.2
1957	153.0	129.2	253.3	187.8	139.2
1958	183.4	130.8	522.4	207.0	163.0
1959	199.5	113.4	660.9	277.9	175.2
1960	197.5	90.4	765.8	292.1	175.9
1961	127.4	82.8	332.0	189.1	116.4
1962	131.3	101.7	284.3	167.7	119.4
1963	126.5	92.7	306.7	163.0	111.9
1964	150.3	107.1	432.6	167.9	129.7
1965	170.1	111.7	558.4	186.1	143.1
1966	191.9	121.9	669.8	203.2	156.8
1967	192.5	130.9	610.1	206.9	153.0
1968	189.8	142.2	512.0	205.6	146.7
1969	210.0	138.2	684.2	231.5	157.8
1970	247.0	139.5	1005.8	245.9	180.5
1971	261.0	140.3	1122.5	252.7	185.6
1972	281.8	142.8	1283.9	280.0	195.8
1973	300.9	154.2	1361.2	295.4	204.4
1974	278.8	157.9	1071.5	290.6	185.4
1975	307.6	162.4	1325.9	309.9	200.8
1976	306.0	162.5	1290.1	316.9	196.6
1977	335.3	165.0	1562.0	340.0	212.9

2-10 续表 1 continued

单位：% （1952=100） (%)

年份 Year	地区生产总值 Gross Domestic Product	第一产业 Primary Industry	第二产业 Secondary Industry	第三产业 Tertiary Industry	人均地区生产总值 Per Capita Gross Domestic Product
1978	390.3	184.3	1903.0	392.8	245.2
1979	425.7	196.8	2119.1	428.2	264.6
1980	448.0	194.6	2352.0	451.9	275.4
1981	472.4	208.3	2357.8	512.1	286.7
1982	516.7	235.4	2498.9	550.6	308.8
1983	564.4	244.2	2917.3	595.9	332.6
1984	617.4	260.2	3198.9	688.9	360.2
1985	691.8	269.9	3634.5	875.9	399.4
1986	748.1	284.0	3916.1	999.7	426.6
1987	817.8	292.2	4418.7	1139.2	459.9
1988	884.9	285.5	5081.5	1282.7	487.4
1989	916.8	301.8	5142.5	1346.8	495.2
1990	953.1	311.6	5380.0	1397.9	506.6
1991	1028.4	329.0	5837.3	1544.7	540.1
1992	1142.6	340.5	6847.2	1762.5	595.7
1993	1284.3	355.1	8093.4	2044.5	665.4
1994	1420.4	374.3	9339.8	2269.4	730.6
1995	1566.7	398.6	10600.7	2510.0	797.1
1996	1756.3	423.3	12328.6	2833.8	884.8
1997	1942.5	449.1	13968.3	3162.5	973.3
1998	2107.6	453.1	15574.7	3526.2	1049.2
1999	2284.6	468.1	17023.1	3928.2	1131.0
2000	2490.2	486.4	18827.5	4356.4	1227.1
2001	2714.3	505.9	20766.7	4818.2	1357.2
2002	2958.6	519.1	23030.3	5324.1	1502.4
2003	3242.6	537.8	25909.1	5840.5	1652.6
2004	3635.0	577.6	30080.5	6453.8	1847.6
2005	4078.5	610.5	33960.9	7344.4	2043.4
2006	4600.5	639.2	39768.2	8225.7	2272.3
2007	5290.6	664.1	47165.1	9517.1	2606.3
2008	6026.0	699.3	54334.2	10992.3	2960.8
2009	6851.6	734.3	64603.4	12234.4	3351.6
2010	7851.9	765.9	77653.3	13665.8	3784.0
2011	8857.0	798.0	90854.3	15169.1	4207.8
2012	9857.8	822.0	102483.7	17019.7	4658.0
2013	10853.5	844.2	113654.4	18942.9	5091.2
2014	11884.5	882.2	124224.3	21026.6	5534.1

2-10 续表 2 continued

单位：% （1978=100） (%)

年份 Year	地区生产总值 Gross Domestic Product	第一产业 Primary Industry	第二产业 Secondary Industry	第三产业 Tertiary Industry	人均地区生产总值 Per Capita Gross Domestic Product
1978	100.0	100.0	100.0	100.0	100.0
1979	109.1	106.8	111.4	109.0	107.9
1980	114.8	105.6	123.6	115.0	112.3
1981	121.0	113.0	123.9	130.4	116.9
1982	132.4	127.7	131.3	140.2	125.9
1983	144.6	132.5	153.3	151.7	135.6
1984	158.2	141.2	168.1	175.4	146.9
1985	177.2	146.4	191.0	223.0	162.9
1986	191.7	154.1	205.8	254.5	174.0
1987	209.5	158.5	232.2	290.0	187.6
1988	226.7	154.9	267.0	326.6	198.9
1989	234.9	163.8	270.2	342.9	202.1
1990	244.3	169.1	282.7	355.9	206.7
1991	263.6	178.5	306.7	393.3	220.3
1992	292.9	184.8	359.8	448.7	243.0
1993	329.2	192.7	425.3	520.5	271.4
1994	364.1	203.1	490.8	577.8	298.0
1995	401.6	216.3	557.1	639.0	325.1
1996	450.2	229.7	647.9	721.4	360.9
1997	497.9	243.7	734.1	805.1	397.0
1998	540.2	245.9	818.5	897.7	428.0
1999	585.6	254.0	894.6	1000.0	461.4
2000	638.3	263.9	989.4	1109.0	500.6
2001	695.7	274.5	1091.3	1226.6	553.7
2002	758.3	281.6	1210.3	1355.4	612.9
2003	831.1	291.7	1361.6	1486.9	674.2
2004	931.7	313.3	1580.8	1643.0	753.8
2005	1045.4	331.2	1784.7	1869.7	833.7
2006	1179.2	346.8	2089.9	2094.1	927.1
2007	1356.1	360.3	2478.6	2422.9	1063.4
2008	1544.6	379.4	2855.3	2798.4	1208.0
2009	1756.2	398.4	3395.0	3114.6	1367.5
2010	2012.6	415.5	4080.8	3479.0	1543.9
2011	2270.2	433.0	4774.5	3861.7	1716.8
2012	2526.8	446.0	5385.7	4332.8	1900.5
2013	2782.0	458.0	5972.7	4822.4	2077.3
2014	3046.2	478.6	6528.2	5352.9	2258.0

2-11 主要行业增加值指数

Indices of Value added by Seceor

单位：% (以1978=100) (%)

年份 Year	农、林、牧、渔业 Agriculture, Forestry, Farming of Animals and Fishing Farming of Animals and Fishing	工业 Industry	建筑业 Construction	批发和零售业 Wholesale and Retail Trade	交通运输、仓储和邮政业 Traffic,Transport, Storage and Post	金融业 Finance	房地产业 Real Estate
1978	100.0	100.0	100.0	100.0	100.0	100.0	100.0
1979	106.8	111.3	112.1	110.1	109.3	96.5	101.7
1980	105.6	122.1	134.4	112.9	114.2	94.4	112.3
1981	113.0	123.8	124.6	127.1	117.2	123.6	164.4
1982	127.7	131.4	130.8	119.4	128.4	169.7	181.3
1983	132.5	150.8	170.3	114.4	137.7	186.9	233.0
1984	141.2	170.4	153.0	136.5	156.8	209.1	256.3
1985	146.4	194.7	166.3	184.0	220.5	255.4	329.1
1986	154.1	211.3	168.9	210.9	248.3	345.5	332.0
1987	158.5	239.4	183.5	240.0	315.6	397.0	348.6
1988	154.9	276.1	206.6	261.4	379.9	415.2	381.7
1989	163.8	284.3	163.8	236.8	369.1	625.3	331.0
1990	169.1	297.1	173.8	198.2	420.3	681.6	360.8
1991	178.5	319.1	202.8	222.0	498.5	787.2	382.8
1992	184.8	372.7	244.2	244.2	562.3	1025.7	423.4
1993	192.7	447.2	257.6	270.6	704.0	1244.2	525.0
1994	203.1	518.3	287.7	295.0	778.6	1315.1	588.0
1995	216.3	587.8	329.7	321.8	905.5	1394.0	674.4
1996	229.7	686.6	370.3	350.8	1066.7	1541.8	789.7
1997	243.7	784.8	386.6	384.1	1226.7	1700.6	870.2
1998	245.9	872.7	441.1	423.7	1391.1	1789.0	985.9
1999	254.0	951.2	492.7	468.2	1502.4	1880.2	1156.5
2000	263.9	1051.1	549.4	521.6	1720.2	1993.0	1262.9
2001	274.5	1155.2	617.0	580.5	1895.7	2062.8	1380.3
2002	281.6	1282.3	680.6	647.3	2083.4	2128.8	1534.9
2003	291.7	1445.2	756.8	709.4	2298.0	2243.8	1673.0
2004	313.3	1675.0	888.5	772.5	2619.7	2290.9	1770.0
2005	331.2	1902.8	970.2	904.6	2962.9	2579.6	1901.0
2006	346.8	2251.0	1077.9	1010.4	3297.7	2971.7	2121.5
2007	360.3	2694.4	1211.6	1179.1	3831.9	3592.8	2333.7
2008	379.4	3125.5	1337.6	1399.6	4460.3	4243.1	2494.7
2009	398.4	3703.7	1621.2	1608.1	4763.6	5006.9	2744.2
2010	415.5	4488.9	1851.4	1796.2	5397.2	5462.5	2999.4
2011	433.0	5305.9	2029.1	1945.3	6077.2	5768.4	3122.4
2012	446.0	6022.2	2191.5	2101.0	6770.0	6552.9	3337.8
2013	458.0	6690.6	2390.9	2269.0	7169.4	7778.3	3618.2
2014	479.1	7306.1	2627.6	2441.5	7513.6	9629.6	3723.1

2-12 地区生产总值构成项目表

Structure of Gross Domestic Product

单位：亿元 (100 million yuan)

指标	Item	2013	2014
地区生产总值	**Gross Domestic Product**	**24621.67**	**27037.32**
劳动者报酬	Compensation of Laborers	12309.95	13781.80
生产税净额	Net Taxes on Production	4046.17	4175.01
固定资产折旧	Depreciation of Fixed Assets	2649.72	2732.45
营业盈余	Operating Surplus	5615.83	6348.07
农林牧渔业增加值	Added Value of Farming, Forestry, Animal Husbandry and Fishery	**3099.23**	**3266.89**
劳动者报酬	Compensation of Laborers	3001.88	3165.97
生产税净额	Net Taxes on Production	10.68	10.10
固定资产折旧	Depreciation of Fixed Assets	86.67	90.82
营业盈余	Operating Surplus		
工业增加值	**Added Value of Industry**	**10001.00**	**10749.88**
劳动者报酬	Compensation of Laborers	3202.93	3738.92
生产税净额	Net Taxes on Production	2816.86	2832.14
固定资产折旧	Depreciation of Fixed Assets	1136.51	1053.48
营业盈余	Operating Surplus	2844.70	3125.34
建筑业增加值	**Added Value of Construction**	**1564.93**	**1744.86**
劳动者报酬	Compensation of Laborers	1018.54	1138.55
生产税净额	Net Taxes on Production	**254.73**	**283.78**
固定资产折旧	Depreciation of Fixed Assets	43.77	47.19
营业盈余	Operating Surplus	247.89	275.35
批发和零售业增加值	**Added Value of Wholesale and Retail Trade**	**2031.81**	**2211.82**
劳动者报酬	Compensation of Laborers	701.14	736.16
生产税净额	Net Taxes on Production	517.35	554.37
固定资产折旧	Depreciation of Fixed Assets	96.00	115.44
营业盈余	Operating Surplus	717.32	805.85
交通运输仓储邮政业增加值	**Added Value of Transport, Storage and Post**	**1172.31**	**1257.64**
劳动者报酬	Compensation of Laborers	716.69	773.25
生产税净额	Net Taxes on Production	62.05	65.90
固定资产折旧	Depreciation of Fixed Assets	182.50	196.01
营业盈余	Operating Surplus	211.06	222.48
住宿和餐饮业增加值	**Added Value of Hotel and Restaurants**	**501.67**	**545.69**
劳动者报酬	Compensation of Laborers	295.71	327.59
生产税净额	Net Taxes on Production	54.09	58.86
固定资产折旧	Depreciation of Fixed Assets	79.14	85.20
营业盈余	Operating Surplus	72.73	74.04

2-12 续表 1 continued

单位：亿元 (100 million yuan)

指 标	Item	2013	2014
信息传输、软件和信息技术服务业增加值	**Added Value of Information Transfer,Software Technology Service**	**447.18**	**546.85**
劳动者报酬	Compensation of Laborers	77.20	102.86
生产税净额	Net Taxes on Production	28.82	35.49
固定资产折旧	Depreciation of Fixed Assets	158.58	188.38
营业盈余	Operating Surplus	182.58	220.12
金融业增加值	**Added Value of Financial Intermediation**	**758.90**	**950.04**
劳动者报酬	Compensation of Laborers	196.65	223.74
生产税净额	Net Taxes on Production	82.06	101.97
固定资产折旧	Depreciation of Fixed Assets	48.01	27.97
营业盈余	Operating Surplus	432.18	596.36
房地产业增加值	**Added Value of Real Estate**	**642.19**	**673.38**
劳动者报酬	Compensation of Laborers	74.08	100.85
生产税净额	Net Taxes on Production	95.63	86.09
固定资产折旧	Depreciation of Fixed Assets	372.12	405.91
营业盈余	Operating Surplus	100.36	80.53
租赁和商务服务业增加值	**Added Value of Leasing and Business Services**	**464.81**	**535.69**
劳动者报酬	Compensation of Laborers	172.36	199.60
生产税净额	Net Taxes on Production	34.40	39.78
固定资产折旧	Depreciation of Fixed Assets	54.17	62.66
营业盈余	Operating Surplus	203.87	233.65
科学研究和技术服务业增加值	**Added Value of Scientific Research, and Technical Services**	**237.24**	**273.73**
劳动者报酬	Compensation of Laborers	104.74	125.60
生产税净额	Net Taxes on Production	12.22	14.10
固定资产折旧	Depreciation of Fixed Assets	36.07	41.54
营业盈余	Operating Surplus	84.22	92.50
水利、环境和公共设施管理业增加值	**Added Value of Management of Water Conservancy, Environment and Public Facilities**	**98.85**	**126.26**
劳动者报酬	Compensation of Laborers	53.49	67.56
生产税净额	Net Taxes on Production	2.98	5.16
固定资产折旧	Depreciation of Fixed Assets	17.98	22.64
营业盈余	Operating Surplus	24.40	30.90
居民服务、修理和其他服务业增加值	**Added Value of Resident Services and Other Services**	**935.99**	**1074.12**
劳动者报酬	Compensation of Laborers	757.04	879.50
生产税净额	Net Taxes on Production	24.70	28.35
固定资产折旧	Depreciation of Fixed Assets	57.23	65.68
营业盈余	Operating Surplus	97.03	100.59

2-12 续表 2 continued

单位：亿元 (100 million yuan)

指 标	Item	2013	2014
教育增加值	**Added Value of Education**	**678.57**	**792.51**
劳动者报酬	Compensation of Laborers	549.88	626.17
生产税净额	Net Taxes on Production	4.62	5.40
固定资产折旧	Depreciation of Fixed Assets	78.29	91.53
营业盈余	Operating Surplus	45.79	69.40
卫生和社会工作增加值	**Added Value of Health and Social Work**	**410.38**	**472.23**
劳动者报酬	Compensation of Laborers	260.96	289.26
生产税净额	Net Taxes on Production	3.79	4.36
固定资产折旧	Depreciation of Fixed Assets	34.03	43.16
营业盈余	Operating Surplus	111.61	135.45
文化、体育和娱乐业增加值	**Added Value of Culture, Sports and Entertainment**	**452.67**	**546.83**
劳动者报酬	Compensation of Laborers	206.22	247.07
生产税净额	Net Taxes on Production	34.78	41.93
固定资产折旧	Depreciation of Fixed Assets	50.19	61.08
营业盈余	Operating Surplus	161.48	196.74
公共管理、社会保障和社会组织增加值	**Added Value of Public Management and Social Organization**	**1123.93**	**1268.92**
劳动者报酬	Compensation of Laborers	920.44	1039.18
生产税净额	Net Taxes on Production	6.40	7.23
固定资产折旧	Depreciation of Fixed Assets	118.47	133.75
营业盈余	Operating Surplus	78.62	88.76
第一产业	**Primary Industry**	**2990.31**	**3148.75**
劳动者报酬	Compensation of Laborers	2896.01	3051.11
生产税净额	Net Taxes on Production	10.68	10.10
固定资产折旧	Depreciation of Fixed Assets	83.62	87.54
营业盈余	Operating Surplus		
第二产业	**Secondary Industry**	**11553.97**	**12482.06**
劳动者报酬	Compensation of Laborers	4216.90	4870.91
生产税净额	Net Taxes on Production	3069.42	3113.18
固定资产折旧	Depreciation of Fixed Assets	1178.75	1099.02
营业盈余	Operating Surplus	3088.90	3398.95
第三产业	**Tertiary Industry**	**10077.39**	**11406.51**
劳动者报酬	Compensation of Laborers	5197.05	5859.77
生产税净额	Net Taxes on Production	966.07	1051.73
固定资产折旧	Depreciation of Fixed Assets	1387.35	1545.90
营业盈余	Operating Surplus	2526.93	2949.12

2-13 支出法地区生产总值

Gross Domestic Product by Expenditure Approach

单位：亿元 (100 million yuan)

年份 Year	地区生产总值 GDP by Expenditure Approach	最终消费 Final Consumption Expenditures	居民消费 Household Consumption Expenditures	农村居民 Rural Household	城镇居民 Urban Household	政府消费 Government Consumption Expenditures
1952	27.81	24.87	24.12	20.98	3.14	0.75
1953	30.29	26.30	25.44	21.61	3.83	0.86
1954	30.51	26.61	25.46	21.43	4.03	1.15
1955	35.83	29.84	28.52	24.26	4.26	1.32
1956	37.93	32.23	30.56	25.28	5.28	1.67
1957	45.20	34.18	32.42	26.31	6.11	1.76
1958	55.85	36.98	35.16	27.57	7.59	1.82
1959	61.95	37.16	34.76	24.93	9.83	2.40
1960	64.07	37.96	35.47	24.92	10.55	2.49
1961	46.64	41.38	39.12	28.36	10.76	2.26
1962	51.19	45.28	43.51	33.32	10.19	1.77
1963	48.08	40.92	39.32	28.50	10.82	1.60
1964	57.36	43.61	41.32	30.59	10.73	2.29
1965	65.32	47.29	45.18	33.84	11.34	2.11
1966	72.73	51.61	49.26	37.93	11.33	2.35
1967	73.51	54.81	52.56	40.95	11.61	2.25
1968	75.67	55.30	53.27	41.60	11.67	2.03
1969	81.26	55.90	53.52	42.09	11.43	2.38
1970	93.05	58.04	55.60	43.54	12.06	2.44
1971	99.10	62.19	59.04	45.36	13.68	3.15
1972	107.01	67.40	63.76	47.81	15.95	3.64
1973	115.80	71.30	67.28	50.71	16.57	4.02
1974	108.17	74.50	69.54	51.98	17.56	4.96
1975	118.40	76.87	72.16	53.89	18.27	4.71
1976	118.53	78.41	73.13	53.94	19.19	5.28
1977	129.17	86.16	79.74	60.13	19.61	6.42

2-13 续表 1 continued

单位：亿元 (100 million yuan)

年份 Year	地区生产总值 GDP by Expenditure Approach	最终消费 Final Consumption Expenditures	居民消费 Household Consumption Expenditures	农村居民 Rural Household	城镇居民 Urban Household	政府消费 Government Consumption Expenditures
1978	146.99	100.83	93.93	70.87	23.06	6.90
1979	178.01	118.77	109.67	83.37	26.30	9.10
1980	191.72	136.94	125.42	93.15	32.27	11.52
1981	209.68	155.72	142.77	107.33	35.44	12.95
1982	232.52	174.68	159.45	121.93	37.52	15.23
1983	257.43	195.09	178.56	137.91	40.65	16.53
1984	287.29	218.09	199.24	152.95	46.29	18.85
1985	349.95	263.11	240.71	182.85	57.86	22.40
1986	397.68	290.14	265.54	196.12	69.42	24.60
1987	469.44	328.34	298.85	218.93	79.92	29.49
1988	584.07	399.15	364.37	256.19	108.18	34.78
1989	640.80	439.54	393.49	270.81	122.68	46.05
1990	744.44	564.70	454.90	314.05	140.85	109.80
1991	833.30	621.93	500.84	340.27	160.57	121.09
1992	986.98	725.60	582.91	379.23	203.68	142.69
1993	1244.71	885.88	709.62	434.49	275.13	176.26
1994	1650.02	1188.55	964.13	565.53	398.60	224.42
1995	2132.13	1492.01	1214.61	688.72	525.89	277.40
1996	2540.13	1789.60	1462.70	859.46	603.24	326.90
1997	2849.27	1975.57	1585.43	887.73	697.70	390.14
1998	3025.53	2089.53	1662.14	906.18	755.96	427.39
1999	3214.54	2267.40	1789.71	901.12	888.59	477.69
2000	3551.49	2471.77	1928.94	900.05	1028.89	542.83
2001	3831.90	2638.39	2030.06	883.45	1146.61	608.33
2002	4151.54	2754.62	2075.13	889.53	1185.60	679.49
2003	4659.99	3046.50	2290.01	912.18	1377.83	756.49
2004	5641.94	3552.05	2680.61	1038.65	1641.96	871.44
2005	6596.10	4026.02	3092.25	1139.63	1952.62	933.77
2006	7688.67	4608.61	3488.56	1212.84	2275.72	1120.05
2007	9439.60	5275.29	3970.53	1317.86	2652.67	1304.76
2008	11555.00	5988.91	4554.12	1462.38	3091.74	1434.79
2009	13059.69	6644.74	5069.09	1522.26	3546.83	1575.65
2010	16037.96	7603.53	5788.85	1661.80	4127.05	1814.68
2011	19669.56	9088.73	6942.88	2059.44	4883.44	2145.85
2012	22154.23	10166.09	7768.35	2285.60	5482.75	2397.74
2013	24621.67	11281.02	8610.74	2459.93	6150.81	2670.28
2014	27037.32	12463.11	9657.14	2727.81	6929.33	2805.97

2-13 续表 2 continued

单位：亿元 (100 million yuan)

年 份 Year	资本形成总额 Gross Capital Formation	固定资本 Fixed Capital	存货增加 Changes in Inventories	货物和服务净流出 Net Export of Goods&Services	资本形成率(投资率)（%） Rate of Capital Formation (%)	最终消费率(消费率)（%） Rate of Final Consumption(%)
1952	1.63	1.24	0.39	1.31	5.9	89.4
1953	2.69	1.93	0.76	1.30	8.9	86.8
1954	3.10	2.41	0.69	0.80	10.2	87.2
1955	5.36	1.93	3.43	0.63	15.0	83.3
1956	5.09	3.28	1.81	0.61	13.4	85.0
1957	7.99	3.81	4.18	3.03	17.7	75.6
1958	18.84	14.06	4.78	0.03	33.7	66.2
1959	24.54	16.43	8.11	0.25	39.6	60.0
1960	21.39	17.98	3.41	4.72	33.4	59.2
1961	3.69	4.62	-0.93	1.57	7.9	88.7
1962	0.89	2.73	-1.84	5.02	1.7	88.5
1963	6.83	3.91	2.92	0.33	14.2	85.1
1964	11.39	8.46	2.93	2.36	19.9	76.0
1965	12.69	9.39	3.30	5.34	19.4	72.4
1966	16.31	11.20	5.11	4.81	22.4	71.0
1967	13.93	9.41	4.52	4.77	18.9	74.6
1968	12.69	7.52	5.17	7.68	16.8	73.1
1969	16.78	10.81	5.97	8.58	20.6	68.8
1970	27.05	18.54	8.51	7.96	29.1	62.4
1971	33.51	22.12	11.39	3.40	33.8	62.8
1972	28.60	18.23	10.37	11.01	26.7	63.0
1973	28.24	19.00	9.24	16.26	24.4	61.6
1974	24.50	19.32	5.18	9.17	22.6	68.9
1975	26.36	21.31	5.05	15.17	22.3	64.9
1976	24.80	19.33	5.47	15.32	20.9	66.2
1977	28.00	17.83	10.17	15.01	21.7	66.7

2-13 续表 3 continued

单位：亿元 (100 million yuan)

年 份 Year	资本形成总额 Gross Capital Formation	固定资本 Fixed Capital	存货增加 Changes in Inventories	货物和服务净流出 Net Export of Goods&Services	资本形成率(投资率)（%） Rate of Capital Formation (%)	最终消费率(消费率)（%） Rate of Final Consumption(%)
1978	42.41	27.68	14.73	3.75	28.9	68.6
1979	41.82	29.81	12.01	17.42	23.5	66.7
1980	40.02	32.76	7.26	14.76	20.9	71.4
1981	41.19	27.95	13.24	12.77	19.6	74.3
1982	50.53	34.07	16.46	7.31	21.7	75.1
1983	56.63	43.89	12.74	5.71	22.0	75.8
1984	59.06	42.15	16.91	10.14	20.6	75.9
1985	92.19	58.14	34.05	-5.35	26.3	75.2
1986	115.02	75.57	39.45	-7.48	28.9	73.0
1987	139.84	91.79	48.05	1.26	29.8	69.9
1988	184.75	114.73	70.02	0.17	31.6	68.3
1989	169.41	83.19	86.22	31.85	26.4	68.6
1990	184.12	122.82	61.30	-4.38	24.7	75.9
1991	224.80	160.49	64.31	-13.43	27.0	74.6
1992	291.04	228.29	62.75	-29.66	29.5	73.5
1993	380.33	330.54	49.79	-21.50	30.6	71.2
1994	462.19	422.61	39.58	-0.72	28.0	72.0
1995	641.80	534.12	107.68	-1.68	30.1	70.0
1996	751.93	678.32	73.61	-1.40	29.6	70.5
1997	858.31	725.73	132.58	15.39	30.1	69.3
1998	919.50	846.37	73.13	16.50	30.4	69.1
1999	963.53	956.10	7.43	-16.39	30.0	70.5
2000	1046.05	1082.00	-35.95	33.67	29.5	69.6
2001	1190.12	1233.17	-43.05	3.39	31.1	68.9
2002	1391.46	1380.89	10.57	5.46	33.5	66.4
2003	1599.06	1613.12	-14.06	14.43	34.3	65.4
2004	2173.55	1978.31	195.24	-83.66	38.5	63.0
2005	2576.17	2520.38	55.79	-6.09	39.1	61.0
2006	3250.48	3159.17	91.31	-170.42	42.3	59.9
2007	4284.22	4194.92	89.30	-119.91	45.4	55.9
2008	5655.36	5571.61	83.75	-89.27	48.9	51.8
2009	6773.35	6666.80	106.55	-358.40	51.9	50.9
2010	8780.76	8568.77	211.99	-346.33	54.7	47.4
2011	10913.43	10487.26	426.17	-332.60	55.5	46.2
2012	12488.84	11990.65	498.19	-500.70	56.4	45.9
2013	14121.63	13693.85	427.78	-780.98	57.4	45.8
2014	15652.18	15139.68	512.50	-1077.97	57.9	46.1

2-14 最终消费发展速度及指数

Growth Rate and Indices of Final Consumption Expenditure

单位:% (%)

年份 Year	以上年为100 (preceding year=100) 最终消费 Final Consumption Expenditures	居民消费 Household Consumption	农村居民 Rural Household	城镇居民 Urban Household	政府消费 Government Consumption	以1952年为100 (1952=100) 最终消费 Final Consumption Expenditures	居民消费 Household Consumption	农村居民 Rural Household	城镇居民 Urban Household	政府消费 Government Consumption
1978	112.5	112.9	111.0	118.7	107.7	258.5	246.2	211.6	490.9	677.9
1979	112.3	110.8	110.3	112.2	131.4	290.3	272.8	233.4	550.8	890.8
1980	108.9	108.5	109.2	106.5	112.8	316.2	296.0	254.8	586.6	1004.8
1981	111.2	111.3	113.0	106.5	109.9	351.6	329.4	288.0	624.8	1104.3
1982	111.8	111.3	113.4	105.0	116.5	393.0	366.6	326.5	656.0	1286.5
1983	107.5	107.7	108.8	104.2	104.7	422.5	394.8	355.3	683.5	1347.0
1984	108.9	108.8	108.3	110.2	110.6	460.1	429.6	384.8	753.3	1489.8
1985	108.3	108.4	107.6	111.3	106.6	498.3	465.7	414.0	838.4	1588.1
1986	104.5	104.5	101.8	113.3	104.3	520.7	486.6	421.5	949.9	1656.4
1987	102.3	102.1	101.2	104.5	104.5	532.7	496.9	426.5	992.6	1730.9
1988	98.3	98.2	95.6	105.4	99.4	523.7	487.9	407.7	1046.2	1720.5
1989	97.7	96.8	97.0	96.2	107.9	511.6	472.3	395.5	1006.5	1856.5
1990	105.9	105.0	101.7	113.8	114.0	541.8	495.9	402.2	1145.4	2116.4
1991	105.4	105.3	104.1	108.0	106.0	571.1	522.2	418.7	1237.0	2243.4
1992	103.9	103.5	101.4	108.3	105.4	593.3	540.5	424.6	1339.7	2364.5
1993	105.5	104.7	100.7	112.2	108.9	625.9	565.9	427.6	1503.1	2574.9
1994	106.1	106.2	100.6	115.5	105.6	664.1	601.0	430.2	1736.1	2719.1
1995	108.6	109.0	105.4	114.2	107.0	721.2	655.1	453.4	1982.6	2909.4
1996	108.6	108.2	113.2	101.5	109.9	783.2	708.8	513.2	2012.3	3197.4
1997	106.7	105.2	100.8	111.7	113.7	835.7	745.7	517.3	2247.7	3635.4
1998	105.7	105.5	103.8	107.7	106.8	883.3	786.7	537.0	2420.8	3882.6
1999	106.7	106.2	99.5	115.1	108.7	942.5	835.5	534.3	2786.3	4220.4
2000	106.7	105.6	98.9	113.2	110.8	1005.6	882.3	528.4	3154.1	4676.2
2001	107.7	106.1	98.3	112.9	113.6	1083.0	936.1	519.4	3561.0	5312.2
2002	104.7	102.3	100.7	103.6	112.8	1133.9	957.6	523.0	3689.2	5992.2
2003	108.8	108.6	100.5	114.5	109.5	1233.7	1040.0	525.6	4224.1	6561.5
2004	110.2	109.9	103.5	114.1	110.9	1359.5	1143.0	544.0	4819.7	7276.7
2005	110.3	111.3	107.3	113.6	107.3	1499.5	1272.2	583.7	5475.2	7807.9
2006	109.6	109.3	103.5	112.7	110.6	1643.5	1390.5	604.1	6170.5	8635.5
2007	112.3	111.6	104.8	115.3	114.6	1845.6	1551.8	633.1	7114.6	9896.3
2008	110.8	109.3	103.7	112.0	115.6	2045.0	1696.1	656.6	7968.4	11440.2
2009	109.8	109.4	104.0	111.8	111.1	2245.4	1855.5	682.8	8908.6	12710.0
2010	110.9	110.8	105.8	112.8	111.2	2490.1	2055.9	722.4	10048.9	14133.5
2011	110.8	111.2	110.2	111.6	109.5	2759.0	2286.2	796.1	11214.6	15476.2
2012	109.6	109.8	108.6	110.3	109.0	3023.9	2510.2	864.6	12369.7	16869.1
2013	108.7	108.8	106.8	109.7	108.1	3287.0	2731.1	923.4	13569.6	18235.5
2014	108.6	110.0	109.3	110.3	103.8	3569.7	3004.2	1009.3	14967.3	18928.4

2-15 居民消费水平

Household Consumption

年份 Year	按当年价计算 At Current Prices			以上年为100 Preceding Year=100			以1952年为100 1952=100		
	居民消费水平(元) Household Consumption Level (yuan)	农村居民 Rural Household	城镇居民 Urban Household	居民消费水平(%) Household Consumption Level (%)	农村居民 Rural Household	城镇居民 Urban Household	居民消费水平(%) Household Consumption Level (%)	农村居民 Rural Household	城镇居民 Urban Household
1978	183	154	427	111.7	110.0	115.4	153.4	134.7	252.9
1979	211	181	454	109.6	110.0	104.5	168.2	148.2	264.3
1980	239	201	523	107.3	108.8	100.1	180.4	161.2	264.6
1981	268	229	552	109.9	112.0	102.4	198.3	180.6	270.9
1982	295	257	567	109.5	111.8	101.7	217.2	201.9	275.5
1983	326	287	603	106.2	107.4	102.4	230.6	216.8	282.1
1984	360	317	650	107.7	108.0	104.3	248.4	234.2	294.3
1985	430	379	751	107.3	107.6	102.9	266.5	252.0	302.8
1986	469	404	866	103.3	101.1	108.9	275.3	254.7	329.8
1987	521	446	969	100.7	100.0	101.6	277.2	254.7	335.0
1988	623	514	1256	96.4	94.2	101.0	267.2	239.9	338.4
1989	660	534	1372	100.0	103.6	91.8	267.2	248.6	310.6
1990	750	611	1533	103.6	100.0	111.9	276.9	248.6	347.6
1991	816	654	1714	104.0	102.9	105.9	288.0	255.8	368.1
1992	942	726	2106	102.7	101.1	104.9	295.8	258.6	386.1
1993	1134	849	2598	103.9	100.8	106.6	307.3	260.7	411.6
1994	1408	1027	3260	105.0	100.8	109.6	322.7	262.8	451.1
1995	1752	1294	3884	107.8	109.0	103.2	347.9	286.5	465.5
1996	2199	1710	4395	113.0	119.9	100.1	393.1	343.5	466.0
1997	2390	1851	4746	105.6	105.7	104.3	415.1	363.1	486.0
1998	2471	1921	4813	104.3	105.6	100.8	432.9	383.4	489.9
1999	2594	1945	5290	104.0	101.3	107.6	450.2	388.4	527.1
2000	3034	1969	5770	103.2	100.8	105.5	464.6	391.5	556.1
2001	3242	2024	6050	107.7	103.0	106.2	500.4	403.2	590.6
2002	3366	2103	6126	103.9	103.9	101.4	519.9	418.9	598.9
2003	3729	2209	6851	109.0	103.0	110.2	566.7	431.5	660.0
2004	4355	2576	7731	109.7	106.0	108.1	621.7	457.4	713.5
2005	4952	2863	8623	109.7	108.7	106.6	682.0	497.2	760.6
2006	5508	3081	9491	107.8	104.7	106.4	735.2	520.6	809.3
2007	6254	3437	10551	111.4	107.6	109.9	819.0	560.1	889.4
2008	7152	3914	11749	109.0	106.4	107.0	892.7	596.0	951.6
2009	7929	4154	13000	108.9	106.1	107.8	972.2	632.3	1025.9
2010	8922	4513	14707	109.1	105.3	109.7	1060.6	665.8	1125.4
2011	10547	5607	16783	109.6	110.5	107.6	1162.5	735.8	1210.9
2012	11740	6382	18060	109.2	111.4	105.7	1269.5	819.7	1279.9
2013	12920	7005	19508	108.1	109.0	105.6	1372.3	893.5	1351.6
2014	14384	7908	21227	109.2	111.2	106.6	1498.5	993.5	1440.8

2-16 支出法地区生产总值构成

Composition of Gross Domestic Product by Expenditure Approach

单位:% (%)

年份 Year	以地区生产总值为100 GDP=100			以最终消费为100 Final Consumption Expenditure=100		以居民消费为100 Household Consumption=100	
	最终消费 Final Consumption Expenditures	资本形成总额 Gross Capital Formation	货物和服务净流出 Net Export of Good and Services	居民消费 Household Consumption Expenditures	政府消费 Government Consumption Expenditures	农村居民 Rural Household	城镇居民 Urban Household
1978	68.6	28.9	2.5	93.2	6.8	75.4	24.6
1979	66.7	23.5	9.8	92.3	7.7	76.0	24.0
1980	71.4	20.9	7.7	91.6	8.4	74.3	25.7
1981	74.3	19.6	6.1	91.7	8.3	75.2	24.8
1982	75.1	21.7	3.2	91.3	8.7	76.5	23.5
1983	75.8	22.0	2.2	91.5	8.5	77.2	22.8
1984	75.9	20.6	3.5	91.4	8.6	76.8	23.2
1985	75.2	26.3	-1.5	91.5	8.5	76.0	24.0
1986	73.0	28.9	-1.9	91.5	8.5	73.9	26.1
1987	69.9	29.8	0.3	91.0	9.0	73.3	26.7
1988	68.3	31.6	0.1	91.3	8.7	70.3	29.7
1989	68.6	26.4	5.0	89.5	10.5	68.8	31.2
1990	75.9	24.7	-0.6	80.6	19.4	69.0	31.0
1991	74.6	27.0	-1.6	80.5	19.5	67.9	32.1
1992	73.5	29.5	-3.0	80.3	19.7	65.1	34.9
1993	71.2	30.6	-1.8	80.1	19.9	61.2	38.8
1994	72.0	28.0	0.0	81.1	18.9	58.7	41.3
1995	70.0	30.1	-0.1	81.4	18.6	56.7	43.3
1996	70.5	29.6	-0.1	81.7	18.3	58.8	41.2
1997	69.3	30.1	0.6	80.3	19.7	56.0	44.0
1998	69.1	30.4	0.5	79.5	20.5	54.5	45.5
1999	70.5	30.0	-0.5	78.9	21.1	50.4	49.6
2000	69.6	29.5	0.9	78.0	22.0	46.7	53.3
2001	68.9	31.1	0.0	76.9	23.1	43.5	56.5
2002	66.4	33.5	0.1	75.3	24.7	42.9	57.1
2003	65.4	34.3	0.3	75.2	24.8	39.8	60.2
2004	63.0	38.5	-1.5	75.5	24.5	38.7	61.3
2005	61.0	39.1	-0.1	76.8	23.2	36.9	63.1
2006	59.9	42.3	-2.2	75.7	24.3	34.8	65.2
2007	55.9	45.4	-1.3	75.3	24.7	33.2	66.8
2008	51.8	48.9	-0.7	76.0	24.0	32.1	67.9
2009	50.9	51.9	-2.8	76.3	23.7	30.0	70.0
2010	47.4	54.7	-2.1	76.1	23.9	28.7	71.3
2011	46.2	55.5	-1.7	76.4	23.6	29.7	70.3
2012	45.9	56.4	-2.3	76.4	23.6	29.4	70.6
2013	45.8	57.4	-3.2	76.3	23.7	28.6	71.4
2014	46.1	57.9	-4.0	77.5	22.5	28.2	71.8

2-17 资本形成总额发展速度及指数

Growth Rate and Indices of Gross Capital Formation

单位:% (%)

年份 Year	以上年为100 (Preceding year=100)			以1952年为100 (1952=100)		
	资本形成总额 Gross Capital Formation	固定资本 Fixed Capital	存货增加 Changes in Inventories	资本形成总额 Gross Capital Formation	固定资本 Fixed Capital	存货增加 Changes in Inventories
1952				100.0	100.0	100.0
1955	172.8	84.5	514.0	322.3	170.1	860.5
1960	86.5	106.0	40.0	1351.5	1610.6	762.6
1965	119.4	120.8	114.1	752.8	825.8	631.5
1970	169.6	177.2	149.1	1705.4	1783.3	1751.5
1975	113.5	115.8	99.6	1761.3	2102.2	1014.7
1978	154.2	156.3	148.0	2708.0	2749.5	2992.9
1979	98.0	106.2	75.9	2653.9	2920.0	2270.6
1980	96.1	105.9	58.4	2550.4	3092.3	1327.0
1981	95.8	84.2	176.5	2443.2	2603.7	2342.7
1982	122.7	122.4	123.7	2997.9	3186.9	2898.9
1983	113.5	125.0	75.4	3402.6	3983.6	2186.4
1984	99.6	93.9	130.4	3389.0	3740.6	2850.1
1985	138.0	125.6	185.8	4676.8	4698.2	5295.1
1986	119.7	123.6	110.1	5598.1	5807.0	5828.1
1987	113.7	113.7	113.3	6365.0	6602.6	6602.0
1988	114.1	109.7	127.4	7262.5	7243.0	8409.8
1989	81.2	68.6	113.3	5897.1	4968.7	9525.7
1990	88.1	90.9	86.0	5195.4	4516.6	8192.1
1991	115.4	121.4	103.4	5995.5	5483.2	8470.6
1992	112.3	122.1	89.1	6732.9	6694.9	7547.3
1993	119.8	123.2	91.7	8066.0	8248.1	6920.9
1994	115.3	112.6	144.9	9300.1	9287.4	10028.4
1995	121.6	114.5	182.9	11308.9	10634.1	18341.9
1996	118.1	124.5	83.8	13355.8	13239.5	15370.5
1997	114.2	105.1	187.4	15252.3	13914.7	28804.3
1998	104.1	113.9	60.1	15877.6	15848.8	17311.4
1999	102.0	112.7	11.2	16195.2	17861.6	1938.9
2000	104.3	110.9		16891.6	19808.5	
2001	112.9	113.1		19070.6	22403.4	
2002	116.6	111.6		22236.3	25002.2	
2003	111.7	113.6		24837.9	28402.5	
2004	125.2	116.3		31097.1	33032.1	
2005	116.8	122.1	37.2	36321.4	40332.2	
2006	118.1	117.3	155.0	42895.6	47309.7	
2007	120.9	121.5	100.4	51860.8	57481.2	
2008	118.7	119.8	75.0	61558.7	68862.5	
2009	119.7	119.7	116.6	73685.8	82428.4	
2010	119.3	118.6	166.6	87907.2	97760.1	
2011	114.6	114.0	141.0	100741.6	111446.6	
2012	112.7	112.7	112.8	113535.8	125600.3	
2013	111.3	111.8	92.4	126365.3	140421.1	
2014	110.4	110.2	118.4	139507.3	154744.1	

2-18 三次产业对地区生产总值增长的贡献率和拉动

Contribution Share and contribution of the Three strata of industry to the Growth of GDP

本表按不变价格计算 Data in this table are calculated at constant prices

年份 Year	贡献率（%）Contribution Share (%)				拉动（百分点）Contribution (percentage points)				
	第一产业 Primary Industry	第二产业 Secondary Industry	工业 Industry	第三产业 Tertiary Industry	地区生产总值 Gross Regional Product	第一产业 Primary Industry	第二产业 Secondary Industry	工业 Industry	第三产业 Tertiary Industry
1990	26.3	48.8	43.5	24.9	4.0	1.1	1.9	1.7	1.0
1991	27.5	35.6	25.2	36.9	7.9	2.2	2.8	2.0	2.9
1992	20.6	34.9	69.2	44.5	11.1	2.3	3.9	7.7	4.9
1993	12.8	49.2	47.4	37.9	12.4	1.6	6.1	5.9	4.7
1994	17.4	51.1	46.8	31.5	10.6	1.9	5.4	5.0	3.3
1995	20.6	48.1	42.6	31.3	10.3	2.1	5.0	4.4	3.2
1996	16.2	51.1	47.0	32.7	12.1	2.0	6.2	5.7	3.9
1997	17.2	49.1	47.4	33.6	10.6	1.8	5.2	5.0	3.6
1998	3.2	54.6	48.2	42.2	8.5	0.3	4.6	4.1	3.6
1999	10.6	45.9	40.2	43.6	8.4	0.9	3.8	3.4	3.7
2000	11.1	49.2	43.8	39.8	9.0	1.0	4.4	3.9	3.6
2001	9.8	41.4	33.8	48.8	9.0	0.9	3.7	3.0	4.4
2002	6.1	44.7	38.2	49.2	9.0	0.6	4.0	3.4	4.4
2003	1.7	52.1	44.8	46.2	9.6	0.2	5.0	4.3	4.4
2004	11.2	51.6	43.1	37.1	12.1	1.4	6.2	5.2	4.5
2005	7.3	41.8	37.2	50.9	12.2	0.9	5.1	4.5	6.2
2006	6.2	53.0	47.5	40.8	12.8	0.8	6.8	6.1	5.2
2007	4.0	50.8	45.6	45.2	15.0	0.6	7.6	6.8	6.8
2008	5.3	46.3	41.7	48.5	13.9	0.7	6.4	5.8	6.8
2009	4.7	58.9	49.8	36.4	13.7	0.6	8.1	6.8	5.0
2010	3.5	61.9	55.8	34.6	14.6	0.5	9.0	8.1	5.1
2011	4.8	61.0	56.1	34.2	12.8	0.6	7.8	7.2	4.4
2012	3.6	54.0	49.6	42.4	11.3	0.4	6.1	5.6	4.8
2013	3.3	51.9	46.4	44.8	10.1	0.3	5.3	4.7	4.5
2014	5.3	47.7	41.4	47.0	9.5	0.5	4.5	3.9	4.5

2-19 三大需求对地区生产总值增长的贡献率和拉动

Contribution share and contribution of the Three Components of GDP to the Growth of GDP

本表按不变价格计算 Data in this table are calculated at constant prices

年份 Year	最终消费支出 Final Consumption Expenditure		资本形成总额 Gross Capital Formation		货物和服务净流出 Net Exports of Goods and Services	
	贡献率（%）Contribution Share (%)	拉动（百分点）Contribution (percentage points)	贡献率（%）Contribution Share (%)	拉动（百分点）Contribution (percentage points)	贡献率（%）Contribution Share (%)	拉动（百分点）Contribution (percentage points)
2000	68.7	6.2	23.1	2.1	8.2	0.7
2001	56.3	5.0	43.1	3.9	0.6	0.1
2002	53.2	4.8	46.3	4.2	0.5	0.0
2003	47.0	4.5	52.8	5.1	0.2	0.0
2004	41.9	5.1	59.6	7.2	-1.5	-0.2
2005	54.8	6.7	51.3	6.2	-6.1	-0.7
2006	45.8	5.9	55.1	7.0	-0.9	-0.1
2007	48.6	7.3	56.7	8.5	-5.3	-0.8
2008	44.8	6.2	57.6	8.0	-2.4	-0.3
2009	40.2	5.5	64.0	8.8	-4.2	-0.6
2010	40.3	5.9	62.0	9.1	-2.3	-0.4
2011	40.0	5.1	62.8	8.0	-2.8	-0.3
2012	39.8	4.5	62.7	7.1	-2.5	-0.3
2013	39.6	4.0	63.0	6.4	-2.6	-0.3
2014	41.1	3.9	62.5	5.9	-3.6	-0.3

主要统计指标解释

国内生产总值（GDP） 指一个国家（或地区）所有常住单位在一定时期内生产活动的最终成果。

国内生产总值有三种表现形态，即价值形态、收入形态和产品形态。

从价值形态看，它是所有常住单位在一定时期内生产的全部货物和服务价值超过同期中间投入的全部非固定资产货物和服务价值的差额，即所有常住单位的增加值之和；

从收入形态看，它是所有常住单位在一定时期内创造并分配给常住单位和非常住单位的初次收入分配之和；

从产品形态看，它是所有常住单位在一定时期内最终使用的货物和服务价值与货物和服务净出口价值之和。

在实际核算中，国内生产总值有三种计算方法，即生产法、收入法和支出法。三种方法分别从不同的方面反映国内生产总值及其构成。

①生产法 是从生产过程中生产的货物和服务总产品价值入手，剔除生产过程中投入的中间产品的价值，得到增加价值的一种方法，公式为：

增加值＝总产出－中间投入

总产出 是一定时期内一个国家（或地区）常住单位生产的所有货物和服务的价值。既包括新增价值，也包括转移价值。

中间投入 是常住单位在生产或提供货物与服务过程中，消耗和使用的所有非固定资产货物和服务的价值。中间投入也称为中间消耗。

增加值 是指常住单位生产过程创造的新增价值和固定资产的转移价值。按生产法计算它等于总产出减去中间投入。

②收入法 收入法也称分配法，按收入法计算国内生产总值是从生产过程创造收入的角度，对常住单位的生产活动成果进行核算。按照这种计算方法，增加值由劳动者报酬、生产税净额、固定资产折旧和营业盈余四个部分组成。

用公式表示为：

增加值＝劳动者报酬+生产税净额+固定资产折旧+营业盈余

国民经济各部门的增加值之和等于国内生产总值。

劳动者报酬 指劳动者因从事生产活动所获得的全部报酬。它包括劳动者获得的各种形式工资、奖金和津贴，既包括货币形式的，也包括实物形式的，它还包括劳动者所享受的公费医疗和医疗卫生费、上下班交通补贴和单位直接支付的社会保险费等。

生产税净额 生产税减生产补贴后的差额。

生产税指政府对生产单位生产、销售和从事经营活动以及因从事生产活动使用某些生产要素，如固定资产、土地、劳动力所征收的各种税、附加费和规费。具体包括销售税金及附加、增值税、管理费中开支的各种税、应交纳的养路费、排污费和水电费附加、烟酒专卖上缴政府的专项收入等。

生产补贴与生产税相反，是政府对生产单位的单方面收入转移，因此视为负生产税处理，包括政策亏损补贴、粮食系统价格补贴、外贸企业出口退税收入等。

固定资产折旧 指一定时期内为弥补固定资产损耗按照核定的固定资产折旧率提取的固定资产折旧，或按国民经济核算统一规定的折旧率虚拟计算的固定资产折旧。它反映了固定资产在当期生产中的转移价值。各种类型企业和企业化管理的事业单位的固定资产折旧指实际计提并计入成本费用中的折旧费；不计提折旧的单位，如政府机关、非企业化管理的事业单位和居民住房的固定资产折旧则是按照统一规定的折旧率和固定资产原值计算的虚拟折旧。

营业盈余 是指常住单位创造的增加值扣除劳动者报酬、生产税净额和固定资产折旧后的余额。它相当于企业的营业利润加上生产补贴，但要扣除从利润中开支的工资和福利等。

③支出法 支出法是从最终使用角度来反映国内生产总值最终去向的一种方法。最终使用包括货物和服务的最终消费支出、资本形成总额、货物和服务净出口三部分。

最终消费 指常住单位在一定时期内对于货物和服务的全部最终消费支出，也就是常住单位为满足物质、文化和精神生活的需要，从本国经济领土和国外购买的货物和服务的支出；不包括非常住单位在本国经济领土内的消费支出。最终消费分为居民消费和政府消费。

居民消费 指常住住户对货物和服务的全部最终消费支出。居民消费按市场价格计算，即按居民支付的购买者价格计算。购买者价格是购买者取得货物所支付的价值，包括购买者支付的运输和商业费用。

居民消费除了直接以货币形式购买货物和服务的消费之外，还包括以其他方式获得的货物和服务的消费支出，即所谓的虚拟消费支出。居民虚拟消费支出包括以下几种类型：单位以实物报酬及实物转移的形式提供给劳动者的货物和服务；住户生产并由本住户消费的货物和服务，其中的服务仅指住户的自有住房服务；金融机构提供的金融媒介服务；保险公司提供的保险服务。

政府消费 指政府部门为全社会提供公共服务的消费支出和免费或以较低价格向住户提供的货物和服务的净支出。前者等于政府服务的产出价值减去政府单位所获得的经营收入的价值，政府服务的产出价值等于它的经常性业务支出加上固定资产折旧；后者等于政府部门免费或以较低价格向住户提供的货物和服务的市场价值减去向住户收取的价值。

资本形成总额 指常住单位在一定时期内获得减去处置的固定资产和存货的净额，包括固定资本形成总额和存货增加两部分。

固定资本形成总额 指常住单位购置、转入和自产自用的固定资产价值，扣除销售和转出的价值，包括有形固定资产形成总额和无形固定资产形成总额。有形固定资产形成总额包括一定时期内完成的建筑工程、安装工程和设备工器具购置（减处置）价值，商品房销售增值，土地改良形成的固定资产，新增役、种、奶、毛、娱乐用牲畜和新增经济林木价值。无形固定资产形成总额包括矿藏勘探、计算机软件、娱乐和文学艺术品原件等获得减处置的价值。

存货增加 指常住单位存货实物量变动的市场价值，即期末价值减期初价值的差额。存货增加可以是正值，也可以是负值；正值表示存货上升，负值表示存货下降。它包括生产单位购进的原材料、燃料和储备物资等存货，以及生产单位生产的产成品、在制品等存货等。

货物和服务净流出 指货物和服务流出减货物和服务流入的差额。流出包括常驻单位向非常住单位出售或无偿转让的各种货物和服务的价值。流入包括常住单位从非常住单位购买或无偿得到的各种货物和服务价值。地区核算净流出，除包括本地区对外贸易及国外非贸易往来的净出口额，还包括地区间货物和服务流出减流入的净额。

三次产业 是根据社会生产活动历史发展的顺序对产业结构的划分，产品直接取自自然界的部门称为第一产业，对初级产品进行再加工的部门称为第二产业，为生产和消费提供各种服务的部门称为第三产业。它是世界上较为通用的产业结构分类，但各国的划分不尽一致。

按照国民经济行业分类标准（GB/T 4754-2002）和我国的实际情况，我国的三次产业划分是：

第一产业 农林牧渔业（包括农业、林业、畜牧业、渔业、农林牧渔服务业）。

第二产业 工业（包括采掘业，制造业，电力、煤气及水的生产和供应业）和建筑业。

第三产业 除第一、第二产业以外的其他各业。由于第三产业包括的行业多、范围广，根据我国的实际情况，第三产业分为十五个门类。具体为：

交通运输、仓储和邮政业，信息传输、计算机服务和软件业，批发和零售业，住宿和餐饮业，金融业，房地产业，租赁和商务服务业，科学研究、技术服务和地质勘查业，水利、环境和公共设施管理业，居民服务和其他服务业，教育，卫生、社会保障和社会福利业，文化、体育和娱乐业，公共管理和社会组织，国际组织。

当年价格 指报告期的实际价格，如工业品的出厂价格，农产品的收购价格，商业的零售价格等。按当年价格计算，是指一些以货币表现的物量指标，如工农业总产值、国内生产总值等，按照当年的实际价格来计算总量。使用当年价格计算的数字，是为了使国民经济各项指标互相衔接，便于考察当年社会经济效益，便于对生产流通、生产和分配、生产和消费进行经济核算和综合平衡。

按当年价格计算的价值指标，在不同年份之间进行对比时，因为包含有各年间价格变动的因素，不能确切地反映实物量的增减变动。必须消除价格变动因素后，才能真实反映经济发展动态。因此，在计算增长速度时都使用按可比价格计算的数字。

可比价格 指计算各种总量指标所采用的扣除了价格变动因素的价格，可进行不同时期总量指标的对比。按可比价格计算总量指标有两种方法：一种是直接用产品产量乘某一年的不变价格计算；另一种是用价格指数进行换算。

Explanatory Notes on Main Statistical Indicators

Gross Domestic Product refers to the final products at market prices produced by all residents in a country (or a region) during a certain period of time.

Gross domestic product is expressed in three different forms, i.e. value, income, and products respectively.

GDP in its value form refers to the total value of all goods and services produced by all resident units during a certain period of time, minus the total value of input of goods of non-fixed assets and services; in other term, it is the sum of the value-added of all resident units.

GDP in the form of income includes the income created by all resident units and distributed to resident and non-resident units.

GDP in the form of products refers to the value of all goods and services for final consumption by all resident units minus the net exports of goods and services during a given period of time.

In the practice of national accounting, gross domestic product is calculated with three approaches, i.e. production approach, income approach and expenditure approach, which reflect gross domestic product and its composition from different aspects.

Production Approach focuses on the total value of goods and services produced in production activities. GDP by Production Approach equals the value of total output minus that of input consumed in production process.

GDP by Production Approach = gross output — intermediate input

Gross Output refers to the total value of goods and service produced by all residents in a given period,including newly-produced goods and service, and intermediate input.

Intermediate Input refers to non-fixed assets and paid service consumed during production process when goods and service are produced. Intermediate input is also called intermediate consumption.

Value-added refers to the value of newly-produced goods and service and that of consumed fixed assets. By production approach, it equals gross output minus intermediate input.

Income Approach (also known as distribution approach): refers to the method measuring the final results of production activities o from the perspective of income made by all residents. GDP of income approach includes laborers' remuneration,net taxed on production, depreciation of fixed assets and operating surplus.

GDP by income approach = laborers' remuneration+ net taxed on production+depreciation of fixed assets+operating surplus.

The sum of value added made by different industries is GDP.

Laborers' Remuneration refers to the whole payment of various forms earned by the laborers' from the productive activities they are engaged in. It includes wages, bonuses and allowances the laborers' earned in monetary form and in kind. It also includes the free medical services provided to the laborers' and the medicine expenses, traffic subsidies and social insurance, housing fund paid by the employers.

Net Taxes on Production refers to the difference of the taxes on production minus the subsidies on production.

Taxes on production refers to the various taxes, extra charges and fees levied on the production units on their production, sale and business activities as well as on the use of some factors of production, such as fixed assets, land and labor force in the production activities they are engaged in.

In contrast to the taxes on production, the subsidies on production refer to the unilateral government transfer to the production units and are therefore regarded as negative taxes on production.They include subsidies on the loss due to implementation of government policies, price subsidies, etc.

Depreciation of Fixed Assets refers to the depreciation of fixed assets of a given period, drawn in accordance with the stipulated depreciation rate for the purpose of compensating the wear loss of the fixed assets or the depreciation of fixed assets calculated in a fictitious way in accordance with the stipulated unified depreciation rate in the national economic accounting system. It reflects the value of transfer of the fixed assets in the production of the current period. The depreciation of fixed assets in various enterprises and institutions managed as enterprises refers to the depreciation expenses actually drawn. In government agencies and institutions not managed as enterprises which do not draw the depreciation expenses, as well as for the houses of residents, the depreciation of fixed assets is the imputed depreciation, which is calculated in accordance with the stipulated unified depreciation rate. In principle, the depreciation of fixed assets should be calculated on the basis of the re-purchased value of the fixed assets.

Operating Surplus refers to the balance of the value added created by the resident units deducting the laborers' remuneration, net taxes on production and the depreciation of fixed assets. It is equivalent to the business profit of the enterprises plus subsidies on production, but the wages and welfare expenses paid from the profits should be deducted.

GDP by Expenditure Approach refers to the method of measuring the final results of production activities of a country (region) during a given period from the perspective of final use. It includes final consumption expenditure, total capital formation and net export of goods and services.

Final Consumption Expenditure refers to the total expenditure on goods and services in a given period, which means the total expenditure of resident units for purchases of goods and services from domestic economic territory and abroad to meet the requirements of material, cultural and spiritual life. It excludes the expenditure of non-resident units on consumption in the economic territory of the country. The final consumption expenditure is broken down into household consumption expenditure and government consumption expenditure.

Household consumption refers to the consumption expenditure made by household on goods and services. It is calculated at market price which is the purchasers'price. Purchasers'price means the money the purchasers paid for goods, including transportation fees and operating fees.

In addition to the consumption of goods and services bought by the households directly with money, the households consumption expenditure also includes expenditure on goods and services obtained by the households in other ways, i.e. the so-called imputed consumption expenditure, which includes the following: (a) the goods and services provided to the households by the employer in the form of payment in kind and transfer in kind; (b) goods and services produced and consumed by the households themselves, in which the services refer only to the owner-occupied housing and domestic and individual services provided by the paid household workers; (c) financial intermediate services provided by financial institutions; (d) insurance services provided by insurance companies.

Government Consumption Expenditure refers to the expenditure on the consumption of the public services provided by the government to the whole society and the net expenditure on the goods and services provided by the government to the households free of charge or at low prices. The former equals to the output value of the government services minus the value of operating income obtained by the government departments. The latter equals to the market value of the goods and services provided by the government free of charge or at low prices to the households minus the value received by the government from the households.

Total Capital Formation refers to the fixed assets acquired minus those disposed of and the net value of inventory, including the total fixed capital formation and the increase in inventory.

Total Fixed Capital Formation refers to the value of fixed assets acquired minus those disposed of during a given period. Fixed assets are the assets produced through production activities with specified unit value which could be used for over one year, excluding natural assets. Total fixed capital formation can be categorized into total tangible capital formation and total intangible capital formation. The total tangible capital formation include the value of the construction projects, installation projects completed and the equipment,apparatus and instruments purchased as well as the value of land improved, the value of draught animals, breeding stock, animals for milk, wool and for recreational purpose, and the newly increased forest with economic value during a given period. The total intangible capital formation includes the prospecting of minerals, the acquisition of computer software, artisticworks artistic minus the disposal of them.

Increase in Inventory refers to the market value of the change in inventory of resident units during a given period, i.e. the difference of value between the beginning and the end of the period minus the current gains due to the change in prices. The increase in inventory can be positive or negative. A positive value indicates the increase in inventory while a negative value indicates the decrease in stock. The inventory includes the raw materials, fuels and reserve materials purchased by the production units as well as the inventory of finished products, semi-finished products, work-in-progress, etc.

Net exports of goods and services is the value of exports minus the value of imports. Exports consists of the nonresident units' various goods and services sold or transferred without compensation from the resident units. Imports consists of resident units' various goods and services bought or got without compensation from he nonresident units. Area accounting net exports, comes from including local foreign trade and foreign nontrade , also comes from net exports between regions .

Three Industries: Classification of economic activities into three branches of industries is based on the development of production. Primary industry refers to the production activities that obtain products from nature. Secondary industry refers to the production activities that process primary goods. Tertiary industry refers to the production activities that provide primary and secondary industries with services. Classification of economic activities into three branches of industries is a common practice in the world, although the grouping varies to some extent from country to country. According to the new

Industrial Classification of National Economy (GB/T 4754-2002), economic activities are categorized into following industries:

Primary industry refers to agriculture, forestry, animal husbandry and fishery.

Secondary Industry refers to mining and quarrying, manufacturing, production and supply of electricity, water and gas, and construction.

Tertiary industry refers to all other economic activities not included in primary or secondary industry.According to the economic condition in China, tertiary industry includes Transport, Storage and Post, Information Transmission, Computer Services and Software, Wholesale and Retail Trades, Hotels and Catering Services, Financial Intermediation, Real Estate, Leasing and Business Services, Scientific Research, Technical Services and Geologic Prospecting,Management of Water Conservancy, Environment and Public Facilities, Services to Households and Other Services,Education, Health, Social Security and Social Welfare, Culture, Sports and Entertainment, Public Management and Social Organizations, and International Organizations.

Current Price refers to the actual price during the reporting period, such as Ex-factory Price of Industrial Products, purchasing price of agricultural produces and retail price. Some indicators calculatedat current price are volume indicators in the value form, such as total value of output of industrial and agricultural industries and GDP, etc. Data calculated at current price are useful when it comes to evaluating the economic development and analyzing different aspects of economy, such as production, circulation,distribution and consumption.

When the different indicators calculated at current price are compared, it is in evitable that price changes will affect the comparison. Therefore, the change in volume cannot be showed. In order to eliminate the effect of price and reflect economic development, growth rate is calculated at current price.

Constant Price refers to the price without the effect of price change. By using constant price, total amount indices of different periods can be compared. There are two methods in which total amount indices are obtained, one using current price of some year to multiply the physical volume of certain products and the other using price index.

3 人口

Population

资料整理人员：赵　宏

3-1 年末人口数

Population at the Year-end

年份 Year	总户数（万户）Households (10 000 households)	总人口（万人）Total Population (10 000 persons)	男 Male	女 Female	市镇 Urban	乡村 Rural
1949	689.40	2986.83	1558.45	1428.38	235.95	2750.88
1950	683.75	3074.34	1601.97	1472.37	245.79	2828.55
1951	743.32	3190.67	1664.24	1526.43	255.57	2935.10
1952	830.46	3271.20	1707.79	1563.41	259.08	3012.12
1953	836.11	3349.70	1751.22	1598.48	260.55	3089.15
1954	844.34	3429.02	1807.89	1621.13	277.21	3151.81
1955	855.56	3472.83	1831.58	1641.25	327.94	3144.89
1956	870.53	3507.43	1836.26	1671.17	329.02	3178.41
1957	883.15	3603.24	1887.55	1715.69	314.67	3288.57
1958	881.54	3672.72	1919.61	1753.11	352.78	3319.94
1959	874.96	3691.95	1933.47	1758.48	494.52	3197.43
1960	891.98	3569.37	1857.07	1712.30	404.63	3164.74
1961	932.08	3507.98	1819.55	1688.43	477.73	3030.25
1962	928.07	3600.26	1870.89	1729.37	384.66	3215.60
1963	920.52	3715.20	1926.81	1788.39	375.34	3339.86
1964	920.20	3785.13	1965.75	1819.38	429.54	3355.59
1965	934.09	3901.47	2022.78	1878.69	405.64	3495.83
1966	939.30	4009.65	2079.48	1930.17	411.87	3597.78
1967	953.11	4122.56	2138.25	1984.31	429.40	3693.16
1968	967.12	4238.65	2198.68	2039.97	446.93	3791.72
1969	981.34	4358.01	2260.82	2097.19	464.46	3893.55
1970	995.77	4480.76	2324.73	2156.03	481.97	3998.79
1971	1044.49	4598.27	2384.91	2213.36	470.86	4127.41
1972	1055.62	4700.56	2438.55	2262.01	489.75	4210.81
1973	1069.65	4809.79	2497.79	2312.00	506.49	4303.30
1974	1082.86	4900.86	2545.64	2355.22	522.34	4378.52
1975	1102.82	4991.36	2594.18	2397.18	531.82	4459.54

注：1995年以前的人口数均为年报数；2000年和2010年的人口数根据人口普查有关数据推算，其余各年人口数均根据人口变动抽样调查资料推算。2013年起，年末人口数为公安户籍人口。

The data on the total population are collected from the year-reports before 1995. The data on the total population in 2000 and 2010 are collected from population surveys. The data of other years are estimated on the basis of the data collected from the sample surveys on population changes. Since 2013, data of population at the year-end were provied by Public Security Bureau.

3-1 续表 continued

年份 Year	总户数（万户） Households (10 000 households)	总人口（万人） Total Population (10 000 persons)	男 Male	女 Female	市镇 Urban	乡村 Rural
1976	1125.37	5056.81	2629.85	2426.96	544.71	4512.10
1977	1149.83	5111.83	2657.88	2453.95	561.21	4550.62
1978	1167.53	5165.91	2684.80	2481.11	593.86	4572.05
1979	1184.84	5223.05	2712.32	2510.73	639.60	4583.45
1980	1197.88	5280.95	2740.40	2540.55	671.05	4609.90
1981	1228.84	5360.05	2783.12	2576.93	694.72	4665.33
1982	1251.33	5452.12	2831.03	2621.09	774.75	4677.37
1983	1273.06	5509.43	2864.09	2645.34	794.46	4714.97
1984	1299.34	5561.32	2893.92	2667.40	857.56	4703.76
1985	1334.54	5622.49	2928.44	2694.05	915.90	4706.59
1986	1407.45	5695.73	2966.85	2728.88	963.15	4732.58
1987	1485.85	5782.61	3012.59	2770.02	1003.28	4779.33
1988	1562.45	5915.68	3079.65	2836.03	1044.12	4871.56
1989	1623.00	6013.62	3130.76	2882.86	1049.25	4964.37
1990	1661.65	6110.89	3178.31	2932.58	1072.46	5038.43
1991	1697.69	6166.33	3208.42	2957.91	1147.86	5018.47
1992	1725.72	6207.78	3231.73	2976.05	1217.74	4990.04
1993	1745.47	6245.58	3249.20	2996.38	1205.95	5039.63
1994	1765.67	6302.58	3279.07	3023.51	1356.56	4946.02
1995	1796.19	6392.00	3322.27	3069.73	1550.99	4841.01
1996	1799.97	6428.00	3339.25	3088.75	1606.95	4821.05
1997	1798.83	6465.00	3356.43	3108.57	1629.00	4836.00
1998	1809.00	6502.00	3374.33	3127.67	1684.00	4818.00
1999	1814.64	6532.00	3389.32	3142.68	1724.00	4808.00
2000	1874.87	6562.05	3422.77	3139.28	1952.21	4609.84
2001	1884.47	6595.85	3409.72	3186.13	2031.52	4564.33
2002	1899.30	6628.50	3433.56	3194.94	2121.12	4507.38
2003	1929.59	6662.80	3453.33	3209.47	2232.04	4430.76
2004	1991.34	6697.70	3470.75	3226.95	2377.68	4320.02
2005	2031.01	6732.10	3490.59	3241.51	2490.88	4241.22
2006	2048.17	6768.10	3513.35	3254.75	2619.93	4148.17
2007	2085.91	6805.70	3533.87	3271.83	2752.91	4052.79
2008	2113.88	6845.20	3549.30	3295.90	2885.25	3959.95
2009	2126.05	6900.20	3583.24	3316.96	2980.89	3919.31
2010	2152.90	7089.53	3674.49	3415.04	3069.77	4019.76
2011	2186.60	7135.60	3699.10	3436.50	3218.16	3917.44
2012	2224.69	7179.87	3725.63	3454.24	3349.41	3830.46
2013	2286.57	7147.28	3712.32	3434.96	3427.84	3719.44
2014	2313.58	7202.29	3740.97	3461.32	3549.29	3653.00

3-2 人口出生率、死亡率、自然增长率

Birth Rate, Death Rate and Natural Growth Rate of Population

年 份 Year	出生率 (‰) Birth Rate (‰)	死亡率 (‰) Death Rate (‰)	自然增长率 (‰) Natural Growth Rate (‰)	出生人口数 （万人） Population of Birth (10000 persons)	死亡人口数 （万人） Population of Death (10000 persons)	自然增长人数 （万人） Population of Natural Growth (10000 persons)
1950	37.00	20.00	17.00	112.13	60.61	51.52
1951	37.00	19.00	18.00	115.90	59.52	56.39
1952	37.00	19.00	18.00	119.54	61.39	58.16
1953	36.00	17.00	19.00	119.18	56.28	62.90
1954	37.85	17.54	20.31	128.29	59.45	68.84
1955	31.10	16.36	14.74	107.32	56.46	50.87
1956	29.59	11.51	18.08	103.27	40.17	63.10
1957	33.47	10.41	23.06	119.00	37.01	81.99
1958	29.96	11.65	18.32	108.99	42.38	66.61
1959	24.00	12.99	11.00	88.38	47.83	40.54
1960	19.49	29.42	-9.93	70.76	106.81	-36.05
1961	12.51	17.48	-4.97	44.27	61.86	-17.59
1962	41.40	10.23	31.16	147.14	36.36	110.78
1963	47.29	10.26	37.03	172.97	37.53	135.45
1964	42.20	12.88	29.31	158.26	48.30	109.95
1965	42.25	11.19	31.06	162.38	43.01	119.37
1966	37.23	10.15	27.08	147.27	40.15	107.12
1967	35.61	9.89	25.72	144.79	40.21	104.58
1968	33.99	9.63	24.36	142.10	40.26	101.84
1969	32.37	9.37	23.00	139.14	40.28	98.86
1970	30.75	9.11	21.64	135.90	40.26	95.64
1971	29.13	8.86	20.26	132.24	40.22	92.02
1972	29.93	9.01	20.91	139.16	41.89	97.27
1973	29.21	8.05	21.15	138.90	38.28	100.62
1974	27.11	8.67	18.44	131.63	42.10	89.53
1975	25.04	8.34	16.70	123.85	41.25	82.60
1976	20.07	7.70	12.36	100.83	38.69	62.15
1977	18.61	7.79	10.82	94.62	39.61	55.01
1978	17.40	7.01	10.39	89.42	36.02	53.39
1979	17.84	7.12	10.72	92.67	36.98	55.68
1980	17.68	6.88	10.80	92.86	36.13	56.72

3-2 续表 continued

年 份 Year	出生率 (‰) Birth Rate (‰)	死亡率 (‰) Death Rate (‰)	自然增长率 (‰) Natural Growth Rate (‰)	出生人口数 （万人） Population of Birth (10000 persons)	死亡人口数 （万人） Population of Death (10000 persons)	自然增长人数 （万人） Population of Natural Growth (10000 persons)
1981	21.11	7.03	14.08	112.32	37.40	74.91
1982	21.98	6.77	15.21	118.83	36.60	82.23
1983	16.48	6.79	9.69	90.32	37.21	53.11
1984	16.66	7.20	9.46	92.22	39.85	52.36
1985	18.16	6.47	11.69	101.55	36.18	65.37
1986	19.90	6.30	13.60	112.62	35.65	76.96
1987	23.62	7.07	16.55	135.56	40.58	94.98
1988	23.32	6.82	16.50	136.40	39.89	96.51
1989	22.91	7.07	15.84	136.65	42.17	94.48
1990	23.93	7.23	16.70	145.07	43.83	101.24
1991	20.50	7.30	13.20	125.84	44.81	81.03
1992	16.70	7.30	9.40	103.32	45.17	58.16
1993	14.08	7.13	6.95	87.67	44.40	43.28
1994	13.88	7.03	6.85	87.08	44.11	42.98
1995	13.02	7.15	5.87	82.64	45.38	37.26
1996	12.81	7.20	5.61	82.11	46.15	35.96
1997	12.59	6.99	5.60	81.16	45.06	36.10
1998	12.31	7.10	5.21	79.81	46.03	33.78
1999	11.72	7.12	4.60	76.38	46.40	29.98
2000	11.45	6.79	4.66	74.96	44.45	30.51
2001	11.80	6.72	5.08	77.63	44.21	33.42
2002	11.56	6.70	4.86	76.44	44.30	32.14
2003	11.82	6.87	4.95	78.55	45.66	32.90
2004	11.89	6.80	5.09	79.43	45.43	34.00
2005	11.90	6.75	5.15	79.91	45.33	34.58
2006	11.92	6.73	5.19	80.46	45.43	35.03
2007	11.96	6.71	5.25	81.17	45.54	35.63
2008	12.68	7.28	5.40	86.55	49.69	36.86
2009	13.05	6.94	6.11	89.69	47.70	41.99
2010	13.10	6.70	6.40	91.63	46.87	44.77
2011	13.35	6.80	6.55	94.95	48.37	46.59
2012	13.58	7.01	6.57	97.20	50.17	47.03
2013	13.50	6.96	6.54	96.71	49.86	46.85
2014	13.52	6.89	6.63	90.77	46.26	44.51

3-3 第1-4次全国人口普查基本情况

Basic Statistics on National Population of 1st-4th Censuses

单位：万人 (10 000 persons)

指 标	Item	第一次 1953 First	第二次 1964 Second	第三次 1982 Third	第四次 1990 Fourth
总户数 (万户)	**Total Households (10 000 households)**	**836.11**	**916.20**	**1233.88**	**1573.79**
家庭户	Family Households			1227.89	1564.88
集体户	Non-Family Households			5.99	8.91
总人口	**Total Population**	**3322.69**	**3718.23**	**5401.05**	**6065.80**
男性人口	Male	1752.64	1931.70	2805.23	3149.76
女性人口	Female	1570.05	1786.53	2595.82	2916.04
#育龄妇女(15—49岁)	#Women at Childbearing Age (Age 15-49)	750.73	819.43	1301.08	1607.99
各年龄组人口	**Population by Age**				
0—6岁	Age 0-6	669.02	706.05	701.81	869.47
7—14岁	Age 7-14	519.19	768.91	1131.16	826.93
劳动年龄人口	Population within Working Age	1720.75	1878.68	2936.91	3618.26
男60、女55岁以上人口	Males Age 60 and Females Age 55 and Over	319.57	285.00	503.39	628.16
民族人口	**Population by Nationality**				
汉族	Han Nationality	3254.67	3589.80	5180.92	5583.42
少数民族	Minority Nationalities	68.02	128.43	220.13	482.38
15岁以上婚姻人口	**Marital Status of Population Aged 15 and Over**				
未婚	Unmarried			1009.86	1099.89
有配偶	Married			2271.76	2963.86
丧偶	Widowed			262.16	278.87
离婚	Divorced			24.31	26.77
6岁以上文化程度人口	**Population Aged 6 and Over by Educational Level**				
大学本科	University		9.77	24.56	20.72
大学专科	Three Years College				48.27
中专	Specialized Secondary School		40.99	353.64	81.82
高中	Senior Secondary School				404.79
初中	Junior Secondary School		160.27	932.53	1370.42
小学	Primary School		1256.03	2325.78	2552.16
不识字或识字很少	Illiterate and Semi-Illiterate		1255.57	1173.52	822.76
#文盲、半文盲人口	#Illiterate and Semi-Illiterate Aged 15 and Over		1255.57	943.97	742.56
在业人口	**Employed Population**			**2827.75**	**3489.74**
不在业人口	**Unemployed Population**			**740.34**	**879.65**
市镇县人口	**Population of Cities,Towns and Counties**				
市	Cities	134.97	161.31	507.43	765.62
镇	Towns	157.57	160.79	260.00	328.20
县	Counties	3030.15	3396.13	4633.62	4971.98

注：1. 劳动年龄人口指男16-59岁，女16-54岁人口。
2. 各年龄组人口缺15岁人口和年龄不详人口，加总不等于总人口。
3. 由于四次普查所设指标不同，故此表空栏处均表示该年度普查无此调查项目。
4. 1964年人口普查时，6-12岁不在校儿童没有调查其相当的文化程度，故各项文化程度人口加总不等于6周岁及以上人口数。

a. Working age range refers to 16-59 years for men and 16-54 years for women.

b. The sum of the population of the age group is not equal to the total population, because the population aged 15 is not shown and there is population whose true age is unknown.

c. Since the quota in the four population censuses were set differently, the blank space indicates the absence of this item of the year.

d. Data in 1964 excludes the children in school aged from 6-12, thus the sum of the population at all education levels does not equal to the populati aged above six.

3-4 第五次全国人口普查基本情况

Basic Statistics on National Population of Fifth Censuses

指标		Item		数量 Volume
总户数	**（万户）**	**Number of Households**	**(10 000 households)**	**1800.38**
家庭户		Family Households		1766.21
集体户		Non-Family Households		34.17
总人口（万人）		**Total Population**	**(10 000 persons)**	**6327.42**
家庭户人口		Population of Family Households		6106.15
集体户人口		Population of Non-Family Households		221.27
平均家庭户规模	**（人/户）**	**Average Family Size**	**(person/household)**	**3.46**
总人口中： 男性人口	（万人）	**In Total:** Male	(10 000 persons)	3299.37
女性人口	（万人）	Female	(10 000 persons)	3028.05
性别比		Sex Ratio		108.96
总人口中： 汉族人口	（万人）	**In Total:** Han Nationality	(10 000 persons)	5686.35
少数民族人口	（万人）	Minority Nationalities	(10 000 persons)	641.07
少数民族人口比重	（%）	Percentage of Minonrity Nationalities Population	(%)	10.13
总人口中： 市镇人口	（万人）	**In Total:** Urban Population	(10 000 persons)	1915.92
乡村人口	（万人）	Rural Population	(10 000 persons)	4524.15
总人口中： 0—5岁人口	（万人）	**In Total:** Age 0-5	(10 000 persons)	387.71
6—14岁人口	（万人）	Age 6-14	(10 000 persons)	1012.25
15—64岁人口	（万人）	Age 15-64	(10 000 persons)	4454.80
65岁以上人口	（万人）	Aged 65 and Over	(10 000 persons)	472.66
6周岁及以上人口	**（万人）**	**Population Aged 6 and Over by Educational Level**	**(10 000 persons)**	**5939.70**
未上过学	（万人）	Unschool	(10 000 persons)	298.22
扫盲班	（万人）	Literacy Courses	(10 000 persons)	67.69
小学	（万人）	Primary School	(10 000 persons)	2421.99
初中	（万人）	Junior Secondary School	(10 000 persons)	2259.38
高中和中专	（万人）	Senior and Specialized Secondary School	(10 000 persons)	707.25
大专及以上	（万人）	College and Over	(10 000 persons)	185.17
每十万人口中： 小学文化	（人）	**Per 100000 Population:** Primary School	(person)	38278
初中文化	（人）	Junior Secondary School	(person)	35708
高中和中专	（人）	Senior and Specialized Secondary School	(person)	11177
大专及以上	（人）	College and Over	(persons)	2926
文盲、半文盲人口	**（万人）**	**Population of Illiterate and Semi Literate**	**(10 000 persons)**	**294.96**
文盲率	**（%）**	**Illiterate Rate**	**(%)**	**5.99**
普查年度出生率	**（‰）**	**Birth Rate in Census Year**	**(‰)**	**11.45**
普查年度死亡率	**（‰）**	**Death Rate in Census Year**	**(‰)**	**6.79**
普查年度自然增长率	**（‰）**	**Natural Growth Rate in Census Year**	**(‰)**	**4.66**

注：1. 表中的各项数据均按普查登记的口径计算，不包括本省外出的人口，包括外省来本省的人口。

2. 普查年度是指1999年11月1日0时至2000年10月31日24时。

3. 城乡人口是按国家统计局1999年发布的《关于统计上划分城乡的规定（试行）》计算。

a. The data in table are calculated according to the approach of censuses. The data excluded the population of going to other provinces and included the population from other provinces.

b. The censuses year is 1999-11-1 zero o'clock to 2000-10-31 24 o'clock.

c. The urban population and rural population are calculated according to the 《regulations concerning plot out urban and rural in the statistical (test run)》 promulgated in 1999.

3-5 第六次全国人口普查基本情况

Basic Statistics on National Population of Sixth Censuses

指标		Item		数量 Volume
家庭户	**（万户）**	**Number of Households**	**(10 000 households)**	**1862.57**
总人口	**（万人）**	**Total Population**	**(10 000 persons)**	**6570.08**
家庭户人口		Population of Family Households		6191.14
集体户人口		Population of Non-Family Households		378.93
平均家庭户规模	**（人/户）**	**Average Family Size**	**(person/household)**	**3.32**
总人口中：				
男性人口	**（万人）**	**In Total:** Male	(10 000 persons)	3377.65
女性人口	（万人）	Female	(10 000 persons)	3192.43
性别比		Sex Ratio		105.80
总人口中：				
0-14**岁人口**	**（万人）**	**In Total:** Age 0-14	(10 000 persons)	1157.65
15-64岁人口	（万人）	Age 15-64	(10 000 persons)	4770.49
65岁以上人口	（万人）	Aged 65 and Over	(10 000 persons)	641.94
0-14**岁人口比重**	(%)	Proportion of age 0-14		17.62
15-64岁人口比重	(%)	Proportion of age 15-64		72.61
65岁以上人口比重	(%)	Proportion of aged 65 and over		9.77
受教育程度（万人）		**Population Aged 6 and Over by Educational Level**	**(10 000 persons)**	
小　学	（万人）	Primary School	(10 000 persons)	1760.09
初　中	（万人）	Junior Secondary School	(10 000 persons)	2597.71
高中和中专	（万人）	Senior and Specialized Secondary School	(10 000 persons)	1013.39
大专及以上	（万人）	College and Over	(10 000 persons)	499.19
每十万人口中：				
小学文化	**（人）**	**Per 100000 Population:** Primary School	(person)	26790
初中文化	（人）	Junior Secondary School	(person)	39539
高中和中专	（人）	Senior and Specialized Secondary School	(person)	15425
大专及以上	（人）	College and Over	(persons)	7598
文盲、半文盲人口	**（万人）**	**Population of Illiterate and Semi Literate**	**(10 000 persons)**	**175.43**
文盲率	**(%)**	**Illiterate Rate**	**(%)**	**3.24**

注：1. 以上数据均为2010年人口普查机器汇总数。

2. 普查登记的对象是指普查标准时点在中华人民共和国境内的自然人以及在中华人民共和国境外但未定居的中国公民，不包括在中华人民共和国境内短期停留的境外人员。

3. 各市州的人口，是普查登记的2010年11月1日零时的常住人口。常住人口包括，居住在本乡镇街道、户口在本乡镇街道或户口待定的人；居住在本乡镇街道、离开户口所在的乡镇街道半年以上的人；户口在本乡镇街道、外出不满半年或在境外工作学习的人。

4. 家庭户是指以家庭成员关系为主、居住一处共同生活的人组成的户。

5. 文盲率是指全省常住人口中15岁及以上不识字人口所占比重。

a. All figures above are machine results of the 2010 Population Census.

b. The population census covers all natural persons residing in the territory of the People's Republic of China and the Chinese citizens residing outside but not permanently settled down in locations beyond the territory of the People’s Republic of China at the census reference time, excluding foreigners temporarily staying in the territory of the People’s Republic of China.

c. The population of each city and the XiangXi autonomous prefecture is the resident population, which was registered on zero hour of November 1, 2010.Resident population of a given town/street include: people living in the current town/street where their household registration is located or with their household registration to be settled; people living in the current town/street and leaving the town/street of their household registration for over 6 months; people leaving the town/street of their household registration for less than 6 months or working or studying overseas, with their household registration located in the current town/street.

d. Population of family households refer to households consists of persons, bonded by family relations, staying under the same roof and sharing living arrangement.

e. Illiterate rate refers to the population over 15 years of age who cannot read divided by the Resident population of the Whole province.

主要统计指标解释

人口数　指一定时点、一定地区范围内有生命的个人总和。

年度统计的年末人口数指每年12月31日24时的人口数。年度统计的全国人口总数内未包括香港、澳门特别行政区和台湾省以及海外华侨人数。

城镇人口和乡村人口　城镇人口是指居住在城镇范围内的全部常住人口；乡村人口是除上述人口以外的全部人口。

出生率(又称粗出生率)　指在一定时期内(通常为一年)一定地区的出生人数与同期内平均人数(或期中人数)之比，用千分率表示。本资料中的出生率指年出生率，其计算公式为：

$$出生率=\frac{年出生人数}{年平均人数}\times 1000‰$$

式中：出生人数指活产婴儿，即胎儿脱离母体时(不管怀孕月数)，有过呼吸或其他生命现象。年平均人数指年初、年底人口数的平均数，也可用年中人口数代替。

死亡率(又称粗死亡率)　指在一定时期内(通常为一年)一定地区的死亡人数与同期内平均人数(或期中人数)之比，用千分率表示。本资料中的死亡率指年死亡率，其计算公式为：

$$死亡率=\frac{年死亡人数}{年平均人数}\times 1000‰$$

人口自然增长率　指在一定时期内(通常为一年)人口自然增加数(出生人数减死亡人数)与该时期内平均人数(或期中人数)之比，用千分率表示。计算公式为：

$$人口自然增长率=\frac{本年出生人数-本年死亡人数}{年平均人数}\times 1000‰$$

$$=人口出生率-人口死亡率$$

Explanatory Notes on Main Statistical Indicators

Total Population　refers to the total number of people alive at a certain point of time within a given area.

The annual statistics on total population is taken at midnight, the 31st of December, not including residents in Taiwan province, Hong Kong SAR and Macao SAR and Chinese national residing abroad.

Urban Population and Rural Population　Urban population refers to all people residing in cities and towns, while rural population refers to population other than urban population.

Birth Rate (or Crude Birth Rate)　refers to the ratio of the number of births to the average population (or mid-period population) during a certain period of time (usually a year), expressed in ‰. Birth rate in the chapter refers to annual birth rate. The following formula is used:

$$\text{Birth Rate}=\frac{\text{Number of Births}}{\text{Annual Average Population}}\times 1000‰$$

Number of births in the formula refers to live births, i.e. when a baby has breathed or showed any vital phenomena regardless of the length of pregnancy.

Annual average population is the average of the number of population at the beginning of the year and that at the end of the year. Sometimes it is substituted by the mid-year population.

Death Rate (or Crude Death Rate) refers to the ratio of the number of deaths to the average population (or mid-period population) during a certain period of time (usually a year), expressed in ‰. Death rate in the chapter refers to annual death rate. The following formula is used:

$$\text{Death Rate}=\frac{\text{Number of Deaths}}{\text{Annual Average Population}}\times 1000‰$$

Natural Growth Rate of Population　refers to the ratio of natural increase in population (number of births minus number of deaths) in a certain period of time (usually a year) to the average population (or mid-period population) of the same period, expressed in ‰. The following formula is applied:

$$\text{Natural Growth Rate of Population}=\frac{\text{Number of Births - Number of Deaths}}{\text{Annual Average Population}}\times 1000‰$$

Natural Growth Rate of Population = Birth Rate-Death Rate

4 就业人员和工资

Employment and Wages

资料整理人员：欧阳普　　张　驰

4-1 年末从业人员人数

Number of Employed Persons at the Year-end

单位:万人 (10 000 persons)

年 份 Year	从业人员人数 Number of Employed Persons	在岗职工人数 Number of Staff and Workers on the Job	国有经济 State-owned Economic Units	城镇集体经济 Urban Collective-owned Economic Units	其他经济类型 Economic Units of Other Types	城镇个体私营企业从业人员 Employees in Urban Private Enterprises and Self-Employed Individuals	农村从业人员 Employees in Rural
1950	1107.76	40.67	22.81	0.18	17.68	38.93	1028.16
1951	1147.20	52.01	33.55	0.37	18.09	42.71	1052.48
1952	1188.76	69.25	48.87	0.77	19.61	46.70	1072.81
1953	1213.15	76.15	53.12	2.32	20.71	50.68	1086.32
1954	1223.84	80.68	54.61	8.56	17.51	42.92	1100.24
1955	1250.49	90.26	60.67	14.10	15.49	31.45	1128.78
1956	1271.31	121.24	73.66	35.78	11.80	7.62	1142.45
1957	1353.51	130.24	81.84	36.62	11.78	2.00	1221.27
1958	1461.08	226.98	190.02	30.49	6.47		1234.10
1959	1466.09	218.08	174.09	36.76	7.23		1248.01
1960	1508.04	242.89	182.44	54.05	6.40		1265.15
1961	1302.48	234.40	163.50	70.90		3.92	1064.16
1962	1401.22	201.97	135.76	66.21		5.62	1193.63
1963	1443.01	191.19	129.40	61.79		3.11	1248.71
1964	1508.43	192.88	130.34	62.54		4.99	1310.56
1965	1551.93	206.96	139.24	67.72		3.91	1341.06
1966	1607.49	211.73	144.17	67.56		3.41	1392.35
1967	1668.06	215.65	148.25	67.40		2.97	1449.44
1968	1728.41	216.95	149.71	67.24		2.59	1508.87
1969	1795.01	222.02	154.93	67.09		2.26	1570.73
1970	1880.85	243.75	176.81	66.94		1.97	1635.13
1971	1975.89	272.00	205.21	66.79		1.72	1702.17
1972	2056.50	285.73	219.04	66.69		1.50	1769.27
1973	2089.11	285.65	218.99	66.66		1.32	1802.14
1974	2117.00	291.53	223.43	68.10		1.10	1824.37
1975	2152.00	304.17	232.56	71.61		0.32	1847.51
1976	2183.24	313.31	238.79	74.52		0.26	1869.67
1977	2216.19	321.24	242.64	78.60		0.37	1894.58

注：1. 全省从业人员人数及分三次产业从业人数根据劳动力抽样调查资料推算。

2. 从2011年起，“职工人数”指标更改为“在岗职工人数”指标。

a. The data of total employees and employees by type of industry are estimated on the data collected from the sample surveys on labor.

b. From 2011,the index of "Staff and Workers "changed into"Staff and Workers of the Job”.

4-1 续表 continued

单位:万人 (10 000 persons)

年份 Year	从业人员人数 Number of Employed Persons	在岗职工人数 Number of Staff and Workers on the Job	国有经济 State-owned Economic Units	城镇集体经济 Urban Collective-owned Economic Units	其他经济类型 Economic Units of Other Types	城镇个体私营企业从业人员 Employees in Urban Private Enterprises and Self-Employed Individuals	农村从业人员 Employees in Rural
1978	2280.05	363.78	282.06	81.72		0.35	1915.92
1979	2328.12	388.16	299.36	88.80		0.32	1939.64
1980	2399.95	409.16	316.80	92.36		1.81	1988.98
1981	2449.46	426.88	332.46	94.42		3.43	2019.15
1982	2541.05	441.48	344.41	97.07		5.21	2094.36
1983	2594.37	447.81	348.97	98.84		9.72	2136.84
1984	2672.86	460.71	340.94	119.75	0.02	13.18	2198.97
1985	2728.71	475.15	352.73	122.34	0.08	16.19	2237.37
1986	2808.87	492.79	367.31	125.25	0.23	18.44	2297.64
1987	2904.10	515.22	386.34	128.60	0.28	24.72	2364.16
1988	2998.64	530.20	401.75	128.14	0.31	30.75	2437.69
1989	3091.37	536.64	411.34	124.81	0.49	30.43	2524.30
1990	3158.42	551.03	422.28	128.07	0.68	31.94	2575.45
1991	3222.43	567.07	435.66	130.35	1.06	32.52	2622.84
1992	3278.83	579.74	447.88	130.43	1.43	39.93	2659.16
1993	3345.61	588.87	454.26	126.70	7.91	60.42	2675.75
1994	3400.29	589.48	459.14	121.57	8.77	106.51	2685.54
1995	3467.31	597.50	466.00	119.13	12.37	133.86	2717.38
1996	3514.16	596.84	471.55	114.47	10.82	166.21	2732.35
1997	3560.29	597.48	471.52	110.48	15.48	200.36	2744.33
1998	3603.17	594.16	461.65	101.21	31.30	222.46	2772.59
1999	3601.39	590.75	461.83	96.01	32.91	210.29	2784.00
2000	3577.58	580.82	456.28	90.33	34.21	148.54	2832.04
2001	3607.96	534.22	407.55	70.95	55.72	199.76	2856.70
2002	3644.52	525.28	398.42	66.19	60.67	231.87	2870.32
2003	3694.78	500.27	379.72	56.55	64.00	335.94	2836.36
2004	3747.10	471.07	353.36	49.38	68.33	457.18	2792.67
2005	3801.48	451.80	293.79	40.12	117.89	547.83	2776.76
2006	3842.17	450.89	290.67	37.72	122.50	603.29	2762.41
2007	3883.41	460.03	283.72	37.50	138.81	635.94	2762.07
2008	3910.06	460.31	276.11	34.83	149.37	654.57	2761.85
2009	3935.21	474.43	268.57	29.21	176.65	665.17	2769.94
2010	3982.73	531.00	287.13	33.24	210.63	698.48	2753.25
2011	4005.03	514.73	258.99	23.92	231.82	894.18	2596.12
2012	4019.31	523.27	261.12	24.60	237.56	951.90	2544.14
2013	4036.45	554.44	249.67	20.92	283.85	1018.02	2463.99
2014	4044.13	552.81	245.28	19.53	288.00	1114.06	2377.26

4-2 按三次产业分的年末从业人员

Employees by Type of Industry at the Year-end

年 份 Year	年末从业人员(万人) Employees at the Year-end (10 000 persons)	第一产业 Primary Industry	第二产业 Secondary Industry	第三产业 Tertiary Industry	构成(以合计为100) Composition in Percentage (total=100)	第一产业 Primary Industry	第二产业 Secondary Industry	第三产业 Tertiary Industry
1950	1107.76	980.83	54.86	72.07	100.0	88.5	5.0	6.5
1951	1147.20	1001.38	64.12	81.70	100.0	87.3	5.6	7.1
1952	1188.76	989.38	76.72	122.66	100.0	83.2	6.5	10.3
1953	1213.15	1014.03	90.34	108.78	100.0	83.6	7.5	9.0
1954	1223.84	982.69	89.39	151.76	100.0	80.3	7.3	12.4
1955	1250.49	1061.22	74.72	114.55	100.0	84.9	6.0	9.2
1956	1271.31	1055.72	101.21	114.38	100.0	83.0	8.0	9.0
1957	1353.51	1134.13	93.05	126.33	100.0	83.8	6.9	9.3
1958	1461.08	898.17	251.10	311.81	100.0	61.5	17.2	21.3
1959	1466.09	861.58	258.27	346.24	100.0	58.8	17.6	23.6
1960	1508.04	1023.93	199.05	285.06	100.0	67.9	13.2	18.9
1961	1302.48	1053.45	128.89	120.14	100.0	80.9	9.9	9.2
1962	1401.22	1180.33	98.04	122.85	100.0	84.2	7.0	8.8
1963	1443.01	1222.67	111.47	108.87	100.0	84.7	7.7	7.5
1964	1508.43	1274.86	116.73	116.84	100.0	84.5	7.7	7.8
1965	1551.93	1305.83	124.66	121.44	100.0	84.1	8.0	7.8
1966	1607.49	1355.48	129.72	122.29	100.0	84.3	8.1	7.6
1967	1668.06	1405.14	135.05	127.87	100.0	84.2	8.1	7.7
1968	1728.41	1456.39	140.79	131.23	100.0	84.3	8.2	7.6
1969	1795.01	1511.41	151.70	131.90	100.0	84.2	8.5	7.4
1970	1880.85	1564.21	179.69	136.95	100.0	83.2	9.6	7.3
1971	1975.89	1624.30	206.63	144.96	100.0	82.2	10.5	7.3
1972	2056.50	1683.60	227.31	145.59	100.0	81.9	11.1	7.1
1973	2089.11	1718.66	226.17	144.28	100.0	82.3	10.8	6.9
1974	2117.00	1732.28	236.13	148.59	100.0	81.8	11.2	7.0
1975	2152.00	1742.28	257.39	152.33	100.0	81.0	12.0	7.1
1976	2183.24	1759.48	266.42	157.34	100.0	80.6	12.2	7.2
1977	2216.19	1775.31	273.17	167.71	100.0	80.1	12.3	7.6

注：全省从业人员人数及分三次产业从业人数根据劳动力抽样调查资料推算。

The data of total employees and employees by type of industry are estimated on the data collected from the sample surveys on labor.

4-2 续表 continued

年 份 Year	年末从业人员(万人) Employees at the Year-end (10 000 persons)	第一产业 Primary Industry	第二产业 Secondary Industry	第三产业 Tertiary Industry	构成(以合计为100) Composition in Percentage (total=100)	第一产业 Primary Industry	第二产业 Secondary Industry	第三产业 Tertiary Industry
1978	2280.05	1788.17	305.37	186.51	100.0	78.4	13.4	8.2
1979	2328.12	1798.27	325.70	204.15	100.0	77.2	14.0	8.8
1980	2399.95	1846.46	339.06	214.43	100.0	77.0	14.1	8.9
1981	2449.46	1887.54	339.52	222.40	100.0	77.0	13.9	9.1
1982	2541.05	1955.49	350.79	234.77	100.0	77.0	13.8	9.2
1983	2594.37	1966.48	361.77	266.12	100.0	75.8	13.9	10.3
1984	2672.86	1971.93	414.00	286.93	100.0	73.8	15.5	10.7
1985	2728.71	1946.85	458.68	323.18	100.0	71.4	16.8	11.8
1986	2808.87	1969.64	494.51	344.72	100.0	70.1	17.6	12.3
1987	2904.10	2011.35	531.70	361.05	100.0	69.3	18.3	12.4
1988	2998.64	2050.72	550.38	397.54	100.0	68.4	18.4	13.2
1989	3091.37	2104.60	550.26	436.51	100.0	68.1	17.8	14.1
1990	3158.42	2176.70	553.83	427.89	100.0	68.9	17.5	13.6
1991	3222.43	2219.82	570.35	432.26	100.0	68.9	17.7	13.4
1992	3278.83	2213.42	613.57	451.84	100.0	67.5	18.7	13.8
1993	3345.61	2140.76	679.22	525.63	100.0	64.0	20.3	15.7
1994	3400.29	2076.14	731.01	593.14	100.0	61.1	21.5	17.4
1995	3467.31	2071.61	756.54	639.16	100.0	59.8	21.8	18.4
1996	3514.16	1994.90	810.38	708.88	100.0	56.8	23.0	20.2
1997	3560.29	1998.59	802.25	759.45	100.0	56.1	22.5	21.4
1998	3603.17	2002.51	822.49	778.17	100.0	55.6	22.8	21.6
1999	3601.39	2026.09	839.09	736.21	100.0	56.3	23.3	20.4
2000	3577.58	2120.98	840.52	616.08	100.0	59.3	23.5	17.2
2001	3607.96	2078.36	748.90	780.70	100.0	57.6	20.8	21.6
2002	3644.52	2034.04	757.26	853.22	100.0	55.8	20.8	23.4
2003	3694.78	1961.93	790.68	942.17	100.0	53.1	21.4	25.5
2004	3747.10	1885.06	804.91	1057.13	100.0	50.3	21.5	28.2
2005	3801.48	1846.90	818.10	1136.48	100.0	48.6	21.5	29.9
2006	3842.17	1790.46	829.92	1221.79	100.0	46.6	21.6	31.8
2007	3883.41	1743.65	854.35	1285.41	100.0	44.9	22.0	33.1
2008	3910.06	1720.44	875.84	1313.78	100.0	44.0	22.4	33.6
2009	3935.21	1693.05	896.57	1345.59	100.0	43.0	22.8	34.2
2010	3982.73	1690.03	915.43	1377.27	100.0	42.4	23.0	34.6
2011	4005.03	1679.94	932.62	1392.47	100.0	41.9	23.3	34.8
2012	4019.31	1668.99	948.78	1401.54	100.0	41.5	23.6	34.9
2013	4036.45	1656.01	964.54	1415.90	100.0	41.0	23.9	35.1
2014	4044.13	1651.37	957.77	1434.99	100.0	40.8	23.7	35.5

4-3 年末城镇从业人员

Number of Employed Persons in Urban Areas at the Year-end

年 份 Year	城镇从业人员合计 (万人) Number of Employed Persons in Urban Areas (10 000 persons)	国有经济 State-owned Economic	城镇集体经济 Urban Collective-owned Economic	其他经济 Economic Units of Other Types	内资经济 Domestic Funded Economic	港澳台投资经济 Economioc With Funded From H.K, Macao and Taiwan	外商投资经济 Economic With Funded Foreign	城镇私营经济 Urban Private Economic	城镇个体经济 Urban Individuals Economic
1978	364.13								
1979	388.48								
1980	410.97								
1981	430.31								
1982	446.69								
1983	457.53								
1984	473.89								
1985	491.34								
1986	511.23								
1987	539.94								
1988	560.95								
1989	567.07								
1990	582.97								
1991	599.59								
1992	619.67								
1993	669.86								
1994	714.75								
1995	749.93	482.68	120.83	12.56	6.62	2.73	3.21	17.60	116.26
1996	781.81	487.94	116.61	11.05	5.12	2.59	3.34	22.80	143.41
1997	815.96	486.58	113.19	15.83	9.23	2.96	3.64	26.94	173.42
1998	830.58	472.37	103.56	32.19	25.21	3.20	3.78	36.89	185.57
1999	817.39	474.23	98.95	33.92	27.54	3.19	3.19	34.52	175.77
2000	745.54	467.98	92.99	36.04	29.81	3.07	3.16	33.54	114.99
2001	751.26	419.71	73.62	58.17	52.35	3.15	2.67	44.43	155.33
2002	774.20	410.13	68.73	63.47	56.88	3.51	3.08	65.63	166.24
2003	858.42	395.39	59.65	67.45	60.04	3.50	3.90	87.56	248.38
2004	954.43	370.64	52.86	73.75	65.62	4.31	3.82	143.11	314.07
2005	1024.72	306.70	43.43	126.76	111.93	8.29	6.54	165.80	382.03
2006	1079.76	302.73	40.96	132.78	116.28	8.50	8.00	214.19	389.10
2007	1121.34	294.47	40.63	150.30	131.93	9.13	9.24	223.33	412.61
2008	1148.21	291.65	37.73	164.26	144.57	9.90	9.79	218.99	435.58
2009	1175.27	283.50	32.48	194.13	170.51	11.02	12.60	227.67	437.49
2010	1229.48	287.13	33.24	210.63	186.38	11.91	12.34	234.04	464.44
2011	1408.91	275.01	27.84	248.58	218.97	16.16	13.45	260.62	596.86
2012	1475.17	282.57	27.46	257.45	225.47	18.64	13.34	291.65	616.03
2013	1572.46	265.99	23.69	311.47	274.36	21.64	15.47	311.84	659.47
2014	1666.87	261.52	22.07	314.31	277.58	22.04	14.69	334.81	734.16

4-4 按类型分的年末从业人员

Employees by Type at the Year-end

单位：万人 (10 000 persons)

类 别	Item	2013 合计 Total	2013 #城镇 Urban	2014 合计 Total	2014 #城镇 Urban
从业人员总计	**Total Number of Employed Persons**	**4036.45**	**1572.46**	**4044.13**	**1666.87**
按就业身份分	**By Status**				
在岗职工	Staff and Workers on the Job	554.44	554.44	552.81	552.81
私营业主	Private Enterprises Owner	66.97	52.09	81.52	64.68
私营企业和个体从业人员	Number of Employees in Private Enterprises and Self-Employed Individuals	723.57	594.39	886.25	745.54
农村劳动力	Laborer in Rural	2319.93		2219.71	
其他从业人员	Others	371.54	371.54	303.84	303.84
按经济类型分	**By Economic Types**				
国有经济	State-owned Economy	265.99	265.99	261.52	261.52
集体经济	Collective-owned Economy	2343.62	23.69	2258.62	22.07
私营经济	Private Enterprises	406.20	311.84	421.99	334.81
个体经济	Self-Employed Individuals	709.17	659.47	787.69	734.16
联营经济	Joint Ownership Enterprises	1.15	1.15	1.07	1.07
股份制经济	Share-holding Corporations Enterprises	256.02	256.02	261.52	261.52
外商投资经济	Enterprises With Foreign Investment	15.47	15.47	14.69	14.69
港、澳、台投资经济	Enterprises With Investment from Hong Kong, Macao and Taiwan	21.64	21.64	22.04	22.04
其他经济类型	Enterprises of Other Types of Ownership	17.19	17.19	14.99	14.99
按国民经济行业分	**By Sector**				
农、林、牧、渔业	Agriculture,Forestry,Farming of Animals and Fishing	1657.69	13.07	1654.57	25.13
采矿业	Mining	94.38	50.80	95.49	40.84
制造业	Manufacturing	525.46	286.19	522.63	307.32
电力、热力、燃气及水生产和供应业	Production and Distribution of Electricity,Heat,Gas and Water	28.03	20.63	37.61	30.89
建筑业	Construction	317.32	169.28	302.82	185.62
批发和零售业	Wholesale and Retail Trade	367.88	253.72	375.97	266.01
交通运输、仓储和邮政业	Traffic,Transport, Storage and Post	162.63	77.04	145.30	98.80
住宿和餐饮业	Accommodation and and catering	194.87	108.55	186.19	110.57
信息传输、软件和信息技术服务业	Information Transfer,Software and Information technology Services	61.46	46.24	70.77	51.61
金融业	Finance	31.42	30.49	46.57	39.32
房地产业	Real Estate Trade	34.06	29.62	41.40	33.56
租赁和商务服务业	Tenancy and Business Services	47.83	42.84	60.48	50.29
科学研究和技术服务业	Scientific Research and Technical Services	23.39	20.24	29.71	24.07
水利、环境和公共设施管理业	Management of Water Conservancy ,Environment and Public Establishment	11.61	10.89	13.66	11.20
居民服务、修理和其他服务业	Resident Services , Repair and Other Services	156.94	146.42	123.71	111.06
教育	Education	97.73	86.31	110.43	94.97
卫生和社会工作	Sanitation and Social Work	58.06	46.78	62.84	48.44
文化、体育和娱乐业	Culture,Sports and Entertainment	63.68	48.48	58.71	50.84
公共管理、社会保障和社会组织	Public Management, Social Security and Social Organization	102.01	84.87	105.27	86.34

4-5 各行业年末从业人员及构成(2014年)

Number of Employees and Its Composition by Sector at the Year-end (2014)

行　业	Item	从业人员 Employees	在岗职工 Staff and Workers the Job	城镇个体私营企业 Urban Private and Individuals	农　村从业人员 Employees in Rural	其　他从业人员 Other Employees
总计　（绝对数，万人）	**Total (ABS,10 000 persons)**	**4044.13**	**552.81**	**1068.97**	**2377.26**	**45.09**
农、林、牧、渔业	Agriculture,Forestry,Farming of Animals and	1654.57	1.85	22.89	1629.44	0.39
采矿业	Mining	95.49	12.30	28.25	54.65	0.29
制造业	Manufacturing	522.63	127.84	176.67	215.31	2.81
电力、热力、燃气及水生产和供应业	Production and Distribution of Electricity, Heat.Gas and Water	37.61	16.09	14.36	6.72	0.45
建筑业	Construction	302.82	87.16	77.70	117.20	20.76
批发和零售业	Wholesale and Retail Trade	375.97	19.62	245.31	109.96	1.08
交通运输、仓储和邮政业	Traffic,Transport, Storage and Post	145.30	23.92	73.61	46.50	1.28
住宿和餐饮业	Accommodation and and catering	186.19	8.24	102.07	75.62	0.26
信息传输、软件和信息技术服务业	Information Transfer,Software and Information technology Services	70.77	7.42	43.98	19.17	0.21
金融业	Finance	46.57	18.01	16.94	7.25	4.36
房地产业	Real Estate Trade	41.40	11.31	21.61	7.84	0.64
租赁和商务服务业	Tenancy and Business Services	60.48	8.57	41.23	10.19	0.49
科学研究和技术服务业	Scientific Research and Technical Services	29.71	12.07	11.15	5.64	0.85
水利、环境和公共设施管理业	Management of Water Conservancy, Environment and Public Establishment	13.66	7.77	1.70	2.46	1.72
居民服务、修理和其他服务业	Resident Services, Repair and Other Services	123.71	1.57	109.30	12.65	0.20
教育	Education	110.43	70.49	21.31	15.45	3.18
卫生和社会工作	Sanitation and Social Work	62.84	36.33	10.33	14.40	1.78
文化、体育和娱乐业	Culture, Sports and Entertainment	58.71	4.95	45.57	7.87	0.31
公共管理、社会保障和社会组织	Public Management, Social Security and Social	105.27	77.32	5.00	18.93	4.02
构成　（以合计为100）	**Composition in Percentage (total=100)**					
农、林、牧、渔业	Agriculture,Forestry,Farming of Animals and	40.9	0.3	2.1	68.5	0.9
采矿业	Mining	2.4	2.2	2.6	2.3	0.6
制造业	Manufacturing	12.9	23.1	16.5	9.1	6.2
电力、热力、燃气及水生产和供应业	Production and Distribution of Electricity, Heat. Gas and Water	0.9	2.9	1.3	0.3	1.0
建筑业	Construction	7.5	15.8	7.3	4.9	46.0
批发和零售业	Wholesale and Retail Trade	9.3	3.5	22.9	4.6	2.4
交通运输、仓储和邮政业	Traffic,Transport, Storage and Post	3.6	4.3	6.9	2.0	2.8
住宿和餐饮业	Accommodation and and catering	4.6	1.5	9.5	3.2	0.6
信息传输、软件和信息技术服务业	Information Transfer, Software and Information technology Services	1.7	1.3	4.1	0.8	0.5
金融业	Finance	1.2	3.3	1.6	0.3	9.7
房地产业	Real Estate Trade	1.0	2.0	2.0	0.3	1.4
租赁和商务服务业	Tenancy and Business Services	1.5	1.5	3.9	0.4	1.1
科学研究和技术服务业	Scientific Research and Technical Services	0.7	2.2	1.0	0.2	1.9
水利、环境和公共设施管理业	Management of Water Conservancy,Environment and Public Establishment	0.3	1.4	0.2	0.1	3.8
居民服务、修理和其他服务业	Resident Services, Repair and Other Services	3.1	0.3	10.2	0.5	0.4
教育	Education	2.7	12.8	2.0	0.6	7.1
卫生和社会工作	Sanitation and Social Work	1.6	6.6	1.0	0.6	4.0
文化、体育和娱乐业	Culture, Sports and Entertainment	1.5	0.9	4.3	0.3	0.7
公共管理、社会保障和社会组织	Public Management, Social Security and Social Organization	2.6	14.0	0.5	0.8	8.9

4-6 年末城乡劳动力资源与分配

Resources and Distribution of Labor Force in Urban and Rural Areas at theYear-end

单位:万人 (10 000 persons)

类别	Item	合计 Total		城镇 Urban		乡村 Rural	
		2013	2014	2013	2014	2013	2014
总计	**Total**	**5405.02**	**5433.27**	**2592.25**	**2677.52**	**2812.77**	**2755.75**
经济活动人口	Economy Active Population	4109.03	4117.65	1645.04	1740.39	2463.99	2377.26
从业人员	Employees	4036.45	4044.13	1572.46	1666.87	2463.99	2377.26
失业人员	Unemployment	72.58	73.52	72.58	73.52		
非经济活动人口	Non-Economy Active Population	1295.99	1315.62	947.21	937.13	348.78	378.49

4-7 年末城镇各单位按行业分组的女性从业人员(2014年)

Number of Female Employees by Sector at the Year-end (2014)

单位:万人 (10 000 persons)

行业	Item	各单位女性从业人员 Number of Female Employees in Units	国有经济 State-owned Economic Units	城镇集体 Urban Collective-owned Economic Units	其他经济 Economic Units of Other Types
总计	**Total**	**205.55**	**100.35**	**5.39**	**99.82**
农、林、牧、渔业	Agriculture, Forestry, Farming of Animals and Fishing	0.70	0.61	0.02	0.07
采矿业	Mining	1.55	0.26	0.27	1.01
制造业	Manufacturing	48.59	1.87	0.98	45.74
电力、热力、燃气及水生产和供应业	Production and Distribution of Electricity, Heat, Gas and Water	4.84	2.99	0.09	1.76
建筑业	Construction	11.77	1.32	1.02	9.43
批发和零售业	Wholesale and Retail Trade	10.25	1.09	0.26	8.89
交通运输、仓储和邮政业	Information Transfer,Computer Services and Software	7.28	4.47	0.27	2.55
住宿和餐饮业	Accommodation and and catering	5.33	0.74	0.06	4.53
信息传输、软件和信息技术服务业	Information Transfer, Software and Information technology Services	2.99	0.47		2.52
金融业	Finance	11.53	1.09	0.48	9.97
房地产业	Real Estate Trade	4.35	0.42	0.03	3.90
租赁和商务服务业	Tenancy and Business Services	2.85	0.71	0.14	2.00
科学研究和技术服务业	Scientific Research and Technical Services	3.53	2.13	0.02	1.37
水利、环境和公共设施管理业	Management of Water Conservancy, Environment and Public Establishment	4.00	3.75	0.05	0.20
居民服务、修理和其他服务业	Resident Services , Repair and Other Services	0.78	0.10	0.02	0.67
教育	Education	36.45	33.16	0.36	2.93
卫生和社会工作	Sanitation and Social Work	23.87	21.21	1.28	1.38
文化、体育和娱乐业	Culture,Sports and Entertainment	2.29	1.48	0.02	0.78
公共管理、社会保障和社会组织	Public Management, Social Security and Social Organization	22.62	22.48		0.13

4-8 各行业年末在岗职工(2014年)

Total Number of Staff and Workers on the Job by Sector at the Year-end (2014)

单位：万人 (10 000 persons)

行 业	Item	全部在岗职工 Number of Staff and Workers on the Job	国有经济 State-owned Economic	城镇集体 Urban Collective-owned Economic
总 计	**Total**	**552.81**	**245.28**	**19.53**
农、林、牧、渔业	**Agriculture, Forestry, Farming of Animals and Fishing**	**1.85**	**1.52**	**0.08**
农业	Agriculture	0.37	0.30	0.02
林业	Forestry	0.96	0.91	0.04
畜牧业	Farming of animals	0.04	0.03	
渔业	Fishing	0.28	0.13	0.02
农、林、牧、渔服务业	Service Activities for Agriculture, Forestry, Farming of Animals and Fishing	0.20	0.16	
采矿业	**Mining**	**12.30**	**1.63**	**2.59**
煤炭开采和洗选业	Mining and Washing of Coal	7.48	1.36	2.14
石油和天然气开采业	Petroleum and Natural Gas Extraction	0.01	0.01	
黑色金属矿采选业	Mining of Ferrous Metal Ores	0.59		0.18
有色金属矿采选业	Mining of Non-ferrous Metal Ores	2.74	0.12	0.15
非金属矿采选业	Mining and Processing of Nonmetal Ores	1.48	0.13	0.13
开采辅助活动	Mining auxiliary activities			
其他采矿业	Mining of Other Mineral			
制造业	**Manufacturing**	**127.84**	**6.46**	**3.12**
农副食品加工业	Processing of Food from Agricultural Products	5.89	0.26	0.08
食品制造业	Manufacture of Foods	3.20	0.06	0.04
酒、饮料和精制茶制造业	Manufacture of Beverage，drink and tea	2.59	0.01	0.04
烟草制品业	Manufacture of Tobacco	1.55	1.19	
纺织业	Manufacture of Textile	2.47	0.04	0.03
纺织服装、服饰业	Manufacture of Textile Wearing Apparel	1.91	0.01	0.04
皮革、毛皮、羽毛及其制品和制鞋业	Leather,Fur,Feather and Its Products and Footwear Products	6.51		0.03
木材加工和木、竹、藤、棕、草制品业	Processing of Timbers, Manufacture of Wood, Bamboo, Rattan,Palm and Straw Products	1.37	0.07	0.02
家具制造业	Manufacture of Furniture	0.63		0.01
造纸和纸制品业	Manufacture of Paper and Paper Products	2.78	0.01	0.09
印刷和记录媒介复制业	Printing,Reproduction of Recording Media	1.15	0.11	0.08
文教、工美、体育和娱乐用品制造业	Manufacture of Articles for Culture,Education and Sport Activity	1.18	0.02	0.08
石油加工、炼焦和核燃料加工业	Processing of Petroleum,Coking,Processing of Nucleus Fuel	1.35		
化学原料和化学制品制造业	Manufacture of Chemical Raw Material and Chemical Products	11.21	0.84	0.26
医药制造业	Manufacture of Medicines	3.18	0.05	0.06
化学纤维制造业	Manufacture of Chemical Fiber	0.23		
橡胶和塑料制品业	Manufacture of Rubber and plastic	1.95	0.02	0.22
非金属矿物制品业	Manufacture of Non-metallic Mineral Products	12.50	0.49	1.26
黑色金属冶炼和压延加工业	Manufacture and Processing of Ferrous Metals	6.14	0.12	0.14
有色金属冶炼和压延加工业	Manufacture and Processing of Non-ferrous Metals	6.58	0.08	0.07
金属制品业	Manufacture of Metal Products	6.57	1.41	0.04
通用设备制造业	Manufacture of General Purpose Machinery	5.27	0.15	0.14
专用设备制造业	Manufacture of Special Purpose Machinery	9.51	0.43	0.04
汽车制造业	Automobile Industry	6.11	0.18	0.09

4-8 续表 1 continued

单位：万人 (10 000 persons)

行 业	Item	全部在岗职工 Number of Staff and Workers on the Job	国有经济 State-owned Economic	城镇集体 Urban Collective-owned Economic
铁路、船舶、航空航天和其他运输设备制造	Manufacture of Railway,Marine,Aerospace and Other Transport Equipment	4.75	0.56	0.03
电气机械和器材制造业	Manufacture of Electrical Machinery and	5.73	0.20	0.06
计算机、通信和其他电子设备制造业	Manufacture of Communication Equipment, Computer and Other Electronic Equipment	13.78	0.10	0.03
仪器仪表制造业	Manufacture of Measuring Instrument	1.18	0.03	0.03
其他制造业	Other Manufacture N.E.C	0.14		
废弃资源综合利用业	Recycling and Disposal of Waste	0.35	0.02	0.13
金属制品、机械和设备修理业	Mental Products,Machine and Equipment Repair	0.07		
电力、热力、燃气及水生产和供应业	**Production and Distribution of Electricity,Gas and**	**16.09**	**10.53**	**0.26**
电力、热力生产和供应业	Production and Supply of Electric Power and Heat	13.18	8.91	0.20
燃气生产和供应业	Production and Distribution of Gas	0.55	0.03	
水的生产和供应业	Production and Distribution of Water	2.37	1.59	0.05
建筑业	**Construction**	**87.16**	**6.66**	**7.12**
房屋建筑业	Construction of Building	62.90	2.20	6.65
土木工程建筑业	Construction of Civil Engineering	18.45	4.07	0.31
建筑安装业	Architectural Installation	2.74	0.22	0.08
建筑装饰和其他建筑业	Architectural Decoration and Other Construction	3.07	0.17	0.08
批发和零售业	**Wholesale and Retail Trade**	**19.62**	**3.07**	**0.63**
批发业	Wholesale	6.96	2.33	0.13
零售业	Retail Trade	12.65	0.74	0.50
交通运输、仓储和邮政业	**Traffic,Transport,Storage and Post**	**23.92**	**15.06**	**0.84**
铁路运输业	Transport Via Railway	7.51	7.33	0.00
道路运输业	Transport Via Road	10.01	3.92	0.39
水上运输业	Water Transport	0.42	0.04	0.14
航空运输业	Air Transport	0.83	0.28	
管道运输业	Pipeline Transportation Industry	0.02		
装卸搬运和运输代理业	Loading,Unloading,Portage and Other Transport	0.66	0.03	0.30
仓储业	Storage	0.59	0.50	0.01
邮政业	Post	3.88	2.95	
住宿和餐饮业	**Accommodation and Restaurants**	**8.24**	**1.11**	**0.11**
住宿业	Accommodation	5.69	1.03	0.11
餐饮业	Restaurants	2.55	0.08	
信息传输、软件和信息技术服务业	**Information Transfer,Software and Information Technology Service**	**7.42**	**1.24**	**0.01**
电信、广播电视和卫星传输服务	Telecom, Broadcasting and Satellite Transmission Service	6.03	1.17	
互联网和相关服务	The Internet and Related Services	0.32	0.03	
软件和信息技术服务业	Software and Information Technology Service	1.07	0.04	
金融业	**Finance**	**18.01**	**2.44**	**1.00**
货币金融服务	Monetary and Financial Services	13.07	2.19	1.00
资本市场服务	Capital Markets Services	0.74	0.02	
保险业	Insurance	4.15	0.22	
其他金融业	Other Financial Activities	0.05	0.01	
房地产业	**Real Estate**	**11.31**	**1.07**	**0.08**
房地产开发经营	Real Estate Exploitation Management	6.74	0.34	0.01
物业管理	Management Concerning Dwelling	3.90	0.40	0.03
房地产中介服务	Real Estate Agency Service	0.38	0.11	
租赁和商务服务业	**Tenancy and Business Services**	**8.57**	**2.17**	**0.57**
租赁业	Tenancy	0.09	0.01	

4-8 续表 2 continued

单位：万人　　(10 000 persons)

行　业	Item	全部在岗职工 Number of Staff and Workers on the Job	国有经济 State-owned Economic	城镇集体 Urban Collective-owned Economic
商务服务业	Business Service	8.47	2.16	0.57
科学研究和技术服务业	**Scientific Research,Technical Service**	**12.07**	**7.28**	**0.09**
研究和试验发展	Research and Experimental Development	1.93	1.65	0.01
专业技术服务业	Professional Technique Services	7.30	4.95	0.08
科技推广和应用服务业	Services of S&T Intercommunion and Generalization	2.84	0.68	0.01
水利、环境和公共设施管理业	**Management of Water Conservancy, Environment and Public Establishment**	**7.77**	**7.15**	**0.15**
水利管理业	Management of Water Conservancy	1.86	1.73	0.04
生态保护和环境治理业	Environmental Management	0.22	0.18	
公共设施管理业	Management of Public Establishment	5.70	5.23	0.11
居民服务、修理和其他服务业	**Resident Services and Other Services**	**1.57**	**0.29**	**0.09**
居民服务业	Resident Services	1.05	0.17	0.03
机动车、电子产品和日用产品修理业	Motor,Electronic Products and Daily Products Repair Service	0.12	0.02	0.01
其他服务业	Other Services	0.39	0.10	0.05
教育	**Education**	**70.49**	**65.07**	**0.66**
初等教育	Primary Education	18.68	17.59	0.18
中等教育	Secondary Education	39.43	36.97	0.29
高等教育	Higher Education	8.31	7.67	0.04
卫生和社会工作	**Health and Social Work**	**36.33**	**32.17**	**2.09**
卫生	Health	35.77	31.72	2.07
社会工作	Social Work	0.55	0.46	0.02
文化、体育和娱乐业	**Culture, Sports and Entertainment**	**4.95**	**3.37**	**0.04**
新闻和出版业	Journalism and Publishing Activities	1.03	0.52	
广播、电视、电影和影视录音制作业	Broadcasting,Movies,Television and Audiovisual Activities	1.84	1.48	
文化艺术业	Culture and Art	1.44	1.19	0.04
体育	Sports Activities	0.23	0.12	
娱乐业	Entertainment	0.41	0.07	
公共管理、社会保障和社会组织	**Public Management and Social Organization**	**77.32**	**76.99**	**0.01**
中国共产党机关	Organ of Communist Party of China	2.77	2.77	
国家机构	Organ of State	72.34	72.34	
人民政协、民主党派	People's Political Consultative Conference and Democratic Party	0.41	0.41	
社会保障	Social Insurance	0.64	0.64	
群众团体、社会团体和其他成员组织	Mass Community,Social Community and Religion Organizations	1.16	0.83	0.01

4-9 在岗职工工资总额及年平均工资

Total Wages and Average Annual Wage of Staff and Workers on the Job

年份 Year	在岗职工工资总额 (亿元) Totel Wages of Staff and Workers on the Job (100 million yuan)	国有经济 State-owned Economic	城镇集体经济 Urban Collective-owned Economic	其他经济 Economic Units of Other Types	在岗职工年平均工资 (元) Average Annual Wages of Staff and Workers on the Job (yuan)	国有经济 State-owned Economic	城镇集体经济 Urban Collective-owned Economic	其他经济 Economic Units of Other Types
1978	20.33	16.29	4.04		563	589	474	
1979	23.39	18.50	4.89		628	644	580	
1980	28.73	23.09	5.64		718	746	625	
1981	30.09	24.17	5.92		725	748	643	
1982	32.46	26.13	6.33		750	772	670	
1983	34.48	27.71	6.77		780	803	700	
1984	41.69	32.28	9.41		922	965	800	
1985	49.30	38.36	10.93	0.01	1059	1111	912	1270
1986	58.80	45.97	12.81	0.02	1220	1281	1043	1078
1987	70.14	55.16	14.94	0.04	1400	1470	1190	1483
1988	87.38	69.78	17.54	0.06	1688	1777	1407	1966
1989	96.78	78.66	18.02	0.10	1836	1945	1475	2125
1990	108.97	88.92	19.91	0.14	2014	2141	1593	2089
1991	119.67	97.57	21.91	0.19	2152	2278	1727	2361
1992	143.69	118.37	24.96	0.36	2526	2686	1966	2852
1993	181.84	148.64	29.51	3.69	3142	3324	2379	4970
1994	238.22	198.56	34.76	4.90	4104	4388	2910	5762
1995	282.05	233.48	41.12	7.45	4797	5082	3525	6259
1996	299.57	251.74	41.59	6.24	5100	5412	3724	5897
1997	314.91	265.53	40.70	8.68	5326	5683	3736	5733
1998	323.76	269.17	35.94	18.65	5473	5849	3585	5994
1999	349.06	293.70	34.55	20.81	5939	6385	3627	6403
2000	377.19	318.62	34.21	24.36	6515	6999	3800	7217
2001	407.58	335.75	29.00	42.83	7698	8295	4146	7825
2002	458.53	374.41	30.05	54.07	8734	9403	4522	8958
2003	494.42	400.01	29.04	65.37	9855	10484	5108	10327
2004	543.76	432.98	31.20	79.58	11463	12173	6228	11602
2005	616.86	426.50	33.17	157.19	13718	14521	8355	13522
2006	715.23	488.02	36.31	190.90	16031	16898	9792	15874
2007	898.65	600.05	47.05	251.55	19711	21173	12921	18482
2008	1057.07	688.10	53.73	315.24	23082	24939	15529	21379
2009	1225.42	755.58	51.98	417.86	26008	28202	17867	23994
2010	1434.62	845.54	60.02	529.06	29275	31343	20221	27757
2011	1797.05	942.06	65.43	789.52	35520	36654	27034	35139
2012	2076.46	1080.35	72.93	923.18	40028	41628	30204	39270
2013	2407.62	1127.78	69.09	1210.75	43893	45342	33919	43330
2014	2665.89	1219.28	72.94	1373.67	48525	49784	37487	48196

注：从2011年起，“职工工资总额”及“职工年平均工资”指标更改为“在岗职工工资总额”及“在岗职工年平均工资”指标。

Form 2011,Index of "Wages of Saff and Workers"and "Average Annual Wages of Staff and Workers" Changed into"Wages of Saff and Workers on the Job"and "Average Annual Wages of Staff and Workers on the Jobs".

4-10 各行业在岗职工工资总额(2014年)

Total Wages of Staff and Workers on the Job by Sector (2014)

单位：万元 (10 000 yuan)

行业	Item	全部在岗职工 Number of Staff and Workers on the Job	国有经济 State-owned Economic	城镇集体 Urban Collective-owned Economic
总计	**Total**	**26658938**	**12192810**	**729436**
农、林、牧、渔业	**Agriculture, Forestry, Farming of Animals and Fishing**	**46733**	**37756**	**2404**
农业	Agriculture	8584	6104	767
林业	Forestry	26476	25186	1173
畜牧业	Farming of animals	860	612	
渔业	Fishing	5985	2147	463
农、林、牧、渔服务业	Service Activities for Agriculture,Forestry, Farming of Animals and Fishing	4828	3707	
采矿业	**Mining**	**535362**	**67745**	**117540**
煤炭开采和洗选业	Mining and Washing of Coal	333747	59346	100780
石油和天然气开采业	Petroleum and Natural Gas Extraction	104	104	
黑色金属矿采选业	Mining of Ferrous Metal Ores	22442	133	7187
有色金属矿采选业	Mining of Non-ferrous Metal Ores	122546	2857	6157
非金属矿采选业	Mining and Processing of Nonmetal Ores	56307	5090	3416
开采辅助活动	Mining auxiliary activities			
其他采矿业	Mining of Other Mineral	216	216	
制造业	**Manufacturing**	**6174526**	**446136**	**103416**
农副食品加工业	Processing of Food from Agricultural Products	215556	8382	3076
食品制造业	Manufacture of Foods	103078	1941	686
酒、饮料和精制茶制造业	Manufacture of Beverage，drink and tea	104698	238	946
烟草制品业	Manufacture of Tobacco	224589	210005	
纺织业	Manufacture of Textile	79274	1301	861
纺织服装、服饰业	Manufacture of Textile Wearing Apparel	72974	99	1292
皮革、毛皮、羽毛及其制品和制鞋业	Leather,Fur,Feather and Its Products and Footwear	209280	69	979
木材加工和木、竹、藤、棕、草制品业	Processing of Timbers, Manufacture of Wood, Bamboo, Rattan,	43979	1769	582
家具制造业	Manufacture of Furniture	23638		265
造纸和纸制品业	Manufacture of Paper and Paper Products	101446	203	2803
印刷和记录媒介复制业	Printing,Reproduction of Recording Media	49650	4099	2585
文教、工美、体育和娱乐用品制造业	Manufacture of Articles for Culture,Education and Sport Activity	43415	1161	2143
石油加工、炼焦和核燃料加工业	Processing of Petroleum, Coking, Processing of Nucleus Fuel	105273	141	
化学原料和化学制品制造业	Manufacture of Chemical Raw Material and Chemical Products	449227	28050	8567
医药制造业	Manufacture of Medicines	139671	1940	1454
化学纤维制造业	Manufacture of Chemical Fiber	10826		
橡胶和塑料制品业	Manufacture of Rubber and plastic	67641	1114	9422
非金属矿物制品业	Manufacture of Non-metallic Mineral Products	536589	22057	37240
黑色金属冶炼和压延加工业	Manufacture and Processing of Ferrous Metals	330377	4695	4789
有色金属冶炼和压延加工业	Manufacture and Processing of Non-ferrous Metals	310298	5255	1845
金属制品业	Manufacture of Metal Products	304326	67069	1120
通用设备制造业	Manufacture of General Purpose Machinery	242926	7324	4557
专用设备制造业	Manufacture of Special Purpose Machinery	712960	21646	1714
汽车制造业	Automobile Industry	328189	7281	4919
铁路、船舶、航空航天和其他运输设备制造业	Manufacture of Railway,Marine,Aerospace and Other Transport Equipment	365411	33651	817
电气机械和器材制造业	Manufacture of Electrical Machinery and Equipment	276392	8914	2215

4-10 续表 1 continued

单位：万元 (10 000 yuan)

行　业	Item	全部在岗职工 Number of Staff and Workers on the Job	国有经济 State-owned Economic	城镇集体 Urban Collective-owned Economic
计算机、通信和其他电子设备制造业	Manufacture of Communication Equipment, Computer and Other Electronic Equipment	642221	5369	1469
仪器仪表制造业	Manufacture of Measuring Instrument	55640	1812	1367
其他制造业	Other Manufacture N.E.C	6049		
废弃资源综合利用业	Recycling and Disposal of Waste	15345	553	5448
金属制品、机械和设备修理业	Mental Products,Machine and Equipment Repair	3588		252
电力、热力、燃气及水生产和供应业	**Production and Distribution of Electricity,Gas and Water**	**911797**	**591250**	**9562**
电力、热力生产和供应业	Production and Supply of Electric Power and Heat Power	778230	522441	8034
燃气生产和供应业	Production and Distribution of Gas	26943	1632	
水的生产和供应业	Production and Distribution of Water	106624	67177	1528
建筑业	**Construction**	**3479591**	**292982**	**228070**
房屋建筑业	Construction of Building	2396353	87750	212560
土木工程建筑业	Construction of Civil Engineering	843170	186474	9964
建筑安装业	Architectural Installation	124537	7112	2689
建筑装饰和其他建筑业	Architectural Decoration and Other Construction	115532	11645	2857
批发和零售业	**Wholesale and Retail Trade**	**878519**	**212586**	**17720**
批发业	Wholesale	401275	182462	5898
零售业	Retail Trade	477244	30125	11821
交通运输、仓储和邮政业	**Traffic,Transport,Storage and Post**	**1315865**	**935925**	**22289**
铁路运输业	Transport Via Railway	607867	591463	
道路运输业	Transport Via Road	358833	129483	9802
水上运输业	Water Transport	15564	1588	3745
航空运输业	Air Transport	71391	17883	
管道运输业	Pipeline Transportation Industry	684		
装卸搬运和运输代理业	Loading,Unloading,Portage and Other Transport Services	23236	1841	8400
仓储业	Storage	19056	15952	342
邮政业	Post	219234	177718	
住宿和餐饮业	**Accommodation and Restaurants**	**269768**	**42603**	**2764**
住宿业	Accommodation	190729	38917	2686
餐饮业	Restaurants	79039	3686	78
信息传输、软件和信息技术服务业	**Information Transfer,Software and Information Technology Service**	**443010**	**62521**	**493**
电信、广播电视和卫星传输服务	Telecom, Broadcasting and Satellite Transmission Service	354456	59422	65
互联网和相关服务	The Internet and Related Services	20686	1124	
软件和信息技术服务业	Software and Information Technology Service	67867	1976	428
金融业	**Finance**	**1765580**	**197150**	**66585**
货币金融服务	Monetary and Financial Services	1370050	183625	66585
资本市场服务	Capital Markets Services	106637	2009	
保险业	Insurance	281068	10682	
其他金融业	Other Financial Activities	7824	834	
房地产业	**Real Estate**	**516795**	**47568**	**2481**
房地产开发经营	Real Estate Exploitation Management	374550	16394	561
物业管理	Management Concerning Dwelling	112927	16433	974
房地产中介服务	Real Estate Agency Service	16898	4635	
租赁和商务服务业	**Tenancy and Business Services**	**327931**	**82586**	**18717**
租赁业	Tenancy	2710	294	
商务服务业	Business Service	325221	82291	18717
科学研究和技术服务业	**Scientific Research,Technical Service&Geologic Perambulation**	**613816**	**394018**	**3511**

4-10 续表 2 continued

单位：万元 (10 000 yuan)

行　业	Item	全部在岗职工 Number of Staff and Workers on the Job	国有经济 State-owned Economic	城镇集体 Urban Collective-owned Economic
研究和试验发展	Research and Experimental Development	113946	98161	173
专业技术服务业	Professional Technique Services	416939	272112	3129
科技推广和应用服务业	Services of S&T Intercommunion and Generalization	82931	23745	209
水利、环境和公共设施管理业	**Management of Water Conservancy, Environment and Public Establishment**	**251912**	**228227**	**4832**
水利管理业	Management of Water Conservancy	62895	57457	1578
生态保护和环境治理业	Environmental Management	7080	5047	
公共设施管理业	Management of Public Establishment	181937	165723	3254
居民服务、修理和其他服务业	**Resident Services and Other Services**	**62957**	**12099**	**4385**
居民服务业	Resident Services	45683	7948	1495
机动车、电子产品和日用产品修理业	Motor, Electronic Products and Daily Products Repair Service	4609	383	367
其他服务业	Other Services	12664	3769	2523
教育	**Education**	**3329469**	**3100271**	**29688**
初等教育	Primary Education	778898	730855	8472
中等教育	Secondary Education	1764680	1657693	13190
高等教育	Higher Education	610341	580386	2575
卫生和社会工作	**Health and Social Work**	**2208327**	**2003776**	**92675**
卫生	Health	2187125	1985646	92074
社会工作	Social Work	21202	18129	601
文化、体育和娱乐业	**Culture, Sports and Entertainment**	**272197**	**192445**	**1811**
新闻和出版业	Journalism and Publishing Activities	60984	30234	110
广播、电视、电影和影视录音制作业	Broadcasting, Movies, Television and Audiovisual Activities	128693	105133	111
文化艺术业	Culture and Art	57280	47151	1350
体育	Sports Activities	9120	4874	157
娱乐业	Entertainment	16121	5053	83
公共管理、社会保障和社会组织	**Public Management and Social Organization**	**3254786**	**3245168**	**494**
中国共产党机关	Organ of Communist Party of China	121470	121470	
国家机构	Organ of State	3044672	3044672	
人民政协、民主党派	People's Political Consultative Conference and Democratic Party	20097	20097	
社会保障	Social Insurance	24148	24148	
群众团体、社会团体和其他成员组织	Mass Community,Social Community and Religion Organizations	44400	34781	494

4-11 各行业在岗职工年平均工资(2014年)

Average Annual Wage of Staff and Workers on the Job by Sector (2014)

单位：元 (yuan)

行 业	Item	全部在岗职工 Number of Staff and Workers on the Job	国有经济 State-owned Economic	城镇集体 Urban Collective-owned Economic
总 计	**Total**	**48525**	**49784**	**37487**
农、林、牧、渔业	**Agriculture, Forestry, Farming of Animals and Fishing**	**25212**	**24589**	**30778**
农业	Agriculture	23099	20347	43585
林业	Forestry	27411	27426	28002
畜牧业	Farming of animals	23433	24102	
渔业	Fishing	21537	16811	24914
农、林、牧、渔服务业	Service Activities for Agriculture, Forestry, Farming of Animals and Fishing	23961	22591	
采矿业	**Mining**	**40419**	**33522**	**40618**
煤炭开采和洗选业	Mining and Washing of Coal	39582	33921	41212
石油和天然气开采业	Petroleum and Natural Gas Extraction	20058	20058	
黑色金属矿采选业	Mining of Ferrous Metal Ores	38076	36806	41638
有色金属矿采选业	Mining of Non-ferrous Metal Ores	44754	23418	42228
非金属矿采选业	Mining and Processing of Nonmetal Ores	38091	36911	26280
开采辅助活动	Mining auxiliary activities			
其他采矿业	Mining of Other Mineral	79963	79963	
制造业	**Manufacturing**	**48050**	**68090**	**33045**
农副食品加工业	Processing of Food from Agricultural Products	36808	32856	37334
食品制造业	Manufacture of Foods	33811	32088	16028
酒、饮料和精制茶制造业	Manufacture of Beverage，drink and tea	39153	39016	26213
烟草制品业	Manufacture of Tobacco	148410	170348	
纺织业	Manufacture of Textile	31740	27169	26571
纺织服装、服饰业	Manufacture of Textile Wearing Apparel	37461	18642	34008
皮革、毛皮、羽毛及其制品和制鞋业	Leather,Fur,Feather and Its Products and Footwear	32060	24571	34851
木材加工和木、竹、藤、棕、草制品业	Processing of Timbers, Manufacture of Wood, Bamboo, Rattan, Palm and Straw Products	31910	27133	28935
家具制造业	Manufacture of Furniture	37761		28804
造纸和纸制品业	Manufacture of Paper and Paper Products	36623	23570	31212
印刷和记录媒介复制业	Printing,Reproduction of Recording Media	43496	37196	31299
文教、工美、体育和娱乐用品制造业	Manufacture of Articles for Culture, Education and Sport Activity	36597	49628	25276
石油加工、炼焦和核燃料加工业	Processing of Petroleum, Coking, Processing of Nucleus Fuel	76988	28200	
化学原料和化学制品制造业	Manufacture of Chemical Raw Material and Chemical Products	39798	31499	33661
医药制造业	Manufacture of Medicines	44449	37015	24000
化学纤维制造业	Manufacture of Chemical Fiber	47315		
橡胶和塑料制品业	Manufacture of Rubber and plastic	35000	44719	43301
非金属矿物制品业	Manufacture of Non-metallic Mineral Products	42824	45207	29723
黑色金属冶炼和压延加工业	Manufacture and Processing of Ferrous Metals	53168	39222	34755
有色金属冶炼和压延加工业	Manufacture and Processing of Non-ferrous Metals	47419	64636	28873
金属制品业	Manufacture of Metal Products	46071	47405	31187
通用设备制造业	Manufacture of General Purpose Machinery	45547	50201	31386
专用设备制造业	Manufacture of Special Purpose Machinery	68642	48796	35560
汽车制造业	Automobile Industry	53814	41556	53760
铁路、船舶、航空航天和其他运输设备制造业	Manufacture of Railway, Marine, Aerospace and Other Transport Equipment	78426	61218	30151
电气机械和器材制造业	Manufacture of Electrical Machinery and Equipment	48463	45736	34616

4-11 续表 1 continued

单位：元 (yuan)

行　业	Item	全部在岗职工 Number of Staff and Workers on the Job	国有经济 State-owned Economic	城镇集体 Urban Collective-owned Economic
计算机、通信和其他电子设备制造业	Manufacture of Communication Equipment,Computer and Other Electronic Equipment	47280	53051	56496
仪器仪表制造业	Manufacture of Measuring Instrument	47801	58654	48832
其他制造业	Other Manufacture N.E.C	42842		
废弃资源综合利用业	Recycling and Disposal of Waste	44247	33732	43480
金属制品、机械和设备修理业	Mental Products,Machine and Equipment Repair	54946		52583
电力、热力、燃气及水生产和供应业	**Production and Distribution of Electricity, Gas and Water**	**56644**	**55921**	**37529**
电力、热力生产和供应业	Production and Supply of Electric Power and Heat Power	59031	58422	39792
燃气生产和供应业	Production and Distribution of Gas	50183	55149	
水的生产和供应业	Production and Distribution of Water	44862	41965	28890
建筑业	**Construction**	**41647**	**45364**	**33777**
房屋建筑业	Construction of Building	40156	41495	33721
土木工程建筑业	Construction of Civil Engineering	46615	48886	33675
建筑安装业	Architectural Installation	45665	32609	34739
建筑装饰和其他建筑业	Architectural Decoration and Other Construction	37777	37421	37784
批发和零售业	**Wholesale and Retail Trade**	**45265**	**70796**	**28916**
批发业	Wholesale	58220	80864	44216
零售业	Retail Trade	38131	40360	24659
交通运输、仓储和邮政业	**Traffic, Transport, Storage and Post**	**55055**	**62343**	**26535**
铁路运输业	Transport Via Railway	81684	81452	
道路运输业	Transport Via Road	35852	33091	24408
水上运输业	Water Transport	37557	36164	26599
航空运输业	Air Transport	84556	57872	
管道运输业	Pipeline Transportation Industry	42769		
装卸搬运和运输代理业	Loading,Unloading,Portage and Other Transport Services	35998	62826	29087
仓储业	Storage	39372	40110	38841
邮政业	Post	54181	58112	
住宿和餐饮业	**Accommodation and Restaurants**	**32522**	**38343**	**24924**
住宿业	Accommodation	33244	37809	24872
餐饮业	Restaurants	30902	45062	26862
信息传输、软件和信息技术服务业	**Information Transfer,Software and Information Technology Service**	**59448**	**50727**	**98500**
电信、广播电视和卫星传输服务	Telecom, Broadcasting and Satellite Transmission Service	57917	50836	37941
互联网和相关服务	The Internet and Related Services	68794	41015	
软件和信息技术服务业	Software and Information Technology Service	65807	54580	129697
金融业	**Finance**	**99418**	**81195**	**66412**
货币金融服务	Monetary and Financial Services	105640	83790	66412
资本市场服务	Capital Markets Services	148375	86582	
保险业	Insurance	69926	51529	
其他金融业	Other Financial Activities	151046	136738	
房地产业	**Real Estate**	**46406**	**44744**	**31445**
房地产开发经营	Real Estate Exploitation Management	56123	48777	43154
物业管理	Management Concerning Dwelling	29842	41445	29069
房地产中介服务	Real Estate Agency Service	43698	42286	
租赁和商务服务业	**Tenancy and Business Services**	**38587**	**37697**	**32338**
租赁业	Tenancy	30515	33443	
商务服务业	Business Service	38672	37714	32338
科学研究和技术服务业	**Scientific Research,Technical Service&Geologic Perambulation**	**51295**	**54385**	**39099**

4-11 续表 2 continued

单位：元 (yuan)

行 业	Item	全部在岗职工 Number of Staff and Workers on the Job	国有经济 State-owned Economic	城镇集体 Urban Collective-owned Economic
研究和试验发展	Research and Experimental Development	59701	59625	31527
专业技术服务业	Professional Technique Services	57529	55177	40117
科技推广和应用服务业	Services of S&T Intercommunion and Generalization	29509	35594	33111
水利、环境和公共设施管理业	**Management of Water Conservancy, Environment and Public Establishment**	**32568**	**32118**	**32000**
水利管理业	Management of Water Conservancy	33798	33036	41754
生态保护和环境治理业	Environmental Management	32550	28974	
公共设施管理业	Management of Public Establishment	32164	31916	28743
居民服务、修理和其他服务业	**Resident Services and Other Services**	**40520**	**42319**	**47866**
居民服务业	Resident Services	43846	46888	49500
机动车、电子产品和日用产品修理业	Motor,Electronic Products and Daily Products Repair Service	37323	22639	52371
其他服务业	Other Services	32614	37876	46379
教育	**Education**	**47294**	**47668**	**45064**
初等教育	Primary Education	41656	41493	48354
中等教育	Secondary Education	44791	44846	45767
高等教育	Higher Education	73964	76162	62349
卫生和社会工作	**Health and Social Work**	**61496**	**63023**	**44758**
卫生	Health	61859	63364	44805
社会工作	Social Work	38339	39670	38519
文化、体育和娱乐业	**Culture, Sports and Entertainment**	**55684**	**57422**	**39791**
新闻和出版业	Journalism and Publishing Activities	63006	60907	61222
广播、电视、电影和影视录音制作业	Broadcasting, Movies, Television and Audiovisual Activities	69628	70483	48043
文化艺术业	Culture and Art	39941	40013	38023
体育	Sports Activities	40211	41944	42432
娱乐业	Entertainment	39214	73449	37727
公共管理、社会保障和社会组织	**Public Management and Social Organization**	**42139**	**42194**	**37105**
中国共产党机关	Organ of Communist Party of China	43844	43844	
国家机构	Organ of State	42138	42138	
人民政协、民主党派	People's Political Consultative Conference and Democratic Party	48685	48685	
社会保障	Social Insurance	37826	37826	
群众团体、社会团体和其他成员组织	Mass Community, Social Community and Religion Organizations	38180	41689	37105

4-12 社会保险参保人员情况

Basic Indicators of Staff and Workers Participated in Social Security System

单位：万人 (10 000 persons)

年 份 Year	养老保险参保人数 Persons in Pension Insurance	机关事业单位 Agencies and Institutions	企业单位 Enterprises	离退休人员 Lay-off Workers	医疗保险参保人数 Persons in Health Programs	城镇职工 Urban Workers	城镇居民 Rural Residents	失业保险参保人数 Persons in Unemployment Programs	工伤保险参保人数 Persons in Injury Insurance	生育保险参保人数 Persons in Maternity Insurance
1999	419.46		314.36	105.10	35.00	35.00		345.60		
2000	568.07	133.24	323.33	111.50	127.30	127.30		346.48		
2001	603.41	140.79	314.62	148.00	351.60	351.60		351.99		
2002	616.36	145.48	313.18	157.70	398.13	398.13		326.61		3.37
2003	636.19	151.25	317.44	167.51	423.50	423.50		347.50	8.59	3.28
2004	691.70	152.50	353.80	185.40	476.97	476.97		380.46	203.33	212.92
2005	718.65	154.26	369.15	195.24	503.35	503.35		382.67	228.22	250.24
2006	751.65	155.63	386.14	209.88	560.47	560.47		386.30	280.1	308.53
2007	783.98	155.89	400.77	227.32	724.47	620.57	103.90	388.97	342.44	369.34
2008	829.06	157.13	436.59	235.34	1348.51	682.02	666.49	390.12	403.53	431.55
2009	879.07	157.47	475.46	246.14	1831.93	746.40	1085.53	392.01	472.08	502.43
2010	937.66	155.97	516.88	264.81	1894.47	777.32	1117.15	399.50	515.97	527.13
2011	988.19	156.14	554.15	277.90	1941.21	789.52	1151.70	429.70	635.48	538.77
2012	1048.08	156.40	591.22	300.46	2341.90	797.60	1544.30	449.90	693.83	546.00
2013	1091.73	156.55	605.67	329.51	2316.19	799.25	1516.94	461.66	731.15	535.96
2014	1118.89	156.82	613.03	349.04	2300.70	807.89	1492.81	509.50	747.97	537.59

主要统计指标解释

经济活动人口 指在16周岁及以上，有劳动能力，参加或要求参加社会经济活动的人口。包括就业人员和失业人员。

就业人员 **指在16周岁及以上，从事一定社会劳动并取得劳动报酬**或经营收入的人员。这一指标反映了一定时期内全部劳动力资源的实际利用情况，是研究我国基本国情国力的重要指标。

单位就业人员 指在各级国家机关、政党机关、社会团体及企业、事业单位中工作，取得工资或其他形式的劳动报酬的全部人员。包括在岗职工、再就业的离退休人员、民办教师以及在各单位中工作的外方人员和港澳台方人员、兼职人员、借用的外单位人员和第二职业者。各单位的就业人员反映了各单位实际参加生产或工作的全部劳动力。

城镇私营和个体就业人员 城镇私营就业人员指在工商管理部门注册登记，其经营地址设在县城关镇(含县城关镇)以上的私营企业就业人员，包括私营企业投资者和雇工。城镇个体就业人员指在工商管理部门注册登记，并持有城镇户口或在城镇长期居住，经批准从事个体工商经营的就业人员，包括个体经营者和在个体工商户劳动的家庭帮工和雇工。

国有单位 指资产归国家所有的经济组织。包括按《中华人民共和国企业法人登记管理条例》规定登记注册的非公司制的经济组织，以及中央、地方各级国家机关、事业单位和社会团体。

集体单位 指生产资料归集体所有，并按《中华人民共和国企业法人登记管理条例》规定登记注册的经济组织。

其他单位 包括股份合作单位、联营单位、有限责任公司、股份有限公司、港澳台商投资单位以及外商投资单位等其他登记注册类型单位。

在岗职工 指在本单位工作并由单位支付工资的人员，以及有工作岗位，但由于学习、病伤产假等原因暂未工作，仍由单位支付工资的人员。

工资总额 指各单位在一定时期内直接支付给本单位全部就业人员的劳动报酬总额。工资总额的计算原则应以直接支付给就业人员的全部劳动报酬为根据。各单位支付给就业人员的劳动报酬以及其他根据有关规定支付的工资，不论是计入成本的还是不计入成本的，不论是按国家规定列入计征奖金税项目的，还是未列入计征奖金税项目的，不论是以货币形式支付的还是以实物形式支付的，均包括在工资总额内。

平均工资 指企业、事业、机关单位的就业人员在一定时期内平均每人所得的货币工资额。它表明一定时期职工工资收入的高低程度，是反映就业人员工资水平的主要指标。计算公式为:

$$\text{平均工资}=\frac{\text{报告期实际支付的全部就业人员工资总额}}{\text{报告期全部就业人员平均人数}}$$

平均工资指数 指报告期就业人员平均工资与基期就业人员平均工资的比率，是反映不同时期就业人员货币工资水平变动情况的相对数。计算公式为:

$$\text{平均工资指数}=\frac{\text{报告期就业人员平均工资}}{\text{基期就业人员平均工资}}\times 100\%$$

平均实际工资指数 就业人员平均实际工资指扣除物价变动因素后的就业人员平均工资。就业人员平均实际工资指数是反映实际工资变动情况的相对数，表明就业人员实际工资水平提高或降低的程度。计算公式为:

$$\text{平均实际工资指数}=\frac{\text{报告期就业人员平均工资指数}}{\text{报告期城镇居民消费价格指数}}\times 100\%$$

城镇登记失业人员 指有非农业户口，在一定的劳动年龄内(16周岁至退休年龄)，有劳动能力，无业而要求就业，并在当地就业服务机构进行求职登记的人员。

城镇登记失业率 城镇登记失业人员与城镇就业人员和城镇登记失业人员之和的比。计算公式为:

$$\text{城镇登记失业率}=\frac{\text{城镇登记失业人数}}{\text{城镇就业人员}+\text{城镇登记失业人数}}\times 100\%$$

Explanatory Notes on Main Statistical Indicators

Economically Active Population refers to the population aged 16 and over who are capable of working, are participating in or willing to participate in economic activities, including employed persons and unemployed persons.

Employed Persons refer to persons aged 16 and over who are engaged in gainful employment and thus receive remuneration payment or earn business income. This indicator reflects the actual utilization of total labour force during a certain period of time and is often used for the research on China's economic situation and national power.

Persons Employed in Various Units refer to all the persons working in government agencies of various levels, political and party organizations, social organizations, enterprises and institutions, and receiving wages or other forms of payment. They include fully-employed staff and workers, re-employed retirees, teachers in the schools run by the local people, foreigners and Chinese compatriots from Hong Kong, Macao, and Taiwan working in various units, part-time employees, employees of other units working temporarily at current posts, and employees holding the second job. This indicator reflects the total number of laborers actually engaged in production or other operations in various units.

Persons Employed in Private Enterprises and Self-Employed Individuals in Urban Areas Persons employed in private enterprises refer to the persons employed in the private enterprises which have been registered at the departments of industrial and commercial administration for which the business operation are situated at a county town (i.e. a town where the county government is located), or at urban areas with administrative hierarchy higher than a county town. The self-employed individuals in urban areas refer to persons who hold the certificates of residence in urban areas or have resided in the urban areas for a long time and have been registered at the departments of industrial and commercial administration and approved to be engaged in individual industrial or commercial business, including self-employed persons as well as helpers and hired labourers who work in individual households.

State-owned Units refer to economic units whose assets are owned by the state, including non-corporation units registered according to Regulation of the People's Republic of China on the Registration of Enterprises and Corporations, state organs, institutions and social organizations at the central-level and local levels.

Collective-owned Units refer to economic units registered according to Regulation of the People's Republic of China on the Registration of Enterprises and Corporations where the means of production are collectively owned.

Units of Other Types of Ownership refer to units registered with other types of ownership, including cooperative units, joint ownership units, limited liability corporations, share holding corporations, units funded by entrepreneurs from Hong Kong, Macao, and Taiwan, and foreign- funded units.

Employed Staff and Workers refer to persons who work in, and receive wages from their working units, including persons who have their work posts but are temporarily absent from work for reasons of study or on sick, injury or maternal leave and still receive wages from their working units.

Total Wage Bill refers to the total remuneration payment to employed persons in various units during a certain period of time. The calculation of total wage bill is based on the total remuneration payment to employed persons . Therefore, all the wages and salaries and other payments to employed persons are included in the total wage bill regardless of sources, reckoning the cost of production or not, category, listing as items of premium taxation or not, and forms, paying in cash or in kind.

Average Wage refers to the average wage in money terms per person during a certain period of time for employed persons in enterprises, institutions, and government agencies, which reflects the general level of wage income during a certain period of time and is calculated as follows:

$$\text{Average Wage} = \frac{\text{Total Wage Bill of Employed Persons at Reference Time}}{\text{Average Number of Persons Employed at Reference Time}}$$

Average Wage Indices refers to the ratio of average wage of employed persons the reference period to that at the base period, which reflects the change of wage of employed persons at the different period. It is calculated as follows:

$$\text{Average Wage Indices} = \frac{\text{Average Wage of Employed Persons at Reference Time}}{\text{Average Wage of Persons Employeds at Base Period}} \times 100\%$$

Average Real Wage Indices average real wage of employed persons refers to the average wage of employed persons after removing the effects of the price changes and average real wage indices of employed persons refers to the change of real wage, which reflects the relative increasing or decreasing level of real wage of employed persons ,which is calculated as follows:

$$\text{Average Real Wage Indices} = \frac{\text{Average Wage Indices of Employed Persons at the Reference Time}}{\text{Urban Consumer Price Indices at Reference Time}} \times 100\%$$

Registered Unemployed Persons in Urban Areas refer to the persons with non-agricultural household registration at certain working ages (16 years old to retirement age), who are capable of working, unemployed and willing to work, and have been registered at the local employment service agencies to apply for a job.

Registered Unemployment Rate in Urban Areas refers to the ratio of the number of the registered unemployed persons to the sum of the number of persons employed in various units and the registered unemployed persons in urban areas. The formula is as follows:

$$\text{Registered unemployment rate in urban areas} = \frac{\text{number of registered urban unemployed persons}}{\text{number of persons employed registered unemployed persons in urban areas}} \times 100\%$$

5 固定资产投资

Investment in Fixed Assets

资料整理人员：田杰平　　倪凡伟

5-1 历年固定资产投资及构成

Composition of Investments in Fixed Assets over the Years

单位：亿元 (100 million yuan)

年份 Year	固定资产投资 Investment in Fixed Assets	中央 Central Investment	国有投资 State-owned Investment	非国有投资 non—State-owned Investment
1978	20.15		14.71	5.44
1979	25.29		17.56	7.73
1980	32.20		20.32	11.88
1981	33.45		18.67	14.78
1982	40.18		25.34	14.84
1983	55.66		25.06	30.60
1984	60.54		29.39	31.15
1985	83.52		43.86	39.66
1986	99.26		50.40	48.86
1987	116.39		60.98	55.41
1988	140.04		72.97	67.07
1989	114.41		62.94	51.47
1990	124.17		72.01	52.16
1991	157.07		94.85	62.22
1992	233.39		149.72	83.67
1993	320.24		203.17	117.07
1994	420.89		251.21	169.68
1995	524.01		316.90	207.11
1996	678.33		375.27	303.06
1997	700.73		366.24	334.49
1998	848.59		457.00	391.59
1999	943.34		522.95	420.39
2000	1066.27	248.26	574.12	492.15
2001	1210.63	225.54	618.54	592.09
2002	1355.87	166.88	665.70	690.17
2003	1557.00	114.09	701.33	855.67
2004	1981.29	150.68	879.95	1101.34
2005	2563.96	175.48	1000.96	1563.00
2006	3242.39	255.23	1205.49	2036.90
2007	4294.36	354.63	1546.59	2747.76
2008	5649.69	457.13	1985.68	3664.01
2009	7695.27	288.58	2923.52	4771.75
2010	9821.06	281.61	3322.32	6498.75
2011	11431.48	353.67	3563.13	7868.35
2012	14576.61	435.37	4580.72	9995.89
2013	18381.44	334.14	5574.42	12807.02
2014	21950.77	460.48	6393.07	15557.70

注：从2011年起，固定资产投资起报点由50万元提高到500万元，全社会固定资产投资指标调整为固定资产投资。

From 2011, the starting point of reporting Investment in Fixed Assets increased from five hundred thousand yuan to five million yuan. The Index of "Total Investment in Fixed Assets" adjusted to the "Investment in Fixed Assets".

5-2 固定资产投资
Investment in Fixed Assets

指 标	Item	2000	2005	2013	2014	2014年比上年±% Increase Rate in 2014over 2013(%)
投资总额 （亿元）	**Total Investment (100 million yuan)**	**1066.27**	**2563.96**	**18381.44**	**21950.77**	**19.4**
按经济类型分	**Grouped by Ownership**					
国有经济	State-Owned Units	574.12	1000.96	5574.42	6393.07	14.7
集体经济	Collective-Owned Units	118.80	94.89	670.24	649.97	-3.0
个体经济	Individuals	281.89	499.08	5819.41	7513.60	29.1
联营经济	Joint Owned Economic Units	1.36	13.26	21.89	30.23	38.1
股份制经济	Share Holding Economic Units	49.80	752.22	4754.88	5458.19	14.8
外商投资经济	Foreign Funded Economic Units	24.72	47.48	181.78	220.72	21.4
港澳台投资经济	Economic Units Funded by Entrepreneurs from Hong Kong,Macao and Taiwan	13.69	66.25	183.98	212.72	15.6
其他经济	Others	1.91	89.82	1174.84	1472.27	25.3
按资金来源分	**Grouped by Source of Funds**					
国家预算内投资	State Budgetary Appropriation	76.49	85.30	966.54	1219.29	26.2
国内贷款	Domestic Loans	213.41	346.44	1712.23	1843.38	7.7
债券	Bonds	2.34	7.74	1.97	46.15	2246.0
利用外资	Foreign Investment	22.01	63.25	113.62	51.75	-54.5
自筹投资	Fundraising	623.37	1692.73	13171.74	16456.25	24.9
其他资金	Others	128.65	368.50	2415.34	2333.96	-3.4
按构成分	**Grouped by Use of Funds**					
建筑安装工程	Construction and Installation	759.94	1678.77	12657.68	15297.92	20.9
设备、工器具购置	Purchase of Equipment and Instruments	198.68	490.60	3125.99	3578.48	14.5
其他费用	Others	107.65	394.59	2597.76	3074.38	18.3
按隶属关系分	**Grouped by Administrative Relationship**					
中央	Central	248.26	177.52	334.14	460.48	37.8
地方	Local	818.02	2386.44	18047.30	21490.29	19.1
按用途分：住宅	**Grouped by Industry: Residential Buildings**	**297.00**	**500.56**	**2003.78**	**2169.52**	**8.3**
房屋建筑面积（万平方米）	**Floor Space of Buildings (10 000 sq.m)**					
施工面积	Floor Space Under Construction	13170.34	14009.92	36853.53	37715.69	2.3
竣工面积	Floor Space Completed	10892.52	8124.12	6591.53	5918.31	-10.2
#住宅	# Residential Buildings	9117.54	6179.85	4365.40	3649.65	-16.4

5-3 按经济类型分固定资产投资及构成(2014年)

Investments in Fixed Assets and its Composition by Economic Types (2014)

类 别	Item	全省总计 Total	国有 owned	非国有 owned
投资总额 (亿元)	**Total Investment (100 million yuan)**	**21950.77**	**6393.07**	**15557.70**
按资金来源分	**Grouped by Source of Funds**			
#国家预算内投资	#State Budgetary Appropriation	1236.52	1081.86	154.66
国内贷款	Domestic Loans	1845.44	624.09	1221.35
债 券	Bonds	46.79	40.36	6.43
利用外资	Foreign Investment	51.69	12.47	39.22
自筹投资	Fundraising	16441.51	4170.93	12270.58
其他资金	Others	2328.83	463.36	1865.47
按构成分	**Grouped by Use of Funds**			
#建安工程	#Construction and Installation	15297.96	5032.46	10265.50
设备、工具、器具购置	Purchase of Equipment and Instruments	3578.43	540.51	3037.93
其他费用	Others	3074.38	820.11	2254.27
按用途分：住宅	**Grouped by Industry:Residential Buildings**	**2169.52**	**209.42**	**1960.10**
房屋建筑面积 (万平方米)	**Floor Space of Buildings (10 000 sq.m)**			
#施工面积	#Floor Space Under Construction	37715.69	4915.72	32799.97
竣工面积	Floor Space Completed	5918.31	824.89	5093.43
#住宅	#Residential Buildings	3649.65	434.83	3214.82
构成 (%)	**Percentage (%)**			
按资金来源分	**Grouped by Source of Funds**			
#国家预算内投资	#State Budgetary Appropriation	5.6	16.9	1.0
国内贷款	Domestic Loans	8.4	9.8	7.9
债 券	Bonds	0.2	0.6	
利用外资	Foreign Investment	0.2	0.2	0.3
自筹投资	Fundraising	74.9	65.2	78.9
其他资金	Others	10.6	7.2	12.0
按构成分	**Grouped by Use of Funds**			
#建安工程	#Construction and Installation	69.7	78.7	66.0
设备、工具、器具购置	Purchase of Equipment and Instruments	16.3	8.5	19.5
其他费用	Others	14.0	12.8	14.5
按用途分：住宅	**Grouped by Industry:Residential Buildings**	**9.9**	**3.3**	**12.6**

注：其他含联营经济、股份制经济、中外合资经营、中外合作经营、外资、与大陆合资经营、与大陆合作经营、港澳台独资等经济。

Other types of ownership refer to the types of ownership of joint-owned economic units, share holding economic units, economic units funded by Chinese and foreign ventures, Chinese-foreign joint ventures, foreign-funded economic units, and the economic units funded by enterpriser from Hong Kong, Macao and Taiwan.

5-4 按行业分固定资产投资

Investment of Fixed Assets by Sector

行 业	Sector	2012	2013	2014	2014年比上年±% Increase Rate in 2014over 2013(%)
总计 (亿元)	**Total (100 million yuan)**	**14576.01**	**18381.44**	**21950.77**	**19.4**
农、林、牧、渔业	Agriculture,Forestry,Farming of Animals and Fishing	468.09	633.87	858.90	35.5
采矿业	Mining	557.00	647.61	679.87	5.0
制造业	Manufacturing	5120.54	6668.03	7641.08	14.6
电力、燃气及水的生产和供应业	Production and Distribution of Electricity,Gas and Water	508.12	610.93	783.23	28.2
建筑业	Construction	146.18	154.20	238.08	54.4
交通运输、仓储和邮政业	Traffic,Transport, Storage and Post	1251.89	1381.87	1559.94	12.9
信息传输、计算机服务和软件业	Information Transfer,Computer Services and Software	61.32	93.06	121.09	30.1
批发和零售业	Wholesale and Retail Trade	428.51	592.12	965.52	63.1
住宿和餐饮业	Accommodation and Restaurants	191.15	247.10	299.17	21.1
金融业	Finance	46.61	57.79	75.15	30.0
房地产业	Real Estate Trade	2856.54	3323.09	3732.52	12.3
租赁和商务服务业	Tenancy and Business Services	299.00	359.52	419.37	16.6
科学研究、技术服务和地质勘查	Scientific Research,Technical Service and Geologic Perambulation	120.88	139.61	217.38	55.7
水利、环境和公共设施管理业	Management of Water Conservancy,Environment and Public Establishment	1497.68	2099.60	2729.89	30.0
居民服务和其他服务业	Resident Services and Other Services	73.64	86.40	99.76	15.5
教育	Education	224.55	302.25	417.54	38.1
卫生、社会保障和社会福利业	Sanitation,Social Security and Social Welfare	120.07	172.38	256.05	48.5
文化、体育和娱乐业	Culture,Sports and Entertainment	118.83	200.61	265.75	32.5
公共管理和社会组织	Public Management and Social Organization	486.01	611.41	590.48	-3.4
构成 (%)	**Composition in Percentage (%)**				
农、林、牧、渔业	Agriculture,Forestry,Farming of Animals and Fishing	3.2	3.45	3.91	13.5
采矿业	Mining	3.8	3.52	3.10	-12.1
制造业	Manufacturing	35.1	36.28	34.81	-4.0
电力、燃气及水的生产和供应业	Production and Distribution of Electricity,Gas and Water	3.5	3.32	3.57	7.4
建筑业	Construction	1.0	0.84	1.08	29.3
交通运输、仓储和邮政业	Traffic,Transport, Storage and Post	8.6	7.52	7.11	-5.5
信息传输、计算机服务和软件业	Information Transfer,Computer Services and Software	0.4	0.51	0.55	9.0
批发和零售业	Wholesale and Retail Trade	2.9	3.22	4.40	36.5
住宿和餐饮业	Accommodation and Restaurants	1.3	1.34	1.36	1.4
金融业	Finance	0.3	0.31	0.34	8.9
房地产业	Real Estate Trade	19.6	18.08	17.00	-5.9
租赁和商务服务业	Tenancy and Business Services	2.1	1.96	1.91	-2.3
科学研究、技术服务和地质勘查	Scientific Research,Technical Service and Geologic Perambulation	0.8	0.76	0.99	30.4
水利、环境和公共设施管理业	Management of Water Conservancy,Environment and Public Establishment	10.3	11.42	12.44	8.9
居民服务和其他服务业	Resident Services and Other Services	0.5	0.47	0.45	-3.3
教育	Education	1.5	1.64	1.90	15.7
卫生、社会保障和社会福利业	Sanitation,Social Security and Social Welfare	0.8	0.94	1.17	24.4
文化、体育和娱乐业	Culture,Sports and Entertainment	0.8	1.09	1.21	10.9
公共管理和社会组织	Public Management and Social Organization	3.3	3.33	2.69	-19.1

5-5 按行业、构成、隶属关系和注册类型分固定资产投资(2014年)

Investment of Fixed Assets by Sector, Source of Funds, Jurisdiction of Management and Registration Status (2014)

单位：亿元 (100 million yuan)

指 标	Item	投资额 Investment	中央 Central Investment	地方 Local Investment
总 计	**Total**	**21950.77**	**460.48**	**21490.29**
农、林、牧、渔业	**Agriculture, Forestry, Animal Husbandry and Fishing**	**858.90**	**0.23**	**858.67**
农业	Agriculture	377.54	0.08	377.46
林业	Forestry	132.10		132.10
畜牧业	Animal Husbandry	160.11		160.11
渔业	Fishing	40.21		40.21
农、林、牧、渔服务业	Service Activities for Agriculture, Forestry, Animal Husbandry	148.94	0.15	148.79
采矿业	**Mining**	**679.87**	**6.30**	**673.57**
煤炭开采和洗选业	Mining and Washing of Coal	264.50		264.50
石油和天然气开采业	Extraction of Petroleum and Natural Gas			
黑色金属矿采选业	Mining and Processing of Ferrous Metal Ores	56.49	0.30	56.19
有色金属矿采选业	Mining and Processing of Non-Ferrous Metal Ores	142.10	6.00	136.10
非金属矿采选业	Mining and Processing of Nonmetal Ores	197.99		197.99
开采辅助活动	Support activities for mining	11.56		11.56
其他采矿业	Mining of Other Ores	7.24		7.24
制造业	**Manufacturing**	**7641.08**	**84.31**	**7556.77**
农副食品加工业	Processing of Food from Agricultural Products	605.20	1.29	603.90
食品制造业	Manufacture of Foods	301.31		301.31
酒、饮料和精制茶制造业	Wine, soft drinks and refined tea industry	186.40		186.40
烟草制品业	Manufacture of Tobacco	31.64	9.29	22.35
纺织业	Manufacture of Textile	125.57		125.57
纺织服装、鞋、帽制造业	Manufacture of Textile Wearing Apparel, Footware, and Caps	127.48		127.48
皮革毛皮羽毛(绒)及其制品业	Manufacture of Leather, Fur, Feather and Related Products	133.64		133.64
木材加工及木竹藤棕草制品业	Processing of Timber, Manufacture of Wood, Bamboo, Rattan, Palm, and Straw Products	220.95		220.95
家具制造业	Manufacture of Furniture	132.34		132.34
造纸及纸制品业	Manufacture of Paper and Paper Products	133.36		133.36
印刷业和记录媒介的复制	Printing,Reproduction of Recording Media	109.34		109.34
文教体育用品制造业	Manufacture of Articles For Culture, Education and Sport Activity	71.03		71.03
石油加工、炼焦及核燃料加工业	Processing of Petroleum, Coking, Processing of Nuclear Fuel	24.12		24.12
化学原料及化学制品制造业	Manufacture of Raw Chemical Materials and Chemical Products	569.73	20.09	549.64
医药制造业	Manufacture of Medicines	205.67		205.67
化学纤维制造业	Manufacture of Chemical Fibers	10.22		10.22
橡胶和塑料制品业	Rubber and plastic products industry	181.17		181.17
非金属矿物制品业	Manufacture of Non-metallic Mineral Products	1078.61	1.21	1077.40
黑色金属冶炼及压延加工业	Smelting and Pressing of Ferrous Metals	153.51	0.89	152.62
有色金属冶炼及压延加工业	Smelting and Pressing of Non-ferrous Metals	321.12	0.70	320.43
金属制品业	Manufacture of Metal Products	412.75		412.75
通用设备制造业	Manufacture of General Purpose Machinery	555.77	0.42	555.35
专用设备制造业	Manufacture of Special Purpose Machinery	489.40	2.77	486.62
汽车制造业	Automotive Manufacturing	267.61	4.88	262.73
铁路、船舶、航空航天和其他运输设备制造业	Railroad, marine, aerospace and other transportation equipment manufacturing	140.13	40.59	99.54
电气机械及器材制造业	Manufacture of Electrical Machinery and Equipment	406.81	0.05	406.76
通信设备、计算机及其他电子设备制造业	Manufacture of Communication Equipment, Computers and Other Electronic Equipment	431.86	1.25	430.61
仪器仪表制造业	Instrument Manufacturing	66.77	0.62	66.15
其他制造业	Other manufacturing	76.37	0.27	76.10
废弃资源综合利用业	Comprehensive utilization of waste resources industry	61.69		61.69
金属制品、机械和设备修理业	Metal products, machinery and equipment repair industry	9.53		9.53
电力燃气水的生产供应业	**Production and Distribution of Electricity, Gas and Water**	**783.23**	**28.92**	**754.32**
电力、热力的生产和供应业	Production and Distribution of Electric Power and Heat Power	462.60	27.73	434.87
燃气生产和供应业	Production and Distribution of Gas	71.87	0.75	71.12
水的生产和供应业	Production and Distribution of Water	248.76	0.43	248.33
建筑业	**Construction**	**238.08**	**7.25**	**230.83**
房屋建筑业	Housing construction	61.73	2.84	58.89
土木工程建筑业	Civil Engineering Construction	125.39	4.41	120.98
建筑安装业	Building Installation	12.82		12.82
建筑装饰和其他建筑业	Architectural decoration and other construction	38.14		38.14

5-5 continued

单位：亿元 (100 million yuan)

投资额 Investment					
内资 Domestic Fund	港澳台商投资 Fund from hong kong, macao and taiwan	外商投资 Foreign Funded	国有及国有控股 State-owned and State-controlled	集体 Collective-owned	私营个体 Private and Individuals
14989.84	**212.72**	**220.72**	**6393.07**	**649.97**	**7389.26**
481.88	**1.47**	**2.37**	**185.50**	**65.32**	**352.32**
202.73	0.77	1.91	70.21	32.07	161.89
91.35	0.33		54.64	10.97	38.51
67.52	0.37	0.01	9.72	13.49	86.15
19.96			4.37	3.53	18.98
100.32		0.45	46.55	5.26	46.79
236.45	**0.95**	**4.84**	**40.78**	**40.71**	**408.79**
70.08	0.35	0.71	15.92	21.40	172.07
11.60	0.14		0.71	4.25	44.28
76.80		3.73	15.35	5.99	59.23
68.26	0.46	0.40	5.87	5.53	124.54
7.32			2.38	2.49	4.24
2.40			0.55	1.05	4.43
3154.37	**74.77**	**146.40**	**378.49**	**119.80**	**4230.35**
282.42	3.62	3.34	15.55	15.41	313.35
112.91	0.71	1.42	5.63	3.66	185.75
68.55	0.53	0.82	5.35	2.66	114.65
30.96		0.20	18.17	0.73	0.48
55.07	1.06		5.69	1.46	69.03
43.90	1.27	0.74	2.22	4.46	81.22
39.55	4.58	1.51	7.14	3.14	86.67
71.14	1.47		6.25	3.50	143.36
61.79			3.02	2.43	68.71
51.52		0.83	4.68	1.00	80.67
35.44	0.29	0.03	3.15	0.55	73.58
30.87	0.52		1.79	1.02	39.48
3.43		0.50		0.50	19.97
209.44	0.75	3.28	31.16	9.65	354.17
129.44	1.97	4.28	3.17	1.41	69.98
6.60				0.29	3.61
74.57	0.56	4.11	2.67	4.37	101.68
331.75	7.17	5.98	15.02	19.62	721.72
61.65		0.47	12.34	0.70	90.97
170.99		2.20	29.34	4.16	147.93
225.60	0.82	2.22	30.81	2.20	181.82
216.09	1.48	1.39	17.84	8.94	336.64
214.56	2.02	0.85	34.37	9.77	271.39
97.73	2.13	65.94	7.31	1.53	101.80
92.56		3.85	63.97		43.10
157.36	5.83	0.58	21.01	4.03	242.75
175.06	37.30	39.36	14.13	7.12	179.23
29.79	0.70	1.26	1.85		34.85
26.95		1.25	8.61	3.23	47.22
43.79			5.20	2.06	17.89
2.85			1.05	0.19	6.68
623.86	**8.10**	**1.82**	**420.62**	**41.81**	**141.62**
373.23	5.33	0.16	255.70	23.21	77.55
41.86	1.91	1.66	17.61	0.60	25.80
208.77	0.86		147.31	18.00	38.26
194.48	**0.34**	**0.63**	**119.21**	**7.43**	**42.01**
47.66			24.74	0.58	13.44
116.35		0.63	85.42	5.93	8.41
8.81			2.19	0.65	4.01
21.65	0.34		6.86	0.27	16.15

5-5 续表 1 continued

单位：亿元 (100 million yuan)

指 标	Item	投资额 Investment	中央 Central Investment	地方 Local Investment
交通运输、仓储和邮政业	**Transport, Storage and Post**	**1559.94**	**196.16**	**1363.78**
铁路运输业	Railway Transport	201.75	176.10	25.65
道路运输业	Road Transport	1093.14	17.82	1075.32
水上运输业	Water Transport	17.43	0.96	16.47
航空运输业	Air Transport	29.97		29.97
管道运输业	Transport Via Pipelines	2.91		2.91
装卸搬运和其他运输服务业	Loading, Unloading and Other Transport Services	78.94	0.17	78.77
仓储业	Storage	126.36	1.11	125.25
邮政业	Post	9.45		9.45
信息传输、软件和信息技术软件业	**Information Transmission, Software and IT software industry**	**121.09**	**6.37**	**114.71**
电信、广播电视和卫星传输服务	Telecommunications, radio and television and satellite transmission services	47.07	6.15	40.92
互联网和相关服务	Internet and related services	18.17	0.22	17.95
软件和信息技术服务业	Software and IT services	55.84		55.84
批发和零售业	**Wholesale and Retail Trade**	**965.52**	**0.78**	**964.75**
批发业	Wholesale Trade	524.65	0.43	524.22
零售业	Retail Trade	440.88	0.35	440.53
住宿和餐饮业	**Hotel and Restaurants**	**299.17**	**0.16**	**299.01**
住宿业	Hotels	204.21		204.21
餐饮业	Restaurants	94.96	0.16	94.80
金融业	**Financial Intermediation**	**75.15**	**2.63**	**72.52**
货币金融服务	Monetary and Financial Services	34.61	1.06	33.55
资本市场服务	Capital Market Services	22.98	0.19	22.79
保险业	Insurance	2.07	0.44	1.63
其他金融业	Other Financial Activities	15.48	0.94	14.54
房地产业	**Real Estate**	**3732.52**	**65.74**	**3666.78**
租赁和商务服务业	**Leasing and Business Services**	**419.37**	**6.51**	**412.86**
租赁业	Leasing	17.62		17.62
商务服务业	Business Services	401.74	6.51	395.24
科学研究、技术服务业	**Scientific Research, Technical Service and Geologic Prospecting**	**217.38**	**3.45**	**213.92**
研究与试验发展	Research and Experimental Development	55.32	2.97	52.35
专业技术服务业	Professional Technical Services	62.97	0.48	62.49
科技交流和推广服务业	Services of Science and Technology Exchanges and Promotion	99.09		99.09
水利、环境和公共设施管理业	**Management of Water Conservancy, Environment and Public Facilities**	**2729.89**	**19.11**	**2710.78**
水利管理业	Management of Water Conservancy	355.42	2.00	353.43
环境管理业	Environmental Management	149.85		149.85
公共设施管理业	Management of Public Facilities	2224.62	17.11	2207.51
居民服务和其他服务业	**Services to Households and Other Services**	**99.76**		**99.76**
居民服务业	Services to Households	47.13		47.13
机动车、电子产品和日用产品修理业	Motor vehicles, electronics and household goods repair industry	41.90		41.90
其他服务业	Other Services	10.73		10.73
教育	**Education**	**417.54**	**19.23**	**398.32**
卫生、社会工作	**Health, social work**	**256.05**	**3.50**	**252.55**
卫生	Health	207.14	2.97	204.17
社会工作	Social Work	48.91	0.54	48.38
文化、体育和娱乐业	**Culture, Sports and Entertainment**	**265.75**	**1.63**	**264.12**
新闻出版业	Journalism and Publishing Activities	5.88		5.88
广播、电视、电影和影视录音制作业	Radio, television, film and video production industry recordings	17.97	0.08	17.90
文化艺术业	Cultural and Art Activities	124.46	1.55	122.91
体育	Sports Activities	49.51		49.51
娱乐业	Entertainment	67.93		67.93
公共管理、社会保障和社会组织	**Public administration, social security and social organizations**	**590.48**	**8.21**	**582.27**
中国共产党机关	Organs of Communist Party of China	2.84	0.05	2.79
国家机构	Government Agencies	488.33	8.16	480.17
人民政协和民主党派	People's Political Consultative Conference and Democratic Parties	0.65		0.65
社会保障	Social Security	43.46		43.46
群众团体、社会团体和宗教组织	Mass organizations, social organizations and religious organizations	19.28		19.28
基层群众自治组织	Grass-roots mass self-government organizations	35.93		35.93

续表　continued

单位：亿元 (100 million yuan)

投资额 Investment					
内资 Domestic Fund	港澳台商投资 Fund from hong kong, macao and taiwan	外商投资 Foreign Funded	国有及国有控股 State-owned and State-controlled	集体 Collective-owned	私营个体 Private and Individuals
1410.55	**5.41**	**6.09**	**1082.29**	**23.35**	**137.47**
199.47			194.26	0.94	2.28
1040.15	5.26		798.57	20.15	47.57
13.65			10.71	0.07	3.78
29.06			29.06		0.90
2.09			1.06		0.82
41.49		0.86	8.07	1.38	36.51
79.26		5.23	37.60	0.64	41.86
5.37	0.15		2.96	0.17	3.75
96.45		**5.00**	**41.86**	**4.16**	**19.21**
41.42		3.79	31.33	1.92	1.87
13.71		1.22	3.30	1.49	3.14
41.32			7.23	0.75	14.20
534.64	**1.64**	**5.52**	**108.73**	**29.15**	**415.94**
282.36	0.74	2.79	35.93	14.01	236.81
252.28	0.90	2.72	72.79	15.14	179.13
146.28	**3.65**	**2.54**	**38.81**	**9.89**	**138.75**
113.21	3.65	2.01	36.32	7.59	79.91
33.08		0.53	2.48	2.31	58.84
60.23	**0.18**	**0.58**	**15.35**	**4.81**	**14.08**
29.98		0.30	11.02	4.36	4.32
16.37	0.18		2.54	0.45	6.35
1.79		0.28	0.60		
12.08			1.19		3.40
3532.63	**107.06**	**27.50**	**595.86**	**78.65**	**1047.45**
316.67	**0.99**	**2.10**	**145.74**	**9.91**	**99.15**
8.72				0.46	8.90
307.95	0.99	2.10	145.74	9.45	90.25
134.34	**1.31**	**0.16**	**33.71**	**6.70**	**79.69**
32.22			5.16	0.36	23.10
42.64			19.29	2.81	19.44
59.47	1.31	0.16	9.27	3.53	37.16
2606.25	**1.86**	**10.70**	**2065.44**	**132.73**	**111.00**
348.00	0.54		297.04	25.10	6.89
141.21			103.88	12.66	8.64
2117.05	1.33	10.70	1664.52	94.98	95.47
59.11		**0.37**	**22.35**	**2.79**	**38.29**
31.43			16.89	1.71	15.18
20.99		0.37	5.12	0.45	19.06
6.69			0.34	0.63	4.04
368.60	**0.38**		**300.96**	**12.61**	**46.96**
227.82		**2.21**	**181.14**	**10.84**	**24.68**
182.49		2.21	150.31	7.20	21.10
45.33			30.83	3.63	3.59
219.43	**3.92**	**1.90**	**108.61**	**15.67**	**38.62**
3.88			3.25		2.00
13.85		0.45	8.00	2.30	3.67
114.79	0.53		64.56	10.08	9.02
36.56	3.39	1.15	22.41	1.09	7.72
50.35		0.30	10.39	2.21	16.21
585.79	**0.70**		**507.63**	**33.64**	**2.89**
2.84			2.84		
486.65			455.21	11.80	1.06
0.65			0.65		
43.16	0.30		24.41	10.95	
18.27	0.40		11.91	0.93	0.12
34.23			12.62	9.96	1.70

5-6 各市州按行业分固定资产投资(2014年)

Investment of Fixed Assets by Sector of Cities and Prefecture(2014)

单位:亿元 (100 million yuan)

行业	Sector	合计 Total	长沙市 Changsha City	株洲市 Zhuzhou City	湘潭市 Xiangtan City
总计	**Total**	**21950.77**	**5435.75**	**1837.10**	**1503.35**
农、林、牧、渔业	Agriculture,Forestry,Farming of Animals and Fishing	858.90	79.77	47.28	24.53
采矿业	Mining	679.87	28.92	110.28	26.75
制造业	Manufacturing	7641.08	1608.61	768.96	654.47
电力、燃气及水的生产和供应业	Production and Distribution of Electricity,Gas and Water	783.23	107.81	68.21	42.51
建筑业	Construction	238.08	34.82	5.94	7.45
批发和零售业	Wholesale and Retail Trade	965.52	375.82	51.25	75.24
交通运输、仓储和邮政业	Transportation, storage and postal services	1559.94	401.45	33.46	31.07
住宿和餐饮业	Accommodation and catering	299.17	82.01	19.35	15.96
信息传输、软件和信息技术服务业	Information transmission, software and IT services	121.09	63.67	0.93	3.86
金融业	Finance	75.15	39.35	1.29	3.88
房地产业	Real Estate Trade	3732.52	1491.89	304.70	196.76
租赁和商务服务业	Tenancy and Business Services	419.37	167.97	9.43	19.49
科学研究、技术服务业	Scientific Research, Technical Services	217.38	143.60	1.74	8.12
水利、环境和公共设施管理业	Management of Water Conservancy, Environment and Public Establishment	2729.89	504.98	299.09	325.81
居民服务、修理和其他服务业	Resident services, repairs and other services	99.76	19.81	2.52	10.77
教育	Education	417.54	107.27	54.16	20.58
卫生和社会工作业	Health and social work sector	256.05	48.10	16.15	14.62
文化、体育和娱乐业	Culture,Sports and Entertainment	265.75	97.38	27.25	8.93
公共管理、社会保障和社会组织	Public administration, social security and social organizations	590.48	32.53	15.12	12.58

行业	Sector	衡阳市 Hengyang City	邵阳市 Shaoyang City	岳阳市 Yueyang City	常德市 Changde City
总计	**Total**	**1767.01**	**1267.77**	**1790.13**	**1547.72**
农、林、牧、渔业	Agriculture,Forestry,Farming of Animals and Fishing	79.85	138.53	68.98	50.04
采矿业	Mining	80.50	42.07	26.91	43.83
制造业	Manufacturing	682.45	477.11	762.06	623.31
电力、燃气及水的生产和供应业	Production and Distribution of Electricity,Gas and Water	58.14	77.45	44.25	75.75
建筑业	Construction	7.89	5.02	79.79	38.38
批发和零售业	Wholesale and Retail Trade	55.63	52.34	72.89	71.10
交通运输、仓储和邮政业	Transportation, storage and postal services	52.74	104.95	67.92	70.78
住宿和餐饮业	Accommodation and catering	41.20	17.64	19.79	24.37
信息传输、软件和信息技术服务业	Information transmission, software and IT services	12.54	1.92	2.19	9.27
金融业	Finance	7.10	1.80	7.72	6.20
房地产业	Real Estate Trade	177.35	183.21	194.73	145.80
租赁和商务服务业	Tenancy and Business Services	30.08	11.88	56.89	24.98
科学研究、技术服务业	Scientific Research, Technical Services	9.36	7.04	13.18	5.05
水利、环境和公共设施管理业	Management of Water Conservancy, Environment and Public Establishment	244.96	68.97	193.02	242.84
居民服务、修理和其他服务业	Resident services, repairs and other services	14.73	10.24	10.88	17.39
教育	Education	34.14	24.66	38.20	24.33
卫生和社会工作业	Health and social work sector	27.06	22.07	27.00	34.16
文化、体育和娱乐业	Culture,Sports and Entertainment	22.78	14.55	18.08	18.98
公共管理、社会保障和社会组织	Public administration, social security and social organizations	128.52	6.32	85.65	21.15

5-6 续表 continued

单位:亿元 (100 million yuan)

行业	Sector	张家界市 Zhangjiajie City	益阳市 Yiyang City	郴州市 Chenzhou City	永州市 Yongzhou City
总计	**Total**	**250.90**	**1030.64**	**1814.56**	**1303.54**
农、林、牧、渔业	Agriculture,Forestry,Farming of Animals and Fishing	8.26	34.12	132.41	77.37
采矿业	Mining	10.48	15.34	176.18	17.53
制造业	Manufacturing	39.81	515.96	534.44	454.93
电力、燃气及水的生产和供应业	Production and Distribution of Electricity,Gas and Water	4.55	33.18	104.12	70.00
建筑业	Construction		8.67	2.57	34.42
批发和零售业	Wholesale and Retail Trade	4.23	12.49	90.94	35.12
交通运输、仓储和邮政业	Transportation, storage and postal services	24.80	35.15	88.73	53.44
住宿和餐饮业	Accommodation and catering	5.32	5.00	27.09	16.58
信息传输、软件和信息技术服务业	Information transmission, software and IT services	5.23	2.26	3.96	5.55
金融业	Finance	0.02	1.72	0.45	3.43
房地产业	Real Estate Trade	67.80	168.53	258.93	134.44
租赁和商务服务业	Tenancy and Business Services	1.57	2.37	8.47	67.27
科学研究、技术服务业	Scientific Research, Technical Services	0.50	0.99	13.56	7.67
水利、环境和公共设施管理业	Management of Water Conservancy,Environment and Public Establishment	26.63	171.49	274.16	103.63
居民服务、修理和其他服务业	Resident services, repairs and other services	1.36	0.58	1.22	6.07
教育	Education	5.54	7.59	23.28	33.30
卫生和社会工作业	Health and social work sector	1.77	5.37	10.73	21.26
文化、体育和娱乐业	Culture,Sports and Entertainment	4.90	1.86	18.48	13.46
公共管理、社会保障和社会组织	Public administration, social security and social organizations	38.14	7.97	44.85	148.08

行业	Sector	怀化市 Huaihua City	娄底市 Loudi City	湘西自自治州 West Hunan A.P	不分地区 Not Classified by Region
总计	**Total**	**851.35**	**938.94**	**298.95**	**313.06**
农、林、牧、渔业	Agriculture,Forestry,Farming of Animals and Fishing	52.93	59.78	5.07	
采矿业	Mining	24.09	70.26	6.73	
制造业	Manufacturing	166.51	306.35	46.11	
电力、燃气及水的生产和供应业	Production and Distribution of Electricity,Gas and Water	60.15	28.17	8.93	
建筑业	Construction	9.41	0.82	2.91	
批发和零售业	Wholesale and Retail Trade	35.12	26.30	7.07	
交通运输、仓储和邮政业	Transportation, storage and postal services	107.42	78.51	96.47	313.06
住宿和餐饮业	Accommodation and catering	9.92	13.67	1.27	
信息传输、软件和信息技术服务业	Information transmission, software and IT services	1.80	3.27	4.63	
金融业	Finance	0.23	1.62	0.34	
房地产业	Real Estate Trade	162.84	189.86	55.68	
租赁和商务服务业	Tenancy and Business Services	13.44	0.39	5.16	
科学研究、技术服务业	Scientific Research, Technical Services	2.97	3.41	0.18	
水利、环境和公共设施管理业	Management of Water Conservancy,Environment and Public Establishment	144.92	107.05	22.34	
居民服务、修理和其他服务业	Resident services, repairs and other services	2.06	0.83	1.30	
教育	Education	17.14	19.85	7.51	
卫生和社会工作业	Health and social work sector	13.35	9.12	5.30	
文化、体育和娱乐业	Culture,Sports and Entertainment	6.58	6.03	6.49	
公共管理、社会保障和社会组织	Public administration, social security and social organizations	20.47	13.64	15.46	

5-7 各市州按行业分新增固定资产(2014年)

Newly Increased Fixed Assets by Sector of Cities and Prefecture (2014)

单位:亿元 (100 million yuan)

行业	Sector	合计 Total	长沙市 Changsha City	株洲市 Zhuzhou City	湘潭市 Xiangtan City
总计	**Total**	**14830.92**	**3361.65**	**1490.96**	**1022.87**
农、林、牧、渔业	Agriculture,Forestry,Farming of Animals and Fishing	632.09	58.33	39.16	19.57
采矿业	Mining	603.90	21.15	109.18	21.81
制造业	Manufacturing	5889.14	1109.31	695.94	524.67
电力、燃气及水的生产和供应业	Production and Distribution of Electricity,Gas and Water	524.27	76.31	55.39	34.12
建筑业	Construction	147.26	33.21	6.12	5.75
批发和零售业	Wholesale and Retail Trade	636.85	246.62	46.50	48.61
交通运输、仓储和邮政业	Transportation, storage and postal services	663.55	163.64	30.78	21.96
住宿和餐饮业	Accommodation and catering	221.10	50.98	19.16	11.15
信息传输、软件和信息技术服务业	Information transmission, software and IT services	87.05	42.53	0.81	2.76
金融业	Finance	62.93	30.50	1.21	3.16
房地产业	Real Estate Trade	1894.53	667.92	166.47	95.70
租赁和商务服务业	Tenancy and Business Services	317.25	161.82	8.17	14.01
科学研究、技术服务业	Scientific Research, Technical Services	178.21	129.62	1.89	5.12
水利、环境和公共设施管理业	Management of Water Conservancy,Environment and Public Establishment	1823.89	337.96	245.03	162.91
居民服务、修理和其他服务业	Resident services, repairs and other services	78.51	17.78	2.36	6.45
教育	Education	283.90	72.85	28.12	17.70
卫生和社会工作业	Health and social work sector	187.81	46.37	15.23	11.65
文化、体育和娱乐业	Culture,Sports and Entertainment	166.39	78.38	4.65	4.38
公共管理、社会保障和社会组织	Public administration, social security and social organizations	432.29	16.37	14.80	11.40

行业	Sector	衡阳市 Hengyang City	邵阳市 Shaoyang City	岳阳市 Yueyang City	常德市 Changde City
总计	**Total**	**1220.33**	**908.25**	**1224.65**	**1052.57**
农、林、牧、渔业	Agriculture,Forestry,Farming of Animals and Fishing	60.26	112.82	45.70	39.29
采矿业	Mining	69.51	36.60	21.47	36.38
制造业	Manufacturing	518.34	391.89	552.63	461.14
电力、燃气及水的生产和供应业	Production and Distribution of Electricity,Gas and Water	36.43	57.67	19.89	28.38
建筑业	Construction	6.89	2.21	38.39	18.39
批发和零售业	Wholesale and Retail Trade	36.94	38.37	47.48	47.42
交通运输、仓储和邮政业	Transportation, storage and postal services	44.11	38.98	35.95	53.65
住宿和餐饮业	Accommodation and catering	24.30	18.64	16.40	27.41
信息传输、软件和信息技术服务业	Information transmission, software and IT services	7.06	1.27	1.57	8.48
金融业	Finance	7.10	1.47	8.50	2.72
房地产业	Real Estate Trade	74.60	102.18	106.85	78.52
租赁和商务服务业	Tenancy and Business Services	17.93	4.94	54.76	10.50
科学研究、技术服务业	Scientific Research, Technical Services	3.62	4.12	10.78	4.61
水利、环境和公共设施管理业	Management of Water Conservancy,Environment and Public Establishment	148.86	49.35	135.97	147.50
居民服务、修理和其他服务业	Resident services, repairs and other services	9.87	7.73	8.88	16.18
教育	Education	22.30	18.17	29.64	17.45
卫生和社会工作业	Health and social work sector	16.17	12.73	17.85	22.00
文化、体育和娱乐业	Culture,Sports and Entertainment	15.63	3.71	8.65	15.63
公共管理、社会保障和社会组织	Public administration, social security and social organizations	100.42	5.41	63.31	16.94

5-7 续表 continued

单位:亿元 (100 million yuan)

行业	Sector	张家界市 Zhangjiajie City	益阳市 Yiyang City	郴州市 Chenzhou City	永州市 Yongzhou City
总计	**Total**	**155.16**	**781.00**	**1262.79**	**868.90**
农、林、牧、渔业	Agriculture,Forestry,Farming of Animals and Fishing	6.65	28.80	77.80	55.93
采矿业	Mining	6.50	15.29	136.23	16.73
制造业	Manufacturing	43.36	419.77	393.04	299.74
电力、燃气及水的生产和供应业	Production and Distribution of Electricity,Gas and Water	6.43	21.62	79.01	43.14
建筑业	Construction		5.47	1.31	22.28
批发和零售业	Wholesale and Retail Trade	2.29	10.87	55.81	22.79
交通运输、仓储和邮政业	Transportation, storage and postal services	4.35	30.01	96.52	41.58
住宿和餐饮业	Accommodation and catering	2.90	4.34	20.30	11.35
信息传输、软件和信息技术服务业	Information transmission, software and IT services	4.69	2.59	2.36	4.17
金融业	Finance		3.02	0.17	3.42
房地产业	Real Estate Trade	15.90	105.04	147.03	101.55
租赁和商务服务业	Tenancy and Business Services	0.59	1.86	7.42	24.35
科学研究、技术服务业	Scientific Research, Technical Services	0.50	0.81	8.00	3.49
水利、环境和公共设施管理业	Management of Water Conservancy,Environment and Public Establishment	22.62	109.99	171.75	78.06
居民服务、修理和其他服务业	Resident services, repairs and other services	0.91	0.44	0.30	4.66
教育	Education	3.66	7.22	13.24	25.84
卫生和社会工作业	Health and social work sector	0.97	7.33	4.61	14.88
文化、体育和娱乐业	Culture,Sports and Entertainment	4.15	1.10	8.38	7.13
公共管理、社会保障和社会组织	Public administration, social security and social organizations	28.70	5.44	39.52	87.80

行业	Sector	怀化市 Huaihua City	娄底市 Loudi City	湘西自治州 West Hunan A.P	不分地区 Not Classified by Region
总计	**Total**	**552.79**	**797.25**	**131.75**	
农、林、牧、渔业	Agriculture,Forestry,Farming of Animals and Fishing	35.92	49.50	2.37	
采矿业	Mining	23.34	86.28	3.42	
制造业	Manufacturing	157.39	296.80	25.13	
电力、燃气及水的生产和供应业	Production and Distribution of Electricity,Gas and Water	28.94	32.60	4.33	
建筑业	Construction	4.63	0.40	2.22	
批发和零售业	Wholesale and Retail Trade	10.06	16.43	6.67	
交通运输、仓储和邮政业	Transportation, storage and postal services	54.09	29.71	18.23	
住宿和餐饮业	Accommodation and catering	2.62	11.53	0.01	
信息传输、软件和信息技术服务业	Information transmission, software and IT services	1.02	3.27	4.46	
金融业	Finance		1.60	0.06	
房地产业	Real Estate Trade	96.74	112.45	23.60	
租赁和商务服务业	Tenancy and Business Services	6.76	0.95	3.19	
科学研究、技术服务业	Scientific Research, Technical Services	3.64	2.02		
水利、环境和公共设施管理业	Management of Water Conservancy,Environment and Public Establishment	84.23	115.26	14.42	
居民服务、修理和其他服务业	Resident services, repairs and other services	0.99	1.08	0.90	
教育	Education	9.96	12.56	5.20	
卫生和社会工作业	Health and social work sector	11.81	5.64	0.58	
文化、体育和娱乐业	Culture,Sports and Entertainment	5.93	5.44	3.22	
公共管理、社会保障和社会组织	Public administration, social security and social organizations	14.71	13.73	13.73	

5-8 固定资产投资项目个数、项目投产率(2014年)

Number of Investment of Fixed Assets Projects, Rate of Projects Put into Use (2014)

行 业	Sector	投资额(亿元) Investment (100 millions yuan)	施工项目(个) Projects under Construction (unit)	全部建成投产项目(个) Projects Completed and Put into Uses (unit)	项目建成投产率(%) Rate of Project Completed and Put into Uses (%)	固定资产交付使用率(%) Rate of Fixed Assets Turn Over to Uses (%)
总计	**Total**	**21950.77**	**40308**	**29186**	**72.4**	**67.6**
按行业分	**By Sector**					
农、林、牧、渔业	Agriculture,Forestry,Farming of Animals and Fishing	858.90	2622	1900	72.5	73.6
采矿业	Mining	679.87	1690	1396	82.6	88.8
制造业	Manufacturing	7641.08	15910	12245	77.0	77.1
电力、燃气及水的生产和供应业	Production and Distribution of Electricity, Gas and Water	783.23	1604	1165	72.6	66.9
建筑业	Construction	238.08	618	381	61.7	61.9
批发和零售业	Wholesale and Retail Trade	965.52	2502	1768	70.7	66.0
交通运输、仓储和邮政业	Transportation, storage and postal services	1559.94	1833	1147	62.6	42.5
住宿和餐饮业	Accommodation and catering	299.17	763	563	73.8	73.9
信息传输、软件和信息技术服务业	Information transmission, software and IT services	121.09	337	238	70.6	71.9
金融业	Finance	75.15	185	144	77.8	83.7
房地产业	Real Estate Trade	3732.52	1537	957	62.3	50.8
租赁和商务服务业	Tenancy and Business Services	419.37	867	600	69.2	75.7
科学研究、技术服务	Scientific Research, Technical Services	217.38	494	368	74.5	82.0
水利、环境和公共设施管理业	Management of Water Conservancy, Environment and Public Establishment	2729.89	5323	3499	65.7	66.8
居民服务、修理和其他服务业	Resident services, repairs and other services	99.76	322	258	80.1	78.7
教育	Education	417.54	1100	776	70.5	68.0
卫生和社会工作业	Health and social work sector	256.05	697	484	69.4	73.3
文化、体育和娱乐业	Culture,Sports and Entertainment	265.75	475	309	65.1	62.6
公共管理、社会保障和社会组织	Public administration, social security and social organizations	590.48	1429	988	69.1	73.2

5-9 国有经济固定资产投资及构成

Investment in Fixed Assets and Its Composition of State – owned Units

年份 Year	固定资产投资总额 Total Investment in Fixed Assets	新建 New Construction	扩建 Expansion	改建和技术改造 Re-construction	新增固定资产 Newly Increased Fixed Assets	新建 New Construction	扩建 Expansion	改建和技术改造 Re-construction
绝对数(亿元)	**Absolute Figure (100 million yuan)**							
1978	14.71	9.53	3.25	1.93	10.56			
1980	20.32	9.26	6.80	4.04	15.24			
1985	43.86	12.78	5.23	19.04	30.66			
1990	72.01	16.76	31.64	18.78	47.27			
1995	316.90	103.85	107.46	58.83	202.81			
1996	375.27	111.67	132.65	81.62	269.99			
1997	366.34	113.10	115.35	80.96	269.20			
1998	457.00	153.36	137.95	98.20	290.91			
1999	522.95	207.96	191.31	97.60	348.43			
2000	574.12	177.16	186.39	132.98	388.40			
2001	618.54	229.62	198.75	128.41	349.76			
2002	665.70	261.48	207.49	129.69	489.89			
2003	701.33	344.15	158.87	138.55	465.20			
2004	879.95	443.39	202.39	163.27	421.20	148.15	128.32	98.27
2005	1000.96	483.07	213.80	227.20	562.40	269.85	124.09	116.92
2006	1205.49	657.92	212.01	263.65	695.17	237.32	206.85	209.43
2007	1546.59	804.90	293.32	331.67	585.50	217.92	189.98	132.96
2008	1985.68	1032.23	320.92	466.39	692.67	259.35	158.31	220.04
2009	2923.52	1647.32	448.59	667.71	1174.41	511.83	246.71	363.07
2010	3322.32	2012.73	514.70	709.45	1335.38	599.05	270.05	429.26
2011	3563.13	2148.15	451.61	805.07	1633.03	838.62	302.89	417.01
2012	4580.72	2722.13	553.30	1134.54	2561.10	1231.53	410.65	800.14
2013	5574.42	3329.97	718.98	1287.07	3377.07	1747.12	550.60	927.00
2014	6393.07	4161.49	798.22	1252.00	4027.68	2471.96	551.44	897.46
构成(%)	**Composition in Percentage (%)**							
1978	100.0	64.8	22.1	13.1	100.0			
1980	100.0	45.6	33.5	19.9	100.0			
1985	100.0	29.1	11.9	43.4	100.0			
1990	100.0	23.3	43.9	26.1	100.0			
1995	100.0	32.8	33.9	18.6	100.0			
1996	100.0	29.8	35.3	21.7	100.0			
1997	100.0	30.9	31.5	22.1	100.0			
1998	100.0	33.6	30.2	21.5	100.0			
1999	100.0	39.8	36.6	18.7	100.0			
2000	100.0	30.9	32.5	23.2	100.0			
2001	100.0	37.1	32.1	20.8	100.0			
2002	100.0	39.3	31.2	19.5	100.0			
2003	100.0	49.1	22.7	19.8	100.0			
2004	100.0	50.4	23.0	18.6	100.0	35.2	30.5	23.3
2005	100.0	48.3	21.4	22.7	100.0	48.0	22.1	20.8
2006	100.0	54.6	17.6	21.9	100.0	34.1	29.8	30.1
2007	100.0	52.0	19.0	21.4	100.0	37.2	32.4	22.7
2008	100.0	52.0	16.2	23.5	100.0	37.4	22.9	31.8
2009	100.0	56.3	15.3	22.8	100.0	43.6	21.0	30.9
2010	100.0	60.6	15.5	21.4	100.0	44.9	20.2	32.1
2011	100.0	60.3	12.7	22.6	100.0	51.4	18.5	25.5
2012	100.0	59.4	12.1	24.8	100.0	48.1	16.0	31.2
2013	100.0	59.7	12.9	23.1	100.0	51.7	16.3	27.4
2014	100.0	65.1	12.5	19.6	100.0	61.4	13.7	22.3

5-10 国有经济各种分组的固定资产投资

Investment in Fixed Assets of State - owned Units by Various Characteristics

指标	Item	2000	2005	2013	2014
投资总额 (亿元)	**Total Investment (100 million yuan)**	**574.12**	**1000.96**	**5574.42**	**6393.07**
按资金来源分	**Grouped by Source of Funds**				
国家预算内投资	State Budgetary Appropriation	57.21	82.42	890.59	1081.86
国内贷款	Domestic Loans	180.12	177.61	749.86	624.09
债　券	Bonds	2.34	6.81	1.25	40.36
利用外资	Foreign Investment	13.67	15.93	18.73	12.47
自筹投资	Fundraising	240.50	604.33	3415.89	4170.93
股票	Shares	3.65	0.64		
其他投资	Others	80.28	87.22	498.10	463.36
按隶属关系分	**Grouped by Administrative Relationship**				
中央项目	Central Government Projects	246.75	160.44	277.40	376.55
地方项目	Local Projects	327.37	840.51	5297.02	6016.52
按构成分	**Grouped by Use of Funds**				
建筑安装工程	Construction and Installation	394.25	684.21	4342.86	5032.46
设备、工具、器具购置	Purchase of Equipment and Instruments	119.42	171.26	447.72	540.51
其他费用	Others	60.45	145.49	783.83	820.11
按建设性质分	**Grouped by Type of Construction**				
新建	New Construction	177.16	483.07	3329.97	4161.49
扩建	Expansion	186.39	213.80	718.98	798.22
改建	Reconstruction	132.98	227.20	1287.07	1252.00
按国民经济主要行业分	**Grouped by Main Sector**				
农业	Agriculture	4.42	22.51	168.67	185.50
工业	Industry	136.29	254.83	825.63	839.89
#能源工业	#Energy	75.46	119.64	236.81	289.23
运输邮电业	Transportation,Postal and Telecommunications Services	242.17	207.39	1122.59	1155.73
新增固定资产 (亿元)	**Newly Increased Fixed Assets (100 million yuan)**	**388.40**	**562.40**	**3377.07**	**4027.68**
房屋建筑面积 (万平方米)	**Floor Space of Buildings (10 000 sq.m)**				
施工面积	Floor Space Under Construction	2429.83	2354.03	7598.65	4915.72
竣工面积	Floor Space Completed	1262.35	1020.47	1060.36	824.89
#住宅	# Residential Buildings	718.01	321.29	646.34	434.83

5-11 国有经济各行业固定资产投资(2014年)

Investment in Fixed Assets of State-owned Units by Sector (2014)

行业	Sector	固定资产投资额 Investment in Fixed Assets	新建 New Construction	扩建 Expansion	改建和技术改造 Re-construction
总计 (亿元)	**Total (100 million yuan)**	**6393.07**	**4161.49**	**798.22**	**1252.00**
农、林、牧、渔业	Agriculture, Forestry, Farming of Animals and Fishing	185.50	132.62	34.14	17.14
采矿业	Mining	40.78	10.34	2.78	27.52
制造业	Manufacturing	378.49	133.08	27.53	209.48
电力、燃气及水的生产和供应业	Production and Distribution of Electricity, Gas and Water	420.62	231.35	36.58	150.76
建筑业	Construction	119.21	74.19	17.36	25.26
批发和零售业	Traffic, Transport, Storage and Post	108.73	78.83	15.41	14.49
交通运输、仓储和邮政业	Information Transfer, Computer Services and Software	1082.29	836.95	140.18	99.96
住宿和餐饮业	Wholesale and Retail Trade	38.81	35.88	2.09	0.83
信息传输、软件和信息技术服务业	Accommodation and Restaurants	41.86	25.07	6.01	10.59
金融业	Finance	15.35	9.49	2.56	3.30
房地产业	Real Estate Trade	595.86	361.41	56.23	64.71
租赁和商务服务业	Tenancy and Business Services	145.74	124.68	11.83	8.69
科学研究、技术服务业	Scientific Research, Technical Service and Geologic Perambulation	33.71	19.15	7.04	7.52
水利、环境和公共设施管理业	Management of Water Conservancy, Environment and Public Establishment	2065.44	1298.16	282.03	466.01
居民服务、修理和其他服务业	Resident Services and Other Services	22.35	16.46	3.45	1.94
教育	Education	300.96	210.65	45.84	30.72
卫生和社会工作业	Sanitation,Social Security and Social Welfare	181.14	117.29	36.14	23.85
文化、体育和娱乐业	Culture, Sports and Entertainment	108.61	83.98	12.89	11.75
公共管理、社会保障和社会组织	Public Management and Social Organization	507.63	361.90	58.13	77.49
构成 (%)	**Composition in Percentage (%)**				
农、林、牧、渔业	Agriculture,Forestry, Farming of Animals and Fishing	2.9	3.2	4.3	1.4
采矿业	Mining	0.6	0.2	0.3	2.2
制造业	Manufacturing	5.9	3.2	3.4	16.7
电力、燃气及水的生产和供应业	Production and Distribution of Electricity, Gas and Water	6.6	5.6	4.6	12.0
建筑业	Construction	1.9	1.8	2.2	2.0
批发和零售业	Traffic,Transport, Storage and Post	1.7	1.9	1.9	1.2
交通运输、仓储和邮政业	Information Transfer, Computer Services and Software	16.9	20.1	17.6	8.0
住宿和餐饮业	Wholesale and Retail Trade	0.6	0.9	0.3	0.1
信息传输、软件和信息技术服务业	Accommodation and Restaurants	0.7	0.6	0.8	0.8
金融业	Finance	0.2	0.2	0.3	0.3
房地产业	Real Estate Trade	9.3	8.7	7.0	5.2
租赁和商务服务业	Tenancy and Business Services	2.3	3.0	1.5	0.7
科学研究、技术服务业	Scientific Research, Technical Service and Geologic Perambulation	0.5	0.5	0.9	0.6
水利、环境和公共设施管理业	Management of Water Conservancy, Environment and Public Establishment	32.3	31.2	35.3	37.2
居民服务、修理和其他服务业	Resident Services and Other Services	0.3	0.4	0.4	0.2
教育	Education	4.7	5.1	5.7	2.5
卫生和社会工作业	Sanitation, Social Security and Social Welfare	2.8	2.8	4.5	1.9
文化、体育和娱乐业	Culture,Sports and Entertainment	1.7	2.0	1.6	0.9
公共管理、社会保障和社会组织	Public Management and Social Organization	7.9	8.7	7.3	6.2

5-12 国有经济各行业新增固定资产(2014年)

Newly Increased Fixed Assets of State-owned Units by Sector (2014)

行业	Sector	新增固定资产 Newly Increased Fixed Assets	新建 New Construction	扩建 Expansion	改建和技术改造 Re-construction
总计 (亿元)	**Total (100 million yuan)**	**4027.68**	**2471.96**	**551.44**	**897.46**
农、林、牧、渔业	Agriculture,Forestry,Farming of Animals and Fishing	139.50	100.80	23.67	13.51
采矿业	Mining	30.65	5.97	1.91	22.63
制造业	Manufacturing	270.37	88.24	22.79	154.24
电力、燃气及水的生产和供应业	Production and Distribution of Electricity, Gas and Water	243.48	107.06	24.29	110.03
建筑业	Construction	63.19	36.57	8.09	16.12
批发和零售业	Wholesale and Retail Trade	75.70	51.20	13.63	10.88
交通运输、仓储和邮政业	Transportation, storage and postal services	426.52	254.32	94.56	74.18
住宿和餐饮业	Accommodation and catering	22.08	20.37	0.62	1.08
信息传输、软件和信息技术服务业	Information transmission, software and IT services	34.55	21.54	4.59	8.05
金融业	Finance	11.09	5.73	2.15	3.22
房地产业	Real Estate Trade	371.71	246.46	35.24	39.76
租赁和商务服务业	Tenancy and Business Services	137.00	115.47	7.09	13.90
科学研究、技术服务业	Scientific Research, Technical Services	38.45	29.12	3.76	5.57
水利、环境和公共设施管理业	Management of Water Conservancy, Environment and Public Establishment	1370.80	838.21	188.42	322.32
居民服务、修理和其他服务业	Resident services, repairs and other services	19.33	13.36	3.89	1.25
教育	Education	193.38	119.37	32.97	28.51
卫生和社会工作业	Health and social work sector	136.38	91.28	24.42	17.92
文化、体育和娱乐业	Culture,Sports and Entertainment	70.84	51.37	10.77	8.70
公共管理、社会保障和社会组织	Public administration, social security and social organizations	372.65	274.53	48.58	45.61
构成 (%)	**Composition in Percentage (%)**				
农、林、牧、渔业	Agriculture,Forestry,Farming of Animals and Fishing	3.5	4.1	4.3	1.5
采矿业	Mining	0.8	0.2	0.3	2.5
制造业	Manufacturing	6.7	3.6	4.1	17.2
电力、燃气及水的生产和供应业	Production and Distribution of Electricity,Gas and Water	6.0	4.3	4.4	12.3
建筑业	Construction	1.6	1.5	1.5	1.8
批发和零售业	Wholesale and Retail Trade	1.9	2.1	2.5	1.2
交通运输、仓储和邮政业	Transportation, storage and postal services	10.6	10.3	17.1	8.3
住宿和餐饮业	Accommodation and catering	0.5	0.8	0.1	0.1
信息传输、软件和信息技术服务业	Information transmission, software and IT services	0.9	0.9	0.8	0.9
金融业	Finance	0.3	0.2	0.4	0.4
房地产业	Real Estate Trade	9.2	10.0	6.4	4.4
租赁和商务服务业	Tenancy and Business Services	3.4	4.7	1.3	1.5
科学研究、技术服务业	Scientific Research, Technical Services	1.0	1.2	0.7	0.6
水利、环境和公共设施管理业	Management of Water Conservancy, Environment and Public Establishment	34.0	33.9	34.2	35.9
居民服务、修理和其他服务业	Resident services, repairs and other services	0.5	0.6	0.7	0.1
教育	Education	4.8	4.8	6.0	3.2
卫生和社会工作业	Health and social work sector	3.4	3.7	4.4	2.0
文化、体育和娱乐业	Culture, Sports and Entertainment	1.8	2.1	2.0	1.0
公共管理、社会保障和社会组织	Public administration, social security and social organizations	9.3	11.1	8.8	5.1

5-13 国有农林牧渔业投资及新增固定资产
Investment and Newly Increased Fixed Assets of State-owned Units of Farming，Forestry，Animal Husbandry and Fishery

单位：亿元 (100 million yuan)

行业	sector	固定资产投资总额 Investment of Fixed Assets		新增固定资产 Newly Increased Fixed Assets	
		2013	2014	2013	2014
总计	**Total**	**168.67**	**185.50**	**134.49**	**139.50**
#农业	#Farming	58.02	70.21	50.32	48.86
林业	Forestry	53.17	54.64	41.64	42.91
畜牧业	Animal Husbandry	12.20	9.72	8.25	8.97
渔业	Fishery	1.76	4.37	1.50	3.12
农林牧渔服务业	Services	43.52	46.55	32.78	35.65

5-14 非国有经济投资
Investment of Non-State – owned Units

类别	Item	2000	2005	2013	2014
投资总额 （亿元）	**Total Investment (100 million yuan)**	**492.15**	**1563.00**	**12807.02**	**15557.70**
按资金来源分	**Grouped by Source of Funds**				
国家预算内投资	State Budgetary Appropriation	19.28	0.62	105.91	154.66
国内贷款	Domestic Loans	33.28	163.97	973.93	1221.35
债　券	Bonds		0.74	0.75	6.43
利用外资	Foreign Investment	8.35	46.88	94.11	39.22
自筹投资	Fundraising	382.87	1071.88	9726.83	12270.58
其他投资	Others	48.37	278.90	1905.48	1865.47
按隶属关系分	**Grouped by Administrative Relationship**				
中央项目	Central Government Projects	1.50	17.08	56.74	83.93
地方项目	Local Projects	490.65	1545.92	12750.28	15473.77
按构成分	**Grouped by Use of Funds**				
建筑安装工程	Construction and Installation	365.69	994.57	8314.82	10265.50
设备、工器具购置	Purchase of Equipment and Instruments	79.26	319.34	2678.27	3037.93
其他费用	Others	47.20	249.10	1813.93	2254.27
按建设性质分	**Grouped by Type of Construction**				
新建	New Construction	26.53	459.41	3766.09	5193.59
扩建	Expansion	32.85	111.64	836.12	1156.74
改建	Reconstruction	9.27	364.47	5682.86	6365.26
按行业主要门类分	**Grouped by Main Sector**				
农业	Agriculture	0.29	42.96	465.20	673.39
工业	Industry	49.84	639.97	7100.95	8264.30
#能源工业	#Energy Industry	7.24	157.31	479.25	533.86
运输邮电仓储业	Transportation, Postal, Telecommunications and Storage	2.43	42.91	560.70	768.63
新增固定资产 （亿元）	**Newly Increased Fixed Assets (100 million yuan)**	**99.99**	**894.88**	**8553.10**	**10803.24**
建设项目个数 （个）	**Number of Projects (unit)**				
施工项目	Number of Projects under Construction	859	8946	25369	28485
全部建成投产项目	Number of Projects Completed and Put into Use	551	5336	17736	21372
房屋建筑面积 （万㎡）	**Floor Space of Buildings (10 000 sq.m)**				
施工面积	Floor Space Under Construction	10740.51	11655.89	29254.88	32799.97
#住宅	#Residential Buildings	9082.99	8490.42	18973.94	20120.85
竣工面积	Floor Space Completed	9630.17	7035.90	5531.18	5093.43
#住宅	#Residential Buildings	8399.53	5761.77	3719.05	3214.82

5-15 新增生产能力(2014年)

Newly Increased Production Capacity (2014)

生产能力(或效益)名称		Production capacity Item(or Efficiency)		合计 Total	国有经济 State-owned Economic	其他经济 Other Types of Ownership
原煤开采	(万吨/年)	Loal Mining	(10000 tons/year)	2748.25	70.90	2677.35
焦炭	(万吨/年)	Coke	(10000 tons/year)	4.80		4.80
铁矿石原矿开采	(万吨/年)	Iron Ore Mining	(10000 tons/year)	675.97	2.60	673.37
铁矿选矿处理量	(万吨/年)	Selection of Iron Ore	(10000 tons/year)	44.90	22.00	22.90
炼铁	(万吨/年)	Iron-making	(10000 tons/year)	32.10		32.10
炼钢	(万吨/年)	Steel-making	(10000 tons/year)	72.10	4.50	67.60
连铸	(万吨/年)	Casting	(10000 tons/year)			
铁合金	(折标吨/年)	Iron Alloy	(tons/year)	1826.50	11.00	1815.50
铜冶炼	(吨/年)	Copper-making	(ton/year)	15010		15010
铅锌采矿(原矿)	(万吨/年)	Lead&Zinc Mining	(10000 tons/year)	176.50		176.50
铅锌选矿:(1)处理原矿	(万吨/年)	Selection of Lead&Zinc	(10000 tons/year)	63.70		63.70
(2)铅含量	(吨/年)	Lead Content	(ton/year)	237300		237300
(3)锌含量	(吨/年)	Zinc Content	(ton/year)	106800		106800
铅冶炼	(吨/年)	Lead-making	(ton/year)	6615		6615
其中:电解铅	(吨/年)	Electronlyted lead	(ton/year)			
锌冶炼	(吨/年)	Zinc-making	(ton/year)	105869		105869
锡采矿(原矿)	(万吨/年)	Tin Mining	(10000 tons/year)			
锡选矿:(1)处理原矿	(万吨/年)	Selection of Tin	(10000 tons/year)			
(2)锡含量	(吨/年)	Tin Content	(ton/year)			
锡冶炼	(吨/年)	Zinc-making	(ton/year)	165	165.00	
电解铝	(吨/年)	Electronlyted Al	(ton/year)	4600		4600
粗铅	(吨/年)	Lead	(ton/year)			
铝加工	(吨/年)	Al-making	(ton/year)	31988		31988
金采矿(原矿)	(万吨/年)	Gold Mining	(10000 tons/year)			
黄金	(公斤/年)	Gold	(kg/year)	5456		5456
银选矿:(1)处理原矿	(吨/年)	Selection of Silver	(ton/year)			
(2)银含量	(公斤/年)	Silver Content	(kg/year)	64583		64583
水力发电	(万千瓦)	Hydropower	(10000kw)	1532.64	502.49	1030.15
火力发电	(万千瓦)	Thermal	(10000kw)	716.10	460.00	256.10
输电线路长度(11万伏及以上)	(公里)	Transmission Line	(>110000 v) (km)	2427.26	2097.36	329.90
变电设备能力(11万伏及以上)	(万千伏安)	Electric Substation Equipment (>110000 v)	(10000 kva)			
水　泥	(万吨/年)	Cement	(10000ton/year)	2470.77	66.00	2404.77
胶合板	(万立方米/年)	Deadlocked Boards	(10000 cu.m/year)			
纤维板	(万立方米/年)	Fibre Boards	(10000 cu.m/year)			
硫　酸	(吨/年)	Sulfuric Acid	(ton/year)			
合成氨	(吨/年)	Synthetic Ammonia	(ton/year)			

5-15 续表 1 continued

生产能力(或效益)名称		Production capacity Item(or Efficiency)		合计 Total	国有经济 State-owned Economic	其他经济 Other Types of Ownership
氮肥	(吨/年)	Nitrogen Fertilizer	(ton/year)	213810		213810
磷肥	(吨/年)	Phosphate Fertilizer	(ton/year)	129950		129950
钾肥	(吨/年)	Potash Fertilizer	(ton/year)	35210		35210
油漆	(吨/年)	Paint	(ton/year)			
塑料树脂及共聚物	(吨/年)	Plastics	(ton/year)	14205	190	14015
化学原料药	(吨/年)	Chemical Medicine	(ton/year)			
中成药	(吨/年)	Chinese Herbal Medicine	(ton/year)			
汽车制造	(辆/年)	Motor Vehicle	(unit/year)	2206		2206
轿车制造	(辆/年)	Sedan	(unit/year)	175000		175000
显像管	(万只/年)	Kinescope	(10000unit/year)			
化学纤维	(吨/年)	Chemical Fiber	(ton/year)	5700		5700
其中:合成纤维	(吨/年)	Synthetic Fiber	(ton/year)			
棉纺锭	(锭)	Cotton Spindles	(unit)	240000		240000
毛纺锭	(锭)	Woolen Spindles	(unit)	3000		3000
食用植物油	(日处理原料:吨)	Edible Vegetable Oil	(handle in a day:ton)			
	(日精炼油:吨)		(purify in a day:ton)			
乳制品	(吨/年)	Dairy Products	(ton/year)			
奶粉	(吨/年)	Milk Powder	(ton/year)			
其他乳制品	(吨/年)	Other Dairy Products	(ton/year)			
啤　酒	(万吨/年)	Beer	(10000 tons/year)	31.60	15.00	16.60
白　酒	(万吨/年)	Wine	(10000 tons/year)	31.41		31.41
卷　烟	(箱/年)	Cigarette	(unit/year)	200000	200000	
机制纸浆	(万吨/年)	Machine -made Paper Pulp	(10000 tons/year)	5.10		5.10
机制纸	(万吨/年)	Machine -made Paper	(10000 tons/year)			
机制纸板	(万吨/年)	Machine-made Paper Boards	(10000 tons/year)			
手　表	(万只/年)	Watch	(10000unit/year)			
移动通信基站设备	(信道/年)	Basic Station of Mobile Telephone	(unit/year)			
程控交换机	(万线/年)	Autoexchage of Telephone Capacity	(10000 lines/year)	18.00	18.00	
新建公路	(公里)	Length of New Highways	(km)	5005.26	4297.09	708.17
#高速公路	(公里)	Expressway	(km)	372.54	281.74	90.80
#一级公路	(公里)	First-class Highway	(km)	242.92	223.51	19.41
#二级公路	(公里)	Second-class Highway	(km)	1427.51	1129.98	297.53
改建公路	(公里)	Length of Reconstructed Highways	(km)	4395.33	3977.02	418.31
#高速公路	(公里)	Expressway	(km)	77.25	5.00	72.25
#一级公路	(公里)	First-class Highway	(km)	182.80	182.80	
#二级公路	(公里)	Second-class Highway	(km)	1078.63	1017.73	60.90

5-15 续表 2 continued

生产能力(或效益)名称		Production capacity Item(or Efficiency)		合计 Total	国有经济 State-owned Economic	其他经济 Other Types of Ownership
新建独立公路桥梁	(延长米)	Newly Build Highway Bridge	(extend metre)	13757	13347	410
	(座)		(set)	60	58	2
新(扩)建客、货运站	(个)	Newly Build or Expanded	(unit)	64	25	39
	(平方米)	Passenger and Freight Station	(sq.m)	186230	99839	86391
长途电缆	(延长公里)	Long Distance Cables	(km)			
耕地面积	(万亩)	Cultivated Land Area	(10000 mu)			
造林面积	(万亩)	Afforested Area	(10000 mu)			
水库容量(总库容)	(亿立方米)	Reservoir Capacity	(100 million m^3)			
有效灌溉面积	(万亩)	Effective Irrigated Area	(10000 mu)			
除涝面积	(万亩)	Waterlogged Area Under Control	(10000 mu)			
商业石油库	(万立方米)	Commercial Oil Depot	(10000 m^3)			
粮食仓库	(万公斤)	Grain Storehouse	(10000 kg)			
	(平方米)		(sq.m)			
高等院校:学生席位	(个)	Number of Student seat of Universit and College	(unit)			
建筑面积	(平方米)		(sq.m)			
中等学校:学生席位	(个)	Number of Student seat of Secondary School	(unit)			
建筑面积	(平方米)		(sq.m)			
小学校:学生席位	(个)	Number of Student seat of Primary School	(unit)			
建筑面积	(平方米)		(sq.m)			
其他院校:学生席位	(个)	Number of Student seat of Other School	(unit)			
建筑面积	(平方米)		(sq.m)			
医院病床	(张)	Number of Hospital Bed	(unit)			
宾馆、旅馆、招待所客房数	(间)	Number of Hotel Guest-Room	(unit)			
	(平方米)		(sq.m)			
城市自来水供水能力	(万吨/日)	Capacity of City Tap Water Supply	(10000 tons/day)	91.8	59.1	32.7
城市自来水管道长度	(公里)	Length of City Tap Water Pipe	(km)			
城市煤气生产能力	(万立方米/日)	City Coal Gas Production	(10000 cu.m/day)			
城市天然气储气能力	(万立方米/日)	Capacity of City Gas Storage	(10000 cu.m/day)			
城市液化石油气储气能力	(万立方米/日)	City Liquefied Petro-gas Storage	(10000 cu.m/day)			
城市公共交通车辆购置	(辆)	Purchase of City Bus	(unit)			
城市道路扩建长度	(公里)	Length of City Road Extended	(km)			
城市道路扩建面积	(万平方米)	Area of City Road Extended	(10000 sq.m)			
城市排水管道铺设长度	(公里)	Length of Sewer Pipelines	(km)			
城市污水处理能力	(万吨/日)	Capacity of City Sewage Treatment	(10000 ton/day)	283.3	120.3	163.0
城市永久性桥梁	(座)	Number of City Bridge	(unit)			
城市防洪堤长度	(公里)	Length of City Embarkment	(km)			

5-16 房地产开发统计主要指标(2014年)

Major Statistics Indicators of Real Estate Development (2014)

单位:亿元 (100 million yuan)

指标	Item	总计 Total	国有 State-owned	集体 Colective-owned	其他 Other Types of Ownership
计划总投资	**Panning Gross Investment**	**16181.72**	**569.89**	**13.90**	**15597.93**
累计完成投资	Accumulative Investment Completed	10291.60	409.62	9.59	9872.39
本年完成投资	Investment Made in This Year	2883.57	105.12	4.79	2773.66
按构成分:	Group by Form:				
建筑工程	Construction	2006.34	83.33	2.44	1920.57
安装工程	Installation	277.58	7.03	0.61	269.94
设备、工具器具购置	Purchase of Equipment,Tools,Apparatus	50.73	1.18	0.19	49.36
按工程用途分:	Group by use of Projects				
住宅	Residential Buildings	1998.51	81.95	2.38	1914.19
办公楼	Business Buildings	110.65	3.11	0.11	107.43
商业营业用房	Commercial Buildings	427.39	9.34	2.02	416.03
其他	Others	347.02	10.71	0.29	336.01
房地产开发企业本年资金来源	Group by Source of Funds	3565.99	124.24	4.51	3437.23
国内贷款	Domestic Loans	584.28	44.12	0.02	540.14
自筹资金	Fund Raising	1350.42	39.12	2.94	1308.36
本年新增固定资产	Newly Increased Fixed Assets	1317.17	44.41	2.60	1270.16
本年施工房屋面积 (万平方米)	Floor Space of Buildings Under Construction (10000 sq.m)	27747.75	1092.75	64.86	26590.14
#住宅	#Residential Buildings	20567.96	863.28	55.03	19649.65
本年竣工房屋面积 (万平方米)	Floor Space of Buildings Completed (10000 sq.m)	4022.89	161.19	6.95	3854.75
#住宅	#Residential Buildings	3176.87	134.68	6.95	3035.24
本年竣工房屋价值	Value of Buildings Completed	1006.23	38.19	1.25	966.79
#住宅	#Residential Buildings	772.29	31.76	1.25	739.28
商品房销售额	Total Sales of Commercial House	2299.11	73.75	5.09	2220.28
商品房销售建筑面积(万平方米)	Floor Space of Selling Commercial House (10000 sq.m)	5439.53	170.31	22.41	5246.81

5-17 国有工业施工、投资项目及项目投产率(2014年)

Projects Under Construction, Put into Use and Rate of Projects Put into Use of State – Owned Industrial Enterprises (2014)

指 标	Item	施工项目个数(个) Number of Projects Under Construction(unit)	全投项目个数(个) Projects Completed and Put into Production(unit)	项目投产率(%) Rate of Project Put into Production(%)
总 计	**Total**	**1396**	**950**	**68.1**
采矿业	**Mining**	**64**	**50**	**78.1**
煤炭开采和洗选业	Mining and Washing of Coal	24	19	79.2
石油和天然气开采业	Extraction of Petroleum and Natural Gas			
黑色金属矿采选业	Mining and Processing of Ferrous Metal Ores	3	3	100.0
有色金属矿采选业	Mining and Processing of Non-Ferrous Metal Ores	29	22	75.9
非金属矿采选业	Mining and Processing of Nonmetal Ores	8	6	75.0
制造业	**Manufacturing**	**567**	**388**	**68.4**
农副食品加工业	Processing of Food from Agricultural Products	32	22	68.8
食品制造业	Manufacture of Foods	7	4	57.1
酒、饮料和精制茶制造业	Manufacture of Beverages	12	8	66.7
烟草制品业	Manufacture of Tobacco	24	15	62.5
纺织业	Manufacture of Textile	10	7	70.0
纺织服装、鞋、帽制造业	Manufacture of Textile Wearing Apparel, Footware, and Caps	4	2	50.0
皮革毛皮羽毛(绒)及其制品业	Manufacture of Leather, Fur, Feather and Related Products	6	4	66.7
木材加工及木竹藤棕草制品业	Processing of Timber, Manufacture of Wood, Bamboo, Rattan, Palm, and Straw Products	13	11	84.6
家具制造业	Manufacture of Furniture	5	4	80.0
造纸及纸制品业	Manufacture of Paper and Paper Products	5	3	60.0
印刷业和记录媒介的复制	Printing,Reproduction of Recording Media	7	7	100.0
文教体育用品制造业	Manufacture of Articles For Culture, Education and Sport Activity	3		
石油加工、炼焦及核燃料加工业	Processing of Petroleum, Coking, Processing of Nuclear Fuel			
化学原料及化学制品制造业	Manufacture of Raw Chemical Materials and Chemical Products	58	47	81.0
医药制造业	Manufacture of Medicines	6	4	66.7
化学纤维制造业	Manufacture of Chemical Fibers			
橡胶和塑料制品业	Manufacture of Rubber	7	5	71.4
非金属矿物制品业	Manufacture of Non-metallic Mineral Products	29	15	51.7
黑色金属冶炼及压延加工业	Smelting and Pressing of Ferrous Metals	24	17	70.8
有色金属冶炼及压延加工业	Smelting and Pressing of Non-ferrous Metals	35	24	68.6
金属制品业	Manufacture of Metal Products	22	18	81.8
通用设备制造业	Manufacture of General Purpose Machinery	17	10	58.8
专用设备制造业	Manufacture of Special Purpose Machinery	43	24	55.8
汽车制造业		23	11	47.8
铁路、船舶、航空航天和其他运输设制造业	Manufacture of Transport Equipment	78	60	76.9
电气机械及器材制造业	Manufacture of Electrical Machinery and Equipment	34	18	52.9
通信设备、计算机及其他电子设备制造业	Manufacture of Communication Equipment, Computers and Other Electronic Equipment	36	27	75.0
仪器仪表制造业		3	3	100.0
其他制造业	Manufacture of Artwork and Other Manufacturing	12	10	83.3
废弃资源综合利用业	Recycling and Disposal of Waste	10	7	70.0
金属制品、机械和设备修理业		2	1	50.0
电力燃气水的生产供应业	**Production and Distribution of Electricity, Gas and Water**	**765**	**512**	**66.9**
电力、热力的生产和供应业	Production and Distribution of Electric Power and Heat Power	369	251	68.0
燃气生产和供应业	Production and Distribution of Gas	43	25	58.1
水的生产和供应业	Production and Distribution of Water	353	236	66.9

主要统计指标解释

固定资产投资（不含农户） 是以货币形式表现的在一定时期内完成的建造和购置固定资产的工作量以及与此有关的费用的总称。

城镇固定资产投资 指城镇各种登记注册类型的企业、事业、行政单位及个体户进行的计划总投资 500 万元及 500 万元以上的建设项目投资和房地产开发投资。县城及以上区域内发生的投资，县及县以上各级政府及主管部门直接领导、管理的建设项目和企业事业单位的投资均为城镇固定资产投资。

房地产开发投资 指各种登记注册类型的房地产开发公司、商品房建设公司及其他房地产开发法人单位和附属于其他法人单位实际从事房地产开发或经营活动的单位统一开发的包括统代建、拆迁还建的住宅、厂房、仓库、饭店、宾馆、度假村、写字楼、办公楼等房屋建筑物和配套的服务设施，土地开发工程（如道路、给水、排水、供电、供热、通讯、平整场地等基础设施工程）的投资；不包括单纯的土地交易活动。

农村投资 包括在农村区域范围内进行固定资产投资活动的企业、事业、行政单位。

建设总规模 是指在报告期内所有施工项目的计划总投资。这个指标和施工项目相对应。

在建总规模 是指在报告期末所有在建项目的计划总投资。

在建净规模 是指报告期末所有在建项目建成投产尚需的投资总量。

在建净规模＝在建总规模－未投产项目（期末在建）累计完成投资。

固定资产投资的资金来源 根据固定资产投资的资金来源不同，分为国家预算内资金、国内贷款、利用外资、自筹资金和其他资金。

(1)国家预算内资金：分为财政拨款和财政安排的贷款两部分。包括中央财政的基本建设基金(分经营性基金和非经营性基金两部分)、专项支出(如煤代油专项等)、收回再贷、贴息资金，财政安排的挖潜改造和新产品试制支出、城建支出、商业部门简易建筑支出、不发达地区发展基金等资金中用于固定资产投资的资金；地方财政中由国家统筹安排的资金等。

(2)国内贷款：指报告期固定资产投资单位向银行及非银行金融机构借入的用于固定资产投资的各种国内借款，包括银行利用自有资金及吸收的存款发放的贷款、上级主管部门拨入的国内贷款、国家专项贷款、地方财政专项资金安排的贷款、国内储备贷款、周转贷款等。

(3)利用外资：指报告期收到的用于固定资产建造和购置的国外资金(包括设备、材料、技术在内)。包括对外借款(外国政府、国际金融组织贷款、出口信贷、外国银行商业贷款、对外发行债券和股票)、外商直接投资及外商其他投资。不包括我国自有外汇资金(国家外汇、地方外汇、留成外汇、调剂外汇和中国银行自有资金发行的外汇贷款等)。计算利用外资时，需要折算成人民币，折算中所使用的外汇汇率按现汇计算，即按使用外汇时的汇率计算。

(4)自筹资金：指固定资产投资单位报告期收到的，由各地区、各部门及企、事业单位筹集用于固定资产投资的预算外资金，包括中央各部门、各级地方和企、事业单位的自筹资金。

(5)其他资金：指在报告期收到的除以上各种资金之外其他用于固定资产投资的资金，包括企业或金融机构通过发行各种债券筹集到的资金、群众集资、个人资金、无偿捐赠的资金及其他单位拨入的资金等。

固定资产投资按国民经济行业分 根据建设项目建成投产后的主要产品或主要用途及社会经济活动性质来确定国民经济行业。一般情况下，一个建设项目或一个企业、事业单位只能属于一种国民经济行业。

固定资产投资按隶属关系分 是按建设单位或企业、事业、行政单位的主管上级机关确定的。

（1）中央：是指中共中央、人大常委会和国务院各部、委、局、总公司以及直属机构直接领导的建设项目和企业、事业、行政单位。这些单位的固定资产投资计划由国务院各部门直接编制和下达，建设中所需物资、主要设备以及建设中的问题都由中央有关部门安排和解决。

（2）地方：是由省（自治区、直辖市）、地区（州、盟、省辖市）、县（旗、县级市）三级政府及业务主管部门直接领导和管理的建设项目、企业、事业、行政单位。地方项目还包括不隶属以上各级政府及主管部门的建设项目和企业、事业单位，如外商投资企业和无主管部门的企业等。

固定资产投资按建设性质分 根据整个建设项目情况来确定。建设项目的性质一般分为新建、扩建、改建和技术改造、迁建、恢复。房地产开发单位、农村投资、城镇工矿区私人建房投资不划分建设性质。

(1)新建：一般指从无到有开始建设的企业、事业和行政单位或建设项目。有的单位原有基础很小，经过建设后新增的固定资产价值超过该企、事业、行政单位原有固定资产价值(原值)三倍以上的也应作为新建。

(2)扩建：指在厂内或其他地点，为扩大原有产品的生产能力(或效益)或增加新的产品生产能力，而增建主要的生产车间(或主要工程)、分厂、独立的生产线。行政、事业单位在原单位增建业务用房(如学校增建教学用房、医院增建门诊部、病房等)也作为扩建。

现有企、事业单位为扩大原有主要产品生产能力或增加新的产品生产能力，增建一个或几个主要生产车间(或主要工程)、分厂，同时进行一些更新改造工程的，也应作为扩建。

(3)改建和技术改造：指现有企业、事业单位，对原有设施进行技术改造或更新(包括相应配套的辅助性生产、生活福利设施) 的建设项目。现有企业、事业单位为适应市场变化的需要，而改变企业的主要产品种类(如军工企业转产民用品等) 的建设项目，应作为改建。原有产品生产作业线由于各工序(车间)之间能力不平衡，为填平补齐充分发挥原有生产能力而增建不增加本企业主要产品设计能力的车间，也应作为改建。技术改造是指企业、事业单位在现有基础上，用先进的技术代替落后的技术，用先进的工艺和装备代替落后的工艺和装备，以改变企业落后的技术经济面貌，实现以内涵为主的扩大再生产，达到提高产品质量、促进产品更新换代、节约能源、降低消耗、扩大生产规模、全面提高社会经济效益的目的。技术改造具体包括以下内容：机器设备和工具的更新改造；生产工艺改革、节约能源和原材料的改造；厂房建筑和公共设施的改造；劳动条件和生产环境的改造等。

固定资产投资按构成分 固定资产投资活动按其工作内容和实现方式分为建筑安装工程，设备、工具、器具购置，其他费用三个部分。

(1)建筑安装工程(建筑安装工作量)：指各种房屋、建筑物的建造工程和各种设备、装置的安装工程。包括各种房屋建造工程；各种用途设备基础和各种工业窑炉的砌筑工程及金属结构工程；为施工而进行的各种准备工作和临时工程以及完工后的清理工作等；铁路、道路的铺设，矿井的开凿及石油管道的架设等；水利工程；防空地下建筑等特殊工程；列入房屋工程预算内的暖气、卫生、通风、照明、煤气等设备的价值及装设油饰工程；列入建筑工程预算内的各种管道(蒸汽、压缩空气、石油、给排水等管道)、电力、电讯电缆导线等的敷设工程；以及各种机械设备的安装工程；为测定安装工程质量，对设备进行的试运工作；房地产开发单位进行的商品房屋开发建设工程、土地开发工程。

在安装工程中，不包括被安装设备本身的价值。

(2)设备、工具、器具购置：指建设单位或企、事业单位购置或自制的，达到固定资产标准的设备、工具、器具的价值。新建单位及扩建单位的新建车间，按照设计或计划要求购置或自制的全部设备、工具、器具，不论是否达到固定资产标准均计入“设备、工具、器具购置”中。

(3)其他费用：指在固定资产建造和购置过程中发生的，除上述几项内容以外的各种应分摊计入固定资产的费用。

施工项目 指报告期内进行过建筑或安装施工活动的项目。凡是报告期内施过工的建设项目，不论施工时间长短，均作为施工项目统计。施工项目个数可以反映一定时期固定资产投资的实际规模，与同期全部建成投产项目个数相比，可以从建设速度的角度反映固定资产投资的效果。根据建设项目施工活动的不同性质，施工项目又分为：本年正式施工项目、本年收尾项目和以前年度全部停缓建项目。

全部建成投产项目 指设计文件规定形成生产能力的主体工程及其相应配套的辅助设施全部建成，经负荷试运转，证明具备生产设计规定合格产品的条件，并经过验收鉴定合格或达到竣工验收标准，与生产性工程配套的生活福利设施可以满足近期正常生产的需要，正式移交生产的建设项目。非工业项目指设计文件规定的主体工程和相应的配套工程全部建成，能够发挥设计规定的全部效益，经验收鉴定合格或达到竣工验收标准，正式移交使用的建设项目。

新增生产能力(或工程效益) 指通过固定资产投资活动而增加的设计能力(或工程效益)，该指标是以实物形态表现的反映固定资产投资成果的指标，也是考核投资经济效果的重要依据之一。

新增生产能力(或工程效益)一般有以下几种表现形式：

(1)用产品数量表示，以工程在单位时间内(一般是一年)所能生产的产品数量(即年产量)表示。如原煤开采用万吨／年表示，化学农药用吨／年表示，拖拉机制造用台／年表示等。某些化工产品由于含量差别较大，按其设计含量计算折合量表示，如硫酸、纯碱、烧碱等。

(2)用单位时间内所能处理的原料数量表示，以工程每天(或小时)所能处理原料的数量表示。如机制糖工程日处理原料吨，食用植物油日处理原料吨，城市污水处理能力用万吨／日表示等。

(3)用新增加的主要设备的数量或容量表示，如新增棉布织机、丝织机等台数，毛纺锭等锭数，发电厂新增发电机组容量用千瓦表示等。

(4)用建筑物容积、容量、面积、长度表示，是非工业项目或工程新增效益的一种表现形式。如铁路投产里程、新建公路、水库容量、粮食仓库、学校学生席位、医院病床、有效灌溉面积等。

根据工程的特点，有时需要用两种或两种以上的复合计量单位表示新增生产能力(或工程效益)，如新增内燃机生产能力同时用年产台数、千瓦数表示等。

为了规范新增生产能力(或工程效益)的名称和计算单位，国家统计局制订了《新增生产能力(或工程效益)目录及代码》。各固定资产投资单位在统计新增生产能力(或工程效益)时，必须按目录中规定的名称、计量单位和代码填报。

房屋建筑面积 指房屋建筑物勒脚以上外墙外围的水平截面面积，包括房屋建筑物的有效面积和结构面积。该指标是从实物形态上反映建设规模和建设成果的重要指标之一，也是检查工程形象进度、计算工程造价、分析投资效果、研究施工任务和建筑材料之间平衡情况的重要依据。

住宅建筑面积 指施工和竣工房屋建筑面积中供居住用的房屋建筑面积。

施工面积 指报告期内施工的全部房屋建筑面积。包括本期新开工的面积和上期开工跨入本期继续施工的房屋面积，以及上期已停建在本期恢复施工的房屋面积。本期竣工和本期施工后又停缓建的房屋，其建筑面积仍计入本期房屋施工面积中。

竣工面积 指在报告期内房屋建筑按照设计要求已经全部完工，达到住人和使用条件，经验收鉴定合格(或达到竣工验收标准)，正式移交使用单位的各栋房屋建筑面积的总和。

房屋建筑面积竣工率 指一定时期内房屋竣工面积占同期房屋施工面积的比率。

新增固定资产 指报告期内已经完成建造和购置过程，并已交付生产或使用单位的固定资产价值。该指标是表示固定资产投资成果的价值指标，也是反映建设进度，计算固定资产投资效果的重要指标。

项目建成投产率 指一定时期内全部建成投产项目个数与同期施工项目个数的比率。该指标是从建设单位建设速度的角度反映投资效果的指标。

固定资产交付使用率 指一定时期新增固定资产与同期完成投资额的比率。该指标是反映固定资产动用速度，衡量建设过程中宏观投资效果的综合指标。由于新增固定资产是较长时期内形成的结果，而投资额则是当年完成的，因此，该指标一般适宜于反映较长时期内固定资产的动用情况。

商品房销售面积 指报告期内出售商品房屋的合同总面积(即双方签署的正式买卖合同中所确定的建筑面积)。由现房销售建筑面积和期房销售建筑面积两部分组成。

商品房销售额 指报告期内出售商品房屋的合同总价款(即双方签署的正式买卖合同中所确定的合同总价)。该指标与商品房销售面积同口径，由现房销售额和期房销售额两部分组成。

经济适用房 指根据经济适用房计划安排建设的政策性住宅。经济是指房屋建筑造价和销售价格低于一般商品住宅；适用是指适合中低收入家庭购买使用。经济适用房主要是由国家统一下达投资计划，房地产公司开发，对外销售；用地一般采用行政划拨或招标投标方式，免收土地出让金；对各种经批准的收费减半征收，开发利润不超过 3%；销售价格实行政府指导价。该指标可以分析房地产投资结构，反映中低收入家庭商品住宅的供求平衡情况。

Explanatory Notes on Main Statistical Indicators

Investment in Fixed Assets refers to the volume of activities in construction and purchases of fixed assets of the whole country and related fees, expressed in monetary terms during the reference period.

Urban Investment in Fixed Assets refers to construction projects involving a total planned investment of 5 million yuan and over by enterprises of various types of ownership, institutions, administrative units and individuals in urban areas, investment in real estate development. In other words, all investments that take place in county towns and urban areas, investment in construction projects under the direct leadership and management of government agencies at and above county levels and investments by enterprises and institutions at and above county levels are covered in urban investment in fixed assets.

Investment in Real Estate Development refers to investment by real estate development companies, commercialized buildings construction companies and other real estate development units of various types of ownership in the construction of buildings, such as residential buildings, factory buildings, warehouses, hotels, guesthouses, holiday villages, office buildings, and the complementary service facilities and land development projects, such as roads, water supply, water drainage, power supply, heating supply, telecommunications, land leveling and other infrastructural projects. It does not include activities in pure land transactions.

Investment in Rural Areas refers to investment in fixed assets by enterprises, institutions, administrative units and households in rural areas.

Total Size of Construction refers to the planned total investment for all construction projects during the reference period. This item should correspond with projects under work.

Total Size of Investment in Projects under Construction refers to the planned total investment of all projects under construction at the end of the reference period.

Net Size of Investment in Projects under Construction refers to the outstanding requirement of investment of all projects under construction at the end of the reference period.

Net size of investment in projects under construction= Total size of investment – Accumulated completed investment of projects under construction

Sources of Funds for Investment in Fixed Assets are categorized as funds from the State budget, domestic loans, foreign investment, self-raised funds, and others, depending on the sources of investment.

(1) Fund from the State budget consists of budgetary appropriation and loans from the State budget. More specifically, it includes, from the budget of the central government, capital construction fund (operation fund and non-operational fund), special expenses (e.g. expenses on substituting petroleum with coal), loans from repayment, discount fund, expenses on innovation and trial production of new products, expenses on urban construction, expenses on temporary construction from business departments, development fund for less developed areas, as well as local budgetary fund transferred from the central budget.

(2) Domestic loans refer to loans of various forms borrowed by investing units from banks and non-bank financial institutions during the reference period for the purpose of investment in fixed assets, including loans issued by banks from their self-owned funds and deposit, loans appropriated by higher authorities, special loans by government, loans arranged by local government from special funds, domestic reserve loan, and working loan.

(3) Foreign investment refers to foreign funds received during the reference period for the construction and purchase of investment in fixed assets (covering equipment, materials and technology), including foreign borrowings (loans from foreign governments and international financial institutions, export credit, commercial loans from foreign banks, issue of bonds and stocks overseas), foreign direct investment and other foreign investments. Excluded from this category is capital in foreign exchanges owned by China (foreign exchanges owned by the central and local governments, foreign exchanges retained by enterprises, foreign exchanges by enterprises through the regulating mechanism, loans in foreign exchanges issued by the Bank of China with its own fund, etc.). In calculating the utilization of foreign capital, foreign currencies are converted into Chinese Renminbi applying the current exchange rate when the foreign capitals are actually used.

(4) Self-raised funds refer to extra-budgetary funds for investment in fixed assets received during the reference period by investing units from central government ministries, local governments, enterprises and institutions, including their self-raised funds.

(5) Others refer to funds for investment in fixed assets received from sources other than those listed above, including capital raised through issuing bonds by

enterprises or financial institutions, funds raised from individuals and through donations, and funds transferred from other units.

Investment in Fixed Assets by Sector The classification of construction projects by sector is determined by the major products or the purpose of the projects when they are put into production or use, and by the nature of their social economic activities. In general, one project or one enterprise or institution can only be classified into one sector.

Investment in Fixed Assets by Jurisdiction of Management refers to the classification of investment by the competent authorities under which investment is made by construction units, enterprises, institutions or administrative units.

(1) Central investment refers to the investment in projects or by enterprises, institutions or administrative units which are under the direct leadership and management of the State Council and of the national commissions, ministries, agencies and State-owned large corporations. Various ministries and departments of the State Council prepare and implement plans for investment in fixed assets by those departments, and arrange and ensure the supply of materials and key equipment required for the projects.

(2) Local investment refers to the investment in projects or by enterprises, institutions or administrative units which are under the direct leadership and management of departments under the provincial, prefecture and county governments. Also included are projects by foreign-invested enterprises and enterprises without competent managing authorities.

Investment in Fixed Assets by Type of Construction Construction projects in general can be classified, by the type of construction, into new construction, expansion, reconstruction and technical transformation, moving and restoration. However, investment by type of construction is not applied to investment by real-estate development units, investment in rural areas and private investment in housing construction in urban areas and in industrial and mining areas.

(1) New construction in general refers to construction projects, which start from scratch, of enterprises, institutions, administrative agencies. In case the size of the existing unit is quite small, and the value of newly added fixed assets is more than three times of the the original value, the expansion will be considered as new construction.

(2) Expansion refers to construction of new major production workshop, branch factory or independent production line within a factory or in other locations, for the purpose of increasing the production capacity (or improving efficiency) or adding new production capacity. Newly constructed accommodation for the operation of institutions and administrative organizations (such as newly constructed buildings for teaching in schools, buildings for clinics or wards in hospitals, etc.) are also classified as expansion.

Also included in expansion are investments by existing enterprises or institutions in building major production line(s) or branch factory(ies) along with some work on innovation, for the purpose of expanding the production capacity of original products or producing new products.

(3) Reconstruction and technical transformation refers to construction projects by existing enterprises or institutions in innovation or technical transformation of the old facilities (including auxiliary production equipment and welfare facilities). Also considered as reconstruction is the construction of new workshops by the existing enterprises or institutions to change the variety of products to meet the market demand (such as the production of civil products by defence industries), or to bring the designed production capacity into full play through a more balanced production process on production lines. Technical transformation refers to replacement of old technology or equipment by new technology or equipment, in order to expand the reproduction through improvement of technology contents in production, to improve product quality, to promote new products, to save energy, to reduce consumption, to expand the production scale and to improve overall social-economic efficiency. Contents of technical transformation include: updating of machinery, equipment and tools; reforming production process by using energy or materials saving technology; construction of factory workshops and transformation of public facilities; improvement of working conditions and environment, etc.

Investment in Fixed Assets by Structure By their contents and the mode of implementation, investment activities are classified into 3 categories, i.e. construction and installation, purchase of equipment and instrument, and other expenses.

(1) Construction and installation (work volume of construction and installation) refers to the construction of houses and buildings and the installation of various kinds of equipment and instruments. They include construction of houses; equipment foundations, industrial kilns and stoves, and metal structure work; preparation works and temporary works for project construction, and clearing up works post project construction; pavement of railways and roads, drilling of mines and putting up of oil pipes; construction of water conservancy; construction of underground air-raid shelters and construction of other special projects; value of equipment for heating, sanitation, ventilation, lighting, gas, painting, etc. that are covered by the budget of housing projects; laying out of various pipelines (for steam,

compressed air, petroleum, tap water and sewage) and wiring and cabling for electric power and for communications; installation of various machinery and equipment; testing operation for pre-testing the quality of installation projects, and land and other development work conducted by real estate developers for commercialized housing. The value of equipment installed is itself not included in the value of installation projects.

(2) Purchase of equipment and instruments refers to the total value of equipment, tools, and instruments purchased or self-produced which come up to the cut-off point for fixed assets by the construction units or investing enterprises or institutions. Equipment, tools and instruments purchased or self-produced for new workshops by newly established or expanded units are categorized as "purchase of equipment and instruments" no matter whether they come up to the cut-off point for fixed assets.

(3) Other expenses refer to expenses arising during the construction or purchase of fixed assets other than those mentioned above.

Projects under Construction refer to projects with construction and installation activities undertaken in the reference period. All projects that have construction activities undertaken during the reference period are reported as projects under construction irrespective of the length of construction work. The number of projects under construction can reflect the actual size of investment in fixed assets during a given period, and when compared with the number of projects completed and put into use during the same period, it demonstrates the results of investment in fixed assets from the angle of the speed of the construction. Depending on the nature of construction activities, projects under construction can also be classified into projects beginning construction in current year, winding-up projects in current year and stopped or suspended projects in previous years (with resumption of work in current year).

Projects Completed and Put into Use refer to the major projects and anxilliary facilities having been completed in accordance with the design documents, resulting in forming production capacity and having checked and accepted after relevant tests, while the living and welfare facilities having been completed and being capable of ensuring normal production. Non-industrial projects refer to the major projects and anxilliary facilities which have been completed in accordance with the design documents ; have been checked, accepted after relevant examination; and have been formally delivered for use.

Newly Increased Production Capacity (or Project Efficiency) refers to the increase in design capacity (or project efficiency) through investment in fixed assets, which reflects the accomplishment of investment in fixed assets in physical form and serves as an important basis for evaluating the economic efficiency of investment.

The newly increased production capacity (project efficiency) are usually expressed in one of the following forms:

(1) volume of output of products, i.e. the volume of output that the project can produce during a given period (usually a year). For instance, the capacity in coal mining is expressed in 10,000 tons/year, the capacity in producing chemical pesticides expressed in ton/year, the capacity in producing tractors in tractor/year, etc. For some chemical products where the effective contents differ significantly, the production capacity is expressed as the designed effective content equivalent, such as in the case of sulphuric acid, soda ash, caustic soda, etc;

(2) volume of raw materials processed per unit of time, i.e. the volume of raw materials that could be processed by the project per day (or per hour), such as tons of materials processed per day by a sugar refining project or edible vegetable oil project, or tons of urban sewage processed per day;

(3) number or capacity of major equipment increased, such as number of cotton or silk looms increased, wool spindles increased, or capacity (in kilowatts) of power generators increased; and

(4) physical measures (volume, capacity, area, and length) of construction, which is typical for non-industrial projects, for instance, the length of railways put into operation, the length of highways, the capacity of reservoirs, the capacity of warehouses, the floor space of housing projects, capacity for new students in schools or beds in hospitals, areas under new irrigation project, etc.

The special features of projects may sometimes call for the combined use of two or more measurements to reflect the increase in production capacity (or project efficiency); for instance, the new capacity for the production of internal combustion engines is expressed in sets per year and kilowatts per year simultaneously.

To standardize the nomenclature and unit of measurement for newly increased production capacity (or project efficiency), the National Bureau of Statistics has developed the Nomenclature and Codes for New Production Capacity (Project Efficiency). All reporting units with investment activities are required to follow these two nomenclatures in reporting statistics on new production capacity (project efficiency).

Floor Space of Buildings under Construction refers to the total floor space of the horizontal section of outer walls above the plinth of the building, including the effective area and the area occupied by the structure. This indicator is one of the important indicators in physical terms to reflect the scale and accomplishment of the construction industry and also an important basis for monitoring the progress, calculating the cost, analyzing the efficiency and studying the supply of building materials in relation to the construction projects.

Floor Space of Residential Buildings refers to the floor space of the residential buildings among the total space of buildings under construction or completed.

Floor Space under Construction refers to total floor space of all buildings under construction during the reference period, including floor space of newly started buildings during the reference period, floor space of construction extended from the previous period to the current period, and floor space of construction suspended during the previous period and resumed in the current period. Floor space of construction completed in the current period, and floor space of construction started and then suspended in the current period are also included in the floor space under construction of the current year.

Floor Space Completed refers to the floor space of all buildings completed in the reference period, which have been appraised and accepted (or come up to the designed standards) and have been transferred to owner units.

Completion Rate of Floor Space of Buildings refers to the ratio of the floor space of buildings completed in a certain period of time to the floor space of buildings under construction in the same period.

Newly Increased Fixed Assets refer to the newly increased value of fixed assets, constructed or purchased, that have been transferred to the investors. This is an indicator that demonstrates the results of investment in fixed assets in monetary terms, and an important indicator to reflect the speed of construction and to calculate the efficiency of investment.

Rate of Construction Projects Completed and Put into Use refers to the ratio of the number of construction projects completed and put into use in a certain period of time to the number of projects under construction in the same period. This reflects the investment efficiency from the perspective of the speed of projects construction.

Rate of Projects of Fixed Assets Completed and Put into Operation refers to the ratio of the newly increased fixed assets to the total investment made in the same period. This is a comprehensive indicator reflecting the speed of the employment of fixed assets and the investment efficiency at the macro-level. As the newly increase fixed assets is the result of a long period while the investment is completed in the current year, this indicator is expected to be used to reflect the employment of fixed assets over a long period of time.

Area of Commercialized Housing Sold refers to total contracted area of commercialized housing (i.e. area of floor space as designated in the formal contracts signed by both sides) during the reference time. It constitutes floor space of completed housing and floor space of future housing.

Value of Commercialized Housing Sold refers to the total contracted value (i.e. value of sales/purchase for selling/purchase of commercialized housing as designated in the contract signed by both sides) during the reference time. This indicator has the same coverage as the area of commercialized housing sold, which constitutes floor space of completed housing and floor space of housing yet to be completed.

Economically Affordable Housing refers to housing constructed according to the State Plan for economically affordable housing. The features of houses of this category are low cost of construction and low prices, and therefore are affordable to mid-income and low income households. Economically affordable housing projects are developed by real estate companies under the State Investment Plan, with the land provided through government allocation or tendering procedures. Developers are exempted from land utilization fees and enjoy another 50% exemption of all other legitimate fees, while their profits are limited to less than 3%, and the completed houses are sold under government-guided prices. This indicator helps to analyze the investment structure of the real estate industry and the demand and supply of housing for mid-income and low income households.

6 对外经济、旅游和开发区

Foreign Economy, Tourism and Development Zones

资料整理人员：贺淑贞　　吕　燕　　陈　慧

6-1 对外经济和旅游

Foreign Economy and Tourism

年 份 Year	进出口总额（万美元） Total Imports And Exports (USD 10 000)	出口 Exports	进口 Imports	实际利用外商直接投资金额（万美元） Total Amount of Foreign Capital Actually Used (USD 10 000)	接待旅游总人数(万人次) Number of Tourists (10 000 persons)	旅游业总收入（亿元） Income of Tourism (100 million yuan)	星级饭店数（个） Total Number of Tourist Hotels (unit)
1979	23363	22296	1067		0.81	0.01	
1980	32635	31389	1246		0.95	0.01	
1981	43531	35504	8027		1.33	0.02	
1982	42662	38369	4293		1.53	0.05	
1983	45667	40003	5664		1.99	0.03	
1984	46171	41703	4468		2.63	0.04	
1985	52549	39606	12943		3.20	0.04	
1986	62377	50305	12072		4.12	0.09	
1987	74642	61945	12697	235	5.72	0.10	
1988	83403	63860	19543	447	6.76	0.30	
1989	85201	66563	18638	1495	5.57	0.30	
1990	94161	80552	13609	1116	8.52	0.50	
1991	137525	101665	35860	2276	1210	3.68	
1992	207800	141145	66655	12853	1513	6.03	
1993	234800	161200	73600	43267	1615	11.62	
1994	201740	143321	58419	32512	2014	30.80	
1995	201664	145101	56563	48802	2518	43.41	
1996	176299	129074	47225	70344	3223	60.45	
1997	189445	144796	44649	91702	4040	79.59	
1998	178209	128290	49919	81816	4235	99.93	
1999	195604	128210	67394	65384	4339	120.35	
2000	251259	165308	85951	68182	4695	148.76	212
2001	275841	175400	100441	81011	5036	210.50	270
2002	287621	179542	108079	103089	5757	245.98	321
2003	373617	214626	158990	148907	5970	294.11	359
2004	543774	309778	233996	141806	6487	371.56	417
2005	600485	374667	225818	207235	7181	453.62	388
2006	735259	509401	225858	259335	9195	588.41	501
2007	968987	652342	316645	327051	10897	732.71	585
2008	1256584	840950	415634	400515	12830	851.75	569
2009	1015101	549189	465912	459787	16065	1099.47	567
2010	1468886	795487	673399	518441	20398	1425.80	549
2011	1900006	989747	910259	615031	25328	1785.78	568
2012	2194082	1259965	934117	728034	30506	2234.10	581
2013	2516439	1482083	1034356	870482	36058	2681.86	587
2014	3102729	2002348	1100380	1026585	41203	3050.70	555

注：进出口数据1994年前为外贸统计数，1994年及以后为海关统计数。

Figures on total imports and exports form foreign trade were obtained from foreign trade statistics before 1994 and the figures were obtained from the Changsha Customs statistics after 1994.

6-2 对外经济贸易和旅游概况

A Survey on Foreign Trade and Tourism

指 标	Item	2000	2005	2012	2013	2014
进出口总额 （亿美元）	**Total Imports And Exports (USD 100 million)**	**25.13**	**60.05**	**219.41**	**251.64**	**310.27**
出口总额	Total Exports	16.53	37.47	126.00	148.21	200.23
进口总额	Total Imports	8.60	22.58	93.41	103.44	110.04
进出口差额	Balance	7.93	14.89	32.59	44.77	90.19
实际利用外资 (亿美元)	**Total Amount of Foreign Capital Actually Used (USD 100 million)**	**11.08**	**16.37**	**72.80**	**87.04**	**102.66**
对外借款	Foreign Loans	3.37	2.19	4.34	6.54	13.46
外商直接投资	Foreign Direct Investments	6.82	14.18	60.79	59.16	30.71
外商其他投资	Other Foreign Investments	0.89		7.67	21.34	58.49
外商投资企业基本情况	**Registered Foreign-funded Enterprises**					
年底登记户数 (户)	Number of Registered Enterprises (unit)	2316	2598	2287	2255	2329
投资总额 (亿美元)	Total Investment (USD 100 million)	73.06	119.08	383.81	404.86	463.07
注册资本 (亿美元)	Registered Capital (USD 100 million)	43.38	70.29	196.47	208.66	241.82
#外方	#Capital from Foreign Partners	26.51	52.66	147.40	157.87	183.89
对外经济合作合同金额 (亿美元)	**Contracted Value of Economic Cooperation With Foreign Countries & Territories (USD 100 million)**	**1.87**	**6.14**	**32.07**	**45.21**	**51.92**
对外承包工程	Contracted Projects	1.49	5.82	22.49	34.68	36.88
对外劳务合作	Labor Services	0.34	0.26	9.58	10.53	15.05
设计咨询	Design Consultation	0.04	0.06			
国际旅游人数（万人次）	**Total Number of International Tourists (10 000 person-times)**	**45.40**	**55.34**	**224.55**	**230.66**	**219.55**
外国人	Foreigners	15.79	41.24	90.64	87.71	100.07
港澳台同胞	Compatriots from HongKong, Macao and Taiwan	29.61	14.10	133.92	142.95	119.47
旅游外汇收入总额 (亿美元)	**Foreign Exchange Earnings from International Tourism (USD 100 million)**	**2.21**	**3.13**	**9.28**	**8.23**	**8.00**
星级宾馆 (个)	Total Number of Tourist Hotels (unit)	212	388	581	587	555

注：外贸进出口资料统一按长沙海关统计数据，以下同。

Figures on total imports and exports form foreign trade are obtained from the Changsha Customs statitics.The same as in the following table.

6-3 进出口商品总值

Total Value of Imports and Exports

单位：万美元 (USD 10 000)

项 目	Item	2009	2011	2012	2013	2014
进出口总值	**Imports & Exports**	**1015101**	**1900006**	**2194082**	**2516439**	**3102729**
#出口	#Exports	549189	989747	1259965	1482083	2002348
进口	Imports	465912	910259	934117	1034356	1100380
进出口差额	**Balance**	**83277**	**79488**	**325848**	**447727**	**901968**

6-4 进出口商品主要产销国别(地区)总值

Value of Imports and Exports by Main Producer and Sales Countries(Regions)

单位：万美元 (USD 10 000)

国 家 (地区)	Country (Region)	2012		2013		2014	
		进 口 Imports	出 口 Exports	进 口 Imports	出 口 Exports	进 口 Imports	出 口 Exports
总 计	**Total**	**934653**	**1260227**	**1034356**	**1482083**	**1100380**	**2002348**
中国香港	Hong Kong, China	891	297852	2247	428892	12614	493836
日 本	Japan	123557	45047	71679	38416	103747	48238
菲律宾	Philippines	2356	7734	1713	9548	2110	16465
新加坡	Singapore	3480	24757	3383	36312	3840	73271
韩 国	Republic of Korea	31568	63979	31499	54529	20967	77076
中国台湾	Taiwan, China	22163	17298	25315	18935	61156	31520
英 国	United Kingdom	4572	19855	4185	24494	3358	27218
德 国	Germany	99646	28149	84298	34032	68672	40595
法 国	France	4868	9367	7605	12552	4866	15705
意大利	Italy	13568	15036	14475	18301	16937	19631
荷 兰	Netherlands	5064	27260	11144	28329	14468	29181
俄罗斯	Russia	4019	19955	19427	31743	13320	34568
加拿大	Canada	24338	24422	17924	26097	10440	27774
美 国	United States	35937	122554	51219	136575	107773	161810
澳大利亚	Australia	78080	18500	105942	16806	97582	19783
沙特阿拉伯	Saudi Arabia	563	16615	211	20200	11301	32398
阿联酋	United Arab Emirates	1646	21741	5136	31636	2281	36633
比利时	Belgium	5128	10389	5129	11746	3628	10265
西班牙	Spain	3576	8789	3990	10035	7669	11291
马来西亚	Malaysia	3619	67661	4258	34043	6904	79079

6-5 进出口商品机电电子产品情况

Import and Export Value of Machinery and Electrical Products

单位：万美元 (USD 10 000)

指标	Item	2012		2013		2014	
		进口 Imports	出口 Exports	进口 Imports	出口 Exports	进口 Imports	出口 Exports
机电产品	**Mechanical & Electrical Products**	**345179**	**508792**	**308020**	**576946**	**411664**	**840098**
金属制品	Metal and Related Products	5689	64077	5745	73355	5296	98878
机械设备	Machinery Equipment	101525	120166	103259	107214	106311	145960
电器及电子产品	Electrical Products	89352	150185	106145	235574	214948	374608
运输工具	Facilities of Transportation	119273	119086	64058	91820	44608	121315
仪器仪表	Instruments and Meters	28422	18412	28356	16334	38463	24570
其他	Others	917	36867	456	52648	2038	74767

6-6 进出口商品贸易方式

Value of Imports and Exports by Trade Ways

单位：万美元 (USD 10 000)

贸易方式	Trade Ways	2013		2014	
		进 口 Imports	出 口 Exports	进 口 Imports	出 口 Exports
一般贸易	Original Trade	692168	1010752	662202	1409730
国家间、国际组织无偿援助和赠送的物资	Assistant Goods from International Organization		162		225
华侨、港、澳同胞、外籍华人捐赠物资	Assistant Goods from Overseas Chinese, Compatriots from Hongkong, Macao and Taiwan				
补偿贸易	Compensation Trade				
来料加工装配贸易	Processing and Assembly Trade Provided with Raw Material	18638	39409	42206	54570
进料加工贸易	Processing Trade of Imported Material	297707	410542	297047	460825
寄售、代销贸易	Consign and Commission Trade				
边境小额贸易	Frontier Small Value Trade				
加工贸易进口设备	Processing and Assembling Import Equipment Provided with Material	529		7019	
对外承包工程出口货物	Constructed Projects in Foreign Countries	7728	5737		16463
租赁贸易	International Lease				
外商投资企业作为投资进口的设备、物品	Imported Equipment and Materials as Investment of Foreign Investment Enterprises	2955		6500	
出料加工贸易	Processing Trade of Exported Material				
易货贸易	Barter				
免税外汇商品	Tax Free Foreign Exchange Commodities				
保税监管场所进出境货物	Import & Export Commodities in Protective Tariff Zone	10721	4904	28631	23153
海关特殊监管区域物流货物	Logistics Goods in Special CustomsSurveillance Areas	5	602	32556	28592
其它贸易	Others Trade	3785	9975	12405	743

6-7 主要出口商品总值

Major Exports Commodities in Value

单位：万美元 (USD 10 000)

商品名称	Name of Commodities	2000	2005	2012	2013	2014
活猪(种猪除外)	Live Hogs (excluded seed hogs)	4709	4869	3587	3412	2939
鲜、冻猪肉	Fresh Frozen Pork	999	5826	8923	13013	17966
谷物及谷物粉	Cereals and Cereals Flour	1862	141	640	1258	1346
大米	Rice	1846	113	594	1029	1276
鲜、干水果	Vegetables, Fruit & Nuts, Fresh or Dried	165	122	538	1007	2513
茶叶	Tea	1310	2944	10742	9289	9444
烤烟	Flue-cured Tobacco	400	306	1447	2307	1211
黏土及其耐火矿物	Clay and Other Refractory Minerals	1099	3358	2088	2156	3147
天然石墨	Nutural Graphite	1091	3304	2023	2110	2641
仲钨酸铵	Tungstates	597	1260	1085	196	1122
氧化锌及过氧化锌	Zinc Oxide and Zinc Peroxide	1146	252	30	42	129
医药品	Medical and Pharmaceutical Products	1730	1515	4068	4432	5696
烟花、爆竹	Fireworks and Firecrackers	8186	14920	37634	42395	48208
松香及树脂酸	Resin and Resin Acids	354	448	310	387	318
家用或装饰用木制品	Woodwork for Family and Decorating	555	2261	4005	4888	5267
纺织纱线、织物及制品	Textile Yarn, Textile and Related Products	13344	23957	28420	30726	42584
棉纺机织物	Cotton Textile Machine Woven	3604	5345	5175	5192	6225
亚麻及苎麻机织物	Flax and Ramine Machine Woven	2612	6756	5449	5573	4849
家用陶瓷器皿	Porcelain and Pottery Ware for Household Use	7184	15267	26035	26987	36848
钢材	Rolled Steel	3121	47813	132409	98044	130279
未锻造的锑	Unwrought Antimony	781	2958	1732	146	699
未锻造的锰	Unwrought Manganese	5524	27329	6186	16268	10113
手用或机用工具	Hand Tools and Tools for Machines	2452	5424	15781	16911	20380
轴承	Bearings	891	528	875	963	2178
印刷电路	Electrocircuit of Presswork	1234	2981	8837	10380	9472
通断及保护电器装置及零件	Eletrical Apparatus for Switching or Protecting Electrical Circults	440	865	4570	3487	8690
汽车零件	Parts of Motor Vehicles	965	2327	9310	11117	21073
摩托车	Motorcycles	1543	4136	1927	2229	2109
船舶	Ships	201	1067	2508	3549	4374
箱包及类似容器	Travel Goods	1333	1990	18908	27398	38236
服装及衣着附件	Articles of Apparel & Clothing Accessories	13027	15756	37018	54787	148130
织物制服装	Garments with Textile	9536	11380	32450	47438	134584
非针织钩编织物服装	Garmens with Non-Kniting or Crocheting	5403	5731	12731	15000	66215
针织或钩编的服装	Garments with Kniting or Crocheting	4133	5649	19719	32438	68369
皮革服装	Leather Garments	2322	1569	6	49	35
鞋类	Footware	4436	4621	26763	38601	72053
鞋	Shoes	4266	4574	25778	36842	69975
以橡胶或塑料制的鞋	Shoes with Rubber or Plastic Materials	2311	1238	7100	12388	27837
橡胶或塑料底纺织材料为面的鞋	Shoes with Tread of Rubber or Plastic Materials and Surface of Textile Materials	1441	801	7060	8992	14807
塑料制品	Plastic Articles	770	1246	13614	24501	29940

6-8 主要进口商品总值

Major Imports Commodities in Value

单位：万美元 (USD 10 000)

商品名称	Name of Commodities	2000	2005	2012	2013	2014
食用植物油	Edible Vegetable Oil	129	1817	10648	8300	3198
饲料用鱼粉	Flours and Meals of Fish for Animal Food	1600	3818	1977	1227	1505
原木	Logs	240		60	24	1146
纸浆	Paper Pulp	451	3344	16250	14863	14533
铁矿砂	Iron Ore	5079	49409	196147	241387	193498
铬矿砂	Chromium Ores	823	2255	355	935	
成品油	Petroleum Products Refined	34	11747	62	3191	126
初级形状的塑料	Primary Plastic	569	988	5970	4918	5779
农药	Pesticides	112	25			
纸及纸板(未切成形的)	Paper and Paperboard	717	499	327	558	709
无机物涂布纸	Papers with Mineral Coat	687	271		440	628
棉机织物	Cotton Textile Machine Woven	970	1171	1767	1512	736
针织或钩编织物	Kniting or Crocheting	363	175	229	322	582
钢材	Rolled Steels	3805	6263	10490	4523	2966
钢铁板材	Steel-Board	3608	5744	8349	2613	2282
钢铁制标准紧固件	Nails ,Bolts ,etc	520	664	1276	1612	1997
未锻造的铜及铜材	Unwrought Copper and Rolled Copper	588	1627	1622	1992	118
铜材	Rolled Copper	513	1600		102	116
活塞式内燃机的零件	Accessories of Gas Engine with Piston	421	43	808	2167	2456
液泵及液体提升机	Liquid Pump and Machine with Liquid Exaltation	249	1762	4246	2755	2358
机械提升搬运装卸设备及零件	Portage ,Load and Unload Equipments and Accessories with Machine Exaltation	366	1056	4847	3174	6385
建筑及采矿用机械	Machinery for Counstruction and Mining	456	341	1520	873	1243
制造纸及纸制品用机械	Paper and Pulp Mill Machinery	110	358	1286	691	2589
印刷、装订机械	Printing and Binding Machinery	601	1673	4342	3306	4119
金属加工机床	Machine Tools for Processing Metals	833	6219	18483	13682	11751
阀门	Valves	203	1432	3399	2866	2376
模型及金属铸造用型箱	Models and Patterns	165	291			202
自动数据处理设备及其部件	Automatic Data Processing Equipments and Accessories	2952	1485	10852	8341	1729
数字式自动数据处理设备	Digital Automatic Data Processing Equipment	1495	954	30	636	77
存储设备	Accessories of I/O Equipments	921	56	45	29	6
集成电路及微电子组件	Integrated Circuit and Microelectronics Device	1052	1850	23948	14099	54343
汽车零件	Parts of Motor Vehicles	6374	4541	14672	19015	28920
医疗仪器及器械	Medical Instruments and Appliances	1014	1839	2850	4031	2974
计量检测分析自动仪器及器具	Measuring and Checking	1718	4051	16450	18875	22761
印刷品	Pressworks	477	122	232	700	724
塑料制品	Articles of Plastics	297	330	880	1030	1269

6-9 利用外商直接投资

Foreign Direct Investments

单位：万美元 (USD 10 000)

项 目	Item	2000	2005	2012	2013	2014
总 计	**Total**	**68182**	**207235**	**728034**	**870482**	**1026585**
按产业类别分类	**Grouped By Industry**					
第一产业	Primary Industry	3335	6915	25041	53075	57919
第二产业	Secondary Industry	43425	141882	572957	586976	658342
第三产业	Tertiary Industry	21422	58438	130036	230431	310323
按企业主体分类	**Grouped by Form**					
中外合资	Equity Foint Venture	32671	38146	113608	200285	274186
中外合作	Contractural Foint Venture	7328	15351	13288	23613	35386
外商独资	Wholly Foreign-owned Entenprise	27940	119798	590128	633498	646476
外商投资股份制	FDI Share Holding Inc.	243	33940	11010	13086	70537

6-10 外商直接投资签订合同情况(分国别、地区) (2014年)

Basic Statistics on Signed Contracts of Direct Foreign Investment(by Country or Region) (2014)

国别(地区)	Countries (Region)	项目(合同)个数(个) Number of Projects (case)	合同外资额(万美元) Agreement Amount (USD 10 000)	实际利用外资(万美元) Actually Used Amount (USD 10 000)
总 计	**Total**	**539**	**1117167**	**1026585**
中国香港	Hongkong, China	314	669493	639763
中国澳门	Macro, China	4	9913	6548
中国台湾	Taiwan, China	65	56236	50622
韩国	Korea			
泰 国	Thailand	1	898	4440
马来西亚	Malaysia	5	10168	9869
新加坡	Singapore	13	33934	26253
日 本	Japan	16	27063	25420
德 国	Germany	10	109338	56395
意大利	Italy	5	-1192	950
英 国	United Kingdom	3	3288	1962
卢森堡	Luxembourg	1	9087	
加拿大	Canada	7	1838	985
美 国	United States	16	19852	23617
澳大利亚	Australia	6	-1607	1775
维尔京群岛	Virgin Islands	13	64321	66543

6-11 旅游业基本情况
Basic Statistics of Tourism

项 目	Item	2000	2005	2012	2013	2014
接待旅游总人数 （万人）	**Number of Tourists (10 000 persons)**	**4695.40**	**7180.98**	**30506.33**	**36058.12**	**41202.53**
#接待海外游客	# International Tourists	45.40	71.98	90.64	87.71	100.07
#接待国内游客	# Domestic Tourists	4650.00	7109.00	30281.78	35827.46	40982.98
旅游业总收入 （人民币亿元）	**Income of Tourism (100 million yuan)**	**148.80**	**453.57**	**2234.10**	**2681.86**	**3050.70**
#旅游创汇 （亿美元）	# Earnings from International Tourism (USD 100 million)	2.21	3.90	9.28	8.23	8.00
#国内旅游收入 （人民币亿元）	#Earnings from Domestic Tourism (RMB 100 million yuan)	130.46	421.20	2175.46	2630.92	3001.54

6-12 国际旅游人数和人天数
Number of International Tourists and Days of Tourism

项 目	Item	2000	2005	2012	2013	2014
接待入境旅游人数合计（人次）	**Total of International Tourists Arrivals (person-time)**	**454008**	**719829**	**2245528**	**2306593**	**2195461**
#外国人	#Foreigners	157899	608847	906356	877108	1000746
港澳台同胞	Compatriots From Hongkong,Macao and Taiwan	296109	110982	1339172	1429485	1194715
#台胞	Compatriots from Taiwan	172731	61007	539378	557534	417035
入境旅游人天数合计 （人天）	**Total of International Tourist Arrivals (person-day)**	**1443640**	**2291253**	**4993715**	**4352114**	**4181638**
#外国人	#Foreigners	596216	1943303	2286289	1700490	2063019
港澳台同胞	Compatriots From Hongkong,Macao and Taiwan	847424	347951	2707426	2651624	2118619
#台胞	Compatriots from Taiwan	465221	19122	1130364	1031055	740267

注：从2000年起，华侨并入外国人统计。 Overseas chinese are bring into foreigners since 2000.

6-13 接待外国人按国别分组
Number of Foreign Tourists by Country

单位：人次 (person-time)

国 别	Country	2008	2009	2011	2012	2013	2014
外国人总计	**Total**	**710983**	**640791**	**1208013**	**906356**	**877108**	**1000746**
#日 本	#Japan	59896	123563	95251	102581	33072	74916
菲律宾	Philippines	5438	2854	21193	6037	4235	7475
新加坡	Singapore	23116	19030	42831	30039	26578	37298
泰 国	Thailand	8824	6928	35232	20480	16530	27648
印度尼西亚	Indonesia	9413	6415	33396	27307	27090	32131
美 国	United States	56505	67886	125760	88743	91864	97254
加拿大	Canada	17628	8512	23838	13106	12772	24458
德 国	Germany	34557	20356	48053	47754	46334	28554
英 国	United Kingdom	28679	28502	49316	49510	48507	57868
法 国	France	26772	13437	34082	28917	29347	33555
意大利	Italy	5777	4473	13568	11793	9304	18788
俄罗斯	Russia	8326	4231	4987	5931	7091	17100
澳大利亚	Australia	8337	6702	19324	6575	6667	18541
新西兰	New Zealand	1999	2243	3850	2978	2868	6705
其 他	Others	415716	325659	657332	464605	514849	518455

6-14　湖南省产业园区基本情况(2014年）

Basic Indicators of above the provincial level Development Zones（2014）

指标		Item		2014
园区规划面积	（平方公里）	Floor Areas in Development Zone	(Sq.km.)	2229
已开发面积	（平方公里)	Actual Land Areas of Development Zone	(Sq.km.)	902
#工业用地面积	(平方公里)	#Floor Areas of Industrial	(Sq.km.)	643
园区企业个数	（个）	Number of Enterprises	(unit)	30610
#高新技术产品企业个数	（个）	#New-and-High-tech Enterprises	(unit)	2501
出口型企业个数	（个）	Exportation Type Enterprises	(unit)	1377
工业企业个数	（个）	Industrial Enterprises	(unit)	14491
年末从业人数	（人）	Population of Employment	(person)	2664547
#高新技术产品企业期末从业人数	（人）	#Employees in New-and-High-tech Enterprises	(person)	957191
工业企业期末从业人数	（人）	Population of Industrial Enterperises	(person)	2083237
拥有专利数	（件）	Patent number	(item)	12634
本年完成固定资产投资	（亿元）	Investment in Fixed Assets	(100 million yuan)	5945
新批外商直接投资项目个数	（个）	Newly Authorized Projects of Foreign Direct Investment	(unit)	201
实际到位外商直接投资金额	(亿美元)	Actual value of Foreign Direct Investment	(USD 100 million)	41
实施省外境内合作项目个数	（个）	Foreign-funded projects	(unit)	1664
实际到位省外境内资金	(亿元)	Actual value of Foreign-funded projects	(100 million yuan)	1297
技工贸总收入	（亿元）	Industry and Trade income	(100 million yuan)	30791
#工业企业主营业务收入	（亿元）	#Industrial product sales income	(100 million yuan)	24084
利润总额	（亿元）	Total profit	(100 million yuan)	1204
上交税金总额	（亿元）	Total of the tax amount	(100 million yuan)	931
R&D经费支出总额	（亿元）	Total of Expenditureonr R&D	（100 million yuan）	509
高新技术产品产值	（亿元）	Output Value of New-and-High-tech Enterprises	(100 million yuan)	13582
出口交货值	（亿元）	Delivery Value of Exports	(100 million yuan)	1331

6-15　湖南省国家级开发区基本情况（2014年）

Basic Indicators of National Development Zones（2014）

指标		Item		2014
园区规划面积	（平方公里）	Floor Areas in Development Zone	(Sq.km.)	889
已开发面积	(平方公里)	Actual Land Areas of Development Zone	(Sq.km.)	250
#工业用地面积	(平方公里)	#Floor Areas of Industrial	(Sq.km.)	164
园区企业个数	（个）	Number of Enterprises	(unit)	15973
#高新技术产品企业个数	(个)	#New-and-High-tech Enterprises	(unit)	1331
出口型企业个数	（个）	Exportation Type Enterprises	(unit)	782
工业企业个数	（个）	Industrial Enterprises	(unit)	5932
年末从业人数	（人）	Population of Employment	(person)	984641
#高新技术产品企业期末从业人数	（人）	#Employees in New-and-High-tech Enterprises	(person)	508052
工业企业期末从业人数	（人）	Population of Industrial Enterperises	(person)	723409
拥有专利数	（件）	Patent number	(item)	7317
本年完成固定资产投资	（亿元）	Investment in Fixed Assets	(100 million yuan)	2546
新批外商直接投资项目个数	（个）	Newly Authorized Projects of Foreign Direct Investment	(unit)	60
实际到位外商直接投资金额	(亿美元)	Actual value of Foreign Direct Investment	(USD 100 million)	23
实施省外境内合作项目个数	（个）	Foreign-funded projects	(unit)	424
实际到位省外境内资金	(亿元)	Actual value of Foreign-funded projects	(100 million yuan)	404
技工贸总收入	(亿元)	Industry and Trade income	(100 million yuan)	14893
#工业企业主营业务收入	(亿元)	#Industrial product sales income	(100 million yuan)	10942
利润总额	(亿元)	Total profit	(100 million yuan)	499
上交税金总额	(亿元)	Total of the tax amount	(100 million yuan)	453
R&D经费支出总额	(亿元)	Total of Expenditureonr R&D	（100 million yuan）	299
高新技术产品产值	（亿元）	Output Value of New-and-High-tech Enterprises	(100 million yuan)	7979
出口交货值	（亿元）	Delivery Value of Exports	(100 million yuan)	712

6-16 湖南省省级开发区基本情况（2014年）

Basic Indicators of Provincial Development Zone （2014）

指标		Item		2014
园区规划面积	（平方公里）	Floor Areas in Development Zone	(Sq.km.)	1040
已开发面积	（平方公里）	Actual Land Areas of Development Zone	(Sq.km.)	488
#工业用地面积	（平方公里）	#Floor Areas of Industrial	(Sq.km.)	354
园区企业个数	（个）	Number of Enterprises	(unit)	11668
#高新技术产品企业个数	（个）	#New-and-High-tech Enterprises	(unit)	856
出口型企业个数	（个）	Exportation Type Enterprises	(unit)	457
工业企业个数	（个）	Industrial Enterprises	(unit)	6187
年末从业人数	（人）	Population of Employment	(person)	1232757
#高新技术产品企业期末从业人数	（人）	#Employees in New-and-High-tech Enterprises	(person)	33858
工业企业期末从业人数	（人）	Population of Industrial Enterperises	(person)	974692
拥有专利数	（件）	Patent number	(item)	3544
本年完成固定资产投资	（亿元）	Investment in Fixed Assets	(100 million yuan)	2558
新批外商直接投资项目个数	（个）	Newly Authorized Projects of Foreign Direct Investment	(unit)	61
实际到位外商直接投资金额	（亿美元）	Actual value of Foreign Direct Investment	(USD 100 million)	13
实施省外境内合作项目个数	（个）	Foreign-funded projects	(unit)	954
实际到位省外境内资金	（亿元）	Actual value of Foreign-funded projects	(100 million yuan)	664
技工贸总收入	（亿元）	Industry and Trade income	(100 million yuan)	12455
#工业企业主营业务收入	（亿元）	#Industrial product sales income	(100 million yuan)	9971
利润总额	（亿元）	Total profit	(100 million yuan)	536
上交税金总额	（亿元）	Total of the tax amount	(100 million yuan)	385
R&D经费支出总额	（亿元）	Total of Expenditureonr R&D	(100 million yuan)	153
高新技术产品产值	（亿元）	Output Value of New-and-High-tech Enterprises	(100 million yuan)	4318
出口交货值	（亿元）	Delivery Value of Exports	(100 million yuan)	477

6-17 湖南省省级工业集中区基本情况(2014年)

Basic Indicators of above the provincial level Development Zones(2014)

指标		Item		2014
园区规划面积	(平方公里)	Floor Areas in Development Zone	(Sq.km.)	300.74
已开发面积	(平方公里)	Actual Land Areas of Development Zone	(Sq.km.)	163.00
#工业用地面积	(平方公里)	#Floor Areas of Industrial	(Sq.km.)	124.89
园区企业个数	(个)	Number of Enterprises	(unit)	2969
#高新技术产品企业个数	(个)	#New-and-High-tech Enterprises	(unit)	314
出口型企业个数	(个)	Exportation Type Enterprises	(unit)	138
工业企业个数	(个)	Industrial Enterprises	(unit)	2372
年末从业人数	(人)	Population of Employment	(person)	447149
#高新技术产品企业期末从业人数	(人)	#Employees in New-and-High-tech Enterprises	(person)	110559
工业企业期末从业人数	(人)	Population of Industrial Enterperises	(person)	385136
拥有专利数	(件)	Patent number	(item)	1773
本年完成固定资产投资	(亿元)	Investment in Fixed Assets	(100 million yuan)	840.48
新批外商直接投资项目个数	(个)	Newly Authorized Projects of Foreign Direct Investment	(unit)	80
实际到位外商直接投资金额	(亿美元)	Actual value of Foreign Direct Investment	(USD 100 million)	5.49
实施省外境内合作项目个数	(个)	Foreign-funded projects	(unit)	286
实际到位省外境内资金	(亿元)	Actual value of Foreign-funded projects	(100 million yuan)	229.24
技工贸总收入	(亿元)	Industry and Trade income	(100 million yuan)	3442.75
#工业企业主营业务收入	(亿元)	#Industrial product sales income	(100 million yuan)	3170.82
利润总额	(亿元)	Total profit	(100 million yuan)	169.48
上交税金总额	(亿元)	Total of the tax amount	(100 million yuan)	93.13
R&D经费支出总额	(亿元)	Total of Expenditureonr R&D	(100 million yuan)	57.05
高新技术产品产值	(亿元)	Output Value of New-and-High-tech Enterprises	(100 million yuan)	1284.34
出口交货值	(亿元)	Delivery Value of Exports	(100 million yuan)	142

主要统计指标解释

进出口总额 指实际进出我国国境的货物总金额。包括对外贸易实际进出口货物，来料加工装配进出口货物，国家间、联合国及国际组织无偿援助物资和赠送品，华侨、港澳台同胞和外籍华人捐赠品，租赁期满归承租人所有的租赁货物，进料加工进出口货物，边境地方贸易及边境地区小额贸易进出口货物(边民互市贸易除外)，中外合资企业、中外合作经营企业、外商独资经营企业进出口货物和公用物品，到、离岸价格在规定限额以上的进出口货样和广告品(无商业价值、无使用价值和免费提供出口的除外)，从保税仓库提取在中国境内销售的进口货物，以及其他进出口货物。该指标可以观察一个国家在对外贸易方面的总规模。我国规定出口货物按离岸价格统计，进口货物按到岸价格统计商品经营单位所在地进、出口额 指所在地海关注册登记的有进出口经营权的企业实际进、出口额。

商品目的地进口额和商品货源地出口额 目的地进口额指进口货物的消费、使用或最终抵运地的实际进口额；货源地出口额指出口货物的产地或原始发货地的实际出口额。

利用外资 指我国各级政府、部门、企业和其他经济组织通过对外借款、吸收外商直接投资以及用其他方式筹措的境外现汇、设备、技术等。

对外借款 指通过对外正式签订借款协议，从境外筹措的资金，包括外国政府贷款、国际金融组织贷款、外国银行商业贷款、出口信贷以及对外发行债券等。1996年及以前还包括对外发行股票。该指标是我国利用外资的重要部分。

外商直接投资 指外国企业和经济组织或个人(包括华侨、港澳台胞以及我国在境外注册的企业)按我国有关政策、法规，用现汇、实物、技术等在我国境内开办外商独资企业、与我国境内的企业或经济组织共同举办中外合资经营企业、合作经营企业或合作开发资源的投资(包括外商投资收益的再投资)，以及经政府有关部门批准的项目投资总额内企业从境外借入的资金。

外商其他投资 指除对外借款和外商直接投资以外的各种利用外资的形式。包括企业在境内外股票市场公开发行的以外币计价的股票（目前主要是在香港证券市场发行的H股和在境内证券市场发行的B股）发行价总额，国际租赁进口设备的应付款，补偿贸易中外商提供的进口设备、技术、物料的价款，加工装配贸易中外商提供的进口设备、物料的价款。

对外直接投资 指我国国内投资者以现金、实物、无形资产等方式在国外及港澳台地区设立、购买国（境）外企业，并以控制该企业的经营管理权为核心的经济活动。

对外承包工程 指各对外承包公司以招标议标承包方式承揽的下列业务：(1)承包国外工程建设项目；(2)承包我国对外经援项目；(3)承包我国驻外机构的工程建设项目；(4)承包我国境内利用外资进行建设的工程项目；(5)与外国承包公司合营或联合承包工程项目时我国公司分包部分；(6)对外承包兼营的房屋开发业务。对外承包工程的营业额是以货币表现的本期内完成的对外承包工程的工作量，包括以前年度签订的合同和本年度新签订的合同在报告期内完成的工作量。

对外劳务合作 指以收取工资的形式向业主或承包商提供技术和劳动服务的活动。我国对外承包公司在境外开办的合营企业，中国公司同时又提供劳务的，其劳务部分也纳入劳务合作统计。劳务合作营业额按报告期内向雇主提交的结算数(包括工资、加班费和奖金等)统计。

旅游者人数

(1)入境国际旅游者人数：指来中国参观、访问、旅行、探亲、访友、休养、考察、参加会议和从事经济、科技、文化、教育、宗教等活动的外国人、华侨、港澳同胞和台湾同胞的人数。不包括外国在我国的常驻机构，如使领馆、通讯社、企业办事处的工作人员；来我国常住的外国专家、留学生以及在岸逗留不过夜人员。

(2)出境居民人数：指大陆居民因公务活动或私人事务短期出境的人数。公务活动出境居民人数包括在国际交通工具上的中国服务员工，因私出境居民人数不包括在国际交通工具上的中国服务员工。

(3)国内旅游者人数：指我国大陆居民和在我国常住1 年以上的外国人、华侨、港澳台同胞离开常住地在境内其他地方的旅游设施内至少停留一夜，最长不超过 6个月的人数。

国际旅游(外汇)收入 指入境旅游的外国人、华侨、港澳同胞和台湾同胞在中国大陆旅游过程中发生的一切旅游支出，其对于国家来说就是国际旅游(外汇)收入。

国际旅行社 指经营对外招徕并接待外国人、华侨、港澳同胞和台湾同胞来中国、归国或回内地旅游业务的旅行社。

国内旅行社 指负责经营招徕、组团、接待国内旅客的旅游业务，以及不对外招徕，负责经营接待国际旅行社或其它涉外部门组织的外国人、华侨、港澳同胞和台湾同胞来中国、归国或回内地的旅游业务的旅行社。

星级饭店 指已评定星级的饭店。

Explanatory Notes on Main Statistical Indicators

Total Imports and Exports at Customs refer to the real value of commodities imported into and exported from the boundary of China. They include the actual imports and exports through foreign trade, imported and exported goods under the processing and assembling trades and materials, supplies and gifts as aid given gratis between governments and by the United Nations and other international organizations, and contributions donated by overseas Chinese, compatriots in Hong Kong and Macao and Chinese with foreign citizenship, leasing commodities owned by tenant at the expiration of leasing period, the imported and exported commodities processed with imported materials, commodities trading in border areas (excluding mutual exchange goods), the imported and exported commodities and articles for public use of the Sino foreign joint ventures, cooperative enterprises and ventures exclusively with foreign own investment. Also included are import or export of samples and advertising goods for whose CIF or FOB value are beyond the permitted ceiling (excluding goods of no trading or use value and free commodities for export), imported goods sold in China from bonded warehouses and other imported or exported goods. The indicator of the total imports and exports at customs can be used to observe the total size of external trade in a country. In accordance with the stipulation of the Chinese government, imports are calculated at CIF, while exports are calculated at FOB.

Import Export Value by Location of China'sForeign Trade Managing Units refers to actual value of imports and exports carried out by corporations which have been registered by the local customhouse and are vested with right to run import export business.

Import Value of Commodities by the Places of their Destination and Export Value of Commodities by the Places of their Origin in China: The former indicator refers to the value of import commodities of the places of their consumption, utilization or the places of their final destination. The latter indicator refers to the value of export commodities of the places of their origin or the places of the commodities dispatched.

Utilization of Foreign Capitals refers to remittance, equipment and technology financed from abroad, by loans, foreign direct investment and other forms undertaken by the Chinese governments at all levels, by various departments, enterprises and other economic units.

Foreign Borrowings refer to funds borrowed from abroad through formal signing of borrowing agreements with foreign institutions, including loans of foreign governments, loans of international financial institutions, commercial loans of foreign banks, export credit, and funds raised by Chinese bonds (and shares before 1996) issued abroad. It is an important part of China's utilization of foreign capitals.

Foreign Direct Investment refers to the investments inside China by foreign enterprises and economic organizations or individuals (including overseas Chinese, compatriots from Hong Kong, Macao and Taiwan, and Chinese enterprises registered abroad), following the relevant policies and laws of China, for the establishment of ventures exclusively with foreign own investment, Sino oreign joint ventures and cooperative enterprises or for co perative exploration of resources with enterprises or economic organizations in China. It includes the re investment of the foreign entrepreneurs with the profits gained from the investment and the funds that enterprises borrow from abroad in the total investment of projects which are approved by the relevant department of the government.

Overseas Direct Investment refers to enterprises set up or bought by domestic investors in foreign countries and in Hong Kong, Macao and Taiwan, and the economic activities centering on operation and management of those enterprises are under the control of domestic investors. The statistical scope covers various corporation type enterprises and non-corporation type enterprises receiving direct investment from domestic investment entities.

Other Investment by Foreign Entrepreneurs refers to all forms of utilization of foreign capitals other than foreign borrowings and foreign direct investment. It includes the total value of stock shares in foreign currencies issued by enterprises at domestic or foreign stock exchanges (now mainly consisting of H shares issued at Hong Kong Security Market and B shares issued at domestic security markets), rent payable for the imported equipment through international leasing arrangement, cost of imported equipment, technology and materials provided by foreign counterparts in compensation trade and processing and assembly trade.

Contracted Projects with Foreign Countries refer to projects undertaken by Chinese contractors (project contracting companies) through bidding process. They include:(1) overseas civil engineering construction projects financed by foreign investors; (2) overseas projects financed by the Chinese government through its foreign aid programs; (3) construction projects of Chinese diplomatic missions, trade offices and other institutions stationed abroad; (4) construction projects in China financed by foreign investment; (5) sub-contracted projects to be taken by Chinese contractors through a joint umbrella project with foreign contractor(s); (6) housing development projects. The business income from international contracted projects is the work volume of contracted projects completed during the reference period, expressed in monetary terms, including completed work on projects signed in previous years.

Service Cooperation with Foreign Countries refers to the activities of providing technology and labour services to employers or contractors in the forms of receiving salaries and wages. Labour services providing by contractual joint ventures of Chinese international contracting corporations should be included in the statistics of service co-operation with foreign countries. The business income of labour service cooperation is the income in the form of wages and salaries, overtime pay, bonuses and other remuneration received from the employers during the reference period.

Number of Tourists

(1) International tourists refer to foreigners, overseas Chinese, Chinese compatriots from Hong Kong, Macao and Taiwan coming to China for sight seeing, visits, tours, family reunions, vacations, study tours, conferences and other activities of a business, scientific and technological, cultural, educational and religious nature. It does not include representatives and employees of resident institutions of foreign countries in China such as embassies, consulates, news agencies and offices of foreign companies and organizations, nor does it include long-term foreign experts or students residing in China, or persons in transition without spending a night in China.

(2) Chinese residents going abroad refer to Chinese residents going abroad for short terms for either public business or private purposes. Chinese employees working on international transport carriers are included in those going abroad for public business purpose, not in those for private purpose.

(3) Domestic tourists refer to residents of the mainland of China who stay for one night at least but no more than 6 months at tourist facilities in other places than their permanent residence within the territory of the mainland China, including foreigners, overseas Chinese and Chinese compatriots from Hong Kong, Macao and Taiwan who have resided in China for over one year.

Foreign Exchange Earnings from International Tourism refer to the total expenditures of foreigners, overseas Chinese, Chinese compatriots from Hong Kong, Macao and Taiwan during their stay in the mainland of China, which are earnings of foreign exchange from international tourism from the point of view from China.

International Travel Agencies refer to travel agencies engaged in the promotion, solicitation, organization and reception of tours to the mainland of China by foreigners, overseas Chinese, Chinese compatriots from Hong Kong, Macao and Taiwan.

Domestic Travel Agencies refer to travel agencies engaged in the promotion, solicitation, organization and reception of domestic tourists, and in the reception of foreigners, overseas Chinese, Chinese compatriots from Hong Kong, Macao and Taiwan organized by international travel agencies or other departments concerned, without their own promotion and solicitation programmes.

Star Hotels refer to hotels rated with stars.

7 能　源

Energy

资料整理人员：李培楚　宋　超　鲁　喆
殷梓晴

7-1 能源生产消费及构成
The Structure of Energy Production and Consumption

指标	Item	2013	2014
一次能源生产总量 (万吨标准煤)	**Gross Production of primary Energy (10 000 tons of SCE)**	**7587.52**	**6348.84**
各种能源所占比重 (%)	Proportions of Energies (%)		
其中:原煤	Raw Coal	79.06	72.67
原油	Crude Oil		
天然气	Natural Gas		
水电、核电、风电等	Hydropower, Nuclear Power, Wind Power Etc	20.94	27.33
能源消费总量 (万吨标准煤)	**Gross Consumption of Energy (10,000 tons of SCE)**	**14918.51**	**15316.84**
各种能源所占比重 (%)	Proportions of Energies (%)		
其中:煤品燃料	Raw Coal	60.71	58.08
油品燃料	Petroleum	14.44	14.56
天然气	Natural Gas	1.77	2.12
水电、核电、风电等	Hydropower, Nuclear Power, Wind Power Etc	13.66	15.44
其他能源	Other sources	9.42	9.80
一次能源生产弹性系数	**Elastic Coefficient of Energy Production**		
一次能源生产比上年增长 (%)	Increasing Rate of Primary Energy Production over the Previous Year (%)	-24.26	-16.33
核电、水电、风电生产比上年增长 (%)	Increasing Rate of Electric Power Production over the Previous Year (%)	3.00	30.51
国内生产总值比上年增长 (%)	Increasing Rate of GDP over the Previous Year (%)	10.06	9.51
一次能源生产弹性系数	Elastic Coefficient of Primary Energy Production	-2.41	-1.72
核电、水电、风电生产弹性系数	Elastic Coefficient of Electric Power Production	0.30	3.21
能源消费弹性系数	**Elastic Coefficient of Energy Consumption**		
能源消费比上年增长 (%)	Increasing Rate of Energy Consumption over the Previous Year (%)	4.88	2.67
电力消费比上年增长 (%)	Increasing Rate of Electric Power Consumption over the Previous Year (%)	-5.17	0.88
国内生产总值比上年增长 (%)	Increasing Rate of GDP over the Previous Year (%)	10.06	9.51
能源消费弹性系数	Elastic Coefficient of Energy Consumption	0.49	0.28
电力消费弹性系数	Elastic Coefficient of Electric Power Consumption	-0.58	0.09

7-2 综合能源平衡表

Consolidated Balance Sheet of Energy

单位:万吨标准煤 (10 000 tons of SCE)

指标	Item	2013	2014
可供量	**Supplies**	**14918.51**	**15316.84**
一次能源生产量	Energy Production	7587.52	6348.84
外省（区、市）调入量	the Amount Transferred from Other Provinces (Regions, Cities)	8213.91	9311.87
进口量	Import Volume	135.08	206.05
本省（区、市）调出量(-)	the Amount Transferred to Other Provinces (Regions, Cities)	1073.28	391.03
出口量(-)	Export Volume	0.97	1.70
年初年末库存差额	Inventory Balance between the Beginning and End of the Year	56.25	-157.20
年初库存量	Beginning of the inventory	517.80	463.39
年末库存量(-)	Year-end inventory(-)	461.55	620.59
消费量	**Consumptions**	**14918.51**	**15316.84**
消费量分组一	**Group 1 of Consumptions**	**14918.51**	**15316.84**
农. 林. 牧. 渔业	Agriculture, Forestry, Animal Husbandry and Fishery	686.52	683.02
工业	Industry	9319.03	9329.02
建筑业	Construction Industry	294.22	328.75
交通运输. 仓储和邮政业	Transportation, Storage and Post Industry	1342.62	1442.98
批发、零售业和住宿、餐饮业	Wholesaling, Retailing, Lodging and Catering Trade	551.15	615.27
其他	Others	744.01	840.97
生活消费	Living Consumptions	1980.96	2076.82
消费量分组二	**Group 2 of Consumptions**	**14918.51**	**15316.84**
终端消费	**Terminal Consumptions**	**14378.39**	**14884.52**
#工业	#Industry	8802.28	8900.63
加工转换损失	**Processing and Conversion Loss**	**90.01**	**4.69**
火力发电损失	Loss of Thermal Power Generation		
供热损失	Heating Supply Loss	173.67	141.10
洗选煤损失	Coal Preparation Loss	173.30	177.22
炼焦损失	Coking Loss	55.47	48.53
炼油损失	Oil Refining Loss	22.98	7.30
制气损失	Gas Making Loss		
煤制品加工损失	Coal Products Processing Loss		
回收能	Recovered Energy	-335.41	-369.67
损失量	**Loss Amount**	**450.11**	**427.62**
平衡差额	**Equilibrium Balance**		

7-3 煤炭平衡表

Balance Sheet of Coal

单位:万吨 (10 000 tons)

指标	Item	2013	2014
可供量	**Supplies**	**11223.84**	**10899.51**
消费量	**Consumptions**	**11223.84**	**10899.51**
消费量分组一	**Group 1 of Consumptions**	**11223.84**	**10899.51**
农. 林. 牧. 渔业	Agriculture, Forestry, Animal Husbandry and Fishery	457.77	456.22
工业	Industry	9202.23	8803.66
建筑业	Construction Industry	173.74	194.00
交通运输. 仓储和邮政业	Transportation, Storage and Post Industry	151.32	163.15
批发、零售业和住宿、餐饮业	Wholesaling, Retailing，Lodging and Catering Trade	368.67	397.50
其他	Others	421.99	454.99
生活消费	Living Consumptions	448.12	429.99
消费量分组二	**Group 2 of Consumptions**	**11223.84**	**10899.51**
终端消费	**Terminal Consumptions**	**5705.21**	**5991.22**
#工业	#Industry	3683.60	3895.37
用于加工转换	**Used for Processing and Conversion**	**5480.40**	**4870.06**
火力发电	Thermal Power Generation	3526.21	2993.55
供热	Heating Supply	378.35	352.09
洗煤损耗	Coal Preparation Loss	680.34	623.14
炼焦	Coking	895.50	901.28
炼油及煤制油	Petroleum Refineries		
制气	Gas Making		
型煤加工损耗	Briquette Processing Loss		
损失量	**Loss Amount**	**38.23**	**38.23**
平衡差额	**Equilibrium Balance**		

7-4 石油平衡表

Balance Sheet of Petroleum

单位:万吨 (10 000 tons)

指标	Item	2013	2014
可供量	**Supplies**	**1520.20**	**1559.52**
消费量	**Consumptions**	**1520.20**	**1559.52**
消费量分组一	**Group 1 of Consumptions**	**1520.20**	**1559.52**
农. 林. 牧. 渔业	Agriculture, Forestry, Animal Husbandry and Fishery	19.85	19.78
工业	Industry	410.53	355.20
建筑业	Construction Industry	61.79	68.99
交通运输. 仓储和邮政业	Transportation, Storage and Post Industry	651.73	714.45
批发、零售业和住宿、餐饮业	Wholesaling, Retailing, Lodging and Catering Trade	61.37	66.17
其他	Others	81.24	87.60
生活消费	Living Consumptions	233.69	247.33
消费量分组二	**Group 2 of Consumptions**	**1520.20**	**1559.52**
终端消费	Terminal Consumptions	1488.92	1541.07
工业	Industry	379.25	338.51
加工转换损失	**Processing and Conversion Loss**	**31.28**	**16.69**
火力发电	Thermal Power Generation	5.45	7.48
供热	Heating Supply	5.40	7.52
炼油损耗	Oil Refining Loss	20.43	1.69
制气	Gas Making		
损失量	**Loss Amount**		1.76
平衡差额	**Equilibrium Balance**		

7-5 电力平衡表

Balance Sheet of Electricity

单位:亿千瓦时 (100 million kwh)

指标	Item	2013	2014
可供量	**Supplies**	**1500.48**	**1513.65**
消费量	**Consumptions**	**1500.48**	**1513.65**
消费量分组一	**Group 1 of Consumptions**	**1500.48**	**1513.65**
农. 林. 牧. 渔业	Agriculture, Forestry, Animal Husbandry and Fishery	21.71	21.71
工业	Industry	1005.47	978.52
建筑业	Construction Industry	16.35	18.25
交通运输. 仓储和邮政业	Transportation, Storage and Post Industry	37.02	39.55
批发、零售业和住宿、餐饮业	Wholesaling, Retailing, Lodging and Catering Trade	51.94	57.57
其他	Others	86.65	98.94
生活消费	Living Consumptions	281.34	299.11
消费量分组二	**Group 2 of Consumptions**	**1500.48**	**1513.65**
终端消费	**Terminal Consumptions**	**1380.47**	**1396.09**
#工业	#Industry	885.46	860.96
输配电损失量	**Processing and Conversion Loss**	**120.01**	**117.56**
平衡差额	**Equilibrium Balance**		

7-6 分行业分品种能源消费总量(2014年)

Total Consumption of Various Energy in Different Trades(2014)

指标	Item	煤炭消费量（万吨）Consumption of Coal (10 000 tons)	原煤消费量（万吨）Consumption of Raw Coal (10 000 tons)
消 费 总 计	**Total Consumptions**	**10899.51**	**10461.51**
农、林、牧、渔业	**Agriculture, Forestry, Animal Husbandry and Fishery**	**456.22**	**426.32**
工业合计	**Industries in Total**	**8803.66**	**8828.42**
采矿业	**Excavating Industry**	**826.09**	**2086.55**
煤炭开采和洗选业	Mining and Washing of Coal	718.84	1979.59
石油和天然气开采业	Mining of Petroleum and Natural Gas		
黑色金属矿采选业	Mining of Ferrous Metal Ores	8.55	8.34
有色金属矿采选业	Mining of Non-ferrous Metal Ores	24.34	24.33
非金属矿采选业	Mining and Processing of Nonmetal Ores	74.25	74.18
开采辅助活动	Mining of Other Ores N.E.C		
其他采矿业	Mining of Other Ores N.E.C	0.11	0.11
制造业	**Manufacturing Industry**	**4923.51**	**3695.00**
农副食品加工业	Processing of Food From Agricultural Products	61.30	60.59
食品制造业	Manufacture of Foods	35.05	35.04
饮料制造业	Manufacture of Beverage	20.71	20.70
烟草制品业	Manufacture of Tobacco	15.68	15.19
纺织业	Manufacture of Textile	54.10	52.69
纺织服装、鞋、帽制造业	Manufacture of Textile Wearing Apparel, Footware and Caps	1.75	1.75
皮革、毛皮、羽毛(绒)及其制品业	Manufacture of Leather, Fur, Feather and Its Products	9.17	9.17
木材加工及木、竹、藤、棕、草制品业	Processing of Timbers,Manufacture of Wood,	40.92	40.89
家具制造业	Manufacture of Furniture	2.08	2.08
造纸及纸制品业	Manufacture of Paper and Paper Products	217.90	217.88
印刷业和记录媒介的复制	Printing,Reproduction of Recording Media	5.56	5.56
文教体育用品制造业	Manufacture of Articles for Culture, Education and Sport	2.94	2.94
石油加工、炼焦及核燃料加工业	Processing of Petroleum, Coking,Nuclear Oil	638.60	401.48
化学原料及化学制品制造业	Manufacture of Chemical Raw Material	537.23	552.45
医药制造业	Manufacture of Medicines	41.97	41.97
化学纤维制造业	Manufacture of Chemical Fiber	2.29	2.29
橡胶和塑料制品业	Manufacture of Rubber	12.49	12.49
非金属矿物制品业	Manufacture of Non-metallic Mineral Products	1651.19	1464.32
黑色金属冶炼及压延加工业	Manufacture and Processing of Ferrous Metals	1165.25	351.13
有色金属冶炼及压延加工业	Manufacture and Processing of Non-ferrous Metals	199.64	196.98
金属制品业	Manufacture of Metal Products	110.87	110.87
通用设备制造业	Manufacture of General Purpose Machinery	21.04	20.92
专用设备制造业	Manufacture of Special Purpose Machinery	22.42	22.40
汽车制造业	Automotive Industry	11.98	11.98
铁路、船舶、航空航天和其他运输设备制造业	Manufacture of Railway,Marine,Aerospace and Other Transport Equipment		
电气机械及器材制造业	Manufacture of Electrical Machinery and Equipment	13.30	13.30
通信设备、计算机及其他电子设备制造	Manufacture of Communication Equipment, Computer and Other Electronic Equipment	8.92	8.92
仪器仪表制造业	Manufacture of Measuring Instrument and Machinery for	2.60	2.60
其他制造业	Other Manufacture N.E.C	12.99	12.85
工艺品及其他制造业	Manufacture of Artwork,Other Manufacture N.E.C	3.57	3.57
废弃资源和废旧材料回收加工业	Recycling and Disposal of Waste		
电力、燃气及水的生产和供应业	**Production and Supply of Electric Power, Gas and Water**	**3054.06**	**3046.87**
电力、热力的生产和供应业	Production and Supply of Electric & Heat Power	3053.24	3046.07
燃气生产和供应业	Production and Distribution of Gas	0.80	0.78
水的生产和供应业	Production and Distribution of Water	0.02	0.02
建筑业	**Construction**	**194.00**	**171.72**
交通运输储运业和邮政业	**Transportation, Storage and Post Industry**	**163.15**	**137.06**
批发、零售业和住宿、餐饮业	**Wholesaling, Retailing, Lodging and Catering Trade**	**397.50**	**211.06**
其他行业	**Other Trades**	**454.99**	**288.16**
城乡居民生活	**Urban and Rural Citizens' Lives**	**429.99**	**398.77**

续表 continued

焦炭消费量（万吨）Consumption of Coke (10 000 tons)	原油（万吨）Crude Oil (10 000 tons)	汽油（万吨）Gasoline (10 000 tons)	煤油（万吨）Kerosene (10 000 tons)	柴油（万吨）Diesel Oil (10 000 tons)	燃料油（万吨）Fuel Oil (10 000 tons)	液化石油气（万吨）LPG (10 000 tons)	天然气(亿立方米) Natural Gas (100 million cu.m)	电力(亿千瓦时) Electric Power (100million
1040.29	**801.03**	**456.80**	**41.38**	**599.17**	**67.73**	**85.88**	**23.51**	**1513.65**
25.83		**10.47**		**9.09**	**0.01**	**0.20**	**0.08**	**21.71**
1014.46	**801.03**	**15.76**	**0.27**	**31.93**	**16.11**	**15.52**	**11.19**	**978.52**
1.14		**0.76**	**0.04**	**5.32**			**0.01**	**80.25**
		0.27		1.15				31.96
0.72		0.09		0.65				7.31
0.22		0.23	0.04	1.16				16.27
0.20		0.17		2.32			0.01	12.35
				0.04				12.36
1013.32	**801.03**	**14.46**	**0.23**	**25.89**	**15.60**	**15.52**	**11.18**	**611.84**
0.14		0.55	0.01	1.08			0.25	14.50
		0.50		0.29		0.01	0.18	8.17
0.73		0.23		0.28		0.01	0.22	7.03
		0.05		0.67			0.49	3.76
		0.18		0.17			0.04	12.89
		0.14		0.11			0.02	2.26
0.20		0.21		0.15	0.03		0.04	5.42
	0.01	0.29		0.83				8.71
		0.06		0.16			0.04	2.26
		0.14		0.39	1.50		0.21	26.66
		0.31		0.33			0.07	3.50
0.01		0.05		0.04			0.04	4.60
	800.95	0.02		0.16	2.99	0.13	0.02	15.15
13.48	0.04	1.88	0.01	1.53	0.36	0.61	0.66	84.33
0.01		1.16		0.49			0.18	8.37
0.17		0.01		0.01				1.15
0.54		0.38		0.49		0.04	0.20	11.31
5.45		1.58	0.03	7.38	8.79	11.33	3.54	95.78
830.51		0.41		1.73			0.85	121.56
142.64	0.01	0.88	0.03	2.45	1.67	0.04	2.69	112.02
6.27		0.55		0.90	0.03	0.01	0.16	15.90
8.67		1.36	0.04	1.29	0.05	0.04	0.11	10.73
0.57		1.05	0.06	2.31		0.21	0.19	4.67
2.95		1.16	0.01	1.29	0.02	0.03	0.64	17.55
0.27	0.01	0.63	0.03	0.67	0.16	0.02	0.08	5.18
0.01		0.53	0.01	0.32			0.15	3.11
0.41	0.01	0.08		0.06			0.01	1.48
		0.05		0.02		3.04	0.01	1.23
0.29		0.02		0.29			0.09	2.56
		0.54		**0.72**	**0.51**			**286.43**
		0.34		0.54	0.51			273.76
		0.06		0.09				2.04
		0.14		0.09				10.63
		16.00	**0.21**	**52.12**	**0.06**	**0.59**	**0.08**	**18.25**
		152.27	**38.88**	**438.00**	**48.09**	**8.02**	**1.96**	**39.55**
		36.76	**1.48**	**11.62**	**1.53**	**13.68**	**1.88**	**57.57**
		62.01	**0.54**	**15.89**	**0.78**	**6.62**	**3.14**	**98.94**
		163.53		**40.52**	**1.15**	**41.25**	**5.18**	**299.11**

7-7 能源加工转换情况(2014年)

Energy Processing and Conversion(2014)

指标	Item	投入量（万吨标准煤） Input Amount (10 000 tons of SCE)	产出量（万吨标准煤） Output Amount (10 000 tons of SCE)	转换损失量（万吨标准煤） Conversion Loss (10 000 tons of SCE)	转换效率（%） Conversion Efficiency (%)
合计	**Total**	**6428.31**	**4591.48**	**1836.82**	**71.43**
火电	Thermal Power	2399.43	936.97	1462.46	39.05
供热	Heating Supply	546.50	405.40	141.10	74.18
洗煤	Coal Washing	1527.72	1350.50	177.22	88.40
炼焦	Coking	811.15	762.62	48.53	94.02
炼油	Oil Refining	1142.89	1135.59	7.30	99.36
天然气液化	Natural Gas Liquefaction				
制气	Gas Making				
型煤加工	Briquette Processing	0.61	0.41	0.20	67.73
热电合计	Heat Power Total	2945.93	1342.36	1603.57	45.57

7-8 主要能源库存量和周转天数(2014年)

The Stock and Inventory Turnover of the Main Energy(2014)

指标	Item	年末库存量（万吨） Stock at the End of the Year (10 000tons)	消费量（万吨） Consumption Amount (10 000 tons)	库存周转天数（天） Inventory Turnover (day)
煤炭	Coal	651.12	10899.51	21.80
原煤	Raw Coal	616.61	10461.51	21.51
洗精煤	Cleaned Coal	31.93	1248.42	9.34
其它洗煤	Other Washed Coal	2.55	202.31	4.60
焦炭	Coke	27.14	1040.29	9.52
石油	Petroleum	66.07	1559.52	15.46
原油	Crude Oil	17.27	801.03	7.87
汽油	Gasoline	18.55	456.80	14.82
煤油	Kerosene		41.38	
柴油	Diesel Oil	21.35	599.17	13.01
燃料油	Fuel Oil	4.73	67.73	25.49

7-9 工业企业能源购进、消费及库存(2014年)

Energy Purchase, Consumption and Stock of Industry (2014)

指标	Item	年初库存 Stock at the Beginning of the Year	购进量实物量 Total Purchase	消费量合计 Total Consump-tion	#生产消费 For Production	#原材料 Material Use	库存 Stock at the End of the Year
能源合计 (吨标准煤)	**Total Energy (ton of SCE)**			**115799915**	**115089981**		
原煤 (吨)	Raw Coal (Ton)	4621618	77243598	77863267	77728332	3214919	6166132
其中：无烟煤 (吨)	Blind Coal (Ton)	1153972	12443154	12373537	12341508	1088832	1246145
炼焦烟煤 (吨)	Coking Coal (Ton)	13858	339334	340687	340542	12783	11726
一般烟煤 (吨)	Generally Coal (Ton)	3213334	64242849	64808924	64706188	2091586	4826753
褐煤 (吨)	Lignitous Coal (Ton)	240455	218262	340118	340094	21718	81508
洗精煤 (吨)	Cleaned Coal (Ton)	353894	9076302	9110153	9089949	4369	319262
其它洗煤 (吨)	Other Washed Coal (Ton)	86739	1853330	1914621	1914557		25493
煤制品 (吨)	Coal Products (Ton)	363	32034	32104	31574	2687	294
焦炭 (吨)	Coke (Ton)	254972	5998951	9144595	9144487	234855	271408
其它焦化产品 (吨)	Other Coking Products (Ton)	9436	17280	23556	23556		3153
焦炉煤气 (万立方米)	Coke Oven Gas (10 000 Cu.M)		10973	115731	106089		
高炉煤气 (万立方米)	High Oven Gas (10 000 Cu.M)		89093	1860371	1837433	8619	
转炉煤气 (万立方米)	Converter Gas (10 000 Cu.M)		38	120549	101059		
发生炉煤气 (万立方米)	Producer Gas (10 000 Cu.M)						
天然气（气态）(万立方米)	Natural Gas (10 000 Cu.M)	33	109881	109659	108246	1901	13
液化天然气（液态） (吨)	Liquefied Natural Gas (Ton)	2456	31556	31591	31562	2453	2382
煤层气（煤田）(万立方米)	Coal Seam Gas (10 000 Cu.M)		155	360	360		
原油 (吨)	Crude Oil (Ton)	216060	7966978	8010291	8010290		172747
汽油 (吨)	Gasoline (Ton)	1661	154672	156697	127916	4403	574
煤油 (吨)	Kerosene (Ton)	119	2629	2734	2708	44	25
柴油 (吨)	Diesel Oil (Ton)	9647	314609	315963	286214	9948	8604
燃料油 (吨)	Fuel Oil (Ton)	40896	130564	160994	160346		33176
液化石油气 (吨)	Liquefied Petroleum Gas (Ton)	283	153883	155233	155060	15578	319
炼厂干气 (吨)	Refinery Gas (Ton)		6521	239242	239242		
石脑油 (吨)	Naphtha (Ton)	85		12	12		
润滑油 (吨)	Lubricating Oil (Ton)	199	8179	8211	8205	32	159
石蜡 (吨)	Paraffin Wax (Ton)	23	907	908	908		21
溶剂油 (吨)	Solvnet Naphtha (Ton)	1100	8015	8480	8480	7333	1089
石油焦 (吨)	Petroleum Coke (Ton)	13034	76154	173921	173921	2687	3850
石油沥青 (吨)	Petroleum Asphalt (Ton)	23	1900	1899	1899		24
其它石油制品 (吨)	Other Petroleum Products (Ton)	30919	1473140	2043308	2043308	1169467	33950
热力 (百万千焦)	Heat (Million Kilo-Joule)		21063698	130261670	123814283		
电力 (万千瓦时)	Electricity (10 Thousand Kwh)		7491208	9858390	9751549		
煤矸石用于燃料 (吨)	Coal Gangue Solid Fuel (Ton)		1561136	1887669	1887669	22515	
城市垃圾用于燃料 (吨)	Municipal Refuse Fuel (Ton)	3908	304474	285102	285102		1664
生物质废料用于燃料 (吨)	Biomass Waste Fuel (Ton)	10387	2123253	2105321	2102889		8065
余热余压 (百万千焦)	Waste Heat And Excess Pressure (Million Kilo-Joule)		1366498	20204174	20204174		
其它工业废料用于燃料(吨)	Other Industrial Waste Fuel (Ton)		84122	198155	197543		
其他燃料 (吨标准煤)	Other Fuel (Ton Of Sce)	1531	3124151	3206138	3205936	17019	1116

注：本表统计范围为年主营业务收入2000万元及以上的工业企业。

All Industry corporation enterises with an annual sales income of over 20 million yuan.

7-9 续表1 continued

指标	Item	工业生产消费量 For Production	加工转换投入合计 Input& Outputof Transformation	火力发电 Thermal Power	供热 Heating Supply	原煤入洗 Coal Washing	炼焦 Coking
能源合计（吨标准煤）	**Total Energy (ton of SCE)**	**85836858**	**64645679**	**23992763**	**5393866**	**15026088**	**8111498**
原煤 （吨）	Raw Coal (Ton)	61758962	53610848	29935575	2608528	21066745	
其中：无烟煤 （吨）	Blind Coal (Ton)	10756714	8787902	7505438	330936	951527	
炼焦烟煤 （吨）	Coking Coal (Ton)	73573	73573			73573	
一般烟煤 （吨）	Generally Coal (Ton)	50669677	44490376	22184995	2277592	20027788	
褐煤 （吨）	Lignitous Coal (Ton)	258998	258998	245141		13857	
洗精煤 （吨）	Cleaned Coal (Ton)	9019526	9019526				9012776
其它洗煤 （吨）	Other Washed Coal (Ton)	1908144	912350		912350		
煤制品 （吨）	Coal Products (Ton)						
焦炭 （吨）	Coke (Ton)	7945763	2107360		2107360		
其它焦化产品 （吨）	Other Coking Products (Ton)						
焦炉煤气 （万立方米）	Coke Oven Gas (10 000 Cu.M)	95116	14739	14739			
高炉煤气 （万立方米）	High Oven Gas (10 000 Cu.M)	1748340	1352983	761862	591121		
转炉煤气 （万立方米）	Converter Gas (10 000 Cu.M)	101021	5	5			
发生炉煤气 （万立方米）	Producer Gas (10 000 Cu.M)						
天然气（气态）（万立方米）	Natural Gas (10 000 Cu.M)	9588	38	32	6		
液化天然气（液态） （吨）	Liquefied Natural Gas (Ton)						
煤层气（煤田）（万立方米）	Coal Seam Gas (10 000 Cu.M)	360	360	360			
原油 （吨）	Crude Oil (Ton)	8009580	8000098				
汽油 （吨）	Gasoline (Ton)	692					
煤油 （吨）	Kerosene (Ton)	146					
柴油 （吨）	Diesel Oil (Ton)	28678	5703	5216	488		
燃料油 （吨）	Fuel Oil (Ton)	51487	41243	25777	15466		
液化石油气 （吨）	Liquefied Petroleum Gas (Ton)	1746					
炼厂干气 （吨）	Refinery Gas (Ton)	232721	25645	3352	11023		
石脑油 （吨）	Naphtha (Ton)	4					
润滑油 （吨）	Lubricating Oil (Ton)	65					
石蜡 （吨）	Paraffin Wax (Ton)						
溶剂油 （吨）	Solvnet Naphtha (Ton)	844					
石油焦 （吨）	Petroleum Coke (Ton)	89966	88583	40384	48199		
石油沥青 （吨）	Petroleum Asphalt (Ton)						
其它石油制品 （吨）	Other Petroleum Products (Ton)	1644594	478575				
热力 （百万千焦）	Heat (Million Kilo-Joule)	103675155	32115500	32115500			
电力 （万千瓦时）	Electricity (10 Thousand Kwh)	2484395					
煤矸石用于燃料 （吨）	Coal Gangue Solid Fuel (Ton)	1336583	1000017	1000017			
城市垃圾用于燃料 （吨）	Municipal Refuse Fuel (Ton)	285102	285102	285102			
生物质废料用于燃料 （吨）	Biomass Waste Fuel (Ton)	1687629	1687629	1681357	6272		
余热余压 （百万千焦）	Waste Heat And Excess Pressure (Million Kilo-Joule)	19933273	10428836	10428836			
其它工业废料用于燃料（吨）	Other Industrial Waste Fuel	1293					
其他燃料 （吨标准煤）	Other Fuel (Ton Of Sce)	13472	4520	4520			

7-9 续表2 continued

指标	Item	炼油及煤制油 Petroleum Refineries	制气 Gas Works	天然气液化 Natural Gas Liquefaction	加工煤制品 Coal Processing	能源加工转换产出 Energy Processing Conversion	回收利用 Recycling
能源合计 （吨标准煤）	**Total Energy (ton of SCE)**	**12115390**			**6075**	46131394	3700544
原煤 （吨）	Raw Coal (Ton)						
其中：无烟煤 （吨）	Blind Coal (Ton)						
炼焦烟煤 （吨）	Coking Coal (Ton)						
一般烟煤 （吨）	Generally Coal (Ton)						
褐煤 （吨）	Lignitous Coal (Ton)						
洗精煤 （吨）	Cleaned Coal (Ton)				6750	14266673	
其它洗煤 （吨）	Other Washed Coal (Ton)					568725	
煤制品 （吨）	Coal Products (Ton)					6750	
焦炭 （吨）	Coke (Ton)					6582947	
其它焦化产品 （吨）	Other Coking Products (Ton)					241639	
焦炉煤气 （万立方米）	Coke Oven Gas (10 000 Cu.M)					151249	
高炉煤气 （万立方米）	High Oven Gas (10 000 Cu.M)						1767963
转炉煤气 （万立方米）	Converter Gas (10 000 Cu.M)						125743
发生炉煤气 （万立方米）	Producer Gas (10 000 Cu.M)						
天然气（气态）（万立方米）	Natural Gas (10 000 Cu.M)						
液化天然气（液态） （吨）	Liquefied Natural Gas (Ton)						
煤层气（煤田）（万立方米）	Coal Seam Gas (10 000 Cu.M)						
原油 （吨）	Crude Oil (Ton)	8000098					
汽油 （吨）	Gasoline (Ton)					1990202	
煤油 （吨）	Kerosene (Ton)					389834	
柴油 （吨）	Diesel Oil (Ton)					2432454	
燃料油 （吨）	Fuel Oil (Ton)					535279	
液化石油气 （吨）	Liquefied Petroleum Gas (Ton)					582144	
炼厂干气 （吨）	Refinery Gas (Ton)	11270				256912	
石脑油 （吨）	Naphtha (Ton)					249853	
润滑油 （吨）	Lubricating Oil (Ton)						
石蜡 （吨）	Paraffin Wax (Ton)						
溶剂油 （吨）	Solvnet Naphtha (Ton)					55486	
石油焦 （吨）	Petroleum Coke (Ton)					296818	
石油沥青 （吨）	Petroleum Asphalt (Ton)						
其它石油制品 （吨）	Other Petroleum Products (Ton)	478575				1684079	
热力 （百万千焦）	Heat (Million Kilo-Joule)					118885448	
电力 （万千瓦时）	Electricity (10 Thousand Kwh)					7623826	
煤矸石用于燃料 （吨）	Coal Gangue Solid Fuel (Ton)						
城市垃圾用于燃料 （吨）	Municipal Refuse Fuel (Ton)						
生物质废料用于燃料 （吨）	Biomass Waste Fuel (Ton)						
余热余压 （百万千焦）	Waste Heat And Excess Pressure (Million Kilo-Joule)						32459605
其它工业废料用于燃料（吨）	Other Industrial Waste Fuel						
其他燃料 （吨标准煤）	Other Fuel (Ton Of Sce)						

7-10 主要能源按工业行业分组消费量(2014年)

Consumption of Energy and Its Main Varieties by Sector (2014)

指标	Item	原煤（吨）Raw Coal (ton)	洗精煤（吨）Cleaned Coal (ton)	其他洗煤（吨）Other Washed Coal (ton)	煤制品（吨）Coal Products (ton)	焦炭（吨）Coke (ton)
煤炭开采和洗选业	Mining and Washing of Coal	18877219	6750	45	7	5
黑色金属矿采选业	Mining of Ferrous Metal Ores	80025		2054		7307
有色金属矿采选业	Mining of Non-ferrous Metal Ores	194164				2218
非金属矿采选业	Mining and Processing of Nonmetal Ores	649640				2001
开采辅助活动	Mining Auxiliary Activities					
农副食品加工业	Processing of Food from Agricultural Products	547871	281	698	5502	1396
食品制造业	Manufacture of Foods	347180			9	
酒、饮料和精制茶制造业	Manufacture of Liquor, Beverage and Refined Tea	189936			117	7252
烟草制品业	Manufacture of Tobacco	8765	4886			
纺织业	Manufacture of Textile	352631			14000	
纺织服装、服饰业	Manufacture of Textile Wearing and Clothing Apparel	13709				
皮革、毛皮、羽毛及其制品和制鞋业	Leather, Fur, Feather and Its Products and Footwear	90305				2006
木材加工和木、竹、藤、棕、草制品业	Processing of Timbers,Manufacture of Wood, Bamboo, Rattan, Palm and Straw Products	362862		280		37
家具制造业	Manufacture of Furniture	20618				
造纸和纸制品业	Manufacture of Paper and Paper Products	2074441				
印刷和记录媒介复制业	Printing,Reproduction of Recording Media	53749				
文教、工美、体育和娱乐用品制造业	Manufacture of Articles for Culture,Education and Sport Activity	29260			23	76
石油加工、炼焦和核燃料加工业	Processing of Petroleum,Coking,Processing of Nucleus Fuel	3878795	3664501			
化学原料和化学制品制造业	Manufacture of Chemical Raw Material and Chemical Products	5184471	26347	3400	1417	134826
医药制造业	Manufacture of Medicines	417184			12	134
化学纤维制造业	Manufacture of Chemical Fiber	22676				1652
橡胶和塑料制品业	Manufacture of Rubber and plastic	93621			7	5375
非金属矿物制品业	Manufacture of Non-metallic Mineral Products	12870392	3430		3085	4482
黑色金属冶炼和压延加工业	Manufacture and Processing of Ferrous Metals	960117	5399795	1908144	4220	8305154
有色金属冶炼和压延加工业	Manufacture and Processing of Non-ferrous Metals	1222714	4163		2900	526442
金属制品业	Manufacture of Metal Products	258120				62673
通用设备制造业	Manufacture of General Purpose Machinery	175682			503	36650
专用设备制造业	Manufacture of Special Purpose Machinery	195544			223	5680
汽车制造业	Automobile Industry	72634			12	26497
铁路、船舶、航空航天和其他运输设备制造业	Manufacture of Railway,Marine,Aerospace and Other Transport Equipment	46216				2954
电气机械和器材制造业	Manufacture of Electrical Machinery and Equipment	129508			7	2693
计算机、通信和其他电子设备制造业	Manufacture of Communication Equipment, Computer and Other Electronic Equipment	87486			19	145
仪器仪表制造业	Manufacture of Measuring Instrument	25904			30	4078
其他制造业	Other Manufacture N.E.C	11365				
废弃资源综合利用业	Recycling and Disposal of Waste	34331				2861
金属制品、机械和设备修理业	Mental Products,Machine and Equipment Repair					
电力、热力生产和供应业	Production and Supply of Electric Power and Heat Power	28276084				
燃气生产和供应业	Production and Distribution of Gas	7764			10	
水的生产和供应业	Production and Distribution of Water	184				

注：本表统计范围为年主营业务收入2000万元及以上的工业企业。

All Industry corporation enterises with an annual sales income of over 20 million yuan.

续表 continued

其他焦化产品 (吨) Other Coking Products (ton)	焦炉煤气 (万立方) Coke Oven Gas (10 000 cu.m)	高炉煤气 (万立方) High Oven Gas (10 000 cu.m)	天然气 (万立方) Natural Gas (10 000 cu.m)	原油 (吨) Crude Oil (ton)	汽油 (吨) Gasoline (ton)	煤油 (吨) Kerosene (ton)	柴油 (吨) Diesel Oil (ton)	燃料油 (吨) Fuel Oil (ton)
					2674	29	11545	
	158				883	3	6519	
					2231	435	11586	10
			65		1673	22	23150	31
		182	2573		5526	141	10760	
			1768		4991		2893	
			2169	9	2349		2807	
			2627		245		3402	
			380		1822	1	1744	
			151		1356		1082	
			382		2055	20	1545	313
280				101	2853	8	8271	
			391		630		1603	
			2134		1388	3	3843	14985
			711		3125		3262	
			412		547		404	
	16		199	8009580	249		1653	29861
			6656	351	18747	89	15276	3588
			1755		11584		4915	
					68		74	
			1977		3839		4873	
	7	68466	35484		15827	349	73783	87822
23276	104742	1783081	8457		4138	5	17285	
			26880	64	8836	283	24492	16721
	10705		1552		5519		9032	309
			1148		13624	420	12926	490
			1866		10523	453	23099	18
			4909		10003	111	10307	
			1533		1624	17	2629	153
		23	768	90	6313	251	6674	1648
			1497		5306	88	3209	7
			113	97	823	2	554	
			100		529		233	
	103	8619	923		172	2	2942	
					26		30	
			43		2627	4	5269	5025
			37		563		944	
					1409		925	12

7-10 续表 1 continued

指标	Item	液化石油气（吨）Liquefied Petroleum Gas (ton)	其他石油制品（吨）Other Petroleum Products (ton)	热力（百万千焦）Heat (million kilo-joule)	电力（万度）Electricity (10 000 kwh)	其他燃料（吨标准煤）Other Fuel (ton of SCE)
煤炭开采和洗选业	Mining and Washing of Coal		58		248639	23599
黑色金属矿采选业	Mining of Ferrous Metal Ores				53172	3696
有色金属矿采选业	Mining of Non-ferrous Metal Ores				164412	24322
非金属矿采选业	Mining and Processing of Nonmetal Ores			8101026	96620	26988
开采辅助活动	Mining of Other Ores N.E.C					
农副食品加工业	Processing of Food from Agricultural Products	38	2	58216	245757	281149
食品制造业	Manufacture of Foods	82		375529	82287	97693
酒、饮料和精制茶制造业	Manufacture of Liquor, Beverage and Refined Tea	60		96414	70329	85613
烟草制品业	Manufacture of Tobacco	8		74734	21176	8202
纺织业	Manufacture of Textile		3467	2845	148951	127558
纺织服装、服饰业	Manufacture of Textile Wearing and Clothing Apparel				22643	10291
皮革、毛皮、羽毛及其制品和制鞋业	Leather, Fur, Feather and Its Products and Footwear			232270	54235	12719
木材加工和木、竹、藤、棕、草制品业	Processing of Timbers, Manufacture of Wood, Bamboo, Rattan, Palm and Straw Products				109134	257337
家具制造业	Manufacture of Furniture				22570	38665
造纸和纸制品业	Manufacture of Paper and Paper Products		586	11244000	356613	152326
印刷和记录媒介复制业	Printing,Reproduction of Recording Media	22		130578	35039	15304
文教、工美、体育和娱乐用品制造业	Manufacture of Articles for Culture, Education and Sport Activity				45970	18481
石油加工、炼焦和核燃料加工业	Processing of Petroleum, Coking, Processing of Nucleus Fuel	1340	1643157	15975114	151505	17061
化学原料和化学制品制造业	Manufacture of Chemical Raw Material and Chemical Products	6133	381597	18329203	1043085	498953
医药制造业	Manufacture of Medicines	1		148525	83732	182278
化学纤维制造业	Manufacture of Chemical Fiber				11504	10590
橡胶和塑料制品业	Manufacture of Rubber and plastic	378	2755	84406	113076	42643
非金属矿物制品业	Manufacture of Non-metallic Mineral Products	113305	63	720329	1207832	812424
黑色金属冶炼和压延加工业	Manufacture and Processing of Ferrous Metals		7	70203789	1615582	52531
有色金属冶炼和压延加工业	Manufacture and Processing of Non-ferrous Metals	416		3873335	1120151	122059
金属制品业	Manufacture of Metal Products	89		9	158987	40345
通用设备制造业	Manufacture of General Purpose Machinery	383	884	61343	167279	37478
专用设备制造业	Manufacture of Special Purpose Machinery	2073	9670	1039	206655	41996
汽车制造业	Automobile Industry	45	39		114885	2818
铁路、船舶、航空航天和其他运输设备制造业	Manufacture of Railway,Marine,Aerospace and Other Transport Equipment	309		16033	50604	5426
电气机械和器材制造业	Manufacture of Electrical Machinery and Equipment	165	938		131827	59927
计算机、通信和其他电子设备制造业	Manufacture of Communication Equipment, Computer and Other Electronic Equipment			16237	231098	27011
仪器仪表制造业	Manufacture of Measuring Instrument				14785	22263
其他制造业	Other Manufacture N.E.C	30385			12287	4573
废弃资源综合利用业	Recycling and Disposal of Waste				25575	19901
金属制品、机械和设备修理业	Mental Products,Machine and Equipment Repair				204	
电力、热力生产和供应业	Production and Supply of Electric Power and Heat Power		86	516696	1525122	11390
燃气生产和供应业	Production and Distribution of Gas				10391	1750
水的生产和供应业	Production and Distribution of Water				84550	8271

7-11 主要用能工业企业单位产品能源消耗情况

Unit Product Energy Consumption of Industry

指标	单位	Item	2012	2013	2014
吨原煤生产综合能耗	千克标准煤/吨	Total Energy Consumption of Raw Coal/ton	23.02	23.57	25.77
万米印染布综合能耗	千克标准煤/万米	Total Energy Consumption of Dyed Cloth/10,000m	2002.88	2002.37	1586.26
机制纸及纸板综合能耗	千克标准煤/吨	Total Energy Consumption of Machine-Made Paper and Paperboard	399.09	403.38	420.96
炼焦工序单位能耗	千克标准煤/吨	Energy Consumption of Coking Process/unit	100.80	90.07	89.98
原油加工单位综合能耗	千克标准油/吨	Total Energy Consumption of Crude Oil Processing/unit	69.78	67.66	70.18
单位烧碱生产综合能耗(离子膜法30%)	千克标准煤/吨	Total Energy Consumption of Caustic Soda Production/unit	450.94	406.95	411.86
单位烧碱生产综合能耗(隔膜法30%)	千克标准煤/吨	Total Energy Consumption of Caustic Soda Production/unit (Diaphragm Process 30%)	969.68	875.10	758.74
联碱法纯碱双吨产品生产综合能耗	千克标准煤/吨	Total Energy Consumption of Soda Production/double tons (Hou's process)	179.08	173.50	164.96
单位合成氨生产综合能耗	千克标准煤/吨	Total Energy Consumption of Synthetic Ammonia/unit	1378.60	1326.75	1420.15
吨水泥熟料综合能耗	千克标准煤/吨	Total Energy Consumption of Cement/ton	113.87	110.94	112.41
吨水泥综合能耗	千克标准煤/吨	Total Energy Consumption of Cement Per Ton	90.79	86.31	87.93
每重量箱平板玻璃综合能耗	千克标准煤/重量箱	Total Energy Consumption of Plate Glass/weight box	11.65	13.38	14.15
吨钢综合能耗	千克标准煤/吨	Total Energy Consumption of Steel/ton	609.53	592.64	585.82
炼铁工序单位能耗	千克标准煤/吨	Unit Energy Consumption of Iron Refining Process	373.52	358.67	365.38
铁矿烧结工序单位能耗	千克标准煤/吨	Unit Energy Consumption of Iron Ore Sintering Process	52.64	52.17	49.48
转炉炼钢综合工序单位能耗	千克标准煤/吨	Unit Energy Consumption of Converter Steelmaking Process	8.93	7.53	5.67
电炉炼钢综合工序单位能耗	千克标准煤/吨	Unit Energy Consumption of Electric Furnace Steelmaking Process	73.49	75.34	73.82
锰硅合金工序单位能耗	千克标准煤/标准吨	Unit Energy Consumption of Silicomanganese Alloy Process	986.57	736.87	544.98
轧钢工序单位能耗	千克标准煤/吨	Unit Energy Consumption of Steel Rolling Process	67.48	62.28	61.60
吨钢耗新水	吨/吨	New Water Consumption of Steel/ton	4.71	3.77	3.76
吨铜加工材消耗能源量	千克标准煤/吨	Total Energy Consumption of Copper Refining/unit	319.88		389.52
单位粗铅综合能耗	千克标准煤/吨	Total Energy Consumption of Crude Lead/unit	402.62	415.96	315.86
单位铅冶炼综合能耗	千克标准煤/吨	Total Energy Consumption of Lead Refining/unit	521.34	519.84	492.12
单位精锌（电锌）综合能耗	千克标准煤/吨	Total Consumption of Refined Zinc (Electrolytic Zinc)/unit	1005.04	962.95	997.04
吨铝加工材消耗能源量	千克标准煤/吨	Energy Consumption of Aluminium Processing Material/ton	690.06	573.50	533.45
电厂火力发电标准煤耗	克标准煤/千瓦时	Standard Coal Consumption of Thermal Power Generation in the Power Plant	305.79	303.21	302.39
电厂火力供电标准煤耗	克标准煤/千瓦时	Standard Coal Consumption of Thermal Power Supply in the Power Plant	327.14	323.20	323.67

7-12 规模工业企业水消费
Water Consumption of Scale Industry

单位:万立方米 (10 000 cu.m)

指标	Item	2009	2010	2011	2012	2013	2014
取水总量	**the Total Amount of Water Intake**	**623822.17**	**637189.52**	**673445.94**	**373906.66**	**388919.79**	**371515.84**
地表水	Surface Water	572475.62	579276.02	608397.39	305670.30	314644.38	310620.87
地下水	Groundwater	22867.93	25630.10	29456.67	27572.62	24357.34	23106.22
自来水	Tap Water	27956.97	29457.02	32115.88	31024.35	32469.07	31527.52
管道供应的未经达标处理的水	Water Treated Below Standard						
中水	Reclaimed Water						
海水	Sea Water						
其他水	Other Water	515.10	2826.39	3476.00	9639.39	17449.00	2629.25
重复用水	Repeated Water	587035.45	556719.49	569853.12	590344.31	602112.98	578978.95
工业企业污水排放量	Discharge of Industrial Sewage	37839.62	37472.09	34072.63	55636.12	64037.15	64978.25

注：根据国家新修订的报表制度，2012年水、火电企业用于冷却机组的河湖海冷却用水(包括循环冷却用水和直抽直排冷却用水)不计入取水量。而2007年至2011年取水量中均包括水、火电企业用于冷却机组的河湖海冷却用水。

According to the new revision of the reporting system, in 2012, thermal power enterprises for the rivers and lakes water cooling water cooling unit (including circulating cooling water and cooling water straight pulling straight row) are not included in the water. But from 2007 to 2011 water consumption in thermal power enterprises including water, for rivers and lakes sea cooling water cooling unit.

7-13 能源消耗指标
Indicators of Energy Consumption

指标	Item	2009	2010	2011	2012	2013	2014
单位GDP能耗	**Energy Consumption of Unit GDP**						
#指标值 (吨标准煤/万元)	Index Value (ton of SCE/10 000 yuan)						
#上升或下降（±%）	Increase or Decrease (±%)	-5.10	-2.65	-3.68	-6.87	-4.71	-6.24
单位规模工业增加值能耗	**Energy Consumption of Unit Scale Industry Added Value**						
#指标值 (吨标准煤/万元)	Index Value (ton of SCE/10 000 yuan)	1.57	1.36	0.95	0.78	0.73	0.65
#上升或下降（±%）	Increase or Decrease (±%)	-13.68	-11.94	-8.61	-16.56	-8.26	-11.87
单位GDP电耗	**Electric Power Consumption of Unit GDP**						
#指标值 (千瓦时/万元)	Index Value (kwh/10 000yuan)	911.00	922.13	715.30	668.63	642.62	
#上升或下降（±%）	Increase or Decrease (±%)	-3.05	1.27	-2.10	-6.51	-3.97	-8.20

注：2011年单位GDP能耗、单位规模工业增加值能耗、单位GDP电耗根据当年能耗、电耗与按2010年可比价计算的规模工业增加值计算的GDP相比较取得。2006-2010年规模工业增加值数据按2005年可比价计算的GDP相比较取得。

Statistics of Energy Consumption Per Unit in 2011 are Calculated at 2010 Prices. Statistics of Energy Consumption Per Unit in 2006-2010 are Calculated at 2005 Prices.

7-14 非工业主要耗能单位综合能源消费量

Comprehensive Energy Consumption of Non-agricultural Major Enery-Consuming Units

单位:吨标准煤 ton of SCE

指标	Item	2013	2014
消费合计	**Total Energy**	**2251777.21**	**1991029.87**
按国民经济行业分组	**By Sector**		
建筑业	Construction	982039.90	917404.58
批发和零售业	Wholesale and Retail Trade	6950.48	12649.86
交通运输、仓储和邮政业	Traffic,Transport, Storage and Post	957443.36	865983.15
住宿和餐饮业	Accommodation and Restaurants	18582.38	20368.62
信息传输、软件和信息技术服务业	Information Transfer ,Computer Services and Software	110229.06	152933.63
金融业	Finance	3725.70	
房地产业	Real Estate Trade	4909.35	
租赁和商务服务业	Tenancy and Business Services	10409.68	11889.62
科学研究和技术服务业	Scientific Research, Technical Service	2270.95	9761.24
水利、环境和公共设施管理业	Management of Water Conservancy Environment and Public Establishment		21.46
居民服务、修理和其他服务业	Resident Services and Other Services		17.71
教育	Education	65004.27	
卫生和社会工作	Sanitation,Social Security	90212.08	
按登记注册类型	**Grouped by Registration**		
内资企业	Internal-invested Enterprises	1967066.94	1927922.57
港澳台商投资	Enterprises With Investment From Hong Kong, Macao and Taiwan	17485.91	37887.06
外商投资	Enterprises With Foreign Investment	267224.36	25220.24
国有控股	**State Controlling Share Hold Enterprises**	**1600274.32**	**1361276.02**

注：本表统计范围为年耗能3000吨标准煤以上的非工业企业。

The range of statistics is more than 3000 tons of standard coal consumption per year of non-industrial enterprises

主要统计指标解释

能源生产总量 指一定时期内，全国一次能源生产量的总和。该指标是观察全国能源生产水平、规模、构成和发展速度的总量指标。一次能源生产量包括原煤、原油、天然气、水电、核能及其他动力能(如风能、地热能等)发电量，不包括低热值燃料生产量、生物质能、太阳能等的利用和由一次能源加工转换而成的二次能源产量。

能源消费总量 指一定时期内，全国各行业和居民生活消费的各种能源的总和。该指标是观察能源消费水平、构成和增长速度的总量指标。能源消费总量包括原煤和原油及其制品、天然气、电力，不包括低热值燃料、生物质能和太阳能等的利用。能源消费总量分为终端能源消费量、能源加工转换损失量和能源损失量三部分。

(1)终端能源消费量：指一定时期内，全国生产和生活消费的各种能源在扣除了用于加工转换二次能源消费量和损失量以后的数量。

(2)能源加工转换损失量：指一定时期内，全国投入加工转换的各种能源数量之和与产出各种能源产品之和的差额。该指标是观察能源在加工转换过程中损失量变化的指标。

(3)能源损失量：指一定时期内，能源在输送、分配、储存过程中发生的损失和由客观原因造成的各种损失量，不包括各种气体能源放空、放散量。

能源生产弹性系数 是研究能源生产增长速度与国民经济增长速度之间关系的指标。计算公式：

$$\text{能源生产弹性系数}=\frac{\text{能源生产总量年平均增长速度}}{\text{国民经济年平均增长速度}}$$

国民经济年平均增长速度，可根据不同的目的或需要，用国民生产总值、国内生产总值等指标来计算，本年鉴是采用国内生产总值指标计算的。

电力生产弹性系数 是研究电力生产增长速度与国民经济增长速度之间关系的指标。一般来说，电力的发展应当快于国民经济的发展，也就是说电力应超前发展。计算公式为：

$$\text{电力生产弹性系数}=\frac{\text{电力生产量年平均增长速度}}{\text{国民经济年平均增长速度}}$$

能源消费弹性系数 反映能源消费增长速度与国民经济增长速度之间比例关系的指标。计算公式为：

$$\text{能源消费弹性系数}=\frac{\text{能源消费量年平均增长速度}}{\text{国民经济年平均增长速度}}$$

电力消费弹性系数 反映电力消费增长速度与国民经济增长速度之间比例关系的指标。计算公式为：

$$\text{电力消费弹性系数}=\frac{\text{电力消费量年平均增长速度}}{\text{国民经济年平均增长速度}}$$

能源加工转换效率 指一定时期内，能源经过加工、转换后，产出的各种能源产品的数量与同期内投入加工转换的各种能源数量的比率。该指标是观察能源加工转换装置和生产工艺先进与落后、管理水平高低等的重要指标。计算公式为：

$$\text{能源加工转换效率}=\frac{\text{能源加工转换产出量}}{\text{能源加工转换投入量}}\times 100\%$$

单位国内生产总值能耗 指一定时期内，一个国家或地区每生产一个单位的国内生产总值所消耗的能源。计算公式为：

$$\text{单位国内生产总值能源}=\frac{\text{能源消费总量}}{\text{国内生产总值}}$$

单位国内生产总值电耗 指一定时期内，一个国家或地区每生产一个单位的国内生产总值所消耗的电力。计算公式为：

$$\text{单位国内生产总值电耗}=\frac{\text{全社会用电量}}{\text{国内生产总值}}$$

单位工业增加值能耗 指一定时期内，一个国家或地区每生产一个单位的工业增加值所消耗的能源。计算公式为：

$$\text{单位工业增加值能耗}=\frac{\text{工业能源消费量}}{\text{工业增加值}}$$

Explanatory Notes on Main Statistical Indicators

Total Energy Production refers to the total production of primary energy by all energy producing enterprises in the country in a given period of time. It is a comprehensive indicator to show the level, scale, composition and pace of development of energy production of the country. The production of primary energy includes that of coal, crude oil, natural gas, hydro-power and electricity generated by nuclear energy and other means such as wind power and geothermal power. However, it does not include the production of fuels of low calorific value, bio-energy, solar energy and secondary energy converted from primary energy.

Total Energy Consumption refers to the total consumption of energy of various kinds by the production sectors and the households in the country in a given period of time. It is a comprehensive indicator to show the scale, composition and pace of increase of energy consumption. Total energy consumption includes that of coal, crude oil and their products, natural gas and electricity. However, it does not include the consumption of fuel of low calorific value, bio-energy and solar energy. Total energy consumption can be divided into three parts: end-use energy consumption; loss during the process of energy conversion; and energy loss.

(1)End-use Energy Consumption: It refers to the total energy consumption by the production sectors and the households in the country (region) in a given period of time. It does not include the consumption during the conversion of primary energy into secondary energy and the loss in the process of energy conversion.

(2)Loss During the Process of Energy Conversion: It refers to the total input of various kinds of energy for conversion, minus the total output of various kinds of energy in the country in a given period of time. It is an indicator to show the loss that occurs during the process of energy conversion.

(3)Energy Loss: It refers to the total of the loss of energy during the course of energy transport, distribution and storage and the loss caused by any objective reason in a given period of time. The loss of various kinds of gas due to gas discharges and stocktaking is not included.

Elasticity Ratio of Energy Production is an indicator to show the relationship between the growth rate of energy production and the growth rate of the national economy. The formula is:

$$\text{Elasticity Ratio of Energy Production} = \frac{\text{Average Annual Growth Rate of Energy Production}}{\text{Average Annual Growth Rate of National Economy}}$$

The average annual growth rate of the national economy can be measured by indicators such as the Gross National Product and the Gross Domestic Product, depending on the purposes or needs. The Gross Domestic Product has been used in the calculation of the ratio in this Yearbook.

Elasticity Ratio of Electricity Production is an indicator to show the relationship between the growth rate of electricity production and the growth rate of the national economy. Generally speaking, the growth rate of electricity production should be higher than that of the national economy.

Its formula is:

$$\text{Elasticity Ratio of Electricity Production} = \frac{\text{Average Annual Growth Rate of Electricity Production}}{\text{Average Annual Growth Rate of National Economy}}$$

Elasticity Ratio of Energy Consumption is an indicator to show the relationship between the growth rate of energy consumption and the growth rate of the national economy. The formula is:

$$\text{Elasticity Ratio of Energy Consumption} = \frac{\text{Average Annual Growth Rate of Energy Consumption}}{\text{Average Annual Growth Rate of National Economy}}$$

Elasticity Ratio of Electricity Consumption is an indicator to show the relationship between the growth rate of electricity consumption and the growth rate of the national economy. The formula is:

$$\text{Elasticity Ratio of Electricity Consumption} = \frac{\text{Average Annual Growth Rate of Electricity Consumption}}{\text{Average Annual Growth Rate of National Economy}}$$

Efficiency of Energy Processing and Conversion refers to the ratio of the total output of energy products of various kinds after processing and conversion to the total input of energy of various kinds for processing and conversion in the same reference period. It is an important indicator to show the current conditions of energy processing and conversion equipment, production technique and management. The formula is:

$$\text{Efficiency of Energy Processing \& Conversion} = \frac{\text{Output of Energy After Processing \& Conversion}}{\text{Input of Energy for Processing \& Conversion}} \times 100\%$$

Energy Consumption per Unit of GDP refers to the energy consumption per unit of Gross Domestic Product in a country or the Gross Regional Product in a region in the same reference period. The formula is:

$$\text{Energy Consumption per Unit of GDP} = \frac{\text{Total Energy Consumption}}{\text{Gross Domestic Product}}$$

Electricity Consumption per Unit of GDP refers to the electricity consumption per unit of Gross Domestic Product in a country or the Gross Regional Product in a region in the same reference period. The formula is:

$$\text{Electricity Consumption per Unit of GDP} = \frac{\text{Total Electricity Consumption}}{\text{Gross Domestic Product}}$$

Energy Consumption per Unit of Industrial Value-added refers to the energy consumption per unit of industrial value-added in a country or region in the same reference period. The formula is:

$$\text{Energy Consumption per Unit of Industrial Value-added} = \frac{\text{Total Energy Consumption}}{\text{Industrial Value-added.}}$$

8 财政、金融和保险

Government Finance, Banking and Insurance

资料整理人员：廖闻菲　　陈　思

8-1 财政、金融和保险

Government Finance, Banking And Insurance

单位：亿元 (100 million yuan)

年份 Year	地方财政收入 Public Budgetary Revenue	公共财政支出 Public Budgetary Expenditure	金融机构人民币存款余额 Deposits of Financial Institutions	金融机构人民币贷款余额 Loans of Financial Institutions	全年各项保费收入 Premiums
1950	2.15	0.79	0.44	0.05	
1951	3.15	1.12	1.18	0.21	
1952	4.07	2.06	1.76	0.31	
1953	4.13	2.08	2.12	1.60	
1954	4.91	2.93	3.01	4.02	
1955	4.73	2.24	3.44	7.40	
1956	5.23	3.14	2.52	8.45	
1957	5.53	3.22	3.13	8.90	
1958	10.47	8.40	7.60	16.62	
1959	13.40	11.09	12.82	26.53	
1960	15.17	14.07	13.37	30.98	
1961	8.50	9.21	13.10	27.64	
1962	8.77	4.22	11.00	25.19	
1963	8.09	5.01	10.41	21.92	
1964	9.12	6.88	10.33	19.87	
1965	10.05	7.00	11.53	21.40	
1966	10.96	9.06	12.53	24.07	
1967	8.86	8.31	13.82	26.84	
1968	6.92	6.24	14.32	30.24	
1969	9.81	9.34	14.38	32.19	
1970	14.95	10.84	26.24	35.92	
1971	17.71	12.33	28.24	38.16	
1972	18.43	14.61	28.10	39.51	
1973	21.72	15.07	34.00	44.75	
1974	13.89	15.40	27.53	45.23	
1975	18.27	15.92	34.00	48.33	
1976	16.02	15.85	31.21	50.55	
1977	20.88	16.41	35.84	55.25	

8-1 续表 continued

单位：亿元 (100 million yuan)

年份 Year	地方财政收入 Public Budgetary Revenue	公共财政支出 Public Budgetary Expenditure	金融机构人民币存款余额 Deposits balance of Financial Institutions at Year-end	金融机构人民币贷款余额 Loans blance Of Financial Institutions at Year-end	全年各项保费收入 Premiums
1978	27.98	24.46	38.64	64.46	
1979	28.63	25.17	47.38	72.85	
1980	29.86	23.71	58.08	87.34	
1981	31.40	21.39	67.79	99.70	
1982	30.33	23.26	76.08	112.58	
1983	29.27	25.31	88.47	124.10	
1984	32.85	30.04	115.03	151.59	
1985	39.19	40.09	118.84	159.73	
1986	47.65	54.29	157.51	201.04	
1987	54.38	55.93	192.89	239.39	
1988	56.54	64.89	325.74	366.49	
1989	68.86	74.23	395.60	428.29	
1990	70.07	80.08	369.96	517.90	3.15
1991	80.52	88.58	472.10	631.07	3.69
1992	92.78	99.10	595.10	776.79	5.46
1993	127.56	132.03	738.86	944.40	7.15
1994	85.89	151.49	1107.80	1263.11	12.23
1995	108.16	173.94	1389.05	1494.03	16.17
1996	130.36	217.74	1748.61	1880.94	21.03
1997	137.16	230.82	1769.91	2123.00	30.74
1998	156.77	273.64	2110.71	2274.41	34.47
1999	166.50	313.12	2539.75	2408.36	42.30
2000	177.04	347.83	2874.75	2403.39	59.91
2001	205.41	431.70	3342.91	2787.92	56.09
2002	231.15	533.02	3923.17	3227.46	87.22
2003	268.65	573.75	4669.00	3796.31	103.70
2004	320.63	719.54	5500.47	4258.03	115.81
2005	395.27	873.42	6498.23	4509.09	127.17
2006	477.93	1064.52	7719.43	5173.87	147.82
2007	606.55	1357.03	9083.27	6037.40	201.31
2008	722.71	1765.22	10895..49	6989.42	312.49
2009	847.62	2210.44	13948.00	9369.81	348.45
2010	1081.69	2702.47	16553.78	11303.76	438.53
2011	1517.07	3520.76	19334.70	13186.68	443.53
2012	1782.16	4119.00	23037.07	15336.52	465.11
2013	2030.88	4690.89	26756.64	17774.99	508.57
2014	2262.79	5017.38	30073.36	20356.39	587.73

8-2 财政收支基本情况

Government Financial Revenue and Expenditures

单位：亿元 (100 million yuan)

年份 Year	财政总收入 Total Financial Revenue	地方财政收入 Public Budgetary Revenue	非税(企业)收入 Revenue form Enterprises	各项税收 Taxes Revenue	公共财政支出 Total Government Expenditure	一般公共服务 General Public Services	社会保障和就业 Social Security Progams and Employment
1978	27.98	27.98	9.68	17.17	24.46	7.62	3.57
1979	28.63	28.63			25.17		
1980	29.86	29.86	9.58	19.53	23.71	4.86	3.44
1981	31.40	31.40			21.39		
1982	30.33	30.33	5.11	24.48	23.26	3.12	2.95
1983	29.27	29.27	2.25	26.16	25.31	3.48	3.26
1984	32.85	32.85	2.74	29.12	30.04	4.43	3.21
1985	39.19	39.19	1.61	36.83	40.09	4.60	4.01
1986	47.65	47.65	4.08	42.26	54.29	5.80	4.52
1987	54.38	54.38	4.37	48.36	55.93	4.65	3.09
1988	56.54	56.54	-0.47	54.25	64.89	5.21	5.88
1989	68.86	68.86	-1.48	64.88	74.23	5.44	6.91
1990	70.07	70.07	-3.70	67.33	80.08	5.60	8.17
1991	80.52	80.52	-0.91	74.14	88.58	6.16	8.81
1992	92.78	92.78	-0.78	84.90	99.10	6.23	9.86
1993	127.56	127.56	-0.66	116.31	132.03	7.73	12.89
1994	171.84	85.89	2.70	65.04	151.49	7.89	13.74
1995	204.02	108.16	2.74	78.05	173.94	9.65	14.55
1996	237.13	130.36	2.30	88.00	217.74	13.33	17.09
1997	254.98	137.16	2.72	105.75	230.82	13.78	17.66
1998	285.74	156.77	3.63	102.95	273.64	28.75	22.16
1999	302.28	166.50	6.04	105.50	313.12	37.66	21.49
2000	321.85	177.04	8.60	111.57	347.83	38.08	22.15
2001	361.71	205.41	19.35	124.45	431.70	39.40	25.55
2002	424.64	231.15	14.16	148.61	533.02	58.26	40.59
2003	489.75	268.65	14.69	173.15	573.75	51.40	36.21
2004	612.42	320.63	21.99	218.70	719.54	46.48	74.13
2005	747.30	395.27	32.67	267.87	873.42	74.98	71.91
2006	893.79	477.93	155.19	322.74	1064.52	72.67	84.32
2007	1123.27	606.55	195.89	410.66	1357.03	256.59	220.98
2008	1314.27	722.71	236.40	486.31	1765.22	295.56	310.31
2009	1507.24	847.62	279.34	568.27	2210.44	336.07	360.75
2010	1878.71	1081.69	350.85	730.84	2702.48	367.20	396.40
2011	2523.49	1517.07	601.67	915.40	3520.76	466.74	484.44
2012	2937.95	1782.16	671.42	1110.74	4119.00	550.26	525.71
2013	3315.02	2030.88	731.73	1299.15	4690.89	628.45	625.94
2014	3636.07	2262.79	824.27	1438.52	5017.38	627.24	661.97

注：2007年起，“基本建设支出”指标更改为“一般公共服务”，“支援农村生产支出及农业事业费”指标更改为“社会保障和就业”。

From 2007,the index of" expenditure for capital construction" has been changed into general public services and "expenditrue for supporting agricultural prodution and agricultural expense" changed into "social security programs and emplogment".

8-3 财政收入及构成

Government Financial Revenue and Composition

项目	Item	财政收入(万元) Financial Revenue (10 000 yuan)		2014年比上年增长(%) Increase Rate in 2014 over 2013(%)	收入构成(%) Composition (%)	
		2013	2014		2013	2014
地方财政收入小计	**Public Budgetary Revenue**	**20308758**	**22627859**	**11.4**	**100.00**	**100.00**
(一)税收收入	**Tax revenue**	**12991462**	**14385178**	**10.7**	**63.97**	**63.57**
#增值税	#Value Added Tax	1751067	2122203	21.2	8.62	9.38
营业税	Operating Tax	4511615	4709388	4.4	22.22	20.81
企业所得税	Income Tax of Enterprises	1361743	1550149	13.8	6.71	6.85
企业所得税退税	Return for Enterprises' Income Tax					
个人所得税	Individual Income Tax	509157	565590	11.1	2.51	2.50
资源税	Resources Tax	96955	104722	8.0	0.48	0.46
城市维护建设税	Tax on Town Maintenance and Construction	1001150	1151478	15.0	4.93	5.09
房产税	Tax on Real Estates	333354	400775	20.2	1.64	1.77
印花税	Stamp Tax	164935	181571	10.1	0.81	0.80
城镇土地使用税	Tax on the Use of Urban Land	319856	351720	10.0	1.57	1.55
土地增值税	Land Value Added Tax	743889	767500	3.2	3.66	3.39
车船使用税	Tax on the Use of Vehicles and Ships	112959	137297	21.5	0.56	0.61
耕地占用税	Tax on Occupancy of Cultivated Land	781882	757199	-3.2	3.85	3.35
契税	Contract Tax	1196108	1484564	24.1	5.89	6.56
烟叶税	Tobacco Tax	106792	101022	-5.4	0.53	0.45
(二)非税收入	**Non-tax revenue**	**7317296**	**8242681**	**12.6**	**36.03**	**36.43**
国有资产经营收入	Income from State-owned Assets	147166	159678	8.5	0.72	0.71
其中：国有企业计划亏损补贴	Planning Subsidies to Loss-suffering State-owned Enterprises	-17182	-17659	2.8	-0.08	-0.08
行政事业性收费	Income from Administrative Fees	1760134	1842040	4.7	8.67	8.14
罚没收入	Penalty and Confiscation Income	723878	812173	12.2	3.56	3.59
国有资源(资产)有偿使用收入	Income on the Use of State-owed resources (proverty)	2761386	3252858	17.8	13.60	14.38
专项收入	Expert Project Income	620899	615261	-0.9	3.06	2.72
其他收入	Other Income	1303833	1560671	19.7	6.42	6.90
上划中央"两税"收入	**Value Added Tax and Consumption Tax of Turn in Central Government**	**9971326**	**10498419**	**5.3**		
#增值税	#Value Added Tax	5056125	4915556	-2.8		
消费税	Consumption Tax	4915201	5582862	13.6		
上划中央所得税	**Income Tax of Turn in Central Government**	**2802614**	**3180639**	**13.5**		
其他收入	**Other**	**67500**	**53800**	**-20.3**		
公共财政收入	**Total Financial Revenue**	**33150198**	**36360717**	**9.7**		

8-4 财政支出及构成

Government Financial Expenditure and Composition

项 目	Item	财政支出 (万元) Financial Expenditure (10 000 yuan)		2014年比上年增长 (%) Increase Rate in 2014 over 2013(%)	支出构成 (%) Composition (%)	
		2013	2014		2013	2014
公共财政支出合计	**Total Public Budgetary Expenditure**	**46908853**	**50173828**	**7.0**	**100.00**	**100.00**
一般公共服务	General Public Services	6284488	6272350	6.9	13.40	12.50
外交、国防、公共安全	Foreign Affairs、National Defense、Pulic Safety	2457825	2591573	5.4	5.24	5.17
教育	Education	8094540	8332739	2.9	17.26	16.61
其中：普通教育	Common	5845936	6189608	5.9	12.46	12.34
职业教育	Vocational	709213	745326	5.1	1.51	1.49
科学技术	Science and Technology	554600	593803	7.1	1.18	1.18
文化体育与传媒	Culture ,Sports and Media	689482	800051	16.0	1.47	1.59
其中：文化	Culture	221734	284521	28.3	0.47	0.57
体育	Sport	57915	90878	56.9	0.12	0.18
社会保障和就业	Social Security Progams and Employmenr	6259405	6619662	5.8	13.34	13.19
其中：财政对社会保障基金的补助	Subsidy on Social Insurance Fund	2599535	2617496	0.7	5.54	5.22
行政事业单位离退休	Subsidy on Retired Persons in Administrative Department	809775	940788	16.2	1.73	1.88
企业改革补助	Subsidy on Reform of State-owned Enterprises	165946	138900	-16.3	0.35	0.28
就业补助	Subsidy on Employment	478414	500116	4.5	1.02	1.00
抚恤	Pension	439325	456332	3.9	0.94	0.91
城市居民最低生活保障	Subsistence Allowances for Urban Residents	437645	430620	-1.6	0.93	0.86
自然灾害生活救助	Life assistance of natural disasters	63097	65741	4.2	0.13	0.13
医疗卫生	Pulic Health	3424660	4224011	9.9	7.30	8.42
节能环保	Environmence Protection	1286696	1374932	6.9	2.74	2.74
城乡社区事务	Urban and Rural Communities	3882741	4639589	19.5	8.28	9.25
农林水事务	Agriculture,Forest and Irrigation	5165537	5575869	7.9	11.01	11.11
其中：农业	Agriculture	1883968	2206760	17.1	4.02	4.40
林业	Forest	469748	549245	16.9	1.00	1.09
水利	Irrigation	1372085	1481189	8.0	2.93	2.95
扶贫	Poverty Reduction	236206	272054	15.2	0.50	0.54
农业综合开发	Agricultural Exploitation	230139	254399	10.5	0.49	0.51
农业综合改革	Agricultural Reform	637486	668968	4.9	1.36	1.33
交通运输	Transportation	3369633	3221643	-4.4	7.18	6.42
资源勘探电力信息等事务	Expenditure for Resource exploration,Elecricity and Information Technology	1507956	1596948	5.9	3.21	3.18
商业服务业等管理事务	Expenditure for Business Services	558742	444336	-20.5	1.19	0.89
金融监管等事务支出	Expenditure for Financial Affairs	23468	57623	145.5	0.05	0.11
援助其他地区支出	Expenditure for Other Regional Assistance	80	37048	46210.0		0.07
国土资源气象等事务	Expenditure for Land ,Sesources and Weather	678194	657176	-3.1	1.45	1.31
住房保障支出	Expenditure for Housing Security	1745826	2081256	19.2	3.72	4.15
粮油物资储备事务	Expenditure for Reserve for Cereals and Oils	305026	359745	17.9	0.65	0.72
债务付息支出	Expenditure for Debt Service	190145	278956	46.7	0.41	0.56
其他支出	Other Expenditure	429809	414518	-3.6	0.92	0.83

8-5 金融机构本外币信贷收支

Loans and Deposits of Financial Institutions

单位：万元 (10 000 yuan)

项目	Item	2013 年末余额 Balance at the Year-end	2013 比年初增减 Increase Over the Year-beginning	2014 年末余额 Balance at the Year-end	2014 比年初增减 Increase Over the Year-beginning
各项存款	**Deposits**	**268760268**	**37255686**	**302555802**	**33765050**
单位存款	Company Demand	109603879	14989459	123573847	13721870
活期存款	Demand Deposits	62265260	5192543	63402180	898292
定期存款	Fixed Deposits	25734907	5849258	34250365	8974458
财政存款	Treasury Deposits	7752142	1064342	7901969	149827
个人存款	Individual Deposits	147844948	20763195	167670867	19825918
活期	Demand	60696456	7155789	64026789	3394125
定期	Fixed	82361082	12489881	92211007	9933005
农业存款	Agricultural Deposits				
委托存款	Commission Deposits	653912	327169	724199	70287
其他存款	Other Deposits	2449042	76213	2422109	-57417
金融债券	**Financial Bonds**	**279437**	**1018**	**279720**	**283**
应付及暂收款	**Payable & Actually Received Funds**	**6266613**	**1386712**	**7361220**	**1011587**
#应付及预收利息	#Payable Interest	3755520	913420	4641836	884580
同业往来	**Inter-bank Credits**	**3469138**	**1133735**	**6151396**	**2682258**
各项准备	**All Plans**	**4254378**	**669538**	**4719859**	**466084**
#贷款损失准备金	#Plan Funds for Loans	4111230	636314	4602000	427313
所有者权益	**Creditors' Equity**	**8340247**	**1996560**	**9933339**	**2002750**
实收资本	Total Capital Hold	3113313	485282	3474554	361241
当年结益	Current Retained Profits				
其他	**Others**	**-39056413**	**-12977563**	**-48250741**	**-6479002**
资金来源总计	**All Sources**	**255324084**	**31956509**	**286878297**	**36217927**

注：2011年起，“企业存款”、“储蓄存款”指标更改为“单位存款”和“个人存款”，口径进行了调整，不具可比性。

From 2011,"Deposits of Enterprises" and "Saving Deposits" han been changed "Company Deposits" and "Individual Deposits","Caliber changed",can't comparable.

8-5 续表 continued

单位：万元 (10 000 yuan)

项目	Item	2013		2014	
		年末余额 Balance at the Year-end	比年初增减 Increase Over the Year-beginning	年末余额 Balance at the Year-end	比年初增减 Increase Over the Year-beginning
各项贷款	**Loans**	**181411315**	**24486957**	**207830967**	**25244007**
短期贷款	Short-term Loans	55650926	7494849	60590340	3864289
#个人消费贷款	#Individual Consumption Loans	2777092	731938	5051435	1100185
中长期贷款	Medium-term and Long-term Loans	122949180	17555624	143127409	20077710
#个人消费贷款	#Loans to Personal Expenditure	25348768	4949054	31105002	5755878
委托贷款	Commission Loans	12187541	4234354	15943064	3755523
票据融资	Financing From Bills	2261702	-657107	3399418	1137716
#贴现	#Discount	2261701	-657106	3399418	1137717
各项垫款	All Funds Advanced to Be Paid Back Later	92921	37401	227413	134492
有价证券	Securities	6623066	468923	7738290	1115225
应收及预付款项	Account Receivable and Advance Payment	2412031	570177	2661692	245770
#应收利息	#Receivable Interest	975716	184095	1182590	203567
同业往来	Inter-bank Credits	1633136	-112454	952231	-699688
外汇占款	Purchase of Foreign Exchanges				
固定资产	Fixed Assets	2669455	298908	2971778	303020
库存现金	Vault Cash	1670991	37954	1901679	230025
资金运用总计	**All Uses**	**255324084**	**31956509**	**286878297**	**36217927**

8-6 金融机构本外币存款分机构表

Deposits of Financial Institutions by Agency

单位：亿元 (100 million yuan)

项目	Item	2013		2014	
		年末余额 Balance at the Year-end	比年初增减 Increase Over the Year-beginning	年末余额 Balance at the Year-end	比年初增减 Increase Over the Year-beginning
金融机构	**Financial Institutions**	**26876.03**	**3725.57**	**30255.58**	**3376.50**
工商银行	Industrial and Commercial Bank of China Limited	2759.71	198.68	2966.39	206.68
建设银行	China Construction Bank	4249.10	450.85	4707.84	458.74
农业银行	Agricultural Bank of China	2897.06	305.43	3187.23	290.18
中国银行	Bank of China	2069.42	232.96	2223.67	154.25
开发银行	China Development Bank	163.89	-65.25	279.22	115.32
交通银行		808.23	166.76	867.84	59.60
邮政储蓄银行	Postal Savings Bank of China	2451.34	341.65	2839.02	387.69
招商银行	China Merchants Bank	547.54	71.64	614.76	67.21
农发行	Agricultural Development Bank of China	131.47	-30.02	150.84	19.38
浦发银行	Shanghai Pudong Development Bank	464.82	107.63	518.99	54.17
中信银行	China CITIC Bank	486.79	94.40	573.48	86.69
兴业银行	Industrial Bank Co.,Ltd.	589.48	114.12	632.86	43.38
民生银行	China Minsheng Banking Corp., Ltd	401.52	57.44	381.78	-19.74
光大银行	China Everbright Bank	425.11	67.42	475.80	47.64
华夏银行	Hua Xia bank	119.56	43.79	152.39	32.82
进出口银行	Export-Import Bank of China	3.85	2.52	10.72	6.87
广发银行	China Guangfa Bank	173.53	41.81	240.19	66.66
北京银行	Bank of Beijing	144.88	41.00	132.58	-12.30
渤海银行	Bohai Bank	74.85	14.21	69.29	-5.56
东莞银行	Bank of Dongguan	18.45	-16.57	14.65	-3.80
广东南粤银行	Guangdong Nanyue Bank	55.44	30.43	42.48	-12.97
上海农商行	Shanghai Rural Commercial Bank	15.01	7.38	17.43	2.42
长沙银行	Bank of Changsha	1257.47	204.45	1464.23	206.76
华融湘江银行	Huarong Xiangjiang Bank	910.48	207.09	1169.93	259.45
农合机构	Rural Institutions	4591.82	733.82	5380.23	788.42
财务公司	Finance Companies	44.21	1.24	83.78	47.89
村镇银行	Village and Township Bank	167.40	50.64	202.88	35.48
三一汽车金融	Sany Auto Finance Co., Ltd.				
外资银行	Foreign bank	24.18	4.74	28.61	4.43

注：2011年，湛江银行更名广东南粤银行，外资银行在汇丰银行的基础上，增加了花旗银行。

In 2011, the Bank of Zhangjiang was renamed Guangdong Nanyue Bank. Foreign Bank added to Citi Bank.

8-7 金融机构本外币贷款分机构表

Loans of Financial Institutions by Agency

单位：亿元 (100 million yuan)

项目	Item	2013		2014	
		年末余额 Balance at the Year-end	比年初增减 Increase Over the Year-beginning	年末余额 Balance at the Year-end	比年初增减 Increase Over the Year-beginning
金融机构	**Financial Institutions**	**18141.13**	**2448.70**	**20783.10**	**1433.98**
工商银行	Industrial and Commercial Bank of China Limited	1906.95	128.73	2087.00	180.05
建设银行	China Construction Bank	2619.17	306.96	3107.97	371.24
农业银行	Agricultural Bank of China	1392.12	200.64	1602.15	210.03
中国银行	Bank of China	1522.06	138.93	1645.80	123.74
开发银行	China Development Bank	2006.06	242.69	2223.77	217.71
交通银行	Bnak of Communications	533.71	72.43	636.49	102.78
邮政储蓄银行	Postal Savings Bank of China	353.63	111.77	582.06	228.43
招商银行	China Merchants Bank	386.74	38.24	384.33	-2.40
农发行	Agricultural Development Bank of China	1005.62	105.25	996.09	-9.53
浦发银行	Shanghai Pudong Development Bank	353.36	53.16	388.90	35.54
中信银行	China CITIC Bank	318.27	59.97	368.42	50.15
兴业银行	Industrial Bank Co.,Ltd.	322.86	19.81	365.83	42.97
民生银行	China Minsheng Banking Corp., Ltd	279.87	45.88	311.46	31.59
光大银行	China Everbright Bank	308.09	32.92	339.06	30.97
华夏银行	Hua Xia bank	92.78	11.18	110.08	17.31
进出口银行	Export-Import Bank of China	300.83	60.59	402.15	101.32
广发银行	China Guangfa Bank	152.04	18.47	150.76	-1.28
北京银行	Bank of Beijing	237.32	54.29	256.33	19.01
渤海银行	Bohai Bank	66.33	30.43	68.53	2.20
东莞银行	Bank of Dongguan	17.96	1.51	19.47	1.51
广东南粤银行	Guangdong Nanyue Bank	22.10	12.03	23.24	1.14
上海农商行	Shanghai Rural Commercial Bank	23.55	9.85	27.48	3.93
长沙银行	Bank of Changsha	539.90	89.74	675.10	135.20
华融湘江银行	Huarong Xiangjiang Bank	465.39	91.78	601.72	136.33
农合机构	Rural Institutions	2670.46	431.42	3091.74	421.28
信托公司	Trust and Investment Companies	4.31	1.59	7.44	3.13
财务公司	Finance Companies	47.87	9.29	41.15	7.28
村镇银行	Village and Township Bank	96.28	41.55	129.96	33.69
三一汽车金融	Sany Auto Finance Co., Ltd.	58.69	26.50	82.44	23.75
外资银行	Foreign bank	36.81	1.10	45.17	8.36

8-8 主要金融机构大中小型企业贷款分行业情况统计表(2014年)

Loans for Enterprises of All Size by Sector(2014)

单位：亿元 (100 million yuan)

项目	Item	大中型企业合计		大型企业		中型企业		小型企业	
		年末余额 Balance at the Year-end	比年初增减 Increase Over the Year-beginning	年末余额 Balance at the Year-end	比年初增减 Increase Over the Year-beginning	年末余额 Balance at the Year-end	比年初增减 Increase Over the Year-beginning	年末余额 Balance at the Year-end	比年初增减 Increase Over the Year-beginning
合计	**Total**	**9122.90**	**893.21**	**4933.72**	**476.97**	**4189.18**	**416.24**	**3156.47**	**342.76**
农、林、牧、渔业	Agriculture,Forestry,Farming of Animals and Fishing	104.12	-9.38	40.99	2.42	63.14	-11.79	133.98	-1.79
采矿业	Mining	82.37	-9.64	46.34	-7.95	36.03	-1.69	56.45	19.18
制造业	Manufacturing	1567.42	38.85	1040.46	44.86	526.96	-6.01	585.63	48.17
电力、燃气及水的生产和供应业	Production and Distribution of Electricity, Gas and Water	725.89	22.89	500.49	10.47	225.40	12.42	246.89	8.84
建筑业	Construction	519.42	91.70	228.91	35.30	290.51	56.40	108.25	-1.71
交通运输、仓储和邮政业	Traffic,Transport, Storage and Post	2599.97	417.68	2005.38	273.44	594.59	144.25	320.63	-3.65
信息传输、计算机服务和软件业	Information Transfer, Computer Services and Software	33.12	-6.04	14.46	-7.54	18.66	1.50	10.48	-2.52
批发和零售业	Wholesale and Retail Trade	669.52	3.74	232.78	57.94	436.73	-54.20	356.80	53.75
住宿和餐饮业	Accommodation and Restaurants	114.80	8.88	63.67	5.80	51.13	3.08	59.35	7.38
金融业	Finance	97.35	13.72	92.75	20.78	4.60	-7.06	26.18	-28.08
房地产业	Real Estate Trade	812.86	155.75	64.04	26.65	748.82	129.10	133.21	3.73
租赁和商务服务业	Tenancy and Business Services	476.63	61.66	171.27	-31.78	305.37	93.44	224.32	95.53
科学研究、技术服务和地质勘查业	Scientific Research, Technical Service and Geologic Perambulation	35.91	11.78	16.58	5.79	19.33	5.99	10.67	0.80
水利、环境和公共设施管理业	Management of Water Conservancy, Environment and Public Establishment	1173.51	104.30	373.96	43.04	799.54	61.25	756.77	130.65
居民服务和其他服务业	Resident Services and Other Services	39.75	-11.15	8.88	-2.71	30.87	-8.44	48.88	-4.04
教育业	Education	13.74	-4.57	3.08	-1.54	10.66	-3.03	12.99	3.86
卫生、社会保障和社会福利业	Sanitation,Social Security and Social Welfare	19.62	-1.44	13.92	2.37	5.70	-3.81	5.20	0.64
文化、体育和娱乐业	Culture,Sports and Entertainment	35.58	5.65	15.76	-0.36	19.82	6.02	15.88	3.04
公共管理和社会组织	Public Management and Social Organization	1.31	-1.17			1.31	-1.17	43.92	8.99

注：1、本表仅统计人民币贷款，不含外汇贷款和票据融资；

2、本表不含村镇银行、财务公司、信托公司。

a. The statistical scope in the table include RMB loans,not-include Foreign Currency Loans and Financing Instruments;

b. The statistical scope in the table non-include Village and Township Bank、Finance Companies、Trust and Investment Companies.

8-9 保险机构与人员
Institutions and Personnel of Insurance System

项　目	Item	2005	2012	2013	2014
全年各项保费收入　(亿元)	Premiums　(100 million yuan)	127.17	465.11	508.57	587.73
保险机构数　(个)	Number of Institutions of Insurance System　(unit)	445	2675	2726	2816
法人机构	Legal institutions		1	1	1
省级公司	Provincial Branches	16	44	45	49
地市级公司	Prefecture/City Branches	122	336	367	378
县支公司及营业部	County Branches	307	768	823	885
营销服务部	Marketing Services Division		1526	1490	1504
年底实有职工人数　(人)	Employees at the Year-end　(person)	12344			30132
专业保险代理公司法人机构数(个)	Professional Insurance Agents of Corporate Institutions　(Unit)	29	19	19	19
专业保险经纪公司法人机构数(个)	Professional Insurance Brokers Corporate Institutions　(Unit)	6	9	10	11
专业保险评估公司法人机构数(个)	Professional Insurance Agencies Assess Corporate Institutions　(Unit)	3	5	5	5
兼业保险代理机构数　(个)	Insurance Agencies and Industry　(Unit)	1699	9077	9421	9145

8-10 财产保险公司业务主要指标(2014年)
Major Indicators of Property Insurance Business (2014)

指标	Item	保费收入（万元）Premiums (10 000 yuan)	赔款支出（万元）Indemnity Expenditure (10 000 yuan)
合　计	**Total**	**2112733.39**	**1084934.14**
企业财产保险	Enterprises Property Insurance	104691.14	40429.78
家庭财产保险	Household Property Insurance	16527.77	4866.48
其中：投资型家财险	Investment Link Household Property Insurance	149.75	33.94
机动车辆保险	Motor Vehicle Insurance	1602997.98	837914.16
工程保险	Project Insurance	16856.37	11862.57
责任保险	Liability Insurance	97837.28	36027.62
信用保险	Credit Insurance	13017.36	9230.77
保证保险	Guarantee Insurance	39788.55	4867.40
其中：机动车辆消费贷款保证保险	Motor Vehicle Consumption Loans	12.77	
其中：个人贷款抵押房屋保证保险	Personal Loans Home Mortagage	2981.63	402.85
船舶保险	Ships Insurance	2195.37	1208.88
货物运输保险	Freight Transport Insurance	12621.64	4146.85
特殊风险保险	Special Venture Insurance	228.15	33.56
农业保险	Agriculture Insurance	201702.34	131977.80
健康险	Health Insurance	63785.85	40389.47
意外伤害保险	Unforeseen Injury Insurance	52403.95	15198.83
其中：投资型意外险	Investment Link Unforeseen Insurance	111.11	718.74
其他险	Other Property Insurance	4269.46	2368.25

8-11 人寿保险公司主要业务指标(2014年)

Major Indicators of Life Insurance Business (2014)

单位：万元 (10 000 yuan)

项目	Item	合计 Total
一、原保险保费收入	**The original insurance premium income**	**3651483.13**
(一)按险种分	According to the Insurance Division	3648361.32
1. 寿险小计	Life Insurance	3169955.62
(1)个人业务	Personal Business	3137591.62
新单保费	New insurance premium	1453185.31
续期保费	Renewal premium	1684406.31
(2)团体业务	Group Insurance	32364.00
新单保费	New insurance premium	29413.91
续期保费	Renewal premium	2950.09
2. 意外伤害险小计	Accidence Injury Insurance	107192.04
(1)一年期以内业务	Within One Year Period	8806.49
(2)一年期业务	One Year Period	87697.65
(3)一年期以上业务	Over One Year Period	10687.90
3. 健康险小计	Health Insurance	371213.66
(1)一年期以内及一年期业务	Within One Year Periodand One Year Period	83412.52
个人业务	Personal Business	38858.37
团体业务	Group Insurance	44554.15
(2)一年期以上业务	Over One Year Period	287801.14
个人业务	Personal Business	261897.25
团体业务	Group Insurance	25903.89
(二)按销售渠道分	According to the sales channels	3648361.32
1. 公司直销小计	Direct sales company	428481.51
(1)寿险	Life Insurance	345404.37
(2)意外伤害险	Accidence Injury Insurance	28364.06
(3)健康险	Health Insurance	54713.08
2. 个人代理小计	Personal agent	1923223.43
(1)寿险	Life Insurance	1622957.24
(2)意外伤害险	Accidence Injury Insurance	30562.39
(3)健康险	Health Insurance	269703.80
3. 保险专业代理小计	Professional insurance agents	18132.18
(1)寿险	Life Insurance	8290.22
直属保险代理公司	The insurance company	1425.97
(2)意外伤害险	Accidence Injury Insurance	3866.17
直属保险代理公司	The insurance company	9.89
(3)健康险	Health Insurance	5975.80
直属保险代理公司	The insurance company	22.61

8-11 续表 continued

单位：万元 (10 000 yuan)

项目	Item	合计 Total
4.银行邮政代理小计	Bank of postal agent	1206559.92
(1)寿险	Life Insurance	1171560.75
(2)意外伤害险	Accidence Injury Insurance	15865.24
(3)健康险	Health Insurance	19133.93
5.其他兼业代理小计	Agents and other industry	62330.58
6.保险经纪业务小计	The insurance brokerage business	9633.70
二、赔付支出	**Indemnity Expenditure**	**1121954.81**
1.赔款支出	Indemnity Expenditure	80816.36
(1)意外伤害险	Accidence Injury Insurance	17061.59
一年期以内业务	Within One Year Period	573.39
一年期业务	One Year Period	16488.20
(2)一年期以内及一年期健康险	Health Insurance Within One Year Periodand One Year Period	63754.78
个人业务	Personal Business	24748.86
团体业务	Group Insurance	39005.92
2.死伤医疗给付	Casualty medical payment	124906.09
(1)寿险	Life Insurance	71021.56
个人业务	Personal Business	69528.11
团体业务	Group Insurance	1493.46
(2)一年期以上健康险	Health Insurance Over One Year Period	53884.53
个人业务	Personal Business	33243.20
团体业务	Group Insurance	20641.32
3.满期给付	Mature payment	795433.35
(1)寿险	Life Insurance	795006.58
个人业务	Personal Business	783695.29
团体业务	Group Insurance	11311.29
(2)一年期以上健康险	Health Insurance Over One Year Period	426.77
个人业务	Personal Business	426.77
团体业务	Group Insurance	
4.年金给付	Annuity	120799.01
(1)个人业务	Personal Business	108837.46
年金保险	Annuity Assurance	87134.32
(2)团体业务	Personal Business	11961.56
年金保险	Annuity Assurance	11941.18
三、退保金	**Surrender Value**	**935869.12**
1.寿险	Life Insurance	926699.63
(1)个人业务	Personal Business	923786.79
年金保险	Annuity Assurance	117639.35
(2)团体业务	Personal Business	2912.84
其中:年金保险	Annuity Assurance	2259.59
2.一年期以上健康险	Health Insurance Over One Year Period	9169.49

主要统计指标解释

财政收入 指国家财政参与社会产品分配所取得的收入，是实现国家职能的财力保证。主要包括：

（1）各项税收：包括国内增值税、国内消费税、进口货物增值税和消费税、出口货物退增值税和消费税、营业税、企业所得税、个人所得税、资源税、城市维护建设税、房产税、印花税、城镇土地使用税、土地增值税、车船税、船舶吨税、车辆购置税、关税、耕地占用税、契税、烟叶税等。

（2）非税收入：包括专项收入、行政事业性收费、罚没收入和其他收入。

财政支出 指国家财政将筹集起来的资金进行分配使用，以满足经济建设和各项事业的需要。主要包括：

（1）一般公共服务：指政府提供基本公共管理与服务的支出，包括人大事务、政协事务、政府办公厅（室）及相关机构事务、发展与改革事务、统计信息事务、财政事务、税收事务、审计事务、海关事务、人力资源事务、纪检监察事务、人口与计划生育事务、商贸事务、知识产权事务、工商行政管理事务、国土资源事务、海洋管理事务、测绘事务、地震事务、气象事务、民族事务、宗教事务、港澳台侨事务、档案事务、共产党事务、民主党派事务及工商联事务、群众团体事务、彩票事务等。

（2）公共安全：指政府维护社会公共安全方面的支出，包括武装警察、公安、国家安全、检察、法院、司法行政、监狱、劳教、国家保密、缉私警察等。

（3）教育：指政府教育事务支出，包括教育行政管理、学前教育、小学教育、初中教育、普通高中教育、普通高等教育、初等职业教育、中专教育、技校教育、职业高中教育、高等职业教育、广播电视教育、留学生教育、特殊教育、干部继续教育、教育机关服务等。

（4）科学技术：指用于科学技术方面的支出，包括科学技术管理事务、基础研究、应用研究、技术研究与开发、科技条件与服务、社会科学、科学技术普及、科技交流与合作等。

（5）文化教育与传媒：指政府在文化、文物、体育、广播影视、新闻出版等方面的支出。

（6）社会保障和就业：指政府在社会保障与就业方面的支出，包括社会保障和就业管理事务、民政管理事务、财政对社会保险基金的补助、补充全国社会保障基金、行政事业单位离退休、企业改革补助、就业补助、抚恤、退役安置、社会福利、残疾人事业、城市居民最低生活保障、其他城镇社会救济、农村社会救济、自然灾害生活救助、红十字事务等。

（7）医疗卫生：指政府医疗卫生方面的支出，包括医疗卫生管理事务支出、医疗服务支出、医疗保障支出、疾病预防控制支出、卫生监督支出、妇幼保健支出、农村卫生支出等。

（8）环境保护：指政府环境保护支出，包括环境保护管理事务支出、环境监测与监察支出、污染治理支出、自然生态保护支出、天然林保护工程支出、退耕还林支出、风沙荒漠治理支出、退牧还草支出、已垦草原退耕还草、能源节约利用、污染减排、可再生能源和资源综合利用等支出。

（9）城乡社区事务：指政府城乡社区事务支出，包括城乡社区管理事务支出、城乡社区规划与管理支出、城乡社区公共设施支出、城乡社区住宅支出、城乡社区环境卫生支出、建设市场管理与监督支出等。

（10）农林水事务：指政府农林水事务支出，包括农业支出、林业支出、水利支出、扶贫支出、农业综合开发支出等。

存款 指企业、机关、团体或居民根据资金必须收回的原则，把货币资金存入银行或其他信贷机构保管并取得一定利息的一种信用活动形式。根据存款对象或性质的不同可划分为企业存款、财政存款、机关团体存款、城乡储蓄存款、农业存款、信托及委托类存款、其他存款等科目。它是银行信贷资金的主要来源。

贷款 指银行或其他信贷机构根据资金必须归还的原则，按一定利率，为企业、个人等提供资金的一种信用活动形式。我国银行贷款分为短期贷款、委托及信托类贷款、其他类贷款等。

保险公司 在中国境内的、经过保险监督管理部门批准设立，并依法登记注册的各类商业保险公司。

保险金额 指保险人承担赔偿或者给付保险金责任的最高限额。

保费 指投保人为取得保险人在约定范围内所承担赔偿责任而支付给保险人的费用。

赔款 指保险人根据保险合同的规定，向被保险人支付的赔偿保险责任损失的金额。

给付 包括死伤医疗给付和满期给付。死伤医疗给付是指保险人根据人寿保险及长期健康保险合同的规定，因被保险人在保险期内发生保险责任范围内的保险事故支付给被保险人(或受益人)的金额。满期给付是指被保险人生存期满，保险人按人寿保险合同规定支付给被保险人的满期保险金额。

Explanatory Notes on Main Statistical Indicators

Government Revenue refers to the revenue of the government finance by means of participating in the distribution of the social products, which is the financial resources for ensuring the government to function. The contents of government revenue have been changed several times. Now it includes the following main items:

(1) Various tax revenues including value added tax, business tax, enterprise income tax, personal income tax, resources tax, fixed assets investment direction regulating tax, tax on city maintenance and construction, real estate tax, stamp tax, tax on use of urban land, land value added tax, vehicle and vessel tax, tax on occupancy of cultivated land, property tax, tobacco leaf tax, and other tax revenues.

(2) Non-tax Revenues including special revenues, revenues from Administrative and institutional fees, penalty and confiscatory revenues , revenues from state-owned capital operationg,revenues from paid use of state-owned resources, and other revenues .

Government Expenditure refers to the distribution and use of the funds the government finance has raised, so as to meet the needs of economic construction and various causes. It includes the following main items:

(1) Expenditure for general public services: It reflects the expenditure from the government for general public services.

(2) Expenditure on public security: It reflects the expenditure from the government towards safeguarding the public security, including the related affairs of armed police, public security, state security, procuratorial administration,law court, judicial administration, jail , reeducation through labor, state confidentiality, anti-smuggling Patrol,etc.

(3) Expenditure on education: It reflects the expenditure from the government on education, including the related affairs of educational administration management, preschool education, primary education, junior secondary educate, regular senior secondary educate, regular higher education, primary vocational education, specialized secondary educate, technical educate, vocational senior secondary educate, vocational higher education, radio and television education, foreign student educate, special education, cadre continuing education, education institution services,etc.

(4) Expenditure on science and technology: It reflects the expenditure from the government on science and technology.

(5) Expenditure on culture, sport and media: It reflects the expenditure from the government on culture, cultural relics, sport, radio and television, publication, etc.

(6)Expenditure on social security and employment:It reflects the expenditure from the government on social security and employment, including the related affairs of management of social security and employment, civil administration, subsidies to social insurance funds, supplement to national social security funds, retirees of government agencies and institutions, subsidies to enterprises reform, subsidies to employment, pension, settling down demobilized servicemen,social security, disabled person administration, minimum living allowance in urban area, other social relief in urban area, social relief in rural area, subsidies to natural disaster, Red Cross business,etc.

(7)Expenditure on health care: It reflects the expenditure from the government on health care, including expenditure on management of health care, medical services, medical security, disease control and prevention, public health supervision, rural health care,etc.

(8) Expenditure on environment protection: It reflects the expenditure from the government on environment protection, including expenditure on management of environment protection, environment monitoring and supervisory, pollution government, natural ecological protection, project of natural forest protection, returning farmland to forest, sandstorm and wilderness government, returning grazing land to grassland, returning cultivated grassland to grassland, etc.

(9) Expenditure on urban and rural community affairs: It reflects the expenditure from the government on urban and rural community affairs, including expenditure on management of urban and rural community affairs, plan and management of urban and rural community, public utility of urban and rural community, residential buildings of urban and rural community, environmental sanitation of urban and rural community, management and supervision of markets construction, etc.

(10) Expenditure on agriculture, forest and irrigation: It reflects the expenditure from the government on agriculture, forest and irrigation, including expenditure on agriculture, forest, irrigation, poverty alleviation, comprehensive development of agriculture, etc.

Deposit is a form of credit by which enterprises, institutions, organizations or households can put money into banks and other credit institutions for safekeeping and interest earning under the principle of free withdrawal. According to different depositors, deposits are divided into enterprise deposits, treasury deposits, deposits of government agencies and organizations, capital construction deposits, savings deposits, rural saving deposits, entrusted deposits and other deposits. Deposits are major sources of the credit funds of banks.

Loan is a form of credit by which banks and other credit institutions provide funds at certain interest rate to enterprises and individuals in the light of the principle of unconditional repayment. Loans from Chinese banks include circulating capital loans, fixed assets loans, loans to urban and rural individuals engaged in industrial and commercial business and agricultural loans.

Insurance Companies refer to commercial insurance companies of various forms registered by law and established in China with the approval of insurance regulatory agencies.

Amount Insured refers to the maximum that the insurant will get for the claim of the case insured.

Premium is the fee paid by the insurant to the insurer to obtain the obligation of compensation from the insurance within the agreed terms.

Settled Claim is the compensation paid by the insurer to the insurant in accordance with the insurance contract.

Payment includes payment for death, injury or medical treatment and mature payment. Payment for death, injury or medical treatment refers to the money paid to the insurant (or the beneficiary) in accordance with the life or health insurance contract when the insurant encounters accidents within the insured period covered in the contract. Mature payment refers to the mature payment to the insurant in accordance with the life insurance contract at the end of the insured period.

9 城市建设和环境保护

Construction of Cities and Environmental Protection

资料整理人员：伍春阳　　鲁　喆

9-1 城市公用事业基本情况
Basic Statistics for urban Public Utilities

指 标		Item		2000	2005	2013	2014
城市个数	(个)	**Number of Cities**	(unit)				
省辖市		Cities Under the Jurisdiction of Province		13	13	13	13
县级市		Cities at County Level		16	16	16	16
城市规模		**City Size**					
城市人口	(万人)	Population of Cities	(10 000 persons)	1196.68	1039.16	1312.06	2181.99
城区面积	(平方公里)	Total Areas of Cities	(sq.km)	12733	9159	4312	6820
#建成区面积		#Developed Areas		799	1033	1505	2592
房屋建筑		**Buildings**					
人均居住面积	(平方米)	Per Capita Living Space	(sq.m)	11.8	26.0	47.03	38.96
供水		**Water Supply**					
综合生产能力	(万立方米/日)	Production Capacity of Tap Water	(10 000 cu.m/day)	1162	1255	991	1199
#地下水		#Shallow Ground Water		104	97	86	84
供水管长度	(公里)	Length of Water Supply Pipelines	(km)	7650	9862	18208	31333
供水总量	(万立方米)	Total Annual Volume of Water Supply	(10 000 cu.m)	282357	267800	190166	240664
#生产用量		# For Production			137001	39456	37071
公共服务用量		For Republic Services			19271	20514	17943
家庭用量		For Family Use			77029	85753	119854
人均日生活用水量	(升)	Per Capita Daily Consumption of Tap Water for Residential Use	(liter)	311	279	215	179
用水普及率	(%)	Percentage of Population with Access to Tap Water	(%)	97.5	91.1	96.9	93.7
供煤气、液化石油气		**Coal Gas and Liquefied Petroleum Gas Supply**					
供气总量		Total Gas Supply					
煤气	(万立方米)	Coal Gas	(10 000 cu.m)	60375	44064	2765	2569
#居民家庭		#Consumption for Residential Use		28521	8008	2206	2206
液化石油气	(吨)	Liquefied Petroleum Gas	(ton)	202033	294718	195167	393555
#居民家庭		#Consumption for Residential Use		189827	250354	175306	320432
天然气	(万立方米)	Natural Gas	(10 000 cu.m)			199746	247177
#居民家庭		#Consumption for Residential Use				44022	83342
煤气管道长度	(公里)	Length of Coal Gas Pipelines	(km)	1116	695	440	440
石油液化气管道长度	(公里)	Length of Liquefied Petroleum Gas Pipelines	(km)	216	1261		
天然气管道长度	(公里)	Length of Natural Gas Pipelines	(km)			10167	15990
用气普及率	(%)	Percentage of Population with Access to Gas	(%)	78	75	92	85
公共交通		**Public Traffic**					
运营车辆合计	(辆)	Number of Public Transportation Vehicles	(unit)	9083	9611	13962	15591
#汽车		#Buses		9083	9611	13962	15591
标准运营车数	(标台)	Convert into Standard Unit	(unit)	7212	9207	15401	17869
运营线路长度	(公里)	Length of Public Transportation Lines	(km)	3713	11453	13623	14535
出租汽车总计	(辆)	Total of Taxi	(unit)	19534	23087	24893	25766
每万人拥有公共交通车辆	(标台)	Number of Public Transportation Vehicles per 10 000 persons	(unit)	10	9	9	10
公交客运总量	(万人次)	Number of Passengers Carried	(10 000 person-times)	106227	212507	271022	275236

注：城市人口指标2006年起为城区人口，城市面积指标2006年起为城区面积。2014年统计口径为全省设市的县、县城。

Figure on population of cities means population of urban districts since 2006. Figure on city areas means urban district areas since 2006.2014 Statistics for the province city,county,the county seat.

9-1 续表 continued

指 标	Item	2000	2005	2013	2014
市政设施	**Municipal Engineering**				
道路长度 (公里)	Length of Paved Roads (km)	4739	5978	10911	17970
道路面积 (万平方米)	Area of Paved Roads (10 000 sq.m)	4816	9936	19735	32596
人行道面积 (万平方米)	Area of Sidewalk (10 000 sq.m)	1427	2411	4994	5164
桥梁数 (座)	Number of bridges (unit)	637	482	743	1139
#立交桥	#Cloverleaf Junction	82	48	79	83
路灯 (盏)	Number of Street Lights (unit)	115147	295972	621697	962671
排水管道长度 (公里)	Length of Sewer Pipelines (km)	3754	5594	12050	21771
污水排放量 (万立方米)	Number Volume of Let Sewage (10 000 cu.m)	165902	169530	152006	230777
污水处理厂 (座数)	Number of Sewage Disposal Farm (unit)	21	19	56	135
污水处理厂处理能力 (万立方米/日)	Daily Disposal Capacity of Sewage (10 000 cu.m/day)	61.2	135.4	382.4	580.0
其他污水处理装置处理能力 (万立方米/日)	Capacity of Engineering (10 000 cu.m/day)	83.9	152.3	116.8	151.4
污水年处理量 (万立方米)	Annual Volume of Sewage Treated (10 000 cu.m)	45316	68740	119029	206586
人均拥有道路 (平方米)	Per Capita of Road Areas (sq.m)	7.0	9.6	13.8	13.4
排水管密度 (公里 / 平方公里)	Density of Drainage Pipelines (km/sq.km)	4.7	5.4	8.0	8.4
污水处理率 (%)	Rate of Sewage Disposal (%)	27.3	40.6	88.36	89.52
园林绿化	**Parks, Gardens and Green Areas**				
绿化覆盖面积 (公顷)	Coverage Space of Green Areas (hectare)	49290	44643	61879	106086
#建成区	#Developed Area	22646	34176	56633	93869
园林绿地面积 (公顷)	Area of Parks,Gardens and Green Areas in Cities (hectare)	44672	40723	53483	89430
#建成区	#Developed Area	19450	30506	51527	83059
公园绿地面积 (公顷)	Park Green Land (hectare)	3525	7143	12857	22251
公园个数 (个)	Number of Parks (unit)	116	150	209	471
公园面积 (公顷)	Area of Parks (hectare)	2646	6589	9038	14836
人均公园绿地面积 (平方米)	Park Green Land Per Capita (sq.m)	5.1	6.9	8.99	9.12
建成区绿地率 (%)	Rate of Green Areas Developed (%)	24.3	29.5	34.2	32.0
建成区绿化覆盖率 (%)	Coverage Rate of Green Areas Developed (%)	28.3	33.1	37.6	36.2
环境卫生	**Environmental Sanitation**				
实际清扫面积 (万平方米)	Area Under Cleaning Program (10 000 sq.m)	3236	7560	17296	29053
#机械清扫	Machine Cleaning	412	1149	8439	9244
生活垃圾清运量 (万吨)	Volume of Garbage Disposal (10 000 tons)	358.46	486.00	616.83	997.00
垃圾无害化处理场 (座数)	Number of Factories to Treat Garbage Harmlessly (unit)	15	7	31	106
#处理能力 (吨/日)	Daily Disposal Capacity (ton/day)	4427	6122	17368	36050
垃圾无害处理量 (万吨)	Volume of Garbage Harmlessly Treatment (10 000 tons)	180.91	192.90	592.33	982.64
公共厕所数 (座)	Number of Public Lavatories (unit)	3001	2652	3312	5214
#三类以上	# Water Closet	1771	2240	2827	3722
市容环卫专用车辆设备总数 (辆)	Environmental Sanitation Equipment (unit)	1213	1396	3151	5482
生活垃圾无害化处理率 (%)	Ratio of Garbage Harmlessly Treatment (%)	50.5	39.7	96.0	98.6

9-2 城市规模和建设用地(2014年)
Urban Scale and Construction Land (2014)

单位：平方公里

城市	Cities	城区面积 Area of City	建成区面积 Developed Areas	建设用地面积 Area of Construction Use Land				
				居住用地 Living Space	工业用地 Industry	仓储用地 Storage	道路与交通设施用地 Land for Roads and traffic Facilities	本年征用土地面积 Requisition land area this year
长沙市	Changsha	1007.66	294.39	109.46	25.12	7.72	50.91	6.88
浏阳市	Liuyang	26.80	24.60	7.60	1.90	0.60	0.45	
株洲市	Zhuzhou	837.00	135.25	45.44	26.67	2.66	11.17	13.43
醴陵市	Liling	113.00	29.50	11.83	5.85	1.03	1.89	
湘潭市	Xiangtan	168.21	79.78	27.11	12.81	4.22	12.34	3.69
湘乡市	Xiangxiang	28.00	21.40	11.40	1.47		1.04	3.14
韶山市	Shaoshan	32.00	4.60	0.50	0.70		1.00	0.15
衡阳市	Hengyang	123.68	123.54	41.24	23.06	2.79	19.07	2.00
耒阳市	Leiyang	49.65	44.30	11.23	4.50	1.41	2.15	1.82
常宁市	Changning	38.40	17.01	4.55	2.20	0.90	2.20	3.00
邵阳市	Shaoyang	67.00	58.00	19.50	3.33	2.02	4.69	0.40
武冈市	Wugang	35.65	18.03	5.00	0.72	0.72	1.50	0.83
岳阳市	Yueyang	155.00	93.00	24.90	17.80	3.50	3.90	0.60
汨罗市	Miluo	20.20	16.75	5.44	3.78	0.62	3.12	0.50
临湘市	Linxiang	25.00	14.00	3.00	1.80	0.95	1.50	
常德市	Changde	339.16	87.10	23.20	20.67	3.17	15.16	
津市市	Jinshi	71.65	17.02	5.02	4.60	0.74	1.71	1.26
张家界市	Zhangjiajie	54.08	32.96	9.52	1.51		6.42	0.48
益阳市	Yiyang	109.00	71.00	28.00	5.00		2.00	3.19
沅江市	Yuanjiang	18.00	16.80	8.53	0.40		0.27	0.10
郴州市	Chenzhou	580.00	76.63	25.30	6.20	2.00	10.80	3.83
资兴市	Zixing	24.63	21.04	7.80	1.68	1.00	2.21	1.19
永州市	Yongzhou	100.00	60.04	15.08	6.22	2.49	7.75	0.44
怀化市	Huaihua	64.00	62.00	18.11	2.88	7.26	2.39	
洪江市	Hongjiang	14.71	6.50	1.56	0.90	0.12	0.89	0.16
娄底市	Loudi	62.20	47.15	16.20	2.23	1.36	1.80	
冷水江市	Lengshuijiang	48.56	24.02	7.23	5.69		3.88	1.00
涟源市	Lianyuan	25.00	15.00	4.90	2.40	0.40	1.25	0.80
吉首市	Jishou	47.60	28.80	18.40	0.70	0.60	1.50	

9-3 城市设施水平(2014年)

Indicators of Municipal Public Utilities Level (2014)

城市	Cities	人口密度 (人/平方公里) Population Density (person/sq.km)	人均日生活用水量 (升) Per Capita Water Consumption for Residential Use (liter)	用水普及率 (%) Percentage of Population with Access to Tap Water (%)	每万人拥有公共交通车辆(标台) Number of Public Transportation Vehicles Per 10000 persons (unit)	用气普及率 (%) Percentage of Population with Access to Gas (%)
长沙市	Changsha	3171	292.74	100.00	19.62	97.64
浏阳市	Liuyang	11567	176.36	96.77	1.29	82.42
株洲市	Zhuzhou	1278	256.22	100.00	13.72	98.82
醴陵市	Liling	2190	115.49	100.00	2.64	72.73
湘潭市	Xiangtan	4849	199.85	98.46	11.29	95.86
湘乡市	Xiangxiang	8321	123.02	98.07	3.14	87.85
韶山市	Shaoshan	1516	167.67	92.78		78.14
衡阳市	Hengyang	8987	158.57	96.45	11.75	92.67
耒阳市	Leiyang	9748	88.53	87.19	6.36	77.02
常宁市	Changning	6120	97.53	95.74	2.80	72.34
邵阳市	Shaoyang	11385	157.09	90.06	7.43	87.31
武冈市	Wugang	5975	119.18	93.90	1.89	61.03
岳阳市	Yueyang	4419	209.74	100.00	9.73	99.42
汨罗市	Miluo	7525	115.21	97.04	2.47	91.45
临湘市	Linxiang	7048	95.00	95.91	2.06	98.18
常德市	Changde	2065	201.66	99.56	7.29	99.93
津市市	Jinshi	1538	144.60	98.00	3.46	99.36
张家界市	Zhangjiajie	4140	192.20	97.19	9.31	90.31
益阳市	Yiyang	5752	181.45	97.29	10.27	72.95
沅江市	Yuanjiang	10944	173.71	95.43	3.33	85.79
郴州市	Chenzhou	1067	151.57	100.00	20.32	95.20
资兴市	Zixing	6009	91.89	87.84	3.88	97.30
永州市	Yongzhou	5291	194.33	99.15	9.77	90.66
怀化市	Huaihua	8725	161.32	89.72	6.02	83.99
洪江市	Hongjiang	4147	122.58	95.08	6.17	81.97
娄底市	Loudi	7717	210.77	99.79	6.74	94.06
冷水江市	Lengshuijiang	3771	171.27	93.39	5.92	87.38
涟源市	Lianyuan	6920	145.26	91.91	2.43	89.02
吉首市	Jishou	4832	297.19	82.61	9.25	72.96

9-3 续表 continued

城市	Cities	人均拥有道路面积(平方米) Per Capita Area of Paved Roads (sq.m)	排水管道密度(公里/平方公里) Density of Sewer Pipelines (km/sq.km)	污水处理率(%) Ratio of Sewage Treatment (%)	园林绿化 Parks, Gardens and Green Areas			生活垃圾无害化处理率(%) Ratio of Garbage Harmlessly Treatment (%)
					人均公园绿地面积(平方米) Park Green Land per Capita (sq.m)	建成区绿地率(%) Ratio of Green Area in Developed Areas (%)	建成区绿化覆盖率(%) Green Area Coverage Rate in Developed Areas (%)	
长沙市	Changsha	12.64	7.00	96.90	10.19	34.53	40.13	100.00
浏阳市	Liuyang	8.38	3.41	97.52	4.81	31.30	36.83	100.00
株洲市	Zhuzhou	18.82	7.42	94.46	11.59	39.50	41.60	100.00
醴陵市	Liling	10.53	8.24	88.03	9.56	30.57	34.27	100.00
湘潭市	Xiangtan	18.09	12.91	90.00	9.03	37.19	40.93	100.00
湘乡市	Xiangxiang	12.35	11.76	95.07	8.40	31.79	36.12	100.00
韶山市	Shaoshan	18.66	26.10	90.18	10.93	44.19	48.47	100.00
衡阳市	Hengyang	12.79	8.08	75.99	8.88	31.95	34.31	100.00
耒阳市	Leiyang	14.65	5.89	77.90	6.63	30.68	35.71	100.00
常宁市	Changning	12.00	11.02	76.04	5.36	20.34	24.10	100.00
邵阳市	Shaoyang	14.42	14.42	86.03	8.78	31.90	38.79	95.73
武冈市	Wugang	13.09	11.99	85.23	9.20	30.20	35.20	95.93
岳阳市	Yueyang	13.24	13.66	90.80	9.17	39.25	40.88	100.00
汨罗市	Miluo	17.11	7.43	83.25	7.70	33.79	37.31	95.00
临湘市	Linxiang	9.65	12.29	87.15	12.49	30.21	35.21	100.00
常德市	Changde	19.37	6.19	84.92	14.29	39.29	43.66	100.00
津市市	Jinshi	12.02	8.21	91.88	9.69	30.07	35.17	100.00
张家界市	Zhangjiajie	17.25	7.01	81.09	8.85	34.57	39.50	100.00
益阳市	Yiyang	13.46	4.18	91.34	16.22	36.11	37.77	99.99
沅江市	Yuanjiang	7.10	8.51	86.16	4.92	26.01	28.33	100.00
郴州市	Chenzhou	15.45	4.72	90.30	11.50	40.80	44.30	100.00
资兴市	Zixing	11.29	7.03	70.60	10.20	40.95	43.31	100.00
永州市	Yongzhou	16.24	7.92	83.24	9.37	36.48	40.76	100.00
怀化市	Huaihua	7.97	5.58	85.42	7.11	31.53	35.10	100.00
洪江市	Hongjiang	17.47	9.42	90.17	13.28	33.23	38.68	100.00
娄底市	Loudi	9.27	9.42	85.27	9.53	34.92	39.93	100.00
冷水江市	Lengshuijiang	11.04	6.69	85.99	11.52	34.85	35.18	96.43
涟源市	Lianyuan	8.89	6.67	85.47	3.24	25.87	30.53	97.08
吉首市	Jishou	13.72	10.60	89.99	10.54	19.72	22.17	100.00

9-4 城 市 供 水(2014年)

Tap Water Supply in Cities (2014)

城市	Cities	综合生产能力(万立方米/日) Production Capacity of Tap Water (10 000 cu.m/day)	#地下水 Shallow Ground Water	供水管道长度(公里) Length of Water Supply Pipelines (km)	供水总量(万立方米) Total Annual Volume of Water Supply (10 000 cu.m)	#生产用量 For Productive Use	#公共服务用量 For Republic Services	#家庭用量 For Family Use	用水人口(万人) Number of Residents with Access to Tap Water (10 000 persons)
长沙市	Changsha	215.00		3136	52418	3217	1671	32398	319.55
浏阳市	Liuyang	7.60	1.60	310	2712	500	61	1870	30.00
株洲市	Zhuzhou	100.00		2219	17209	4512	2479	7155	101.55
醴陵市	Liling	6.00		590	1932	190	108	879	24.34
湘潭市	Xiangtan	47.50	1.50	929	9845	366	1216	3620	58.20
湘乡市	Xiangxiang	10.00		579	1582	98	101	890	22.85
韶山市	Shaoshan	4.00	0.20	180	330		76	172	4.50
衡阳市	Hengyang	65.00		1130	12033	3401	836	4519	103.00
耒阳市	Leiyang	10.00		165	1718	242	386	810	37.00
常宁市	Changning	5.50		120	670	132	107	322	17.00
邵阳市	Shaoyang	51.50		754	7602	1074	533	3357	68.70
武冈市	Wugang	8.00		395	1700	490	240	610	20.00
岳阳市	Yueyang	45.50	0.30	843	7704	1702	185	4388	59.50
汨罗市	Miluo	3.00		200	964	9	5	470	13.30
临湘市	Linxiang	5.20		149	904	129	90	471	16.90
常德市	Changde	37.50		1500	8521	2161	178	3207	69.05
津市市	Jinshi	10.00		287	1150	209	117	439	10.80
张家界市	Zhangjiajie	13.50		448	2725	39	338	1077	21.76
益阳市	Yiyang	32.00		440	5358	1100	38	2450	51.00
沅江市	Yuanjiang	3.00		112	865	53	50	714	16.10
郴州市	Chenzhou	33.50	4.30	1267	5879	627	303	3058	61.87
资兴市	Zixing	5.50		366	835	139	6	420	13.00
永州市	Yongzhou	42.70		822	8201	2676	392	3112	49.75
怀化市	Huaihua	21.20		963	4916	968	485	2319	49.20
洪江市	Hongjiang	3.00		59	383	36	56	194	5.80
娄底市	Loudi	18.50		421	5312	288	489	2929	47.90
冷水江市	Lengshuijiang	11.00		475	1728	300	70	808	16.70
涟源市	Lianyuan	5.00	2.00	270	1366	190	98	615	15.90
吉首市	Jishou	10.80		613	2537		699	1351	19.00

9-5 城市公共交通(2014年)
Public Traffic in Cities (2014)

城市	Cities	公共汽车 Buses				出租汽车数(辆) Number of Taxis (unit)
		运营车数合计(辆) Number of Public Transportation Vehicles (unit)	标准运营车数(标台) Number of Vehicles Convert into Standard unit (unit)	运营线路网长度(公里) Length of Public Transportation Lines (km)	客运总量(万人次) Number of Passengers Carried (10 000 persontimes)	
长沙市	Changsha	5142	6600	3173	75221	7817
浏阳市	Liuyang	98	93	318	1700	400
株洲市	Zhuzhou	1171	1467	1119	21943	1955
醴陵市	Liling	126	135	101	3235	400
湘潭市	Xiangtan	973	1077	805	14684	1400
湘乡市	Xiangxiang	92	91	231	1188	281
韶山市	Shaoshan					41
衡阳市	Hengyang	1100	1252	1037	19140	1400
耒阳市	Leiyang	359	359	160	7040	500
常宁市	Changning	130	110	157	3235	200
邵阳市	Shaoyang	423	443	338	10300	1100
武冈市	Wugang	77	54	120	1340	150
岳阳市	Yueyang	879	977	858	15294	1716
汨罗市	Miluo	107	90	190	1115	200
临湘市	Linxiang	69	48	49	890	283
常德市	Changde	687	735	760	12007	1146
津市市	Jinshi	84	59	86	1203	200
张家界市	Zhangjiajie	253	252	280	7200	686
益阳市	Yiyang	772	785	491	12537	1000
沅江市	Yuanjiang	139	108	122	2718	350
郴州市	Chenzhou	1075	1258	1556	24201	853
资兴市	Zixing	87	82	193	1499	80
永州市	Yongzhou	608	613	702	14610	700
怀化市	Huaihua	331	337	564	7707	800
洪江市	Hongjiang	98	98	98	1305	80
娄底市	Loudi	270	300	189	5144	950
冷水江市	Lengshuijiang	168	154	377	2851	181
涟源市	Lianyuan	81	81	346	1200	200
吉首市	Jishou	192	211	117	4730	697

9-6 城市市政设施(2014年)
Urban Civil Facilities (2014)

城市	Cities	道路长度(公里) Length of Streets (km)	道路面积(万平方米) Area of Streets (10 000 sq.m)	人行道面积(万平方米) Area of Sidewalk (10 000 sq.m)	桥梁数(座) Number of Bridges (unit)	#立交桥 Cloverleaf Junction	路灯盏数(盏) Number of Street Lights (unit)	排水管道长度(公里) Length of Sewer Pipelines (km)	污水年排放量(万立方米) Annual Volume of Sewage Discharged (10 000 cu.m)
长沙市	Changsha	2146	4038	863	179	25	101250	2062	45796
浏阳市	Liuyang	106	260	65	27		14420	84	2015
株洲市	Zhuzhou	1548	2012	445	84	20	68794	1004	14241
醴陵市	Liling	191	261	56	44	3	8512	243	1353
湘潭市	Xiangtan	577	1475	355	17		17905	1030	15664
湘乡市	Xiangxiang	144	288	85	5		8396	252	1115
韶山市	Shaoshan	25	90	23	2		3000	120	570
衡阳市	Hengyang	629	1422	456	46	13	73558	998	10941
耒阳市	Leiyang	277	709	253			7800	261	1371
常宁市	Changning	168	282	72	9		3680	187	889
邵阳市	Shaoyang	480	1100	355	20	2	56125	836	7722
武冈市	Wugang	117	279	63	18		5810	216	1286
岳阳市	Yueyang	695	907	208	23	3	38000	1271	12495
汨罗市	Miluo	91	260	100			5223	124	949
临湘市	Linxiang	129	170	65	3		2787	172	1245
常德市	Changde	639	1357	356	21		51010	539	6346
津市市	Jinshi	128	132	40	4		7805	140	825
张家界市	Zhangjiajie	309	386	68	18		9783	231	2353
益阳市	Yiyang	570	844	313	4		22767	297	5800
沅江市	Yuanjiang	116	140	42	1		1732	143	983
郴州市	Chenzhou	297	956	210	51	5	24910	362	4703
资兴市	Zixing	144	167	64			11080	148	585
永州市	Yongzhou	392	859	165	17	5	22256	476	6939
怀化市	Huaihua	258	445	121	37		9780	346	3903
洪江市	Hongjiang	48	107	34	5		4920	61	356
娄底市	Loudi	242	445	95	8		40320	444	4249
冷水江市	Lengshuijiang	133	202	56	7		7423	161	3448
涟源市	Lianyuan	122	154	32	21		3930	100	1094
吉首市	Jishou	226	316	108	57		9870	305	2548

9-6 续表 continued

城市	Cities	污水处理厂 Sewage Disposal Factory				其他污水处理装置处理能力(万方/日) Capacity of Engineering (10 000 cu.m/day)	污水年处理量(万方) Annual Volume of Sewage Disposal (10 000 cu.m)
		座数(座) Number of Units (unit)	#二、三级处理 Biological and Chemical Disposal	处理能力(万立方米/日) Disposal Capacity (10 000 cu.m/day)	#二、三级处理 Biological and Chemical Disposal		
长沙市	Changsha	8	8	128	128		44375
浏阳市	Liuyang	2	2	6	6		1965
株洲市	Zhuzhou	6	6	50	50	47	13452
醴陵市	Liling	1	1	3	3	1	1191
湘潭市	Xiangtan	2	2	25	25	15	14098
湘乡市	Xiangxiang	1	1	5	5		1060
韶山市	Shaoshan	1	1	1	1		514
衡阳市	Hengyang	3	3	21	21	6	8314
耒阳市	Leiyang	1	1	2	2	1	1068
常宁市	Changning	1	1	4	4		676
邵阳市	Shaoyang	2	1	14	4	8	6643
武冈市	Wugang	1	1	3	3	3	1096
岳阳市	Yueyang	4	4	25	25	20	11345
汨罗市	Miluo	1	1	3	3		790
临湘市	Linxiang	1	1	3	3	1	1085
常德市	Changde	3	3	17	17		5389
津市市	Jinshi	1	1	2	2		758
张家界市	Zhangjiajie	3	3	6	6		1908
益阳市	Yiyang	3	3	17	17		5298
沅江市	Yuanjiang	1	1	2	2		847
郴州市	Chenzhou	2	2	17	17		4247
资兴市	Zixing	1	1	1	1		413
永州市	Yongzhou	2	2	20	20	3	5776
怀化市	Huaihua	1	1	10	10		3334
洪江市	Hongjiang	1	1	1	1		321
娄底市	Loudi	2	2	13	13		3623
冷水江市	Lengshuijiang	1	1	3	3	39	2965
涟源市	Lianyuan	1	1	2	2		935
吉首市	Jishou	2	2	7	7		2293

9-7 城市园林绿化(2014年)

Urban Parks, Gardens and Green Areas (2014)

城市	Cities	绿化覆盖面积(公顷) Coverage Space of Green Areas (hectare)	#建成区 Developed Areas	园林绿地面积(公顷) Area of Parks, Gardens and Green Areas (hectare)	#建成区 Developed Areas	公园绿地面积(公顷) Park Green Land (hectare)	公园个数(个) Number of Parks (unit)	公园面积(公顷) Area of Parks (hectare)
长沙市	Changsha	11813	11813	10164	10164	3256	26	1779
浏阳市	Liuyang	906	906	770	770	149	3	101
株洲市	Zhuzhou	5627	5627	5342	5342	1239	19	1239
醴陵市	Liling	1087	1011	985	902	237	4	145
湘潭市	Xiangtan	4957	3265	2997	2967	736	9	166
湘乡市	Xiangxiang	773	773	680	680	196	2	143
韶山市	Shaoshan	378	223	356	203	53	2	25
衡阳市	Hengyang	4239	4239	3947	3947	987	27	852
耒阳市	Leiyang	1582	1582	1359	1359	321	2	58
常宁市	Changning	620	410	396	346	126	2	52
邵阳市	Shaoyang	2750	2250	2129	1850	670	8	570
武冈市	Wugang	855	635	611	545	196	4	186
岳阳市	Yueyang	4602	3802	4350	3650	628	9	465
汨罗市	Miluo	625	625	566	566	117	2	185
临湘市	Linxiang	633	493	574	423	220	1	98
常德市	Changde	3803	3803	3422	3422	1001	14	786
津市市	Jinshi	626	599	541	512	107	8	123
张家界市	Zhangjiajie	1576	1302	1389	1139	198	7	95
益阳市	Yiyang	3962	2681	3548	2564	1017	39	513
沅江市	Yuanjiang	548	476	470	437	97	4	72
郴州市	Chenzhou	3395	3395	3127	3127	712	11	534
资兴市	Zixing	911	911	862	862	151	1	80
永州市	Yongzhou	2630	2447	2346	2190	496	5	131
怀化市	Huaihua	2198	2176	1987	1955	397	6	299
洪江市	Hongjiang	871	251	216	216	81	5	81
娄底市	Loudi	2781	1883	2039	1646	457	14	313
冷水江市	Lengshuijiang	977	845	969	837	211	6	211
涟源市	Lianyuan	750	458	564	388	56	2	36
吉首市	Jishou	642	639	568	568	243	5	218

注：2006年开始公共绿地面积改为公园绿地面积。Public green areas means park green areas since 2006.

9-8 城市燃气使用情况(2014年)
Urban Coal Gas and Liquefied Petroleum (2014)

城市	Cities	液化石油气 Liquefied Petroleum Gas				
		供气总量 (吨) Total Gas Supply (ton)	#家庭用量 Consumption for Residential Use	用气户数 (户) Number of Household with Access to Gas (household)	#家庭用户 Consumption for Residential Use	用气人口 (万人) Population with Access to Gas (10 000 persons)
长沙市	Changsha	17500	17000	400000	285000	64
浏阳市	Liuyang	6478	6478	51125	51125	15
株洲市	Zhuzhou	3593	1375	14069	13928	4
醴陵市	Liling	2532	1302	19787	19659	6
湘潭市	Xiangtan	9700	9300	66500	64500	20
湘乡市	Xiangxiang	2223	2218	35112	35112	12
韶山市	Shaoshan	1460	277	857	771	3
衡阳市	Hengyang	14100	8600	66000	60000	23
耒阳市	Leiyang	6200	6200	98575	98575	37
常宁市	Changning	2837	2160	28012	28000	16
邵阳市	Shaoyang	4300	3865	61000	57060	20
武冈市	Wugang	980	980	6000	6000	8
岳阳市	Yueyang	4205	4200	42800	42800	16
汨罗市	Miluo	2300	2292	27000	27000	9
临湘市	Linxiang	3510	3500	35000	35000	11
常德市	Changde	4154	3620	10623	10000	6
津市市	Jinshi	2400	2400	23000	23000	6
张家界市	Zhangjiajie	8966	8876	42234	42234	14
益阳市	Yiyang	16500	5460	16000	15600	20
沅江市	Yuanjiang	3270	1352	3995	3865	12
郴州市	Chenzhou	19000	19000	138000	138000	48
资兴市	Zixing	4100	3900	43200	42150	14
永州市	Yongzhou	10966	9755	144350	144340	45
怀化市	Huaihua	22815	14071	162966	110215	43
洪江市	Hongjiang	782	762	12885	12885	5
娄底市	Loudi	6255	2900	24000	23990	13
冷水江市	Lengshuijiang	2400	2400	30500	30500	16
涟源市	Lianyuan	2702	2702	29025	29025	15
吉首市	Jishou	3001	2821	26100	26098	16

9-8 续表 continued

城市	Cities	天然气 Gas					
		供气总量 (万立方米) Total Gas Supply (10 000 cu.m)	#家庭用量 Consumption for Residential Use	用气户数 (户) Number of Household with Access to Gas (household)	#家庭用户 Consumption for Residential Use	用气人口 (万人) Population with Access to Gas (10 000 persons)	管道长度 (公里) Length of Pipelines (km)
长沙市	Changsha	73299	21189	902547	899258	248.00	1200.0
浏阳市	Liuyang	1372	778	27898	26698	10.10	102.4
株洲市	Zhuzhou	23647	5718	341851	339353	101.69	1387.1
醴陵市	Liling	20757	720	37751	37476	12.00	472.0
湘潭市	Xiangtan	15006	3665	181820	180246	58.18	1369.0
湘乡市	Xiangxiang	291	126	26108	25699	8.24	138.4
韶山市	Shaoshan	96	48	2290	2245	0.79	71.3
衡阳市	Hengyang	20000	4244	286656	284247	80.00	2000.0
耒阳市	Leiyang	9.41	9.25	910	910	0.28	15.3
常宁市	Changning	22	22	3150	3150	1.10	236.8
邵阳市	Shaoyang	2714	1476	128560	127780	47.00	520.0
武冈市	Wugang	401	238	14000	13700	5.00	140.0
岳阳市	Yueyang	14223	3600	149600	141900	52.10	935.8
汨罗市	Miluo	1660	164	8100	7983	4.90	51.6
临湘市	Linxiang	514	154	10572	9793	6.50	40.0
常德市	Changde	29686	27517	185288	175345	64.50	1470.7
津市市	Jinshi	300	200	15769	15356	4.95	102.0
张家界市	Zhangjiajie	727	327	22291	22066	6.67	163.3
益阳市	Yiyang	5853	1674	96000	86200	25.86	593.0
沅江市	Yuanjiang	2854	789	17600	16800	4.90	90.3
郴州市	Chenzhou	2437	715	35763	35550	10.60	355.0
资兴市	Zixing	160	21.59	2128	2080	0.62	5.0
永州市	Yongzhou	101	95	7420	7402	2.97	76.9
怀化市	Huaihua	473	105	10249	10118	3.90	165.3
洪江市	Hongjiang						
娄底市	Loudi	380					
冷水江市	Lengshuijiang						9.5
涟源市	Lianyuan						
吉首市	Jishou	180	120	3298	3098	0.38	30.0

9-9 环境综合统计基本状况(2014年)
Basic Environment Comprehensive Statistics (2014)

指 标		Item		2014
废水排放总量	（万吨）	Total Volume of Waste Water Discharged	(10 000 tons)	309960.48
其中：工业废水排放量	（万吨）	Total Volume of Industrial Waste Water Discharged	(10 000 tons)	82270.80
城镇生活污水排放量	（万吨）	Household Waste Water Discharged by Urban Use	(10 000 tons)	227180.88
集中式治理设施污水排放量	（万吨）	Volume of Waste Water Discharged by Centralized Facilities	(10 000 tons)	508.80
化学需氧量(COD)排放量	（吨）	Volume of COD Discharged	(ton)	1228988.52
其中：工业废水中COD排放量	（吨）	Amount of COD in Industrial Waste Water	(ton)	133707.99
农业COD排放量	（吨）	Amount of COD in Agriculture	(ton)	549951.28
城镇生活污水中COD排放量	（吨）	Household of COD Waste Water Discharged by Urban Use	(ton)	532928.46
集中式治理设施COD排放量	（吨）	Volume of COD Waste Water Discharged by Centralized Facilities	(ton)	12400.80
氨氮排放量	（吨）	Ammonia Nitrogen Discharge	(ton)	154436.95
其中：工业废水中氨氮排放量	（吨）	Ammonia Nitrogen Discharge from Industrial Waste Water	(ton)	20820.85
农业氨氮排放量	（吨）	Ammonia Nitrogen Discharge from Agriculture	(ton)	60005.76
城镇生活污水中氨氮排放量	（吨）	Household of Ammonia Nitrogen Discharged by Urban Use	(ton)	72445.63
集中式治理设施氨氮排放量	（吨）	Volume of Ammonia Nitrogen Discharged by Centralized Facilities	(ton)	1164.71
二氧化硫(SO_2)排放量	（吨）	Volume of SO_2 Emission	(ton)	623688.60
其中：工业SO_2排放量	（吨）	Volume of SO_2 Emission by Industry	(ton)	559504.31
城镇生活SO_2排放量	（吨）	Household of SO_2 Emission by Urban Use	(ton)	64154.52
集中式治理设施SO_2排放量	（吨）	Volume of SO_2 Emission by Centralized Facilities	(ton)	29.77
氮氧化物排放量	（吨）	Nitrogen Oxides Discharged	(ton)	552773.06
其中：工业氮氧化物排放量	（吨）	Volume of Nitrogen Oxides Discharged by Industry	(ton)	359359.77
城镇生活氮氧化物排放量	（吨）	Household of Nitrogen Oxides Discharged by Urban Use	(ton)	9119.33
机动车氮氧化物排放量	（吨）	Volume of Nitrogen Oxides Discharged by Motor vohicles	(ton)	184234.03
集中式治理设施氮氧化物排放量	（吨）	Volume of Nitrogen Oxides Discharged by Centralized Facilities	(ton)	59.93
烟(粉)尘排放量	（吨）	Volume of Soot Emission	(ton)	496165.87
其中：工业烟(粉)尘排放量	（吨）	Volume of Industrial Soot Emission	(ton)	452295.00
城镇生活烟尘排放量	（吨）	Household of Volume of Soot Emission by Urban Use	(ton)	27702.32
机动车烟尘排放量	（吨）	Volume of Volume of Soot Emission by Motor vohicles	(ton)	16132.02
集中式治理设施烟尘排放量	（吨）	Volume of Volume of Soot Emission by Centralized Facilities	(ton)	36.53
一般工业固体废物产生量	(万吨)	Volume of Solid Wastes Produced	(10 000 tons)	6933.77
一般工业固体废物综合利用量	(万吨)	Volume of Solid Wastes Utilized	(10 000 tons)	4410.16
其中:综合利用往年贮存量	(万吨)	Comprehensive utilization of the previous storage	(10 000 tons)	60.02
一般工业固体废物综合利用率	(%)	Percentage of Solid Wastes Utilized	(%)	63.06
一般工业固体废物处置量	(万吨)	Volume of Solid Wastes Treated	(10 000 tons)	1876.26
其中:处置往年贮存量	(万吨)	Volume of the Previous Storage Treated	(10 000 tons)	0.51
一般工业固体废物处置率	(%)	Percentage of Solid Wastes Treated	(%)	27.06
一般工业固体废物贮存量	(万吨)	Volume of Solid Wastes Treated	(10 000 tons)	707.30
一般工业固体废物倾倒丢弃量	(万吨)	Volume of Solid Wastes dumping of discarded	(10 000 tons)	0.59

9-10　全省环保产业统计情况(2014年)

Statistical Report of Hunan Environmental Protection Industry(2014)

指　标	Item	合计 Total	长沙 Changsha	株洲 Zhuzhou	湘潭 Xiangtan	衡阳 Hengyang	邵阳 Shaoyang	岳阳 Yueyang	常德 Changde
环保产业单位数（个）	**The Number of Environmental Protection Industry Units (unit)**	1101	192	59	33	113	95	145	57
环保产业从业人数（万人）	**The Number of Employees in Environmental Protection Industry （10 000 person)**	11.2	3.6	0.6	0.3	1.2	0.6	1.5	0.4
环保产业年收入（亿元）	**Annual Income of Environmental Protection Industry (100 million yuan)**	1351.9	522.2	43.5	154.2	79.1	31.9	125.0	41.7
#环境服务业	Environmental Services	141.7	118.6	6.9	1.7	2.4	2.6	1.6	1.2
#环境保护产品生产	Environmental Protection Products Production	69.5	50.0	0.4	1.1	4.5	0.1	3.6	0.4
#环境友好产品生产	Environment Friendly Products Production	534.8	254.6	11.2	143.3	0.9	10.2	42.9	33.1
#资源综合利用	Comprehensive Utilization of Resources	605.9	99.0	25.0	8.1	71.3	19.0	76.9	7.0

指　标	Item	张家界 Zhangjiajie	益阳 Yiyang	郴州 Chenzhou	永州 Yongzhou	怀化 Huaihua	娄底 Loudi	自治州 West Hunan
环保产业单位数（个）	**The Number of Environmental Protection Industry Units (unit)**	10	55	161	31	40	59	51
环保产业从业人数（万人）	**The Number of Employees in Environmental Protection Industry （10 000 person)**	0.1	0.4	1.2	0.2	0.3	0.6	0.2
环保产业年收入（亿元）	**Annual Income of Environmental Protection Industry (100 million yuan)**	4.4	39.7	206.6	25.8	14.4	46.5	16.9
#环境服务业	Environmental Services	0.3	1.6	1.3	0.5	0.9	1.1	1.0
#环境保护产品生产	Environmental Protection Products Production	0.0	3.8	0.0	0.1	0.5	5.0	0.0
#环境友好产品生产	Environment Friendly Products Production	0.8	8.6	2.6	16.8	0.9	6.2	2.7
#资源综合利用	Comprehensive Utilization of Resources	3.3	25.7	202.7	8.4	12.1	34.2	13.2

主要统计指标解释

供水综合生产能力 指按供水设施取水、净化、送水、出厂输水干管等环节设计能力计算的综合生产能力。包括在原设计能力的基础上，经挖、革、改增加的生产能力。计算时，以四个环节中最薄弱的环节为主确定能力。

年末供水管道长度 指从送水泵至用户水表之间所有管道的长度。不包括新安装尚未使用、水厂内以及用户建筑物内的管道。

全年供水总量 指报告期供水企业(单位)供出的全部水量。包括有效供水量和漏损水量。

生活用水量 包括公共服务用水和居民家庭用水。公共服务用水指为城市社会公共生活服务的用水。包括行政事业单位、部队营区和公共设施服务、社会服务业、批发零售贸易业、旅馆饮食业以及其他公共服务业等单位的用水。居民家庭用水指城市范围内所有居民家庭的日常生活用水。包括城市居民、农民家庭、公共供水站用水。

用水普及率 指城市用水人口数与城市人口总数的比率。计算公式：

$$用水普及率=\frac{城市用水人口数}{城市人口总数}\times 100\%$$

人工煤气生产能力 指报告期末人工煤气生产厂制气、净化、输送等环节的综合生产能力，不包括备用设备能力。一般按设计能力计算，如果实际生产能力大于设计能力时，应按实际测定的生产能力计算。测定时应以制气、净化、输送三个环节中最薄弱的环节为主。

供气管道长度 指报告期末从气源厂压缩机的出口或门站出口至各类用户引入管之间的全部已经通气投入使用的管道长度。不包括煤气生产厂、输配站、液化气储存站、灌瓶站、储配站、气化站、混气站、供应站等厂(站)内的管道。

全年供气总量 指全年燃气企业(单位)向用户供应的燃气数量。包括销售量和损失量。

燃气普及率 指报告期末使用燃气的城市人口数与城市人口总数的比率。计算公式为：

$$燃气普及率=\frac{城市用气人口数}{城市人口总数}\times 100\%$$

城市供热能力 指供热企业(单位)向城市热用户输送热能的设计能力。

城市供热总量 指在报告期供热企业(单位)向城市热用户输送全部蒸汽和热水的总热量。

城市供热管道长度 指从各类热源到热用户建筑物接入口之间的全部蒸汽和热水的管道长度。不包括各类热源厂内部的管道长度。

年末道路长度 指年末道路长度和与道路相通的桥梁、隧道的长度，按车行道中心线计算。在统计时只统计路面宽度在3.5米(含3.5米)以上的各种铺装道路，包括开放型工业区和住宅区道路在内。

城市桥梁 指为跨越天然或人工障碍物而修建的构筑物。包括跨河桥、立交桥、人行天桥以及人行地下通道等。按使用年限分为永久性桥和半永久性桥。

城市排水管道长度 指所有排水总管、干管、支管、检查井及连接井进出口等长度之和。

城市污水日处理能力 指污水处理厂(或污水处理装置)每昼夜处理污水量的设计能力。

年末运营车数 指年末城市用于公共交通运营业务的全部车辆数。新购、新制和调入的运营车辆，自投入之日起开始计算；调出、报废和调作他用的运营车辆，自上级主管机关批准之日起不再计入。

城市园林绿地面积 指报告期末用作园林和绿化的各种绿地面积。包括公园绿地、生产绿地、防护绿地、附属绿地和其他绿地的面积。

公园绿地 城市中向公众开放的以游憩为主要功能，有一定的游憩设施和服务设施，同时兼有健全生态、美化景观，防灾减灾等综合作用的绿化用地。包括综合公园、社区公园、专类公园、带状公园和街旁绿地。其中综合公园、专类公园和带状公园面积之和为公园面积。

清扫保洁面积 指报告期末对城市道路和公共场所（主要包括城市行车道、人行道、车行隧道、人行过街地下通道、道路附属绿地、地铁站、高架路、人行过街天桥、立交桥、广场、停车场及其他设施等）进行清扫保洁的面积。一天清扫多次的，按清扫保洁面积最大的一次计算。

市容环卫专用车辆 指用于环境卫生作业、监察的专用车辆和设备，包括用于道路清扫、冲洗、洒水、除雪、垃圾粪便清运、市容监察以及与其配套使用的车辆和设备。

每万人拥有公共交通车辆 指报告期末城区内每万人平均拥有的公共交通车辆标台数。计算公式：

$$每万人拥有公共交通车辆=\frac{公共交通运营车标台数}{城市人口总数}$$

工业废水排放量 指经过企业厂区所有排放口排到企业外部的工业废水量。包括生产废水、外排的直接冷却水、超标排放的矿井地下水和与工业废水混排的厂区生活污水，不包括外排的间接冷却水(清污不分流的间接冷却水应计算在内)。

工业废水排放达标量 指报告期内废水中各项污染物指标都达到国家或地方排放标准的外排工业废水量，包括未经处理外排达标的，经废水处理设施处理后达标排放的，以及经污水处理厂处理后达标排放的。

生活污水排放量 指城镇居民每年排放的生活污水。用人均系数法测算。测算公式为：

$$\text{生活污水排放量}=\text{城镇生活污水排放系数}\times\text{市镇非农业人口}\times 365$$

生活污水中化学需氧量(COD)排放量 指城镇居民每年排放的生活污水中的 COD 的量。用人均系数法测算。测算公式为：

$$\text{城镇生活污水中}COD\text{排放量}=\text{城镇生活污水中}COD\text{产生系数}\times\text{市镇非农业人口}\times 365$$

化学需氧量(COD) 指用化学氧化剂氧化水中有机污染物时所需的氧量。COD 值越高，表示水中有机污染物污染越重。

工业废气排放量 指报告期内企业厂区内燃料燃烧和生产工艺过程中产生的各种排入大气的含有污染物的气体的总量，以标准状态(273K，101325Pa)计算。测算公式为：

$$\text{工业废气排放量}=\text{燃料燃烧过程中废气排放量}+\text{生产工艺过程中废气排放量}$$

生活及其他 SO_2 排放量 以生活及其他煤炭消费量和其含硫量为基础，根据以下公式计算：

$$\text{生活及其他}SO_2\text{排放量}=\text{生活及其他煤炭消费量}\times\text{含硫量}\times 0.8\times 2$$

工业 SO_2 排放量 指报告期内企业在燃料燃烧和生产工艺过程中排入大气的 SO_2 总量，计算公式为：

$$\text{工业}SO_2\text{排放量}=\text{燃料燃烧过程中}SO_2\text{排放量}+\text{生产工艺过程中}SO_2\text{排放量}$$

工业烟尘排放量 指企业厂区内燃料燃烧过程中产生的烟气中夹带的颗粒物排放量。

生活及其他烟尘排放量 指除工业生产活动以外的所有社会、经济活动及公共设施的经营活动中燃烧所排放的烟尘纯重量。以生活及其他煤炭消费量为基础进行测算。

工业粉尘排放量 指企业在生产工艺过程中排放的能在空气中悬浮一定时间的固体颗粒物排放量。如钢铁企业的耐火材料粉尘、焦化企业的筛焦系统粉尘、烧结机的粉尘、石灰窑的粉尘、建材企业的水泥粉尘等。不包括电厂排入大气的烟尘。

工业固体废物产生量 指报告期内企业在生产过程中产生的固体状、半固体状和高浓度废液体状废弃物的总量，包括危险废物、冶炼废渣、粉煤灰、炉渣、煤矸石、尾矿、放射性废物和其他废物等；不包括矿山开采的剥离废石和掘进废石(煤矸石和呈酸性或碱性的废石除外)。酸性或碱性废石指采掘的废石其流经水、雨淋水的 pH 值小于 4 或 pH 值大于 10.5 者。

危险废物 指列入国家危险废物名录或根据国家规定的危险废物鉴别标准和鉴别方法认定的，具有爆炸性、易燃性、易氧化性、毒性、腐蚀性、易传染疾病等危险特性之一的废物。

工业固体废物综合利用量 指报告期内企业通过回收、加工、循环、交换等方式，从固体废物中提取或者使其转化为可以利用的资源、能源和其他原材料的固体废物量(包括当年利用往年的工业固体废物贮存量)，如用作农业肥料、生产建筑材料、筑路等。综合利用量由原产生固体废物的单位统计。

工业固体废物综合利用率 指工业固体废物综合利用量占工业固体废物产生量(包括综合利用往年贮存量)的百分率。计算公式为：

$$\text{工业固体废物综合利用率}=\frac{\text{工业固体废物综合利用量}}{\text{工业固体废物产生量}+\text{综合利用往年贮存量}}\times 100\%$$

工业固体废物贮存量 指报告期内企业以综合利用或处置为目的，将固体废物暂时贮存或堆存在专设的贮存设施或专设的集中堆存场所内的数量。专设的固体废物贮存场所或贮存设施必须有防扩散、防流失、防渗漏、防止污染大气、水体的措施。

工业固体废物处置量 指报告期内企业将固体废物焚烧或者最终置于符合环境保护规定要求的场所，并不再回取的工业固体废物量(包括当年处置往年的工业固体废物贮存量)。处置方式有填埋(其中危险废物应安全填埋)、焚烧、专业贮存场(库)封场处理、深层灌注、回填矿井及海洋处置(经海洋管理部门同意投海处置)等。

工业固体废物排放量 指报告期内企业将所产生的固体废物排到固体废物污染防治设施、场所以外的数量，不包括矿山开采的剥离废石和掘进废石(煤矸石和呈酸性或碱性的废石除外)。

“三废”综合利用产品产值 指报告期内利用“三废”作为主要原料生产的产品价值(现行价)；已经销售或准备销售的应计算产品价值，留作生产自用的不应计算产品价值。

生活垃圾清运量 指报告期内收集和运送到各生活垃圾处理厂(场)和生活垃圾最终消纳点的生活垃圾数量。生活垃圾指城市日常生活或为城市日常生活提供服务的活动中产生的固体废物以及法律行政规定的视为城市生活垃圾的固体废物。包括：居民生活垃圾、商业垃圾、集市贸易市场垃圾、街道清扫垃圾、公共场所垃圾和机关、学校、厂矿等单位的生活垃圾。

生活垃圾无害化处理率 指报告期生活垃圾无害化处理量与生活垃圾产生量比率。在统计上，由于生活垃圾产生量不易取得，可用清运量代替。计算公式为：

$$\text{生活垃圾无害化处理率}=\frac{\text{生活垃圾无害化处理量}}{\text{生活垃圾产生量}}\times 100\%$$

Explanatory Notes on Main Statistical Indicators

Production Capacity of Water Supply refers to the designed overall production capacity of water facilities, covering the four segments of water collection, purification, conveyance, and outflow through trunk pipelines. Increased capacity through transformation and innovation projects is included as well. The capacity is determined mainly on the weakest of the above-mentioned four segments.

Length of Water Supply Pipelines at Year-end refers to the total length of all the pipelines between the water pumps and the user water meters, excluding pipelines newly installed but not used yet, pipeline in the water factory,and pipeline in the user's buildings.

Annual Volume of Water Supply refers to the total volume of water supplied by water-works (units) during the reference period, including both the effective water supply and loss during the water supply.

Consumption of Water for Residential Use refers to water consumption of households for daily life and water consumption of public service facilities. The latter refers to water consumption for urban public services, including the consumption of government agencies and public institutions, military barracks, public facilities, wholesale and retail outlets, restaurants, hotels, and other units providing public services. Household water consumption refers to consumption of water for daily life of all households within the boundary of cities, including households of urban residents and farmers, and public water supply stations.

Coverage Rate of Urban Population with Access to Tap Water refers to the ratio of the urban population with access to tap water to the total urban population. The formula is:

$$\text{Coverage of urban population with access to tap water} = \frac{\text{Urban population with access to tap water}}{\text{Urban population}} \times 100\%$$

Production Capacity of Gaswork Gas refers to the overall production capacity of the urban gasworks in gas generation, purification and delivery at the end of the reference period, excluding capacity of the reserved facilities. In general, it is determined by the designed capacity, and when actual production capacity is larger than the designed capacity, the capacity is determined by the actual measurement on the weakest segment in the production, purification and delivery.

Length of Gas Pipelines refers to the total length of pipelines in use between the outlet of the compressor of gas-work or outlet of gas stations and the leading pipe of users, excluding pipelines within gasworks, delivery stations, LPG storage stations, refilling stations, gas-mixing stations and supply stations.

Volume of Gas Supply refers to the total volume of gas provided to users by gas-producing enterprises (units) in a year, including the volume sold and the volume lost.

Coverage Rate of Urban Population with Access to Gas refers to the ratio of the urban population with access to gas to the total urban population at the end of the reference period. The formula is:

$$\text{Coverage rate of urban population with access to gas} = \frac{\text{Urban population with access to gas}}{\text{Urban population}} \times 100\%$$

Heating Capacity in Urban Areas refers to the designed capacity of heating enterprises (units) in supplying heating energy to urban users during the reference period.

Quantity of Heat Supplied in Urban Areas refers to the total quantity of heat from steam and hot water supplied to urban users by heating enterprises (units) during the reference period.

Length of Urban Heating Pipelines refers to the total length of steam or hot water pipelines for sources of heat to the leading pipelines of the buildings of the users, excluding internal pipelines in heat generating enterprises.

Length of Paved Roads at Year-end refers to the length of roads with paved surface including bridges and tunnels connected with roads by the end of the year. Length of the roads is measured by the central lines for vehicles for paved roads with a width of 3.5 meters and over, including roads in open-ended factory compounds and residential quarters.

Urban Bridges refer to bridges built to cross over natural or man-made barriers, including bridges over rivers, overpasses for traffic and for pedestrians, underpasses for pedestrians, etc. Both permanent and semi-permanent bridges are included.

Length of Urban Sewage Pipes refers to the total length of general drainage, trunks, branch and inspection wells, connection wells, inlets and outlets, etc.

Daily Disposal Capacity of Urban Sewage refers to the designed 24-hour capacity of sewage disposal by the sewage treatment works or facilities.

Number of Vehicles under Operation at Year-end refers to the total number of vehicles under operation by public transport enterprises (units) at the end of the year, based on the records of operational vehicles by the enterprises (units).

Area of Parks and Green Land refers to the total area occupied for green projects at the end of the reference period, including park green land, production green land, protection green land, green land attached to institutions, and other green areas.

Park Green Area refers to green areas open to the public for amusement and rest with the facilities of amusement, rest and services. Its function includes perfecting ecology, beautifying landscape, and preventing and reducing disaster. Park green areas include comprehensive park, community park, topic park, belt-shaped park and green area nearby street. Total areas of comprehensive park, topic park and belt-shaped is the area of park.

Area Cleaned refers to the area which are regularly cleaned, as at the end of the reference period, at urban roads and public places (mainly including urban roadways, pedestrian walkways, vehicular tunnels, pedestrian underpasses, underground railway stations, lifted roads, pedestrians walk bridges, overpasses, plazas, carparks and other facilities). If there are several times of cleaning in a day at a location, the area of that time of cleaning with the largest area cleaned will be taken.

Vehicles Dedicated to Urban Cleanliness and Environmental Sanitation refer to vehicles and facilities dedicated for use in the operation, management and monitoring of environmental hygiene work. They include vehicles for road cleaning, washing, showering, ice removal, disposal of garbage and human wastes, cleanliness monitoring and related activities.

Public Transportation Vehicles per 10000 Population refers to the number of public transportation vehicles, at the end of the reference period, per 10000 population in the city district. The formula for calculation is:

$$\begin{array}{c}\text{Public Transportation Vehicles}\\ \text{per 10000 Population}\end{array} = \frac{\text{Number of Public Transportation Vehicles}}{\text{City District Population}}$$

Waste Water Discharged by Industry refers to the volume of waste water discharged by industrial enterprises through all their outlets, including waste water from production process, directly cooled water, groundwater from mining wells which does not meet discharge standards and sewage from households mixed with waste water produced by industrial activities, but excluding indirectly cooled water discharged (It should be included if the discharge is not separated from waste water).

Industrial Waste Water Meeting Discharge Standards refers to volume of industrial waste water discharge which, with or without treatment, reaches national or local standards with regard to all pollutants.

Urban Non-industrial Waste Water Discharge refers to annual discharge of non-industrial waste water by urban households. It is estimated by per capita coefficient using the formula:

$$\begin{array}{c}\text{Urban non-industrial}\\ \text{waste water discharge}\end{array} = \begin{array}{c}\text{urban non-industrial waste}\\ \text{water discharge coefficient}\end{array} \times \begin{array}{c}\text{urban non-agricultural}\\ \text{population}\end{array} \times 365$$

Volume of Chemical Oxygen Demand (COD) Generated by Urban Non-industrial Waster Water refers to chemical oxygen demand generated through the annual discharge of non-industrial waste water by urban households. It is estimated as:

$$\begin{array}{c}\text{Volume of chemical oxygen}\\ \text{demand (cod) generated}\\ \text{by urban non-industrial}\\ \text{waster water}\end{array} = \begin{array}{c}\text{Coefficient of COD}\\ \text{generated through urban}\\ \text{non-industrial waste water}\end{array} \times \begin{array}{c}\text{urban}\\ \text{non-agricultural}\\ \text{population}\end{array} \times 365$$

Chemical Oxygen Demand (COD) refers to the amount of oxygen required when chemical oxidants are used to oxidize organic pollutants in water. A higher value of COD corresponds to more serious pollution by organic pollutants.

Industrial Waste Air Emission refers to the discharge into atmosphere of waste air containing pollutants generated from fuel burning and production processes in enterprises within a given period of time. It is calculated at standard status (273K, 101325Pa) as:

$$\begin{array}{c}\text{Industrial waste}\\ \text{air emission}\end{array} = \begin{array}{c}\text{emission through}\\ \text{fuel burning}\end{array} + \begin{array}{c}\text{emission through}\\ \text{production process}\end{array}$$

SO_2 Emission through Non-industrial and Other Activities is calculated on the basis of consumption of coal by households and other activities and the sulphur content of coal with the following formula:

$$\begin{array}{c}SO_2\text{ emission}\\ \text{through non-}\\ \text{industrial and}\\ \text{other activities}\end{array} = \begin{array}{c}\text{of coal by}\\ \text{households}\\ \text{and other}\\ \text{activities}\end{array} \times \begin{array}{c}\text{sulphur}\\ \text{content}\end{array} \times 0.8 \times 2$$

SO_2 Emission through Industrial Activities refers to volume of sulphur dioxide emission from fuel burning and production process by enterprises during a given period of time. It is calculated as:

$$\begin{array}{c}SO_2\text{ emission}\\ \text{through industrial}\\ \text{activities}\end{array} = \begin{array}{c}SO_2\text{ emission from}\\ \text{fuel burning}\end{array} + \begin{array}{c}SO_2\text{ emission from}\\ \text{production process}\end{array}$$

Industrial Soot Emission refers to the volume of soot in smoke emitted in the process of fuel burning in the premises of enterprises.

Soot Emission by Consumption and Others refers to the net volume of soot emitted by fuel burning from all social and economic activities and operations of public facilities other than industrial activities. It is calculated on the basis of coal consumption by households and others.

Industrial Dust Emission refers to volume of dust emitted by production process of enterprises and suspended in the air for a given period of time, including dust from refractory material of iron and steel works, dust from coke-screening systems and sintering machines of coke plants, dust from lime kilns and dust from cement production in building material enterprises, but excluding soot and dust emitted from power plants.

Industrial Solid Wastes Produced refers to total volume of solid, semi-solid and high concentration liquid residues produced by industrial enterprises from production process in a given period of time, including hazardous wastes, slag, coal ash, gangue, tailings, radioactive residues and other wastes, but excluding stones stripped or dug out in mining - gangue and acid or alkaline stones not included (a stone is acid or alkaline according to the pH value of the water being below 4 or above 10.5 when the stone is in, or soaked by water).

Hazardous Wastes refers to those included in the national hazardous wastes catalogue or specified as any one of the following properties in the national hazardous wastes identification standards: explosive, ignitable, oxidizable, toxic, corrosive or liable to cause infectious diseases or lead to other dangers.

Industrial Solid Wastes Utilized refers to volume of solid wastes from which useful materials can be extracted or which can be converted into usable resources, energy or other materials by means of reclamation, processing, recycling and exchange (including utilizing in the year the stocks of industrial solid wastes of the previous year). Examples of such utilizations include fertilizers, building materials and road materials. The information shall be collected by the producing units of the wastes.

Rate of Utilization of Industrial Solid Wastes refers to the percentage of industrial solid wastes utilized over industrial solid wastes produced (including stocks of the previous years). It is calculated as:

$$\text{Rate of utilization of industrial solid wastes} = \frac{\text{volume of industrial solid wastes utilized}}{\text{industrial solid wastes produced} + \text{stock of previous years}} \times 100\%$$

Stock of Industrial Solid Wastes refers to the volume of solid wastes placed in special facilities or special sites for purposes of utilization or disposal. The sites or facilities should take measures against dispersion, loss, seepage, and air and water contamination.

Industrial Solid Wastes Disposed refers to the quantity of industrial solid wastes which are burnt or placed ultimately in the sites meeting the requirements for environmental protection and not salvaged or recycled (including disposition in the year of those wastes of previous years). The disposition includes landfill (Safe landfills should be conducted for hazardous wastes), incineration, containment spaces, deep underground disposal, backfill in mining pits and disposal at sea.

Industrial Solid Wastes Discharged refers to the volume of industrial solid wastes discharged by producing enterprises to disposal facilities or to other sites. The wastes exclude stones stripped or dug from mining (gangue and acid or alkaline waste stones not included).

Output Value of Products Made from Waste Gas, Waste Water and Solid Wastes refers to the current value of products with waste gas, waste water and solid wastes as main materials of production. Products sold and ready to sell shall be included while those produced for own use shall not be included.

Consumption Wastes Transported refers to volume of consumption wastes collected and transported to disposal factories or sites. Consumption wastes are solid wastes produced from urban households or from service activities for urban households, and solid wastes regarded by laws and regulations as urban consumption wastes, including those from households, commercial activities, markets, cleaning of streets, public sites, offices, schools, factories, mining units and other sources.

Ratio of Consumption Wastes Treated refers to consumption wastes treated over that produced. In practical statistics, as it is difficult to estimate, the volume of consumption wastes produced is replaced with that transported. It is calculated as:

$$\text{Ratio of consumption wastes treated} = \frac{\text{consumption wastes treated}}{\text{consumption wastes produced}} \times 100\%$$

10 农　业

Agriculture

资料整理人员：王西军　　雷芙蓉　　徐　虹

邓海波　　周　迅　　陈晗文

10-1 农林牧渔业总产值和指数

Gross Output Value and Indices of Farming, Forestry, Animal Husbandry and Fishery

年份 Year	农林牧渔总产值(亿元) Gross Output Value of Farming, Forestry, Animal Husbandry (100 million yuan)					指数(1952=100) Indices of Gross Output Value of Farming, Animal Husbandry (1952=100)				
	总产值 Total	#农业 Farming	#林业 Forestry	#牧业 Animal Husbandry	#渔业 Fishery	总指数 Total	#农业 Farming	#林业 Forestry	#牧业 Animal Husbandry	#渔业 Fishery
1949	15.84	12.05	0.24	1.42	0.03	59.6	64.4	51.1	45.7	42.9
1950	19.18	14.09	0.30	1.70	0.04	72.2	75.3	63.8	54.7	57.1
1951	21.91	15.66	0.36	2.37	0.04	82.5	83.7	76.6	76.2	57.1
1952	26.57	18.72	0.47	3.11	0.07	100.0	100.0	100.0	100.0	100.0
1953	26.59	18.70	0.37	2.97	0.10	100.1	99.9	78.7	95.5	142.9
1954	24.39	16.59	0.37	2.76	0.10	91.8	88.6	78.7	88.7	142.9
1955	28.89	19.99	0.57	2.36	0.12	108.7	106.8	121.3	75.9	171.4
1956	28.15	18.78	0.84	2.83	0.11	105.9	100.3	178.7	91.0	157.1
1957	35.04	21.14	1.20	5.39	0.28	127.2	112.9	255.3	173.3	400.0
1958	33.25	23.38	2.58	4.30	0.60	132.4	122.8	411.7	108.6	774.2
1959	30.55	21.96	2.62	3.14	0.70	121.7	115.3	418.1	79.3	903.2
1960	25.89	18.98	2.34	1.85	0.48	103.1	99.7	373.4	46.7	619.4
1961	21.95	16.63	1.00	1.56	0.26	87.4	87.3	159.6	39.4	335.5
1962	26.18	20.10	0.96	2.39	0.28	104.3	105.6	153.2	60.4	361.3
1963	24.65	18.09	1.03	3.25	0.31	98.2	95.0	164.4	82.1	400.0
1964	28.07	20.22	1.23	4.24	0.35	111.8	106.2	196.3	107.1	451.6
1965	29.31	21.07	1.31	4.42	0.40	116.7	110.7	209.0	111.7	516.1
1966	32.74	24.29	1.39	4.55	0.45	130.4	127.6	221.8	115.0	580.6
1967	34.40	25.41	1.55	4.89	0.46	137.0	133.5	247.8	123.5	593.5
1968	36.99	27.05	1.80	5.52	0.45	147.3	142.1	287.2	139.5	580.6
1969	36.21	26.48	1.85	5.36	0.34	144.2	139.1	295.2	135.4	438.7
1970	38.03	27.94	1.63	5.85	0.39	151.4	146.8	260.1	147.8	503.2
1971	58.77	43.42	2.72	9.18	0.53	151.3	150.5	295.2	151.1	541.9
1972	62.67	44.88	2.82	11.54	0.45	161.4	155.5	306.1	189.9	460.1
1973	67.86	50.48	2.77	10.93	0.57	174.7	175.0	300.6	179.9	582.8
1974	69.29	51.64	3.21	11.22	0.62	178.4	179.0	348.4	184.7	634.0
1975	72.45	54.41	2.86	11.64	0.64	186.5	188.6	310.4	191.6	654.4
1976	72.72	55.12	2.45	11.77	0.65	187.2	191.0	265.9	193.7	664.6
1977	73.81	55.40	2.98	11.95	0.68	190.0	192.0	323.4	196.7	695.3

注：本表绝对数按当年价格计算，指数按可比价格计算。
Absolute figures in this table are calculated at current prices while indices are calculated at comparable prices.

10-1 续表 continued

年份 Year	农林牧渔总产值(亿元) Gross Output Value of Farming, Forestry, Animal Husbandry (100 million yuan)					指数(1952=100) Indices of Gross Output Value of Farming, Animal Husbandry (1952=100)				
	总产值 Total	#农业 Farming	#林业 Forestry	#牧业 Animal Husbandry	#渔业 Fishery	总指数 Total	#农业 Farming	#林业 Forestry	#牧业 Animal Husbandry	#渔业 Fishery
1978	81.37	62.72	3.12	12.55	0.70	209.5	217.4	338.6	206.5	715.8
1979	86.51	65.47	3.13	14.27	0.77	222.7	226.9	339.7	234.8	787.3
1980	116.34	81.13	7.31	21.87	1.94	218.4	218.2	391.8	236.3	961.2
1981	123.38	86.05	6.70	23.32	2.18	231.6	231.4	359.1	252.0	1080.1
1982	135.90	95.95	6.45	26.26	2.46	255.1	258.1	345.7	283.8	1218.8
1983	142.70	100.60	6.43	27.87	2.88	267.9	270.6	344.6	301.2	1426.9
1984	150.80	102.32	7.02	32.16	3.37	283.1	275.2	376.3	347.5	1669.7
1985	158.22	101.84	7.25	34.87	3.89	297.0	273.9	388.6	376.8	1927.3
1986	166.83	106.01	6.35	38.42	4.64	313.2	285.1	340.4	415.2	2298.9
1987	172.32	108.48	6.90	38.62	5.42	323.5	291.8	369.8	417.3	2685.3
1988	173.19	103.09	6.74	42.02	5.69	325.2	277.3	361.3	454.1	2819.1
1989	182.09	109.68	7.75	44.18	6.28	341.8	295.0	415.5	477.3	3112.3
1990	430.21	241.32	22.00	120.40	22.13	348.3	296.0	404.7	493.5	3205.7
1991	451.69	249.79	28.22	126.62	22.20	361.8	306.4	434.2	519.2	3215.3
1992	468.73	250.39	31.55	135.67	24.90	375.5	307.0	485.4	556.1	3614.0
1993	493.63	258.70	31.26	147.51	28.59	395.4	317.1	481.0	604.5	4141.6
1994	532.16	266.43	32.92	169.22	32.70	426.2	326.6	506.5	693.4	4738.0
1995	578.73	277.43	33.66	195.25	39.71	463.7	340.3	518.1	800.2	5751.9
1996	627.16	283.37	34.74	224.61	47.91	502.7	347.4	534.7	920.2	6936.8
1997	679.20	306.80	35.26	245.35	52.89	544.4	376.2	542.7	1004.9	7658.2
1998	686.21	297.81	36.12	255.34	56.67	552.6	365.3	555.7	1046.1	8201.9
1999	1200.94	624.70	48.20	458.62	69.42	571.4	383.6	586.3	1048.2	8841.6
2000	1251.89	633.84	51.01	486.13	80.91	596.0	395.8	611.5	1089.1	9858.4
2001	1313.23	665.70	51.88	510.42	85.23	619.6	409.7	630.7	1136.3	10400.7
2002	1349.92	666.65	54.78	538.64	89.85	636.3	410.6	659.5	1194.3	11014.3
2003	1452.96	671.66	81.73	575.08	96.97	659.9	421.6	685.9	1243.3	11818.3
2004	1913.31	874.00	91.31	796.95	119.92	709.4	461.7	734.0	1310.4	12657.4
2005	2056.24	947.70	100.90	834.50	138.40	750.5	482.5	805.9	1393.0	13872.5
2006	2131.91	1023.51	112.45	808.50	150.50	787.3	509.0	855.1	1440.3	14996.2
2007	2632.10	1243.15	144.12	1013.82	154.70	818.8	530.9	924.4	1477.8	15866.0
2008	3324.51	1446.87	155.44	1463.40	169.56	862.2	542.0	964.1	1610.8	16659.3
2009	3207.88	1596.65	174.18	1100.38	188.53	907.0	574.0	1007.5	1680.0	17542.3
2010	3787.47	2059.55	207.43	1118.20	232.70	946.0	598.7	1077.0	1737.1	18501.3
2011	4508.20	2391.67	239.11	1425.60	255.04	986.3	640.0	1151.3	1730.1	18566.1
2012	4904.10	2651.69	259.97	1488.58	279.94	1015.9	647.9	1208.9	1811.4	19587.2
2013	5043.58	2726.75	287.67	1467.37	309.89	1043.3	666.0	1281.4	1824.1	20821.2
2014	5304.82	2884.73	304.81	1503.21	338.85	1091.9	693.8	1356.0	1909.6	21976.7

注：本表绝对数按当年价格计算，指数按可比价格计算。
Absolute figures in this table are calculated at current prices while indices are calculated at comparable prices.

10-2 农业基本情况

Basic Indicators of Agriculture

年 份 Year	农林牧渔业劳动力（万人） Number of Laborers (10 000 persons)	年末实有耕地面积（万公顷） Cultivated Areas (yearend) (10 000 hectares)	当年减少耕地面积（万公顷） Decrease in Cultivated Area by Cause (10 000 hectares)	农作物播种面积（万公顷） Total Sown Areas (10 000 hectares)	#粮食作物 Grain Corps	造林面积（万公顷） Afforestation Areas (10 000 hectares)
1978				844.58	582.94	
1979				833.44	570.42	
1980				790.95	545.13	
1981				800.94	542.01	
1982				796.95	540.34	
1983				774.62	542.32	
1984				763.92	539.09	
1985	1908.43	334.17		747.71	516.14	34.40
1986				753.65	521.04	37.73
1987				747.47	515.10	32.91
1988				749.62	519.63	32.17
1989				774.88	533.05	33.99
1990	2133.07	331.23	1.16	795.18	536.56	37.59
1991				804.02	536.52	37.17
1992				796.08	524.36	37.75
1993				765.39	505.05	27.83
1994				773.05	507.74	13.44
1995	2114.71	324.97	1.83	784.04	511.56	10.95
1996				792.74	513.39	5.29
1997	2074.12	323.01	1.66	800.90	515.53	4.29
1998	2074.51	321.87	1.64	793.63	507.48	2.86
1999	2074.13	321.32	1.30	802.77	513.52	2.74
2000	2065.92	392.16	1.18	800.21	502.99	5.15
2001	2058.67	391.26	1.73	793.17	480.28	7.56
2002	2019.60	389.10	2.80	777.92	465.26	10.09
2003	1997.67	383.37	6.46	773.12	452.98	40.96
2004	1975.89	381.65	2.60	818.87	508.22	33.38
2005	1951.90	381.60	0.70	833.64	521.52	13.65
2006		378.76	3.88	853.19	529.58	13.45
2007	1890.17	378.90	0.61	853.64	529.59	7.62
2008	1877.91	378.94	0.61	793.95	494.94	8.04
2009	1867.33	413.50	0.75	801.93	479.91	12.50
2010	1861.85	413.75	0.97	821.61	480.91	21.34
2011	1793.64	413.77	0.91	840.20	487.96	40.24
2012	1857.39	414.62	0.72	851.20	490.80	40.42
2013	1832.65	414.97	0.99	865.00	493.70	34.98
2014	1808.33	415.32		876.45	497.51	39.19

注：从2000年起，耕地面积为省国土资源厅统计数据（下表同）。

The data of cultivated Areas from Hunan Province Territory Resource Bureau since 2000.The same as in the following table.

10-3 农村基层组织

Grassroots Units of Rural Areas

指 标	Item	2000	2005	2013	2014
农村基层组织	**Grassroots Units of Rural Areas**				
#乡(镇)个数 (个)	Number of Township (Town Governments) (unit)	2353	2220	2063	2055
#乡个数	Number of Township	1314	1127	924	902
#民族乡	Number of National Township	104	107	99	97
镇个数	Number of Town Governments	1039	1093	1139	1153
村(居)民委员会个数 (万个)	Number of Villagers(Residential) Committees (10 000 units)	5.01	4.74	4.52	4.50
#村民委员会 (万个)	Number of Villagers Committees (10 000 units)	4.75	4.45	4.16	4.12
农村社会基础设施	**Country Society Basic Establishment**				
#自来水受益村数 (万个)	Villages Tap Water Benefited (10 000 units)	1.17	1.51	2.23	2.43
通汽车村数 (万个)	Villages Car Available (10 000 units)	4.41	4.21	4.06	4.10
通电话村数 (万个)	Villages Telephone Available (10 000 units)	4.05	4.28	4.15	4.10

10-4 农林牧渔业增加值(2014年)

Added - Value of Farming, Forestry, Animal Husbandry and Fishery (2014)

单位：万元 (10 000 yuan)

指 标	Item	总产值 Gross Output Value	中间消耗 Material Consump-tion	中间物质消耗 Middle Material Consump-tion	中间非物质部门劳务支出 Middle Non-material Department Service Payout
总 计	**Total**	**53048170**	**20379314**	**17630874**	**2748440**
农业	Farming	28847317	8644557	7650433	994124
林业	Forestry	3048069	793225	659173	134052
牧业	Animal Husbandry	15032073	8207807	7806536	401271
渔业	Fishery	3388512	1182929	1064125	118804
服务业	Services	2732199	1550796	450607	1100189

10-5 耕 地 面 积

Cultivated Areas

单位：千公顷 (1 000 hectares)

指 标	Item	2000	2005	2013	2014
年初实有耕地总资源	Actual Cultivated Land Total Resources at The Year Beginning	3926.52	3816.47	4146.20	4149.71
年内增加耕地总资源	Increased Cultivated Land Total resources This Year	6.85	6.50	13.40	9.02
新开荒	Reclaim Wastelands	4.37	3.58		
年内减少耕地总资源	Decrease in Cultivated Land Total resources This Year	11.77	6.99	9.90	5.51
国家建设占地	Capital Construction of the Government	4.59	4.17		
其它基建占地	Village Collective Construction	2.30	2.42		
年末实有耕地总资源	Actual Cultivated Land Total Resources at The Year End	3921.60	3815.98	4149.71	4153.22
#水田	Paddy Fields	2962.79	2929.85		
常用耕地	Common Cultivated land	3418.09	3372.98		
#水田	Paddy Fields	2661.57	2630.48		
临时性耕地	Temporary Cultivated land	503.51	443.00		

10-6 农业生产条件

Condition of Agricultural Production

年份 Year	农业机械总动力(万千瓦) Total Power of Agricultural Machinery (10 000 kw)	有效灌溉面积(千公顷) Effective Irrigated Area (1000 hectares)	化肥施用量(万吨) Consumption of Chemical Fertilizers (10 000 tons)	农村用电量(亿千瓦小时) Electricity Consumed in Rural Areas (100 million kwh)	每公顷面积产量(公斤) Yield per hectare (kg) 粮食 Grain Crops	 棉花 Cotton	 油料 Oil-bearing Crops
1949	0.11	1199.21					
1950	0.10	1289.93					
1951	0.20	1360.65					
1952	0.33	1538.27	0.20				
1953	0.38	1586.24	0.10				
1954	0.43	1630.03	0.97				
1955	0.76	1666.75	2.40				
1956	1.95	1716.85	4.95				
1957	2.45	1777.03	5.18				
1958	7.44	1849.99	11.25				
1959	14.58	1716.96	12.84				
1960	22.43	1935.57	15.85				
1961	24.60	1957.07	9.36				
1962	26.57	1984.41	12.35				
1963	29.06	2019.75	23.91	0.50			
1964	33.91	2084.79	32.75	0.46			
1965	42.89	2163.53	53.15	0.91			
1966	54.47	2202.64	90.17	1.41			
1967	55.66	2262.00	86.20	1.58			
1968	63.93	2286.15	75.19	1.78			
1969	72.95	2307.52	101.41	2.00			
1970	89.50	2343.68	121.71	4.81			
1971	106.68	2377.67	130.29	3.27			
1972	132.77	2430.93	167.99	4.68			
1973	153.42	2483.15	198.07	4.14			
1974	186.16	2503.94	177.56	6.46			
1975	233.18	2583.35	193.84	6.82			
1976	283.42	2617.13	194.25	6.96			
1977	349.56	2657.09	202.95	7.36			

注：化肥施用量1989年及以前均为实物量，1990年及以后为折纯量。

Data of consumption of fertilizers refer to the consumption in quantity prior to 1989, and the consumption in purity in and after 1990.

10-6 续表 continued

年份 Year	农业机械总动力 (万千瓦) Total Power of Agricultural Machinery (10 000 kw)	有效灌溉面积 (千公顷) Effective Irrigated Area (1000 hectares)	化肥施用量 (万吨) Consumption of Chemical Fertilizers (10 000 tons)	农村用电量 (亿千瓦小时) Electricity Consumed in Rural Areas (100 million kwh)	每公顷面积产量（公斤） Yield per hectare (kg)		
					粮食 Grain Crops	棉花 Cotton	油料 Oil-bearing Crops
1978	428.64	2691.34	271.90	8.78			
1979	507.67	2730.43	325.23	9.26			
1980	588.99	2743.73	361.04	9.67			
1981	659.74	2753.03	371.20	11.20			
1982	704.94	2759.67	396.38	12.64			
1983	785.57	2773.45	421.54	13.81			
1984	805.43	2775.57	354.21	14.45			
1985	892.02	2771.18	369.64	15.06	4875	990	1005
1986	1059.37	2771.75	432.12	18.05			
1987	1053.56	2665.33	457.77	17.98			
1988	1112.91	2670.29	490.07	20.35			
1989	1168.74	2674.20	517.88	21.86			
1990	1209.17	2676.22	126.09	23.37	5025	1020	990
1991	1270.52	2612.70	138.66	25.77			
1992	1284.37	2664.98	146.18	27.71			
1993	1374.35	2676.11	148.15	30.44			
1994	1459.07	2675.09	159.41	33.04			
1995	1532.54	2680.03	167.91	37.64	5380	1206	1258
1996	1616.29	2667.07	167.08	38.91			
1997	1692.84	2672.38	175.30	41.68	5581	1448	1352
1998	1825.57	2675.14	179.93	42.01	5553	969	1323
1999	2006.97	2665.40	180.87	42.97	5632	1121	1391
2000	2209.74	2677.46	182.15	44.53	5716	1173	1490
2001	2358.02	2676.35	184.25	46.73	5622	1271	1505
2002	2498.09	2675.61	184.32	49.83	5376	1291	1334
2003	2664.45	2675.34	188.33	53.84	5393	1173	1449
2004	2923.93	2683.28	203.19	57.53	5530	1437	1591
2005	3189.86	2690.41	209.90	65.24	5477	1395	1569
2006	3416.61	2696.93	212.14	75.99	5478	1528	1628
2007	3684.43	2702.88	219.58	76.38	5494	1565	1671
2008	4021.14	2709.20	223.38	81.46	5999	1419	1479
2009	4352.64	2720.68	231.60	93.55	6048	1389	1587
2010	4651.55	2726.66	236.57	98.63	5921	1297	1612
2011	4935.59	2762.41	242.49	106.03	6024	1180	1662
2012	5189.24	3070.84	249.11	110.23	6126	1456	1572
2013	5435.93	2768.12	248.19	118.58	5927	1241	1623
2014	5680.34	3101.70	247.80	123.83	6033	992	1641

注：化肥施用量1989年及以前均为实物量，1990年及以后为折纯量。

Data of consumption of fertilizers refer to the consumption in quantity prior to 1989, and the consumption in purity in and after 1990.

10-7 农林牧渔业分项产值

Gross Output Value of Farming, Forestry, Animal Husbandry and Fishery by Branch

单位：万元 (10 000 yuan)

项目	Item	2013	2014
农林牧渔业合计	**Tatol**	**50435849**	**53048170**
农业产值	**Output Value of Farming**	**27267519**	**28847317**
谷物及其他作物	Cereal and Other Crops	10583803	10764350
谷物	Cereal	7265610	7710995
#小麦	#Wheat	24441	18284
稻谷	Rice	6762439	7163468
玉米	Corn	456950	465842
薯类	Tubers	276590	242158
油料	Oil-bearing Crops	1636161	1661471
#花生	#Peanuts	214682	223612
油菜籽	Rapeseeds	1313610	1417516
豆类	Beans	209805	227934
#大豆	#Soja	121191	122475
棉花	Cotton	511434	276705
生麻	Fiber Crops	10956	11059
糖料	Sugar Crops	85471	77720
烟草	Tobacco	527662	489178
其他农作物	Other Crops	60114	67129
蔬菜、食用菌及花卉盆景园艺产	Vegetables and Gradening Plantations	12051114	12831314
蔬菜(含菜用瓜)	Vegetables	11711534	12430858
食用菌	Mushroom	140424	194950
花卉	Flowers	12906	18178
盆景园艺	Plants	186250	187329
水果、坚果、饮料和香料作物	Fruits,Nuts and Crops of Beverage&Perfumery	3150955	3554932
水果、坚果(含果用瓜)	Fruits and Nuts	1962879	2167617
茶及其他饮料	Tea and Other Beverage	1181684	1379124
#茶	#Tea	1181684	1379124
中药材	Medicinal Materials	1481646	1696720
林业产值	**Output Value of Forestry**	**2876706**	**3048069**
林木的培育和种植	Forest Planting and Cultivating	937014	1036402
育种育苗	Grow Seedlings and Seed Cultivation	71095	59679
造林	Cultivate Forest	84181	71689
抚育和管理	Cultivation and Management	751948	874404
竹木采运	Bamboo Cutting and Transportation	564293	544484
林产品	Forest Products	1375399	1467183
牧业产值	**Output Value of Animal Husbandry**	**14673674**	**15032073**
牲畜饲养	Livestock Rasing	1060347	1152126
牛的饲养	Cattle Raising	592176	648828
羊的饲养	Sleeps and Goats Raising	430728	463942
其他牲畜饲养	Other Livestock Raising	1819	1758
奶产品	Milk Products	35600	37572
毛绒产品	Wool Products	24	27
猪的饲养	Hogs Rasing	9738820	9964921
家禽饲养	Poultry Rasing	3398210	3426791
肉禽	Poultry for Meat	1486210	1443337
禽蛋	Poultry Egges	1912000	1983454
狩猎和捕捉动物	Hunting and Catching of Wild Animals	42418	42321
其他畜牧业	Other Animal Husbandry	433879	445915
渔业产值	**Output Value of Fishing**	**3098939**	**3388512**
#养殖	#Cultivation	2863981	3034442
鱼类	Fish	2754121	3025507
虾蟹类	Shrimps,Prawns and Crabs	200781	210353
贝类	Shell-fish	40719	40039
其他	Others	103318	112614
农林牧渔服务业产值	**Output Value of Services**	**2519011**	**2732199**

10-8 农业机械年末拥有量

Year – End Possession of Agriculture Machinery

指 标		Item		2000	2005	2013	2014
农业机械总动力合计	**(千瓦)**	**Total Power of Agricultural Machinery**	**(kw)**	**22097435**	**31898640**	**54359283**	**56803400**
柴油发动机	(千瓦)	Diesel Engines	(kw)	15719714	24066482	41158390	43080419
汽油发动机	(千瓦)	Gasoline Engines	(kw)	2310250	2469999	3319555	3304098
电动机	(千瓦)	Electric motor	(kw)	3959172	5231169	9541428	10047433
其他机械	(千瓦)	Other Machinery	(kw)	108299	130990	257417	354497
机械分类		**Machinery by Tybe**					
大中型拖拉机	(混合台)	Large and Medium Tractors	(mixed unit)	15149	54751	105786	118141
	(千瓦)		(kw)	381244	1555796	3234105	3616214
#轮式拖拉机	(混合台)	Wheeled Tractors	(mixed unit)	5012	16244	88767	90792
	(千瓦)		(kw)	122689	496317	2248630	2545167
小型及手扶拖拉机	(混合台)	Mini and Walking Tractors	(mixed unit)	209271	168738	220439	236189
	(千瓦)		(kw)	1916099	1694959	2371782	2507029
耕整机	(台)	Tillage Machinery	(unit)	536557	738968	1671479	1748280
	(千瓦)		(kw)		2632278	6560292	6909006
机耕船	(艘)	Wet-field Tractors	(unit)	40778	99197	123823	124961
	(千瓦)		(kw)		373023	606588	619660
大中型拖拉机配套农具	(部)	Farm Tools for Large and Medium Tractors	(unit)	6428	6722	41673	47186
小型拖拉机配套农具	(部)	Necessary Farm Tools for Mini Tractors	(unit)	63865	38892	108719	112025
农用排灌动力机械	(台)	Motor Machinery for Drainage&Irrigation	(unit)	1158134	1526405	2415890	2455199
	(千瓦)		(kw)	5664559	6985340	10360585	10531845
#柴油机	(台)	Diesel Engines	(unit)	742261	968017	1301514	1316258
	(千瓦)		(kw)	3508951	4438499	6365702	6441529
电动机	(台)	Electric Motors	(unit)	404862	540617	1068391	1098647
	(千瓦)		(kw)	2116140	2475671	3744121	3879268
#农用水泵	(台)	Pumps	(unit)	1208900	1588618	2294765	2272661
联合收获机	(台)	Machinery for Combine Harvesters	(unit)	3049	21412	93701	101616
	(千瓦)		(kw)	43837	599077	3257955	3588784
增氧机	(台)	Machinery for Pond Oxygen Increase	(unit)		21471	82733	85791
池塘清淤机	(台)	Cleaners for Ponds and Canals	(unit)		1967	3175	2304
农产品初加工动力机械	(千瓦)	Motorized Machinery for Products Processing	(kw)	3525247	4687003	6908846	8715223
#柴油机动力	(千瓦)	Diesel Engines Power	(kw)	2006630	2564560	3445639	3646346
农用运输车	(辆)	Transport Trucks for Agriculture Use	(unit)	83944	135778	225949	227814
	(千瓦)		(kw)	1602332	3125061	7230989	7194211
推土机	(台)	Bulldozers	(unit)	3688	5517	8000	5572
	(千瓦)		(kw)	216591	365800	559327	419864

10-9 农作物生产情况(2014年)
Basic Indicators of Farm Corp Production (2014)

指 标	Item	播种面积(千公顷) Sown Area (1 000 hectares)	单 产(公斤 / 公顷) Per Unit Area Yield (kg/hectare)	总产量(吨) Total Output (ton)
农作物总播种面积	**Total Sown Area**	**8764**		
粮食作物	**Grain Crops**	**4975**	**6033**	**30012600**
#谷物	Cereal	4520	6282	28397800
#稻谷	Rice	4121	6392	26340000
#早稻	Early Season Rice	1453	5882	8547600
中稻与一季晚稻	Middle Season Rice and Late Rice of One-season	1174	6957	8165100
晚稻	Late Season Rice	1494	6445	9627300
小麦	Wheat	31	3376	103300
玉米	Corn	346	5456	1886000
高粱	Sorghum	7	3556	24000
其他谷物	Other Cereal	17	2681	44500
#大麦	Barley	1	2583	3100
豆类	Soybeans	170	2139	364000
#大豆	Beans	96	2229	213000
杂豆	Mixed Beans	75	2023	151000
#绿豆	Mung Beans	19	2064	40100
薯类(按折粮薯类计算)	Tubers(Converted into Grain)	285	4395	1250800
#红薯	Sweet Potatoes	172	4943	851000
马铃薯	Potatoes	112	3556	399800
油料	**Oil-bearing Crops**	**1425**	**1641**	**2337699**
#花生果	Peanuts	115	2576	295002
油菜籽	Rapeseeds	1298	1561	2026471
芝麻	Sesame	11	1397	14712
向日葵	Sunflower	1	637	465
其他油料	Other Oil-bearing Crops	1	1499	1049
棉花	**Cotton**	**130**	**992**	**129000**
麻类	**Fiber Crops**	**8**	**2260**	**16999**
#黄、红麻	Jute and Ambary Hemp	0	3113	623
苎 麻	Ramie	7	2232	16207
甘蔗	**Sugarcane**	**13**	**49152**	**658640**
烟叶	**Tobacco**	**108**	**2158**	**233399**
#烤烟	Flue-cured Tobacco	104	2155	224483
晒(土)烟	Sun-cured Tobacco	4	2212	8916
药材	**Medicinal Herbs**	**79**	**8347**	**662652**
蔬菜瓜类	**Vegetables and Melons**	**1476**	**28200**	**41615194**
#蔬菜(包括菜用瓜)	Vegetables(include Snake Melons)	1330	28298	37635124
果用瓜	Fruit Melons	146	27302	3980070
其他作物:	**Other Crops**	**550**		
#青饲料	Succulence	205		
绿肥	Green Manure	297		

10-10 林产品产量(2014年)
Output of Major Forestry Products (2014)

名称	Item	数量 Number	名称	Item	数量 Number
生漆 (吨)	Lacquer (ton)	1030	八角 (吨)	Anise (ton)	50
油桐籽 (吨)	Tung-oil Seeds (ton)	32871	白果 (吨)	Ginkgo (ton)	1551
油茶籽 (吨)	Tea-oil Seeds (ton)	823517	杏仁 (吨)	Almond (ton)	2
乌桕籽 (吨)	Tallow Tree Seeds (ton)	1206	桂皮 (吨)	Cinnamon (ton)	105
五倍子 (吨)	Gall (ton)	1345	黄柏 (吨)	Golden Cypress (ton)	4072
棕片 (吨)	Palm Leaf (ton)	6770	杜仲 (吨)	Gutta-percha (ton)	81928
松脂 (吨)	Pine Resin (ton)	39365	小杂竹 (吨)	Small Mixed Bamboo (ton)	81360
竹笋干 (吨)	Bamboo Shoots (ton)	51771	楠竹尾 (吨)	Tails of Phyllostachys Pubescens (ton)	
核桃 (吨)	Walnuts (ton)	14305	竹木采伐量	Bamboo in Village and Lower Level	
板栗 (吨)	Chestnuts (ton)	102466	#木材采伐量(万方)	Woods Cuts (10 000 cu.m)	578.26
紫胶 (吨)	Shellacs (ton)		竹材 (万根)	Bamboo (10 000 roots)	5950.96
山茱萸 (吨)	Fructus Litseae (ton)	87	#毛竹 (万根)	Phyllostachys Pubescens (10 000 roots)	5422.43
食用菌 (吨)		24183			
花椒 (吨)	Prickly Ashes (ton)	978			

10-11 茶叶、水果生产情况(2014年)
Output of Tea and Fruit (2014)

单位：吨 (ton)

名称	Item	数量 Number	名称	Item	数量 Number
茶叶产量	**Output of Tea**	**161813**	**水果产量**	**Output of Fruits**	**9200479**
绿茶	Green Tea	71994	柑桔	Citrus	4385165
青茶	Green tea	3330	桃子	Peaches	149365
红茶	Red tea	17342	梨	Pears	171443
黑茶	Black tea	61169	葡萄	Grapes	158731
黄茶	Yellow tea	26	红枣	Red Chinese Dates	29324
白茶	White tea	3	柿子	Fresh Persimmons	20509
其他茶	Other Tea	7949	其他水果	Other Fruits	4285942

注：从2013年起，水果产量统计包括瓜果和园林水果。 From 2013, the output of fruit included melon fruits and garden fruits.

10-12 林业情况

Basic Indicators of Forestry

单位：万公顷 (10 000 hectares)

指 标	Item	2000	2005	2013	2014
当年造林面积总计	**Total Afforestation Areas of the Current Year**	**5.15**	**13.65**	**34.98**	**39.19**
#竹林	Bamboo Forest	0.22	0.30	0.13	0.22
按主要林种用途分	**By the Use of Main Forestry**				
用材林	Timber Forest	2.22	3.02	18.39	20.36
经济林	Economic Forest	1.21	1.02	3.61	4.74
防护林	Shelter-forest	1.71	9.51	12.59	13.45
薪炭林	Charcoal Forest			0.22	0.14
特种用途林	Special Use Forest	0.01	0.10	0.17	0.51
封山育林面积	Close Hillsides to Facilitate Afforestation Areas	12.18	94.99	165.58	96.82
零星(四旁)植树（万株）	Oddly (all around) Tree Planting (10 000 roots)	27187	13009	12915	14255
林木种子采集量 （吨）	Forestry Seed Collection (ton)	678	755	306	2302
育苗面积	Grow Seedlings Areas	0.29	1.61	2.16	2.13
#本年新育面积	New Grow Seedlings Areas of the Current Year	0.18	0.49	0.28	0.21
未成林抚育作业面积	Operative Areas of Young Growth Fostering	27.43	86.85	47.54	45.83
中幼林抚育面积	Areas of Middle and Young Growth Fostering	30.18	22.03	34.24	40.58
低产林改造面积	Low Yield Timber Remaking Areas	21.95	5.20	15.15	12.66

10-13 畜牧业年末存栏情况(2014年)

Year - end Animals in Stock (2014)

项 目	Item	合计 Total	能繁母畜 Breeding Dams	当年生仔畜 Young Animals Be Born in the Current Year
大牲畜总头数 （头）	Number of Large Animals (head)	4621523		
#从事劳役的 （头）	Draught Animals (head)	1058282		
牛 （头）	Cattle and Buffaloes (head)	4568000		
役用牛	Draught Animals	1022000		
肉牛	Beef Cattle	3398000		
乳牛	Dairy Cattle	148000		
马 （匹）	Horses (head)	44655	14207	5437
驴 （匹）	Donkeys (head)	7125	1593	574
骡 （匹）	Mules (head)	1743		368
生猪 （万头）	Hogs (10 000 heads)	4188.30	431.60	
羊 （万只）	Goats and Sheep (10 000 heads)	529.00		
山羊	Goats	529.00		
绵羊	Sheep			

10-14 主要牲畜存栏和水产品产量

Number of Live Stocks and Output of Aquatic Products

年 份 Year	年底大牲畜头数(万头) Large Animals (year-end) (10 000 heads)	#牛 Cattle and Buffaloes	年底猪头数（万头） Hogs(year-end) (10 000 heads)	年底羊只数（万只） Sheep and Goats (year-end) (10 000 heads)	猪牛羊肉（万吨） Pork,Beef, and Mutton (10 000 tons)	水产品（万吨） Aquatic Products (10 000 tons)
1949	233.30					4.34
1950	249.77					4.34
1951	254.12					4.69
1952	269.71					4.82
1953	282.87					4.85
1954	281.82					6.47
1955	274.69					6.27
1956	292.74					6.31
1957	306.38					11.94
1958	311.80					13.00
1959	308.62					15.00
1960	291.51					10.40
1961	262.33					5.87
1962	258.08					6.01
1963	265.93					6.53
1964	278.37					7.49
1965	289.85					8.61
1966	301.51					9.33
1967	305.10					8.36
1968	310.72					7.84
1969	311.75					7.77
1970	317.39					8.46
1971	325.10					9.48
1972	332.46					7.69
1973	331.61					9.34
1974	333.92					10.15
1975	337.68					11.05
1976	327.85					11.57
1977	317.73					11.80
1978	322.16					11.87

10-14 续表 continued

年 份 Year	年底大性畜头数(万头) Large Animals (year-end) (10 000 heads)	#牛 Cattle and Buffaloes	年底猪头数(万头) Hogs(year-end) (10 000 heads)	年底羊只数(万只) Sheep and Goats (year-end) (10 000 heads)	猪牛羊肉(万吨) Pork,Beef, and Mutton (10 000 tons)	水产品(万吨) Aquatic Products (10 000 tons)
1979	329.68					13.90
1980	325.28					15.91
1981	327.01					17.85
1982	328.92					20.45
1983	324.67					23.49
1984	335.95					27.49
1985	350.46					31.99
1986	366.22					38.17
1987	380.21					44.38
1988	385.37					46.23
1989	393.78					51.53
1990	400.65	399.25	2798.27	66.46	189.47	53.01
1991	406.28					53.16
1992	413.14					59.57
1993	416.50					68.06
1994	422.43					74.14
1995	432.65	430.46	3391.10	214.76	317.36	86.27
1996	471.78					98.25
1997	496.54	493.73	3632.01	461.31	404.02	110.76
1998	504.02	500.93	3692.24	449.75	429.03	116.78
1999	511.39	508.17	3567.53	466.93	420.56	124.45
2000	522.85	519.29	3694.56	501.27	436.51	133.21
2001	526.10	522.43	3770.44	518.33	452.12	140.96
2002	521.83	517.90	3845.68	603.46	470.23	149.56
2003	540.39	536.33	3924.10	588.37	485.89	156.60
2004	584.05	579.73	4111.02	671.08	517.03	167.21
2005	595.83	591.26	4248.28	711.26	545.94	179.22
2006	588.13	583.42	4160.23	694.08	561.12	160.04
2007	443.17	578.59	4416.98	699.44	578.13	170.09
2008	471.31	465.13	4494.69	549.09	544.49	178.59
2009	444.84	440.00	4032.80	521.10	422.10	188.59
2010	440.31	435.20	4044.86	509.60	439.28	198.89
2011	430.78	425.60	4158.20	512.60	432.53	200.02
2012	435.67	430.50	4245.52	500.81	454.70	220.08
2013	448.17	442.91	4096.91	512.50	459.49	233.91
2014	462.15	456.80	4188.30	529.00	488.10	247.96

10-15 渔 业 生 产 情 况

Basic Indicators of Fishery Production

名 称	Item	2000	2005	2013	2014
水产品总产量 (吨)	**Total Aquatic Products (ton)**	**1332133**	**1792163**	**2339083**	**2479646**
淡水产品捕捞产量 (吨)	**Freshwater Aquatic Products Caught (ton)**	**150442**	**185190**	**177347**	**180828**
#鱼类	#Fish	127725	160760	153859	156682
虾蟹类	Shrimps,Prawns and Crabs	9474	10322	13427	14028
贝类	Shellfish	10659	11874	8407	8408
其他	Others	2584	2234	1654	1711
淡水产品养殖产量 (吨)	**Freshwater Aquatic Products Cultured (ton)**	**1181691**	**1606974**	**527644**	**2298820**
#鱼类	#Fish	1145678	1564259	2161736	2226545
虾蟹类	Shrimps,Prawns and Crabs	11396	16487	2092569	32717
贝类	Shellfish	12902	11951	31191	19129
其他	Others	11715	14277	18739	20427
淡水产品中:珍珠产量(公斤)	**Freshwater Aquatic Pearl Products (kg)**	**92015**	**856547**	**19237**	**468408**
淡水养殖面积合计 (千公顷)	**Freshwater Cultured Area (1 000 hectares)**	**413.18**	**481.73**	**434.56**	**460.16**
#池塘养殖	#Pond Cultivated	214.96	256.79	228.06	243.97
#渔业专用塘	#Fishery Ponds for Special Use	112.02	156.56	161.49	170.19
湖泊养殖	Lake Cultivated	55.85	61.74	71.48	74.69
#粗养	Extensive Cultivated	32.80	36.17	47.88	50.09
河沟养殖	Brook Cultivated	20.74	25.82	10.00	13.24
水库养殖	Reservoir Cultivated	102.23	114.69	120.88	123.57
#粗养	Extensive Cultivated	48.01	51.43	55.12	56.11
其他养殖	Other Cultivated	19.40	22.69	4.14	4.69
附：稻田养殖	**Enclose: Paddy Cultivated**	**189.76**	**184.75**	**120.39**	**122.27**
#鱼种池面积	#Areas of (fish) Fry Ponds	14.98	21.42	17.98	19.38
成鱼面积	Growth Fish Areas	116.24	131.04	90.1	93.92

10-16 按全省人口平均的主要农产品产量

Per Capita Output of Major Farm Products

单位：公斤/人 (kg/person)

产品名称	Item	2000	2005	2013	2014
粮食	Grain	439.00	425.41	438.99	447.02
#谷物	#Cereal	403.66	393.23	414.65	422.97
#稻谷	#Rice	386.00	370.07	384.34	392.32
棉花	Cotton	2.60	2.76	2.97	1.92
甘蔗	Sugarcane	17.70	14.95	11.06	9.81
烤烟	Tobacco	2.40	3.04	3.80	3.34
茶叶	Tea	0.90	1.07	2.19	2.41
水果	Fruit	23.00	80.26	131.95	137.03
#柑桔	#Citrus	19.20	30.60	62.62	65.31
猪牛羊肉	Pork,Beef and Mutton	66.70	81.30	68.94	72.70
#猪肉	#Pork	63.30	76.21	64.61	68.23
禽蛋	Poultry Eggs	11.20	13.71	14.34	14.58
水产品	Aquatic Products	20.30	26.69	35.10	36.90

10-17 洞庭湖区主要社会经济指标

Major Economic Indicators and Social Indicators on The DongTing Lake Area

指标		Item		2000	2005	2013	2014
常住户数	（万户）	Total Number of Households	(10 000 households)			432.90	422.52
常住人口	（万人）	Total Number of Population	(10 000 persons)			1380.42	1389.44
乡村人口	（万人）	#Number of Rural Population		1213.70	1271.30	1164.48	1157.55
乡村从业人员数	（万人）	Employment of Rural Population	(10 000 persons)	634.76	684.79	625.98	628.50
#农林牧渔业		#Farming,Forestry,Animal Husbandry,Fishery		457.18	429.51	339.98	335.73
有效灌溉面积	（千公顷）	Effective Irrigated Area	(1 000 hectares)	863.13	890.36	946.48	947.64
地区生产总值	（亿元）	Gross Domestic Products	(100 million yuan)	981.39	1529.15	5713.82	6381.90
#第一产业增加值		#Added-Value of First Industry		260.21	387.38	731.95	780.63
第二产业增加值		Added-Value of Second Industry		394.52	628.58	2977.47	3278.81
第三产业增加值		Added-Value of Third Industry		326.66	513.19	2004.40	2322.46
农业机械总动力	（万千瓦）	Total Power of Major Agriculture Machinery	(10 000 kw)	785.00	1059.80	1328.03	1387.69
农作物总播种面积	（千公顷）	Total Sown Area of Crops	(1 000 hectares)	2380.14	2498.25	2649.16	2670.59
粮食作物播种面积	（千公顷）	Sown Area of Grain Crops	(1 000 hectares)	1330.21	1500.38	1515.49	1552.13
#稻谷		#Paddy		1165.77	1352.91	1370.40	1387.79
玉米		Corn		40.77	34.92	53.64	58.25
油料播种面积	（千公顷）	Sown Area of Oils-bearing	(1 000 hectares)	375.15	348.73	504.48	510.74
棉花播种面积	（千公顷）	Sown Area of Cotton	(1 000 hectares)	115.83	108.87	177.40	159.40
粮食总产量	（万吨）	Total Output of Grain	(10 000 tons)	778.63	891.16	864.29	888.30
#稻谷		Paddy		720.06	833.69	811.79	830.17
玉米		Corn		19.15	18.02	23.36	27.10
油料产量	（万吨）	Output of Oils-bearing	(10 000 tons)	57.18	55.57	89.40	91.17
肉类总产量	（万吨）	Total Output of Meat	(10 000 tons)	127.02	171.94	147.25	150.69
水产品总产量	（万吨）	Total Output of Aquatic Products	(10 000 tons)	66.70	92.10	119.74	128.47
水果产量	（万吨）	Output of Fruits	(10 000 tons)	33.95	119.20	72.81	80.53
地方财政收入	（亿元）	Local Government Revenue	(100 million yuan)	24.42	71.68	152.47	168.73
普通中学在校学生数	（人）	Student Enrollment in General Secondary Schools	(person)	897821	987011	565817	550541
小学在校学生人数	（人）	Student Enrollment in Primary Schools	(person)	1417139	862828	704506	710957
医院、卫生院床位数	（张）	Hospital Beds	(unit)	26203	27217	43042	51373
医院、卫生院技术人员数	(人)	Medical Technical Personnel in Hospitals	(person)	42438	39001	41904	46547

注：洞庭湖区包括：长沙市的望城区、岳阳市（除平江县）、常德市（除石门县）、益阳市（除安化县）.

Dongting Lake areas include:Changsha city Wangcheng District,Yueyang city(except Pingjiang county),Changde (except shimen county),Yiyang(except Anhua county)

10-18 农村主要能源及物资消耗

Consumption of Major Energy and Materials of Rural Areas

指 标	Item	2000	2005	2013	2014
农用化肥施用量	**Consumption of Agricultural Chemical Fertilizer**				
按实物量计算 (吨)	Calculated at Actual Quantity in Natural Form (ton)	6954529	7543577	8572736	8527810
#氮肥 (吨)	Nitrogenous Fertilizer (ton)	3906876	4007237	4193656	4122938
磷肥 (吨)	Phosphate Fertilizer (ton)	1777537	1859574	1992670	1967327
钾肥 (吨)	Potash Fertilizer (ton)	600221	702849	878128	890676
复合肥 (吨)	Compound Fertilizer (ton)	669895	973917	1508281	1546869
每亩播种面积施用量(公斤)	Consumption of Per-mu Sown Areas (kg)	57.90	60.34	66.07	64.87
按折纯量计算 (吨)	Calculated at Quantity of 100% Content (ton)	1821508	2098670	2481929	2478028
#氮肥 (吨)	Nitrogenous Fertilizer (ton)	980845	1059569	1097272	1074846
磷肥 (吨)	Phosphate Fertilizer (ton)	242760	256204	279282	275569
钾肥 (吨)	Potash Fertilizer (ton)	298514	348703	435157	440978
复合肥 (吨)	Compound Fertilizer (ton)	299389	434194	670218	686635
农用薄膜使用量 (吨)	**Consumption of Agricultural Films (ton)**	**40446**	**59306**	**82407**	**82746**
#地膜使用量 (吨)	Consumption of Ground Films (ton)	25309	39899	55396	55867
地膜覆盖面积 (公顷)	Ground Film Covered Areas (hectare)	313340	507093	710475	717110
农药使用量 (吨)	**Consumption of Pesticide (ton)**	**85611**	**113250**	**124298**	**124277**
农用柴油使用量 (吨)	**Consumption of Agricultural Diesel Oil (ton)**	**224315**	**326393**	**417318**	**425905**

10-19 自然灾害情况
Statistics on Natural Disaster

名称		Item		2000	2005	2013	2014
受灾面积合计	**（千公顷）**	**Total Areas Covered**	**(1 000 hectares)**	**3170.11**	**1519.80**	**2936.58**	**1120.76**
旱灾	（千公顷）	Drought	(1 000 hectares)	649.71	586.20	2165.15	
水灾	（千公顷）	Flood	(1 000 hectares)	292.76	594.13	634.18	1041.13
风雹灾	（公顷）	Windstorm	(hectares)		90.77	143.92	2.14
病虫	（千公顷）	Plant Diseases and Insect Pests	(1 000 hectares)	1871.07	34.25	4.61	
霜冻	（公顷）	Frost	(hectares)		208.50	53.04	73.2
其他	（公顷）	Others	(hectares)	356.57	5.96	0.13	4.29
成灾面积	**（千公顷）**	**Areas Affected**	**(1 000 hectares)**	**759.23**		**1720.65**	**645.65**
旱灾	（千公顷）	Drought	(1 000 hectares)	231.44		1298.92	
水灾	（千公顷）	Flood	(1 000 hectares)	128.06		341.25	598.75
风雹灾	（公顷）	Windstorm	(hectare)			71.78	13.03
霜冻	（公顷）	Frost	(hectare)			13.25	34.94
病虫	（千公顷）	Plant Diseases and Insect Pests	(1 000 hectares)	222.43		1.75	
其他	（千公顷）	Others	(1 000 hectares)	177.30		0.13	
死亡人数	**（人）**	**Number of Dead Population**	**(person)**	**176**	**203**	**46**	**67**
死亡大牲畜	**（头）**	**Dead Large Animals**	**(head)**	**59689**	**1608004**	**15947**	**20368**
倒塌房屋	**（间）**	**Collapsed Houses**	**(unit)**	**149806**	**200153**	**26192**	**40760**
损坏房屋	**（间）**	**Destroyed Houses**	**(unit)**	**436459**	**467980**	**253088**	**248962**
因灾缺粮人口	**（人）**	**Population of Grains Shorted of Disaster**	**(person)**	**9374555**	**8739499**	**886600**	**5289000**
因灾经济损失合计	**（万元）**	**Total Economic Loss of Disaster**	**(10 000 yuan)**	**1081796**	**1578622**	**2831947**	**2064575**
#水灾损失	（万元）	Flood Loss	(10 000 yuan)	662662	789347	865271	1993527

主要统计指标解释

农林牧渔业总产值 指以货币表现的农、林、牧、渔业全部产品和对农林牧渔业生产活动进行的各种支持性服务活动的价值总量，它反映一定时期内农林牧渔业生产总规模和总成果。1957年以前的农林牧渔业总产值中包括了厩肥和农民自给性手工业(如农民自制衣服、鞋、袜，自己从事粮食初步加工等)。1958年及以后，林业中增加了村及村以下竹木采伐产值；牧业中取消了厩肥产值；副业中取消了农民自给性手工业产值，增加了村及村以下办的工业产值；渔业中增加了海洋捕捞水产品产值。1980年及以后，在副业中增加了农民家庭兼营工业商品部分的产值。从1984年起村及村以下工业产值划归工业。从1993年起取消副业，将野生动物的捕猎划入牧业，野生植物采集和农民家庭兼营商品性工业划归农业。从2003年起，执行新的国民经济行业分类标准，农林牧渔业总产值中包括了农林牧渔服务业产值。林业中增加了森林采运业产值。农业中取消了家庭兼营商品性工业产值，将野生林产品的采集划归林业。

农林牧渔业总产值的计算方法通常是按农、林、牧、渔业产品及其副产品的产量分别乘以各自单位产品价格求得；少数生产周期较长，当年没有产品或产品产量不易统计的，则采用间接方法匡算其产值；然后将四业产品产值相加即为农林牧渔业总产值。

粮食产量 指全社会的产量。包括国有经济经营的、集体统一经营的和农民家庭经营的粮食产量，还包括工矿企业办的农场和其他生产单位的产量。粮食除包括稻谷、小麦、玉米、高粱、谷子及其他杂粮外，还包括薯类和豆类。其产量计算方法，豆类按去豆荚后的干豆计算；薯类(包括甘薯，不包括芋头和木薯)1963年以前按每4公斤鲜薯折1公斤粮食计算，从1964年开始改为按5公斤鲜薯折1公斤粮食计算。作为蔬菜的薯类(如马铃薯等)按鲜品计算，并且不作粮食统计。其他粮食一律按脱粒后的原粮计算。1989年以前全国粮食产量数据主要靠全面报表取得，1989年开始使用抽样调查数据。

棉花产量 指全社会的产量。包括春播棉和夏播棉。产量按皮棉计算。不包括木棉。

油料产量 指全部油料作物的生产量。包括花生、油菜籽、芝麻、向日葵籽、胡麻籽（亚麻籽）和其他油料。不包括大豆、木本油料和野生油料。花生以带壳干花生计算。

水产品产量 指人工养殖的水产品和天然生长的水产品的捕捞量。包括海水的鱼类、虾蟹类、贝类和藻类以及内陆水域的鱼类、虾蟹类和贝类，不包括淡水生植物。水产品产量是通过各级水产和统计部门逐级上报取得数据。1995年及以前，贝类中牡蛎按鲜肉计算；蚶、蛤、蛏按 5 斤鲜品折 1 斤计算。1996年以后则统一按鲜品计算。

猪、牛、羊肉产量 指当年出栏并已屠宰、除去头蹄下水后带骨肉(即胴体重)的重量。包括全社会范围内的产量。由于畜牧业产品年报数据与普查数据之间存在一定的差距，

根据国家统计局有关文件精神，从2000年起，对畜牧业年报数据与普查数据进行衔接。

期初(末)畜禽存栏头(只)数 指报告期初(末)农村各种合作经济组织和国营农场、农民个人、机关、团体、学校、工矿企业、部队等单位以及城镇居民饲养的大牲畜、猪、羊、家禽等畜禽的存栏数。数据上报方式及数据调整情况同猪、牛、羊肉产量。

农作物播种面积 指实际播种或移植有农作物的面积。凡是实际种植有农作物的面积，不论种植在耕地上还是种植在非耕地上，均包括在农作物播种面积中。在播种季节基本结束后，因遭灾而重新改种和补种的农作物面积，也包括在内。它是反映我国耕地面积利用情况的一个重要指标。目前，农作物播种面积主要包括粮食、棉花、油料、糖料、麻类、烟叶、蔬菜和瓜类、药材和其他农作物九大类。

有效灌溉面积 指具有一定的水源，地块比较平整，灌溉工程或设备已经配套，在一般年景下，当年能够进行正常灌溉的耕地面积。在一般情况下，有效灌溉面积应等于灌溉工程或设备已经配备，能够进行正常灌溉的水田和水浇地面积之和。它是反映我国耕地抗旱能力的一个重要指标。

农用化肥施用量 指本年内实际用于农业生产的化肥数量，包括氮肥、磷肥、钾肥和复合肥。化肥施用量要求按折纯量计算数量。折纯量是指把氮肥、磷肥、钾肥分别按含氮、含五氧化二磷、含氧化钾的百分之百成份进行折算后的数量。复合肥按其所含主要成分折算。公式为：

折纯量=实物量×某种化肥有效成份含量的百分比

农业机械总动力 指主要用于农、林、牧、渔业的各种动力机械的动力总和。包括耕作机械、排灌机械、收获机械、农用运输机械、植物保护机械、牧业机械、林业机械、渔业机械和其他农业机械〔内燃机按引擎马力折成瓦(特)计算、电动机按功率折成瓦(特)计算〕。不包括专门用于乡、镇、村、组办工业、基本建设、非农业运输、科学试验和教学等非农业生产方面用的动力机械与作业机械。这个指标的统计数据主要来源于农机部门。

乡村从业人员 指乡村人口中劳动年龄在16周岁以上实际参加生产经营活动并取得实物或货币收入的人员，包括劳动年龄内经常参加劳动的人员，也包括超过

劳动年龄但经常参加劳动的人员，但不包括户口在家的在外学生、现役军人和丧失劳动能力的人，也不包括待业人员和家务劳动者。从业人员按从事主业时间最长（时间相同按收入）分为农林牧渔业从业人员、工业从业人员、建筑业从业人员、交通运输业、仓储及邮电通信业从业人员、批零贸易业、餐饮业从业人员、其他非农行业从业人员。

Explanatory Notes on Main Statistical Indicators

Gross Output Value of Farming, Forestry, Animal Husbandry and Fishery refers to the total value of products of farming, forestry, animal husbandry and fishery, and total value of services rendered to support farming, forestry, animal husbandry and fishery activities. It reflects the total scale and results of agricultural production during a given period. Prior to 1957, Chinas gross agricultural output value included barnyard manure and handicraft products for self consumption (clothes, shoes, stockings, and initial grain processing undertaken by peasants). Since 1958, cutting and felling of bamboo and trees by villages and other cooperative organizations under villages have been included in forestry; value of barnyard manure has been excluded from animal husbandry; self consumed handicrafts has been excluded from sideline occupations, while the output value of industries run by villages and cooperative organizations under village had been included in sideline occupations and the output value of fish catches by motor fishing boats has been added to fishery. Since 1980, the value of handicraft products made for sale by individuals in households had been added to sideline occupations. Since 1984, industries run by villages and under villages have been included in the sector of industry. Since 1993, the subdivision of sideline occupations has been canceled, and the hunting of wild animals has been classified into animal husbandry, and the gathering of wild plants and commodity industry run by rural household have been included in farming. A new industrial classification of economic activities was introduced in 2003. Under the new classification, value of services to farming, forestry, animal husbandry and fishery is included in the gross output value of agriculture, value of wood felling and transport is included in forestry, value of industrial output by rural households is not included in agriculture, and the collection of wild forest products is taken from agriculture and included in the forestry. The first agriculture census of China revealed some discrepancy between the production of animal products from the annual reports and that from the census. Efforts were made by the Rural Socio economic Survey Organization of NBS to adjust the output value of animal husbandry to make the figures from the annual reports consistent with the census data.

Gross output value of agriculture is obtained by first multiplying the output of each product or by product by its price, resulting in the output value of each single item. For a small number of products, annual output of which is not available or difficult to get due to the long production (growing) process involved, the output value is estimated through an indirect approach. The sum of output value of all products of farming, forestry, animal husbandry and fishery is then equal to the gross output value of agriculture.

Grain Output refers to the total output in the whole country including grains produced by state farms, collective units, rural households, as well as by farms affiliated to industrial and mining enterprises and other production units. Grain includes rice, wheat, corn, sorghum, millet and other miscellaneous grains as well as tubers and bean. Output of beans refers to dry beans without pods. The output of tubers (sweet potatoes, not including taros and cassava) was converted into that of grain at the ratio 4： 1, i.e. 4 kilograms of fresh tubers was equivalent to 1 kilogram of grain up to 1963. Since 1964 the ratio for conversion has been 5:1. Tubers supplied as vegetables (such as potatoes) are calculated as fresh vegetables and their output is not included in the output of grain. Output of all other grains refers to husked grain. Data on grain production before 1989 were obtained through Comprehensive Statistical Reporting System. Since 1989, data from sample surveys are used.

Cotton Output refers to the cotton production in the whole country including cotton sown in spring and in autumn. Output is measured as the weight of ginned cotton. Ceiba is not included.

Output of Oil-bearing Crops refers to the total production of oil bearing crops of various kinds, including peanuts, (dry, in shell) rapeseeds, sesame, sunflower seeds, flax seeds, and other oil bearing crops. Soybeans, oil bearing woody plants, and wild oil bearing crops are not included.

Output of Aquatic Products refers to catches of both artificially cultured and naturally grown aquatic products, including fish, shrimps, crabs and shellfish in sea and inland water as well as seaweed. Freshwater plants are not included.Data on output of aquatic products are reported by aquatic product and statistical agencies level by level. Before 1995, among the shellfish, the oyster was counted as fresh meat; 5 kilograms of ark shell, clams and frogs are equivalent to 1 kilogram of fresh aquatic products; they are all counted as fresh aquatic products since 1996.

Output of Pork, Beef, and Mutton refers to the meat of slaughtered hogs, cattle, sheep and goats with head, feet, and offal taken away. Data refers to the production of the whole country. The first agriculture census of China in 1996 revealed some discrepancy between the production of animal products from the annual reports and that from the census. Efforts were made by the Rural Socio economic Survey Organization of NBS to adjust the output value of animal husbandry to make the figures from the annual reports consistent with the census data. Since 1999, NBS conducted sample survey for the major animal husbandry products, such as hogs, cattle, sheep and goats and fowls, and the data from sample surveys are used as national finalized data. Those products, which are not covered by the sample survey, are still reported by statistical agencies level by level.

Number of Livestock or Poultry in Stock at Beginning (or End) refers to the total number of large animals, pigs, sheep, fowls, etc. raised by rural cooperative organizations, state farms, rural individuals, government agencies, schools, industrial and mining enterprises, army, and urban residents at the beginning (or end) of the reference period. Data reporting system and data adjustment are the same as that in the output of pork, beef and mutton.

Sown Area of Crops refers to area of land sown or transplanted with crops regardless of being in cultivated area or non cultivated area. Area of land re sown due to natural disasters is also included. This is an important indicator that can reflect the utilization condition of the cultivated land in China. At present, the sown area of crops mainly include the following 9 categories of crops: grain, cotton, oil bearing crops, sugar crops, fiber crops, Tobacco, Vegetables and melons, medicinal materials and other farm crops.

Irrigated Area refers to areas that are effectively irrigated, i.e. level land, which has water source and complete sets of irrigation facilities to lift and move adequate water for irrigation purpose under normal conditions. Under normal conditions, irrigated area is the sum of watered fields and irrigated fields where irrigation systems or equipment have been installed for regular irrigation purpose. This important indicator reflects drought resistance capacity of the cultivated land in China.

Consumption of Chemical Fertilizers in Agricultu rerefers to the quantity of chemical fertilizers applied in agriculture in the year, including nitrogenous fertilizer, phosphate fertilizer, potash fertilizer, and compound fertilizer. The consumption of chemical fertilizers is required in calculation to convert the gross weight into weight containing 100% effective component (e.g. 100% nitrogen content in nitrogenous fertilizer, 100% phosphorous pent oxide contents in phosphate fertilizer, 100% potassium oxide contents in potash fertilizer). Compound fertilizer is converted with its major component. The formula is :

Volume of effective component=physical quantity× effective component of certain chemical fertilizer (%)

Total Power of Farm Machinery refers to total mechanical power of machinery used in farming, forestry, animal husbandry, and fishery, including ploughing, irrigation and drainage, harvesting, transport, plant protection, stock breeding, forestry and fishery. The power of internal combustion engines is required to convert horsepower into watts and the power of electric motors is required to be converted into watts. Machinery employed for non agricultural purposes, such as the machines used in township run and village run industry, construction, non agricultural transport, scientific experiments and teaching, is excluded. Data are mainly from agricultural machinery agencies.

Rural Employed Persons refer to rural labor forces aged over 16 years old who are engaged in real production and management activities and receive payment in kind or wages, including those covered within the age frame and regularly participating in production activities, and those who are out of the range of age frame and also participating in production activities regularly. Excluding students studying in other places with their permanent residence registered in local areas, servicemen and persons incapable of working; also excluding those who are waiting for jobs and those engaged in household work. Persons employed are classified as persons engaged in agriculture, forestry, animal husbandry or fishery activities; persons engaged in industrial activities; persons engaged in construction activities; persons engaged in transport, storage and telecommunications activities; persons engaged in whole sales and retail sales trade and catering activities; and persons engaged in other non agriculture activities, depending upon the longest period of employment in major activities (or using income indicator when period of employment is the same).

11 工　业

Industry

资料整理人员：谢　凡　　汤炼坤　　田　原

11-1 规模以上工业企业基本情况

Basic Conditions of Industrial Enterprises above Designated Size

单位:亿元 (100 million yuan)

年 份 Year	工业总产值(现价) Gross Industrial Output Value (current price)	工业增加值 Value Added of Industry	工业增加值增速(%) The speed of Value Added of Industry (%)	主营业务收入 Revenue of Main Bussiness	利润总额 Total Profits	利税总额 Total Per-tax Profits
1978	129.03	41.94		124.40	14.15	24.48
1979	148.61	48.75		137.89	17.29	28.99
1980	163.97	53.51		159.74	19.02	31.97
1981	171.89	55.13		167.95	17.70	34.33
1982	188.29	59.03		183.52	19.92	36.18
1983	200.94	64.24		198.22	21.85	39.66
1984	227.60	73.37		219.47	23.37	43.45
1985	276.64	100.03		271.98	26.23	53.38
1986	319.88	109.30		313.30	27.32	57.89
1987	387.28	125.93		382.17	30.48	65.81
1988	489.05	155.58		481.22	36.01	80.48
1989	569.10	174.63		527.17	29.24	82.29
1990	586.67	188.56		540.02	9.33	65.37
1991	654.82	214.63		632.96	10.27	74.38
1992	790.54	231.88		782.16	18.91	89.91
1993	1064.40	323.31		1102.25	19.91	105.71
1994	1298.22	382.08		1120.34	15.93	130.54
1995	1370.84	400.52		1340.79	4.77	124.37
1996	1659.04	555.66		1487.09	10.90	135.51
1997	1740.59	571.22		1520.14	-1.22	150.24
1998	1287.43	436.31		1212.79	3.18	151.98
1999	1414.12	461.71		1366.59	16.21	177.04
2000	1627.94	528.06		1563.26	34.48	205.87
2001	1811.22	606.54	13.8	1699.15	51.42	235.66
2002	2099.40	706.54	16.1	1980.04	69.02	268.10
2003	2611.45	888.56	20.7	2604.98	111.25	345.67
2004	3654.07	1238.29	24.1	3544.38	154.77	471.37
2005	4754.86	1629.79	20.6	4585.31	189.25	575.09
2006	6131.18	2089.06	20.1	5968.67	272.69	719.19
2007	8464.08	2853.84	24.3	8348.97	488.24	1118.82
2008	11553.31	3748.80	18.4	11285.44	663.56	1641.27
2009	13507.64	4255.03	20.5	13077.27	758.48	1817.66
2010	19008.83	5921.04	23.4	18669.79	1451.45	2835.50
2011	26386.58	7911.51	20.1	25726.21	1832.99	3577.53
2012	28628.62	8562.88	14.6	27823.31	1790.96	3700.90
2013			11.6	31854.65	2047.87	4250.03
2014			9.6	33489.44	1688.30	3865.01

注：规模工业统计口径：2004年及以前为全部国有及年主营业务收入500万元及以上非国有工业法人企业，2005-2010年为年主营业务收入500万元及以上工业法人企业，2011年以后为年主营业务收入2000万元及以上工业法人企业。

Data of Industrial Enterprises above Designated Size refer to those from all state-owned and the non-state-owned industrial enterprises with annual sales income of 5 million yuan sine 2004 and before,all industry corporation enterises with an annual sales income ro over 5 million yuan since 2005-2010, all industry corporation enterises with an annual sales income ro over 20 million yuan since 2011.

11-2 规模以上工业企业各种分组的主要生产指标(2014年)
Major Production Indicators of Industrial Enterprises above Designated Size by Various Characteristics (2014)

单位:亿元

指标	Item	企业单位数(个) Number of Enterprises (unit)	#亏损企业 Loss-making Enterprises	工业销售产值 Output Value of Industrial Products Sales	出口交货值 Delivery Value for Export
总计	**Total**	13723	824	34393.66	1330.17
按登记注册类型:	**Grouped by Registration**				
内资企业	Internal-invested Enterprises	13143	754	31845.71	948.07
国有企业	State-owned Enterprises	215	56	1946.37	13.76
中央企业	Central Enterprises	29	10	1646.17	10.01
地方企业	Local Enterprises	186	46	300.19	3.75
集体企业	Collective-owned Enterprises	244	12	311.94	1.97
股份合作企业	Enterprises Cooperated by Joint-stock	32	4	40.16	0.96
联营企业	Cooperative Enterprises	12	0	13.42	0
有限责任公司	Limited Liability Company	2484	268	8520.38	396.76
股份有限公司	Company Limited by Shares	470	45	3505.72	110.48
私营企业	Individual-owned Enterprises	9486	365	17203.89	408.74
其他企业	Enterprises of Other Types of Ownership	200	4	303.84	15.4
港、澳、台商投资企业	Enterprises Funded by Entrepreneurs From Hong Kong,Macao and Taiwan	323	35	1330.88	231.78
外商投资企业	Enterprises funded by Foreigners	257	35	1217.07	150.31
按经济组织类型:	**Grouped by Ownership**				
独资企业	Enterprises Owned by a Sole Investor	1499	116	4401.65	239.12
合作、合伙企业	Enterprises of Partnership	912	20	1201.57	50.22
股份有限公司	Company Limited by Shares	1189	66	5353.18	193.14
有限责任公司	Limited Liability Company	10123	622	23437.26	847.7
国有控股企业	**State Controlling Share Hold Enterprises**	754	176	6975.22	193.64
按企业规模分:	**Grouped by Size of Enterprises**				
大型企业	Large Enterprises	210	33	9315.31	631.22
中型企业	Medium-sized Enterprises	2280	166	8200.38	324.04
小型企业	Small Enterprises	10910	587	16476.09	364.04
微型企业	Miniature Enterprise	323	38	401.88	10.87

11-2 续表 2 continued

单位:亿元 (100 million yuan)

指 标	Item	企业单位数(个) Number of Enterprises (unit)	#亏损企业 Loss-making Enterprises	工业销售产值 Output Value of Industrial Products Sales	出口交货值 Delivery Value for Export
按行业划分:	**Grouped by Sector**				
煤炭开采和洗选业	Mining and Washing of Coal	682	43	685.58	1.08
石油和天然气开采业	Petroleum and Natural Gas Extraction				
黑色金属矿采选业	Mining of Ferrous Metal Ores	108	6	174.92	
有色金属矿采选业	Mining of Non-ferrous Metal Ores	221	15	479.45	1.09
非金属矿采选业	Mining and Processing of Nonmetal Ores	287	8	382.20	0.52
开采辅助活动	Mining of Other Ores N.E.C				
其他采矿业	Other Mining and Dressing	2		2.06	1.35
农副食品加工业	Processing of Food from Agricultural Products	1135	42	2664.30	37.27
食品制造业	Manufacture of Foods	353	17	883.68	5.14
酒、饮料和精制茶制造业	Manufacture of Liquor, Beverage and Refined Tea	335	16	613.65	7.26
烟草制品业	Manufacture of Tobacco	8	1	818.87	3.54
纺织业	Manufacture of Textile	240	42	604.42	10.40
纺织服装、服饰业	Manufacture of Textile Wearing and Clothing Apparel	220	5	278.65	7.05
皮革、毛皮、羽毛及其制品和制鞋	Leather, Fur, Feather and Its Products and Footwear	235	9	385.66	35.46
木材加工和木、竹、藤、棕、草制品业	Processing of Timbers, Manufacture of Wood, Bamboo, Rattan, Palm and Straw Products	424	6	656.63	14.62
家具制造业	Manufacture of Furniture	127	1	247.94	0.01
造纸和纸制品业	Manufacture of Paper and Paper Products	324	18	692.53	3.81
印刷和记录媒介复制业	Printing,Reproduction of Recording Media	197	9	336.13	2.40
文教、工美、体育和娱乐用品制造业	Manufacture of Articles for Culture, Education and Sport Activity	154	2	275.90	20.89
石油加工、炼焦和核燃料加工业	Processing of Petroleum,Coking,Processing of Nucleus Fuel	36	5	739.09	
化学原料和化学制品制造业	Manufacture of Chemical Raw Material and Chemical Products	1602	64	2835.65	192.44
医药制造业	Manufacture of Medicines	296	21	787.56	16.00
化学纤维制造业	Manufacture of Chemical Fiber	11		27.53	
橡胶和塑料制品业	Manufacture of Rubber and plastic	341	13	565.10	7.75
非金属矿物制品业	Manufacture of Non-metallic Mineral Products	1562	88	2621.08	79.42
黑色金属冶炼和压延加工业	Manufacture and Processing of Ferrous Metals	474	29	1567.98	83.72
有色金属冶炼和压延加工业	Manufacture and Processing of Non-ferrous Metals	537	48	2723.81	43.86
金属制品业	Manufacture of Metal Products	446	32	1020.88	19.80
通用设备制造业	Manufacture of General Purpose Machinery	762	52	1490.60	46.60
专用设备制造业	Manufacture of Special Purpose Machinery	594	49	2645.92	133.92
汽车制造业	Automobile Industry	284	37	1142.66	29.48
铁路、船舶、航空航天和其他运输设备制造业	Manufacture of Railway,Marine,Aerospace and Other Transport Equipment	125	13	901.47	30.19
电气机械和器材制造业	Manufacture of Electrical Machinery and Equipment	537	41	1440.93	45.99
计算机、通信和其他电子设备制造业	Manufacture of Communication Equipment, Computer and Other Electronic Equipment	407	31	1660.02	405.35
仪器仪表制造业	Manufacture of Measuring Instrument	100	4	230.88	1.80
其他制造业	Other Manufacture N.E.C	64	2	139.32	40.55
废弃资源综合利用业	Recycling and Disposal of Waste	77	4	142.03	
金属制品、机械和设备修理业	Mental Products,Machine and Equipment Repair	5		10.35	0.19
电力、热力生产和供应业	Production and Supply of Electric Power and Heat Power	282	35	1341.99	1.24
燃气生产和供应业	Production and Distribution of Gas	39	1	110.01	
水的生产和供应业	Production and Distribution of Water	90	15	66.22	

11-3 规模以上工业企业主要经济指标(2014年)

Major Economic Indicators of Industrial Enterprises above Designated Size(2014)

单位:亿元 (100 million yuan)

指标	Item	资产总计 Total Assets	流动资产合计 Circulating Funds	应收账款 Net Value of Account Received	存货 Stock	产成品 Finished Products
总计	**Total**	22025.57	9379.15	2628.45	2552.59	872.41
按登记注册类型:	**Grouped by Registration**					
内资企业	Internal-invested Enterprises	20237.46	8600.71	2460.49	2407.53	815.14
国有企业	State-owned Enterprises	2051.14	756.72	93.65	420.63	42.61
中央企业	Central Enterprises	1737.09	637.13	52.68	406.41	38.32
地方企业	Local Enterprises	314.05	119.59	40.97	14.22	4.28
集体企业	Collective-owned Enterprises	114.94	31.34	6.84	6.81	3.43
股份合作企业	Enterprises Cooperated by Joint-stock	10.75	3.56	1.06	0.76	0.33
联营企业	Cooperative Enterprises	4.33	1.29	0.2	0.52	0.43
有限责任公司	Limited Liability Company	7173.03	3280.68	1040.53	847	271.68
股份有限公司	Company Limited by Shares	4139.51	2005.2	672.17	469.39	164.43
私营企业	Individual-owned Enterprises	6661.1	2494.27	636.84	656.31	327.75
其他企业	Enterprises of Other Types of Ownership	82.66	27.64	9.2	6.11	4.49
港、澳、台商投资企业	Enterprises Funded by Entrepreneurs From Hong Kong, Macao and Taiwan	888.98	377.25	81.25	64.8	27.49
外商投资企业	Enterprises funded by Foreigners	899.14	401.19	86.71	80.27	29.78
按经济组织类型:	**Grouped by Ownership**					
独资企业	Enterprises Owned by a Sole Investor	3055.27	1154.72	205.27	498.1	79.35
合作、合伙企业	Enterprises of Partnership	385.92	96.03	25.09	20.57	12.23
股份有限公司	Company Limited by Shares	5029.02	2380.5	759.51	580.39	220.21
有限责任公司	Limited Liability Company	13555.37	5747.91	1638.58	1453.54	560.62
国有控股企业	**State Controlling Share Hold Enterprises**	8861.98	3834.30	1146.88	1211.88	278.12
按企业规模分:	**Grouped by Size of Enterprises**					
大型企业	Large Enterprises	9726.34	4722.86	1270.23	1443.02	360.45
中型企业	Medium-sized Enterprises	4812.7	1955.32	606.23	449.37	197.7
小型企业	Small Enterprises	7054.02	2483.77	691.39	610.2	299.77
微型企业	Miniature Enterprise	432.52	217.21	60.61	50	14.49

11-3 续表 1 continued

单位:亿元 (100 million yuan)

指标	Item	固定资产合计 Total Fixed Assets	固定资产原价 Original Price of Fixed Assets	累计折旧 Accumulated Depreciation
总计	**Total**	9478.16	13149.25	4503.93
按登记注册类型:	**Grouped by Registration**			
内资企业	Internal-invested Enterprises	8703.96	12045.85	4108.77
国有企业	State-owned Enterprises	1027.61	1756.71	807.49
中央企业	Central Enterprises	867.65	1531.25	706.53
地方企业	Local Enterprises	159.96	225.46	100.95
集体企业	Collective-owned Enterprises	57.79	82.63	29.91
股份合作企业	Enterprises Cooperated by Joint-stock	4.97	7.94	3.24
联营企业	Cooperative Enterprises	2.64	3.62	1.08
有限责任公司	Limited Liability Company	2886.55	3973.08	1375.68
股份有限公司	Company Limited by Shares	1511.67	2174.07	758.08
私营企业	Individual-owned Enterprises	3168.45	3983.79	1110.05
其他企业	Enterprises of Other Types of Ownership	44.27	64.01	23.23
港、澳、台商投资企业	Enterprises Funded by Entrepreneurs From Hong Kong, Macao and Taiwan	390.04	525.57	163.91
外商投资企业	Enterprises funded by Foreigners	384.16	577.83	231.25
按经济组织类型:	**Grouped by Ownership**			
独资企业	Enterprises Owned by a Sole Investor	1506.32	2409.99	1018.12
合作、合伙企业	Enterprises of Partnership	243.6	327.14	99.81
股份有限公司	Company Limited by Shares	1858.69	2619.12	885.22
有限责任公司	Limited Liability Company	5869.55	7793	2500.79
国有控股企业	**State Controlling Share Hold Enterprises**	3866.01	5952.72	2421.60
按企业规模分:	**Grouped by Size of Enterprises**			
大型企业	Large Enterprises	3676.4	5670.54	2249.33
中型企业	Medium-sized Enterprises	2172.42	2895.08	943.36
小型企业	Small Enterprises	3493.52	4399.69	1240.32
微型企业	Miniature Enterprise	135.82	183.94	70.92

11-3 续表2 continued

单位:亿元 (100 million yuan)

指标	Item	负债合计 Total Liability	流动负债合计 Total Circulating Liability	应付账款 Account Payable
总计	**Total**	11688.15	7928.99	2015.49
按登记注册类型:	**Grouped by Registration**			
内资企业	Internal-invested Enterprises	10773.35	7230.61	1790.06
国有企业	State-owned Enterprises	1101.73	659.06	189.91
中央企业	Central Enterprises	898.4	524.93	159.96
地方企业	Local Enterprises	203.33	134.13	29.95
集体企业	Collective-owned Enterprises	42.91	32.18	7.46
股份合作企业	Enterprises Cooperated by Joint-stock	3.33	1.59	0.46
联营企业	Cooperative Enterprises	1.71	1.34	0.14
有限责任公司	Limited Liability Company	4394.46	3022	739.15
股份有限公司	Company Limited by Shares	2408.31	1524.2	399.35
私营企业	Individual-owned Enterprises	2782.24	1970.84	447.38
其他企业	Enterprises of Other Types of Ownership	38.66	19.39	6.21
港、澳、台商投资企业	Enterprises Funded by Entrepreneurs From Hong Kong, Macao and Taiwan	457.48	373.6	110.57
外商投资企业	Enterprises funded by Foreigners	457.32	324.78	114.85
按经济组织类型:	**Grouped by Ownership**			
独资企业	Enterprises Owned by a Sole Investor	1489.76	948.84	284.48
合作、合伙企业	Enterprises of Partnership	129.52	76.51	20.37
股份有限公司	Company Limited by Shares	2755.06	1776.81	450.64
有限责任公司	Company Limited by Shares	7313.81	5126.82	1260
国有控股企业	**State Controlling Share Hold Enterprises**	5564.59	3713.22	984.79
按企业规模分:	**Grouped by Size of Enterprises**			
大型企业	Large Enterprises	6051.48	4050.13	1026.92
中型企业	Medium-sized Enterprises	2338.43	1665	446.5
小型企业	Small Enterprises	3048.28	2012.5	477.08
微型企业	Miniature Enterprise	249.96	201.35	64.98

11-3 续表 3 continued

单位:亿元 (100 million yuan)

指标	Item	非流动负债合计 Total Long term Liability	所有者权益合计 Total Rights of Owners	实收资本 Assets Recevied
总计	**Total**	3025.85	10255.09	4866.74
按登记注册类型:	**Grouped by Registration**			
内资企业	Internal-invested Enterprises	2875.43	9387.46	4369.08
国有企业	State-owned Enterprises	419.96	927.64	207.15
中央企业	Central Enterprises	373.38	818.35	126.68
地方企业	Local Enterprises	46.58	109.29	80.47
集体企业	Collective-owned Enterprises	5.18	71.2	36.56
股份合作企业	Enterprises Cooperated by Joint-stock	0.25	7.42	3.19
联营企业	Cooperative Enterprises	0.22	2.61	1.44
有限责任公司	Limited Liability Company	1198.79	2767.18	1280.62
股份有限公司	Company Limited by Shares	833.49	1714.37	699.12
私营企业	Individual-owned Enterprises	405.28	3853.09	2119.23
其他企业	Enterprises of Other Types of Ownership	12.26	43.95	21.78
港、澳、台商投资企业	Enterprises Funded by Entrepreneurs From Hong Kong,Macao and Taiwan	63.18	425.82	203.57
外商投资企业	Enterprises funded by Foreigners	87.24	441.81	294.08
按经济组织类型:	**Grouped by Ownership**			
独资企业	Enterprises Owned by a Sole Investor	469.15	1538.36	541.08
合作、合伙企业	Enterprises of Partnership	30.49	255.77	130.37
股份有限公司	Company Limited by Shares	883.58	2255.34	1263.78
有限责任公司	Limited Liability Company	1642.63	6204.62	2931.51
国有控股企业	**State-owned or Controlling Share Hold Enterprises**	1754.11	3273.48	1393.08
按企业规模分:	**Grouped by Size of Enterprises**			
大型企业	Large Enterprises	1949.41	3633.37	1147.29
中型企业	Medium-sized Enterprises	448.03	2463.44	1339.88
小型企业	Small Enterprises	595.12	3989.33	2310.31
微型企业	Miniature Enterprise	33.28	168.94	69.25

11-3 续表 4 continued

单位:亿元 (100 million yuan)

指标	Item	实收资本 Paid-in capital 国家资本 National Assets	集体资本 Collective Assets	法人资本 Corperative Assets	个人资本 Individual Assets	港澳台资本 Assets from Hongkong, Maco and Taiwan Funded Enterprises	外商资本 Total Rights of Owners Foreign Assets
总计	**Total**	808.26	135.11	2507.86	1093.03	110.5	212.03
按登记注册类型:	**Grouped by Registration**						
内资企业	Internal-invested Enterprises	762.8	130.64	2332.79	1063.64	35.88	43.39
国有企业	State-owned Enterprises	124.21	3.6	76.16	3.06	0.13	
中央企业	Central Enterprises	81.41	1.27	43.87		0.13	
地方企业	Local Enterprises	42.79	2.33	32.29	3.06		
集体企业	Collective-owned Enterprises	1.01	8.88	14.78	11.79	0.1	
股份合作企业	Enterprises Cooperated by Joint-stock	0.01	0.16	1.08	1.94		
联营企业	Cooperative Enterprises			0.81	0.63		
有限责任公司	Limited Liability Company	411.26	73.42	614.03	159.85	12.49	9.61
股份有限公司	Company Limited by Shares	213.89	15.59	332.59	92.81	19.87	24.37
私营企业	Individual-owned Enterprises	12.4	28.83	1281.69	783.93	3.23	9.14
其他企业	Enterprises of Other Types of Ownership	0.02	0.16	11.63	9.62	0.06	0.27
港、澳、台商投资企业	Enterprises Funded by Entrepreneurs From Hong Kong,Macao and Taiwan	7.24	3.04	89.25	18.18	65.83	20.04
外商投资企业	Enterprises funded by Foreigners	38.23	1.43	85.81	11.21	8.79	148.59
按经济组织类型:	**Grouped by Ownership**						
独资企业	Enterprises Owned by a Sole Investor	127.19	13.47	189.78	69.1	46.1	95.44
合作、合伙企业	Enterprises of Partnership	2.49	1.95	50.46	70.66	1.69	3.11
股份有限公司	Company Limited by Shares	214.68	20.13	791.83	189.11	22.76	25.28
有限责任公司	Limited Liability Company	463.91	99.56	1475.77	764.16	39.96	88.2
国有控股企业	**State Controlling Share Hold Enterprises**	736.41	52.7	503.59	40.83	21.17	38.4
按企业规模分:	**Grouped by Size of Enterprises**						
大型企业	Large Enterprises	436.63	6.91	495.88	80.29	50.13	77.45
中型企业	Medium-sized Enterprises	209.97	36.18	663.01	294.15	32.16	104.4
小型企业	Small Enterprises	122.28	89.64	1335	705.29	28.03	30.08
微型企业	Miniature Enterprise	39.36	2.38	13.97	13.3	0.18	0.09

11-3 续表5 continued

单位:亿元 (100 million yuan)

指标	Item	主营业务收入 Revenue of Major Business	主营业务成本 Cost of Major Business	主营业务税金及附加 Tax of Major Business
总计	**Total**	33489.43	27737.94	919.31
按登记注册类型:	**Grouped by Registration**			
内资企业	Internal-invested Enterprises	31047.34	25731.56	893.64
国有企业	State-owned Enterprises	1873.95	1127.05	502.47
中央企业	Central Enterprises	1580.39	879.86	499.78
地方企业	Local Enterprises	293.56	247.19	2.7
集体企业	Collective-owned Enterprises	303.34	256.32	3.55
股份合作企业	Enterprises Cooperated by Joint-stock	40.3	32.01	0.73
联营企业	Cooperative Enterprises	11.9	10.17	0.19
有限责任公司	Limited Liability Company	8283.25	7055.32	79.97
股份有限公司	Company Limited by Shares	3523.45	2984.38	83.12
私营企业	Individual-owned Enterprises	16747.45	14048.01	213.81
其他企业	Enterprises of Other Types of Ownership	263.7	218.3	9.78
港、澳、台商投资企业	Enterprises Funded by Entrepreneurs From Hong Kong, Macao and Taiwan	1252.38	1032.85	9.44
外商投资企业	Enterprises funded by Foreigners	1189.71	973.53	16.23
按经济组织类型:	**Grouped by Ownership**			
独资企业	Enterprises Owned by a Sole Investor	4251.76	3119.31	531.88
合作、合伙企业	Enterprises of Partnership	1109.53	912.69	24.18
股份有限公司	Company Limited by Shares	5318.48	4487.44	102.55
有限责任公司	Limited Liability Company	22809.65	19218.5	260.69
国有控股企业	**State Controlling Share Hold Enterprises**	6902.83	5424.03	602.75
按企业规模分:	**Grouped by Size of Enterprises**			
大型企业	Large Enterprises	9106.52	7320.77	615.77
中型企业	Medium-sized Enterprises	8013.69	6676.14	92.36
小型企业	Small Enterprises	16013.99	13434.71	208.5
微型企业	Miniature Enterprise	355.24	306.32	2.67

11-3 续表 6 continued

单位:亿元 (100 million yuan)

指标	Item	其他业务收入 Revenue of Other Business	其他业务利润 profit of Other Business	销售费用 Operation Expenses
总计	**Total**	448.51	19.36	954.57
按登记注册类型:	**Grouped by Registration**			
内资企业	Internal-invested Enterprises	427.22	15.86	877.10
国有企业	State-owned Enterprises	174.49	-0.23	25.43
中央企业	Central Enterprises	169.65	-0.96	15.35
地方企业	Local Enterprises	4.84	0.72	10.08
集体企业	Collective-owned Enterprises	3.47		7.23
股份合作企业	Enterprises Cooperated by Joint-stock	0.35		1.01
联营企业	Cooperative Enterprises	1.06		0.50
有限责任公司	Limited Liability Company	145.00	5.72	227.70
股份有限公司	Company Limited by Shares	40.64	4.04	121.99
私营企业	Individual-owned Enterprises	61.77	6.24	486.74
其他企业	Enterprises of Other Types of Ownership	0.44	0.10	6.51
港、澳、台商投资企业	Enterprises Funded by Entrepreneurs From Hong Kong, Macao and Taiwan	8.00	2.00	32.86
外商投资企业	Enterprises funded by Foreigners	13.28	1.51	44.60
按经济组织类型:	**Grouped by Ownership**			
独资企业		189.33	2.68	101.29
合作、合伙企业	Enterprises of Partnership	1.92	0.23	34.79
股份有限公司	Company Limited by Shares	69.55	4.20	177.27
有限责任公司	Limited Liability Company	187.70	12.25	641.21
国有控股企业	**State-owned or Controlling Share Hold Enterprises**	294.20	6.71	160.66
按企业规模分:	**Grouped by Size of Enterprises**			
大型企业	Large Enterprises	320.04	8.59	236.43
中型企业	Medium-sized Enterprises	50.30	6.02	275.27
小型企业	Small Enterprises	64.61	3.90	432.99
微型企业	Miniature Enterprise	13.50	0.86	9.87

11-3 续表 7 continued

单位:亿元 (100 million yuan)

指标	Item	管理费用 Management Expense	税金 Tax	财务费用 Financial Expense	利息收入 Interest Revenue	利息支出 Interest Expense
总计	**Total**	1358.22	77.97	394.07	36.30	368.04
按登记注册类型:	**Grouped by Registration**					
内资企业	Internal-invested Enterprises	1251.54	72.61	377.16	33.34	352.09
国有企业	State-owned Enterprises	77.87	2.84	26.07	1.26	26.71
中央企业	Central Enterprises	53.03	1.68	22.28	1.17	23.35
地方企业	Local Enterprises	24.84	1.16	3.79	0.10	3.36
集体企业	Collective-owned Enterprises	12.68	0.74	2.80	0.07	2.04
股份合作企业	Enterprises Cooperated by Joint-stock	1.41	0.12	0.32	0.02	0.20
联营企业	Cooperative Enterprises	0.63	0.01	0.08	0.01	0.06
有限责任公司	Limited Liability Company	376.14	19.69	129.99	10.41	125.56
股份有限公司	Company Limited by Shares	155.21	7.26	67.54	16.89	78.70
私营企业	Individual-owned Enterprises	619.77	41.04	147.81	4.65	117.29
其他企业	Enterprises of Other Types of Ownership	7.83	0.91	2.56	0.04	1.54
港、澳、台商投资企业	Enterprises Funded by Entrepreneurs From Hong Kong, Macao and Taiwan	53.18	2.70	8.08	1.30	8.05
外商投资企业	Enterprises funded by Foreigners	53.50	2.65	8.83	1.66	7.90
按经济组织类型:	**Grouped by Ownership**					
独资企业	Enterprises Owned by a Sole Investor	168.09	8.08	44.43	2.59	41.11
合作、合伙企业	Enterprises of Partnership	39.62	2.18	9.39	0.19	6.44
股份有限公司	Company Limited by Shares	223.87	13.56	85.21	18.23	92.85
有限责任公司	Limited Liability Company	926.65	54.14	255.05	15.29	227.64
国有控股企业	**State Controlling Share Hold Enterprises**	324.73	13.81	153.80	23.69	165.60
按企业规模分:	**Grouped by Size of Enterprises**					
大型企业	Large Enterprises	393.72	17.22	157.23	26.20	172.77
中型企业	Medium-sized Enterprises	362.27	23.98	91.27	6.14	81.12
小型企业	Small Enterprises	575.33	36.01	140.50	3.63	109.49
微型企业	Miniature Enterprise	26.90	0.76	5.06	0.34	4.66

11-3 续表 8 continued

单位:亿元　　(100 million yuan)

指标	Item	营业利润 Operating Profit	投资收益 Income from Investment	补贴收入 Income from Subsidy	营业外收入 Non-operating Income	利润总额 Total Profit
总计	**Total**	1765.88	-25.45	42.05	124.59	1688.30
按登记注册类型:	**Grouped by Registration**					
内资企业	Internal-invested Enterprises	1611.77	-22.49	39.74	117.42	1537.44
国有企业	State-owned Enterprises	112.99	6.70	8.52	22.82	130.23
中央企业	Central Enterprises	107.02	6.54	6.82	19.86	122.15
地方企业	Local Enterprises	5.97	0.17	1.70	2.96	8.08
集体企业	Collective-owned Enterprises	13.48	-1.08	0.12	0.36	12.22
股份合作企业	Enterprises Cooperated by Joint-stock	3.27	-0.20	0.01	0.04	2.79
联营企业	Cooperative Enterprises	0.42	0.02			0.39
有限责任公司	Limited Liability Company	378.12	11.22	19.90	49.92	370.45
股份有限公司	Company Limited by Shares	108.03	9.53	8.67	31.89	119.54
私营企业	Individual-owned Enterprises	975.89	-48.77	2.53	12.30	888.08
其他企业	Enterprises of Other Types of Ownership	19.58	0.08		0.10	13.75
港、澳、台商投资企业	Enterprises Funded by Entrepreneurs From Hong Kong, Macao and Taiwan	82.95	0.79	0.75	2.84	78.20
外商投资企业	Enterprises funded by Foreigners	71.16	-3.75	1.56	4.33	72.66
按经济组织类型:	**Grouped by Ownership**					
独资企业	Enterprises Owned by a Sole Investor	259.08	-1.05	9.58	26.02	269.73
合作、合伙企业	Enterprises of Partnership	74.87	-1.69	0.11	0.58	65.02
股份有限公司	Company Limited by Shares	217.70	0.37	10.68	35.43	214.05
有限责任公司	Limited Liability Company	1214.24	-23.09	21.68	62.55	1139.50
国有控股企业	**State Controlling Share Hold Enterprises**	241.40	17.68	28.77	76.78	288.50
按企业规模分:	**Grouped by Size of Enterprises**					
大型企业	Large Enterprises	351.48	27.58	16.18	71.65	387.73
中型企业	Medium-sized Enterprises	462.69	-24.59	10.10	25.67	432.83
小型企业	Small Enterprises	939.40	-32.34	13.75	23.94	853.94
微型企业	Miniature Enterprise	12.34	3.90	2.01	8.48	13.80

11-3 续表 9 continued

单位:亿元 (100 million yuan)

指标	Item	亏损企业亏损总额 Total Loss of Enterprises Running under Deficit	利税总额 Total Taxes	本年应付职工薪酬 Total Sum of Wages Payable this Year	本年应交增值税 Value Added Payable of the Current Year
总计	**Total**	117.55	3865.01	1651.55	1247.98
按登记注册类型:	**Grouped by Registration**				
内资企业	Internal-invested Enterprises	97.86	3606.85	1515.36	1166.51
国有企业	State-owned Enterprises	8.99	781.45	136.59	148.71
中央企业	Central Enterprises	4.87	757.44	104.92	135.51
地方企业	Local Enterprises	4.12	24.02	31.67	13.2
集体企业	Collective-owned Enterprises	0.13	27.36	22.51	11.57
股份合作企业	Enterprises Cooperated by Joint-stock	0.05	5.18	1.67	1.66
联营企业	Cooperative Enterprises		0.94	0.78	0.35
有限责任公司	Limited Liability Company	45.13	724.85	435.84	273.59
股份有限公司	Company Limited by Shares	29.35	332.36	163.56	129.2
私营企业	Individual-owned Enterprises	14.14	1700.5	739.63	590.86
其他企业	Enterprises of Other Types of Ownership	0.08	34.22	14.79	10.55
港、澳、台商投资企业	Enterprises Funded by Entrepreneurs From Hong Kong,Macao and Taiwan	8.04	129.04	78.14	41.3
外商投资企业	Enterprises funded by Foreigners	11.65	129.11	58.05	40.18
按经济组织类型:	**Grouped by Ownership**				
独资企业	Enterprises Owned by a Sole Investor	12.19	1041.68	286.29	236.48
合作、合伙企业	Enterprises of Partnership	0.84	139.23	77.31	48.94
股份有限公司	Company Limited by Shares	30.13	509.67	235.82	192.43
有限责任公司	Limited Liability Company	74.38	2174.43	1052.12	770.12
国有控股企业	**State-owned or Controlling Share Hold Enterprises**	72.8	1233.54	434.74	341.65
按企业规模分:	**Grouped by Size of Enterprises**				
大型企业	Large Enterprises	60.11	1385.05	513.82	380.95
中型企业	Medium-sized Enterprises	27.3	857.55	514.07	330.98
小型企业	Small Enterprises	26.13	1599.96	594.14	530.11
微型企业	Miniature Enterprise	4.01	22.45	29.51	5.94

11-3 续表 10 continued

指标	Item	全部从业人员年平均人数（万人）Average Number of Empolyment of the Current Year (10000persons)	百元固定资产原价实现利税（元）Per-tax Profits per 100 Yuan of Original Value of Fix Assets (yuan)	每百元主营业务收入实现的利税（元）Per-tax Profits per 100 Yuan of Sales Recenue (yuan)
总计	**Total**	330.01	29.39	11.54
按登记注册类型：	**Grouped by Registration**			
内资企业	Internal-invested Enterprises	300.83	29.94	11.62
国有企业	State-owned Enterprises	15.98	44.48	41.70
中央企业	Central Enterprises	8.89	49.47	47.93
地方企业	Local Enterprises	7.09	10.65	8.18
集体企业	Collective-owned Enterprises	5.51	33.11	9.02
股份合作企业	Enterprises Cooperated by Joint-stock	0.45	65.24	12.85
联营企业	Cooperative Enterprises	0.21	25.97	7.90
有限责任公司	Limited Liability Company	73.98	18.24	8.75
股份有限公司	Company Limited by Shares	24.31	15.29	9.43
私营企业	Individual-owned Enterprises	177.11	42.69	10.15
其他企业	Enterprises of Other Types of Ownership	3.28	53.46	12.98
港、澳、台商投资企业	Enterprises Funded by Entrepreneurs From Hong Kong, Macao and Taiwan	18.14	24.55	10.30
外商投资企业	Enterprises funded by Foreigners	11.04	22.34	10.85
按经济组织类型：	**Grouped by Ownership**			
独资企业	Enterprises Owned by a Sole Investor	51.47	43.22	24.50
合作、合伙企业	Enterprises of Partnership	18.77	42.56	12.55
股份有限公司	Company Limited by Shares	41.17	19.46	9.58
有限责任公司	Limited Liability Company	218.6	27.90	9.53
国有控股企业	**State Controlling Share Hold Enterprises**	55.04	20.72	17.87
按企业规模分：	**Grouped by Size of Enterprises**			
大型企业	Large Enterprises	69.62	24.43	15.21
中型企业	Medium-sized Enterprises	118.79	29.62	10.70
小型企业	Small Enterprises	138.45	36.37	9.99
微型企业	Miniature Enterprise	3.16	12.21	6.32

11-3 续表 11 continued

指标	Item	资产负债率 (%) Assets-Liability Ratio(%)	产品销售率 (%) Ratio of Proportion of Products Sold(%)	总资产贡献率 (%) Ratio of Total Assets to Industrial Output Vale(%)	产值利税率 (%) Ratio of Pertax Profits to Gross Output Value(%)
总计	**Total**	53.07	98.34	19.05	11.05
按登记注册类型：	**Grouped by Registration**				
内资企业	Internal-invested Enterprises	53.23	98.27	19.4	11.13
国有企业	State-owned Enterprises	53.71	98.55	39.34	39.57
中央企业	Central Enterprises	51.72	98.47	44.88	45.31
地方企业	Local Enterprises	64.74	98.99	8.69	7.92
集体企业	Collective-owned Enterprises	37.33	97.86	25.51	8.58
股份合作企业	Enterprises Cooperated by Joint-stock	30.98	99.33	49.81	12.81
联营企业	Cooperative Enterprises	39.49	98.39	22.68	6.89
有限责任公司	Limited Liability Company	61.26	98.02	11.71	8.34
股份有限公司	Company Limited by Shares	58.18	97.10	9.52	9.21
私营企业	Individual-owned Enterprises	41.77	98.43	27.22	9.73
其他企业	Enterprises of Other Types of Ownership	46.77	109.91	43.22	12.38
港、澳、台商投资企业	Enterprises Funded by Entrepreneurs From Hong Kong, Macao and Taiwan	51.46	100.33	15.27	9.73
外商投资企业	Enterprises funded by Foreigners	50.86	98.03	15.05	10.40
按经济组织类型：	**Grouped by Ownership**				
独资企业	Enterprises Owned by a Sole Investor	48.76	99.20	35.36	23.48
合作、合伙企业	Enterprises of Partnership	33.56	105.28	37.7	12.20
股份有限公司	Company Limited by Shares	54.78	97.11	11.62	9.25
有限责任公司	Limited Liability Company	53.96	98.14	17.61	9.10
国有控股企业	**State Controlling Share Hold Enterprises**	62.79	97.89	15.52	17.31
按企业规模分：	**Grouped by Size of Enterprises**				
大型企业	Large Enterprises	62.22	97.35	15.75	14.48
中型企业	Medium-sized Enterprises	48.59	97.83	19.38	10.23
小型企业	Small Enterprises	43.21	99.14	24.18	9.63
微型企业	Miniature Enterprise	57.79	99.45	6.19	5.56

11-4 规模以上工业企业行业大类主要经济指标(2014年)

Main Economic indicators of Industrial Enterprises above Designated Size by Industrial Sector(2014)

单位:亿元　　(100 million yuan)

指标	Item	资产总计 Total Assets	流动资产合计 Cir-culating Funds	应收账款 Value of Account Received
按行业划分:	**Grouped by Sector**			
煤炭开采和洗选业	Mining and Washing of Coal	366.04	88.45	15.22
石油和天然气开采业	Petroleum and Natural Gas Extraction			
黑色金属矿采选业	Mining of Ferrous Metal Ores	88.20	27.06	6.76
有色金属矿采选业	Mining of Non-ferrous Metal Ores	277.74	71.78	11.39
非金属矿采选业	Mining and Processing of Nonmetal Ores	188.32	62.21	10.15
开采辅助活动	Mining of Other Ores N.E.C			
其他采矿业	Other Mining and Dressing	0.67	0.44	0.09
农副食品加工业	Processing of Food from Agricultural Products	1021.45	394.25	70.33
食品制造业	Manufacture of Foods	351.60	129.20	25.43
酒、饮料和精制茶制造业	Manufacture of Liquor, Beverage and Refined Tea	286.22	102.81	13.61
烟草制品业	Manufacture of Tobacco	723.08	529.42	15.28
纺织业	Manufacture of Textile	307.74	126.90	24.48
纺织服装、服饰业	Manufacture of Textile Wearing and Clothing Apparel	104.22	41.68	11.82
皮革、毛皮、羽毛及其制品和制鞋业	Leather, Fur, Feather and Its Products and Footwear	122.60	43.80	8.36
木材加工和木、竹、藤、棕、草制品业	Processing of Timbers, Manufacture of Wood, Bamboo, Rattan, Palm and Straw Products	179.23	53.88	10.06
家具制造业	Manufacture of Furniture	79.69	24.79	7.55
造纸和纸制品业	Manufacture of Paper and Paper Products	534.35	216.54	39.98
印刷和记录媒介复制业	Printing,Reproduction of Recording Media	149.63	74.38	24.38
文教、工美、体育和娱乐用品制造业	Manufacture of Articles for Culture,Education and Sport Activity	75.44	30.40	8.84
石油加工、炼焦和核燃料加工业	Processing of Petroleum, Coking, Processing of Nucleus Fuel	279.18	89.12	19.36
化学原料和化学制品制造业	Manufacture of Chemical Raw Material and Chemical Products	1248.85	446.53	112.46
医药制造业	Manufacture of Medicines	409.11	175.50	36.35
化学纤维制造业	Manufacture of Chemical Fiber	18.85	5.48	0.84
橡胶和塑料制品业	Manufacture of Rubber and plastic	214.28	77.40	22.78
非金属矿物制品业	Manufacture of Non-metallic Mineral Products	1470.52	458.40	138.00
黑色金属冶炼和压延加工业	Manufacture and Processing of Ferrous Metals	1183.63	400.60	55.58
有色金属冶炼和压延加工业	Manufacture and Processing of Non-ferrous Metals	1185.23	572.92	69.12
金属制品业	Manufacture of Metal Products	442.82	193.48	64.32
通用设备制造业	Manufacture of General Purpose Machinery	843.46	444.48	190.86
专用设备制造业	Manufacture of Special Purpose Machinery	2892.50	1960.37	769.72
汽车制造业	Automobile Industry	939.90	538.75	173.56
铁路、船舶、航空航天和其他运输设备制造业	Manufacture of Railway, Marine, Aerospace and Other Transport Equipment	902.54	451.19	183.08
电气机械和器材制造业	Manufacture of Electrical Machinery and Equipment	1213.16	698.05	262.50
计算机、通信和其他电子设备制造业	Manufacture of Communication Equipment,Computer and Other Electronic Equipment	753.41	380.54	109.21
仪器仪表制造业	Manufacture of Measuring Instrument	149.99	81.71	35.46
其他制造业	Other Manufacture N.E.C	27.14	11.44	3.18
废弃资源综合利用业	Recycling and Disposal of Waste	53.17	15.78	3.83
金属制品、机械和设备修理业	Mental Products,Machine and Equipment Repair	6.35	3.91	0.97
电力、热力生产和供应业	Production and Supply of Electric Power and Heat Power	2599.40	257.30	56.38
燃气生产和供应业	Production and Distribution of Gas	110.80	36.08	3.71
水的生产和供应业	Production and Distribution of Water	225.06	62.11	13.46

11-4 续表 1 continued

单位:亿元 (100 million yuan)

指标	Item	存货 Stock	产成品 Finished Products	固定资产合计 Total Fixed Assets
按行业划分:	**Grouped by Sector**			
煤炭开采和洗选业	Mining and Washing of Coal	14.29	7.55	238.44
石油和天然气开采业	Petroleum and Natural Gas Extraction			
黑色金属矿采选业	Mining of Ferrous Metal Ores	4.98	2.07	52.65
有色金属矿采选业	Mining of Non-ferrous Metal Ores	15.89	6.56	147.57
非金属矿采选业	Mining and Processing of Nonmetal Ores	11.62	8.74	82.36
开采辅助活动	Mining of Other Ores N.E.C			
其他采矿业	Other Mining and Dressing	0.02	0.02	0.23
农副食品加工业	Processing of Food from Agricultural Products	112.42	48.15	488.56
食品制造业	Manufacture of Foods	37.11	13.49	160.44
酒、饮料和精制茶制造业	Manufacture of Liquor, Beverage and Refined Tea	41.10	15.56	134.95
烟草制品业	Manufacture of Tobacco	386.20	32.49	98.38
纺织业	Manufacture of Textile	53.30	28.01	123.47
纺织服装、服饰业	Manufacture of Textile Wearing and Clothing Apparel	8.71	5.65	49.29
皮革、毛皮、羽毛及其制品和制鞋业	Leather, Fur, Feather and Its Products and Footwear	13.85	5.86	62.24
木材加工和木、竹、藤、棕、草制品业	Processing of Timbers,Manufacture of Wood,Bamboo, Rattan,Palm and Straw Products	15.87	8.78	98.79
家具制造业	Manufacture of Furniture	8.03	5.00	44.78
造纸和纸制品业	Manufacture of Paper and Paper Products	85.77	17.44	262.63
印刷和记录媒介复制业	Printing,Reproduction of Recording Media	19.89	8.09	59.04
文教、工美、体育和娱乐用品制造业	Manufacture of Articles for Culture,Education and Sport Activity	10.84	4.68	35.84
石油加工、炼焦和核燃料加工业	Processing of Petroleum,Coking,Processing of Nucleus Fuel	39.67	13.87	177.45
化学原料和化学制品制造业	Manufacture of Chemical Raw Material and Chemical Products	120.89	60.77	591.56
医药制造业	Manufacture of Medicines	39.69	18.72	169.98
化学纤维制造业	Manufacture of Chemical Fiber	1.67	1.17	8.58
橡胶和塑料制品业	Manufacture of Rubber and plastic	21.37	12.89	99.32
非金属矿物制品业	Manufacture of Non-metallic Mineral Products	110.22	48.79	743.85
黑色金属冶炼和压延加工业	Manufacture and Processing of Ferrous Metals	119.89	26.91	618.66
有色金属冶炼和压延加工业	Manufacture and Processing of Non-ferrous Metals	224.15	61.62	450.04
金属制品业	Manufacture of Metal Products	46.97	18.95	182.76
通用设备制造业	Manufacture of General Purpose Machinery	125.50	61.81	284.98
专用设备制造业	Manufacture of Special Purpose Machinery	329.95	152.34	494.09
汽车制造业	Automobile Industry	91.30	39.78	295.06
铁路、船舶、航空航天和其他运输设备制造业	Manufacture of Railway,Marine,Aerospace and Other Transport Equipment	154.83	41.11	220.79
电气机械和器材制造业	Manufacture of Electrical Machinery and Equipment	158.57	58.42	363.32
计算机、通信和其他电子设备制造业	Manufacture of Communication Equipment,Computer and Other Electronic Equipment	70.45	26.52	294.21
仪器仪表制造业	Manufacture of Measuring Instrument	11.39	4.34	48.63
其他制造业	Other Manufacture N.E.C	3.65	1.27	12.91
废弃资源综合利用业	Recycling and Disposal of Waste	3.61	2.12	23.75
金属制品、机械和设备修理业	Mental Products,Machine and Equipment Repair	1.13	0.24	1.85
电力、热力生产和供应业	Production and Supply of Electric Power and Heat Power	32.52	1.40	2061.93
燃气生产和供应业	Production and Distribution of Gas	3.00	0.79	59.91
水的生产和供应业	Production and Distribution of Water	2.26	0.48	134.87

11-4 续表 2 continued

单位:亿元 (100 million yuan)

指标	Item	固定资产原价 Original Price of Fixed Assets	累计折旧 Accumulated Depreciation
按行业划分:	**Grouped by Sector**		
煤炭开采和洗选业	Mining and Washing of Coal	312.09	95.35
石油和天然气开采业	Petroleum and Natural Gas Extraction		
黑色金属矿采选业	Mining of Ferrous Metal Ores	61.00	11.19
有色金属矿采选业	Mining of Non-ferrous Metal Ores	152.49	41.52
非金属矿采选业	Mining and Processing of Nonmetal Ores	102.31	25.56
开采辅助活动	Mining of Other Ores N.E.C		
其他采矿业	Other Mining and Dressing	0.35	0.12
农副食品加工业	Processing of Food from Agricultural Products	621.08	187.82
食品制造业	Manufacture of Foods	207.76	55.76
酒、饮料和精制茶制造业	Manufacture of Liquor, Beverage and Refined Tea	181.29	59.02
烟草制品业	Manufacture of Tobacco	179.25	103.59
纺织业	Manufacture of Textile	177.50	59.63
纺织服装、服饰业	Manufacture of Textile Wearing and Clothing Apparel	62.88	16.13
皮革、毛皮、羽毛及其制品和制鞋业	Leather, Fur, Feather and Its Products and Footwear	76.23	20.86
木材加工和木、竹、藤、棕、草制品业	Processing of Timbers, Manufacture of Wood, Bamboo, Rattan, Palm and Straw Products	125.88	33.13
家具制造业	Manufacture of Furniture	56.55	12.77
造纸和纸制品业	Manufacture of Paper and Paper Products	363.73	111.05
印刷和记录媒介复制业	Printing,Reproduction of Recording Media	93.22	36.43
文教、工美、体育和娱乐用品制造业	Manufacture of Articles for Culture,Education and Sport Activity	45.96	13.79
石油加工、炼焦和核燃料加工业	Processing of Petroleum,Coking,Processing of Nucleus Fuel	244.10	121.53
化学原料和化学制品制造业	Manufacture of Chemical Raw Material and Chemical Products	785.12	277.55
医药制造业	Manufacture of Medicines	218.25	63.93
化学纤维制造业	Manufacture of Chemical Fiber	10.17	1.79
橡胶和塑料制品业	Manufacture of Rubber and plastic	126.54	33.83
非金属矿物制品业	Manufacture of Non-metallic Mineral Products	986.67	301.75
黑色金属冶炼和压延加工业	Manufacture and Processing of Ferrous Metals	991.63	398.78
有色金属冶炼和压延加工业	Manufacture and Processing of Non-ferrous Metals	574.84	178.97
金属制品业	Manufacture of Metal Products	228.89	68.79
通用设备制造业	Manufacture of General Purpose Machinery	358.96	98.53
专用设备制造业	Manufacture of Special Purpose Machinery	685.05	214.24
汽车制造业	Automobile Industry	376.25	127.74
铁路、船舶、航空航天和其他运输设备制造业	Manufacture of Railway,Marine,Aerospace and Other Transport Equipment	343.99	143.43
电气机械和器材制造业	Manufacture of Electrical Machinery and Equipment	416.47	116.59
计算机、通信和其他电子设备制造业	Manufacture of Communication Equipment,Computer and Other Electronic Equipment	389.56	106.81
仪器仪表制造业	Manufacture of Measuring Instrument	59.90	15.81
其他制造业	Other Manufacture N.E.C	16.65	4.23
废弃资源综合利用业	Recycling and Disposal of Waste	32.64	9.80
金属制品、机械和设备修理业	Mental Products,Machine and Equipment Repair	2.72	0.88
电力、热力生产和供应业	Production and Supply of Electric Power and Heat Power	3240.47	1262.29
燃气生产和供应业	Production and Distribution of Gas	71.09	16.38
水的生产和供应业	Production and Distribution of Water	169.73	56.55

11-4 续表 3 continued

单位:亿元 (100 million yuan)

指标	Item	负债合计 Total Liability	流动负债合计 Total Circulating Liability	应付账款 Account Payable
按行业划分:	**Grouped by Sector**			
煤炭开采和洗选业	Mining and Washing of Coal	145.96	97.86	13.35
石油和天然气开采业	Petroleum and Natural Gas Extraction			
黑色金属矿采选业	Mining of Ferrous Metal Ores	44.23	34.75	7.17
有色金属矿采选业	Mining of Non-ferrous Metal Ores	117.76	69.49	6.49
非金属矿采选业	Mining and Processing of Nonmetal Ores	92.32	66.12	10.31
开采辅助活动	Mining of Other Ores N.E.C			
其他采矿业	Other Mining and Dressing	0.38	0.07	
农副食品加工业	Processing of Food from Agricultural Products	381.47	265.35	49.31
食品制造业	Manufacture of Foods	128.35	99.37	25.20
酒、饮料和精制茶制造业	Manufacture of Liquor, Beverage and Refined Tea	106.58	75.31	13.99
烟草制品业	Manufacture of Tobacco	109.29	109.26	30.78
纺织业	Manufacture of Textile	167.78	115.00	23.48
纺织服装、服饰业	Manufacture of Textile Wearing and Clothing Apparel	38.28	27.77	6.62
皮革、毛皮、羽毛及其制品和制鞋业	Leather, Fur, Feather and Its Products and Footwear	51.98	35.45	9.84
木材加工和木、竹、藤、棕、草制品业	Processing of Timbers, Manufacture of Wood, Bamboo, Rattan, Palm and Straw Products	56.87	36.62	5.12
家具制造业	Manufacture of Furniture	30.16	11.50	2.94
造纸和纸制品业	Manufacture of Paper and Paper Products	325.36	235.10	42.37
印刷和记录媒介复制业	Printing,Reproduction of Recording Media	65.75	52.35	18.31
文教、工美、体育和娱乐用品制造业	Manufacture of Articles for Culture,Education and Sport Activity	30.47	22.58	5.16
石油加工、炼焦和核燃料加工业	Processing of Petroleum,Coking,Processing of Nucleus Fuel	168.43	148.01	20.09
化学原料和化学制品制造业	Manufacture of Chemical Raw Material and Chemical Products	558.53	408.73	89.76
医药制造业	Manufacture of Medicines	152.20	120.79	31.87
化学纤维制造业	Manufacture of Chemical Fiber	10.74	8.61	1.49
橡胶和塑料制品业	Manufacture of Rubber and plastic	86.32	61.89	14.60
非金属矿物制品业	Manufacture of Non-metallic Mineral Products	686.90	500.40	124.61
黑色金属冶炼和压延加工业	Manufacture and Processing of Ferrous Metals	823.42	715.10	128.38
有色金属冶炼和压延加工业	Manufacture and Processing of Non-ferrous Metals	655.16	460.90	67.64
金属制品业	Manufacture of Metal Products	196.88	135.71	36.45
通用设备制造业	Manufacture of General Purpose Machinery	407.96	342.89	121.11
专用设备制造业	Manufacture of Special Purpose Machinery	1707.44	931.76	234.61
汽车制造业	Automobile Industry	603.09	488.75	175.88
铁路、船舶、航空航天和其他运输设备制造业	Manufacture of Railway,Marine,Aerospace and Other Transport Equipment	474.11	407.06	178.21
电气机械和器材制造业	Manufacture of Electrical Machinery and Equipment	719.35	541.74	155.58
计算机、通信和其他电子设备制造业	Manufacture of Communication Equipment,Computer and Other Electronic Equipment	383.67	324.98	139.95
仪器仪表制造业	Manufacture of Measuring Instrument	52.39	44.79	15.38
其他制造业	Other Manufacture N.E.C	7.65	5.90	1.82
废弃资源综合利用业	Recycling and Disposal of Waste	25.35	17.39	3.99
金属制品、机械和设备修理业	Mental Products,Machine and Equipment Repair	3.64	3.59	0.97
电力、热力生产和供应业	Production and Supply of Electric Power and Heat Power	1852.19	761.94	179.81
燃气生产和供应业	Production and Distribution of Gas	71.78	58.31	12.22
水的生产和供应业	Production and Distribution of Water	147.94	85.80	10.61

11-4 续表 4 continued

单位:亿元 (100 million yuan)

指标	Item	非流动负债合计 Total Long term Liability	所有者权益合计 Total Rights of Owners	实收资本 Assets Recevied
按行业划分:	**Grouped by Sector**			
煤炭开采和洗选业	Mining and Washing of Coal	31.28	219.53	130.56
石油和天然气开采业	Petroleum and Natural Gas Extraction			
黑色金属矿采选业	Mining of Ferrous Metal Ores	5.84	43.57	28.29
有色金属矿采选业	Mining of Non-ferrous Metal Ores	42.56	159.50	85.51
非金属矿采选业	Mining and Processing of Nonmetal Ores	19.93	94.99	58.42
开采辅助活动	Mining of Other Ores N.E.C			
其他采矿业	Other Mining and Dressing		0.29	0.29
农副食品加工业	Processing of Food from Agricultural Products	49.72	630.26	286.42
食品制造业	Manufacture of Foods	19.48	223.10	91.79
酒、饮料和精制茶制造业	Manufacture of Liquor, Beverage and Refined Tea	17.75	178.83	90.55
烟草制品业	Manufacture of Tobacco	0.03	593.45	52.02
纺织业	Manufacture of Textile	21.73	139.34	73.13
纺织服装、服饰业	Manufacture of Textile Wearing and Clothing Apparel	5.99	65.86	27.67
皮革、毛皮、羽毛及其制品和制鞋业	Leather, Fur, Feather and Its Products and Footwear	10.63	67.88	34.36
木材加工和木、竹、藤、棕、草制品业	Processing of Timbers, Manufacture of Wood, Bamboo, Rattan, Palm and Straw Products	7.20	121.68	65.84
家具制造业	Manufacture of Furniture	3.47	49.52	27.68
造纸和纸制品业	Manufacture of Paper and Paper Products	79.02	208.09	124.85
印刷和记录媒介复制业	Printing,Reproduction of Recording Media	7.43	83.79	30.17
文教、工美、体育和娱乐用品制造业	Manufacture of Articles for Culture, Education and Sport Activity	4.50	44.86	354.77
石油加工、炼焦和核燃料加工业	Processing of Petroleum,Coking,Processing of Nucleus Fuel	15.07	110.74	70.73
化学原料和化学制品制造业	Manufacture of Chemical Raw Material and Chemical Products	80.18	688.86	371.23
医药制造业	Manufacture of Medicines	18.32	256.27	103.80
化学纤维制造业	Manufacture of Chemical Fiber	1.26	8.11	6.33
橡胶和塑料制品业	Manufacture of Rubber and plastic	11.33	127.13	85.05
非金属矿物制品业	Manufacture of Non-metallic Mineral Products	123.75	780.79	390.29
黑色金属冶炼和压延加工业	Manufacture and Processing of Ferrous Metals	91.73	359.55	193.16
有色金属冶炼和压延加工业	Manufacture and Processing of Non-ferrous Metals	136.67	524.63	226.48
金属制品业	Manufacture of Metal Products	27.77	245.49	111.93
通用设备制造业	Manufacture of General Purpose Machinery	31.72	432.43	170.05
专用设备制造业	Manufacture of Special Purpose Machinery	736.53	1181.90	254.60
汽车制造业	Automobile Industry	82.90	336.76	207.89
铁路、船舶、航空航天和其他运输设备制造业	Manufacture of Railway, Marine, Aerospace and Other Transport Equipment	44.80	412.62	147.42
电气机械和器材制造业	Manufacture of Electrical Machinery and Equipment	129.64	493.04	257.67
计算机、通信和其他电子设备制造业	Manufacture of Communication Equipment, Computer and Other Electronic Equipment	47.73	366.73	168.17
仪器仪表制造业	Manufacture of Measuring Instrument	5.95	97.59	22.97
其他制造业	Other Manufacture N.E.C	1.35	19.35	12.72
废弃资源综合利用业	Recycling and Disposal of Waste	2.84	27.82	20.24
金属制品、机械和设备修理业	Mental Products,Machine and Equipment Repair	0.03	2.36	1.44
电力、热力生产和供应业	Production and Supply of Electric Power and Heat Power	1046.48	744.24	426.61
燃气生产和供应业	Production and Distribution of Gas	11.82	39.02	16.75
水的生产和供应业	Production and Distribution of Water	51.42	75.09	38.93

11-4 续表5 continued

单位:亿元　　　　(100 million yuan)

指标	Item	实收资本 Paid-in capital 国家资本 National Assets	集体资本 Collective Assets	法人资本 Corperative Assets	个人资本 Individual Assets	港澳台资本 Assets from Hongkong,Macao and Taiwan Funded	外商资本 Total Rights of Owners Foreign Assets
按行业划分:	**Grouped by Sector**						
煤炭开采和洗选业	Mining and Washing of Coal	9.62	7.95	46.16	66.83		
石油和天然气开采业	Petroleum and Natural Gas Extraction						
黑色金属矿采选业	Mining of Ferrous Metal Ores		0.35	12.99	14.95		
有色金属矿采选业	Mining of Non-ferrous Metal Ores	21.96	0.53	31.16	31.32	0.53	0.01
非金属矿采选业	Mining and Processing of Nonmetal Ores	3.55	0.32	38.49	16.06		
开采辅助活动	Mining of Other Ores N.E.C						
其他采矿业	Other Mining and Dressing				0.29		
农副食品加工业	Processing of Food from Agricultural Products	4.66	5.13	196.68	74.24	2.85	2.85
食品制造业	Manufacture of Foods	1.00	3.88	54.46	27.62	4.39	0.44
酒、饮料和精制茶制造业	Manufacture of Liquor, Beverage and Refined Tea	6.89	2.48	53.26	17.61	3.91	6.41
烟草制品业	Manufacture of Tobacco	2.52	0.16	49.27	0.07		
纺织业	Manufacture of Textile	3.67	2.15	44.63	21.45	1.05	0.17
纺织服装、服饰业	Manufacture of Textile Wearing and Clothing Apparel	0.30	0.11	13.94	11.23	1.81	0.28
皮革、毛皮、羽毛及其制品和制鞋业	Leather, Fur, Feather and Its Products and Footwear	0.70		20.97	7.20	2.55	2.93
木材加工和木、竹、藤、棕、草制品业	Processing of Timbers,Manufacture of Wood, Bamboo, Rattan, Palm and Straw Products	0.23	0.46	41.19	23.41	0.20	0.35
家具制造业	Manufacture of Furniture		0.03	20.21	7.43		
造纸和纸制品业	Manufacture of Paper and Paper Products	48.77	0.91	44.14	18.29	0.31	12.43
印刷和记录媒介复制业	Printing,Reproduction of Recording Media	0.83	0.94	17.63	9.31	1.45	
文教、工美、体育和娱乐用品制造业	Manufacture of Articles for Culture, Education and Sport Activity	0.34	0.29	343.25	9.14	1.55	0.19
石油加工、炼焦和核燃料加工业	Processing of Petroleum,Coking,Processing of Nucleus Fuel	31.30	0.52	33.51	3.68	0.07	1.65
化学原料和化学制品制造业	Manufacture of Chemical Raw Material and Chemical Products	69.82	13.57	155.46	125.51	3.33	3.53
医药制造业	Manufacture of Medicines	5.06	1.84	56.70	39.32	0.33	0.56
化学纤维制造业	Manufacture of Chemical Fiber			5.42	0.35		0.56
橡胶和塑料制品业	Manufacture of Rubber and plastic	0.60	1.43	40.42	22.88	1.54	18.17
非金属矿物制品业	Manufacture of Non-metallic Mineral Products	31.19	19.99	192.36	140.00	2.06	4.69
黑色金属冶炼和压延加工业	Manufacture and Processing of Ferrous Metals	31.98	1.59	133.71	25.12	0.02	0.74
有色金属冶炼和压延加工业	Manufacture and Processing of Non-ferrous Metals	36.20	2.78	112.28	71.19	2.41	1.62
金属制品业	Manufacture of Metal Products	10.69	3.23	64.92	32.41	0.51	0.16
通用设备制造业	Manufacture of General Purpose Machinery	16.29	2.31	92.66	55.91	0.90	1.98
专用设备制造业	Manufacture of Special Purpose Machinery	25.89	4.96	143.42	55.16	17.55	7.62
汽车制造业	Automobile Industry	40.62	1.02	97.39	17.90	1.47	49.51
铁路、船舶、航空航天和其他运输设备制造业	Manufacture of Railway,Marine,Aerospace and Other Transport Equipment	99.20	1.07	23.52	10.78	5.57	7.32
电气机械和器材制造业	Manufacture of Electrical Machinery and Equipment	50.98	4.12	108.12	55.78	4.65	34.02
计算机、通信和其他电子设备制造业	Manufacture of Communication Equipment, Computer and Other Electronic Equipment	18.13	2.74	71.46	35.32	21.37	19.15
仪器仪表制造业	Manufacture of Measuring Instrument	0.25	0.94	11.47	9.67	0.60	0.04
其他制造业	Other Manufacture N.E.C	1.16	0.19	8.10	3.27		
废弃资源综合利用业	Recycling and Disposal of Waste	0.61	0.21	9.27	9.36	0.78	
金属制品、机械和设备修理业	Mental Products,Machine and Equipment Repair	0.28		0.79	0.37		
电力、热力生产和供应业	Production and Supply of Electric Power and Heat Power	210.93	45.07	97.57	19.74	23.97	29.33
燃气生产和供应业	Production and Distribution of Gas	3.71		8.10	1.77		3.17
水的生产和供应业	Production and Distribution of Water	18.35	1.85	12.77	1.06	2.76	2.15

11-4 续表 6 continued

单位:亿元 (100 million yuan)

指标	Item	主营业务收入 Revenue of Major Business	主营业务成本 Cost of Major Business	主营业务税金及附加 Tax of Major Business
按行业划分:	**Grouped by Sector**			
煤炭开采和洗选业	Mining and Washing of Coal	697.59	578.64	9.73
石油和天然气开采业	Petroleum and Natural Gas Extraction			
黑色金属矿采选业	Mining of Ferrous Metal Ores	175.54	142.63	2.22
有色金属矿采选业	Mining of Non-ferrous Metal Ores	484.56	385.00	6.77
非金属矿采选业	Mining and Processing of Nonmetal Ores	360.66	288.69	6.39
开采辅助活动	Mining of Other Ores N.E.C			
其他采矿业	Other Mining and Dressing	2.26	1.58	0.04
农副食品加工业	Processing of Food from Agricultural Products	2599.82	2229.17	25.07
食品制造业	Manufacture of Foods	856.88	714.34	8.58
酒、饮料和精制茶制造业	Manufacture of Liquor, Beverage and Refined Tea	553.23	438.55	11.00
烟草制品业	Manufacture of Tobacco	816.49	157.58	495.50
纺织业	Manufacture of Textile	588.76	512.73	5.94
纺织服装、服饰业	Manufacture of Textile Wearing and Clothing Apparel	277.54	232.97	2.52
皮革、毛皮、羽毛及其制品和制鞋业	Leather, Fur, Feather and Its Products and Footwear	378.35	320.87	3.50
木材加工和木、竹、藤、棕、草制品业	Processing of Timbers, Manufacture of Wood, Bamboo, Rattan, Palm and Straw Products	629.20	543.87	7.65
家具制造业	Manufacture of Furniture	246.48	210.18	2.71
造纸和纸制品业	Manufacture of Paper and Paper Products	620.17	528.46	7.89
印刷和记录媒介复制业	Printing,Reproduction of Recording Media	332.17	268.09	4.16
文教、工美、体育和娱乐用品制造业	Manufacture of Articles for Culture,Education and Sport Activity	262.45	215.48	3.44
石油加工、炼焦和核燃料加工业	Processing of Petroleum,Coking,Processing of Nucleus Fuel	695.72	603.13	74.57
化学原料和化学制品制造业	Manufacture of Chemical Raw Material and Chemical Products	2755.68	2272.38	56.73
医药制造业	Manufacture of Medicines	771.21	600.75	8.86
化学纤维制造业	Manufacture of Chemical Fiber	26.40	23.42	0.48
橡胶和塑料制品业	Manufacture of Rubber and plastic	529.57	453.91	6.61
非金属矿物制品业	Manufacture of Non-metallic Mineral Products	2540.52	2069.01	34.52
黑色金属冶炼和压延加工业	Manufacture and Processing of Ferrous Metals	1594.19	1424.82	13.15
有色金属冶炼和压延加工业	Manufacture and Processing of Non-ferrous Metals	2738.14	2396.84	22.00
金属制品业	Manufacture of Metal Products	970.91	830.79	11.23
通用设备制造业	Manufacture of General Purpose Machinery	1424.75	1188.64	14.04
专用设备制造业	Manufacture of Special Purpose Machinery	2570.75	2197.82	16.49
汽车制造业	Automobile Industry	1100.38	916.39	14.56
铁路、船舶、航空航天和其他运输设备制造业	Manufacture of Railway,Marine,Aerospace and Other Transport Equipment	812.55	647.52	4.87
电气机械和器材制造业	Manufacture of Electrical Machinery and Equipment	1427.52	1212.70	12.03
计算机、通信和其他电子设备制造业	Manufacture of Communication Equipment, Computer and Other Electronic Equipment	1612.47	1419.79	10.01
仪器仪表制造业	Manufacture of Measuring Instrument	226.97	176.51	2.26
其他制造业	Other Manufacture N.E.C	143.00	123.51	0.88
废弃资源综合利用业	Recycling and Disposal of Waste	141.73	122.61	1.97
金属制品、机械和设备修理业	Mental Products,Machine and Equipment Repair	10.27	8.05	0.15
电力、热力生产和供应业	Production and Supply of Electric Power and Heat Power	1335.11	1141.90	9.18
燃气生产和供应业	Production and Distribution of Gas	112.27	90.08	0.89
水的生产和供应业	Production and Distribution of Water	67.18	48.52	0.69

11-4 续表 7 continued

单位:亿元 (100 million yuan)

指标	Item	其他业务收入 Revenue of Other Business	其他业务利润 profit of Other Business	销售费用 Operation Expenses
按行业划分:	**Grouped by Sector**			
煤炭开采和洗选业	Mining and Washing of Coal	1.16	-0.08	19.03
石油和天然气开采业	Petroleum and Natural Gas Extraction			
黑色金属矿采选业	Mining of Ferrous Metal Ores	0.02		5.22
有色金属矿采选业	Mining of Non-ferrous Metal Ores	1.98	0.36	8.25
非金属矿采选业	Mining and Processing of Nonmetal Ores	0.46	0.20	14.72
开采辅助活动	Mining of Other Ores N.E.C			
其他采矿业	Other Mining and Dressing			0.33
农副食品加工业	Processing of Food from Agricultural Products	12.49	0.02	77.70
食品制造业	Manufacture of Foods	12.77	0.54	38.42
酒、饮料和精制茶制造业	Manufacture of Liquor, Beverage and Refined Tea	2.59	0.29	32.46
烟草制品业	Manufacture of Tobacco	167.17	-1.22	11.82
纺织业	Manufacture of Textile	7.78	0.08	18.29
纺织服装、服饰业	Manufacture of Textile Wearing and Clothing Apparel	0.28		10.13
皮革、毛皮、羽毛及其制品和制鞋业	Leather, Fur, Feather and Its Products and Footwear	0.06	0.03	11.89
木材加工和木、竹、藤、棕、草制品业	Processing of Timbers,Manufacture of Wood, Bamboo, Rattan, Palm and Straw Products	0.54	0.03	15.70
家具制造业	Manufacture of Furniture	0.22	0.03	7.32
造纸和纸制品业	Manufacture of Paper and Paper Products	7.66	0.71	19.96
印刷和记录媒介复制业	Printing,Reproduction of Recording Media	1.50	0.35	8.61
文教、工美、体育和娱乐用品制造业	Manufacture of Articles for Culture,Education and Sport Activity	0.31		7.14
石油加工、炼焦和核燃料加工业	Processing of Petroleum,Coking,Processing of Nucleus Fuel	5.26	-0.31	4.17
化学原料和化学制品制造业	Manufacture of Chemical Raw Material and Chemical Products	9.36	0.71	92.16
医药制造业	Manufacture of Medicines	0.82	0.01	56.54
化学纤维制造业	Manufacture of Chemical Fiber			0.42
橡胶和塑料制品业	Manufacture of Rubber and plastic	3.49	-0.08	13.30
非金属矿物制品业	Manufacture of Non-metallic Mineral Products	19.79	1.71	92.55
黑色金属冶炼和压延加工业	Manufacture and Processing of Ferrous Metals	69.32	1.91	25.08
有色金属冶炼和压延加工业	Manufacture and Processing of Non-ferrous Metals	50.08	0.59	25.91
金属制品业	Manufacture of Metal Products	2.93	0.10	26.23
通用设备制造业	Manufacture of General Purpose Machinery	5.96	0.59	40.19
专用设备制造业	Manufacture of Special Purpose Machinery	13.44	1.23	101.01
汽车制造业	Automobile Industry	17.17	2.51	32.10
铁路、船舶、航空航天和其他运输设备制造业	Manufacture of Railway,Marine,Aerospace and Other Transport Equipment	11.01	1.84	31.27
电气机械和器材制造业	Manufacture of Electrical Machinery and Equipment	6.07	2.45	50.26
计算机、通信和其他电子设备制造业	Manufacture of Communication Equipment, Computer and Other Electronic Equipment	4.39	0.29	24.33
仪器仪表制造业	Manufacture of Measuring Instrument	3.63	1.82	10.48
其他制造业	Other Manufacture N.E.C	0.05	0.01	4.77
废弃资源综合利用业	Recycling and Disposal of Waste	0.46		2.28
金属制品、机械和设备修理业	Mental Products,Machine and Equipment Repair	0.03		0.22
电力、热力生产和供应业	Production and Supply of Electric Power and Heat Power	4.13	1.98	6.17
燃气生产和供应业	Production and Distribution of Gas	1.61	0.14	3.87
水的生产和供应业	Production and Distribution of Water	2.52	0.50	4.25

11-4 续表 8 continued

单位:亿元 (100 million yuan)

指标	Item	管理费用 Management Expense	税金 Tax	财务费用 Financial Expense	利息收入 Interest Revenue	利息支出 Interest Expense
按行业划分:	**Grouped by Sector**					
煤炭开采和洗选业	Mining and Washing of Coal	31.17	0.97	4.50	0.06	3.48
石油和天然气开采业	Petroleum and Natural Gas Extraction					
黑色金属矿采选业	Mining of Ferrous Metal Ores	7.93	0.89	2.00	0.01	1.43
有色金属矿采选业	Mining of Non-ferrous Metal Ores	26.81	0.99	3.69	0.12	3.16
非金属矿采选业	Mining and Processing of Nonmetal Ores	18.08	2.46	3.56	0.04	2.96
开采辅助活动	Mining of Other Ores N.E.C					
其他采矿业	Other Mining and Dressing	0.36		0.01		0.01
农副食品加工业	Processing of Food from Agricultural Products	91.86	7.32	25.29	0.68	20.19
食品制造业	Manufacture of Foods	35.47	3.24	7.86	0.49	6.97
酒、饮料和精制茶制造业	Manufacture of Liquor, Beverage and Refined Tea	24.60	1.90	5.08	0.34	4.09
烟草制品业	Manufacture of Tobacco	41.81	1.36	-1.27	1.22	-0.04
纺织业	Manufacture of Textile	22.19	2.32	8.27	0.27	6.98
纺织服装、服饰业	Manufacture of Textile Wearing and Clothing Apparel	11.23	0.56	2.04	0.01	1.56
毛皮、羽毛及其制品和制鞋业	Leather, Fur, Feather and Its Products and Footwear	12.26	0.77	3.49	0.06	3.20
木材加工和木、竹、藤、棕、草制品业	Processing of Timbers,Manufacture of Wood,Bamboo, Rattan,Palm and Straw Products	24.21	1.26	4.93	0.05	3.55
家具制造业	Manufacture of Furniture	7.52	0.65	2.13	0.04	1.81
造纸和纸制品业	Manufacture of Paper and Paper Products	27.64	1.81	15.59	0.54	14.47
印刷和记录媒介复制业	Printing,Reproduction of Recording Media	12.64	0.76	2.38	0.15	1.99
文教、工美、体育和娱乐用品制造业	Manufacture of Articles for Culture,Education and Sport Activity	9.80	0.76	2.09	0.04	1.64
石油加工、炼焦和核燃料加工业	Processing of Petroleum,Coking,Processing of Nucleus Fuel	23.19	0.44	4.87	0.32	5.09
化学原料和化学制品制造业	Manufacture of Chemical Raw Material and Chemical Products	121.65	6.47	31.04	1.11	24.40
医药制造业	Manufacture of Medicines	41.95	2.18	5.54	0.23	4.49
化学纤维制造业	Manufacture of Chemical Fiber	0.50	0.13	0.20	0.01	0.12
橡胶和塑料制品业	Manufacture of Rubber and plastic	17.55	1.04	3.67	0.05	2.76
非金属矿物制品业	Manufacture of Non-metallic Mineral Products	107.46	7.07	30.37	2.36	25.36
黑色金属冶炼和压延加工业	Manufacture and Processing of Ferrous Metals	49.96	2.60	27.41	3.38	28.80
有色金属冶炼和压延加工业	Manufacture and Processing of Non-ferrous Metals	63.32	3.68	23.10	2.87	21.28
金属制品业	Manufacture of Metal Products	40.01	2.24	6.72	0.31	5.41
通用设备制造业	Manufacture of General Purpose Machinery	63.57	3.58	10.98	0.83	9.68
专用设备制造业	Manufacture of Special Purpose Machinery	112.93	5.39	37.59	15.21	46.45
汽车制造业	Automobile Industry	51.55	3.65	7.65	0.90	8.14
铁路、船舶、航空航天和其他运输设备制造业	Manufacture of Railway,Marine,Aerospace and Other Transport Equipment	63.98	1.60	2.77	1.66	4.69
电气机械和器材制造业	Manufacture of Electrical Machinery and Equipment	61.82	3.53	20.49	1.77	18.95
计算机、通信和其他电子设备制造业	Manufacture of Communication Equipment,Computer and Other Electronic Equipment	62.48	2.56	6.49	0.44	5.41
仪器仪表制造业	Manufacture of Measuring Instrument	14.24	1.01	2.54	0.26	2.20
其他制造业	Other Manufacture N.E.C	5.96	0.35	0.95	0.02	0.74
废弃资源综合利用业	Recycling and Disposal of Waste	4.29	0.10	0.56		0.34
金属制品、机械和设备修理业	Mental Products,Machine and Equipment Repair	0.63		-0.02	0.03	0.01
电力、热力生产和供应业	Production and Supply of Electric Power and Heat Power	30.86	1.33	75.09	0.28	71.97
燃气生产和供应业	Production and Distribution of Gas	6.21	0.37	0.67	0.12	0.64
水的生产和供应业	Production and Distribution of Water	8.57	0.62	3.71	0.02	3.67

11-4 续表 9 continued

单位:亿元 (100 million yuan)

指标	Item	营业利润 Operating Profit	投资收益 Income from Investment	补贴收入 Income from Subsidy	营业外收入 Non-operating Income	利润总额 Total Profit
按行业划分:	**Grouped by Sector**					
煤炭开采和洗选业	Mining and Washing of Coal	45.51	-4.69	1.04	1.40	41.99
石油和天然气开采业	Petroleum and Natural Gas Extraction					
黑色金属矿采选业	Mining of Ferrous Metal Ores	9.28	-2.15	0.10	0.13	9.23
有色金属矿采选业	Mining of Non-ferrous Metal Ores	28.49	-5.49	0.66	1.69	24.01
非金属矿采选业	Mining and Processing of Nonmetal Ores	24.85	-3.12	1.02	0.69	23.23
开采辅助活动	Mining of Other Ores N.E.C					
其他采矿业	Other Mining and Dressing	0.11				0.03
农副食品加工业	Processing of Food from Agricultural Products	125.45	-3.23	2.45	3.38	107.31
食品制造业	Manufacture of Foods	47.97	-1.36	0.46	0.92	47.36
酒、饮料和精制茶制造业	Manufacture of Liquor, Beverage and Refined Tea	30.51	-1.92	0.30	1.29	28.94
烟草制品业	Manufacture of Tobacco	115.03	5.37	4.62	5.14	117.30
纺织业	Manufacture of Textile	23.52	0.05	0.28	1.05	20.04
纺织服装、服饰业	Manufacture of Textile Wearing and Clothing Apparel	14.88	-0.17	0.06	0.27	14.40
皮革、毛皮、羽毛及其制品和制鞋业	Leather, Fur, Feather and Its Products and Footwear	20.56	-0.99	1.04	1.02	17.66
木材加工和木、竹、藤、棕、草制品业	Processing of Timbers, Manufacture of Wood, Bamboo, Rattan, Palm and Straw Products	32.43	0.28	0.36	0.20	29.75
家具制造业	Manufacture of Furniture	19.88	0.75	0.01	0.11	13.52
造纸和纸制品业	Manufacture of Paper and Paper Products	20.19	0.74	2.56	9.20	24.39
印刷和记录媒介复制业	Printing,Reproduction of Recording Media	30.47	-0.27	0.30	0.34	29.72
文教、工美、体育和娱乐用品制造业	Manufacture of Articles for Culture, Education and Sport Activity	18.22	-0.05	0.27	0.33	17.26
石油加工、炼焦和核燃料加工业	Processing of Petroleum,Coking,Processing of Nucleus Fuel	-12.66	0.22	0.46	1.29	-12.37
化学原料和化学制品制造业	Manufacture of Chemical Raw Material and Chemical Products	157.98	-3.67	1.56	4.57	147.51
医药制造业	Manufacture of Medicines	52.95	-0.44	0.36	2.54	53.79
化学纤维制造业	Manufacture of Chemical Fiber	1.19	0.04		0.09	1.00
橡胶和塑料制品业	Manufacture of Rubber and plastic	30.07	-0.12	0.82	0.66	26.19
非金属矿物制品业	Manufacture of Non-metallic Mineral Products	158.60	-3.09	5.02	12.19	152.29
黑色金属冶炼和压延加工业	Manufacture and Processing of Ferrous Metals	47.60	3.35	0.38	3.67	48.99
有色金属冶炼和压延加工业	Manufacture and Processing of Non-ferrous Metals	102.63	-10.45	2.29	7.13	88.62
金属制品业	Manufacture of Metal Products	55.72	0.68	1.28	2.92	55.79
通用设备制造业	Manufacture of General Purpose Machinery	85.88	-4.90	1.25	3.31	79.01
专用设备制造业	Manufacture of Special Purpose Machinery	109.47	16.92	2.11	19.95	119.18
汽车制造业	Automobile Industry	52.10	-0.80	-6.01	0.45	46.12
铁路、船舶、航空航天和其他运输设备制造业	Manufacture of Railway,Marine,Aerospace and Other Transport Equipment	65.11	4.27	3.89	5.60	68.46
电气机械和器材制造业	Manufacture of Electrical Machinery and Equipment	66.12	-7.62	2.48	4.18	56.37
计算机、通信和其他电子设备制造业	Manufacture of Communication Equipment, Computer	73.93	-4.05	5.53	7.19	67.96
仪器仪表制造业	Manufacture of Measuring Instrument	19.11	-2.25	0.38	0.84	17.57
其他制造业	Other Manufacture N.E.C	4.60	0.05	0.17	0.18	4.68
废弃资源综合利用业	Recycling and Disposal of Waste	9.40	0.04	0.56	0.81	7.00
金属制品、机械和设备修理业	Mental Products,Machine and Equipment Repair	1.22				0.54
电力、热力生产和供应业	Production and Supply of Electric Power and Heat Power	63.88	1.98	3.29	17.83	78.16
燃气生产和供应业	Production and Distribution of Gas	10.49	0.46	0.53	1.20	11.51
水的生产和供应业	Production and Distribution of Water	3.14	0.17	0.19	0.84	3.80

11-4 续表 10 continued

单位:亿元 (100 million yuan)

指标	Item	亏损企业亏损总额 Total Loss of Enterprises Running under Deficit	利税总额 Total Taxes	本年应付职工薪酬 Total Sum of Wages Payable this Year
按行业划分:	**Grouped by Sector**			
煤炭开采和洗选业	Mining and Washing of Coal	4.77	88.57	75.58
石油和天然气开采业	Petroleum and Natural Gas Extraction			
黑色金属矿采选业	Mining of Ferrous Metal Ores	0.56	18.83	7.00
有色金属矿采选业	Mining of Non-ferrous Metal Ores	0.38	55.44	26.53
非金属矿采选业	Mining and Processing of Nonmetal Ores	1.52	42.22	16.82
开采辅助活动	Mining of Other Ores N.E.C			
其他采矿业	Other Mining and Dressing		0.12	0.22
农副食品加工业	Processing of Food from Agricultural Products	2.43	208.44	86.34
食品制造业	Manufacture of Foods	0.41	85.77	41.31
酒、饮料和精制茶制造业	Manufacture of Liquor, Beverage and Refined Tea	2.92	59.83	24.58
烟草制品业	Manufacture of Tobacco	0.10	720.72	34.74
纺织业	Manufacture of Textile	3.81	49.26	32.97
纺织服装、服饰业	Manufacture of Textile Wearing and Clothing Apparel	0.04	25.25	23.17
皮革、毛皮、羽毛及其制品和制鞋业	Leather, Fur, Feather and Its Products and Footwear	0.33	31.92	37.98
木材加工和木、竹、藤、棕、草制品业	Processing of Timbers,Manufacture of Wood,Bamboo, Rattan,Palm and Straw Products	0.09	60.76	29.43
家具制造业	Manufacture of Furniture		24.01	11.42
造纸和纸制品业	Manufacture of Paper and Paper Products	5.11	53.66	26.10
印刷和记录媒介复制业	Printing,Reproduction of Recording Media	0.49	46.12	14.54
文教、工美、体育和娱乐用品制造业	Manufacture of Articles for Culture,Education and Sport Activity	0.03	29.71	14.24
石油加工、炼焦和核燃料加工业	Processing of Petroleum,Coking,Processing of Nucleus Fuel	19.43	91.66	17.20
化学原料和化学制品制造业	Manufacture of Chemical Raw Material and Chemical Products	15.62	315.82	158.45
医药制造业	Manufacture of Medicines	1.92	103.97	32.82
化学纤维制造业	Manufacture of Chemical Fiber		2.43	1.11
橡胶和塑料制品业	Manufacture of Rubber and plastic	0.54	51.68	20.25
非金属矿物制品业	Manufacture of Non-metallic Mineral Products	4.13	285.55	146.78
黑色金属冶炼和压延加工业	Manufacture and Processing of Ferrous Metals	2.06	111.66	61.06
有色金属冶炼和压延加工业	Manufacture and Processing of Non-ferrous Metals	9.31	205.18	70.29
金属制品业	Manufacture of Metal Products	0.98	96.77	36.19
通用设备制造业	Manufacture of General Purpose Machinery	2.63	137.01	61.26
专用设备制造业	Manufacture of Special Purpose Machinery	3.62	203.45	118.67
汽车制造业	Automobile Industry	9.63	82.24	61.20
铁路、船舶、航空航天和其他运输设备制造业	Manufacture of Railway,Marine,Aerospace and Other Transport Equipment	0.92	105.46	66.85
电气机械和器材制造业	Manufacture of Electrical Machinery and Equipment	6.38	111.21	59.86
计算机、通信和其他电子设备制造业	Manufacture of Communication Equipment,Computer and Other Electronic Equipment	9.27	128.20	91.16
仪器仪表制造业	Manufacture of Measuring Instrument	0.10	28.35	10.35
其他制造业	Other Manufacture N.E.C	0.01	9.28	8.45
废弃资源综合利用业	Recycling and Disposal of Waste	0.15	14.42	4.10
金属制品、机械和设备修理业	Mental Products,Machine and Equipment Repair		1.00	1.62
电力、热力生产和供应业	Production and Supply of Electric Power and Heat Power	7.10	157.24	106.24
燃气生产和供应业	Production and Distribution of Gas	0.06	14.86	3.82
水的生产和供应业	Production and Distribution of Water	0.71	6.96	10.84

11-4 续表 11 continued

单位:亿元 (100 million yuan)

指标	Item	本年应交增值税 Value Added Payable of the Current Year
按行业划分:	**Grouped by Sector**	
煤炭开采和洗选业	Mining and Washing of Coal	35.90
石油和天然气开采业	Petroleum and Natural Gas Extraction	
黑色金属矿采选业	Mining of Ferrous Metal Ores	7.36
有色金属矿采选业	Mining of Non-ferrous Metal Ores	24.49
非金属矿采选业	Mining and Processing of Nonmetal Ores	12.59
开采辅助活动	Mining of Other Ores N.E.C	
其他采矿业	Other Mining and Dressing	0.04
农副食品加工业	Processing of Food from Agricultural Products	75.90
食品制造业	Manufacture of Foods	29.81
酒、饮料和精制茶制造业	Manufacture of Liquor, Beverage and Refined Tea	19.87
烟草制品业	Manufacture of Tobacco	107.92
纺织业	Manufacture of Textile	23.21
纺织服装、服饰业	Manufacture of Textile Wearing and Clothing Apparel	8.31
皮革、毛皮、羽毛及其制品和制鞋业	Leather, Fur, Feather and Its Products and Footwear	10.74
木材加工和木、竹、藤、棕、草制品业	Processing of Timbers,Manufacture of Wood, Bamboo, Rattan, Palm and Straw Products	23.34
家具制造业	Manufacture of Furniture	7.77
造纸和纸制品业	Manufacture of Paper and Paper Products	21.22
印刷和记录媒介复制业	Printing,Reproduction of Recording Media	12.21
文教、工美、体育和娱乐用品制造业	Manufacture of Articles for Culture,Education and Sport Activity	8.92
石油加工、炼焦和核燃料加工业	Processing of Petroleum,Coking, Processing of Nucleus Fuel	29.45
化学原料和化学制品制造业	Manufacture of Chemical Raw Material and Chemical Products	110.90
医药制造业	Manufacture of Medicines	41.28
化学纤维制造业	Manufacture of Chemical Fiber	0.95
橡胶和塑料制品业	Manufacture of Rubber and plastic	18.81
非金属矿物制品业	Manufacture of Non-metallic Mineral Products	98.22
黑色金属冶炼和压延加工业	Manufacture and Processing of Ferrous Metals	48.95
有色金属冶炼和压延加工业	Manufacture and Processing of Non-ferrous Metals	94.47
金属制品业	Manufacture of Metal Products	29.68
通用设备制造业	Manufacture of General Purpose Machinery	39.70
专用设备制造业	Manufacture of Special Purpose Machinery	67.69
汽车制造业	Automobile Industry	21.52
铁路、船舶、航空航天和其他运输设备制造业	Manufacture of Railway,Marine,Aerospace and Other Transport Equipment	31.92
电气机械和器材制造业	Manufacture of Electrical Machinery and Equipment	42.19
计算机、通信和其他电子设备制造业	Manufacture of Communication Equipment, Computer and Other Electronic Equipment	50.00
仪器仪表制造业	Manufacture of Measuring Instrument	8.51
其他制造业	Other Manufacture N.E.C	3.72
废弃资源综合利用业	Recycling and Disposal of Waste	5.44
金属制品、机械和设备修理业	Mental Products,Machine and Equipment Repair	0.29
电力、热力生产和供应业	Production and Supply of Electric Power and Heat Power	69.85
燃气生产和供应业	Production and Distribution of Gas	2.43
水的生产和供应业	Production and Distribution of Water	2.42

11-4 续表12 continued

指标	Item	全部从业人员年平均人数（万人） Average Number of Empolyment of the Current Year (10000persons)	百元固定资产原价实现利税（元） Per-tax Profits per 100 Yuan of Original Value of Fix Assets (yuan)	每百元销售收入实现的利税（元） Per-tax Profits per 100 Yuan of Sales Recenue(yuan)
按行业划分:	**Grouped by Sector**			
煤炭开采和洗选业	Mining and Washing of Coal	18.24	28.38	12.68
石油和天然气开采业	Petroleum and Natural Gas Extraction			
黑色金属矿采选业	Mining of Ferrous Metal Ores	1.87	30.87	10.73
有色金属矿采选业	Mining of Non-ferrous Metal Ores	6.01	36.36	11.39
非金属矿采选业	Mining and Processing of Nonmetal Ores	4.12	41.27	11.69
开采辅助活动	Mining of Other Ores N.E.C			
其他采矿业	Other Mining and Dressing	0.03	34.29	5.31
农副食品加工业	Processing of Food from Agricultural Products	20.46	33.56	7.98
食品制造业	Manufacture of Foods	10.04	41.28	9.86
酒、饮料和精制茶制造业	Manufacture of Liquor, Beverage and Refined Tea	6.08	33.00	10.76
烟草制品业	Manufacture of Tobacco	1.49	402.08	73.27
纺织业	Manufacture of Textile	9.25	27.75	8.26
纺织服装、服饰业	Manufacture of Textile Wearing and Clothing Apparel	5.61	40.16	9.09
皮革、毛皮、羽毛及其制品和制鞋业	Leather, Fur, Feather and Its Products and Footwear	10.49	41.87	8.44
木材加工和木、竹、藤、棕、草制品业	Processing of Timbers,Manufacture of Wood, Bamboo, Rattan, Palm and Straw Products	8.00	48.27	9.65
家具制造业	Manufacture of Furniture	2.61	42.46	9.73
造纸和纸制品业	Manufacture of Paper and Paper Products	6.73	14.75	8.55
印刷和记录媒介复制业	Printing,Reproduction of Recording Media	3.11	49.47	13.82
文教、工美、体育和娱乐用品制造业	Manufacture of Articles for Culture, Education and Sport Activity	3.35	64.64	11.31
石油加工、炼焦和核燃料加工业	Processing of Petroleum,Coking,Processing of Nucleus Fuel	2.17	37.55	13.08
化学原料和化学制品制造业	Manufacture of Chemical Raw Material and Chemical Products	36.35	40.23	11.42
医药制造业	Manufacture of Medicines	6.63	47.64	13.47
化学纤维制造业	Manufacture of Chemical Fiber	0.28	23.89	9.20
橡胶和塑料制品业	Manufacture of Rubber and plastic	5.00	40.84	9.69
非金属矿物制品业	Manufacture of Non-metallic Mineral Products	33.70	28.94	11.15
黑色金属冶炼和压延加工业	Manufacture and Processing of Ferrous Metals	11.89	11.26	6.71
有色金属冶炼和压延加工业	Manufacture and Processing of Non-ferrous Metals	13.13	35.69	7.36
金属制品业	Manufacture of Metal Products	8.83	42.28	9.94
通用设备制造业	Manufacture of General Purpose Machinery	13.00	38.17	9.58
专用设备制造业	Manufacture of Special Purpose Machinery	17.58	29.70	7.87
汽车制造业	Automobile Industry	10.12	21.86	7.36
铁路、船舶、航空航天和其他运输设备制造业	Manufacture of Railway,Marine,Aerospace and Other Transport Equipment	6.48	30.66	12.81
电气机械和器材制造业	Manufacture of Electrical Machinery and Equipment	11.48	26.70	7.76
计算机、通信和其他电子设备制造业	Manufacture of Communication Equipment, Computer and Other Electronic Equipment	19.16	32.91	7.93
仪器仪表制造业	Manufacture of Measuring Instrument	2.06	47.33	12.29
其他制造业	Other Manufacture N.E.C	1.66	55.74	6.49
废弃资源综合利用业	Recycling and Disposal of Waste	1.03	44.18	10.14
金属制品、机械和设备修理业	Mental Products,Machine and Equipment Repair	0.22	36.76	9.71
电力、热力生产和供应业	Production and Supply of Electric Power and Heat Power	13.05	4.85	11.74
燃气生产和供应业	Production and Distribution of Gas	0.71	20.90	13.05
水的生产和供应业	Production and Distribution of Water	2.14	4.10	9.98

11-4 续表13 continued

指标	Item	资产负债率(%) Assets-Liability Ratio(%)	产品销售率（%） Proportion of Products Sold（%）
按行业划分:	**Grouped by Sector**		
煤炭开采和洗选业	Mining and Washing of Coal	39.87	98.87
石油和天然气开采业	Petroleum and Natural Gas Extraction		
黑色金属矿采选业	Mining of Ferrous Metal Ores	50.15	97.62
有色金属矿采选业	Mining of Non-ferrous Metal Ores	42.40	99.30
非金属矿采选业	Mining and Processing of Nonmetal Ores	49.02	98.98
开采辅助活动	Mining of Other Ores N.E.C		
其他采矿业	Other Mining and Dressing	56.40	88.39
农副食品加工业	Processing of Food from Agricultural Products	37.35	98.52
食品制造业	Manufacture of Foods	36.51	98.69
酒、饮料和精制茶制造业	Manufacture of Liquor, Beverage and Refined Tea	37.24	100.72
烟草制品业	Manufacture of Tobacco	15.12	97.82
纺织业	Manufacture of Textile	54.52	96.65
纺织服装、服饰业	Manufacture of Textile Wearing and Clothing Apparel	36.73	99.20
皮革、毛皮、羽毛及其制品和制鞋业	Leather, Fur, Feather and Its Products and Footwear	42.40	99.10
木材加工和木、竹、藤、棕、草制品业	Processing of Timbers,Manufacture of Wood, Bamboo, Rattan, Palm and Straw Products	31.73	97.42
家具制造业	Manufacture of Furniture	37.85	98.65
造纸和纸制品业	Manufacture of Paper and Paper Products	60.89	106.01
印刷和记录媒介复制业	Printing,Reproduction of Recording Media	43.94	98.05
文教、工美、体育和娱乐用品制造业	Manufacture of Articles for Culture, Education and Sport Activity	40.39	103.20
石油加工、炼焦和核燃料加工业	Processing of Petroleum,Coking, Processing of Nucleus Fuel	60.33	100.53
化学原料和化学制品制造业	Manufacture of Chemical Raw Material and Chemical Products	44.72	97.46
医药制造业	Manufacture of Medicines	37.20	96.90
化学纤维制造业	Manufacture of Chemical Fiber	56.98	97.94
橡胶和塑料制品业	Manufacture of Rubber and plastic	40.29	103.79
非金属矿物制品业	Manufacture of Non-metallic Mineral Products	46.71	99.06
黑色金属冶炼和压延加工业	Manufacture and Processing of Ferrous Metals	69.57	98.82
有色金属冶炼和压延加工业	Manufacture and Processing of Non-ferrous Metals	55.28	98.80
金属制品业	Manufacture of Metal Products	44.46	97.99
通用设备制造业	Manufacture of General Purpose Machinery	48.37	98.21
专用设备制造业	Manufacture of Special Purpose Machinery	59.03	95.26
汽车制造业	Automobile Industry	64.17	97.61
铁路、船舶、航空航天和其他运输设备制造业	Manufacture of Railway,Marine,Aerospace and Other Transport Equipment	52.53	97.03
电气机械和器材制造业	Manufacture of Electrical Machinery and Equipment	59.30	97.09
计算机、通信和其他电子设备制造业	Manufacture of Communication Equipment,Computer and Other Electronic Equipment	50.92	98.46
仪器仪表制造业	Manufacture of Measuring Instrument	34.93	95.95
其他制造业	Other Manufacture N.E.C	28.21	96.22
废弃资源综合利用业	Recycling and Disposal of Waste	47.68	99.20
金属制品、机械和设备修理业	Mental Products,Machine and Equipment Repair	57.38	99.01
电力、热力生产和供应业	Production and Supply of Electric Power and Heat Power	71.25	99.22
燃气生产和供应业	Production and Distribution of Gas	64.79	99.04
水的生产和供应业	Production and Distribution of Water	65.73	94.51

11-4 续表14 continued

指标	Item	总资产贡献率（%） Ratio of Per-tax Profits to Total Capital (%)	产值利税率（%） Ratio of Per-tax Profits to Gross Output Value (%)
按行业划分：	**Grouped by Sector**		
煤炭开采和洗选业	Mining and Washing of Coal	25.13	12.77
石油和天然气开采业	Petroleum and Natural Gas Extraction		
黑色金属矿采选业	Mining of Ferrous Metal Ores	22.96	10.51
有色金属矿采选业	Mining of Non-ferrous Metal Ores	21.05	11.48
非金属矿采选业	Mining and Processing of Nonmetal Ores	23.97	10.93
开采辅助活动	Mining of Other Ores N.E.C	0.00	
其他采矿业	Other Mining and Dressing	19.26	5.15
农副食品加工业	Processing of Food from Agricultural Products	22.32	7.71
食品制造业	Manufacture of Foods	26.24	9.58
酒、饮料和精制茶制造业	Manufacture of Liquor, Beverage and Refined Tea	22.21	9.82
烟草制品业	Manufacture of Tobacco	99.50	86.10
纺织业	Manufacture of Textile	18.19	7.88
纺织服装、服饰业	Manufacture of Textile Wearing and Clothing Apparel	25.72	8.99
皮革、毛皮、羽毛及其制品和制鞋业	Leather, Fur, Feather and Its Products and Footwear	28.60	8.20
木材加工和木、竹、藤、棕、草制品业	Processing of Timbers,Manufacture of Wood ,Bamboo, Rattan, Palm and Straw Products	35.85	9.01
家具制造业	Manufacture of Furniture	32.35	9.55
造纸和纸制品业	Manufacture of Paper and Paper Products	12.65	8.21
印刷和记录媒介复制业	Printing,Reproduction of Recording Media	32.06	13.45
文教、工美、体育和娱乐用品制造业	Manufacture of Articles for Culture,Education and Sport Activity	41.50	11.11
石油加工、炼焦和核燃料加工业	Processing of Petroleum,Coking,Processing of Nucleus Fuel	34.54	12.47
化学原料和化学制品制造业	Manufacture of Chemical Raw Material and Chemical Products	27.15	10.85
医药制造业	Manufacture of Medicines	26.46	12.79
化学纤维制造业	Manufacture of Chemical Fiber	13.46	8.65
橡胶和塑料制品业	Manufacture of Rubber and plastic	25.38	9.49
非金属矿物制品业	Manufacture of Non-metallic Mineral Products	20.98	10.79
黑色金属冶炼和压延加工业	Manufacture and Processing of Ferrous Metals	11.58	7.04
有色金属冶炼和压延加工业	Manufacture and Processing of Non-ferrous Metals	18.86	7.44
金属制品业	Manufacture of Metal Products	23.01	9.29
通用设备制造业	Manufacture of General Purpose Machinery	17.29	9.03
专用设备制造业	Manufacture of Special Purpose Machinery	8.11	7.32
汽车制造业	Automobile Industry	9.52	7.02
铁路、船舶、航空航天和其他运输设备制造业	Manufacture of Railway,Marine,Aerospace and Other Transport Equipment	12.02	11.35
电气机械和器材制造业	Manufacture of Electrical Machinery and Equipment	10.58	7.49
计算机、通信和其他电子设备制造业	Manufacture of Communication Equipment,Computer and Other Electronic Equipment	17.68	7.60
仪器仪表制造业	Manufacture of Measuring Instrument	20.19	11.78
其他制造业	Other Manufacture N.E.C	36.83	6.41
废弃资源综合利用业	Recycling and Disposal of Waste	27.76	10.07
金属制品、机械和设备修理业	Mental Products,Machine and Equipment Repair	15.39	9.57
电力、热力生产和供应业	Production and Supply of Electric Power and Heat Power	8.81	11.63
燃气生产和供应业	Production and Distribution of Gas	13.89	13.38
水的生产和供应业	Production and Distribution of Water	4.71	9.93

11-5 规模以上国有控股工业企业主要经济指标(2014年)

Major Economic Indications of State-owned Share Holding Industrial Enterprises above Designated Size(2014)

单位:亿元 (100 million yuan)

指标	Item	企业单位数(个) Number of Enterprises (unit)	#亏损企业 Loss-making Enterprises
总计	**Total**	**754**	**176**
在总计中:	Of the Total		
亏损企业	Enterprises running under Deficit	176	176
在总计中:	Of the Total		
中央企业	Central Enterprises	149	41
地方企业	Local Enterprises	605	135
在总计中:	Of the Total		
大型企业	Large Scale Enterprises	74	21
中型企业	Medium Scale Enterprises	256	66
小型企业	Small Enterprises	389	81
微型企业	Microenterprise	35	8
按行业分	Grouped by Sector		
煤炭开采和洗选业	Mining and Washing of Coal	41	21
石油和天然气开采业	Petroleum and Natural Gas Extraction		
黑色金属矿采选业	Mining of Ferrous Metal Ores		
有色金属矿采选业	Mining of Non-ferrous Metal Ores	20	1
非金属矿采选业	Mining and Processing of Nonmetal Ores	7	2
开采辅助活动	Mining of Other Ores N.E.C		
其他采矿业	Other Mining and Dressing		
农副食品加工业	Processing of Food from Agricultural Products	38	5
食品制造业	Manufacture of Foods	7	
酒、饮料和精制茶制造业	Manufacture of Liquor, Beverage and Refined Tea	8	3
烟草制品业	Manufacture of Tobacco	7	1
纺织业	Manufacture of Textile	7	4
纺织服装、服饰业	Manufacture of Textile Wearing and Clothing Apparel	2	
皮革、毛皮、羽毛及其制品和制鞋业	Leather, Fur, Feather and Its Products and Footwear	1	
木材加工和木、竹、藤、棕、草制品业	Processing of Timbers, Manufacture of Wood, Bamboo, Rattan, Palm and Straw Products	5	
家具制造业	Manufacture of Furniture		
造纸和纸制品业	Manufacture of Paper and Paper Products	8	4
印刷和记录媒介复制业	Printing, Reproduction of Recording Media	9	2
文教、工美、体育和娱乐用品制造业	Manufacture of Articles for Culture,Education and Sport Activity	3	
石油加工、炼焦和核燃料加工业	Processing of Petroleum,Coking,Processing of Nucleus Fuel	7	3
化学原料和化学制品制造业	Manufacture of Chemical Raw Material and Chemical Products	37	14
医药制造业	Manufacture of Medicines	14	4
化学纤维制造业	Manufacture of Chemical Fiber	1	
橡胶和塑料制品业	Manufacture of Rubber and plastic	3	1
非金属矿物制品业	Manufacture of Non-metallic Mineral Products	78	12
黑色金属冶炼和压延加工业	Manufacture and Processing of Ferrous Metals	13	3
有色金属冶炼和压延加工业	Manufacture and Processing of Non-ferrous Metals	32	10
金属制品业	Manufacture of Metal Products	19	4
通用设备制造业	Manufacture of General Purpose Machinery	38	8
专用设备制造业	Manufacture of Special Purpose Machinery	35	14
汽车制造业	Automobile Industry	37	7
铁路、船舶、航空航天和其他运输设备制造业	Manufacture of Railway,Marine,Aerospace and Other Transport Equipment	18	3
电气机械和器材制造业	Manufacture of Electrical Machinery and Equipment	28	6
计算机、通信和其他电子设备制造业	Manufacture of Communication Equipment, Computer and Other Electronic Equipment	12	4
仪器仪表制造业	Manufacture of Measuring Instrument	3	
其他制造业	Other Manufacture N.E.C	3	
废弃资源综合利用业	Recycling and Disposal of Waste	3	
金属制品、机械和设备修理业	Mental Products,Machine and Equipment Repair	2	
电力、热力生产和供应业	Production and Supply of Electric Power and Heat Power	139	25
燃气生产和供应业	Production and Distribution of Gas	4	
水的生产和供应业	Production and Distribution of Water	65	15

11-5 续表 1 continued

单位：亿元 (100 million yuan)

指标	Item	工业销售产值 Output Value of Industrial Products Sales	出口交货值 Delivery Value for Export	资产总计 Total Assets
总计	**Total**	**6975.22**	**193.64**	**8861.98**
在总计中：	Of the Total			
亏损企业	Enterprises running under Deficit	1256.78	26.72	1530.96
在总计中：	Of the Total			
中央企业	Central Enterprises	3498.01	55.13	3989.46
地方企业	Local Enterprises	3477.21	138.51	4872.53
在总计中：	Of the Total			
大型企业	Large Scale Enterprises	5019.07	152.81	6242.78
中型企业	Medium Scale Enterprises	1034.02	19.01	1333.39
小型企业	Small Enterprises	671.54	13.61	995.79
微型企业	Microenterprise	250.59	8.210	290.02
按行业分	Grouped by Sector			
煤炭开采和洗选业	Mining and Washing of Coal	48.02		60.63
石油和天然气开采业	Petroleum and Natural Gas Extraction			
黑色金属矿采选业	Mining of Ferrous Metal Ores			
有色金属矿采选业	Mining of Non-ferrous Metal Ores	62.71		104.72
非金属矿采选业	Mining and Processing of Nonmetal Ores	20.26	0.11	31.20
开采辅助活动	Mining Auxiliary Activities			
其他采矿业	Other Mining and Dressing			
农副食品加工业	Processing of Food from Agricultural Products	160.61	0.32	66.32
食品制造业	Manufacture of Foods	21.67	0.34	7.95
酒、饮料和精制茶制造业	Manufacture of Liquor, Beverage and Refined Tea	21.71	0.22	32.31
烟草制品业	Manufacture of Tobacco	817.50	3.54	719.69
纺织业	Manufacture of Textile	12.32	1.45	11.16
纺织服装、服饰业	Manufacture of Textile Wearing and Clothing Apparel	0.81		1.59
皮革、毛皮、羽毛及其制品和制鞋业	Leather, Fur, Feather and Its Products and Footwear	5.17		6.64
木材加工和木、竹、藤、棕、草制品业	Processing of Timbers,Manufacture of Wood,Bamboo, Rattan, Palm and Straw Products	7.65		5.52
家具制造业	Manufacture of Furniture			
造纸和纸制品业	Manufacture of Paper and Paper Products	122.45		303.75
印刷和记录媒介复制业	Printing,Reproduction of Recording Media	37.92	0.03	34.89
文教、工美、体育和娱乐用品制造业	Manufacture of Articles for Culture,Education and Sport Activity	1.97		2.90
石油加工、炼焦和核燃料加工业	Processing of Petroleum,Coking,Processing of Nucleus Fuel	622.52		191.59
化学原料和化学制品制造业	Manufacture of Chemical Raw Material and Chemical Products	206.42	11.13	262.73
医药制造业	Manufacture of Medicines	57.78		48.78
化学纤维制造业	Manufacture of Chemical Fiber	4.18		6.13
橡胶和塑料制品业	Manufacture of Rubber and plastic	0.79	0.09	2.18
非金属矿物制品业	Manufacture of Non-metallic Mineral Products	208.21	4.65	277.52
黑色金属冶炼和压延加工业	Manufacture and Processing of Ferrous Metals	598.27	66.56	889.53
有色金属冶炼和压延加工业	Manufacture and Processing of Non-ferrous Metals	408.09	8.86	277.32
金属制品业	Manufacture of Metal Products	146.54	4.95	102.91
通用设备制造业	Manufacture of General Purpose Machinery	161.94	3.70	229.08
专用设备制造业	Manufacture of Special Purpose Machinery	808.09	42.11	1157.77
汽车制造业	Automobile Industry	235.16	7.91	274.70
铁路、船舶、航空航天和其他运输设备制造业	Manufacture of Railway,Marine,Aerospace and Other Transport Equipment	608.92	21.82	615.80
电气机械和器材制造业	Manufacture of Electrical Machinery and Equipment	234.62	2.24	550.73
计算机、通信和其他电子设备制造业	Manufacture of Communication Equipment,Computer and Other Electronic Equipment	129.57	12.36	165.95
仪器仪表制造业	Manufacture of Measuring Instrument	1.58		2.23
其他制造业	Other Manufacture N.E.C	2.40		5.02
废弃资源综合利用业	Recycling and Disposal of Waste	2.91		1.86
金属制品、机械和设备修理业	Mental Products,Machine and Equipment Repair	4.01		4.33
电力、热力生产和供应业	Production and Supply of Electric Power and Heat Power	1135.88	1.24	2214.27
燃气生产和供应业	Production and Distribution of Gas	10.97		7.94
水的生产和供应业	Production and Distribution of Water	45.61		184.35

11-5 续表 2 continued

单位：亿元 (100 million yuan)

指标	Item	固定资产合计 Total Fixed Assets	流动资产合计 Circulating Funds	负债合计 Total Liabilities
总计	**Total**	**3865.8**	**3834.30**	**5564.25**
在总计中：	Of the Total			
亏损企业	Enterprises running under Deficit	691.3	671.99	1168.57
在总计中：	Of the Total			
中央企业	Central Enterprises	2092.9	1358.02	2387.79
地方企业	Local Enterprises	1772.9	2476.28	3176.45
在总计中：	Of the Total			
大型企业	Large Scale Enterprises	2609.3	2795.83	3970.31
中型企业	Medium Scale Enterprises	548.0	601.40	858.12
小型企业	Small Enterprises	621.6	274.65	554.34
微型企业	Microenterprise	87.0	162.42	181.47
按行业分	Grouped by Sector			
煤炭开采和洗选业	Mining and Washing of Coal	27.55	19.78	40.56
石油和天然气开采业	Petroleum and Natural Gas Extraction			
黑色金属矿采选业	Mining of Ferrous Metal Ores			
有色金属矿采选业	Mining of Non-ferrous Metal Ores	46.71	23.52	54.03
非金属矿采选业	Mining and Processing of Nonmetal Ores	19.00	6.48	18.13
开采辅助活动	Mining Auxiliary Activities			
其他采矿业	Other Mining and Dressing			
农副食品加工业	Processing of Food from Agricultural Products	33.55	21.79	27.41
食品制造业	Manufacture of Foods	3.94	2.63	4.26
酒、饮料和精制茶制造业	Manufacture of Liquor, Beverage and Refined Tea	11.63	15.87	9.28
烟草制品业	Manufacture of Tobacco	97.21	527.28	108.97
纺织业	Manufacture of Textile	3.47	5.69	4.99
纺织服装、服饰业	Manufacture of Textile Wearing and Clothing Apparel	0.21	1.36	0.96
皮革、毛皮、羽毛及其制品和制鞋业	Leather, Fur, Feather and Its Products and Footwear	0.43	4.44	2.93
木材加工和木、竹、藤、棕、草制品业	Processing of Timbers,Manufacture of Wood, Bamboo, Rattan, Palm and Straw Products	3.58	1.18	1.87
家具制造业	Manufacture of Furniture			
造纸和纸制品业	Manufacture of Paper and Paper Products	153.16	127.06	219.01
印刷和记录媒介复制业	Printing,Reproduction of Recording Media	7.80	24.39	16.66
文教、工美、体育和娱乐用品制造业	Manufacture of Articles for Culture,Education and Sport Activity	0.90	1.72	1.25
石油加工、炼焦和核燃料加工业	Processing of Petroleum,Coking,Processing of Nucleus Fuel	142.42	46.02	125.74
化学原料和化学制品制造业	Manufacture of Chemical Raw Material and Chemical Products	140.66	89.98	179.93
医药制造业	Manufacture of Medicines	16.98	23.78	24.15
化学纤维制造业	Manufacture of Chemical Fiber	4.25	1.88	2.98
橡胶和塑料制品业	Manufacture of Rubber and plastic	0.80	0.78	1.76
非金属矿物制品业	Manufacture of Non-metallic Mineral Products	170.22	74.17	173.64
黑色金属冶炼和压延加工业	Manufacture and Processing of Ferrous Metals	459.70	299.83	693.24
有色金属冶炼和压延加工业	Manufacture and Processing of Non-ferrous Metals	95.75	126.11	186.96
金属制品业	Manufacture of Metal Products	35.21	54.68	60.60
通用设备制造业	Manufacture of General Purpose Machinery	41.25	155.07	128.64
专用设备制造业	Manufacture of Special Purpose Machinery	104.03	930.14	673.33
汽车制造业	Automobile Industry	76.76	180.98	178.33
铁路、船舶、航空航天和其他运输设备制造业	Manufacture of Railway,Marine,Aerospace and Other Transport Equipment	105.17	326.52	332.04
电气机械和器材制造业	Manufacture of Electrical Machinery and Equipment	102.85	386.82	415.34
计算机、通信和其他电子设备制造业	Manufacture of Communication Equipment,Computer and Other Electronic Equipment	30.66	106.30	92.45
仪器仪表制造业	Manufacture of Measuring Instrument	0.08	1.93	1.38
其他制造业	Other Manufacture N.E.C	2.13	3.01	2.55
废弃资源综合利用业	Recycling and Disposal of Waste	1.20	0.59	1.03
金属制品、机械和设备修理业	Mental Products,Machine and Equipment Repair	1.31	2.52	2.97
电力、热力生产和供应业	Production and Supply of Electric Power and Heat Power	1801.74	189.57	1643.65
燃气生产和供应业	Production and Distribution of Gas	6.06	1.53	2.97
水的生产和供应业	Production and Distribution of Water	117.46	48.91	130.27

11-5 续表 3 continued

单位：亿元 (100 million yuan)

指标	Item	实收资本 Assets Recevied	所有者权益 Paid-in capital	主营业务收入 Revenue of Major Business
总计	**Total**	**1393.08**	**3273.48**	**6902.83**
在总计中:	Of the Total			
亏损企业	Enterprises running under Deficit	341.10	362.19	1235.86
在总计中:	Of the Total			
中央企业	Central Enterprises	588.43	1580.82	3370.10
地方企业	Local Enterprises	804.65	1692.67	3532.73
在总计中:	Of the Total			
大型企业	Large Scale Enterprises	773.58	2252.04	5011.95
中型企业	Medium Scale Enterprises	318.28	472.71	1006.11
小型企业	Small Enterprises	257.17	440.70	676.37
微型企业	Microenterprise	44.05	108.04	208.40
按行业分	Grouped by Sector			
煤炭开采和洗选业	Mining and Washing of Coal	17.04	20.07	48.13
石油和天然气开采业	Petroleum and Natural Gas Extraction			
黑色金属矿采选业	Mining of Ferrous Metal Ores			
有色金属矿采选业	Mining of Non-ferrous Metal Ores	28.64	50.69	74.10
非金属矿采选业	Mining and Processing of Nonmetal Ores	7.95	13.08	19.57
开采辅助活动	Mining Auxiliary Activities			
其他采矿业	Other Mining and Dressing			
农副食品加工业	Processing of Food from Agricultural Products	18.08	38.91	154.97
食品制造业	Manufacture of Foods	2.19	3.69	19.95
酒、饮料和精制茶制造业	Manufacture of Liquor, Beverage and Refined Tea	8.89	22.56	18.67
烟草制品业	Manufacture of Tobacco	50.42	590.39	815.31
纺织业	Manufacture of Textile	3.91	6.17	12.25
纺织服装、服饰业	Manufacture of Textile Wearing and Clothing Apparel	0.30	0.63	1.15
皮革、毛皮、羽毛及其制品和制鞋业	Leather, Fur, Feather and Its Products and Footwear	1.00	3.71	5.01
木材加工和木、竹、藤、棕、草制品业	Processing of Timbers,Manufacture of Wood, Bamboo, Rattan, Palm and Straw Products	4.14	3.64	12.29
家具制造业	Manufacture of Furniture			
造纸和纸制品业	Manufacture of Paper and Paper Products	67.62	84.74	117.96
印刷和记录媒介复制业	Printing,Reproduction of Recording Media	5.13	18.23	36.94
文教、工美、体育和娱乐用品制造业	Manufacture of Articles for Culture,Education and Sport Activity	1.15	1.65	1.96
石油加工、炼焦和核燃料加工业	Processing of Petroleum,Coking,Processing of Nucleus Fuel	61.69	65.86	576.67
化学原料和化学制品制造业	Manufacture of Chemical Raw Material and Chemical Products	85.71	82.80	212.93
医药制造业	Manufacture of Medicines	10.27	24.54	56.96
化学纤维制造业	Manufacture of Chemical Fiber	1.97	3.15	4.23
橡胶和塑料制品业	Manufacture of Rubber and plastic	0.74	0.41	2.02
非金属矿物制品业	Manufacture of Non-metallic Mineral Products	63.21	103.54	206.42
黑色金属冶炼和压延加工业	Manufacture and Processing of Ferrous Metals	106.85	196.29	637.53
有色金属冶炼和压延加工业	Manufacture and Processing of Non-ferrous Metals	63.57	90.27	441.19
金属制品业	Manufacture of Metal Products	14.22	42.21	137.63
通用设备制造业	Manufacture of General Purpose Machinery	31.01	100.44	157.02
专用设备制造业	Manufacture of Special Purpose Machinery	115.44	484.43	799.07
汽车制造业	Automobile Industry	51.06	96.38	232.71
铁路、船舶、航空航天和其他运输设备制造业	Manufacture of Railway,Marine,Aerospace and Other Transport Equipment	104.99	283.76	529.44
电气机械和器材制造业	Manufacture of Electrical Machinery and Equipment	78.79	135.39	243.06
计算机、通信和其他电子设备制造业	Manufacture of Communication Equipment, Computer and Other Electronic Equipment	30.91	72.99	127.31
仪器仪表制造业	Manufacture of Measuring Instrument	0.25	0.84	1.48
其他制造业	Other Manufacture N.E.C	1.17	2.47	2.42
废弃资源综合利用业	Recycling and Disposal of Waste	0.64	0.83	2.91
金属制品、机械和设备修理业	Mental Products,Machine and Equipment Repair	0.60	1.36	3.97
电力、热力生产和供应业	Production and Supply of Electric Power and Heat	324.29	569.66	1132.25
燃气生产和供应业	Production and Distribution of Gas	2.38	4.96	10.57
水的生产和供应业	Production and Distribution of Water	26.86	52.75	46.79

11-5 续表 4 continued

单位：亿元 (100 million yuan)

指标	Item	主营业务成本 Cost of Major Businese	利润总额 Total Profit	利税总额 Total Taxes
总计	**Total**	**5424.03**	**288.50**	**1233.54**
在总计中：	Of the Total			
亏损企业	Enterprises running under Deficit	1104.13	-72.80	50.88
在总计中：	Of the Total			
中央企业	Central Enterprises	2349.69	183.68	971.78
地方企业	Local Enterprises	3074.34	104.81	261.77
在总计中：	Of the Total			
大型企业	Large Scale Enterprises	3849.57	197.32	1052.15
中型企业	Medium Scale Enterprises	834.11	42.18	97.19
小型企业	Small Enterprises	556.20	44.58	77.05
微型企业	Microenterprise	184.15	4.43	7.16
按行业分	Grouped by Sector			
煤炭开采和洗选业	Mining and Washing of Coal	41.60	-3.28	1.74
石油和天然气开采业	Petroleum and Natural Gas Extraction			
黑色金属矿采选业	Mining of Ferrous Metal Ores			
有色金属矿采选业	Mining of Non-ferrous Metal Ores	57.78	4.34	9.49
非金属矿采选业	Mining and Processing of Nonmetal Ores	15.34	-0.03	1.05
开采辅助活动	Mining Auxiliary Activities			
其他采矿业	Other Mining and Dressing			
农副食品加工业	Processing of Food from Agricultural Products	137.47	3.84	9.97
食品制造业	Manufacture of Foods	17.98	0.84	1.38
酒、饮料和精制茶制造业	Manufacture of Liquor, Beverage and Refined Tea	13.76	-0.93	1.10
烟草制品业	Manufacture of Tobacco	156.90	116.94	720.11
纺织业	Manufacture of Textile	11.20	-0.05	0.46
纺织服装、服饰业	Manufacture of Textile Wearing and Clothing Apparel	0.71	0.03	0.11
皮革、毛皮、羽毛及其制品和制鞋业	Leather, Fur, Feather and Its Products and Footwear	4.03	1.19	1.49
木材加工和木、竹、藤、棕、草制品业	Processing of Timbers, Manufacture of Wood, Bamboo, Rattan, Palm and Straw Products	10.34	0.37	0.76
家具制造业	Manufacture of Furniture			
造纸和纸制品业	Manufacture of Paper and Paper Products	108.17	-1.43	2.86
印刷和记录媒介复制业	Printing,Reproduction of Recording Media	26.31	7.93	10.08
文教、工美、体育和娱乐用品制造业	Manufacture of Articles for Culture,Education and Sport Activity	1.58	0.06	0.14
石油加工、炼焦和核燃料加工业	Processing of Petroleum,Coking,Processing of Nucleus Fuel	497.91	-18.64	79.45
化学原料和化学制品制造业	Manufacture of Chemical Raw Material and Chemical Products	185.88	-8.08	-1.82
医药制造业	Manufacture of Medicines	36.27	2.26	7.98
化学纤维制造业	Manufacture of Chemical Fiber	3.87	0.18	0.34
橡胶和塑料制品业	Manufacture of Rubber and plastic	1.79	0.08	0.15
非金属矿物制品业	Manufacture of Non-metallic Mineral Products	159.51	22.44	35.17
黑色金属冶炼和压延加工业	Manufacture and Processing of Ferrous Metals	587.72	2.99	19.75
有色金属冶炼和压延加工业	Manufacture and Processing of Non-ferrous Metals	419.63	-1.25	23.25
金属制品业	Manufacture of Metal Products	125.63	5.03	9.34
通用设备制造业	Manufacture of General Purpose Machinery	130.11	8.70	12.81
专用设备制造业	Manufacture of Special Purpose Machinery	701.46	21.83	45.38
汽车制造业	Automobile Industry	207.53	5.97	12.93
铁路、船舶、航空航天和其他运输设备制造业	Manufacture of Railway,Marine,Aerospace and Other Transport Equipment	408.41	55.46	80.38
电气机械和器材制造业	Manufacture of Electrical Machinery and Equipment	208.96	-0.82	9.69
计算机、通信和其他电子设备制造业	Manufacture of Communication Equipment, Computer and Other Electronic Equipment	107.08	5.01	8.48
仪器仪表制造业	Manufacture of Measuring Instrument	1.08	0.07	0.18
其他制造业	Other Manufacture N.E.C	1.64	0.13	0.13
废弃资源综合利用业	Recycling and Disposal of Waste	2.45	0.23	0.29
金属制品、机械和设备修理业	Mental Products,Machine and Equipment Repair	3.22	0.22	0.22
电力、热力生产和供应业	Production and Supply of Electric Power and Heat	987.85	55.27	124.53
燃气生产和供应业	Production and Distribution of Gas	9.37	0.78	0.99
水的生产和供应业	Production and Distribution of Water	33.48	0.83	3.18

11-5 续表 5 continued

单位：亿元 (100 million yuan)

指标	Item	本年应缴增值税 Value Added Payable of the Current Year	本年应付职工薪酬 Total Sum of Wages Payable this Year	全部从业人员年平均人数（万人） Average Number of Empolyment of the Current Year (10000persons)
总计	**Total**	**341.65**	**434.70**	**55.04**
在总计中：	Of the Total			
亏损企业	Enterprises running under Deficit	45.21	86.24	14.45
在总计中：	Of the Total			
中央企业	Central Enterprises	208.11	215.67	18.93
地方企业	Local Enterprises	133.54	219.02	36.11
在总计中：	Of the Total			
大型企业	Large Scale Enterprises	265.67	294.85	31.90
中型企业	Medium Scale Enterprises	46.70	84.20	16.53
小型企业	Small Enterprises	27.58	33.04	5.82
微型企业	Microenterprise	1.70	22.61	0.79
按行业分	Grouped by Sector			
煤炭开采和洗选业	Mining and Washing of Coal	4.16	17.09	4.19
石油和天然气开采业	Petroleum and Natural Gas Extraction			
黑色金属矿采选业	Mining of Ferrous Metal Ores			
有色金属矿采选业	Mining of Non-ferrous Metal Ores	4.01	9.52	1.49
非金属矿采选业	Mining and Processing of Nonmetal Ores	0.62	2.04	0.35
开采辅助活动	Mining Auxiliary Activities			
其他采矿业	Other Mining and Dressing			
农副食品加工业	Processing of Food from Agricultural Products	4.61	5.34	1.22
食品制造业	Manufacture of Foods	0.41	1.12	0.37
酒、饮料和精制茶制造业	Manufacture of Liquor, Beverage and Refined Tea	0.95	2.16	0.48
烟草制品业	Manufacture of Tobacco	107.68	34.40	1.41
纺织业	Manufacture of Textile	0.34	1.00	0.35
纺织服装、服饰业	Manufacture of Textile Wearing and Clothing Apparel	0.07	0.58	0.09
皮革、毛皮、羽毛及其制品和制鞋业	Leather, Fur, Feather and Its Products and Footwear	0.27	1.39	0.25
木材加工和木、竹、藤、棕、草制品业	Processing of Timbers, Manufacture of Wood, Bamboo, Rattan, Palm and Straw Products	0.31	1.26	0.23
家具制造业	Manufacture of Furniture			
造纸和纸制品业	Manufacture of Paper and Paper Products	3.77	5.74	1.24
印刷和记录媒介复制业	Printing,Reproduction of Recording Media	1.92	2.85	0.39
文教、工美、体育和娱乐用品制造业	Manufacture of Articles for Culture,Education and Sport Activity	0.07	0.54	0.09
石油加工、炼焦和核燃料加工业	Processing of Petroleum,Coking,Processing of Nucleus Fuel	24.35	14.94	1.59
化学原料和化学制品制造业	Manufacture of Chemical Raw Material and Chemical Products	5.48	16.62	2.91
医药制造业	Manufacture of Medicines	4.79	5.03	0.67
化学纤维制造业	Manufacture of Chemical Fiber	0.16	0.24	0.06
橡胶和塑料制品业	Manufacture of Rubber and plastic	0.05	0.32	0.06
非金属矿物制品业	Manufacture of Non-metallic Mineral Products	11.45	11.51	2.18
黑色金属冶炼和压延加工业	Manufacture and Processing of Ferrous Metals	14.27	28.65	4.44
有色金属冶炼和压延加工业	Manufacture and Processing of Non-ferrous Metals	23.05	25.44	3.40
金属制品业	Manufacture of Metal Products	3.44	5.27	0.50
通用设备制造业	Manufacture of General Purpose Machinery	3.60	12.64	1.46
专用设备制造业	Manufacture of Special Purpose Machinery	20.04	34.34	4.50
汽车制造业	Automobile Industry	4.42	17.68	2.21
铁路、船舶、航空航天和其他运输设备制造业	Manufacture of Railway,Marine,Aerospace and Other Transport Equipment	21.88	44.25	2.82
电气机械和器材制造业	Manufacture of Electrical Machinery and Equipment	8.68	16.58	2.02
计算机、通信和其他电子设备制造业	Manufacture of Communication Equipment, Computer and Other Electronic Equipment	3.14	6.86	0.94
仪器仪表制造业	Manufacture of Measuring Instrument	0.10	0.23	0.04
其他制造业	Other Manufacture N.E.C		1.06	
废弃资源综合利用业	Recycling and Disposal of Waste	0.03	0.06	0.02
金属制品、机械和设备修理业	Mental Products,Machine and Equipment Repair		1.20	0.01
电力、热力生产和供应业	Production and Supply of Electric Power and Heat	61.47	96.83	11.15
燃气生产和供应业	Production and Distribution of Gas	0.18	0.44	0.07
水的生产和供应业	Production and Distribution of Water	1.88	9.48	1.86

11-5 续表 6 continued

指标	Item	总资产贡献率(%) Ratio of Total Assets to Industrial Output Value(%)	成本费用利润率(%) Ratio of Profits to Industrial Cost(%)
总计	**Total**	**15.52**	**4.54**
在总计中:	Of the Total		
亏损企业	Enterprises running under Deficit	5.77	-5.70
在总计中:	Of the Total		
中央企业	Central Enterprises	26.09	6.50
地方企业	Local Enterprises	6.87	2.96
在总计中:	Of the Total		
大型企业	Large Scale Enterprises	18.53	4.35
中型企业	Medium Scale Enterprises	8.68	4.35
小型企业	Small Enterprises	9.32	7.00
微型企业	Microenterprise	3.46	2.01
按行业分	Grouped by Sector		
煤炭开采和洗选业	Mining and Washing of Coal	3.60	-6.29
石油和天然气开采业	Petroleum and Natural Gas Extraction		
黑色金属矿采选业	Mining of Ferrous Metal Ores		
有色金属矿采选业	Mining of Non-ferrous Metal Ores	10.02	6.11
非金属矿采选业	Mining and Processing of Nonmetal Ores	5.70	-0.14
开采辅助活动	Mining Auxiliary Activities		
其他采矿业	Other Mining and Dressing		
农副食品加工业	Processing of Food from Agricultural Products	16.95	2.53
食品制造业	Manufacture of Foods	19.21	4.25
酒、饮料和精制茶制造业	Manufacture of Liquor, Beverage and Refined Tea	4.15	-4.80
烟草制品业	Manufacture of Tobacco	99.89	31.00
纺织业	Manufacture of Textile	4.31	-0.44
纺织服装、服饰业	Manufacture of Textile Wearing and Clothing Apparel	7.16	2.86
皮革、毛皮、羽毛及其制品和制鞋业	Leather, Fur, Feather and Its Products and Footwear	23.21	25.47
木材加工和木、竹、藤、棕、草制品业	Processing of Timbers,Manufacture of Wood, Bamboo, Rattan, Palm and Straw Products	23.08	3.05
家具制造业	Manufacture of Furniture		
造纸和纸制品业	Manufacture of Paper and Paper Products	4.51	-1.08
印刷和记录媒介复制业	Printing,Reproduction of Recording Media	29.32	26.40
文教、工美、体育和娱乐用品制造业	Manufacture of Articles for Culture,Education and Sport Activity	4.73	2.86
石油加工、炼焦和核燃料加工业	Processing of Petroleum,Coking,Processing of Nucleus Fuel	43.03	-3.53
化学原料和化学制品制造业	Manufacture of Chemical Raw Material and Chemical Products	1.76	-3.65
医药制造业	Manufacture of Medicines	17.21	4.24
化学纤维制造业	Manufacture of Chemical Fiber	6.92	4.30
橡胶和塑料制品业	Manufacture of Rubber and plastic	6.94	3.90
非金属矿物制品业	Manufacture of Non-metallic Mineral Products	14.20	12.05
黑色金属冶炼和压延加工业	Manufacture and Processing of Ferrous Metals	4.31	0.43
有色金属冶炼和压延加工业	Manufacture and Processing of Non-ferrous Metals	10.82	-0.27
金属制品业	Manufacture of Metal Products	10.06	3.70
通用设备制造业	Manufacture of General Purpose Machinery	5.99	5.80
专用设备制造业	Manufacture of Special Purpose Machinery	4.33	2.83
汽车制造业	Automobile Industry	5.31	2.55
铁路、船舶、航空航天和其他运输设备制造业	Manufacture of Railway,Marine,Aerospace and Other Transport Equipment	13.23	11.36
电气机械和器材制造业	Manufacture of Electrical Machinery and Equipment	3.53	-0.34
计算机、通信和其他电子设备制造业	Manufacture of Communication Equipment, Computer and Other Electronic Equipment	5.58	4.14
仪器仪表制造业	Manufacture of Measuring Instrument	8.62	4.82
其他制造业	Other Manufacture N.E.C	2.49	5.37
废弃资源综合利用业	Recycling and Disposal of Waste	17.00	9.36
金属制品、机械和设备修理业	Mental Products,Machine and Equipment Repair	4.65	6.03
电力、热力生产和供应业	Production and Supply of Electric Power and Heat Power	8.57	5.10
燃气生产和供应业	Production and Distribution of Gas	12.26	7.45
水的生产和供应业	Production and Distribution of Water	3.41	1.70

11-5 续表7 continued

指标	Item	产品销售率（%） Proporting of Products Sold(%)	资产负债率（%） Assets-Liability Ratio(%)
总计	**Total**	**97.89**	**62.79**
在总计中：	Of the Total		
亏损企业	Enterprises running under Deficit	98.99	76.33
在总计中：	Of the Total		
中央企业	Central Enterprises	98.73	59.85
地方企业	Local Enterprises	97.07	65.19
在总计中：	Of the Total		
大型企业	Large Scale Enterprises	97.86	63.60
中型企业	Medium Scale Enterprises	97.57	64.36
小型企业	Small Enterprises	97.55	55.67
微型企业	Microenterprise	100.84	62.57
按行业分	Grouped by Sector		
煤炭开采和洗选业	Mining and Washing of Coal	99.71	66.90
石油和天然气开采业	Petroleum and Natural Gas Extraction		
黑色金属矿采选业	Mining of Ferrous Metal Ores		
有色金属矿采选业	Mining of Non-ferrous Metal Ores	101.42	51.60
非金属矿采选业	Mining and Processing of Nonmetal Ores	99.94	58.09
开采辅助活动	Mining Auxiliary Activities		
其他采矿业	Other Mining and Dressing		
农副食品加工业	Processing of Food from Agricultural Products	98.07	41.33
食品制造业	Manufacture of Foods	98.33	53.63
酒、饮料和精制茶制造业	Manufacture of Liquor, Beverage and Refined Tea	105.95	28.72
烟草制品业	Manufacture of Tobacco	97.82	15.14
纺织业	Manufacture of Textile	100.77	44.68
纺织服装、服饰业	Manufacture of Textile Wearing and Clothing Apparel	100.00	60.08
皮革、毛皮、羽毛及其制品和制鞋业	Leather, Fur, Feather and Its Products and Footwear	96.47	44.12
木材加工和木、竹、藤、棕、草制品业	Processing of Timbers, Manufacture of Wood, Bamboo, Rattan, Palm and Straw Products	99.76	33.97
家具制造业	Manufacture of Furniture		
造纸和纸制品业	Manufacture of Paper and Paper Products	96.86	72.10
印刷和记录媒介复制业	Printing,Reproduction of Recording Media	101.99	47.74
文教、工美、体育和娱乐用品制造业	Manufacture of Articles for Culture,Education and Sport Activity	87.58	43.11
石油加工、炼焦和核燃料加工业	Processing of Petroleum,Coking,Processing of Nucleus Fuel	100.86	65.63
化学原料和化学制品制造业	Manufacture of Chemical Raw Material and Chemical Products	98.76	68.49
医药制造业	Manufacture of Medicines	95.20	49.50
化学纤维制造业	Manufacture of Chemical Fiber	100.00	48.58
橡胶和塑料制品业	Manufacture of Rubber and plastic	97.63	80.95
非金属矿物制品业	Manufacture of Non-metallic Mineral Products	97.51	62.57
黑色金属冶炼和压延加工业	Manufacture and Processing of Ferrous Metals	99.36	77.93
有色金属冶炼和压延加工业	Manufacture and Processing of Non-ferrous Metals	98.43	67.41
金属制品业	Manufacture of Metal Products	98.61	58.88
通用设备制造业	Manufacture of General Purpose Machinery	93.91	56.16
专用设备制造业	Manufacture of Special Purpose Machinery	93.62	58.16
汽车制造业	Automobile Industry	98.47	64.92
铁路、船舶、航空航天和其他运输设备制造业	Manufacture of Railway,Marine,Aerospace and Other Transport Equipment	98.11	53.92
电气机械和器材制造业	Manufacture of Electrical Machinery and Equipment	95.72	75.42
计算机、通信和其他电子设备制造业	Manufacture of Communication Equipment, Computer and Other Electronic Equipment	91.64	55.71
仪器仪表制造业	Manufacture of Measuring Instrument	97.62	62.11
其他制造业	Other Manufacture N.E.C	158.96	50.77
废弃资源综合利用业	Recycling and Disposal of Waste	100.00	55.22
金属制品、机械和设备修理业	Mental Products,Machine and Equipment Repair	99.94	68.63
电力、热力生产和供应业	Production and Supply of Electric Power and Heat Power	99.73	74.23
燃气生产和供应业	Production and Distribution of Gas	100.00	37.46
水的生产和供应业	Production and Distribution of Water	93.70	70.67

11-6 集体工业企业主要经济指标(2014年)

Major Economic Indications of Collective-owned Industrial Enterprises(2014)

单位:亿元 (100 million yuan)

指标	Item	企业单位数(个) Number of Enterprises (unit)	#亏损企业 Loss-making Enterprises
总计	**Total**	**244**	**12**
在总计中:	Of the Total		
亏损企业	Enterprises running under Deficit	12	12
在总计中:	Of the Total		
大型企业	Large Scale Enterprises	2	
中型企业	Medium Scale Enterprises	46	1
小型企业	Small Enterprises	181	10
微型企业	Microenterprise	15	1
按行业分	Grouped by Sector		
煤炭开采和洗选业	Mining and Washing of Coal	105	4
石油和天然气开采业	Petroleum and Natural Gas Extraction		
黑色金属矿采选业	Mining of Ferrous Metal Ores	7	
有色金属矿采选业	Mining of Non-ferrous Metal Ores	6	
非金属矿采选业	Mining and Processing of Nonmetal Ores	6	
开采辅助活动	Mining Auxiliary Activities		
其他采矿业	Other Mining and Dressing		
农副食品加工业	Processing of Food from Agricultural Products	3	
食品制造业	Manufacture of Foods		
酒、饮料和精制茶制造业	Manufacture of Liquor, Beverage and Refined Tea	1	
烟草制品业	Manufacture of Tobacco		
纺织业	Manufacture of Textile	2	
纺织服装、服饰业	Manufacture of Textile Wearing and Clothing Apparel	1	
皮革、毛皮、羽毛及其制品和制鞋业	Leather, Fur, Feather and Its Products and Footwear	1	
木材加工和木、竹、藤、棕、草制品业	Processing of Timbers,Manufacture of Wood, Bamboo, Rattan, Palm and Straw Products	2	
家具制造业	Manufacture of Furniture	1	
造纸和纸制品业	Manufacture of Paper and Paper Products	5	
印刷和记录媒介复制业	Printing,Reproduction of Recording Media	4	
文教、工美、体育和娱乐用品制造业	Manufacture of Articles for Culture,Education and Sport Activity	4	
石油加工、炼焦和核燃料加工业	Processing of Petroleum,Coking,Processing of Nucleus Fuel		
化学原料和化学制品制造业	Manufacture of Chemical Raw Material and Chemical Products	12	1
医药制造业	Manufacture of Medicines	1	
化学纤维制造业	Manufacture of Chemical Fiber		
橡胶和塑料制品业	Manufacture of Rubber and plastic	7	1
非金属矿物制品业	Manufacture of Non-metallic Mineral Products	35	3
黑色金属冶炼和压延加工业	Manufacture and Processing of Ferrous Metals	4	
有色金属冶炼和压延加工业	Manufacture and Processing of Non-ferrous Metals	4	1
金属制品业	Manufacture of Metal Products	1	
通用设备制造业	Manufacture of General Purpose Machinery	6	
专用设备制造业	Manufacture of Special Purpose Machinery	5	1
汽车制造业	Automobile Industry	3	
铁路、船舶、航空航天和其他运输设备制造业	Manufacture of Railway,Marine,Aerospace and Other Transport Equipment	2	
电气机械和器材制造业	Manufacture of Electrical Machinery and Equipment	4	
计算机、通信和其他电子设备制造业	Manufacture of Communication Equipment, Computer and Other Electronic Equipment	2	
仪器仪表制造业	Manufacture of Measuring Instrument	1	
其他制造业	Other Manufacture N.E.C		
废弃资源综合利用业	Recycling and Disposal of Waste	1	
金属制品、机械和设备修理业	Mental Products,Machine and Equipment Repair		
电力、热力生产和供应业	Production and Supply of Electric Power and Heat Power	7	1
燃气生产和供应业	Production and Distribution of Gas		
水的生产和供应业	Production and Distribution of Water	1	

11-6 续表 1 continued

单位：亿元 (100 million yuan)

指标	Item	工业销售产值 Output Value of Industrial Products Sales	出口交货值 Delivery Value for Export	资产总计 Total Assets
总计	**Total**	**311.94**	**1.97**	**114.94**
在总计中：	Of the Total			
亏损企业	Enterprises running under Deficit	5.61		4.72
在总计中：	Of the Total			
大型企业	Large Scale Enterprises	13.31		8.74
中型企业	Medium Scale Enterprises	108.73	0.27	29.22
小型企业	Small Enterprises	183.22	1.70	68.14
微型企业	Microenterprise	6.68		8.83
按行业分	Grouped by Sector			
煤炭开采和洗选业	Mining and Washing of Coal	78.73		38.69
石油和天然气开采业	Petroleum and Natural Gas Extraction			
黑色金属矿采选业	Mining of Ferrous Metal Ores	10.41		2.85
有色金属矿采选业	Mining of Non-ferrous Metal Ores	6.66		1.30
非金属矿采选业	Mining and Processing of Nonmetal Ores	10.36		5.21
开采辅助活动	Mining Auxiliary Activities			
其他采矿业	Other Mining and Dressing			
农副食品加工业	Processing of Food from Agricultural Products	10.74		1.02
食品制造业	Manufacture of Foods			
酒、饮料和精制茶制造业	Manufacture of Liquor, Beverage and Refined Tea	1.02		0.15
烟草制品业	Manufacture of Tobacco			
纺织业	Manufacture of Textile	1.24		0.32
纺织服装、服饰业	Manufacture of Textile Wearing and Clothing Apparel	0.99		0.34
皮革、毛皮、羽毛及其制品和制鞋业	Leather, Fur, Feather and Its Products and Footwear	1.38		0.07
木材加工和木、竹、藤、棕、草制品业	Processing of Timbers,Manufacture of Wood, Bamboo, Rattan, Palm and Straw Products	0.89		0.18
家具制造业	Manufacture of Furniture	0.44		0.18
造纸和纸制品业	Manufacture of Paper and Paper Products	3.00		0.91
印刷和记录媒介复制业	Printing,Reproduction of Recording Media	4.73		1.32
文教、工美、体育和娱乐用品制造业	Manufacture of Articles for Culture,Education and Sport Activity	4.93		1.18
石油加工、炼焦和核燃料加工业	Processing of Petroleum, Coking, Processing of Nucleus Fuel			
化学原料和化学制品制造业	Manufacture of Chemical Raw Material and Chemical Products	15.67		3.64
医药制造业	Manufacture of Medicines	1.57		0.09
化学纤维制造业	Manufacture of Chemical Fiber			
橡胶和塑料制品业	Manufacture of Rubber and plastic	8.95	1.66	1.92
非金属矿物制品业	Manufacture of Non-metallic Mineral Products	80.39	0.27	24.83
黑色金属冶炼和压延加工业	Manufacture and Processing of Ferrous Metals	9.50		4.29
有色金属冶炼和压延加工业	Manufacture and Processing of Non-ferrous Metals	5.05		2.07
金属制品业	Manufacture of Metal Products	1.21		1.67
通用设备制造业	Manufacture of General Purpose Machinery	29.23		6.11
专用设备制造业	Manufacture of Special Purpose Machinery	5.47		0.82
汽车制造业	Automobile Industry	5.51		1.49
铁路、船舶、航空航天和其他运输设备制造业	Manufacture of Railway,Marine,Aerospace and Other Transport Equipment	2.61		3.37
电气机械和器材制造业	Manufacture of Electrical Machinery and Equipment	2.49	0.04	1.36
计算机、通信和其他电子设备制造业	Manufacture of Communication Equipment, Computer and Other Electronic Equipment	0.72		1.14
仪器仪表制造业	Manufacture of Measuring Instrument	0.92		0.57
其他制造业	Other Manufacture N.E.C			
废弃资源综合利用业	Recycling and Disposal of Waste	1.74		4.25
金属制品、机械和设备修理业	Mental Products, Machine and Equipment Repair			
电力、热力生产和供应业	Production and Supply of Electric Power and Heat Power	4.75		3.57
燃气生产和供应业	Production and Distribution of Gas			
水的生产和供应业	Production and Distribution of Water	0.66		0.07

11-6 续表 2 continued

单位：亿元 (100 million yuan)

指标	Item	固定资产合计 Total Fixed Assets	流动资产合计 Circulating Funds	负债合计 Total Liabilities
总计	**Total**	**57.79**	**31.34**	**42.91**
在总计中：	Of the Total			
亏损企业	Enterprises running under Deficit	1.45	2.61	2.86
在总计中：	Of the Total			
大型企业	Large Scale Enterprises	3.26	4.45	6.93
中型企业	Medium Scale Enterprises	17.06	6.14	11.10
小型企业	Small Enterprises	32.62	17.75	22.74
微型企业	Microenterprise	4.85	3.00	2.14
按行业分	Grouped by Sector			
煤炭开采和洗选业	Mining and Washing of Coal	22.18	10.08	14.23
石油和天然气开采业	Petroleum and Natural Gas Extraction			
黑色金属矿采选业	Mining of Ferrous Metal Ores	1.86	0.64	0.90
有色金属矿采选业	Mining of Non-ferrous Metal Ores	0.75	0.37	0.35
非金属矿采选业	Mining and Processing of Nonmetal Ores	1.50	0.56	0.62
开采辅助活动	Mining Auxiliary Activities			
其他采矿业	Other Mining and Dressing			
农副食品加工业	Processing of Food from Agricultural Products	0.81	0.20	0.18
食品制造业	Manufacture of Foods			
酒、饮料和精制茶制造业	Manufacture of Liquor, Beverage and Refined Tea	0.09	0.06	0.05
烟草制品业	Manufacture of Tobacco			
纺织业	Manufacture of Textile	0.09	0.19	0.07
纺织服装、服饰业	Manufacture of Textile Wearing and Clothing Apparel	0.29	0.04	0.23
皮革、毛皮、羽毛及其制品和制鞋业	Leather, Fur, Feather and Its Products and Footwear	0.01	0.01	0.02
木材加工和木、竹、藤、棕、草制品业	Processing of Timbers, Manufacture of Wood, Bamboo, Rattan, Palm and Straw Products	0.08	0.08	0.15
家具制造业	Manufacture of Furniture	0.12	0.06	0.10
造纸和纸制品业	Manufacture of Paper and Paper Products	0.35	0.48	0.47
印刷和记录媒介复制业	Printing,Reproduction of Recording Media	0.97	0.35	0.25
文教、工美、体育和娱乐用品制造业	Manufacture of Articles for Culture,Education and Sport Activity	0.88	0.30	0.59
石油加工、炼焦和核燃料加工业	Processing of Petroleum,Coking,Processing of Nucleus Fuel			
化学原料和化学制品制造业	Manufacture of Chemical Raw Material and Chemical Products	1.39	1.66	1.07
医药制造业	Manufacture of Medicines	0.06	0.03	0.05
化学纤维制造业	Manufacture of Chemical Fiber			
橡胶和塑料制品业	Manufacture of Rubber and plastic	0.80	1.09	0.81
非金属矿物制品业	Manufacture of Non-metallic Mineral Products	13.29	5.80	6.36
黑色金属冶炼和压延加工业	Manufacture and Processing of Ferrous Metals	0.89	2.81	4.13
有色金属冶炼和压延加工业	Manufacture and Processing of Non-ferrous Metals	0.45	0.27	0.64
金属制品业	Manufacture of Metal Products	1.25	0.42	0.29
通用设备制造业	Manufacture of General Purpose Machinery	3.98	0.69	1.17
专用设备制造业	Manufacture of Special Purpose Machinery	0.34	0.36	0.56
汽车制造业	Automobile Industry	0.66	0.74	0.33
铁路、船舶、航空航天和其他运输设备制造业	Manufacture of Railway,Marine,Aerospace and Other Transport Equipment	0.15	0.48	1.66
电气机械和器材制造业	Manufacture of Electrical Machinery and Equipment	0.52	0.49	0.44
计算机、通信和其他电子设备制造业	Manufacture of Communication Equipment, Computer and Other Electronic Equipment	0.19	0.91	0.86
仪器仪表制造业	Manufacture of Measuring Instrument	0.31	0.26	0.21
其他制造业	Other Manufacture N.E.C			
废弃资源综合利用业	Recycling and Disposal of Waste	1.13	1.20	4.50
金属制品、机械和设备修理业	Mental Products,Machine and Equipment Repair			
电力、热力生产和供应业	Production and Supply of Electric Power and Heat Power	2.34	0.72	1.62
燃气生产和供应业	Production and Distribution of Gas			
水的生产和供应业	Production and Distribution of Water	0.06	0.01	

11-6 续表 3 continued

单位：亿元 (100 million yuan)

指标	Item	实收资本 Assets Recevied	所有者权益 Paid-in capital	主营业务收入 Revenue of Major Business
总计	**Total**	**36.56**	**71.20**	**303.34**
在总计中：	Of the Total			
亏损企业	Enterprises running under Deficit	1.39	1.76	6.01
在总计中：	Of the Total			
大型企业	Large Scale Enterprises	1.54	1.81	13.03
中型企业	Medium Scale Enterprises	9.10	17.48	108.95
小型企业	Small Enterprises	24.63	45.40	174.12
微型企业	Microenterprise	1.29	6.50	7.24
按行业分	Grouped by Sector			
煤炭开采和洗选业	Mining and Washing of Coal	12.48	24.27	80.83
石油和天然气开采业	Petroleum and Natural Gas Extraction			
黑色金属矿采选业	Mining of Ferrous Metal Ores	1.15	1.95	10.69
有色金属矿采选业	Mining of Non-ferrous Metal Ores	0.61	0.96	6.68
非金属矿采选业	Mining and Processing of Nonmetal Ores	1.03	4.59	7.88
开采辅助活动	Mining Auxiliary Activities			
其他采矿业	Other Mining and Dressing			
农副食品加工业	Processing of Food from Agricultural Products	0.12	0.83	10.72
食品制造业	Manufacture of Foods			
酒、饮料和精制茶制造业	Manufacture of Liquor, Beverage and Refined Tea	0.03	0.09	1.02
烟草制品业	Manufacture of Tobacco			
纺织业	Manufacture of Textile	0.15	0.24	1.27
纺织服装、服饰业	Manufacture of Textile Wearing and Clothing Apparel	0.01	0.10	0.95
皮革、毛皮、羽毛及其制品和制鞋业	Leather, Fur, Feather and Its Products and Footwear	0.04	0.05	1.37
木材加工和木、竹、藤、棕、草制品业	Processing of Timbers,Manufacture of Wood, Bamboo, Rattan, Palm and Straw Products	0.01	0.03	0.95
家具制造业	Manufacture of Furniture	0.03	0.08	0.22
造纸和纸制品业	Manufacture of Paper and Paper Products	0.10	0.44	3.03
印刷和记录媒介复制业	Printing,Reproduction of Recording Media	0.52	1.07	4.74
文教、工美、体育和娱乐用品制造业	Manufacture of Articles for Culture,Education and Sport Activity	0.11	0.59	4.90
石油加工、炼焦和核燃料加工业	Processing of Petroleum,Coking,Processing of Nucleus Fuel			
化学原料和化学制品制造业	Manufacture of Chemical Raw Material and Chemical Products	1.58	2.57	15.73
医药制造业	Manufacture of Medicines	0.03	0.04	1.57
化学纤维制造业	Manufacture of Chemical Fiber			
橡胶和塑料制品业	Manufacture of Rubber and plastic	0.32	1.11	8.81
非金属矿物制品业	Manufacture of Non-metallic Mineral Products	11.54	18.47	74.98
黑色金属冶炼和压延加工业	Manufacture and Processing of Ferrous Metals	0.44	0.17	9.72
有色金属冶炼和压延加工业	Manufacture and Processing of Non-ferrous Metals	0.79	1.43	4.99
金属制品业	Manufacture of Metal Products	0.52	1.38	1.15
通用设备制造业	Manufacture of General Purpose Machinery	0.46	4.29	29.02
专用设备制造业	Manufacture of Special Purpose Machinery	0.16	0.26	3.95
汽车制造业	Automobile Industry	0.26	1.16	5.57
铁路、船舶、航空航天和其他运输设备制造业	Manufacture of Railway,Marine,Aerospace and Other Transport Equipment	1.57	1.71	1.39
电气机械和器材制造业	Manufacture of Electrical Machinery and Equipment	0.41	0.92	2.12
计算机、通信和其他电子设备制造业	Manufacture of Communication Equipment, Computer and Other Electronic Equipment	0.44	0.27	0.63
仪器仪表制造业	Manufacture of Measuring Instrument	0.16	0.36	0.92
其他制造业	Other Manufacture N.E.C			
废弃资源综合利用业	Recycling and Disposal of Waste	0.21	-0.25	2.21
金属制品、机械和设备修理业	Mental Products,Machine and Equipment Repair			
电力、热力生产和供应业	Production and Supply of Electric Power and Heat Power	1.25	1.95	4.70
燃气生产和供应业	Production and Distribution of Gas			
水的生产和供应业	Production and Distribution of Water	0.05	0.07	0.61

11-6 续表 4 continued

单位：亿元 (100 million yuan)

指标	Item	主营业务成本 Cost of Major Businese	利润总额 Total Profit	利税总额 Total Taxes
总计	**Total**	**256.32**	**12.22**	**27.36**
在总计中：	Of the Total			
亏损企业	Enterprises running under Deficit	5.52	-0.13	0.10
在总计中：	Of the Total			
大型企业	Large Scale Enterprises	11.54	0.48	0.87
中型企业	Medium Scale Enterprises	94.70	3.57	10.06
小型企业	Small Enterprises	144.48	7.44	15.26
微型企业	Microenterprise	5.60	0.73	1.16
按行业分	Grouped by Sector			
煤炭开采和洗选业	Mining and Washing of Coal	67.35	3.19	7.58
石油和天然气开采业	Petroleum and Natural Gas Extraction			
黑色金属矿采选业	Mining of Ferrous Metal Ores	8.82	0.50	1.17
有色金属矿采选业	Mining of Non-ferrous Metal Ores	5.99	0.38	0.94
非金属矿采选业	Mining and Processing of Nonmetal Ores	6.96	0.36	0.66
开采辅助活动	Mining Auxiliary Activities			
其他采矿业	Other Mining and Dressing			
农副食品加工业	Processing of Food from Agricultural Products	9.74	0.14	0.61
食品制造业	Manufacture of Foods			
酒、饮料和精制茶制造业	Manufacture of Liquor, Beverage and Refined Tea	0.81	0.13	0.22
烟草制品业	Manufacture of Tobacco			
纺织业	Manufacture of Textile	1.08	0.08	0.11
纺织服装、服饰业	Manufacture of Textile Wearing and Clothing Apparel	0.89	0.05	0.06
皮革、毛皮、羽毛及其制品和制鞋业	Leather, Fur, Feather and Its Products and Footwear	1.10	0.11	0.23
木材加工和木、竹、藤、棕、草制品业	Processing of Timbers, Manufacture of Wood, Bamboo, Rattan ,Palm and Straw Products	0.86	0.03	0.07
家具制造业	Manufacture of Furniture	0.17		0.01
造纸和纸制品业	Manufacture of Paper and Paper Products	2.74	0.05	0.15
印刷和记录媒介复制业	Printing,Reproduction of Recording Media	3.71	0.27	0.45
文教、工美、体育和娱乐用品制造业	Manufacture of Articles for Culture,Education and Sport Activity	4.21	0.26	0.43
石油加工、炼焦和核燃料加工业	Processing of Petroleum,Coking,Processing of Nucleus Fuel			
化学原料和化学制品制造业	Manufacture of Chemical Raw Material and Chemical Products	12.61	0.87	1.48
医药制造业	Manufacture of Medicines	1.10	0.03	0.12
化学纤维制造业	Manufacture of Chemical Fiber			
橡胶和塑料制品业	Manufacture of Rubber and plastic	8.16	0.12	0.51
非金属矿物制品业	Manufacture of Non-metallic Mineral Products	63.96	2.55	7.55
黑色金属冶炼和压延加工业	Manufacture and Processing of Ferrous Metals	8.55	0.32	0.56
有色金属冶炼和压延加工业	Manufacture and Processing of Non-ferrous Metals	4.42	0.04	0.11
金属制品业	Manufacture of Metal Products	0.81	0.14	0.24
通用设备制造业	Manufacture of General Purpose Machinery	24.57	1.60	2.23
专用设备制造业	Manufacture of Special Purpose Machinery	3.42	0.10	0.27
汽车制造业	Automobile Industry	3.80	0.49	0.66
铁路、船舶、航空航天和其他运输设备制造业	Manufacture of Railway,Marine,Aerospace and Other Transport Equipment	1.24	0.03	0.09
电气机械和器材制造业	Manufacture of Electrical Machinery and Equipment	1.81	0.11	0.21
计算机、通信和其他电子设备制造业	Manufacture of Communication Equipment, Computer and Other Electronic Equipment	0.52	0.05	0.08
仪器仪表制造业	Manufacture of Measuring Instrument	0.76	0.07	0.15
其他制造业	Other Manufacture N.E.C			
废弃资源综合利用业	Recycling and Disposal of Waste	1.95	0.01	0.15
金属制品、机械和设备修理业	Mental Products, Machine and Equipment Repair			
电力、热力生产和供应业	Production and Supply of Electric Power and Heat Power	3.61	0.10	0.24
燃气生产和供应业	Production and Distribution of Gas			
水的生产和供应业	Production and Distribution of Water	0.57	0.03	0.03

11-6 续表 5 continued

单位：亿元 (100 million yuan)

指标	Item	本年应缴增值税 Value Added Payable of the Current Year	本年应付职工薪酬 Total Sum of Wages Payable this Year	全部从业人员年平均人数（万人） Average Number of Empolyment of the Current Year (10000persons)
总计	**Total**	**11.57**	**22.51**	**5.51**
在总计中：	Of the Total			
亏损企业	Enterprises running under Deficit	0.17	0.95	0.26
在总计中：	Of the Total			
大型企业	Large Scale Enterprises	0.37	1.03	0.26
中型企业	Medium Scale Enterprises	5.16	8.70	2.11
小型企业	Small Enterprises	5.70	11.48	2.77
微型企业	Microenterprise	0.35	1.30	0.37
按行业分	Grouped by Sector			
煤炭开采和洗选业	Mining and Washing of Coal	3.52	10.44	2.45
石油和天然气开采业	Petroleum and Natural Gas Extraction			
黑色金属矿采选业	Mining of Ferrous Metal Ores	0.53	0.76	0.16
有色金属矿采选业	Mining of Non-ferrous Metal Ores	0.48	0.72	0.14
非金属矿采选业	Mining and Processing of Nonmetal Ores	0.18	0.39	0.10
开采辅助活动	Mining Auxiliary Activities			
其他采矿业	Other Mining and Dressing			
农副食品加工业	Processing of Food from Agricultural Products	0.38	0.31	0.08
食品制造业	Manufacture of Foods			
酒、饮料和精制茶制造业	Manufacture of Liquor, Beverage and Refined Tea	0.05	0.02	0.01
烟草制品业	Manufacture of Tobacco			
纺织业	Manufacture of Textile	0.01	0.05	0.02
纺织服装、服饰业	Manufacture of Textile Wearing and Clothing Apparel	0.01	0.02	0.01
皮革、毛皮、羽毛及其制品和制鞋业	Leather, Fur, Feather and Its Products and Footwear	0.06	0.15	0.02
木材加工和木、竹、藤、棕、草制品业	Processing of Timbers,Manufacture of Wood, Bamboo, Rattan, Palm and Straw Products	0.04	0.06	0.02
家具制造业	Manufacture of Furniture	0.01	0.05	0.01
造纸和纸制品业	Manufacture of Paper and Paper Products	0.05	0.28	0.08
印刷和记录媒介复制业	Printing,Reproduction of Recording Media	0.15	0.27	0.06
文教、工美、体育和娱乐用品制造业	Manufacture of Articles for Culture, Education and Sport Activity	0.13	0.38	0.08
石油加工、炼焦和核燃料加工业	Processing of Petroleum, Coking, Processing of Nucleus Fuel			
化学原料和化学制品制造业	Manufacture of Chemical Raw Material and Chemical Products	0.38	0.63	0.17
医药制造业	Manufacture of Medicines	0.07	0.11	0.06
化学纤维制造业	Manufacture of Chemical Fiber			
橡胶和塑料制品业	Manufacture of Rubber and plastic	0.34	0.63	0.18
非金属矿物制品业	Manufacture of Non-metallic Mineral Products	3.79	4.00	1.00
黑色金属冶炼和压延加工业	Manufacture and Processing of Ferrous Metals	0.20	0.61	0.18
有色金属冶炼和压延加工业	Manufacture and Processing of Non-ferrous Metals	0.06	0.10	0.06
金属制品业	Manufacture of Metal Products	0.06	0.03	0.01
通用设备制造业	Manufacture of General Purpose Machinery	0.37	0.37	0.10
专用设备制造业	Manufacture of Special Purpose Machinery	0.13	0.16	0.04
汽车制造业	Automobile Industry	0.16	0.49	0.08
铁路、船舶、航空航天和其他运输设备制造业	Manufacture of Railway,Marine,Aerospace and Other Transport Equipment	0.03	0.06	0.02
电气机械和器材制造业	Manufacture of Electrical Machinery and Equipment	0.07	0.24	0.05
计算机、通信和其他电子设备制造业	Manufacture of Communication Equipment, Computer and Other Electronic Equipment	0.03	0.15	0.02
仪器仪表制造业	Manufacture of Measuring Instrument	0.07	0.14	0.02
其他制造业	Other Manufacture N.E.C			
废弃资源综合利用业	Recycling and Disposal of Waste	0.12	0.36	0.13
金属制品、机械和设备修理业	Mental Products,Machine and Equipment Repair			
电力、热力生产和供应业	Production and Supply of Electric Power and Heat Power	0.08	0.53	0.15
燃气生产和供应业	Production and Distribution of Gas			
水的生产和供应业	Production and Distribution of Water			0.01

11-6 续表 6 continued

单位：亿元 (100 million yuan)

指标	Item	总资产贡献率(%) Ratio of Total Assets to Industrial Output Value(%)	成本费用利润率(%) Ratio of Profits to Industrial Cost (%)
总计	**Total**	**25.51**	**4.33**
在总计中：	Of the Total		
亏损企业	Enterprises running under Deficit	2.67	-1.42
在总计中：	Of the Total		
大型企业	Large Scale Enterprises	10.40	3.95
中型企业	Medium Scale Enterprises	37.91	3.34
小型企业	Small Enterprises	23.64	4.74
微型企业	Microenterprise	13.89	11.22
按行业分	Grouped by Sector		
煤炭开采和洗选业	Mining and Washing of Coal	20.71	4.29
石油和天然气开采业	Petroleum and Natural Gas Extraction		
黑色金属矿采选业	Mining of Ferrous Metal Ores	43.72	5.11
有色金属矿采选业	Mining of Non-ferrous Metal Ores	71.85	6.02
非金属矿采选业	Mining and Processing of Nonmetal Ores	13.27	4.94
开采辅助活动	Mining Auxiliary Activities		
其他采矿业	Other Mining and Dressing		
农副食品加工业	Processing of Food from Agricultural Products	61.58	1.44
食品制造业	Manufacture of Foods		
酒、饮料和精制茶制造业	Manufacture of Liquor, Beverage and Refined Tea	149.09	15.73
烟草制品业	Manufacture of Tobacco		
纺织业	Manufacture of Textile	41.49	6.82
纺织服装、服饰业	Manufacture of Textile Wearing and Clothing Apparel	18.81	5.36
皮革、毛皮、羽毛及其制品和制鞋业	Leather, Fur, Feather and Its Products and Footwear	382.80	8.12
木材加工和木、竹、藤、棕、草制品业	Processing of Timbers, Manufacture of Wood, Bamboo, Rattan, Palm and Straw Products	40.24	3.00
家具制造业	Manufacture of Furniture	10.38	2.42
造纸和纸制品业	Manufacture of Paper and Paper Products	18.37	1.89
印刷和记录媒介复制业	Printing,Reproduction of Recording Media	34.89	6.86
文教、工美、体育和娱乐用品制造业	Manufacture of Articles for Culture,Education and Sport Activity	37.15	5.67
石油加工、炼焦和核燃料加工业	Processing of Petroleum,Coking,Processing of Nucleus Fuel		
化学原料和化学制品制造业	Manufacture of Chemical Raw Material and Chemical Products	41.98	6.43
医药制造业	Manufacture of Medicines	134.22	2.08
化学纤维制造业	Manufacture of Chemical Fiber		
橡胶和塑料制品业	Manufacture of Rubber and plastic	27.60	1.06
非金属矿物制品业	Manufacture of Non-metallic Mineral Products	34.04	3.62
黑色金属冶炼和压延加工业	Manufacture and Processing of Ferrous Metals	13.60	3.66
有色金属冶炼和压延加工业	Manufacture and Processing of Non-ferrous Metals	9.12	0.72
金属制品业	Manufacture of Metal Products	14.11	14.14
通用设备制造业	Manufacture of General Purpose Machinery	38.52	6.11
专用设备制造业	Manufacture of Special Purpose Machinery	32.48	2.75
汽车制造业	Automobile Industry	47.38	11.69
铁路、船舶、航空航天和其他运输设备制造业	Manufacture of Railway,Marine,Aerospace and Other Transport Equipment	2.62	2.17
电气机械和器材制造业	Manufacture of Electrical Machinery and Equipment	15.90	5.69
计算机、通信和其他电子设备制造业	Manufacture of Communication Equipment, Computer and Other Electronic Equipment	7.13	7.84
仪器仪表制造业	Manufacture of Measuring Instrument	26.10	8.43
其他制造业	Other Manufacture N.E.C		
废弃资源综合利用业	Recycling and Disposal of Waste	3.45	0.20
金属制品、机械和设备修理业	Mental Products, Machine and Equipment Repair		
电力、热力生产和供应业	Production and Supply of Electric Power and Heat Power	8.40	2.54
燃气生产和供应业	Production and Distribution of Gas		
水的生产和供应业	Production and Distribution of Water	54.12	4.74

11-6 续表 7 continued

单位：亿元 (100 million yuan)

指标	Item	产品销售率（%） Proportion of Products Sold(%)	资产负债率(%) Assets-Liability Ratio(%)
总计	**Total**	**97.86**	**37.33**
在总计中：	Of the Total		
亏损企业	Enterprises running under Deficit	100.60	60.53
在总计中：	Of the Total		
大型企业	Large Scale Enterprises	89.95	79.28
中型企业	Medium Scale Enterprises	99.66	37.99
小型企业	Small Enterprises	97.41	33.37
微型企业	Microenterprise	98.79	24.26
按行业分	Grouped by Sector		
煤炭开采和洗选业	Mining and Washing of Coal	95.10	36.77
石油和天然气开采业	Petroleum and Natural Gas Extraction		
黑色金属矿采选业	Mining of Ferrous Metal Ores	97.29	31.61
有色金属矿采选业	Mining of Non-ferrous Metal Ores	99.37	26.68
非金属矿采选业	Mining and Processing of Nonmetal Ores	100.00	11.86
开采辅助活动	Mining Auxiliary Activities		
其他采矿业	Other Mining and Dressing		
农副食品加工业	Processing of Food from Agricultural Products	99.87	18.19
食品制造业	Manufacture of Foods		
酒、饮料和精制茶制造业	Manufacture of Liquor, Beverage and Refined Tea	100.00	34.59
烟草制品业	Manufacture of Tobacco		
纺织业	Manufacture of Textile	91.40	22.90
纺织服装、服饰业	Manufacture of Textile Wearing and Clothing Apparel	99.66	69.59
皮革、毛皮、羽毛及其制品和制鞋业	Leather, Fur, Feather and Its Products and Footwear	100.00	24.77
木材加工和木、竹、藤、棕、草制品业	Processing of Timbers, Manufacture of Wood, Bamboo, Rattan, Palm and Straw Products	93.09	84.70
家具制造业	Manufacture of Furniture	87.39	54.88
造纸和纸制品业	Manufacture of Paper and Paper Products	96.76	51.49
印刷和记录媒介复制业	Printing,Reproduction of Recording Media	99.35	19.26
文教、工美、体育和娱乐用品制造业	Manufacture of Articles for Culture,Education and Sport Activity	98.12	50.16
石油加工、炼焦和核燃料加工业	Processing of Petroleum,Coking,Processing of Nucleus Fuel		
化学原料和化学制品制造业	Manufacture of Chemical Raw Material and Chemical Products	98.05	29.35
医药制造业	Manufacture of Medicines	100.00	51.25
化学纤维制造业	Manufacture of Chemical Fiber		
橡胶和塑料制品业	Manufacture of Rubber and plastic	99.48	42.18
非金属矿物制品业	Manufacture of Non-metallic Mineral Products	99.56	25.60
黑色金属冶炼和压延加工业	Manufacture and Processing of Ferrous Metals	96.09	96.16
有色金属冶炼和压延加工业	Manufacture and Processing of Non-ferrous Metals	96.43	30.74
金属制品业	Manufacture of Metal Products	100.00	17.19
通用设备制造业	Manufacture of General Purpose Machinery	99.19	19.20
专用设备制造业	Manufacture of Special Purpose Machinery	100.00	68.40
汽车制造业	Automobile Industry	99.98	22.23
铁路、船舶、航空航天和其他运输设备制造业	Manufacture of Railway,Marine,Aerospace and Other Transport Equipment	91.55	49.37
电气机械和器材制造业	Manufacture of Electrical Machinery and Equipment	99.80	32.45
计算机、通信和其他电子设备制造业	Manufacture of Communication Equipment,Computer and Other Electronic Equipment	83.94	76.03
仪器仪表制造业	Manufacture of Measuring Instrument	100.00	37.10
其他制造业	Other Manufacture N.E.C		
废弃资源综合利用业	Recycling and Disposal of Waste	98.39	105.88
金属制品、机械和设备修理业	Mental Products,Machine and Equipment Repair		
电力、热力生产和供应业	Production and Supply of Electric Power and Heat Power	99.85	45.36
燃气生产和供应业	Production and Distribution of Gas		
水的生产和供应业	Production and Distribution of Water	100.00	1.14

11-7 私营工业企业主要经济指标(2014年)

Major Economic Indications of Private Industrial Enterprises(2014)

单位:亿元 (100 million yuan)

指标	Item	企业单位数(个) Number of Enterprises (unit)	#亏损企业 Loss-making Enterprises
总计	**Total**	**9486**	**365**
在总计中:	Of the Total		
亏损企业	Enterprises running under Deficit	365	365
在总计中:	Of the Total		
大型企业	Large Scale Enterprises	59	6
中型企业	Medium Scale Enterprises	1388	48
小型企业	Small Enterprises	7834	291
微型企业	Microenterprise	205	20
按行业分	Grouped by Sector		
煤炭开采和洗选业	Mining and Washing of Coal	443	8
石油和天然气开采业	Petroleum and Natural Gas Extraction		
黑色金属矿采选业	Mining of Ferrous Metal Ores	80	4
有色金属矿采选业	Mining of Non-ferrous Metal Ores	143	9
非金属矿采选业	Mining and Processing of Nonmetal Ores	217	3
开采辅助活动	Mining Auxiliary Activities		
其他采矿业	Other Mining and Dressing	2	
农副食品加工业	Processing of Food from Agricultural Products	829	21
食品制造业	Manufacture of Foods	258	8
酒、饮料和精制茶制造业	Manufacture of Liquor, Beverage and Refined Tea	229	7
烟草制品业	Manufacture of Tobacco		
纺织业	Manufacture of Textile	175	27
纺织服装、服饰业	Manufacture of Textile Wearing and Clothing Apparel	166	2
皮革、毛皮、羽毛及其制品和制鞋业	Leather, Fur, Feather and Its Products and Footwear	157	4
木材加工和木、竹、藤、棕、草制品业	Processing of Timbers, Manufacture of Wood ,Bamboo, Rattan, Palm and Straw Products	350	4
家具制造业	Manufacture of Furniture	102	1
造纸和纸制品业	Manufacture of Paper and Paper Products	242	8
印刷和记录媒介复制业	Printing,Reproduction of Recording Media	146	5
文教、工美、体育和娱乐用品制造业	Manufacture of Articles for Culture,Education and Sport Activity	113	2
石油加工、炼焦和核燃料加工业	Processing of Petroleum,Coking,Processing of Nucleus Fuel	21	1
化学原料和化学制品制造业	Manufacture of Chemical Raw Material and Chemical Products	1120	31
医药制造业	Manufacture of Medicines	194	11
化学纤维制造业	Manufacture of Chemical Fiber	5	
橡胶和塑料制品业	Manufacture of Rubber and plastic	238	4
非金属矿物制品业	Manufacture of Non-metallic Mineral Products	1099	49
黑色金属冶炼和压延加工业	Manufacture and Processing of Ferrous Metals	395	24
有色金属冶炼和压延加工业	Manufacture and Processing of Non-ferrous Metals	392	22
金属制品业	Manufacture of Metal Products	302	15
通用设备制造业	Manufacture of General Purpose Machinery	532	21
专用设备制造业	Manufacture of Special Purpose Machinery	430	18
汽车制造业	Automobile Industry	141	10
铁路、船舶、航空航天和其他运输设备制造业	Manufacture of Railway,Marine,Aerospace and Other Transport Equipment	61	5
电气机械和器材制造业	Manufacture of Electrical Machinery and Equipment	364	17
计算机、通信和其他电子设备制造业	Manufacture of Communication Equipment,Computer and Other Electronic Equipment	263	13
仪器仪表制造业	Manufacture of Measuring Instrument	60	1
其他制造业	Other Manufacture N.E.C	54	2
废弃资源综合利用业	Recycling and Disposal of Waste	55	3
金属制品、机械和设备修理业	Mental Products,Machine and Equipment Repair	2	
电力、热力生产和供应业	Production and Supply of Electric Power and Heat Power	79	5
燃气生产和供应业	Production and Distribution of Gas	17	
水的生产和供应业	Production and Distribution of Water	10	

11-7 续表 1 continued

单位：亿元 (100 million yuan)

指标	Item	工业销售产值 Output Value of Industrial Products Sales	出口交货值 Delivery Value for Export	资产总计 Total Assets
总计	**Total**	**17203.89**	**408.74**	**6661.10**
在总计中：	Of the Total			
亏损企业	Enterprises running under Deficit	380.14	4.30	462.87
在总计中：	Of the Total			
大型企业	Large Scale Enterprises	1029.61	30.11	720.90
中型企业	Medium Scale Enterprises	4680.96	189.26	1852.71
小型企业	Small Enterprises	11381.86	186.75	3998.04
微型企业	Microenterprise	111.46	2.61	89.44
按行业分	Grouped by Sector			
煤炭开采和洗选业	Mining and Washing of Coal	473.41	1.08	225.74
石油和天然气开采业	Petroleum and Natural Gas Extraction			
黑色金属矿采选业	Mining of Ferrous Metal Ores	132.66		53.17
有色金属矿采选业	Mining of Non-ferrous Metal Ores	284.43	1.09	121.40
非金属矿采选业	Mining and Processing of Nonmetal Ores	265.51	0.41	78.16
开采辅助活动	Mining Auxiliary Activities			
其他采矿业	Other Mining and Dressing	2.06	1.35	0.67
农副食品加工业	Processing of Food from Agricultural Products	1794.52	20.52	605.07
食品制造业	Manufacture of Foods	595.43	1.31	224.47
酒、饮料和精制茶制造业	Manufacture of Liquor, Beverage and Refined Tea	342.69	7.04	116.79
烟草制品业	Manufacture of Tobacco			
纺织业	Manufacture of Textile	443.68	5.73	194.07
纺织服装、服饰业	Manufacture of Textile Wearing and Clothing Apparel	193.89	0.58	75.22
皮革、毛皮、羽毛及其制品和制鞋业	Leather, Fur, Feather and Its Products and Footwear	233.23	15.25	56.50
木材加工和木、竹、藤、棕、草制品业	Processing of Timbers,Manufacture of Wood, Bamboo, Rattan, Palm and Straw Products	550.70	2.15	143.37
家具制造业	Manufacture of Furniture	185.52	0.01	63.91
造纸和纸制品业	Manufacture of Paper and Paper Products	409.21	3.81	130.43
印刷和记录媒介复制业	Printing,Reproduction of Recording Media	225.01	1.20	66.54
文教、工美、体育和娱乐用品制造业	Manufacture of Articles for Culture,Education and Sport Activity	194.23	7.31	45.53
石油加工、炼焦和核燃料加工业	Processing of Petroleum, Coking, Processing of Nucleus Fuel	103.05		77.81
化学原料和化学制品制造业	Manufacture of Chemical Raw Material and Chemical Products	1788.08	106.23	564.41
医药制造业	Manufacture of Medicines	483.71	5.67	191.81
化学纤维制造业	Manufacture of Chemical Fiber	10.51		4.12
橡胶和塑料制品业	Manufacture of Rubber and plastic	374.30	3.19	123.18
非金属矿物制品业	Manufacture of Non-metallic Mineral Products	1682.58	46.53	775.06
黑色金属冶炼和压延加工业	Manufacture and Processing of Ferrous Metals	689.94	9.60	184.28
有色金属冶炼和压延加工业	Manufacture and Processing of Non-ferrous Metals	1299.80	22.07	444.82
金属制品业	Manufacture of Metal Products	565.04	8.61	194.51
通用设备制造业	Manufacture of General Purpose Machinery	915.58	34.16	348.43
专用设备制造业	Manufacture of Special Purpose Machinery	833.25	39.07	434.19
汽车制造业	Automobile Industry	328.46	2.10	252.10
铁路、船舶、航空航天和其他运输设备制造业	Manufacture of Railway, Marine, Aerospace and Other Transport Equipment	100.49		56.61
电气机械和器材制造业	Manufacture of Electrical Machinery and Equipment	729.57	10.07	381.79
计算机、通信和其他电子设备制造业	Manufacture of Communication Equipment, Computer and Other Electronic Equipment	524.11	11.78	190.66
仪器仪表制造业	Manufacture of Measuring Instrument	123.98	0.09	43.05
其他制造业	Other Manufacture N.E.C	124.44	40.55	17.90
废弃资源综合利用业	Recycling and Disposal of Waste	96.44		33.32
金属制品、机械和设备修理业	Mental Products,Machine and Equipment Repair	5.66	0.19	1.50
电力、热力生产和供应业	Production and Supply of Electric Power and Heat Power	65.27		118.46
燃气生产和供应业	Production and Distribution of Gas	23.24		11.13
水的生产和供应业	Production and Distribution of Water	10.20		10.91

11-7 续表 2 continued

单位：亿元 (100 million yuan)

指标	Item	固定资产合计 Total Fixed Assets	流动资产合计 Circulating Funds	负债合计 Total Liabilities
总计	**Total**	**3168.45**	**2494.27**	**2782.24**
在总计中：	Of the Total			
亏损企业	Enterprises running under Deficit	140.63	243.77	341.67
在总计中：	Of the Total			
大型企业	Large Scale Enterprises	199.45	411.90	453.80
中型企业	Medium Scale Enterprises	952.60	660.15	734.90
小型企业	Small Enterprises	1986.07	1385.25	1549.35
微型企业	Microenterprise	30.32	36.97	44.19
按行业分	Grouped by Sector			
煤炭开采和洗选业	Mining and Washing of Coal	162.10	48.53	71.43
石油和天然气开采业	Petroleum and Natural Gas Extraction			
黑色金属矿采选业	Mining of Ferrous Metal Ores	26.53	18.84	23.08
有色金属矿采选业	Mining of Non-ferrous Metal Ores	64.32	39.17	45.87
非金属矿采选业	Mining and Processing of Nonmetal Ores	47.57	19.83	26.82
开采辅助活动	Mining Auxiliary Activities			
其他采矿业	Other Mining and Dressing	0.23	0.44	0.38
农副食品加工业	Processing of Food from Agricultural Products	324.50	215.45	225.11
食品制造业	Manufacture of Foods	105.31	76.91	73.92
酒、饮料和精制茶制造业	Manufacture of Liquor, Beverage and Refined Tea	59.74	36.57	36.64
烟草制品业	Manufacture of Tobacco			
纺织业	Manufacture of Textile	83.75	75.50	102.68
纺织服装、服饰业	Manufacture of Textile Wearing and Clothing Apparel	30.97	32.21	27.36
皮革、毛皮、羽毛及其制品和制鞋业	Leather, Fur, Feather and Its Products and Footwear	30.47	15.70	22.00
木材加工和木、竹、藤、棕、草制品业	Processing of Timbers, Manufacture of Wood, Bamboo, Rattan, Palm and Straw Products	80.37	41.48	44.17
家具制造业	Manufacture of Furniture	38.12	19.20	23.36
造纸和纸制品业	Manufacture of Paper and Paper Products	77.99	31.91	48.34
印刷和记录媒介复制业	Printing,Reproduction of Recording Media	34.46	22.26	26.63
文教、工美、体育和娱乐用品制造业	Manufacture of Articles for Culture,Education and Sport Activity	23.16	18.10	17.19
石油加工、炼焦和核燃料加工业	Processing of Petroleum, Coking, Processing of Nucleus Fuel	33.19	36.82	37.51
化学原料和化学制品制造业	Manufacture of Chemical Raw Material and Chemical Products	290.03	169.50	186.96
医药制造业	Manufacture of Medicines	88.45	70.64	67.91
化学纤维制造业	Manufacture of Chemical Fiber	1.70	0.47	1.02
橡胶和塑料制品业	Manufacture of Rubber and plastic	52.72	45.43	47.58
非金属矿物制品业	Manufacture of Non-metallic Mineral Products	380.63	255.78	320.53
黑色金属冶炼和压延加工业	Manufacture and Processing of Ferrous Metals	105.51	58.07	71.85
有色金属冶炼和压延加工业	Manufacture and Processing of Non-ferrous Metals	164.48	226.93	228.78
金属制品业	Manufacture of Metal Products	95.59	73.39	75.77
通用设备制造业	Manufacture of General Purpose Machinery	149.48	152.36	155.31
专用设备制造业	Manufacture of Special Purpose Machinery	135.85	225.02	199.55
汽车制造业	Automobile Industry	64.42	156.46	192.51
铁路、船舶、航空航天和其他运输设备制造业	Manufacture of Railway,Marine,Aerospace and Other Transport Equipment	21.71	28.78	26.66
电气机械和器材制造业	Manufacture of Electrical Machinery and Equipment	178.60	140.14	167.56
计算机、通信和其他电子设备制造业	Manufacture of Communication Equipment,Computer and Other Electronic Equipment	78.28	85.37	71.82
仪器仪表制造业	Manufacture of Measuring Instrument	22.25	17.60	15.64
其他制造业	Other Manufacture N.E.C	9.38	6.07	3.69
废弃资源综合利用业	Recycling and Disposal of Waste	13.18	10.71	14.97
金属制品、机械和设备修理业	Mental Products,Machine and Equipment Repair	0.42	0.98	0.40
电力、热力生产和供应业	Production and Supply of Electric Power and Heat Power	78.78	16.39	70.30
燃气生产和供应业	Production and Distribution of Gas	7.62	2.27	5.25
水的生产和供应业	Production and Distribution of Water	6.61	2.98	5.69

11-7 续表 3 continued

单位：亿元 (100 million yuan)

指标	Item	实收资本 Assets Recevied	所有者权益 Paidin capital	主营业务收入 Revenue of Major Business
总计	**Total**	**2119.23**	**3853.09**	**16747.45**
在总计中：	Of the Total			
亏损企业	Enterprises running under Deficit	93.63	120.79	361.59
在总计中：	Of the Total			
大型企业	Large Scale Enterprises	84.55	265.87	1006.72
中型企业	Medium Scale Enterprises	518.77	1113.05	4567.71
小型企业	Small Enterprises	1502.24	2435.80	11064.20
微型企业	Microenterprise	13.67	38.37	108.82
按行业分	Grouped by Sector			
煤炭开采和洗选业	Mining and Washing of Coal	87.38	153.96	483.67
石油和天然气开采业	Petroleum and Natural Gas Extraction			
黑色金属矿采选业	Mining of Ferrous Metal Ores	18.07	29.69	133.39
有色金属矿采选业	Mining of Non-ferrous Metal Ores	43.58	75.33	275.40
非金属矿采选业	Mining and Processing of Nonmetal Ores	29.48	51.33	246.61
开采辅助活动	Mining Auxiliary Activities			
其他采矿业	Other Mining and Dressing	0.29	0.29	2.26
农副食品加工业	Processing of Food from Agricultural Products	155.44	375.29	1763.91
食品制造业	Manufacture of Foods	64.31	150.42	578.16
酒、饮料和精制茶制造业	Manufacture of Liquor, Beverage and Refined Tea	30.06	79.80	336.96
烟草制品业	Manufacture of Tobacco			
纺织业	Manufacture of Textile	51.14	90.89	432.60
纺织服装、服饰业	Manufacture of Textile Wearing and Clothing Apparel	18.31	47.79	190.69
皮革、毛皮、羽毛及其制品和制鞋业	Leather, Fur, Feather and Its Products and Footwear	13.76	34.48	227.60
木材加工和木、竹、藤、棕、草制品业	Processing of Timbers,Manufacture of Wood, Bamboo, Rattan, Palm and Straw Products	51.28	98.52	524.21
家具制造业	Manufacture of Furniture	23.59	40.55	183.87
造纸和纸制品业	Manufacture of Paper and Paper Products	33.95	81.21	349.85
印刷和记录媒介复制业	Printing,Reproduction of Recording Media	18.43	39.82	224.85
文教、工美、体育和娱乐用品制造业	Manufacture of Articles for Culture,Education and Sport Activity	344.76	28.23	180.68
石油加工、炼焦和核燃料加工业	Processing of Petroleum,Coking,Processing of Nucleus Fuel	4.89	40.30	101.56
化学原料和化学制品制造业	Manufacture of Chemical Raw Material and Chemical Products	179.94	376.68	1725.39
医药制造业	Manufacture of Medicines	55.07	123.38	474.31
化学纤维制造业	Manufacture of Chemical Fiber	3.10	3.10	9.32
橡胶和塑料制品业	Manufacture of Rubber and plastic	43.55	74.77	338.89
非金属矿物制品业	Manufacture of Non-metallic Mineral Products	217.43	453.52	1646.85
黑色金属冶炼和压延加工业	Manufacture and Processing of Ferrous Metals	64.65	111.99	686.53
有色金属冶炼和压延加工业	Manufacture and Processing of Non-ferrous Metals	84.49	211.42	1300.22
金属制品业	Manufacture of Metal Products	48.27	118.43	560.47
通用设备制造业	Manufacture of General Purpose Machinery	81.19	191.05	882.42
专用设备制造业	Manufacture of Special Purpose Machinery	100.42	231.58	804.71
汽车制造业	Automobile Industry	33.74	59.58	330.20
铁路、船舶、航空航天和其他运输设备制造业	Manufacture of Railway, Marine, Aerospace and Other Transport Equipment	8.56	29.61	95.87
电气机械和器材制造业	Manufacture of Electrical Machinery and Equipment	92.77	213.78	722.99
计算机、通信和其他电子设备制造业	Manufacture of Communication Equipment, Computer and Other Electronic Equipment	49.43	116.45	485.37
仪器仪表制造业	Manufacture of Measuring Instrument	10.02	27.41	120.82
其他制造业	Other Manufacture N.E.C	10.93	14.08	127.73
废弃资源综合利用业	Recycling and Disposal of Waste	12.84	18.35	95.86
金属制品、机械和设备修理业	Mental Products,Machine and Equipment Repair	0.60	0.76	5.62
电力、热力生产和供应业	Production and Supply of Electric Power and Heat Power	26.10	48.17	63.75
燃气生产和供应业	Production and Distribution of Gas	4.30	5.88	23.57
水的生产和供应业	Production and Distribution of Water	3.14	5.22	10.31

11-7 续表 4 continued

单位：亿元 (100 million yuan)

指标	Item	主营业务成本 Cost of Major Businese	利润总额 Total Profit	利税总额 Total Taxes
总计	**Total**	**14048.01**	**888.08**	**1700.50**
在总计中:	Of the Total			
亏损企业	Enterprises running under Deficit	333.74	-14.14	-4.49
在总计中:	Of the Total			
大型企业	Large Scale Enterprises	829.54	51.91	90.82
中型企业	Medium Scale Enterprises	3822.09	235.79	485.00
小型企业	Small Enterprises	9306.45	593.38	1113.48
微型企业	Microenterprise	89.93	7.00	11.19
按行业分	Grouped by Sector			
煤炭开采和洗选业	Mining and Washing of Coal	396.76	36.85	68.03
石油和天然气开采业	Petroleum and Natural Gas Extraction	0.00	0.00	0.00
黑色金属矿采选业	Mining of Ferrous Metal Ores	109.56	7.45	14.49
有色金属矿采选业	Mining of Non-ferrous Metal Ores	221.69	14.72	33.30
非金属矿采选业	Mining and Processing of Nonmetal Ores	197.60	18.77	31.75
开采辅助活动	Mining Auxiliary Activities			
其他采矿业	Other Mining and Dressing	1.58	0.03	0.12
农副食品加工业	Processing of Food from Agricultural Products	1493.51	76.59	149.21
食品制造业	Manufacture of Foods	484.65	28.57	54.22
酒、饮料和精制茶制造业	Manufacture of Liquor, Beverage and Refined Tea	273.89	18.23	34.43
烟草制品业	Manufacture of Tobacco			
纺织业	Manufacture of Textile	378.78	14.93	37.68
纺织服装、服饰业	Manufacture of Textile Wearing and Clothing Apparel	160.35	10.54	17.67
皮革、毛皮、羽毛及其制品和制鞋业	Leather, Fur, Feather and Its Products and Footwear	189.62	10.05	18.11
木材加工和木、竹、藤、棕、草制品业	Processing of Timbers, Manufacture of Wood, Bamboo, Rattan, Palm and Straw Products	454.50	25.44	51.99
家具制造业	Manufacture of Furniture	157.31	8.53	16.15
造纸和纸制品业	Manufacture of Paper and Paper Products	293.03	16.36	33.48
印刷和记录媒介复制业	Printing,Reproduction of Recording Media	183.40	16.53	27.65
文教、工美、体育和娱乐用品制造业	Manufacture of Articles for Culture,Education and Sport Activity	149.56	12.35	20.96
石油加工、炼焦和核燃料加工业	Processing of Petroleum, Coking, Processing of Nucleus Fuel	89.45	5.61	11.12
化学原料和化学制品制造业	Manufacture of Chemical Raw Material and Chemical Products	1410.46	107.13	215.70
医药制造业	Manufacture of Medicines	386.77	30.08	58.31
化学纤维制造业	Manufacture of Chemical Fiber	8.07	0.14	0.96
橡胶和塑料制品业	Manufacture of Rubber and plastic	289.29	18.66	35.06
非金属矿物制品业	Manufacture of Non-metallic Mineral Products	1341.27	93.20	176.04
黑色金属冶炼和压延加工业	Manufacture and Processing of Ferrous Metals	590.11	35.16	68.49
有色金属冶炼和压延加工业	Manufacture and Processing of Non-ferrous Metals	1145.96	50.16	114.29
金属制品业	Manufacture of Metal Products	478.58	33.08	58.09
通用设备制造业	Manufacture of General Purpose Machinery	741.72	46.01	84.54
专用设备制造业	Manufacture of Special Purpose Machinery	676.04	44.52	76.96
汽车制造业	Automobile Industry	274.13	19.87	28.64
铁路、船舶、航空航天和其他运输设备制造业	Manufacture of Railway,Marine,Aerospace and Other Transport Equipment	78.17	6.06	10.24
电气机械和器材制造业	Manufacture of Electrical Machinery and Equipment	614.28	35.04	63.19
计算机、通信和其他电子设备制造业	Manufacture of Communication Equipment, Computer and Other Electronic Equipment	401.01	24.94	47.24
仪器仪表制造业	Manufacture of Measuring Instrument	101.01	6.48	12.25
其他制造业	Other Manufacture N.E.C	111.44	3.94	7.94
废弃资源综合利用业	Recycling and Disposal of Waste	83.53	4.74	10.11
金属制品、机械和设备修理业	Mental Products,Machine and Equipment Repair	4.19	0.32	0.73
电力、热力生产和供应业	Production and Supply of Electric Power and Heat Power	49.97	4.58	7.39
燃气生产和供应业	Production and Distribution of Gas	19.11	1.43	2.43
水的生产和供应业	Production and Distribution of Water	7.68	0.97	1.54

11-7 续表 5 continued

单位：亿元 (100 million yuan)

指标	Item	本年应缴增值税 Value Added Payable of the Current Year	本年应付职工薪酬 Total Sum of Wages Payable this Year	全部从业人员年平均人数（万人） Average Number of Empolyment of the Current Year (10000persons)
总计	**Total**	**590.86**	**739.63**	**177.11**
在总计中：	Of the Total			
亏损企业	Enterprises running under Deficit	7.34	22.88	7.19
在总计中：	Of the Total			
大型企业	Large Scale Enterprises	31.11	50.64	11.07
中型企业	Medium Scale Enterprises	191.65	280.08	67.32
小型企业	Small Enterprises	365.12	404.78	97.28
微型企业	Microenterprise	2.97	4.13	1.45
按行业分	Grouped by Sector			
煤炭开采和洗选业	Mining and Washing of Coal	23.70	38.50	9.54
石油和天然气开采业	Petroleum and Natural Gas Extraction			
黑色金属矿采选业	Mining of Ferrous Metal Ores	5.41	4.77	1.27
有色金属矿采选业	Mining of Non-ferrous Metal Ores	14.45	11.43	3.23
非金属矿采选业	Mining and Processing of Nonmetal Ores	8.78	10.36	2.70
开采辅助活动	Mining Auxiliary Activities			
其他采矿业	Other Mining and Dressing	0.04	0.22	0.03
农副食品加工业	Processing of Food from Agricultural Products	54.28	61.08	14.38
食品制造业	Manufacture of Foods	19.47	28.33	6.79
酒、饮料和精制茶制造业	Manufacture of Liquor, Beverage and Refined Tea	10.89	13.35	3.43
烟草制品业	Manufacture of Tobacco			
纺织业	Manufacture of Textile	18.25	22.87	6.70
纺织服装、服饰业	Manufacture of Textile Wearing and Clothing Apparel	5.44	16.08	3.74
皮革、毛皮、羽毛及其制品和制鞋业	Leather, Fur, Feather and Its Products and Footwear	6.01	17.15	3.90
木材加工和木、竹、藤、棕、草制品业	Processing of Timbers, Manufacture of Wood, Bamboo, Rattan, Palm and Straw Products	19.85	23.24	6.52
家具制造业	Manufacture of Furniture	5.51	9.28	2.09
造纸和纸制品业	Manufacture of Paper and Paper Products	12.09	14.83	4.01
印刷和记录媒介复制业	Printing,Reproduction of Recording Media	7.76	7.86	1.98
文教、工美、体育和娱乐用品制造业	Manufacture of Articles for Culture,Education and Sport Activity	5.89	9.40	2.15
石油加工、炼焦和核燃料加工业	Processing of Petroleum,Coking,Processing of Nucleus Fuel	4.85	2.04	0.41
化学原料和化学制品制造业	Manufacture of Chemical Raw Material and Chemical Products	72.89	104.32	24.89
医药制造业	Manufacture of Medicines	23.20	15.42	3.46
化学纤维制造业	Manufacture of Chemical Fiber	0.40	0.17	0.07
橡胶和塑料制品业	Manufacture of Rubber and plastic	11.70	12.87	3.19
非金属矿物制品业	Manufacture of Non-metallic Mineral Products	58.78	94.38	21.72
黑色金属冶炼和压延加工业	Manufacture and Processing of Ferrous Metals	24.07	22.16	5.63
有色金属冶炼和压延加工业	Manufacture and Processing of Non-ferrous Metals	49.06	27.49	6.44
金属制品业	Manufacture of Metal Products	17.46	21.02	4.96
通用设备制造业	Manufacture of General Purpose Machinery	24.48	30.57	7.13
专用设备制造业	Manufacture of Special Purpose Machinery	24.46	32.41	7.45
汽车制造业	Automobile Industry	5.58	17.26	3.06
铁路、船舶、航空航天和其他运输设备制造业	Manufacture of Railway,Marine,Aerospace and Other Transport Equipment	3.38	4.40	0.98
电气机械和器材制造业	Manufacture of Electrical Machinery and Equipment	20.52	26.15	5.85
计算机、通信和其他电子设备制造业	Manufacture of Communication Equipment, Computer and Other Electronic Equipment	16.87	23.08	5.39
仪器仪表制造业	Manufacture of Measuring Instrument	4.35	3.83	0.93
其他制造业	Other Manufacture N.E.C	3.26	6.06	1.36
废弃资源综合利用业	Recycling and Disposal of Waste	4.10	2.60	0.65
金属制品、机械和设备修理业	Mental Products,Machine and Equipment Repair	0.26	0.14	0.03
电力、热力生产和供应业	Production and Supply of Electric Power and Heat	2.31	3.50	0.84
燃气生产和供应业	Production and Distribution of Gas	0.72	0.58	0.16
水的生产和供应业	Production and Distribution of Water	0.35	0.45	0.11

11-7 续表 6 continued

指标	Item	总资产贡献率（%）Ratio of Total Assets to Industrial Output Value(%)	成本费用利润率（%）Ratio of Profits to Industrial Cost(%)
总计	**Total**	**27.22**	**5.78**
在总计中：	Of the Total		
亏损企业	Enterprises running under Deficit	0.29	-3.81
在总计中：	Of the Total		
大型企业	Large Scale Enterprises	14.07	5.60
中型企业	Medium Scale Enterprises	28.20	5.60
小型企业	Small Enterprises	29.44	5.86
微型企业	Microenterprise	13.46	7.00
按行业分	Grouped by Sector		
煤炭开采和洗选业	Mining and Washing of Coal	31.09	8.56
石油和天然气开采业	Petroleum and Natural Gas Extraction	0.00	0.00
黑色金属矿采选业	Mining of Ferrous Metal Ores	29.27	6.21
有色金属矿采选业	Mining of Non-ferrous Metal Ores	28.65	6.13
非金属矿采选业	Mining and Processing of Nonmetal Ores	42.61	8.56
开采辅助活动	Mining Auxiliary Activities	0.00	0.00
其他采矿业	Other Mining and Dressing	19.26	1.43
农副食品加工业	Processing of Food from Agricultural Products	26.97	4.69
食品制造业	Manufacture of Foods	26.36	5.31
酒、饮料和精制茶制造业	Manufacture of Liquor, Beverage and Refined Tea	31.71	6.02
烟草制品业	Manufacture of Tobacco	0.00	0.00
纺织业	Manufacture of Textile	22.05	3.61
纺织服装、服饰业	Manufacture of Textile Wearing and Clothing Apparel	25.12	5.95
皮革、毛皮、羽毛及其制品和制鞋业	Leather, Fur, Feather and Its Products and Footwear	35.9	4.75
木材加工和木、竹、藤、棕、草制品业	Processing of Timbers,Manufacture of Wood, Bamboo, Rattan, Palm and Straw Products	38.03	5.17
家具制造业	Manufacture of Furniture	27.48	5.01
造纸和纸制品业	Manufacture of Paper and Paper Products	27.52	5.06
印刷和记录媒介复制业	Printing,Reproduction of Recording Media	43.56	8.26
文教、工美、体育和娱乐用品制造业	Manufacture of Articles for Culture,Education and Sport Activity	48.31	7.63
石油加工、炼焦和核燃料加工业	Processing of Petroleum, Coking, Processing of Nucleus Fuel	16.53	5.89
化学原料和化学制品制造业	Manufacture of Chemical Raw Material and Chemical Products	40.25	6.87
医药制造业	Manufacture of Medicines	31.89	6.87
化学纤维制造业	Manufacture of Chemical Fiber	23.32	1.63
橡胶和塑料制品业	Manufacture of Rubber and plastic	29.73	5.99
非金属矿物制品业	Manufacture of Non-metallic Mineral Products	24.29	6.25
黑色金属冶炼和压延加工业	Manufacture and Processing of Ferrous Metals	39.80	5.58
有色金属冶炼和压延加工业	Manufacture and Processing of Non-ferrous Metals	27.23	4.18
金属制品业	Manufacture of Metal Products	31.19	6.37
通用设备制造业	Manufacture of General Purpose Machinery	25.71	5.69
专用设备制造业	Manufacture of Special Purpose Machinery	19.05	5.96
汽车制造业	Automobile Industry	12.15	6.64
铁路、船舶、航空航天和其他运输设备制造业	Manufacture of Railway,Marine,Aerospace and Other Transport Equipment	19.00	7.02
电气机械和器材制造业	Manufacture of Electrical Machinery and Equipment	18.03	5.18
计算机、通信和其他电子设备制造业	Manufacture of Communication Equipment, Computer and	25.85	5.69
仪器仪表制造业	Manufacture of Measuring Instrument	29.64	5.90
其他制造业	Other Manufacture N.E.C	47.39	3.27
废弃资源综合利用业	Recycling and Disposal of Waste	30.98	5.40
金属制品、机械和设备修理业	Mental Products,Machine and Equipment Repair	48.66	6.92
电力、热力生产和供应业	Production and Supply of Electric Power and Heat Power	7.08	7.93
燃气生产和供应业	Production and Distribution of Gas	23.10	6.85
水的生产和供应业	Production and Distribution of Water	15.19	10.60

11-7 续表 7 continued

指标	Item	产品销售率（%） Proportion of Products Sold(%)	资产负债率(%) Assets-Liability Ratio(%)
总计	**Total**	**98.43**	**41.77**
在总计中：	Of the Total		
亏损企业	Enterprises running under Deficit	92.28	73.82
在总计中：	Of the Total		
大型企业	Large Scale Enterprises	93.68	62.95
中型企业	Medium Scale Enterprises	97.53	39.67
小型企业	Small Enterprises	99.28	38.75
微型企业	Microenterprise	96.53	49.41
按行业分	Grouped by Sector		
煤炭开采和洗选业	Mining and Washing of Coal	99.42	31.64
石油和天然气开采业	Petroleum and Natural Gas Extraction	0.00	0.00
黑色金属矿采选业	Mining of Ferrous Metal Ores	97.13	43.41
有色金属矿采选业	Mining of Non-ferrous Metal Ores	99.08	37.78
非金属矿采选业	Mining and Processing of Nonmetal Ores	99.33	34.31
开采辅助活动	Mining Auxiliary Activities	0.00	0.00
其他采矿业	Other Mining and Dressing	88.39	56.40
农副食品加工业	Processing of Food from Agricultural Products	98.08	37.20
食品制造业	Manufacture of Foods	98.61	32.93
酒、饮料和精制茶制造业	Manufacture of Liquor, Beverage and Refined Tea	95.78	31.37
烟草制品业	Manufacture of Tobacco	0.00	0.00
纺织业	Manufacture of Textile	97.65	52.91
纺织服装、服饰业	Manufacture of Textile Wearing and Clothing Apparel	99.23	36.38
皮革、毛皮、羽毛及其制品和制鞋业	Leather, Fur, Feather and Its Products and Footwear	99.40	38.95
木材加工和木、竹、藤、棕、草制品业	Processing of Timbers,Manufacture of Wood, Bamboo, Rattan, Palm and Straw Products	97.66	30.81
家具制造业	Manufacture of Furniture	98.56	36.55
造纸和纸制品业	Manufacture of Paper and Paper Products	111.85	37.07
印刷和记录媒介复制业	Printing,Reproduction of Recording Media	96.94	40.02
文教、工美、体育和娱乐用品制造业	Manufacture of Articles for Culture, Education and Sport Activity	105.18	37.76
石油加工、炼焦和核燃料加工业	Processing of Petroleum,Coking,Processing of Nucleus Fuel	98.72	48.21
化学原料和化学制品制造业	Manufacture of Chemical Raw Material and Chemical Products	97.33	33.13
医药制造业	Manufacture of Medicines	96.42	35.40
化学纤维制造业	Manufacture of Chemical Fiber	97.79	24.76
橡胶和塑料制品业	Manufacture of Rubber and plastic	106.26	38.63
非金属矿物制品业	Manufacture of Non-metallic Mineral Products	98.40	41.35
黑色金属冶炼和压延加工业	Manufacture and Processing of Ferrous Metals	98.08	38.99
有色金属冶炼和压延加工业	Manufacture and Processing of Non-ferrous Metals	98.38	51.43
金属制品业	Manufacture of Metal Products	97.84	38.95
通用设备制造业	Manufacture of General Purpose Machinery	100.09	44.58
专用设备制造业	Manufacture of Special Purpose Machinery	94.05	45.96
汽车制造业	Automobile Industry	95.63	76.36
铁路、船舶、航空航天和其他运输设备制造业	Manufacture of Railway, Marine, Aerospace and Other Transport Equipment	98.42	47.09
电气机械和器材制造业	Manufacture of Electrical Machinery and Equipment	96.88	43.89
计算机、通信和其他电子设备制造业	Manufacture of Communication Equipment, Computer and Other Electronic Equipment	101.07	37.67
仪器仪表制造业	Manufacture of Measuring Instrument	96.18	36.33
其他制造业	Other Manufacture N.E.C	95.25	20.61
废弃资源综合利用业	Recycling and Disposal of Waste	99.31	44.93
金属制品、机械和设备修理业	Mental Products,Machine and Equipment Repair	98.24	26.71
电力、热力生产和供应业	Production and Supply of Electric Power and Heat Power	99.73	59.34
燃气生产和供应业	Production and Distribution of Gas	99.21	47.16
水的生产和供应业	Production and Distribution of Water	93.04	52.14

11-8 外商投资和港澳台投资工业企业主要经济指标(2014年)

Main Indicators of Industrial Enterprises with Hong Kong,Taiwan and Foreign Funds(2014)

单位:亿元 (100 million yuan)

指标	Item	企业单位数(个) Number of Enterprises (unit)	#亏损企业 Loss-making Enterprises
总计	**Total**	**580**	**70**
在总计中：	Of the Total		
亏损企业	Enterprises running under Deficit	70	70
在总计中：	Of the Total		
大型企业	Large Scale Enterprises	34	4
中型企业	Medium Scale Enterprises	203	20
小型企业	Small Enterprises	333	44
微型企业	Microenterprise	10	2
按行业分	Grouped by Sector		
煤炭开采和洗选业	Mining and Washing of Coal	2	2
石油和天然气开采业	Petroleum and Natural Gas Extraction		
黑色金属矿采选业	Mining of Ferrous Metal Ores	2	
有色金属矿采选业	Mining of Non-ferrous Metal Ores	3	
非金属矿采选业	Mining and Processing of Nonmetal Ores	3	
开采辅助活动	Mining Auxiliary Activities		
其他采矿业	Other Mining and Dressing		
农副食品加工业	Processing of Food from Agricultural Products	33	2
食品制造业	Manufacture of Foods	18	2
酒、饮料和精制茶制造业	Manufacture of Liquor, Beverage and Refined Tea	22	2
烟草制品业	Manufacture of Tobacco		
纺织业	Manufacture of Textile	11	1
纺织服装、服饰业	Manufacture of Textile Wearing and Clothing Apparel	21	2
皮革、毛皮、羽毛及其制品和制鞋业	Leather, Fur, Feather and Its Products and Footwear	53	4
木材加工和木、竹、藤、棕、草制品业	Processing of Timbers,Manufacture of Wood, Bamboo, Rattan, Palm and Straw Products	9	1
家具制造业	Manufacture of Furniture	3	
造纸和纸制品业	Manufacture of Paper and Paper Products	10	2
印刷和记录媒介复制业	Printing,Reproduction of Recording Media	9	
文教、工美、体育和娱乐用品制造业	Manufacture of Articles for Culture,Education and Sport Activity	20	
石油加工、炼焦和核燃料加工业	Processing of Petroleum,Coking,Processing of Nucleus Fuel	2	
化学原料和化学制品制造业	Manufacture of Chemical Raw Material and Chemical Products	54	3
医药制造业	Manufacture of Medicines	18	1
化学纤维制造业	Manufacture of Chemical Fiber	3	
橡胶和塑料制品业	Manufacture of Rubber and plastic	19	4
非金属矿物制品业	Manufacture of Non-metallic Mineral Products	38	2
黑色金属冶炼和压延加工业	Manufacture and Processing of Ferrous Metals	6	
有色金属冶炼和压延加工业	Manufacture and Processing of Non-ferrous Metals	15	5
金属制品业	Manufacture of Metal Products	10	
通用设备制造业	Manufacture of General Purpose Machinery	21	3
专用设备制造业	Manufacture of Special Purpose Machinery	15	4
汽车制造业	Automobile Industry	42	11
铁路、船舶、航空航天和其他运输设备制造业	Manufacture of Railway,Marine,Aerospace and Other Transport Equipment	10	1
电气机械和器材制造业	Manufacture of Electrical Machinery and Equipment	23	2
计算机、通信和其他电子设备制造业	Manufacture of Communication Equipment, Computer and Other Electronic Equipment	49	12
仪器仪表制造业	Manufacture of Measuring Instrument	3	
其他制造业	Other Manufacture N.E.C		
废弃资源综合利用业	Recycling and Disposal of Waste	3	1
金属制品、机械和设备修理业	Mental Products,Machine and Equipment Repair		
电力、热力生产和供应业	Production and Supply of Electric Power and Heat Power	15	2
燃气生产和供应业	Production and Distribution of Gas	9	1
水的生产和供应业	Production and Distribution of Water	6	

11-8 续表 1 continued

单位：亿元 (100 million yuan)

指标	Item	工业销售产值 Output Value of Industrial Products Sales	出口交货值 Delivery Value for Export	资产总计 Total Assets
总计	**Total**	**2547.95**	**382.09**	**1788.11**
在总计中：	Of the Total			
亏损企业	Enterprises running under Deficit	355.27	132.51	372.41
在总计中：	Of the Total			
大型企业	Large Scale Enterprises	980.27	260.15	692.95
中型企业	Medium Scale Enterprises	835.27	98.26	619.52
小型企业	Small Enterprises	724.76	23.68	471.36
微型企业	Microenterprise	7.65		4.29
按行业分	Grouped by Sector			
煤炭开采和洗选业	Mining and Washing of Coal	1.26		3.31
石油和天然气开采业	Petroleum and Natural Gas Extraction			
黑色金属矿采选业	Mining of Ferrous Metal Ores	2.94		0.43
有色金属矿采选业	Mining of Non-ferrous Metal Ores	9.29		5.06
非金属矿采选业	Mining and Processing of Nonmetal Ores	2.07		1.16
开采辅助活动	Mining Auxiliary Activities			
其他采矿业	Other Mining and Dressing			
农副食品加工业	Processing of Food from Agricultural Products	184.33	3.47	88.33
食品制造业	Manufacture of Foods	72.42	2.95	38.60
酒、饮料和精制茶制造业	Manufacture of Liquor, Beverage and Refined Tea	78.00		59.21
烟草制品业	Manufacture of Tobacco			
纺织业	Manufacture of Textile	28.74	2.37	13.19
纺织服装、服饰业	Manufacture of Textile Wearing and Clothing Apparel	48.78	1.42	15.43
皮革、毛皮、羽毛及其制品和制鞋业	Leather, Fur, Feather and Its Products and Footwear	110.24	19.04	48.52
木材加工和木、竹、藤、棕、草制品业	Processing of Timbers, Manufacture of Wood, Bamboo, Rattan, Palm and Straw Products	10.18		4.18
家具制造业	Manufacture of Furniture	20.76		4.15
造纸和纸制品业	Manufacture of Paper and Paper Products	36.49		58.53
印刷和记录媒介复制业	Printing,Reproduction of Recording Media	40.82	0.13	29.77
文教、工美、体育和娱乐用品制造业	Manufacture of Articles for Culture,Education and Sport Activity	58.07	13.53	19.35
石油加工、炼焦和核燃料加工业	Processing of Petroleum,Coking,Processing of Nucleus Fuel	3.13		8.39
化学原料和化学制品制造业	Manufacture of Chemical Raw Material and Chemical Products	119.02	9.52	76.73
医药制造业	Manufacture of Medicines	57.93	7.55	36.39
化学纤维制造业	Manufacture of Chemical Fiber	10.68		7.53
橡胶和塑料制品业	Manufacture of Rubber and plastic	45.01	0.34	47.14
非金属矿物制品业	Manufacture of Non-metallic Mineral Products	92.18	18.31	66.93
黑色金属冶炼和压延加工业	Manufacture and Processing of Ferrous Metals	7.70	5.38	5.58
有色金属冶炼和压延加工业	Manufacture and Processing of Non-ferrous Metals	155.96	0.84	81.99
金属制品业	Manufacture of Metal Products	35.07	0.44	10.67
通用设备制造业	Manufacture of General Purpose Machinery	82.10	0.11	59.66
专用设备制造业	Manufacture of Special Purpose Machinery	40.30	2.05	53.10
汽车制造业	Automobile Industry	425.59	15.26	334.26
铁路、船舶、航空航天和其他运输设备制造业	Manufacture of Railway, Marine, Aerospace and Other Transport Equipment	38.01	7.15	25.17
电气机械和器材制造业	Manufacture of Electrical Machinery and Equipment	83.91	7.80	81.62
计算机、通信和其他电子设备制造业	Manufacture of Communication Equipment, Computer and Other Electronic Equipment	474.02	263.15	209.97
仪器仪表制造业	Manufacture of Measuring Instrument	39.91	1.28	62.40
其他制造业	Other Manufacture N.E.C			
废弃资源综合利用业	Recycling and Disposal of Waste	3.67		5.46
金属制品、机械和设备修理业	Mental Products,Machine and Equipment Repair			
电力、热力生产和供应业	Production and Supply of Electric Power and Heat Power	71.79		139.29
燃气生产和供应业	Production and Distribution of Gas	53.54		74.27
水的生产和供应业	Production and Distribution of Water	4.05		12.36

11-8 续表 2 continued

单位：亿元 (100 million yuan)

指标	Item	固定资产合计 Total Fixed Assets	流动资产合计 Circulating Funds	负债合计 Total Liabilities
总计	**Total**	**774.20**	**778.44**	**914.80**
在总计中：	Of the Total			
亏损企业	Enterprises running under Deficit	173.92	134.59	272.75
在总计中：	Of the Total			
大型企业	Large Scale Enterprises	284.48	320.09	406.57
中型企业	Medium Scale Enterprises	270.67	271.60	285.88
小型企业	Small Enterprises	217.64	184.95	219.64
微型企业	Microenterprise	1.41	1.79	2.71
按行业分	Grouped by Sector			
煤炭开采和洗选业	Mining and Washing of Coal	2.41	0.45	2.05
石油和天然气开采业	Petroleum and Natural Gas Extraction			
黑色金属矿采选业	Mining of Ferrous Metal Ores	0.36	0.04	0.20
有色金属矿采选业	Mining of Non-ferrous Metal Ores	4.22	0.22	3.42
非金属矿采选业	Mining and Processing of Nonmetal Ores	0.64	0.35	0.35
开采辅助活动	Mining Auxiliary Activities			
其他采矿业	Other Mining and Dressing			
农副食品加工业	Processing of Food from Agricultural Products	25.61	40.17	43.56
食品制造业	Manufacture of Foods	8.75	21.32	12.35
酒、饮料和精制茶制造业	Manufacture of Liquor, Beverage and Refined Tea	30.53	23.94	26.97
烟草制品业	Manufacture of Tobacco			
纺织业	Manufacture of Textile	4.81	7.97	5.33
纺织服装、服饰业	Manufacture of Textile Wearing and Clothing Apparel	11.16	3.41	3.99
皮革、毛皮、羽毛及其制品和制鞋业	Leather, Fur, Feather and Its Products and Footwear	26.50	18.55	22.24
木材加工和木、竹、藤、棕、草制品业	Processing of Timbers, Manufacture of Wood, Bamboo, Rattan, Palm and Straw Products	1.73	1.04	1.47
家具制造业	Manufacture of Furniture	0.97	0.80	1.82
造纸和纸制品业	Manufacture of Paper and Paper Products	11.83	40.05	38.59
印刷和记录媒介复制业	Printing,Reproduction of Recording Media	5.35	23.52	12.37
文教、工美、体育和娱乐用品制造业	Manufacture of Articles for Culture,Education and Sport Activity	8.70	8.34	8.03
石油加工、炼焦和核燃料加工业	Processing of Petroleum,Coking,Processing of Nucleus Fuel	6.75	1.20	4.87
化学原料和化学制品制造业	Manufacture of Chemical Raw Material and Chemical Products	36.84	23.56	25.50
医药制造业	Manufacture of Medicines	11.73	18.89	12.40
化学纤维制造业	Manufacture of Chemical Fiber	2.17	2.56	6.15
橡胶和塑料制品业	Manufacture of Rubber and plastic	25.39	13.99	20.72
非金属矿物制品业	Manufacture of Non-metallic Mineral Products	40.14	17.21	28.66
黑色金属冶炼和压延加工业	Manufacture and Processing of Ferrous Metals	2.41	2.11	2.08
有色金属冶炼和压延加工业	Manufacture and Processing of Non-ferrous Metals	27.27	42.00	48.21
金属制品业	Manufacture of Metal Products	5.30	4.08	3.74
通用设备制造业	Manufacture of General Purpose Machinery	28.83	18.56	23.50
专用设备制造业	Manufacture of Special Purpose Machinery	13.63	31.25	33.35
汽车制造业	Automobile Industry	128.12	155.53	195.60
铁路、船舶、航空航天和其他运输设备制造业	Manufacture of Railway, Marine, Aerospace and Other Transport Equipment	4.75	19.15	9.62
电气机械和器材制造业	Manufacture of Electrical Machinery and Equipment	24.46	56.03	41.16
计算机、通信和其他电子设备制造业	Manufacture of Communication Equipment, Computer and Other Electronic Equipment	100.68	93.28	132.53
仪器仪表制造业	Manufacture of Measuring Instrument	9.44	40.78	23.84
其他制造业	Other Manufacture N.E.C			
废弃资源综合利用业	Recycling and Disposal of Waste	3.67	0.73	2.83
金属制品、机械和设备修理业	Mental Products,Machine and Equipment Repair			
电力、热力生产和供应业	Production and Supply of Electric Power and Heat Power	113.77	19.41	59.04
燃气生产和供应业	Production and Distribution of Gas	40.78	24.26	53.07
水的生产和供应业	Production and Distribution of Water	4.50	3.71	5.18

11-8 续表 3 continued

单位：亿元 (100 million yuan)

指标	Item	实收资本 Assets Recevied	所有者权益 Paid-in capital	主营业务收入 Revenue of Major Business
总计	**Total**	**497.65**	**867.63**	**2442.09**
在总计中：	Of the Total			
亏损企业	Enterprises running under Deficit	126.42	99.11	349.35
在总计中：	Of the Total			
大型企业	Large Scale Enterprises	150.72	282.18	942.38
中型企业	Medium Scale Enterprises	212.87	332.55	824.84
小型企业	Small Enterprises	133.09	251.59	667.96
微型企业	Microenterprise	0.97	1.31	6.91
按行业分	Grouped by Sector			
煤炭开采和洗选业	Mining and Washing of Coal	1.08	1.26	1.24
石油和天然气开采业	Petroleum and Natural Gas Extraction			
黑色金属矿采选业	Mining of Ferrous Metal Ores	0.16	0.23	2.94
有色金属矿采选业	Mining of Non-ferrous Metal Ores	1.33	1.64	8.76
非金属矿采选业	Mining and Processing of Nonmetal Ores	0.48	0.82	2.07
开采辅助活动	Mining Auxiliary Activities			
其他采矿业	Other Mining and Dressing			
农副食品加工业	Processing of Food from Agricultural Products	14.33	44.77	150.59
食品制造业	Manufacture of Foods	10.43	26.25	62.79
酒、饮料和精制茶制造业	Manufacture of Liquor, Beverage and Refined Tea	16.24	32.24	75.40
烟草制品业	Manufacture of Tobacco			
纺织业	Manufacture of Textile	5.10	7.86	28.84
纺织服装、服饰业	Manufacture of Textile Wearing and Clothing Apparel	6.21	11.43	51.89
皮革、毛皮、羽毛及其制品和制鞋业	Leather, Fur, Feather and Its Products and Footwear	16.84	23.69	109.26
木材加工和木、竹、藤、棕、草制品业	Processing of Timbers, Manufacture of Wood, Bamboo, Rattan, Palm and Straw Products	2.24	2.71	8.14
家具制造业	Manufacture of Furniture	0.43	2.33	20.76
造纸和纸制品业	Manufacture of Paper and Paper Products	14.02	19.94	32.19
印刷和记录媒介复制业	Printing,Reproduction of Recording Media	3.47	17.39	39.66
文教、工美、体育和娱乐用品制造业	Manufacture of Articles for Culture,Education and Sport Activity	7.85	11.33	58.21
石油加工、炼焦和核燃料加工业	Processing of Petroleum,Coking,Processing of Nucleus Fuel	3.38	3.52	3.12
化学原料和化学制品制造业	Manufacture of Chemical Raw Material and Chemical Products	25.47	50.65	117.36
医药制造业	Manufacture of Medicines	10.49	24.00	52.05
化学纤维制造业	Manufacture of Chemical Fiber	1.05	1.37	10.67
橡胶和塑料制品业	Manufacture of Rubber and plastic	25.82	26.42	43.80
非金属矿物制品业	Manufacture of Non-metallic Mineral Products	22.21	38.14	88.20
黑色金属冶炼和压延加工业	Manufacture and Processing of Ferrous Metals	1.07	3.50	7.66
有色金属冶炼和压延加工业	Manufacture and Processing of Non-ferrous Metals	6.51	33.78	148.59
金属制品业	Manufacture of Metal Products	3.20	6.94	34.64
通用设备制造业	Manufacture of General Purpose Machinery	17.10	35.90	72.40
专用设备制造业	Manufacture of Special Purpose Machinery	9.91	19.75	46.93
汽车制造业	Automobile Industry	108.21	138.66	395.17
铁路、船舶、航空航天和其他运输设备制造业	Manufacture of Railway, Marine, Aerospace and Other Transport Equipment	11.96	15.55	36.66
电气机械和器材制造业	Manufacture of Electrical Machinery and Equipment	36.61	40.46	93.78
计算机、通信和其他电子设备制造业	Manufacture of Communication Equipment, Computer and Other Electronic Equipment	67.15	77.32	475.87
仪器仪表制造业	Manufacture of Measuring Instrument	0.65	38.56	30.06
其他制造业	Other Manufacture N.E.C			
废弃资源综合利用业	Recycling and Disposal of Waste	1.54	2.62	3.70
金属制品、机械和设备修理业	Mental Products,Machine and Equipment Repair			
电力、热力生产和供应业	Production and Supply of Electric Power and Heat Power	32.22	78.24	68.13
燃气生产和供应业	Production and Distribution of Gas	7.23	21.20	56.64
水的生产和供应业	Production and Distribution of Water	5.64	7.18	3.92

11-8 续表 4 continued

单位：亿元 (100 million yuan)

指标	Item	主营业务成本 Cost of Major Businese	利润总额 Total Profit	利税总额 Total Taxes
总计	**Total**	**2006.38**	**150.86**	**258.15**
在总计中：	Of the Total			
亏损企业	Enterprises running under Deficit	333.01	-19.69	-8.79
在总计中：	Of the Total			
大型企业	Large Scale Enterprises	794.86	35.65	72.78
中型企业	Medium Scale Enterprises	673.99	64.75	105.59
小型企业	Small Enterprises	531.79	50.23	79.44
微型企业	Microenterprise	5.73	0.24	0.34
按行业分	Grouped by Sector			
煤炭开采和洗选业	Mining and Washing of Coal	1.05	-0.13	0.05
石油和天然气开采业	Petroleum and Natural Gas Extraction			
黑色金属矿采选业	Mining of Ferrous Metal Ores	2.37	0.10	0.25
有色金属矿采选业	Mining of Non-ferrous Metal Ores	7.10	0.39	0.85
非金属矿采选业	Mining and Processing of Nonmetal Ores	1.56	0.17	0.26
开采辅助活动	Mining Auxiliary Activities			
其他采矿业	Other Mining and Dressing			
农副食品加工业	Processing of Food from Agricultural Products	133.47	6.31	11.33
食品制造业	Manufacture of Foods	51.37	8.35	11.53
酒、饮料和精制茶制造业	Manufacture of Liquor, Beverage and Refined Tea	56.08	6.81	11.63
烟草制品业	Manufacture of Tobacco			
纺织业	Manufacture of Textile	24.88	0.92	1.71
纺织服装、服饰业	Manufacture of Textile Wearing and Clothing Apparel	43.87	1.83	3.73
皮革、毛皮、羽毛及其制品和制鞋业	Leather, Fur, Feather and Its Products and Footwear	94.63	4.89	9.17
木材加工和木、竹、藤、棕、草制品业	Processing of Timbers, Manufacture of Wood, Bamboo, Rattan, Palm and Straw Products	7.36	0.15	0.52
家具制造业	Manufacture of Furniture	16.41	2.90	3.98
造纸和纸制品业	Manufacture of Paper and Paper Products	25.77	3.65	4.95
印刷和记录媒介复制业	Printing,Reproduction of Recording Media	27.45	9.76	12.45
文教、工美、体育和娱乐用品制造业	Manufacture of Articles for Culture,Education and Sport Activity	47.35	3.50	6.31
石油加工、炼焦和核燃料加工业	Processing of Petroleum,Coking,Processing of Nucleus Fuel	1.85	0.13	0.59
化学原料和化学制品制造业	Manufacture of Chemical Raw Material and Chemical Products	93.50	7.75	15.69
医药制造业	Manufacture of Medicines	41.08	4.24	7.89
化学纤维制造业	Manufacture of Chemical Fiber	9.69	0.67	1.02
橡胶和塑料制品业	Manufacture of Rubber and plastic	37.99	2.07	4.43
非金属矿物制品业	Manufacture of Non-metallic Mineral Products	70.80	5.03	11.71
黑色金属冶炼和压延加工业	Manufacture and Processing of Ferrous Metals	6.40	0.57	0.74
有色金属冶炼和压延加工业	Manufacture and Processing of Non-ferrous Metals	117.13	4.86	10.51
金属制品业	Manufacture of Metal Products	27.46	3.00	4.68
通用设备制造业	Manufacture of General Purpose Machinery	58.27	4.67	7.42
专用设备制造业	Manufacture of Special Purpose Machinery	39.42	2.53	3.49
汽车制造业	Automobile Industry	309.00	12.41	29.27
铁路、船舶、航空航天和其他运输设备制造业	Manufacture of Railway, Marine, Aerospace and Other Transport Equipment	32.14	2.24	3.70
电气机械和器材制造业	Manufacture of Electrical Machinery and Equipment	73.96	5.94	7.98
计算机、通信和其他电子设备制造业	Manufacture of Communication Equipment, Computer and Other Electronic Equipment	441.18	2.90	17.08
仪器仪表制造业	Manufacture of Measuring Instrument	19.36	5.88	7.86
其他制造业	Other Manufacture N.E.C			
废弃资源综合利用业	Recycling and Disposal of Waste	2.80	0.36	0.39
金属制品、机械和设备修理业	Mental Products,Machine and Equipment Repair			
电力、热力生产和供应业	Production and Supply of Electric Power and Heat Power	38.12	27.28	34.33
燃气生产和供应业	Production and Distribution of Gas	43.07	7.66	9.45
水的生产和供应业	Production and Distribution of Water	2.47	1.05	1.21

11-8 续表 5 continued

单位：亿元 (100 million yuan)

指标	Item	本年应缴增值税 Value Added Payable of the Current Year	本年应付职工薪酬 Total Sum of Wages Payable this Year	全部从业人员年平均人数（万人） Average Number of Empolyment of the Current Year (10000persons)
总计	**Total**	**81.48**	**136.18**	**29.19**
在总计中：	Of the Total			
亏损企业	Enterprises running under Deficit	7.40	29.18	5.93
在总计中：	Of the Total			
大型企业	Large Scale Enterprises	26.59	53.22	10.50
中型企业	Medium Scale Enterprises	31.85	59.71	13.92
小型企业	Small Enterprises	22.95	23.14	4.73
微型企业	Microenterprise	0.09	0.11	0.05
按行业分	Grouped by Sector			
煤炭开采和洗选业	Mining and Washing of Coal	0.16	0.77	0.14
石油和天然气开采业	Petroleum and Natural Gas Extraction			
黑色金属矿采选业	Mining of Ferrous Metal Ores	0.12	0.20	0.03
有色金属矿采选业	Mining of Non-ferrous Metal Ores	0.38	0.38	0.11
非金属矿采选业	Mining and Processing of Nonmetal Ores	0.07	0.13	0.04
开采辅助活动	Mining Auxiliary Activities			
其他采矿业	Other Mining and Dressing			
农副食品加工业	Processing of Food from Agricultural Products	4.18	4.34	0.83
食品制造业	Manufacture of Foods	2.80	3.20	0.79
酒、饮料和精制茶制造业	Manufacture of Liquor, Beverage and Refined Tea	3.45	4.68	0.88
烟草制品业	Manufacture of Tobacco			
纺织业	Manufacture of Textile	0.60	1.88	0.37
纺织服装、服饰业	Manufacture of Textile Wearing and Clothing Apparel	1.51	4.47	1.13
皮革、毛皮、羽毛及其制品和制鞋业	Leather, Fur, Feather and Its Products and Footwear	3.21	16.39	5.49
木材加工和木、竹、藤、棕、草制品业	Processing of Timbers, Manufacture of Wood, Bamboo, Rattan, Palm and Straw Products	0.32	0.40	0.11
家具制造业	Manufacture of Furniture	0.93	0.41	0.11
造纸和纸制品业	Manufacture of Paper and Paper Products	1.14	1.10	0.32
印刷和记录媒介复制业	Printing,Reproduction of Recording Media	2.39	2.60	0.36
文教、工美、体育和娱乐用品制造业	Manufacture of Articles for Culture,Education and Sport Activity	2.21	2.45	0.68
石油加工、炼焦和核燃料加工业	Processing of Petroleum,Coking,Processing of Nucleus Fuel	0.42	0.39	0.03
化学原料和化学制品制造业	Manufacture of Chemical Raw Material and Chemical Products	5.04	4.48	1.14
医药制造业	Manufacture of Medicines	3.22	2.17	0.42
化学纤维制造业	Manufacture of Chemical Fiber	0.31	0.64	0.13
橡胶和塑料制品业	Manufacture of Rubber and plastic	1.84	2.30	0.44
非金属矿物制品业	Manufacture of Non-metallic Mineral Products	5.40	11.19	2.95
黑色金属冶炼和压延加工业	Manufacture and Processing of Ferrous Metals	0.14	0.46	0.09
有色金属冶炼和压延加工业	Manufacture and Processing of Non-ferrous Metals	4.74	1.90	0.30
金属制品业	Manufacture of Metal Products	0.94	0.94	0.18
通用设备制造业	Manufacture of General Purpose Machinery	2.29	2.93	0.45
专用设备制造业	Manufacture of Special Purpose Machinery	0.79	2.45	0.41
汽车制造业	Automobile Industry	8.59	19.20	2.46
铁路、船舶、航空航天和其他运输设备制造业	Manufacture of Railway, Marine, Aerospace and Other Transport Equipment	1.03	2.27	0.35
电气机械和器材制造业	Manufacture of Electrical Machinery and Equipment	1.74	4.58	0.87
计算机、通信和其他电子设备制造业	Manufacture of Communication Equipment, Computer and Other Electronic Equipment	12.00	29.09	6.42
仪器仪表制造业	Manufacture of Measuring Instrument	1.80	2.76	0.42
其他制造业	Other Manufacture N.E.C			
废弃资源综合利用业	Recycling and Disposal of Waste	0.02	0.21	0.04
金属制品、机械和设备修理业	Mental Products,Machine and Equipment Repair			
电力、热力生产和供应业	Production and Supply of Electric Power and Heat Power	6.26	1.98	0.22
燃气生产和供应业	Production and Distribution of Gas	1.32	2.19	0.38
水的生产和供应业	Production and Distribution of Water	0.13	0.66	0.10

11-8 续表 6 continued

指标	Item	总资产贡献率（%）Ratio of Total Assets to Industrial Output Value(%)	成本费用利润率(%) Ratio of Profits to Industrial Cost (%)
总计	**Total**	**15.16**	**6.78**
在总计中：	Of the Total		
亏损企业	Enterprises running under Deficit	-1.41	-5.35
在总计中：	Of the Total		
大型企业	Large Scale Enterprises	11.22	4.06
中型企业	Medium Scale Enterprises	17.71	8.57
小型企业	Small Enterprises	17.67	8.60
微型企业	Microenterprise	8.10	3.46
按行业分	Grouped by Sector		
煤炭开采和洗选业	Mining and Washing of Coal	2.06	-9.42
石油和天然气开采业	Petroleum and Natural Gas Extraction		
黑色金属矿采选业	Mining of Ferrous Metal Ores	59.56	4.20
有色金属矿采选业	Mining of Non-ferrous Metal Ores	16.98	4.68
非金属矿采选业	Mining and Processing of Nonmetal Ores	23.83	9.29
开采辅助活动	Mining Auxiliary Activities		
其他采矿业	Other Mining and Dressing		
农副食品加工业	Processing of Food from Agricultural Products	13.60	4.36
食品制造业	Manufacture of Foods	29.91	13.85
酒、饮料和精制茶制造业	Manufacture of Liquor, Beverage and Refined Tea	19.62	9.68
烟草制品业	Manufacture of Tobacco		
纺织业	Manufacture of Textile	15.08	3.29
纺织服装、服饰业	Manufacture of Textile Wearing and Clothing Apparel	25.25	3.80
皮革、毛皮、羽毛及其制品和制鞋业	Leather, Fur, Feather and Its Products and Footwear	20.49	4.83
木材加工和木、竹、藤、棕、草制品业	Processing of Timbers, Manufacture of Wood, Bamboo, Rattan, Palm and Straw Products	13.12	1.91
家具制造业	Manufacture of Furniture	97.92	16.48
造纸和纸制品业	Manufacture of Paper and Paper Products	8.43	12.29
印刷和记录媒介复制业	Printing,Reproduction of Recording Media	41.68	32.77
文教、工美、体育和娱乐用品制造业	Manufacture of Articles for Culture,Education and Sport Activity	34.62	6.88
石油加工、炼焦和核燃料加工业	Processing of Petroleum,Coking,Processing of Nucleus Fuel	10.98	4.52
化学原料和化学制品制造业	Manufacture of Chemical Raw Material and Chemical Products	21.06	7.55
医药制造业	Manufacture of Medicines	21.91	9.00
化学纤维制造业	Manufacture of Chemical Fiber	13.77	6.67
橡胶和塑料制品业	Manufacture of Rubber and plastic	10.33	4.95
非金属矿物制品业	Manufacture of Non-metallic Mineral Products	18.88	6.20
黑色金属冶炼和压延加工业	Manufacture and Processing of Ferrous Metals	14.16	8.05
有色金属冶炼和压延加工业	Manufacture and Processing of Non-ferrous Metals	13.34	3.97
金属制品业	Manufacture of Metal Products	46.52	9.70
通用设备制造业	Manufacture of General Purpose Machinery	13.62	6.99
专用设备制造业	Manufacture of Special Purpose Machinery	7.40	5.81
汽车制造业	Automobile Industry	9.59	3.53
铁路、船舶、航空航天和其他运输设备制造业	Manufacture of Railway, Marine, Aerospace and Other Transport Equipment	14.73	6.51
电气机械和器材制造业	Manufacture of Electrical Machinery and Equipment	9.94	6.76
计算机、通信和其他电子设备制造业	Manufacture of Communication Equipment, Computer and Other Electronic Equipment	8.76	0.62
仪器仪表制造业	Manufacture of Measuring Instrument	12.91	23.42
其他制造业	Other Manufacture N.E.C		
废弃资源综合利用业	Recycling and Disposal of Waste	7.13	11.00
金属制品、机械和设备修理业	Mental Products,Machine and Equipment Repair		
电力、热力生产和供应业	Production and Supply of Electric Power and Heat Power	25.61	64.20
燃气生产和供应业	Production and Distribution of Gas	13.27	15.25
水的生产和供应业	Production and Distribution of Water	11.67	32.71

11-8 续表 7 continued

指标	Item	产品销售率(%) Proportion of Products Sold (%)	资产负债率(%) Assets-Liability Ratio(%)
总计	**Total**	**99.22**	**51.16**
在总计中:	Of the Total		
亏损企业	Enterprises running under Deficit	98.21	73.24
在总计中:	Of the Total		
大型企业	Large Scale Enterprises	98.84	58.67
中型企业	Medium Scale Enterprises	96.94	46.15
小型企业	Small Enterprises	102.51	46.60
微型企业	Microenterprise	99.88	63.31
按行业分	Grouped by Sector		
煤炭开采和洗选业	Mining and Washing of Coal	100.41	61.91
石油和天然气开采业	Petroleum and Natural Gas Extraction		
黑色金属矿采选业	Mining of Ferrous Metal Ores	100.00	46.07
有色金属矿采选业	Mining of Non-ferrous Metal Ores	100.00	67.58
非金属矿采选业	Mining and Processing of Nonmetal Ores	99.68	29.81
开采辅助活动	Mining Auxiliary Activities		
其他采矿业	Other Mining and Dressing		
农副食品加工业	Processing of Food from Agricultural Products	117.75	49.32
食品制造业	Manufacture of Foods	99.07	32.00
酒、饮料和精制茶制造业	Manufacture of Liquor, Beverage and Refined Tea	100.77	45.55
烟草制品业	Manufacture of Tobacco		
纺织业	Manufacture of Textile	94.48	40.42
纺织服装、服饰业	Manufacture of Textile Wearing and Clothing Apparel	99.05	25.85
皮革、毛皮、羽毛及其制品和制鞋业	Leather, Fur, Feather and Its Products and Footwear	98.32	45.83
木材加工和木、竹、藤、棕、草制品业	Processing of Timbers, Manufacture of Wood, Bamboo, Rattan, Palm and Straw Products	96.07	35.15
家具制造业	Manufacture of Furniture	98.21	43.83
造纸和纸制品业	Manufacture of Paper and Paper Products	98.03	65.93
印刷和记录媒介复制业	Printing,Reproduction of Recording Media	101.54	41.57
文教、工美、体育和娱乐用品制造业	Manufacture of Articles for Culture,Education and Sport Activity	99.40	41.47
石油加工、炼焦和核燃料加工业	Processing of Petroleum,Coking,Processing of Nucleus Fuel	100.00	58.09
化学原料和化学制品制造业	Manufacture of Chemical Raw Material and Chemical Products	94.92	33.24
医药制造业	Manufacture of Medicines	97.56	34.06
化学纤维制造业	Manufacture of Chemical Fiber	96.95	81.74
橡胶和塑料制品业	Manufacture of Rubber and plastic	98.33	43.96
非金属矿物制品业	Manufacture of Non-metallic Mineral Products	97.90	42.82
黑色金属冶炼和压延加工业	Manufacture and Processing of Ferrous Metals	98.88	37.23
有色金属冶炼和压延加工业	Manufacture and Processing of Non-ferrous Metals	100.50	58.80
金属制品业	Manufacture of Metal Products	95.46	35.01
通用设备制造业	Manufacture of General Purpose Machinery	98.55	39.38
专用设备制造业	Manufacture of Special Purpose Machinery	82.59	62.81
汽车制造业	Automobile Industry	97.95	58.52
铁路、船舶、航空航天和其他运输设备制造业	Manufacture of Railway, Marine, Aerospace and Other Transport Equipment	96.03	38.21
电气机械和器材制造业	Manufacture of Electrical Machinery and Equipment	98.38	50.43
计算机、通信和其他电子设备制造业	Manufacture of Communication Equipment, Computer and Other Electronic Equipment	98.99	63.12
仪器仪表制造业	Manufacture of Measuring Instrument	92.49	38.21
其他制造业	Other Manufacture N.E.C		
废弃资源综合利用业	Recycling and Disposal of Waste	100.00	51.91
金属制品、机械和设备修理业	Mental Products,Machine and Equipment Repair		
电力、热力生产和供应业	Production and Supply of Electric Power and Heat Power	99.81	42.39
燃气生产和供应业	Production and Distribution of Gas	98.46	71.46
水的生产和供应业	Production and Distribution of Water	99.86	41.91

11-9 规模以上大中型工业企业主要经济指标及在工业中的地位(2014年)

Main Indicatorsof Large and Medium-sized Industrial Enterprises above Designated Size & Percentage of Industry Total(2014)

指标	Item	企业单位数(个) Number of Enterprises (unit)	在工业中的地位(%) Status in Industry (%)
总计	**Total**	2490	18.14
按登记注册类型:	**Grouped by Registration**		
内资企业	Internal-invested Enterprises	2253	17.14
国有企业	State-owned Enterprises	95	44.19
集体企业	Collective-owned Enterprises	48	19.67
股份合作企业	Enterprises Cooperated by Joint-stock	3	9.38
联营企业	Cooperative Enterprises	3	25.00
有限责任公司	Limited Liability Company	491	19.77
股份有限公司	Company Limited by Shares	145	30.85
私营企业	Individual-owned Enterprises	1447	15.25
其他企业	Enterprises of Other Types of Ownership	21	10.50
港、澳、台投资企业	Enterprises Funded by Entrepreneurs From Hong Kong, Macao and Taiwan	132	40.87
外商投资企业	Enterprises funded by Foreigners	105	40.86
按经济组织类型:	**Grouped by Ownership**		
独资企业	Enterprises Owned by a Sole Investor	425	28.35
合作、合伙企业	Enterprises of Partnership	174	19.08
股份有限公司	Company Limited by Shares	312	26.24
有限责任公司	Limited Liability Company	1579	15.60
按行业划分:	**Grouped by Sector**		
煤炭开采和洗选业	Mining and Washing of Coal	146	21.41
石油和天然气开采业	Petroleum and Natural Gas Extraction		
黑色金属矿采选业	Mining of Ferrous Metal Ores	12	11.11
有色金属矿采选业	Mining of Non-ferrous Metal Ores	50	22.62
非金属矿采选业	Mining and Processing of Nonmetal Ores	21	7.32
开采辅助活动	Mining Auxiliary Activities		
其他采矿业	Other Mining and Dressing		

11-9 续表 1　continued

全部从业人员年平均人数（万人） Average Number of Employees (10 000 persons)	Item 在工业中的地位（%） Status in Industry (%)	固定资产原价（亿元） Original Value of Fixed Assets (100 million yuan)	在工业中的地位（%） Status in Industry (%)	利税总额（亿元） Total Pre-tax Profits (100 million yuan)	在工业中的地位（%） Status in Industry (%)
188.41	57.09	8565.62	65.14	2242.6	58.02
163.99	54.51	7831.28	65.01	2064.23	57.23
13.68	85.61	1623.91	92.44	770.52	98.60
2.37	43.01	28.22	34.15	10.93	39.95
0.11	24.44	4.15	52.27	1.3	25.10
0.12	57.14	1.29	35.64	0.40	42.55
48.62	65.72	2689.81	67.70	419.71	57.90
19.77	81.32	1946.98	89.55	277.69	83.55
78.38	44.25	1513.47	37.99	575.83	33.86
0.93	28.35	23.46	36.65	7.86	22.97
15.36	84.67	414.18	78.81	91.17	70.65
9.05	81.97	320.16	55.41	87.19	67.53
35.72	69.40	2004.27	83.17	901.7	86.56
7.96	42.41	109.41	33.44	43.43	31.19
29.37	71.34	2168.9	82.81	360.07	70.65
115.36	52.77	4283.04	54.96	937.41	43.11
8.75	47.97	97.03	31.09	24.62	27.80
0.61	32.62	17.41	28.54	4.66	24.75
3.71	61.73	92.52	60.67	24.77	44.68
1.07	25.97	34.89	34.10	4.11	9.73

11-9 续表 2 continued

指标	Item	企业单位数(个) Number of Enterprises (unit)	在工业中的地位(%) Status in Industry (%)
农副食品加工业	Processing of Food from Agricultural Products	162	14.27
食品制造业	Manufacture of Foods	75	21.25
酒、饮料和精制茶制造业	Manufacture of Liquor, Beverage and Refined Tea	40	11.94
烟草制品业	Manufacture of Tobacco	5	62.50
纺织业	Manufacture of Textile	106	44.17
纺织服装、服饰业	Manufacture of Textile Wearing and Clothing Apparel	55	25.00
皮革、毛皮、羽毛及其制品和制鞋业	Leather, Fur, Feather and Its Products and Footwear	88	37.45
木材加工和木、竹、藤、棕、草制品业	Processing of Timbers, Manufacture of Wood, Bamboo, Rattan, Palm and Straw Products	59	13.92
家具制造业	Manufacture of Furniture	28	22.05
造纸和纸制品业	Manufacture of Paper and Paper Products	50	15.43
印刷和记录媒介复制业	Printing,Reproduction of Recording Media	14	7.11
文教、工美、体育和娱乐用品制造业	Manufacture of Articles for Culture, Education and Sport Activity	33	21.43
石油加工、炼焦和核燃料加工业	Processing of Petroleum,Coking, Processing of Nucleus Fuel	7	19.44
化学原料和化学制品制造业	Manufacture of Chemical Raw Material and Chemical Products	351	21.91
医药制造业	Manufacture of Medicines	65	21.96
化学纤维制造业	Manufacture of Chemical Fiber	3	27.27
橡胶和塑料制品业	Manufacture of Rubber and plastic	28	8.21
非金属矿物制品业	Manufacture of Non-metallic Mineral Products	327	20.93
黑色金属冶炼和压延加工业	Manufacture and Processing of Ferrous Metals	49	10.34
有色金属冶炼和压延加工业	Manufacture and Processing of Non-ferrous Metals	76	14.15
金属制品业	Manufacture of Metal Products	62	13.90
通用设备制造业	Manufacture of General Purpose Machinery	76	9.97
专用设备制造业	Manufacture of Special Purpose Machinery	86	14.48
汽车制造业	Automobile Industry	62	21.83
铁路、船舶、航空航天和其他运输设备制造业	Manufacture of Railway, Marine, Aerospace and Other Transport Equipment	32	25.60
电气机械和器材制造业	Manufacture of Electrical Machinery and Equipment	82	15.27
计算机、通信和其他电子设备制造业	Manufacture of Communication Equipment, Computer and Other Electronic Equipment	100	24.57
仪器仪表制造业	Manufacture of Measuring Instrument	17	17.00
其他制造业	Other Manufacture N.E.C	13	20.31
废弃资源综合利用业	Recycling and Disposal of Waste	5	6.49
金属制品、机械和设备修理业	Mental Products,Machine and Equipment Repair	1	20.00
电力、热力生产和供应业	Production and Supply of Electric Power and Heat Power	79	28.01
燃气生产和供应业	Production and Distribution of Gas	5	12.82
水的生产和供应业	Production and Distribution of Water	20	22.22

11-9 续表 3 continued

全部从业人员年平均人数(万人) Average Number of Employees (10 000 persons)	Item 在工业中的地位(%) Status in Industry (%)	固定资产原价(亿元) Original Value of Fixed Assets (100 million yuan)	在工业中的地位(%) Status in Industry (%)	利税总额(亿元) Total Pre-tax Profits (100 million yuan)	在工业中的地位(%) Status in Industry (%)
8.97	43.84	280.99	45.24	84.67	40.62
6.34	63.15	102.17	49.18	48.05	56.02
2.38	39.14	75.19	41.47	17.17	28.70
1.45	97.32	173.31	96.69	719.70	99.86
7.14	77.19	133.29	75.09	38.14	77.43
3.48	62.03	34.02	54.10	14.65	58.02
8.20	78.17	43.71	57.34	18.13	56.80
2.80	35.00	45.93	36.49	17.74	29.20
1.27	48.66	25.54	45.16	11.89	49.52
3.35	49.78	272.11	74.81	15.88	29.59
0.88	28.30	37.92	40.68	18.20	39.46
1.64	48.96	17.72	38.56	8.83	29.72
1.78	86.41	216.29	88.61	85.91	93.73
19.26	53.12	411.49	52.41	102.03	32.31
3.82	57.62	124.03	56.83	62.33	59.95
0.18	64.29	7.38	72.57	1.08	44.44
1.42	28.40	42.01	33.20	11.81	22.85
19.38	57.51	516.43	52.34	129.88	45.48
6.74	56.69	880.78	88.82	44.31	39.68
7.53	57.35	390.55	67.94	95.12	46.36
3.32	42.51	92.81	40.55	38.79	40.08
4.50	36.64	131.40	36.61	42.30	30.87
12.01	68.32	535.15	78.12	139.95	68.79
6.41	69.52	282.97	75.21	61.55	74.84
4.48	79.15	280.15	81.44	91.67	86.92
6.07	52.87	198.44	47.65	50.47	45.38
14.77	77.82	288.85	74.15	77.88	60.75
1.02	49.51	29.50	49.25	14.52	51.22
0.84	56.38	4.64	27.87	3.01	32.44
0.27	26.21	12.68	38.85	1.37	9.50
0.05	62.50	0.17	6.25	0.04	4.00
10.89	83.45	2490.14	76.85	105.65	67.19
0.35	49.30	46.13	64.89	9.31	62.65
1.24	57.94	99.88	58.85	2.40	34.48

11-10 规模以上中小型工业企业主要经济指标及在工业中的地位(2014年)

Main Indicators of Small and Medium-sized Industrial Enterprises above Designated Size & Percentage of Industry Total(2014)

指标	Item	企业单位数(个) Number of Enterprises (unit)	在工业中的地位(%) Status in Industry (%)
总计	**Total**	13513	98.47
按登记注册类型:	**Grouped by Registration**		
内资企业	Internal-invested Enterprises	12967	98.66
国有企业	State-owned Enterprises	207	96.28
集体企业	Collective-owned Enterprises	242	99.18
股份合作企业	Enterprises Cooperated by Joint-stock	32	100.00
联营企业	Cooperative Enterprises	12	100.00
有限责任公司	Limited Liability Company	2418	97.34
股份有限公司	Company Limited by Shares	429	91.28
私营企业	Individual-owned Enterprises	9427	99.38
其他企业	Enterprises of Other Types of Ownership	200	100.00
港、澳、台商投资企业	Enterprises Funded by Entrepreneurs From Hong Kong, Macao and Taiwan	304	94.12
外商投资企业	Enterprises funded by Foreigners	242	94.16
按经济组织类型:	**Grouped by Ownership**		
独资企业	Enterprises Owned by a Sole Investor	1472	98.20
合作、合伙企业	Enterprises of Partnership	912	100.00
股份有限公司	Company Limited by Shares	1137	95.63
有限责任公司	Limited Liability Company	9992	98.71
按行业划分:	**Grouped by Sector**		
煤炭开采和洗选业	Mining and Washing of Coal	680	99.71
石油和天然气开采业	Petroleum and Natural Gas Extraction		
黑色金属矿采选业	Mining of Ferrous Metal Ores	108	100.00
有色金属矿采选业	Mining of Non-ferrous Metal Ores	213	96.38
非金属矿采选业	Mining and Processing of Nonmetal Ores	285	99.30
开采辅助活动	Mining Auxiliary Activities		
其他采矿业	Other Mining and Dressing	2	100.00

11-10 续表 1 continued

全部从业人员年平均人数(万人) Average Number of Employees (10 000 persons)	在工业中的地位(%) Status in Industry (%)	固定资产原价(亿元) Original Value of Fixed Assets (100 million yuan)	在工业中的地位(%) Status in Industry (%)	利税总额(亿元) Total Pre-tax Profits (100 million yuan)	在工业中的地位(%) Status in Industry (%)
260.4	**78.91**	7478.71	**65.14**	2479.96	**58.02**
241.71	80.35	6732.02	65.01	2294.58	57.23
7.52	47.06	269.82	92.44	29.28	98.60
5.25	95.28	79.59	34.15	26.48	39.95
0.45	100.00	7.94	52.27	5.18	25.10
0.21	100.00	3.62	35.64	0.94	42.55
48.21	65.17	2154.05	67.70	481.81	57.90
10.76	44.26	420.03	89.55	106.99	83.55
166.04	93.75	3732.96	37.99	1609.67	33.86
3.28	100.00	64.01	36.65	34.22	22.97
11.29	62.24	322.52	78.81	96.48	70.65
7.39	66.94	424.17	55.41	88.9	67.53
38.18	74.18	845.62	83.17	254.81	86.56
18.77	100.00	327.14	33.44	139.23	31.19
25.62	62.23	826.84	82.81	271.87	70.65
177.82	81.34	5479.12	54.96	1814.06	43.11
18.03	98.85	308.28	98.78	87.56	98.86
1.87	100.00	61.00	100.00	18.83	100.00
4.51	75.04	107.70	70.63	45.16	81.46
3.88	94.17	86.82	84.86	41.25	97.70
0.03	100.00	0.35	100.00	0.12	100.00

11-10 续表 2　continued

指标	Item	企业单位数（个）Number of Enterprises (unit)	在工业中的地位(%) Status in Industry (%)
农副食品加工业	Processing of Food from Agricultural Products	1125	99.12
食品制造业	Manufacture of Foods	341	96.60
酒、饮料和精制茶制造业	Manufacture of Liquor, Beverage and Refined Tea	331	98.81
烟草制品业	Manufacture of Tobacco	7	87.50
纺织业	Manufacture of Textile	233	97.08
纺织服装、服饰业	Manufacture of Textile Wearing and Clothing Apparel	215	97.73
皮革、毛皮、羽毛及其制品和制鞋业	Leather, Fur, Feather and Its Products and Footwear	228	97.02
木材加工和木、竹、藤、棕、草制品业	Processing of Timbers, Manufacture of Wood, Bamboo, Rattan, Palm and Straw Products	422	99.53
家具制造业	Manufacture of Furniture	127	100.00
造纸和纸制品业	Manufacture of Paper and Paper Products	318	98.15
印刷和记录媒介复制业	Printing,Reproduction of Recording Media	194	98.48
文教、工美、体育和娱乐用品制造业	Manufacture of Articles for Culture, Education and Sport Activity	153	99.35
石油加工、炼焦和核燃料加工业	Processing of Petroleum,Coking, Processing of Nucleus Fuel	32	88.89
化学原料和化学制品制造业	Manufacture of Chemical Raw Material and Chemical Products	1588	99.13
医药制造业	Manufacture of Medicines	289	97.64
化学纤维制造业	Manufacture of Chemical Fiber	11	100.00
橡胶和塑料制品业	Manufacture of Rubber and plastic	341	100.00
非金属矿物制品业	Manufacture of Non-metallic Mineral Products	1554	99.49
黑色金属冶炼和压延加工业	Manufacture and Processing of Ferrous Metals	468	98.73
有色金属冶炼和压延加工业	Manufacture and Processing of Non-ferrous Metals	523	97.39
金属制品业	Manufacture of Metal Products	442	99.10
通用设备制造业	Manufacture of General Purpose Machinery	758	99.48
专用设备制造业	Manufacture of Special Purpose Machinery	581	97.81
汽车制造业	Automobile Industry	266	93.66
铁路、船舶、航空航天和其他运输设备制造业	Manufacture of Railway,Marine,Aerospace and Other Transport Equipment	117	93.60
电气机械和器材制造业	Manufacture of Electrical Machinery and Equipment	528	98.32
计算机、通信和其他电子设备制造业	Manufacture of Communication Equipment, Computer and Other Electronic Equipment	390	95.82
仪器仪表制造业	Manufacture of Measuring Instrument	99	99.00
其他制造业	Other Manufacture N.E.C	62	96.88
废弃资源综合利用业	Recycling and Disposal of Waste	77	100.00
金属制品、机械和设备修理业	Mental Products,Machine and Equipment Repair	5	100.00
电力、热力生产和供应业	Production and Supply of Electric Power and Heat Power	273	96.81
燃气生产和供应业	Production and Distribution of Gas	38	97.44
水的生产和供应业	Production and Distribution of Water	89	98.89

11-10 续表 3 continued

全部从业人员年平均人数(万人) Average Number of Employees (10 000 persons)	在工业中的地位(%) Status in Industry (%)	固定资产原价(亿元) Original Value of Fixed Assets (100 million yuan)	在工业中的地位(%) Status in Industry (%)	利税总额(亿元) Total Pre-tax Profits (100 million yuan)	在工业中的地位(%) Status in Industry (%)
18.76	91.69	571.96	92.09	193.11	92.65
7.42	73.90	170.33	81.98	69.44	80.96
5.49	90.30	168.15	92.75	55.18	92.23
0.28	18.79	12.96	7.23	2.84	0.39
8.06	87.14	155.61	87.67	43.85	89.02
4.78	85.20	54.37	86.47	21.04	83.33
8.24	78.55	65.38	85.77	28.08	87.97
7.74	96.75	120.99	96.12	58.61	96.46
2.61	100.00	56.55	100.00	24.01	100.00
5.27	78.31	174.19	47.89	47.15	87.87
2.78	89.39	73.73	79.09	36.06	78.19
3.25	97.01	45.62	99.26	29.63	99.73
0.48	23.30	47.50	19.46	8.13	8.87
33.74	93.05	611.61	77.90	316.30	100.15
5.45	82.20	183.46	84.06	90.38	86.93
0.28	100.00	10.17	100.00	2.43	100.00
5.00	100.00	126.54	100.00	51.68	100.00
32.18	95.49	906.77	91.90	264.79	92.73
7.04	59.21	165.89	16.73	81.80	73.26
8.69	66.18	283.41	49.30	159.55	77.76
7.03	90.01	192.26	84.00	92.99	96.09
11.41	92.92	309.85	86.32	126.75	92.51
9.44	53.70	269.51	39.34	106.62	52.41
4.83	52.39	149.07	39.62	36.76	44.70
2.41	42.58	129.62	37.68	27.00	25.60
9.10	79.27	316.18	75.92	95.07	85.49
8.30	43.73	172.48	44.28	73.59	57.40
1.69	82.04	48.74	81.37	21.12	74.50
1.18	79.19	16.26	97.66	8.60	92.67
1.03	100.00	32.64	100.00	14.42	100.00
0.08	100.00	2.72	100.00	1.00	100.00
5.54	42.45	1097.46	33.87	81.20	51.64
0.57	80.28	51.01	71.75	11.37	76.51
1.94	90.65	121.55	71.61	6.49	93.25

11-11 规模以上非公有制工业主要经济指标及在工业中的地位(2014年)

Main Indicators of Non-public Industrial Enterprises above Designated Size & Percentage of Industry Total(2014)

指标	Item	企业单位数(个) Number of Enterprises (unit)	在工业中的地位(%) Status in Industry (%)
总计	**Total**	12511	91.17
按登记注册类型:	**Grouped by Registration**		
内资企业	Internal-invested Enterprises	11971	91.08
股份合作企业	Enterprises Cooperated by Joint-stock	11	34.38
联营企业	Cooperative Enterprises	2	16.67
有限责任公司	Limited Liability Company	1941	78.14
股份有限公司	Company Limited by Shares	332	70.64
私营企业	Individual-owned Enterprises	9485	99.99
其他企业	Enterprises of Other Types of Ownership	200	100.00
港、澳、台投资企业	Enterprises Funded by Entrepreneurs From Hong Kong, Macao and Taiwan	306	94.74
外商投资企业	Enterprises funded by Foreigners	234	91.05
按经济组织类型:	**Grouped by Ownership**		
独资企业	Enterprises Owned by a Sole Investor	1040	69.38
合作、合伙企业	Enterprises of Partnership	880	96.49
股份有限公司	Company Limited by Shares	1051	88.39
有限责任公司	Limited Liability Company	9540	94.24
按行业划分:	**Grouped by Sector**		
煤炭开采和洗选业	Mining and Washing of Coal	526	77.13
石油和天然气开采业	Petroleum and Natural Gas Extraction		
黑色金属矿采选业	Mining of Ferrous Metal Ores	101	93.52
有色金属矿采选业	Mining of Non-ferrous Metal Ores	188	85.07
非金属矿采选业	Mining and Processing of Nonmetal Ores	269	93.73
开采辅助活动	Mining Auxiliary Activities		
其他采矿业	Other Mining and Dressing	2	100.00

11-11 续表 1 continued

全部从业人员年平均人数(万人) Average Number of Employees (10 000 persons)	在工业中的地位(%) Status in Industry (%)	固定资产原价(亿元) Original Value of Fixed Assets (100 million yuan)	在工业中的地位(%) Status in Industry (%)	利税总额(亿元) Total Pre-tax Profits (100 million yuan)	在工业中的地位(%) Status in Industry (%)
263.82	79.94	6798.34	51.70	2536.97	65.64
236.04	78.46	5931.52	49.24	2316.58	64.23
0.13	28.89	1.06	13.35	0.84	16.22
0.08	38.10	0.8	22.10	0.12	12.77
46.32	62.61	1581.06	39.79	489.93	67.59
9.14	37.60	300.8	13.84	90.97	27.37
177.09	99.99	3983.79	100.00	1700.49	100.00
3.28	100.00	64.01	100.00	34.22	100.00
17.31	95.42	468.11	89.07	112.34	87.06
10.46	94.75	398.71	69.00	108.05	83.69
29.98	58.25	570.65	23.68	232.87	22.36
18.32	97.60	317.32	97.00	134.04	96.27
26	63.15	745.85	28.48	268.29	52.64
189.52	86.70	5164.51	66.27	1901.78	87.46
11.41	62.55	244.60	78.37	76.27	86.11
1.71	91.44	58.61	96.08	17.66	93.79
4.16	69.22	93.93	61.60	43.01	77.58
3.56	86.41	75.55	73.84	39.25	92.97
0.03	100.00	0.35	100.00	0.12	100.00

11-11 续表 2 continued

指标	Item	企业单位数(个) Number of Enterprises (unit)	在工业中的地位(%) Status in Industry (%)
农副食品加工业	Processing of Food from Agricultural Products	1081	95.24
食品制造业	Manufacture of Foods	341	96.60
酒、饮料和精制茶制造业	Manufacture of Liquor, Beverage and Refined Tea	321	95.82
烟草制品业	Manufacture of Tobacco	1	12.50
纺织业	Manufacture of Textile	229	95.42
纺织服装、服饰业	Manufacture of Textile Wearing and Clothing Apparel	216	98.18
皮革、毛皮、羽毛及其制品和制鞋业	Leather, Fur, Feather and Its Products and Footwear	231	98.30
木材加工和木、竹、藤、棕、草制品业	Processing of Timbers,Manufacture of Wood, Bamboo, Rattan, Palm and Straw Products	413	97.41
家具制造业	Manufacture of Furniture	126	99.21
造纸和纸制品业	Manufacture of Paper and Paper Products	305	94.14
印刷和记录媒介复制业	Printing,Reproduction of Recording Media	181	91.88
文教、工美、体育和娱乐用品制造业	Manufacture of Articles for Culture, Education and Sport Activity	147	95.45
石油加工、炼焦和核燃料加工业	Processing of Petroleum,Coking,Processing of Nucleus Fuel	27	75.00
化学原料和化学制品制造业	Manufacture of Chemical Raw Material and Chemical Products	1530	95.51
医药制造业	Manufacture of Medicines	279	94.26
化学纤维制造业	Manufacture of Chemical Fiber	10	90.91
橡胶和塑料制品业	Manufacture of Rubber and plastic	325	95.31
非金属矿物制品业	Manufacture of Non-metallic Mineral Products	1432	91.68
黑色金属冶炼和压延加工业	Manufacture and Processing of Ferrous Metals	449	94.73
有色金属冶炼和压延加工业	Manufacture and Processing of Non-ferrous Metals	494	91.99
金属制品业	Manufacture of Metal Products	418	93.72
通用设备制造业	Manufacture of General Purpose Machinery	701	91.99
专用设备制造业	Manufacture of Special Purpose Machinery	548	92.26
汽车制造业	Automobile Industry	240	84.51
铁路、船舶、航空航天和其他运输设备制造业	Manufacture of Railway,Marine,Aerospace and Other Transport Equipment	95	76.00
电气机械和器材制造业	Manufacture of Electrical Machinery and Equipment	490	91.25
计算机、通信和其他电子设备制造业	Manufacture of Communication Equipment, Computer and Other Electronic Equipment	391	96.07
仪器仪表制造业	Manufacture of Measuring Instrument	92	92.00
其他制造业	Other Manufacture N.E.C	61	95.31
废弃资源综合利用业	Recycling and Disposal of Waste	72	93.51
金属制品、机械和设备修理业	Mental Products,Machine and Equipment Repair	3	60.00
电力、热力生产和供应业	Production and Supply of Electric Power and Heat Power	117	41.49
燃气生产和供应业	Production and Distribution of Gas	35	89.74
水的生产和供应业	Production and Distribution of Water	23	25.56

11-11 续表 3　continued

全部从业人员年平均人数（万人） Average Number of Employees (10 000 persons)	在工业中的地位（%） Status in Industry (%)	固定资产原价（亿元） Original Value of Fixed Assets (100 million yuan)	在工业中的地位（%） Status in Industry (%)	利税总额（亿元） Total Pre-tax Profits (100 million yuan)	在工业中的地位（%） Status in Industry (%)
18.82	91.09	552.89	89.02	194.96	93.53
9.55	91.21	197.46	95.04	82.49	96.18
5.47	91.01	158.50	87.43	57.10	95.44
0.08	5.23	2.36	1.32	0.61	0.08
8.83	95.67	170.52	96.07	48.05	97.54
5.51	98.75	61.98	98.57	25.04	99.17
10.21	97.61	73.81	96.83	30.13	94.39
7.69	95.65	119.99	95.32	59.60	98.09
2.60	98.86	56.43	99.79	24.00	99.96
5.22	77.45	136.42	37.51	48.69	90.74
2.62	83.97	70.45	75.57	35.30	76.54
3.18	94.36	43.38	94.39	29.14	98.08
0.45	21.95	46.81	19.18	11.40	12.44
32.60	89.29	572.45	72.91	309.46	97.99
5.85	87.57	188.95	86.58	93.76	90.18
0.22	78.57	5.32	52.31	2.09	86.01
4.60	91.45	119.23	94.22	49.78	96.32
29.90	87.94	731.51	74.14	240.28	84.15
7.09	59.78	202.15	20.39	89.23	79.91
9.49	72.39	423.49	73.67	173.97	84.79
7.15	91.20	177.43	77.52	86.55	89.44
10.29	83.66	259.95	72.42	116.80	85.25
12.91	77.03	517.70	75.57	154.98	76.18
6.81	73.94	239.04	63.53	68.26	83.00
2.05	35.78	76.21	22.15	17.71	16.79
8.93	76.92	291.11	69.90	94.04	84.56
18.00	93.65	344.83	88.52	119.47	93.19
1.94	92.82	56.42	94.19	26.62	93.90
1.49	100.00	13.74	82.52	9.14	98.49
0.88	83.81	30.03	92.00	13.60	94.31
0.08	88.89	0.71	26.10	0.77	77.00
1.52	11.66	298.56	9.21	30.36	19.31
0.64	88.89	64.73	91.05	13.87	93.34
0.26	12.15	20.76	12.23	3.44	49.43

11-12 规模以上工业主要产品产量
Output of Industrial Products above Designated Size

产品		Item		2000	2005	2013	2014
化学纤维	(万吨)	Chemical Fiber	(10 000 tons)	7.79	8.29	4.56	6.51
纱(混合数)	(万吨)	Yarn	(10 000 tons)	16.63	26.06	106.53	106.03
布(混合数)	(亿米)	Cloth	(100 million m)	3.41	3.61	3.52	3.46
棉布	(亿米)	Cotton Cloth	(100 million m)	0.7	2.21	2.17	2.10
针棉织品(折用纱量)	(万吨)	Cotton Knitwear	(10 000 tons)	0.65	1.62	1.16	0.36
毛巾	(万条)	Towel	(10 000 cartons)	5394	15164.83	232476.52	195804.90
服装	(万件)	Clothes	(10 000 pieces)	1151	12736.80	27755.62	36157.57
麻袋	(万条)	Gunny-bag	(10 000 cartons)	339.75	280.86	2592.81	3311.62
纸浆	(万吨)	Paper Pulp	(10 000 tons)	31.9	68.37	102.30	104.72
机制纸及纸板	(万吨)	Machine_made Paper and Paper boards	(10 000 tons)	70.07	170.59	421.44	406.56
日用玻璃制品	(万吨)	Household Glass Product	(10 000 tons)	5.4	9.07	44.33	37.32
玻璃保温容器	(万个)	Baowenrongqi Glass	(10 000 units)	1300.69	715.00	12488.00	10740.00
电光源	(万只)	Electric Light	(10 000 units)	12961	19201.00	249.07	1385.00
合成洗涤剂	(万吨)	Synthetic Detergents	(10 000 tons)	8.12	32.06	44.62	49.35
铅酸蓄电池	(万千伏安时)	Lead-acid Dry Cell	(100 million units)	0.57	8.11	255.36	275.88
大米	(万吨)	Rice	(10 000 tons)	102.4	134.22	1198.45	1245.06
原盐	(万吨)	Salt	(10 000 tons)	72.93	118.65	256.94	280.90
成品糖	(万吨)	Refined Sugar	(10 000 tons)	4.44	2.10	0.67	0.09
卷烟	(万箱)	Cigarettes	(10 000 cases)	230.43	289.28	372.42	348.77
罐头	(万吨)	Canned Food	(10 000 tons)	4.21	26.76	88.93	98.70
软饮料	(万吨)	Soft Drinks	(10 000 tons)	12.4	61.91	489.81	548.21

11-12 续表 1 continued

产品		Item		2000	2005	2013	2014
饮料酒	(万千升)	Liquor	(10 000 tons)	30.21	52.57	109.64	105.18
白酒(商品量)	(万千升)	Spirit	(10 000 tons)	3.76	2.69	25.67	21.71
啤酒	(万千升)	Beer	(10 000 tons)	26.42	49.77	78.74	76.80
乳制品	(吨)	Dairy Products	(tons)	5577	153547	384494	364207
食用植物油	(万吨)	Edible Vegetable Oil	(10 000 tons)	20.14	53.69	279.70	298.81
化学药品原药	(吨)	Chemical Medicine	(ton)	1964.76	2448.12	115809.01	41705.39
中成药	(吨)	Traditional Chinese Medicine	(10 000 tons)	11745	26657	149225	185349
饲料	(万吨)	Fixed-Forage	(10 000 tons)	163.62	356.49	1534.93	1619.09
塑料制品	(万吨)	Plastics Products	(10 000 tons)	7.29	18.63	194.64	158.75
皮革鞋靴	(万双)	Leather Shoe	(10 000 units)	429.49	1335.80	52182.70	18495.29
家用电冰箱	(万台)	Household Refrigerators	(10 000 units)	44.54	55.54	21.03	12.18
电风扇	(万台)	Electric Fans	(10 000 units)	4.64	2.39		
原煤	(万吨)	Coal	(10 000 tons)	1490.81	3646.51	7072.20	5413.70
原油加工量	(万吨)	Crude Process	(10 000 tons)	526.42	590.92	945.14	800.00
汽油	(万吨)	Gasoline	(10 000 tons)	120.19	122.82	241.33	199.00
柴油	(万吨)	Diesel oil	(10 000 tons)	215.53	229.19	322.40	243.30
发电量	(亿千瓦小时)	Electricity	(100 million kwh)	354.42	630.29	1285.70	1241.90
水电	(亿千瓦小时)	Hydro-power	(100 million kwh)	191.15	228.01	438.40	466.10
火电	(亿千瓦小时)	Thermal Power	(100 million kwh)	163.27	402.27	840.80	749.20
生铁	(万吨)	Pig Iron	(10 000 tons)	332.72	961.38	1739.77	1780.67
粗钢	(万吨)	Steel	(10 000 tons)	304.13	975.17	1840.36	1917.59
钢材	(万吨)	Steel Products	(10 000 tons)	299.05	961.26	1977.91	1989.35
铁道用钢材	(万吨)	Railway Steel	(10 000 tons)	1.41	1.96	5.68	10.61
线材	(万吨)	Wire Rod	(10 000 tons)	97.24	314.59	281.18	270.36
无缝钢管x	(万吨)	Seamless Steel Pipe	(10 000 tons)	31.63	63.44	135.67	108.67
焊接钢管	(万吨)	Welding Steel Pipe	(10 000 tons)	2.17	1.48	15.49	11.30
机制焦炭	(万吨)	Machine made Coke	(10 000 tons)	207.00	397.91	499.20	658.29
煤气	(亿立方米)	Coal Gas	(100 millions cm)	3.20	10.73	214.40	209.30
铁矿石(原矿)	(万吨)	Iron Mineral	(10 000 tons)	4.27	417.34	1058.22	1227.66
水泥	(万吨)	Cement	(10 000 tons)	2395.72	3571.07	11264.67	11991.30

11-12 续表 2 continued

产品		Item		2000	2005	2013	2014
平板玻璃	(万重量箱)	Plate Glass	(10 000 weight cases)	735.34	1009.28	1832.75	1208.22
硫酸(折100%)	(万吨)	Sulfuric Acid	(10 000 tons)	128.17	183.86	309.67	397.62
纯碱	(万吨)	Sode Ash	(10 000 tons)	13.03	27.53	59.00	61.29
烧碱(折100%)	(万吨)	Caustic Soda	(10 000 tons)	20.96	33.79	75.02	64.59
合成氨	(万吨)	Synthetic Ammonia	(10 000 tons)	167.30	193.69	152.28	123.87
农用化肥(折纯量)	(万吨)	Chemical Fertilizer	(10 000 tons)	141.74	257.55	128.23	105.51
氮肥		Nitrogen Fertilizers	(10 000 tons)	112.90	228.88	117.70	94.09
磷肥		Phosphate Fertilizers	(10 000 tons)	27.57	25.66	10.54	11.42
化学农药原药	(万吨)	Chemical Pesticide	(10 000 tons)	4.58	9.03	11.58	6.05
电石	(万吨)	Calcium Carbide	(10 000 ton)	10.44	18.06	14.60	18.83
初级形态的塑料	(万吨)	Primary Plastics	(10 000 tons)	23.10	37.04	65.24	68.84
合成橡胶	(万吨)	Synthetic Rubber	(10 000 tons)	9.83		30.91	27.40
矿山专用设备	(吨)	Mining Special Equipment	(ton)	9912	31140	280405	381963
起重机	(吨)	Crane	(ton)	14810	23976	1380340	1074179
金属冶炼设备	(吨)	Metal Smelting Equipment	(ton)	4540	2453	80496	472921
发电设备	(万千瓦)	Power Generating Equipment	(10 000 kw)	9.92	38.09	135.86	136.58
交流电动机	(万千瓦)	AC Electric Motor	(10 000 kw)	137.59	783.66	1797.22	1738.00
变压器	(万千伏安)	Transformer	(10 000 kva)	494.96	3271.01	10074.09	10415.84
泵	(万台)	Pump	(10 000 units)	14.24	18.43	111.30	107.97
金属切削机床	(台)	Metal-cutting Machine Tools	(unit)	907	1570	3381	6298
金属成形机床	(台)	Metal Forming Machine Tools	(unit)	1577	1799	166	26519
汽车	(辆)	Motor Vehicles	(unit)	17614	92589	458684	621178
摩托车	(辆)	Motorcycles	(unit)	142452	295415	198747	241419
滚动轴承	(万套)	Rolling Bearings	(10 000 sets)	1940.13	1108.82	9682.10	8575.54
小型拖拉机	(万台)	Small Tractor	(10 000 units)	0.45	0.66	6.09	4.56
发动机	(万千瓦)	Engines	(10 000 kw)	175.94	97.11	71.96	72.45
铁路机车	(辆)	Railway Locomotive	(unit)	69	167	519	578
铁路货车	(辆)	Railway Freight wagons	(unit)	3486	3727	5293	4991
民用钢质船舶	(载重吨)	Civil Plate ship	(ton)	13541	17716	308093	337914
工业锅炉	(蒸发量吨)	Industrial Boiler	(ton)	2976	10708	17517	14381

11-13规模以上工业企业主要产品、生产能力及能力利用率综合表(2014年)

Main Products, Production Capacity and Utilization Rate of Industrial Enterprises above Designated Size(2014)

产品名称		Item		企业单位数（个）Number of Enterprises (unit)
原煤	（万吨）	Raw coal	(10000 tons)	586
卷烟	（亿支）	Cigarette	(10000 units)	1
棉纺锭 / 纺纱量	（万锭/万吨）	Cotton spindle/spinning capacity	(10000/10000 tons)	106
气流纺锭 / 纺纱量	（万头/万吨）	Air spindle/spinning capacity	(10000/10000 tons)	11
棉布织机 / 布	（万台/亿米）	Cotton weaving/cloth	(million/10000 tons)	34
原油加工能力 / 原油加工量	（万吨/万吨）	Crude oil ptocessing capacity/crude oil processing capacity	(10000 tons)	2
焦炭	（万吨）	Coke		6
烧碱（折100%）	（万吨）	Caustic soda	(10000 tons)	7
碳化钙(电石，折 300升 / 千克)	（万吨）	Calcium carbide	(calcium carbide,off 300liters/kg)	2
农用氮、磷、钾化学肥料总计(折纯)	（万吨）	Agricultural nitrogen,phosphorus and potassium fertilizer Total(off net)	(10000 tons)	32
初级形态塑料	（万吨）	Primary form of plastic	(10000 tons)	20
焰火制品	（亿元）	Pyrotechnic products	(100 million yuan)	608
其中：烟花	（亿元）	Of which:Fireworks	(100 million yuan)	431
化学纤维	（万吨）	Chemical fiber	(10000 tons)	7
硅酸盐水泥熟料	（万吨）	Cement clinker	(10000 tons)	85
水泥	（万吨）	Cemnet	(10000 tons)	177
平板玻璃	（万重量箱）	Plate glass	(Million boxes)	7
生铁	（万吨）	Pig iron	(10000 tons)	18
粗钢	（万吨）	Crude steel	(10000 tons)	20
钢材	（万吨）	Steel	(10000 tons)	44
铁合金	（万吨）	Ferroalloy	(10000 tons)	172
原铝(电解铝)	（万吨）	Primary aluminum	(10000 tons)	1
金属切削机床	（万台）	Metal cutting machine tools	(10000 tons)	11
挖掘机	（万台）	Excavator	(10000 sets)	7
汽车	（万辆）	Car	(10000 sets)	15
其中：基本型乘用车（轿车）	（万辆）	Of which:basic passenger vehicles(cars)	(10000 sets)	6
载货汽车	（万辆）	trucks	(10000 sets)	3
民用钢质船舶	（万载重吨）	Civil steel ship	(10000 tons)	12
太阳能电池	（万千瓦）	solar battery	(10000 KW)	1
家用电冰箱	（万台）	Household Refrigerators	(10000 sets)	1
房间空气调节器	（万台）	Room air conditiones	(10000 sets)	1
家用洗衣机	（万台）	Household Washing Machines	(10000 sets)	1
微型计算机设备	（万台）	Micro Computers	(10000 sets)	2
移动通信手持机(手机)	（万台）	Mobile handset(cell phone)	(10000 sets)	1
彩色电视机	（万台）	Color TV	(10000 sets)	1
发电设备容量总计 / 发电量	（万千瓦/万千瓦小时）	Total capacity of power equipment/power genneration	(10000 KW/10000 KW·h)	262
其中：火电设备容量 / 发电量	(万千瓦/万千瓦小时）	Of which:thermal power equipment capacity/power generation	(10000 KW/10000 KW·h)	74
水电设备容量 / 发电量	(万千瓦/万千瓦小时）	Hydropower Equipment capacity/power generation	(10000 KW/10000 KW·h)	172
风电设备容量 / 发电量	(万千瓦/万千瓦小时）	Capacity of wind power equipment/power generation	(10000 KW/10000 KW·h)	9

11-13 续表 continued

产品名称		Item		年初生产能力 Early production	年末生产能力 At the end of production capacity	能力利用率(%) Capacity Utilization (%)
原煤	（万吨）	Raw coal	(10000 tons)	9737.67	7407.39	63.9
卷烟	（亿支）	Cigarette	(10000 units)	2335.50	2468.70	72.6
棉纺锭 / 纺纱量	（万锭/万吨）	Cotton spindle/spinning capacity	(10000/10000 tons)	237.00	231.66	46.8
气流纺锭 / 纺纱量	（万头/万吨）	Air spindle/spinning capacity	(10000/10000 tons)	3.37	3.54	190.6
棉布织机 / 布	（万台/亿米）	Cotton weaving/cloth	(million/10000 tons)	6.56	4.67	61.5
原油加工能力 / 原油加工量	（万吨/万吨）	Crude oil ptocessing capacity/crude oil processing capacity	(10000 tons)	1342.00	1342.00	59.6
焦炭	（万吨）	Coke		707.00	705.04	92.7
烧碱（折100%）	（万吨）	Caustic soda	(10000 tons)	89.02	89.02	72.6
碳化钙(电石，折 300升 / 千克)	（万吨）	Calcium carbide	(calcium carbide,off 300liters/kg)	21.50	22.50	74.2
农用氮、磷、钾化学肥料总计(折纯)	（万吨）	Agricultural nitrogen,phosphorus and potassium fertilizer Total(off net)	(10000 tons)	210.17	200.49	50.9
初级形态塑料	（万吨）	Primary form of plastic	(10000 tons)	108.24	116.09	61.4
焰火制品	（亿元）	Pyrotechnic products	(100 million yuan)	822.56	896.76	86.5
其中：烟花	（亿元）	Of which:Fireworks	(100 million yuan)	329.98	370.84	85.0
化学纤维	（万吨）	Chemical fiber	(10000 tons)	9.14	8.99	71.8
硅酸盐水泥熟料	（万吨）	Cement clinker	(10000 tons)	8274.97	8632.57	80.8
水泥	（万吨）	Cemnet	(10000 tons)	15439.88	15930.35	76.2
平板玻璃	（万重量箱）	Plate glass	(Million boxes)	2347.81	1157.81	85.8
生铁	（万吨）	Pig iron	(10000 tons)	1893.51	1880.77	94.0
粗钢	（万吨）	Crude steel	(10000 tons)	2159.15	2179.87	88.1
钢材	（万吨）	Steel	(10000 tons)	2686.65	2690.92	73.8
铁合金	（万吨）	Ferroalloy	(10000 tons)	487.71	438.00	60.1
原铝(电解铝)	（万吨）	Primary aluminum	(10000 tons)	33.00	33.00	100.0
金属切削机床	（万台）	Metal cutting machine tools	(10000 tons)	0.69	0.93	78.0
挖掘机	（万台）	Excavator	(10000 sets)	3.38	3.14	70.7
汽车	（万辆）	Car	(10000 sets)	120.33	108.43	54.4
其中：基本型乘用车（轿车）	（万辆）	Of which:basic passenger vehicles(cars)	(10000 sets)	87.70	67.80	52.3
载货汽车	（万辆）	trucks	(10000 sets)	11.40	11.40	41.0
民用钢质船舶	（万载重吨）	Civil steel ship	(10000 tons)	38.67	47.41	81.1
太阳能电池	（万千瓦）	solar battery	(10000 KW)	8.00	8.00	91.2
家用电冰箱	（万台）	Household Refrigerators	(10000 sets)	45.00	35.00	30.4
房间空气调节器	（万台）	Room air conditiones	(10000 sets)	3.00	5.00	100.0
家用洗衣机	（万台）	Household Washing Machines	(10000 sets)	55.00	55.00	74.1
微型计算机设备	（万台）	Micro Computers	(10000 sets)	85.00	85.00	40.2
移动通信手持机(手机)	（万台）	Mobile handset(cell phone)	(10000 sets)	110.00	172.86	43.0
彩色电视机	（万台）	Color TV	(10000 sets)	60.00	60.00	39.9
发电设备容量总计 / 发电量	（万千瓦/万千瓦小时）	Total capacity of power equipment/power genneration	(10000 KW/10000 KW·h)	3544.77	3692.41	44.5
其中：火电设备容量 / 发电量	（万千瓦/万千瓦小时）	Of which:thermal power equipment capacity/power generation	(10000 KW/10000 KW·h)	2000.93	2047.26	43.9
水电设备容量 / 发电量	（万千瓦/万千瓦小时）	Hydropower Equipment capacity/power generation	(10000 KW/10000 KW·h)	1490.74	1580.80	45.1
风电设备容量 / 发电量	（万千瓦/万千瓦小时）	Capacity of wind power equipment/power generation	(10000 KW/10000 KW·h)	32.45	45.30	35.3

11-14 按全省人口平均的主要产品产量

Per Capita Output of Major Industrial Products

产品		Item		2000	2005	2013	2014
化学纤维	(公斤/人)	Chemical Fiber	(kg / person)	1.19	1.23	0.68	0.97
纱(混合数)	(公斤/人)	Yarn	(kg / person)	2.53	3.88	15.92	15.79
布(混合数)	(米/人)	Cloth	(m / person)	5.19	5.38	5.26	5.15
针棉织品(折用纱量)	(公斤/人)	Cotton Knitwear	(kg / person)	0.10	0.24	0.17	0.05
机制纸及纸板	(公斤/人)	Machine-made Paper and Paperboards	(kg/person)	10.68	25.40	62.99	60.55
合成洗涤剂	(公斤/人)	Synthetic Detergents	(kg / person)	1.24	4.77	6.67	7.35
原盐	(公斤/人)	Salt	(kg / person)	11.11	17.67	38.40	41.84
成品糖	(公斤/人)	Refined Sugar	(kg / person)	0.68	0.31	0.10	0.01
卷烟	(箱/百人)	Cigarette	(case /100 persons)	3.51	4.31	5.57	5.19
家用电冰箱	(台/百人)	Household Refrigerators	(unit / 100 persons)	0.68	0.83	0.31	0.18
原煤	(吨 / 人)	Coal	(ton / person)	0.23	0.54	1.06	0.80
原油加工量	(公斤/人)	Processing Output of Crude Oil	(kg / person)	80.22	88.00	141.26	118.74
发电量	(千瓦小时/人)	Electricity	(kwh / person)	540.11	938.64	1921.65	1843.34
生铁	(公斤/人)	Pig Iron	(kg / person)	50.70	143.17	260.03	265.22
粗钢	(公斤/人)	Crude Steel	(kg / person)	46.35	145.23	275.07	285.61
钢材	(公斤/人)	Steel	(kg / person)	45.57	143.15	295.63	296.30
水泥	(吨/人)	Cement	(ton / person)	0.37	0.53	1.68	1.79
平板玻璃	(重量箱/人)	Plate Glass	(weight case / person)	0.11	0.15	0.27	0.18
硫酸(折100)	(公斤/人)	Sulfuric Acid	(kg / person)	19.53	27.38	46.28	59.22
纯碱	(公斤/人)	Soda Ash	(kg / person)	1.99	4.10	8.82	9.13
烧碱(折100)	(公斤/人)	Caustic Soda	(kg / person)	3.19	5.03	11.21	9.62
合成氨	(公斤/人)	Synthetic Ammonia	(kg / person)	25.49	28.84	22.76	18.45
农用化肥(折纯量)	(公斤/人)	Chemical Fertilizer	(kg / person)	21.60	38.35	19.17	15.72
氮肥	(公斤/人)	Nitrogen Fertilizer	(kg / person)	17.21	34.09	17.59	14.01
磷肥	(公斤/人)	Phosphate Fertilizer	(kg / person)	4.20	3.82	1.57	1.70
化学农药原药	(公斤/人)	Chemical Pesticide	(kg / person)	0.70	1.34	1.73	0.90
初级形态塑料	(公斤/人)	Primary Plastics	(kg / person)	3.52	5.52	9.75	10.25
合成橡胶	(公斤/人)	Synthetic Rubber	(kg/person)	1.50	2.39	4.62	4.08
汽车	(辆/万人)	Motor Vehicles	(unit/10 000 persons)	2.68	13.79	68.56	92.52
摩托车	(辆/万人)	Motorcycles	(unit/10 000 persons)	21.72	43.99	29.71	35.96

注:人均的主要产品产量按常住人口计算。 The data are based on the permanent population.

11-15 各市、州规模以上工业主要经济指标(2014年)

Main Indicators of Industrial Enterprises above Designated Size by Region(2014)

单位：亿元 (100 million yuan)

指标	Item	全省总计 Total	长沙市 Changsha City	株洲市 Zhuzhou City	湘潭市 Xiangtan City	衡阳市 Hengyang City	邵阳市 Shaoyang City	岳阳市 Yueyang City	常德市 Changde City
企业单位数(个)	Number of Enterprises (unit)	**13723**	2593	1499	915	997	972	1352	944
#大型企业	#Largest Enterprise	**210**	53	24	16	13	13	23	12
#中型企业	#Medium-sized Enterprises	**2280**	307	516	69	250	152	280	141
#小型企业	#Small Enterprises	**10910**	2148	936	800	717	803	1001	774
#微型企业	#Micro Enterprises	**323**	85	23	30	17	4	48	17
#亏损企业	#Loss-making Enterprises	**824**	162	93	67	65	47	39	116
工业销售产值	Industrial Sales Value	**34393.66**	8496.25	2938.26	2899.87	2354.76	1853.53	4750.51	2234.42
实收资本	Total Capital Hold	**4866.74**	1199.32	514.89	283.83	328.48	212.82	727.99	273.29
#外商资本	#Foreign Capital	**212.03**	99.23	8.51	9.17	17.98	1.70	14.78	12.89

单位：亿元 (100 million yuan)

指标	Item	张家界市 Zhangjiajie City	益阳市 Yiyang City	郴州市 Chenzhou City	永州市 Yongzhou City	怀化市 Huaihua City	娄底市 Loudi City	湘西州 West Hunan A.P
企业单位数(个)	Number of Enterprises (unit)	151	932	1105	709	555	740	274
#大型企业	#Largest Enterprise		12	18	7	4	13	3
#中型企业	#Medium-sized Enterprises	15	122	125	98	59	121	40
#小型企业	#Small Enterprises	134	780	939	591	473	592	222
#微型企业	#Micro Enterprises	2	18	23	13	19	14	9
#亏损企业	#Loss-making Enterprises	20	22	46	30	42	29	45
工业销售产值	Industrial Sales Value	130.77	1811.45	3067.45	913.21	883.34	1685.47	261.45
实收资本	Total Capital Hold	26.42	188.56	342.34	154.84	240.45	258.93	51.08
#外商资本	#Foreign Capital	0.06	1.04	8.62	1.87	0.27	17.42	

11-15 续表 1 continued

单位：亿元 (100 million yuan)

指标	Item	全省总计 Total	长沙市 Changsha City	株洲市 Zhuzhou City	湘潭市 Xiangtan City	衡阳市 Hengyang City
全部从业人员年平均人数 (万人)	Annual Average Number of Obtain Employees (10 000 persons)	330.01	66.52	47.83	19.94	27.25
流动资产	Liquid Assets	9379.15	3684.94	928.94	818.20	494.79
#存货	#Inventory	2628.45	813.31	335.65	236.28	124.40
产成品	Products	2552.59	322.35	271.02	192.87	120.32
固定资产合计	Total Fixed Assets	9478.16	1886.41	818.51	662.82	665.12
固定资产原价	Original Value of Fixed Assets	13149.25	2488.04	1275.74	921.99	933.99
累计折旧	Add up Depreciation of Fixed Assets	4503.93	759.29	486.92	345.51	295.06
资产总计	Total Assets	22025.57	6497.77	2210.68	1824.09	1286.68
流动负债合计	Total Liquid Liabilities	7928.99	2376.06	858.73	875.69	577.95
长期负债合计	Total Long-term Liabilities	3025.85	1101.22	245.32	208.74	140.83
负债合计	Total Liabilities	11688.15	3596.68	1119.90	1147.53	766.91
所有者权益	Creditors Equity	10255.09	2853.59	1090.14	673.83	518.64
主营业务收入	Revenue of Main Bussiness	33489.44	8329.13	2816.01	2798.83	2276.58
主营业务成本	Cost of Main Bussiness	27737.94	6749.42	2371.26	2454.31	1854.67
主营业务税金及附加	Tax and Extra Charges of Main Bussiness	919.31	206.30	32.73	22.57	16.23
管理费用	Administrative Expense	1358.22	376.77	144.17	72.71	115.43
利息收入	Interest Revenue	36.30	20.57	1.28	3.44	1.25
利息支出	Interest Expense	368.04	91.10	24.94	44.18	23.90
营业利润	Operating Profit	1765.92	533.00	131.44	84.13	93.24
利润总额	Total Profit	1688.30	552.73	141.27	71.82	95.28
利税总额	Total of Profit and Tax	3865.01	1040.45	297.03	158.64	179.17
应交增值税	Income Tax Payable	1247.98	280.34	122.81	59.74	66.49
本年应付职工薪酬	Total Wages Payable of the Year	1651.55	414.13	264.90	131.02	98.86
总资产贡献率 (%)	Ratio of Total Assets to Output Value (%)	19.05	17.10	14.51	10.93	15.69
每百元销售收入实现利税 (元)	Per-tax Profits per 100 yuan of Sales Revenue (yuan)	11.39	12.34	10.46	5.54	7.73
资产负债率 (%)	Assets-Liability Ratio (%)	53.07	55.35	50.66	62.91	59.60
成本费用利润率 (%)	Ratio of Profits to Cost (%)	5.47	7.26	5.26	2.63	4.56
产值利税率 (%)	Ratio of Per-tax Profits to Output Value (%)	11.05	11.78	9.87	5.36	7.64

11-15 续表 2 continued

单位：亿元 (100 million yuan)

指标	Item	邵阳市 Shaoyang City	岳阳市 Yueyang City	常德市 Changde City	张家界市 Zhangjiajie City	益阳市 Yiyang City
全部从业人员年平均人数 (万人)	Annual Average Number of Obtain Employees (10 000 persons)	21.10	35.28	18.99	2.01	17.84
流动资产	Liquid Assets	198.35	540.74	896.45	26.62	293.52
#存货	#Inventory	60.03	120.33	243.18	5.83	92.55
产成品	Products	51.90	190.03	376.24	6.80	78.98
固定资产合计	Total Fixed Assets	392.53	1150.77	552.53	67.37	475.85
固定资产原价	Original Value of Fixed Assets	491.55	1682.32	816.13	83.69	637.15
累计折旧	Add up Depreciation of Fixed Assets	127.60	669.51	307.13	21.71	193.09
资产总计	Total Assets	702.60	2004.64	1554.29	106.77	860.25
流动负债合计	Total Liquid Liabilities	148.22	524.09	593.21	24.51	347.81
长期负债合计	Total Long-term Liabilities	119.00	136.34	144.19	29.10	89.70
负债合计	Total Liabilities	288.92	866.49	772.32	56.10	460.61
所有者权益	Creditors Equity	411.14	1130.15	863.56	49.93	392.58
主营业务收入	Revenue of Main Bussiness	1611.02	4553.92	2170.95	132.34	1820.98
主营业务成本	Cost of Main Bussiness	1401.05	3912.39	1502.19	114.98	1580.78
主营业务税金及附加	Tax and Extra Charges of Main Bussiness	14.51	134.37	332.62	6.21	18.88
管理费用	Administrative Expense	55.19	199.14	92.16	3.97	46.29
利息收入	Interest Revenue	0.31	1.59	2.28	0.36	0.29
利息支出	Interest Expense	13.81	47.11	19.19	1.79	15.34
营业利润	Operating Profit	63.84	161.20	177.87	12.54	124.32
利润总额	Total Profit	66.04	124.90	181.94	12.35	64.35
利税总额	Total of Profit and Tax	139.89	442.46	634.77	26.67	152.41
应交增值税	Income Tax Payable	58.23	183.06	119.98	8.10	69.06
本年应付工资总额	Total Wages Payable of the Year	82.92	160.80	106.09	8.14	68.80
总资产贡献率 (%)	Ratio of Total Assets to Output Value (%)	21.83	24.34	41.93	26.33	19.47
每百元销售收入实现利税 (元)	Per-tax Profits per 100 yuan of Sales Revenue (yuan)	8.67	9.67	27.61	20.10	8.36
资产负债率 (%)	Assets-Liability Ratio (%)	41.12	43.22	49.69	52.54	53.54
成本费用利润率 (%)	Ratio of Profits to Cost (%)	4.36	2.90	10.16	9.97	3.82
产值利税率 (%)	Ratio of Per-tax Profits to Output Value (%)	8.09	9.22	27.48	19.86	8.25

11-15 续表 3 continued

单位：亿元 (100 million yuan)

指标	Item	郴州市 Chenzhou City	永州市 Yongzhou City	怀化市 Huaihua City	娄底市 Loudi City	湘西州 West Hunan A.P
全部从业人员年平均人数 (万人)	Annual Average Number of Obtain Employees (10 000 persons)	23.56	14.39	9.99	19.03	5.41
流动资产	Liquid Assets	562.24	220.26	196.13	400.61	102.73
#存货	#Inventory	84.26	53.79	27.47	76.86	11.31
产成品	Products	185.51	79.81	32.59	122.56	29.99
固定资产合计	Total Fixed Assets	793.03	326.51	477.11	653.44	134.62
固定资产原价	Original Value of Fixed Assets	929.74	529.63	633.78	940.04	170.63
累计折旧	Add up Depreciation of Fixed Assets	274.36	236.43	197.85	335.94	56.33
资产总计	Total Assets	1552.24	635.89	780.91	1191.21	263.82
流动负债合计	Total Liquid Liabilities	479.87	192.93	186.48	552.36	71.50
长期负债合计	Total Long-term Liabilities	145.80	65.44	119.36	136.04	62.03
负债合计	Total Liabilities	662.28	291.99	377.70	737.74	140.67
所有者权益	Creditors Equity	882.51	337.94	402.57	446.56	121.34
主营业务收入	Revenue of Main Bussiness	3116.40	924.01	857.89	1707.01	259.44
主营业务成本	Cost of Main Bussiness	2476.48	763.57	736.90	1519.99	220.71
主营业务税金及附加	Tax and Extra Charges of Main Bussiness	71.07	43.15	6.33	12.35	3.09
管理费用	Administrative Expense	91.79	41.42	53.00	53.24	11.82
利息收入	Interest Revenue	0.49	1.72	0.88	1.59	0.09
利息支出	Interest Expense	16.87	7.74	13.69	24.88	2.65
营业利润	Operating Profit	217.89	43.62	26.33	89.27	11.51
利润总额	Total Profit	198.69	48.77	29.50	91.85	11.22
利税总额	Total of Profit and Tax	405.87	124.91	67.14	164.16	25.38
应交增值税	Income Tax Payable	135.85	32.91	31.18	59.68	10.98
本年应付工资总额	Total Wages Payable of the Year	107.38	55.49	40.19	85.81	16.50
总资产贡献率 (%)	Ratio of Total Assets to Output Value (%)	27.20	20.59	10.24	15.74	10.59
每百元销售收入实现利税 (元)	Per-tax Profits per 100 yuan of Sales Revenue (yuan)	12.95	13.25	7.78	9.51	9.77
资产负债率 (%)	Assets-Liability Ratio (%)	42.67	45.92	48.37	61.93	53.32
成本费用利润率 (%)	Ratio of Profits to Cost (%)	7.45	5.71	3.58	5.60	4.62
产值利税率 (%)	Ratio of Per-tax Profits to Output Value (%)	13.10	13.45	7.56	9.59	9.33

11-16 省级及以上产业园区规模工业主营业务收入(2014年)

Revenue from Principal Business of above the provincial level Industrial Park (2014)

单位：万元 (10 000 yuan)

园区名称	Park	主营业务收入 Revenue of Major Business	#国有经济 State-owned Economic	#集体经济 Collective Economic
长沙天心经济开发区	Changsha Tianxin Industrial Park	1885586		
长沙高新技术产业开发区（国家级）	Changsha High-tech Industrial Development Zone (National)	13702621	24072	2218
长沙金霞经济开发区	Changsha Jinxia Economic Development Zone	963309	92345	
长沙雨花经济开发区	Changsha Yuhua Economic Development Zone	4395905	1658183	23253
长沙经济技术开发区（国家级）	Changsha Economic and Technological Development Zone (National)	14740953	4608	
湖南长沙暮云经济开发区	Muyun Industrial Park in Changsha, Hunan	514944		
湖南望城经济开发区	Economic Development Zone in Hunan wangcheng	5328854		
湖南宁乡经济开发区（国家级）	Ningxiang Economic and Technological Development Zone (National)	6071991		
浏阳经济技术开发区（国家级）	Hunan Liuyang Biomedical Park (National)	6671919		
株州高新技术产业开发区（国家级）	Zhuzhou Hi-tech Industrial Development Zone (National)	10117399	289799	6348
湖南株洲建宁经济开发区	Zhuzhou Jianning Development Zone, Hunan	147993		
湖南株洲渌口经济开发区	Port Economic Development Zone, Zhuzhou, Hunan Lukou	773607	18913	
湖南茶陵经济开发区	Economic Development Zone, Hunan Chaling	803132	18201	
湖南醴陵经济开发区	Hunan Liling Ceramics Industrial Park	2761367	13020	10721
湖南湘潭经济技术开发区（国家级）	Xiangtan Economic and Technological Development Zone, Hunan (National)	3952056	8034	
湖南湘潭高新技术产业园区（国家级）	Xiangtan High-tech Industrial Development Zone, Hunan (National)	6288985	59742	36682
湖南湘潭天易经济开发区	Xiangtan Tianyi Economic Development Zone, Hunan	2687755		
湖南湘潭岳塘经济开发区	Xiangtan Yuetang Economic Development Zone, Hunan	421891		
湖南湘乡经济开发区	Hunan Xiangxiang Industrial Park	3157938	90449	
韶山高新技术产业开发区	Shaoshan High-tech Industrial Development Zone	782650		
湖南衡阳松木经济开发区	Hunan Hengyang Pine Industrial Park	586531		
湖南衡阳高新技术产业园区（国家级）	High-tech Industrial Park in Hunan Hengyang (National)	5970322		
湖南衡阳西渡高新技术产业园区	Hunan Hengyang Xidu Economic Development Zone	1158668		
湖南衡山经济开发区	Economic Development Zone, Hunan Hengshan	404686		
湖南衡东经济开发区	Hunan Hengdong Industrial Park	966290		
湖南祁东经济开发区	Hunan Qidong Economic Development Zone	961042		
湖南耒阳经济开发区	Hunan Leiyang Economic Development Zone	1162093		
湖南常宁水口山经济开发区	Hunan Changning Shuikoushan Economic Development Zone	1692833		
湖南邵阳经济开发区	Hunan Shaoyang Economic Development Zone	558559		
湖南邵东经济开发区	Hunan Shaodong Economic Development Zone	2651457	3201	
湖南新邵经济开发区	Hunan Xinshao Economic Development Zone	825427	5417	
湖南洞口经济开发区	Hunan Dongkou Economic Development Zone	897928		
湖南武冈经济开发区	Hunan Wugang Economic Development Zone	529262	1874	
岳阳经济技术开发区（国家级）	Yueyang Economic and Technological Development Zone (National)	5665293		34891
湖南岳阳绿色化工产业园	Hunan Yueyang Green Chemical Industrial Park	8536172		22101
湖南湘阴工业园区	Hunan Xiangyin Industrial Park	2568927		
湖南平江工业园区	Hunan Pingjiang Industrial Park	1532883		
湖南汨罗循环经济产业园区	Hunan Miluo Circular Economy Industrial Park	2828163		

11-16 续表 1 continued

单位：万元 (10 000 yuan)

园区名称	Park	主营业务收入 Revenue of Major Business	#国有经济 State-owned Economic	#集体经济 Collective Economic
湖南临湘工业园区	Hunan Linxiang Industrial Park	1813915	17020	
岳阳临港高新技术产业开发区	The Port of Yueyang Hi-tech Industrial Development Zone	408473		
湖南常德经济开发区（国家级）	Changde Economic and Technological Development Zone (National)	2078055	3993	3766
湖南常德鼎城高新技术产业园区	Hunan Changde Dingcheng Economic Development Zone	866337		
湖南汉寿经济开发区	Hunan Hanshou Economic Development Zone	1344254	237035	
湖南澧县经济开发区	Hunan Li county Economic Development Zone	1046218		
湖南临澧经济开发区	Hunan Linli Economic Development Zone	479400		
湖南石门经济开发区	Hunan shimen Economic Development Zone	1356462		
湖南张家界经济开发区	Hunan Zhangjiajie Economic Development Zone	93687		
湖南益阳长春经济开发区	Hunan Yiyang Changchun Industrial Park	1314933		6720
湖南益阳高新技术产业园区（国家级）	Yiyang High-tech Industrial Development Zone (National)	4521084	6968	
湖南南县经济开发区	Hunan Nan County Economic Development Zone	515770		
湖南桃江经济开发区	Hunan Taojiang Economic Development Zone	578126		
湖南安化经济开发区	Hunan Anhua Economic Development Zone	478663	9930	
湖南沅江高新技术产业园区	Hunan Yuanjiang Economic Development Zone	1034646		
湖南郴州经济开发区	Hunan Chengzhou Economic Development Zone	1645971	536027	
湖南郴州高新技术产业园区	Hunan Chenzhou Nonferrous Metals Industrial Park	5570323	117693	
湖南桂阳工业园区	Hunan Guiyang Industrial Park	3885714		
湖南宜章经济开发区	Hunan Yizhang Economic Development Zone	1191582		
湖南永兴经济开发区	Hunan Yongxing Economic Development Zone	3414514		
湖南嘉禾经济开发区	Hunan Jiahe Economic Development Zone	1079114		
湖南临武工业园区	Hunan Linwu Industrial Park	271452		
湖南汝城经济开发区	Hunan Rucheng Economic Development Zone	346534		
湖南资兴经济开发区	Hunan Zixing Economic Development Zone	4572568		
湖南零陵工业园区	Hunan Lingling Industrial Park	792693	571687	
湖南永州凤凰园经济开发区	Yongzhou Phoenix Park Economic Development Zone	1116967		
湖南祁阳经济开发区	Hunan Qiyang Industrial Park	979002		
湖南东安经济开发区	Hunan Dongan Economic Development Zone	348931		
湖南宁远工业园区	Hunan Ningyuan Industrial Park	591161		
湖南蓝山经济开发区	Hunan Lanshan Economic Development Zone	340714		
湖南江华经济开发区	Hunan Jianghua Industrial Park	598849	2480	
湖南怀化经济开发区	Hunan Huaihua Economic Development Zone	11604		
湖南怀化工业园区	Hunan Huaihua Industrial Park	465914		
湖南娄底经济开发区（国家级）	Hunan Loudi Economic Development Zone (National)	1571156	325517	154762
湖南双峰经济开发区	Hunan Shuagnfeng Economic Development Zone	703206		
湖南新化经济开发区	Hunan Xinhua Economic Development Zone	581454	4001	
湖南冷水江经济开发区	Hunan Lenshuijiang Economic Development Zone	2581399		
湖南涟源经济开发区	Hunan Liangyuan Economic Development Zone	348589		
湖南吉首经济开发区	Hunan Jishou Economic Development Zone	47623		
湖南湘西经济开发区	Hunan xiangxijifeng Economic Development Zone	238530		
湖南永顺经济开发区	Hunan Yongshun Economic Development Zone	23111		

主要统计指标解释

工业 指从事自然资源的开采，对采掘品和农产品进行加工和再加工的物质生产部门。具体包括：(1)对自然资源的开采，如采矿、晒盐等(但不包括禽兽捕猎和水产捕捞)；(2)对农副产品的加工、再加工，如粮油加工、食品加工、缫丝、纺织、制革等；(3)对采掘品的加工、再加工，如炼铁、炼钢、化工生产、石油加工、机器制造、木材加工等，以及电力、自来水、煤气的生产和供应等；(4)对工业品的修理、翻新，如机器设备的修理、交通运输工具(如汽车)的修理等。

工业统计调查单位为独立核算法人工业企业。

独立核算法人工业企业指从事工业生产经营活动的单位。独立核算法人工业企业应同时具备以下条件：①依法成立，有自己的名称、组织机构和场所，能够承担民事责任；②独立拥有和使用资产，承担负债，有权与其他单位签订合同；③独立核算盈亏，并能够编制资产负债表。

本年鉴中涉及的企业登记注册类型：

国有及国有控股企业 指国有企业加上国有控股企业。国有企业(即原全民所有制工业或国营工业)指企业全部资产归国家所有，并按《中华人民共和国企业法人登记管理条例》规定登记注册的非公司制的经济组织。包括国有企业、国有独资公司和国有联营企业。1957年以前的公私合营和私营工业，后均改造为国营工业，1992年改为国有工业，这部分工业的资料不单独分列时，均包括在国有企业内。国有控股企业是对混合所有制经济的企业进行的“国有控股”分类。它是指这些企业的全部资产中国有资产(股份)相对其他所有者中的任何一个所有者占资(股)最多的企业。该分组反映了国有经济控股情况。

集体企业 指企业资产归集体所有，并按《中华人民共和国企业法人登记管理条例》规定登记注册的经济组织。是社会主义公有制经济的组成部分。包括城乡所有使用集体投资举办的企业，以及部分个人通过集资自愿放弃所有权并依法经工商行政管理机关认定为集体所有制的企业。

股份合作企业 指以合作制为基础，由企业职工共同出资入股，吸收一定比例的社会资产投资组建，实行自主经营，自负盈亏，共同劳动，民主管理，按劳分配与按股分红相结合的一种集体经济组织。

联营企业 指两个及两个以上相同或不同所有制性质的企业法人或事业单位法人，按自愿、平等、互利的原则，共同投资组成的经济组织。联营企业包括：

国有联营企业指国有企业与国有企业间的联营；

集体联营企业指集体企业与集体企业间的联营；

国有与集体联营企业指国有企业与集体企业间的联营。

有限责任公司 指根据《中华人民共和国公司登记管理条例》规定登记注册，由两个以上，五十个以下的股东共同出资，每个股东以其所认缴的出资额对公司承担有限责任，公司以其全部资产对其债务承担责任的经济组织。

有限责任公司包括国有独资公司以及其他有限责任公司。

股份有限公司 指根据《中华人民共和国企业法人登记管理条例》规定登记注册，其全部注册资本由等额股份构成并通过发行股票筹集资本，股东以其认购的股份对公司承担有限责任，公司以其全部资产对其债务承担责任的经济组织。

私营企业 指由自然人投资设立或由自然人控股，以雇佣劳动为基础的营利性经济组织。包括按照《公司法》、《合伙企业法》、《私营企业暂行条例》规定登记注册的私营有限责任公司、私营股份有限公司、私营合伙企业和私营独资企业。

港、澳、台商投资企业 指企业注册登记类型中的港、澳、台资合资、合作、独资经营企业和股份有限公司之和。

外商投资企业 指企业注册登记类型中的中外合资、合作经营企业、外资企业和外商投资股份有限公司之和。

工业增加值 指工业企业在报告期内以货币表现的工业生产活动的最终成果。

工业增加值有两种计算方法：一是生产法，即工业总产出减去工业中间投入加上应交增值税；二是收入法，即从收入的角度出发，根据生产要素在生产过程中应得到的收入份额计算，具体构成项目有固定资产折旧、劳动者报酬、生产税净额、营业盈余，这种方法也称要素分配法。本年鉴中的工业增加值是以生产法计算的。

生产法工业增加值的计算方法为：

工业增加值=工业总产出-工业中间投入+应交增值税

(1)工业总产出：指工业企业在一定时期内工业生产活动的总成果。工业总产出包括：成品生产价值，对外加工费收入，自制半成品、在产品期末期初差额价值。1995年后用新规定计算的工业总产值代替。

(2)工业中间投入：指工业企业在工业生产活动中消耗的外购物质产品和对外支付的服务费用。服务费用包括支付给物质生产部门(工业、农业、批发零售贸易业、建筑业、运输邮电业)的服务费用和支付给非物质生产部门(如保险、金融、文化教育、科学研究、医疗卫生、行政管理等)的服务费用。工业中间投入的确定须遵循以下原则：必须从外部购入的，并已计入工业总产出的产品和服务价值；必须是本期投入生产，并一次性消耗掉(包括本期摊销的低值易耗品等)的产品和服务价值。

工业中间投入包括直接材料费用、制造费用中的工业中间投入、管理费用中的工业中间投入、销售费用中的工业中间投入和利息支出五部分。

资产总计 指企业拥有或控制的能以货币计量的经济资源，包括各种财产、债权和其他权利。资产按流动性分为流动资产、长期投资、固定资产、无形资产、递延资产和其他资产。该指标根据企业会计"资产负债表"中"资产总计"项目的期末数增列。

流动资产 指企业可以在一年内或者超过一年的一个生产周期内变现或者耗用的资产，包括现金及各种存款、短期投资，应收及预付款项、存货等。

流动资产平均余额 指企业在报告期内全部流动资产的平均余额。

固定资产原价 指企业在建造、购置、安装、改建、扩建、技术改造某项固定资产时所支出的全部货币总额。它一般包括买价、包装费、运杂费和安装费等。

固定资产净值年平均余额 指固定资产净值在报告期内余额的平均数。计算公式为：

$$\text{固定资产净值年平均余额}=\frac{\text{1至12月各月月初、月末固定资产净值之和}}{24}$$

该指标根据"资产负债表"中"固定资产原价"、"累计折旧"指标的期初、期末数计算填列。

固定资产净值指固定资产原价减去历年已提折旧额后的净额。计算公式为：

固定资产净值=固定资产原价-累计折旧

负债合计 指企业所承担的能以货币计量，将以资产或劳务偿付的债务，偿还形式包括货币、资产或提供劳务。负债一般按偿还期长短分为流动负债和长期负债。根据会计"资产负债表"中"负债合计"的年末数填列。

所有者权益 指企业投资人对企业净资产的所有权。企业净资产等于企业全部资产减去全部负债后的余额，包括企业投资人对企业的最初投入的实际到位的资产及资本公积金、盈余公积金和未分配利润。所有者权益合计数小于零，表示企业资不抵债。

主营业务收入 指会计"利润表"中对应指标的本年累计数。未执行2001年《企业会计制度》的企业，用"产品销售收入"的本期累计数代替。

主营业务成本 指会计"利润表"中对应指标的本年累计数。未执行2001年《企业会计制度》的企业，用"产品销售成本"的本期累计数代替。

主营业务税金及附加 指会计"利润表"中对应指标的本年累计数。未执行2001年《企业会计制度》的企业，用"产品销售税金及附加" 的本期累计数代替。

利润总额 指企业生产经营活动的最终成果，是企业在一定时期内实现的盈亏相抵后的利润总额(亏损以"-"号表示)，它等于营业利润加上补贴收入加上投资收益加上营业外净收入再加上以前年度损益调整。

本年应交增值税 指企业在报告期内应交纳的增值税额。它等于本年销项税额加上出口退税加上进项税额转出数减去本年进项税额。小规模纳税企业直接按全年计税销售额乘以征收率计算取得。

从业人员平均人数 是指报告期内每天拥有的从业人员人数。其计算公式为：

$$\text{月平均人数}=\frac{\text{报告月内每天实有人数之和}}{\text{报告月日历日数}}$$

$$\text{季平均人数}=\frac{\text{季内各月平均人数之和}}{3}$$

$$\text{年平均人数}=\frac{\text{年内各月平均人数之和}}{12}$$

总资产贡献率 反映企业全部资产的获利能力，是企业经营业绩和管理水平的集中体现，是评价和考核企业盈利能力的核心指标。计算公式为：

$$\text{总资产贡献率(\%)}=\frac{\text{利润总额}+\text{税金总额}+\text{利息支出}}{\text{平均资金总额}}\times 100\%$$

公式中：税金总额为产品销售税金及附加与应交增值税之和；平均资产总额为期初期末资产之和的算术平均值。

资产负债率 该指标既反映企业经营风险的大小，也反映企业利用债权人提供的资金从事经营活动的能力。计算公式为：

$$\text{资产负债率(\%)}=\frac{\text{负债总额}}{\text{资产总额}}\times 100\%$$

资产与负债均为报告期期末数。

流动资产周转次数 指一定时期内流动资产完成的周转次数，反映投入工业企业流动资金的周转速度。计算公式为：

$$\text{流动资产周转次数}=\frac{\text{产品销售收入}}{\text{全部流动资产平均余额}}$$

公式中：全部流动资产平均余额为期初和期末的流动资产之和的算术平均值。

成本费用利润率 反映企业投入的生产成本及费用的经济效益，同时也反映企业降低成本所取得的经济效益。计算公式为：

$$\text{成本费用利润率(\%)}=\frac{\text{利润总额}}{\text{成本费用总额}}\times 100\%$$

公式中：成本费用总额为产品销售成本、销售费用、管理费用、财务费用之和。

产品销售率 该指标反映工业产品已实现销售的程度，是分析工业产销衔接情况，研究工业产品满足社会需求的指标。计算公式为：

$$\text{产品销售率(\%)}=\frac{\text{工业销售产值}}{\text{工业总产值(现价)}}\times 100\%$$

Explanatory Notes on Main Statistical Indicators

Industry refers to the material production sector which is engaged in the extraction of natural resources and processing and reprocessing of minerals and agricultural products, including (1) extraction of natural resources, such as mining, salt production (but not including hunting and fishing); (2) processing and reprocessing of farm and sideline produces, such as rice husking, flour milling, wine making, oil pressing, silk reeling, spinning and weaving, and leather making; (3) manufacture of industrial products, such as steel making, iron smelting, chemicals manufacturing, petroleum processing, machine building, timber processing; water and gas production and electricity generation and supply; (4)repairing of industrial products such as the repairing of machinery and means of transport (including cars).

In industrial statistics surveys, the units of enquiry are corporate industrial enterprises with independent accounting systems.

Corporate industrial enterprises with independent accounting systems refer to enterprises engaging in industrial production activities, which meet the following requirements: (1) They are established legally, having their own names, organizations, location and able to take civil liability; (2) They possess and use their assets independently, assume liabilities and are entitled to sign contracts with other units; (3) They are financially independent and compile their own balance sheets.

Enterprises covered in the industrial statistics in the Yearbook include the following categories by their registration:

State-owned and State-holding Enterprises refer to state-owned enterprises plus State-holding enterprises. State-owned enterprises (originally known as State-run enterprises with ownership by the whole society) are non-corporate economic entities registered in accordance with the Regulation of the People's Republic of China on the Management of Registration of Legal Enterprises, where all assets are owned by the State. Included in this category are State-owned enterprises, State-funded corporations and State-owned joint-operation enterprises. Joint State-private industries and private industries, which existed before 1957, were transformed into state-run industries since 1957, and into State-owned industries after 1992. Statistics on those enterprises are included in the State-owned industries instead of being grouped them separately. State-holding enterprises are a sub-classification of enterprises with mixed ownership, referring to enterprises where the percentage of State assets (or shares by the State) is larger than any other single share holder of the same enterprise. This sub-classification illustrates the control of the State over a particular industry.

Collective-owned Enterprises refer to economic entities registered in accordance with the Regulation of the People's Republic of China on the Management of Registration of Legal Enterprises, where assets are owned collectively. Collective enterprises constitute an integral part of the socialist economy with public ownership. They include urban and rural enterprises invested collectively, and some enterprises registered in industrial and commercial administration agency as collective units where funds are pooled together by individuals who voluntarily give up their right of ownership.

Cooperative Enterprises refer to economic units set up on a cooperative basis, with funding partly from employees of the enterprise and partly from outside investment, where the operation and management is decided by all the members who also participate in the production, and the distribution of income is based both on work (labour input) and on shares (capital input).

Joint Ownership Enterprises refer to economic units that are established by joint investment by two or more corporate enterprises or institutions of the same or different types of ownership on voluntary, equal and mutual-beneficial basis. They include:

a) State-owned joint-operation enterprises (joint operation between State-owned enterprises);

b) Collective joint-operation enterprises (joint operation between collective enterprises; and

c) State-collective joint-operation enterprises (joint operation between state and collective enterprises).

Limited Liability Corporations refer to economic units registered in accordance with the Regulation of the People's Republic of China on the Management of Registration of Corporations, with capital from 2 to 49 investors, each investor bears limited liability to the corporation depending on his/her holding of shares, and the corporation bears liability to its debt to the maximum of its total assets.

Limited liability corporations include state sole funded corporations and other limited liability corporations.

Share-holding Corporations Ltd. refer to economic units registered in accordance with the Regulation of the People's Republic of China on the Management of Registration of Corporate Enterprises, with total registered capital divided into equal shares and raised through issuing stocks. Each investor bears limited liability to the corporation depending on the holding of shares, and the corporation bears liability to its debt to the maximum of its total assets.

Private Enterprises refer to economic units invested or controlled (by holding the majority of the shares) by natural persons who hire labours for profit-making activities. Included in this category are private limited liability corporations, private share-holding corporations Ltd., private partnership enterprises and private sole investment enterprises registered in accordance with the Corporation Law, Partnership Enterprise Law and Tentative Regulation on Private Enterprises.

Enterprises with Funds from Hong Kong, Macao and Taiwan refers to all industrial enterprises registered as the joint-venture, cooperative, sole (exclusive) investment industrial enterprises and limited liability corporations with funds from Hong Kong, Macao and Taiwan.

Foreign Funded Enterprises refer to all industrial enterprises registered as the joint-venture, cooperative, sole (exclusive) investment industrial enterprises and limited liability corporations with foreign funds.

Value-added of Industry refers to the final results of industrial production of industrial enterprises in money terms during the reference period.

Industrial value-added can be calculated by two approaches: the production approach, i.e. gross industrial output value minus intermediate input plus value-added tax, and the income approach, i.e. income for various factors used in the course of production, including depreciation of fixed assets, remuneration of labourers, net of production tax, and operating surplus. Value-added of industry in the Yearbook is calculated by the production approach as follows:

Value-added of industry = gross industrial output - industrial intermediate input + value-added tax

(1) Gross industrial output: refers to the total achievements of industrial production activities during a given period. Gross industrial output includes value of finished products, income from external processing, and value of change in semi-finished products between the end and the beginning of the reference period. Since 1995, the gross industrial output value obtained by the new method is used in the calculation.

(2) Industrial intermediate input: refers to purchased goods and paid services consumed during the industrial production of enterprises. Fees paid for services include fees paid for the services provided by material production sectors (industry, agriculture, wholesale and retail trade, construction, transport, post and telecommunications) and by non-material production sectors (insurance, banking, culture, education, scientific research, health and medical care, public administration, etc.). The determination of industrial intermediate input follows the principle that the goods and services must be purchased from outside and included in the gross industrial output, and that the goods and services are inputted into production and consumed (include low-value consumables) during the reference period.

Industrial intermediate input includes 5 components, namely direct consumption of materials, industrial intermediate input in manufacturing cost, industrial intermediate input in management cost, industrial intermediate input in marketing cost and expenditure on interest.

Total Assets refer to all economic resources, in monetary term, these are owned or controlled by enterprises, including properties, creditor's equity and other economic rights of all forms. Classified by the degree of liquidity, total assets include working capitals, long-term investment, fixed assets, intangible assets, deferred assets and other assets. Data on this indicator can be obtained by the year-end figures of total assets in the Assets and Liability Table of accounting records of enterprises.

Working Capital refers to capital that an enterprise can cash or use during one year or one production cycle that may exceed one year, including cash and savings deposits of various forms, short-term investment, money receivable and prepaid money, inventories, etc.

Annual Average Value of Working Capital refers to the average value of all working capital of the enterprise during the reference period.

Original Value of Fixed Assets refers to the total value, in monetary terms, that an enterprise spent on fixed assets, through construction, purchase, installation, transformation, expansion or technical upgrading. Generally, it covers cost of purchase, packing, transportation and installation, etc.

Annual Average of Net Value of Fixed Assets refers to the average of the net value of fixed assets during the reference period, calculated with the following formula:

$$\text{Annual Average of Net Value of Fixed Assets} = \frac{\text{sum of net value of fixed assets at the beginning and at the end of each month from January to December}}{24}$$

Information on this indicator can be obtained from the beginning and ending figures of the original value of fixed assets and cumulative depreciation from the Assets and Liability Table of enterprises.

Net value of fixed assets refers to the original value of fixed assets minus depreciation over the years, i.e.:

Net value of fixed assets = original value of fixed assets - cumulative depreciation

Total Liabilities refer to payable liabilities of

enterprises that have to be repaid in terms of money, assets or labour services. In terms of payment, it can be divided into liquid liabilities and long-term liabilities. Data on this item is obtained from the ending figures on total liabilities from the Assets and Liability Table from the enterprises.

Owner's Equity refers to the ownership of net assets of enterprise by its investors. Net assets equal total assets minus total liabilities of the enterprise, including the actual assets invested into the enterprise by investors, accumulation of capital and operating surplus and non-distributed profits. The enterprise's assets are less than its liabilities if the sum of owner's equity is smaller than zero.

Revenue from Principal Business refers to the annual accumulation of the corresponding item in the "profit table" of the accountant. For enterprises that do not follow the 2001 Enterprise Accounting Standards, the year-end accumulation of revenue from the sales of products is used as a substitute.

Cost of Principal Business refers to the annual accumulation of the corresponding item in the "profit table" of the accountant. For enterprises that do not follow the 2001 Enterprise Accounting Standards, the year-end accumulation of cost for the sales of products is used as a substitute.

Tax and Extra Charges from Principal Business refer to the annual accumulation of the corresponding item in the "profit table" of the accountant. For enterprises that do not follow the 2001 Enterprise Accounting Standards, the year-end accumulation of tax and extra charges from the sales of products is used as a substitute.

Total Profits refer to the final achievement of production and operation activities of the enterprises, represented by total profits after deducting losses (loss is expressed by the negative figure). It is the sum of profits from operation, income from subsidies, investment earnings, net income from activities other than operation, and adjustment of profits and losses of previous years.

Value-added Tax Payable in the Current Year refers to the amount of the value-added tax which should be paid by the enterprises during the reference period. It is the sum of tax on sales, export rebate, and transferred tax on purchases of the current year, minus the tax on purchases of the current year. Value-added tax payable of small-size enterprises is determined by the taxable sales of the year multiplied by the tax rate.

Average Annual Number of Employed Persons Employed persons refer to all those who are employed in enterprises and receive remunerations there from, including currently working employees, retirees who are re-employed, teachers of local-run schools, as well as foreigners, staff from Hong Kong, Macao and Taiwan, part-time employees and persons with second job who are employed by the enterprise, and employees of other units temporarily working in the enterprises, but excluding former employees who left the enterprise with their employment records still being kept by the enterprises.

Average number of employed persons refers to the number of employee everyday during the reference period, calculated with the following formula:

$$\text{Monthly average number} = \frac{\text{sum of actual employees everyday in reference month}}{\text{number of calendar dates in reference month}}$$

$$\text{Quarterly average number} = \frac{\text{sum of monthly average number in reference quarter}}{3}$$

$$\text{Annual average number} = \frac{\text{sum of monthly average number in reference year}}{12}$$

Ratio of Profits, Taxes and Interests to Average Assets reflects the profit-making capability of all assets of the enterprise and is a key indicator manifesting the performance and management and evaluating the profit-making potential of the enterprise. It is calculated as follows:

$$\text{Ratio of Profits, Taxes and Interests to Average Assets (\%)} = \frac{\text{total profits + total taxes + interest payment}}{\text{average assets}} \times 100\%$$

In the above formula, total taxes is the sum of tax and extra charges on the sales of products and value-added tax payable; and average assets is the arithmetic mean of the sum of beginning assets and ending assets.

Ratio of Debts to Assets reflects both the operation risk and the capability of the enterprise in making use of the capital from the creditors. It is calculated as follows:

$$\text{Ratio of Debts to Assets (\%)} = \frac{\text{total debts}}{\text{total assets}} \times 100\%$$

Both assets and debts are figures at the end of the reference period.

Turnover of Working Capital refers to the number of times of turnover of working capital in a given period of time, which reflects the speed of the turnover of working capital of industrial enterprises, and is calculated as follows:

$$\text{Turnover of Working Capital} = \frac{\text{sales revenue of products}}{\text{average balance of total working capital}}$$

In the above formula, average balance of total working capital refers to the arithmetic mean of the sum of working capital at the beginning and at the end of the reference period.

Ratio of Profits to Total Industrial Costs refers to the ratio of profits realized in a given period to the total costs in the same period, which reflects the economic efficiency of input cost and is calculated as follows:

$$\text{Ratio of Profits to Total Industrial Cost (\%)} = \frac{\text{total profits}}{\text{total costs}} \times 100\%$$

Total costs in the above formula are the sum of cost of products sold, marketing cost, management cost and financial cost.

Sales Ratio of Products is an indicator reflecting the actual sale of industrial products, analyzing the production-selling and supply-demand relations. It is calculated as:

$$\text{Sales Ratio of Products (\%)} = \frac{\text{value of industrial sales}}{\text{gross industrial output value (current prices)}} \times 100\%$$

12 建筑业

Construction

资料整理人员：孙　靖

12-1 建筑企业概况
General Survey of Construction Enterprises

单位：亿元 (100 millions yuan)

年份 Year	建筑业企业单位数(个) Number of Construction Enterprises (unit)	总产值 Gross Output Value of Construction	企业总收入 Total Income of Enterprises	利税总额合计 Total pre-tax Profits	利润总额合计 Total Profits
1980	3427	7.97			
1981	2771				
1982	2610				
1983	2822				
1984	3677				
1985	4248	16.48			0.95
1986	4013	20.33			0.92
1987	4083	23.23			0.73
1988	4015	29.95			0.86
1989	3887	32.39			0.48
1990	3713	33.47		1.31	0.26
1991	3718	40.55		1.39	0.53
1992	3967	55.04		2.47	0.92
1993	4759	81.77		3.40	1.04
1994	5262	115.35		4.35	0.94
1995	5169	148.80		5.73	1.05
1996	1656	278.38	248.05	11.96	3.54
1997	1748	296.50	261.67	12.23	2.97
1998	1840	327.32	288.72	11.58	1.95
1999	1812	333.90	303.46	12.10	1.72
2000	1812	354.29	316.13	15.29	4.39
2001	1628	489.79	464.73	25.52	8.64
2002	1442	595.77	552.65	31.89	11.10
2003	1593	818.84	769.26	45.25	15.61
2004	1940	1027.89	966.60	60.95	25.47
2005	1842	1219.35	1136.14	73.14	28.75
2006	1861	1462.88	1370.91	91.51	37.66
2007	1893	1828.81	1720.40	122.05	54.56
2008	1992	2115.44	1994.97	202.77	112.11
2009	1948	2507.40	2333.97	180.28	84.59
2010	2005	3161.73	3010.77	228.87	105.02
2011	2021	3915.01	3600.93	267.00	124.67
2012	2021	4407.92	4102.19	307.30	149.59
2013	2094	5283.84	4947.39	392.54	190.34
2014	2108	6020.97	5699.61	429.37	208.31

12-1 续表 1 continued

指标	Item	2000	2005	2013	2014
总产值 (万元)	**Gross Output Value of Construction (10 000 yuan)**	**3542866**	**7038249**	**52838426**	**60209689**
#国有企业	#State owned Enterprises	1581149	3921291	4654557	5009744
集体企业	Collective owned Enterprises	1509253	1205659	1925347	2099760
股份合作企业	Cooperative Enterprises	49773	181192	42531	45238
联营企业	Joint Ownership Enterprises	20538	41079	29478	37552
有限责任公司	Limited Liability Corporations	152616	4153066	31446858	35755969
股份有限公司	Share-holding Corporations Ltd.	174020	1482199	4469349	4987921
私营企业	Private Enterprises	41503	1126488	9693973	11603783
其他企业	Others Enterprises	566	26731	186889	241028
港澳台商投资企业	Funded by Entrepreneurs from Hong kong,Macao and Taiwan	13448	50268	199591	216349
外商投资企业	Enterprises with Foreign Investment		5521	189868	212345
增加值 (万元)	**Value Aded of construction (10 000 yuan)**				
#本年内提取的固定资产折旧	#Depreciation of Fixed Assets Of the Year	77163	152898	331517	394821
应付工资	Wages Payable	490810	1397471	8134325	7741313
应付福利费	Welfare Expenses Payable	42946	156508		
劳动、失业保险费	Labor and Unemployment Insurance	28358	42335		
主营业务税金及附加	Taxes and Extra Charges on Main Business	101064	418054	1921690	2131884
主营业务利润	Profits of Main Business	250524	768291		
管理费用中的税金	Taxes in Management Enpenses	8007	25851	100276	78744
实收资本 (万元)	**Capital Stock (10 000 yuan)**	**1004829**	**2632824**	**6498345**	**7574058**
#国有企业	#State owned Enterprises	337826	606232	529702	768927
集体企业	Collective owned Enterprises	488259	333322	277847	285827
股份合作企业	Cooperative Enterprises	17883	50362	8340	7113
联营企业	Joint Ownership Enterprises	5754	9328	12253	13865
有限责任公司	Limited Liability Corporations	48338	981955	3538791	3945549
股份有限公司	Share-holding Corporations Ltd.	69068	295457	530814	598683
私营企业	Private Enterprises	30891	314627	1540059	1900901

注：1995年至2001年，建筑施工企业为资质等级四级及以上的建筑施工企业。从2002年起，建筑施工企业的统计范围为具有新资质等级的施工总承包和专业承包企业。下表同。

Construction enterprises refer to the fourth and higher grade construction enterprises between 1995 and 2001. The Statistical Coverage of Construction Enterprises Just Included the New Grade Construction Enterprises of Overall Contract and Special Contract Since 2002. The Same as in the following table.

12-1 续表 2 continued

指标	Item	2000	2005	2013	2014
其他企业	Others Enterprises	100	9888	16512	21968
港澳台商投资企业	Funded by Entrepreneurs from Hong kong,Macao and Taiwan	6710	25455	21407	8407
外商投资企业	Enterprises with Foreign Investment		6199	22620	22820
资产合计 (万元)	**Total Assets (10 000 yuan)**	**3552544**	**8248407**	**29886124**	**34536098**
#流动资产	#Circulating Funds	2311307	5436223	22185319	26200314
#固定资产	# Fixed Assets	1032597	2240289	3983248	4158762
#国有企业	#State owned Enterprises	1807419	2820769	3653704	4047298
集体企业	Collective owned Enterprises	1301816	849100	844442	862144
服份合作企业	Cooperative Enterprises	43725	102864	15019	12864
联营企业	Joint Ownership Enterprises	11063	20091	44185	52691
有限责任公司	Limited Liability Corporations	138182	2903212	18173317	20983348
股份有限公司	Share-holding Corporations Ltd.	182134	732830	1966019	2226974
私营企业	Private Enterprises	58761	733761	4848804	6064188
其他企业	Others Enterprises	155	26624	73014	40496
港澳台商投资企业	Funded by Entrepreneurs from HongKong,Macao and Taiwan	9287	49724	103509	74144
外商投资企业	Enterprises with Foreign Investment		9432	164111	171952
负债合计 (万元)	**Total Liabilities (10 000 yuan)**	**2287791**	**4746545**	**18016322**	**20647465**
#流动负债	#Liquid Liabilities	2064425	4306361	15836132	18357791
长期负债	Long-term Liabilities	223366	440184		
#国有企业	#State owned Enterprises	1355446	2056273	2686003	2869390
集体企业	Collective owned Enterprises	697271	420938	411323	401448
股份合作企业	Cooperative Enterprises	21781	42609	3517	3573
联营企业	Joint Ownership Enterprises	4977	8378	22166	19566
有限责任公司	Limited Liability Corporations	82412	1561285	11724880	13498945
股份有限公司	Share-holding Corporations Ltd.	103449	310212	820490	967803
私营企业	Private Enterprises	19869	307809	2173837	2734821
其他企业	Others Enterprises	50	14898	20817	13622
港澳台商投资企业	Funded by Entrepreneurs from HongKong,Macao and Taiwan	2535	22035	60667	49974
外商投资企业	Enterprises with Foreign Investment		2109	92622	88324
所有者权益 (万元)	**Creditors' Equity (10 000 yuan)**	**1264753**	**3501862**	**11869802**	**13888633**
#国有企业	#State owned Enterprises	451973	764496	967701	1177908
集体企业	Collective owned Enterprises	604545	428162	433119	460696
股份合作企业	Cooperative Enterprises	21945	60255	11502	9292
联营企业	Joint Ownership Enterprises	6086	11714	22018	33125
有限责任公司	Limited Liability Corporations	55770	1341927	6448437	7484403
股份有限公司	Share-holding Corporations Ltd.	78685	422619	1145529	1259171
私营企业	Private Enterprises	38893	425952	2674967	3329367
其他企业	Others Enterprises	105	11726	52197	26874
港澳台商投资企业	Funded by Entrepreneurs from HongKong,Macao and Taiwan	6752	27688	42842	24170
外商投资企业	Enterprises with Foreign Investment		7324	71490	83628
企业总收入 (万元)	**Total Income of Enterprises (10 000 yuan)**	**3161339**	**10030720**	**49473891**	**56996087**
#主营业务收入	#Revenue of Main Business	3049291	11256051	49202484	56383051
主营业务成本	Costs of Main Business	2697703	10007778	42938490	49696429

12-1 续表 3 continued

指标	Item	2000	2005	2013	2014
#国有企业	#State owned Enterprises	1476206	3625633	4333766	5215909
集体企业	Collective owned Enterprises	1281118	1111298	1736682	1908074
股份合作企业	Cooperative Enterprises	47570	158917	40778	36321
联营企业	Joint Ownership Enterprises	17549	41058	27311	59074
有限责任公司	Limited Liability Corporations	133184	3852669	29395084	33714227
股份有限公司	Share-holding Corporations Ltd.	152984	1408839	4304911	4637080
私营企业	Private Enterprises	38906	1084552	9056700	10937182
其他企业	Others Enterprises	374	26830	165449	81460
港澳台商投资企业	Funded by Entrepreneurs from Hong Kong, Macao and Taiwan	13448	42076	223149	206813
外商投资企业	Enterprises with Foreign Investment		9519	190062	199948
利税总额合计　（万元）	**Total pre-tax Profits (10 000 yuan)**	**152949**	**731434**	**3925350**	**4293741**
#利润总额	#Total Profits	43878	287529	1903384	2083113
主营业务税金及附加	Taxes and Extra Charges on Main Business	101064	418054	1921690	2131884
管理费用中的税金	Taxes in Management Enpenses	8007	25851	100276	78744
产值利税率(%)	Ratio of Pretax Profits to Output Value(%)	4.3	6.0	7.4	7.1
资产利税率(%)	Ratio of tax Profits to Assets(%)	4.7	8.9	13.1	12.4
#国有企业	#State owned Enterprises	42940	177012	259031	266870
集体企业	Collective owned Enterprises	82842	78805	153427	162177
股份合作企业	Cooperative Enterprises	3077	11651	2796	3365
联营企业	Joint Ownership Enterprises	1146	4510	1989	5568
有限责任公司	Limited Liability Corporations	7781	255796	2157304	2353366
股份有限公司	Share-holding Corporations Ltd.	11236	105167	405735	414827
私营企业	Private Enterprises	2585	93409	888662	1037373
其他企业	Others Enterprises	14	1672	14374	4705
港澳台商投资企业	Funded by Entrepreneurs from Hong kong,Macao and Taiwan	1344	1677	12669	10092
外商投资企业	Enterprises with Foreign Investment		1735	29362	35398
利润总额合计　（万元）	**Total Profits (10 000 yuan)**	**43878**	**287529**	**1903384**	**2083113**
#国有企业	#State owned Enterprises	2640	45301	107532	89601
集体企业	Collective owned Enterprises	29367	28092	64218	65363
股份合作企业	Cooperative Enterprises	1437	5233	1066	1521
联营企业	Joint Ownership Enterprises	444	2803	609	3513
有限责任公司	Limited Liability Corporations	2627	104793	1001535	1112453
股份有限公司	Share-holding Corporations Ltd.	5540	52152	205823	209914
私营企业	Private Enterprises	1024	46780	488428	568598
其他企业	Others Enterprises		803	8081	2929
港澳台商投资企业	Funded by Entrepreneurs from Hong kong,Macao and Taiwan	799	175	3941	2088
外商投资企业	Enterprises with Foreign Investment		1398	22151	27134

12-2 建筑施工企业个数和平均人数

Number of Construction Enterprises and Its Average Annual Staff and Workers

年 份	Year	总 计 Total	国有经济 State-owned	集体经济 Collective-owned	其他经济 Others owned
施工企业个数(个)	Number of Enterprises (unit)				
2000		1812	313	1241	258
2001		1628	305	829	494
2002		1442	262	532	648
2003		1593	257	470	866
2004		1940	274	414	1252
2005		1842	229	364	1249
2006		1861	233	350	1278
2007		1893	239	329	1325
2008		1992	253	272	1467
2009		1948	233	221	1495
2010		2005	254	264	1487
2011		2021	247	248	1526
2012		2021	228	233	1560
2013		2094	322	191	1581
2014		2108	316	184	1608
建筑业从业人员(万人)	Staff and Workers (10 000 persons)				
1995		61.33	22.29	38.52	0.16
2000		76.30	22.66	41.98	11.66
2001		96.73	25.01	38.86	32.86
2002		92.72	21.56	28.70	42.46
2003		111.95	28.67	27.53	55.75
2004		115.53	25.59	20.90	69.04
2005		118.61	35.15	18.41	65.05
2006		125.97	28.90	17.14	79.93
2007		131.62	29.12	15.90	86.60
2008		137.90	27.85	12.78	97.27
2009		144.97	31.07	9.99	103.91
2010		150.41	32.48	12.41	105.51
2011		155.44	35.53	11.97	107.94
2012		118.82	16.79	10.30	91.73
2013		197.46	65.70	79.55	122.21
2014		211.55	70.26	9.48	131.81

12-3 建筑施工企业主要效益指标(2014年)

Major Benefit Indicators of Construction Enterprises (2014)

指 标	Item	总 计 Total	国有经济 State-owned	集体经济 Collective-owned	其他经济 Other owned
年末固定资产原值(万元)	Original Value Fixed Assets at the Yearend (10 000 yuan)	5689428	2366953	221236	3101239
年末固定资产净值(万元)	Net Value of Fixed Assets at the Yearend (10 000 yuan)	3393650	1271554	150384	1971713
流动资产年末合计(万元)	Circulating Funds at the Yearend (10 000 yuan)	26200314	12238475	585499	13376339
利润总额 (万元)	Total Profits (10 000 yuan)	2083113	561359	65363	1456392
利税总额 (万元)	Total Pre-tax Profits (10 000 yuan)	4293741	1256388	162177	2875176
资金利润率 (元 / 百元)	Ratio of Fund to Profits (yuan/100 yuan)	6.5	3.8	8.1	8.8
产值利润率 (%)	Ratio of Profit to Gross Output Value (%)	3.5	2.3	3.1	4.3
产值利税率 (%)	Ratio of Pre-tax Profit to Output Value (%)	7.1	5.2	7.7	8.4
年底自有机械设备 (台)	Machinery and Equipment Owned at the Year-end	605704			
年底自有机械设备净值 (万元)	Net Value of Machinery and Equipment Owned at the Year-end (10 000 yuan)	2067510			
期末技术装备率(元/人)	Value of Machines Per Laborer (yuan/person)	9773			
期末动力装备率(kw/人)	Power of Machines per Laborer (kw/person)	6.2			
按施工产值计算的劳动生产率 (元/人年)	Overall Labor Productivity in Terms of Total Output Value (yuan /person-year)	284618	342314	221468	258404
人均竣工面积 (平方米/人)	Floor Space of Buildings Completed per Laborer (sq.m/person)	78.4	50.8	122.6	89.9

注：本表不包括建筑业活动单位。2013年开始，国有经济企业指国有及国有控股企业（下同）。

This table does not indude the constuction sector. Beginning in 2013,state-owned economic enterprises reper to state-owned and state holding enterprises (the same below)

12-4 国有建筑企业主要经济指标

Major Economic Indicators on State – owned Construction Enterprises

指　标	Item	2000	2005	2013	2014
国有建筑施工企业	**State-owned**				
施工产值 （亿元）	Output Value of Projects (100 million yuan)	158.11	392.13	2165.64	2405.16
全员劳动生产率（元/人）	Overall Labor Productivity (yuan/person)	69792	155116	329628	342313
计算劳动生产率的平均人数 （万人）	Average Number of Staff and Workers by Calculating Labor Productivity (10 000 person)	22.66	25.28	65.70	70.26
房屋建筑施工面积（万平方米）	Floor Space of Buildings Under Construction (10 000 sq.m)	1287.31	3155.37	15943.34	18252.67
房屋建筑竣工面积（万平方米）	Floor Space of Buildings Completed (10 000 sq.m)	580.12	1187.33	3831.35	3567.12
#住宅	#Residential Buildings		501.48	2783.02	2489.48
地方国有建筑施工企业	**Local State-owned**				
施工产值 (亿元)	Output Value of Projects (100 million yuan)	92.10	219.64	1144.47	1253.90
全员劳动生产率 (元/人)	Overall Labor Productivity (yuan/person)	59094	127726	317672	304549
计算劳动生产率的平均人数 (万人)	Average Number of Staff and Workers by Calculating Labor Productivity (10 000 person)	15.59	17.19	36.03	41.17
房屋建筑施工面积（万平方米）	Floor Space of Buildings Under Construction (10 000 sq.m)	1036.99	2141.96	8276.14	8993.40
房屋建筑竣工面积（万平方米）	Floor Space of Buildings Completed (10 000 sq.m)	481.60	905.03	2209.47	2224.11
#住宅	#Residential Buildings		419.06	1542.30	1498.94

注：本表国有建筑企业为国有及国有控股企业。State owned construction enterprises in this table is the state owned and state holding enterprises.

12-5 房屋建筑面积

Floor Space of Building Construction

单位:万平方米 (10 000 sq.m)

年份 Year	房屋建筑面积 Floor Space of Building Construction		国有经济 State-owned		集体经济 Collective-owned	
	施工面积 Floor Space Under Construction	竣工面积 Floor Space Completed	施工面积 Floor Space Under Construction	竣工面积 Floor Space Completed	施工面积 Floor Space Under Construction	竣工面积 Floor Space Completed
1990	1159.10	558.70	572.40	233.50	586.70	325.20
1991	1282.70	653.20	577.20	269.50	705.50	383.70
1992	1554.00	711.30	699.40	279.80	854.60	431.50
1993	1869.50	802.20	867.90	334.60	1001.60	467.60
1994	2081.50	868.30	1011.10	378.40	1068.40	489.30
1995	4507.41	2313.70	1094.50	361.20	3223.05	1835.33
1996	4662.00	2393.05	1285.16	467.04	3333.59	1898.28
1997	4719.57	2279.89	1236.68	465.95	3444.90	1783.44
1998	5067.56	2382.33	1397.64	530.70	3373.22	1701.44
1999	5180.91	2681.81	1333.55	561.10	3417.60	1900.54
2000	5087.93	2603.08	1287.31	580.12	3017.81	1634.32
2001	6259.27	3204.60	1459.86	575.96	2734.12	1548.82
2002	7167.52	3665.71	1492.90	557.76	2342.29	1375.27
2003	10051.97	4969.67	2403.74	872.54	2667.99	1487.17
2004	12522.96	6250.66	2688.46	1105.49	2283.17	1342.06
2005	13774.87	6846.04	3155.37	1187.33	2310.26	1221.36
2006	15893.25	7451.71	4029.50	1203.42	2184.87	1280.53
2007	18796.15	8202.43	5031.99	1298.72	1885.13	1133.24
2008	21463.02	9077.52	4271.08	1240.98	1883.08	1038.20
2009	22442.34	9809.63	4014.66	1417.89	1617.52	889.23
2010	27680.25	10573.45	6158.88	1433.76	1920.30	1041.96
2011	32795.65	11777.74	10211.94	1870.29	2117.59	1100.78
2012	36412.18	13398.75	4175.97	1199.63	2292.37	1195.18
2013	43528.16	15890.95	15943.34	3831.35	2239.85	1142.34
2014	47433.19	16583.00	18252.67	3567.12	2356.22	1162.44

12-6 国有、集体建筑企业生产指标(2014年)
Production Indicators of State – owned and Collective – owned Construction Enterprises (2014)

指标	Item	总计 Total	国有经济 State-owned Economic	中央 Central	地方 Local	集体经济 Collective Owned Economic
企业个数 （个）	**Number of Enterprises (unit)**	**2108**	**316**	143	**173**	**184**
建筑业总产值 （万元）	**Gross Output Value of Construction (10 000 yuan)**	**60209689**	**24051628**	**11512647**	**12538981**	**2099760**
#建筑工程	#Construction projects	51109230	20777715	10127339	10650376	1828850
安装工程	Installation projects	4261619	1840214	739629	1100585	196999
其他	Others	4838840	1433699	645678	788021	73912
竣工产值 （万元）	**Output Value Completed (10 000 yuan)**	36939250	11993573	5297572	6696001	1495020
房屋建筑施工面积 （万平方米）	**Floor Space of Buildings Under Construction (10 000 sq.m)**	**47433.19**	**18252.67**	**9259.26**	**8993.40**	**2356.22**
#本年新开工面积	#Floor Space of Buildings Started in Current Year	20123.35	6024.21	2888.35	3135.86	1436.44
#投标承包的面积	#Floor Space of Bidding Buildings	41128.19	17412.67	9255.90	8156.77	1799.86
#本年新开工	#Started in Current Year	17069.91	5774.10	2885.51	2888.58	1207.27
房屋建筑竣工面积 （万平方米）	**Floor Space of Buildings Completed (10 000 sq.m)**	**16583.00**	**3567.12**	**1343.01**	**2224.11**	**1162.44**
自有机械设备年末总台数 （台）	**Number of Machinery and Equipment Owend at the Year-end (unit)**	**605704**				
自有机械设备年末总功率 （万千瓦）	**Power of Machinery and Equipment Owned at the Yearend (10 000 kw)**	**1319.95**				
自有机械设备净值 （万元）	**Net Value of Machinery and Equipment Owned (10 000 yuan)**	**2067510**				
计算建筑业劳动生产率的平均人数 （万人）	**Average of Staff and Workers by Calculating Construction Labor Productivity (10 000 persons)**	**211.55**	**70.26**	**29.09**	**41.17**	**9.48**

12-7 建筑业企业分行业生产指标(2014年)
Production Indicators of Construction Enterprises by Sector (2014)

指标	Item	房屋建筑业 Building Construction	房屋工程建筑业 Building Engineering Construction	土木工程建筑业 Construction of Civil Engineering
企业个数 （个）	**Number of Enterprises (unit)**	**1200**	**1200**	**463**
建筑业总产值 （万元）	**Gross Output Value of Construction (10 000 yuan)**	**42689107**	**42689107**	**14045204**
#建筑工程	#Construction Projects	38428858	38428858	11100345
安装工程	Installation Projects	1173261	1173261	1599336
其他	Others	3086988	3086988	1345523
竣工产值 （万元）	**Output Value Completed (10000 yuan)**	**27585726**	**27585726**	**7036639**
房屋建筑施工面积 （万平方米）	**Floor Space of Buildings Under Construction (10 000 sq.m)**	**45547251**	**45547251**	**1392047**
#本年新开工面积	#Floor Space of Buildings Started in Current Year	19290125	19290125	601335
#投标承包的面积	#Floor Space of Bidding Buildings	39585830	39585830	1174713
#本年新开工	#Started in Current Year	16417070	16417070	484009
房屋建筑竣工面积 （万平方米）	**Floor Space of Buildings Completed (10 000 sq.m)**	**15983855**	**15983855**	**457808**
自有机械设备年末总台数 （台）	**Total Number of Machinery and Equipment Owned at the Yearend (unit)**			
自有机械设备年末总功率 （万千瓦）	**Total Power of Machinery and Equipment Owned at the Yearend (10 000 kw)**			
自有机械设备净值 （万元）	**Net Value of Machinery and Equipment Owned (10 000 yuan)**			
计算建筑业劳动生产率的平均人数 （万人）	**Average of Staff and Workers by Calculating Construction Labor Productivity (10 000 persons)**	**155923**	**155923**	**43528**

12-7 续表1 continued

铁路公路隧道桥梁建筑业 Construction of Railways, Roads, Tunnels and Bridgeworks	水利和港口建筑业 Construction of Water Conservancy and Harbor Engineering	海洋工程建筑业 Construction of Ocean Engineering	工矿工程建筑业 Construction of Industry and Mining Projects	架线和管道工程建筑业 Construction of Wire Laying and Pipework	其他土木工程建筑业 Construction of Other Civil Engineering	建筑安装业 Architectural Installation	电气安装 Electrical Installation
226	**78**		**36**	**81**	**42**	**209**	**51**
9060985	**2076072**		**1379180**	**1211536**	**317431**	**2151945**	**447334**
7863164	1937839		702171	357174	239998	746862	72689
290416	79441		547386	673951	8140	1198836	240958
907405	58792		129623	180411	69293	206247	133687
4208336	**1105262**		**704029**	**822488**	**196526**	**1370953**	**170557**
689372	**153471**		**208583**	**260010**	**80.61**	**339289**	**2319**
271422	71642		68646	133861	55.76	170180	1662
612097	153088		139251	201407	68.87	293088	2154
207807	71035		36297	124389	44.48	137979	1662
234047	**53803**		**75527**	**46837**	**47.59**	**106630**	**165**
25685	**7347**		**4122**	**5029**	**1345**	**7011**	**1614**

12-7 续表2 continued

管道和设备安装 Piping and Equipment Installation	其他建筑安装业 Other Architectural Installation	建筑装饰和其他建筑业 Archi-tectural Decoration	建筑装饰业 Architectural Decoration Industry	工程准备 Engineering Preparation	提供施工设备服务 Service of Supplying Construction Equipment	其他未列明的建筑活动 Other Construction Activities N.E.C
43	**115**	**236**	**153**	**35**	**2**	**46**
933166	**771445**	**1323433**	**832116**	**173613**	**26989**	**290715**
214748	459426	833165	537528	161146	20401	114090
674550	283328	290186	202050	2214	6588	79335
43868	28692	200082	92538	10253		97291
688183	**512213**	**945933**	**617712**	**147488**	**650**	**180082**
213393	**123577**	**154607**	**13951**	**48677**	**45660**	**46319**
94318	74200	61714	10882	16520	28260	6051
195224	95710	74561	9902	43307		21351
80189	56128	30854	9902	16400		4551
51942	**54523**	**34703**	**12909**	**16576**		**5219**
2517	**2880**	**5083**	**3130**	**696**	**58**	**1199**

主要统计指标解释

建筑业统计单位 指从事房屋、构筑物建造和设备安装活动的法人企业。建筑业法人企业应具有建筑业资质并能够独立核算，同时其应具备以下条件：①依法成立，有自己的名称、组织机构和场所，能够承担民事责任；②独立拥有和使用资产，承担负债，有权与其他单位签订合同；③独立核算盈亏，能够编制资产负债表。

建筑业总产值 是以货币形式表现的建筑业企业在一定时期内生产的建筑业产品和提供的服务的总和。建筑业总产值包括：

⑴建筑工程产值：指列入建筑工程预算内的各种工程价值。

⑵安装工程产值：指设备安装工程价值，不包括被安装设备本身的价值。

⑶其他产值：建筑业总产值中除建筑工程、安装工程以外的产值。包括房屋构筑物修理产值、非标准设备制造产值、总包企业向分包企业收取的管理费以及不能明确划分的施工活动所完成的产值。

a.房屋构筑物修理产值：指房屋和构筑物修理所完成的产值，但不包括被修理房屋、构筑物本身价值和生产设备的修理价值。

b.非标准设备制造产值：指加工制造没有定型的非标准生产设备的加工费和原材料价值(如化工厂、炼油厂用的各种罐、槽，矿井生产统一使用的各种漏斗、三角槽、阀门等)以及附属加工厂为本企业承建工程制作的非标准设备的价值。

建筑业增加值 指建筑业企业在报告期内以货币形式表现的建筑业生产经营活动的最终成果。

从2004年第一次全国经济普查开始，建筑业现价增加值按生产法和分配法(收入法)两种方法计算，以收入法的计算结果为准，即从收入的角度出发，根据生产要素在生产过程中应得的收入份额计算。具体计算方法：经济普查年度建筑业增加值按照《经济普查年度GDP核算方案》计算，非经济普查年度建筑业增加值按照《非经济普查年度GDP核算方案》计算。

房屋建筑施工面积 指在报告期内施过工的全部房屋建筑面积，包括本期新开工的房屋面积、上期施工跨入本期继续施工的房屋面积、上期停缓建在本期恢复施工的房屋面积、本期竣工的房屋面积及本期施工后又停缓建的房屋面积。

房屋建筑竣工面积 指在报告期内房屋建筑按照设计要求全部完工，达到了使用条件，经验收鉴定合格，正式移交使用单位的房屋建筑面积。

Explanatory Notes on Main Statistical Indicators

Statistical Unit in the Construction Industry refers to a corporate enterprise engaged in the construction of buildings and structures and in the installation of equipment. A corporate construction enterprise should have qualification certificates with independent accounting system, and should meet the following 3 requirements: a) being set up in line with relevant legal basis, having its full name, organization and location, and capable of taking civil liabilities; b) independently possessing and using its assets and assuming its liabilities, and entitled to sign contracts with other institutions; and c) making independent accounts of its profits and losses, and capable of compiling its own balance sheet.

Gross Output Value of Construction refers to total of construction products and services, expressed in money terms, produced or rendered by construction and installation enterprises during a given period of time. It includes:

(1) Output value of construction projects: the value of projects covered by the project budgets;

(2) Output value of installation projects: the value of the installation of equipment, (excluding the value of the equipment to be installed);

(3) Other output values: the output value of construction industry apart from that of construction projects and installation projects. It includes: output value of repair of buildings and structures; output value of non-standard equipment manufacturing; overhead expenses received by contracted enterprises from the sub-contracted enterprises and the completed output value of construction activities for which there is no clear definition.

a. Output value of repair of buildings and structures: the value created through the repairs of buildings or structures. It does not include the value of buildings or structures being repaired and the value of the repair of production equipment;

b. Output value of manufactured non-standard equipment: the value of non-standard production equipment, including raw materials and manufacturing cost, made for the construction project (i.e., chemical plant; kettles or tanks used by refineries; various fillers, triangle tanks, valves used by mines). It also includes the output value of equipment manufactured by subsidiary workshops.

Value-added of Construction refers to the final result of the activities of production and operation of enterprises of the construction industry in monetary terms during the reference period.

Starting from the 2004 economic census, value-added of construction is calculated by both production approach and income approach, with the figures from the income approach as the final figures., Under the income approach,, calculation starts from the perspective of income and is based on the share of income derived from the production process by the relevant factors of production.. Specifically, value-added of construction for the Census years is calculated in accordance with the Programme of Compilation of GDP and National Accounts for the Year of Economic Census, and value-added of construction for other years is calculated in accordance with the Programme of Compilation of GDP and National Accounts for the Non Economic Census Years.

Floor Space of Buildings Under Construction refers to floor space of buildings under construction during the reference period, including the floor space of buildings for which construction has newly started; buildings for which construction has started earlier and is continuing during the reference period; and buildings for which construction has been suspended earlier but has restarted during the reference period; buildings completed during the reference period; and buildings under construction but construction has subsequently been during the reference period.

Floor Space of Buildings Completed refers to the floor space of buildings that are completed in the reference period in accordance with the requirements of the design, up to the standard for being put into use, and having been checked and accepted by departments concerned as qualified ones.

13 交通运输和邮电业

Transportation, Postal and Telecommunication Services

资料整理人员： 伍春阳

13-1 运输线路长度和民用汽车拥有量
Length of Transportation Routes and Number of Civil Vehicles Owned

年份 Year	铁路营业里程（公里）Length of Railways in Operation (km)	#复线里程 Double-Tracking	公路里程（公里）Length of Highways (km)	#高速公路 Expressway	内河航道（公里）Length of Navigable Inland Waterways (km)	民用汽车拥有量（万辆）Number of Civil Vehicles Owned (10 000 units)	#私人汽车 Private-Owned
1949	950		3142		10913		
1950	950		3420		10913	0.11	
1951	950		3631		10913	0.16	
1952	950		3790		10913	0.16	
1953	928		4231		10913	0.17	
1954	933		4352		10913	0.17	
1955	933		4469		10952	0.19	
1956	933		5430		11295	0.22	
1957	919		6437		11299	0.24	
1958	919		11282		14202	0.41	
1959	1007		15326		16607	0.57	
1960	1127		17223		17098	0.64	
1961	1193		17340		17098	0.62	
1962	1193		17340		17098	0.60	
1963	1193		18466		15768	0.66	
1964	1193		19487		16586	0.70	
1965	1416		20979		16586	0.78	
1966	1443		22726		16586	0.84	
1967	1464		23875		16586	0.93	
1968	1464		25148		16586	1.04	
1969	1464		27028		16586	1.16	
1970	1464		29437		16586	1.64	
1971	1538		32066		12099	1.77	
1972	1937		32824		10643	2.10	
1973	2053		35978		10828	2.60	
1974	2065		38331		11179	2.86	
1975	2065		46803		11147	3.34	
1976	2065		49943		11499	3.85	
1977	2065		55420		11558	4.39	
1978	2065		59541		10798	4.89	

13-1 续表 continued

年份 Year	铁路营业里程 (公里) Length of Railways in Operation (km)	#复线里程 Double-Tracking	公路里程 (公里) Length of Highways (km)	#高速公路 Expressway	内河航道(公里) Length of Navigable Inland Waterways (km)	民用汽车拥有量 (万辆) Number of Civil Vehicles Owned (10 000 units)	#私人汽车 Private-Owned
1979	1681		54678		10137	5.69	
1980	1653		54897		10137	6.52	
1981	1653		55155		10149	7.09	
1982	2236		55289		10154	7.85	
1983	2236		55483		10164	8.70	
1984	2299		55756		10164	9.24	
1985	2299		56002		9941	10.84	
1986	2299		56636		10005	12.89	
1987	2302		56930		10051	14.88	2.64
1988	2302		57090		10037	16.91	3.35
1989	2302		57209		10092	18.10	3.68
1990	2302		57460		10110	18.75	3.71
1991	2302		57693		10110	20.35	4.20
1992	2302		58110		10010	22.91	5.55
1993	2273		58421		10010	26.55	7.34
1994	2273		58803	44	10010	32.11	10.01
1995	2273		59125	44	10050	35.24	12.66
1996	2273		59554	100	10050	37.49	13.78
1997	2273	642	59761	101	10050	38.12	16.55
1998	2275	642	60077	172	10050	41.58	21.12
1999	2891	1033	60416	280	10065	42.73	22.94
2000	2924	1836	60848	449	10041	46.10	25.98
2001	2894	1282	66593	585	10041	50.43	27.95
2002	2829	1282	84808	1012	10041	57.67	30.72
2003	2771	1273	85233	1218	11968	65.08	36.01
2004	2774	1282	87875	1218	11968	71.78	41.60
2005	2802	1247	88200	1403	11968	82.76	52.13
2006	2806	1246	171848	1403	11968	94.64	61.35
2007	2799	1250	175415	1764	11398	121.72	85.36
2008	2795	1246	184568	2001	11398	142.67	101.89
2009	3693	1852	191405	2226	11968	200.07	138.28
2010	3695	1847	227998	2386	11968	243.72	179.57
2011	3693	1852	232190	2649	11968	290.58	222.93
2012	3825	1987	234051	3968	11968	340.18	271.33
2013	4028	2033	235396	5084	11968	397.75	327.24
2014	4532	2540	236250	5493	11968	443.42	393.26

注：2006年起，公路里程含村道。 From 2006, Length of Highways included Village Roads.

13-2 运输线路、铁路机车基本情况

Basic Statistics on Transportation Routes and Railway Locomotives

单位：公里 (km)

指标	Item	2000	2005	2013	2014
铁路营业里程	**Lengh of Railways in Operation**	**2924**	**2802**	**4028**	**4532**
复线里程	Double-Track	1836	1247	2033	2540
电气化线路里程	Lengh of Electrified Railway	672	1245	2534	3091
高速铁路里程				604	1102
公路线路里程	**Lengh of Highways**		**19228**	**235396**	**236250**
有铺装路面（高级）	Paved Highways		56975	157692	167759
未铺装路面（中低无）	Non-Paved Highway	33380	45801	72952	64396
等级公路	Expressway and Class Ⅰ to Ⅳ Highway	449	1403	206625	211279
高速	Expressway	239	530	5084	5493
一级	First Class	3761	5563	1073	1184
二级	Second Class	27468	42399	10702	11550
等外路	Highway Below Class Ⅳ	10041	11968	28771	24971
内河航道	**Lengh of Navigable Inland Waterway**	**164**	**168**	**11968**	**11968**
管道线路里程	**Lengh Of Petroleum And Gas Pipeline**			**1982**	**2044**
中央铁路	**Central Railway**				
内燃机车 （台）	Diesel Locomotives (unit)	**529**	**363**	**314**	**338**
电力机车 （辆）	Electric Locomotives (unit)	120	393	**567**	**641**
地方铁路 （窄轨）	**Local Railway Locomotives (narrow gauge)**				
客　车 （辆）	Passenger Coaches (unit)	**27**		**35**	**35**

注：公路线路里程2006年起包含村道。 The figure on the lengh of highways includes country road since 2006.

13-3 民用车辆拥有量(2014年)

Number of Civil Motor Vehicles (2014)

指标		Item		总计 Total	营业性 Business	非营业性 Non-Business	#个体 Individual	#新注册 New Registration
合计		**Total**		**9900485**	**1006066**	**8882720**	**9256419**	**1272845**
民用汽车	(辆)	Civil Motor Vehicles	(unit)	4434217	611457	3811061	3932640	766762
载客汽车	(辆)	Passenger Vehicles	(unit)	3656560	129691	3515170	3284163	668049
#大型		#Large		44279	35813	5750	1342	5991
中型		Medium		47918	23663	15578	12565	7140
轿车		Cars		2341095	64333	2276762	2160209	407424
载客量	(客位)	Passenger Vehicles Seats(seat)		22142266				
载货汽车	(辆)	Trucks Vehicles	(unit)	663950	406803	257147	551402	87653
#重型		#Heavy		124600	119329	5271	76420	20181
中型		Medium		72735	69075	3660	60389	5326
#普通载货		#Ordinary Trucks		250523	67301	183222	216315	34855
载重量	(吨位)	General Trucks	(ton)	2181934				
摩托车	(辆)	Motors	(unit)	5068724	59374	5009350	5060988	428520
拖拉机	(辆)	Tractors	(unit)	294807	233599	61208	212871	49237
挂车	(辆)	Truck Trailer	(unit)	22763	22324	439	7585	2642
其他类型车	(辆)	Other Motors Vehicles	(unit)	79974	79312	662	42335	25684

13-4 水路运输工具拥有量(2014年)

Number of Civil Transport Vessels(2014)

指标		Item		总计 Total	#个体 Individual	内河运输 Reiver Shipping	#个体 Individual
机动船	**(艘)**	**Motor Vessels**	**(unit)**	**7326**	**5631**	**7290**	**5631**
净载重量	(吨位)	Net Haulage Capacity	(ton)	3308829	1322233	3042726	1322233
载客量	(客位)	Passenger Capacity	(seat)	73339	60506	73339	60506
功率	(千瓦)	Power	(kw)	1268430	628624	1223514	628624
客船	(艘)	Passenger Ship	(unit)	2508	2149	2508	2149
载客量	(客位)	Passenger Capacity	(seat)	73339	60506	73339	60506
功率	(千瓦)	Power	(kw)	106298	82146	106298	82146
货船	(艘)	Cargoboat	(unit)	4770	3459	4734	3459
净载重量	(吨位)	Net Haulage Capacity	(ton)	3308511	1322072	3042408	1322072
功率	(千瓦)	Power	(kw)	1154852	543396	1109936	543396
货船中：油船	(艘)	Oil Tanker	(unit)	25	3	22	3
净载重量	(吨位)	Net Haulage Capacity	(ton)	25846	3988	17933	3988
功率	(千瓦)	Power	(kw)	10053	1168	6228	1168
拖船	(艘)	Drawing	(unit)	48	23	48	23
功率	(千瓦)	Power	(kw)	7280	3082	7280	3082
驳船	**(艘)**	**Barges**	**(unit)**	**36**	**9**	**36**	**9**
净载重量	(吨位)	Net Haulage Capacity	(ton)	47183	10750	47183	10750

13-5 公路客货运输量(2014年)

Passenger and Freight Traffic of Highway Transportation(2014)

指标	Item	合计 Total	个体 Individual
客运量 (万人)	**Passenger Traffic (10 000 persons)**	150582.92	44038.61
汽车	Motor Vehicles		
其他机动车	Other Motor Vehicles		
旅客周转量（亿人公里）	**Passenger Kilometers (100 million persons-km)**	776.48	199.85
汽车	Motor Vehicles		
其他机动车	Other Motor Vehicles		
货运量 (万吨)	**Freight Traffic (10 000 tons)**	172612.72	127762.47
汽车	Motor Vehicles		
其他机动车	Other Motor Vehicles		
轮胎式拖拉机	Tyre Tractors		
货物周转量 (亿吨公里)	**Total Freight Ton-kilometers (100 million ton-km)**	2578.90	1980.87
汽车	Motor Vehicles		
其他机动车	Other Motor Vehicles		
轮胎式拖拉机	Tyre Tractors		

注：2013年开始，公路水路客货运输数据，源自交通运输业经济统计专项调查，统计口径有所调整（下同）。

Beginning in 2013,highway and waterway freignt volume data,from traffic transportation economic statistics,special inrestigation,statistical adjustments（the same below）.

13-6 水路客货运输量(2014年)

Passenger and Freight Traffic of Waterway Transportation (2014)

指标	Item	合计 Total	# 个体 Individual	内河运输 Reiver Shipping	# 个体 Individual	远洋运输 Ocean Shipping
客运量 (万人)	**Passenger Traffic (10 000 persons)**	1448.80	944	1448.80	944	
旅客周转量 (亿人公里)	**Passenger Kilometersc (100 million persons-km)**	2.84	1.8	2.84	1.8	
货运量 (万吨)	**Freight Traffic (10 000 tons)**	25686.98	20758.99	25461.80	20758.99	225.18
货物周转量 (亿吨公里)	**Total Freight Ton-kilometers (100 million ton-km)**	709.94	333.9	505.76	333.9	204.18

13-7 旅客运量和旅客周转量
Passenger Traffic and Turnover Volume of Passenger Traffic

年份 Year	合计 Total	铁路 Railway	中央 Central	地方 Local	公路 Highway	水运 Waterway	民用航空 Civil Aviation
客运量(万人)	**Total Passenger Traffic (10 000 persons)**						
1990	54161	3474	3389	85	49112	1568	7
1991	54710	3514	3437	77	49566	1621	9
1992	52641	3638	3564	74	47366	1615	22
1993	55896	4022	3949	73	50252	1562	60
1994	64757	4176	4105	71	59028	1481	72
1995	71566	4135	4083	52	65971	1375	85
1996	76377	3892	3846	46	71087	1298	100
1997	79250	4488	4444	44	73233	1357	172
1998	79540	4497	4469	28	73681	1260	102
1999	87806	5022	5000	22	81675	1002	107
2000	87462	5233	5216	17	81005	1094	130
2001	92381	5202	5188	14	85971	1063	145
2002	98244	5173	5161	13	91653	1249	169
2003	96182	4850	4850		90353	793	186
2004	106333	5326	5326		99975	772	260
2005	116457	5423	5423		109728	702	304
2006	118621	5550	5550		112135	573	363
2007	123626	5891	5891		116780	525	430
2008	131442	6239	6239		124274	509	419
2009	141061	6407	6407		133359	747	548
2010	156871	7111	7111		148235	919	606
2011	171886	7915	7915		161980	1327	664
2012	184872	8429	8429		174386	1349	708
2013	197541	9067	9067		149016	1480	757
2014	162540	9639	9639		150583	1449	870
周转量(亿人公里)	**Total Passenger-kilometers (100 million passenger-km)**						
1990	339.86	162.32	162.17	0.15	172.73	4.25	0.56
1991	378.20	189.29	189.16	0.13	184.27	3.94	0.70
1992	435.19	228.39	228.24	0.15	200.09	4.87	1.84
1993	490.26	270.82	270.68	0.14	209.34	4.58	5.52
1994	539.02	291.44	291.29	0.15	237.00	3.90	6.68
1995	555.13	301.60	301.49	0.11	242.46	3.66	7.41
1996	538.29	262.99	262.89	0.10	263.48	3.45	8.37
1997	592.16	305.06	304.97	0.09	274.68	3.69	8.73
1998	610.53	319.67	319.61	0.06	279.69	3.49	7.68
1999	676.04	353.87	353.83	0.04	310.69	3.76	7.72
2000	724.06	394.00	393.96	0.04	318.37	3.55	8.14
2001	761.62	410.65	410.62	0.03	337.90	3.23	9.84
2002	827.55	428.84	428.81	0.03	384.91	3.20	10.60
2003	831.24	431.00	431.00		384.67	2.43	13.14
2004	972.57	500.38	500.38		449.73	2.35	25.87
2005	1046.27	531.71	531.71		480.57	1.94	32.05
2006	1114.86	562.48	562.48		512.24	1.42	38.72
2007	1224.57	626.14	626.14		548.12	1.19	49.12
2008	1260.17	645.98	645.98		565.64	0.82	47.73
2009	1289.93	625.44	625.44		601.11	1.01	62.37
2010	1464.96	707.18	707.18		683.58	1.69	72.51
2011	1636.15	775.01	775.01		778.04	2.74	80.36
2012	1713.94	769.62	769.62		853.96	2.63	87.73
2013	1856.51	830.75	830.75		721.93	2.85	97.96
2014	1762.41	873.49	873.49		776.48	2.84	109.6

13-8 货物运量和货物周转量

Freight Traffic and Turnover Volume of Freight Traffic

年份 Year	合计 Total	铁路 Railway	中央 Central	地方 Local	公路 Highway	水运 Waterway	民用航空 Civil Aviation
货运量(万吨)	**Total Freight Traffic (10 000 tons)**						
1990	37708	4771	4597	174	29679	3217	
1991	41219	4777	4614	163	33224	3177	
1992	42548	4906	4787	119	33788	3821	
1993	46074	4982	4886	96	37582	3441	1.00
1994	48448	4929	4841	88	39912	3536	1.00
1995	49885	5017	4904	113	41272	3531	1.00
1996	50454	4893	4830	63	42191	3301	1.00
1997	48980	4535	4495	40	41340	3034	2.00
1998	49147	4408	4360	48	41610	2990	1.00
1999	51183	4456	4424	32	43296	3178	1.00
2000	51228	4676	4628	48	42868	3406	2.00
2001	53035	4965	4913	52	44340	3572	2.00
2002	52156	4942	4905	37	42982	3760	2.00
2003	59952	5214	5214		51136	3600	2.00
2004	69680	5400	5400		60291	3986	3.00
2005	76876	5218	5218		67040	4615	3.00
2006	84998	5643	5643		72457	6894	3.74
2007	99501	5831	5831		85432	8234	3.77
2008	115810	5552	5552		98759	11495	3.80
2009	128582	5392	5392		111351	11834	4.62
2010	149168	5716	5716		127635	15811	6.09
2011	168152	5951	5951		144241	17954	6.11
2012	190712	5331	5331		166670	18705	5.80
2013	210659	4890	4890		156268	23097	6.07
2014	202800	4495	4495		172613	25687	6.25
周转量(亿吨公里)	**Total Freight Ton-kilometers (100 million ton-km)**						
1990	774.81	590.33	589.44	0.89	137.02	47.37	
1991	830.64	621.98	621.18	0.80	164.42	44.15	
1992	901.85	656.29	655.50	0.79	191.53	53.95	
1993	951.86	683.10	682.49	0.61	209.85	58.66	0.07
1994	1003.47	720.46	719.87	0.59	221.78	60.98	0.07
1995	1043.67	751.84	751.24	0.60	235.52	56.06	0.09
1996	1029.32	728.91	728.46	0.45	240.13	60.10	0.11
1997	998.72	690.80	690.47	0.33	244.86	62.78	0.12
1998	978.89	652.98	652.66	0.32	256.56	68.92	0.09
1999	967.68	624.14	623.89	0.25	272.71	70.08	0.11
2000	1074.50	632.12	631.94	0.18	297.79	143.76	0.11
2001	1132.18	674.39	674.25	0.14	316.03	141.22	0.14
2002	1223.09	730.86	730.76	0.10	355.96	135.48	0.16
2003	1361.12	782.60	782.60		455.45	121.74	0.24
2004	1574.21	896.49	896.49		513.45	162.21	0.32
2005	1661.97	930.29	930.29		538.57	190.32	0.38
2006	1781.11	951.66	951.66		592.37	236.66	0.42
2007	1981.63	1038.39	1038.39		682.69	260.10	0.45
2008	2340.11	971.47	971.47		1085.06	283.10	0.48
2009	2505.27	990.00	990.00		1259.65	255.03	0.59
2010	2904.98	1022.71	1022.71		1539.36	342.14	0.77
2011	3345.76	1046.16	1046.16		1878.57	420.26	0.77
2012	3953.62	998.13	998.13		2392.49	562.26	0.74
2013	4227.44	923.76	923.76		2329.54	552.45	0.81
2014	4122.58	832.92	832.92		2578.90	709.94	0.82

13-9 邮政业务基本情况

Basic Statistics of Postal Business

指标		Item		2013	2014
邮政局、所	**(处)**	**Number of Post Offices**	**(unit)**	**2094**	**2475**
#设在农村的局、所	(处)	#Rural Post Offices	(unit)	1518	1901
邮政局	(处)	Post Bureaus	(unit)	104	104
邮政支局	(处)	Branch of Post Bureaus	(unit)	1162	1132
自办邮政所	(处)	Post Places	(unit)	522	531
代办邮政所	(处)	Agency of Post Places	(unit)	306	708
邮路总长度	**(公里)**	**Length of Postal Routes**	**(km)**	**65954**	**65305**
农村投递路线总长度	**(公里)**	**Length of Rural Delivery Routes**	**(km)**	**216821**	**212110**
邮政业务总量		**Revenue of Postal Business**	**(100 million yuan)**	**60.27**	**81.21**
包裹业务合计		**Total of Parcels**	**(10 000 pieces)**	**209**	**236**
报刊业务		**Business of Newspaper and Magazine**			
报纸累计份数	(万份)	Total of Newspapers	(10 000 copies)	67980	66540
杂志累计份数	(万份)	Total of Magazines	(10 000 copies)	4963	4775
报纸期发份数	(万份)	Number of Newspapers in one period	(10 000 copies)	323	298
杂志期发份数	(万份)	Number of Magazines in one period	(10 000 copies)	204	215
报刊流转额	(万元)	Revenue of Newspaper and Magazine in Circulation	(10 000 yuan)	82471	88883
邮政储蓄业务		**Postal Deposits Business**			
邮政储蓄网点数	(个)	Number of Places	(unit)	2045	1885
邮政储蓄年末余额	(万元)	Balance at the year-end	(10 000 yuan)	15624973	19050358
邮政其他业务量	**(万元)**	**Revenue of Other Postal Business**	**(10 000 yuan)**	**13241**	**14757**

注：邮政业务总量2010年起，由2000年不变价调整为2010年不变价。
From 2010，the index of Revenue From Postal is adjusted from 2000’s constant price to 2010's constant price.

13-10 电信业务基本情况

Basic Statistics of Telecommunication

指标		Item		2013	2014
销售营业网点数（处）		**Number of Selling Places**	**(unit)**	**127591**	**120195**
自办营业网点数	（处）	Main Selling Places	(unit)	2157	1892
电信业务代办网点数	（处）	Agency of Telecommunication Places	(unit)	125434	118303
长途电信设备		**Equipment of Long Distance Telecommunication**			
长途自动电话交换机容量	（路端）	Autoexchange of Long Distance Telephone Capacity	(line)	411471	584727
长途光缆线路长度	（公里）	Length of Long Distance Optical Cables	(km)	38203	38778
长途业务电路	（路）	Long Distance lines	(line)	2018142	2617120
本地电话设备		**Equipment of Local Telephone**			
局用交换机容量	（万门）	Local Switch Boards Capacity	(10 000 lines)	869.83	669.40
移动通信主要设备		**Main Equipment of Mobile Communication**			
移动电话基站	（个）	Basic Station of Mobile Telephone	(unit)	90778	134506
#GSM	（个）	#GSM	(unit)	47958	74246
移动电话信道	（万个）	Mobile Telephone Channel	(10 000unit)	329.39	341.17
移动电话交换机容量	（万门）	Switch Boards Capacity of Mobile Telephone	(10 000line)	7090.90	7266.38
电信业务总量	**（亿元）**	**Revenue of Telecommunication Business**	**(100 million yuan)**	**493.02**	**663.79**
长途电话	（万分钟）	Long Distance Telephone	(10 000 times)	1025896.62	1097424.42
IP电话	（万分钟）	IP Telephone	(10 000 times)	110906.25	106244.18
移动电话年末用户	（万户）	Mobile Telephone User at the year-end	(10 000 households)	4569.97	4820.72
本地电话用户	（万户）	Local Telephone User	(10 000 households)	921.79	844.12
住宅电话用户	（万户）	Fixed Telephone User	(10 000 households)	600.81	540.96
公用电话用户	（万户）	Public Telephone User	(10 000 households)	80.08	77.79
互联网上网用户	（万户）	Internet User	(10 000 households)	718.12	744.92

注：电信业务总量2010年起，由2000年不变价调整为2010年不变价。

From 2010，the index of Revenue From Telecommunication is adjusted from 2000’s constant price to 2010's constant price.

13-11 邮电通信水平(2014年)

Development of Postal and Telecommunications Services(2014)

指 标		Item		2014
平均每一邮电局所服务面积	（平方公里）	Average Area Served by Every Post Office	(sq.km)	116.9
平均每一邮电局所服务人口	（万人）	Average People Served by Every Post Office	(10 000 persons)	3.6
平均每人每年发函件数	（件）	Annual Average Number of Letters Mailes Per Capita	(piece)	0.7
平均每百人每年订购报刊数	（份）	Annual Average Number of Newspaper and Magazine Subscribers Per 100 Persons	(copy)	10.6
设有邮电局、所的乡镇比重	（%）	Percentage of Townships with Post and Telecommunication Office	(%)	98.5
电话普及率(含移动)	（部/百人）	Popularization Rate of Telephone	(sets/100 persons)	84.1
进入长途电话自动网的县(市)比重	（%）	Percentage of Townships with Connected Autoexchange Net of Long Distance Call	(%)	100.0
已通电话的乡(镇)比重	(%)	Percentage of Townships with Telephone Communication	(%)	100.0

主要统计指标解释

铁路营业里程 又称营业长度(包括正式营业和临时营业里程)，指办理客货运输业务的铁路正线总长度。凡是全线或部分建成双线及以上的线路，以第一线的实际长度计算；复线、站线、段管线、岔线和特殊用途线以及不计算运费的联络线都不计算营业里程。该指标可以反映铁路运输业基础设施的发展水平，也是计算客货周转量、运输密度和机车车辆运用效率等指标的基础资料。

铁路电气化里程 指在全部铁路营业里程中已安装了供电线路及设备，可以供电力机车牵引列车运行的区段的总里程。

铁路自动、半自动闭塞里程 为保证列车安全运行，在一个区间、同一时间内，一般只允许一列列车运行，这种保证列车在这个区间安全间隔运行的技术方法称为"闭塞"。自动和半自动闭塞里程指装有列车自动或人工完成闭塞状态的铁路设备里程。

公路里程 指在一定时期内实际达到《公路工程[WTBZ]技术标准 JTJ01-88》规定的等级公路，并经公路主管部门正式验收交付使用的公路里程数。包括大中城市的郊区公路以及通过小城镇街道部分的公路里程和桥梁、渡口的长度，不包括大中城市的街道、厂矿、林区生产用道和农业生产用道的里程。两条或多条公路共同经由同一路段，只计算一次，不得重复计算里程长度。该指标可以反映公路建设的发展规模，也是计算运输网密度等指标的基础资料。

内河航道里程 也称内河通航里程，指在一定时期内，能通航运输船舶及排筏的天然河流、湖泊水库、运河及通航渠道的长度。包括全年季节性通航累计三个月以上的航道，不包括仅供零散流放竹、木排的河道。该指标可以反映内河水运网的规模、水平和发展情况。

民用航空航线里程 指统计期间内全部民用航空航线的航线总长度。航线长度指民用航空航线的计费距离。计算航线里程可按重复和不重复两种方法，前者是指各航线长度相加的总和；后者则要扣除各航线之间相同航段重复计算的部分。

输油(气)管道长度 也称输油(气)里程，指油品(或天然气)的实际输送距离，一般按输油(气)管道的单线长度计算。若包括复线和备用线长度则称为输油(气)管道延展长度，是指管道铺设的实际长度。我们通常使用的是不包括复线的"输油(气)管道里程"，该指标可以反映管道运输的发展规模和水平。

货(客)运量 指在一定时期内，各种运输工具实际运送的货物(旅客)数量。该指标是反映运输业为国民经济和人民生活服务的数量指标，也是制定和检查运输生产计划、研究运输发展规模和速度的重要指标。货运按吨计算，客运按人计算。货物不论运输距离长短、货物类别，均按实际重量统计。旅客不论行程远近或票价多少，均按一人一次客运量统计；半价票、小孩票也按一人统计。

货(客)运密度 指在一定时期内某种运输方式在营运线路的某一区段平均每公里线路通过的货物(旅客)运输周转量。计算公式为：

$$货(客)运密度=\frac{货物(旅客)周转量}{营业线路长度}$$

该指标可以反映交通运输线路上的货物(旅客)运输量运输繁忙程度，是平衡运输线路运输能力和通过能力，规划线路建设及改造、配备技术设备，研究运输网布局的重要依据。

货物(旅客)周转量 指在一定时期内，由各种运输工具运送的货物(旅客)数量与其相应运输距离的乘积之总和。该指标可以反映运输业生产的总成果，也是编制和检查运输生产计划，计算运输效率、劳动生产率以及核算运输单位成本的主要基础资料。计算货物周转量通常按发出站与到达站之间的最短距离，也就是计费距离计算。计算公式为：

货物（旅客）周转量=∑（货物（旅客）运输量×运输距离）

铁路货车平均静载重 指铁路货车在始发站静止状态下平均每车装载的货物重量，用以分析货车完成装车时车辆载重力的利用情况。计算公式为：

$$货车平均静载量=\frac{货物发送吨数}{装车数}$$

静载重的多少取决于运送货物的性质、种类、车辆的类型和装载技术的高低。根据货车的平均标记载重与静载重进行对比，可以反映货车载重能力的利用程度。计算公式为：

$$货车载重力利用率(\%)=\frac{货车平均静载重}{货车平均标记载重}\times100\%$$

铁路货运机车日产量 指在一定时期内，平均每台货运机车在一昼夜内所完成的总重吨公里数，包括载运货物的重量和车辆本身的自重。该指标从时间和牵引能力两方面反映了机车运用效率。计算公式为：

$$货运机车平均日产量=\frac{货运总重吨公里数}{货运机车台日数}$$

规模以上港口货物吞吐量 指经由水路进、出港区范围，并经过装卸的货物数量。按货物流向分为进港吞吐量和出港吞吐量，按货物贸易性质分为内贸和外贸吞吐量。按货物的类别分，可根据现行的交通行业标准《运输货物分类和代码》分类。沿海港口是指位于海沿岸，具有一定设施和条件，供船舶停靠、旅客上下、货物装卸、生活物料供应等作业的港口。

民用汽车拥有量 指报告期末，在公安交通管理部门按照《机动车注册登记工作规范》，已注册登记领有民用车辆牌照的全部汽车数量。汽车拥有量统计的主要分类：根据汽车结构分为载客汽车、载货汽车及其他汽车；根据汽车所有者不同分为个人(私人)汽车、单位汽车；根据汽车的使用性质分为营运汽车、非营运汽车；根据汽车大小规格不同载客汽车分为大型、中型、小型和微型，载货汽车分为重型、中型、轻型和微型。

邮电业务总量 指以货币形式表示的邮电企业为社会提供各类邮电服务的总数量，是用于观察邮电业务发展变化总趋势的综合性总量指标。分别按邮政业务总量和电信业务总量统计。邮电业务总量是以各类业务的实物量分别乘以相应的不变单价，得出各类业务的货币量再加总求得。

移动电话用户 指在电信运营企业营业网点办理开户登记手续，通过移动电话交换机进入移动电话网，占用移动电话号码的各类电话用户。包括 GSM 数字移动电话用户、CDMA 数字移动电话用户和电信运营企业发行的报告期末已激活充值的能异地漫游的各种智能卡用户。

互联网上网人数 指平均每周使用互联网至少 1 小时的 6 周岁以上中国公民人数。

固定电话用户 指在电信运营企业营业网点办理开户登记手续并已接入固定电话网上的全部电话用户。包括普通电话用户、公用电话用户、窄带综合业务数字网（N—ISDN）用户、智能网专用接入终端用户等。按行政区划分为城市电话用户和农村电话用户。

城市电话用户 指直辖市、省辖市、地级市、县级市的市区、市郊区及县城范围内接入局用交换机的电话用户。包括分布在农村地区县团级以上建制的独立工矿区、林区、驻军等电话用户。

农村电话用户 指县城关区以下的集镇和农村接入局用交换机的电话用户。

住宅电话用户 指安装在居民住宅或农民家里并按照住宅电话用户登记注册和收费的各类电话用户。包括私人付费、单位付费和按规定免费安装的住宅电话用户。

长途电话交换机容量 指用于接入长途电话网的电话交换机的设备额定容量,包括国际电话交换机容量。

局用交换机容量 指安装在电信运营企业内用于接续本地固定电话的电话交换机容量，有倍增设备按倍增后的数量计数。包括现用和备用的人工或自动交换机的全部容量。不包括用户交换机容量。

移动电话交换机容量 指移动电话交换机根据一定话务模型和交换机处理能力计算出来的最大同时服务用户的数量。

互联网宽带接入端口 指用于接入互联网用户的各类实际安装运行的接入端口的数量，包括 xDSL 用户接入端口、LAN 接入端口以及其他类型接入端口等，不包括窄带拨号接入端口。

Explanatory Notes on Main Statistical Indicators

Length of Railways in Operation refers to the total length of the trunk line for passenger and freight transportation (including both full operation and temporary operation). The calculation is based on the actual length of the first line if this line has a full or partial double (or more). Not included are double tracks, station sidings, tracks under the charge of stations, branch lines, special-purpose lines and non-payable connecting lines. The length of railways in operation is an important indicator to show the development of the infrastructure of railway transport. It is also essential data to calculate volume of passenger freight transport, traffic density and utilization efficiency of locomotives and carriages.

Length of Electrified Railways refers to the length of the section of railways in operation in which the power supply lines and other equipment are installed for the running of electrified locomotives. The proportion of the length of electrified railways to the total length of railways in operation is an important indicator to show the modernization of railways.

Length of Automatic-blocking and Semi-automatic-blocking Railways Blocking is a spacing technique by which a section of the railway only allows one train to pass at a time with the aim of ensuring traffic safety. Length of automatic-blocking and semi-automatic-blocking railways refers to length of railways installed with equipment to perform automatic or manual blocking of trains.

Length of Highways refers to the length of highways which are built in conformity with the grades specified by the highway engineering standard [Highways WTBZ-Technical Standard JTJ01-88] formulated by the Ministry of Transport, and have been formally checked and accepted by the departments of highways and put into use. The length of highways includes that of the suburb highways at large and medium-sized cities, highways passing through streets at small cities and towns, and also the length of bridges and ferry piers. It does not include the length of streets in big and medium-sized cities and highways built for the production purpose at factories, mines, forest areas and agricultural areas. If two or more highways go the same section of the way, the length of the section is only calculated for once and no duplication is allowed. The length of highways is an indicator to show the development of the scale of highway construction and to provide essential information to calculate the transport network density.

Length of Navigable Inland Waterways is an indicator reflecting the size and development of inland water network. It refers to the length of the natural rivers, lakes, reservoirs, canals, and ditches open to navigation during a given period, which enables transportation by ships and rafts. It includes the channels open to navigation for over an accumulated period of 3 months in a year, yet this does not include the river courses which are only used to float odd logs and bamboo rafts. This indicator can reflect the scale, level and development situation of the inland waterway network.

Length of Civil Aviation Routes refers to the length of all routes for civil aviation flights, which is used to account the freight, during the period of statistics.. There are usually two ways to calculate the route length: duplicated calculation and non-duplicated calculateion, the former is the sum of length of all civil aviation routes, and the latter should deduct the duplication length of same route among all routes.

Length of Oil (Gas) Pipelines is used as an indicator to show the development, scale and level of the pipeline transportation. It refers to the actual transport distance of oil (or gas) products, and is in general calculated according to the length of single pipeline. If the length of the double pipelines and alternate pipeline are included, it is called the extension length of the oil (gas) pipelines, which indicates the actual length of the pipelines built. The commonly used indicator, the "length of "oil (gas)" pipelines, does not include the double pipelines. It can reflect the extent and level of development of pipeline transport.

Freight (Passenger) Traffic refers to the volume of freight (passenger) transported with various means within a specific period of time. This indicator reflects the service of the transport industry towards the national economy and people's living conditions, as well as an important indicator used in formulating and monitoring transport production plans and research into the scale and pace of transport development. Freight transport is calculated in tons and passenger traffic is calculated in terms of number of persons. Freight transport is calculated in terms of the actual weight of the goods and takes no account of the type of freight and distance of travel. Passenger traffic is calculated by the principle that one person can be counted only once in one trip and takes no account of the travelling distance and ticket price. The passengers who travel with a half price ticket or a child's ticket is also calculated as one person.

Freight (Passenger) Traffic Density refers to the freight (passenger) traffic volume carried by a particular means of transportation during a given period through one kilometre of a specific section of transportation route. The formula is as follows:

$$\text{Freight (Passenger) traffic density} = \frac{\text{freight ton-kilometres (passenger-kilometres)}}{\text{length of route in operation}}$$

Freight (passenger) traffic density reflects how busy freight (passenger) traffic is on transportation routes. It provides an important basis for balancing transport capability and throughput capability, planning construction and upgrading of transport routes, installing technical facilities and studying the distribution of transport networks.

Freight Ton-kilometres (Passenger-kilometres) refers to the sum of the product of the volume of transported cargo (passengers) multiplied by the transport distance. It is an important indicator to reflect the achievement of the transportation industry. This is an important indicator to show the total results of the transport industry; to prepare and examine the transport plan; and to serve as the main basic data for calculating the efficiency, labour productivity and unit cost of transport. Normally, the shortest distance between the departure station and the destination station (i.e., the payable distance) is the basis in calculating the freight ton-kilometres. The formula is as follows:

$$\text{Freight ton-kilometres (passenger-kilometres)} = \sum \text{freight (passenger)traffic} \times \text{distance of transportation}$$

Average Static Load of Freight Cars refers to the average cargo weight as loaded by each freight car under the static condition at the departure station. It is used to show the utilization extent of the loading capacity of the freight cars. The formula is:

$$\text{Static load (ton) of freight car} = \frac{\text{tonnage of goods dispatched}}{\text{number of freight cars loaded}}$$

The static load of freight cars is determined by the nature and type of goods loaded the type of vehicles, and the technique of loading. Comparison of the average marked load with the static load of freight cars provides indication on the degree of utilization of loading capacity of freight cars. For its calculation the following formula is applied:

$$\text{Utilization rate of capacity of freight cars (\%)} = \frac{\text{Average static load}}{\text{Average marked load}} \times 100\%$$

Average Daily Haul of Freight Locomotives refers to the average total ton-kilometres accomplished by each freight transport locomotive over one day and night during a given period of time. It includes both the weight of the goods carried and the dead weight of the train itself. It is a comprehensive indicator reflecting the locomotive efficiency in terms of both time and the pulling force.

$$\text{Average daily haul of freight transport locomotive (ton-kilometre)} = \frac{\text{Total ton-kilometres of freight}}{\text{Daily number of freight transport locomotive}}$$

Volume of Freight Handled in Coastal Ports above Designated size refers to the volume of cargo passing in and out of the harbour area of the major coastal ports and having been loaded and unloaded. The volume of freight handled may be classified by direction of flow as freight for import and freight for export, or by nature of cargo as freight for domestic trade and freight for foreign trade. The volume of freight handled maybe classified by the classification of cargo, or the current transport standard of The Classification and Code of Cargo Type. Coastal ports refer to the ports, which are located at the edge of an ocean or sea, and with some equipment and facility for ship anchoring, passenger embarking/debarking, cargo loading/unloading, living material provideng, etc. .

Possession of Civil Motor Vehicles refer to the total numbers of vehicles that are registered and received vehicles license tags according to the Work Standard for Motor Vehicles Registration formulated by the Transport Management Office under the department of public security at the end of the reference period. They are divided into categories. According to the structure of motor vehicles, they are divided into passenger vehicles, trucks and others; according to ownership into private vehicles and vehicles for the unit's use; according to kind of usage into working vehicles and non-working vehicles; and according to size of vehicles into large passenger vehicles, medium-sized passenger vehicles, small passenger vehicles and mini passenger vehicles, heavy trucks, light-heavy trucks, light trucks and mini-trucks.

Business Volume of Post and Telecommunications refers to the total amount of postal and telecommunication services, expressed in value terms, provided by the post and telecommunications departments for society. This indicator reflects the overall results of development of postal and telecommunication services. It can be classificated as postal services and and telecommunication services. Business volume of post and telecommunications is the sum of all services in kind multiplying with the unit price (constant price) to get the total business value.

Mobile Telephone Subscribers refer to persons who have gone through registration procedures in the operation points of enterprises engaged in telecommunications and are hence connected with the mobile telephone communication network through the mobile telephone switchboards and occupy mobile phone numbers. Included are GSM digital mobile phone subscribers, CDMA digital mobile phone subscribers and subscribers to intelligent phone cards with roaming facility issued by telecommunications enterprises and which have been subscribed to and activated at the end of the reference period.

Internet Users refer to the number of Chinese citizens aged 6 and over who use the Internet at least for one hour each week.

Local Telephone Subscribers refer to all subscribers who have gone through registration procedures in the operation points of enterprises engaged in telecommunications and are hence connected to the local telecommunications service provider through fixed line network. Included are general subscribers, public telephones subscribers, N-ISDN subscribers and intelligent network terminal subscribers. They are also classified in terms of administrative districts as urban telephone subscribers and rural telephone subscribers according to location.

Urban Telephone Subscribers refer to the number of telephone subscribers, located at the different administrative districts of municipalities directly under the Central Government, cities under the jurisdiction of province, cities at prefecture level, downtown and suburb of city at county level town and county towns, that are connected to the public line telephone network, including rural mineral area, forest area, military area.

Rural Telephone Subscribers refer to telephone subscribers, located at the towns below the level of county town and villages, that are connected to the public line telephone network.

Household Telephone Subscribers refer to telephone sets installed in the dwelling units of urban or rural residents, and registered as residence subscribers for payment, including three types of payment for the service: private payment, public payment and free service in accordance with relevant regulations.

Capacity of Long Distance Telephone Exchanges refers to the rated capacity of telephone exchanges to connect long distance telephone network, including capacity of international telephone exchanges.

Capacity of Office Telephone Exchanges refers to the capacity (measured in gate) of telephone exchanges installed in the offices of telecommunication service providers for communication between fixed telephones. It includes the capacity of both manual and automatic exchanges in use and for stand-by purpose. The capacity of subscriber exchanges is not included.

Capacity of Mobile Telephone Exchanges refers to the capacity of the maximum services provided to subscribers at any one time as computed based on a certain model of calls distribution and transacting capacity of the mobile telephone exchanges.

Broadband Connection Terminals refer to the connection terminals to internet users actually installed and put into operation, including connection terminals for xDSL, connection terminals for LAN, and other connection terminals for xDSL. N-ISDN connection terminals are not included.

14 批发和零售业、住宿和餐饮业

Wholesale and Retail Trades, Hotels, Catering Services

资料整理人员：孟 强 何 达

14-1 社会消费品零售总额

Retail Sale of Consumer Goods

单位：亿元 （100 million yuan）

年份 Year	社会消费品零售总额 Total Retail Sales of Consumer Goods	#商品销售额 Commodity sales	餐饮消费额 Catering consumption	城镇 Urban	乡村 Rural
1950	6.58	6.47	0.11	2.68	3.85
1951	8.72	8.53	0.19	3.91	4.72
1952	10.05	9.78	0.27	4.49	5.47
1953	11.61	11.34	0.27	5.04	7.16
1954	12.95	11.31	0.30	5.37	8.24
1955	13.22	12.77	0.45	5.49	8.49
1956	14.79	14.28	0.51	6.21	9.86
1957	15.73	15.15	0.58	6.73	10.22
1958	18.06	17.39	0.67	7.60	13.30
1959	21.29	20.43	0.86	9.03	16.17
1960	22.86	21.87	0.99	9.99	17.71
1961	21.47	19.91	1.56	10.18	13.59
1962	22.43	20.80	1.63	9.95	14.46
1963	22.46	21.11	1.35	8.99	15.61
1964	23.28	22.14	1.14	9.27	16.35
1965	23.10	22.10	1.00	9.43	16.91
1966	25.38	24.38	1.00	11.31	18.37
1967	28.21	27.11	1.10	11.52	20.50
1968	27.11	26.08	1.03	10.80	19.81
1969	30.01	29.10	0.91	12.26	21.86
1970	32.05	31.07	0.98	13.58	24.10
1971	34.42	33.33	1.09	15.18	26.03
1972	37.37	36.17	1.20	16.48	28.46
1973	41.21	39.93	1.28	18.17	31.65
1974	43.25	41.88	1.37	19.07	32.77
1975	47.01	45.53	1.48	19.97	36.83
1976	48.24	46.66	1.58	20.89	37.66
1977	50.98	49.30	1.68	21.93	40.31
1978	54.84	53.05	1.79	24.53	44.31

14-1 续表 continued

年 份 Year	社会消费品零售总额 Total Retail Sales of Consumer Goods	#商品销售额 Commodity sales	餐饮消费额 Catering consumption	城镇 Urban	乡村 Rural
1979	65.20	63.03	2.17	30.59	51.21
1980	76.77	74.24	2.53	35.47	60.04
1981	87.24	84.45	2.79	37.31	66.87
1982	95.39	92.19	3.20	41.06	71.34
1983	107.36	91.70	3.69	43.30	81.61
1984	124.36	119.90	4.46	49.29	92.79
1985	157.47	151.84	5.63	68.80	108.50
1986	180.61	174.03	6.58	77.24	127.44
1987	213.81	205.55	8.26	91.10	151.78
1988	277.71	267.14	10.57	123.92	192.32
1989	299.74	288.49	11.25	142.13	199.86
1990	300.95	289.59	11.36	197.84	103.11
1991	341.80	327.56	14.24	228.25	113.55
1992	401.17	383.20	17.97	273.73	127.44
1993	496.55	475.10	21.45	346.83	149.72
1994	673.14	633.97	39.17	471.45	201.69
1995	854.48	799.85	54.63	611.67	242.81
1996	966.74	895.60	71.14	674.30	292.44
1997	1062.93	980.74	82.19	749.94	312.99
1998	1148.36	1050.41	97.95	797.81	350.55
1999	1254.31	1137.13	117.18	885.96	368.35
2000	1392.26	1195.02	197.24	1008.88	383.38
2001	1541.27	1380.19	161.08	1108.27	433.00
2002	1712.33	1524.80	187.53	1243.54	468.79
2003	1897.26	1637.81	259.45	1407.13	490.13
2004	2162.90	1852.41	310.49	1616.89	546.01
2005	2474.33	2105.12	369.21	1855.73	618.60
2006	2869.40	2465.06	404.34	2145.86	723.54
2007	3419.17	2939.41	479.76	2582.25	836.92
2008	4222.17	3628.21	593.96	3216.02	1006.15
2009	4943.86	4343.03	600.83	4454.46	489.40
2010	5952.56	5214.96	737.60	5381.71	570.85
2011	7208.99	6334.19	874.79	6523.63	685.36
2012	8318.66	7317.14	1001.52	7544.13	774.53
2013	9509.52	8344.77	1164.75	8603.64	905.88
2014	10723.45	9436.60	1286.85	9707.51	1015.95

注：1.2009-2014社会消费品零售总额统计数据根据经济普查数据进行了调整，分行业的部分数据不可比。

2.从2010年起，社会消费品零售总额统计采用新的分组，即将经营单位所在地分组由“市”、“县”、“县以下”改为“城镇”、“乡村”。

3.2008年及以前，城镇数据为“市”、“县”数据、“乡村”为“县以下”数据。

a. Figures on total retail sales of goods 2009-2014 were adjusted on the baiss of economic census.Some industry figures can not be compared with before.

b. From 2010, new grouping method is adopted for the statistics on the total retail sales of consumer goods: grouping according to operation location changes from city, county and below county level to urban and rural areas.

c.In 2008 and before, the urban data contained city and county data, the country data was below county data.

14-2 国内贸易基本情况

Basic Statistics on Domestic Trade

项 目	Item	2000	2005	2013	2014
社会消费品零售总额 (亿元)	**Total Retail Sales of Consumer Goods (100 million yuan)**	**1383.72**	**2459.12**	**9509.52**	**10723.45**
按经营地分	**By Location of Outlets**				
城镇	Urban			8603.64	9707.51
其中：城区	City Proper			5597.33	6302.04
乡村	Rural			905.88	1015.95
按消费形态分	**By Consuming Pattern**				
餐饮收入	Food and Beverage Revenue			1164.75	1286.85
商品零售	Commodity Retail			8344.77	9436.60
亿元以上商品交易市场个数 (个)	**Number of Commodity Transaction Markets above 100 Million Yuan (unit)**		134	327	326
亿元以上商品交易市场成交额 (亿元)	**Turnover of Commodity Transaction Markets above 100 Million Yuan (100 million yuan)**		864.88	3169.15	3190.03
法人单位 (个)	**Number of Corporation Unit (unit)**				
批发零售贸易业	Wholesales and Retail Trades	756	1026	5537	5535
住宿餐饮业	Hotels and Catering Trades		690	1334	1312
从业人员 (万人)	**Employed Persons (10 000 persons)**				
批发零售贸易业	Wholesales and Retail Trades	15.49	14.74	36.82	35.93
住宿餐饮业	Hotels and Catering Trades		10.46	15.14	13.87
批发零售贸易业	**Wholesales and Retail Trades**				
商品购进总额 (亿元)	Total Purchases (100 million yuan)	614.09	1184.91	7024.87	7833.10
商品销售总额 (亿元)	Total Salees (100 million yuan)	665.65	1370.79	7640.78	8582.05
商品库存总额 (亿元)	Total Inventory (100 million yuan)	91.86	129.50	563.49	848.07

注：法人单位、从业人员和批发零售贸易业商品购进、销售、库存总额为限额以上法人企业数据。

Figures on number of corporation unit,persons employed , and total purchae,total in inventory of wholesale and retail trade refer to units above designated size.

14-3 限额以上批发零售、住宿餐饮业基本情况(2014年)

Basic Conditions on Gross Value of Purchases, Sales and Inventory of Wholesale and Retail Trade above Designated Size (2014)

指标	Item	法人单位 (个) Number of Corporation (Unit)	从业人数 (人) Persons Engaged (person)
总　计	**Total**	**6847**	**498000**
批发业	**Wholesale Trades**	**1847**	**109202**
内资企业	Domestic Funded Enterprises	1839	107704
国有企业	State-owned Enterprises	69	23072
集体企业	Collective-owned Enterprises	11	977
股份合作企业	Cooperative Enterprises		
联营企业	Joint Ownership Enterprises		
有限责任公司	Limited Liability Corporations	527	31014
股份有限公司	Share-holding Corporations Ltd.	71	8511
私营企业	Private Enterprises	1143	43526
其他企业	Other Enterprises	18	604
港澳台商投资企业	Enterprises with Funds From HongKong,Macao and Taiwan	5	1276
外商投资企业	Enterprises with Foreign Investment	3	222
零售业	**Retail Sale Trades**	**3688**	**250128**
内资企业	Domestic Funded Enterprises	3651	238313
国有企业	State-owned Enterprises	91	6260
集体企业	Collective-owned Enterprises	40	3418
股份合作企业	Cooperative Enterprises	7	405
联营企业	Joint Ownership Enterprises	1	115
有限责任公司	Limited Liability Corporations	783	69661
股份有限公司	Share-holding Corporations Ltd.	133	32310
私营企业	Private Enterprises	2567	125249
其他企业	Other Enterprises	29	895
港澳台商投资企业	Enterprises with Funds From HongKong,Macao and Taiwan	20	5996
外商投资企业	Enterprises with Foreign Investment	17	5819
住宿业	**Hotels Trades**	**714**	**85287**
内资企业	Domestic Funded Enterprises	690	79462
国有企业	State-owned Enterprises	62	8445
集体企业	Collective-owned Enterprises	11	1217
股份合作企业	Cooperative Enterprises	2	256
联营企业	Joint Ownership Enterprises	2	135
有限责任公司	Limited Liability Corporations	239	33760
股份有限公司	Share-holding Corporations Ltd.	33	5840
私营企业	Private Enterprises	335	29541
其他企业	Other Enterprises	6	268
港澳台商投资企业	Enterprises with Funds From HongKong,Macao and Taiwan	19	4926
外商投资企业	Enterprises with Foreign Investment	5	899
餐饮业	**Catering Trades**	**598**	**53383**
内资企业	Domestic Funded Enterprises	587	48339
国有企业	State-owned Enterprises	8	791
集体企业	Collective-owned Enterprises	1	15
股份合作企业	Cooperative Enterprises		
联营企业	Joint Ownership Enterprises		
有限责任公司	Limited Liability Corporations	201	16824
股份有限公司	Share-holding Corporations Ltd.	9	999
私营企业	Private Enterprises	360	29220
其他企业	Other Enterprises	8	490
港澳台商投资企业	Enterprises with Funds From HongKong,Macao and Taiwan	7	638
外商投资企业	Enterprises with Foreign Investment	4	4406

14-4 商品交易市场基本情况(2014年)

Basic Statistics on Commodity Exchange Markets(2014)

项　　目	Item	市场数（个） Number of Markets (unit)	亿元及以上市场 Commodity Markets over 100 Million Yuan
总计	**Total**	2571	326
按市场类别分组	By Market Category		
综合市场	Integrated Markets	1617	126
生产资料综合市场	Production Comprehensive Markets	31	1
工业消费品综合市场	Industrial Consumable Comprehensive Markets	88	29
农产品综合市场	Farm Produce Comprehensive Markets	683	41
其他综合市场	Other Comprehensive Markets	815	55
专业市场	Special Markets	954	200
生产资料市场	Production Markets	90	43
农用生产资料市场	Agricultural Production Markets	4	2
木材市场	Wood Markets	14	1
建材市场	Building Material Markets	42	23
化工材料及制品市场	Chemical Materials and Products Markets	3	3
金属材料市场	Metal Materials Markets	7	4
机械设备市场	Mechanical Equipments Markets	8	6
其他生产资料市场	Others	8	2
农产品市场	Farm Produce Markets	462	46
粮油市场	Grain and Oil Markets	35	4
肉禽蛋市场	Meat, Poultry and Eggs Markets	70	6
水产品市场	Aquatic Products Markets	7	5
蔬菜市场	Vegetables Markets	130	10
干鲜果品市场	Dried and Fresh Melons and Fruits Markets	26	8
其他农产品市场	Others	192	13
食品、饮料及烟酒市场	Food, Beverages, Tobacco and Liquor Markets	65	7
食品饮料市场	Food and Beverages Markets	38	3
烟酒市场	Tobacco and Liquor Markets	2	1
其他食品饮料及烟酒市场	Others	23	3
纺织、服装、鞋帽市场	Textiles, Clothing, Shoes and Hats Markets	157	43
布料及纺织品市场	Cloth and Textiles Markets	16	2
服装市场	Clothing Markets	105	33
鞋帽市场	Shoes and Hats Markets	7	3
其他纺织服装鞋帽市场	Others	29	5
日用品及文化用品市场	Daily Use Articles and Cultural Goods Markets	19	5
文具市场	Stationary Markets	2	1
图书、报刊杂志市场	Books, Newspapers and Magazines Markets	2	1
音像制品及电子出版物市场	Video Products and E-journal Markets	2	1
其他日用品及文化用品市场	Others	6	1
电器、通讯器材、电子设备市场	Electrical Appliances, Communication Appl- iances and Electronica	46	14
家电市场	Household Appliances Markets	13	7
通讯器材市场	Communication Appliances Markets	21	2
计算机及辅助设备市场	Computer and Auxillary Equipments Markets	11	4
其他电器、通讯器材、电子设备	Others	1	1
医疗、医疗用品及器材市场	Medicine, Medical Materials and Medical Instruments Markets	4	2
其他医药、医疗用品及器材市场	Others	2	0
家具、五金及装饰材料市场	Furniture, Hardware and Decoration Materials Markets	71	29
家具市场	Furniture Markets	19	5
装饰材料市场	Decoration Materials Markets	33	16
五金材料市场	Hardware Materials Markets	10	5
其他装修市场	Others	9	3
汽车、摩托车及零配件市场	Cars, Motorcycles and Spare Parts Markets	20	9
汽车市场	Cars Markets	11	3
摩托车市场	Motocycles Markets	4	2
机动车零配件市场	Vehicle Spare Parts Markts	5	4
花、鸟、鱼、虫市场	Flower, Bird, Fish and Insects Markets	5	1
花卉市场	Flower Markets	4	1
按营业状态分组	By Operating Status		
常年营业	Perennial Operation	2381	324
季节性营业	Seasonal Operation	84	1
其他	Others	106	1
按经营方式分组	By Operating Mode		
以批发为主	Whole Sale	347	170
以零售为主	Retail	2224	156
按经营环境分组	By Operating Circumstance		
露天式	Outdoor	783	23
封闭式	Indoor	1134	255
其他	Others	654	48

14-4 续表 continued

摊位总数（个） Number of Stalls (unit)	亿元及以上市场 Commodity Markets over 100 Million Yuan	出租摊位个数（个） Number of rented stall(unit)	亿元及以上市场 Commodity Markets over 100 Million Yuan	营业面积（万平方米） Operation Area (10000sq.m)	亿元及以上市场 Commodity Markets over 100 Million Yuan	成交额(亿元) Turnover (100 million yuan)	亿元及以上市场 Commodity Markets over 100 Million Yuan
554310	197269	492967	185316	2067.00	1055.58	3803.31	3190.03
349847	92047	309737	88071	823.43	365.10	1838.59	1455.13
2856	156	2275	156	8.07	0.62	7.72	2.01
47941	32100	42861	31461	159.93	127.86	730.27	709.88
123493	26746	106229	25571	289.08	136.35	677.54	529.73
175557	33045	158372	30883	366.35	100.27	423.05	213.52
204463	105222	183230	97245	1243.57	690.48	1964.72	1734.90
27478	19272	23242	17304	294.65	215.80	489.29	470.31
415	62	400	50	4.52	3.70	9.64	8.16
1330	550	1243	516	18.82	6.50	4.81	1.93
16156	10140	13936	9936	107.42	46.39	108.61	98.23
1356	1356	921	921	7.26	7.26	15.14	15.14
2031	1649	1847	1615	121.05	118.83	272.94	270.56
4367	4269	3550	3488	20.23	18.91	65.77	65.08
1151	676	1140	675	4.42	3.41	4.86	3.77
67040	17323	58681	15533	379.94	75.50	444.29	344.50
4992	1276	3948	1044	13.38	5.82	45.98	38.64
8465	1815	7008	1736	22.60	6.11	27.60	14.77
1182	1017	1157	1002	10.04	9.26	118.37	117.67
19954	5221	18945	5140	51.96	29.06	144.63	121.38
4076	1683	3068	1353	227.31	13.18	27.63	20.12
27781	6311	23980	5258	53.95	12.07	79.58	31.92
14246	4509	11820	2656	26.67	8.72	56.03	38.43
7902	2226	6709	1422	14.09	4.24	22.98	12.72
1395	1235	452	312	1.61	1.35	3.89	3.40
4610	1048	4381	922	8.38	3.14	28.23	22.30
55241	37971	52764	37495	147.35	102.69	245.84	204.95
2704	632	1986	629	8.91	1.74	10.44	6.47
36403	25590	35397	25378	99.12	70.85	147.73	118.04
1624	1224	1498	1174	8.16	6.20	8.02	7.05
14510	10525	13883	10314	31.16	23.89	79.65	73.39
3132	846	2711	833	10.40	5.25	25.63	19.74
165	65	165	65	1.70	1.30	3.52	2.65
503	423	501	421	1.49	1.31	9.95	8.99
371	163	363	155	0.80	0.65	5.84	4.85
1026	85	814	82	2.79	0.19	2.19	1.29
7115	4068	6313	3685	31.80	19.50	89.75	78.24
1891	1291	1725	1258	13.25	9.62	38.93	36.22
1974	291	1727	255	4.98	0.28	9.46	3.08
2570	1806	2261	1572	12.37	8.40	36.81	34.40
680	680	600	600	1.20	1.20	4.55	4.55
1877	1747	1810	1680	48.39	47.77	71.42	71.18
130		130		0.62		0.24	
17205	11695	15534	10703	194.19	131.24	248.56	223.82
2526	995	2454	975	24.90	11.94	17.91	10.49
9155	6708	8330	6162	82.97	54.69	131.22	120.38
3843	3346	3355	2920	53.37	50.12	70.44	67.11
1681	646	1395	646	32.94	14.49	28.99	25.84
8577	7038	7996	6603	83.36	75.23	268.83	263.14
2336	1250	1892	855	52.28	46.54	227.94	224.21
499	314	387	299	1.86	1.48	5.41	4.34
5742	5474	5717	5449	29.22	27.22	35.48	34.59
734	428	645	428	19.65	7.91	19.13	18.81
659	428	575	428	19.20	7.91	19.03	18.81
525936	195745	468861	184259	2026.21	1052.98	3771.08	3179.78
12063	450	10054	275	18.81	0.70	14.84	6.00
16311	1074	14052	782	21.97	1.90	17.40	4.25
133610	103888	121969	98221	1122.52	752.71	2442.12	2362.23
420700	93381	370998	87095	944.48	302.87	1361.19	827.80
131428	16322	117823	14168	372.26	177.35	607.62	449.47
293392	150562	259694	143629	1306.24	699.27	2476.19	2187.22
129490	30385	115450	27519	388.50	178.96	719.50	553.34

14-5 商品交易市场经营情况

Business Statistics of Commodity Exchange Markets

项　目	Item	出租摊位个数（个） Number of Booths (unit)		成交额（亿元） Turnover(100 million yuan)	
		2013	2014	2013	2014
总计	**Total**	**488957**	**492967**	**3757.16**	**3803.31**
粮油、食品类	Food	209773	217119	1196.28	1314.46
#粮油类	#Grain and Oil	29807	37844	137.84	174.94
#肉禽蛋类	#Meat,Poultry and Eggs	43864	43851	224.07	229.52
#水产品类	#Aquatic Products	20500	22077	195.67	213.99
#蔬菜类	#Vegetables	72829	71276	261.73	277.56
#干鲜果品类	#Dried and Fresh Melons and Fruits	25356	26607	236.38	265.46
饮料类	Beverages	11363	11491	56.47	60.58
烟酒类	Tobacco and Liquor	15752	15580	133.75	130.40
服装、鞋帽、针纺织品类	Garments, Shoes Hats Knit and Textile Goods	111075	110136	407.91	423.61
#服装类	#Garments	75409	74551	271.41	288.13
#鞋帽类	#Shoes and Hats	20432	20848	76.02	79.83
#针纺织品类	#Knit and Textile Goods	15234	14737	60.49	55.65
化妆品类	Cosmetics	4259	3956	19.20	19.57
金银珠宝类	Gold,Silver and Jewelry	562	725	2.91	3.52
日用品类	Articles for Daily Use	20964	21636	87.39	115.79
#儿童玩具类	#Children Toys	3143	4634	17.41	24.34
五金、电料类	Hardware & Electrical Materials	11877	10986	165.01	169.17
体育、娱乐用品类	Sports & Recreational	1901	2362	10.73	7.13
书报杂志类	Newspapers and Magazines	1297	1342	8.83	8.99
电子出版物及音像制品类	Electronic Publication and Audiovisual Products	3009	2926	22.77	21.45
家用电器和音像器材类	Household Appliances and Audiovisual Equipment	5427	5886	87.04	93.52
中西药品类	Traditional Chinese and Western Medicine	4292	4232	88.45	94.01
#西药类	#Western Medicine	961	913	4.91	5.52
#中草药及中成药类	#Chinese Herbal Medicine and Other Traditional Chinese Medicine	2719	2668	81.75	86.48
文化办公用品类	Cultural and Official Goods	5706	5501	75.16	83.62
家具类	Furniture	6119	6167	67.83	77.49
通讯器材类	Communication Appliances	3136	3043	20.01	16.63
木材及制品类	Wood and Wooden Products	3424	2959	21.31	17.49
石油及制品类	Oil and Related Products	154	576	1.35	3.57
化工材料及制品类	Chemical Materials and Related Products	3184	2771	25.18	26.06
#化肥类	#Fertilizer	1443	1196	8.79	8.11
金属材料类	Metal Materials	4064	3238	449.85	280.17
建筑及装潢材料类	Building and Decoration Materials	24392	25053	284.26	312.26
机电产品及设备类	Mechanical & Electrical Products and Appliances	4938	4782	102.94	111.63
#农机类	#Agricultural Machinery	611	508	2.95	8.66
汽车类	Automobile	8998	8350	310.70	302.56
种子饲料类	Seed and Feedstuff	3176	2900	17.54	16.42
其他类	Others	19238	18009	91.75	89.28

14-6 亿元以上商品交易市场基本情况

Basic Statistics on Commodity Transaction Markets of Turnover above 100 Million Yuan

项　目	Item	出租摊位个数（个）Number of Booth (unit)		成交额（亿元）Turnover (100 million yuan)	
		2013	2014	2013	2014
总计	**Total**	**185758**	**185316**	**3169.15**	**3190.03**
粮油、食品类	Food	60037	51495	1068.18	1009.79
#粮油类	#Grain and Oil	5824	7868	87.95	108.89
#肉禽蛋类	#Meat,Poultry and Eggs	9342	8899	138.96	140.80
饮料类	Beverage	3721	3853	42.58	46.37
烟酒类	Tobacco and Liquor	5136	5045	110.25	106.23
服装、鞋帽、针纺织品类	Garments,Shoes,Hats,knit and Textile Goods	54851	55288	308.72	325.15
#服装类	#Garments	38653	39003	203.54	221.50
#鞋帽类	#Shoes and Hats	9048	9305	58.92	61.73
#针、纺织品类	#knit and Textile Goods	7150	6980	46.26	41.91
化妆品类	Cosmetics	1608	1647	15.78	16.29
金银珠宝类	Gold,Silver and Jewelry	87	181	1.69	2.18
日用品类	Articles for Daily Use	7291	7583	68.42	95.85
五金、电料类	Handware & Electric Materials	6775	6410	153.71	158.88
体育、娱乐用品类	Sports and Recreaction	940	948	9.60	4.78
书报杂志类	Newspapers & Magazines	538	522	7.51	7.57
电子出版物及音像制品类	Electronic Publication and Audiovisual Products	1384	1262	20.01	18.53
家用电器和音像器材类	Household Appliances and Audiovisual Equipment	2983	3435	77.38	84.12
中西药品类	Traditional Chinese and Western Medicines	2265	2195	84.40	89.81
#西药类	#Western Medicines	101	109	2.94	3.61
#中草药及中成药类	#Chinese Herbal Medicine and Other Traditional Chinese Medicine	2069	1975	80.83	85.46
文化办公用品类	Culture and Official Goods	2995	3070	69.03	77.44
家具类	Furniture	3071	3226	53.77	63.61
通讯器材类	Communication Appliances	862	868	12.02	8.87
煤炭及制品类	Coal and Related Products	43	44	0.26	0.27
木材及制品类	Wood and Wooden Products	1464	1185	15.57	12.22
石油及制品类	Oil and Related Products	19	226	0.77	1.67
化工材料及制品类	Chemical Materials and Related Products	1249	1049	18.81	20.35
#化肥类	Chemical Fertilizer	84	90	3.78	4.02
金属材料类	Metal Materials	2947	2077	444.49	274.52
建筑及装潢材料类	Building and Decoration Materials	16717	17499	256.25	283.91
机电产品及设备类	Mechanical & Electrical Products and Appliances	3905	3860	98.00	107.61
#农机类	#Agricutural Mechanical Products	73	173	0.62	8.00
汽车类	Automobile	7737	6777	305.54	295.99
种子饲料类	Seed and Feedstuff	374	374	11.17	11.18
棉麻类	Cotton & Ambery	82	85	0.94	0.95
其他类	Others	5534	5112	67.15	65.88

14-7 限额以上批发、零售业商品购进、销售、库存总额(2014年)

Total Value of Purchases Sales and Inventory of above Designated Size in Wholesale and Retail Sales Trade (2014)

单位：亿元 (100 million yuan)

指标	Item	商品购进总额 Total Purchases	商品销售总额 Total Sales	批发 Wholesale Trade	零售 Retail Trade	年末库存总额 Inventory Year-end
总　计	**Total**	**7833.10**	**8582.05**	**4566.30**	**4015.75**	**848.07**
批发业	**Wholesale Trade**	**4650.12**	**4543.85**	**4137.10**	**406.75**	**419.35**
按登记注册类型分组	**By Status of Registration**					
内资企业	Domestic Funded Enterprises	4616.37	4504.20	4103.54	400.65	418.62
国有企业	State-owned Enterprises	652.59	810.68	797.68	13.00	122.43
集体企业	Collective-owned Enterprises	12.84	15.25	9.09	6.16	1.98
股份合作企业	Cooperative Enterprises					
联营企业	Joint Ownership Enterprises					
有限责任公司	Limited Liability Corporations	1397.48	1444.87	1311.65	133.22	170.54
股份有限公司	Share-holding Corporations Ltd.	1037.92	518.99	471.02	47.97	38.15
私营企业	Private Enterprises	1508.72	1706.11	1506.61	199.51	84.71
其他企业	Other Enterprises	6.83	8.30	7.50	0.81	0.81
港澳台商投资企业	Enterprises with Funds From HongKong, Macao and Taiwan	262459.20	296628.40	284771.70	11856.70	7000.70
外商投资企业	Enterprises with Foreign Investment	75018.10	99931.80	50814.90	49116.90	315.20
按国民经济行业分组	**By Sector**					
农畜产品批发业	Farming Products and Animal Products	117.42	141.70	128.03	13.67	18.27
食品、饮料及烟草制品	Foods、Beverages and Tobaccos	1089.04	1292.94	1224.11	68.83	196.01
纺织、服装及日用品	Textiles,Garments and Daily Consumer Goods	198.91	215.39	175.05	40.35	44.61
文化、体育用品及器材	Goods and Appliancea of Cultural and Sports	118.32	129.58	122.50	7.08	13.67
医药及医疗器材	Medicines and Medical Appliances	423.75	479.64	411.86	67.78	35.61
矿产品、建材及化工产品	Mineral Products,Building and Chemical Materials	2383.14	1914.66	1766.60	148.06	91.74
机械、五金交电及电子产品	Machinery,Hardware,Transport,Electric Products	251.39	279.54	241.70	37.84	16.98
贸易经纪与代理	Trade brokers and agents	2.04	2.59	1.72	0.88	0.01
其他批发业	Others	66.11	87.81	65.54	22.28	2.46

14-7 续表 continued

单位：亿元 (100 million yuan)

指标	Item	商品购进总额 Total Purchases	商品销售总额 Total Sales	批发 Wholesale Trade	零售 Retail Trade	年末库存总额 Inventory Year-end
零售业	**Retail Trade**	**3182.98**	**4038.20**	**429.19**	**3609.00**	**428.72**
按登记注册类型分组	By Status of Registration					
内资企业	Domestic Funded Enterprises	3072.56	3914.35	428.07	3486.28	417.72
国有企业	State-owned Enterprises	76.37	78.77	4.34	74.44	3.98
集体企业	Collective-owned Enterprises	27.49	34.30	1.48	32.82	1.57
股份合作企业	Cooperative Enterprises	5.74	6.01		6.01	0.14
联营企业	Joint Ownership Enterprises	0.17	0.23		0.23	0.05
有限责任公司	Limited Liability Corporations	999.59	1107.22	102.17	1005.05	96.92
股份有限公司	Share-holding Corporations Ltd.	392.55	983.11	136.65	846.46	49.13
私营企业	Private Enterprises	1561.38	1694.93	182.91	1512.02	265.40
其他企业	Other Enterprises	9.28	9.78	0.52	9.26	0.53
港澳台商投资企业	Enterprises with Funds From HongKong, Macao and Taiwan	56.77	62.39	1.08	61.31	7.79
外商投资企业	Enterprises with Foreign Investment	53.66	61.45	0.04	61.41	3.21
按国民经济行业分组	By Sector					
综合零售业	General Retail Trade	698.18	751.73	8.18	743.55	163.47
百货零售业	Retail of Consumer Goods	291.05	319.26	2.52	316.74	105.76
超级市场零售业	Retail of Super Markets	384.41	404.07	3.64	400.43	56.02
食品、饮料及烟草制品	Foods、Beverages and Tobaccos	107.88	126.49	16.31	110.17	10.79
纺织、服装及日用品	Textiles,Garments and Daily Consumer Goods	96.43	115.76	8.93	106.83	17.22
文化、体育用品及器材	Goods and Appliancea of Cultural and Sports	139.90	154.23	21.44	132.79	12.98
医药及医疗器材专门零售业	Medicines and Medical Appliances	207.33	225.86	62.06	163.81	16.33
#药品零售业	#Medicines	201.02	219.03	60.24	158.78	15.57
汽车、摩托车、燃料及零配件	Motor Vehicles,Motorcycles and Parts,Fuels	1545.87	2224.20	254.97	1969.22	180.02
#汽车零售业	#Motor Vehicles	1120.42	1196.19	25.61	1170.58	132.12
机动车燃料零售业	Retail of Motor Vehicles Fules	394.09	991.99	224.68	767.32	45.40
家用电器及电子产品	Electronic Household Appliances and Products	231.08	251.20	30.26	220.94	21.04
五金、家具及室内装修材料	Hardware,Furniture and Fittering Material	77.02	88.05	4.70	83.35	3.60
无店铺及其他零售业	Others	79.30	100.68	22.33	78.35	3.28

14-8 限额以上批发和零售业企业财务状况(2014年)

Financial Affairs of above Designated Size in Wholesale and Retail Trade Enterprises (2014)

单位：万元 (10 000 yuan)

项 目	Item	合 计 Total	内资企业 Domestic Funded Enterprises	国有企业 State-owned Enterprises	集体企业 Collective Owned Enterprises	股份合作企业 Cooperative Enterprises
企业数 (个)	number of enterprises (unit)	5534	5489	160	51	7
流动资产合计	Total Circulating Funds	22359918	22013586	2622623	35633	1633
#存货	#Inventories	6167296	6095638	1087356	6631	440
固定资产原价	Original Value of Fixed Assets	6921599	6709280	834755	43316	7239
累计折旧	Total Depreciation	1947714	1868991	359005	10410	717
#本年折旧	#Depreciation This Year	379262	362244	37129	2925	120
资产总计	Total Assets	34107188	33371587	3543559	86512	11494
负债合计	Total Liabilities	19759769	19449776	1013226	42693	9214
所有者权益合计	Total Creditors Equity	12666932	12332920	2490075	36483	2209
实收资本	Capitals Hold	8555358	8323676	293276	26942	2272
国家资本	State Capital	2364138	2360086	247499	2	580
集体资本	Collective Capital	175130	149246	4937	24622	8
法人资本	Legal Person Capital	3575024	3537122	39581	1706	864
个人资本	Individual Capital	2273350	2269462	1259	612	821
港澳台资本	Hongkong, Macao and Taiwan	94215	5792			
外商资本	Foreign Capital	73502	1969			
主营业务收入	Net Sales Revenue	76012621	74557433	8334877	498549	55998
主营业务成本	Cost of Sales	67227817	66007789	6410838	430434	42880
主营业务税金及附加	Taxes and other charges on principal Business	897951	891064	387954	5955	1605
其他业务利润	Other Business Profits	246447	228373	3647	2865	
营业费用	Operating Expenses	3124525	2995244	263528	22086	3418
管理费用	Overhead Expenses	1994035	1937099	453332	20839	4285
税金	Taxes	103251	90752	10753	603	223
财务费用	Financial Expenses	458826	453003	3291	5236	424
利息支出	Expenses for Interest	337853	331492	18924	608	218
营业利润	Operating Profits	2580680	2509717	822706	13891	2649
利润总额	Total Profits	2518601	2446355	910032	7108	142
应交所得税	Income Tax	428584	419162	221698	399	21
本年应付工资总额	Total Wages Payable this Year	1961222	1895408	335857	12601	1299
本年应交增值税额	Value-added Tax Payable	1084620	1057171	312333	2325	1392
资产减值损失	Asset impairment loss	28933	29001	1541	15	24
公允价值变动收益	Changes in fair value gains	9387	9387	178	15	27

续表 continued

单位：万元 (10 000 yuan)

联营企业 Joint Ownership Enterprises	有限公司 Limitied Liability Corporation	股份公司 Share-holding Corporation Ltd.	私营企业 Private Enterprises	其他企业 Other Enterprises	港、澳、台商投资企业 Enterprises with Funds From HongKong, Macao and Taiwan	外商投资 Foreign Investment	批发业 Wholesale Trade	农畜产品 Farming Products and Animal Products	食品饮料烟草 Foods, Beverages, and Tobaccos	纺织服装日用品 Textiles, Garments, and Daily Consumer Goods	文体用品器材批发 Cultural and Sports Goods
1	1310	204	3709	47	25	20	1846	125	264	130	80
1421	8730313	2550967	8048675	22322	167702	178631	13380245	406018	3964248	951890	572236
45	2321642	863671	1808422	7432	44015	27643	3550828	184616	1656057	414814	111093
679	1715634	1987538	2098416	21703	92466	119854	2751000	205351	1057306	43651	55387
216	456137	584083	452578	5846	19243	59480	739025	53633	375439	17457	21241
30	97741	78805	143471	2023	5685	11333	129037	9097	50286	2418	3877
1966	11940795	6218066	11518634	50560	460181	275420	18451808	760199	5634631	1052714	1024407
1884	8139720	2788040	7439587	15411	176611	133382	10826715	386228	2206059	912429	558865
82	3198032	3034853	3539624	31563	200807	133205	6812893	325226	3060395	115675	457462
446	2099885	1828962	4046859	25034	147413	84269	3245139	194061	435805	84036	254109
	702233	1371167	37500	1104		4052	833812	82412	148170	5317	168430
155	75849	7824	35251	600	25066	818	70388	3425	6788	1751	10280
	829236	322266	2330699	12771	34045	3856	1085551	46043	210769	55615	42960
291	487899	125798	1642224	10559	3049	839	1230328	60410	69077	21353	32266
	4658	601	533		85252	3171	20288		603		40
	10	1307	652			71533	4772	1771	398		134
2155	22393710	13691557	29416910	163678	821430	633758	39758847	1290034	11049494	1818477	1183865
1810	20402922	12417696	26171347	129861	698632	521395	35296429	1094151	8808382	1635412	1023886
9	117174	53580	320204	4584	3148	3739	576983	10285	399355	8426	7439
129	108415	42311	71006		6967	11107	39338	509	7778	1870	1420
258	1019876	629880	1046017	10181	78419	50862	1143166	29215	432120	83885	41619
271	492678	265418	690287	9990	23955	32982	1021257	40980	516435	34575	38063
	20860	10101	46757	1457	1525	10974	43930	1137	12282	1325	2734
45	140026	40425	262001	1555	6408	-585	229801	20941	37540	4309	-2527
45	123087	32026	156082	503	5492	870	209504	8738	64834	4327	4889
-109	316685	355216	989859	8820	33347	37616	1469039	38134	856958	52103	74517
-109	321521	355258	843182	9222	35662	36584	1527925	57397	1022931	27572	65182
	60511	69233	65279	2021	4609	4814	296663	3730	234496	4887	3455
162	569975	251145	720499	3872	37935	27879	801741	32573	405511	37573	31684
	293179	164131	278716	5095	16087	11363	631343	6708	387253	19022	15678
	10067	14264	3033	59		-69	19349	1358	3497	1325	1625
	1420	841	6837	70			1939	859	96	78	51

14-8 续表 1 continued

单位：万元 (10 000 yuan)

项 目	Item	医药医疗器材批发 Medicines and medical Appliances	矿产品建材及化工产品 Mineral Products, Building and Chemical Materials	机械五金交电及电子批发 Hardware, Transport and Electric	贸易经纪与代理 Trade brokers and agents	其他批发 Other wholesal Trade	零售业 Retail Trade	综合零售 General Retail Trade
企业数 (个)	number of enterprises (unit)	191	697	263	3	93	3688	500
流动资产合计	Total Circulating Funds	1734957	4934923	671402	1338	143234	8979672	2655138
#存货	#Inventories	351078	682473	130895	16	19788	2616469	705992
固定资产原价	Original Value of Fixed Assets	176625	1033826	124619	419	53816	4170600	1739069
累计折旧	Total Depreciation	40349	193599	26205	125	10978	1208689	518936
#本年折旧	#Depreciation This Year	11681	40520	8155	35	2968	250225	98713
资产总计	Total Assets	2025126	6847357	899974	1757	205644	15655380	5037153
负债合计	Total Liabilities	1573584	4444689	641999	1363	101499	8933054	2820958
所有者权益合计	Total Creditors Equity	418888	2117851	221817	305	95275	5854040	1706918
实收资本	Capitals Hold	290082	1741645	174368	300	70733	5310219	676306
国家资本	State Capital	16763	398570	10968	50	3133	1530326	24049
集体资本	Collective Capital	3557	39815	1246		3526	104742	36206
法人资本	Legal Person Capital	115186	516101	57828	200	40850	2489473	316196
个人资本	Individual Capital	154569	784869	85858	50	21878	1043021	186086
港澳台资本	Hongkong, Macao and Taiwan	8	1290	18000		347	73927	47124
外商资本	Foreign Capital		1000	468		1000	68730	66645
主营业务收入	Net Sales Revenue	4244510	16801877	2508550	25726	836314	36253775	7901159
主营业务成本	Cost of Sales	3905259	15849121	2261141	20494	698584	31931387	6607667
主营业务税金及附加	Taxes and other charges on principal Business	14265	94250	21113	1204	20645	320968	90757
其他业务利润	Other Business Profits	11183	10212	6290		76	207109	130806
营业费用	Operating Expenses	144786	261418	117424	1132	31567	1981359	790297
管理费用	Overhead Expenses	81978	218290	54991	1007	34939	972778	308062
税金	Taxes	3754	17389	2793	1	2514	59321	25028
财务费用	Financial Expenses	28547	119130	10604	4	11253	229025	47472
利息支出	Expenses for Interest	19548	95277	6084		5808	128349	28054
营业利润	Operating Profits	68690	280920	56137	1885	39697	1111640	286753
利润总额	Total Profits	65194	228777	30883	1885	28104	990676	321997
应交所得税	Income Tax	11403	27423	8721		2549	131921	60108
本年应付工资总额	Total Wages Payable this Year	66246	166075	44674	132	17275	1159481	277477
本年应交增值税额	Value-added Tax Payable	49494	123337	22647	1024	6182	453277	121880
资产减值损失	Asset impairment loss	738	9518	1220		69	9584	2579
公允价值变动收益	Changes in fair value gains	86	373	104		293	7448	3617

14-8 续表 2 continued

单位：万元 (10 000 yuan)

百货商店 Consumer Goods Shoping	超级市场 Super Markets	食品饮料烟草 Foods, Beverages, and Tobaccos	纺织服装日用品 Textiles, Garments, and Daily Consumer Goods	文体用品器材 Cultural and Sports Goods	医药医疗器材 Medicines and medical Appliances	汽车摩托及燃料 Motor Vehicles, Motorcycles and Fuels	家用电器及电子产品 Electronic Household Appliance, Electronic Products	五金家具室内装修 Hardware Furniture and Fittering Material	无店铺及其他零售 And other nonstore retail
145	292	326	193	216	148	1455	498	210	142
1361083	1245702	304608	312080	576785	913068	3535985	457720	105750	118539
318238	372287	84480	102629	102667	151539	1286364	130214	24779	27805
755898	933180	154482	96420	135288	82188	1637291	150675	93229	81957
241120	271114	25859	26644	55079	23100	488456	31408	18481	20727
42722	54509	7963	11570	9143	6659	98139	8907	5820	3312
2461233	2446528	585242	473195	762108	1112214	6385231	694865	228805	376566
1370293	1396272	267333	249532	262755	846868	3863518	379581	95477	147033
829790	806103	284247	156986	479434	246003	2386017	283921	112451	198063
292404	336226	201035	166154	361182	132689	3310830	200774	78179	183071
9394	8495	26602	2995	239416	11935	1216021	3354	3644	2311
7983	23262	13556	3130	6635	787	10618	27476	3149	3185
104551	186737	60721	100187	88309	61850	1690262	94097	39109	38743
90075	84415	100156	57312	24798	45014	386353	75019	32272	136011
35880	11244		2520		13104	7526	828	5	2820
44521	22074		10	2025		50			
2948492	4684430	1221023	1172685	1379449	2022172	18419197	2319888	832771	985430
2437051	3952882	991588	966478	1081906	1729609	17056103	1995476	674914	827647
37852	48008	20180	31920	8276	13757	71197	30316	22747	31820
23955	103931	7716	7627	3028	12528	24408	5505	12649	2842
228156	537882	79241	75874	129214	145577	563123	115233	46493	36309
172475	123886	48962	39760	70965	60460	315373	61388	31602	36205
16172	7149	2136	1226	1925	2990	17538	5898	1547	1035
22105	22751	13278	11348	3662	18099	101186	19208	9727	5044
14641	12234	3112	4611	2852	15167	65025	6193	1711	1624
107795	167482	91014	51968	87689	75939	305466	108422	52823	51566
149517	162564	65303	29233	83502	71961	259366	76909	33596	48809
38499	20771	3572	4511	2880	10680	38549	5317	1740	4565
132706	131278	46102	45699	69529	81086	537720	61067	18693	22109
64840	52074	8834	16877	22289	31480	193069	28091	13496	17263
1987	543	82	442	135	625	5397	104	65	156
534	3068	81	2175	101	113	1018	103	138	103

14-9 限额以上批发零售企业商品分类零售额(2014年)

Business Statistics of Commodity Exchange Markets (2014)

单位：万元 (10 000 yuan)

指标	Item	2014	比2013增长 Increase over 2013（%）
合　计	**Total**	**41558832**	**14.2**
按商品耐用性分	According to product durability points		
耐用品类	Durable goods	17854289	14.8
非耐用品类	Non Durable goods	23704544	13.7
按商品用途分	According to the use of goods branch		
吃类商品	Commodities goods	5080485	23.1
穿类商品	Dress goods	3114790	12.9
用类商品	Class goods	24707068	16.0
烧类商品	Burning goods	8656490	5.5
按商品类别分	According to the category of commodities		
基本生活类	Basic life	9423404	18.9
#粮油食品类	Grain and oil food	3338438	22.9
烟酒类	Tobacco and liquor	1077505	20.7
居住类	Type of residence	1474943	19.6
其中：建筑材料类	Building materials	678171	15.9
燃料类	Fuel type	8656490	5.5
#石油类	Petroleum oil	8051269	4.7
交通电器设备类	Traffic electrical equipment	15482076	14.8
#汽车类	Class car	11846391	15.0
家用电器类	Household electric appliances	2793427	12.3
文化娱乐体育健康类	Cultural and recreational sports and health class	4081819	16.8
#中西药类	Drug category	2607088	15.9
其他类	Other categories	2440100	18.5
#金银珠宝类	Gold and silver jewelry	703580	8.3
化妆品类	Cosmetics	474806	16.6
按商品需要性分	According to the need of goods		
必需品类	Staples	8286579	19.8
非必需品类	Non Staples	33272254	14.7
按生活生产资料性分	According to the life of the means of production branch		
生活资料类	Life class	40544631	15.4
生产资料类	Production class	1014201	27.9
按消费速度分	According to the consumption rate		
快速消费品类	Fast moving consumer goods	9390508	22.9
非快速消费品类	Non Fast moving consumer goods	32168324	13.7

14-10 限额以上住宿和餐饮企业财务状况(2014年)

Financial Conditions of Hotels and Catering Services Enterprises above Designated Size (2014)

单位：万元 (10 000 yuan)

项 目	Item	合 计 Total	内资企业 Domestic Funded Enterprise	国有企业 State-owned Enterprises	集体企业 Collective-Owned Enterprises	股份合作企业 Coopera-tive Enterprises
企业数 (个)	number of enterprises (unit)	1310	1275	69	12	2
流动资产合计	Total Circulating Funds	1417173	1309178	73246	25469	241
#存货	#Inventories	102246	93491	4045	563	59
固定资产原价	Original Value of Fixed Assets	3107927	2851906	217764	44825	1874
累计折旧	Total Depreciation	1072619	981684	96708	27538	389
#本年折旧	#Depreciation This Year	167944	156007	7589	1796	85
资产总计	Total Assets	4565170	4208614	265948	44381	2213
负债合计	Total Liabilities	2204224	1991994	109735	15814	26
所有者权益合计	Total Creditors Equity	1423170	1360609	104592	27687	1938
实收资本	Capitals Hold	1397880	1297285	91382	7749	479
国家资本	State Capital	283208	281535	83514		
集体资本	Collective Capital	31051	31051	45	7734	346
法人资本	Legal Person Capital	574099	525896	6694	15	90
个人资本	Individual Capital	449053	442967	55		43
港澳台资本	Hongkong, Macao and Taiwan	41346	15834	1075		
外商资本	Foreign Capital	19123	2			
主营业务收入	Net Sales Revenue	2372919	2224502	140860	28302	2814
主营业务成本	Cost of Sales	1172049	1107844	67979	9577	1901
主营业务税金及附加	Taxes and other charges on principal Business	120012	111542	6661	1514	205
其他业务利润	Other Business Profits	60894	60708	2900	60	
营业费用	Operating Expenses	515187	464169	33808	6318	124
管理费用	Overhead Expenses	460225	435389	31292	9077	117
税金	Taxes	22975	22196	1277	225	
财务费用	Financial Expenses	106187	96962	2468	633	50
利息支出	Expenses for Interest	82747	73893	1678	669	
营业利润	Operating Profits	3527	13860	731	1098	418
利润总额	Total Profits	-28281	-18785	-2028	742	142
应交所得税	Income Tax	11467	10113	746	302	
本年应付工资总额	Total Wages Payable this Year	463268	422969	32223	4546	1356
资产减值损失	Asset impairment loss	2208	1778	30	531	
公允价值变动收益	Changes in fair value gains	572	555	5		

续表 continued

(10 000 yuan)

联营企业 Joint Ownership Enterprises	有限公司 Limitied Liability Corporation	股份公司 Share holding Corporation Ltd.	私营企业 Private Enterprises	其他企业 Other Enterprises	港澳台 Enterprises With Invest-ment from HongKong Macao and Taiwan	外商投资 Foreign Investment
2	440	42	694	14	26	9
1982	477772	297556	430450	2462	95199	12796
30	39535	4056	44952	252	3163	5592
1305	1353769	259347	962763	10260	133909	122113
925	465123	117485	271028	2488	56767	34168
90	70499	15630	59747	571	6887	5050
3261	1766247	658137	1456210	12215	240246	116310
962	1002868	264591	594574	3424	123131	89100
2154	455562	196010	564593	8073	54207	8355
541	558060	131814	501522	5737	68357	32238
	114135	80176	2208	1503	430	1243
362	16338	1895	4132	200		
179	300912	20172	196520	1314	39830	8373
	111918	29572	298659	2720	5085	1001
	14757		2		23012	2500
			2			19121
4635	850457	134258	1049756	13420	67965	80452
2622	377330	62726	578767	6941	24274	39931
101	44073	8127	50241	620	3839	4631
	45242	617	11204	686	129	57
374	205397	22943	193066	2139	26299	24720
435	216254	29092	146223	2901	17241	7595
19	11756	1890	6905	124	557	222
33	44901	12212	36425	241	6904	2321
32	34745	12653	24041	75	6655	2200
1069	-44369	645	53989	278	-11260	927
1069	-46498	-7135	34492	432	-10368	872
9	3283	630	5056	87	371	983
539	180455	27981	173466	2402	15751	24548
	942	-13	214	74	20	410
	146		405		17	

14-10 续表 1 continued

(10 000 yuan)

住宿业 Hotels	旅游饭店 Tourist Hotel	一般旅馆 General Hotel	其他住宿服务 Other residential services	餐饮业 Catering Services	正 餐 Dinner	快 餐 Snack	饮料冷饮 Beverage and Cold Drinks	其他餐饮 Others
712	474	205	33	598	575	15	5	3
1086087	739007	80415	266664	331087	313735	16807	318	227
59408	43321	7854	8233	42838	35895	6737	167	39
2549550	2238614	232556	78380	558378	504905	51178	1100	1195
918728	821625	53708	43395	153891	131758	21622	202	309
133379	112620	13777	6983	34564	30935	3379	14	236
3583827	2778048	326333	479446	981343	902996	72033	1479	4834
1781781	1467746	141158	172877	422443	378891	43230	196	126
1054515	788741	147385	118389	368655	342444	22307	939	2965
1047081	852088	113274	81720	350799	328409	20215	660	1515
260137	182777	4717	72643	23072	22875	197		
26111	24245	1320	545	4940	4850	90		
429881	388799	37490	3592	144218	129430	13824	452	512
274075	202537	66598	4940	174978	170653	3113	208	1003
40798	37651	3148		548	548			
16080	16080			3043	52	2991		
1396449	1073564	275698	47187	976470	840322	121819	2278	12052
620874	438166	159700	23008	551175	485796	55933	1519	7927
72528	56898	13231	2398	47484	40355	6245	79	805
52738	22856	29353	529	8156	8036	110	10	
305895	263620	39282	2993	209292	162106	46405	332	450
358449	306694	39616	12139	101776	93529	7828	111	309
17190	12790	3902	499	5785	5417	309	24	35
85406	68467	6507	10432	20781	19089	1509	32	151
71609	58078	3625	9906	11138	10464	631	4	39
-45772	-52209	9596	-3159	49298	43061	3603	224	2409
-56183	-68372	16632	-4443	27902	23802	3588	167	345
6236	4184	1931	120	5231	4190	1022	4	15
289109	233148	46215	9746	174159	140096	32876	500	686
1388	1338	17	33	820	409	410	1	
163	134	25	5	409	262	145	1	

14-11 限额以上住宿和餐饮企业经营情况

Business Statistics of Hotels and Catering Services Enterprises above Designated Size

单位：万元 (10 000 yuan)

指标	Item	营业额 Total Operating Revenue		商品零售额 Retail Trade	
		2013	2014	2013	2014
总　计	**Total**	**2585255**	**2486959**	**1700043**	**1590666**
住宿业	**Hotels Trade**	**1492313**	**1448544**	**731420**	**679820**
按登记注册类型分组	By Status of Registration				
内资企业	Domestic Funded Enterprises	1404983	1377544	693481	652046
国有企业	State-owned Enterprises	158710	140756	83155	77046
集体企业	Collective-owned Enterprises	23189	27388	13014	16619
股份合作企业	Cooperative Enterprises	2568	2867	942	
联营企业	Joint Ownership Enterprises	4333	4635	3031	2793
有限责任公司	Limited Liability Corporations	584272	563966	295375	282491
股份有限公司	Share-holding Corporations Ltd.	117615	99308	58545	47776
私营企业	Private Enterprises	509414	534512	237609	222360
其他企业	Other Enterprises	4883	4112	1809	2059
港澳台商投资企业	Enterprises with Funds From Hong Kong,Macao and Taiwan	74508	57019	34192	24040
外商投资企业	Enterprises with Foreign Investment	12821	13981	3748	3734
按国民经济行业分组	By Sector				
旅游饭店	Restaurant for Tourism	1146190	1119071	566040	532171
一般宾馆	Ordinary Hotels	289104	282135	133964	125496
其他住宿服务	Others	57019	47338	31416	22153
餐饮业	**Catering Trade**	**1092942**	**1038415**	**968623**	**910846**
按登记注册类型分组	By Status of Registration				
内资企业	Domestic Funded Enterprises	934698	901182	811379	774593
国有企业	State-owned Enterprises	11164	10276	6533	6163
集体企业	Collective-owned Enterprises	797	899	334	292
股份合作企业	Cooperative Enterprises				
联营企业	Joint Ownership Enterprises				
有限责任公司	Limited Liability Corporations	334211	306768	298691	261822
股份有限公司	Share-holding Corporations Ltd.	33521	37834	30389	36875
私营企业	Private Enterprises	542696	535736	464113	460715
其他企业	Other Enterprises	12309	9670	11320	8726
港澳台商投资企业	Enterprises with Funds From Hong Kong,Macao and Taiwan	20361	13741	19360	12761
外商投资企业	Enterprises with Foreign Investment	137883	123492	137883	123492
按国民经济行业分组	By Sector				
正餐	Dinner	893603	843914	772219	718426
快餐	Snack	186966	180589	184031	178507
饮料及冷饮	Beverage and Cold Drinks	1640	2015	1640	2015
其他餐饮	Others	10734	11898	10734	11898

14-12 批发和零售业、住宿和餐饮业连锁经营情况(2014年)

Business of chain stores above Designated Size of Whloesale and Retail Trade and Catering Services (2014)

项目		Item		合计 Total	直营店 Under Direct Management	加盟店 Through License Arrangement
门店总数	(个)	Number of Stores	(unit)	7446	4273	3173
从业人数	(人)	Employed Persons	(person)	108141	86846	21295
商品购进总额	(万元)	Total Purchases	(10 000 yuan)	8172332	7962470	209861
#统一配送商品购进额	(万元)	#by Centyalized Purchased and Delivery	(10 000 yuan)	7440788	7268655	172133
零售营业面积	(万平方米)	Operational Area of Retail	(10 000 sq.m)	4720697	4492094	228603
商品销售额	(万元)	Sales of Goods	(10 000 yuan)	10750681	10502469	248213
餐饮营业面积	(万平方米)	Operational Area of Cateri	(10 000 sq.m)	441660	169630	272030
客房数	(间)	Number of rooms	(unit)	6250	5050	1200
床位数	(张)	The number of beds	(unit)	9090	7290	1800
餐位数	(个)	Number of Seats	(unit)	180889	75370	105519
营业收入	(万元)	Total Sales	(10 000 yuan)	380372	223098	157274
餐费收入和商品销售额	(万元)	Revenue of Catering and total Sales	(10 000 yuan)	373819	216753	157066

主要统计指标解释

社会消费品零售总额 指企业（单位）通过交易售给个人、社会集团非生产、非经营用的实物商品金额，以及提供餐饮服务所取得的收入金额。

社会消费品零售总额包括：售给城乡居民作为生活消费用的商品金额和修建房屋用的建筑材料，以及售给来华的外国人、华侨、港澳台同胞的消费品金额。

不包括：城市居民间或居民委托信托商店卖出的商品；

售给农业、工业、建筑业等行业用于生产的商品。

批发零售业商品购、销、存总额 指各种登记注册类型的批发、零售业企业(单位)以本企业(单位)为总体的，从国内、国外市场购进的商品总量，销售和出口的商品总量、库存商品总量等情况。该指标可以反映商品流转过程中商品的购进、销售、库存之间的比例关系和存在的问题。

商品购进总额 指从本企业(单位)以外的单位和个人购进(包括从境外直接进口)作为转卖或加工后转卖的商品总额。它反映批发零售贸易业从国内、国外市场上购进商品的总量。商品购进总额包括：(1)从工农业生产者购进的商品；(2)从出版社、报社的出版发行部门购进的图书、杂志和报纸；(3)从各种登记注册类型的批发零售贸易企业(单位)购进的商品；(4)从其他单位购进的商品，如从机关、团体、企业等单位购进的剩余物资，从餐饮业、服务业购进的商品，从海关、市场管理部门购进的缉私和没收的商品，从居民手中收购的废旧商品等；(5)从国(境)外直接进口的商品。不包括企业(单位)为自身经营用和未通过买卖行为而收入的商品以及销售退回、商品升溢等。

商品销售总额 指对本企业(单位)以外的单位和个人出售(包括对境外直接出口)的商品总额。它反映批发零售贸易业在国内市场上销售商品以及出口商品的总量。商品销售总额包括：(1)售给城乡居民和社会集团消费用的商品；(2)售给工业、农业、建筑业、运输邮电业、批发零售贸易业、餐饮业、服务业等作为生产、经营使用的商品；(3)售给批发零售贸易业作为转卖或加工后转卖的商品；(4)对国(境)外直接出口的商品。不包括出售本企业(单位)自用的废旧包装用品、未通过买卖行为付出的商品、经本单位介绍，由买卖双方直接结算，本单位只收取手续费的业务、购货退出的商品以及商品损耗和损失等。

批发零售业库存 指报告期末各种登记注册类型的批发零售贸易企业(单位)已取得所有权的商品。它反映批发零售贸易企业(单位)的商品库存情况和对市场商品供应的保证程度。期末库存包括：(1)存放在批发零售贸易业经营单位(如门市部、批发站、经营处)仓库、货场、货柜和货架中的商品；(2)挑选、整理、包装中的商品；(3)已记入购进而尚未运到本单位的商品，即发货单或银行承兑凭证已到而货未到的部分；(4)寄放他处的商品，如因购货方拒绝承付而暂时存放在购货方的商品和已办完加工成品收回手续而未提回的商品；(5)委托其他单位代销(未作销售或调出)尚未售出的商品；(6)代其他单位购进尚未交付的商品。不包括所有权不属于本单位的商品、拨付除批发零售贸易业以外的其他行业所属独立核算加工厂等加工生产尚未收回成品的商品、代国家物资储备部门保管的商品等。

库存总额采用的计算价格是：农副产品采购单位按购进价计算；批发单位按进货价计算；零售单位按核算价格计算，即按什么价格核算就按什么价格计算。

住宿餐饮业营业额 指住宿和餐饮业法人企业、产业活动单位在经营活动中因提供服务或销售商品等取得的收入，包括客房收入、餐费收入、商品销售收入和其他收入。客房收入指住宿和餐饮业法人企业、产业活动单位在经营活动中因提供住宿服务取得的客房收入。餐费收入指住宿和餐饮业法人企业、产业活动单位因为顾客提供就餐服务取得的收入，包括经烹饪、调制加工后出售的各种食品，如主食、炒菜、凉拌菜等的收入。商品销售收入指住宿和餐饮业法人企业、产业活动单位伴随服务而出售商品所取得的收入。其他收入指营业收入中除客房收入、餐费收入、商品销售收入以外的其他收入，包括娱乐、健身和商务服务等。

亿元商品交易市场成交额 指年成交额达到亿元以上，经工商部门批准、专门从事商品批发、零售业务活动的市场。其市场所有摊位成交总额称为商品交易市场成交额。

连锁企业（或称连锁店、连锁公司） 指在核心企业或总店的领导下，由分散的、经营同类商品或服务的企业或活动单位，采取共同方针，实行集中采购和分散销售的有机结合，通过规范化经营，实现规模效益的经济联合组织形式。一般连锁店应由若干个分店组成。其经营特征：(1)经营同类商品；(2)使用统一商号；(3)统一采购配送，采购与销售相分离（部分商品可根据物流合理和保质保鲜原则，由供应商直接送货到门店，其余均由总部统一配送）。

连锁门店包括下列三种形式：

直营连锁：也叫正规连锁。连锁门店均由总部独资或控股开设，在总部的直接领导下统一经营。总部采取纵深似的管理方式，直接下令掌管所有的零售门店，零售门店也必须完全接受总部指挥。他是大型垄断商业资本通过吞并、兼并或独资、控股等途径，发展壮大自身实力和规模的一种形式。

特许连锁：各连锁门店（被特许人）通过合同形式，取得使用总部（特许人）商标、商号、经营技术和销售总部开发的商品的特许权，各加盟连锁门店为独立法人，在总部指导下统一经营。

自由连锁：也称自愿连锁。连锁公司的门店均为独立法人，各自的资产所有权关系不变，在公司总部的指导下共同经营。各成员店使用共同的店名，与总部订阅有关购、销、宣传等方面的合同，并按合同开展经营活动。在合同规定的范围之外，各成员店可以自由活动。根据自愿原则，各成员店可自由加入连锁体系，也可自由退出。

特许连锁加上自由连锁等于加盟连锁。

Explanatory Notes on Main Statistical Indicators

Total Retail Sales of Consumer Goods refers to the sales of physical commodity or the income of catering Services sold or provided by enterprises (units) to indivieduals, Social organizations for non-Production and non-operation purposes.

The Retail Sales of Consumer Goods Includes commodities sold to urban and rural residents for their daily use, building material sold to them for the construction and repair of houses and consumer goods sold to foreigners, overseas Chinese and Chinese compatriots from Hong Kong, Macao and Taiwan.

The Retail Sales of Consumer Goods excludes commodities sold by trust shops commissioned by urban residents and sold among the urban residents. It also excludes commodities sold to agricultural, industrial, construction and other industries for the production.

Retail Sales of the Counties refers to the retail sales of consumer goods sold by various sectors which are set up at the urban districts of the counties and the retail sales of consumer goods sold by the units under the direct jurisdiction of county government distributed at independent industrial and mineral and forestry areas in rural districts.

Retail Sales Below the County Level refers to the retail sales of consumer goods sold by various sectors which are set up at the market towns or rural areas outside the urban districts of the counties and county level cities, but it excludes the retail sales of consumer goods sold by the units which are distributed at independent industrial and mineral and forestry areas in rural districts.

Retail Sales of Wholesale and Retail Trades refers to the retail sales of consumer goods sold to residents and social groups by wholesale and retail businesses, industrial activity units and self-employed from various economic types that specialize in business sales of goods.

Retail Sales of Hotels and Catering Services refers to the retail sales of consumer goods sold to residents and social groups as staple food, food, beverages and tobacco and other commodities by the external business hotels and catering enterprises, industrial units and self-employed activities that specialize in the provision of accommodation services, food cooking modulation,including the retail sales of the external business hotel, train dining car, ship restaurant, the airport restaurant of enterprises or units from various sectors,excluding the sales of no external business staff canteens of agencies, organizations, schools, enterprises and institutions.

The Retail Sales of Other Industries refers to the sales of the corporate enterprise, industrial activity units or self-employed which do not belong to the wholesale and retail, accommodation and catering industry, also engaged in retail activities of life consumer goods or providing accommodation services.

Purchase, Sales and Stock of Commodities by Wholesale and Retail Trades refers to the total volume of commodities purchased, total volume of sales and exports, and the stock of commodities by wholesale and retail enterprises (establishments) of different status of registration from domestic and overseas markets. This indictor reflects the relationship among purchase, sales and stock of commodities in the circulation of goods and reveals the existing problems.

Total Purchases of Commodities refer to the total value of purchases of commodities by the enterprises (establishments) from other establishments or individuals (including direct import from abroad) for the purpose of re selling, either with or without further processing of the commodities purchased. This indicator is used to show the total value of purchases of commodities by wholesale and retail establishments from domestic and overseas markets. The total purchases include: (1) agricultural and industrial products purchased from producers; (2) books, magazines and newspapers purchased from distribution departments of the publishers; (3) commodities purchased from wholesale and retail establishments of different status of registration; (4) commodities purchased from other units, such as surplus materials purchased from government agencies, enterprises or institutions, commodities purchased from catering and service establishments, confiscated goods purchased from customs authorities or market management agencies, second hand goods and wastes purchased from residents; and (5) commodities directly imported from abroad. Excluded are commodities purchased by enterprises (establishments) for use in their own business operation, commodities obtained without buying or selling procedures, rejected commodities, etc.

Total Sales of Commodities refer to value of commodities sold by the establishments to other establishments and individuals (including direct export). This indicator is used to show the total value of sales of commodities at domestic markets and export. The total sales include: (1) commodities sold to urban and rural residents and social groups for their consumption; (2) commodities sold to establishments in industry, agriculture, construction, transportation, post and telecommunications, wholesale and retail trades, catering trade and public utility for their production and operation; (3) commodities sold to wholesale and retail establishments for re selling, with or without further processing;and (4)commodities for direct export to other countries. Excluded are selling of waste packaging materials used by the establishments (units) themselves, commodities transferred without buying or selling procedures, commission income from brokerage in transactions whose settlement is directly handled by buyers and sellers, rejected commodities in the purchase, loss in commodities, etc.

Commodity Stock of Wholesale and Retail Enterprises refers to total commodities possessed by wholesale and retail enterprises (units) of various types of registration status at the end of the reference period, which reflects the commodity stock level of various wholesale and retail enterprises and the potential for market supply. It includes: (1) commodities located in storage, garages, counters, and shelves of operating units (such as sale stores, wholesale centers, and operating offices) of wholesale and retail enterprises; (2) commodities in the process of selecting, sorting, and packing; (3) commodities not arrived but recorded as purchase in the account, i.e. commodities not arrived but payment receipts for the commodities from the sellers or the banks arrived; (4) commodities deposited in other places rather than places mentioned above, for instance: commodities in the hold of purchasers temporarily due to the refusal of payment and commodities not taken back after going through the formalities; (5) commodities entrusted to other units to sell but not sold yet; (6) commodities purchased for other units but not delivered yet. Commodities not included as stock are those not owned by the enterprises (units), those allocated to financially independent factories rather than wholesale and retail enterprises for processing but not taken back yet, and finally those put in stock by wholesale and retail enterprises on behalf of the state material reserves units.

For the calculation of the value of commodities stock, the value is calculated at purchasing prices in agricultural goods purchasing units and wholesale units, and at the accounting prices in retail units.

Business Revenue of Hotels and Catering Services refer to revenue received from providing services or selling commodities by corporate enterprises and establishments engaged in hotel and catering services, including income from hotel rooms, from catering services, from selling of commodities and from other services. Income from hotel rooms refers to income of corporate enterprises and establishments by providing lodging services. Income from catering services refers to income of corporate enterprises and establishments by providing catering services, including selling of cooked or prepared foods such as stable food, cooked dishes or cold dishes. Income from selling of commodities refers to income of corporate enterprises and establishments by selling commodities that accompany the services they provide. Income from other activities refers to income received other than income from hotel rooms, catering services or selling of commodities, such as income from providing recreation, fitness or business services.

Volume of Transaction at Large Commodity Markets (with transaction value over 100 million yuan) refers to markets approved by the industrial and commercial administration departments, which specialize in wholesale and retail of commodities with an annual transaction of over 100 million yuan. The sum of sales of all sellers in the markets makes up the transaction value of the markets.

Chain Enterprises (also called chain stores or chain corporations) refer to a form of joint economic entities under which scattered enterprises or establishments engaged in providing homogeneous commodities or services, with the central leadership of core enterprise or headquarters and guided by common policies, conduct centralized purchase and distributed selling of commodities, in order to gain better efficiency through standardized operation. Consisting of a number of branch stores, the chain stores have in general following features: 1) homogeneous commodities, 2) unique name of stores, 3) centralized purchase and delivery which is separated from distributed selling operation (most commodities are delivered from the headquarters except some items which, from logistics, quality or freshness considerations, might be delivered by the suppliers directly).

Chain stores have 3 categories:

a) Chain stores under direct management: These are formal chain stores invested or controlled by the headquarters. They operate under the direct and unified management from the headquarters. Adopting a direct management approach, the headquarters give orders and control all retail stores, which follow completely the directives from the headquarters. Large monopolized commercial companies develop and expand their business through purchasing, merging, direct investment and controlling of shares.

b) Chain stores through special permit: Through contracts, chain stores (or their owners) obtain licenses from the headquarters to use designated trade marks, names, operation know how, and to sell the commodity developed by the headquarters. Under this arrangement, each store in the chain is an independent legal entity and operates under the guidance from the headquarters.

c) Chain stores through voluntary arrangement: Under this arrangement, all stores operate together under the guidance of the headquarters, while maintaining their status of independent legal entities with full ownership of their assets. They use the same store name, sign contracts with the headquarters concerning purchase, sale, publicity, etc. and operate under the contract. They are free to engage in other activities which are not bounded in the contract. They could join or leave the chain on voluntary basis.

Chain stores through special permit and those through voluntary arrangement make up chain stores through license arrangement.

15 教育和科技

Education, Science and Technology

资料整理人员：蔡冬娥　肖首雄　阳小林
刘　峰　赵莉淇

15-1 教育基本情况
Basic Statistics for Education

年份 Year	专任教师数(人) Number of Full-time Teachers (person)				在校学生数（万人） Student Enrollment (10 000 persons)				每万人口在校大学生数(人) University & College Student Enrollment per 10 000 Population (person)
	普通高等学校 Institutions of Higher Education	普通中等学校 Secondary Schools	普通中学 Regular Secondary Schools	小学 Primary Schools	普通本专科 Institutions of Higher Education	普通中等学校 Secondary Schools	普通中学 Regular Secondary Schools	小学 Primary Schools	
1949	500	1700	4400	92900	0.26	3.00	11.43	192.26	1.0
1950	600	600	3300	70300	0.26	0.90	5.00	116.88	1.0
1951	700	900	3500	90700	0.37	2.00	5.07	218.75	1.0
1952	800	1000	4700	96500	0.63	2.30	12.34	274.86	2.0
1953	900	1300	5800	102700	0.65	2.40	13.75	295.92	2.0
1954	1000	1400	6800	99200	0.79	2.20	15.48	276.40	2.0
1955	1200	1300	6900	100600	0.84	1.90	15.58	314.74	2.3
1956	1500	1500	7800	105600	1.18	2.20	20.28	383.65	3.4
1957	1800	1700	9100	110100	1.36	2.60	23.16	385.20	4.0
1958	2100	2900	16200	136700	2.24	7.90	47.22	525.71	6.0
1959	2600	3200	15400	142400	2.76	6.20	41.47	528.84	6.0
1960	4100	6200	20000	154000	3.94	12.70	54.73	573.35	11.0
1961	4600	4200	18800	142000	3.41	4.30	36.04	448.27	9.6
1962	4600	2200	18000	135300	2.91	2.20	30.30	376.09	8.0
1963	4400	2400	17900	135900	2.60	2.00	30.84	385.87	7.0
1964	3900	2600	18800	140400	2.09	1.90	36.83	494.80	5.5
1965	4000	2500	19800	142700	2.18	2.30	40.84	497.74	6.0
1966	3700	2800	22900	159300	1.92	3.10	49.99	550.61	5.0
1967	3700	2800	21500	161900	1.57	2.40	49.45	518.02	4.0
1968	3800	2600	28300	161900	1.10	1.40	54.54	476.93	3.0
1969	3700	1400	41700	176600	0.70	0.20	86.19	480.11	2.0
1970	4000	1200	56800	171100	0.43	0.80	123.58	516.91	1.0
1971	3600	1600	78500	186100	0.32	1.30	149.74	563.25	0.7
1972	4700	2000	81400	213600	1.03	1.60	171.72	650.79	2.0
1973	5200	2100	80100	236300	1.67	2.70	162.45	711.35	4.0
1974	5600	3000	79000	263600	2.18	3.50	165.86	809.73	4.5
1975	6000	3100	103600	274700	2.44	3.70	231.60	837.54	5.0
1976	6800	3400	151800	281600	2.55	3.20	320.47	842.69	5.0
1977	7300	3900	173500	280500	2.81	3.10	368.93	825.73	5.0
1978	8200	4200	166600	284800	3.57	3.50	346.44	829.32	7.0
1979	9200	5000	152800	293200	4.32	5.40	305.23	830.33	8.0

15-1 续表 continued

年份 Year	专任教师数(人) Number of Full-time Teachers (person) 普通高等学校 Institutions of Higher Education	普通中等学校 Secondary Schools	普通中学 Regular Secondary Schools	小学 Primary Schools	在校学生数（万人） Student Enrollment (10 000 persons) 普通本专科 Institutions of Higher Education	普通中等学校 Secondary Schools	普通中学 Regular Secondary Schools	小学 Primary Schools	每万人口在校大学生数(人) University & College Student Enrollment per 10 000 Population (person)
1980	9800	5700	149100	303200	5.45	5.40	281.77	832.24	10.0
1981	8900	6000	139900	311500	5.47	4.50	251.95	830.48	10.0
1982	10000	6500	134600	308500	4.82	4.40	243.59	810.64	8.8
1983	10600	6900	130000	311800	5.15	5.00	233.14	798.48	9.0
1984	11200	6700	129700	311400	5.82	5.70	242.36	791.56	10.0
1985	12700	6700	136400	313400	7.13	6.70	248.15	773.44	13.0
1986	13500	7400	142600	308300	7.82	7.30	262.53	759.23	14.0
1987	14300	8300	150400	306700	8.34	7.70	267.17	738.43	14.0
1988	14500	8700	153600	308600	8.73	9.20	251.88	721.65	14.7
1989	14500	9100	159000	321700	8.90	10.20	249.62	705.82	15.0
1990	14400	9100	158100	306600	8.82	9.90	253.78	693.96	14.0
1991	14200	9100	163100	305700	8.86	9.90	257.03	687.63	14.0
1992	14300	9200	166200	300400	9.54	10.70	252.87	685.04	15.0
1993	14500	9500	168600	300300	11.10	12.90	250.45	697.32	17.7
1994	15000	9700	172000	298800	12.31	15.40	265.35	715.35	19.5
1995	15300	10600	179100	298000	13.04	18.60	285.41	736.65	20.0
1996	15700	11600	187100	298500	13.57	21.30	305.22	765.91	21.2
1997	15900	12300	194800	299500	14.37	23.70	323.24	787.13	22.0
1998	16500	12400	201800	304100	15.67	25.90	336.23	769.35	24.0
1999	17990	11934	212435	307404	19.40	27.30	356.00	721.40	30.0
2000	20317	10775	223693	306387	25.31	25.83	391.73	663.93	38.7
2001	23878	9036	236161	291574	33.13	24.09	425.59	601.26	50.2
2002	30557	8598	248245	276535	41.94	22.37	466.91	529.49	63.3
2003	33229	6377	259281	260704	53.72	22.65	488.78	468.69	80.6
2004	38345	5362	260897	248345	62.60	24.60	471.90	432.60	93.5
2005	45272	25962	261449	246112	74.24	70.56	429.11	419.83	110.3
2006	49470	28099	256047	247567	81.95	75.78	384.62	429.31	121.0
2007	54751	30628	251451	249994	89.05	83.10	354.31	444.84	130.9
2008	57651	30040	246257	250229	94.86	76.35	333.92	458.44	138.6
2009	58846	29514	243831	250365	101.38	80.87	320.78	469.15	146.9
2010	59557	28004	240494	250039	104.43	76.48	316.82	479.16	147.3
2011	61156	27977	268602	222630	106.79	77.88	317.72	490.32	161.9
2012	62541	27293	238277	246859	108.05	73.42	313.77	473.79	162.7
2013	63869	24827	236461	246273	110.08	65.07	318.39	467.81	210.6
2014	64919	25106	238543	248118	113.5	64.48	326.34	473.84	214.5

注：2005年之后普通中等专业学校数为中等职业教育学校数据。2013年每万人口在校大学生数包含了研究生65276人，成人本专科232228人，普通本专科1100770人。

Prior to 2005 number of secondary vocation in shcools as number of regular specialized secondary schools. In 2013, number of university & college student enrollment included graduate students, adult colleges and eneral of the specialty.

15-2 各级学校单位数及教职工数
Number of Schools and School Staff

年 份 Year	普通高等学校 Regular Institution of Higher Education	中等职业教育学校 Secondary Vocationl Schools	职业中学 Vocational Secondary Schools	技工学校 Technical Schools	普通中学 Regular Secondary Schools	普通小学 Primary Schools	特殊教育学校 Special Education Schools	学前教育 Pre-school education
单位数(所)	Number of Schools (unit)							
1980	46	117	179	115	7411	53400		15295
2000	52	144	539	167	4505	34521	57	5473
2005	93	665	477	147	4560	17108	53	4359
2006	96	677	496	138	4394	15859	52	4528
2007	99	708	534	140	4257	14677	51	4751
2008	100	687	539	144	4129	13929	50	5516
2009	115	682	533	128	4032	13263	51	6453
2010	117	626	486	129	3933	12692	54	7829
2011	120	567		129	3904	10824	58	9488
2012	106	525		129	3885	10165	61	11030
2013	107	496		129	3878	9270	69	12236
2014	109	501		129	3894	8560	76	12935
教职工数(人)	Number of Teachers and Staff (person)							
1980	24462	13262	1242	6391	192400	321900		39900
2000	46642	21078	22375	10050	259989	324199	1203	39790
2005	80766	39753	26081	8955	305413	261560	1213	37864
2006	86031	43243	30020	8890	300958	263305	1245	42932
2007	90417	46733	33309	8669	294108	264623	1314	49181
2008	93303	45475	32686	9217	288168	265680	1338	58230
2009	94428	44459	32023	9394	285576	266878	1397	69731
2010	94871	41822	29926	10074	281722	266854	1531	88538
2011	95652	40070		11097	312162	235773	1656	107361
2012	96322	38410		11552	309794	231358	1673	126187
2013	96915	33342		11820	301044	226699	1733	143739
2014	97652	33272		11229	301432	226307	1826	157461

注：本表高等学校含3所部属院校，不含军事院校、分院校和大专班。

Regular institutions of higher education includes three institutions managed by the national ministry,excluding military institutions, branches and Specialized Subject class.

15-3 各级学校招生及毕业生数
New Student Enrollment and Graduates

单位：人 (person)

年 份 Year	普通高等学校 Regular Institution of Higher Education	中等职业教育学校 Secondary Vocationl Schools	职业中学 Vocational Secondary Schools	技工学校 Technical Schools	普通中学 Regular Secondary Schools	高中 Senior Secondary Schools	初中 Junior Secondary Schools	普通小学 Primary Schools	特殊教育学校 Special Education	学前教育 Pre-school education
招生数	New Student Enrollment									
1980	13004	20515	9267	16071	934300			1657300		
2000	101020	63625	93447	26683	1518734	260515	1258219	717496	2090	583324
2005	246520	317819	192156	60779	1325504	512714	812790	710905	1181	687422
2006	263799	314465	203364	59657	1216865	489621	727244	785684	1347	723322
2007	288712	336757	220657	56460	1171706	438131	733575	862812	2317	749784
2008	307575	280488	200876	61200	1111499	392351	719148	847528	2443	825608
2009	323592	348884	195299	60378	1076485	356521	719964	833027	2246	878680
2010	309776	302889	173050	59516	1104881	370508	734373	863796	2174	1001644
2011	310172	279918		51484	1104813	369889	734924	869704	1117	1035175
2012	324526	253092		46643	1112562	370069	742493	880773	1132	1082809
2013	325880	228682		40878	1140231	373754	766477	847605	2240	974589
2014	344724	227065		37444	1110833	365462	745371	813950	2924	1061997
毕业生数										
1980	1306	21260	2469	6114	522900			1297800		
2000	42428	73076	68800	20479	1000980	145587	855393	1302004	1138	
2005	147642	187911	98870	37958	1591964	340207	1251757	815684	760	
2006	187456	215907	119210	39551	1540757	378477	1162280	716297	937	
2007	207604	256378	152676	42407	1357555	408711	948844	712920	1538	
2008	240027	269438	181021	43441	1204202	429998	774204	702820	1551	
2009	253795	273181	184098	47353	1108959	415666	693293	718528	1606	
2010	275285	282883	172902	44142	1059256	361786	697470	723227	1378	
2011	284178	225490		45149	1018307	325598	692709	730155	613	516842
2012	305674	251480		41949	998786	310055	688731	770212	634	735088
2013	325880	237119		40248	983228	316720	666508	770482	1286	799267
2014	295442	205099		28593	972811	320363	652448	741023	1202	827392

注：2005年之前中等职业教育学校数据为普通中等专业学校数。

Prior to 2005 number of secondary vocational education in schools as number of regular specialized secondary schools

15-4 研究生在校学生、招生及毕业生数
Student Enrollment, New Student Enrollment and Graduates of Postgraduates

单位：人 (person)

年 份	招生数 New Student Enrollment	毕业生数 Graduates	在校学生数 Student Enrollment
1980	77		347
1985	1104	296	2016
1988	769	1067	2538
1989	600	862	2311
1990	705	812	2165
1991	687	783	2035
1992	734	543	2168
1993	911	668	2357
1994	1209	630	2864
1995	1209	710	3307
1996	1400	876	3775
1997	1383	1087	4027
1998	1723	1131	4552
1999	2380	1394	5585
2000	3475	1311	7729
2001	4575	1639	10589
2002	5832	1942	14147
2003	8597	3099	19421
2004	10656	4148	26083
2005	11702	5243	32676
2006	13260	7329	38711
2007	14088	9492	43343
2008	14876	10982	46815
2009	17326	12434	51809
2010	18270	13145	56221
2011	18942	14338	60097
2012	19801	16216	62745
2013	18473	15745	54454
2014	18795	17414	55121

15-5 普通高等学校本科在校学生、招生及毕业生数
Student Enrollment, New Student Enrollment and Graduates of Colleges and Universities

单位：人 (person)

项目	Item	在校学生数 Student Enrollment		招收学生数 New Student Enrollment		毕业生数 Graduates	
		2013	2014	2013	2014	2013	2014
总　计	**Total**	**591712**	**665305**	**151683**	**168880**	**129528**	**151349**
哲　学	Philosophy	288	293	100	95	78	75
经济学	Economics	39007	38951	9948	8913	8154	8680
法　学	Law	19889	21283	5411	5862	4085	4505
教育学	Education	24387	23132	7303	6334	4801	5060
文　学	Literature	64842	65371	16399	16657	17157	16192
历史学	History	1712	1811	493	543	350	411
理　学	Science	38544	39966	10317	11013	9425	9094
工　学	Engineering	217810	220795	55544	56406	48231	50960
农　学	Agriculture	8948	9256	2173	2661	2140	2246
医　学	Medicine	61303	62623	12983	13497	11576	13268
管理学	Administration	114982	118618	31012	30048	23531	26747

15-6 普通高等学校、中等职业教育学校教职工情况

Staff and Workers in General Institutions of Higher Education and Specialized Secondary Schools

单位：人 (person)

类别	Item	高等学校 General Institutions of Higher Education			中等职业教育学校 Specialized Secondary Schools		
		2012	2013	2014	2012	2013	2014
教职工	**Staff and Teachers**	**96322**	**96915**	**97652**	**38410**	**33342**	**33272**
#校部教职工	#Staff and Workers	91134	92065	92966	37777	33201	33110
#专任教师	#Full-time Teachers	62541	63869	64919	27293	24827	25106
教辅人员	Auxiliary Teaching Staff	9070	8908	9142	3009	2396	2137
行政人员	Administrative Personnel	13294	13286	13307	4433	3576	3523
工勤人员	Logistics Personnel	6229	6002	5598	3042	2402	2344

15-7 普通高等学校分科专任教师情况(2014年)

Full – Time Teachers in General Institutions of Higher Education by Field of Study (2014)

单位：人 (person)

类别	Item	合 计 Total	正高级 Professors	副高级 Asso. Professors	中 级 Lecturers	初 级 Assistants	无职称 Instructors
总　计	**Total**	**64919**	**7037**	**18828**	**27198**	**7316**	**4540**
哲　学	Philosophy	1806	248	593	726	141	98
经济学	Economics	3596	358	1060	1525	373	280
法　学	Law	2423	288	717	1067	201	150
教育学	Education	5494	428	1462	2338	775	491
文　学	Literature	9258	634	2452	4420	1110	642
历史学	History	539	104	147	219	37	32
理　学	Science	6603	634	2198	2531	539	367
工　学	Engineering	17859	2078	5374	7450	1747	1210
农　学	Agriculture	1245	208	396	459	107	75
医　学	Medicine	6581	967	2065	2392	805	352
管理学	Adminstration	5338	512	1512	2218	663	433

15-8 中等职业教育分科专任教师和学生数(2014年)

Students and Full-Time Teachers in General Specialized Secondary Schools (2014)

单位：人 (person)

类 别	Item	招生数 New Student Enrollment	毕业生数 Graduates	在校学生数 Student Enrollment	专任教师 Full-time Teachers
总 计	**Total**	227065	205099	644800	25106
农林牧渔类	Denomination of Agriculture and Forestry	9080	13208	28518	647
资源环境类	Denomination of Natural Resources and Environment	303	191	709	35
能源与新能源类	Denomination of Energy Sources	162	49	392	18
土木水利类	Denomination of Civil and Water Conservancy Engineering	6723	5537	19061	234
加工制造类	Denomination of Processing and Manufacture	47317	45408	136314	2135
石油化工类	Denomination of Petrochemical	886	1263	3886	39
轻纺食品类	Denomination of Textile Food	1483	1795	4424	94
交通运输类	Denomination of Transportation	15972	10047	43166	463
信息技术类	Denomination of Information Technique	43012	38485	120140	3008
医药卫生类	Denomination of Sanitation and Medicines	17188	16321	51093	259
休闲保健类	Denomination of Leisure Care	760	743	2760	64
财经商贸类	Denomination of Financial Business	25461	19956	67016	1290
旅游服务类	Denomination of Travel Services	13142	12880	37238	813
文化艺术类	Denomination of Culture and Arts	12813	12359	36515	1397
体育与健身	Denomination of Sports and Fitness	1686	808	3978	520
教育类	Denomination of Education	24411	19075	70289	1474
司法服务类	Denomination of Justice	209		551	43
公共管理与服务类	Denomination of Public Management and Services	4128	5665	13007	440
其他	Other Denomination	2329	1309	5743	836

注：专任教师中含文化基础课教师和实习指导课教师。

Full-time teachers included teachers of basic culture and intern guide.

15-9 普通中学、小学按城乡和主办部门分组的情况(2014年)

Basic Statistics on General Secondary Schools, Primary Schools by Urban and Rural Area and by Department (2014)

单位：人 (person)

类别	Item	合计 Total	按城乡分 By Urban and Rural Areas 城市 Urban Areas	县镇 Counties and Towns	农村 Rural Areas	按主办部门分 By Departments 教育部门和集体办 Schools Run by Educational Departments	其他部门和民办 Schools Run by Other Departments
普通中学	**Regular Secondary Schools**						
学校数 (所)	Number of Schools (unit)	3894	564	1703	1627	3586	308
教职工数	Number of Staff and Teachers	301432	75137	152316	73979	274232	27200
#专任教师数	#Full-time Teachers	238543	59900	124463	54180	221642	16901
招生数	New Student Enrollment	1110833	311805	605110	193918	979283	131550
毕业生数	Number of Graduates	972811	278470	517102	177239	868374	104437
在校学生数	Student Enrollment	3263352	932427	1752022	578903	2889485	373867
普通中学中：高中	**Senior Secondary Schools**						
学校数 (所)	Number of Schools (unit)	580	214	325	41	472	108
专任教师数	Full-time Teachers	68459	25464	39624	3371	63589	4870
招生数	New Student Enrollment	365462	128211	218648	18603	327073	38419
毕业生数	Number of Graduates	320363	120077	185687	14599	289417	30946
在校学生数	Student Enrollment	1057008	384211	620624	52173	951491	105517
普通中学中：初中	**Junior Secondary Schools**						
学校数 (所)	Number of Schools (unit)	3314	350	1378	1586	3114	200
专任教师数	Full-time Teachers	170084	34436	84839	50809	158053	12031
招生数	New Student Enrollment	745371	183594	386462	175315	652240	93131
毕业生数	Number of Graduates	652448	158393	331415	162640	578957	73491
在校学生数	Student Enrollment	2206344	548216	1131398	526730	1937994	268350
小　学	**Primary Schools**						
学校数 (所)	Number of Schools (unit)	8560	1017	2302	5241	8391	169
教职工数	Number of Staff and Teachers	226307	48000	90663	87644	219715	6592
#专任教师数	#Full-time Teachers	248118	51664	97414	99040	238051	10067
招生数	New Student Enrollment	813950	189936	334295	289719	777941	36009
毕业生数	Number of Graduates	741023	163329	328111	249583	703780	37243
在校学生数	Student Enrollment	4738403	1092628	2013781	1631994	4514916	223487

注：1.普通初中学校数包括初级中学、九年一贯制学校和职业初中；普通高中包括完全中学、高级中学和十二年一贯制学校。

2.所有教职工数据均按学校类型统计，专任教师按教育层次统计。以九年一贯制学校为例，教职工全部统计为普通中学教职工，专任教师则分别统计为小学、初中专任教师。

a. Junior Secondary Schools include regular junior secondary schools、nine-year coherent shools and vocational junior secondary school;Senior secondary schools include regular senior secondart schools、full secondary schools and twlve-year coherent schools.

b.All data of staff statistics are according to the school type,full-time teachers in education level statistics. Take nine-year coherent schools as example, all school staff count as secondary school staff, and full-time teachers are respectively primary and junor secondary teachers

15-10 各级学校在校女学生和女教职工数

Number of Female Students and Faculties by Level of School

类 别	Item	2000	2005	2013	2014
女学生 (万人)	**Number of Female Students (10 000 persons)**	**531.25**	**468.13**	**454.61**	**473.62**
普通高等学校	Regular Institutions of Higher Education	9.58	34.16	55.85	58.76
中等职业学校	Secondary vocational schools	15.06	14.51	32.38	31.80
普通中学	Regular Secondary Schools	179.12	201.92	149.39	152.12
普通小学	Primary Schools	317.81	197.10	213.88	217.62
女学生占全部学生 (%)	**Percentage of Female Students to Total Students (%)**	**47.09**	**47.39**	**46.98**	**47.24**
普通高等学校	Regular Institutions of Higher Education	37.85	46.02	50.80	51.71
中等职业学校	Secondary vocational schools	58.29	56.07	49.75	49.32
普通中学	Regular Secondary Schools	45.73	47.05	46.92	46.61
普通小学	Primary Schools	47.87	46.95	45.72	45.93
女教职工(万人)	**Number of Female faculties (10 000 persons)**	**24.79**	**29.45**	**31.85**	**32.86**
普通高等学校	Regular Institutions of Higher Education	0.69	3.40	4.49	4.58
中等职业学校	Secondary vocational schools	0.43	0.33	1.43	1.44
普通中学	Regular Secondary Schools	8.13	11.53	13.19	13.63
普通小学	Primary Schools	14.95	13.12	12.73	13.15
女教职工占全部教职工(%)	**Percentage of Female faculties to Total faculties (%)**	**42.97**	**43.19**	**48.40**	**49.79**
普通高等学校	Regular Institutions of Higher Education	33.96	42.09	46.36	46.91
中等职业学校	Secondary vocational schools	39.90	41.65	42.97	43.27
普通中学	Regular Secondary Schools	36.34	37.76	43.81	45.21
普通小学	Primary Schools	48.79	50.15	56.16	58.13

15-11 平均每万人口中在校学生

Student Enrollment Per l0,000 Population

项目	Item	2000	2005	2013	2014
各类普通学校在校学生占全省人口 (%)	**Students as Percentage of Total Population (%)**	**17.24**	**14.67**	**17.82**	**18.02**
平均每万人口中在校学生 (人)	**Student Enrollment Per l0 000 Population (person)**				
普通高等学校	Regular Institutions of Higher Education	38.70	110.27	210.60	214.52
中等职业教育学校	Secondary Vocationl Schools	665.50	637.41	98.00	95.71
普通小学	Primary Schools	1011.77	623.63	704.60	703.32

注：1. 本表未包括技工学校在校学生。

2. 各类普通学校在校学生数包括普通高校、中等职业教育学校（普通中专、成人中专、职业高中）、普通中小学的在校学生数。

3. 2006年起中等学校改为中等职业教育.

a. Secondary schools excludes schools for skilled workers.

b. The number of student enrollment refers to that of students enrolled in regular institutions of higher education, Secondary Vocationl schools, regular secondary schools and primary schools.

c.From 2006,Secondary Schools change Secondary Vocationl Schools.

15-12 民办(私立)学校情况
Statistics on Private Schools

单位：人 (person)

项目		Item		2000	2005	2013	2014
普通中学		**Regular Secondary Schools**					
学校数	(所)	Number of Schools	(unit)	166	375	276	288
教职工数		Staff and Teachers		4845	21440	23391	25644
专任教师数		Full-time Teachers		3367	16101	14074	15593
毕业生数		Graduates		9035	97653	93084	97547
招生数		New Student Enrollment		43333	141602	122164	124893
在校学生数		Student Enrollment		90112	390572	328875	353240
普通小学		**Primary Schools**					
学校数	(所)	Number of Schools	(unit)	213	180	129	145
教职工数		Staff and Teachers		2451	5093	5498	5749
专任教师数		Full-time Teachers		1713	3677	8426	9292
毕业生数		Graduates		6183	15520	31836	34942
招生数		New Student Enrollment		5572	14077	32999	33695
在校学生数		Student Enrollment		45911	87627	191613	209837

15-13 特殊教育学校基本情况
Basic Statistics on Schools for Special Education

单位：人 (person)

项目		Item		2000	2005	2013	2014
各类特殊学校数	(所)	Number of Schools for Special Education	(unit)	57	53	69	76
教职工数		Staff and Teachers		1203	1213	1733	1826
专任教师数		Full-time Teachers		918	928	1403	1527
毕业生数		Graduates		1138	760	1677	1202
招生数		New Student Enrollment		2090	1181	2240	2924
在校学生数		Student Enrollment		12179	9270	10097	15697

15-14 各类学校代课教师及临时工人数
Provisional Teachers and Temporary Workers by Type of School

单位：人 (person)

项 目	Item	2000	2005	2013	2014
普通中学	**Regular Secondary Schools**				
代课教师	Provisional Teachers	2593	3263	2713	2162
兼任教师	Part-time Teachers	440	1010	980	432
技工学校	**Various Technical Schools**				
兼职教师	Part-time Teachers	1233			
普通小学	**Primary Schools**				
代课教师	Provisional Teachers	15718	3455	6986	7129
兼任教师	Part-time Teachers	71	559	596	586

15-15 平均每一教职工负担学生
Student/ Staff and Worker Ratio

单位：人 (person)

项目	Item	2000	2005	2013	2014
平均每一教职工负担的学生	**Student - Teacher Ratio**				
普通高等学校	Regular Institutions of Higher Education	5.50	9.19	12.88	13.22
中等职业学校	Secondary vocational schools	12.00	32.54	19.52	19.38
普通中学	Regular Secondary Schools	15.10	14.05	10.58	10.83
普通小学	Primary Schools	20.50	16.05	20.64	20.94
平均每一专任教师负担的学生	**Student - Full-time Teacher Ratio**				
普通高等学校	Regular Institutions of Higher Education	12.50	16.40	17.11	19.88
中等职业学校	Secondary vocational schools	23.97	53.89	26.21	25.68
普通中学	Regular Secondary Schools	17.50	16.41	13.46	13.68
普通小学	Primary Schools	21.70	17.06	19.00	19.10

15-16 初中和小学毕业生升学率及学龄儿童入学率
Percentage of Graduates of Junior Middle Schools and Primary Schools Entering Higher Level Schools, Percentage of School - Age Children Enrolled

项目	Item	2000	2005	2013	2014
初　中	**Junior Middle Schools**				
毕业生数 (万人)	Number of Graduates (10 000 persons)	85.77	125.18	66.65	65.24
高级中等学校招生数 (万人)	New Student Enrollment of Senior Secondary Schools (10 000 persons)	43.87	76.13	58.2	57.79
升学率 (%)	Percentage of Graduates (%)	51.15	60.82	87.32	88.57
小　学	**Primary Schools**				
毕业生数 (万人)	Number of Graduates (10 000 persons)	130.20	81.57	77.05	74.10
初级中等学校招生数 (万人)	New Student Enrollment of Junior Secondary Schools (10 000 persons)	126.34	81.29	76.65	74.54
升学率 (%)	Percentage of Graduates (%)	97.04	99.66	99.48	100.59
学龄儿童 (万人)	**School-age Children (10 000 persons)**	645.08	396.59	424.55	455.21
已入学学龄儿童 (万人)	School-age Children Enrolled in Schools (10 000 persons)	634.90	392.76	424.39	455.05
入学率 (%)	Enrollment Rate (%)	98.40	99.03	99.96	99.96

注：2006年起初中升学率包括：普通高中招生数、职业高中招生数、技工学校招生数、普通中专招收初中应届毕业生数、成人中专招收初中应届毕业生数。

From 2006, the percentage of graduates in junior middle schools includes: the number of new student enrollment in senior schools, vocational high schools, technical training schools, vocational secondary schools and adult vocational schools.

15-17 学前教育基本情况
Basic Statistics on Pre-school Education

项目	Item	2000	2005	2013	2014
幼儿园个数 (所)	Number of Kindergartens (unit)	5473	4359	12237	12935
班数 (个)	Number of Classes (unit)	29896	30987	68492	67672
在园幼儿数 (万人)	Student Enrollment (10 001 persons)	62.87	82.17	191.24	203.17
教职工数 (万人)	Number of Staff and Teachers (10 001 persons)	3.98	3.79	14.37	15.75
#专任教师	#Full-time Teachers	3.39	1.97	7.12	7.78

15-18 各类专业技术人员
Various Specialized Technical Personnel

单位：人 (person)

项 目	Item	2013			2014		
		合计 Total	企业 Enterprise	事业 Institutions	合计 Total	企业 Enterprise	事业 Institutions
总 计	**Total**	**1012056**	**105573**	**906483**	986510	101606	884904
#高级职称	#Senior	106546	5422	101124	112198	5054	107144
中级职称	Secondary	462146	29268	432878	448857	28508	420349
#女性	#Female	367055	36666	330389	430163	35548	394615
#自然科学	#Natural Sciences	896808	60228	851463	877492	44064	833428
#社会及人文科学	#Social Sciences and Humanities	115248	45345	55020	109018	57542	51476

注：此表未包括国家机关与人民团体中的专业技术人员。2008年起，本表数据不含中央在湘单位，国有单位改为公有经济企业，集体单位改为事业单位(下表同)。事业单位自然科学和社会及人文科学只统计正式在册人员。

Technicians from government offices and mass organizations were excluded. Form 2008, Technicians from center units in Hunan province were excluded. State-Owned units changed into State-Owned Enterprises , Collective-Owned units changed into Institutions (The same as the following). Natural Sciences and Social Sciences and Humanities of Institutions only count Officially registered workers.

15-19 自然科学研究获奖成果
Number of Achievements in Natural Scientific Research

单位：项 (item)

项 目	Item	2000	2005	2013	2014
省自然科学奖	Provincial Natural Sciences Prize			31	31
省技术发明奖	Provincial Invention Prize			22	21
省科技进步奖	Provincial Scientific Technological Progress Prize	360	148	170	175
国家科学技术进步奖	National Scientific Technological Progress Prize	13	19	15	20
国家批准授予的发明奖	National Invention Prize		2	4	3
国家自然科学奖	National Natural Sciences Prize	1		1	2

15-20 科技成果情况(2014年)

Statistics on Achievements of Science and Technology (2014)

单位:项 (item)

项 目	Item	总 计 Total	科研院所 Research Institu-tions	大专院校 Universi-ties and Colleges	工矿企业 Industrial and Mining Enterprises	其 他 Others
项目基本情况	**Basic Statistics on Items**					
登记项目数	Number of Registered Items	947	108	227	457	155
#基础理论成果	#Results of Foundation Theories	59	5	38	1	15
软科学成果	Results of Soft Science	37	5	21	7	4
应用技术成果	Results of Applied Technique	851	98	168	449	136
#鉴定项目数	# Number of Appraised Items	393	52	79	171	91
奖励项目数	Number of Prized Items					
项目计划管理情况	**Statistics of Items Planned Management**					
国家计划项目	National Plan Items	103	23	38	33	9
省部计划项目	Provincial Plan Items	388	62	141	112	73
计划外项目	Non-plan Items	456	23	45	309	79
应用成果水平	**Level of Achievements**					
国际首创或领先	Originate and Keep Ahead at International	32	5	10	15	2
国际先进	International Advanced Level	93	14	18	55	6
国内首创或领先	Originate and Keep Ahead at National	256	34	47	144	31
国内先进	Domestically Advanced Level	113	17	21	49	26
其他	Others	357	28	72	186	71

15-21 三种专利申请与批准项数

Three Types of Patent Applications Examined and Certified

单位：项 (item)

项 目	Item	申请数 Applications Examined 2013	2014	批准数 Applications Granted 2013	2014
总 计	**Total**	**41336**	**44194**	**24392**	**26637**
按种类分	**By Types:**				
发 明	Creation and Inventions	11938	14474	3613	4160
实用新型	Utility Models	18327	19248	15205	15967
外观设计	Designs	11071	10472	5574	6510
按申请人类别分	**By Proposer:**				
个 人	Personal	13885	13822	6704	8028
大专院校	Universities and Colleges	4821	5806	2529	3040
科研单位	Research Institutions	610	596	367	319
工矿企业	Industrial and Mining Enterprises	21676	23524	14673	15126
机关团体	Agencies and Organizations	344	446	119	124

15-22 各类技术合同签订及执行情况(2014年)

Statistics on Contracts Signed and Performed (2014)

项 目	Item	合同数(项) Number of Contracts (item)	合同金额(万元) Contracted Value (10 000 yuan)	#技术交易额 Value of Technical Trade
总 计	**Total**	**4879**	**979337.68**	**526927.62**
技术开发合同	Contracts of Technical Development	2717	327015.52	238489.08
技术转让合同	Contracts of Technical Alienation	222	172341.11	118666.36
技术服务合同	Contracts of Technical Services	1717	460643.12	152354.25
技术咨询合同	Contracts of Technical Consultative	223	19337.93	17417.93

15-23 各级科技计划项目进入技术市场情况(2014年)

Statistics on Different Levels of Scientific Plan Items Put into Technical Markets (2014)

开发类别	Item	总计 Total	国家部门计划 Country Level	省级计划 Province Level	计划外 other
项目个数合计(项)	**Total (item)**	**4617**	**139**	**106**	**4372**
#机关法人	#Official Organ as a Legal Person	30			30
事业法人	Corporation of public utility	1787	31	27	1729
社团法人	Juridical Association	292		2	290
企业法人	Legal body of Enterprise	2354	89	76	2189
自然人	Natural Personal	68	2	1	65
其他组织	Other Organizations	86	17		69
金额合计 (万元)	**Total (10 000 yuan)**	**939039.52**	**105952.26**	**52922.11**	**780165.15**
#机关法人	#Official Organ as a Legal Person	34454.00			34454.00
事业法人	Corporation of public utility	102599.97	38640.06	1801.05	9634.86
社团法人	Juridical Association	12628.16		60.15	12568.00
企业法人	Legal body of Enterprise	774752.31	101022.71	46060.90	627668.70
自然人	Natural Personal	12883.80	380.00	50000.00	7503.80
其他组织	Other Organizations	1721.28	685.49		1035.79

15-24 高新技术产业情况(2014年)

Basic Statistics on High-tech Industries (2014)

项目	Item	企业单位数（个）Number of Enterprises (unit)	高新技术产业总产值（万元）Gross Output Value of High-tech Industries (10 000 yuan)	高新技术产业增加值（万元）Added Value of High-tech Industries (10 000 yuan)
总　计	**Total**	**3263**	**162535889**	**51474655**
#高新技术企业	# High and New Technology Enterprises	1871	119651763	38666834
按登记注册类型分:	**By Registration Status**			
内资企业	Domestic-Funded Enterprises	3036	147608000	46926168
国有	State-owned Enterprises	70	5476686	2399938
集体	Collective-owned Enterprises	8	48695	17396
股份合作	Cooperative Enterprises	9	158949	41275
集体联营	Collective Joint Ownership Enterprises			
国有与集体联营	State-owned and collective-associate Enterprises	2	811	297
国有独资公司	State-funded Corporations	59	8951942	3223312
其他有限责任公司	Other Limited Liability Corporations	804	53688797	18207776
股份有限公司	Share-holding Corporations Ltd.	218	26384971	7530372
私营独资	Private-funded Enterprises	64	1243764	346528
私营合伙	Private Partnership Enterprises	16	735528	206840
私营有限责任公司	Private Limited Liability Corporations	1535	43280919	12665219
私营股份有限公司	Private Share-holding Corporations Ltd.	211	6949783	2106718
其他内资	Other Enterprises	40	687155	180498
港澳台商投资企业	Enterprises With Investment from H.K,Macao and Taiwan	122	8233266	2535852
外商投资企业	Enterprises With Foreign Investment	105	6694623	2012635
按企业规模分:	**By Size:**			
大型企业	Large	208	79877571	26763726
中型企业	Medium	735	37770711	11677348
按高新技术领域分:	**By High-tech Fields:**			
电子信息技术	Electron and Information	474	16133156	5587006
生物与新医药技术	Biological Medicine and Medical Instrument	610	22454827	6647410
航空航天技术	Avigation and Spaceflight	61	1967258	668241
新材料技术	New Materials	756	43843547	11467402
高技术服务业	High-tech Services	135	8749579	4823909
新能源及节能技术	New Energy Resources，Energy Saving	137	6197361	1935739
资源与环境技术	Resources and Environmental Technology	138	3499791	1035064
高新技术改造传统产业	High-technology to Transform Traditional Industries	777	47893481	14562974
其他领域	Other Fields	175	11796890	4746908

15-24 续表 continued

项目	Item	高新技术产业销售收入（万元） Sales Revenue of High-tech Industries (10 000 yuan)	#出口收入(万美元) Exports Revenue (USD 10 000)	高新技术产业利税总额（万元） Peofits and Tax of High-tech Industries (10 000 yuan)	#利润总额 Total of Profit and Tax
总　计	**Total**	**151656667**	**2611984**	**12620136**	**6827177**
# 高新技术企业	# High and New Technology Enterprises	112146779	1973713	9508438	5218869
按登记注册类型分：	**By Registration Status**				
内资企业	Domestic-Funded Enterprises	138756215	1864907	11468692	6140587
国有	State-owned Enterprises	4584931	116115	557134	416162
集体	Collective-owned Enterprises	46573		5201	3661
股份合作	Cooperative Enterprises	1862065		86099	48247
集体联营	Collective Joint Ownership Enterprises				
国有与集体联营	State-owned and collective-associate Enterprises	811		152	121
国有独资公司	State-funded Corporations	9220588	86081	363942	37802
其他有限责任公司	Other Limited Liability Corporations	50309755	962203	4293886	2408457
股份有限公司	Share-holding Corporations Ltd.	25151274	301595	2348962	988565
私营独资	Private-funded Enterprises	991300	8326	69396	34185
私营合伙	Private Partnership Enterprises	707392	11	29638	14707
私营有限责任公司	Private Limited Liability Corporations	39258152	305630	2944476	1836441
私营股份有限公司	Private Share-holding Corporations Ltd.	6089590	82417	734154	337666
其他内资	Other Enterprises	533786	2530	35652	14572
港澳台商投资	Enterprises With Investment from H.K,Macao and Taiwan	7589787	288095	643717	397855
外商投资	Enterprises With Foreign Investment	5310666	458981	507727	288735
按企业规模分：	**By Size:**				
大型企业	Large	73586620	165701	6291712	2998265
中型企业	Medium	34475794	53899	2933699	1791115
按高新技术领域分：	**By High-tech Fields:**				
电子信息技术	Electron and Information	15512492	757006	1468908	1028783
生物与新医药技术	Biological Medicine and Medical Instrument	21381283	171888	1647349	966473
航空航天技术	Avigation and Spaceflight	2031781	19759	143867	93506
新材料技术	New Materials	42511149	613637	3138681	1188523
高技术服务业	High-tech Services	9994292	38582	647259	351695
新能源及节能技术	New Energy Resources，Energy Saving	5002848	82732	436121	260089
资源与环境技术	Resources and Environmental Technology	3097660	92900	219938	138560
高新技术改造传统产业	High-technology to Transform Traditional Industries	41248264	799251	4037293	2262360
其他领域	Other Fields	10876899	36229	880719	537188

15-25 全省R&D活动基本情况(2014年)

Basic Statistics on Scientific Research and Development (2014)

项目	Item	总计 Total	科研机构 Scientific Research Institution	高等学校 Higher Education	工业企业 Industrial Enterprises	非工业企业 Non-Industrial Enterprises	事业单位 Institutions
有R&D活动的单位数（个）	Number of Units Having R&D Activities (unit)	2626	103	112	2203	111	97
R&D人员（人）	R&D Personnel (person)	162548	8270	30973	109994	8984	4327
#女性	Female	36772	2780	11257	19109	1540	2086
#全时人员	Full-time Personnel	100275	7069	11732	74573	5850	1051
R&D人员全时当量（人年）	Full-time Equivalent of R&D Personnel (man-year)	107432	7684	13538	77428	5838	2944
1.基础研究人员	Basic Research	7028	849	6059	84	6	30
2.应用研究人员	Applied Research	13178	1770	6735	2627	678	1367
3.试验发展人员	Experimental Development	87228	5065	745	74717	5154	1547
R&D经费内部支出（万元）	Intramural Expenditure on R&D (10000 yuan)	3679345	168027	268965	3100446	118548	23360
#政府资金	Government Funds	500914	124559	176056	176539	12628	11133
按支出用途分	by Use						
#1.经常费支出	Operating Expenses	3315716	135742	219319	2837933	105191	17532
#人员劳务费	Service Fees	955126	52495	39955	814287	37733	10655
2.资产性支出	Capital Expenditures	363629	32285	49646	262513	13358	5828
#仪器和设备	Instruments & Equipments	333029	22569	43306	248539	12915	5700
按活动类型分	by Activity						
1.基础研究支出	Basic Research	115326	8716	101956	4223	276	155
2.应用研究支出	Applied Research	404031	36520	151541	191421	16805	7743
3.试验发展支出	Experimental Development	3159989	122790	15468	2904802	101467	15462
R&D经费外部支出（万元）	External Expenditure on R&D (10000 yuan)	132610	3263	14602	112062	2378	305
研究机构数（个）	Number of Research Institutions (unit)	2604	132	658	1632	121	61
研究机构R&D人员（人）	R&D Personnel in Research Institutions (person)	58307	8270	8410	35958	3907	1762
研究机构R&D经费支出（万元）	Expenditure on R&D in Research Institutions (10000 yuan)	1237781	168027	52446	947855	64079	5376
R&D项目（课题）数（项）	Number of R&D Projects (item)	45707	1418	33857	9393	688	351
R&D项目（课题）人员全时当量（人年）	Full-time Equivalent of R&D Projects Personnel (man-year)	96789	6787	13532	70304	4598	1569
R&D项目（课题）经费内部支出（万元）	Intramural Expenditure on R&D Projects (10000 yuan)	3127001	116634	189306	2730370	80013	10677

15-26 R&D活动人员情况(2014年)
Personnel of Having R&D Activities (2014)

项目	Item	有R&D活动的单位数（个） Number of Enterprises Having R&D Activities (unit)	R&D人员(人) R&D Personnel (person)	#女性 Femal	1.全时人员 Full-time Person-nel	2.非全时人员 Parttime Person-nel
总 计	**Total**	**2626**	**162548**	**36772**	**100275**	**62273**
按执行部门分组	**By Performer**					
科研机构	Scientific Research Institution	103	8270	2780	7069	1201
高等学校	Higher Education	112	30973	11257	11732	19241
企业	Enterprises	2314	118978	20649	80423	38555
工业企业	Industrial Enterprises	2203	109994	19109	74573	35421
非工业企业	Non Industrial Enterprises	111	8984	1540	5850	3134
事业单位	Institution	97	4327	2086	1051	3276
按国民经济行业分组	**By Sector**					
农、林、牧、渔业	Agriculture, Forestry, Farming of Animals and Fishing	19	119	9	67	52
采矿业	Mining	46	1540	162	934	606
制造业	Manufacturing	2135	106783	18618	72995	33788
电力、燃气及水的生产和供应业	Production and Distribution of Electricity, Gas and Water	22	1671	329	644	1027
建筑业	Construction	47	5738	808	3716	2022
交通运输、仓储和邮政业	Traffic,Transport,Storage and Post	2	52	12	52	
信息传输、计算机服务和软件业	Information Transfer,Computer Services and Software	19	480	101	408	72
金融业	Finance	3	244	37	191	53
租赁和商务服务业	Tenancy and Business Services	2	16	4	16	
科学研究、技术服务和地质勘查业	Scientific Research,Technical Service and Geologic Perambulation	160	11563	3581	9101	2462
水利、环境和公共设施管理业	Management of Water Conservancy,Environment and Public Establishment	8	109	19	35	74
教育	Education	112	30973	11257	11732	19241
卫生、社会保障和社会福利业	Sanitation,Social Security&Social Welfare	49	3238	1829	376	2862
文化、体育和娱乐业	Culture,Sports and Entertainment	2	22	6	8	14
按地区分组	**By Region**					
长沙市	Changsha	812	85294	19983	61462	23832
株洲市	Zhuzhou	228	14934	3665	9493	5441
湘潭市	Xiangtan	128	14970	3716	6748	8222
衡阳市	Hengyang	138	7276	1274	3912	3364
邵阳市	Shaoyang	164	3983	639	1815	2168
岳阳市	Yueyang	365	10798	2205	3527	7271
常德市	Changde	226	8820	1739	5214	3606
张家界市	Zhangjiajie	12	169	48	100	69
益阳市	Yiyang	122	3508	1035	1405	2103
郴州市	Chenzhou	174	4366	796	2825	1541
永州市	Yongzhou	143	2380	644	1006	1374
怀化市	Huaihua	25	1867	232	848	1019
娄底市	Loudi	61	3167	528	1341	1826
湘西州	West Hunan	28	1016	268	579	437

15-27 R&D人员全时当量情况(2014年)

Full-time Equivalent of R&D Personnel (2014)

单位：人年 (man-year)

项目	Item	R&D人员全时当量 Full-time Equivalent of R&D Personnel	基础研究人员 Basic Research Personnel	应用研究人员 Applied Research Personnel	试验发展人员 Experimental Development Personnel
总计	**Total**	**107432**	**7028**	**13178**	**87228**
按执行部门分组	**By Performer**				
科研机构	Scientific Research Institution	7684	849	1770	5065
高等学校	Higher Education	13538	6059	6735	745
企业	Enterprises	83266	90	3305	79871
工业企业	Industrial Enterprises	77428	84	2627	74717
非工业企业	Non Industrial Enterprises	5838	6	678	5154
事业单位	Institution	2944	30	1367	1547
按国民经济行业分组	**By Sector**				
农、林、牧、渔业	Agriculture, Forestry, Farming of Animals and Fishing	79			79
采矿业	Mining	862		53	810
制造业	Manufacturing	75348	84	2538	72725
电力、燃气及水的生产和供应业	Production and Distribution of Electricity,Gas and Water	1218		36	1182
建筑业	Construction	3767	6	338	3425
交通运输、仓储和邮政业	Traffic,Transport,Storage and Post	41			41
信息传输、计算机服务和软件业	Information Transfer,Computer Services and Software	253		44	209
金融业	Finance	100			100
租赁和商务服务业	Tenancy and Business Services	10			10
科学研究、技术服务和地质勘查业	Scientific Research,Technical Service and Geologic Perambulation	10110	866	2236	7008
水利、环境和公共设施管理业	Management of Water Conservancy,Environment and Public Establishment	61		27	34
教育	Education	13538	6059	6735	745
卫生、社会保障和社会福利业	Sanitation,Social Security&Social Welfare	2024	13	1171	840
文化、体育和娱乐业	Culture,Sports and Entertainment	22			22
按地区分组	**By Region**				
长沙市	Changsha	56540	4298	8792	43453
株洲市	Zhuzhou	10768	361	661	9745
湘潭市	Xiangtan	9833	1180	1020	7633
衡阳市	Hengyang	4046	447	394	3204
邵阳市	Shaoyang	2586	93	120	2372
岳阳市	Yueyang	7299	112	1202	5985
常德市	Changde	6057	128	251	5677
张家界市	Zhangjiajie	111			111
益阳市	Yiyang	2426	62	134	2230
郴州市	Chenzhou	2771	7	268	2496
永州市	Yongzhou	1080	57	55	967
怀化市	Huaihua	1281	68	111	1103
娄底市	Loudi	2040	43	115	1883
湘西州	West Hunan	594	172	55	367

15-28 按经费来源分R&D经费内部支出情况(2014年)

Intramural Expenditure on R&D by Sources (2014)

单位：万元 （10 000 yuan）

项 目	Item	R&D经费内部支出 Intramural Expenditure on R&D	政府资金 Government Funds	企业资金 Self-raised Funds by Enterprises	境外资金 Foreign Funds	其他 Other funds
总 计 Total	**Total**	**3679345**	**500914**	**3074208**	**11822**	**92401**
按执行部门分组	**By Performer**					
科研机构	Scientific Research Institution	168027	124559	22899	170	20399
高等学校	Higher Education	268965	176056	64420	243	28247
企业	Enterprises	3218994	189166	2976307	11410	42111
工业企业	Industrial Enterprises	3100446	176539	2873105	11410	39393
非工业企业	Non Industrial Enterprises	118548	12628	103202		2718
事业单位	Institution	23360	11133	10583		1645
按国民经济行业分组	**By Sector**					
农、林、牧、渔业	Agriculture, Forestry, Farming of Animals and Fishing	1835	298	1527		10
采矿业	Mining	19210	1265	17564		382
制造业	Manufacturing	3049504	175244	2823960	11410	38890
电力、燃气及水的生产和供应业	Production and Distribution of Electricity,Gas and Water	31732	30	31581		121
建筑业	Construction	72090	410	71387		293
交通运输、仓储和邮政业	Traffic,Transport,Storage and Post	6093	125	5968		
信息传输、计算机服务和软件业	Information Transfer,Computer Services and Software	4488	466	4003		19
金融业	Finance	2506		2506		
租赁和商务服务业	Tenancy and Business Services	182	55	127		
科学研究、技术服务和地质勘查业	Scientific Research,Technical Service and Geologic Perambulation	205134	139622	40955	170	24386
水利、环境和公共设施管理业	Management of Water Conservancy,Environment and Public Establishment	1188	494	694		
教育	Education	268965	176056	64420	243	28247
卫生、社会保障和社会福利业	Sanitation,Social Security&Social Welfare	16136	6770	9312		53
文化、体育和娱乐业	Culture,Sports and Entertainment	284	80	204		
按地区分组	**By Region**					
长沙市	Changsha	1710712	301429	1377835	1267	30180
株洲市	Zhuzhou	369083	70870	290401	3504	4309
湘潭市	Xiangtan	278057	31435	232404	317	13901
衡阳市	Hengyang	158539	17085	126199	4009	11247
邵阳市	Shaoyang	61832	2529	58109	112	1081
岳阳市	Yueyang	435571	24707	394814	2614	13437
常德市	Changde	253114	7522	240551		5041
张家界市	Zhangjiajie	3301	1414	1887		
益阳市	Yiyang	75537	3358	70243		1936
郴州市	Chenzhou	115604	10934	102679		1990
永州市	Yongzhou	37631	4379	31642		1610
怀化市	Huaihua	32409	16006	15027		1375
娄底市	Loudi	131481	2726	123216		5540
湘西州	West Hunan	16475	6518	9202		755

15-29 按支出用途分R&D经费内部支出情况(2014年)

Intramural Expenditure on R&D by Use (2014)

单位：万元 （10 000 yuan）

项目	Item	R&D经费内部支出 Intramural Expenditure on R&D	经常费支出 Operating Expenses	#人员劳务费 Service Fees	资产性支出 Capital Expenditures	#仪器和设备 Instruments & Equipments
总计	**Total**	**3679345**	**3315716**	**955126**	**363629**	**333029**
按执行部门分组	**By Performer**					
科研机构	Scientific Research Institution	168027	135742	52495	32285	22569
高等学校	Higher Education	268965	219319	39955	49646	43306
企业	Enterprises	3218994	2943124	852020	275870	261453
工业企业	Industrial Enterprises	3100446	2837933	814287	262513	248539
非工业企业	Non Industrial Enterprises	118548	105191	37733	13358	12915
事业单位	Institution	23360	17532	10655	5828	5700
按国民经济行业分组	**By Sector**					
农、林、牧、渔业	Agriculture, Forestry, Farming of Animals and Fishing	1835	1443	343	392	371
采矿业	Mining	19210	17047	5134	2163	2124
制造业	Manufacturing	3049504	2789685	801534	259819	245907
电力、燃气及水的生产和供应业	Production and Distribution of Electricity,Gas and Water	31732	31201	7619	531	508
建筑业	Construction	72090	65539	22647	6551	6406
交通运输、仓储和邮政业	Traffic,Transport,Storage and Post	6093	3458	187	2635	2387
信息传输、计算机服务和软件业	Information Transfer,Computer Services and Software	4488	4282	3029	206	186
金融业	Finance	2506	1232	1107	1275	1275
租赁和商务服务业	Tenancy and Business Services	182	144	54	38	35
科学研究、技术服务和地质勘查业	Scientific Research,Technical Service and Geologic Perambulation	205134	170660	67007	34474	24737
水利、环境和公共设施管理业	Management of Water Conservancy,Environment and Public Establishment	1188	1161	193	28	28
教育	Education	268965	219319	39955	49646	43306
卫生、社会保障和社会福利业	Sanitation,Social Security&Social Welfare	16136	10262	6197	5874	5759
文化、体育和娱乐业	Culture,Sports and Entertainment	284	284	119		
按地区分组	**By Region**					
长沙市	Changsha	1710712	1549113	552110	161598	143447
株洲市	Zhuzhou	369083	340888	86597	28196	25392
湘潭市	Xiangtan	278057	240422	59090	37635	34392
衡阳市	Hengyang	158539	135349	29408	23190	22081
邵阳市	Shaoyang	61832	54975	15868	6857	6722
岳阳市	Yueyang	435571	381141	82428	54429	51610
常德市	Changde	253114	234517	47200	18596	18027
张家界市	Zhangjiajie	3301	2593	600	708	637
益阳市	Yiyang	75537	71254	16492	4284	3459
郴州市	Chenzhou	115604	102747	24093	12856	12459
永州市	Yongzhou	37631	30351	9798	7280	7079
怀化市	Huaihua	32409	31308	6125	1101	1079
娄底市	Loudi	131481	127089	21578	4393	4316
湘西州	West Hunan	16475	13969	3739	2506	2329

15-30 按活动类型分R&D经费内部支出情况(2014年)

Intramural Expenditure on R&D by Activities (2014)

单位：万元 （10 000 yuan）

项 目	Item	R&D经费内部支出 Intramural Expenditure on R&D	基础研究支出 Basic Research	应用研究支出 Applied Research	试验发展支出 Experimental Development
总 计	**Total**	**3679345**	**115326**	**404031**	**3159989**
按执行部门分组	**By Performer**				
科研机构	Scientific Research Institution	168027	8716	36520	122790
高等学校	Higher Education	268965	101956	151541	15468
企业	Enterprises	3218994	4499	208227	3006269
工业企业	Industrial Enterprises	3100446	4223	191421	2904802
非工业企业	Non Industrial Enterprises	118548	276	16805	101467
事业单位	Institution	23360	155	7743	15462
按国民经济行业分组	**By Sector**				
农、林、牧、渔业	Agriculture, Forestry, Farming of Animals and Fishing	1835			1835
采矿业	Mining	19210		2063	17147
制造业	Manufacturing	3049504	4223	188303	2856978
电力、燃气及水的生产和供应业	Production and Distribution of Electricity,Gas and Water	31732		1055	30677
建筑业	Construction	72090	276	9606	62208
交通运输、仓储和邮政业	Traffic, Transport, Storage and Post	6093			6093
信息传输、计算机服务和软件业	Information Transfer, Computer Services and Software	4488		1005	3483
金融业	Finance	2506			2506
租赁和商务服务业	Tenancy and Business Services	182			182
科学研究、技术服务和地质勘查业	Scientific Research, Technical Service and Geologic Perambulation	205134	8828	43139	153166
水利、环境和公共设施管理业	Management of Water Conservancy, Environment and Public Establishment	1188		544	644
教育	Education	268965	101956	151541	15468
卫生、社会保障和社会福利业	Sanitation, Social Security&Social Welfare	16136	44	6774	9319
文化、体育和娱乐业	Culture, Sports and Entertainment	284			284
按地区分组	**By Region**				
长沙市	Changsha	1710712	74806	198815	1437091
株洲市	Zhuzhou	369083	2193	21034	345857
湘潭市	Xiangtan	278057	20470	45003	212584
衡阳市	Hengyang	158539	6510	4873	147156
邵阳市	Shaoyang	61832	532	1845	59455
岳阳市	Yueyang	435571	4804	99458	331308
常德市	Changde	253114	884	14084	238146
张家界市	Zhangjiajie	3301			3301
益阳市	Yiyang	75537	172	1906	73460
郴州市	Chenzhou	115604	20	5657	109927
永州市	Yongzhou	37631	1222	1717	34692
怀化市	Huaihua	32409	324	6359	25726
娄底市	Loudi	131481	488	1721	129272
湘西州	West Hunan	16475	2901	1560	12015

15-31 R&D经费外部支出情况(2014年)

External Expenditure on R&D (2014)

单位：万元 (10 000 yuan)

项　目	Item	R&D经费外部支出 External Expendit-ure on R&D	对境内研究机构支出 To Domestic Research Institutions	对境内高等学校支出 To Domestic Higher Education	对国内企业支出 To Domestic Enterprises	对境外机构支出 To Foreign Institutions
总　计	**Total**	**132610**	**69910**	**34398**	**22257**	**5910**
按执行部门分组	**By Performer**					
科研机构	Scientific Research Institution	3263	1072	295	1897	
高等学校	Higher Education	14602	4092	7358	1610	1489
企业	Enterprises	114440	64737	26745	18537	4421
工业企业	Industrial Enterprises	112062	63862	25913	17880	4407
非工业企业	Non Industrial Enterprises	2378	875	832	657	14
事业单位	Institution	305	9		214	
按国民经济行业分组	**By Sector**					
农、林、牧、渔业	Agriculture, Forestry, Farming of Animals and Fishing	66	41	25		
采矿业	Mining	412	344	69		
制造业	Manufacturing	110315	63101	25179	17628	4407
电力、燃气及水的生产和供应业	Production and Distribution of Electricity,Gas and Water	1335	418	666	252	
建筑业	Construction	1667	368	658	632	9
交通运输、仓储和邮政业	Traffic,Transport,Storage and Post	38	26	9		3
信息传输、计算机服务和软件业	Information Transfer,Computer Services and Software	124	94	10	19	1
金融业	Finance	342	342			
租赁和商务服务业	Tenancy and Business Services	10	2	2	5	
科学研究、技术服务和地质勘查业	Scientific Research,Technical Service and Geologic Perambulation	3693	1081	420	2111	
水利、环境和公共设施管理业	Management of Water Conservancy, Environment and Public Establishment	6	2	3		
教育	Education	14602	4092	7358	1610	1489
卫生、社会保障和社会福利业	Sanitation,Social Security&Social Welfare					
文化、体育和娱乐业	Culture,Sports and Entertainment					
按地区分组	**By Region**					
长沙市	Changsha	36927	14847	13554	6685	1810
株洲市	Zhuzhou	24316	8824	5043	7206	3241
湘潭市	Xiangtan	14420	8472	5136	694	117
衡阳市	Hengyang	2535	1274	289	953	
邵阳市	Shaoyang	1179	413	766		
岳阳市	Yueyang	35343	29097	5526	58	661
常德市	Changde	8491	2865	1258	4369	
张家界市	Zhangjiajie	15	15			
益阳市	Yiyang	1091	561	444	4	
郴州市	Chenzhou	2285	1182	1022		81
永州市	Yongzhou	785	302	168	316	
怀化市	Huaihua	3295	1067	277	1950	
娄底市	Loudi	1407	712	673	22	
湘西州	West Hunan	521	279	243		

15-32 研究机构情况(2014年)

Statistics on Scientific Research Institutions (2014)

单位：万元 (10 000 yuan)

项 目	Item	机构数（个）Number of Instituti-ons (unit)	R&D人员(人) R&D Personnel (person)	R&D经费支出 Expendi-ture on R&D	科研用仪器和设备原价 Original Price on equipmenet for Scientific Research	#进口 import
总计	**Total**	**2604**	**58307**	**1237781**	**2369744**	**331680**
按执行部门分组	**By Performer**					
科研机构	Scientific Research Institution	132	8270	168027	142113	34686
高等学校	Higher Education	658	8410	52446	321650	127892
企业	Enterprises	1753	39865	1011933	1887344	164882
工业企业	Industrial Enterprises	1632	35958	947855	1806270	159828
非工业企业	Non Industrial Enterprises	121	3907	64079	81074	5054
事业单位	Institution	61	1762	5376	18637	4221
按国民经济行业分组	**By Sector**					
农、林、牧、渔业	Agriculture, Forestry, Farming of Animals and	14	36	232	210	
采矿业	Mining	66	503	6039	9363	381
制造业	Manufacturing	1553	35154	937822	1746738	147302
电力、燃气及水的生产和供应业	Production and Distribution of Electricity,Gas and Water	13	301	3993	50169	12145
建筑业	Construction	53	1555	32839	24925	1626
交通运输、仓储和邮政业	Traffic,Transport,Storage and Post					
信息传输、计算机服务和软件业	Information Transfer,Computer Services and Software	23	800	3474	838	12
金融业	Finance	17	131	1046	40751	
租赁和商务服务业	Tenancy and Business Services	1	4	6	6	
科学研究、技术服务和地质勘查业	Scientific Research,Technical Service and Geologic Perambulation	145	9670	195187	155445	38102
水利、环境和公共设施管理业	Management of Water Conservancy,Environment and Public Establishment	6	48	882	79	
教育	Education	658	8410	52446	321650	127892
卫生、社会保障和社会福利业	Sanitation,Social Security&Social Welfare	55	1695	3816	19570	4221
文化、体育和娱乐业	Culture,Sports and Entertainment					
按研究机构组成类型分组	**By types of R&D Institutions**					
政府部门办	By government	212	10339	196221	156085	38340
与国内高校合办	Cooperation with Higher Education	12	138	785	3704	890
与国内独立研究机构合办	Cooperation with Independent Research Institutes	4	29	75	39	
与境内注册的其他企业合办	Cooperation with Other Enterprise	34	916	7079	66054	15995
单位自办	By self	2330	46770	1033448	2143810	276456
其他	Others	12	115	175	52	
按学科分组	**By Subject**					
自然科学	Natural sciences	61	2086	22764	73188	35186
农业科学	Agricultural Sciences	131	3373	49858	48768	15845
医药科学	Medical Science	110	3619	16050	66107	28108
工程与技术科学	Engineering and Technological Sciences	1898	45587	1139398	2171431	248211
人文与社会科学	Humanities and Social Sciences	404	3642	9712	10251	4331
按地区分组	**By Region**					
长沙市	Changsha	1086	36129	760202	1511168	261156
株洲市	Zhuzhou	117	2991	44632	202973	10078
湘潭市	Xiangtan	155	4155	75737	70469	11551
衡阳市	Hengyang	138	1700	34698	91364	22058
邵阳市	Shaoyang	144	1778	23530	21440	1786
岳阳市	Yueyang	243	3793	129877	232016	15177
常德市	Changde	121	2386	62631	81515	3686
张家界市	Zhangjiajie	16	74	950	1256	
益阳市	Yiyang	70	717	15087	32737	582
郴州市	Chenzhou	269	1836	52889	46719	1516
永州市	Yongzhou	122	743	9132	32075	835
怀化市	Huaihua	34	493	4718	13635	14
娄底市	Loudi	60	1170	20456	24250	2516
湘西州	West Hunan	29	342	3242	8126	726

15-33 全部R&D项目（课题）情况(2014年)

Statistics on Total R&D Projects (2014)

项 目	Item	项目（课题）数（项） Number of Projects (item)	项目(课题)人员全时当量(人年) Full-time Equivalent of Projects (man-year)	项目(课题)经费内部支出(万元) Intramural Expenditure (10 000 yuan)
总 计	**Total**	**45707**	**96789**	**3127001**
按执行部门分组	**By Performer**			
科研机构	Scientific Research Institution	1418	6787	116634
高等学校	Higher Education	33857	13532	189306
企业	Enterprises	10081	74902	2810384
工业企业	Industrial Enterprises	9393	70304	2730370
非工业企业	Non Industrial Enterprises	688	4598	80013
事业单位	Institution	351	1569	10677
按国民经济行业分组	**By Sector**			
农、林、牧、渔业	Agriculture, Forestry, Farming of Animals and Fishing	23	66	826
采矿业	Mining	83	809	17308
制造业	Manufacturing	9164	68374	2683773
电力、燃气及水的生产和供应业	Production and Distribution of Electricity,Gas and Water	146	1121	29290
建筑业	Construction	322	2983	59601
交通运输、仓储和邮政业	Traffic,Transport,Storage and Post	9	37	1367
信息传输、计算机服务和软件业	Information Transfer,Computer Services and Software	26	198	3839
金融业	Finance	45	51	895
租赁和商务服务业	Tenancy and Business Services	2	10	120
科学研究、技术服务和地质勘查业	Scientific Research,Technical Service and Geologic Perambulation	1812	8794	135005
水利、环境和公共设施管理业	Management of Water Conservancy,Environment and Public Establishment	15	51	992
教育	Education	33857	13532	189306
卫生、社会保障和社会福利业	Sanitation, Social Security&Social Welfare	201	746	4498
文化、体育和娱乐业	Culture, Sports and Entertainment	2	17	181
按项目来源分组	**By Sources of Topics**			
国家科技项目	National S&T Projects	9721	13446	400269
地方科技项目	Local S&T Projects	17702	12875	220988
企业委托科技项目	S&T Projects Entrusted by Enterprise	4408	4117	107628
自选科技项目	S&T Projects Chosen by Enterprise	12441	63216	2303746
来自国外的科技项目	Oversease S&T Projects	96	319	14111
其它科技项目	Others	1339	2818	80260
按项目合作形式分组	**By Cooperation Modality**			
与境外机构合作	Cooperation with Oversease Institutes	154	783	35586
与国内高校合作	Cooperation with Higher Education	2316	8658	320082
与国内独立研究机构合作	Cooperation with Independent Research Institutes	1420	5521	243664
与境内注册外商独资企业合作	Cooperation with Sole Foreign Enterprise	67	177	10866
与境内注册其他企业合作	Cooperation with Other Enterprise	2572	4821	176165
独立完成	Independent Implementation	37919	72636	2244463
其他	Others	1259	4194	96175

15-33 续表 continued

项 目	Item	项目（课题）数（项） Number of Projects (item)	项目(课题)人员全时当量(人年) Full-time Equivalent of Projects (man-year)	项目(课题)经费内部支出(万元) Intramural Expenditure (10 000 yuan)
按项目活动类型分组	**By R&D Activities types**			
基础研究	Basic Research	16843	6924	76552
应用研究	Applied Research	16952	12587	300011
试验发展	Experimental Development	11912	77279	2750438
按项目社会经济目标分组	**By Socio-economic Objective**			
环境保护及污染防治	Environmental conservation and Prevention of Pollution	1218	2794	62874
能源的生产、分配和合理利用	Production,Distribution and Rational Utilisation of Energy	1485	4267	153232
卫生事业的发展	Development of Human Health	2953	3117	30470
教育事业的发展	Development of Education	10184	2541	12651
基础设施以及城市和农村规划	Infrastructure, Urban and Rural Planning	2363	3719	79300
社会发展和社会服务	Social Development and Community Services	5532	2046	12692
地球和大气层的探索与利用	Exploration and Utilization of the Earth and Atmosphere	113	126	1798
民用空间的探测及开发	Civil Exploration and Exploitation of Space	18	6	143
农林牧渔业发展	Development of Agriculture,Forestry,Animal Husbandry and Fishery	2396	3331	39329
工商业发展	Development of Industry and Commerce	13337	66905	2550153
非定向研究	Non-oriented Research	5728	4539	102272
其他民用目标	Other Civil Research	380	3399	82087
按学科分组	**By Subject**			
自然科学	Natural sciences	3281	2266	28526
农业科学	Agricultural Sciences	2000	2917	35438
医药科学	Medical Science	3500	3454	34648
工程与技术科学	Engineering and Technological Sciences	18010	83305	3011005
人文与社会科学	Humanities and Social Sciences	18916	4848	17384
按地区分组	**By Region**			
长沙市	Changsha	28051	50845	1446451
株洲市	Zhuzhou	2516	9400	311191
湘潭市	Xiangtan	4785	8993	237161
衡阳市	Hengyang	2825	3812	127144
邵阳市	Shaoyang	687	2396	54542
岳阳市	Yueyang	1293	6611	354943
常德市	Changde	942	5338	226249
张家界市	Zhangjiajie	24	105	2390
益阳市	Yiyang	777	2197	66032
郴州市	Chenzhou	1231	2568	100683
永州市	Yongzhou	795	934	32608
怀化市	Huaihua	559	1151	29949
娄底市	Loudi	377	1891	125966
湘西州	West Hunan	845	550	11692

15-34　R&D活动产出情况(2014年)
Statistics on R&D Outputs (2014)

项　目	Item	专利申请数（件） Number of Patents Applications (item)	#发明专利 Inventions	有效发明专利数（件） Number of Inventions In Force (item)	发表科技论文（篇） Scientific Papers Issued (piece)
总　计	**Total**	**23321**	**10424**	**19587**	**54504**
按执行部门分组	**By Performer**				
科研机构	Scientific Research Institution	537	342	487	1903
高等学校	Higher Education	4357	2491	4395	46555
企业	Enterprises	18311	7523	14694	3824
工业企业	Industrial Enterprises	17919	7333	14415	3153
非工业企业	Non Industrial Enterprises	392	190	279	671
事业单位	Institution	116	68	11	2222
按国民经济行业分组	**By Sector**				
农、林、牧、渔业	Agriculture, Forestry, Farming of Animals and Fishing	5	2	3	12
采矿业	Mining	183	95	48	55
制造业	Manufacturing	17425	7094	14266	2703
电力、燃气及水的生产和供应业	Production and Distribution of Electricity,Gas and Water	311	144	101	395
建筑业	Construction	124	29	32	252
交通运输、仓储和邮政业	Traffic,Transport,Storage and Post	4	3	3	7
信息传输、计算机服务和软件业	Information Transfer,Computer Services and Software	55	44	39	16
金融业	Finance				1
租赁和商务服务业	Tenancy and Business Services				
科学研究、技术服务和地质勘查业	Scientific Research, Technical Service and Geologic Perambulation	799	485	697	2564
水利、环境和公共设施管理业	Management of Water Conservancy, Environment and Public Establishment				2
教育	Education	4357	2491	4395	46555
卫生、社会保障和社会福利业	Sanitation,Social Security&Social Welfare	58	37	3	1942
文化、体育和娱乐业	Culture,Sports and Entertainment				
按地区分组	**By Region**				
长沙市	Changsha	11512	5782	11451	33746
株洲市	Zhuzhou	3731	1250	3345	2471
湘潭市	Xiangtan	1404	692	789	4572
衡阳市	Hengyang	1292	502	494	4680
邵阳市	Shaoyang	359	118	179	1038
岳阳市	Yueyang	1249	530	862	1588
常德市	Changde	905	395	615	1292
张家界市	Zhangjiajie	140	90	171	17
益阳市	Yiyang	610	212	221	782
郴州市	Chenzhou	732	355	437	776
永州市	Yongzhou	645	219	479	678
怀化市	Huaihua	83	38	138	889
娄底市	Loudi	430	183	294	939
湘西州	West Hunan	229	58	112	1036

15-35 规模以上工业企业科技活动情况(2014年)

Basic Statistics on Scientific and Technological Activities in Industrial Enterprises above Designated Size (2014)

指　　标	Item	合　计 Total	大型 Large	中型 Medium	小型 Small	微型 Miniature
工业企业个数　（个）	Number of Industrial Enterprises above Designated Size (unit)	13723	220	2300	10910	293
#有R&D活动的企业个数	# Number of Units Having R&D Activities	2203	136	614	1445	8
R&D人员　（人）	R&D Personnel (person)	109994	57997	25213	26718	66
#女性	Female	19109	10310	4407	4383	9
#全时人员	Full-time Personnel	74573	42657	15522	16345	49
R&D人员全时当量　（人年）	Full-time Equivalent of R&D Personnel(man-year)	77428	41461	17941	17991	36
R&D经费内部支出　（万元）	Intramural Expenditure on R&D (10000 yuan)	3100446	1718620	637417	743166	1243
按经费来源分	by Sources					
1.政府资金	Government Funds	176539	120153	21293	34980	112
2.企业资金	Self-raised Funds by Enterprises	2873105	1568769	607392	695813	1131
3.境外资金	Foreign Funds	11410	10443	481	486	
4.其他	Other funds	39393	19255	8251	11888	
按支出用途分	by Use					
1.经常费支出	Operating Expenses	2837933	1607908	583992	644846	1186
#人员劳务费	Service Fees	814287	489699	154329	169924	335
2.资产性支出	Capital Expenditures	262513	110711	53424	98320	57
#仪器和设备	Instruments & Equipments	248539	102190	52104	94187	57
R&D经费外部支出　（万元）	External Expenditure on R&D (10000 yuan)	112062	68836	15623	27367	236
企业办科技机构数　（个）	Number of Institutions for S&T in Enterprises (unit)	1632	205	424	1000	3
企业办科技机构人员　（人）	Number of Persons of Institutions for S&T in Enterprises (person)	58543	27801	14995	15717	30
#博士毕业	#Doctor	1627	456	526	643	2
#硕士毕业	#Master	9194	5733	1670	1782	9
企业办科技机构经费支出（万元）	Expenditure on S&T in Research Institutions (10000 yuan)	1402620	744486	313064	344386	684
R&D项目（课题）数　（项）	Number of R&D Projects (item)	9393	4276	2038	3071	8
R&D项目（课题）人员　（人）	Personnel of Projects for R&D (person)	99781	52497	23065	24159	60
R&D项目（课题）经费内部支出（万元）	Intramural Expenditure on R&D Projects (10000 yuan)	2730370	1533211	562436	633641	1081
新产品开发项目数　（项）	Number of Projects for New Products Development (item)	9758	4012	2328	3408	10
新产品开发经费支出（万元）	Expenditure on for New Products Development (10000 yuan)	3151100	1738765	708158	703414	763
新产品产值　（万元）	Gross Output Value of New Products (10 000 yuan)	66668581	39621560	14476672	12517759	52590
新产品销售收入　（万元）	Sales Revenue of New Products (10 000 yuan)	63103689	37248464	13866602	11935548	53075
#出口	#Exported	4099694	3365443	514160	219565	525
专利申请数　（件）	Patent Applications (item)	17919	7097	4747	5969	106
有效发明专利数　（件）	Number of Inventions In Force (item)	14415	6838	3446	4080	51
发表科技论文　（篇）	Number of Published Scientific Papers (piece)	3153	2145	393	612	3
拥有注册商标数　（件）	Number of registered trademark (item)	9395	5562	1897	1909	27

15-36 规模以上工业企业R&D活动人员情况(2014年)

Personnel of Having R&D Activities in Industrial Enterprises above Designated Size (2014)

类别	Item	有R&D活动的单位数（个）Number of Enterprises Having R&D Activities (unit)	R&D人员（人）R&D Personnel (person)	#全时人员 Full-time Personnel	R&D人员全时当量（人年）Full-time Equivalent of R&D Personnel (man-year)
总计	**Total**	**2203**	**109994**	**74573**	**77428**
按企业规模分组	**By Size**				
大型	Large	136	57997	42657	41461
中型	Medium	614	25213	15522	17941
小型	Small	1445	26718	16345	17991
微型	Miniature	8	66	49	36
按登记注册类型分组	**By Registration Status**				
内资企业	Domestic-Funded Enterprises	2066	102128	69374	71211
国有	State-owned Enterprises	28	4235	1740	2701
集体	Collective-owned Enterprises	8	382	64	240
股份合作	Cooperative Enterprises	4	38	15	25
国有联营	State Joint Ownership Enterprises				
集体联营	Collective Joint Ownership Enterprises				
国有与集体联营	Joint State-collective Enterprises				
其他联营	Other Joint Ownership Enterprises				
国有独资公司	State-funded Corporations	47	6879	4504	5149
其他有限责任公司	Other Limited Liability Corporations	495	39213	28509	29176
股份有限公司	Share-holding Corporations Ltd.	145	20663	16155	12675
私营独资	Private-funded Enterprises	50	627	148	393
私营合伙	Private Partnership Enterprises	33	266	147	202
私营有限责任公司	Private Limited Liability Corporations	1099	24617	14382	16828
私营股份有限公司	Private Share-holding Corporations Ltd.	150	5053	3673	3752
其他内资	Other Enterprises	7	155	37	70
港澳台商投资	Enterprises With Investment from Hong Kong, Macao and Taiwan	70	4363	3181	3593
外商投资	Enterprises With Foreign Investment	67	3503	2018	2624

15-36 续表 continued

类别	Item	有R&D活动的单位数（个）Number of Enterprises Having R&D Activities (unit)	R&D人员（人）R&D Personnel (person)	#全时人员 Full-time Personnel	R&D人员全时当量（人年）Full-time Equivalent of R&D Personnel (man-year)
按工业行业大类分组	**By Industrial Branch**				
煤炭开采和洗选业	Mining and Washing of Coal	6	69	59	55
黑色金属矿采选业	Mining of Ferrous Metal Ores	8	132	94	93
有色金属矿采选业	Mining of Non-ferrous Metal Ores	19	1055	620	552
非金属矿采选业	Mining and Processing of Nonmetal Ores	13	284	161	162
其他采矿业	Mining of Other Ores N.E.C				
农副食品加工业	Processing of Food from Agricultural Products	148	4436	1769	3239
食品制造业	Manufacture of Foods	61	1530	771	1060
酒、饮料和精制茶制造业	Manufacture of Liquor, Beverage and Refined Tea	41	934	449	592
烟草制品业	Manufacture of Tobacco	3	964	289	543
纺织业	Manufacture of Textile	43	1624	842	1253
纺织服装、服饰业	Manufacture of Textile Wearing and Clothing Apparel	12	578	386	489
皮革、毛皮、羽毛及其制品和制鞋业	Leather, Fur, Feather and Its Products and Footwear	17	282	178	169
木材加工和木、竹、藤、棕、草制品业	Processing of Timbers, Manufacture of Wood, Bamboo, Rattan, Palm and Straw Products	43	831	346	577
家具制造业	Manufacture of Furniture	17	325	129	269
造纸和纸制品业	Manufacture of Paper and Paper Products	34	1671	717	985
印刷和记录媒介复制业	Printing, Reproduction of Recording Media	20	552	449	440
文教、工美、体育和娱乐用品制造业	Manufacture of Articles for Culture, Education, Artwork, Sport and Entertainment Activity	12	311	174	243
石油加工、炼焦和核燃料加工业	Processing of Petroleum,Coking,Processing of Nucleus Fuel	7	643	305	481
化学原料和化学制品制造业	Manufacture of Chemical Raw Material and Chemical Products	234	5626	3198	3966
医药制造业	Manufacture of Medicines	146	5109	3332	3592
化学纤维制造业	Manufacture of Chemical Fiber	3	190	45	183
橡胶和塑料制品业	Manufacture of Rubber and Plastic Products	38	1074	748	757
非金属矿物制品业	Manufacture of Non-metallic Mineral Products	194	3731	1841	2455
黑色金属冶炼和压延加工业	Manufacture and Processing of Ferrous Metals	42	6497	3134	5373
有色金属冶炼和压延加工业	Manufacture and Processing of Non-ferrous Metals	134	5434	3899	3331
金属制品业	Manufacture of Metal Products	79	2983	1977	2255
通用设备制造业	Manufacture of General Purpose Machinery	174	5997	4078	3987
专用设备制造业	Manufacture of Special Purpose Machinery	166	23231	18538	13334
汽车制造业	Manufacture of Automobile	63	5662	4017	4335
铁路、船舶、航空航天和其他运输设备制造业	Manufacture of Railways, Ships, Aerospace and Other Transport Equipment	38	7783	6336	6408
电气机械和器材制造业	Manufacture of Electrical Machinery and Equipment	154	6939	5363	5153
计算机、通信和其他电子设备制造业	Manufacture of Computer, Communication and Other Electronic Equipment	142	8853	7489	7780
仪器仪表制造业	Manufacture of Measuring Instrument	52	2165	1748	1552
其他制造业	Manufacture of Other Manufacture N.E.C	8	298	251	176
废弃资源综合利用业	Comprehensive Utilization of Waste	8	394	68	246
金属制品、机械和设备修理业	Maintenance of Metal Products, Machinery and Equipment	2	136	129	129
电力、热力生产和供应业	Production and Supply of Electric Power and Heat Power	15	1016	174	597
燃气生产和供应业	Production and Distribution of Gas	3	480	345	472
水的生产和供应业	Production and Distribution of Water	4	175	125	150

15-37 规模以上工业企业按经费来源分R&D经费内部支出情况(2014年)

Intramural R&D Expenditures in Industrial Enterprises above Designated Size by Sources (2014)

单位：万元 （10 000 yuan）

项　目	Item	R&D经费内部支出 Intramural Expenditure on R&D	政府资金 Government Funds	企业资金 Self-raised Funds by Enterprises	境外资金 Foreign Funds	其他 Other funds
总计	**Total**	**3100446**	**176539**	**2873105**	**11410**	**39393**
按企业规模分组	**By Size**					
大型	Large	1718620	120153	1568769	10443	19255
中型	Medium	637417	21293	607392	481	8251
小型	Small	743166	34980	695813	486	11888
微型	Miniature	1243	112	1131		
按登记注册类型分组	**By Registration Status**					
内资企业	Domestic-Funded Enterprises	2848679	174345	2626428	10817	37090
国有	State-owned Enterprises	99145	17899	81147		99
集体	Collective-owned Enterprises	2512	380	2132		
股份合作	Cooperative Enterprises	537	57	481		
国有联营	State Joint Ownership Enterprises					
集体联营	Collective Joint Ownership Enterprises					
国有与集体联营	Joint State-collective Enterprises					
其他联营	Other Joint Ownership Enterprises					
国有独资公司	State-funded Corporations	188830	13591	169226		6013
其他有限责任公司	Other Limited Liability Corporations	1046129	82395	948763	3504	11467
股份有限公司	Share-holding Corporations Ltd.	659687	24834	621610	6996	6248
私营独资	Private-funded Enterprises	18094	359	17705		31
私营合伙	Private Partnership Enterprises	6389	73	6302		14
私营有限责任公司	Private Limited Liability Corporations	711493	31661	669970		9862
私营股份有限公司	Private Share-holding Corporations Ltd.	113523	3032	106818	317	3356
其他内资	Other Enterprises	2340	65	2275		
港澳台商投资	Enterprises With Investment from Hong Kong, Macao and Taiwan	145900	1031	142860		2009
外商投资	Enterprises With Foreign Investment	105867	1163	103816	593	295

15-37 续表 continued

单位：万元 （10 000 yuan）

项目	Item	R&D经费内部支出 Intramural Expenditure on R&D	政府资金 Government Funds	企业资金 Self-raised Funds by Enterprises	境外资金 Foreign Funds	其他 Other funds
按工业行业大类分组	**By Industrial Branch**					
煤炭开采和洗选业	Mining and Washing of Coal	3599		3599		
黑色金属矿采选业	Mining of Ferrous Metal Ores	2252		2018		234
有色金属矿采选业	Mining of Non-ferrous Metal Ores	6708	905	5803		
非金属矿采选业	Mining and Processing of Nonmetal Ores	6651	360	6144		148
其他采矿业	Mining of Other Ores N.E.C					
农副食品加工业	Processing of Food from Agricultural Products	113183	3611	107190		2382
食品制造业	Manufacture of Foods	51235	3068	47942		225
酒、饮料和精制茶制造业	Manufacture of Liquor, Beverage and Refined Tea	18943	658	18228		58
烟草制品业	Manufacture of Tobacco	17621	4	17617		
纺织业	Manufacture of Textile	40483	805	38318		1360
纺织服装、服饰业	Manufacture of Textile Wearing and Clothing Apparel	7928	183	7724		22
皮革、毛皮、羽毛及其制品和制鞋业	Leather, Fur, Feather and Its Products and Footwear	10101	119	9402		580
木材加工和木、竹、藤、棕、草制品业	Processing of Timbers, Manufacture of Wood, Bamboo, Rattan, Palm and Straw Products	25074	5888	18165		1022
家具制造业	Manufacture of Furniture	8159	126	8034		
造纸和纸制品业	Manufacture of Paper and Paper Products	42427	932	33483	2614	5399
印刷和记录媒介复制业	Printing,Reproduction of Recording Media	15471	462	15008		
文教、工美、体育和娱乐用品制造业	Manufacture of Articles for Culture, Education, Artwork, Sport and Entertainment Activity	6526	256	6270		
石油加工、炼焦和核燃料加工业	Processing of Petroleum,Coking,Processing of Nucleus Fuel	45365	1610	43755		
化学原料和化学制品制造业	Manufacture of Chemical Raw Material and Chemical Products	184088	5126	174723	374	3865
医药制造业	Manufacture of Medicines	129844	6619	121045		2180
化学纤维制造业	Manufacture of Chemical Fiber	3640		3640		
橡胶和塑料制品业	Manufacture of Rubber and Plastic Products	24316	698	23369	112	138
非金属矿物制品业	Manufacture of Non-metallic Mineral Products	116964	2372	113797		796
黑色金属冶炼和压延加工业	Manufacture and Processing of Ferrous Metals	191504	2617	179806		9082
有色金属冶炼和压延加工业	Manufacture and Processing of Non-ferrous Metals	283434	6913	273206		3314
金属制品业	Manufacture of Metal Products	62107	16797	44445		865
通用设备制造业	Manufacture of General Purpose Machinery	164086	14154	147967		1966
专用设备制造业	Manufacture of Special Purpose Machinery	616685	13595	602268		822
汽车制造业	Manufacture of Automobile	131927	14715	116092	481	638
铁路、船舶、航空航天和其他运输设备制造业	Manufacture of Railways, Ships, Aerospace and Other Transport Equipment	241715	52254	184894	3504	1063
电气机械和器材制造业	Manufacture of Electrical Machinery and Equipment	216127	9419	201577	4326	806
计算机、通信和其他电子设备制造业	Manufacture of Computer, Communication and Other Electronic Equipment	229732	10290	217144		2299
仪器仪表制造业	Manufacture of Measuring Instrument	39648	1388	38260		
其他制造业	Manufacture of Other Manufacture N.E.C	4771	483	4275		12
废弃资源综合利用业	Comprehensive Utilization of Waste	3534	70	3464		
金属制品、机械和设备修理业	Maintenance of Metal Products, Machinery and Equipment	2866	14	2852		
电力、热力生产和供应业	Production and Supply of Electric Power and Heat Power	17805	10	17674		121
燃气生产和供应业	Production and Distribution of Gas	12770		12770		
水的生产和供应业	Production and Distribution of Water	1157	20	1137		

15-38 规模以上工业企业按支出用途分R&D经费内部支出情况(2014年)

Intramural R&D Expenditures in Industrial Enterprises above Designated Size by Use (2014)

单位：万元 (10000 yuan)

类别	Item	R&D经费内部支出 Intramural Expenditure on R&D	1.经常费支出 Operating Expenses	#人员劳务费 Service Fees	2.资产性支出 Capital Expenditures	#仪器和设备 Instruments & Equipments
总计	**Total**	**3100446**	**2837933**	**814287**	**262513**	**248539**
按企业规模分组	**By Size**					
大型	Large	1718620	1607908	489699	110711	102190
中型	Medium	637417	583992	154329	53424	52104
小型	Small	743166	644846	169924	98320	94187
微型	Miniature	1243	1186	335	57	57
按登记注册类型分组	**By Registration Status**					
内资企业	Domestic-Funded Enterprises	2848679	2596976	743729	251703	237995
国有	State-owned Enterprises	99145	96782	20553	2362	2342
集体	Collective-owned Enterprises	2512	2147	566	365	353
股份合作	Cooperative Enterprises	537	537	161		
国有联营	State Joint Ownership Enterprises					
集体联营	Collective Joint Ownership Enterprises					
国有与集体联营	Joint State-collective Enterprises					
其他联营	Other Joint Ownership Enterprises					
国有独资公司	State-funded Corporations	188830	169548	38986	19282	17925
其他有限责任公司	Other Limited Liability Corporations	1046129	948807	317974	97322	93151
股份有限公司	Share-holding Corporations Ltd.	659687	615396	157848	44290	38692
私营独资	Private-funded Enterprises	18094	15855	3710	2240	2187
私营合伙	Private Partnership Enterprises	6389	5503	1559	886	859
私营有限责任公司	Private Limited Liability Corporations	711493	637117	170643	74376	72225
私营股份有限公司	Private Share-holding Corporations Ltd.	113523	103145	31120	10378	10063
其他内资	Other Enterprises	2340	2139	611	202	198
港澳台商投资	Enterprises With Investment from Hong Kong, Macao and Taiwan	145900	139967	38906	5933	5803
外商投资	Enterprises With Foreign Investment	105867	100990	31652	4877	4741

15-38 续表 continued

单位：万元 (10000 yuan)

类　别	Item	R&D经费内部支出 Intramural Expenditure on R&D	1.经常费支出 Operating Expenses	#人员劳务费 Service Fees	2.资产性支出 Capital Expenditures	#仪器和设备 Instruments & Equipments
按工业行业大类分组	**By Industrial Branch**					
煤炭开采和洗选业	Mining and Washing of Coal	3599	3399	696	201	193
黑色金属矿采选业	Mining of Ferrous Metal Ores	2252	2002	700	251	238
有色金属矿采选业	Mining of Non-ferrous Metal Ores	6708	5922	2558	785	781
非金属矿采选业	Mining and Processing of Nonmetal Ores	6651	5725	1180	927	912
其他采矿业	Mining of Other Ores N.E.C					
农副食品加工业	Processing of Food from Agricultural Products	113183	105881	29367	7302	7092
食品制造业	Manufacture of Foods	51235	45280	11530	5955	5894
酒、饮料和精制茶制造业	Manufacture of Liquor, Beverage and Refined Tea	18943	17093	5370	1850	1684
烟草制品业	Manufacture of Tobacco	17621	16498	8718	1123	1110
纺织业	Manufacture of Textile	40483	34444	7537	6039	5923
纺织服装、服饰业	Manufacture of Textile Wearing and Clothing Apparel	7928	7140	3529	789	738
皮革、毛皮、羽毛及其制品和制鞋业	Leather, Fur,Feather and Its Products and Footwear	10101	10081	1340	20	19
木材加工和木、竹、藤、棕、草制品业	Processing of Timbers, Manufacture of Wood, Bamboo, Rattan, Palm and Straw Products	25074	22599	5911	2476	2442
家具制造业	Manufacture of Furniture	8159	7367	2435	792	777
造纸和纸制品业	Manufacture of Paper and Paper Products	42427	39504	9537	2923	2874
印刷和记录媒介复制业	Printing,Reproduction of Recording Media	15471	14072	3845	1399	1398
文教、工美、体育和娱乐用品制造业	Manufacture of Articles for Culture, Education, Artwork, Sport and Entertainment Activity	6526	5765	1638	761	740
石油加工、炼焦和核燃料加工业	Processing of Petroleum,Coking,Processing of Nucleus Fuel	45365	41342	8359	4022	3493
化学原料和化学制品制造业	Manufacture of Chemical Raw Material and Chemical Products	184088	160876	37768	23212	21831
医药制造业	Manufacture of Medicines	129844	116238	33530	13606	13266
化学纤维制造业	Manufacture of Chemical Fiber	3640	3640	947		
橡胶和塑料制品业	Manufacture of Rubber and Plastic Products	24316	20270	6740	4046	3959
非金属矿物制品业	Manufacture of Non-metallic Mineral Products	116964	109264	23005	7700	7483
黑色金属冶炼和压延加工业	Manufacture and Processing of Ferrous Metals	191504	180159	37930	11346	10512
有色金属冶炼和压延加工业	Manufacture and Processing of Non-ferrous Metals	283434	238293	43154	45140	43096
金属制品业	Manufacture of Metal Products	62107	58717	12467	3390	3262
通用设备制造业	Manufacture of General Purpose Machinery	164086	151827	39143	12259	11568
专用设备制造业	Manufacture of Special Purpose Machinery	616685	588342	222404	28343	24072
汽车制造业	Manufacture of Automobile	131927	121150	42052	10776	10610
铁路、船舶、航空航天和其他运输设备制造业	Manufacture of Railways, Ships, Aerospace and Other Transport Equipment	241715	232837	57668	8878	8599
电气机械和器材制造业	Manufacture of Electrical Machinery and Equipment	216127	198246	48136	17882	17267
计算机、通信和其他电子设备制造业	Manufacture of Computer, Communication and Other Electronic Equipment	229732	199090	79556	30642	29117
仪器仪表制造业	Manufacture of Measuring Instrument	39648	33352	14585	6297	6236
其他制造业	Manufacture of Other Manufacture N.E.C	4771	4307	1338	464	461
废弃资源综合利用业	Comprehensive Utilization of Waste	3534	3155	994	379	374
金属制品、机械和设备修理业	Maintenance of Metal Products, Machinery and Equipment	2866	2855	1003	11	11
电力、热力生产和供应业	Production and Supply of Electric Power and Heat Power	17805	17445	2024	359	359
燃气生产和供应业	Production and Distribution of Gas	12770	12770	4766		
水的生产和供应业	Production and Distribution of Water	1157	986	829	171	149

15-39 规模以上工业企业办科技机构情况(2014年)

Basic Statistics on Institutions for Scientific and Technological in Industrial Enterprises above Designated Size(2014)

类 别	Item	企业办科技机构数（个）Number of Institutions for S&T in Enterprises (unit)	企业办科技机构人员（人）Number of Personnel in Institutions for S&T in Enterprises (person)	#博士 Doctor	#硕士 Master	科技机构内部经费支出(万元) Intramural Expenditure for S&T Institutions (10 000 yuan)
总计	**Total**	**1632**	**58543**	**1627**	**9194**	**1402620**
按企业规模分组	**By Size**					
大型	Large	205	27801	456	5733	744486
中型	Medium	424	14995	526	1670	313064
小型	Small	1000	15717	643	1782	344386
微型	Miniature	3	30	2	9	684
按登记注册类型分组	**By Registration Status**					
内资企业	Domestic-Funded Enterprises	1537	54497	1539	8669	1303029
国有	State-owned Enterprises	45	1837	109	314	39065
集体	Collective-owned Enterprises	8	95	6	10	1069
股份合作	Cooperative Enterprises					
国有联营	State Joint Ownership Enterprises					
集体联营	Collective Joint Ownership Enterprises	1	20		2	351
国有与集体联营	Joint State-collective Enterprises					
其他联营	Other Joint Ownership Enterprises	1	30			80
国有独资公司	State-funded Corporations	48	5228	67	579	94718
其他有限责任公司	Other Limited Liability Corporations	327	16156	308	3434	542666
股份有限公司	Share-holding Corporations Ltd.	148	10977	223	1932	168905
私营独资	Private-funded Enterprises	35	464	10	25	11660
私营合伙	Private Partnership Enterprises	25	206	7	20	1632
私营有限责任公司	Private Limited Liability Corporations	778	16130	695	1856	369224
私营股份有限公司	Private Share-holding Corporations Ltd.	115	3245	106	485	71369
其他内资	Other Enterprises	6	109	8	12	2291
港澳台商投资	Enterprises With Investment from Hong Kong, Macao and Taiwan	59	2685	53	328	66763
外商投资	Enterprises With Foreign Investment	36	1361	35	197	32828

15-39 续表 continued

类 别	Item	企业办科技机构数（个） Number of Institutions for S&T in Enterprises (unit)	企业办科技机构人员(人) Number of Personnel in Institutions for S&T in Enterprises (person)	#博士 Doctor	#硕士 Master	科技机构内部经费支出(万元) Intramural Expenditure for S&T Institutions (10 000 yuan)
按工业行业大类分组	**By Industrial Branch**					
煤炭开采和洗选业	Mining and Washing of Coal	21	203		3	2831
黑色金属矿采选业	Mining of Ferrous Metal Ores	3	28		6	208
有色金属矿采选业	Mining of Non-ferrous Metal Ores	27	694	9	37	11444
非金属矿采选业	Mining and Processing of Nonmetal Ores	15	368	5	15	5240
其他采矿业	Mining of Other Ores N.E.C					
农副食品加工业	Processing of Food from Agricultural Products	115	2405	128	292	64620
食品制造业	Manufacture of Foods	50	1204	62	190	37069
酒、饮料和精制茶制造业	Manufacture of Liquor, Beverage and Refined Tea	31	689	21	62	9457
烟草制品业	Manufacture of Tobacco	2	208	20	56	18008
纺织业	Manufacture of Textile	21	617	17	73	9251
纺织服装、服饰业	Manufacture of Textile Wearing and Clothing Apparel	20	757	12	34	9257
皮革、毛皮、羽毛及其制品和制鞋业	Leather, Fur, Feather and Its Products and Footwear	10	209	7	17	4856
木材加工和木、竹、藤、棕、草制品业	Processing of Timbers, Manufacture of Wood, Bamboo, Rattan, Palm and Straw Products	37	666	20	62	21702
家具制造业	Manufacture of Furniture	10	333	6	27	4110
造纸和纸制品业	Manufacture of Paper and Paper Products	21	860	4	62	30391
印刷和记录媒介复制业	Printing,Reproduction of Recording Media	12	282	7	35	8560
文教、工美、体育和娱乐用品制造业	Manufacture of Articles for Culture, Education, Artwork, Sport and Entertainment Activity	17	401	14	26	5925
石油加工、炼焦和核燃料加工业	Processing of Petroleum,Coking,Processing of Nucleus Fuel	13	200	26	63	13015
化学原料和化学制品制造业	Manufacture of Chemical Raw Material and Chemical Products	143	2888	109	405	77326
医药制造业	Manufacture of Medicines	123	3151	124	434	71293
化学纤维制造业	Manufacture of Chemical Fiber					
橡胶和塑料制品业	Manufacture of Rubber and Plastic Products	30	500	9	40	14743
非金属矿物制品业	Manufacture of Non-metallic Mineral Products	98	2210	46	212	41452
黑色金属冶炼和压延加工业	Manufacture and Processing of Ferrous Metals	51	2111	25	250	44615
有色金属冶炼和压延加工业	Manufacture and Processing of Non-ferrous Metals	101	3891	108	369	152631
金属制品业	Manufacture of Metal Products	43	2064	51	268	19124
通用设备制造业	Manufacture of General Purpose Machinery	121	3725	121	438	96171
专用设备制造业	Manufacture of Special Purpose Machinery	148	11015	203	3245	306174
汽车制造业	Manufacture of Automobile	51	2746	38	338	65174
铁路、船舶、航空航天和其他运输设备制造业	Manufacture of Railways, Ships, Aerospace and Other Transport Equipment	24	3494	70	803	39854
电气机械和器材制造业	Manufacture of Electrical Machinery and Equipment	112	3972	126	437	78356
计算机、通信和其他电子设备制造业	Manufacture of Computer, Communication and Other Electronic Equipment	94	3783	112	454	102108
仪器仪表制造业	Manufacture of Measuring Instrument	38	1854	36	257	21865
其他制造业	Manufacture of Other Manufacture N.E.C	6	110	3	16	3938
废弃资源综合利用业	Comprehensive Utilization of Waste	9	112	3	12	1587
金属制品、机械和设备修理业	Maintenance of Metal Products, Machinery and Equipment	2	27		1	226
电力、热力生产和供应业	Production and Supply of Electric Power and Heat Power	7	698	84	147	9691
燃气生产和供应业	Production and Distribution of Gas	3	30		1	100
水的生产和供应业	Production and Distribution of Water	3	38	1	7	248

15-40 规模以上工业企业R&D项目和新产品开发项目情况(2014年)

Basic Statistics on Projects for R&D and New Products Development in Industrial Enterprises above Designated Size(2014)

类别	Item	R&D项目数(项) Number of R&D Projects (item)	R&D项目人员(人) Personnel of Projects for R&D (person)	R&D项目经费(万元) Intramural Expenditure on R&D Projects (10000 yuan)	新产品开发项目数(项) Number of Projects for New Products Development (item)	新产品开发经费(万元) Expenditure on New Products Development (10000 yuan)
总计	**Total**	**9393**	**99781**	**2730370**	**9758**	**3151100**
按企业规模分组	**By Size**					
大型	Large	4276	52497	1533211	4012	1738765
中型	Medium	2038	23065	562436	2328	708158
小型	Small	3071	24159	633641	3408	703414
微型	Miniature	8	60	1081	10	763
按登记注册类型分组	**By Registration Status**					
内资企业	Domestic-Funded Enterprises	8934	92437	2498057	9228	2862134
国有	State-owned Enterprises	411	3673	86194	313	106455
集体	Collective-owned Enterprises	15	360	2152	11	1484
股份合作	Cooperative Enterprises	5	34	505	6	410
国有联营	State Joint Ownership Enterprises					
集体联营	Collective Joint Ownership Enterprises					
国有与集体联营	Joint State-collective Enterprises					
其他联营	Other Joint Ownership Enterprises					
国有独资公司	State-funded Corporations	600	6054	166725	621	151023
其他有限责任公司	Other Limited Liability Corporations	3341	35079	908228	3263	1048291
股份有限公司	Share-holding Corporations Ltd.	1658	19336	587828	1820	714381
私营独资	Private-funded Enterprises	77	571	15366	97	25738
私营合伙	Private Partnership Enterprises	57	236	5704	56	7518
私营有限责任公司	Private Limited Liability Corporations	2355	22318	622971	2587	692530
私营股份有限公司	Private Share-holding Corporations Ltd.	396	4633	100287	416	109184
其他内资	Other Enterprises	19	143	2099	38	5120
港澳台商投资	Enterprises With Investment from Hong Kong, Macao and Taiwan	269	4140	134737	333	161830
外商投资	Enterprises With Foreign Investment	190	3204	97576	197	127136

15-40 续表 continued

类别	Item	R&D项目数（项） Number of R&D Projects (item)	R&D项目人员（人） Personnel of Projects for R&D (person)	R&D项目经费（万元） Intramural Expenditure on R&D Projects (10000 yuan)	新产品开发项目数（项） Number of Projects for New Products Development (item)	新产品开发经费（万元） Expenditure on New Products Development (10000 yuan)
按工业行业大类分组	**By Industrial Branch**					
煤炭开采和洗选业	Mining and Washing of Coal	6	64	3390	3	946
黑色金属矿采选业	Mining of Ferrous Metal Ores	8	127	2034	3	1298
有色金属矿采选业	Mining of Non-ferrous Metal Ores	43	989	5953	17	2816
非金属矿采选业	Mining and Processing of Nonmetal Ores	26	273	5932	40	9112
其他采矿业	Mining of Other Ores N.E.C					
农副食品加工业	Processing of Food from Agricultural Products	279	4115	99946	310	113046
食品制造业	Manufacture of Foods	124	1404	45915	110	43166
酒、饮料和精制茶制造业	Manufacture of Liquor, Beverage and Refined Tea	83	864	16664	94	19206
烟草制品业	Manufacture of Tobacco	159	693	9386	71	15033
纺织业	Manufacture of Textile	182	1488	34748	173	34183
纺织服装、服饰业	Manufacture of Textile Wearing and Clothing Apparel	32	533	6934	42	9283
皮革、毛皮、羽毛及其制品和制鞋业	Leather, Fur, Feather and Its Products and Footwear	29	254	9051	56	7094
木材加工和木、竹、藤、棕、草制品业	Processing of Timbers, Manufacture of Wood, Bamboo, Rattan, Palm and Straw Products	54	741	22948	57	19619
家具制造业	Manufacture of Furniture	20	291	6889	18	6449
造纸和纸制品业	Manufacture of Paper and Paper Products	121	1446	33420	121	48540
印刷和记录媒介复制业	Printing,Reproduction of Recording Media	43	523	13107	35	9011
文教、工美、体育和娱乐用品制造业	Manufacture of Articles for Culture, Education, Artwork, Sport and Entertainment Activity	41	286	5461	52	8810
石油加工、炼焦和核燃料加工业	Processing of Petroleum,Coking,Processing of Nucleus Fuel	46	578	32407	48	44744
化学原料和化学制品制造业	Manufacture of Chemical Raw Material and Chemical Products	520	5166	154113	493	147058
医药制造业	Manufacture of Medicines	611	4667	113718	651	136271
化学纤维制造业	Manufacture of Chemical Fiber	3	178	3640	3	3893
橡胶和塑料制品业	Manufacture of Rubber and Plastic Products	91	1004	21894	86	23159
非金属矿物制品业	Manufacture of Non-metallic Mineral Products	349	3436	108564	345	146865
黑色金属冶炼和压延加工业	Manufacture and Processing of Ferrous Metals	205	5963	187211	198	203843
有色金属冶炼和压延加工业	Manufacture and Processing of Non-ferrous Metals	533	4918	235088	456	228463
金属制品业	Manufacture of Metal Products	285	2535	54505	299	68945
通用设备制造业	Manufacture of General Purpose Machinery	554	5343	148065	641	148780
专用设备制造业	Manufacture of Special Purpose Machinery	1965	21371	558538	2151	648733
汽车制造业	Manufacture of Automobile	600	4889	117059	935	189360
铁路、船舶、航空航天和其他运输设备制造业	Manufacture of Railways, Ships, Aerospace and Other Transport Equipment	694	6485	212154	453	258958
电气机械和器材制造业	Manufacture of Electrical Machinery and Equipment	614	6401	184978	602	180002
计算机、通信和其他电子设备制造业	Manufacture of Computer, Communication and Other Electronic Equipment	650	8455	202768	756	295193
仪器仪表制造业	Manufacture of Measuring Instrument	222	2018	34542	272	43752
其他制造业	Manufacture of Other Manufacture N.E.C	39	236	4131	32	4386
废弃资源综合利用业	Comprehensive Utilization of Waste	9	371	3063	3	315
金属制品、机械和设备修理业	Maintenance of Metal Products, Machinery and Equipment	7	123	2866	17	3507
电力、热力生产和供应业	Production and Supply of Electric Power and Heat Power	124	978	16893	94	14733
燃气生产和供应业	Production and Distribution of Gas	18	425	11393	20	12477
水的生产和供应业	Production and Distribution of Water	4	150	1004	1	49

15-41 规模以上工业企业科技活动产出情况(2014年)
Basic Statistics on Scientific and Technological Outputs in Industrial Enterprises above Designated Size (2014)

类　别	Item	新产品产值（万元）Gross Output Value of New Products (10 000 yuan)	新产品销售收入（万元）Sales Revenue of New Products (10 000 yuan)	#出口 Exported	专利申请数（件）Patent Applications (item)	有效发明专利数（件）Number of Inventions In Force (item)
总计	**Total**	**66668581**	**63103689**	**4099694**	**17919**	**14415**
按企业规模分组	**By Size**					
大型	Large	39621560	37248464	3365443	7097	6838
中型	Medium	14476672	13866602	514160	4747	3446
小型	Small	12517759	11935548	219565	5969	4080
微型	Miniature	52590	53075	525	106	51
按登记注册类型分组	**By Registration Status**					
内资企业	Domestic-Funded Enterprises	61210121	57985896	2493497	16536	13086
国有	State-owned Enterprises	8835713	7634703	53807	493	345
集体	Collective-owned Enterprises	26928	25702		20	27
股份合作	Cooperative Enterprises	2655	2672	2285	2	
国有联营	State Joint Ownership Enterprises					
集体联营	Collective Joint Ownership Enterprises	6322	5839		2	
国有与集体联营	Joint State-collective Enterprises					
其他联营	Other Joint Ownership Enterprises					
国有独资公司	State-funded Corporations	3466745	3363378	232113	1060	987
其他有限责任公司	Other Limited Liability Corporations	16131954	15285269	1262509	4759	3995
股份有限公司	Share-holding Corporations Ltd.	14552001	14361726	650643	3784	4103
私营独资	Private-funded Enterprises	300276	292556	8067	74	52
私营合伙	Private Partnership Enterprises	52444	52629	1041	18	3
私营有限责任公司	Private Limited Liability Corporations	15454052	14785245	212561	5491	2882
私营股份有限公司	Private Share-holding Corporations Ltd.	2327874	2123972	70382	785	678
其他内资	Other Enterprises	53156	52205	90	48	14
港澳台商投资	Enterprises With Investment from Hong Kong, Macao and Taiwan	3718209	3619241	1466970	861	996
外商投资	Enterprises With Foreign Investment	1740250	1498552	139227	522	333

15-41 续表 continued

类　别	Item	新产品产值（万元）Gross Output Value of New Products (10 000 yuan)	新产品销售收入（万元）Sales Revenue of New Products (10 000 yuan)	#出口 Exported	专利申请数（件）Patent Applications (item)	有效发明专利数（件）Number of Inventions In Force (item)
按工业行业大类分组	**By Industrial Branch**					
煤炭开采和洗选业	Mining and Washing of Coal				12	1
黑色金属矿采选业	Mining of Ferrous Metal Ores	3808	3808		2	1
有色金属矿采选业	Mining of Non-ferrous Metal Ores	193584	215604	7943	27	13
非金属矿采选业	Mining and Processing of Nonmetal Ores	88688	87874		142	33
其他采矿业	Mining of Other Ores N.E.C					
农副食品加工业	Processing of Food from Agricultural Products	3218025	3082618	38119	555	325
食品制造业	Manufacture of Foods	1401889	1182735	23420	341	163
酒、饮料和精制茶制造业	Manufacture of Liquor, Beverage and Refined Tea	559075	516478	3523	205	92
烟草制品业	Manufacture of Tobacco	8510357	7347931	10665	115	187
纺织业	Manufacture of Textile	824822	789659	7177	316	52
纺织服装、服饰业	Manufacture of Textile Wearing and Clothing Apparel	230899	221266	11283	50	125
皮革、毛皮、羽毛及其制品和制鞋业	Leather, Fur, Feather and Its Products and Footwear	201243	191815	16022	54	34
木材加工和木、竹、藤、棕、草制品业	Processing of Timbers, Manufacture of Wood, Bamboo, Rattan, Palm and Straw Products	668522	618656	8408	102	24
家具制造业	Manufacture of Furniture	285118	270040	1	25	12
造纸和纸制品业	Manufacture of Paper and Paper Products	881693	849556	15130	194	165
印刷和记录媒介复制业	Printing,Reproduction of Recording Media	479321	461699	739	82	45
文教、工美、体育和娱乐用品制造业	Manufacture of Articles for Culture, Education, Artwork, Sport and Entertainment Activity	125239	124838	21976	80	41
石油加工、炼焦和核燃料加工业	Processing of Petroleum,Coking,Processing of Nucleus Fuel	3146237	3331939	7897	111	142
化学原料和化学制品制造业	Manufacture of Chemical Raw Material and Chemical Products	3691846	3514088	133505	1052	898
医药制造业	Manufacture of Medicines	1896012	1843437	26024	1075	659
化学纤维制造业	Manufacture of Chemical Fiber	13242	13242			
橡胶和塑料制品业	Manufacture of Rubber and Plastic Products	302660	296741	3886	172	98
非金属矿物制品业	Manufacture of Non-metallic Mineral Products	2272061	2186579	134239	762	1349
黑色金属冶炼和压延加工业	Manufacture and Processing of Ferrous Metals	2774132	3056014	467164	96	234
有色金属冶炼和压延加工业	Manufacture and Processing of Non-ferrous Metals	4739255	4687052	85265	1003	840
金属制品业	Manufacture of Metal Products	2062253	1536613	109548	395	397
通用设备制造业	Manufacture of General Purpose Machinery	2696581	2609912	86385	1023	928
专用设备制造业	Manufacture of Special Purpose Machinery	9715542	9018380	435043	3704	3191
汽车制造业	Manufacture of Automobile	2501034	2431196	126613	1062	445
铁路、船舶、航空航天和其他运输设备制造业	Manufacture of Railways, Ships, Aerospace and Other Transport Equipment	2558382	2505477	58033	1727	1726
电气机械和器材制造业	Manufacture of Electrical Machinery and Equipment	3704716	3583201	21075	1218	814
计算机、通信和其他电子设备制造业	Manufacture of Computer, Communication and Other Electronic Equipment	5956733	5582840	2234762	1003	492
仪器仪表制造业	Manufacture of Measuring Instrument	754403	740415	4000	839	740
其他制造业	Manufacture of Other Manufacture N.E.C	15275	13913		45	45
废弃资源综合利用业	Comprehensive Utilization of Waste	64923	64848		6	2
金属制品、机械和设备修理业	Maintenance of Metal Products, Machinery and Equipment	5743	4672	1852	13	1
电力、热力生产和供应业	Production and Supply of Electric Power and Heat Power	55579	57665		278	74
燃气生产和供应业	Production and Distribution of Gas	50017	44475		18	12
水的生产和供应业	Production and Distribution of Water	19672	16414		15	15

15-42 大中型工业企业科技活动情况(2014年)

Basic Statistics on Scientific and Technological Activities in Large and Medium-Sized Industrial Enterprises (2014)

指 标	Item	合 计 Total	#大型 Large	#中型 Medium
大中型工业企业个数 （个）	Number of Industrial Enterprises above Designated Size (unit)	2520	220	2300
#有R&D活动的企业个数	# Number of Units Having R&D Activities	750	136	614
R&D人员 （人）	R&D Personnel (person)	83210	57997	25213
#女性	Female	14717	10310	4407
#全时人员	Full-time Personnel	58179	42657	15522
R&D人员全时当量 （人年）	Full-time Equivalent of R&D Personnel (man-year)	59401	41461	17941
R&D经费内部支出 （万元）	Intramural Expenditure on R&D (10000 yuan)	2356036	1718620	637417
按经费来源分	by Sources			
1.政府资金	Government Funds	141446	120153	21293
2.企业资金	Self-raised Funds by Enterprises	2176160	1568769	607392
3.境外资金	Foreign Funds	10924	10443	481
4.其他	Other funds	27505	19255	8251
按支出用途分	by Use			
1.经常费支出	Operating Expenses	2191901	1607908	583992
#人员劳务费	Service Fees	644028	489699	154329
2.资产性支出	Capital Expenditures	164136	110711	53424
#仪器和设备	Instruments & Equipments	154295	102190	52104
R&D经费外部支出 （万元）	External Expenditure on R&D (10000 yuan)	84459	68836	15623
企业办科技机构数 （个）	Number of Institutions for S&T in Enterprises (unit)	629	205	424
企业办科技机构人员 （人）	Number of Persons of Institutions for S&T in Enterprises (person)	42796	27801	14995
#博士毕业	#Doctor	982	456	526
#硕士毕业	#Master	7403	5733	1670
企业办科技机构经费支出（万元）	Expenditure on S&T in Research Institutions (10000 yuan)	1057550	744486	313064
R&D项目（课题）数 （项）	Number of R&D Projects (item)	6314	4276	2038
R&D项目（课题）人员 （人）	Personnel of Projects for R&D (person)	75562	52497	23065
R&D项目（课题）经费内部支出 （万元）	Intramural Expenditure on R&D Projects (10000 yuan)	2095648	1533211	562436
新产品开发项目数 （项）	Number of Projects for New Products Development (item)	6340	4012	2328
新产品开发经费支出 （万元）	Expenditure on for New Products Development (10000 yuan)	2446923	1738765	708158
新产品产值 （万元）	Gross Output Value of New Products (10 000 yuan)	54098232	39621560	14476672
新产品销售收入 （万元）	Sales Revenue of New Products (10 000 yuan)	51115066	37248464	13866602
#出口	#Exported	3879604	3365443	514160
专利申请数 （件）	Patent Applications (item)	11844	7097	4747
有效发明专利数 （件）	Number of Inventions In Force (item)	10284	6838	3446
发表科技论文 （篇）	Number of Published Scientific Papers (piece)	2538	2145	393
拥有注册商标数 （件）	Number of registered trademark (item)	7459	5562	1897

15-43 大中型工业企业R&D活动人员情况(2014年)

Personnel of Having R&D Activities in Large and Medium-Sized Industrial Enterprises (2014)

类　别	Item	有R&D活动的单位数（个）Number of Enterprises Having R&D Activities (unit)	R&D人员（人）R&D Personnel (person)	#全时人员 Full-time Personnel	R&D人员全时当量（人年）Full-time Equivalent of R&D Personnel (man-year)
总计	**Total**	**750**	**83210**	**58179**	**59401**
按企业规模分组	**By Size**				
大型企业	Large	136	57997	42657	41461
中型企业	Medium	614	25213	15522	17941
按登记注册类型分组	**By Registration Status**				
内资企业	Domestic-Funded Enterprises	672	76532	53771	54084
国有	State-owned Enterprises	17	3880	1513	2483
集体	Collective-owned Enterprises	3	348	39	217
股份合作	Cooperative Enterprises	1	5	5	4
国有联营	State Joint Ownership Enterprises				
集体联营	Collective Joint Ownership Enterprises				
国有与集体联营	Joint State-collective Enterprises				
其他联营	Other Joint Ownership Enterprises				
国有独资公司	State-funded Corporations	33	6448	4327	4869
其他有限责任公司	Other Limited Liability Corporations	151	31606	23472	23784
股份有限公司	Share-holding Corporations Ltd.	81	19002	15056	11658
私营独资	Private-funded Enterprises	19	166	46	121
私营合伙	Private Partnership Enterprises	17	114	65	100
私营有限责任公司	Private Limited Liability Corporations	294	11577	6811	8254
私营股份有限公司	Private Share-holding Corporations Ltd.	54	3300	2437	2562
其他内资	Other Enterprises	2	86		33
港澳台商投资	Enterprises With Investment from Hong Kong, Macao and Taiwan	44	3824	2835	3183
外商投资	Enterprises With Foreign Investment	34	2854	1573	2134

15-43续表 continued

类 别	Item	有R&D活动的单位数（个）Number of Enterprises Having R&D Activities (unit)	R&D人员（人）R&D Personnel (person)	#全时人员 Full-time Personnel	R&D人员全时当量（人年）Full-time Equivalent of R&D Personnel (man-year)
按工业行业大类分组	**By Industrial Branch**				
煤炭开采和洗选业	Mining and Washing of Coal	2	22	17	19
黑色金属矿采选业	Mining of Ferrous Metal Ores	1	61	51	57
有色金属矿采选业	Mining of Non-ferrous Metal Ores	13	986	567	522
非金属矿采选业	Mining and Processing of Nonmetal Ores	2	98	75	55
其他采矿业	Mining of Other Ores N.E.C				
农副食品加工业	Processing of Food from Agricultural Products	45	2665	984	2055
食品制造业	Manufacture of Foods	23	1034	577	733
酒、饮料和精制茶制造业	Manufacture of Liquor, Beverage and Refined Tea	9	278	187	166
烟草制品业	Manufacture of Tobacco	3	964	289	543
纺织业	Manufacture of Textile	28	1442	767	1118
纺织服装、服饰业	Manufacture of Textile Wearing and Clothing Apparel	7	529	340	459
皮革、毛皮、羽毛及其制品和制鞋业	Leather, Fur, Feather and Its Products and Footwear	13	243	155	150
木材加工和木、竹、藤、棕、草制品业	Processing of Timbers, Manufacture of Wood, Bamboo, Rattan, Palm and Straw Products	14	493	190	354
家具制造业	Manufacture of Furniture	8	175	17	149
造纸和纸制品业	Manufacture of Paper and Paper Products	13	1304	589	724
印刷和记录媒介复制业	Printing,Reproduction of Recording Media	5	319	281	263
文教、工美、体育和娱乐用品制造业	Manufacture of Articles for Culture, Education, Artwork, Sport and Entertainment Activity	4	165	36	126
石油加工、炼焦和核燃料加工业	Processing of Petroleum,Coking,Processing of Nucleus Fuel	3	564	251	454
化学原料和化学制品制造业	Manufacture of Chemical Raw Material and Chemical Products	82	3286	1955	2404
医药制造业	Manufacture of Medicines	51	2979	1966	2248
化学纤维制造业	Manufacture of Chemical Fiber	3	190	45	183
橡胶和塑料制品业	Manufacture of Rubber and Plastic Products	6	294	263	234
非金属矿物制品业	Manufacture of Non-metallic Mineral Products	90	2185	976	1330
黑色金属冶炼和压延加工业	Manufacture and Processing of Ferrous Metals	13	6056	2870	5050
有色金属冶炼和压延加工业	Manufacture and Processing of Non-ferrous Metals	33	3431	2556	2067
金属制品业	Manufacture of Metal Products	26	2117	1446	1737
通用设备制造业	Manufacture of General Purpose Machinery	46	3381	2321	2077
专用设备制造业	Manufacture of Special Purpose Machinery	48	20603	16757	11544
汽车制造业	Manufacture of Automobile	34	5054	3548	3951
铁路、船舶、航空航天和其他运输设备制造业	Manufacture of Railways, Ships, Aerospace and Other Transport Equipment	19	7365	6037	6118
电气机械和器材制造业	Manufacture of Electrical Machinery and Equipment	37	4820	4102	3814
计算机、通信和其他电子设备制造业	Manufacture of Computer, Communication and Other Electronic Equipment	41	6648	5997	6163
仪器仪表制造业	Manufacture of Measuring Instrument	11	1272	1100	987
其他制造业	Manufacture of Other Manufacture N.E.C	3	218	174	124
废弃资源综合利用业	Comprehensive Utilization of Waste	1	334	35	205
金属制品、机械和设备修理业	Maintenance of Metal Products, Machinery and Equipment	1	130	123	123
电力、热力生产和供应业	Production and Supply of Electric Power and Heat Power	8	891	95	513
燃气生产和供应业	Production and Distribution of Gas	2	477	345	469
水的生产和供应业	Production and Distribution of Water	2	137	95	117

15-44 大中型工业企业按经费来源分R&D经费内部支出情况(2014年)

Intramural R&D Expenditures in Large and Medium-Sized Industrial Enterprises by Sources (2014)

单位：万元 （10 000 yuan）

项　目	Item	R&D经费内部支出 Intramural Expenditure on R&D	政府资金 Government Funds	企业资金 Self-raised Funds by Enterprises	境外资金 Foreign Funds	其他 Other funds
总计	**Total**	**2356036**	**141446**	**2176160**	**10924**	**27505**
按企业规模分组	**By Size**					
大型企业	Large	1718620	120153	1568769	10443	19255
中型企业	Medium	637417	21293	607392	481	8251
按登记注册类型分组	**By Registration Status**					
内资企业	Domestic-Funded Enterprises	2146892	140048	1970708	10443	25693
国有	State-owned Enterprises	94498	17024	77465		10
集体	Collective-owned Enterprises	1840	300	1540		
股份合作	Cooperative Enterprises	131		131		
国有联营	State Joint Ownership Enterprises					
集体联营	Collective Joint Ownership Enterprises					
国有与集体联营	Joint State-collective Enterprises					
其他联营	Other Joint Ownership Enterprises					
国有独资公司	State-funded Corporations	180626	13431	161182		6013
其他有限责任公司	Other Limited Liability Corporations	832707	72577	748495	3504	8131
股份有限公司	Share-holding Corporations Ltd.	618850	22616	584315	6622	5298
私营独资	Private-funded Enterprises	6599	68	6532		
私营合伙	Private Partnership Enterprises	3335	58	3277		
私营有限责任公司	Private Limited Liability Corporations	334578	12324	317913		4341
私营股份有限公司	Private Share-holding Corporations Ltd.	72221	1633	68370	317	1902
其他内资	Other Enterprises	1507	18	1489		
港澳台商投资	Enterprises With Investment from Hong Kong, Macao and Taiwan	121662	900	118950		1812
外商投资	Enterprises With Foreign Investment	87483	499	86502	481	

15-44 续表 continued

单位：万元 （10 000 yuan）

项 目	Item	R&D经费内部支出 Intramural Expenditure on R&D	政府资金 Government Funds	企业资金 Self-raised Funds by Enterprises	境外资金 Foreign Funds	其他 Other funds
按工业行业大类分组	**By Industrial Branch**					
煤炭开采和洗选业	Mining and Washing of Coal	1951		1951		
黑色金属矿采选业	Mining of Ferrous Metal Ores	468		234		234
有色金属矿采选业	Mining of Non-ferrous Metal Ores	6346	894	5452		
非金属矿采选业	Mining and Processing of Nonmetal Ores	807		807		
其他采矿业	Mining of Other Ores N.E.C					
农副食品加工业	Processing of Food from Agricultural Products	69503	1747	66350		1406
食品制造业	Manufacture of Foods	36180	2190	33990		
酒、饮料和精制茶制造业	Manufacture of Liquor, Beverage and Refined Tea	5350	299	5052		
烟草制品业	Manufacture of Tobacco	17621	4	17617		
纺织业	Manufacture of Textile	37010	685	35003		1321
纺织服装、服饰业	Manufacture of Textile Wearing and Clothing Apparel	6516	172	6344		
皮革、毛皮、羽毛及其制品和制鞋业	Leather, Fur, Feather and Its Products and Footwear	9073	17	8566		490
木材加工和木、竹、藤、棕、草制品业	Processing of Timbers, Manufacture of Wood, Bamboo, Rattan, Palm and Straw Products	17502	5366	11674		463
家具制造业	Manufacture of Furniture	3386	56	3330		
造纸和纸制品业	Manufacture of Paper and Paper Products	32640	836	23792	2614	5399
印刷和记录媒介复制业	Printing,Reproduction of Recording Media	9126	172	8953		
文教、工美、体育和娱乐用品制造业	Manufacture of Articles for Culture, Education, Artwork, Sport and Entertainment Activity	3023	25	2998		
石油加工、炼焦和核燃料加工业	Processing of Petroleum,Coking,Processing of Nucleus Fuel	44081	1550	42531		
化学原料和化学制品制造业	Manufacture of Chemical Raw Material and Chemical Products	83057	1265	80898		894
医药制造业	Manufacture of Medicines	68285	2747	64279		1258
化学纤维制造业	Manufacture of Chemical Fiber	3640		3640		
橡胶和塑料制品业	Manufacture of Rubber and Plastic Products	7577	25	7552		
非金属矿物制品业	Manufacture of Non-metallic Mineral Products	76040	700	74837		503
黑色金属冶炼和压延加工业	Manufacture and Processing of Ferrous Metals	181770	2113	170824		8833
有色金属冶炼和压延加工业	Manufacture and Processing of Non-ferrous Metals	176748	2944	172018		1786
金属制品业	Manufacture of Metal Products	38967	15868	22274		826
通用设备制造业	Manufacture of General Purpose Machinery	101896	10274	90879		743
专用设备制造业	Manufacture of Special Purpose Machinery	562127	8632	552801		693
汽车制造业	Manufacture of Automobile	119578	13564	105532	481	
铁路、船舶、航空航天和其他运输设备制造业	Manufacture of Railways, Ships, Aerospace and Other Transport Equipment	234304	52163	177574	3504	1063
电气机械和器材制造业	Manufacture of Electrical Machinery and Equipment	169177	7498	157353	4326	
计算机、通信和其他电子设备制造业	Manufacture of Computer, Communication and Other Electronic Equipment	176750	8542	166735		1472
仪器仪表制造业	Manufacture of Measuring Instrument	19999	629	19370		
其他制造业	Manufacture of Other Manufacture N.E.C	3979	451	3528		
废弃资源综合利用业	Comprehensive Utilization of Waste	828		828		
金属制品、机械和设备修理业	Maintenance of Metal Products, Machinery and Equipment	2777		2777		
电力、热力生产和供应业	Production and Supply of Electric Power and Heat Power	14268		14147		121
燃气生产和供应业	Production and Distribution of Gas	12735		12735		
水的生产和供应业	Production and Distribution of Water	955	20	935		

15-45 大中型工业企业按支出用途分R&D经费内部支出情况(2014年)

Intramural R&D Expenditures in Large and Medium-Sized Industrial Enterprises by Use (2014)

单位：万元 (10000 yuan)

类 别	Item	R&D经费内部支出 Intramural Expenditure on R&D	1.经常费支出 Operating Expenses	#人员劳务费 Service Fees	2.资产性支出 Capital Expenditures	#仪器和设备 Instruments & Equipments
总计	**Total**	**2356036**	**2191901**	**644028**	**164136**	**154295**
按企业规模分组	**By Size**					
大型企业	Large	1718620	1607908	489699	110711	102190
中型企业	Medium	637417	583992	154329	53424	52104
按登记注册类型分组	**By Registration Status**					
内资企业	Domestic-Funded Enterprises	2146892	1990789	581725	156103	146384
国有	State-owned Enterprises	94498	92721	18869	1778	1759
集体	Collective-owned Enterprises	1840	1675	378	164	153
股份合作	Cooperative Enterprises	131	131	41		
国有联营	State Joint Ownership Enterprises					
集体联营	Collective Joint Ownership Enterprises					
国有与集体联营	Joint State-collective Enterprises					
其他联营	Other Joint Ownership Enterprises					
国有独资公司	State-funded Corporations	180626	162360	36069	18267	16916
其他有限责任公司	Other Limited Liability Corporations	832707	771746	269367	60961	58747
股份有限公司	Share-holding Corporations Ltd.	618850	577916	150127	40934	35518
私营独资	Private-funded Enterprises	6599	6114	1176	485	476
私营合伙	Private Partnership Enterprises	3335	2921	719	413	410
私营有限责任公司	Private Limited Liability Corporations	334578	306603	84809	27975	27431
私营股份有限公司	Private Share-holding Corporations Ltd.	72221	67274	19915	4946	4796
其他内资	Other Enterprises	1507	1328	257	179	179
港澳台商投资	Enterprises With Investment from Hong Kong, Macao and Taiwan	121662	116702	35573	4960	4851
外商投资	Enterprises With Foreign Investment	87483	84410	26730	3073	3060

15-45 续表 continued

类 别	Item	R&D经费内部支出 Intramural Expenditure on R&D	1.经常费支出 Operating Expenses	#人员劳务费 Service Fees	2.资产性支出 Capital Expenditures	#仪器和设备 Instruments & Equipments
按工业行业大类分组	**By Industrial Branch**					
煤炭开采和洗选业	Mining and Washing of Coal	1951	1824	356	127	124
黑色金属矿采选业	Mining of Ferrous Metal Ores	468	418	278	50	50
有色金属矿采选业	Mining of Non-ferrous Metal Ores	6346	5572	2350	774	770
非金属矿采选业	Mining and Processing of Nonmetal Ores	807	803	286	4	4
其他采矿业	Mining of Other Ores N.E.C					
农副食品加工业	Processing of Food from Agricultural Products	69503	65264	19151	4239	4158
食品制造业	Manufacture of Foods	36180	32463	8346	3717	3687
酒、饮料和精制茶制造业	Manufacture of Liquor, Beverage and Refined Tea	5350	5230	1942	121	34
烟草制品业	Manufacture of Tobacco	17621	16498	8718	1123	1110
纺织业	Manufacture of Textile	37010	31502	6526	5508	5393
纺织服装、服饰业	Manufacture of Textile Wearing and Clothing Apparel	6516	5840	3244	675	675
皮革、毛皮、羽毛及其制品和制鞋业	Leather, Fur, Feather and Its Products and Footwear	9073	9058	1155	15	15
木材加工和木、竹、藤、棕、草制品业	Processing of Timbers, Manufacture of Wood, Bamboo, Rattan, Palm and Straw Products	17502	16196	4093	1306	1303
家具制造业	Manufacture of Furniture	3386	3241	1013	145	131
造纸和纸制品业	Manufacture of Paper and Paper Products	32640	30869	7585	1771	1739
印刷和记录媒介复制业	Printing,Reproduction of Recording Media	9126	8543	2786	582	582
文教、工美、体育和娱乐用品制造业	Manufacture of Articles for Culture, Education, Artwork, Sport and Entertainment Activity	3023	2805	847	218	211
石油加工、炼焦和核燃料加工业	Processing of Petroleum,Coking,Processing of Nucleus Fuel	44081	40220	8094	3861	3334
化学原料和化学制品制造业	Manufacture of Chemical Raw Material and Chemical Products	83057	74319	20414	8738	8435
医药制造业	Manufacture of Medicines	68285	62511	20497	5774	5698
化学纤维制造业	Manufacture of Chemical Fiber	3640	3640	947		
橡胶和塑料制品业	Manufacture of Rubber and Plastic Products	7577	5984	2127	1593	1552
非金属矿物制品业	Manufacture of Non-metallic Mineral Products	76040	73233	12797	2807	2761
黑色金属冶炼和压延加工业	Manufacture and Processing of Ferrous Metals	181770	171521	35005	10249	9435
有色金属冶炼和压延加工业	Manufacture and Processing of Non-ferrous Metals	176748	156558	28647	20189	19410
金属制品业	Manufacture of Metal Products	38967	37011	6565	1957	1910
通用设备制造业	Manufacture of General Purpose Machinery	101896	95356	25031	6540	6061
专用设备制造业	Manufacture of Special Purpose Machinery	562127	539279	205641	22847	18672
汽车制造业	Manufacture of Automobile	119578	110315	38514	9263	9120
铁路、船舶、航空航天和其他运输设备制造业	Manufacture of Railways, Ships, Aerospace and Other Transport Equipment	234304	226235	55090	8069	7789
电气机械和器材制造业	Manufacture of Electrical Machinery and Equipment	169177	155823	34264	13354	12952
计算机、通信和其他电子设备制造业	Manufacture of Computer, Communication and Other Electronic Equipment	176750	152065	63548	24684	23423
仪器仪表制造业	Manufacture of Measuring Instrument	19999	16722	9380	3277	3228
其他制造业	Manufacture of Other Manufacture N.E.C	3979	3614	1029	365	362
废弃资源综合利用业	Comprehensive Utilization of Waste	828	809	252	19	15
金属制品、机械和设备修理业	Maintenance of Metal Products, Machinery and Equipment	2777	2777	965		
电力、热力生产和供应业	Production and Supply of Electric Power and Heat Power	14268	14252	1069	16	16
燃气生产和供应业	Production and Distribution of Gas	12735	12735	4759		
水的生产和供应业	Production and Distribution of Water	955	796	718	159	136

15-46 大中型工业企业办科技机构情况(2014年)

Basic Statistics on Institutions for Scientific and Technological in Large and Medium-Sized Industrial Enterprises (2014)

类　别	Item	企业办科技机构数（个） Number of Institutions for S&T in Enterprises (unit)	企业办科技机构人员（人） Number of Personnel in Institutions for S&T in Enterprises (person)	#博士 Doctor	#硕士 Master	科技机构内部经费支出(万元) Intramural Expenditure for S&T Institutions (10 000 yuan)
总计	**Total**	**629**	**42796**	**982**	**7403**	**1057550**
按企业规模分组	**By Size**					
大型企业	Large	205	27801	456	5733	744486
中型企业	Medium	424	14995	526	1670	313064
按登记注册类型分组	**By Registration Status**					
内资企业	Domestic-Funded Enterprises	575	39567	921	6955	993968
国有	State-owned Enterprises	32	1722	109	308	37366
集体	Collective-owned Enterprises	3	63	6	4	499
股份合作	Cooperative Enterprises					
国有联营	State Joint Ownership Enterprises					
集体联营	Collective Joint Ownership Enterprises					
国有与集体联营	Joint State-collective Enterprises					
其他联营	Other Joint Ownership Enterprises	1	30			80
国有独资公司	State-funded Corporations	39	5020	67	570	92616
其他有限责任公司	Other Limited Liability Corporations	129	12374	160	2975	474072
股份有限公司	Share-holding Corporations Ltd.	100	10325	183	1829	146176
私营独资	Private-funded Enterprises	4	103		5	5038
私营合伙	Private Partnership Enterprises	4	104	1	7	691
私营有限责任公司	Private Limited Liability Corporations	205	7565	317	872	186042
私营股份有限公司	Private Share-holding Corporations Ltd.	54	2177	70	373	49650
其他内资	Other Enterprises	4	84	8	12	1738
港澳台商投资	Enterprises With Investment from Hong Kong, Macao and Taiwan	34	2125	33	279	37293
外商投资	Enterprises With Foreign Investment	20	1104	28	169	26289

15-46 续表 continued

类 别	Item	企业办科技机构数（个）Number of Institutions for S&T in Enterprises (unit)	企业办科技机构人员（人）Number of Personnel in Institutions for S&T in Enterprises (person)	#博士 Doctor	#硕士 Master	科技机构内部经费支出(万元) Intramural Expenditure for S&T Institutions (10 000 yuan)
按工业行业大类分组	**By Industrial Branch**					
煤炭开采和洗选业	Mining and Washing of Coal	7	142		1	2339
黑色金属矿采选业	Mining of Ferrous Metal Ores					
有色金属矿采选业	Mining of Non-ferrous Metal Ores	20	622	9	34	11229
非金属矿采选业	Mining and Processing of Nonmetal Ores	5	140		1	1630
其他采矿业	Mining of Other Ores N.E.C					
农副食品加工业	Processing of Food from Agricultural Products	45	1407	72	171	41253
食品制造业	Manufacture of Foods	22	848	40	136	27489
酒、饮料和精制茶制造业	Manufacture of Liquor, Beverage and Refined Tea	10	285	8	21	4964
烟草制品业	Manufacture of Tobacco	2	208	20	56	18008
纺织业	Manufacture of Textile	14	573	16	67	8806
纺织服装、服饰业	Manufacture of Textile Wearing and Clothing Apparel	15	704	12	34	8538
皮革、毛皮、羽毛及其制品和制鞋业	Leather, Fur, Feather and Its Products and Footwear	7	164	2	11	3214
木材加工和木、竹、藤、棕、草制品业	Processing of Timbers, Manufacture of Wood, Bamboo, Rattan, Palm and Straw Products	12	321	15	30	17021
家具制造业	Manufacture of Furniture	5	244	5	19	1941
造纸和纸制品业	Manufacture of Paper and Paper Products	10	578	3	55	22425
印刷和记录媒介复制业	Printing,Reproduction of Recording Media	3	154		7	6377
文教、工美、体育和娱乐用品制造业	Manufacture of Articles for Culture, Education, Artwork, Sport and Entertainment Activity	5	283	7	8	3982
石油加工、炼焦和核燃料加工业	Processing of Petroleum,Coking,Processing of Nucleus Fuel	5	153	14	51	11832
化学原料和化学制品制造业	Manufacture of Chemical Raw Material and Chemical Products	43	1706	55	266	38550
医药制造业	Manufacture of Medicines	39	2034	51	275	48396
化学纤维制造业	Manufacture of Chemical Fiber					
橡胶和塑料制品业	Manufacture of Rubber and Plastic Products	3	112	3	6	3291
非金属矿物制品业	Manufacture of Non-metallic Mineral Products	27	1371	10	120	22096
黑色金属冶炼和压延加工业	Manufacture and Processing of Ferrous Metals	19	1631	22	182	40127
有色金属冶炼和压延加工业	Manufacture and Processing of Non-ferrous Metals	22	2653	61	243	100375
金属制品业	Manufacture of Metal Products	18	1614	25	197	10700
通用设备制造业	Manufacture of General Purpose Machinery	48	2156	59	263	59046
专用设备制造业	Manufacture of Special Purpose Machinery	83	9634	154	3104	283391
汽车制造业	Manufacture of Automobile	24	1963	16	263	52994
铁路、船舶、航空航天和其他运输设备制造业	Manufacture of Railways, Ships, Aerospace and Other Transport Equipment	15	3213	65	789	34928
电气机械和器材制造业	Manufacture of Electrical Machinery and Equipment	43	3093	86	341	61894
计算机、通信和其他电子设备制造业	Manufacture of Computer, Communication and Other Electronic Equipment	37	2520	44	275	81624
仪器仪表制造业	Manufacture of Measuring Instrument	10	1426	20	209	15596
其他制造业	Manufacture of Other Manufacture N.E.C	3	84	3	14	3612
废弃资源综合利用业	Comprehensive Utilization of Waste	1	39			8
金属制品、机械和设备修理业	Maintenance of Metal Products, Machinery and Equipment					
电力、热力生产和供应业	Production and Supply of Electric Power and Heat Power	6	694	84	147	9676
燃气生产和供应业	Production and Distribution of Gas					
水的生产和供应业	Production and Distribution of Water	1	27	1	7	203

15-47 大中型工业企业R&D项目和新产品开发项目情况(2014年)
Basic Statistics on Projects for R&D and New Products Development in Large and Medium-Sized Industrial Enterprises (2014)

类　别	Item	R&D 项目数（项） Number of R&D Projects (item)	R&D 项目人员（人） Personnel of Projects for R&D (person)	R&D 项目经费（万元） Intramural Expenditure on R&D Projects (10000 yuan)	新产品开发项目数（项） Number of Projects for New Products Development (item)	新产品开发经费（万元） Expenditure on New Products Development (10000 yuan)
总计	**Total**	**6314**	**75562**	**2095648**	**6340**	**2446923**
按企业规模分组	**By Size**					
大型企业	Large	4276	52497	1533211	4012	1738765
中型企业	Medium	2038	23065	562436	2328	708158
按登记注册类型分组	**By Registration Status**					
内资企业	Domestic-Funded Enterprises	5979	69268	1902213	5956	2200148
国有	State-owned Enterprises	356	3376	82313	241	97855
集体	Collective-owned Enterprises	7	332	1526	5	1011
股份合作	Cooperative Enterprises	1	5	120	1	131
国有联营	State Joint Ownership Enterprises					
集体联营	Collective Joint Ownership Enterprises					
国有与集体联营	Joint State-collective Enterprises					
其他联营	Other Joint Ownership Enterprises					
国有独资公司	State-funded Corporations	570	5655	162054	586	141747
其他有限责任公司	Other Limited Liability Corporations	2481	28131	724517	2359	849759
股份有限公司	Share-holding Corporations Ltd.	1454	17871	552252	1558	665390
私营独资	Private-funded Enterprises	22	149	6268	26	8005
私营合伙	Private Partnership Enterprises	21	99	2913	24	4142
私营有限责任公司	Private Limited Liability Corporations	832	10518	304019	914	356335
私营股份有限公司	Private Share-holding Corporations Ltd.	222	3052	64917	222	70902
其他内资	Other Enterprises	13	80	1313	20	4872
港澳台商投资	Enterprises With Investment from Hong Kong, Macao and Taiwan	208	3642	111238	271	142080
外商投资	Enterprises With Foreign Investment	127	2652	82198	113	104695

15-47 续表 continued

类别	Item	R&D项目数（项）Number of R&D Projects (item)	R&D项目人员（人）Personnel of Projects for R&D (person)	R&D项目经费（万元）Intramural Expenditure on R&D Projects (10000 yuan)	新产品开发项目数（项）Number of Projects for New Products Development (item)	新产品开发经费（万元）Expenditure on New Products Development (10000 yuan)
按工业行业大类分组	**By Industrial Branch**					
煤炭开采和洗选业	Mining and Washing of Coal	2	21	1820		
黑色金属矿采选业	Mining of Ferrous Metal Ores	1	58	468	1	468
有色金属矿采选业	Mining of Non-ferrous Metal Ores	37	926	5618	15	2703
非金属矿采选业	Mining and Processing of Nonmetal Ores	8	95	807	27	5898
其他采矿业	Mining of Other Ores N.E.C					
农副食品加工业	Processing of Food from Agricultural Products	110	2519	61003	116	70805
食品制造业	Manufacture of Foods	57	953	32943	39	29459
酒、饮料和精制茶制造业	Manufacture of Liquor, Beverage and Refined Tea	34	259	4501	18	6786
烟草制品业	Manufacture of Tobacco	159	693	9386	71	15033
纺织业	Manufacture of Textile	161	1314	31952	132	29389
纺织服装、服饰业	Manufacture of Textile Wearing and Clothing Apparel	25	489	5904	33	6832
皮革、毛皮、羽毛及其制品和制鞋业	Leather, Fur, Feather and Its Products and Footwear	25	219	8134	45	4419
木材加工和木、竹、藤、棕、草制品业	Processing of Timbers, Manufacture of Wood, Bamboo, Rattan, Palm and Straw Products	25	444	17114	17	11331
家具制造业	Manufacture of Furniture	10	155	2563	9	2669
造纸和纸制品业	Manufacture of Paper and Paper Products	88	1107	24526	99	44248
印刷和记录媒介复制业	Printing,Reproduction of Recording Media	18	307	7944	16	7848
文教、工美、体育和娱乐用品制造业	Manufacture of Articles for Culture, Education, Artwork, Sport and Entertainment Activity	5	154	2689	6	3829
石油加工、炼焦和核燃料加工业	Processing of Petroleum,Coking,Processing of Nucleus Fuel	23	508	31248	23	43251
化学原料和化学制品制造业	Manufacture of Chemical Raw Material and Chemical Products	243	3082	68639	217	76571
医药制造业	Manufacture of Medicines	376	2763	62339	386	75854
化学纤维制造业	Manufacture of Chemical Fiber	3	178	3640	2	3470
橡胶和塑料制品业	Manufacture of Rubber and Plastic Products	16	288	7065	19	3288
非金属矿物制品业	Manufacture of Non-metallic Mineral Products	142	2051	72991	176	115646
黑色金属冶炼和压延加工业	Manufacture and Processing of Ferrous Metals	148	5565	178496	141	176057
有色金属冶炼和压延加工业	Manufacture and Processing of Non-ferrous Metals	315	3077	145502	260	142258
金属制品业	Manufacture of Metal Products	166	1802	34302	170	46264
通用设备制造业	Manufacture of General Purpose Machinery	279	2975	93428	291	91154
专用设备制造业	Manufacture of Special Purpose Machinery	1738	18957	511347	1862	592926
汽车制造业	Manufacture of Automobile	512	4358	107292	787	170218
铁路、船舶、航空航天和其他运输设备制造业	Manufacture of Railways, Ships, Aerospace and Other Transport Equipment	647	6131	205441	388	247043
电气机械和器材制造业	Manufacture of Electrical Machinery and Equipment	373	4501	146793	320	130601
计算机、通信和其他电子设备制造业	Manufacture of Computer, Communication and Other Electronic Equipment	279	6435	158699	374	235994
仪器仪表制造业	Manufacture of Measuring Instrument	125	1176	18438	158	25088
其他制造业	Manufacture of Other Manufacture N.E.C	26	166	3449	18	3766
废弃资源综合利用业	Comprehensive Utilization of Waste	2	320	810		
金属制品、机械和设备修理业	Maintenance of Metal Products, Machinery and Equipment	3	118	2777	4	3117
电力、热力生产和供应业	Production and Supply of Electric Power and Heat Power	114	861	13415	84	10486
燃气生产和供应业	Production and Distribution of Gas	17	422	11358	16	12157
水的生产和供应业	Production and Distribution of Water	2	115	811		

15-48 大中型工业企业科技活动产出情况(2014年)

Basic Statistics on Scientific and Technological Outputs in Large and Medium-Sized Industrial Enterprises (2014)

类　别	Item	新产品产值（万元）Gross Output Value of New Products (10 000 yuan)	新产品销售收入（万元）Sales Revenue of New Products (10 000 yuan)	#出口 Exported	专利申请数（件）Patent Applications (item)	有效发明专利数（件）Number of Inventions In Force (item)
总计	**Total**	**54098232**	**51115066**	**3879604**	**11844**	**10284**
按企业规模分组	**By Size**					
大型企业	Large	39621560	37248464	3365443	7097	6838
中型企业	Medium	14476672	13866602	514160	4747	3446
按登记注册类型分组	**By Registration Status**					
内资企业	Domestic-Funded Enterprises	50162183	47430571	2336650	10694	9274
国有	State-owned Enterprises	8786109	7590955	53760	432	315
集体	Collective-owned Enterprises	19813	19473		17	5
股份合作	Cooperative Enterprises	227	243			
国有联营	State Joint Ownership Enterprises					
集体联营	Collective Joint Ownership Enterprises					
国有与集体联营	Joint State-collective Enterprises					
其他联营	Other Joint Ownership Enterprises					
国有独资公司	State-funded Corporations	3378564	3275612	232113	1007	901
其他有限责任公司	Other Limited Liability Corporations	13051190	12334743	1195819	3130	2667
股份有限公司	Share-holding Corporations Ltd.	13682043	13568669	647808	3396	3858
私营独资	Private-funded Enterprises	185658	184588	5157	51	39
私营合伙	Private Partnership Enterprises	22202	22202		8	
私营有限责任公司	Private Limited Liability Corporations	9434028	9014921	138739	2144	1031
私营股份有限公司	Private Share-holding Corporations Ltd.	1578092	1394929	63163	501	449
其他内资	Other Enterprises	24258	24238	90	8	9
港澳台商投资	Enterprises With Investment from Hong Kong, Macao and Taiwan	2571034	2535343	1431144	756	823
外商投资	Enterprises With Foreign Investment	1365015	1149152	111810	394	187

15-48续表 continued

类 别	Item	新产品产值（万元）Gross Output Value of New Products (10 000 yuan)	新产品销售收入（万元）Sales Revenue of New Products (10 000 yuan)	#出口 Exported	专利申请数（件）Patent Applic-ations (item)	有效发明专利数（件）Number of Inventions In Force (item)
按工业行业大类分组	**By Industrial Branch**					
煤炭开采和洗选业	Mining and Washing of Coal				12	1
黑色金属矿采选业	Mining of Ferrous Metal Ores				1	
有色金属矿采选业	Mining of Non-ferrous Metal Ores	191469	213488	7943	27	13
非金属矿采选业	Mining and Processing of Nonmetal Ores	49107	50725		23	2
其他采矿业	Mining of Other Ores N.E.C					
农副食品加工业	Processing of Food from Agricultural Products	2321965	2255030	37904	155	119
食品制造业	Manufacture of Foods	1116846	911833	23420	189	85
酒、饮料和精制茶制造业	Manufacture of Liquor, Beverage and Refined Tea	322071	286108	3523	30	21
烟草制品业	Manufacture of Tobacco	8510357	7347931	10665	114	186
纺织业	Manufacture of Textile	704311	673150	239	309	50
纺织服装、服饰业	Manufacture of Textile Wearing and Clothing Apparel	197372	187933	6480	17	2
皮革、毛皮、羽毛及其制品和制鞋业	Leather, Fur, Feather and Its Products and Footwear	160613	151193	9322	49	32
木材加工和木、竹、藤、棕、草制品业	Processing of Timbers, Manufacture of Wood, Bamboo, Rattan, Palm and Straw Products	533482	491162	7408	38	7
家具制造业	Manufacture of Furniture	223673	210305	1	17	7
造纸和纸制品业	Manufacture of Paper and Paper Products	661701	658466	15105	62	139
印刷和记录媒介复制业	Printing,Reproduction of Recording Media	324880	313984	737	52	35
文教、工美、体育和娱乐用品制造业	Manufacture of Articles for Culture, Education, Artwork, Sport and Entertainment Activity	57532	57278		26	24
石油加工、炼焦和核燃料加工业	Processing of Petroleum,Coking,Processing of Nucleus Fuel	3042714	3228515	7897	53	118
化学原料和化学制品制造业	Manufacture of Chemical Raw Material and Chemical Products	1990864	1952029	101921	523	541
医药制造业	Manufacture of Medicines	1124312	1093556	9464	719	433
化学纤维制造业	Manufacture of Chemical Fiber					
橡胶和塑料制品业	Manufacture of Rubber and Plastic Products	154542	154390		9	6
非金属矿物制品业	Manufacture of Non-metallic Mineral Products	1541674	1496096	129114	564	1191
黑色金属冶炼和压延加工业	Manufacture and Processing of Ferrous Metals	2703973	2989333	465272	70	230
有色金属冶炼和压延加工业	Manufacture and Processing of Non-ferrous Metals	2625187	2607052	47229	575	548
金属制品业	Manufacture of Metal Products	1596765	1099217	107118	238	189
通用设备制造业	Manufacture of General Purpose Machinery	1655656	1622539	75929	355	370
专用设备制造业	Manufacture of Special Purpose Machinery	8936744	8290152	424258	2852	2498
汽车制造业	Manufacture of Automobile	2255952	2189498	78183	753	347
铁路、船舶、航空航天和其他运输设备制造业	Manufacture of Railways, Ships, Aerospace and Other Transport Equipment	2430047	2381281	57912	1670	1643
电气机械和器材制造业	Manufacture of Electrical Machinery and Equipment	2679295	2589776	18755	762	493
计算机、通信和其他电子设备制造业	Manufacture of Computer, Communication and Other Electronic Equipment	5354865	4993035	2229861	626	204
仪器仪表制造业	Manufacture of Measuring Instrument	594149	584888	3946	626	650
其他制造业	Manufacture of Other Manufacture N.E.C	10114	9831		16	11
废弃资源综合利用业	Comprehensive Utilization of Waste	263	263			
金属制品、机械和设备修理业	Maintenance of Metal Products, Machinery and Equipment				4	
电力、热力生产和供应业	Production and Supply of Electric Power and Heat Power	20986	20986		275	74
燃气生产和供应业	Production and Distribution of Gas				18	
水的生产和供应业	Production and Distribution of Water	4753	4047		15	15

主要统计指标解释

普通高等学校 指按国家规定的设置标准和审批程序批准举办的，通过全国普通高等学校统一招生考试，招收高中毕业生为主要培养对象，实施高等学历教育的全日制大学、独立设置的学院和高等专科学校、高等职业学校及其他机构（独立学院和分校、大专班）。

大学、独立设置的学院主要实施本科层次以上教育。高等专科学校、高等职业学校实施专科层次教育。其他机构是承担国家普通招生计划任务不计校数的机构，包括独立学院、普通高等学校分校、大专班和批准筹建的普通高等学校等。独立学院指由普通本科高校按新机制、新模式举办的本科层次的二级学院，一些普通本科高校按公办机制和模式建立的二级学院，“分校”或其他类似的二级办学机构不属此范畴。

成人高等学校 指按照国家规定的设置标准和审批程序批准举办的，通过全国成人高等教育统一招生考试，招收具有高中毕业或同等学历的人员为主要培养对象，利用函授、业余、脱产等多种形式对其实施高等学历教育的学校。包括职工高等学校、农民高等学校、管理干部学院、教育学院、独立函授学院、广播电视大学、其他机构等。其他机构是承担国家成人招生计划任务不计校数的机构。

小学学龄儿童净入学率 指调查范围内已入小学学习的学龄儿童占校内外学龄儿童总数(包括弱智儿童，不包括盲聋哑儿童)的比重。计算公式为：

$$\begin{array}{c}\text{小学学龄儿童}\\\text{净入学率}\end{array}=\frac{\text{已入学的小学学龄儿童数}}{\text{校内外小学学龄儿童总数}}\times 100\%$$

国家财政性教育经费 包括国家财政预算内教育经费，各级政府征收用于教育的税费，企业办学校教育经费，校办产业、勤工俭学和社会服务收入用于教育的经费。

财政预算内教育经费 指中央、地方各级财政或上级主管部门在年度内安排，并计划拨到教育部门和其他部门主办的各级各类学校、教育事业单位，列入国家预算支出科目的教育经费，包括教育事业拨款、科研经费拨款、基建拨款和其他经费拨款。

科技活动 指在自然科学、农业科学、医药科学、工程与技术科学、人文与社会科学领域(简称科学技术领域)中，与科技知识的产生、发展、传播和应用密切相关的有组织的活动。可分为研究与试验发展(R&D)、研究与试验发展成果应用及相关的科技服务三类活动。该定义是联合国教科文组织考虑成员国特别是发展中国家开展科技统计工作的需要，而对科技活动所作的统计界定。

科技活动人员 指直接从事科技活动、以及专门从事科技活动管理和为科技活动提供直接服务，累计的实际工作时间占全年制度工作时间10%及以上的人员。(1)直接从事科技活动的人员包括：在独立核算的科学研究与技术开发机构、高等学校、各类企业及其他事业单位内设的研究室、实验室、技术开发中心及中试车间(基地)等机构中从事科技活动的研究人员、工程技术人员、技术工人及其它人员；虽不在上述机构工作，但编入科技活动项目(课题)组的人员；科技信息与文献机构中的专业技术人员；从事论文设计的研究生等。(2)专门从事科技活动管理和为科技活动提供直接服务的人员，包括：独立核算的科学研究与技术开发机构、科技信息与文献机构、高等学校、各类企业及其他事业单位主管科技工作的负责人，专门从事科技活动的计划、行政、人事、财务、物资供应、设备维护、图书资料管理等工作的各类人员，但不包括保卫、医疗保健人员、司机、食堂人员、茶炉工、水暖工、清洁工等为科技活动提供间接服务的人员。该指标用来反映投入科技活动人力的规模。

科技活动经费内部支出 指报告年内用于科技活动的实际支出，包括劳务费、科研业务费、科研管理费，非基建投资购建的固定资产、科研基建支出以及其他用于科技活动的支出。不包括生产性活动支出、归还贷款支出及转拨外单位支出。反映科技投入实际完成情况。

研究与试验发展(R&D) 指在科学技术领域，为增加知识总量，以及运用这些知识去创造新的应用进行的系统的创造性的活动，包括基础研究、应用研究、试验发展三类活动。国际上通常采用 R&D 活动的规模和强度指标反映一国的科技实力和核心竞争力。

基础研究 指为了获得关于现象和可观察事实的基本原理的新知识(揭示客观事物的本质、运动规律，获得新发现、新学说)而进行的实验性或理论性研究，它不以任何专门或特定的应用或使用为目的。其成果以科学论文和科学著作为主要形式。用来反映知识的原始创新能力。

应用研究 指为获得新知识而进行的创造性研究，主要针对某一特定的目的或目标。应用研究是为了确定基础研究成果可能的用途，或是为达到预定的目标探索应采取的新方法(原理性)或新途径。其成果形式以科学论文、专著、原理性模型或发明专利为主。用来反映对基础研究成果应用途径的探索。

试验发展 指利用从基础研究、应用研究和实际经验所获得的现有知识，为产生新的产品、材料和装置，建立新的工艺、系统和服务，以及对已产生和建立的上述各项作实质性的改进而进行的系统性工作。其成果形式主要是专利、专有技术、具有新产品基本特征的产品原型或具有新装置基本特征的原始样机等。在社会科学领域，试验发展是指把通过基础研究、应用研究获得的知识转变成可以实施的计划(包括为进行检验和评估实施示范项目)的过程。人文科学领域没有对应的试验发展活动。主要反映将科研成果转化为技术和产品的能力，是科技推动经济社会发展的物化成果。

R&D 人员 指参与研究与试验发展项目研究、管理和辅助工作的人员，包括项目(课题)组人员，企业科技行政管理人员和直接为项目(课题)活动提供服务的辅助人员。反映投入从事拥有自主知识产权的研究开发活动的人力规模。

R&D 人员全时当量 指全时人员数加非全时人员按工作量折算为全时人员数的总和。例如：有两个全时人员和三个非全时人员(工作时间分别为 20%、30%和70%)，则全时当量为 2+0.2+0.3+0.7=3.2 人年。为国际上比较科技人力投入而制定的可比指标。

R&D 经费内部支出合计 指调查单位用于内部开展 R&D 活动（基础研究、应用研究和试验发展）的实际支出。包括用于 R&D 项目（课题）活动的直接支出，以及间接用于 R&D 活动的管理费、服务费、与 R&D 有关的基本建设支出以及外协加工费等。不包括生产性活动支出、归还贷款支出以及与外单位合作或委托外单位进行 R&D 活动而转拨给对方的经费支出。

R&D 经费内部支出中政府资金 指 R&D 经费内部支出中来自各级政府部门的各类资金，包括财政科学技术拨款、科学基金、教育等部门事业费以及政府部门预算外资金的实际支出。

R&D 经费内部支出中企业资金 指 R&D 经费内部支出中来自本企业的自有资金和接受其他企业委托而获得的经费，以及科研院所、高校等事业单位从企业获得的资金的实际支出。

R&D 项目（课题）数 指在当年立项并开展研究工作、以前年份立项仍继续进行研究的研发项目（课题）数，包括当年完成和年内研究工作已告失败的研发项目（课题），但不包括委托外单位进行的研发项目（课题）数。

R&D 项目（课题）人员全时当量 指实际参加研发项目（课题）活动人员折合的全时当量。

R&D 项目（课题）经费内部支出 指调查单位内部在报告年度进行研发项目（课题）研究和试制等的实际支出。包括劳务费、其他日常支出、固定资产购建费、外协加工费等，不包括委托或与外单位合作进行项目（课题）研究而拨付给对方使用的经费。

专利 是专利权的简称，是对发明人的发明创造经审查合格后，由专利局依据专利法授予发明人和设计人对该项发明创造享有的专有权。包括发明、实用新型和外观设计。反映拥有自主知识产权的科技和设计成果情况。

发明（专利） 指对产品、方法或者其改进所提出的新的技术方案。是国际通行的反映拥有自主知识产权技术的核心指标。

实用新型（专利） 指对产品的形状、构造或者其结合所提出的适于实用的新的技术方案。反映具有一定技术含量的技术成果情况。

外观设计（专利） 指对产品的形状、图案、色彩或者其结合所作出的富有美感并适于工业上应用的新设计。反映拥有自主知识产权的外观设计成果情况。

Explanatory Notes on Main Statistical Indicators

Regular Institutions of Higher Education refer to educational establishments set up according to the government evaluation and approval procedures, recruiting graduates from senior secondary schools as the main target by National Matriculation TEST. They include full-time universities, colleges, institutions of higher professional education, institutions of higher vocational education, institutions of higher vocational education and others (non-university tertiary, branch schools and undergraduate classes).

Universities and colleges primarily provide undergraduate courses; institutions of higher professional education and institutions of higher vocational education primarily provide professional trainings; and others refer to educational establishments, which are responsible for enrolling higher education students under the State Plan but not enumerated in the total number of schools, including: branch schools of universities and colleges, and universities and colleges that have been approved and under plan for construction. Non-university tertiary refers to the regular undergraduate branch college which is running in new mechanism and mode, excluding the branch schools and other similar branches of educational institutions.

Institutions of Higher Education for Adults refer to educational establishments, set up in line with relevant rules approved by the government, enrolling staff and workers with senior secondary school or equivalent education, and providing higher education courses in many forms of correspondence, spare time, or full time for adults. Professionals thus trained receive a qualification equivalent to graduates studying regular courses at regular universities, colleges and professional colleges. Institutions of higher learning for adults include schools of higher education for staff and workers, schools of higher education for peasants, colleges for management cadres, pedagogical colleges, independent correspondence colleges, Radio and TV universities and other educational establishments. Other educational establishments have undertakings to enrol adult students but not enumerated in the schools under the State Plan.

Net Enrolment Ratio of Primary Schools refers to the proportion of school age children enrolled at schools to the total number of school age children both in and outside schools (including retarded children, but excluding blind, deaf and mute children). The formula is:

$$\text{Net Enrolment Ratio of Primary Schools} = \frac{\text{Total Primary School - age Children at Schools}}{\text{Total Primary School - age Children Whether or Not Attending School}} \times 100\%$$

Government Appropriation for Education refers to State budgetary fund for education, taxes and fees collected by governments at all levels that are used for education purpose, education fund for enterprise-run schools, income from school-run enterprises, work-study programme and social services that are used for education purpose.

Budgetary Fund for Education refers to education funding that is planned to be allocated to various schools and education institutions by central and local financial departments at various levels within the reference year, which is within the State budgetary expenditure, including: appropriated funds for education, for science and research, for capital construction and others.

Scientific and Technological Activities (S&T Activities) refer to organized activities which are closely related with the creation, development, dissemination and application of the scientific and technical knowledge in the fields of natural sciences, agricultural science, medical science, engineering and technological science, humanities and social sciences (referred to as scientific and technological fields). S&T activities can be classified in to 3 categories: research and development (R&D) activities, application of R&D results, and related S&T services. This statistical definition is made by UNICHIEF for scientific and technological activities to meet the need of carrying out statistical work in this field for its member countries in particular those developing countries.

Personnel Engaged in S&T Activities refer to personnel directly engaged in S&T activities, in the management of S&T activities, and in providing direct service to S&T activities, who spend over 10% of the total working hours in a year in S&T activities. (1) Personnel directly engaged in S&T activities include researchers, engineers, technicians and other related personnel engaged in S&T activities in independent accounting R&D institutions, institutions of higher learning, and in research institutes, laboratories, technology development centers and central experiment workshops under enterprises and institutions. Also included are people working in S&T research project teams, professional and technical personnel working in S&T information archiving institutes, and graduate students working on the design of their thesis. (2) Personnel engaged in the management of S&T activities and in providing direct service to S&T activities include senior management people responsible for S&T activities in independent accounting R&D institutions, S&T information archiving institutes, institutions of higher learning, and in enterprises and institutions where S&T activities are undertaken. Also included are people responsible for the planning, administration, personnel management,financial management, logistics supply, equipment maintenance, information and library management that are related with S&T activities. People providing indirect services are excluded, such as security, medical service, drivers, plumbers, cleaners and those providing catering and related service. This indicator reflects the size of personnel engaged in S&T activities.

Research and Development (R&D) refers to systematic and creative activities in the field of science and technology aiming at increasing the knowledge and using the knowledge for new application. R&D includes 3 categories of activities: basic research, applied research and experimentation for development. The scale and intensity of R&D are widely used internationally to reflect the strength of S&T and the core competitiveness of a country in the world.

Basic Research refers to empirical or theoretical research aiming at obtaining new knowledge on the fundamental principles regarding phenomena or observable facts to reveal the intrinsic nature and underlying laws and to acquire new discoveries or new theories. Basic research takes no specific or designated application as the aim of the research. Results of basic research are mainly released or disseminated in the form of scientific papers or monographs. This indicator reflects the innovation capacity for original knowledge.

Applied Research refers to creative research aiming at obtaining new knowledge on a specific objective or target. Purpose of the applied research is to identify the possible uses of results from basic research, or to explore new (fundamental) methods or new approaches. Results of applied research are expressed in the form of scientific papers, monographs, fundamental models or invention patents. This indicator reflects the exploration of ways to apply the results of basic research.

Experiments and Development refer to systematic activities aiming at using the knowledge from basic and applied researches or from practical experience to develop new products, materials and equipment, to establish new production process, systems and services, or to make substantial improvement on the existing products, process or services. Results of experiment and development activities are embodied in patents, exclusive technology, and monotype of new products or equipment. In social sciences, experiment and development activities refer to the process of converting the knowledge from basic or applied researches into feasible programmes (including conduct of demonstration projects for assessment and evaluation). There are no experiment and development activities in the science of humanities. This indicator reflects the capability of transferring the results of S&T into technique and products, and measures the realization of S&T in spearheading the economic and social development.

R&D Personnel refer to persons engaged in research, management and supporting activities of R&D, including persons in the project teams, persons engaged in the management of S&T activities of enterprises and supporting staff providing direct service to the research projects. This indicator reflects the size of personnel engaged in R&D activities with independent intellectual property.

Full-time Equivalent of R&D Personnel refers to the sum of the full-time persons and the full-time equivalent of part-time persons converted by workload. For instance, if there are 2 full-time persons and 3 part-time workers (20%, 30% and 70% of working hours respectively on R&D activities), the full-time equivalent are 2+0.2+0.3+0.7=3.2 person-years. This is an internationally comparable indicator of S&T manpower input.

Total Internal Expenditure of Funds on R&D refers to the real expenditure of surveyed units on their own R&D activities (basic research, application study, test and development) including direct expenditure on R&D activities, indirect expenditure of management and services on R&D activities, expenditure on capital construction and material processing by others. Excluding the expenditure on production activities, return of loan, and fees transferred to cooperated and entrusted agencies on R&D activities.

Internal Expenditure of Government Funds refers to the expenditure of funds on R&D activities from government agencies at different levels, including appropriate funds on science and technology from financial departments, scientific funds, operating expenses from education departments and the real expenditure of extra budgetary funds from government agencies.

Internal Expenditure of Funds of Enterprises refers to the expenditure of funds on R&D activities from self-raised funds of enterprises and funds from other enterprises through entrustment, and the expenditure of funds of institutions, such as institution of scientific research and universities, from enterprises.

Number of R&D Projects (Subjects) refers to the number of R&D projects (subjects) set up and implemented at the reference year, and the number of R&D projects (subjects) set up in former years and under implementation, including the projects (subjects) finished and failed at the reference year, excluding the projects (subjects) implemented by others through entrustment.

Full-time Equivalent of R&D Personnel refers to the full-time equivalent of persons actually engaged in R&D projects.(subjects)

Internal Expenditure of Funds on R&D Projects (subjects) refers to the real expenditure of internal funds of the surveyed units on research and test of R&D projects (subjects) at the reference year, including service fee, other daily expenditure, cost for capital goods, cost of external process; excluding expenditure of funds transferred to other cooperated and entrusted units of the projects.

Patent is an abbreviation for the patent right and refers to the exclusive right of ownership by the inventors or designers for the creation or inventions, given from the patent offices after due process of assessment and approval in accordance with the Patent Law. Patents are granted for inventions, utility models and designs. This indicator reflects the achievements of S&T and design with independent intellectual property.

Patented Inventions refer to new technical proposals to the products or methods or their modifications. This is universal core indicator reflecting the technologies with independent intellectual property.

Patented Utility Models refer to the practical and new technical proposals on the shape and structure of the product or the combination of both. This indicator reflects the condition of technological results with certain technical content.

Designs refer to the aesthetics and industrially applicable new designs for the shape, pattern and colour of the product, or their combinations. This indicator reflects the appearance design achievements with independent intellectual property.

16 文化、体育和卫生

Culture, Sports and Public Health

资料整理人员：蔡冬娥　　肖首雄　　赵莉淇

16-1 文化事业基本情况
Basic Statistics on Culture

年份 Year	艺术表演团体（个）Art Performance Troupes (unit)	公共图书馆（个）Public Libraries (unit)	博物馆（个）Museums (unit)	图书出版总印数（万册）Number of Books Published (10 000 copies)	杂志出版总印数（万册）Number of Magazines Published (10 000 copies)	报纸出版总印数（万份）Number of Newspapers Published (10 000 copies)	广播人口覆盖率 (%) Listener Rating (%)	电视人口覆盖率 (%) Viewer Rating (%)
1949	53	1						
1950	53	1						
1951	75	1	1	484	43			
1952	90	1	1	1647	245	5785		
1953	108	2	1	1489	40	4719		
1954	113	2	1	1976	6	4503		
1955	111	3	1	2671	52	5402		
1956	114	13	2	3237	116	6851		
1957	116	15	3	3610	169	6530		
1958	118	35	4	9591	371	19317		
1959	137	36	7	8326	678	25253		
1960	134	53	9	6347	402	33318		
1961	135	46	9	4190	165	9024		
1962	136	34	9	3298	150	6983		
1963	144	30	10	3950	172	6771		
1964	143	29	12	5889	228	15911		
1965	134	43	11	7563	211	17000		
1966	131	42	12	12797	271	20571		
1967	137	35	15	12074		12054		
1968	124	35	17	8811		15185		
1969	104	26	18	6551		10694		
1970	106	25	19	15149		10028		
1971	119	28	20	7886	293	10799		
1972	137	42	15	10072	515	20134		
1973	134	40	20	11340	1056	31744		
1974	136	49	18	12170	1226	33662		
1975	137	40	17	15181	1656	33861		
1976	137	72	19	9457	10239	38363		
1977	137	74	20	14588	822	36931		
1978	141	72	19	16479	1296	31921		

16-1 续表 continued

年份 Year	艺术表演团体（个）Art Performance Troupes (unit)	公共图书馆（个）Public Libraries (unit)	博物馆（个）Museums (unit)	图书出版总印数（万册）Number of Books Published (10 000 copies)	杂志出版总印数（万册）Number of Magazines Published (10 000 copies)	报纸出版总印数（万份）Number of Newspapers Published (10 000 copies)	广播人口覆盖率(%) Listener Rating (%)	电视人口覆盖率(%) Viewer Rating (%)
1979	137	76	20	16685	1372	33685		
1980	138	77	22	21745	1169	34801		
1981	140	85	19	28012	1437	33070		
1982	139	91	13	30514	1656	36050		
1983	137	98	15	30013	1925	52655		
1984	126	101	19	30240	3019	63653		
1985	115	110	31	35629	5944	67727	50.3	75.1
1986	108	113	31	30202	5437	62209	50.3	78.0
1987	107	113	38	33376	6632	72898	54.0	85.0
1988	96	114	42	37715	6556	71960	54.8	86.5
1989	91	116	43	35055	5235	47146	54.8	86.5
1990	91	116	42	32134	5226	51749	54.8	86.5
1991	89	116	50	35085	6430	60658	54.8	86.9
1992	90	116	51	36436	7002	67890	54.8	86.9
1993	89	116	54	33503	8022	73754	54.8	86.9
1994	89	116	55	29597	7400	57718	54.8	86.9
1995	89	116	57	33677	7768	62425	54.8	86.9
1996	88	115	60	39393	7844	63585	68.5	88.1
1997	86	115	67	37494	7686	68726	78.6	87.7
1998	88	115	68	36582	8920	75879	79.1	88.2
1999	88	115	68	30765	12437	84995	81.1	90.4
2000	91	115	71	24844	10504	83467	81.5	91.4
2001	87	115	72	23808	10051	92273	81.6	91.7
2002	87	115	74	32600	11207	95198	81.7	91.8
2003	86	115	73	29556	12577	113514	81.8	91.9
2004	91	115	71	30525	19133	104165	82.1	92.1
2005	91	120	73	33238	11708	106428	82.5	92.4
2006	93	120	73	27946	9957	103489	88.4	94.0
2007	96	120	73	31310	8849	110207	89.0	94.7
2008	98	120	74	29103	9063	104235	91.1	95.7
2009	110	120	75	26192	11373	126346	91.7	96.1
2010	201	124	81	31153	12762	129101	92.0	96.4
2011	114	130	85	34528	12584	122640	92.6	96.8
2012	141	136	95	36290	12680	131889	93.0	97.2
2013	227	136	103	35803	12991	134113	93.3	97.4
2014	271	136	109	42194	13442	136738	93.5	97.5

注：2010年起，艺术表演团体含民间职业剧团，此前为文化部门专业剧团数据。

From 2010, arts performance troupes included folk troupes. And before that, arts performance troupes included professional troupes of cultural department only.

16-2 文化产业机构和人员(2014年)
Cultural Institutions and Personnel (2014)

类 别	Item	合 计 Total		文化部门 Culture Department		其他部门 Other Department	
		机构(个) Institutions (unit)	人员(人) Personnel (person)	机构(个) Institutions (unit)	人员(人) Personnel (person)	机构(个) Institutions (unit)	人员(人) Personnel (person)
总 计	**Total**	17704	100644	3571	27346	14133	73298
文化及相关产业	Culture	17704	100644	3571	27346	14133	73298
艺术业	Art	330	9184	157	5245	173	3939
图书馆	Libraries	136	2106	136	2106		
群众文化服务	Mass Culture	2673	8058	2673	8058		
艺术教育业	Culture and Education	4	592	4	592		
文化市场经营机构	Culture Market Business	13947	68314			13947	68314
文艺科研	Art Research Institutions	7	86	7	86		
文物业	Culture Relics	259	4367	250	3754	9	613
其他文化及相关产业	Other Culture Units	348	7937	344	7505	4	432
非文化及相关产业	Non-Cultural						

16-3 艺术业机构和人员
Art Institutions and Personnel

类 别	Item	2013		2014	
		机构(个) Institutions (unit)	人员(人) Personnel (person)	机构(个) Institutions (unit)	人员(人) Personnel (person)
艺术表演团体	**Art Performance Troupes**	**227**	**7890**	**271**	**8203**
话剧、儿童剧、滑稽剧类	Drama,Children's Play and Comedy Troupes	15	518	34	706
歌舞团、音乐类	Song and Dance Troupe, Music	75	2440	81	2560
京剧、昆曲类	Beijing Opera,Kunqu Opera	2	198	2	193
地方戏曲类	Local Opera	73	2754	74	2642
杂技、魔术、马戏类	Acrobatics，Magic and Circus	2	202	3	210
曲艺类	Folk Arts	2	125	12	206
综合性艺术表演团体	Comprehensive performing arts groups	58	1653	64	1666
艺术表演场馆	**Art Performance Places(Theaters and Music Halls)**	**58**	**1008**	**57**	**965**
艺术教育业	**Art Education**	**4**	**639**	**4**	**592**
文艺科研	**Literature and Art research**	**7**	**91**	**7**	**86**

16-4 出版发行、文物、图书馆、群众文化业机构人员(2014年)

Number of Institutions and Personnel in Publishing and Distribution, Cultural Relics, Libraries and Mass Culture (2014)

类 别	Item	总 计 Total		文化部门 Culture Department		其他部门 Other Department	
		机构(个) Institutions (unit)	人员(人) Personnel (person)	机构(个) Institutions (unit)	人员(人) Personnel (person)	机构(个) Institutions (unit)	人员(人) Personnel (person)
出版发行事业	**Publishing and Distribution**						
图 书	Books Published	13	1292	1	38	12	1254
报 纸	Newspaper Published	86	8511	1	197	85	8314
杂 志	Magazines Published	247	1753	9	173	238	1580
音像出版	Image to Publish	8	121	1	52	7	69
音像电复制	Image to copy	2	130	1	50	1	80
出版物印刷	Publicationto Print	491	22065	1	2104	490	19961
发 行	Distribution	4446	19956	293	4351	4153	15605
印刷物质供销	Print Materiat Supply and Marketing	1	157	1	157		
文物事业	**Cultural Relics**						
#文物保护	#Protection and ManagementAgencies	85	938	84	920	1	18
管理机构		82	795	81	777	1	18
博物馆	Museums	109	2639	101	2044	8	595
#综合性	#Comprehensive Museum	39	1085				
历史、艺术、自然科技、其他类	History,Arts,General Natural and others	70	1554				
文物商店	Cultural Relics Agencies	2	56	2	56		
图书馆事业	**Libraries**	**136**	**2106**	**136**	**2106**		
群众文化服务	**Mass Culture**	**2673**	**8058**	**2673**	**8058**		
群众艺术馆	Mass Art Centers	16	509	16	509		
文化馆	Cultural Centers	127	1714	127	1714		
文化站	Cultural Stations	2530	5835	2530	5835		

注：文物保护管理机构的人员包含文物行政主管机关中文物事业编制的人员。
Protection and management agencies include administrative departments and other agencies.

16-5 图书、杂志、报纸出版情况

Statistics on Books, Magazines and Newspapers Published

年份 Year	图书 Books Published			杂志 Magazines Published			报纸 Newspaper Published		
	种数(种) Number of Publica-tions (kind)	总印数(万册) Printed Copies (10 000 copies)	总印张(亿印张) Printed Sheets (100 million sheets)	种数(种) Number of Publica-tions (kind)	总印数(万册) Printed Copies (10 000 copies)	总印张(亿印张) Printed Sheets (100 million sheets)	种数(种) Number of Publica-tions (kind)	总印数(万份) Printed Copies (10 000 copies)	总印张(亿印张) Printed Sheets (100 million sheets)
1995	2357	33677	14.90	208	7768	1.75	63	62425	6.90
2000	3156	24844	12.37	244	10504	2.11	95	83467	12.75
2001	3346	23808	12.70	251	10051	2.27	109	92273	18.65
2002	3504	32600	18.10	263	11207	2.66	109	95198	21.59
2003	3702	29556	16.80	269	12577	3.20	106	113514	31.50
2004	3896	30525	16.11	247	19133	3.96	86	104165	34.60
2005	4068	33238	17.99	233	11708	4.20	88	106428	34.87
2006	4163	27946	15.96	244	9957	3.35	61	103489	38.06
2007	4354	31310	17.39	237	8849	3.72	85	110207	38.77
2008	5095	28094	18.72	235	9063	3.52	84	104235	40.14
2009	5938	26192	17.22	240	11508	5.45	86	126807	45.02
2010	7396	31153	18.71	247	12762	5.82	88	129101	54.52
2011	9949	34528	22.40	248	12584	5.63	87	122640	46.11
2012	10823	36290	24.10	248	12680	5.59	87	131889	52.57
2013	11418	35803	24.67	247	12991	2.66	86	134113	52.70
2014	10931	42194	29.89	247	13442	6.28	48	136738	51.45

注：图书种数不包括租型图书。The total collection books excludes the books for rental.

16-6 广播、电视事业情况

Statistics on Broadcasting and Television Stations

项 目	Item	2000	2005	2013	2014
广播电视从业人员 （万人）	**Number of Employees of Broadcasting and Television (10 000 persons)**	**2.32**	**2.60**	**3.94**	**4.43**
广播	**Broadcasting**				
广播电台数 （座）	Number of Broadcasting Stations (set)	11	13	13	13
广播电台节目套数 （套）	Number of Broadcasting Program (set)	53	89	100	102
平均每日公共广播节目播出时间 （小时）	Public Serrice Broadcasting Hours per Day (hour)	483	762	1057	1085
中、短波转播发射台数（座）	Fransmission and Relaying Stations of Medium and short ware Broad cast (set)	25	28	25	25
中、短波发射机 （部）	Medium Wave and Short Wave Broadcast Transmitters (set)	36	56	46	46
中、短波发射机功率 （千瓦）	Power of Medium and Short Wave Broadcast Transmitters (kw)	579	604	550	550
覆盖率 (%)	Listener-Coverage Rate (%)	81.46	82.47	93.25	93.48
电视	**Television**				
电视台数 （座）	Number of Television Stations (set)	16	15	15	15
电视节目套数 （套）	Number of Television Program (set)	33	136	139	139
平均公共电视节目每周播出时间 （小时）	Public Serrice Television Hours per Week (hour)	2338	13210	14285	14523
电视转播发射台 （座）	Television Transmission Stations and Relang Station (set)	542	358	179	179
电视发射机 （部）	Television Transmitters (set)	720	500	407	407
电视发射机功率 （千瓦）	Power of Television Transmitters (kw)	291.00	289.11	455	455
覆盖率 (%)	Viewer-Coverage Rate (%)	91.38	92.42	97.4	97.51

16-7 文化和创意产业总产出
Gross Output of Cultural and Creative Industries

单位：万元 (10 000 yuan)

指 标	Item	2013	2014
总 计	**Total**	**39604624**	**46054882**
文化产品的生产	**The Production of Cultural products**	**12879987**	**15475531**
新闻出版发行服务	**News publishing and Distribution services**	**949722**	**967415**
新闻服务	News Services	27256	37727
出版服务	PublishingServices	540526	563784
发行服务	Distribution Services	381940	365904
广播电视电影服务	**Broadcasting, TV & Film Services**	**1254113**	**1593388**
广播电视服务	Broadcasting and TV Services	937195	1196826
电影和影视录音服务	Film and video recording Services	316918	396562
文化艺术服务	**Cultural and Artistic Services**	**911067**	**1057510**
文艺创作与表演服务	creation and performance service	199958	258307
图书馆与档案馆服务	Library and archives service	37440	47452
文化遗产保护服务	Cultural heritage protection services	105901	114457
群众文化服务	Mass Cultural Services	100179	104980
文化研究和社团服务	Research and Society Services	115972	142358
文化艺术培训服务	Culture and arts training services	171244	199689
其他文化艺术服务	Others	180373	190267
文化信息传输服务	**Cultural information transmission services**	**783730**	**968847**
互联网信息服务	Internet Information Services	367996	483959
增值电信服务（文化部分）	Value-added telecom services (culture)	9498	7092
广播电视传输服务	Radio and television transmission services	406236	477796
文化创意和设计服务	**Cultural creativity and design services**	**3910041**	**4220702**
广告服务	Advertising service	2271401	2085741
文化软件服务	Cultural software services	220120	364779
建筑设计服务	Architectural design services	960604	1330714
专业设计服务	Professional design services	457916	439468
文化休闲娱乐服务	**Cultural, Leisure and Pleasure Services**	**2581795**	**3396313**
景区游览服务	The scenic spot tour service	540024	599892
娱乐休闲服务	Entertainment and leisure services	1895212	2618970
摄影扩印服务	Photography KuoYin services	146559	177451
工艺美术品的生产	**The Production of Arts and Crafts**	**2489519**	**3271356**
工艺美术品的制造	Arts and Crafts products manufacturing	1411701	1880830
园林、陈设艺术及其他陶瓷制品的制造	Garden Furniture art and other Ceramic products manufacturing	845841	1157102
工艺美术品的销售	Arts and Crafts sales	231977	233424
文化相关产品的生产	**The Production of Cultural and related products**	**26724637**	**30579351**
文化产品生产的辅助生产	**Cultural products production of auxiliary production**	**5537646**	**5534407**
版权服务	Copyright services	2686	2312
印刷复制服务	Printing and Duplicating services	4335903	4627491
文化经纪代理服务	Culture brokerage agent service	101137	90177
文化贸易代理与拍卖服务	Cultural trade agent and Sale service	20799	22819
文化出租服务	Cultural rental service	12560	10161
会展服务	Exhibition services	107806	85829
其他文化辅助生产	Other cultural auxiliary production	956755	695618
文化用品的生产	**The production of cultural goods**	**20561039**	**24295930**
办公用品的制造	Office supplies manufacturing	115171	132585
乐器的制造	Instrument manufacturing	49761	45792
玩具的制造	Toys manufacturing	391343	436054
游艺器材及娱乐用品的制造	Recreational equipment and entertainment products manufacturing	21853	28829
视听设备的制造	Video equipment manufacturing	810655	396682
焰火、鞭炮产品的制造	Fireworks firecracker manufacturing	11869303	13172353
文化用纸的制造	Culture paper manufacturing	3036597	3481664
文化用油墨颜料的制造	Culture ink pigment manufacturing	537814	653472
文化用化学品的制造	Culture with chemicals manufacturing		
其他文化用品的制造	Other cultural products manufacturing	2779523	5094585
文具乐器照相器材的销售	Stationery instrument photographic equipment sales	240624	186011
文化用家电的销售	Culture in home appliance sales	194195	253302
其他文化用品的销售	Other stationery sales	514200	414601
文化专用设备的生产	**The production of Cultural special equipment**	**625952**	**749014**
印刷专用设备的制造	Printing special equipment manufacturing	60508	63338
广播电视电影专用设备的制造	Radio and Television movie special equipment manufacturing	415044	491026
其他文化专用设备的制造	Other cultural special equipment manufacturing	113773	158827
广播电视电影专用设备的批发	Radio and Television movie special equipment wholesale	33564	32526
舞台照明设备的批发	Stage lighting equipment wholesale	3063	3297

16-8 文化和创意产业增加值
Value-added of Cultural and Creative Industries

单位：万元 (10 000 yuan)

指 标	Item	2013	2014
总　计	**Total**	**13542346**	**15138640**
文化产品的生产	**The Production of Cultural products**	**5086427**	**5757298**
新闻出版发行服务	**News publishing and Distribution services**	**502823**	**469668**
新闻服务	News Services	10242	13171
出版服务	PublishingServices	214321	195640
发行服务	Distribution Services	278260	260857
广播电视电影服务	**Broadcasting, TV & Film Services**	**569735**	**775248**
广播电视服务	Broadcasting and TV Services	455192	637533
电影和影视录音服务	Film and video recording Services	114543	137715
文化艺术服务	**Cultural and Artistic Services**	**422701**	**479052**
文艺创作与表演服务	creation and performance service	109362	128645
图书馆与档案馆服务	Library and archives service	23881	27680
文化遗产保护服务	Cultural heritage protection services	60294	63746
群众文化服务	Mass Cultural Services	39712	41227
文化研究和社团服务	Research and Society Services	63270	72149
文化艺术培训服务	Culture and arts training services	85291	97616
其他文化艺术服务	Others	40891	47989
文化信息传输服务	**Cultural information transmission services**	**461418**	**469818**
互联网信息服务	Internet Information Services	178091	168292
增值电信服务（文化部分）	Value-added telecom services (culture)	4672	3070
广播电视传输服务	Radio and television transmission services	278655	298456
文化创意和设计服务	**Cultural creativity and design services**	**1181615**	**1208897**
广告服务	Advertising service	610701	534120
文化软件服务	Cultural software services	68807	132191
建筑设计服务	Architectural design services	345777	394438
专业设计服务	Professional design services	156330	148148
文化休闲娱乐服务	**Cultural, Leisure and Pleasure Services**	**1129560**	**1361196**
景区游览服务	The scenic spot tour service	236383	235509
娱乐休闲服务	Entertainment and leisure services	829150	1052570
摄影扩印服务	Photography KuoYin services	64027	73117
工艺美术品的生产	**The Production of Arts and Crafts**	**818575**	**993419**
工艺美术品的制造	Arts and Crafts products manufacturing	425834	539364
园林、陈设艺术及其他陶瓷制品的制造	Garden Furniture art and other Ceramic products manufacturing	233296	304090
工艺美术品的销售	Arts and Crafts sales	159445	149965
文化相关产品的生产	**The Production of Cultural and related products**	**8455919**	**9381342**
文化产品生产的辅助生产	**Cultural products production of auxiliary production**	**1597744**	**1543649**
版权服务	Copyright services	1806	1480
印刷复制服务	Printing and Duplicating services	1256439	1289255
文化经纪代理服务	Culture brokerage agent service	54992	46008
文化贸易代理与拍卖服务	Cultural trade agent and Sale service	14906	15286
文化出租服务	Cultural rental service	3708	3635
会展服务	Exhibition services	35330	25170
其他文化辅助生产	Other cultural auxiliary production	230563	162815
文化用品的生产	**The production of cultural goods**	**6663081**	**7645406**
办公用品的制造	Office supplies manufacturing	32175	32979
乐器的制造	Instrument manufacturing	11049	9235
玩具的制造	Toys manufacturing	130605	141773
游艺器材及娱乐用品的制造	Recreational equipment and entertainment products manufacturing	5138	6116
视听设备的制造	Video equipment manufacturing	233598	105733
焰火、鞭炮产品的制造	Fireworks firecracker manufacturing	3934137	4267014
文化用纸的制造	Culture paper manufacturing	621497	664284
文化用油墨颜料的制造	Culture ink pigment manufacturing	138153	164408
文化用化学品的制造	Culture with chemicals manufacturing		
其他文化用品的制造	Other cultural products manufacturing	846801	1655659
文具乐器照相器材的销售	Stationery instrument photographic equipment sales	187118	136727
文化用家电的销售	Culture in home appliance sales	124169	160309
其他文化用品的销售	Other stationery sales	398641	301169
文化专用设备的生产	**The production of Cultural special equipment**	**195094**	**192287**
印刷专用设备的制造	Printing special equipment manufacturing	17210	17876
广播电视电影专用设备的制造	Radio and Television movie special equipment	122625	111202
其他文化专用设备的制造	Other cultural special equipment manufacturing	31883	44011
广播电视电影专用设备的批发	Radio and Television movie special equipment wholesale	21238	17079
舞台照明设备的批发	Stage lighting equipment wholesale	2138	2119

16-9 卫生事业基本情况

Basic Statistics on Health Institutions

年份 Year	卫生机构数（个） Number of Health Institutions (unit)	#医院、卫生院 Hospitals	卫生机构床位数（万床） Number of Beds in Health Institution (10 000 beds)	#医院、卫生院 Hospitals	卫生机构人员数（万人） The number of health institutions staff (10 000 person)	#卫生技术人员数（万人） Medical Technical Personnel (10 000 persons)	#医生 Doctors	每万人口拥有 Per 10 000 Persons 床位数（张） Number of Beds	每万人口拥有 Per 10 000 Persons 医生数（人） Number of Doctors
1949	239	113	0.39	0.27		1.69	1.48	1.3	5.0
1950	264	123	0.39	0.28		1.67	1.48	1.3	4.8
1951	443	130	0.52	0.39		1.81	1.52	1.6	4.8
1952	2531	149	0.64	0.48		2.39	1.67	2.0	5.1
1953	3209	153	0.64	0.48		2.79	1.82	1.9	5.4
1954	3966	164	0.65	0.48		3.70	2.19	1.9	6.4
1955	4587	176	0.69	0.51		4.37	2.69	2.0	7.8
1956	7741	235	0.87	0.61		5.22	2.73	2.5	7.8
1957	8079	330	1.04	0.67		5.53	2.83	2.9	7.9
1958	12705	5307	5.00	1.75		6.44	3.04	13.6	8.3
1959	22495	5370	4.95	1.66		6.76	3.24	13.4	8.8
1960	21987	4289	5.01	2.35		6.97	3.29	14.0	9.2
1961	18517	3390	4.12	2.44		7.08	3.43	11.7	9.8
1962	12118	416	2.67	2.25		6.29	3.33	7.4	9.3
1963	11613	388	2.63	2.29		6.39	3.34	7.1	9.0
1964	11240	395	2.88	2.28		6.24	3.31	7.6	8.7
1965	11124	484	3.11	2.44		6.28	3.34	8.0	8.6
1966	10424	1014	3.68	2.69		6.29	3.24	9.2	8.1
1967	6285	3983	4.06	2.55		6.11	3.11	9.9	7.5
1968	6161	3945	4.27	2.45		6.25	3.31	10.1	7.8
1969	6144	4026	4.62	2.52		6.29	3.36	10.6	7.7
1970	7056	4447	5.83	3.31		6.54	3.54	13.0	7.9
1971	7042	4280	6.63	3.73		7.10	3.62	14.4	7.9
1972	7372	4264	7.28	4.96		7.95	3.72	15.5	7.9
1973	7898	4309	7.93	3.75		8.53	4.14	16.5	8.6
1974	8239	4340	8.67	4.02		9.26	4.43	17.7	9.0
1975	8707	4365	9.36	4.34		10.04	4.85	18.8	9.7
1976	8987	4383	9.88	4.45		10.73	5.23	19.5	10.3
1977	9259	4397	10.49	5.25		11.20	5.23	20.5	10.2
1978	9477	4374	11.14	5.52		11.54	5.38	21.6	10.4

16-9 续表 continued

年份 Year	卫生机构数（个）Number of Health Institutions (unit)	#医院、卫生院 Hospitals	卫生机构床位数（万床）Number of Beds in Health Institution (10 000 beds)	#医院、卫生院 Hospitals	卫生技术人员数（万人）Medical Technical Personnel (10 000 persons)	#医生 Doctors	每万人口拥有 Per 10 000 Persons 床位数（张）Number of Beds	医生数（人）Number of Doctors
1979	9753	4387	11.56	5.93	12.54	5.80	22.1	11.1
1980	9871	4402	11.58	6.05	13.16	5.88	21.9	11.1
1981	10222	4375	11.26	6.11	13.96	6.20	21.0	11.6
1982	10262	4334	11.41	6.28	14.29	6.40	20.9	11.7
1983	10324	4335	11.54	6.45	14.84	6.59	21.0	12.0
1984	10507	4357	11.80	6.75	15.26	6.76	21.2	12.2
1985	10552	4226	11.93	6.97	15.54	6.90	21.2	12.3
1986	10352	4112	12.22	7.35	15.81	6.91	21.5	12.1
1987	10392	4132	12.69	7.76	16.28	7.06	22.0	12.2
1988	10376	4114	12.93	8.12	16.89	7.83	21.9	13.2
1989	10492	4197	13.16	8.32	17.27	8.15	21.9	13.6
1990	10552	4191	13.36	8.48	17.63	8.26	21.9	13.5
1991	10557	4219	13.52	8.67	17.81	8.17	21.9	13.3
1992	10579	4229	13.65	8.85	18.29	8.23	22.0	14.3
1993	9604	4187	13.64	9.03	18.38	8.13	21.8	13.0
1994	9931	4314	13.42	8.92	18.98	8.39	21.3	13.3
1995	9137	3879	13.52	9.04	19.25	8.46	21.3	13.3
1996	9031	3423	13.36	9.08	20.22	9.57	20.8	14.1
1997	9177	3349	13.47	9.24	20.56	10.61	20.8	16.4
1998	9711	3318	13.43	9.28	21.25	9.32	20.7	14.3
1999	4259	3359	14.00	13.46	19.50	8.00	22.3	12.9
2000	4286	3339	14.34	13.21	19.88	8.80	21.9	13.5
2001	4205	3335	14.62	13.43	19.89	8.90	22.0	13.5
2002	4272	3332	14.00	13.00	19.00	8.00	21.6	11.9
2003	4016	3348	14.49	13.00	18.95	7.90	21.8	12.0
2004	4039	3340	14.79	13.70	18.89	7.90	22.1	11.9
2005	4097	3324	15.22	14.16	18.94	7.99	22.6	11.9
2006	4082	3242	16.02	14.97	19.00	8.05	23.7	11.9
2007	14521	3165	17.24	16.17	22.06	9.25	25.3	13.5
2008	14455	3111	18.79	17.47	23.21	9.63	27.5	14.1
2009	14374	3103	21.20	19.73	24.81	10.07	30.7	14.6
2010	14175	3066	23.33	21.59	26.26	10.42	32.9	14.7
2011	14266	3096	26.14	24.20	27.55	10.59	39.6	16.1
2012	14225	3092	29.44	26.78	29.71	11.67	44.3	17.6
2013	17364	3226	31.70	29.25	32.34	12.74	47.4	19.1
2014	16872	3318	35.55	33.05	34.14	13.34	52.8	19.8

注：1、2002年及以后卫生机构数为登记注册数，医生系执业(助理)医师数。机构数不含村卫生室。

2、2007年起卫生部网络直报数据包含了诊所、医务室、卫生所、社区服务站；而2007年以前是没有包括的。

a. Number of health institutions since 2002 are the number of registeration, doctors refer to the certified (assistant) doctors.

b. The Direct Network Report from the Ministry of Health data includes outpatient departments, medical stations clinics, health service centers since 2007. But before 2007, has not included.

16-10 各类卫生机构、床位和人员(2014年)
Health Care Institutions, Beds and Personnel by Type (2014)

类 别	Item	机 构 (个) Number of Institutions (unit)	床位数 (张) Number of Reality Beds (bed)
总　　计	**Total**	61571	355485
医院	Hospitals	1018	247018
综合医院	General Hospitals	612	165734
中医医院	Hospitals of Chinese Medicine	135	42403
中西医结合医院	Hospitals Which Integrate Traditional Chinese Therapeutics with Western Therapeutics	18	1576
民族医院	National Hospitals	3	106
专科医院	Specialized Hospitals	249	37150
口腔医院	Hospitals for Oral Cavity Diseases	14	269
眼科医院	Ophthalmology Hospitals	18	1060
耳鼻喉科医院	Otorhinolaryngology Hospitals	3	200
肿瘤医院	Tumor Hospitals	4	2726
心血管病医院	Cardiovascular hospitals	3	535
妇产(科)医院	Hospitals for Maternity and Child Care	32	1895
儿童医院	Children's Hospitals	2	2142
精神病医院	Mental Hospitals	42	16641
传染病医院	Hospitals for Infectious Diseases	1	460
皮肤病医院	Hospitals for Occupational Diseases	4	160
结核病医院	Tuberculosis Hospitals	1	610
麻风病医院	Leprology Hospitals	1	30
骨科医院	Orthopaedics Hospitals	21	1410
康复医院	Rehabilitation Hospitals	18	4249
整形外科医院	Plastic Hospitals	1	20
美容医院	Cosmetic Hospitals	9	182
其他专科医院	Other Specialized Hospitals	75	4561
社区卫生服务中心(站)	Health Service Center and Station for Community	666	8579
卫生院	Health Centers	2300	83487
村卫生室	The village health room	44699	
门诊部	Clinics	388	1496
诊所、卫生所、医务室	Outpatient Departments, Clinics and Medical Stations	9584	
疾病预防控制中心	Disease Prevention & Control Centers	147	
专科疾病防治院(所、站)	Specialized Disease Prevention and Treatment Institute	86	3913
健康教育所(站、中心)	Health Education Centers	3	
妇幼保健院(所、站)	Maternity and Child Care Centers	139	10865
急救中心(站)	First-aid Stations	3	
采供血机构	Institutions for Collection and Supply of Blood	15	
卫生监督所(中心)	Medical Supervision Institutes	130	
计划生育技术服务机构	Family planning technical service institutions	2287	
其他卫生机构	Other Health Care Institutions	106	127

16-10 续表 continued

卫生工作人员(人) Health Personnel (person)	#卫生技术人员 Medical Technical Personnel	执业(助理)医师 Assistant Doctors	执业医师 Doctors	注册护士 Senior Nurse & Nurse	药师（士） Pharmacist	技师（士） Laboratory Technician	其他 Others
462699	341408	133376	99062	136247	20321	19030	32434
241778	200151	64063	58204	100287	11330	11246	13225
166802	139446	44222	40941	71758	6857	7578	9031
45702	38395	12560	11144	17794	3347	2336	2358
1582	1290	486	344	510	79	92	123
68	48	19	16	10	8	2	9
27600	20952	6768	5755	10210	1037	1236	1701
1068	825	382	336	333	14	27	69
1432	930	277	228	469	41	35	108
245	191	63	43	83	15	10	20
2541	2104	584	559	1031	113	198	178
547	472	191	184	211	32	17	21
2043	1470	547	413	645	74	124	80
2191	1984	575	574	1162	91	88	68
7175	5382	1619	1386	2827	274	238	424
562	443	109	109	238	32	47	17
179	129	42	38	67	11	6	3
410	317	98	98	172	13	28	6
16	10	8	3	1	1		
997	775	292	211	337	38	55	53
2554	1621	454	393	709	72	70	316
76	58	21	17	27	3	2	5
558	279	104	72	148	11	9	7
5006	3962	1402	1091	1750	202	282	326
14625	12636	5464	3877	4444	1057	598	1073
78278	65354	29710	14035	16321	6094	3665	9564
56454	8433	7972	2865	461			
2517	2180	1141	978	748	86	89	116
17349	16891	10727	8804	4022	553	76	1513
9564	6706	3193	2560	748	198	1338	1229
3743	2853	1140	884	927	179	286	321
10	2			2			
18826	15618	5745	4973	6940	698	1247	988
73	39	24	24	14	1		
1382	992	113	80	617	5	200	57
3046	2705						2705
13797	6224	3794	1607	631	82	265	1452
1257	624	290	171	85	38	20	191

16-11 医疗机构运营情况(2014年)

Basic Statistics of Operation on Health Care Institutions (2014)

类别	Item	诊疗人次(人次) Number of Patients Treated (person-time)	#门诊、急诊人次 Out-Patients and Emergency Patients	病床周转次数(次) Turn Over of Beds (time)	病床工作日(天) Days Per Bed in Use (day)	病床使用率(%) Utiliz-ation Rate of Beds (%)
总计	**Total**	250508528	233888675	36.2	307.4	84.22
医院	**Hospitals**	85611712	83094803	33.3	326.7	89.50
综合医院	General Hospitals	62187661	60468886	36.6	327.9	89.82
中医医院	Hospitals of Chinese Medicine	15496502	14995400	34.0	333.1	91.26
中西医结合医院	Hospitals Which Integrate Traditional Chinese Therapeutics with Western Therapeutics	423722	386029	30.9	264.4	72.44
民族医院	National Hospitals	12600	11596	23.6	145.4	39.85
专科医院	Specialized Hospitals	7485727	7228832	17.9	317.0	86.84
口腔医院	Hospitals for Oral Cavity Diseases	635864	633420	6.8	49.6	13.60
眼科医院	Ophthalmology Hospitals	592615	540058	67.9	253.7	69.50
耳鼻喉科医院	Otorhinolaryngology Hospitals	54648	53546	23.2	278.3	76.26
肿瘤医院	Tumor Hospitals	349611	298894	30.8	328.0	89.87
心血管病医院	Cardiovascular hospitals	219180	216892	29.2	279.8	76.64
妇产(科)医院	Hospitals for Maternity and Child Care	599273	591424	26.3	187.3	51.33
儿童医院	Children's Hospitals	1794367	1794367	40.7	359.8	98.59
精神病医院	Mental Hospitals	1121435	1072616	6.8	363.4	99.56
传染病医院	Hospitals for Infectious Diseases	89984	89153	21.3	362.0	99.18
皮肤病医院	Hospitals for Occupational Diseases	71800	70327	26.4	158.1	43.31
结核病医院	Tuberculosis Hospitals	48724	48724	22.3	438.2	120.06
麻风病医院	Leprology Hospitals	16104	16085	0.7	231.2	63.33
骨科医院	Orthopaedics Hospitals	159309	151219	24.2	194.1	53.17
康复医院	Rehabilitation Hospitals	375777	361720	7.5	280.9	76.95
整形外科医院	Plastic Hospitals	6799	6799	17.1	365.0	100.00
美容医院	Cosmetic Hospitals	95891	91772	46.3	164.1	44.95
其他专科医院	Other Specialized Hospitals	1254346	1191816	28.7	266.3	72.95
护理院	Nursing home.	5500	4060	48.9	48.9	13.40
疗养院	**Sanatoriums**	4350	4290	24.0	169.7	46.49
社区卫生服务中心(站)	**Health Service Center for Community**	10430295	9638550	33.1	240.5	65.89
卫生院	**Health Centers**	40685310	39031267	42.0	260.0	71.24
村卫生室	**The village health room**	79351279	69039807			
门诊部	**Clinics**	1298201	1187702			
妇幼保健院(所、站)	**Maternity and Child Care Centers**	9790679	9566599	54.8	294.8	80.78
专科疾病防治院(所、站)	**Specialized Disease Prevention and Treatment Institute**	980830	885022	32.0	276.6	75.79

16-12 诊所、卫生所、医务室基本情况(2014年)

Statistics on Clinics,Health Service Stations and Health Center(2014)

项目		Item		诊所 Clinics	医务室、卫生所 Health Center and Health-room、Health Service Stations for Community
机构总数		**Number of Institutions**		**7826**	**1734**
总人员数	（人）	Number of Personnel	(person)	14191	3115
卫生技术人员		Medical Technical Personnel		13797	3051
执业医师		Doctors		7355	1427
执业助理医师		Assistant Doctors		1412	503
注册护士		Registered Nurse		3419	595
药师(士)		Pharmacist		429	123
技师(士)		Skilled Technician		66	10
#检验人员		Laboratory Technician		44	8
其他		Others		1116	393
工勤技能人员		Logistic personnel		394	64
总收入	（万元）	Annual Income	(10 000 yuan)	92359	17659
总支出	（万元）	Annual Expenditure	(10 000 yuan)	82772	16232
诊疗人次数	（人次）	Number of Visits	(person-times)	18358169	3892780

16-13 村卫生室基本情况(2014年)

Statistics on Village Health Center(2014)

项目		Item		合计 Total	按主办单位分 Grouped by Organizers 村办 Village	乡医院设点 Township	联合办 Combine	私人办 Private	其他 other
机构数	(个)	Number of Institutions	(unit)	44699	29621	1542	1045	8755	3736
执业(助理)医师	(人)	Number of Doctors and Assistant Doctors	(person)	7972	5748		99	1349	776
注册护士	(人)	Registered Nurses	(Person)	461	305		1	89	66
乡村医生和卫生员	(人)	Number of Village Doctors & Assistants	(person)	48021	31692	1452	1419	9541	3917
#乡村医生		#Number of Village Doctors		43941	29432	1345	1018	8747	3399
卫生员		Health Professional		4080	2260	107	401	794	518
总收入	(万元)	Annual Income	(10 000 yuan)	195487.9	131614.4	7100.3	3328.5	36993.1	16451.7
总支出	(万元)	Annual Expenditure	(10 000yuan)	165156.0	112998.7	6290.9	2878.2	30671.3	12316.8
诊疗人次数	(万人次)	Number of Children Vaccinate	(10 000person-time)	7935.13	5161.31	231.37	183.31	1588.98	770.15

16-14 体育事业情况
Statistics on Sports

项 目	Item	2000	2005	2013	2014
体育系统从业人数 （人）	**Staff and Workers in Sports Commissions (person)**	**5303**	**4918**	**5283**	**5474**
体育场地数 （个）	**Stadiums (unit)**	**37**	**21294**	**57565**	**73822**
体育馆 （个）	**Gymnasiums (unit)**	**55**	**140**	**195**	**208**
游泳池、馆 （个）	**Swimming Pools and Natatorums (unit)**	**111**	**40**	**318**	**357**
举办县级以上运动会 （次）	**Number of Sports Meets Above County Level (time)**	**1705**	**129**	**344**	**638**
等级运动员发展人数 （人）	**Number of Athletes in Grades (person)**	**5175**	**1939**	**1656**	**1416**
#国际级运动健将	#International Master of Sports	2	2	3	6
国家级运动健将	National Master of Sports	31	28	32	28
一 级	First Grade Sportsmen	13	149	552	391
二 级	Second Grade Sportsmen	890	1760	1069	942
三 级	Third Grade Sportsmen	2191			
少年级	Juvenile Grade Sportsmen	2048			
等级裁判员发展人数 （人）	**Number of Referees in Grades (person)**	**4173**	**1620**	**2875**	**3479**
#国家级裁判员	#National Referees	21	8	25	20
打破纪录情况 （人/次/项）	**Basic Situation of Records Chalked Up (person/time/event)**				
#世界纪录	#World Records	3/1/5			1/1/1
亚洲纪录	Asia Records			1/1/1	3/3/3
全国纪录	National Records	1/1/1		2/2/2	1/1/1
获奖情况	**Basic Situation of Medallion Won**				
参加全国比赛获奖	National Competitions				
#金 牌 （枚）	# Gold-plate (piece)	32	40	20	49
银 牌 （枚）	Silver-plate (piece)	36	17	9	35
铜 牌 （枚）	Copper-plate (piece)	36	19	5	41
参加国际比赛获奖	International Competitions				
#金 牌 （枚）	# Gold-plate (piece)	12	13	42	29
银 牌 （枚）	Silver-plate (piece)	7	10	36	10
铜 牌 （枚）	Copper-plate (piece)	6	2	39	16

注：1. 参加全国比赛指参加全国性的成人竞技比赛。参加国际比赛指参加世界锦标赛、世界杯赛、奥运会、亚洲锦标赛和亚运会。
2. 奖牌数包括我省运动员参加国家队集体项目所得的奖牌。
3. 从2002年起，等级运动员不含三级和少年级运动员。

a. National games refer to nation-wide adult athletics. International games include the world championship, the world cup, the Olympics,the Asia championship and the Asian Games.

b. The number of medals includes that of medals won by athletes of our province in national collective events.

c. The number of athletes in grades excludes third grade sportsmen and juvenile grade sportsmen since 2002.

主要统计指标解释

文化及相关产业 指为社会公众提供文化产品和文化相关产品的生产活动的集合。

文化及相关产业是在我国《国民经济行业分类》基础上的派生分类，有文化产品的生产和文化相关产品的生产两大类：

文化产品的生产 主要指新闻出版发行服务，广播电视电影服务，文化艺术服务，文化信息传输服务，文化创意和设计服务，文化休闲娱乐服务，工艺美术品的生产。

文化相关产品的生产 主要指文化产品生产的辅助生产，文化用品的生产，文化专用设备的生产。

艺术表演团体 指由文化部门主办或实行行业管理（经文化市场行政部门审批或已申报登记并领取相关许可证），专门从事表演艺术等活动的各类专业艺术表演团体，含民间职业剧团。如话剧团、方言话剧团、滑稽剧团、儿童剧团、歌剧团、木偶团、皮影团等以及由若干剧种组成的综合性专业艺术表演团体。不包括群众业余文艺表演团体。

艺术表演场馆 指由文化部门主办或实行行业管理（经文化市场行政部门审批或已申报登记并领取相关许可证），有观众席、舞台、灯光设备，公开售票、专供文艺团体演出的文化活动场所。附属于文化部门机构内非独立核算的剧场、排演场，公开营业的也应单独统计。

文化市场经营机构 指经文化市场行政部门审批或已申报登记并领取相关许可证的、从事文化经营和文化服务活动的机构。

广播节目综合人口覆盖率 指根据国家广电总局制定的《广播电视人口覆盖率统计技术标准和方法》进行统计调查的，在对象区内采用无线、有线、卫星等技术手段能够收听到包括中央、省、地市、县广播节目其中任意一套的人口数占全国总人口数的百分比。

电视节目综合人口覆盖率 指根据国家广电总局制定的《广播电视人口覆盖率统计技术标准和方法》进行统计调查的，在对象区内采用无线、有线、卫星等技术手段能够收看到包括中央、省、地市、县级电视节目中任意一套的人口数占全国总人口数的百分比。

卫生机构 指从卫生行政部门取得《医疗机构执业许可证》，或从民政、工商行政、机构编制管理部门取得法人单位登记证书，为社会提供医疗保健、疾病控制、卫生监督服务或从事医学科研和教育等工作的单位。卫生机构包括医院、疗养院、社区卫生服务中心(站)、卫生院、门诊部、诊所(卫生所、医务室)、急救中心(站)、采供血机构、妇幼保健院(所、站)、专科疾病防治院(所、站)、疾病预防控制中心(防疫站)、卫生监督所、卫生监督检验(监测、检测)机构、医学科研机构、医学在职培训机构、健康教育所(站)等其他卫生机构。

医疗机构 指从卫生行政部门取得《医疗机构执业许可证》的机构，包括医院、疗养院、社区卫生服务中心(站)、卫生院、门诊部、诊所(卫生所、医务室)、妇幼保健院(所、站)、专科疾病防治院(所、站) 、急救中心(站)和临床检验中心。

社区卫生服务中心(站) 指为本社区居民提供预防、医疗、保健、康复、健康教育、计划生育技术服务等的基层卫生机构。包括社区卫生服务中心和社区卫生服务站。

卫生人员 指在医疗、预防保健、医学科研和在职教育等卫生机构工作的职工，包括卫生技术人员、其他技术人员、管理人员和工勤人员。

卫生技术人员 包括执业(助理)医师、注册护士、药剂人员、检验和影像人员等卫生专业人员。不包括从事管理工作的卫生技术人员(一律计入管理人员)。

执业医师 指具有《医师执业证》及其“级别”为“执业医师”且实际从事医疗、预防保健工作的人员，不包括实际从事管理工作的执业医师。执业医师类别分为临床、中医、口腔和公共卫生。

执业助理医师 指具有《医师执业证》及其“级别”为“执业助理医师”且实际从事医疗、预防保健工作的人员，不包括实际从事管理工作的执业助理医师。执业助理医师类别同样分为临床、中医、口腔和公共卫生四类。

每万人口执业(助理)医师 每万人口执业(助理)医师=（执业医师数+执业助理医师数)/人口数×10000。人口数系公安部户籍人口。

每万人口医院、卫生院床位数 每万人口医院卫生院床位数=(医院床位数+卫生院床位数)/人口数×10000。人口数系常住人口。

每万人口卫生技术人员 每万人口卫生技术人员=卫生技术人员数/人口数×10000。人口数系常住人口。

Explanatory Notes on Main Statistical Indicators

Culture and Related Industries refers to provide public cultural products and related products of a collection of production activities.

Culture and related industries in our country is derived on the basis of the national economy industry classification categories, there are cultural production and cultural related products in the production of two major categories.

The Production of Cultural Products mainly refers to the news publication services, radio and television movie service, culture and art services, cultural information transmission services, cultural creativity and design services, cultural entertainment services, arts and crafts production.

Cultural Production of Related Products mainly refers to the cultural production of auxiliary production, the production of cultural goods, culture, production of special equipment.

Arts Performance Troupes refer to the various professional performing arts groups, which sponsored by the cultural sectors or guided by the cultural society (approved by the cultural market administration, or registered and permitted with the relative certificate), including non-governmental troupes, such as drama troupes, dialect troupes, comedy troupes, children troupes, Opera troupes, puppetry troupes, Shadowgraph troupes, etc., comprehensive professional arts performance troupes. The mass sparetime arts performance troups are not included.

Arts Performance Places refer to the various sites for cultural activities, which sponsored by the cultural sectors or guided by the cultural society (approved by the cultural market administration, or registered and permitted with the relative certificate), with the facility of auditorium, stage, and lighting, and selling tickets in public, including the opera halls and rehearse sites, etc. which are affiliated to the culture sectors without independent financial accounts and open to the public.

Cultural Market Operating Units refer to the units dealing in culture and cultural services, which registered and permitted with the relative certificate by cultural market administration.

Radio Coverage of Population refers to the percentage of population, which can listen to one of central, provincial, city, prefecture, and county radio programs by wireless, cable, satellite and other technical means, in the surveying area, to national total population, according to Statistical Standard and Method on Television and Radio Coverage of Population established by the State Administration of Broadcasting, Film and Television.

Television Coverage of Population refers to the percentage of population, which can watch one of central, provincial, city, prefecture, and county television programs by wireless, cable, satellite and other technical means, in the surveying area, to national total population, according to Statistical Standard and Method on Television and Radio Coverage of Population established by the State Administration of Broadcasting, Film and Television.

Cable Television Coverage of Household refers to the percentage of household, which can watch television by cable of radio and television network, to national total household.

National Comprehensive Archives refer to all archives institution, which are directly conducted by the central and local levels archives administration, collecting and keeping various documents and materials by administrative regions or historical periods.

Health Care Institutions refer to the units which have been qualified the Certification of Health Care Institution by the administration of public health, or qualified the Certification of Corporate Unit by the civil affairs, administration for industry and commerce, commission office for public sector reform, and engaging in medical care, disease prevention and control, health supervision and inspection, medicine research and health education, etc., including: hospitals, sanatoriums, community health service centers (stations), health centers, clinics (health stations and infirmaries), first-aid centres (stations), blood gathering and supplying institutions, women and children care agencies (centres and stations), special disease prevention and curing agencies (centres and stations), disease prevention and control centres (epidemic prevention stations), health supervision and inspection agencies, sanitary inspection institutions, medicinal scientific research and on-job training institutions, health education centres and so on.

Medical Organizations refer to the institutions which have been qualified the Certification of Health Care Institution by the administration of public health, including: hospitals, sanatoriums, community health service centers (stations), health centers, clinics (health stations and infirmaries), women and children care agencies (centres and stations), special disease prevention and curing agencies (centres and stations), first-aid centres (stations) and clinic inspection centers.

Community Health Service Centres (stations)

refer to the primary units that provide the health care for community residents, such as disease prevention and control, medical treatment, health care, rehabilitation, health education, family planning technical services, including community health service centres and community health service stations.

Health Care Employee refer to all employee engaged in the health care institutions, such as medical organizations, disease prevention and control centres, health care agencies, medicinal scientific research and on-job training institutions, including medical technical personnel, other technical personnel, manager and labour.

Medical Technical Personnel refer to the professional staff engaged in health care, including licensed (assistant) doctors, registered nurse, pharmacists, laboratory technician, and imaging staff, excluding the medical technical personnel engaged in management job (included as the management staff).

Licensed Doctors refer to the medical workers who have obtained the licenses of qualified doctors and are employed in medical treatment, disease prevention or healthcare institutions, excluding the licensed doctors engaged in management job. The classification of licensed doctors is clinician, Chinese medicine, dentist and public health.

Licensed Assistant Doctors refer to the medical workers who have obtained the licenses of qualified assistant doctors and are employed in medical treatment, disease prevention or healthcare institutions, excluding the licensed assistant doctors engaged in management job. The classification of licensed assistant doctors is clinician, Chinese medicine, dentist and public health.

Number of Licensed (Assistant) Doctors per 10000 Population the formula is:

Number of Licensed Doctors per 10000 Population = (Number of Licensed Doctors + Number of Licensed Assistant Doctors) / Population *10000

The population is the figure of household registration from the Ministry of Public Security.

Number of Beds of Hospitals and Health Care per 10000 Population the formula is:

Number of Beds of Hospitals and Health Care per 10000 Population = Number of Beds of Hospitals + Number of Beds of Health Care) / Population *10000

The population is the figure of household registration from the Ministry of Public Security.

Number of Medical Technical Personnel per 10000 Population the formula is:

Number of Medical Technical Personnel per 10000 Population = Number of Medical Technical Personnel / Population *10000

The population is the figure of household registration from the Ministry of Public Security.

17 党群、政法和社会服务

Party and Mass, Politics and Law, Social Service

资料整理人员：蔡冬娥　　赵莉淇

17-1 历届省人民代表大会的代表人数

Number of Deputies to All the Previous Provincial People's Congress

单位：人 (person)

指标	Item	代表总数 Total Number of All Deputies	#女性代表 Female Deputies	占代表总数% As Percentage to Total (%)	#少数民族代表 Deputies From National Minorities	占代表总数% As Percentage to Total (%)	#中青年代表 Midlife and Youth Deputies	占代表总数% As Percentage to Total (%)
第一届 (1954)	First Congress (1954)	**552**	36	6.5	9	1.6	399	72.3
第二届 (1958)	Second Congress (1958)	**552**	36	6.5	9	1.6	399	72.3
第三届 (1964)	Third Congress (1964)	**662**	148	22.4	57	8.6	409	61.8
省革命委员会 (1968)	The Provincial Revolutionary Committee (1968)	**160**						
第五届 (1977)	Fifth Congress (1977)	**1252**	274	21.9	72	5.8	966	77.2
第六届 (1983)	Sixth Congress (1983)	**988**	225	22.8	84	8.5	570	57.7
第七届 (1988)	Seventh Congress (1988)	**874**	210	24.0	78	8.9	529	60.5
第八届 (1993)	Eighth Congress (1993)	**870**	191	22.0	87	10.0	587	62.0
第九届 (1997)	Ninth Congress (1997)	**763**	175	22.9	85	11.1	488	64.0
第十届 (2003)	Tenth Congress (2003)	**772**	149	19.3	82	10.8	72	9.5
第十一届 (2007)	Eleventh Congress (2007)	**774**	149	19.3	82	10.8	72	9.5
第十二届 (2012)	Twelfth Congress (2012)	**768**	130	16.9	83	10.8		

注：1968年省革命委员会召开了全体委员会议，代表人数为委员人数。
The plenary meeting was held by the provincial revolutionary committee in 1968, and the number of delegates was that of committee members.

17-2 历届省政治协商会议的委员人数

Number of Deputies to All the Previous Provincial People's Political consultative Conferences

单位：人 (person)

指标	Item	委员总数 Total Number of All Deputies	#中国共产党代表 Deputies from the Communist Party of China	占代表总数% As Percentage to Total (%)	#少数民族代表 Deputies From National Minorities	占代表总数% As Percentage to Total (%)
第一届 (1955)	First Congress (1955)	**175**	39	22.3	6	3.4
第二届 (1959)	Second Congress (1959)	**396**	131	33.1	15	3.8
第三届 (1964)	Third Congress (1964)	**398**	134	33.7	20	5.0
第四届 (1977)	Fourth Congress (1977)	**500**	222	44.4	26	5.2
第五届 (1983)	Fifth Congress (1983)	**732**	270	36.9	38	5.2
第六届 (1988)	Sixth Congress (1988)	**703**	280	39.8	58	8.3
第七届 (1993)	Seventh Congress (1993)	**724**	288	39.8	61	8.4
第八届 (1997)	Eighth Congress (1997)	**716**	280	39.1	70	9.8
第九届 (2003)	Ninth Congress (2003)	**728**	281	38.6	72	10.6
第十届(2007)	Tenth Congress (2007)	**750**	289	38.5	65	8.7
第十一届(2012)	Eleventh Congress (2012)	**749**	278	37.1	69	9.2

17-3 工会工作情况
Labor Union Work

项　目	Item	2000	2005	2013	2014
工会基层组织个数　（万个）	Number of Grassroots Unions (10 000 unit)	4.10	5.75	12.33	12.57
工会会员人数　（万人）	Union membership (10 000 persons)			1140.39	1137.53
其中：女性	#Female			385.56	402.42
已建工会组织的基层单位在岗职工人数　（万人）	Number of Staff and Workers in Grassroots Unions (10 000 persons)	487.00	732.27	1180.98	1178.61
#在岗女职工	#Female	186.00	251.11	392.14	409.27
工会专职干部数　（万人）	Full-time Cadres (10 000 persons)	2.14	3.01	8.02	7.30
已建立职代会制度的单位个数　（万个）	Number of Units Established With Workers Delegating Congress System (10 000 units)	1.34	0.85	14.06	15.71
本年度提出合理化建议　（万件）	Advanced Rationalization Proposals This Year (10 000 piece)	66.60	16.91	25.00	23.51
实行厂务公开的企业单位（万个）	Implementation of factory affairs of the business units(ten thousand)			14.47	15.43
签订集体合同的企业单位（万个）	Sign a collective contract of the business units (ten thousand)			11.11	7.69
建立劳动争议调解组织（万个）	Establish a labor dispute mediation organizations (ten thousand)			1.12	1.00
建立工会劳动法律监督组织（个）	Number of Units Established With Labor Law Supervisional Organization (unit)	6295	6566	13829	12908

17-4 其他社会福利事业单位机构和人员
Institution and Personnel in Social Welfare and Special Care

项 目	Item	机构数（个） Number of Institutions(unit)		职工人数（人） Staff and Workers (person)	
		2013	2014	2013	2014
福利企业单位总计	**Social Welfare Institutions and Enterprises**	**553**	**502**	**34615**	**31512**
福利工厂	Welfare Factories	359	317	22942	20610
假肢厂	Artificial Limb Factories	1	1	105	105
安置农场	Placement Farm	3	3	48	48
其他福利企业	Other social welfare Institutions	190	181	11520	10749
救助类社会服务机构	**Relief type of social service agencies**	**162**	**178**	**1440**	**1470**
救助管理站	Salvation management station	119	124	997	1003
流浪儿童救助保护中心	The Centers of Salvation and Safeguard Children on the Tramp	43	54	443	467
殡仪事业单位	**Funeral and Interment Institutions**	**211**	**232**	**3015**	**3118**

17-5 提供住宿的社会服务机构基本情况(2014年)

Basic Statistics of Social service Agencies with Accommodate (2014)

项 目	Item	机构(个) Institution (unit)	职 工(人) Staff and Workers (person)	床 位(张) Beds (unit)	年末在院人数(人) Number of Persons Housed (person)
总 计	**Total**	**1836**	**16138**	**202859**	**152693**
工商部门登记的提供住宿单位	The ministry of commerce and industry registration provide accommodation units	1	135	800	308
编制部门提供住宿单位	Compiling department provide accommodation units	1534	13218	104816	82256
民政部门登记提供住宿单位	Civil affairs department registration provide accommodation	136	1698	17203	10263
未登记的提供住宿单位	Unregistered provide accommodation units	165	1087	80040	59866
在总计中	**Among Total**				
智障与精神疾病服务机构	Service organization on mental retardation and mental	18	2009	5365	4005
#复退军人精神病院	Mental Hospitals for Veteran and Demobilized Soldiers	8	923	2809	1754
#福利类精神病院和医院	Psychiatric hospitals, and hospitals of the welfare class	10	1086	2556	2251
儿童福利机构	Child welfare agencies	72	778	5356	2630
老年人与残疾人服务机构	Elderly and disabled service agencies	1494	11140	107111	83179
#城市养老服务机构	City pension service agencies	111	1910	14280	8492
#农村养老服务机构	Pension services in rural areas	1161	4990	68646	57606
#荣誉军人康复医院	Rehabilitation Hospitals for Glory Soldiers	1	251	518	223
#复员军人疗养院	Convalescent Homes for Demobilized Soldiers	1	100	98	84
#光荣院	Homes for Disabled Veterans	127	1029	6965	4923
#社会福利医院	Psychopathic Welfare Homes	93	2860	16604	11851
其他收养性机构	Other adoption agencies	252	2211	85027	62879

17-6 社会救济和福利主要费用

Value of Major Social Relief and Welfare Funds

单位：万元 (10 000 yuan)

项 目	Item	2013	2014
总 计	**Total**	**1996276.3**	**2085354.4**
民政事业费支出	**Civil Administration Department Funds**	**1996276.3**	**2085354.4**
抚恤事业费	Commiserate	403904.7	411076.4
退役安置事业费	Settle Down	104740.1	105284.9
社会救助	Social Assistance	1171110.2	1222781.2
城市居民最低生活保障事业费	Funds for Urban Residents Receiving Mininum Income Relief	461420.8	445206.0
农村居民最低生活保障事业费	Funds for Rural Residents Receiving Mininum Income Relief	407102.2	449362.0
其他社会救助	Other social assistance	171234.3	187697.2
医疗救助	Medical assistance	131352.9	140516.0
社会福利事业费	Social Welfware Funds	105298.4	153669.5
民政管理事务事业费	Civil Administation Affairs Furds	100592.5	114913.2
自然灾害救助费	Relief Funds for Natural Disasters	60529.1	51680.8
行政事业单位离退休人员经费	Administration Institution retired personnels Funds	8512.7	8964.7
其他款项用于民政支出	Other Funds use in the Civil Administation	44479.1	16983.7

17-7 婚姻登记情况
Basic Statistics on Marriage Registration

项 目		Item		2000	2005	2013	2014
准予登记结婚	**(万对)**	**Registered Marriages**	**(10 000 couples)**	**38.31**	**45.97**	**62.06**	**62.20**
初 婚	(万人)	First Marriages	(10 000 persons)	71.77	83.80	107.44	106.07
再 婚	(万人)	Remarriages	(10 000 persons)	4.85	8.14	17.07	18.33
离婚人数	**(万对)**	**Number of Divorces**	**(10 000 couples)**	**6.45**	**8.30**	**15.69**	**16.87**
离婚率	(‰)	Divorce Rate	(‰)	1.97	2.50	2.19	2.50

17-8 律师、公证、调解工作基本情况
Basic Statistics on Lawyers, Notarization and Mediation

类 别		Item		2000	2005	2013	2014
律师工作		**Lawyers**					
律师事务所	(个)	Number of Law Offices	(unit)	352	426	580	603
律师	(人)	Number of lawyers	(person)	4888	5663	8565	10227
专职律师		Full-time Lawyers		2471	4469		
兼职律师		Part-time Lawyers		1439	259		
担任法律顾问工作	(家)	Number of Units with Permanent Legal Advisors	(unit)	7899	8623	11215	12681
刑事案件代理及辩护	(件)	Agent & Defender of Criminal Cases	(case)	13664	15270	25477	22823
民事案件诉讼代理	(件)	Agent of Civil Cases	(case)	25820	30342	44036	50992
经济案件诉讼代理	(件)	Agent of Economic Cases	(case)	13455	11431		
非诉讼法律事务	(件)	Agent of Non-Litigious Legal Affairs	(case)	25883	4617	48605	33861
行政案件诉讼代理	(件)	Agent of Administrative Action	(case)	2156	2425	2097	2654
解答法律询问	(人次)	Agent of Legal Advisory Services	(person-time)	236553	194157	125962	146659
代写法律事务文书	(件)	Agent of Legal Documents Written on Behalf of Clients	(case)	35934	39060	17605	22262
公证工作		**Notarization**					
公证处	(个)	Number of Notary Offices	(unit)	138	129	121	121
公证人员	(人)	Notarization Personnel	(person)	604	652	413	724
受理公证文书	(件)	Number of Accept Notarized Documents	(case)	319416	164616	186844	183506
出证公证文书	(件)	Number of Show Notarized Documents	(case)	317705	163857	186282	183007
#国内经济合同公证	(件)	#Number of Domestic Notarized Business Contracts	(case)	81815	63026		
人民调解工作		**Number of People's Mediation**					
专职司法助理员	(人)	Number of Full-time Judicial Assistants	(person)	4114	4238	4469	4888
人民调解委员会	(个)	Number of People's Mediation Committees	(person)	57231	55188	51226	50997
调解人员	(人)	Number of Mediators	(person)	723389	260000	198934	185967
调解民间纠纷	(件)	Number of Civil Disputes Mediated	(case)	340612	300957	406729	417049

17-9 交通事故发生情况
Statistics on Traffic Accidents

指标	Item	合计 Total	按事故发生程度分 By Serious Degree of Traffic Accidents 特大 Extraordinarily Serious	重大 Serious	一般 Ordinary
发生次数 （起）	Number of Traffic Accidents (case)				
	2005	15013	84	3216	11713
	2006	12202	76	3013	9113
	2007	9903	63	2539	7301
	2008	7637	50	2132	5455
	2009	7444	43	1791	5610
	2010	8651	54	1850	6747
	2011	8121	34	1699	6388
	2012	8756	34	1668	7054
	2013	8709	25	1674	7010
	2014	8786	1	25	8760
死亡人数 （人）	Number of Deaths (person)				
	2005	3832	339	3493	
	2006	3563	297	3266	
	2007	3057	279	2778	
	2008	2555	222	2333	
	2009	2154	183	1971	
	2010	2250	240	2010	
	2011	2039	137	1902	
	2012	1955	137	1818	
	2013	1894	93	1801	
	2014	1921	54	85	1782
受伤人数 （人）	Number of Injuries (person)				
	2005	18271	365	2294	15612
	2006	16486	353	2178	13955
	2007	12993	250	1948	10795
	2008	9918	220	1707	7991
	2009	10083	254	1541	8288
	2010	11621	303	1370	9948
	2011	11058	220	1536	9302
	2012	11770	216	1303	10251
	2013	11306	79	1262	10037
	2014	11382	6	52	11324
损失折款 （万元）	Losses Coverted into Cash (10 000 yuan)				
	2005	7131.44	368.09	2037.29	4726.06
	2006	5716.44	309.11	1750.68	3656.66
	2007	4995.27	186.20	1618.66	3190.41
	2008	3765.35	129.60	1475.40	2160.35
	2009	3822.29	348.67	1454.33	2019.29
	2010	4104.41	243.18	1590.70	2270.53
	2011	5145.58	265.20	2212.64	2667.74
	2012	6758.36	242.37	2562.01	3953.98
	2013	6486.64	189.45	2230.69	4066.50
	2014	7093.13	200.00	219.30	6673.83
平均每起损失 （元）	Average Loss per Traffic Accident (yuan)				
	2005	4750.18	43820.24	6334.86	4034.88
	2006	4684.84	40672.12	5810.41	4012.57
	2007	5044.20	29555.50	6375.20	4369.83
	2008	4930.40	25920.00	6920.26	3960.37
	2009	5134.73	81086.05	8120.21	3599.45
	2010	4744.43	45033.33	8598.38	3365.24
	2011	6336.14	78000.00	13023.19	4176.17
	2012	7718.54	71285.29	15359.75	5605.30
	2013	7448.20	75780.00	13325.51	5801.00
	2014	8073.22	2000000.00	87720.00	7618.53

注：因2014年公安部门统计分类发生变化，本表2014年重大类数据为较大类。

Because of the change of public security department statistical classification in 2014, the major categories of data in this table are larger in 2014.

17-10 火灾发生情况

Statistics on Fires

指标	Item	合计	按事故发生程度分 By Serious Degree of Fires			
		Total	特大 Extraordinarily Serious	重大 Serious	较大 more	一般 Ordinary
发生次数 （起）	Number of Fires Accidents (case)					
	2005	5223	2	11		5210
	2006	5180		11		5169
	2007	5524	1	5		5518
	2008	3393		6		3387
	2009	2563			4	2559
	2010	2928			3	2925
	2011	3789		1	3	3785
	2012	4898			1	4897
	2013	16030			7	4897
	2014	18237			4	18233
死亡人数 （人）	Number of Deaths (person)					
	2005	118	5	23		90
	2006	60		16		44
	2007	55		12		43
	2008	83		20		63
	2009	52			16	36
	2010	33			11	22
	2011	45		10	13	22
	2012	33			5	28
	2013	80			26	54
	2014	72			9	63
受伤人数 （人）	Number of Injuries (person)					
	2005	123	19			104
	2006	54		1		53
	2007	11				11
	2008	16		4		12
	2009	16			3	13
	2010	4				4
	2011	14		4		10
	2012	13				13
	2013	59				59
	2014	54				54
损失折款 （万元）	Losses Coverted into Cash (10 000 yuan)					
	2005	4862.03	640.51	436.95		3784.57
	2006	3736.39		514.11		3222.27
	2007	6774.00	299.50	217.30		6257.20
	2008	6876.09		172.76		6703.33
	2009	9963.00			11.60	9951.40
	2010	8753.60			4.50	8749.10
	2011	7537.70		60.40	122.70	7354.60
	2012	15841.10			14.00	15827.10
	2013	28302.00			6399.80	21902.20
	2014	25089.60			2519.90	22569.70
平均每起损失（万元）	Average Loss per Fire (10 000 yuan)					
	2005	0.93	320.26	39.72		0.73
	2006	0.72		46.74		0.62
	2007	1.23	299.50	43.46		1.13
	2008	2.03		28.79		1.98
	2009	3.89			2.90	3.89
	2010	2.99			1.50	2.99
	2011	1.99		60.40	40.90	1.94
	2012	3.23			14.00	3.23
	2013	1.77			914.26	4.47
	2014	1.38			629.98	1.24

主要统计指标解释

律　师　指依法取得律师执业证书，担任法律顾问，民事(刑事、行政)案件代理人、刑事案件辩护人、办理非诉讼业务，解答法律询问，代写法律事务文书等，为社会提供法律服务的人员。

公证人员　指在公证处工作的人员总称，包括公证处主任、副主任、公证员、公证员助理(助理公证员)和其他从事辅助性工作的人员。

公证文书　指公证处根据当事人申请，依照事实和法律，按照法定程序制作的，具有法律效力的司法证明文书。

调解员　指在人民调解委员会担负调解民间纠纷工作的人员，包括调解委员会的委员和调解小组的调解员。该指标主要反映从事人民调解工作的人员数量。

调解民间纠纷　指调解委员会按照法律规定，根据自愿原则，用说服教育的方法调解民间发生的有关民事权利和义务争执的件数，包括调解成功数和调解未成功数。该指标主要反映人民调解委员会的工作量。

特大火灾　指造成 30 人以上死亡，或者 100 人以上重伤，或者 1 亿元以上直接财产损失的火灾。

重大火灾　指造成 10 人以上 30 人以下死亡，或者 50 人以上 100 人以下重伤，或者 5000 万元以上 1 亿元以下直接财产损失的火灾。

较大火灾　指造成 3 人以上 10 人以下死亡，或者 10 人以上 50 人以下重伤，或者 1000 万元以上 5000 万元以下直接财产损失的火灾。

一般火灾　指造成 3 人以下死亡，或者 10 人以下重伤，或者 1000 万元以下直接财产损失的火灾。

Explanatory Notes on Main Statistical Indicators

Lawyers are certified legal workers according to law, and who are employed by legal counseling firms to act as legal advisers, agents in criminal or civil lawsuits, or defenders in criminal lawsuits, or to handle non litigious legal affairs, to advise on matters of law or to write legal papers for others, and provide service to the public.

Notary Personnel refers to people working for notary offices including: directors, deputy directors, notaries, assistant notaries and other people providing assistance.

Notary Documents refer to the judicial notary documents drawn up at the request of the interested party and are in accordance with facts and the law and following certain legal proceedings.

Extraordinarily Serious Fire Case refers to a case which has caused over 30 deaths; or over 100 serious injuries; or a direct property loss over 100 million yuan.

Serious Fire Case refers to a case which has caused over 10 to 30 deaths; or over 50 to 100 serious injuries; or a direct property loss over 50 million to 100 million yuan.

Comparatively Serious Fire Case refers to a case which has caused over three to ten deaths; or over 10 to 50 serious injuries; or a direct property loss over 10 million to 50 million yuan.

Ordinary Fire Case refers to a case which has caused less than three deaths; or less than 10 serious injuries; or a direct property loss less than 10 million yuan.

18 区域经济

Regional Economy

资料整理人员：周　迅　　范　毅

18-1 "长株潭城市群"主要经济指标情况(2014年)

Main Economic Indicators of "Changsha, Zhuzhou & Xiangtan" City Clusters(2014)

指标	Item	绝对值 Value	比上年增长 Increase over 2013 (%)	占全省比重 Percentage (%)
土地面积 (平方公里)	Area of Land (10 000 sq.km)	28070.00		13.3
常住人口 (万人)	Resident Population (10 000 persons)	1408.81	1.0	20.9
生产总值 (亿元)	Gross Domestic Products (100 million yuan)	11556.38	10.5	41.1
第一产业增加值 (亿元)	Primary Industry (100 million yuan)	606.48	4.3	20.1
第二产业增加值 (亿元)	Secondary Industry (100 million yuan)	6416.40	11.2	45.3
第三产业增加值 (亿元)	Tertiary Industry (100 million yuan)	4533.51	10.3	41.6
人均地区生产总值 (元)	Per Capita Gross Regional Product (yuan)	82425	9.5	
固定资产投资 (亿元)	Fixed Assets Investment (100 million yuan)	8776.20	20.0	40.7
地方财政收入 (亿元)	Public Budgetary Revenue (100 million yuan)	959.56	22.5	45.3
公共财政支出 (亿元)	Public Budgetary Expenditure (100 million yuan)	1298.01	13.4	29.3
城镇居民人均可支配收入 (元)	Per Capita Annual Disposable Income of Urban Households (yuan)	33959	9.3	
农村居民人均可支配收入 (元)	Per Capita Annual Disposable Income of Rural Households (yuan)	17918	10.6	
农林牧渔业总产值 (亿元)	Gross Output Value of Farming, Forestry, Animal, Husbandry and Fishery (100 million yuan)	956.03	8.4	19.5
规模以上工业企业单位数 (个)	Number of industrial enterprises above Designated Size (unit)	5002	1.8	36.6
规模以上工业总产值 (亿元)	Gross Industrial Output Value above Designated Size (100 million yuan)	15387.54	17.1	43.6
规模以上工业企业利润总额 (亿元)	Total Profits of industrial Enterprises above Designated Size (100 million yuan)	864.77	-0.1	47.3
社会消费品零售总额 (亿元)	Total Retail Sales of Consumer Goods (100 million yuan)	4361.22	11.3	42.0
进出口总额 (万美元)	Total Exports and Imports (USD 10 000)	1772891	17.5	57.4
出口额 (万美元)	Exports (USD 10 000)	1191177	31.4	60.3
实际利用外资 (万美元)	Foreign Direct Investment Actually Used (USD 100 00)	562136	17.3	54.7
金融机构人民币存款余额(亿元)	Deposits in Financial Organizations (100 million yuan)	14716.41	10.6	49.1
金融机构人民币贷款余额(亿元)	Loans in Financial Organizations (100 million yuan)	12559.56	11.7	62.8

18-2 "环长株潭城市群"主要经济指标情况(2014年)

Main Economic Indicators of the Rim Chang-Zhu-Tan City Clusters (2014)

指标	Item	绝对值 Value	比上年增长 Increase over 2013 (%)	占全省比重 Percentage (%)
土地面积 (平方公里)	Area of Land (10 000 sq.km)	96835.0	0.0	45.7
常住人口 (万人)	Resident Population (10 000 persons)	4106.1	0.7	60.9
生产总值 (亿元)	Gross Domestic Products (100 million yuan)	21600.43	10.2	76.9
第一产业增加值 (亿元)	Primary Industry (100 million yuan)	1998.72	4.5	66.2
第二产业增加值 (亿元)	Secondary Industry (100 million yuan)	11371.75	10.4	80.2
第三产业增加值 (亿元)	Tertiary Industry (100 million yuan)	8229.97	11.2	75.6
人均地区生产总值 (元)	Per Capita Gross Regional Product (yuan)	52790	9.4	
固定资产投资 (亿元)	Fixed Assets Investment (100 million yuan)	15850.64	20.5	73.6
地方财政收入 (亿元)	Public Budgetary Revenue (100 million yuan)	1508.04	17.5	71.1
公共财政支出 (亿元)	Public Budgetary Expenditure (100 million yuan)	2830.38	13.4	63.8
城镇居民人均可支配收入 (元)	Per Capita Annual Disposable Income of Urban Households (yuan)	28089	9.2	
农村居民人均可支配收入 (元)	Per Capita Annual Disposable Income of Rural Households (yuan)	13105	11.1	
农林牧渔业总产值 (亿元)	Gross Output Value of Farming, Forestry, Animal, Husbandry and Fishery (100 million yuan)	3203.06	8.1	65.4
规模以上工业企业单位数 (个)	Number of industrial enterprises above Designated Size (unit)	9964	-0.1	72.8
规模以上工业总产值 (亿元)	Gross Industrial Output Value above Designated Size (100 million yuan)	28388.95	7.9	80.5
规模以上工业企业利润总额 (亿元)	Total Profits of industrial Enterprises above Designated Size (100 million yuan)	1423.15	-10.5	77.9
社会消费品零售总额 (亿元)	Total Retail Sales of Consumer Goods (100 million yuan)	7757.75	12.4	74.7
进出口总额 (万美元)	Total Exports and Imports (USD 10 000)	2437542	21.7	78.9
出口额 (万美元)	Exports (USD 10 000)	1582191	53.0	80.1
实际利用外资 (万美元)	Foreign Direct Investment Actually Used (USD 100 00)	795665	18.0	77.4
金融机构人民币存款余额 (亿元)	Deposits in Financial Organizations (100 million yuan)	22784.78	11.8	76.0
金融机构人民币贷款余额 (亿元)	Loans in Financial Organizations (100 million yuan)	16464.50	12.0	82.4

18-3 “湘南地区”主要经济指标情况(2014年)

Main Economic Indicators of "Southern Hunan"(2014)

指标	Item	绝对值 Value	比上年增长 Increase over 2013 (%)	占全省比重 Percentage (%)
土地面积 (平方公里)	Area of Land (10 000 sq.km)	56901.00		26.9
常住人口 (万人)	Resident Population (10 000 persons)	1738.84	0.8	25.8
生产总值 (亿元)	Gross Domestic Products (100 million yuan)	5570.58	10.2	19.8
第一产业增加值 (亿元)	Primary Industry (100 million yuan)	820.26	4.6	27.2
第二产业增加值 (亿元)	Secondary Industry (100 million yuan)	2674.14	10.4	18.9
第三产业增加值 (亿元)	Tertiary Industry (100 million yuan)	2076.18	12.1	19.1
人均地区生产总值 (元)	Per Capita Gross Regional Product (yuan)	32172	9.3	
固定资产投资 (亿元)	Fixed Assets Investment (100 million yuan)	4792.12	20.2	22.2
地方财政收入 (亿元)	Public Budgetary Revenue (100 million yuan)	527.24	41.1	24.9
公共财政支出 (亿元)	Public Budgetary Expenditure (100 million yuan)	1068.52	15.6	24.1
城镇居民人均可支配收入 (元)	Per Capita Annual Disposable Income of Urban Households (yuan)	23058	9.2	
农村居民人均可支配收入 (元)	Per Capita Annual Disposable Income of Rural Households (yuan)	11305	11.4	
农林牧渔业总产值 (亿元)	Gross Output Value of Farming, Forestry, Animal, Husbandry and Fishery (100 million yuan)	1402.33	7.9	28.6
规模以上工业企业单位数 (个)	Number of industrial enterprises above Designated Size (unit)	2807	-6.2	20.5
规模以上工业总产值 (亿元)	Gross Industrial Output Value above Designated Size (100 million yuan)	6276.38	-6.8	17.8
规模以上工业企业利润总额 (亿元)	Total Profits of industrial Enterprises above Designated Size (100 million yuan)	335.09	-18.7	18.3
社会消费品零售总额 (亿元)	Total Retail Sales of Consumer Goods (100 million yuan)	1970.62	13.7	19.0
进出口总额 (万美元)	Total Exports and Imports (USD 10 000)	820975	35.7	26.6
出口额 (万美元)	Exports (USD 10 000)	475784	29.4	24.1
实际利用外资 (万美元)	Foreign Direct Investment Actually Used (USD 100 00)	282726	17.5	27.5
金融机构人民币存款余额 (亿元)	Deposits in Financial Organizations (100 million yuan)	5407.72	13.2	18.0
金融机构人民币贷款余额 (亿元)	Loans in Financial Organizations (100 million yuan)	2375.85	14.7	11.9

18-4 “大湘西地区”主要经济指标情况(2014年)

Main Economic Indicators of "West Hunan"(2014)

指标	Item	绝对值 Value	比上年增长 Increase over 2013 (%)	占全省比重 Percentage (%)
土地面积 (平方公里)	Area of Land (10 000 sq.km)	81511.0		38.5
常住人口 (万人)	Resident Population (10 000 persons)	2008.1	0.5	29.8
生产总值 (亿元)	Gross Domestic Products (100 million yuan)	4520.73	8.3	16.1
第一产业增加值 (亿元)	Primary Industry (100 million yuan)	734.51	4.6	24.3
第二产业增加值 (亿元)	Secondary Industry (100 million yuan)	1901.02	8.6	13.4
第三产业增加值 (亿元)	Tertiary Industry (100 million yuan)	1885.21	9.3	17.3
人均地区生产总值 (元)	Per Capita Gross Regional Product (yuan)	22574	7.7	
固定资产投资 (亿元)	Fixed Assets Investment (100 million yuan)	3611.93	17.3	16.8
地方财政收入 (亿元)	Public Budgetary Revenue (100 million yuan)	317.74	19.4	15.0
公共财政支出 (亿元)	Public Budgetary Expenditure (100 million yuan)	1153.76	13.6	26.0
城镇居民人均可支配收入 (元)	Per Capita Annual Disposable Income of Urban Households (yuan)	19158	9.1	
农村居民人均可支配收入 (元)	Per Capita Annual Disposable Income of Rural Households (yuan)	7073	11.6	
农林牧渔业总产值 (亿元)	Gross Output Value of Farming, Forestry, Animal, Husbandry and Fishery (100 million yuan)	1165.58	8.2	23.8
规模以上工业企业单位数 (个)	Number of industrial enterprises above Designated Size (unit)	2650	4.2	19.4
规模以上工业总产值 (亿元)	Gross Industrial Output Value above Designated Size (100 million yuan)	4678.34	5.7	13.3
规模以上工业企业利润总额 (亿元)	Total Profits of industrial Enterprises above Designated Size (100 million yuan)	256.53	-18.8	14.0
社会消费品零售总额 (亿元)	Total Retail Sales of Consumer Goods (100 million yuan)	1867.54	28.3	18.0
进出口总额 (万美元)	Total Exports and Imports (USD 10 000)	284296	22.1	9.2
出口额 (万美元)	Exports (USD 10 000)	148438	46.4	7.5
实际利用外资 (万美元)	Foreign Direct Investment Actually Used (USD 100 00)	68944	23.9	6.7
金融机构人民币存款余额 (亿元)	Deposits in Financial Organizations (100 million yuan)	5292.33	13.1	17.7
金融机构人民币贷款余额 (亿元)	Loans in Financial Organizations (100 million yuan)	2811.11	15.6	14.1

18-5 “洞庭湖生态经济区”主要经济指标情况(2014年)

Main Economic Indicators of "Dongting Lake"(2014)

指标	Item	绝对值 Value	比上年增长 Increase over 2013 (%)	占全省比重 Percentage (%)
土地面积 (平方公里)	Area of Land (10 000 sq.km)	45355.0		21.4
常住人口 (万人)	Resident Population (10 000 persons)	1581.7	0.5	23.5
生产总值 (亿元)	Gross Domestic Products (100 million yuan)	6436.64	10.1	22.9
第一产业增加值 (亿元)	Primary Industry (100 million yuan)	857.74	4.6	28.4
第二产业增加值 (亿元)	Secondary Industry (100 million yuan)	3187.67	9.8	22.5
第三产业增加值 (亿元)	Tertiary Industry (100 million yuan)	2391.23	12.7	22.0
人均地区生产总值 (元)	Per Capita Gross Regional Product (yuan)	40797	9.4	
固定资产投资 (亿元)	Fixed Assets Investment (100 million yuan)	4368.49	20.9	20.3
地方财政收入 (亿元)	Public Budgetary Revenue (100 million yuan)	316.09	12.7	14.9
公共财政支出 (亿元)	Public Budgetary Expenditure (100 million yuan)	915.56	14.7	20.6
城镇居民人均可支配收入 (元)	Per Capita Annual Disposable Income of Urban Households (yuan)	22287	9.1	
农村居民人均可支配收入 (元)	Per Capita Annual Disposable Income of Rural Households (yuan)	10976	11.5	
农林牧渔业总产值 (亿元)	Gross Output Value of Farming, Forestry, Animal, Husbandry and Fishery (100 million yuan)	1376.84	8.1	28.1
规模以上工业企业单位数 (个)	Number of industrial enterprises above Designated Size (unit)	3225	2.0	23.6
规模以上工业总产值 (亿元)	Gross Industrial Output Value above Designated Size (100 million yuan)	8944.94	6.3	25.3
规模以上工业企业利润总额 (亿元)	Total Profits of industrial Enterprises above Designated Size (100 million yuan)	371.25	-15.4	20.3
社会消费品零售总额 (亿元)	Total Retail Sales of Consumer Goods (100 million yuan)	2179.58	14	21
进出口总额 (万美元)	Total Exports and Imports (USD 10 000)	213127	26.0	6.9
出口额 (万美元)	Exports (USD 10 000)	160116	50.8	8.1
实际利用外资 (万美元)	Foreign Direct Investment Actually Used (USD 100 00)	114383	20.1	11.1
金融机构人民币存款余额 (亿元)	Deposits in Financial Organizations (100 million yuan)	4551.49	14.9	15.2
金融机构人民币贷款余额 (亿元)	Loans in Financial Organizations (100 million yuan)	2245.23	13.7	11.2

18-6 各市州中心城区人口情况(2014年)

City Center Population (2014)

市 州	Cities and Prefecture	年末总人口（万人） Total Populatin(10 000 persons)	年平均人口（万人） Average Population (10 000 persons)	常住人口（万人） Resident Population (10 000 persons)	年出生人口(人) Year of Population Birth (persons)	年死亡人口(人) Years of Population Death (persons)	年末总户数（万户） Households (10000 households)
长沙市	Changsha	303.51	301.38	375.76	42139	13720	104.47
株洲市	Zhuzhou	122.24	94.86	121.39	13478	6592	37.70
湘潭市	Xiangtan	87.67	87.67	105.78	9346	5814	30.62
衡阳市	Hengyang	93.83	93.49	116.79	11600	6731	34.22
邵阳市	Shaoyang	69.68	69.31	76.28	9812	3420	23.29
岳阳市	Yueyang	109.68	108.49	125.91	14835	3081	41.03
常德市	Changde	140.05	139.63	153.98	14173	7481	48.97
张家界市	Zhangjiajie	53.19	51.56	51.89	6805	2198	19.17
益阳市	Yiyang	136.23	135.89	126.25	17657	8279	44.18
郴州市	Chenzhou	75.52	84.94	85.46	7610	7760	28.36
永州市	Yongzhou	115.72	115.21	106.86	15589	8591	39.99
怀化市	Huaihua	37.44	37.28	60.63	4874	3181	15.33
娄底市	Loudi	48.49	48.04	50.83	7352	1726	20.49
湘西州	Xiangxizhou	30.10	29.96	31.14	3565	1923	10.55

注：中心城区是指市辖区，涵盖所有城区，不包括市辖县(市)。湘西州指的是吉首市。下表同。

City Center is a municipal district, covers all areas of the city, not including the city administer county (city). The same as in the following table.

18-7 各市州中心城区从业人员情况(2014年)

City Center Staff (2014)

市 州	Cities and Prefecture	年末单位从业人员数(城镇)(万人) Employees at the year-end (town) (10 000 persons)	第一产业 Primary Industry (10 000persons)	第二产业 Secondary Industry (10 000 persons)	第三产业 Tertiary Industry (10 000 persons)	城镇私营和个体从业人员(万人) Urban Private and Individual Employees (10 000 persons)
长沙市	Changsha	89.45	0.07	33.78	55.61	59.68
株洲市	Zhuzhou	27.06	0.03	15.05	11.98	45.99
湘潭市	Xiangtan	30.99	0.15	15.07	15.77	8.69
衡阳市	Hengyang	23.57	0.02	11.38	12.17	56.14
邵阳市	Shaoyang	13.37	0.03	6.69	6.65	18.21
岳阳市	Yueyang	22.41	0.05	11.94	10.42	24.50
常德市	Changde	17.63	0.11	7.53	9.99	32.85
张家界市	Zhangjiajie	4.76	0.02	0.85	3.89	4.37
益阳市	Yiyang	15.29	0.00	7.45	7.83	15.66
郴州市	Chenzhou	14.67	0.03	5.91	8.73	17.56
永州市	Yongzhou	9.99	0.04	3.04	6.91	12.44
怀化市	Huaihua	7.33	0.00	1.34	5.98	15.62
娄底市	Loudi	10.97	0.00	5.39	5.57	6.76
湘西州	Xiangxizhou	5.15	0.01	0.97	3.81	7.38

18-8 各市州中心城区土地面积情况(2014年)

City Center Land Area (2014)

单位：平方公里 （sq.km）

市州	Cities and Prefecture	行政区域土地面积 Administrative Region Land Area	建成区面积 Developed Areas	城市建设用地面积 City Construction Use Land	居住用地面积 Living Space	公共设施用地面积 Public Engineering	工业用地面积 Industry
长沙市	Changsha	1910	336	269	101	37	24
株洲市	Zhuzhou	863	135	115	45	11	27
湘潭市	Xiangtan	658	80	80	27	25	13
衡阳市	Hengyang	697	159	128	42	26	27
邵阳市	Shaoyang	436	58	53	20	7	4
岳阳市	Yueyang	1413	93	89	25	21	18
常德市	Changde	2510	87	86	23	15	21
张家界市	Zhangjiajie	2735	33	34	11	8	2
益阳市	Yiyang	1851	71	92	28	18	25
郴州市	Chenzhou	2248	72	145	23	13	23
永州市	Yongzhou	3181	60	60	15	8	7
怀化市	Huaihua	666	62	62	18	13	3
娄底市	Loudi	429	47	47	16	5	2
湘西州	Xiangxizhou	1087	29	29	18	1	1

18-9 各市州中心城区生产总值情况(2014年)

City Center GDP (2014)

市 州	Cities and Prefecture	地区生产总值(当年价格)(万元) Gross Domestic Product (10000 yuan)	第一产业增加值 Value added of the first Primary Industry	第二产业增加值 Added value of the Secondary Industry	第三产业增加值 Added value of the tertiary Industry
长沙市	Changsha	49182755	583194	21685216	26914345
株洲市	Zhuzhou	10569938	225811	6439245	3904882
湘潭市	Xiangtan	9738707	186541	5876475	3675691
衡阳市	Hengyang	7103263	213471	4055735	2834057
邵阳市	Shaoyang	2622511	126188	1296159	1200164
岳阳市	Yueyang	11101386	382237	5892144	4827005
常德市	Changde	12634565	597903	6964464	5072198
张家界市	Zhangjiajie	2083947	159858	374403	1549686
益阳市	Yiyang	5134908	567222	2781410	1786276
郴州市	Chenzhou	5478152	215263	2692017	2570872
永州市	Yongzhou	3772343	628461	1658932	1484950
怀化市	Huaihua	2640065	88368	766128	1785569
娄底市	Loudi	3507455	107599	2150258	1249598
湘西州	Xiangxizhou	1108189	60133	326242	721814

18-10 各市州中心城区财政收支情况(2014年)

City Center Financial Revenue and Expenditure (2014)

单位：万元 (10 000 yuan)

市州	Cities and Prefecture	地方财政收入 Public Budgetary Revenue	各项税收 Taxes Revenue	企业所得税 Income Tax of Enterprises	个人所得税 Individual Income Tax	公共财政支出 Public Budgetary Expenditure
长沙市	Changsha	4806433	3424199	389424	178357	5607124
株洲市	Zhuzhou	844446	593077	50089	9604	846559
湘潭市	Xiangtan	1150189	373325	32618	13115	1204985
衡阳市	Hengyang	1084205	555128	30630	16466	1726492
邵阳市	Shaoyang	331671	153206	14015	6305	787141
岳阳市	Yueyang	829914	350529	117406	34979	1266590
常德市	Changde	943928	553593	21799	10372	1594182
张家界市	Zhangjiajie	128400	64871	7709	1318	333143
益阳市	Yiyang	352905	222079	18077	4371	981893
郴州市	Chenzhou	264899	95307	6572	3270	515572
永州市	Yongzhou	220930	174874	25485	7896	496746
怀化市	Huaihua	374330	274271	52317	15143	541693
娄底市	Loudi	304950	187373	12378	4431	577649
湘西州	Xiangxizhou	90688	70048	3504	793	248457

18-11 各市州中心城区规模以上工业情况(2014年)

City Center above Industrial Enterprises Designated Size (2014)

市 州	Cities and Prefecture	规模以上工业企业数（个） Number of Enterprises (unit)	主营业务收入（万元） Revenue of Main Business (10000 yuan)	主营业务成本（万元） Cost of Major Business (10000 yuan)	利润总额（万元） Total Profits (10000 yuan)	从业人员年平均人数（万人） Average Number of Employment of the Current Year (10000 persons)
长沙市	Changsha	861	40824124	28422357	3020108	24.32
株洲市	Zhuzhou	370	13670902	11467965	747227	13.54
湘潭市	Xiangtan	910	15476546	13457552	385095	10.18
衡阳市	Hengyang	307	8676801	7459472	278660	7.98
邵阳市	Shaoyang	195	3598043	3080999	217475	3.80
岳阳市	Yueyang	325	17484163	14797490	357321	11.27
常德市	Changde	293	10370922	5383763	1171571	6.67
张家界市	Zhangjiajie	55	331900	273400	50900	0.54
益阳市	Yiyang	430	9407620	8178074	231743	7.04
郴州市	Chenzhou	186	8352066	7034682	417020	6.00
永州市	Yongzhou	218	2778800	2152800	151100	3.22
怀化市	Huaihua	53	795107	665600	19192	0.83
娄底市	Loudi	171	6910009	592639	283986	5.28
湘西州	Xiangxizhou		604091	443991	43866	1.03

18-12 各市州中心城区贸易主要情况(2014年)

City Center Trade (2014)

市州	Cities and Prefecture	社会消费品零售总额（万元） Total Retail Sales of Consumer Goods (10000 yuan)	限额以上批发零售贸易业商品销售总额（万元） Wholesale and retail trade above Designated Size total sales (10000 yuan)	主营业务收入（万元） Main business income (10000 yuan)	主营业务成本（万元） Cost of main business (10000 yuan)	利润总额（万元） Total profit (10000 yuan)	限额以上批发零售企业法人数(个) Number of Corporate Enterprises above Designated Size in wholesale and retail (unit)
长沙市	Changsha	24716956	31745038	28070742	25722144	635280	418
株洲市	Zhuzhou	4043078	4030828	3500437	3187049	50828	149
湘潭市	Xiangtan	2910083	3089243	3645311	3156005	144190	187
衡阳市	Hengyang	3597152	3373617	3123231	2675328	183410	290
邵阳市	Shaoyang	1509748	1955233	1720485	1472163	78798	83
岳阳市	Yueyang	4941342	3381550	3129245	2628834	105482	233
常德市	Changde	3281105	2589143	2272161	1954977	95081	472
张家界市	Zhangjiajie	887308	503871	539749	452166	22457	28
益阳市	Yiyang	1777040	1878341	1550753	1350031	87332	68
郴州市	Chenzhou	3502840	10579536	3145749	2763695	112017	88
永州市	Yongzhou	1581613	3600730	1680769	1479518	69547	59
怀化市	Huaihua	1564055		1644668	1457842	52034	72
娄底市	Loudi	892319	771953	766817	679462	13580	98
湘西州	Xiangxizhou	727948	890982	847631	685354	24213	31

18-13 各市州中心城区固定资产投资情况(2014年)

City Center Investment In Fixed Assets (2014)

市州	Cities and Prefecture	固定资产投资总额（不含农户）（万元） Total Investment in Fixed Assets (10000 yuan)	房地产开发投资额 Real Estate Development	全年新增固定资产（万元） The Newly Increased Fixed Assets (10000 yuan)
长沙市	Changsha	30635115	10446355	19780099
株洲市	Zhuzhou	10136663	1692375	4998366
湘潭市	Xiangtan	11041023	1132805	6844573
衡阳市	Hengyang	6852367	984668	2924797
邵阳市	Shaoyang	2199301	618473	1056688
岳阳市	Yueyang	5170350	875559	3744719
常德市	Changde	5937200	765000	3475972
张家界市	Zhangjiajie	1402994	450204	727642
益阳市	Yiyang	4807390	506432	2900573
郴州市	Chenzhou	5319067	1005497	3542372
永州市	Yongzhou	3280679	276730	1835324
怀化市	Huaihua	1484852	532708	151843
娄底市	Loudi	398655	288890	287885
湘西州	Xiangxizhou	801977	275666	92081

18-14 各市州中心城区教育情况(2014年)

City Center Education (2014)

市 州	Cities and Prefecture	普通高等学校专任教师数（人） Institutions of Higher Education Teachers (persons)	普通中学专任教师数（人） Regular Secondary Schools Teachers (persons)	小学专任教师数（人） Primary Schools Teachers (persons)	普通高等学校在校学生数（万人） Institutions of Higher Education Students (10000 persons)	普通中学在校学生数（万人） Regular Secondary Schools Students (10000 persons)	小学在校学生数（万人） Primary Schools Students (10000 persons)
长沙市	Changsha	26841	12965	11511	44.59	19.27	24.19
株洲市	Zhuzhou	4376	6186	3522	8.79	5.09	7.44
湘潭市	Xiangtan	7131	3128	2149	12.27	3.98	5.69
衡阳市	Hengyang	5992	4678	4792	10.53	5.93	8.51
邵阳市	Shaoyang	1482	2315	2645	2.76	4.37	6.04
岳阳市	Yueyang	3189	5570	4279	4.87	6.21	7.74
常德市	Changde	2238	5213	4166	3.94	5.40	6.29
张家界市	Zhangjiajie	428	894	1914	0.69	1.90	3.95
益阳市	Yiyang	1819	4588	4424	3.16	5.87	7.28
郴州市	Chenzhou	1144	3255	3534	2.18	4.80	8.09
永州市	Yongzhou	1635	5230	4764	2.49	5.77	9.00
怀化市	Huaihua	1542	2446	2083	3.66	2.25	4.87
娄底市	Loudi	2264	3108	1968	2.83	4.33	5.39
湘西州	Xiangxizhou	1545	1476	1541	4.35	2.31	2.64

18-15 各市州中心城区文化、体育、卫生情况(2014年)

City Center Culture, Sports and Public, Health (2014)

市 州	Cities and Prefecture	剧场、影剧院数（个） Number of Theater, Theater (unit)	公共图书馆图书总藏量（千册） Books of Total Reserves of Public Libraries (10 00 copies)	体育场馆数（个） The number of Stadiums (unit)	医院、卫生院数（个） Number of Hospitals (unit)	医院、卫生院床位数（张） Number of Hospitals Beds in(bed)	医生数（执业医师+执业助理医师）（人） The number of Doctors (Doctors and Assistant Doctors) (persons)
长沙市	Changsha	15	9875	59	162	41301	17545
株洲市	Zhuzhou	11	593	18	54	14405	5709
湘潭市	Xiangtan	5	1100	15	46	8567	3400
衡阳市	Hengyang	2	982	25	557	13822	8211
邵阳市	Shaoyang	3	511	4	269	8457	3126
岳阳市	Yueyang	10	355	35	133	10360	4716
常德市	Changde	13	600	19	87	8860	3541
张家界市	Zhangjiajie	4	49	2	41	2930	1402
益阳市	Yiyang	4	500	27	62	6486	2959
郴州市	Chenzhou	3	418	20	65	8104	3010
永州市	Yongzhou	2	675	24	60	7519	3073
怀化市	Huaihua	1	579	5	21	4910	2030
娄底市	Loudi	2	131	16	65	4402	1401
湘西州	Xiangxizhou	4	77	2	32	4152	1069

18-16 各市州中心城区社会保障情况(2014年)

City Center Social Security (2014)

市州	Cities and Prefecture	城镇基本养老保险参保人数（人） Urban Basic Pension Insarance Contributors (person)	基本医疗保险参保人数（人） Basic Medical Care Insurance (person)	失业保险参保人数（人） Persons Covered of Unemployment Insurance Contributors (person)	工伤保险参保人数（人） Work Injury Insurance Contributors (person)	生育保险参保人数（人） Maternity Insurance Contributors (person)	城市居民最低生活保障人数（人） City Residents Minimum Living Security Number (person)
长沙市	Changsha	1523744	2400025	894850	976408	820736	39506
株洲市	Zhuzhou	380937	786370	267322	308362	253448	23274
湘潭市	Xiangtan	219388	693288	251330	289578	130639	31887
衡阳市	Hengyang	363822	718793	287466	199481	185608	44039
邵阳市	Shaoyang	277327	500958	115782	145471	96788	43797
岳阳市	Yueyang	350098	667000	24702	410677	50517	45793
常德市	Changde	414809	231522	136532	187187	139064	32742
张家界市	Zhangjiajie	34492	42711	27339	12733	37211	201000
益阳市	Yiyang	266399	485670	87410	139742	140446	49002
郴州市	Chenzhou	200022	774781	178776	157214	151936	24850
永州市	Yongzhou	177076	476925	102465	84199	113180	43666
怀化市	Huaihua	84267	247428	95231	58089	75421	18854
娄底市	Loudi	1003165	329851	198764	165739	93627	21078
湘西州	Xiangxizhou	26069	99888	16011	26540	12096	13390

19 各市、州主要经济和社会统计指标

Main Economic and Social Statistics Indicators of Cities and Prefecture

资料整理人员：	唐双全	范　毅	欧阳普
	赵　宏	张　驰	孙　靖
	田杰平	倪凡伟	田　原
	贺淑贞	吕　燕	孟　强
	何　达	陈　慧	李培楚
	宋　超	鲁　喆	殷梓晴
	廖闻菲	陈　思	伍春阳
	韩建芳	王西军	雷芙蓉
	徐　虹	邓海波	刘　洋
	周　迅	陈晗文	谢　凡
	汤炼坤	蔡冬娥	肖首雄
	阳小林	刘　峰	赵莉淇
	彭　颖		

19-1 全社会总产出及指数(2014年)

Gross Output of Society and Its Indices (2014)

市　州	Cities and Prefecture	总产出(亿元) Gross Output (100 million yuan)	第一产业 Primary Industry	第二产业 Secondary Industry	第三产业 Tertiary Industry	总产出指数(以上年为100) Gross Output Indices (preceding year=100)
长沙市	Changsha	20073.47	482.29	13937.21	5653.97	113.1
株洲市	Zhuzhou	5501.64	239.53	4054.30	1207.81	110.9
湘潭市	Xiangtan	4264.96	209.16	3192.06	863.74	110.5
衡阳市	Hengyang	6794.41	577.17	4606.72	1610.52	101.4
邵阳市	Shaoyang	2922.33	401.29	1670.11	850.93	110.8
岳阳市	Yueyang	5736.41	438.48	3828.97	1468.96	107.0
常德市	Changde	5102.22	540.73	2732.81	1828.68	110.8
张家界市	Zhangjiajie	782.85	74.92	288.08	419.85	109.3
益阳市	Yiyang	2992.16	367.76	1827.69	796.71	110.4
郴州市	Chenzhou	4313.30	298.78	3017.84	996.68	110.8
永州市	Yongzhou	2910.09	495.16	1597.54	817.39	110.3
怀化市	Huaihua	2658.00	286.48	1485.55	885.97	105.3
娄底市	Loudi	3339.59	277.58	2432.92	629.09	108.3
湘西州	West Hunan	990.98	112.57	471.37	407.04	108.9

19-2 按产业分的地区生产总值(2014年)

Gross Domestic Product by Three Strata of Industry (2014)

市　州	Cities and Prefecture	地区生产总值(亿元) Gross Domestic Product (100 million yuan)	第一产业 Primary Industry	第二产业 Secondary Industry	第三产业 Tertiary Industry	人均地区生产总值(元) Per Capita Gross Domestic Product (yuan)
长沙市	Changsha	7824.81	311.90	4241.25	3271.66	107683
株洲市	Zhuzhou	2161.01	166.87	1280.19	713.96	54741
湘潭市	Xiangtan	1570.56	127.71	894.96	547.89	55968
衡阳市	Hengyang	2396.55	359.24	1119.88	917.43	32934
邵阳市	Shaoyang	1261.61	271.70	481.39	508.52	17498
岳阳市	Yueyang	2669.34	288.15	1438.06	943.13	47862
常德市	Changde	2514.15	337.89	1197.88	978.38	43215
张家界市	Zhangjiajie	410.02	47.55	99.68	262.79	27051
益阳市	Yiyang	1253.15	231.70	551.73	469.72	28596
郴州市	Chenzhou	1872.58	178.88	1063.26	630.44	39999
永州市	Yongzhou	1301.45	282.14	491.00	528.31	24295
怀化市	Huaihua	1181.24	171.20	515.70	494.34	24368
娄底市	Loudi	1210.86	175.26	647.80	387.80	31508
湘西州	West Hunan	457.00	68.80	156.45	231.76	17507

19-3 按产业分的地区生产总值指数(2014年)

Indices of Gross Domestic Product by Three Strata of Industry (2014)

以上年为100 (preceding year=100)

市 州	Cities and Prefecture	地区生产总值(%) Gross Domestic Products(%)	第一产业 Primary Industry	第二产业 Secondary Industry	第三产业 Tertiary Industry	人均地区生产总值(%) Per Capita Gross Domestic Product (%)
长沙市	Changsha	110.5	104.4	111.4	109.7	109.2
株洲市	Zhuzhou	110.5	104.4	110.9	111.2	109.8
湘潭市	Xiangtan	110.7	103.7	110.6	112.4	110.0
衡阳市	Hengyang	109.9	104.4	109.1	113.1	109.1
邵阳市	Shaoyang	110.8	104.8	111.0	113.5	110.5
岳阳市	Yueyang	109.3	104.5	109.0	111.4	108.6
常德市	Changde	110.6	104.7	110.2	113.3	109.9
张家界市	Zhangjiajie	110.7	104.7	108.6	112.7	110.0
益阳市	Yiyang	110.8	104.8	110.9	113.5	110.2
郴州市	Chenzhou	110.9	104.6	111.5	111.5	110.1
永州市	Yongzhou	109.9	104.7	111.2	111.3	108.6
怀化市	Huaihua	105.1	104.4	106.8	103.5	104.1
娄底市	Loudi	108.1	104.7	108.6	108.5	107.6
湘西州	West Hunan	108.3	104.4	107.0	110.3	108.3

19-4 地区生产总值项目构成(2014年)

Item Composition of Gross Domestic Product (2014)

单位:亿元 (100 million yuan)

市 州	Cities and Prefecture	地区生产总值 Gross Domestic Products	劳动者报酬 Compensation of Laborers	固定资产折旧 Depreciation of Fixed Assets	生产税净额 Net Taxes on Production	营业盈余 Operating surplus
长沙市	Changsha	7824.81	3272.84	712.16	1314.90	2524.90
株洲市	Zhuzhou	2161.01	1191.38	276.32	330.22	363.09
湘潭市	Xiangtan	1570.56	785.88	205.57	203.09	376.03
衡阳市	Hengyang	2396.55	1033.34	237.91	350.55	774.75
邵阳市	Shaoyang	1261.61	842.45	120.12	126.47	172.57
岳阳市	Yueyang	2669.34	1148.61	324.59	459.52	736.62
常德市	Changde	2514.15	1028.56	167.65	702.53	615.41
张家界市	Zhangjiajie	410.02	215.23	56.13	38.56	100.10
益阳市	Yiyang	1253.15	843.84	130.54	113.65	165.11
郴州市	Chenzhou	1872.58	848.90	246.83	371.23	405.62
永州市	Yongzhou	1301.45	705.09	146.77	141.27	308.32
怀化市	Huaihua	1181.24	666.77	118.46	111.05	284.96
娄底市	Loudi	1210.86	645.53	153.97	187.50	223.85
湘西州	West Hunan	457.00	269.29	48.46	43.06	96.19

19-5 按行业分的地区生产总值(2014年)
Gross Domestic Product by Sector (2014)

市州	Cities and Prefecture	地区生产总值(亿元) Gross Domestic Product (100 million yuan)	农、林、牧、渔业 Agriculture, Forestry, Farming of Animals and Fishing Farming of Animals and Fishing	工业 Industry	建筑业 Construction	批发和零售业 Wholesale and Retail Trade	交通运输、仓储和邮政业 Traffic, Transport, Storage and Post	住宿和餐饮业 Accommodation and	金融业 Finance
长沙市	Changsha	7824.81	317.72	3574.93	670.75	622.39	243.56	204.21	321.78
株洲市	Zhuzhou	2161.01	170.32	1137.99	143.63	108.79	76.12	35.42	44.02
湘潭市	Xiangtan	1570.56	132.01	818.45	82.17	76.02	42.41	29.27	30.07
衡阳市	Hengyang	2396.55	365.68	979.50	140.38	120.12	110.72	40.87	36.48
邵阳市	Shaoyang	1261.61	274.61	407.19	75.03	73.90	38.16	26.94	23.08
岳阳市	Yueyang	2669.34	292.19	1305.58	134.50	175.61	99.68	53.14	28.31
常德市	Changde	2514.15	349.86	1085.71	112.99	136.55	114.95	44.26	36.58
张家界市	Zhangjiajie	410.02	49.33	81.55	18.24	20.90	32.37	15.89	11.81
益阳市	Yiyang	1253.15	234.14	500.01	53.19	64.08	56.58	33.75	14.79
郴州市	Chenzhou	1872.58	181.18	985.91	78.24	127.30	73.34	45.34	29.03
永州市	Yongzhou	1301.45	286.23	416.03	75.51	55.81	67.64	16.29	21.72
怀化市	Huaihua	1181.24	171.69	459.06	56.95	83.07	61.32	30.36	28.48
娄底市	Loudi	1210.86	176.21	582.94	65.23	54.61	61.80	16.06	19.54
湘西州	West Hunan	457.00	69.17	125.28	31.56	33.56	30.31	22.05	9.35

市州	信息传输、软件和信息技术服务业 Information Transfer, Soft ware and Technology Service	水利、环境和公共设施管理业 Management of Water Conservancy, Environment and Public Establishment	租赁和商务服务业 Tenancy and Business Services	科学研究和技术服务业 Scientific Research, Technical Service& Geologic Perambulation	房地产业 Real Estate	居民服务、修理和其他服务业 Resident Services and Other Services	教育 Education	卫生和社会工作 Health and Social Work	文化、体育和娱乐业 Culture, Sports and Entertainment	公共管理、社会保障和社会组织 Public Management and Social Organization
长沙市	168.16	36.92	226.34	169.52	222.16	176.24	188.67	83.20	296.47	301.80
株洲市	30.82	5.31	33.98	10.93	84.67	49.51	46.25	41.41	18.44	123.39
湘潭市	17.99	9.46	24.99	10.35	33.50	64.26	56.35	24.11	45.90	73.26
衡阳市	46.13	13.02	53.49	13.47	48.51	125.64	85.87	61.41	29.75	125.50
邵阳市	13.77	5.13	7.67	4.74	53.86	69.93	52.49	42.83	12.03	80.25
岳阳市	53.79	12.46	84.93	23.61	72.34	76.41	62.99	62.74	23.23	107.85
常德市	53.86	13.05	65.75	11.99	59.46	138.32	51.78	44.34	52.77	141.94
张家界市	7.93	6.39	12.78	1.96	10.93	46.72	13.24	12.41	10.11	57.47
益阳市	16.84	5.14	15.48	6.82	41.57	58.74	41.73	13.43	23.55	73.31
郴州市	42.17	4.78	32.82	12.55	41.66	46.84	29.32	39.38	16.91	85.81
永州市	23.74	4.67	13.50	5.53	44.24	32.91	53.41	32.43	8.55	143.25
怀化市	16.48	3.65	24.52	6.22	69.50	38.16	46.89	22.14	15.57	47.17
娄底市	20.86	5.30	11.81	4.57	27.41	23.02	41.61	19.69	4.89	75.29
湘西州	6.63	4.05	6.46	3.60	14.51	13.32	24.36	12.55	6.06	44.17

19-6 按行业分的地区生产总值指数(2014年)
Indices of Gross Domestic Product by Sector (2014)

以上年为100 (preceding year=100)

市州	Cities and Prefecture	地区生产总值 Gross Domestic Product	农、林、牧、渔业 Agriculture, Forestry, Farming of Animals and Fishing Farming of Animals and Fishing	工业 Industry	建筑业 Construction	批发和零售业 Wholesale and Retail Trade	交通运输、仓储和邮政业 Traffic, Transport, Storage and Post	住宿和餐饮业 Accommod ation and	金融业 Finance	信息传输、软件和信息技术服务业 Information Transfer, Software and Information Technology Service	水利、环境和公共设施管理业 Management of Water Conservancy, Environment and Public Establishment	科学研究和技术服务业 Scientific Research, Technical Service& Geologic Perambulatio	租赁和商务服务业 Tenancy and Business Services	房地产业 Real Estate	居民服务、修理和其他服务业 Resident Services and Other Services	教育 Education	卫生和社会工作 Health and Social Work	文化、体育和娱乐业 Culture, Sports and Entertainment	公共管理、社会保障和社会组织 Public Management and Social Organization
长沙市	Changsha	110.5	104.5	111.4	111.1	107.2	108.5	105.7	113.7	112.9	110.9	111.2	117.5	92.1	115.2	111.1	110.0	117.8	110.2
株洲市	Zhuzhou	110.5	104.5	111.0	110.3	108.1	102.4	106.2	115.6	109.0	110.9	114.2	115.4	103.2	115.5	111.5	113.4	115.5	122.7
湘潭市	Xiangtan	110.7	104.5	110.7	109.8	107.0	102.2	104.7	112.6	109.5	118.2	118.2	115.0	97.8	115.2	118.2	115.9	115.2	123.5
衡阳市	Hengyang	109.9	104.5	109.0	109.9	108.4	104.5	109.7	117.2	111.6	119.1	123.6	117.7	104.4	116.8	114.7	116.4	113.8	121.0
邵阳市	Shaoyang	110.8	104.8	110.9	111.4	107.9	104.5	107.5	116.7	112.8	119.3	119.6	115.3	108.7	115.7	117.9	118.9	115.8	120.7
岳阳市	Yueyang	109.3	104.6	109.0	108.5	109.0	102.1	107.4	120.3	111.7	112.0	115.4	114.8	106.7	114.0	115.3	115.5	114.7	120.8
常德市	Changde	110.6	104.7	110.2	110.1	107.9	108.1	106.3	116.0	113.6	107.9	107.9	122.7	103.8	122.7	107.9	107.9	122.7	119.5
张家界市	Zhangjiajie	110.7	104.8	108.3	109.7	106.0	104.8	111.5	115.3	111.4	102.9	103.1	110.8	99.0	110.6	102.9	103.0	110.5	136.1
益阳市	Yiyang	110.8	104.9	111.1	109.5	108.6	112.2	107.3	116.5	107.8	109.0	111.5	118.9	103.4	124.6	113.5	116.2	125.8	116.3
郴州市	Chenzhou	110.9	104.7	111.5	111.8	107.7	107.3	108.0	113.7	112.0	120.4	126.8	128.2	109.9	112.3	111.7	118.9	113.9	109.5
永州市	Yongzhou	109.9	104.8	111.3	110.2	108.0	102.3	107.6	116.0	111.3	105.5	105.5	117.3	105.9	117.3	105.5	105.5	117.3	121.7
怀化市	Huaihua	105.1	104.4	107.1	104.5	107.7	104.8	107.5	111.0	111.4	108.6	108.6	99.7	94.8	99.7	108.6	100.0	100.1	99.9
娄底市	Loudi	108.1	104.7	108.6	108.9	111.5	103.0	105.2	110.3	110.7	108.0	108.0	107.8	100.0	122.7	108.0	108.7	111.3	110.6
湘西州	West Hunan	108.3	104.4	106.8	109.4	105.8	107.1	101.4	118.2	109.4	129.0	111.2	119.2	108.3	118.2	107.3	108.8	116.7	115.8

19-7 支出法地区生产总值(2014年)
Gross Domestic Product by Expenditure Approach (2014)

市　州	Cities and Prefecture	支出法地区生产总值(亿元) Gross Domestic Product by Expenditure Approach (100 million yuan)	最终消费支出 Final Comsumption Expenditures	资本形成总额 Gross Capital Formation	货物和服务净流出 Net Export of Goods and Services	投资率(%) Capital Formation Rate (%)	消费率(%) Comsumpt Rate (%)
长沙市	Changsha	7824.81	3077.92	4417.47	329.42	56.5	39.3
株洲市	Zhuzhou	2161.01	943.98	1936.41	-719.38	89.6	43.7
湘潭市	Xiangtan	1570.56	593.95	961.93	14.68	61.2	37.8
衡阳市	Hengyang	2396.55	1393.20	1092.13	-88.77	45.6	58.1
邵阳市	Shaoyang	1261.61	875.43	1119.90	-733.72	88.8	69.4
岳阳市	Yueyang	2669.34	1244.50	1406.86	17.98	52.7	46.6
常德市	Changde	2514.15	1455.54	988.17	70.45	39.3	57.9
张家界市	Zhangjiajie	410.02	205.75	195.51	8.76	47.7	50.2
益阳市	Yiyang	1253.15	767.97	930.27	-445.09	74.2	61.3
郴州市	Chenzhou	1872.58	837.98	1035.91	-1.31	55.3	44.8
永州市	Yongzhou	1301.45	683.30	634.76	-16.61	48.8	52.5
怀化市	Huaihua	1181.24	618.47	565.62	-2.86	47.9	52.4
娄底市	Loudi	1210.86	516.87	688.51	5.48	56.9	42.7
湘西州	West Hunan	457.00	366.76	242.06	-151.81	53.0	80.3

19-8 支出法地区生产总值结构(2014年)
Structure of Gross Domestic Product by Expenditure Approach (2014)

单位:亿元 (100 million yuan)

市　州	Cities and Prefecture	资本形成总额 Gross Capital Formation				最终消费 Final Consumption Expenditures					
		绝对数 Absolute Figure		比重 Proportion (%)		绝对数 Absolute Figure				比重 Proportion (%)	
		固定资本 Fixed Capital	存货增加 Changes in Inven tories	固定资本 Fixed Capital	存货增加 Changes in Inven tories	居民消费 House-hold Consum-ption	农村居民 Rural House-hold	城镇居民 Urban House-hold	政府消费 Govern-ment Consum-ption	居民消费 House-hold Consumpt-ion	政府消费 Govern-ment Consumpt - ion
长沙市	Changsha	4341.97	75.50	98.3	1.7	2315.13	416.01	1899.12	762.79	75.2	24.8
株洲市	Zhuzhou	1804.68	131.73	93.2	6.8	781.97	195.63	586.34	162.01	82.8	17.2
湘潭市	Xiangtan	764.12	197.81	79.4	20.6	488.83	165.97	322.85	105.12	82.3	17.7
衡阳市	Hengyang	1063.85	28.28	97.4	2.6	1192.33	499.99	692.34	200.86	85.6	14.4
邵阳市	Shaoyang	1097.67	22.23	98.0	2.0	624.16	248.64	375.53	251.26	71.3	28.7
岳阳市	Yueyang	1208.81	198.05	85.9	14.1	930.02	287.08	642.94	314.48	74.7	25.3
常德市	Changde	706.10	282.06	71.5	28.5	1179.85	398.47	781.38	275.68	81.1	18.9
张家界市	Zhangjiajie	165.23	30.28	84.5	15.5	164.84	75.30	89.54	40.91	80.1	19.9
益阳市	Yiyang	911.85	18.42	98.0	2.0	582.71	212.70	370.01	185.26	75.9	24.1
郴州市	Chenzhou	1027.95	7.96	99.2	0.8	636.23	206.07	430.16	201.75	75.9	24.1
永州市	Yongzhou	601.38	33.39	94.7	5.3	574.59	193.36	381.23	108.72	84.1	15.9
怀化市	Huaihua	535.00	30.62	94.6	5.4	371.45	141.92	229.53	247.02	60.1	39.9
娄底市	Loudi	645.87	42.65	93.8	6.2	363.24	138.14	225.11	153.63	70.3	29.7
湘西州	West Hunan	221.97	20.09	91.7	8.3	218.78	93.21	125.57	147.98	59.7	40.3

19-9 年末常住人口(2014年)

Population at the Year-end (2014)

市 州	Cities and Prefecture	总户数(万户) Households (10 000 households)	年末常住人口 (万人) Population at the Year-end (10 000 persons)	男 Male	女 Female	城镇人口 Urban	乡村人口 Rural	城市化水平(%) City Level (%)
全 省	**Total**	**2043.79**	**6737.24**	**3471.13**	**3266.11**	**3320.11**	**3417.13**	**49.28**
长沙市	Changsha	233.94	731.15	371.56	359.59	528.88	202.27	72.34
株洲市	Zhuzhou	111.66	396.09	202.73	193.36	241.61	154.48	61.00
湘潭市	Xiangtan	82.73	281.28	143.22	138.06	159.05	122.23	56.55
衡阳市	Hengyang	205.82	730.34	378.35	351.99	354.36	375.98	48.52
邵阳市	Shaoyang	225.07	721.94	374.66	347.28	288.18	433.76	39.92
岳阳市	Yueyang	166.93	559.51	288.78	270.73	292.58	266.93	52.29
常德市	Changde	180.82	583.08	295.62	287.46	267.58	315.50	45.89
张家界市	Zhangjiajie	56.08	151.90	77.97	73.93	65.80	86.10	43.32
益阳市	Yiyang	131.09	439.15	225.96	213.19	196.57	242.58	44.76
郴州市	Chenzhou	150.68	469.79	244.13	225.66	227.84	241.95	48.50
永州市	Yongzhou	155.26	538.71	279.93	258.78	229.22	309.49	42.55
怀化市	Huaihua	145.43	487.00	251.96	235.04	201.13	285.87	41.30
娄底市	Loudi	121.93	385.25	200.90	184.35	162.81	222.44	42.26
湘西州	West Hinan	76.35	262.05	135.36	126.69	104.50	157.55	39.88

19-10 计划生育指标(2014年)

Indicators of Family Plan (2014)

市 州	Cities and Prefecture	出生率(‰) Birth Rate (‰)	死亡率(‰) Death Rate (‰)	自然增长率(‰) Natural Growth Rate (‰)	政策内生育率(%) Birth Within Plan Rate (%)	已婚育龄妇女人数(万人) Married Women at Child-Bearing Age (10 000 persons)	节育率(%) Contra-ceptive Rate (%)
全 省	**Total**	**13.39**	**7.17**	**6.26**	**81.93**	**1449.58**	**89.75**
长沙市	Changsha	13.02	7.35	5.62	89.15	135.65	85.18
株洲市	Zhuzhou	14.19	7.55	6.62	84.19	83.59	90.69
湘潭市	Xiangtan	11.92	6.67	5.35	85.34	58.96	89.70
衡阳市	Hengyang	14.23	6.86	7.44	77.54	161.45	88.65
邵阳市	Shaoyang	13.74	7.35	6.44	79.21	158.82	91.17
岳阳市	Yueyang	13.30	6.95	6.36	80.56	119.74	89.70
常德市	Changde	10.37	7.31	3.12	88.59	127.10	91.12
张家界市	Zhangjiajie	12.53	7.80	4.79	86.01	32.71	88.61
益阳市	Yiyang	13.26	7.19	6.15	80.54	99.28	91.57
郴州市	Chenzhou	13.43	6.98	6.64	78.23	100.81	90.84
永州市	Yongzhou	14.69	7.26	7.61	78.76	123.23	90.14
怀化市	Huaihua	13.77	7.27	6.41	84.27	104.08	89.43
娄底市	Loudi	13.71	7.20	6.49	81.13	88.29	93.21
湘西州	West Hinan	14.60	6.80	7.82	82.61	55.87	85.43

19-11 国有经济各行业在岗职工年末人数(2014年)

Employed Staff and Workers in State – Owned Units by Sector at the Year-end (2014)

单位：人 (person)

市　州	Cities and Prefecture	农林牧渔业 Agriculture Forestry, Forestry, Farming of Animals and Fishing	采掘业 Mining	制造业 Manu-facturing	电力、热力、燃气及水生产和供应业及水的生产和供应 Production and Supply of Electricity, Heat, Gas and Water	建筑业 Construc-tion	批发和零售业 Wholesale and Retail Trade	交通运输、仓储和邮政业 Transport, Storage and Post	住宿和餐饮业 Acco-mmodation and Restaurants
全　省	**Total**	**15243**	**16330**	**64550**	**105251**	**66572**	**30695**	**150626**	**11082**
长沙市	Changsha	57	221	7925	327	15382	1997	10224	4216
株洲市	Zhuzhou	897	2445	12921	3330	5349	1252	3566	686
湘潭市	Xiangtan	42	10	4414	634	400	498	4084	360
衡阳市	Hengyang	542		7746	4682	8600	2109	4319	246
邵阳市	Shaoyang	1970	2066	1908	5639	5261	2399	13485	104
岳阳市	Yueyang	1160	268	3592	2379	8331	4044	6584	877
常德市	Changde	782	2183	1274	2208	4597	1807	4134	546
张家界市	Zhangjiajie	588	1237	8	1634	328	368	2335	459
益阳市	Yiyang	228	340	1100	2277	3759	1667	3006	75
郴州市	Chenzhou	1314	3208	1151	4072	4356	6524	5015	567
永州市	Yongzhou	3396		1295	4471	3164	3687	6300	29
怀化市	Huaihua	2724	432	1229	5987	3423	1430	7266	672
娄底市	Loudi	688	3628	188	1572	2006	593	3028	649
湘西州	West Hinan	855	270	228	5437	340	1602	3958	139
其　他	Others		22	19571	60602	1276	718	73322	1457

市　州	Cities and Prefecture	信息传输、软件和信息技术服务业 Information Transfer, Computer Services and Software	金融业 Finance	房地产业 Real Estate Trade	租赁和商务服务业 Tenancy and Business Services	科学研究和技术服务业 Scientific Research and Technical Services	水利、环境和公共设施管理业 Management of Water Conservancy, Public Facilities	居民服务、修理和其他服务业 Services to Households, Repair and Other Services	教育 Education	卫生和社会工作 Health and Social Service	文化体育和娱乐业 Culture, Sports and Enter-tainment	公共管理、社会保障和社会组织 Management, Social Security and Social Organization
全　省	**Total**	**12358**	**24395**	**10698**	**21699**	**72844**	**71452**	**2880**	**650712**	**321730**	**33734**	**769929**
长沙市	Changsha	259	5165	4127	2664	30535	7546	370	87499	51369	12318	73609
株洲市	Zhuzhou	2131	219	496	2972	6246	4201	22	42529	19871	1638	42485
湘潭市	Xiangtan	98	640	480	548	2305	3506	71	26855	13858	1555	30154
衡阳市	Hengyang	1982	1151	892	1501	6377	6713	152	66421	32828	3848	82384
邵阳市	Shaoyang	1522	3479	336	1418	2990	4887	61	54219	26278	1162	64655
岳阳市	Yueyang	2631	2142	325	1088	2614	6825	151	54364	24287	1321	94979
常德市	Changde	303	193	537	1328	3335	5396	284	50079	23173	2268	56388
张家界市	Zhangjiajie	229	1014	280	322	650	2445	20	13897	6945	230	17534
益阳市	Yiyang	205	479	449	2415	1998	4477	100	36284	19422	1644	41243
郴州市	Chenzhou	16	2289	321	1675	2754	5494	69	43791	23279	1632	55730
永州市	Yongzhou	1064	4255	622	1643	2621	6300	526	56271	22956	1800	64768
怀化市	Huaihua	1429	1950	1003	1601	3518	5891	193	52266	25723	1760	63314
娄底市	Loudi	129	1060	254	964	1946	4615	828	33496	17028	1032	47258
湘西州	West Hinan	249	359	275	896	4174	3156	33	32480	14568	1381	35428
其　他	Others	111		301	664	781			261	145	145	

19-12 城镇集体经济各行业在岗职工年末人数(2014年)

Employed Staff and Workers in Urban Collective-Owned Units by Sector at the Year-end (2014)

单位：人 (person)

市 州	Cities and Prefecture	农林牧渔业 Agriculture Forestry, Forestry, Farming of Animals and Fishing	采掘业 Mining	制造业 Manu-facturing	电力、热力、燃气及水生产和供应业及水的生产和供应 Production and Supply of Electricity, Heat, Gas and Water	建筑业 Construc-tion	批发和零售业 Wholesale and Retail Trade	交通运输、仓储和邮政业 Transport, Storage and Post	住宿和餐饮业 Acco-mmodation and Restaurants
全 省	**Total**	**770**	**25904**	**31167**	**2571**	**71176**	**6303**	**8370**	**1081**
长沙市	Changsha	170	763	6893	46	4395	517	1276	667
株洲市	Zhuzhou	89	2140	2045	350	665	113	239	63
湘潭市	Xiangtan	2	493	2515		3323	45	333	15
衡阳市	Hengyang		519	3187	8	9124	908	926	155
邵阳市	Shaoyang	152	664	443		10463	1634	522	6
岳阳市	Yueyang	236	860	7615	404	4541	1403	270	
常德市	Changde	58	31	1491	102	101	53	100	
张家界市	Zhangjiajie					1176	6		103
益阳市	Yiyang		731	1937	56	2944	105	1572	
郴州市	Chenzhou		1899	263	85	3100	529	170	
永州市	Yongzhou	63	299	224	474	13029	551	186	11
怀化市	Huaihua		231	1623	793	5790	135	1068	
娄底市	Loudi		17110	2903		8290	243	1605	
湘西州	West Hinan		164	28	253	4235	61	103	61

市 州	Cities and Prefecture	信息传输、软件和信息技术服务业 Information Transfer, Computer Services and Software	金融业 Finance	房地产业 Real Estate Trade	租赁和商务服务业 Tenancy and Business Services	科学研究和技术服务业 Scientific Research and Technical Services	水利、环境和公共设施管理业 Management of Water Conservancy, Public Facilities	居民服务、修理和其他服务业 Services to Households, Repair and Other Services	教育 Education	卫生和社会工作 Health and Social Service	文化体育和娱乐业 Culture, Sports and Enter-tainment	公共管理、社会保障和社会组织 Management, Social Security and Social Organization
全 省	**Total**	**61**	**10027**	**793**	**5696**	**888**	**1511**	**910**	**6610**	**20879**	**445**	**133**
长沙市	Changsha	44	17	107	1281	79	84	77	2802	4620	93	
株洲市	Zhuzhou		621	58	249	147	587	36	37	1446		4
湘潭市	Xiangtan			22	1257	21	49	3		911	84	5
衡阳市	Hengyang		1395	147	1720	27		38	526	2425		30
邵阳市	Shaoyang		715	34		36		622	690	2220		
岳阳市	Yueyang		1030	48	387	250	27	108	859	1316	57	61
常德市	Changde		1066	5	94		26		562	2187	180	20
张家界市	Zhangjiajie			29	172				53			
益阳市	Yiyang		780	10	180	20	6	18	429	1396		6
郴州市	Chenzhou		568	2	35		3		272	787		
永州市	Yongzhou	17	770	87		263			158	1007		
怀化市	Huaihua		1593	137	87	23	605	8	62	2355		
娄底市	Loudi		1067		135	22	124		160	79	31	
湘西州	West Hinan		405	107	99					130		7

19-13 在岗职工工资总额和年平均工资(2014年)

Total Wage Bill and Average Annual Wage of Employed Staff and Workers (2014)

市 州	Cities and Prefecture	在岗职工工资总额(亿元) Total Wages of Staff and Workers on the Job (100 million yuan)	#国有经济 Stateowned Units	#城镇集体经济 Urban Collective Owned Units	在岗职工年平均工资(元) Average Annual Wages of Staff and Workers on the Job (yuan)	#国有经济 Stateowned Units	#城镇集体经济 Urban Collective Owned Units	#其他 Others	在岗职工年平均工资为上年% Average Annual Wages as Percentage of Preceding Year (%)
全 省	**Total**	**2665.89**	**1219.28**	**72.94**	**48525**	**49784**	**37487**	**48196**	**110.6**
长沙市	Changsha	765.54	231.85	10.51	61848	73701	40263	58320	107.4
株洲市	Zhuzhou	213.90	77.71	3.71	52135	50951	41757	53231	112.7
湘潭市	Xiangtan	133.74	46.57	3.43	47921	49448	38480	47583	111.2
衡阳市	Hengyang	208.28	97.04	7.20	40265	42229	35203	38963	110.7
邵阳市	Shaoyang	145.92	83.19	6.63	41259	43045	37073	39363	113.1
岳阳市	Yueyang	190.51	85.46	7.33	41256	39214	37477	43569	108.2
常德市	Changde	167.96	71.70	2.59	42596	45016	42429	40917	111.9
张家界市	Zhangjiajie	34.59	22.84	0.47	42332	44954	32066	38318	111.0
益阳市	Yiyang	104.72	53.99	3.64	42554	45271	36196	40326	112.5
郴州市	Chenzhou	148.28	74.23	3.19	44281	45773	39630	43038	108.6
永州市	Yongzhou	119.59	74.57	5.03	39907	40573	32775	39778	107.5
怀化市	Huaihua	113.65	80.79	4.96	43083	44554	33397	41266	114.4
娄底市	Loudi	119.39	46.53	12.37	41291	38130	39349	44584	108.7
湘西州	West Hinan	58.43	45.57	1.89	41886	41933	34402	43305	112.1
其 他	Others	141.39	127.24		76441	79768		55593	104.2

19-14 从业人员年末人数(2014年)

Employment at the Year-end (2014)

单位：万人 (10 000 persons)

市 州	Cities and Prefecture	从业人员人数 Number of Employed Persons	第一产业 Primary Industry	第二产业 Secondary Industry	第三产业 Tertiary Industry	城镇从业人员 Eemployees in Collectiveowned	农村从业人员 Employees in Rural
全 省	**Total**	**4044.13**	**1651.37**	**957.77**	**1434.99**	**1666.87**	**2377.26**
长沙市	Changsha	460.57	104.66	155.28	200.63	221.09	239.48
株洲市	Zhuzhou	246.37	78.38	78.37	89.62	77.36	169.01
湘潭市	Xiangtan	180.30	73.94	51.03	55.33	49.93	130.37
衡阳市	Hengyang	476.45	214.73	94.77	166.95	154.14	322.31
邵阳市	Shaoyang	517.60	258.16	90.07	169.37	121.50	396.10
岳阳市	Yueyang	360.76	121.40	87.37	151.48	126.82	233.44
常德市	Changde	362.04	161.58	70.65	129.81	86.55	275.49
张家界市	Zhangjiajie	95.58	52.39	14.30	28.89	14.61	80.97
益阳市	Yiyang	269.92	122.04	58.76	89.12	58.73	211.19
郴州市	Chenzhou	326.61	110.57	95.79	120.26	85.10	241.51
永州市	Yongzhou	342.07	158.34	67.45	116.28	58.99	283.08
怀化市	Huaihua	304.23	149.08	42.26	112.89	98.13	206.10
娄底市	Loudi	251.54	121.87	35.11	94.56	52.15	199.39
湘西州	West Hinan	190.23	93.40	37.02	59.81	53.70	136.53

19-15 年末在岗职工人数(2014年)

Number of Staff and Workers on the Job of Cities and Prefecture at the Year-end (2014)

单位：万人 (10 000 persons)

市 州	Cities and Prefecture	在岗职工 Staff and Workers on the Job	国有经济 State-owned Economic	城镇集体经济 Urban Collective-owned Economic	其他经济 Others
全 省	**Total**	**552.81**	**245.28**	**19.53**	**288.00**
长沙市	Changsha	123.97	31.58	2.39	89.99
株洲市	Zhuzhou	41.39	15.33	0.89	25.18
湘潭市	Xiangtan	27.95	9.05	0.91	17.99
衡阳市	Hengyang	52.51	23.25	2.11	27.15
邵阳市	Shaoyang	35.68	19.38	1.82	14.48
岳阳市	Yueyang	46.24	21.80	1.95	22.49
常德市	Changde	40.15	16.08	0.61	23.46
张家界市	Zhangjiajie	8.25	5.05	0.15	3.04
益阳市	Yiyang	25.05	12.12	1.02	11.92
郴州市	Chenzhou	33.53	16.33	0.77	16.44
永州市	Yongzhou	30.56	18.52	1.71	10.33
怀化市	Huaihua	26.51	18.18	1.45	6.87
娄底市	Loudi	28.88	12.10	3.18	13.61
湘西州	West Hunan	13.69	10.58	0.57	2.54

19-16 年末城镇从业人员(2014年)

Number of Employed Persons in Urban Areas at the Year-end(2014)

单位：万人　　　　(10 000 persons)

市　州	Cities and Prefecture	城镇从业人员合计 Number of Employed Persons in Urban Areas (10 000persons)	国有经济 Stateo-wned Economic	城镇集体经济 Urban Collective-owned Economic	其他经济 Economic Units of Other Types	内资经济 Domestic Funded Economic	港澳台投资经济 Economioc With Funded From H.K, Macao and Taiwan	外商投资经济 Economic With Funded	城镇私营经济 Urban Private Economic	城镇个体经济 Urban Individuals Economic
全　省	**Total**	**1666.87**	**261.52**	**22.07**	**314.31**	**277.58**	**22.04**	**14.69**	**334.81**	**734.16**
长沙市	Changsha	221.09	34.08	2.60	95.12	82.13	6.80	6.19	41.60	47.69
株洲市	Zhuzhou	77.36	16.00	0.94	28.35	24.48	1.81	2.06	14.66	17.41
湘潭市	Xiangtan	49.93	9.68	0.94	21.16	19.76	0.65	0.75	6.28	11.87
衡阳市	Hengyang	154.14	24.08	2.46	29.86	26.68	1.87	1.31	41.51	56.23
邵阳市	Shaoyang	121.50	20.92	2.12	16.04	14.44	1.09	0.51	21.69	60.73
岳阳市	Yueyang	126.82	24.00	2.22	25.82	24.00	0.79	1.03	18.24	56.54
常德市	Changde	86.55	17.00	0.65	24.50	23.02	1.10	0.38	16.57	27.83
张家界市	Zhangjiajie	14.61	5.51	0.33	3.36	3.06	0.16	0.14	2.90	2.51
益阳市	Yiyang	58.73	13.96	1.19	13.59	11.61	1.32	0.67	14.43	15.56
郴州市	Chenzhou	85.10	17.55	0.85	18.13	15.53	2.25	0.35	18.02	30.55
永州市	Yongzhou	58.97	19.48	2.01	11.17	7.62	2.86	0.68	8.12	18.20
怀化市	Huaihua	98.13	19.29	1.59	7.57	7.15	0.19	0.23	27.01	42.67
娄底市	Loudi	52.15	12.68	3.41	14.22	12.70	1.13	0.39	5.73	16.11
湘西州	West Hinan	53.70	11.02	0.75	2.84	2.82	0.02		10.86	28.23
其　他	Others	18.84	16.27		2.58	2.58				

19-17 固定资产投资、新增固定资产及房屋竣工面积(2014年)
Investment in Fixed Assets, Newly Increased Fixed Assets and Completed Building Floor Space(2014)

市 州	Cities and Prefecture	固定资产投资(亿元) Total Investment in Fixed Assets (100 million yuan)	国有经济 Stateowned	非国有经济 non—State-owned	房地产开发 Real Estate Development	新增固定资产(亿元) Newly Increased Fixed Assets (100 million yuan)	房屋建筑竣工面积(万平方米) Floor Space of Buildings Completed (10000 sq.m)	#住宅 Residential Buildings
全 省	**Total**	**21950.77**	**6393.07**	**15557.70**	**2883.57**	**14830.92**	**5918.31**	**3649.65**
长沙市	Changsha	5435.75	1201.14	4234.61	1310.50	3361.65	1681.04	1126.19
株洲市	Zhuzhou	1837.10	572.46	1264.63	235.33	1490.96	523.23	283.27
湘潭市	Xiangtan	1503.35	432.11	1071.24	147.13	1022.87	237.12	141.26
衡阳市	Hengyang	1767.01	540.96	1226.05	138.29	1220.33	287.18	169.55
邵阳市	Shaoyang	1267.77	221.30	1046.48	130.01	908.25	437.07	188.22
岳阳市	Yueyang	1790.13	526.05	1267.75	131.78	1224.65	252.75	194.46
常德市	Changde	1547.72	441.30	1106.42	124.05	1052.57	444.84	233.61
张家界市	Zhangjiajie	250.90	107.91	143.92	58.75	155.16	47.23	27.87
益阳市	Yiyang	1030.64	252.05	778.59	101.12	781.00	346.39	215.18
郴州市	Chenzhou	1814.56	389.79	1431.70	162.03	1262.79	430.01	328.40
永州市	Yongzhou	1303.54	501.14	802.40	92.98	868.90	525.02	321.81
怀化市	Huaihua	851.35	449.72	401.62	101.87	552.79	271.12	190.39
娄底市	Loudi	938.94	334.21	604.73	109.71	797.25	367.34	184.30
湘西州	West Hunan	298.95	188.47	110.48	40.01	131.75	67.95	45.14

19-18 按经济类型分固定资产投资(2014年)

Total Investment in Fixed Assets by Economic Types(2014)

单位：亿元 (100 million yuan)

市　州	Cities and Prefecture	总计 Total	国有经济 Stata-owned Units	集体经济 Collective-owned Units	个体经济 Individuals Economy	联营经济 Joint Ownership Economic Units
全　省	**Total**	**21950.77**	**6393.07**	**649.97**	**7513.60**	**30.23**
长沙市	Changsha	5435.75	1201.14	130.87	1665.39	6.84
株洲市	Zhuzhou	1837.10	572.46	25.81	762.70	
湘潭市	Xiangtan	1503.35	432.11	16.96	747.82	1.14
衡阳市	Hengyang	1767.01	540.96	14.72	598.88	
邵阳市	Shaoyang	1267.77	221.30	30.44	672.60	3.49
岳阳市	Yueyang	1790.13	526.05	62.43	368.36	6.28
常德市	Changde	1547.72	441.30	52.28	554.22	0.76
张家界市	Zhangjiajie	250.90	107.91	9.81	49.68	0.73
益阳市	Yiyang	1030.64	252.05	29.94	397.56	
郴州市	Chenzhou	1814.56	389.79	219.79	464.46	4.30
永州市	Yongzhou	1303.54	501.14	15.89	527.16	5.22
怀化市	Huaihua	851.35	449.72	9.85	233.75	
娄底市	Loudi	938.94	334.21	29.48	402.96	1.31
湘西州	West Hunan	298.95	188.47	1.70	51.85	0.16

市　州	Cities and Prefecture	股份制经济 Share Holding Economic Units	外商投资经济 Foreign Funded Economic Units	港澳台商投资经济 Economic Units with Funds From Hong Kong, Macao and Taiwan	其他经济 Others Ownership
全　省	**Total**	**5458.19**	**220.72**	**212.72**	**1472.27**
长沙市	Changsha	1959.03	89.95	93.09	289.43
株洲市	Zhuzhou	409.49	16.46	14.05	36.13
湘潭市	Xiangtan	247.05	7.19	11.51	39.57
衡阳市	Hengyang	445.98	42.65	9.76	114.06
邵阳市	Shaoyang	226.78	4.36	1.18	107.63
岳阳市	Yueyang	645.88	3.00	1.26	176.87
常德市	Changde	359.86	14.79	7.02	117.49
张家界市	Zhangjiajie	58.13	14.14	4.31	6.18
益阳市	Yiyang	185.47	3.72	6.55	155.35
郴州市	Chenzhou	434.26	8.77	43.76	249.41
永州市	Yongzhou	127.04	12.78	15.37	98.96
怀化市	Huaihua	138.04	2.67	1.05	16.27
娄底市	Loudi	103.69		3.29	64.00
湘西州	West Hunan	55.10	0.23	0.53	0.92

注：各市州数据不含跨区投资。

Figures of cities and prefecture did not include the part of investment classified by region.

19-19 按构成和建设性质分固定资产投资(2014年)

Total Investment in Fixed Assets by Structure and Construction of Cities and Prefecture(2014)

单位:亿元 (100 million yuan)

市　州	Cities and Prefecture	投资额 Total Investment	按构成分 Grouped by Use of Funds: 建安工程 Construction and Installation	设备工器具购置 Purchase of Equipment& Instruments	其他费用 Others	按建设性质分 Grouped by Type of Construction: 新建 New Construction	扩建 Expansion	改建 Re-construction
全　省	**Total**	**21950.77**	**15297.96**	**3578.43**	**3074.38**	**9355.08**	**1954.96**	**7617.26**
长沙市	Changsha	5435.75	4185.05	507.00	743.70	1934.32	341.32	1816.57
株洲市	Zhuzhou	1837.10	1072.39	515.44	249.26	602.34	97.10	878.19
湘潭市	Xiangtan	1503.35	1121.63	203.97	177.75	365.24	172.93	803.04
衡阳市	Hengyang	1767.01	1339.52	348.60	78.90	833.44	186.19	596.48
邵阳市	Shaoyang	1267.77	820.36	275.61	171.80	761.07	140.86	232.17
岳阳市	Yueyang	1790.13	1074.65	314.38	401.10	656.51	198.60	798.77
常德市	Changde	1547.72	976.74	418.03	152.96	787.62	213.24	418.90
张家界市	Zhangjiajie	250.90	182.22	36.44	32.24	131.03	5.81	54.95
益阳市	Yiyang	1030.64	670.12	247.38	113.14	471.13	36.36	419.56
郴州市	Chenzhou	1814.56	1085.94	264.55	464.06	799.69	211.57	637.37
永州市	Yongzhou	1303.54	904.67	210.74	188.13	698.62	141.56	354.91
怀化市	Huaihua	851.35	667.79	95.46	88.10	398.54	69.56	265.78
娄底市	Loudi	938.94	738.57	107.94	92.43	420.11	122.98	280.87
湘西州	West Hunan	298.95	254.57	16.45	27.93	189.53	16.89	52.52

注：按建设性质分不含房地产开发投资。

Figures grouped by type of construction did not include the investment in real estate development.

19-20 按资金来源和隶属关系分固定资产投资(2014年)

Total Investment in Fixed Assets by Source of Funds and Jurisdiction of Management of Cities and Prefecture(2014)

单位:亿元 (100 million yuan)

市　州	Cities and Prefecture	按资金来源分 Grouped by Source of Funds: 国家预算内 State Budgetary Appropriation	国内贷款 Domestic Loans	利用外资 Foreign Investment	自筹资金 Fundraising	其他投资 Others	按隶属关系分 Grouped by Administrative Relationship: 中央项目 Central Projects	地方项目 Local Projects
全　省	**Total**	**1236.52**	**1845.44**	**51.69**	**16441.51**	**2328.83**	**460.48**	**21490.29**
长沙市	Changsha	174.09	522.13	10.08	4010.65	855.40	189.96	5245.78
株洲市	Zhuzhou	94.78	110.52	7.08	1381.27	165.01	55.80	1781.29
湘潭市	Xiangtan	19.91	226.69	0.83	1108.52	77.36	3.44	1499.92
衡阳市	Hengyang	141.32	62.15	0.34	1434.58	145.07	12.03	1754.98
邵阳市	Shaoyang	60.58	128.52	0.18	1144.51	65.53	9.86	1257.91
岳阳市	Yueyang	52.15	53.53	0.00	1587.09	167.16	19.38	1770.74
常德市	Changde	138.27	109.36	4.72	1146.51	111.92	10.00	1537.73
张家界市	Zhangjiajie	20.25	25.50	1.71	177.56	26.17	0.34	250.56
益阳市	Yiyang	49.61	62.51	3.34	764.75	142.52	7.30	1023.34
郴州市	Chenzhou	93.75	103.96	14.10	1292.79	221.64	12.03	1802.53
永州市	Yongzhou	188.06	133.96	1.70	888.53	115.97	6.24	1297.29
怀化市	Huaihua	65.38	52.73		579.15	136.07	10.89	840.47
娄底市	Loudi	46.76	21.23	0.14	802.16	60.35	7.70	931.24
湘西州	West Hunan	48.70	48.73	0.64	125.35	27.97	4.18	294.77

19-21 国有经济分地市项目个数、项目投产率及固定资产交付使用率（2014年）

Number of Projects, Rate of Projects Put into Use and Rate of Fixed Assets Put into Use of State—owned Units (2014)

市　州	Cities and Prefecture	施工项目个数(个) Number of Projects under Construction (unit)	全投项目个数(个) Number of Projects Completed and Put into Use (unit)	项目投产率(%) Rate of Projects Completed and Put into Use (%)	固定资产交付使用率(%) Rate of Fixed Assets Put into Use (%)
全　省	**Total**	**11823**	**7814**	**66.1**	**63.0**
长沙市	Changsha	1749	1199	68.6	61.4
株洲市	Zhuzhou	809	603	74.5	75.5
湘潭市	Xiangtan	718	409	57.0	60.4
衡阳市	Hengyang	803	640	79.7	66.6
邵阳市	Shaoyang	831	603	72.6	64.4
岳阳市	Yueyang	870	587	67.5	64.5
常德市	Changde	799	589	73.7	62.0
张家界市	Zhangjiajie	308	216	70.1	69.4
益阳市	Yiyang	643	383	59.6	67.7
郴州市	Chenzhou	824	459	55.7	71.7
永州市	Yongzhou	1120	760	67.9	63.9
怀化市	Huaihua	1137	629	55.3	55.7
娄底市	Loudi	773	487	63.0	90.5
湘西州	West Hunan	422	250	59.2	44.4

注：施工、全投项目及项目投产率未包括房地产开发统计资料。

The data of projects under construction, projects completed put into use and rate of projects completed put into use excluded information of real estate development.

19-22 房地产开发情况(2014年)

Real Estate Development (2014)

市 州	Cities and Prefecture	开发公司个数(个) Number of Development Enterprises (unit)	国有经济 State-owned Enterprises	集体经济 Collective-owned Enterprises	外商投资经济 Foreign Funded Enterprises	港澳台投资经济 Funded by Entrepreneurs from Hong Kong, Macao and Taiwan	房地产开发投资(万元) Investment (10000yuan)
全 省	**Total**	**3805**	**140**	**15**	**30**	**75**	28835662
长沙市	Changsha	810	30		7	23	13104995
株洲市	Zhuzhou	346	11	2	3	9	2353310
湘潭市	Xiangtan	173	11		1	9	1471285
衡阳市	Hengyang	364	12	2	7	8	1382922
邵阳市	Shaoyang	218	6	2	1	2	1300072
岳阳市	Yueyang	348	12	1	4	4	1317790
常德市	Changde	256	10		1	4	1240542
张家界市	Zhangjiajie	86	4	1	1		587502
益阳市	Yiyang	198	9	1	3	1	1011242
郴州市	Chenzhou	335	13	2		8	1620306
永州市	Yongzhou	172	4	1	1	4	929817
怀化市	Huaihua	214	10	2	1	2	1018686
娄底市	Loudi	156	3			1	1097111
湘西州	West Hunan	129	5	1			400082

市 州	Cities and Prefecture	主营业务收入(万元) Main business revenue (10 000 yuan)	土地转让收入 Land Transferred	商品房屋销售收入 Commercial Houses Sold	房屋出租收入 Houses Leased	其他收入 Others	主营业务税金及附加(万元) Main business taxes and additional (10 000 yuan)	利润总额(万元) Total Profits (10 000 yuan)
全 省	**Total**	19347201	170295	18377794	228724	570388	1542230	1088767
长沙市	Changsha	9668845	92892	9267642	82187	226124	760918	735360
株洲市	Zhuzhou	1546404	19644	1502162	11694	12905	126759	7990
湘潭市	Xiangtan	844654		828822	5432	10400	50425	15657
衡阳市	Hengyang	1122377	8185	1085282	14550	14360	132285	72207
邵阳市	Shaoyang	531567	11454	497819	10268	12026	40875	-17330
岳阳市	Yueyang	806767	2989	753472	24716	25590	64005	38598
常德市	Changde	843246	1574	806588	12437	22648	72793	54189
张家界市	Zhangjiajie	218115	14656	202708	668	83	16786	-13778
益阳市	Yiyang	639313	1263	606440	2216	29394	54502	68239
郴州市	Chenzhou	1171241	753	927225	40998	202266	91745	30047
永州市	Yongzhou	813446	2365	808238	116	2727	34327	47724
怀化市	Huaihua	531937	7407	510151	7165	7214	54104	30234
娄底市	Loudi	359646	6361	342559	6447	4279	23934	25026
湘西州	West Hunan	249643	753	238687	9830	372	18774	-5397

19-23 商品房屋销售情况(2014年)
Sales of Commercial House (2014)

市 州	Cities and Prefecture	商品房屋销售面积(平方米) Floor Space of Selling Commercial House (sq.m)	#住宅 Residential Buildings	商品房屋销售额(万元) Total Sales of Commercial House (10 000 yuan)	#住宅 Residential Buildings	商品房平均销售价格（元/平方米） Floor Space of Selling Commercial House(yuan/sq.m)	#住宅 Residential Buildings
全 省	**Total**	**54395270**	**48523216**	**22991111**	**18585771**	**4226.67**	**3830.28**
长沙市	Changsha	15191982	13322409	9289202	7264766	6114.54	5453.04
株洲市	Zhuzhou	5372583	4704185	2276056	1858075	4236.43	3949.83
湘潭市	Xiangtan	1857405	1728403	741052	638513	3989.72	3694.24
衡阳市	Hengyang	3906506	3641094	1425869	1255748	3649.99	3448.82
邵阳市	Shaoyang	2930692	2721074	869619	762502	2967.28	2802.21
岳阳市	Yueyang	3404382	2946430	1231137	988483	3616.33	3354.85
常德市	Changde	2359826	2118289	1026580	800616	4350.24	3779.54
张家界市	Zhangjiajie	581273	520756	266646	196571	4587.28	3774.72
益阳市	Yiyang	3121132	2729060	940295	747968	3012.67	2740.75
郴州市	Chenzhou	4300450	4029544	1474625	1299545	3429.00	3225.04
永州市	Yongzhou	5207550	4535384	1535573	1222240	2948.74	2694.90
怀化市	Huaihua	3202929	2943798	1012945	869361	3162.56	2953.20
娄底市	Loudi	1719197	1485076	505631	384167	2941.09	2586.85
湘西州	West Hunan	1239363	1097714	395881	297216	3194.23	2707.59

19-24 房地产开发建设房屋建筑面积和价值(2014年)
Floor Space of Building and Value of Real Estate Development (2014)

市 州	Cities and Prefecture	施工房屋面积(平方米) Floor Space of Buildings under Construction (sq.m)	竣工房屋面积(平方米) Floor Space of Buildings Completed (sq.m)	房屋建筑面积竣工率(%) Rate of Floor Space of Buildings Completed(%)	竣工房屋价值(万元) Value of Buildings Completed (10 000 yuan)
全 省	**Total**	**277477488**	**40228880**	**14.5**	**10062313**
长沙市	Changsha	96471471	14388533	14.9	4456659
株洲市	Zhuzhou	25880540	3337154	12.9	768433
湘潭市	Xiangtan	14272157	1616033	11.3	383767
衡阳市	Hengyang	20619151	1700707	8.2	298419
邵阳市	Shaoyang	14184295	2087893	14.7	426457
岳阳市	Yueyang	14547255	2470129	17.0	676619
常德市	Changde	12152713	2599608	21.4	546822
张家界市	Zhangjiajie	5065698	327847	6.5	83367
益阳市	Yiyang	12139435	1802776	14.9	402951
郴州市	Chenzhou	21122808	2882290	13.6	617030
永州市	Yongzhou	9923668	3491877	35.2	677708
怀化市	Huaihua	13722839	1978352	14.4	391132
娄底市	Loudi	10701391	999792	9.3	236688
湘西州	West Hunan	6674067	545889	8.2	96261

19-25 地方财政收入情况(2014年)

Public Budgetary Revenue(2014)

市 州	Cities and Prefecture	地方财政收入(万元) Public Budgetary Revenue (10 000yuan)	各项税收入 Taxes Revenue	增值税 Value Added Tax	营业税 Operating Tax	企业所得税 Income Tax of Enterprises	个人所得税 Individual Income Tax	非税收入 No-tax Revenue
全 省	**Total**	**22627859**	**14385178**	**2122203**	**4709388**	**1550149**	**565590**	**8242681**
长沙市	Changsha	6327992	4501002	468644	1459057	460886	200595	1826990
株洲市	Zhuzhou	1673823	891926	143624	258336	76637	28921	781897
湘潭市	Xiangtan	1072040	513444	75629	166031	46471	17061	558596
衡阳市	Hengyang	1734785	906867	82064	223417	50231	27838	827918
邵阳市	Shaoyang	797328	404673	49481	128621	28167	17715	392655
岳阳市	Yueyang	1217404	577820	111400	166519	47459	15699	639584
常德市	Changde	1349152	825837	72586	202187	37807	15459	523315
张家界市	Zhangjiajie	285653	171043	12761	72523	16002	4359	114610
益阳市	Yiyang	594362	374036	53322	103302	32190	8746	220326
郴州市	Chenzhou	1716878	763433	109063	189194	45240	24987	953445
永州市	Yongzhou	806088	470754	38268	123111	29580	11691	335334
怀化市	Huaihua	661890	397836	47337	123888	32859	8964	264054
娄底市	Loudi	589122	364223	64221	101627	26407	7539	224899
湘西州	West Hunan	377455	226709	25731	72690	20126	6339	150746

19-26 公共财政支出情况(2014年)

Public Budgetary Expenditure(2014)

市 州	Cities and Prefecture	公共财政支出(万元) Public Budgetary Expenditure(10 000yuan)	教育 Education	社会保障和就业 Social Security Progams and Employment	医疗和卫生 Pulic Health	农林水利事务 Agriculture,Forest and Irrigation	一般公共服务 General Public Services
全 省	**Total**	**50173828**	**8332739**	**6619662**	**4224011**	**5575869**	**6272350**
长沙市	Changsha	8023838	1260751	557342	437620	620466	1287832
株洲市	Zhuzhou	2920256	413741	413464	265354	264948	452058
湘潭市	Xiangtan	2040644	273378	302213	164863	200410	207350
衡阳市	Hengyang	4129846	631807	617982	412291	430329	366270
邵阳市	Shaoyang	3463587	589044	569935	399755	442999	376163
岳阳市	Yueyang	3161715	503888	562715	325076	442512	331786
常德市	Changde	3627711	511836	598395	356300	530331	430178
张家界市	Zhangjiajie	1067196	173880	143155	90937	155905	104920
益阳市	Yiyang	2366168	380769	441167	255744	328018	242107
郴州市	Chenzhou	3515722	644230	431633	290061	430811	472301
永州市	Yongzhou	3039653	556312	487404	339638	500217	378629
怀化市	Huaihua	2809030	499971	495835	296471	384806	396307
娄底市	Loudi	2038290	358690	290374	231105	237859	282652
湘西州	West Hunan	2058258	344622	266992	195865	289640	202879

19-27 金融机构人民币存款情况(2014年)
RMB Deposits of Financial Institutions(2014)

市州	Cities and Counties	各项存款(亿元) Deposits (100 million yuan)	单位存款 Corporate Deposits	个人存款 Personal Deposits
全省	**Total**	**30073.36**	**12234.10**	**16715.17**
长沙市	Changsha	11145.43	6612.80	3870.37
株洲市	Zhuzhou	2057.57	786.04	1224.11
湘潭市	Xiangtan	1539.35	582.49	934.95
衡阳市	Hengyang	2386.82	636.88	1718.80
邵阳市	Shaoyang	1733.80	408.12	1269.37
岳阳市	Yueyang	1471.35	438.84	963.33
常德市	Changde	1921.41	607.98	1273.48
张家界市	Zhangjiajie	461.52	136.98	307.38
益阳市	Yiyang	1156.48	270.80	840.20
郴州市	Chenzhou	1671.48	513.18	1125.00
永州市	Yongzhou	1336.57	318.37	992.30
怀化市	Huaihua	1245.24	301.36	919.31
娄底市	Loudi	1122.37	326.60	769.77
湘西州	West Hunan	720.35	230.31	466.55

19-28 金融机构人民币贷款情况(2014年)
RMB Loans of Financial Institutions(2014)

市州	Cities and Prefecture	各项贷款(亿元) Loans (100 million yuan)	短期贷款 Shortterm Loans	个人消费贷款 Individual Consumption Loans	中长期贷款 Mediumterm and Longterm Loans	个人消费贷款 Individual Consumption Loans
全省	**Total**	**20356.39**	**5869.88**	**504.81**	**14113.05**	**3110.46**
长沙市	Changsha	10377.71	2411.24	116.84	7814.01	1684.57
株洲市	Zhuzhou	1109.27	341.56	21.82	746.89	212.76
湘潭市	Xiangtan	1112.81	524.07	27.39	566.89	110.49
衡阳市	Hengyang	1012.30	358.40	19.64	597.12	159.46
邵阳市	Shaoyang	747.82	256.85	25.77	482.50	89.81
岳阳市	Yueyang	771.97	318.92	13.66	446.39	93.64
常德市	Changde	922.70	285.38	14.79	633.20	133.43
张家界市	Zhangjiajie	338.57	59.31	14.36	279.12	62.41
益阳市	Yiyang	549.23	212.17	12.13	330.48	68.21
郴州市	Chenzhou	758.25	252.06	13.23	495.94	117.42
永州市	Yongzhou	639.94	142.38	24.52	496.14	106.37
怀化市	Huaihua	694.83	137.44	15.64	552.27	121.38
娄底市	Loudi	695.05	250.06	16.04	385.86	90.32
湘西州	West Hunan	320.22	118.21	12.75	200.91	49.39

19-29 农作物播种面积(2014年)

Sown Area of Crops (2014)

单位：千公顷 (1000 hectares)

市　州	Cities and Prefecture	农作物播种面积 TotalSown Area	#粮食作物 Area of Grain Crops	#稻谷面积 Area of Rice	油料面积 Area of Oil	蔬菜面积 Area of Vegetables
全　省	**Total**	**8764.47**	**4975.14**	**4120.71**	**1424.71**	**1329.96**
长沙市	Changsha	678.96	376.58	342.61	52.96	169.71
株洲市	Zhuzhou	407.83	266.48	249.85	38.12	65.60
湘潭市	Xiangtan	320.04	216.65	209.59	21.27	59.49
衡阳市	Hengyang	989.37	563.80	507.38	216.61	107.91
邵阳市	Shaoyang	907.54	587.84	445.89	93.36	120.37
岳阳市	Yueyang	889.18	554.80	482.50	125.03	97.38
常德市	Changde	1228.05	704.55	604.01	308.33	96.20
张家界市	Zhangjiajie	234.51	138.27	54.03	44.82	32.51
益阳市	Yiyang	778.52	424.00	376.65	142.11	114.20
郴州市	Chenzhou	624.39	348.37	257.62	73.00	100.77
永州市	Yongzhou	927.90	554.45	427.62	89.47	186.15
怀化市	Huaihua	620.54	325.29	209.12	119.95	76.56
娄底市	Loudi	384.88	273.54	200.87	38.79	41.11
湘西州	West Hunan	369.87	181.03	90.15	60.89	62.00

注：全省的粮食、稻谷、油料以抽样调查推算，分市州采用全面统计。全省总计与分市州之和存在一定调查误差。

The Data of Provincial Grain Crops ,Rice and Oilseeds Used sample survey projections,the Data of Cities and Prefecture Used Comprehensive statistics. The Sum of Cities and Prefecture do not add up to the Provincial total.

19-30 机耕面积及水库、堤防(2014年)

Tractor-Ploughed Area, Reservoirs and Dikes (2014)

市　州	Cities and Prefecture	机耕面积（千公顷） Tractor Ploughed Area (1 000 hectares)	水库(座) Number of Reservoirs (set)	堤防长度（公里） Total Length of Dikes (km)
全　省	**Total**	5917.21	**14094**	**19267.07**
长沙市	Changsha	564.62	658	1470.70
株洲市	Zhuzhou	263.66	966	879.09
湘潭市	Xiangtan	230.89	387	982.39
衡阳市	Hengyang	676.20	1796	2590.76
邵阳市	Shaoyang	509.15	1252	301.62
岳阳市	Yueyang	673.69	1502	2437.41
常德市	Changde	1109.09	1424	3350.55
张家界市	Zhangjiajie	54.27	264	281.79
益阳市	Yiyang	533.03	623	3257.77
郴州市	Chenzhou	317.27	1085	1056.08
永州市	Yongzhou	448.81	1394	839.38
怀化市	Huaihua	295.23	1305	833.66
娄底市	Loudi	156.45	754	363.04
湘西州	West Hunan	84.87	684	622.83

注：机耕面积由农机部门提供，水库、堤防长度数据由水利部门提供。

The Date of Tractor-Ploughed Area are provided by Department of agriculture machinery, The Data of Reservoirs and Dikes are provided by Department of the water conservancy.

19-31 主要农业机械年末拥有量(2014年)

Year-End Possession of Major Agriculture Machinery (2014)

市 州	Cities and Prefecture	大中型拖拉机 Large and Medium Tractors		小型及手扶拖拉机 Mini and Walking Tractors		排灌机械 Machinery for Agricultural Drainage and Irrigation	
		台 (unit)	千瓦 (kw)	台 (unit)	千瓦 (kw)	台 (unit)	千瓦 (kw)
全 省	**Total**	**118141**	**3616214**	**236189**	**2507029**	**2455199**	**10531845**
长沙市	Changsha	7645	285894	24104	280535	193296	810412
株洲市	Zhuzhou	5106	151341	25384	253638	77883	386832
湘潭市	Xiangtan	4932	150884	7527	75166	219219	542198
衡阳市	Hengyang	6982	272752	17233	173850	205471	704520
邵阳市	Shaoyang	7486	192292	15554	157413	262260	922753
岳阳市	Yueyang	13968	436274	20590	229816	159142	1137494
常德市	Changde	16557	549704	24317	276362	247956	1331150
张家界市	Zhangjiajie	4119	99916	7048	81294	38046	226264
益阳市	Yiyang	8403	337646	23015	241163	250096	1147614
郴州市	Chenzhou	13279	315730	23121	238613	108690	473486
永州市	Yongzhou	16684	463522	22843	235984	332193	1521370
怀化市	Huaihua	3519	112551	9157	90226	152853	504829
娄底市	Loudi	2929	85049	8699	88183	168452	639979
湘西州	West Hunan	6532	162659	7597	84784	39642	182944

19-32 农林牧渔业总产值(2014年)

Gross Output Value of Farming, Forestry, Animal Husbandry and fishery (2014)

单位：万元 (10 000 yuan)

市 州	Cities and Prefecture	农林牧渔业总产值 Gross Output Value of Farming, Forestry, Animal Husbandry and Fishery	指数(上年=100) Indices (preceding year=100)	农业产值 Output Value of Farming	林业产值 Output Value of Forestry	牧业产值 Output Value of Animal Husbandry	渔业产值 Output Value of Fishery	服务业产值 Output Value of Services
长沙市	Changsha	4905924	103.2	2849093	238930	1552891	182015	82995
株洲市	Zhuzhou	2477887	104.1	1210689	197748	886721	100121	82609
湘潭市	Xiangtan	2176473	104.4	943527	107452	940920	99743	84831
衡阳市	Hengyang	5910735	103.1	2730605	317263	2327453	396377	139038
邵阳市	Shaoyang	4068240	103.7	2318596	166606	1404601	123141	55296
岳阳市	Yueyang	4452989	103.2	2113758	146338	1378295	746397	68201
常德市	Changde	5595683	103.1	2539683	130995	2229882	506754	188369
张家界市	Zhangjiajie	774377	102.4	428419	76237	212553	31962	25206
益阳市	Yiyang	3719713	103.3	1850451	133015	1217527	476574	42146
郴州市	Chenzhou	3040398	103.1	1619884	216317	1027549	124039	52609
永州市	Yongzhou	5072135	103.1	2431485	566149	1681237	272767	120497
怀化市	Huaihua	2872308	103.3	1584502	288834	903162	88311	7498
娄底市	Loudi	2791162	103.4	1079142	40309	1543071	113322	15318
湘西州	West Hunan	1149673	103.1	837228	46548	242473	17664	5760

19-33 主要农产品产量(2014年)

Output of Major Farm Crops (2014)

单位：吨 (ton)

市 州	Cities and Prefecture	粮食合计 Total Grain	稻谷 Rice	小麦 Wheat	玉米 Corn	大豆 Beans	薯类 Tubers
长沙市	Changsha	2485182	2324215	968	73941	20519	54841
株洲市	Zhuzhou	1819486	1753452		25421	10713	22880
湘潭市	Xiangtan	1505350	1481357	25	13484	1085	7937
衡阳市	Hengyang	3308434	3093384	3766	76862	29511	79330
邵阳市	Shaoyang	3211352	2608417	10000	405286	41324	119850
岳阳市	Yueyang	3186300	2920235	19898	146239	15494	57928
常德市	Changde	3809280	3454093	43729	200215	25539	58501
张家界市	Zhangjiajie	603604	320645	545	169094	12339	95057
益阳市	Yiyang	2455069	2301007	7799	81240	7592	44503
郴州市	Chenzhou	1870671	1527855	50	191717	27776	113538
永州市	Yongzhou	3169513	2699510	989	232576	63579	137500
怀化市	Loudi	1806546	1398265	771	289179	10622	92517
娄底市	Huaihua	1614483	1339163	6280	209947	17262	21328
湘西州	West Hinan	843056	529129	1746	149537	19470	138782

市 州	Cities and Prefecture	油菜籽 Rapeseeds	黄红麻 Jute and Ambary Hemp	苎麻 Ramie	烤烟 Fluecured Tobacco	茶叶 Tea	柑桔 Citrus
长沙市	Changsha	75566		55	17850	31273	114194
株洲市	Zhuzhou	47119		1608	7347	2267	65342
湘潭市	Xiangtan	20227		51		1940	13119
衡阳市	Hengyang	300078	82	80	21188	2657	97502
邵阳市	Shaoyang	118687		883	14097	4316	379879
岳阳市	Yueyang	185336	375	1823		17816	113710
常德市	Changde	545978	38	3305	8476	15742	720847
张家界市	Zhangjiajie	66996		4824	15201	2422	249358
益阳市	Yiyang	225622		2977	113	63908	195177
郴州市	Chenzhou	82536			65992	5803	315359
永州市	Yongzhou	106971	24	265	40926	2109	508985
怀化市	Loudi	150496	22	4	7494	2575	892044
娄底市	Huaihua	29179	82	89	179	6920	42077
湘西州	West Hinan	71681		243	25621	2066	677573

19-34 主要林产品产量(2014年)

Output of Major Forest Products (2014)

市州	Cities and Prefecture	油茶籽(吨) Tea-oil Seeds (ton)	油桐籽(吨) Tung-oil Seeds (ton)	松脂(吨) Pine Resin (ton)	板栗(吨) Chestnuts (ton)	棕片(吨) Palm Leaf (ton)	竹笋干(吨) Bamboo Shoots (ton)	木材采伐量(万方) Woods Cuts (10 000 cu.m)	竹材采伐量(万根) Bamboo Cuts (10 000 roots)
全省	**Total**	**823517**	**32871**	**39365**	**102466**	**6770**	**51771**	**578.26**	**5950.96**
长沙市	Changsha	37660		340	9847	2	41	20.37	406.83
株洲市	Zhuzhou	111000	973	1669	1849	168	21743	27.81	333.66
湘潭市	Xiangtan	13683	1		415		74	2.47	51.33
衡阳市	Hengyang	185050	1623	285	16430	48	4740	8.57	662.53
邵阳市	Shaoyang	46411	340	348	4675	385	2873	73.26	653.21
岳阳市	Yueyang	33224	8229	802	6007	227	1482	137.35	252.26
常德市	Changde	45695	690	144	17765	312	270	31.88	967.61
张家界市	Zhangjiajie	4321	1750	420	5513	1650	265	14.64	5.62
益阳市	Yiyang	17703	700	350	625	1210	3412	76.40	1662.50
郴州市	Chenzhou	82873	1011	500	8273	642	7882	25.32	305.69
永州市	Yongzhou	124934	1649	29922	12068	1007	5442	65.20	457.64
怀化市	Loudi	68658	10177	1490	8909	1004	3008	76.44	129.87
娄底市	Huaihua	19118		10	3202	57	198	8.41	50.90
湘西州	West Hinan	33187	5728	3085	6888	58	341	10.13	11.30

19-35 牲畜头数、畜产品产量(2014年)

Number of Live stocks, Output of Livestock Products (2014)

市州	Cities and Prefecture	大牲畜年末存栏数(头) Large Animals (head)	#牛 Cattle and Buffaloes	生猪存栏(万头) Hogs (10000heads)	肉猪出栏(万头) Slaughtered Fattened Hogs(10 000heads)	猪肉产量(吨) Output of Pork (ton)	牛肉产量(吨) Output of Beef (ton)	羊肉产量(吨) Output of Mutton (ton)	禽蛋产量(吨) Poultry eggs (ton)
长沙市	Changsha	168860	168179	417.23	824.03	602373	13407	13749	54686
株洲市	Zhuzhou	172387	172301	282.15	457.64	327661	7509	8653	48960
湘潭市	Xiangtan	58056	58056	281.97	542.73	418733	1580	1514	35134
衡阳市	Hengyang	298090	294879	566.47	983.73	728777	16293	10323	228808
邵阳市	Shaoyang	736895	718617	562.28	984.66	695899	39290	7720	18424
岳阳市	Yueyang	465117	462100	431.65	757.14	515642	19109	6610	78219
常德市	Changde	474774	474506	336.00	635.79	457769	16638	29454	400335
张家界市	Zhangjiajie	171363	167769	78.10	106.12	80424	6952	3293	13713
益阳市	Yiyang	369176	365248	310.71	499.00	360008	22013	7064	136949
郴州市	Chenzhou	377848	377191	337.58	585.59	415930	15883	7238	30556
永州市	Yongzhou	910242	904398	532.05	857.32	609642	30436	10329	59094
怀化市	Loudi	595499	585556	257.58	349.89	262245	17112	7102	15825
娄底市	Huaihua	416116	412915	295.45	535.20	369503	19162	4697	28067
湘西州	West Hinan	319470	318655	109.02	119.64	79867	7708	5676	9990

19-36 农业生产条件(2014年)

Condition of Agricultural Production(2014)

市　州	Cities and Prefecture	农业机械总动力(万千瓦) Total Power of Agricultural Machinery (10 000 kw)	有效灌溉面积(千公顷) Effective Irrigated Area (1000 hectares)	化肥施用量(万吨) Consumption of Chemical Fertilizers (10 000 tons)	农村用电量(万度) Electricity Consumed in Rural Areas (10 000 kwh)	每公顷面积产量（公斤） Yield per hectare (kg)		
						粮食 Grain Crops	棉花 Cotton	油料 Oil-bearing Crops
全 省	**Total**	**5680.34**	**3101.70**	**247.80**	**1238301**	**6033**	**992**	**1641**
长沙市	Changsha	576.23	223.48	20.01	226803	6599	1603	1734
株洲市	Zhuzhou	321.61	161.87	11.41	81672	6828	1496	1486
湘潭市	Xiangtan	276.84	139.71	11.50	62895	6948	927	1061
衡阳市	Hengyang	520.44	286.92	24.34	177561	5868	1356	1547
邵阳市	Shaoyang	433.21	283.76	22.35	89162	5463	1000	1722
岳阳市	Yueyang	561.74	315.23	23.83	77239	5743	1453	1729
常德市	Changde	565.08	468.84	32.33	125836	5407	1454	1830
张家界市	Zhangjiajie	107.46	52.37	6.13	18090	4365	1216	1749
益阳市	Yiyang	487.93	236.03	24.14	88733	5790	1658	1684
郴州市	Chenzhou	401.45	190.13	20.59	68314	5370	837	1630
永州市	Yongzhou	565.38	289.26	23.97	75200	5717	1392	1753
怀化市	Huaihua	369.28	193.68	10.74	61490	5554	699	1344
娄底市	Loudi	325.08	93.84	8.60	67969	5902	1504	1178
湘西州	West Hunan	168.61	166.58	7.86	17337	4657	714	1478

注：化肥施用量1989年及以前均为实物量，1990年及以后为折纯量。

Data of consumption of fertilizers refer to the consumption in quantity prior to 1989, and the consumption in purity in and after 1990.

19-37 农畜产品产量(2014年)

Output of Major Farm and Livestocks Products(2014)

市　州	Cities and Prefecture	粮食产量(万吨) Grain (10 000 tons)	棉花产量(吨) Cotton (ton)	油料产量(万吨) Oilbearing (10 000 tons)	水果产量(万吨) Fruit (10 000 tons)	肉类产量(万吨) Total of Meat (10 000 tons)		奶类(吨) Milk Output (tons)		水产品产量(吨) Aquatic Products (ton)
							猪牛羊肉产量 Output of Pork, Beef and Mutton		牛奶 Cow Milk Output	
长沙市	Changsha	248.52	577	9.18	39.92	71.80	62.95	6896	6896	122494
株洲市	Zhuzhou	181.95	2184	5.66	28.68	37.78	34.38			88774
湘潭市	Xiangtan	150.54	204	2.26	7.20	43.62	42.18	3107	3107	85010
衡阳市	Hengyang	330.84	22797	33.51	73.68	90.77	75.54	894	894	282405
邵阳市	Shaoyang	321.14	280	16.07	77.90	81.56	74.29	45833	45833	106010
岳阳市	Yueyang	318.63	56357	21.62	69.26	58.88	54.14	6455	6455	482058
常德市	Changde	380.93	129096	56.43	96.62	66.38	50.39	13227	13227	458418
张家界市	Zhangjiajie	60.36	1143	7.84	30.10	9.82	9.07			15659
益阳市	Yiyang	245.51	58131	23.93	49.56	43.38	38.91			365010
郴州市	Chenzhou	187.07	260	11.90	72.84	48.82	43.91	710	710	110659
永州市	Yongzhou	316.95	3006	15.68	133.47	77.81	65.04	820	820	183940
怀化市	Huaihua	180.65	1566	16.12	129.43	34.84	28.65	974	974	73919
娄底市	Loudi	161.45	557	4.57	19.10	41.47	39.34	880	880	83806
湘西州	West Hunan	84.31	143	9.00	89.82	10.33	9.33			21484

19-38 农业基本情况(2014年)

Basic Indicators of Agriculture(2014)

市 州	Cities and Prefecture	乡村劳动力(万人) Number of Laborers (10 000 persons)	年末实有耕地面积(万公顷) Cultivated Areas (at the year end) (10 000 hectares)	当年减少耕地面积(万公顷) Decrease in Cultivated Area by Cause	农作物播种面积(万公顷) Total Sown (10 000 hectares)	#粮食作物 Grain Corps	造林面积(万公顷) Afforesta-tion Areas (10 000 hectares)
全 省	**Total**	**3510.4**	**415.32**	**0.55**	**876.45**	**497.51**	**39.19**
长沙市	Changsha	285.9	27.88	0.07	67.90	37.66	1.36
株洲市	Zhuzhou	201.0	20.90	0.04	40.78	26.65	2.30
湘潭市	Xiangtan	132.5	15.19	0.04	32.00	21.67	1.03
衡阳市	Hengyang	343.9	39.24	0.07	98.94	56.38	3.10
邵阳市	Shaoyang	435.4	44.61	0.05	90.75	58.78	3.91
岳阳市	Yueyang	256.2	35.38	0.04	88.92	55.48	2.74
常德市	Changde	305.9	50.48	0.05	122.81	70.46	2.69
张家界市	Zhangjiajie	87.6	11.99	0.01	23.45	13.83	1.20
益阳市	Yiyang	230.3	29.91	0.02	77.85	42.40	2.27
郴州市	Chenzhou	273.4	29.92	0.06	62.44	34.84	4.99
永州市	Yongzhou	304.1	36.33	0.03	92.79	55.45	4.83
怀化市	Huaihua	274.2	34.28	0.03	62.05	32.53	4.40
娄底市	Loudi	228.7	19.28	0.02	38.49	27.35	1.97
湘西州	West Hunan	151.3	19.93	0.01	36.99	18.10	2.41

注：从2000年起，耕地面积为省国土资源厅统计数据（下表同）。

The data of cultivated land from Hunan Province Territory Resource Bureau since 2000.The same as in the following table.

市 州	Cities and Prefecture	乡村户数(万户) Number of Rural Households (10 000 households)	乡村从业人员(万人) Number of Rural Laborers (10 000 persons)	农林牧渔业 Farming, Forestry, Animal Husbandry and Fishery Laborers	常用耕地面积(千公顷) Common Cultivated land (1 000 hectares)	农林牧渔业总产值(万元) Gross Output Value of Farming,Forestry, Animal,Husbandry and Fishery	农林牧渔业总产值指数(上年=100) Indices (preceding year=100)
全 省	**Total**	1596.5	3201.2	1808.3		53048169.74	100.5
长沙市	Changsha	132.5	254.5	99.2		4905924	103.2
株洲市	Zhuzhou	79.0	171.0	82.1		2477887	104.1
湘潭市	Xiangtan	59.6	130.4	73.6		2176472	104.4
衡阳市	Hengyang	166.7	322.3	210.5		5910735	103.1
邵阳市	Shaoyang	187.5	396.1	245.0		4068240	103.7
岳阳市	Yueyang	125.3	233.4	119.3		4452989	103.2
常德市	Changde	157.6	283.8	161.6		5595683	103.1
张家界市	Zhangjiajie	42.9	81.0	52.3		774376	102.4
益阳市	Yiyang	109.2	211.2	122.0		3719713	103.3
郴州市	Chenzhou	119.9	247.7	111.4		3040398	103.1
永州市	Yongzhou	136.2	283.1	157.0		5072135	103.1
怀化市	Huaihua	119.8	250.8	159.4		2872308	103.3
娄底市	Loudi	99.1	199.4	121.6		2791162	103.4
湘西州	West Hunan	61.1	136.5	93.3		1149673	103.1

19-39 规模以上工业企业个数(2014年)

The Number of Units of Industrial Enterprises above Designated Size(2014)

单位：个 (unit)

市 州	Cities and Prefecture	工业企业单位个数 The number of units of industrial enterprises	按轻重工业分		按登记注册类型分			
			轻工业 Light Industry	重工业 Heary Industry	国有控股 Stste-owned Enterprises	内资企业 Domestic Funde	港澳台商投资企业 Enterprises with Funds from Hongkong, Macao and Taiwan	外商投资企业 Foreign Funded
全 省	**Total**	**13723**	**5351**	**8372**	**754**	**13143**	**323**	**257**
长沙市	Changsha	2593	1218	1375	115	2444	63	86
株洲市	Zhuzhou	1499	598	901	109	1443	20	36
湘潭市	Xiangtan	915	267	648	45	883	14	18
衡阳市	Hengyang	997	300	697	62	952	27	18
邵阳市	Shaoyang	972	447	525	44	945	14	13
岳阳市	Yueyang	1352	610	742	58	1309	20	23
常德市	Changde	944	444	500	62	909	26	9
张家界市	Zhangjiajie	151	67	84	15	145	4	2
益阳市	Yiyang	932	398	534	41	892	29	11
郴州市	Chenzhou	1105	290	815	71	1049	44	12
永州市	Yongzhou	709	271	438	48	650	46	13
怀化市	Huaihua	555	181	374	49	543	6	6
娄底市	Loudi	740	162	578	29	722	9	9
湘西州	West Hunan	274	101	173	21	272	1	1

19-40 规模以上工业企业基本情况(2014年)

Basic Indicators of Industrial Enterprises above Designated Size (2014)

单位：亿元 (100 million yuan)

市 州	Cities and Prefecture	工业增加值指数(%) Index of Value Added of Industry(%)	主营业务收入 Revenue of Main Bussiness	利润总额 Total Profits	利税总额 Total Per-tax Profits	资产总计 Total assets of industrial enterprises	负债合计 Total liabilities of industrial enterprises
全 省	**Total**	**109.6**	**33489.44**	**1688.30**	**3865.01**	**22025.57**	**11688.15**
长沙市	Changsha	112.0	8329.13	552.73	1040.45	6497.77	3596.68
株洲市	Zhuzhou	111.6	2816.01	141.27	297.03	2210.68	1119.90
湘潭市	Xiangtan	111.0	2798.83	71.82	158.64	1824.09	1147.53
衡阳市	Hengyang	109.3	2276.58	95.28	179.17	1286.68	766.91
邵阳市	Shaoyang	111.6	1611.02	66.04	139.89	702.60	288.92
岳阳市	Yueyang	109.2	4553.92	124.90	442.46	2004.64	866.49
常德市	Changde	109.5	2170.95	181.94	634.77	1554.29	772.32
张家界市	Zhangjiajie	108.5	132.34	12.35	26.67	106.77	56.10
益阳市	Yiyang	111.6	1820.98	64.35	152.41	860.25	460.61
郴州市	Chenzhou	112.0	3116.40	198.69	405.87	1552.24	662.28
永州市	Yongzhou	112.2	924.01	48.77	124.91	635.89	291.99
怀化市	Huaihua	107.1	857.89	29.50	67.14	780.91	377.70
娄底市	Loudi	109.5	1707.01	91.85	164.16	1191.21	737.74
湘西州	West Hunan	106.8	259.44	11.22	25.38	263.82	140.67

19-41 主要工业产品产量(2014年)

Output of Major Industrial Products of Cities and Prefecture(2014)

市 州	Cities and Prefecture	纱(万吨) Yarn (10 000 tons)	布(亿米) Cloth (100 million meters)	针棉织品(折用纱线)(万吨) Cotton Knitwear (10 000 tons)	机制纸及纸板(万吨) Machine-made Paper and Paperboard (10 000 tons)	电光源(万只) Lighting Service (10 000 units)	成品糖(万吨) Sugar (10 000 tons)
全 省	**Total**	106.03	3.46	0.36	406.56	1385.00	0.09
长沙市	Changsha	8.83	0.03		24.71		
株洲市	Zhuzhou	8.17	0.14		4.09		
湘潭市	Xiangtan	4.40	0.29		3.64		
衡阳市	Hengyang	1.04			11.65		
邵阳市	Shaoyang	4.85	0.06		68.28		
岳阳市	Yueyang	34.25	0.81		91.90		
常德市	Changde	24.00	1.00		70.98	1385.00	0.09
张家界市	Zhangjiajie						
益阳市	Yiyang	13.64	0.66	0.36	61.29		
郴州市	Chenzhou	1.46	0.09		37.99		
永州市	Yongzhou	0.06	0.10		18.62		
怀化市	Huaihua	3.09	0.28		13.40		
娄底市	Loudi	0.81					
湘西州	West Hunan	1.43					

市 州	Cities and Prefecture	卷 烟(万箱) Cigarettes (10 000 cases)	化学药品原药(吨) Original Chemical Drug (ton)	食用植物油(万吨) Edible Vegetable Oil (10 000 tons)	饲料(万吨) Mixed Fodder (10 000 tons)	粗钢(万吨) Crude Steel (10 000 tons)	生 铁(万吨) Pig Iron (10 000 tons)
全 省	**Total**	348.77	41705.39	298.81	1619.09	1917.59	1780.67
长沙市	Changsha	132.61	6725.00	13.98	295.31	19.42	
株洲市	Zhuzhou		255.95	0.71	119.61		5.20
湘潭市	Xiangtan		13.87	9.50	49.48	704.34	666.02
衡阳市	Hengyang		17.98	10.37	151.29	129.65	82.23
邵阳市	Shaoyang		491.51	0.97	92.49		
岳阳市	Yueyang		8713.87	178.03	489.22	1.17	0.65
常德市	Changde	157.52	664.28	48.85	193.44		
张家界市	Zhangjiajie		348.48	1.12			
益阳市	Yiyang		17588.00	13.33	89.43	37.53	
郴州市	Chenzhou	34.84		0.17	29.19	33.99	0.91
永州市	Yongzhou	23.80	37.73	8.18	49.36	0.32	49.81
怀化市	Huaihua		6796.00	11.93	42.84	2.82	
娄底市	Loudi			1.67	17.45	987.45	975.86
湘西州	West Hunan		52.72			0.91	

19-41 续表 continued

市 州	Cities and Prefecture	原煤(万吨) Coal (10 000 tons)	发电量(亿千瓦时) Electricity (100 million kw.h)	#水电 Hydro-power	钢材(万吨) Steel (10 000 tons)	水泥(万吨) Cement (10 000 tons)	平板玻璃(万重量箱) Plate Class (10 000 weight cases)	硫酸(万吨) Sulfuric Acid (10 000 tons)	烧碱(万吨) Caustic Sode (10 000 tons)
全 省	**Total**	5413.71	1241.90	466.07	1989.35	11991.30	1208.22	397.62	64.59
长沙市	Changsha	134.62	56.94	8.30	19.92	1435.01	49.33	4.28	
株洲市	Zhuzhou	799.22	47.10	22.24	10.33	736.66	592.16	65.97	10.49
湘潭市	Xiangtan	54.56	87.70	1.07	669.12	886.93	0.09		
衡阳市	Hengyang	550.21	64.95	15.65	116.29	999.82		165.05	29.22
邵阳市	Shaoyang	180.09	91.34	43.90	6.40	1009.80			
岳阳市	Yueyang		112.28	2.07	18.37	415.79		6.91	7.22
常德市	Changde	80.13	129.14	34.69	0.00	1170.81	229.82		2.67
张家界市	Zhangjiajie	35.40	19.50	12.49		98.71			
益阳市	Yiyang	38.02	109.82	43.60	44.62	672.30			
郴州市	Chenzhou	1785.45	140.85	30.03	31.85	1091.93	288.10	47.63	6.86
永州市	Yongzhou	67.10	61.20	55.60	20.52	1031.97		4.87	
怀化市	Huaihua	103.02	185.60	179.80	2.68	881.38		23.50	4.67
娄底市	Loudi	1567.27	120.98	2.65	1049.25	1263.39		26.47	3.45
湘西州	West Hunan	18.63	14.48	13.98		296.81	48.72	52.95	

市 州	Cities and Prefecture	化学农药(原药)(万吨) Chemical Pesticide (10 000 tons)	化学肥料(折纯量)(万吨) Chemical Fertilizers (10 000 tons)	氮肥 Nitrogen Fertilizers	磷肥 Phosphate Fertilizers	电石(万吨) Calcium Carbide (10 000 tons)	初级形态的塑料(万吨) Pimary Plastics (ton)	矿山专用设备(万吨) Mining Special Equipment (10 000ton)	金属切削机床(台) Metal-Cutting Machine Tools(unit)
全 省	**Total**	6.05	105.51	94.09	11.42	18.83	68.84	38.20	6298
长沙市	Changsha	1.69	1.97		1.97		2.21	3.81	1773
株洲市	Zhuzhou	1.11	5.77	4.94	0.83		5.49		
湘潭市	Xiangtan		7.32	7.32				0.58	
衡阳市	Hengyang	0.47	9.23	8.92	0.30		13.15	2.77	
邵阳市	Shaoyang		1.02	1.02				2.55	
岳阳市	Yueyang	1.50	31.63	31.63			38.80		1414
常德市	Changde	1.19	10.73	4.68	6.06		0.54	1.42	
张家界市	Zhangjiajie								
益阳市	Yiyang	0.02	9.25	9.25			2.15	0.01	1604
郴州市	Chenzhou		2.61	2.61			6.51	0.08	
永州市	Yongzhou	0.07						0.06	1507
怀化市	Huaihua		3.21	1.72	1.49	18.83		0.29	
娄底市	Loudi		21.99	21.99				26.63	
湘西州	West Hunan		0.78		0.78				

19-42 建筑企业概况(2014年)

General Survey of Construction Enterprises(2014)

单位：亿元 (100 million yuan)

市　州	Cities and Prefecture	企业总收入 Total Income of Enterprises	利税总额合计 Total pre-tax Profits	利润总额合计 Total Profits
全　省	**Total**	**5699.61**	**429.37**	**208.31**
长沙市	Changsha	3098.53	219.86	109.56
株洲市	Zhuzhou	400.62	26.57	12.19
湘潭市	Xiangtan	259.14	20.22	10.38
衡阳市	Hengyang	371.41	25.35	9.58
邵阳市	Shaoyang	226.24	17.95	8.17
岳阳市	Yueyang	276.97	25.60	14.07
常德市	Changde	236.19	19.09	8.34
张家界市	Zhangjiajie	35.83	3.00	1.41
益阳市	Yiyang	155.83	14.21	6.61
郴州市	Chenzhou	202.19	20.43	8.88
永州市	Yongzhou	121.12	10.23	5.73
怀化市	Huaihua	77.45	6.22	2.96
娄底市	Loudi	193.63	16.40	8.08
湘西州	West Hunan	44.46	4.26	2.34

19-43 建筑业指标(2014年)

Statistics Indicators on Construction Enterprises of Cities and Prefecture (2014)

市　州	Cities and Prefecture	建筑业总产值(亿元) gross output value of construction (100 million yuan)	企业单位数(个) number of enterprises (unit)	从业人员数(万人) number of employees (10 000 persons)
全　省	**Total**	**6020.97**	**2108**	**211.55**
长沙市	Changsha	3193.87	564	100.26
株洲市	Zhuzhou	472.56	188	16.16
湘潭市	Xiangtan	277.91	124	12.61
衡阳市	Hengyang	390.17	176	15.07
邵阳市	Shaoyang	264.47	113	9.61
岳阳市	Yueyang	266.55	224	11.48
常德市	Changde	241.16	121	10.83
张家界市	Zhangjiajie	38.52	29	1.42
益阳市	Yiyang	170.60	96	6.61
郴州市	Chenzhou	209.42	114	7.44
永州市	Yongzhou	164.84	93	6.78
怀化市	Huaihua	98.70	92	3.64
娄底市	Loudi	186.28	121	7.58
湘西州	West Hunan	45.92	53	2.05

19-44 房屋建筑面积(2014年)

Floor Space of Building Construction(2014)

单位:万平方米 (10 000 sq.m)

市 州	Cities and Prefecture	房屋建筑面积 Floor Space of Building Construction		国有经济 State-owned		集体经济 Collective-owned	
		施工面积 Floor Space Under Construction	竣工面积 Floor Space Completed	施工面积 Floor Space Under Construction	竣工面积 Floor Space Completed	施工面积 Floor Space Under Construction	竣工面积 Floor Space Completed
全 省	**Total**	**47433.19**	**16583.00**	**18252.67**	**3567.12**	**2356.22**	**1162.44**
长沙市	Changsha	26251.72	6697.81	13873.81	2254.86	313.38	55.83
株洲市	Zhuzhou	2923.55	1292.67	1212.26	274.80	16.90	15.14
湘潭市	Xiangtan	2012.26	804.23	838.45	321.99	36.91	16.26
衡阳市	Hengyang	2994.05	1300.18	453.70	152.42	317.68	130.35
邵阳市	Shaoyang	2858.92	1115.31	1172.52	268.17	359.21	221.12
岳阳市	Yueyang	1291.73	863.77	108.82	46.51	115.61	92.06
常德市	Changde	2222.95	924.08	70.10	15.39		
张家界市	Zhangjiajie	304.27	105.68			39.60	16.33
益阳市	Yiyang	1141.57	721.77	148.36	42.47	82.79	38.31
郴州市	Chenzhou	1294.79	684.07	81.63	29.65	134.94	78.35
永州市	Yongzhou	1803.36	1077.17	178.10	107.48	431.28	255.69
怀化市	Huaihua	906.07	360.53	65.79	25.07	237.51	85.83
娄底市	Loudi	1109.46	518.07	38.58	24.89	111.03	89.93
湘西州	West Hunan	318.48	117.66	10.54	3.42	159.38	67.24

注：2014年开始国有经济适用国有及国有控股企业。

Beginning in 2013,state-owned economic enterprises reper to state-owned and state holding enterprises.

19-45 公路长度(2014年)

Length of Highways (2014)

单位：公里

市 州	Cities and Prefecture	里程总计 Total Length of Highways	Expressway and Class Ⅰ to Ⅳ Highway	等级公路 高速公路 Express-way	一级公路 First Class	二级公路 Second Class	三级公路 Third Class	四级公路 Fourth Class	H… Be… Class
全 省	**Total**	236250	211279	5493	1184	11550	5982	187069	2497[illegible]
长沙市	Changsha	15936	13293	652	196	955	761	10729	2643
株洲市	Zhuzhou	13794	13547	458	67	992	108	11922	247
湘潭市	Xiangtan	7844	5294	254	31	341	258	4410	2550
衡阳市	Hengyang	20734	16709	570	58	849	227	15004	4025
邵阳市	Shaoyang	21949	17822	417	25	1290	482	15608	4127
岳阳市	Yueyang	20280	19702	315	122	956	434	17875	578
常德市	Changde	22433	22418	396	214	903	622	20283	15
张家界市	Zhangjiajie	8883	6923	118	6	292	444	6063	1960
益阳市	Yiyang	15874	15165	68	113	822	132	14029	709
郴州市	Chenzhou	17576	16190	555	121	1173	410	13931	1386
永州市	Yongzhou	23022	20823	489	85	988	600	18661	2199
怀化市	Huaihua	20543	19208	690	80	1108	639	16692	1335
娄底市	Loudi	14799	12541	208	59	571	340	11362	2258
湘西州	West Hunan	12584	11645	302	7	309	525	10502	938

注：资料来源于省交通厅。2006年起等外路包含村道。

Figures in this table form Transpotation Bureau of Hunan Province. Highway below class Ⅳ includes country road since 2006.

19-46 民用车辆拥有量(2014年)

Number of Civil Motor Vehicles (2014)

市 州	Cities and Prefecture	合 计 (辆) Total (unit)	私人汽车 Private car	汽车 Civil Motor Vehicles 载客 Passenger Vehicles	载货 Trucks Vehicles	摩托车 Motors	拖拉机 Tractors	其他类型车 Other Motor Vehicles	机动车驾驶员 (人) Number of Motor Drivers (person)	#汽车驾驶员 Automobile Drivers
全 省	**Total**	**9900485**	**3932640**	**3656560**	**663950**	**5068724**	**294807**	**79974**	**11066446**	**8158599**
长沙市	Changsha	1861169	1285080	1296480	129278	377168	28188	6768	2061207	1933503
株洲市	Zhuzhou	700432	261144	248502	43401	371624	22543	7714	784684	597793
湘潭市	Xiangtan	501968	189144	187492	20260	272616	11851	7349	550437	447232
衡阳市	Hengyang	693789	254413	226727	56953	367929	22914	7220	880288	640169
邵阳市	Shaoyang	729493	275687	230340	70925	395026	18857	3565	920759	704663
岳阳市	Yueyang	708635	267728	255235	36435	369898	28412	11250	842532	619040
常德市	Changde	814286	248733	232772	47585	477110	35304	13052	1006240	622443
张家界市	Zhangjiajie	265167	65442	61201	14141	179844	6228	654	249323	147960
益阳市	Yiyang	604501	205583	179686	37931	337578	29681	11860	796266	539744
郴州市	Chenzhou	680085	239969	202099	61018	371356	31499	2730	559199	441297
永州市	Yongzhou	634588	191416	156259	46663	383553	30529	4022	720754	417349
怀化市	Huaihua	687872	166661	146487	35398	486915	8494	1580	738147	390020
娄底市	Loudi	754906	202859	171275	43305	518648	8522	1772	643979	463358
湘西州	West Hunan	263594	78781	62005	20657	159459	11785	438	312631	194028

19-47 邮电业务量(2014年)

Volume of Postal and Telecommunications Services (2014)

市　州	Cities and Prefecture	邮电业务总量（亿元）Revenue From Postal and Telecommunication (100 million yuan)	邮政业务总量（亿元）Revenue From Postal (100 million yuan)	电信业务总量（亿元）Revenue From Telecommunication (100 million yuan)	函件（万件）Letters (10000 pieces)	报刊期发数（万份）Parcels (10000 copies)	本地电话用户（万户）Local Telephone Subscribers (10000 subscribers)	移动电话用户（万户）Mobile Telephone Subscribers (10000 subscribers)	互联网用户数（万户）Number of Internet Users (10000 persons)
全　省	**Total**	**745.00**	**81.21**	**663.79**	**4534.91**	**513.18**	**844.12**	**4820.72**	**744.92**
长沙市	Changsha	194.88	30.53	164.35	1793.39	99.03	194.63	1064.63	150.00
株洲市	Zhuzhou	49.38	6.09	43.29	311.91	30.51	66.01	335.46	57.29
湘潭市	Xiangtan	35.28	2.84	32.44	161.20	21.79	37.48	244.49	40.81
衡阳市	Hengyang	55.84	5.65	50.19	220.53	45.40	83.56	396.84	64.05
邵阳市	Shaoyang	50.78	5.26	45.52	577.34	47.06	69.38	349.40	54.30
岳阳市	Yueyang	53.42	4.10	49.32	190.02	34.82	74.17	405.21	57.95
常德市	Changde	56.58	4.32	52.26	178.68	40.56	61.37	351.29	72.45
张家界市	Zhangjiajie	17.64	1.07	16.57	52.29	13.86	16.84	102.16	18.91
益阳市	Yiyang	38.51	3.82	34.69	363.74	27.28	40.10	272.82	34.17
郴州市	Chenzhou	46.50	7.22	39.27	158.29	33.17	55.78	346.70	50.45
永州市	Yongzhou	35.81	3.16	32.65	94.13	38.51	35.09	257.09	39.27
怀化市	Huaihua	41.24	3.07	38.17	207.91	32.28	46.27	301.78	39.39
娄底市	Loudi	38.52	2.44	36.08	149.15	27.20	41.57	268.48	40.28
湘西州	West Hunan	23.21	1.64	21.58	75.48	21.71	21.87	124.37	25.59

注：邮电业务总量、邮政业务总量和电信业务总量2010年起，由2000年不变价调整为2010年不变价。

From 2010, the index of Revenue From Postal and Telecommunication is adjusted from 2000's constant price to 2010's constant price.

19-48 规模以上服务业企业主要经济指标(2014年)

Main Indicators of Service Industry Units above Designated Size (2014)

市州	Cities and Prefecture	收入(亿元) Revenue (100 million Yuan)	利税(亿元) Tax (100 million Yuan)	资产总计(亿元) Total assets (100 million Yuan)	从业人员期末人数(人) The number of Employees at the Yearend (person)
全 省	**Total**	**1939.22**	**251.64**	**15036.97**	**493011**
长沙市	Changsha	951.64	140.09	5529.75	192436
株洲市	Zhuzhou	130.60	29.43	1810.02	35737
湘潭市	Xiangtan	61.55	2.82	221.35	18700
衡阳市	Hengyang	107.31	12.41	5267.93	38719
邵阳市	Shaoyang	58.21	6.42	92.98	23355
岳阳市	Yueyang	100.64	14.92	249.72	29140
常德市	Changde	106.81	11.04	244.04	45258
张家界市	Zhangjiajie	35.52	4.77	90.81	5878
益阳市	Yiyang	63.08	9.29	319.50	13444
郴州市	Chenzhou	142.62	16.43	294.31	25923
永州市	Yongzhou	44.88	-6.05	330.70	15136
怀化市	Huaihua	44.02	5.27	142.39	16499
娄底市	Loudi	67.27	3.33	384.23	21685
湘西州	West Hunan	25.07	1.47	59.25	11101

19-49 国内外贸易、对外经济和旅游(2014年)

Domestic Trade, Foreign Trade, Foreign Economy And Tourism(2014)

市州	Cities and Prefecture	社会消费品零售总额(亿元) Total Retail Sales of Consumer Goods (100 million yuan)	实际利用外商直接投资金额(万美元) Total Amount of Foreign Capital Actually Used (USD 100million)	旅游业总收入(亿元) Income of Tourism (100 million yuan)
长沙市	Changsha	3293.55	396910	689.98
株洲市	Zhuzhou	749.18	82402	200.75
湘潭市	Xiangtan	461.55	82823	190.63
衡阳市	Hengyang	899.31	89960	211.10
邵阳市	Shaoyang	661.30	16814	100.80
岳阳市	Yueyang	905.61	32918	276.19
常德市	Changde	841.92	60649	193.31
张家界市	Zhangjiajie	157.26	8100	214.07
益阳市	Yiyang	512.22	20826	128.95
郴州市	Chenzhou	721.84	117706	253.59
永州市	Yongzhou	470.74	75060	126.81
怀化市	Huaihua	451.08	10906	177.21
娄底市	Loudi	391.44	29186	138.15
湘西州	West Hunan	206.46	2325	149.16

19-50 限额以上批发零售贸易业商品购销存总额(2014年)

Total Purchases, Sales and Inventory of Enterprise above Designated Size in Wholesale and Retail Trade (2014)

单位：万元 (10 000 yuan)

市州	Cities and Prefecture	购进总额 Total Goods Purchase	销售总额 Total Sales			年末库存总额 Inventory at the Yearend
				批发额 Wholesale	零售额 Retail Trade	
全　省	**Total**	**78331039**	**85820511**	**45662963**	**40157549**	**8480745**
长沙市	Changsha	39822184	38103364	21923063	16180301	3440055
株洲市	Zhuzhou	4667722	5796003	3133729	2662274	361572
湘潭市	Xiangtan	2869138	3346539	1385378	1961162	382167
衡阳市	Hengyang	4423770	5050454	2234947	2815507	887373
邵阳市	Shaoyang	2031270	2936635	1338119	1598516	257071
岳阳市	Yueyang	4628584	5824617	2685330	3139287	1336692
常德市	Changde	2990959	3807395	1412177	2395219	382560
张家界市	Zhangjiajie	398230	614679	238294	376385	40323
益阳市	Yiyang	2174882	2858990	1204780	1654210	222686
郴州市	Chenzhou	5783624	7024590	4855984	2168607	433455
永州市	Yongzhou	1730854	2318662	887689	1430972	95163
怀化市	Huaihua	3339461	4082348	2458952	1623396	417726
娄底市	Loudi	2679840	3014961	1291816	1723146	117434
湘西州	West Hunan	790524	1041276	612707	428569	106469

19-51 限额以上批发零售、住宿餐饮业法人企业数

Number of Corporation Units above Designated Size in Wholesale and Retail Trade, Hotels and Catering Services

单位：个 (unit)

市 州	Cities and Prefecture	合计 Total		批发业 Wholesale Trade		零售业 Retail Trade		住宿业 Hotels		餐饮业 Catering Services	
		2013	2014	2013	2014	2013	2014	2013	2014	2013	2014
全 省	**Total**	**6871**	**6847**	**2117**	**1847**	**3420**	**3688**	**747**	**714**	**587**	**598**
长沙市	Changsha	1706	1599	694	613	669	681	162	146	181	159
株洲市	Zhuzhou	695	553	324	183	259	248	59	53	53	69
湘潭市	Xiangtan	278	337	35	54	189	231	23	23	31	29
衡阳市	Hengyang	614	623	166	173	340	346	70	63	38	41
邵阳市	Shaoyang	427	548	86	91	266	368	38	38	37	51
岳阳市	Yueyang	635	533	249	172	295	276	50	49	41	36
常德市	Changde	515	583	88	84	318	388	61	56	48	55
张家界市	Zhangjiajie	103	117	5	8	49	56	46	49	3	4
益阳市	Yiyang	461	392	107	75	242	227	68	56	44	34
郴州市	Chenzhou	566	634	213	225	239	283	72	77	42	49
永州市	Yongzhou	256	269	26	29	179	185	21	24	30	31
怀化市	Huaihua	186	189	32	36	109	110	25	25	20	18
娄底市	Loudi	331	363	71	83	220	233	27	33	13	14
湘西州	West Hunan	98	107	21	21	46	56	25	22	6	8

19-52 限额以上批发零售、住宿餐饮业从业人员

Number of Persons Employed in Enterprises Units above Designated Size in Wholesale and Retail Trade, Hotels and Catering Services

单位：人 (person)

市 州	Cities and Prefecture	合计 Total		批发业 Wholesale Trade		零售业 Retail Trade		住宿业 Hotels		餐饮业 Catering Services	
		2013	2014	2013	2014	2013	2014	2013	2014	2013	2014
全 省	**Total**	**519632**	**498000**	**126878**	**109202**	**241317**	**250128**	**92775**	**85287**	**58662**	**53383**
长沙市	Changsha	178279	167184	41259	38656	79354	79806	28747	26055	28919	22667
株洲市	Zhuzhou	38924	30045	13846	6977	14538	13268	6505	5224	4035	4576
湘潭市	Xiangtan	22962	23669	2429	3149	14128	13908	3726	3784	2679	2828
衡阳市	Hengyang	41072	37583	8790	8846	19932	17951	9410	7599	2940	3187
邵阳市	Shaoyang	30268	32899	5359	5481	17166	19358	4930	4469	2813	3591
岳阳市	Yueyang	43039	34355	18048	10110	16353	15893	5924	5906	2714	2446
常德市	Changde	33039	34233	6323	6188	16339	18239	7169	6379	3208	3427
张家界市	Zhangjiajie	10355	13133	568	922	5049	6173	4685	5941	53	97
益阳市	Yiyang	21513	15562	5099	2286	10040	9031	4392	2967	1982	1278
郴州市	Chenzhou	33652	36023	12381	13099	11807	12942	6578	7075	2886	2907
永州市	Yongzhou	19859	20666	3371	4265	11034	10701	2695	2579	2759	3121
怀化市	Huaihua	19609	24575	3540	3203	11568	17930	2559	1881	1942	1561
娄底市	Loudi	18316	18927	3000	3112	10777	10961	3136	3470	1403	1384
湘西州	West Hunan	8745	9146	2865	2908	3232	3967	2319	1958	329	313

19-53 商品交易市场基本情况(2014年)

Basic Statistics on Commodity Exchange Markets(2014)

市州	Cities and Prefecture	市场数(个) Number of Markets (unit)	亿元及以上市场 Commodity Markets over 100 Million Yuan	摊位总数(个) Number of Stalls (unit)	亿元及以上市场 Commodity Markets over 100 Million Yuan	出租摊位个数(个) Number of rented stall(unit)	亿元及以上市场 Commodity Markets over 100 Million Yuan	营业面积(万平方米) Operation Area (10000 sq.m)	亿元及以上市场 Commodity Markets over 100 Million Yuan	成交额(亿元) Turnover (100 million yuan)	亿元及以上市场 Commodity Markets over 100 Million Yuan
全省	**Total**	**2571**	**326**	**554310**	**197269**	**492967**	**185316**	**2067.00**	**1055.58**	**3803.31**	**3190.03**
长沙市	Changsha	316	62	77750	46261	68245	44722	665.26	502.93	1743.54	1681.78
株洲市	Zhuzhou	341	57	72719	30179	67507	28920	211.13	126.63	347.01	274.63
湘潭市	Xiangtan	68	11	18567	7967	12893	5067	70.83	37.83	89.37	72.24
衡阳市	Hengyang	289	34	52360	13219	46948	12350	101.00	37.67	216.18	135.49
邵阳市	Shaoyang	125	22	33711	15275	29468	14766	311.14	75.42	243.20	216.64
岳阳市	Yueyang	89	17	21075	10738	19619	10505	34.33	15.76	135.39	94.53
常德市	Changde	179	27	30187	13051	26026	12184	101.48	64.96	181.15	152.99
张家界市	Zhangjiajie	42	1	7641	590	7232	590	16.30	1.22	20.06	9.26
益阳市	Yiyang	110	9	16432	4706	14439	4383	45.11	27.76	128.83	99.79
郴州市	Chenzhou	247	22	60315	15046	54308	14610	131.25	32.57	163.39	86.96
永州市	Yongzhou	338	13	60230	7589	54656	7505	109.89	16.89	140.27	53.16
怀化市	Huaihua	222	26	50320	13839	41971	11561	148.11	69.92	210.38	169.75
娄底市	Loudi	62	14	17936	11018	17193	10961	48.04	25.57	104.37	95.29
湘西州	West Hunan	143	11	35067	7791	32462	7192	73.13	20.44	80.17	47.51

19-54 星级宾馆数(2014年)

The Number of Star-Rated Hotels (2014)

单位：个 (unit)

市州	Cities and Prefecture	星级宾馆合计 Total Number of Tourist Hotels	五星级 Five Star	四星级 Four Star	三星级 Three Star	二星级 Two Star
全　省	**Total**	**555**	**21**	**72**	**279**	**177**
长沙市	Changsha	78	12	24	35	7
株洲市	Zhuzhou	42	1	4	20	17
湘潭市	Xiangtan	17	2	4	7	4
衡阳市	Hengyang	33		8	12	13
邵阳市	Shaoyang	53		4	15	30
岳阳市	Yueyang	43		6	32	5
常德市	Changde	47	2	4	24	17
张家界市	Zhangjiajie	38	3	6	29	
益阳市	Yiyang	22		3	8	11
郴州市	Chenzhou	30	1	3	22	3
永州市	Yongzhou	20		4	8	8
怀化市	Huaihua	47			33	14
娄底市	Loudi	38			24	14
湘西州	West Hunan	47		2	10	34

19-55 进出口商品总值(2014年)

Major Expors Commodities in Value(2014)

市州	Cities and Prefecture	进出口总值(万美元) Total Exports and Imports (USD 10 000)	出口 Exports	进口 Imports	比上年增减(%) Increase Rate in 2014 Over 2013(%)
全　省	**Total**	**3102729**	**2002348**	**1100380**	**23.2**
长沙市	Changsha	1256637	876270	380367	27.0
株洲市	Zhuzhou	279917	182836	97081	9.1
湘潭市	Xiangtan	228051	125953	102098	-13.6
衡阳市	Hengyang	294341	195568	98773	62.4
邵阳市	Shaoyang	84163	71972	12191	42.5
岳阳市	Yueyang	79185	54165	25020	22.9
常德市	Changde	75765	53000	22765	34.8
张家界市	Zhangjiajie	9019	8387	631	96.9
益阳市	Yiyang	58177	52951	5226	19.8
郴州市	Chenzhou	455280	238168	217112	20.3
永州市	Yongzhou	93651	74980	18671	108.3
怀化市	Huaihua	10560	9873	687	26.7
娄底市	Loudi	154597	35341	119256	7.2
湘西州	West Hunan	23386	22884	502	31.1

19-56 外商直接投资分地区情况(2014年)

Foreign Direct Investment by Region (2014)

市州	Cities and Prefecture	项目个数(个) Number of Projects (case)	实际利用外资(万美元) Actually Used Amount (USD 10 000)
全　省	**Total**	**539**	**1026585**
长沙市	Changsha	123	396910
株洲市	Zhuzhou	87	82402
湘潭市	Xiangtan	22	82823
衡阳市	Hengyang	114	89960
邵阳市	Shaoyang	19	16814
岳阳市	Yueyang	10	32918
常德市	Changde	26	60649
张家界市	Zhangjiajie	8	8100
益阳市	Yiyang	11	20826
郴州市	Chenzhou	54	117706
永州市	Yongzhou	35	75060
怀化市	Huaihua	19	10906
娄底市	Loudi	9	29186
湘西州	West Hunan	2	2325

19-57 内联引资项目个数情况

Number of Projects of Domestic Direct Investment

市州	Cities and Prefecture	项目个数(个) Number of Projects (case)				
		2010	2011	2012	2013	2014
全　省	**Total**	**4433**	**4687**	**4737**	**5136**	**5106**
长沙市	Changsha	540	556	492	641	638
株洲市	Zhuzhou	261	342	288	290	334
湘潭市	Xiangtan	279	279	266	288	283
衡阳市	Hengyang	464	568	558	541	532
邵阳市	Shaoyang	225	328	349	385	415
岳阳市	Yueyang	517	511	551	580	564
常德市	Changde	240	248	236	219	165
张家界市	Zhangjiajie	43	53	56	58	55
益阳市	Yiyang	224	256	266	299	343
郴州市	Chenzhou	782	708	751	780	754
永州市	Yongzhou	362	330	406	534	476
怀化市	Huaihua	150	152	193	214	228
娄底市	Loudi	237	249	231	211	191
湘西州	West Hunan	109	107	94	96	128

注：内联引资是指吸收的省外境内资金。　Domestic Direct Investment" is refers to the capital absorbed from other provinces in China.

19-58 内联引资实际到位资金情况

Capital Actually Used of Domestic Direct Investment

市州	Cities and Prefecture	实际到位资金(亿元) Amount of Domestic Capital Actually Used (100 million yuan)				
		2010	2011	2012	2013	2014
全　省	**Total**	**1733.13**	**2086.02**	**2465.60**	**2883.90**	**3300.79**
长沙市	Changsha	325.27	390.73	456.64	534.09	609.76
株洲市	Zhuzhou	124.97	164.71	195.30	230.00	265.64
湘潭市	Xiangtan	99.88	127.51	153.20	180.09	209.51
衡阳市	Hengyang	153.68	168.66	195.37	226.82	255.17
邵阳市	Shaoyang	113.42	132.70	153.65	180.62	209.50
岳阳市	Yueyang	182.18	226.49	270.39	315.47	358.03
常德市	Changde	123.99	142.90	170.69	198.10	225.33
张家界市	Zhangjiajie	26.58	29.57	33.21	37.03	41.08
益阳市	Yiyang	111.88	135.96	160.76	186.67	214.80
郴州市	Chenzhou	182.18	225.65	268.75	313.43	360.48
永州市	Yongzhou	99.74	115.37	136.42	158.41	178.12
怀化市	Huaihua	74.75	88.19	108.08	131.81	153.32
娄底市	Loudi	87.68	105.20	125.10	147.05	170.57
湘西州	West Hunan	26.94	32.38	38.02	44.31	49.50

注：内联引资是指吸收的省外境内资金。　Domestic Direct Investment” is refers to the capital absorbed from other provinces in China.

19-59 对外经济合作情况(2014年)
Foreign Economic Cooperation (2014)

市州	Cities and Prefecture	新签合同额(万美元) The new contract amount (10 000 U.S. dollars)	完成营业额(万美元) Complete turnover (10 000 U.S. dollars)	外派劳务人数(人) The number of field labor (person)	月末在外人数(人) At the end of the number of outside (people)
全　省	**Total**	**519234**	**407507**	**69278**	**99656**
长沙市	Changsha	30643	45634	13631	16708
株洲市	Zhuzhou	13826	13203	5867	7402
湘潭市	Xiangtan	11126	8903	3996	4894
衡阳市	Hengyang	15732	12269	3460	4319
邵阳市	Shaoyang	14868	14260	5986	6013
岳阳市	Yueyang	13312	14900	5534	7163
常德市	Changde	14961	5488	2933	4158
张家界市	Zhangjiajie	901	883	609	1765
益阳市	Yiyang	1042	1273	477	442
郴州市	Chenzhou	6280	4650	3978	2560
永州市	Yongzhou	4010	10064	5297	5297
怀化市	Huaihua	1103	1722	1050	2613
娄底市	Loudi	6013	5363	2218	2679
湘西州	West Hunan	1272	1453	829	1401

注：全省总计中包括省直企业数。　The number of provincial enterprises are including in the total of province.

19-60 旅游业基本情况(2014年)
Basic Statistics of Tourism by Cities and Prefecture(2014)

市州	Cities and Prefecture	接待旅游总人数 (万人次) Number of Tourists (10 000 persons)	接待国内游客 (万人次) Domestic Tourists (10 000 person-times)	国内旅游总收入 (亿元) Earning from Domestic Tourists (100 million yuan)	接待境外游客 (人次) International Tourists (persontimes)	#外国人 Foreign Tourists	旅游创汇收入 (万美元) Earning from International Tourists (USD 10 000)
全　省	**Total**	**41203**	**40983**	**3002**	**2195461**	**1000746**	**79999.24**
长沙市	Changsha	7445	7380	679	652199	297602	18667.84
株洲市	Zhuzhou	3055	3041	197	131186	56624	5445.75
湘潭市	Xiangtan	3090	3083	190	67349	34611	1378.51
衡阳市	Hengyang	3599	3592	210	76157	4203	1318.77
邵阳市	Shaoyang	1286	1283	100	28906	5935	708.80
岳阳市	Yueyang	3902	3878	271	242682	156412	9233.25
常德市	Changde	2740	2725	190	147554	34661	5328.06
张家界市	Zhangjiajie	1783	1744	201	380492	289754	22054.53
益阳市	Yiyang	1973	1971	129	11164	2826	367.05
郴州市	Chenzhou	3903	3876	247	263514	38128	10343.30
永州市	Yongzhou	1935	1933	127	18903	9853	460.91
怀化市	Huaihua	2835	2829	176	62150	10318	1448.54
娄底市	Loudi	1933	1925	137	79888	36173	2455.66
湘西州	West Hunan	1725	1721	149	33317	23646	788.29

19-61 高新技术产业情况(2014年)

Basic Statistics on High-tech Industries (2014)

市 州	Cities and Prefecture	企业单位数（个）Number of Enterprises (unit)	高新技术产业总产值（万元）Gross Output Value of Hightech Industries (10 000 yuan)	高新技术产业增加值（万元）Added Value of Hightech Industries (10 000 yuan)
全 省	**Total**	**3263**	**162535889**	**51474655**
长沙市	Changsha	968	64274498	22319197
株洲市	Zhuzhou	273	14248059	4668826
湘潭市	Xiangtan	266	15764191	4874407
衡阳市	Hengyang	237	10044059	3120532
邵阳市	Shaoyang	279	6609425	1854282
岳阳市	Yueyang	340	17913516	4649384
常德市	Changde	213	6549289	1763779
张家界市	Zhangjiajie	38	220663	71184
益阳市	Yiyang	138	5682952	1746100
郴州市	Chenzhou	242	12013044	3971728
永州市	Yongzhou	94	1436466	392057
怀化市	Huaihua	45	1461230	519536
娄底市	Loudi	86	5754993	1344480
湘西州	West Hunan	44	563505	179164
长沙高新技术开发区	Changsha High-tech Development District	276	36776252	10645745
株洲高新技术开发区	Zhuzhou High-tech Development District	108	10452449	3352848
湘潭高新技术开发区	Xiangtan High-tech Development District	67	3665218	1065055
衡阳高新技术开发区	Hengyang High-tech Development District	41	3071371	811775
岳阳高新技术开发区	Yueyang High-tech Development District	61	3832924	1012329
益阳高新技术开发区	Yiyang High-tech Development District	47	2550210	807048
郴州高新技术开发区	Chenzhou High-tech Development District	58	4899031	1591690

19-61 续表 continued

市 州	Cities and Prefecture	高新技术产业销售收入 (万元) Sales Revenue of Hightech Industries (10 000 yuan)	#出口收入 (万美元) Exports Revenue (USD 10 000)	高新技术产业利税总额 (万元) Peofits and Tax of Hightech Industries (10 000 yuan)	#利润总额 Total of Profit and Tax
全 省	**Total**	**151656667**	**2611984**	**12620136**	**6827177**
长沙市	Changsha	62118414	1005986	5670324	3569961
株洲市	Zhuzhou	12605658	511357	1471262	736994
湘潭市	Xiangtan	13017656	183259	496584	196486
衡阳市	Hengyang	8593899	270736	520706	292841
邵阳市	Shaoyang	5536138	54836	492795	232202
岳阳市	Yueyang	16885758	26118	1355327	418940
常德市	Changde	5916559	50873	666500	430436
张家界市	Zhangjiajie	177369	3215	15917	11995
益阳市	Yiyang	5505017	83358	391231	218644
郴州市	Chenzhou	12101746	334330	1143348	530168
永州市	Yongzhou	1461813	11502	96978	60626
怀化市	Huaihua	1481673	661	-974	-21080
娄底市	Loudi	5757676	57565	278466	140926
湘西州	West Hunan	497292	18188	21671	8038
长沙高新技术开发区	Changsha High-tech Development District	34703379	800138	2976485	1755928
株洲高新技术开发区	Zhuzhou High-tech Development District	8974586	360342	1165862	580418
湘潭高新技术开发区	Xiangtan High-tech Development District	3561915	21505	113936	10766
衡阳高新技术开发区	Hengyang High-tech Development District	2773192	177204	173351	89060
岳阳高新技术开发区	Yueyang High-tech Development District	3569657	2039	454504	261000
益阳高新技术开发区	Yiyang High-tech Development District	2445657	66075	156253	86123
郴州高新技术开发区	Chenzhou High-tech Development District	5074079	300144	425651	157006

19-62 规模以上工业企业R&D活动人员情况(2014年)
Personnel of Having R&D Activities in Industrial Enterprises above Designated Size (2014)

市 州	Cities and Prefecture	有R&D活动的单位数(个) Number of Enterprises Having R&D Activities (unit)	R&D人员(人) R&D Personnel (person)	#全时人员 Fulltime Personnel	R&D人员全时当量(人年) Fulltime Equivalent of R&D Personnel (manyear)
全 省	**Total**	**2203**	**109994**	**74573**	**77428**
长沙市	Changsha	612	49555	41773	34328
株洲市	Zhuzhou	212	12469	8525	9608
湘潭市	Xiangtan	106	9133	4972	7627
衡阳市	Hengyang	109	4962	2875	2906
邵阳市	Shaoyang	144	3126	1550	2143
岳阳市	Yueyang	326	9709	2955	6475
常德市	Changde	209	8088	4885	5598
张家界市	Zhangjiajie	8	140	74	97
益阳市	Yiyang	100	2643	1183	2144
郴州市	Chenzhou	161	3680	2658	2492
永州市	Yongzhou	134	1779	893	881
怀化市	Huaihua	15	1489	771	1058
娄底市	Loudi	47	2729	1161	1803
湘西州	West Hunan	20	492	298	269

19-63 规模以上工业企业按经费来源分R&D经费内部支出情况(2014年)
Intramural R&D Expenditures in Industrial Enterprises above Designated Size by Sources (2014)

单位：万元 (10 000 yuan)

市 州	Cities and Prefecture	R&D经费内部支出 Intramural Expenditure on R&D	政府资金 Government Funds	企业资金 Self-raised Funds by Enterprises	境外资金 Foreign Funds	其他 Other funds
全 省	**Total**	**3100446**	**176539**	**2873105**	**11410**	**39393**
长沙市	Changsha	1255732	45514	1208524	855	839
株洲市	Zhuzhou	347522	55186	286749	3504	2083
湘潭市	Xiangtan	234802	11438	221121	317	1926
衡阳市	Hengyang	137337	6721	119900	4009	6708
邵阳市	Shaoyang	59991	1073	57923	112	883
岳阳市	Yueyang	422066	19634	388016	2614	11802
常德市	Changde	249134	4597	240232		4304
张家界市	Zhangjiajie	3079	1221	1858		
益阳市	Yiyang	72919	1702	69602		1614
郴州市	Chenzhou	112492	8055	102559		1878
永州市	Yongzhou	34473	2803	30631		1040
怀化市	Huaihua	30643	15314	14008		1322
娄底市	Loudi	128940	1054	123113		4773
湘西州	West Hunan	11318	2227	8869		222

19-64 规模以上工业企业按支出用途分R&D经费内部支出情况(2014年)

Intramural R&D Expenditures in Industrial Enterprises above Designated Size by Use (2014)

单位：万元 (10000 yuan)

市　州	Cities and Prefecture	R&D经费内部支出 Intramural Expenditure on R&D	1.经常费支出 Operating Expenses	#人员劳务费 Service Fees	2. 资产性支出 Capital Expenditures	#仪器和设备 Instruments & Equipments
全　省	**Total**	**3100446**	**2837933**	**814287**	**262513**	**248539**
长沙市	Changsha	1255732	1160809	445035	94923	88155
株洲市	Zhuzhou	347522	324417	81583	23105	21966
湘潭市	Xiangtan	234802	212165	50673	22637	21298
衡阳市	Hengyang	137337	120776	25267	16561	15794
邵阳市	Shaoyang	59991	53406	14783	6585	6461
岳阳市	Yueyang	422066	370452	77216	51614	49402
常德市	Changde	249134	231536	45695	17598	17284
张家界市	Zhangjiajie	3079	2462	492	617	546
益阳市	Yiyang	72919	69067	15356	3852	3028
郴州市	Chenzhou	112492	100354	22151	12138	11947
永州市	Yongzhou	34473	27681	8227	6792	6703
怀化市	Huaihua	30643	29713	5182	930	909
娄底市	Loudi	128940	125187	20892	3753	3676
湘西州	West Hunan	11318	9909	1735	1409	1372

19-65 规模以上工业企业办科技机构情况(2014年)

Basic Statistics on Institutions for Scientific and Technological in Industrial Enterprises above Designated Size(2014)

市　州	Cities and Prefecture	企业办科技机构数（个） Number of Institutions for S&T in Enterprises (unit)	企业办科技机构人员（人） Number of Personnel in Institutions for S&T in Enterprises (person)	#博士 Doctor	#硕士 Master	科技机构内部经费支出(万元) Intramural Expenditure for S&T Institutions (10 000yuan)
全　省	**Total**	**1632**	**58543**	**1627**	**9194**	**1402620**
长沙市	Changsha	460	23917	585	5248	624973
株洲市	Zhuzhou	94	5647	103	1000	61742
湘潭市	Xiangtan	57	4555	129	557	94562
衡阳市	Hengyang	81	2159	111	251	43233
邵阳市	Shaoyang	113	2588	66	206	73221
岳阳市	Yueyang	204	5366	218	690	174223
常德市	Changde	98	3262	74	235	78496
张家界市	Zhangjiajie	14	166	22	22	1941
益阳市	Yiyang	59	1654	58	136	29264
郴州市	Chenzhou	257	4702	123	338	155714
永州市	Yongzhou	110	1634	81	275	22257
怀化市	Huaihua	24	634	19	127	4985
娄底市	Loudi	44	1968	27	93	33888
湘西州	West Hunan	17	291	11	16	4122

19-66 规模以上工业企业R&D项目和新产品开发项目情况(2014年) Basic Statistics on Projects for R&D and New Products Development in Industrial Enterprises above Designated Size(2014)

市 州	Cities and Prefecture	R&D 项目数 (项) Number of R&D Projects (item)	R&D 项目人员 (人) Personnel of Projects for R&D (person)	R&D 项目经费 (万元) Intramural Expenditure on R&D Projects (10000 yuan)	新产品 开发项目数 (项) Number of Projects for New Products Development (item)	新产品 开发经费 (万元) Expenditure on New Products Development (10000 yuan)
全 省	**Total**	**9393**	**99781**	**2730370**	**9758**	**3151100**
长沙市	Changsha	4241	45616	1120965	4305	1301871
株洲市	Zhuzhou	1351	10747	294205	1331	428880
湘潭市	Xiangtan	658	8041	212355	622	174890
衡阳市	Hengyang	546	4613	114894	805	176919
邵阳市	Shaoyang	283	2889	53361	397	103705
岳阳市	Yueyang	617	8897	348163	481	310028
常德市	Changde	597	7109	224328	563	211115
张家界市	Zhangjiajie	16	132	2207	32	3071
益阳市	Yiyang	278	2392	64948	309	80593
郴州市	Chenzhou	352	3437	99331	411	118998
永州市	Yongzhou	186	1586	31511	262	71795
怀化市	Huaihua	96	1341	29409	100	25584
娄底市	Loudi	127	2532	125392	103	132662
湘西州	West Hunan	45	449	9301	37	10988

19-67 规模以上工业企业科技活动产出情况(2014年) Basic Statistics on Scientific and Technological Outputs in Industrial Enterprises above Designated Size (2014)

市 州	Cities and Prefecture	新产品 产值 (万元) Gross Output Value of New Products (10 000yuan)	新产品 销售收入 (万元) Sales Revenue of New Products (10 000yuan)	#出口 Exported	专利 申请数 (件) Number of Patent Applications (item)	有效 发明 专利数 (件) Number of Inventions In Force (item)
全 省	**Total**	**66668581**	**63103689**	**4099694**	**17919**	**14415**
长沙市	Changsha	26705395	24885535	2942768	7972	7170
株洲市	Zhuzhou	4132363	3982746	229958	3181	3105
湘潭市	Xiangtan	2387924	2339204	298518	736	412
衡阳市	Hengyang	2653535	2543514	132493	1128	413
邵阳市	Shaoyang	923917	900740	28584	316	149
岳阳市	Yueyang	14605923	13815922	41793	1153	830
常德市	Changde	7109950	6236908	23086	882	573
张家界市	Zhangjiajie	63467	51728	55	139	170
益阳市	Yiyang	1752055	1738731	54208	533	219
郴州市	Chenzhou	3055073	3079849	138961	721	437
永州市	Yongzhou	328391	325688	31472	632	471
怀化市	Huaihua	367170	356979	4208	83	138
娄底市	Loudi	2532100	2799760	171791	376	275
湘西州	West Hunan	51318	46387	1800	67	53

19-68 大中型工业企业R&D活动人员情况(2014年)

Personnel of Having R&D Activities in Large and Medium-Sized Industrial Enterprises (2014)

市 州	Cities and Prefecture	有R&D活动的单位数（个） Number of Enterprises Having R&D Activities (unit)	R&D人员（人） R&D Personnel (person)	#全时人员 Fulltime Personnel	R&D人员全时当量（人年） Fulltime Equivalent of R&D Personnel (man-year)
全 省	**Total**	**750**	**83210**	**58179**	**59401**
长沙市	Changsha	169	39838	33415	27243
株洲市	Zhuzhou	143	10737	7671	8545
湘潭市	Xiangtan	26	7908	4347	6904
衡阳市	Hengyang	50	3865	2299	2362
邵阳市	Shaoyang	38	1760	994	1225
岳阳市	Yueyang	129	5889	1903	3941
常德市	Changde	68	5645	3614	3929
张家界市	Zhangjiajie				
益阳市	Yiyang	39	1809	694	1508
郴州市	Chenzhou	32	1773	1223	1147
永州市	Yongzhou	29	589	386	286
怀化市	Huaihua	8	1248	625	991
娄底市	Loudi	12	1957	900	1223
湘西州	West Hunan	7	192	108	97

19-69 大中型工业企业按经费来源分R&D经费内部支出情况(2014年)

Intramural R&D Expenditures in Large and Medium-Sized Industrial Enterprises by Sources (2014)

单位：万元 (10 000 yuan)

市 州	Cities and Prefecture	R&D经费内部支出 Intramural Expenditure on R&D	政府资金 Government Funds	企业资金 Selfraised Funds by Enterprises	境外资金 Foreign Funds	其他 Other funds
全 省	**Total**	**2356036**	**141446**	**2176160**	**10924**	**27505**
长沙市	Changsha	1050283	32266	1017536	481	
株洲市	Zhuzhou	311917	53946	252909	3504	1558
湘潭市	Xiangtan	205134	10999	193284	317	535
衡阳市	Hengyang	108252	5151	92825	4009	6267
邵阳市	Shaoyang	29801	717	28851		234
岳阳市	Yueyang	239908	12472	216566	2614	8256
常德市	Changde	174291	2876	168882		2532
张家界市	Zhangjiajie					
益阳市	Yiyang	43939	950	41882		1107
郴州市	Chenzhou	39304	5527	33005		772
永州市	Yongzhou	8324	525	7492		307
怀化市	Huaihua	29411	15067	13022		1322
娄底市	Loudi	113994	650	108761		4582
湘西州	West Hunan	1479	301	1145		33

19-70 大中型工业企业按支出用途分R&D经费内部支出情况(2014年)

Intramural R&D Expenditures in Large and Medium-Sized Industrial Enterprises by Use(2014)

单位：万元 (10000 yuan)

市 州	Cities and Prefecture	R&D经费内部支出 Intramural Expenditure on R&D	1.经常费支出 Operating Expenses	#人员劳务费 Service Fees	2.资产性支出 Capital Expenditures	#仪器和设备 Instruments & Equipments
全 省	**Total**	**2356036**	**2191901**	**644028**	**164136**	**154295**
长沙市	Changsha	1050283	982349	380846	67934	62531
株洲市	Zhuzhou	311917	293054	71131	18863	17738
湘潭市	Xiangtan	205134	184595	40758	20539	19246
衡阳市	Hengyang	108252	96761	18927	11491	10818
邵阳市	Shaoyang	29801	26839	7540	2963	2946
岳阳市	Yueyang	239908	215614	48614	24294	23348
常德市	Changde	174291	163615	32718	10676	10624
张家界市	Zhangjiajie					
益阳市	Yiyang	43939	43008	10043	931	738
郴州市	Chenzhou	39304	36340	8891	2964	2891
永州市	Yongzhou	8324	6957	2194	1367	1352
怀化市	Huaihua	29411	28726	4724	684	669
娄底市	Loudi	113994	112884	17197	1109	1089
湘西州	West Hunan	1479	1157	445	322	304

19-71 大中型工业企业办科技机构情况(2014年)

Basic Statistics on Institutions for Scientific and Technological in Large and Medium-Sized Industrial Enterprises (2014)

市 州	Cities and Prefecture	企业办科技机构数（个） Number of Institutions for S&T in Enterprises (unit)	企业办科技机构人员（人） Number of Personnel in Institutions for S&T in Enterprises (person)	#博士 Doctor	#硕士 Master	科技机构内部经费支出(万元) Intramural Expenditure for S&T Institutions (10 000yuan)
全 省	**Total**	**629**	**42796**	**982**	**7403**	**1057550**
长沙市	Changsha	213	19720	402	4643	550205
株洲市	Zhuzhou	47	4629	80	934	48606
湘潭市	Xiangtan	29	3963	95	457	80507
衡阳市	Hengyang	42	1489	83	176	30628
邵阳市	Shaoyang	39	1663	33	126	50808
岳阳市	Yueyang	87	3090	131	422	104925
常德市	Changde	40	2265	30	171	57699
张家界市	Zhangjiajie					
益阳市	Yiyang	23	1266	40	84	21150
郴州市	Chenzhou	60	2122	45	144	76667
永州市	Yongzhou	20	582	23	94	7752
怀化市	Huaihua	12	476	13	99	4032
娄底市	Loudi	13	1429	7	50	24278
湘西州	West Hunan	4	102		3	292

19-72 大中型工业企业R&D项目和新产品开发项目情况(2014年)
Basic Statistics on Projects for R&D and New Products Development in Large and Medium-Sized Industrial Enterprises (2014)

市 州	Cities and Prefecture	R&D 项目数 (项) Number of R&D Projects (item)	R&D 项目人员 (人) Personnel of Projects for R&D (person)	R&D 项目经费 (万元) Intramural Expenditure on R&D Projects (10000 yuan)	新产品开发项目数 (项) Number of Projects for New Products Development (item)	新产品开发经费 (万元) Expenditure on New Products Development (10000 yuan)
全 省	**Total**	**6314**	**75562**	**2095648**	**6340**	**2446923**
长沙市	Changsha	3085	36765	945955	3150	1105934
株洲市	Zhuzhou	1149	9285	267075	1025	383008
湘潭市	Xiangtan	470	6972	188314	357	136334
衡阳市	Hengyang	341	3644	91975	578	143257
邵阳市	Shaoyang	101	1657	27120	185	66461
岳阳市	Yueyang	305	5376	196346	249	197798
常德市	Changde	325	4877	154186	260	154945
张家界市	Zhangjiajie					
益阳市	Yiyang	143	1609	40000	132	46472
郴州市	Chenzhou	179	1680	35960	221	41187
永州市	Yongzhou	48	518	7127	69	30261
怀化市	Huaihua	80	1131	28480	58	22389
娄底市	Loudi	78	1870	112178	50	118123
湘西州	West Hunan	10	178	930	6	755

19-73 大中型工业企业科技活动产出情况(2014年)
Basic Statistics on Scientific and Technological Outputs in Large and Medium-Sized Industrial Enterprises (2014)

市 州	Cities and Prefecture	新产品产值 (万元) Gross Output Value of New Products (10 000yuan)	新产品销售收入 (万元) Sales Revenue of New Products (10 000yuan)	#出口 Exported	专利申请数 (件) Number of Patent Applications (item)	有效发明专利数 (件) Number of Inventions In Force (item)
全 省	**Total**	**54098232**	**51115066**	**3879604**	**11844**	**10284**
长沙市	Changsha	22972585	21274436	2842253	5630	5543
株洲市	Zhuzhou	3866996	3738291	224483	2753	2508
湘潭市	Xiangtan	2320539	2274506	298131	422	282
衡阳市	Hengyang	2227220	2132143	125392	905	288
邵阳市	Shaoyang	520929	497454	10285	189	110
岳阳市	Yueyang	10351669	9888910	35319	601	555
常德市	Changde	6566075	5764676	18556	506	325
张家界市	Zhangjiajie					
益阳市	Yiyang	1054983	1043800	47681	270	117
郴州市	Chenzhou	1597774	1607972	83055	231	167
永州市	Yongzhou	77782	74755	18666	125	134
怀化市	Huaihua	240973	241417	3993	42	108
娄底市	Loudi	2296206	2572205	171791	163	140
湘西州	West Hunan	4502	4502		7	7

19-74 幼儿园与小学基本情况(2014年)

Statistics on Kingdergartens and Primary Schools(2014)

市 州	Cities and Prefecture	幼儿园数 (个) kingder-gartens (unit)	在园儿童数 (人) Student Enrollment (unit)	普通小学学校数 (个) Primary Schools (person)	普通小学专任教师数 (人) Primary Schools Fulltime Teachers (person)	普通小学招生数 (人) Primary Schools New Student Enrollment (person)	普通小学在校学生数 (人) Primary Schools Student Enrollment (person)	普通小学毕业生数 (人) Primary Schools Graduates (person)
全 省	**Total**	**12935**	**2031687**	**8560**	**248118**	**813950**	**4738403**	**741023**
长沙市	Changsha	1446	232802	883	23561	87655	481333	70504
株洲市	Zhuzhou	973	140245	327	12249	45509	237748	35407
湘潭市	Xiangtan	489	61676	428	8452	21227	140478	23995
衡阳市	Hengyang	1202	211747	1561	27276	89856	553335	96421
邵阳市	Shaoyang	1335	204133	1201	27253	97570	616075	97981
岳阳市	Yueyang	1149	158452	810	18422	58104	331977	54004
常德市	Changde	909	137045	539	16913	49766	272414	41209
张家界市	Zhangjiajie	313	53324	144	5663	18092	107220	17283
益阳市	Yiyang	686	110250	452	14477	39316	234461	36994
郴州市	Chenzhou	898	164009	471	21455	78733	455926	68106
永州市	Yongzhou	1715	206836	455	24050	82396	476785	67882
怀化市	Huaihua	627	145925	267	20352	57388	323454	49363
娄底市	Loudi	634	111580	789	15176	54303	309142	46589
湘西州	West Hunan	559	93663	233	12819	34035	198055	35285

19-75 普通中学基本情况(2014年)

Statistics on Regular Secondary Schools(2014)

市　州	Cities and Prefecture	普通中学学校数(个) Number of Sckools (unit)	普通中学专任教师数(人) Number of Fulltime Teachers(person)	普通中学招生数(人) New Student Enrollment (person)	普通中学在校学生数(人) Student Enrollment (person)	普通中学毕业生数(人) Graduates (person)
全　省	**Total**	**3894**	**238543**	**1110833**	**3263352**	**972811**
长沙市	Changsha	292	24095	122120	364653	110251
株洲市	Zhuzhou	192	12814	54195	159102	48326
湘潭市	Xiangtan	175	9523	39452	123258	42445
衡阳市	Hengyang	427	25729	139996	411952	119191
邵阳市	Shaoyang	461	25278	136597	398376	114371
岳阳市	Yueyang	305	19563	81494	246705	76476
常德市	Changde	292	20974	69352	214091	74519
张家界市	Zhangjiajie	100	5425	25903	74572	22791
益阳市	Yiyang	229	15280	58395	175672	55544
郴州市	Chenzhou	281	16121	91746	253189	63895
永州市	Yongzhou	321	20115	96973	272081	76742
怀化市	Huaihua	354	17412	70579	208026	59656
娄底市	Loudi	283	15407	72359	215652	64981
湘西州	West Hunan	182	10807	51672	146023	43623

19-76 普通高等学校基本情况 (2014年)

Statistics on Regular Institutions of Higher Education(2014)

市　州	Cities and Prefecture	普通高等学校数(个) Number of Sckools (unit)	普通高等学校专任教师数(人) Number of Full-time Teachers(person)	普通高等学校招生数(人) New Student Enrollment (person)	普通高等学校在校学生数(人) Student Enrollment (person)	普通高等学校毕业生数(人) Graduates (person)
全　省	**Total**	**109**	**64919**	**344724**	**1134952**	**295442**
长沙市	Changsha	51	31794	164617	547404	142724
株洲市	Zhuzhou	9	4158	25077	79042	21600
湘潭市	Xiangtan	10	6875	35759	124951	31781
衡阳市	Hengyang	8	5992	31725	105260	26842
邵阳市	Shaoyang	3	1482	8096	27553	7356
岳阳市	Yueyang	4	2153	13158	42004	10942
常德市	Changde	5	2407	13731	41761	10477
张家界市	Zhangjiajie	1	695	3647	12075	3250
益阳市	Yiyang	4	1822	10366	31561	7834
郴州市	Chenzhou	3	1388	6754	23154	5062
永州市	Yongzhou	3	1635	8350	24916	7076
怀化市	Huaihua	3	1542	8192	26792	7535
娄底市	Loudi	3	1458	7558	23837	6361
湘西州	West Hunan	2	1518	7694	24642	6602

19-77 各级学校(2014年)

Schools by Level and Region(2014)

单位：个 (unit)

市 州	Cities and Prefecture	普通高等学校 Regular Institutions of Higher Education	中等学校 Secondary Schools	中等职业教育 Vocational Secondary Education	普通中学 Regular Secondary Schools	普通小学 Primary Schools
全 省	**Total**	**109**	**4395**	**501**	**3894**	**8560**
长沙市	Changsha	51	344	52	292	883
株洲市	Zhuzhou	9	215	23	192	327
湘潭市	Xiangtan	10	198	23	175	428
衡阳市	Hengyang	8	467	40	427	1561
邵阳市	Shaoyang	3	523	62	461	1201
岳阳市	Yueyang	4	340	35	305	810
常德市	Changde	5	343	51	292	539
张家界市	Zhangjiajie	1	115	15	100	144
益阳市	Yiyang	4	252	23	229	452
郴州市	Chenzhou	3	310	29	281	471
永州市	Yongzhou	3	362	41	321	455
怀化市	Huaihua	3	398	44	354	267
娄底市	Loudi	3	319	36	283	789
湘西州	West Hunan	2	209	27	182	233

19-78 各级学校教职工(2014年)

School Staff and Workers by Level and Region (2014)

单位：人 (person)

市 州	Cities and Prefecture	普通高等学校 Regular Institutions of Higher Education	中等学校 Secondary Schools	中等职业教育 Vocational Secondary Education	普通中学 Regular Secondary Schools	普通小学 Primary Schools
全 省	**Total**	**97652**	**334704**	**33272**	**301432**	**226307**
长沙市	Changsha	50906	32298	4019	28279	22894
株洲市	Zhuzhou	5815	19393	2195	17198	11176
湘潭市	Xiangtan	9849	12784	1623	11161	7932
衡阳市	Hengyang	8167	35116	3223	31893	27325
邵阳市	Shaoyang	2271	33751	3075	30676	25189
岳阳市	Yueyang	3189	25726	2488	23238	17188
常德市	Changde	3607	29699	2986	26713	14964
张家界市	Zhangjiajie	919	7836	733	7103	5252
益阳市	Yiyang	2313	21262	1828	19434	13361
郴州市	Chenzhou	1871	24315	2147	22168	18475
永州市	Yongzhou	2121	28949	2803	26146	22231
怀化市	Huaihua	2106	26548	2842	23706	16209
娄底市	Loudi	2163	21338	2054	19284	13510
湘西州	West Hunan	2355	15689	1256	14433	10601

19-79 各级学校专任教师(2014年)

Full-time Teachers by Level and Region(2014)

单位：人 (person)

市 州	Cities and Prefecture	普通高等学校 Regular Institutions of Higher Education	中等学校 Secondary Schools	中等职业教育 Vocational Secondary Education	普通中学 Regular Secondary Schools	普通小学 Primary Schools
全 省	**Total**	**64919**	**263649**	**25106**	**238543**	**248118**
长沙市	Changsha	31794	26807	2712	24095	23561
株洲市	Zhuzhou	4158	14466	1652	12814	12249
湘潭市	Xiangtan	6875	10859	1336	9523	8452
衡阳市	Hengyang	5992	27939	2210	25729	27276
邵阳市	Shaoyang	1482	27609	2331	25278	27253
岳阳市	Yueyang	2153	21455	1892	19563	18422
常德市	Changde	2407	23165	2191	20974	16913
张家界市	Zhangjiajie	695	5986	561	5425	5663
益阳市	Yiyang	1822	16670	1390	15280	14477
郴州市	Chenzhou	1388	17795	1674	16121	21455
永州市	Yongzhou	1635	22295	2180	20115	24050
怀化市	Huaihua	1542	19783	2371	17412	20352
娄底市	Loudi	1458	16971	1564	15407	15176
湘西州	West Hunan	1518	11849	1042	10807	12819

19-80 各级学校在校学生(2014年)

Students Enrollment by Level and Region(2014)

单位：人 (person)

市 州	Cities and Prefecture	普通高等学校 Regular Institutions of Higher Education	中等学校 Secondary Schools	中等职业教育 Vocational Secondary Education	普通中学 Regular Secondary Schools	普通小学 Primary Schools
全 省	**Total**	**1134952**	**3908152**	**644800**	**3263352**	**4738403**
长沙市	Changsha	547404	451323	86670	364653	481333
株洲市	Zhuzhou	79042	202650	43548	159102	237748
湘潭市	Xiangtan	124951	155443	32185	123258	140478
衡阳市	Hengyang	105260	486488	74536	411952	553335
邵阳市	Shaoyang	27553	469628	71252	398376	616075
岳阳市	Yueyang	42004	296227	49522	246705	331977
常德市	Changde	41761	266395	52304	214091	272414
张家界市	Zhangjiajie	12075	87918	13346	74572	107220
益阳市	Yiyang	31561	202687	27015	175672	234461
郴州市	Chenzhou	23154	291423	38234	253189	455926
永州市	Yongzhou	24916	320785	48704	272081	476785
怀化市	Huaihua	26792	256941	48915	208026	323454
娄底市	Loudi	23837	250291	34639	215652	309142
湘西州	West Hunan	24642	169953	23930	146023	198055

19-81 公共图书馆、广播和电视综合人口覆盖情况(2014年)

Statistics on Public Libraries、Coverage of Radio and TV Program Broadcasting(2014)

市 州	Cities and Prefecture	公共图书馆(个) Public Libraries (unit)	公共图书馆藏书量(千册) Collections (1000 copies)	艺术馆、文化馆个数(个) Art Galleries, Cultural Centers Number of Projects(Unit)	广播综合人口覆盖率(%) Listener Rating(%)	电视综合人口覆盖率(%) Viewer Rating(%)	有线电视入户率(%) Popularizatio Rate of Cable TV Programs (%)
全 省	**Total**	**136**	**24218**	**143**	**93.48**	**97.51**	**43.81**
长沙市	Changsha	12	7500	11	99.41	98.89	69.35
株洲市	Zhuzhou	6	1406	10	99.84	99.62	64.62
湘潭市	Xiangtan	6	1335	6	100.00	99.78	37.53
衡阳市	Hengyang	14	1887	13	96.89	99.32	36.45
邵阳市	Shaoyang	14	1751	13	80.05	93.33	43.03
岳阳市	Yueyang	11	1222	11	98.80	99.17	31.20
常德市	Changde	9	1524	10	99.63	96.23	44.65
张家界市	Zhangjiajie	4	220	5	62.44	96.58	36.81
益阳市	Yiyang	7	1122	9	94.82	96.86	46.13
郴州市	Chenzhou	11	1267	12	97.93	97.41	43.91
永州市	Yongzhou	12	1508	12	87.33	95.42	45.11
怀化市	Huaihua	15	1614	15	93.37	98.55	32.61
娄底市	Loudi	6	926	6	99.54	99.62	21.20
湘西州	West Hunan	9	937	10	74.42	95.08	43.17

19-82 卫生机构基本情况(2014年)

Basic Statistics on Health Institutions(2014)

市 州	Cities and Prefecture	卫生机构数(个) Number of Health Institutions (unit)	医院、卫生院 Hospitals Health Centers	卫生机构床位数(张) Number of Reality Beds(unit)	医院卫生院数 Hospitals、Health Centers	卫生机构人员数(人) Number of Employed Persons in Health Institution (person)	卫生技术人员 Medical &Technical Personnel	执业(助理)医生 Certified (Assistant) Doctors	注册护士 Senier Nurse
全 省	Total	16872	3318	355485	330425	406245	332975	125404	135786
长沙市	Changsha	3207	276	63606	57374	80092	66367	24018	30751
株洲市	Zhuzhou	1118	176	21392	20251	25309	21161	7864	9021
湘潭市	Xiangtan	1051	110	15827	14933	19008	15795	6271	6573
衡阳市	Hengyang	978	293	32597	30333	39322	30932	11548	11754
邵阳市	Shaoyang	1073	286	30993	29633	33045	25702	9846	9840
岳阳市	Yueyang	1306	208	21397	19371	26992	21926	8464	8242
常德市	Changde	1351	307	28942	26496	30238	24575	9806	9641
张家界市	Zhangjiajie	451	118	7291	6612	8829	7080	2739	2678
益阳市	Yiyang	1077	156	20667	17666	22878	18773	7300	7267
郴州市	Chenzhou	1309	332	26667	25627	28193	23940	8779	10092
永州市	Yongzhou	1187	298	26994	25723	28160	23238	9336	8874
怀化市	Huaihua	1345	364	26679	25706	28563	24025	8548	9655
娄底市	Loudi	501	128	17410	16293	19062	15740	6417	5942
湘西州	West Hunan	918	266	15023	14407	16554	13721	4468	5456

19-83 居民人均可支配收入(2014年)

Per Capita Annual Disposable Income of Residents (2014)

市 州	Cities and Prefecture	农村居民人均可支配收入(元) Per Capita Annual Disposable Income of rural Residents (yuan)	增长速度(%) Rate of rise (%)	城镇居民人均可支配收入（元） Per Capita Annual Disposable Income of Urban Residents(yuan)	增长速度(%) Rate of rise (%)
长沙市	Changsha	21723	10.2	36826	9.4
株洲市	Zhuzhou	14366	11.3	31338	9.2
湘潭市	Xiangtan	14092	11.2	27068	9.1
衡阳市	Hengyan	13242	11.5	24370	9.3
邵阳市	Shaoyang	7786	12.3	19341	9.6
岳阳市	Yueyang	11062	11.4	23121	9.1
常德市	Changde	10737	11.5	22634	9.0
张家界市	Zhangjiajie	6332	11.7	18055	8.9
益阳市	Yiyang	11304	11.6	20688	9.3
郴州市	Chenzhou	10786	11.3	23621	9.2
永州市	Yongzhou	9873	11.4	20175	8.9
怀化市	Huaihua	6474	10.7	19205	8.9
娄底市	Loudi	7836	11.0	20324	8.8
湘西州	West Hunan	5891	12.0	17898	8.7

注：全省农民人均收入指标名称为“人均纯收入”，是国家统计局湖南调查总队抽样调查数据；市州指标名称为“人均可支配收入”，根据各市县区抽样调查推算。

The per capita income of rural households of the whole province names "per capita net income", which is caculated by NBS survey office in Hunan's samling survey. The per capita income of rural households of the cities and prefectures name "per capita disposable income",which is estimated from the sampling survey of them.

19-84 能源消耗指标(2014年)

Index of Energy Consumption (2014)

市 州	Cities and Prefecture	单位GDP能耗 Energy Consumption of Unit GDP	单位规模工业增加值能耗 Energy Consumption of Unit Scale Industry Added Value	单位GDP电耗 Electric Power Consumption of Unit GDP	
		上升或下降 (±%) Increase/Decrease (±%)	上升或下降 (±%) Increase/Decrease (±%)	指标值 (千瓦时/万元) Index Value(kwh/10,000yuan)	上升或下降 (±%) Increase/Decrease (±%)
全 省	**Total**	**-6.24**	**-11.87**	**589.8**	**-8.2**
长沙市	Changsha	-5.71	-14.92	345.2	-7.6
株洲市	Zhuzhou	-9.47	-18.63	568.2	-10.3
湘潭市	Xiangtan	-8.50	-12.05	687.5	-12.3
衡阳市	Hengyang	-7.11	-12.28	580.1	-7.9
邵阳市	Shaoyang	-7.52	-14.27	619.1	-7.5
岳阳市	Yueyang	-6.51	-9.91	491.1	-10.2
常德市	Changde	-7.98	-10.47	557.0	-11.6
张家界市	Zhangjiajie	-4.96	-4.54	497.9	-8.8
益阳市	Yiyang	-6.42	-10.83	574.9	-9.1
郴州市	Chenzhou	-7.78	-11.94	666.4	-8.9
永州市	Yongzhou	-7.21	-15.20	669.8	-4.5
怀化市	Huaihua	-5.08	-14.79	866.4	-3.9
娄底市	Loudi	-3.15	-7.76	1211.7	-8.2
湘西州	West Hunan	-1.92	0.26	1259.4	-4.2

19-85 规模以上工业企业综合能源消费量

Total Energy Consumption of Scale Industry

单位：万吨标准煤 (10 000 ton of SCE)

市 州	Cities and Prefecture	2009	2010	2011	2012	2013	2014
全 省	**Total**	**6279.82**	**6754.37**	**7162.93**	**6708.61**	**6733.87**	**6525.80**
长沙市	Changsha	510.42	523.18	538.28	518.46	531.55	519.19
株洲市	Zhuzhou	477.54	497.11	459.61	439.96	450.64	420.09
湘潭市	Xiangtan	693.10	753.80	799.53	681.70	654.85	637.29
衡阳市	Hengyang	634.02	669.45	720.21	637.07	600.67	505.61
邵阳市	Shaoyang	235.59	255.42	255.51	306.95	322.46	309.09
岳阳市	Yueyang	925.08	946.29	1035.75	1001.65	1029.35	1000.57
常德市	Changde	452.01	520.01	558.19	499.10	520.38	517.95
张家界市	Zhangjiajie	36.77	41.15	46.79	36.80	39.35	40.99
益阳市	Yiyang	334.54	366.55	397.55	346.63	354.47	362.14
郴州市	Chenzhou	546.15	585.33	611.67	581.85	585.37	581.26
永州市	Yongzhou	196.76	219.62	234.65	225.09	212.23	194.16
怀化市	Huaihua	255.14	282.08	308.21	270.17	240.84	214.04
娄底市	Loudi	891.75	969.25	1064.72	1052.41	1097.02	1124.56
湘西州	West Hunan	90.94	97.80	96.57	89.61	74.48	76.68

19-86 规模以上工业企业主要能源品种消费量(2014年)
Main Energy Consumption of Industrial Enterprises above Designated Size (2014)

市 州	Cities and Prefecture	能源合计(吨标准煤) Total Energy (ton of SCE)	原煤(吨) Raw Coal (ton)	洗精煤(吨) Cleaned Coal (ton)	焦炭(吨) Coke (ton)	天然气(万立方米) Natrual Gas (10 000 cu.m)
全 省	**Total**	**115799915**	**77863267**	**9110153**	**9144595**	**109659**
长沙市	Changsha	5792614	4732777		59048	34147
株洲市	Zhuzhou	5153279	4288667	3626	148747	37662
湘潭市	Xiangtan	14892865	6130483	3436890	2786897	2749
衡阳市	Hengyang	6795359	6172913	4289	526979	9309
邵阳市	Shaoyang	3974016	4062164	54963	33321	226
岳阳市	Yueyang	24501256	7571243		5398	14090
常德市	Changde	6452756	5940152	2051	114645	4289
张家界市	Zhangjiajie	482635	499364		1320	4
益阳市	Yiyang	4456495	4900498	1010	19564	931
郴州市	Chenzhou	9056663	10492150	168068	313808	3277
永州市	Yongzhou	2069533	1701455		211940	
怀化市	Huaihua	2167960	1257618	26181	171477	
娄底市	Loudi	27952492	19732116	5413075	4750991	595
湘西州	West Hunan	776561	381666		460	31

市 州	Cities and Prefecture	原油(吨) Crude Oil (ton)	汽油(吨) Gasoline (ton)	煤油(吨) Kerosene (ton)	柴油(吨) Diesel Oil (ton)	燃料油(吨) Fuel Oil (ton)	液化石油气(吨) LPG (ton)	电力(万千瓦时) Electric Power (10 000 kwh)
全 省	**Total**	**8010291**	**156697**	**2734**	**315963**	**160994**	**155233**	**9858390**
长沙市	Changsha	1	82625	531	115409	2764	428	984664
株洲市	Zhuzhou	440	8094	554	18437	89679	113104	697652
湘潭市	Xiangtan	97	2948	121	10690	1686	28	704340
衡阳市	Hengyang	72	15995	152	49164	5232		831269
邵阳市	Shaoyang		12355	245	12897	540	31640	421074
岳阳市	Yueyang	8009580	13661	94	19330	34147	7473	662528
常德市	Changde	101	2381	247	12837	414	80	997697
张家界市	Zhangjiajie		1148	4	934			44736
益阳市	Yiyang		5183	119	13168			434000
郴州市	Chenzhou		5523	462	17046	3602	20	715217
永州市	Yongzhou		803	0	6572	460	114	333766
怀化市	Huaihua		540	3	2449	21996	2250	550439
娄底市	Loudi		4575	202	20481	463	50	1090444
湘西州	West Hunan		659		13259	12	38	382373

19-87 规模以上工业企业取水总量

Water Intake Amount of Scale Industry

单位：万立方米

市 州	Cities and Prefecture	2009	2010	2011	2012	2013	20
全 省	**Total**	**623822.17**	**637189.52**	**673445.94**	**373906.66**	**388919.79**	371515.84
长沙市	Changsha	88623.72	84119.98	86186.80	94020.01	102903.89	96216.91
株洲市	Zhuzhou	60214.00	56222.11	60366.65	30868.51	30190.55	28814.69
湘潭市	Xiangtan	56850.00	57911.35	63460.81	27933.34	28374.16	25122.97
衡阳市	Hengyang	83597.94	84305.94	74964.96	24506.75	30075.80	26456.68
邵阳市	Shaoyang	36088.00	21237.49	23650.65	24977.31	24660.13	24729.59
岳阳市	Yueyang	93825.07	107312.71	117094.89	46675.85	47679.18	44266.12
常德市	Changde	40947.00	48786.60	54166.13	20803.11	20577.60	20755.57
张家界市	Zhangjiajie	3444.17	3775.31	5791.56	4463.71	4563.32	4329.23
益阳市	Yiyang	65496.68	77436.39	83895.10	14567.87	15160.41	14085.23
郴州市	Chenzhou	20673.26	25403.56	27134.84	29110.59	28329.23	247456.5
永州市	Yongzhou	25232.55	31395.45	32472.98	14417.62	14251.54	17058.62
怀化市	Huaihua	15730.00	9435.68	13640.23	11252.73	13183.54	13626.39
娄底市	Loudi	28227.91	23071.03	24318.62	24650.87	22793.43	22013.7
湘西州	West Hunan	4871.87	6775.91	6301.74	5658.39	6177.00	6583.52

注：根据国家新修订的报表制度，2012年水、火电企业用于冷却机组的河湖海冷却用水（包括循环冷却用水和直抽直排冷却用水）不计入取水量。而2007年至2011年取水量中均包括水、火电企业用于冷却机组的河湖海冷却用水。

According to the new revision of the reporting system, in 2012, thermal power enterprises for the rivers and lakes water cooling water cooling unit (including circulating cooling water and cooling water straight pulling straight row) are not included in the water. But from 2007 to 2011 water consumption in thermal power enterprises including water, for rivers and lakes sea cooling water cooling unit.

19-88 分产业法人单位数(2014年)
Corporate Units by Industry(2014)

个 (Unit)

市州	Cities and Prefecture	合计 Total	第一产业 Primary Industry	第二产业 Secondary Industry	第三产业 Tertiary Industry
全省	**Total**	**425019**	**15675**	**82288**	**327056**
长沙市	Changsha	83307	2844	15489	64974
株洲市	Zhuzhou	21079	458	5740	14881
湘潭市	Xiangtan	15957	566	3946	11445
衡阳市	Hengyang	40514	1373	7123	32018
邵阳市	Shaoyang	29911	1292	6442	22177
岳阳市	Yueyang	36156	1146	8047	26963
常德市	Changde	45019	967	7328	36724
张家界市	Zhangjiajie	9538	821	1526	7191
益阳市	Yiyang	28054	785	5719	21550
郴州市	Chenzhou	28822	1396	6150	21276
永州市	Yongzhou	24065	1011	4284	18770
怀化市	Huaihua	23334	1294	3444	18596
娄底市	Loudi	21611	1041	4431	16139
湘西州	West Hunan	17652	681	2619	14352

19-89 分机构类型法人单位数(2014年)

Corporate Units by Organization Type(2014)

单位：个 (Unit)

市州	Cities and Prefecture	合计 Total	企业 Enterprises	事业单位 Public Institution	机关 Government Department	社会团体 Social Organization	民办非企业单位 Private Non-enterprise Units	基金会 Foundation	居委会 Neighborhood Committee	村委会 Village Committee	其他组织机构 Other Organization
全省	**Total**	**425019**	**277752**	**44415**	**12947**	**11693**	**13638**	**112**	**4503**	**41905**	**18054**
长沙市	Changsha	83307	71509	3792	837	1422	1686	55	643	1258	2105
株洲市	Zhuzhou	21079	14157	1677	742	489	1223	3	329	1599	860
湘潭市	Xiangtan	15957	10342	1290	521	919	452	1	204	1637	591
衡阳市	Hengyang	40514	21796	5408	1385	1168	2271	6	530	4900	3050
邵阳市	Shaoyang	29911	14688	3459	1187	887	942	2	377	5537	2832
岳阳市	Yueyang	36156	26238	3114	956	605	654	7	350	3169	1063
常德市	Changde	45019	32604	4374	1179	1182	902	4	455	3335	984
张家界市	Zhangjiajie	9538	5014	1429	375	310	286	3	131	1522	468
益阳市	Yiyang	28054	20923	2172	594	657	485	2	217	1820	1184
郴州市	Chenzhou	28822	18053	2872	1062	1175	845	12	296	2947	1560
永州市	Yongzhou	24065	9586	4300	1389	835	1600	5	280	5119	951
怀化市	Huaihua	23334	10602	4950	1210	841	548	3	259	3834	1087
娄底市	Loudi	21611	14503	1334	611	384	712	5	243	3269	550
湘西州	West Hunan	17652	7737	4244	899	819	1032	4	189	1959	769

19-90 分行业法人单位数(2014年)
Corporate Units by Sector(2014)

单位：个 (Unit)

市州	Cities and Prefecture	合计 Total	农、林、牧、渔业 Agriculture, Forestry, Animal Husbandry and Fishing	采矿业 Mining	制造业 Manufac-turing	电力、燃气及水的生产和供应业 Production and Supply of Electricity, Gas and Water	建筑业 Construc-tion	批发和零售业 Whole-sale and Retail Trade	交通运输、仓储和邮政业 Transport, Storage and Post	住宿和餐饮业 Lodging and Catering Services	信息传输、计算机服务和软件业 Information Transmission, Computer Services and Software
全省	**Total**	**425019**	**22396**	**7151**	**61103**	**5507**	**8832**	**90472**	**6602**	**9442**	**5989**
长沙市	Changsha	83307	3442	345	12290	261	2662	24860	1283	1077	3367
株洲市	Zhuzhou	21079	640	445	4514	286	513	4074	309	411	123
湘潭市	Xiangtan	15957	736	205	3325	67	373	2846	233	244	175
衡阳市	Hengyang	40514	2430	872	5202	260	823	5286	580	986	219
邵阳市	Shaoyang	29911	2000	769	4627	702	358	3767	333	478	156
岳阳市	Yueyang	36156	1608	363	6465	207	1036	8486	813	1195	621
常德市	Changde	45019	1821	372	6010	329	649	14967	730	1509	316
张家界市	Zhangjiajie	9538	1050	306	863	177	184	974	150	367	121
益阳市	Yiyang	28054	1649	181	4949	228	387	8935	395	847	164
郴州市	Chenzhou	28822	1758	997	3686	1126	356	5092	436	979	178
永州市	Yongzhou	24065	1342	353	2905	758	276	1834	348	247	98
怀化市	Huaihua	23334	1654	425	2181	574	279	2590	354	448	193
娄底市	Loudi	21611	1417	760	2969	249	472	4939	395	457	133
湘西州	West Hunan	17652	849	758	1117	283	464	1822	243	197	125

续表1 Continued

单位：个 (Unit)

市州 Cities and Prefecture	金融业 Banking	房地产业 Real Estate	租赁和商务服务业 Leasing and Business Services	科学研究、技术服务和地质勘查业 Scientific Research, Technical Service and Geologic Perambulation	水利、环境和公共设施管理业 Water Conservancy, Environment and Public Facilities Management	居民服务和其他服务业 Services to Households and Other Services	教育 Education	卫生、社会保障和社会福利业 Sanitation, Social Security and Social Welfare	文化、体育和娱乐业 Culture,Sports and Entertainment	公共管理和社会组织 Public Management and Social Organization	国际组织 International Organization
全省 Total	**2306**	**12366**	**24433**	**13862**	**3964**	**7792**	**21750**	**16015**	**14327**	**90710**	
长沙市 Changsha	516	3316	11463	5225	563	1357	2954	985	1841	5500	
株洲市 Zhuzhou	199	847	845	500	135	189	1407	990	616	4036	
湘潭市 Xiangtan	108	518	982	424	167	145	806	352	446	3805	
衡阳市 Hengyang	252	1253	1312	1026	374	626	2586	4751	1984	9692	
邵阳市 Shaoyang	108	588	937	493	236	324	2138	1622	855	9420	
岳阳市 Yueyang	209	1139	1809	943	366	830	1787	723	1132	6424	
常德市 Changde	156	814	1622	877	423	2227	1411	1030	1238	8518	
张家界市 Zhangjiajie	53	282	518	270	167	154	495	284	193	2930	
益阳市 Yiyang	111	519	939	744	245	530	1049	538	1155	4489	
郴州市 Chenzhou	172	815	1037	1223	303	459	1451	962	971	6821	
永州市 Yongzhou	116	559	668	558	262	195	2076	1447	617	9406	
怀化市 Huaihua	87	678	947	624	257	245	1353	845	883	8717	
娄底市 Loudi	139	597	824	290	116	343	1207	389	808	5107	
湘西州 West Hunan	80	441	530	665	350	168	1030	1097	1588	5845	

19-91 “一套表”联网直报调查单位数(2014年)

“A set of table” Networking Straight Survey respondent Numbers（2014）

单位：个 (Unit)

市州	Cities and Prefecture	合计 Total	工业 Industry	建筑业 Construction	贸易业 Trade	房地产业 Real Estate	服务业 Service
全省	**Total**	**30864**	**13697**	**2553**	**6847**	**3808**	**3959**
长沙市	Changsha	6794	2590	641	1599	809	1155
株洲市	Zhuzhou	2907	1494	239	553	347	274
湘潭市	Xiangtan	1706	908	159	337	174	128
衡阳市	Hengyang	2612	991	235	623	364	399
邵阳市	Shaoyang	2057	971	146	548	218	174
岳阳市	Yueyang	2886	1348	251	533	349	405
常德市	Changde	2363	941	164	583	255	420
张家界市	Zhangjiajie	463	150	43	117	86	67
益阳市	Yiyang	1785	932	115	392	198	148
郴州市	Chenzhou	2488	1103	122	634	335	294
永州市	Yongzhou	1363	705	93	269	173	123
怀化市	Huaihua	1180	553	108	189	214	116
娄底市	Loudi	1600	738	182	363	157	160
湘西州	West Hunan	660	273	55	107	129	96

注：“一套表”联网直报单位是指规模以上工业企业、限额以上批发零售住宿餐饮企业、资质以内的建筑业企业和房地产开发企业、规模以上服务业企业。

“A set of table”Networking straight survey respondent refers to within the industrial enterprises above Designated Size, enterprises above Designated Size of whole sale and retai trade and hotels and catering services,

19-92 新增"一套表"联网直报调查单位数(2014年)

Newly Increased "A set of table" Networking Straight Survey respondent Numbers(2014)

市州	Cities and Prefecture	合计 Total	其中成长 Growthtype	工业 Industry	其中成长 Growthtype	建筑业 Construction	其中成长 Growthtype	批发业 Wholesale Trade	其中成长 Growthtype
全省	**Total**	3879	2250	1470	1001	97		317	222
长沙市	Changsha	757	476	228	179	12		104	78
株洲市	Zhuzhou	362	233	177	142	17		38	33
湘潭市	Xiangtan	223	128	97	60	5		24	14
衡阳市	Hengyang	448	283	105	81	18		36	25
邵阳市	Shaoyang	416	179	176	92	5		15	5
岳阳市	Yueyang	173	106	107	96	6		2	1
常德市	Changde	273	157	81	47	6		7	6
张家界市	Zhangjiajie	73	54	24	24	1		3	3
益阳市	Yiyang	155	88	100	59			5	4
郴州市	Chenzhou	389	204	99	58	10		46	21
永州市	Yongzhou	211	74	111	34	3		6	4
怀化市	Huaihua	108	65	41	33			12	11
娄底市	Loudi	169	132	58	47	9		16	15
湘西州	West Hunan	122	71	66	49	5		3	2

19-92 续表1 continued

市州	Cities and Prefecture	零售业 Retail Trade	其中成长 Growthtype	住宿业 Lodging Services	其中成长 Growthtype	餐饮业 Catering Services	其中成长 Growthtype	房地产业 Real Estate	其中成长 Growthtype	服务业 Service	其中成长 Growthtype
全省	**Total**	614	358	59	39	104	36	493		725	594
长沙市	Changsha	95	52	8	5	18	6	122		170	156
株洲市	Zhuzhou	24	19	4	3	19	6	40		43	30
湘潭市	Xiangtan	56	37	1	1	2	2	22		16	14
衡阳市	Hengyang	63	49	4	2	9	4	51		162	122
邵阳市	Shaoyang	113	31	4	3	14	4	37		52	44
岳阳市	Yueyang							49		9	9
常德市	Changde	92	56	5	2	17	5	18		47	41
张家界市	Zhangjiajie	9	9	8	7	1	1	17		10	10
益阳市	Yiyang	14	9	3		3		12		18	16
郴州市	Chenzhou	60	44	6	4	12	4	52		104	73
永州市	Yongzhou	32	9	6	3	5	1	19		29	23
怀化市	Huaihua	15	12	1	1			28		11	8
娄底市	Loudi	28	25	9	8	2	1	10		37	36
湘西州	West Hunan	13	6			2	2	16		17	12

19-93 退出“一套表”联网直报调查单位数(2014年)

Exited “A set of table” Networking Straight Survey respondent Numbers(2014)

单位：个 (Unit)

市州	Cities and Prefecture	合计 Total	工业 Industry	建筑业 Construction	批发业 Wholesale Trade	零售业 Retail Trade	住宿业 Lodging Services	餐饮业 Catering Services	房地产业 Real Estate	服务业 Service
全省	**Total**	**2557**	**1017**	**80**	**312**	**359**	**90**	**78**	**406**	**215**
长沙市	Changsha	664	152	22	166	88	20	40	97	79
株洲市	Zhuzhou	255	119	5	15	44	12	1	50	9
湘潭市	Xiangtan	112	54	3	8	13	2	3	19	10
衡阳市	Hengyang	422	248	4	37	74	10	6	20	23
邵阳市	Shaoyang	128	85		11	13	5	1	13	
岳阳市	Yueyang	87	21	18	17	6		3	6	16
常德市	Changde	147	42	6	9	19	9	7	29	26
张家界市	Zhangjiajie	46	6	1	1	6	7	1	20	4
益阳市	Yiyang	131	67	2	9	20	11	5	10	7
郴州市	Chenzhou	162	69	5	23	14	2	5	17	27
永州市	Yongzhou	170	81		3	25	3	3	51	4
怀化市	Huaihua	94	41	3	10	13	2	2	21	2
娄底市	Loudi	100	20	10	1	21	5		40	3
湘西州	West Hunan	39	12	1	2	3	2	1	13	5

各县(市、区)主要经济和社会统计指标

20 Main Economic and Social Statistics Indicators of Counties and Cities (Districts)

资料整理人员：

唐双全	范　毅	欧阳普
赵　宏	张　驰	孙　靖
田杰平	倪凡伟	田　原
贺淑贞	吕　燕	孟　强
何　达	陈　慧	李培楚
宋　超	鲁　喆	殷梓晴
廖闻菲	陈　思	王西军
雷芙蓉	徐　虹	邓海波
刘　洋	周　迅	陈晗文
谢　凡	汤炼坤	蔡冬娥
肖首雄	阳小林	刘　峰
赵莉淇	彭　颖	

20-1 年末常住人口(2014年)

Population at the Year-end (2014)

市县名称	Cities and Counties	总户数（万户）Households (10 000 households)	总人口（万人）Total Population (10 000 persons)	男 Male	女 Female	城镇人口 Urban	乡村人口 Rural	城市化水平(%) City Level (%)
芙蓉区	Furong District	19.01	53.92	27.17	26.75	53.92	0.00	100.00
天心区	Tianxin District	17.05	48.74	24.41	24.33	48.46	0.28	99.43
岳麓区	Yuelu District	24.89	81.89	40.50	41.39	69.91	11.98	85.37
开福区	Kaifu District	20.38	59.50	30.42	29.08	58.20	1.30	97.82
雨花区	Yuhua District	26.50	75.50	38.38	37.12	74.78	0.72	99.05
望城区	Wangcheng District	16.99	56.21	28.48	27.73	31.13	25.08	55.38
长沙县	Changsha County	31.06	103.78	53.86	49.92	59.59	44.19	57.42
宁乡县	Ningxiang County	40.08	121.84	61.66	60.18	61.04	60.80	50.10
浏阳市	Liuyang City	37.98	129.77	66.68	63.09	71.85	57.92	55.37
荷塘区	Hetang District	9.69	30.83	15.98	14.85	29.30	1.53	95.04
芦淞区	Lousong District	8.80	29.74	14.79	14.95	24.92	4.82	83.79
石峰区	Shifeng District	11.06	32.54	16.82	15.72	30.51	2.03	93.76
天元区	Tianyuan District	8.67	29.13	15.60	13.53	22.22	6.91	76.28
株洲县	Zhuzhou County	9.30	29.22	14.68	14.54	10.03	19.19	34.33
攸　县	You County	18.68	69.49	35.38	34.11	36.53	32.96	52.57
茶陵县	Chaling County	15.03	58.20	29.68	28.52	27.94	30.26	48.01
炎陵县	Yanling County	5.22	20.22	10.39	9.83	9.00	11.22	44.51
醴陵市	Liling City	25.21	96.72	49.41	47.31	51.16	45.56	52.89
雨湖区	Yuhu District	17.59	59.80	30.45	29.35	50.65	9.15	84.70
岳塘区	Yuetang District	13.67	46.76	23.81	22.95	44.73	2.03	95.66
湘潭县	Xiangtan County	25.18	85.32	43.44	41.88	30.61	54.71	35.88
湘乡市	Xiangxiang City	23.47	79.80	40.63	39.17	29.02	50.78	36.37
韶山市	Shaoshan City	2.82	9.60	4.89	4.71	4.04	5.56	42.08
珠晖区	Zhuhui District	10.63	34.06	17.22	16.84	31.05	3.01	91.16
雁峰区	Yanfeng District	7.35	21.89	10.95	10.94	21.03	0.86	96.07
石鼓区	Shigu District	7.70	23.82	11.95	11.87	22.22	1.60	93.28
蒸湘区	Zhengxiang District	10.03	30.78	15.82	14.96	27.97	2.81	90.87
南岳区	Nanyue District	1.74	6.24	3.16	3.08	4.29	1.95	68.75
衡阳县	Hengyang County	30.29	112.52	58.85	53.67	40.88	71.64	36.33
衡南县	Hengnan County	25.92	97.38	51.38	46.00	35.93	61.45	36.90
衡山县	Hengshan County	10.50	39.15	20.05	19.10	14.08	25.07	35.96
衡东县	Hengdong County	16.62	64.21	32.55	31.66	22.55	41.66	35.12
祁东县	Qidong County	29.30	99.91	51.93	47.98	38.66	61.25	38.69
耒阳市	Leiyang City	34.29	117.52	60.96	56.56	56.43	61.09	48.02
常宁市	Changning City	21.45	82.86	43.53	39.33	39.27	43.59	47.39
双清区	Shuangqing District	9.82	31.33	16.11	15.22	25.97	5.36	82.89
大祥区	Daxiang District	9.91	34.36	17.46	16.90	26.19	8.17	76.22
北塔区	Beita District	3.56	10.59	5.37	5.22	7.49	3.10	70.73

20-1 续表 1 continued

市县名称	Cities and Counties	总户数 (万户) Households (10 000 households)	总人口 (万人) Total Population (10 000 persons)	男 Male	女 Female	城镇人口 Urban	乡村人口 Rural	城市化水平 (%) City Level (%)
邵东县	Shaodong County	36.48	92.20	48.02	44.18	42.99	49.21	46.63
新邵县	Xinshao County	23.45	76.01	39.54	36.47	24.23	51.78	31.88
邵阳县	Shaoyang County	25.91	95.06	49.31	45.75	33.09	61.97	34.81
隆回县	Longhui County	33.91	109.22	57.06	52.16	31.56	77.66	28.90
洞口县	Dongkou County	24.47	78.43	40.82	37.61	29.65	48.78	37.80
绥宁县	Shuining County	10.92	35.64	18.37	17.27	10.37	25.27	29.10
新宁县	Xinning County	16.83	57.26	29.56	27.70	20.22	37.04	35.31
城步县	Chengbu County	7.75	25.91	13.47	12.44	7.81	18.10	30.14
武冈市	Wugang City	22.06	75.93	39.57	36.36	28.61	47.32	37.68
岳阳楼区	Yueyanglou District	27.29	83.30	42.09	41.21	75.53	7.77	90.67
云溪区	Yunxi District	5.81	18.01	9.29	8.72	11.56	6.45	64.19
君山区	Junshan District	7.93	24.60	12.59	12.01	13.36	11.24	54.31
岳阳县	Yueyang County	20.71	73.09	37.99	35.10	32.17	40.92	44.01
华容县	Huarong County	21.89	72.24	37.50	34.74	30.71	41.53	42.51
湘阴县	Xiangying County	21.08	69.58	36.15	33.43	31.27	38.31	44.94
平江县	Pingjiang County	26.96	97.18	50.40	46.78	38.19	58.99	39.30
汨罗市	Miluo City	21.12	70.68	36.53	34.15	36.47	34.21	51.60
临湘市	Linxiang City	14.14	50.83	26.24	24.59	23.32	27.51	45.88
武陵区	Wuling District	21.32	72.06	35.72	36.34	63.72	8.34	88.43
鼎城区	Dingcheng District	23.48	81.92	40.78	41.14	37.12	44.80	45.31
安乡县	Anxiang County	15.07	54.83	27.41	27.42	20.08	34.75	36.62
汉寿县	Hanshou County	24.65	80.69	40.83	39.86	28.27	52.42	35.04
澧　县	Li County	26.02	78.56	40.75	37.81	31.89	46.67	40.59
临澧县	Linli County	13.45	43.15	21.58	21.57	18.19	24.96	42.16
桃源县	Taoyuan County	27.54	85.98	44.13	41.85	28.79	57.19	33.48
石门县	Shimen County	19.08	59.98	30.96	29.02	22.47	37.51	37.46
津市市	Jinshi City	10.21	25.91	13.46	12.45	17.05	8.86	65.80
永定区	Yongding District	17.31	45.84	23.50	22.34	23.28	22.56	50.79
武陵源区	Wulingyuan District	2.55	6.05	3.06	2.99	3.79	2.26	62.64
慈利县	Cili County	22.43	61.20	31.42	29.78	24.80	36.40	40.52
桑植县	Sangzhi County	13.79	38.81	19.99	18.82	13.93	24.88	35.89
资阳区	Ziyang District	12.55	42.03	21.28	20.75	21.67	20.36	51.56
赫山区	Heshan District	25.14	84.22	43.14	41.08	54.80	29.42	65.07
南　县	Nan County	22.05	73.88	38.14	35.74	29.94	43.94	40.53
大通湖区	Datonghu District	3.23	10.83	5.52	5.31	4.49	6.34	41.50
桃江县	Taojiang County	23.60	79.07	40.99	38.08	31.69	47.38	40.08
安化县	Anhua County	27.27	91.35	47.13	44.22	26.06	65.29	28.53
沅江市	Yuanjiang City	20.48	68.60	35.28	33.32	32.41	36.19	47.24
北湖区	Beihu District	14.35	42.95	22.13	20.82	34.63	8.32	80.63
苏仙区	Suxian District	14.47	42.51	22.07	20.44	27.28	15.23	64.17
桂阳县	Guiyang County	27.11	71.12	37.09	34.03	31.85	39.27	44.78
宜章县	Yizhang County	16.31	58.88	30.81	28.07	24.38	34.50	41.41
永兴县	Yongxing County	16.69	54.23	28.02	26.21	24.67	29.56	45.49

20-1 续表 2 continued

市县名称	Cities and Counties	总户数（万户）Households (10 000 households)	总人口（万人）Total Population (10 000 persons)	男 Male	女 Female	城镇人口 Urban	乡村人口 Rural	城市化水平 (%) City Level (%)
嘉禾县	Jiahe County	10.38	31.12	16.19	14.93	13.61	17.51	43.73
临武县	Linwu County	12.62	39.01	20.36	18.65	14.77	24.24	37.86
汝城县	Rucheng County	10.15	33.44	17.57	15.87	11.03	22.41	32.98
桂东县	Guidong County	6.48	23.20	12.19	11.01	8.89	14.31	38.32
安仁县	Anren County	10.47	38.94	20.22	18.72	15.59	23.35	40.04
资兴市	Zixing City	11.65	34.39	17.48	16.91	21.14	13.25	61.47
零陵区	Lingling District	16.89	54.95	28.22	26.73	29.16	25.79	53.07
冷水滩区	Lengshuitan District	18.66	51.91	26.61	25.30	33.59	18.32	64.71
祁阳县	Qiyang County	24.66	87.47	44.84	42.63	36.27	51.20	41.47
东安县	Dongan County	16.75	55.97	28.86	27.11	20.31	35.66	36.29
双牌县	Shuangpai County	6.43	20.24	10.37	9.87	7.71	12.53	38.09
道　县	Dao County	16.29	62.08	33.43	28.65	24.77	37.31	39.90
江永县	Jiangyong County	7.02	23.91	12.41	11.50	7.97	15.94	33.33
宁远县	Ningyuan County	18.95	72.32	38.31	34.01	27.23	45.09	37.65
蓝山县	Lanshan County	8.71	33.68	17.40	16.28	14.22	19.46	42.22
新田县	Xintian County	9.65	33.73	17.53	16.20	12.13	21.60	35.96
江华县	Jianghua County	11.25	42.45	21.95	20.50	15.86	26.59	37.36
鹤城区	Hecheng District	19.17	60.63	30.98	29.65	56.01	4.62	92.38
中方县	Zhongfang County	7.19	24.17	12.53	11.64	7.50	16.67	31.03
沅陵县	Yuanling County	16.79	59.14	30.72	28.42	20.08	39.06	33.95
辰溪县	Chenxi County	14.06	46.13	23.95	22.18	14.90	31.23	32.30
溆浦县	Xupu County	22.81	75.04	39.01	36.03	25.07	49.97	33.41
会同县	Huitong County	9.75	32.98	16.83	16.15	10.65	22.33	32.29
麻阳县	Mayang County	9.11	34.90	18.10	16.80	10.46	24.44	29.97
新晃县	Xinhuang County	7.26	24.88	12.89	11.99	7.77	17.11	31.23
芷江县	Zhijiang County	10.26	34.60	17.94	16.66	10.23	24.37	29.57
靖州县	Jingzhou County	6.97	24.86	12.89	11.97	10.76	14.10	43.28
通道县	Tongdao County	5.85	21.02	10.92	10.10	5.90	15.12	28.07
洪江市	Hongjiang City	13.72	42.00	21.76	20.24	15.88	26.12	37.81
洪江区	Hongjiang District	2.49	6.65	3.44	3.21	5.92	0.73	89.02
娄星区	Louxing District	17.29	50.83	26.41	24.42	44.50	6.33	87.55
双峰县	Shuangfeng County	26.73	86.86	45.24	41.62	25.22	61.64	29.04
新化县	Xinhua County	33.87	112.71	58.82	53.89	33.69	79.02	29.89
冷水江市	Lengshuijiang City	11.68	33.91	17.95	15.96	26.01	7.90	76.70
涟源市	Liangyuan City	32.36	100.94	52.48	48.46	33.39	67.55	33.08
吉首市	Jishou City	10.02	31.13	15.73	15.40	22.80	8.33	73.24
泸溪县	Luxi County	8.35	28.51	14.53	13.98	11.53	16.98	40.44
凤凰县	Fenghuang County	9.18	35.75	18.60	17.15	10.98	24.77	30.71
花垣县	Huayuan County	7.85	29.41	15.28	14.13	10.99	18.42	37.37
保靖县	Baojing County	7.67	28.61	14.88	13.73	10.65	17.96	37.22
古丈县	Guzhang County	3.54	13.03	6.79	6.24	4.59	8.44	35.23
永顺县	Yongshun County	12.80	44.14	23.01	21.13	15.40	28.74	34.89
龙山县	Longshan County	16.94	51.47	26.54	24.93	17.56	33.91	34.12

20-2 计划生育指标(2014年)

Indicators of Family Plan (2014)

市县名称	Cities and Counties	出生率(‰) Birth Rate (‰)	死亡率(‰) Death Rate (‰)	自然增长率(‰) Natural Growth Rate (‰)	符合政策生育率(%) Birth Within Plan Rate (%)	已婚育龄妇女人数(万人) Married Women at Child-Bearing Age (10 000 persons)	节育率(%) Contra-ceptive Rate (%)
芙蓉区	Furong District	10.75	6.70	4.84	95.14	6.89	77.93
天心区	Tianxin District	7.77	6.30	2.51	97.15	6.27	83.68
岳麓区	Yuelu District	11.09	8.22	3.35	94.63	11.98	85.29
开福区	Kaifu District	10.59	7.85	2.35	96.26	8.57	83.25
雨花区	Yuhua District	11.24	8.00	4.00	95.91	10.34	84.32
望城区	Wangcheng District	14.13	8.58	5.78	92.12	12.18	87.50
长沙县	Changsha County	14.42	6.87	6.98	91.81	17.89	85.43
宁乡县	Ningxiang County	13.35	6.63	6.60	82.32	30.25	84.54
浏阳市	Liuyang City	15.01	7.51	7.50	84.65	31.29	87.44
荷塘区	Hetang District	9.35	8.16	1.87	90.01	3.79	86.89
芦淞区	Lusong District	12.45	6.14	6.27	89.91	4.67	84.89
石峰区	Shifeng District	10.99	7.50	5.06	91.64	5.16	88.13
天元区	Tianyuan District	11.76	8.13	4.08	91.02	4.94	89.00
株洲县	Zhuzhou County	13.77	7.63	6.67	83.15	7.47	90.55
攸　县	You County	15.44	7.44	7.53	82.09	17.73	90.04
茶陵县	Chaling County	15.60	6.64	9.57	81.24	13.41	93.52
炎陵县	Yanling County	14.71	7.24	7.68	80.39	4.39	90.54
醴陵市	Liling City	14.20	8.30	5.94	84.03	22.04	92.41
雨湖区	Yuhu District	10.87	7.42	3.34	89.04	10.15	90.35
岳塘区	Yuetang District	7.54	6.64	1.86	96.77	6.80	88.38
湘潭县	Xiangtan County	13.20	6.44	6.39	84.16	20.13	88.66
湘乡市	Xiangxiang City	13.47	6.54	6.93	81.14	19.51	90.91
韶山市	Shaoshan City	8.33	6.32	5.02	91.62	2.38	89.50
珠晖区	Zhuhui District	10.10	6.73	3.27	90.83	5.87	84.48
雁峰区	Yanfeng District	9.76	6.88	3.28	91.27	4.11	83.28
石鼓区	Shigu District	9.09	7.39	2.84	93.01	4.40	87.60
蒸湘区	Zhengxiang District	12.10	7.38	4.20	91.50	5.25	90.08
南岳区	Nanyue District	16.95	6.71	4.66	90.82	1.26	88.50
衡阳县	Hengyang County	14.69	6.44	8.23	78.64	25.02	88.02
衡南县	Hengnan County	15.18	6.83	8.29	74.16	22.05	91.44
衡山县	Hengshan County	15.28	6.84	7.89	77.84	9.10	90.45
衡东县	Hengdong County	14.71	8.01	6.48	77.10	15.23	91.35
祁东县	Qidong County	14.14	7.08	6.84	77.95	20.93	88.84
耒阳市	Leiyang City	15.37	6.49	8.73	76.20	29.68	84.99
常宁市	Changning City	15.96	6.66	8.93	71.53	18.53	91.07
双清区	Shuangqing District	10.56	7.34	3.18	85.22	5.63	90.40
大祥区	Daxiang District	12.42	6.72	4.38	83.88	6.59	89.05
北塔区	Beita District	10.10	6.87	6.84	79.32	1.99	92.77
邵东县	Shaodong County	13.85	7.20	6.71	78.20	25.06	90.42
新邵县	Xinshao County	12.52	7.92	4.89	79.22	15.53	92.29

20-2 续表 1 continued

市县名称	Cities and Counties	出生率 (‰) Birth Rate (‰)	死亡率 (‰) Death Rate (‰)	自然增长率 (‰) Natural Growth Rate (‰)	符合政策生育率 (%) Birth Within Plan Rate (%)	已婚育龄妇女人数 (万人) Married Women at Child-Bearing Age (10 000 persons)	节育率 (%) Contra-ceptive Rate (%)
邵阳县	Shaoyang County	13.31	7.78	6.04	79.36	20.29	93.67
隆回县	Longhui County	13.88	7.47	6.79	76.03	24.45	92.03
洞口县	Dongkou County	12.70	6.96	6.26	78.00	16.79	86.29
绥宁县	Shuining County	15.58	7.45	7.00	82.14	7.54	90.72
新宁县	Xinning County	15.41	7.37	7.78	81.84	13.00	92.69
城步县	Chengbu County	17.54	7.85	9.01	86.98	5.75	91.62
武冈市	Wugang City	13.50	6.78	7.39	76.63	16.22	91.61
岳阳楼区	Yueyanglou District	11.33	6.86	4.41	79.40	13.93	87.38
云溪区	Yunxi District	11.24	6.68	4.73	85.59	3.74	90.38
君山区	Junshan District	11.72	7.28	4.52	83.70	5.11	91.49
岳阳县	Yueyang County	14.97	6.46	7.92	76.24	15.08	86.20
华容县	Huarong County	13.26	8.19	4.57	84.70	15.98	91.59
湘阴县	Xiangying County	13.32	6.86	6.02	84.67	15.62	91.19
平江县	Pingjiang County	13.65	6.57	7.51	77.40	22.92	90.37
汨罗市	Miluo City	14.51	6.54	7.37	84.99	14.54	88.43
临湘市	Linxiang City	14.90	7.26	8.23	75.38	11.03	91.36
屈原区	Quyuan District	11.76	7.16	2.77	85.41	1.77	92.12
武陵区	Wuling District	9.14	7.04	2.97	92.03	11.26	91.98
鼎城区	Dingcheng District	10.87	7.34	2.97	89.39	16.25	91.90
安乡县	Anxiang County	8.33	7.70	0.94	91.49	11.77	89.78
汉寿县	Hanshou County	11.88	6.79	4.91	84.31	17.82	89.69
澧　县	Li County	10.49	7.35	3.49	88.52	19.72	93.47
临澧县	Linli County	10.89	7.03	3.75	88.93	9.57	89.49
桃源县	Taoyuan County	10.95	8.12	2.52	89.50	20.17	90.74
石门县	Shimen County	10.19	6.78	4.06	87.41	13.97	89.95
津市市	Jinshi City	7.78	6.99	0.96	89.52	4.77	94.51
永定区	Yongding District	13.07	7.24	4.88	87.99	8.68	91.70
武陵源区	Wulingyuan District	18.87	6.75	5.80	91.18	1.12	92.40
慈利县	Cili County	11.51	8.28	3.59	85.39	13.84	89.19
桑植县	Sangzhi County	14.93	7.76	6.37	84.57	9.07	84.32
资阳区	Ziyang District	13.79	6.40	6.50	82.65	8.61	92.61
赫山区	Heshan District	12.62	8.00	4.60	82.62	18.66	92.43
南　县	Nan County	12.86	6.81	5.53	81.68	14.14	88.93
大通湖区	Datonghu District	8.85	7.99	2.07	89.99	2.15	90.66
桃江县	Taojiang County	14.44	6.57	7.42	80.10	18.70	92.58
安化县	Anhua County	15.37	7.37	7.66	76.04	21.17	91.65
沅江市	Yuanjiang City	13.11	7.34	5.48	82.44	15.85	91.18
北湖区	Beihu District	11.59	5.88	5.86	85.37	7.16	89.85
苏仙区	Suxian District	10.87	6.86	5.31	84.89	7.18	90.29
桂阳县	Guiyang County	13.57	6.18	7.75	76.21	17.23	90.60
宜章县	Yizhang County	14.38	7.96	6.72	76.26	12.31	87.67

20-2 续表 2 continued

市县名称	Cities and Counties	出生率(‰) Birth Rate (‰)	死亡率(‰) Death Rate (‰)	自然增长率(‰) Natural Growth Rate (‰)	符合政策生育率(%) Birth Within Plan Rate (%)	已婚育龄妇女人数(万人) Married Women at Child-Bearing Age (10 000 persons)	节育率(%) Contra-ceptive Rate (%)
永兴县	Yongxing County	11.96	6.82	5.93	81.95	13.20	92.43
嘉禾县	Jiahe County	14.39	6.86	6.91	74.60	8.07	92.40
临武县	Linwu County	13.33	6.23	7.11	66.06	7.00	93.24
汝城县	Rucheng County	14.60	7.49	8.41	77.65	8.22	91.78
桂东县	Guidong County	14.56	8.19	5.52	80.37	3.90	90.33
安仁县	Anren County	15.56	7.04	7.59	78.74	8.92	91.98
资兴市	Zixing City	12.92	8.22	4.09	84.16	7.62	89.28
零陵区	Lingling District	14.33	7.60	6.89	79.35	12.26	91.63
冷水滩区	Lengshuitan District	14.65	7.13	7.18	78.36	11.12	89.18
祁阳县	Qiyang County	13.73	7.52	6.22	75.90	20.14	91.44
东安县	Dongan County	15.65	7.14	8.04	78.15	12.46	88.34
双牌县	Shuangpai County	16.30	7.56	7.02	80.14	3.69	87.03
道　县	Dao County	15.65	7.13	8.53	76.09	14.61	88.72
江永县	Jiangyong County	14.23	6.63	7.80	80.56	5.50	92.15
宁远县	Ningyuan County	13.82	7.23	6.88	80.37	16.03	91.92
蓝山县	Lanshan County	15.00	8.17	6.35	76.16	7.83	89.58
新田县	Xintian County	14.39	7.10	8.47	77.59	8.09	90.25
江华县	Jianghua County	17.01	6.62	11.42	85.87	10.42	88.56
鹤城区	Hecheng District	13.33	7.26	5.36	84.36	7.84	91.26
中方县	Zhongfang County	16.84	6.66	8.82	76.82	6.07	92.83
沅陵县	Yuanling County	12.01	7.85	4.34	82.78	12.93	89.42
辰溪县	Chenxi County	14.52	5.85	8.16	80.47	10.70	87.94
溆浦县	Xupu County	13.96	7.74	6.63	78.64	18.42	91.77
会同县	Huitong County	13.55	8.02	6.05	79.78	7.58	88.77
麻阳县	Mayang County	14.67	6.44	7.90	91.74	7.71	83.22
新晃县	Xinhuang County	14.71	6.74	7.71	89.09	5.16	82.37
芷江县	Zhijiang County	12.72	7.94	4.94	90.92	7.52	92.77
靖州县	Jingzhou County	14.44	7.14	9.07	94.14	5.53	89.05
通道县	Tongdao County	16.60	6.96	8.04	94.59	4.66	86.78
洪江市	Hongjiang City	11.16	7.57	4.18	82.65	8.71	91.76
洪江区	Hongjiang District	13.89	7.78	-0.25	90.13	1.27	86.26
娄星区	Louxing District	12.68	7.21	5.30	84.17	9.75	91.43
双峰县	Shuangfeng County	13.47	6.33	7.36	79.99	19.41	92.75
新化县	Xinhua County	14.72	7.23	7.77	80.35	28.56	94.39
冷水江市	Lengshuijiang City	12.53	7.27	5.53	81.82	7.93	97.42
涟源市	Liangyuan City	12.66	7.84	5.06	81.78	22.65	91.42
吉首市	Jishou City	10.20	6.37	5.54	86.41	5.62	89.09
泸溪县	Luxi County	15.67	7.44	7.04	82.93	5.87	91.13
凤凰县	Fenghuang County	16.87	6.42	9.54	82.14	7.68	84.26
花垣县	Huayuan County	12.66	5.74	8.23	81.65	5.87	90.59
保靖县	Baojing County	12.82	6.97	6.09	83.15	6.12	86.19
古丈县	Guzhang County	13.42	6.14	7.10	83.55	2.62	88.38
永顺县	Yongshun County	14.60	7.72	7.38	82.15	10.37	78.71
龙山县	Longshan County	16.89	6.72	9.44	81.82	11.73	83.89

20-3 从业人员年末人数(2014年)

Employment at the Year-end (2014)

单位：万人 (10 000 persons)

市县名称	Cities and Counties	从业人员人数 Number of Em-polyed Persons	在岗职工 Staff and Workers on the Job	#国有经济 State-owned Units	#城镇集体经济 Urban Collec-tive Owned Units	城镇个体从业人员 Empoly-Persons in Urban Self Em-polyed Indi-viduals	城镇私营企业从业人员 polyed Persons in Urban Private Enter-prises	农村从业人员 Rural Em-polyed Persons	其他从业人员 Other Em-polyed Persons
芙蓉区	Furong District	28.55	16.14	5.82	0.38	5.91	3.24	2.26	1.00
天心区	Tianxin District	25.50	11.96	2.69	0.12	7.37	4.27	1.23	0.67
岳麓区	Yuelu District	43.13	16.99	5.48	0.15	6.54	3.83	14.80	0.97
开福区	Kaifu District	30.81	11.42	3.13	0.13	6.63	3.25	9.10	0.41
雨花区	Yuhua District	38.06	18.35	5.30	0.47	7.38	5.76	4.09	2.48
望城区	Wangcheng District	42.59	8.46	1.56	0.15	2.75	2.75	28.04	0.59
长沙县	Changsha County	73.46	19.13	2.90	0.21	4.40	5.27	44.09	0.57
宁乡县	Ningxiang County	84.96	6.29	2.42	0.27	2.49	5.31	70.42	0.44
浏阳市	Liuyang City	93.52	15.22	2.28	0.51	4.22	7.92	65.45	0.71
荷塘区	Hetang District	12.67	4.25	1.56	0.06	3.01	1.94	2.68	0.79
芦淞区	Lusong District	19.02	6.15	3.24	0.02	4.43	3.15	4.66	0.63
石峰区	Shifeng District	18.42	6.91	0.99	0.02	3.23	3.52	3.96	0.79
天元区	Tianyuan District	14.92	6.81	2.50	0.03	0.70	0.71	5.98	0.72
株洲县	Zhuzhou County	21.49	2.33	0.84	0.07	0.71	0.55	17.50	0.40
攸 县	You County	47.77	3.09	1.62	0.21	1.72	1.16	41.70	0.10
茶陵县	Chaling County	33.91	2.51	1.49	0.28	0.77	0.22	30.21	0.20
炎陵县	Yanling County	12.30	1.32	0.79	0.03	0.27	0.25	10.37	0.10
醴陵市	Liling City	65.88	8.01	2.29	0.17	2.57	3.16	51.95	0.19
雨湖区	Yuhu District	31.27	8.35	2.72	0.24	3.85	2.06	16.37	0.64
岳塘区	Yuetang District	21.23	9.60	2.23	0.28	2.65	1.04	5.16	2.78
湘潭县	Xiangtan County	61.18	4.10	1.63	0.26	1.43	0.24	55.32	0.09
湘乡市	Xiangxiang City	58.92	5.07	2.06	0.12	3.18	2.87	47.50	0.30
韶山市	Shaoshan City	7.71	0.82	0.41	0.01	0.76	0.07	6.02	0.03
珠晖区	Zhuhui District	21.07	3.55	1.57	0.12	7.04	4.64	5.80	0.05
雁峰区	Yanfeng District	17.20	5.65	1.27	0.16	6.77	2.42	2.09	0.28
石鼓区	Shigu District	18.48	4.92	1.87	0.23	7.72	2.86	2.32	0.66
蒸湘区	Zhengxiang District	23.31	7.25	2.78	0.26	6.78	4.53	3.73	1.03
南岳区	Nanyue District	4.93	0.71	0.37	0.02	1.40	0.79	1.86	0.17
衡阳县	Hengyang County	69.41	6.98	2.98	0.54	6.70	5.40	50.27	0.06
衡南县	Hengnan County	61.73	5.34	2.44	0.18	2.23	2.70	50.81	0.65
衡山县	Hengshan County	30.49	1.95	0.98	0.05	1.28	0.94	26.25	0.06
衡东县	Hengdong County	38.20	2.74	1.56	0.15	5.47	2.55	27.34	0.10
祁东县	Qidong County	61.15	3.16	1.75	0.09	2.28	2.16	53.11	0.44
耒阳市	Leiyang City	75.07	5.59	3.09	0.19	6.18	6.57	56.52	0.22
常宁市	Changning City	55.39	4.67	2.59	0.12	2.39	5.95	42.21	0.17
双清区	Shuangqing District	23.76	6.51	1.82	0.22	6.61	2.40	7.51	0.73
大祥区	Da xiang District	19.27	3.91	2.40	0.24	3.24	2.57	8.82	0.73
北塔区	Beita District	8.14	1.40	0.72	0.10	1.90	1.49	3.26	0.09

20-3 续表 1 continued

单位：万人 (10 000 persons)

市县名称	Cities and Counties	从业人员人数 Number of Em-polyed Persons	在岗职工 Staff and Workers on the Job	#国有经济 State-owned Units	#城镇集体经济 Urban Collec-tive Owned Units	城镇个体从业人员 Empoly-Persons in Urban Self Em-polyed Indi-viduals	城镇私营企业从业人员 polyed Persons in Urban Private Enter-prises	农村从业人员 Rural Em-polyed Persons	其他从业人员 Other Em-polyed Persons
邵东县	Shaodong County	71.76	3.95	2.19	0.21	10.71	4.21	52.80	0.09
新邵县	Xinshao County	60.28	2.76	1.48	0.04	6.71	1.61	49.08	0.12
邵阳县	Shaoyang County	66.38	3.30	1.85	0.53	4.88	1.44	56.62	0.14
隆回县	Longhui County	72.52	3.26	2.10	0.05	6.85	1.78	60.57	0.06
洞口县	Dongkou County	58.93	2.77	1.78	0.03	4.90	1.35	49.57	0.34
绥宁县	Shuining County	26.93	1.68	1.08	0.03	2.81	1.72	20.38	0.34
新宁县	Xinning County	43.81	2.33	1.43	0.07	5.13	1.43	34.73	0.19
城步县	Chengbu County	16.31	1.18	0.94	0.01	2.29	0.44	12.20	0.20
武冈市	Wugang City	49.52	2.63	1.60	0.28	4.70	1.25	40.56	0.38
岳阳楼区	Yueyanglou District	52.60	14.38	5.31	0.21	18.86	2.98	13.72	2.66
云溪区	Yunxi District	12.90	3.79	0.69	0.23	1.77	1.11	5.72	0.51
君山区	Junshan District	13.70	1.78	1.19	0.18	1.44	1.06	9.35	0.06
岳阳县	Yueyang County	40.46	2.57	1.31	0.11	4.04	1.74	31.94	0.17
华容县	Huarong County	41.96	3.48	1.42	0.48	4.43	2.13	31.49	0.43
湘阴县	Xiangyin County	50.77	5.01	2.17	0.07	6.35	2.54	36.38	0.49
平江县	Pingjiang County	66.09	4.52	2.81	0.20	5.58	2.48	52.96	0.55
汨罗市	Miluo City	46.09	4.81	2.08	0.26	8.71	2.73	29.31	0.53
临湘市	Linxiang City	32.25	2.46	1.45	0.18	5.36	1.46	22.57	0.40
武陵区	Wuling District	31.75	12.54	4.18	0.12	4.96	2.13	11.50	0.62
鼎城区	Dingchen District	47.10	4.25	1.81	0.01	4.53	1.71	36.28	0.33
安乡县	Anxiang County	34.26	3.77	1.26	0.03	1.74	1.08	27.58	0.09
汉寿县	Hanshou County	45.64	3.44	1.49	0.09	1.16	0.71	40.24	0.09
澧 县	Li County	54.90	4.80	2.17	0.14	3.97	2.22	43.69	0.22
临澧县	Linli County	33.96	1.76	1.06	0.03	1.88	3.98	26.23	0.11
桃源县	Taoyuan County	60.50	4.19	1.84	0.14	5.37	2.18	48.52	0.24
石门县	Shimen County	40.96	2.84	1.47	0.01	2.73	1.93	33.19	0.27
津市市	Jinshi City	12.97	2.56	0.80	0.04	1.49	0.63	8.26	0.03
永定区	Yongding District	26.82	3.80	2.02	0.03	1.08	1.48	20.24	0.22
武陵源区	Wulingyuan District	3.58	0.65	0.39	0.00	0.20	0.07	2.57	0.09
慈利县	Cili County	37.63	2.05	1.43	0.13	0.73	0.83	33.47	0.55
桑植县	Sangzhi County	27.56	1.76	1.21	0.00	0.50	0.52	24.69	0.09
资阳区	Ziyang District	21.85	2.20	1.22	0.09	1.14	0.41	18.02	0.07
赫山区	Heshan District	64.97	10.96	3.79	0.38	5.49	8.64	37.83	2.06
南 县	Nan County	37.42	2.40	1.43	0.00	1.23	0.43	33.06	0.30
大通湖区	Datonghu District	4.56	0.25	0.24	0.00	0.37	0.23	3.67	0.04
桃江县	Taojiang County	47.77	3.26	1.63	0.10	1.94	0.69	41.29	0.59
安化县	Anhua County	50.21	2.81	1.87	0.23	1.30	1.38	44.48	0.24
沅江市	Yuanjiang City	43.15	3.18	1.94	0.22	4.09	2.65	32.84	0.39
北湖区	Beihu District	32.00	8.19	3.76	0.08	7.75	5.77	9.56	0.73
苏仙区	Suxian District	24.50	5.22	2.08	0.08	2.42	1.62	14.72	0.52
桂阳县	Guiyang County	54.08	4.00	1.96	0.15	3.76	1.71	44.32	0.29
宜章县	Yizhang County	36.73	2.41	1.43	0.04	3.00	1.54	29.65	0.13
永兴县	Yongxing County	37.37	2.50	1.67	0.14	3.09	1.47	30.22	0.09

20-3 续表 2 continued

单位：万人 (10 000 persons)

市县名称	Cities and Counties	从业人员人数 Number of Em-polyed Persons	在岗职工 Staff and Workers on the Job	#国有经济 State-owned Units	#城镇集体经济 Urban Collec-tive Owned Units	城镇个体从业人员 Empoly-Persons in Urban Self Em-polyed Indi-viduals	城镇私营企业从业人员 polyed Persons in Urban Private Enter-prises	农村从业人员 Rural Em-polyed Persons	其他从业人员 Other Em-polyed Persons
嘉禾县	Jiahe County	24.81	1.63	1.06	0.12	1.43	1.11	20.49	0.15
临武县	Linwu County	23.05	1.52	0.83	0.14	1.59	0.82	19.01	0.11
汝城县	Rucheng County	24.94	0.96	0.70	0.00	1.77	0.97	21.17	0.07
桂东县	Guidong County	13.82	0.87	0.53	0.03	1.35	0.65	10.82	0.13
安仁县	Anren County	28.28	1.60	1.11	0.01	1.86	1.25	23.50	0.07
资兴市	Zixing City	27.03	4.64	1.19	0.01	2.53	1.11	18.05	0.70
零陵区	Lingling District	32.13	3.73	2.49	0.19	2.20	0.24	25.76	0.20
冷水滩区	Lengshuitan District	35.81	5.63	2.93	0.16	5.09	4.91	19.75	0.42
祁阳县	Qiyang County	58.07	5.28	2.71	0.32	2.74	0.97	48.69	0.38
东安县	Dongan County	31.24	2.54	2.02	0.05	0.83	0.15	27.28	0.44
双牌县	Shuangpai County	8.75	1.08	0.76	0.06	0.49	0.22	6.90	0.06
道　县	Dao County	36.92	2.45	1.68	0.44	0.87	0.27	33.18	0.16
江永县	Jiangyong County	15.87	1.21	0.92	0.14	0.91	0.14	13.57	0.03
宁远县	Ningyuan Couny	45.63	2.94	1.67	0.14	1.95	0.25	40.36	0.13
蓝山县	Lanshan County	24.00	2.41	0.98	0.12	0.73	0.28	20.45	0.14
新田县	Xintian County	24.75	1.55	1.05	0.01	0.71	0.49	21.91	0.09
江华县	Jianghua County	28.90	1.74	1.31	0.07	1.68	0.20	25.23	0.05
鹤城区	Hecheng District	25.85	6.79	4.16	0.07	5.93	9.69	2.86	0.59
中方县	Zhongfang County	18.34	1.43	0.82	0.00	1.23	5.48	10.14	0.07
沅陵县	Yuanling County	38.54	2.71	1.69	0.17	2.97	4.87	27.90	0.09
辰溪县	Chenxi County	30.23	2.22	1.36	0.29	3.09	3.54	21.08	0.30
溆浦县	Xupu County	50.65	3.15	2.54	0.30	3.64	4.34	39.40	0.11
会同县	Huitong County	24.74	1.24	0.97	0.05	1.57	2.79	19.01	0.14
麻阳县	Mayang County	21.25	1.60	1.14	0.15	2.18	1.72	15.73	0.02
新晃县	Xinhuang County	15.36	1.01	0.84	0.07	1.27	2.64	10.37	0.06
芷江县	Zhijiang County	22.02	1.49	1.07	0.06	1.62	1.61	17.25	0.06
靖州县	Jingzhou County	16.58	1.52	1.23	0.15	1.67	2.15	11.07	0.18
通道县	Tongdao County	14.87	0.87	0.78	0.01	1.00	2.48	10.36	0.16
洪江市	Hongjiang City	23.00	2.17	1.28	0.11	0.43	0.64	19.65	0.11
洪江区	Hongjiang District	2.80	0.31	0.29	0.02	0.40	0.74	1.28	0.07
娄星区	Louxing District	23.22	10.30	3.53	0.73	6.05	0.71	5.38	0.78
双峰县	Shuangfeng County	34.73	4.07	1.88	0.18	1.84	0.93	27.73	0.16
新化县	Xinhua County	54.86	3.80	2.26	0.46	1.95	1.09	47.89	0.13
冷水江市	Lengshuijiang City	15.26	6.55	1.97	1.45	1.31	1.08	6.20	0.12
涟源市	Liangyuan City	45.70	4.17	2.46	0.35	4.96	1.92	34.42	0.23
吉首市	Jishou City	20.70	4.58	2.92	0.16	2.29	3.54	9.72	0.57
泸溪县	Luxi County	21.50	1.06	0.95	0.06	2.09	3.16	15.15	0.04
凤凰县	Fenghuang County	26.54	1.41	1.15	0.06	1.11	4.43	19.54	0.05
花垣县	Huayuan County	21.83	1.34	1.03	0.03	2.48	2.86	15.02	0.13
保靖县	Baojing County	19.64	1.05	0.91	0.06	0.97	2.54	15.07	0.00
古丈县	Guzhang County	9.49	0.61	0.55	0.01	0.35	0.86	7.63	0.04
永顺县	Yongsun County	35.44	1.85	1.51	0.14	0.77	5.21	27.58	0.02
龙山县	Longshan County	35.10	1.78	1.57	0.05	0.79	5.63	26.82	0.08

20-4 国有经济各行业在岗职工年末人数(2014年)

Employed Staff and Workers in State-Owned Units by Sector at the Year-end (2014)

单位：人

市县名称	Cities and Counties	农林牧渔业 Agriculture, Forestry, Farming of Animals and Fishing	采矿业 Minging Industry	制造业 Manufacturing	电力、热力、燃气及水的生产和供应业 Production and Distribution of Electricity, Heat,Gas and Water	建筑业 Construction	批发和零售业 Wholesale and Retail Trade	交通运输仓储和邮政业 Traffic, Transport, Storage and Post	住宿和餐饮业 Accommodation and Restaurants
芙蓉区	Furong District			484		1540	401	3822	1636
天心区	Tianxin District		4	1921		8993	141		156
岳麓区	Yuelu District	24		2432		554	17	821	699
开福区	Kaifu District			411			315	249	622
雨花区	Yuhua District			12011	60602	7967	1040	955	976
望城区	Wangcheng District			998	66			82	78
长沙县	Changsha County			631			62	3790	
宁乡县	Ningxiang County	33		616	43	255		161	
浏阳市	Liuyang City		217	115	218		21	344	49
荷塘区	Hetang District			2831			52	95	
芦淞区	Lusong District			4488	1205		798		272
石峰区	Shifeng District			2989				170	
天元区	Tianyuan District			41	95	277	15	2761	258
株洲县	Zhuzhou County	12	520	238	323		41	70	50
攸　县	You County		745		277		130	12	
茶陵县	Chaling County	741	1180		231	740	56	132	
炎陵县	Yanling County	93		320	763			96	106
醴陵市	Liling City	51		2014	436	405	160	230	
雨湖区	Yuhu District			99			88	3679	
岳塘区	Yuetang District			1870		330	398	318	
湘潭县	Xiangtan County		10		12				
湘乡市	Xiangxiang City	19		2445	622	70		87	
韶山市	Shaoshan City	23					12		360
珠晖区	Zhuhui District	148		423		4210	28	126	16
雁峰区	Yanfeng District			649		347	135		
石鼓区	Shigu District			76	95	127	102	110	
蒸湘区	Zhengxiang District			6598		66	1337	2442	
南岳区	Nanyue District				73			41	60
衡阳县	Hengyang County	199			84	1309	45		170
衡南县	Hengnan County	28				872	159	333	
衡山县	Hengshan County	42			174		37	178	
衡东县	Hengdong County	125			1322		57	294	
祁东县	Qidong County					276	40	166	
耒阳市	Leiyang City				2102	875	110	303	
常宁市	Changning City				832	518	59	326	
双清区	Shuangqing District		127	1267	777	1658	199	3165	
大祥区	Da xiang District	34		328	253	1739	33		
北塔区	Beita District	95					115	4434	

续表　continued

(person)

信息传输软件和信息技术服务业 Information Transfer,Software and Information technology Services	金融业 Finance	房地产业 Real Estate Trade	租赁和商务服务业 Tenancy and Business Services	科学研究和技术服务业 Scientific Research, Technical Service	水利环境和公共设施管理业 Management of Water Conservancy, Environment and Public Establishment	居民服务修理和其他服务业 Resident Services, Repair and Other Services	教育 Education	卫生和社会工作 Sanitation and Social Work	文化体育和娱乐业 Culture, Sports and Enter-tainment	公共管理社会保障和社会组织 Public Management, Social Security and Social Organization
167	3969	811	539	10798	530		9749	9220	1450	13124
	462	1612	254	2779	426	92	5987	1504	1180	5282
41	185	171	159	1467	1498	77	25302	8187	26	13123
33	141	1126	509	1580	753		3370	9155	6556	6499
	298	164	703	11435	3038	180	10431	9669	2223	3644
18			105	267	226		4197	1148	110	8297
	13		52	1383	319		13981	3762	27	4955
		243	298	696	636	21	8716	3864	459	8197
	97		45	130	120		5766	4860	287	10488
		17	1792	730	360		4079	1415	29	4221
1098	13	191	109	2182	357		8616	5563	341	3220
		35	8	1188	155		2627	1085		1687
1033	206	23	152	1499	789		5806	1300	388	10320
			35	49	70		2442	1122	26	3399
			178	14	1032		4820	2204	323	6476
			385	180	374		4386	1619	188	4641
		26	193	156	516		1728	704	187	3053
		204	120	248	548	22	8025	4859	156	5468
	261	300	265	1395	2634	71	9006	4440	233	4696
98	379	48	210	668	51		5524	2816	691	8912
		6		82	90		5738	2888	205	7305
		114	44	126	403		5785	3318	192	7384
		12	29	34	328		802	396	234	1857
28		18	178	34	75		4708	3001	183	2499
	145	665	104	987	1022	8	2554	2869	197	3044
1511		19	173	135	211	63	2839	4831	980	7396
	268	36	71	1094	150		3727	1183	346	10417
71			32	296	342		496	604	91	1559
	60		30	552	1471	27	11377	4075	230	10187
191	57		148	276	183		9538	2570	82	9981
	66	41	143	231	291		3436	1788	147	3209
	65		83	690	329	25	5859	1812	179	4752
		20	150	839	174	29	2377	2500	230	10736
	490	35	242	1066	1500		9473	4104	1099	9535
181		58	147	177	965		10037	3491	84	9069
22	21	52		115	38	57	2397	3191	75	5060
110	1567	64	303	1131	955		4937	4285	524	7733
	43		10	212	7	4	549	202		1576

20-4 续表 1

单位：人

市县名称	Cities and Counties	农林牧渔业 Agriculture, Forestry, Farming of Animals and Fishing	采矿业 Mining Industry	制造业 Manufacturing	电力、热力、燃气及水的生产和供应业 Production and Distribution of Electricity,Heat,Gas and Water	建筑业 Construction	批发和零售业 Wholesale and Retail Trade	交通运输仓储和邮政业 Traffic, Transport, Storage and Post	住宿和餐饮业 Accommodation and Restaurants
邵东县	Shaodong County	57			964	516	72	782	
新邵县	Xinshao County	223			285		138	793	
邵阳县	Shaoyang County	4	904		170		760	506	
隆回县	Longhui County				568	1348		974	
洞口县	Dongkou County	335	748		468		214	711	9
绥宁县	Shuining County	38	52	313	1051		323	467	
新宁县	Xinning County	388			668			498	
城步县	Chengbu County	796			99		230	472	41
武冈市	Wugang City		235		336		315	683	54
岳阳楼区	Yueyanglou District	18			792	2761	1211	4297	196
云溪区	Yunxi District			15	131		10		
君山区	Junshan District	888		1178	353	2952	53	182	
岳阳县	Yueyang County			468		563	152	449	
华容县	Huarong County	75		322	239	30	105		
湘阴县	Xiangyin County			45	365	211	166	78	96
平江县	Pingjiang County	5	268	485	160		450	818	98
汨罗市	Miluo City	124			16	1814	571	566	420
临湘市	Linxiang City	50		1079	323		1326	194	67
武陵区	Wuling District	49		50	745	4268	1724	2777	410
鼎城区	Dingchen District	525			167			270	
安乡县	Anxiang County	40						230	
汉寿县	Hanshou County	10		726	304		25	179	
澧县	Li County		838		169	294	50	284	
临澧县	Linli County	30			143			288	
桃源县	Taoyuan County	73		126	292	35	8	44	
石门县	Shimen County	55			198			46	92
津市市	Jinshi City		1345	372	190			16	44
永定区	Yongding District	163		4	208	328	268	1517	201
武陵源区	Wulingyuan District				58			88	248
慈利县	Cili County		300	4	560		82	276	10
桑植县	Sangzhi County	425	937		808		18	454	
资阳区	Ziyang District			8		2256	203	81	
赫山区	Heshan District	28		292	572	1158	790	2834	72
南县	Nan County			58	116			11	
大通湖区	Datonghu District			5	115			49	
桃江县	Taojiang County	62			142	225			
安化县	Anhua County	7	340	737	1214	61	249	6	3
沅江市	Yuanjiang City	131			118	59	425	25	
北湖区	Beihu District			1035	179	1301	5359	3848	164
苏仙区	Suxian District	298		85	471	1520	104	132	50
桂阳县	Guiyang County	15			133	205	309	226	
宜章县	Yizhang County	42			567	221	152	13	66
永兴县	Yongxing County	65	1428	4	316	433	298	264	95

续表　continued

(person)

信息传输软件和信息技术服务业 Information Transfer,Software and Information technology Services	金融业 Finance	房地产业 Real Estate Trade	租赁和商务服务业 Tenancy and Business Services	科学研究和技术服务业 Scientific Research and Technical Services	水利环境和公共设施管理业 Management of Water Conservancy, Environment and Public Establishment	居民服务修理和其他服务业 Resident Services , Repair and Other Services	教育 Education	卫生和社会工作 Sanitation and Social Work	文化体育和娱乐业 Culture, Sports and Enter-tainment	公共管理社会保障和社会组织 Public Management, Social Security and Social Organization
212	377	111	168	89	958		7620	3271	132	6544
	162		85	89	431		5596	1969	71	4916
75	164		29	135			5980	1930	41	7760
34	95	55	116	208	962		6729	2802	34	7083
237	305		142	350	495		5560	2185	109	5977
232	160		24	170	120		2572	1278	47	3936
86	173	12	170	140	555		4492	1814	62	5216
195	170	5	84	65	109		2906	944	28	3247
319	242	37	287	286	257		4881	2407	39	5607
2205	1252	32	96	1220	2248	28	11317	8088	459	16847
140	174			115	199	4	2312	408	177	3206
		41		32	228		1805	800	5	3373
			82	228	65	11	4010	1633	58	5359
88		23	94	156	266	12	5289	1984	43	5426
		22	115	354	1853	54	6698	3833	95	7730
8		23	481	88	360	30	12409	3731	262	8380
46	350	174	124	131	844	12	6898	2458	160	39864
144	366	10	96	290	762		3626	1352	62	4794
97	169	370	328	1433	943	100	7541	5784	1108	13885
143			184	516	555		5577	2508	232	7379
		26	95	511	478	35	4283	1991	51	4891
		73	103	137	681	4	6072	865	211	5508
			174	446	1349	33	9027	2801	213	6019
	18		76	30	195		3617	1819	138	4251
			114	83	717	45	7237	2923	201	6495
	6		208	160	411		5076	3448	57	4949
63		68	46	19	67	67	1649	1034	57	3011
164	859	238	263	337	555	20	4741	3041	86	7198
			15	3	1433		526	107		1401
65	29	12	44	93	354		4901	2261	144	5204
	126	30		217	103		3729	1536		3731
6		50	13	39	530	28	3352	2161	131	3356
29	479		1842	1480	2179	33	8707	5262	978	11168
		59	272	330	349		4971	1724	236	6141
							619	283	28	1273
80			140	55	384	16	5824	3174	114	6056
90			77	27	207		4586	3975	92	7051
		340	71	67	828	23	8225	2843	65	6198
16	1154	76	274	1492	1316	5	2891	6736	343	11433
	1090	79	105	602	1029		7135	2398	299	5412
		27	74	180	207	32	8625	2830	190	6580
		20	118	33	381	11	4778	2370	150	5388
			631	91	666		4753	2456	82	5146

20-4 续表 2

单位：人

市县名称	Cities and Counties	农林牧渔业 Agri-culture, Forestry, Farming of Animals and Fishing	采矿业 Minging Industry	制造业 Manu-facturing	电力、热力、燃气及水的生产和供应业 Production and Distribution of Electricity, Heat,Gas and Water	建筑业 Construc-tion	批发和零售业 Whole-sale and Retail Trade	交通运输仓储和邮政业 Traffic, Transport, Storage and Post	住宿和餐饮业 Acco-mmodation and Restaurants
嘉禾县	Jiahe County	196	1780		338		31	163	
临武县	Linwu County				263		56	109	52
汝城县	Rucheng County	369			35	263	21		
桂东县	Guidong County	193			18				81
安仁县	Anren County	3			467	413	98	147	20
资兴市	Zixing City	133		27	1285		96	113	39
零陵区	Lingling District	206			1143	375	44	738	
冷水滩区	Lengshuitan District	37		83	264	1718	2941	2745	10
祁阳县	Qiyang County	177			709	119	68	551	
东安县	Dongan County			151	666		186	422	
双牌县	Shuangpai County	397		897	308		47	141	
道县	Dao County	725			117	66		459	
江永县	Jiangyong County	965			89	42	59	238	12
宁远县	Ningyuan Couny			150	774	638	170	367	
蓝山县	Lanshan County	245		14	92	26	105	137	5
新田县	Xintian County				41	58		237	
江华县	Jianghua County	644			268	122	67	265	2
鹤城区	Hecheng District	49			70	2660	927	4340	277
中方县	Zhongfang County	58		323				75	
沅陵县	Yuanling County	116			1438		121	880	8
辰溪县	Chenxi County	116	250			50	28	475	
溆浦县	Xupu County	693	182	10	1802	387	76	189	85
会同县	Huitong County	484					54	193	2
麻阳县	Mayang County	342		45	142		16	199	99
新晃县	Xinhuang County	96			465	316	49	25	32
芷江县	Zhijiang County			60	513	10	58	78	136
靖州县	Jingzhou County	583			178		14	449	
通道县	Tongdao County	29			415		40	120	33
洪江市	Hongjiang City	154		791	881		41	216	
洪江区	Hongjiang District	4			83		6	27	
娄星区	Louxing District			162	393	1029	382	2019	183
双峰县	Shuangfeng County	150			338			91	
新化县	Xinhua County	82			138	506	93	393	102
冷水江市	Lengshuijiang City		3628	26	448		35	397	149
涟源市	Liangyuan City	456			255	471	83	128	215
吉首市	Jishou City	112		8	525	235	1426	2993	50
泸溪县	Luxi County	55		220	620	20		11	
凤凰县	Fenghuang County	42	252		206	45	56	29	4
花垣县	Huayuan County	198			1788		45	120	
保靖县	Baojing County	221			578		18	107	
古丈县	Guzhang County	88			313		13	46	
永顺县	Yongsun County		18		464	7		318	
龙山县	Yongsun County	139			943	33	44	334	85

续表 continued

(person)

信息传输软件和信息技术服务业 Information Transfer,Software and Information technology Services	金融业 Finance	房地产业 Real Estate Trade	租赁和商务服务业 Tenancy and Business Services	科学研究和技术服务业 Scientific Research and Technical Services	水利环境和公共设施管理业 Management of Water Conservancy, Environment and Public Establishment	居民服务修理和其他服务业 Resident Services , Repair and Other Services	教育 Education	卫生和社会工作 Sanitation and Social Work	文化体育和娱乐业 Culture, Sports and Enter-tainment	公共管理社会保障和社会组织 Public Management, Social Security and Social Organization
	20		65	27	296	13	2761	1231	25	3635
		68	61	44	154		2759	934	161	3665
	25		65	17	80		1030	918	51	4128
			28	33	48		1572	566	77	2660
		36	125	50	591		3702	1356	157	3925
		15	129	185	726	8	3785	1484	97	3758
66	224	56	313	170	1738		6874	5272	168	7492
154	1731	70	301	1020	477	32	4681	2315	359	10378
293	1003	98	437	118	539	436	9102	2903	653	9911
111	210		111	294	1159	58	7722	3216	51	5816
47	246		50	102	20		1750	667	39	2899
79	152	8	111	358	413		6245	1989	113	5987
	57	54	157	45	187		2470	842	118	3817
125	148	281		70	804		5890	1267	120	5900
73	180	22	22	99	317		2822	1129	47	4498
116	123		71	146	375		4600	1255	55	3420
	181	33	70	199	271		4115	2101	77	4650
928	1918	448	425	1959	2613	147	7080	6419	754	10628
	32	36		49	172		2557	648	20	4246
		172	245	304	467		5259	2146	245	5548
			23	114	263		4431	1846	71	5949
180		56	90	278	573		8708	3829	53	8258
89		12	335	167	307		3125	1473	132	3318
97		88	73	36	404		3193	2094	81	4495
		134	86	63	77		2334	1316	60	3330
		29	154	77	391		3004	971	181	4997
			107	131	216		6127	1697	28	2807
			39	41	214		2191	1082	50	3524
135		18		198	124	35	3624	1835	43	4682
		10	24	101	70	11	633	367	42	1532
47	35	54	415	1224	1324	786	7468	6295	516	12985
53	465	97	169	59	121		6656	2297	127	8157
	190	72	124	85	929		7208	2882	181	9632
29	235		256	258	796	13	4298	2504	113	6494
	135	31		320	1445	29	7866	3050	95	9990
70	350	173	295	1288	840		7505	4385	537	8387
	9	13	82	392	311		3142	1394	99	3164
		59	77	57	772		3650	1368	174	4663
70			12	516	138	33	2529	1579	82	3209
			92	559	233		2614	1308	46	3309
11			45	234	191		1444	569	40	2468
92		30	186	449	146		6228	1699	108	5348
6			107	679	525		5368	2266	295	4880

20-5 城镇集体经济各行业在岗职工年末人数(2014年)

Employed Staff and Workers in Urban Collective-Owned Units by Sector at the Year-end (2014)

单位：人

市县名称	Cities and Counties	农林牧渔业 Agriculture, Forestry, Farming of Animals and Fishing	采矿业 Minging Industry	制造业 Manu-facturing	电力、热力、燃气及水的生产和供应业 Production and Distribution of Electricity, Heat, Gas and Water	建筑业 Construc-tion	批发和零售业 Whole-sale and Retail Trade	交通运输仓储和邮政业 Traffic, Transport, Storage and Post	住宿和餐饮业 Acco-mmodation and Restaurants
芙蓉区	Furong District	60		227		867	193		396
天心区	Tianxin District			513			20		13
岳麓区	Yuelu District		119	410	14	227	37	10	16
开福区	Kaifu District			510		238	145	15	207
雨花区	Yuhua District			523		2200	122	1145	20
望城区	Wangcheng District	48		804	32	18		106	
长沙县	Changsha County			1368					
宁乡县	Ningxiang County	62	644	1311					15
浏阳市	Liuyang City			1227		845			
荷塘区	Hetang District	1		299			18		
芦淞区	Lusong District			21		29	71		7
石峰区	Shifeng District			14		17		9	
天元区	Tianyuan District			224					56
株洲县	Zhuzhou County			43	98	9		230	
攸　县	You County		813	485					
茶陵县	Chaling County	88	1327	235	6	514			
炎陵县	Yanling County					96	7		
醴陵市	Liling City			724	246		17		
雨湖区	Yuhu District	2	301	537		253	39	10	
岳塘区	Yuetang District			1444		419		323	15
湘潭县	Xiangtan County		192	42		1910	6		
湘乡市	Xiangxiang City			492		696			
韶山市	Shaoshan City					45			
珠晖区	Zhuhui District		24	244		599		9	
雁峰区	Yanfeng District		65	500		268	61	135	29
石鼓区	Shigu District			457		791	128		
蒸湘区	Zhengxiang District			113		704	10		54
南岳区	Nanyue District						15		72
衡阳县	Hengyang County					3974	580	252	
衡南县	Hengnan County			982		282	114		
衡山县	Hengshan County		50	3				76	
衡东县	Hengdong County			627				58	
祁东县	Qidong County				8	435		396	
耒阳市	Leiyang City		380	162		977			
常宁市	Changning City			99		1094			
双清区	Shuangqing District			204		1670	37	145	
大祥区	Da xiang District			239		2032		4	
北塔区	Beita District					1016			

续表 continued

(person)

信息传输软件和信息技术服务业 Information Transfer,Software and Information technology Services	金融业 Finance	房地产业 Real Estate Trade	租赁和商务服务业 Tenancy and Business Services	科学研究和技术服务业 Scientific Research, Technical Service	水利环境和公共设施管理业 Management of Water Conservancy, Environment and Public Establishment	居民服务修理和其他服务业 Resident Services , Repair and Other Services	教育 Education	卫生和社会工作 Sanitation and Social Work	文化体育和娱乐业 Culture, Sports and Enter-tainment	公共管理社会保障和社会组织 Public Management ,Social Security and Social Organization
		58	1123	14	58		172	642		
18			15		16	28	175	432		
	17		2	23			104	481	10	
2			15			15	67	107	21	
24		43	98			14	30	437	18	
			15	18	5		114	301		
			7	24			409	332		
		6			5		15	666		
			6			20	1716	1222	44	
	12		142	39				130		4
		7	21				37			
		14				36		14		
								65		
	282									
		17		108	6			678		
	327	20			24			264		
								183		
			86		557			112		
		22	895	21		3		257	84	
			362		49			155		
								482		
								17		5
						2		306		
	198	61	13			36	174	58		
							44	912		
		21	1690					198		
	89							4		
	551									
				27				431		
	256	52	17							
	301	13						471		
										30
							308	45		
		34		36				101		
							129			

20-5 续表 1

单位：人

市县名称	Cities and Counties	农林牧渔业 Agri-culture, Forestry, Farming of Animals and Fishing	采矿业 Minging Industry	制造业 Manu-facturing	电力、热力、燃气及水的生产和供应业 Production and Distribution of Electricity,Heat,Gas and Water	建筑业 Construc-tion	批发和零售业 Whole-sale and Retail Trade	交通运输仓储和邮政业 Traffic, Transport, Storage and Post	住宿和餐饮业 Acco-mmodation and Restaurants
邵东县	Shaodong County		159			1283			
新邵县	Xinshao County					10			
邵阳县	Shaoyang County		225			1907	1500		
隆回县	Longhui County	152							
洞口县	Dongkou County		280						
绥宁县	Shuining County					102		129	
新宁县	Xinning County								
城步县	Chengbu County					24	97		
武冈市	Wugang City					2419		244	6
岳阳楼区	Yueyanglou District			406		499	380	78	
云溪区	Yunxi District			1216		538	3	23	
君山区	Junshan District			1267	103		117	133	
岳阳县	Yueyang County		370	28		679	25		
华容县	Huarong County			3700		700			
湘阴县	Xiangyin County			320		45			
平江县	Pingjiang County		260	347	301	60	38		
汨罗市	Miluo City			85		2020	457	36	
临湘市	Linxiang City	236	230	246			383		
武陵区	Wuling District			50		101	7		
鼎城区	Dingchen District								
安乡县	Anxiang County	36							
汉寿县	Hanshou County						10		
澧　县	Li County			5					
临澧县	Linli County			11	102			71	
桃源县	Taoyuan County		31	1259			8	21	
石门县	Shimen County	22					28		
津市市	Jinshi City			166				8	
永定区	Yongding District								62
武陵源区	Wulingyuan District								
慈利县	Cili County					1176	6		41
桑植县	Sangzhi County								
资阳区	Ziyang District			393			16	21	
赫山区	Heshan District			722	8	2420	16	110	
南　县	Nan County								
大通湖区	Datonghu District								
桃江县	Taojiang County		334	166			8	16	
安化县	Anhua County		397	124	48	105	65	155	
沅江市	Yuanjiang City			532		419		1270	
北湖区	Beihu District					406			
苏仙区	Suxian District		111	26	44	282	26	132	
桂阳县	Guiyang County		130	193		726	13	14	
宜章县	Yizhang County		136	18			207		
永兴县	Yongxing County		745	10	41	310	196	5	

续表　continued

(person)

信息传输软件和信息技术服务业 Information Transfer, Software and Information technology Services	金融业 Finance	房地产业 Real Estate Trade	租赁和商务服务业 Tenancy and Business Services	科学研究和技术服务业 Scientific Research, Technical Service	水利环境和公共设施管理业 Management of Water Conservancy, Environment and Public	居民服务修理和其他服务业 Resident Services, Repair and Other Services	教育 Education	卫生和社会工作 Sanitation and Social Work	文化体育和娱乐业 Culture, Sports and Enter-tainment	公共管理社会保障和社会组织 Public Management, Social Security and Social Organization
						619		35		
	369									
	346						154	1145		
							334	44		
							73	41		
								737		
						3		117		
			40	148			348	172		52
				94	6	97	17	316	13	
			10				82	51		
				8		11				
	281							139		
	327						45			
	422		252		6		195	40	44	9
					15		172			
		48	85					598		
	399	5	22				449	206		
					26		51		50	
	268									
			24					872		
	399							892	92	
			25				62		38	
								27		20
			23							
								190		
			147				50			
		29								
			25				3			
	258	7	8				59	117		
			172		6	18	242	30		6
		3								
	522									
				14			128	1249		
				6						
					3		272	105		
		2	4					182		
	370		9							
			5					38		

20-5 续表 2

单位：人

市县名称	Cities and Counties	农林牧渔业 Agriculture, Forestry, Farming of Animals and Fishing	采矿业 Minging Industry	制造业 Manu-facturing	电力、热力、燃气及水的生产和供应业 Production and Distribution of Electricity, Heat, Gas and Water	建筑业 Construc-tion	批发和零售业 Wholesale and Retail Trade	交通运输仓储和邮政业 Traffic, Transport, Storage and Post	住宿和餐饮业 Acco-mmodation and Restaurants
嘉禾县	Jiahe County		556			401			
临武县	Linwu County		221			705		19	
汝城县	Rucheng County								
桂东县	Guidong County					270			
安仁县	Anren County						62		
资兴市	Zixing City			16			25		
零陵区	Lingling District					1852			
冷水滩区	Lengshuitan District			32		1240	198		11
祁阳县	Qiyang County		299		361	2042		26	
东安县	Dongan County			191	105		98		
双牌县	Shuangpai County					631			
道县	Dao County					4282		160	
江永县	Jiangyong County	15				1409			
宁远县	Ningyuan Couny								
蓝山县	Lanshan County					1050	183		
新田县	Xintian County	48				43			
江华县	Jianghua County			1	8	480	72		
鹤城区	Hecheng District			295		250		39	
中方县	Zhongfang County								
沅陵县	Yuanling County			215	325		2	3	
辰溪县	Chenxi County		231	736	157	1027		117	
溆浦县	Xupu County			177	165	2138		365	
会同县	Huitong County					60		38	
麻阳县	Mayang County			116		1323		3	
新晃县	Xinhuang County					368		162	
芷江县	Zhijiang County							45	
靖州县	Jingzhou County					135	109	198	
通道县	Tongdao County			2		52		29	
洪江市	Hongjiang City			50	146	437	24	69	
洪江区	Hongjiang District			32					
娄星区	Louxing District		1964	2321		2309		2	
双峰县	Shuangfeng County		307			1365		122	
新化县	Xinhua County		3154	275		1121			
冷水江市	Lengshuijiang City		10501	307		2033	243	1114	
涟源市	Liangyuan City		1184			1462		367	
吉首市	Jishou City			13		1283		45	
泸溪县	Luxi County					450			
凤凰县	Fenghuang County					484	61		
花垣县	Huayuan County			15	25	220			
保靖县	Baojing County				228	371			
古丈县	Guzhang County							58	
永顺县	Yongsun County					1076			61
龙山县	Longshan County		164			351			

续表 continued

(person)

信息传输软件和信息技术服务业 Information Transfer,Software and Information technology Services	金融业 Finance	房地产业 Real Estate Trade	租赁和商务服务业 Tenancy and Business Services	科学研究和技术服务业 Scientific Research and Technical Services	水利环境和公共设施管理业 Management of Water Conservancy, Environment and Public Establishment	居民服务修理和其他服务业 Resident Services, Repair and Other Services	教育 Education	卫生和社会工作 Sanitation and Social Work	文化体育和娱乐业 Culture, Sports and Enter-tainment	公共管理社会保障和社会组织 Public Management, Social Security and Social Organization
		198		17					34	
									413	
									15	
									37	
		18	87						46	
		468								
									108	
		268			263			149	736	
17	17	16								
								9	80	
			35	9				62	31	
		351		22					790	
		223				400				
						34	8		136	
		237				171				
			27	9						
		198	6						7	
					23				554	
		202	5						837	
		313		47						
		69	64							
		283		135	6	124		160	35	
									44	
					16					
		299								
		485								31
			102	26					130	
		146								
				22						
				11						
				40						
		259	5							

20-6 在岗职工工资总额和年平均工资(2014年)

Total Wage Bill and Average Annual Wage of Employed Staff and Workers (2014)

市县名称	Cities and Counties	在岗职工工资总额 (万元) Total Wages of Staff and Workers on the Job (10 000 yuan)	#国有经济 State-owned Units	#城镇集体经济 Urban Collective Owned Units	在岗职工年平均工资 (元) Average Annual Wages of Staff and Workers on the Job (yuan)	#国有经济 State-owned Units	#城镇集体经济 Urban Collective Owned Units	在岗职工年平均工资为上年% Average Annual Wages as Percentage of Preceding Year (%)
芙蓉区	Furong District	1064320	437773	15179	66270	75738	38332	110.3
天心区	Tianxin District	741822	161589	4420	62860	60371	36471	110.4
岳麓区	Yuelu District	1118936	454101	5818	65279	82954	38680	108.5
开福区	Kaifu District	857802	312333	4553	76219	100312	33950	112.6
雨花区	Yuhua District	1143962	386935	15038	63005	73957	36393	107.8
望城区	Wangcheng District	421306	95229	5403	50858	61193	37807	110.2
长沙县	Changsha County	1235722	196064	12127	65071	67161	56667	107.3
宁乡县	Ningxiang County	337265	141470	20592	48944	57908	37646	111.8
浏阳市	Liuyang City	734242	132958	21926	48312	58763	44710	114.3
荷塘区	Hetang District	208264	84135	2180	49004	54207	32201	112.0
芦淞区	Lusong District	313218	175581	927	51527	55095	48010	106.3
石峰区	Shifeng District	454127	62550	685	63939	62965	46000	116.0
天元区	Tianyuan District	413666	164475	1786	63200	68122	52076	115.3
株洲县	Zhuzhou County	97445	36927	3066	43266	44213	46238	107.7
攸　县	You County	129058	63615	9586	42234	39378	47407	108.8
茶陵县	Chaling County	94160	59104	10647	36595	37943	37727	109.1
炎陵县	Yanling County	49427	32416	1062	37647	40718	36621	113.3
醴陵市	Liling City	379678	98319	7163	48315	42731	41503	112.1
雨湖区	Yuhu District	389927	150185	9099	48567	55358	37695	106.5
岳塘区	Yuetang District	532224	129751	10648	54978	57089	38369	119.1
湘潭县	Xiangtan County	172531	78488	10111	38920	39624	39176	102.0
湘乡市	Xiangxiang City	209897	89878	4250	42285	43700	39097	114.9
韶山市	Shaoshan City	32801	17425	235	40920	44079	34559	104.1
珠晖区	Zhuhui District	157324	83176	3567	45057	53811	30491	102.5
雁峰区	Yanfeng District	258065	62349	5854	45806	48569	36888	117.1
石鼓区	Shigu District	226904	106084	11797	47393	57293	51493	104.1
蒸湘区	Zhengxiang District	351681	146186	8031	49146	53049	29184	108.6
南岳区	Nanyue District	29951	17349	1031	41842	47286	58580	108.7
衡阳县	Hengyang County	225997	103320	16552	33965	36625	33682	115.3
衡南县	Hengnan County	181232	84862	5686	34783	34963	31818	113.9
衡山县	Hengshan County	70722	41627	2412	36175	41849	53013	116.5
衡东县	Hengdong County	98081	59289	4841	35996	38150	33180	110.4
祁东县	Qidong County	120509	68936	2515	38179	39485	29693	116.9
耒阳市	Leiyang City	200900	109206	5538	35920	35632	30298	105.6
常宁市	Changning City	161387	88047	4142	34726	34275	35189	117.1
双清区	Shuangqing District	269708	85526	8559	41552	46489	38555	102.8
大祥区	Da xiang District	202824	125679	8462	52673	52926	35614	133.6
北塔区	Beita District	43173	22987	2605	31412	31706	30014	101.9

20-6 续表 1 continued

市县名称	Cities and Counties	在岗职工工资总额 (万元) Total Wages of Staff and Workers on the Job (10 000 yuan)	#国有经济 State-owned Units	#城镇集体经济 Urban Collective Owned Units	在岗职工年平均工资 (元) Average Annual Wages of Staff and Workers on the Job (yuan)	#国有经济 State-owned Units	#城镇集体经济 Urban Collective Owned Units	在岗职工年平均工资为上年% Average Annual Wages as Percentage of Preceding Year (%)
邵东县	Shaodong County	148138	90998	7293	37891	41587	36888	110.2
新邵县	Xinshao County	120148	61339	2018	43805	41563	52819	110.4
邵阳县	Shaoyang County	130752	70430	20776	39696	38248	39610	110.5
隆回县	Longhui County	133628	87190	1936	41353	41525	36454	109.6
洞口县	Dongkou County	102033	71289	1200	37126	40102	43000	110.9
绥宁县	Shuining County	61574	43407	1343	36811	40567	38371	106.0
新宁县	Xinning County	95884	66040	3246	41701	46592	44408	121.5
城步县	Chengbu County	46215	37814	310	39713	40491	25603	123.5
武冈市	Wugang City	105108	69235	8602	40603	43712	30536	117.9
岳阳楼区	Yueyanglou District	653695	260070	11820	45616	48731	56151	106.6
云溪区	Yunxi District	234720	30559	13457	61640	44482	57337	106.1
君山区	Junshan District	45982	30235	3654	26024	25743	20653	111.9
岳阳县	Yueyang County	99239	49680	3513	38225	38008	32651	113.0
华容县	Huarong County	113944	57054	15461	32556	40510	31970	112.5
湘阴县	Xiangyin County	193422	84729	3038	38887	39203	41277	110.5
平江县	Pingjiang County	157609	90641	5976	34702	32163	29923	108.3
汨罗市	Miluo City	316252	196746	9414	38613	36082	32575	107.9
临湘市	Linxiang City	90281	54934	6936	36527	37922	38661	112.3
武陵区	Wuling District	611590	217044	7835	49715	53459	65676	108.2
鼎城区	Dingchen District	158978	80918	423	37783	44726	33283	113.1
安乡县	Anxiang County	129054	47814	1403	37180	37926	46440	113.7
汉寿县	Hanshou County	136684	60746	3427	40213	40761	38115	109.6
澧　县	Li County	190240	86639	7476	39971	40180	54017	117.3
临澧县	Linli County	73856	43877	1136	42157	41653	36645	115.5
桃源县	Taoyuan County	167378	81276	2580	40646	44425	20219	112.8
石门县	Shimen County	119886	66648	565	42058	45637	20460	114.9
津市市	Jinshi City	91892	32069	1060	35753	39670	31349	114.2
永定区	Yongding District	165721	99041	661	44760	49127	26028	111.3
武陵源区	Wulingyuan District	27739	15790	119	42721	41023	47400	109.7
慈利县	Cili County	78487	58781	3899	38797	41045	33042	111.5
桑植县	Sangzhi County	73955	54760		41168	43910		110.2
资阳区	Ziyang District	88119	55846	4121	40835	46831	47479	119.9
赫山区	Heshan District	476275	188499	12216	44679	51546	33331	112.0
南　县	Nan County	90733	55610	8	37382	39217	28000	102.7
大通湖区	Datonghu District	10184	9754		40736	41104		126.1
桃江县	Taojiang County	136624	73806	5208	43323	45447	52345	115.8
安化县	Anhua County	117496	76173	8286	41949	40690	36213	116.3
沅江市	Yuanjiang City	127777	80215	6560	40441	41664	29325	110.4
北湖区	Beihu District	436560	209293	2675	52109	55771	33865	106.7
苏仙区	Suxian District	241403	106508	2782	46195	51421	31080	106.7
桂阳县	Guiyang County	186531	85785	6404	47313	44541	44071	107.5
宜章县	Yizhang County	95773	59922	1042	39707	42050	28478	110.1
永兴县	Yongxing County	102149	63983	7196	40858	38621	48423	107.9

20-6 续表 2 continued

市县名称	Cities and Counties	在岗职工工资总额 (万元) Total Wages of Staff and Workers on the Job (10 000 yuan)	#国有经济 State-owned Units	#城镇集体经济 Urban Collective Owned Units	在岗职工年平均工资 (元) Average Annual Wages of Staff and Workers on the Job (yuan)	#国有经济 State-owned Units	#城镇集体经济 Urban Collective Owned Units	在岗职工年平均工资为上年% Average Annual Wages as Percentage of Preceding Year (%)
嘉禾县	Jiahe County	59850	39081	6634	36815	37040	49436	102.3
临武县	Linwu County	60805	36897	4468	39864	44788	32998	111.6
汝城县	Rucheng County	42268	30401		44149	43648		121.8
桂东县	Guidong County	35250	22368	406	41146	42501	16908	116.3
安仁县	Anren County	52395	35160	157	33664	32028	24952	117.9
资兴市	Zixing City	169811	52879	119	37683	44620	21232	107.6
零陵区	Lingling District	146612	110277	1453	41619	45015	24133	114.3
冷水滩区	Lengshuitan District	233102	107729	4019	42549	37662	26439	100.7
祁阳县	Qiyang County	196788	114565	15951	38045	42602	51009	111.3
东安县	Dongan County	99772	82745	1407	39358	40997	28535	102.0
双牌县	Shuangpai County	42032	31319	1294	39125	40972	21253	112.5
道　县	Dao County	94168	67384	11988	38775	40292	27407	109.9
江永县	Jiangyong County	41150	32149	3425	33685	34628	24344	107.9
宁远县	Ningyuan Couny	114201	67926	4798	39118	40836	34077	103.4
蓝山县	Lanshan County	94997	37447	3694	40549	38161	34912	107.1
新田县	Xintian County	62158	41150	481	39986	38950	39752	109.3
江华县	Jianghua County	70948	52986	1791	41294	40928	28521	112.4
鹤城区	Hecheng District	338145	220954	2165	50850	53531	30111	114.0
中方县	Zhongfang County	53238	34891		37128	42099		112.2
沅陵县	Yuanling County	121808	76774	7332	44963	45164	43407	111.2
辰溪县	Chenxi County	86056	52700	10641	37857	38659	31984	107.0
溆浦县	Xupu County	107256	87617	5906	34292	34785	20034	116.5
会同县	Huitong County	55531	45753	2280	44910	47153	44878	119.6
麻阳县	Mayang County	66850	50816	3984	42375	44958	28375	113.9
新晃县	Xinhuang County	45817	38153	3410	45149	45163	45888	129.6
芷江县	Zhijiang County	65380	49545	2653	43950	46543	42583	119.9
靖州县	Jingzhou County	59623	48733	5330	39630	39431	35725	109.0
通道县	Tongdao County	40811	37032	301	46419	47549	20766	111.7
洪江市	Hongjiang City	83265	52979	5018	38322	41406	46632	110.3
洪江区	Hongjiang District	12747	11933	567	40711	41132	32746	132.4
娄星区	Louxing District	473621	169029	20814	45762	46232	28732	110.2
双峰县	Shuangfeng County	166049	67935	6281	41039	36286	35363	118.6
新化县	Xinhua County	135658	61494	21939	35568	27326	49557	94.0
冷水江市	Lengshuijiang City	259351	77215	58205	39426	38807	40172	109.7
涟源市	Liangyuan City	159193	89585	16484	38586	36813	47017	107.6
吉首市	Jishou City	227125	148652	4763	49039	50282	30106	111.4
泸溪县	Luxi County	40340	37476	1798	38121	39307	29665	111.7
凤凰县	Fenghuang County	55412	45959	2055	39149	39460	43080	114.1
花垣县	Huayuan County	50660	42001	1306	38176	40604	57289	108.0
保靖县	Baojing County	38670	34002	1332	35776	36307	21485	111.9
古丈县	Guzhang County	23886	20663	292	38096	36839	31032	118.8
永顺县	Yongsun County	76295	63955	5443	38950	39635	38437	115.5
龙山县	Longshan County	71954	62985	1895	38850	38233	40665	112.1

20-7 地区生产总值(2014年)

Gross Domestic Product (2014)

市县名称	Cities and Counties	地区生产总值(万元) GDP (10 000 yuan)	第一产业 Primary Industry	第二产业 Secondary Industry	第三产业 Tertiary Industry	GDP为上年% Index (preceding year=100)	人均GDP(元) Per Capita GDP (yuan)
芙蓉区	Furong District	9402003	4086	1532169	7865748	108.5	175312
天心区	Tianxin District	6427609	8244	2376007	4043358	110.1	132665
岳麓区	Yuelu District	7740454	182450	4171979	3386025	109.2	94812
开福区	Kaifu District	6617652	30283	1424665	5162704	112.0	111841
雨花区	Yuhua District	14297377	7914	8763423	5526040	109.6	190226
望城区	Wangcheng District	4697660	350217	3416973	930470	112.4	84780
长沙县	Changsha County	11005780	700697	7812069	2493014	111.0	107562
宁乡县	Ningxiang County	9102255	996412	6203310	1902533	112.4	75076
浏阳市	Liuyang City	10128321	838694	7186604	2103023	112.6	78127
荷塘区	Hetang District	1904857	35388	1129280	740189	110.7	62108
芦松区	Lusong District	2823077	52444	1222863	1547770	111.1	95471
石峰区	Shifeng District	3361108	46181	2799765	515162	110.3	104415
天元区	Tianyuan District	2480896	91798	1287337	1101761	111.0	85696
株洲县	Zhuzhou County	1022034	178642	549698	293694	111.0	34977
攸　县	You County	3135888	440260	1720644	974984	110.4	45160
茶陵县	Chaling County	1446022	306312	598328	541382	109.5	24910
炎陵县	Yanling County	552611	73713	290066	188832	110.8	27330
醴陵市	Liling City	4883654	443916	3203953	1235785	110.3	50629
雨湖区	Yuhu District	5017996	128597	2910792	1978607	109.9	84110
岳塘区	Yuetang District	4720711	57944	2965683	1697084	109.8	101499
湘潭县	Xiangtan County	2940771	538107	1516651	886013	111.6	34488
湘乡市	Xiangxiang City	2997745	494337	1584838	918570	111.3	37651
韶山市	Shaoshan City	647395	58151	372038	217206	111.8	67578
珠晖区	Zhuhui District	1849167	80548	1091551	677068	110.9	54725
雁峰区	Yanfeng District	2021336	25093	1426861	569382	114.0	93063
石鼓区	Shigu District	1172249	37666	391426	743157	111.6	49609
蒸湘区	Zhengxiang District	1771992	39961	1115357	616674	109.7	58079
南岳区	Nanyue District	288519	30203	30540	227776	110.4	46914
衡阳县	Hengyang County	2632969	620787	1049363	962819	109.3	23456
衡南县	Hengnan County	2525432	591160	1232655	701617	109.1	26001
衡山县	Hengshan County	1190135	259447	391592	539096	109.2	30462
衡东县	Hengdong County	2134301	362493	845107	926701	109.6	33307
祁东县	Qidong County	2182950	549148	820262	813540	109.9	21906
耒阳市	Leiyang City	3558540	571385	1443115	1544040	109.6	30360
常宁市	Changning City	2448805	428584	1060832	959389	109.8	29665
双清区	Shuangqing District	1173629	44829	659924	468876	111.9	37496

注：总量指标按当年价格计算，指数按可比价格计算。

Aggregate data are calculated at current prices, while indices are calculated at comparable prices.

20-7 续表 1 continued

市县名称	Cities and Counties	地区生产总值(万元) GDP (10 000 yuan)	第一产业 Primary Industry	第二产业 Secondary Industry	第三产业 Tertiary Industry	GDP为上年% Index (preceding year=100)	人均GDP(元) Per Capita GDP (yuan)
大祥区	Daxiang District	1162954	55649	471544	635761	111.3	33876
北塔区	Beita District	285928	25710	164691	95527	111.3	26949
邵东县	Shaodong County	2830484	458851	1355999	1015634	111.4	30800
新邵县	Xinshao County	1065136	260849	413423	390864	111.1	14085
邵阳县	Shaoyang County	1113475	294713	401645	417117	110.4	11739
隆回县	Longhui County	1260668	299784	371739	589145	111.2	11486
洞口县	Dongkou County	1256758	432230	437960	386568	111.0	16024
绥宁县	Shuining County	690487	162746	322845	204896	110.8	19428
新宁县	Xinning County	754080	215910	199997	338173	110.6	13209
城步县	Chengbu County	301494	87462	110062	103970	110.5	11663
武冈市	Wugang City	1070581	378272	216508	475801	110.2	14135
岳阳楼区	Yueyanglou District	7125787	92979	2861057	4171751	109.6	85750
云溪区	Yunxi District	2897228	76139	2461129	359960	99.4	162310
君山区	Junshan District	1029107	213119	467933	348055	111.0	41834
岳阳县	Yueyang County	2375640	434444	1185921	755275	111.0	32503
华容县	Huarong County	2656114	540414	1337286	778414	109.0	36875
湘阴县	Xiangyin County	2919958	451674	1637687	830597	110.4	41965
平江县	Pingjiang County	1987672	379359	924393	683920	107.6	20521
汨罗市	Miluo City	3651068	433678	2272508	944882	110.2	51832
临湘市	Linxiang City	1977417	259724	1114726	602967	110.3	38903
武陵区	Wuling District	10249154	93696	6134573	4020885	110.4	144456
鼎城区	Dingchen District	2385411	543631	829891	1011889	110.5	31264
安乡县	Anxiang County	1351107	310814	333340	706953	104.0	24818
汉寿县	Hanshou County	2008810	458330	675307	875173	111.3	26745
澧 县	Li County	2525276	494940	973482	1056854	110.4	31861
临澧县	Linli County	1279136	257653	492514	528969	108.3	29998
桃源县	Taoyuan County	2507804	674162	923318	910324	111.4	29042
石门县	Shimen County	1938447	347335	816603	774509	107.2	32286
津市市	Jinshi City	1067431	172813	519934	374684	110.9	41277
永定区	Yongding District	1684491	144525	372370	1167596	110.8	36900
武陵源区	Wulingyuan District	409456	15333	7032	387091	114.0	67903
慈利县	Cili County	1380589	227702	480599	672288	110.6	22584
桑植县	Sangzhi County	679164	87941	156523	434700	110.7	17518
资阳区	Ziyang District	1168839	193090	519648	456101	111.3	27863
赫山区	Heshan District	3966069	374132	2261762	1330175	111.5	47176
南县	Nan County	1922747	559843	609300	753604	110.2	26082
大通湖区	Datonghu District	362402	110138	190421	61843	109.0	33933
桃江县	Taojiang County	1880764	344458	881186	655120	111.0	23855
安化县	Anhua County	1628404	371115	645524	611765	110.6	17840
沅江市	Yuanjiang City	2176509	474378	878617	823514	110.6	31834
北湖区	Beihu District	2960101	92443	1055670	1811988	110.9	68984
苏仙区	Suxian District	2518051	122820	1636347	758884	111.8	59911
桂阳县	Guiyang County	2897962	383042	1499282	1015638	111.8	40891
宜章县	Yizhang County	1666622	181740	755079	729803	111.4	28354

20-7 续表 2 continued

市县名称	Cities and Counties	地区生产总值（万元） GDP (10 000 yuan)	第一产业 Primary Industry	第二产业 Secondary Industry	第三产业 Tertiary Industry	GDP 为上年% Index (preceding year=100)	人均GDP（元） Per Capita GDP (yuan)
永兴县	Yongxing County	2668239	234755	1681460	752024	112.3	48646
嘉禾县	Jiahe County	1184550	151925	596949	435676	110.1	38064
临武县	Linwu County	1002902	114679	487784	400439	110.4	26275
汝城县	Rucheng County	468475	101936	174526	192013	110.3	14018
桂东县	Guidong County	245417	41484	72326	131607	110.3	10583
安仁县	Anren County	698497	162101	281004	255392	111.4	17947
资兴市	Zixing City	2770768	201868	1899115	669785	112.1	80663
零陵区	Lingling District	1797888	326031	865884	605973	112.3	32898
冷水滩区	Lengshuitan District	1974455	302430	793048	878977	110.6	38526
祁阳县	Qiyang County	2186845	442232	828121	916492	109.6	25139
东安县	Dongan County	1386090	305097	553112	527881	109.0	24876
双牌县	Shuangpai County	464533	138155	202530	123848	109.3	23077
道县	Dao County	1387282	367584	391118	628580	110.6	22404
江永县	Jiangyong County	474774	170159	139507	165108	108.2	19982
宁远县	Ningyuan Coung	1092862	243743	398604	450515	111.0	15200
蓝山县	Lanshan County	810919	148188	312562	350169	108.8	24207
新田县	Xintian County	575916	152712	167085	256119	109.8	17140
江华县	Jianghua County	846989	225116	248844	373029	112.5	20033
鹤城区	Hecheng District	2640065	88368	766128	1785569	104.9	44008
中方县	Zhongfang County	861140	112638	512857	235645	105.3	35747
沅陵县	Yuanling County	1639506	178789	1104701	356016	105.5	27798
辰溪县	Chenxi County	925276	145981	412490	366805	106.1	20132
溆浦县	Xupu County	1147816	279704	389753	478359	99.0	15331
会同县	Huitong County	555672	116287	134946	304439	106.5	17040
麻阳县	Mayang County	580821	144453	195793	240575	107.9	16700
新晃县	Xinhuang County	454360	64615	233906	155839	107.0	18328
芷江县	Zhijiang County	832155	197138	360793	274224	105.1	24134
靖州县	Jingzhou County	621183	126653	229537	264993	109.8	25078
通道县	Tongdao County	311837	66719	106594	138524	104.9	14871
洪江市	Hongjiang City	891988	175435	323670	392883	107.4	21314
洪江区	Hongjiang District	295367	15226	218078	62063	83.3	44550
娄星区	Louxing District	3507455	107599	2150258	1249598	108.9	69249
双峰县	Shuangfeng City	1842089	592225	750811	499053	107.1	21252
新化县	Xinhua County	1870041	506660	619222	744159	108.9	16620
冷水江市	Lengshuijiang City	2535852	89957	1754474	691421	107.9	75181
涟源市	Lianyuan City	2231332	456188	1058372	716772	107.6	22145
吉首市	Jishou City	1108189	60133	326242	721814	105.7	35806
泸溪县	Luxi County	525679	69939	289818	165922	111.0	18529
凤凰县	Fenghuang County	613612	76947	108087	428578	112.6	17265
花垣县	Huayuan County	599590	59083	358070	182437	103.1	20450
保靖县	Baojing County	398382	74875	142226	181281	110.4	13954
古丈县	Guzhang County	197895	41027	58687	98181	114.4	15258
永顺县	Yongsun County	511064	142469	137653	230942	107.6	11628
龙山县	Longshan County	615634	163497	143707	308430	109.5	11980

20-8 农作物播种面积(2014年)

Sown Area of Crops(2014)

单位：千公顷 (1 000 hectares)

市县名称	Cities and Counties	农作物播种面积 Total Sown Area	#粮食作物 Area of Grain Crops	#稻谷面积 Area of Rice	油料面积 Area of Oil	蔬菜面积 Area of Vegetables
芙蓉区	Furong District	0.55	0.05	0.05		0.50
天心区	Tianxin District	0.59	0.32	0.30	0.01	0.20
岳麓区	Yuelu District	28.14	13.85	12.77	1.11	11.47
开福区	Kaifu District	5.40	2.67	2.53	0.07	2.57
雨花区	Yuhua District	0.17	0.01	0.01		0.16
望城区	Wangcheng District	102.66	55.08	50.46	3.79	31.54
长沙县	Changsha County	147.99	88.03	79.65	9.04	35.00
宁乡县	Ningxiang County	206.43	132.37	121.36	7.10	46.15
浏阳市	Liuyang City	187.03	84.20	75.48	31.84	42.12
荷塘区	Hetang District	9.42	4.90	4.40	0.44	2.66
芦淞区	Lusong District	10.82	6.24	5.98	0.56	2.98
石峰区	Shifeng District	9.53	4.90	4.38	0.51	3.14
天元区	Tianyuan District	18.88	13.09	12.66	0.70	4.53
株洲县	Zhuzhou County	48.97	34.51	33.21	3.11	8.60
攸 县	You County	111.86	67.15	64.02	12.63	19.60
茶陵县	Chaling County	72.43	47.93	45.50	10.20	7.36
炎陵县	Yanling County	24.70	15.82	12.37	2.16	3.06
醴陵市	Liling City	101.22	71.94	67.33	7.81	13.67
雨湖区	Yuhu District	25.64	19.35	18.73	0.29	5.72
岳塘区	Yuetang District	7.57	3.69	3.47	0.31	3.21
湘潭县	Xiangtan County	139.60	106.49	103.19	7.39	22.45
湘乡市	Xiangxiang City	131.41	77.12	74.39	12.46	25.34
韶山市	Shaoshan City	15.82	10.00	9.81	0.82	2.77
珠晖区	Zhuhui District	12.87	5.22	4.54	1.90	5.16
雁峰区	Yanfeng District	3.27	1.60	1.32	0.19	1.28
石鼓区	Shigu District	5.89	3.74	3.70	0.78	1.21
蒸湘区	Zhengxiang District	5.51	3.22	3.03	0.43	1.57
南岳区	Nanyue District	4.72	2.56	2.00	0.12	1.25
衡阳县	Hengyang County	181.31	104.52	93.41	50.05	8.79
衡南县	Hengnan County	178.93	108.37	97.35	41.93	10.51
衡山县	Hengshan County	54.23	31.50	29.88	10.67	7.87
衡东县	Hengdong County	112.71	66.82	60.76	21.56	12.31
祁东县	Qidong County	153.15	79.92	71.25	31.35	25.85
耒阳市	Leiyang City	155.30	89.08	76.61	33.66	20.48
常宁市	Changning City	121.48	67.25	63.53	23.97	11.63
双清区	Shuangqing District	9.64	6.27	5.15	0.48	1.87
大祥区	Daxiang District	16.18	10.54	8.66	1.43	1.68
北塔区	Beita District	5.14	3.05	2.14	0.39	1.19
邵东县	Shaodong County	125.42	86.74	65.05	15.39	13.06

20-8 续表 1 continued

单位：千公顷 (1 000 hectares)

市县名称	Cities and Counties	农作物播种面积 Total Sown Area	#粮食作物 Area of Grain Crops	#稻谷面积 Area of Rice	油料面积 Area of Oil	蔬菜面积 Area of Vegetables
新邵县	Xinshao County	84.78	62.18	45.73	6.11	8.64
邵阳县	Shaoyang County	121.52	82.69	63.57	15.79	14.75
隆回县	Longhui County	144.47	77.65	59.65	6.63	30.31
洞口县	Dongkou County	147.80	88.84	70.28	24.22	19.00
绥宁县	Suining County	40.54	22.58	18.50	4.23	8.14
新宁县	Xinning County	81.65	56.53	40.05	6.03	7.43
城步县	Chengbu County	27.32	15.47	11.55	2.75	4.60
武冈市	Wugang City	103.08	75.30	55.56	9.91	9.70
岳阳楼区	Yueyanglou District	22.51	12.68	10.38	2.83	5.17
云溪区	Yunxi District	16.24	7.39	5.30	1.98	3.59
君山区	Junshan District	61.44	28.38	20.77	11.15	9.18
岳阳县	Yueyang County	139.38	90.43	77.14	19.01	13.08
华容县	Huarong County	183.79	95.74	89.60	41.77	19.10
湘阴县	Xiangyin County	135.86	101.66	87.22	10.28	15.49
平江县	Pingjiang County	123.89	76.05	66.21	15.06	11.65
汨罗市	Miluo City	113.50	84.67	75.31	9.20	10.65
临湘市	Linxiang City	92.57	57.80	50.57	13.75	9.47
武陵区	Wuling District	36.02	22.80	21.92	5.90	4.29
鼎城区	Dingcheng District	216.63	129.15	117.71	44.71	21.18
安乡县	Anxiang County	126.89	54.51	47.43	41.26	8.96
汉寿县	Hanshou County	183.28	111.30	107.89	43.42	13.35
澧　县	Li County	167.73	91.32	74.11	44.89	12.36
临澧县	Linli County	102.64	61.72	55.99	28.87	5.36
桃源县	Taoyuan County	240.82	147.18	126.02	56.93	16.86
石门县	Shimen County	104.05	62.00	30.04	26.67	8.86
津市市	Jinshi City	49.99	24.57	22.90	15.68	4.98
永定区	Yongding District	59.05	30.84	15.48	10.14	12.10
武陵源区	Wulingyuan District	5.39	3.14	1.31	0.76	0.97
慈利县	Cili County	100.43	61.28	24.14	21.63	9.53
桑植县	Sangzhi County	69.64	43.01	13.10	12.29	9.91
资阳区	Ziyang District	73.42	46.00	43.43	4.61	15.40
赫山区	Heshan District	106.53	80.51	74.48	7.76	15.21
南　县	Nan County	215.07	101.04	93.94	48.31	27.00
大通湖区	Datonghu District	53.14	21.80	20.04	10.32	7.00
桃江县	Taojiang County	112.09	65.43	56.74	21.34	16.95
安化县	Anhua County	99.88	48.25	29.58	26.79	16.31
沅江市	Yuanjiang City	171.53	82.77	78.48	33.30	23.33
北湖区	Beihu District	28.96	10.02	7.93	0.92	12.79
苏仙区	Suxian District	37.40	22.60	17.90	3.53	6.57
桂阳县	Guiyang County	104.46	53.53	35.15	9.00	14.56
宜章县	Yizhang County	86.04	48.23	30.57	6.04	12.67
永兴县	Yongxing County	87.38	46.51	38.43	12.90	11.76

20-8 续表 2 continued

单位：千公顷 (1 000 hectares)

市县名称	Cities and Counties	农作物播种面积 Total Sown Area	#粮食作物 Area of Grain Crops	#稻谷面积 Area of Rice	油料面积 Area of Oil	蔬菜面积 Area of Vegetables
嘉禾县	Jiahe County	38.79	24.00	16.39	3.90	5.87
临武县	Linwu County	41.32	23.97	15.37	3.23	7.67
汝城县	Rucheng County	51.21	32.51	26.63	5.07	8.10
桂东县	Guidong County	20.80	12.64	8.80	3.92	2.12
安仁县	Anreng County	77.15	46.39	42.32	18.50	6.94
资兴市	Zixing City	50.88	27.97	18.13	5.99	11.72
零陵区	Lingling District	116.13	64.16	57.59	15.08	26.18
冷水滩区	Lengshuitan District	95.70	56.25	47.17	6.29	17.47
祁阳县	Qiyang County	165.57	107.43	83.19	21.74	26.10
东安县	Dongan County	102.88	65.77	54.38	4.98	24.06
双牌县	Shuangpai County	26.06	15.32	10.06	1.36	4.81
道　县	Dao County	130.46	71.17	53.56	9.11	33.27
江永县	Jiangyong County	50.50	23.81	17.16	9.17	14.20
宁远县	Ningyuan County	76.31	54.94	41.43	5.06	9.21
蓝山县	Lanshan County	41.31	22.61	18.58	7.05	6.84
新田县	Xintian County	50.94	30.55	18.47	2.10	12.01
江华县	Jianghua County	72.04	42.44	26.03	7.53	12.00
鹤城区	Hecheng District	25.09	7.82	6.25	3.04	8.35
中方县	Zhongfang County	43.86	20.12	12.73	9.35	5.31
沅陵县	Yuanling County	81.14	45.84	27.02	17.15	10.14
辰溪县	Chenxi County	64.79	32.82	23.28	14.99	7.71
溆浦县	Xupu County	97.87	61.41	34.10	18.87	4.52
会同县	Huitong County	39.32	19.76	14.19	7.72	6.84
麻阳县	Mayang County	43.21	20.73	13.93	9.61	4.05
新晃县	Xinhuang County	28.74	17.40	9.92	3.94	3.15
芷江县	Zhijiang County	66.87	35.91	20.24	11.85	10.02
靖州县	Jinzhou County	46.93	21.65	17.04	7.78	5.17
通道县	Tongdao County	30.37	14.12	12.10	6.97	3.35
洪江市	Hongjiang City	52.35	27.71	18.32	8.68	7.95
洪江区	Hongjiang District	2.27	0.97	0.66	0.30	0.89
娄星区	Louxing District	20.97	13.03	10.11	1.92	3.74
双峰县	Shuangfeng County	120.97	85.53	69.47	15.46	12.42
新化县	Xinhua County	120.82	84.13	58.78	10.47	12.14
冷水江市	Lenshuijiang City	12.89	7.67	5.43	1.52	2.13
涟源市	Lianyuan City	109.23	83.18	57.08	9.42	10.68
吉首市	Jishou City	29.39	9.77	5.58	5.55	7.30
泸溪县	Luxi County	39.97	14.32	10.26	8.68	7.71
凤凰县	Fenghuang County	58.88	28.52	16.52	8.32	10.92
花垣县	Huayuan County	35.31	19.47	9.68	4.82	5.10
保靖县	Baojin County	40.20	18.30	8.32	7.08	7.30
古丈县	Guzhang County	18.89	10.06	5.31	2.59	2.92
永顺县	Yongshun County	77.23	44.09	19.63	13.37	9.94
龙山县	Longshan County	70.00	36.50	14.85	10.48	10.81

20-9 机耕、灌溉面积及水库、堤防(2014年)

Tractor-Ploughed Area and Irrigated Area, Reservoirs and Dikes (2014)

市县名称	Cities and Counties	机耕面积 (千公顷) Tractor Ploughed Area (1 000 hectares)	有效灌溉面积 (千公顷) Irrigated Area (1 000 hectares)	水库 (座) Number of Reservoirs (set)	堤防长度 (公里) Total Length of Dikes (km)
芙蓉区	Furong District	0.01			15
天心区	Tianxin District	1.18	0.74		23
岳麓区	Yuelu District	14.13	10.88	42	87
开福区	Kaifu District	7.20	2.93	20	58
雨花区	Yuhua District	0.01	0.02	4	55
望城区	Wangcheng District	53.53	28.44	58	228
长沙县	Changsha County	104.67	50.61	167	131
宁乡县	Ningxiang County	203.74	69.35	166	753
浏阳市	Liuyang City	180.15	60.51	201	120
荷塘区	Hetang District	3880.00	2.92	18	19
芦淞区	Lusong District	4.42	3.80	15	29
石峰区	Shifeng District	0.80	2.98	13	23
天元区	Tianyuan District	12.60	6.59	26	47
株洲县	Zhuzhou County	28.50	19.65	102	86
攸　县	You County	79.22	40.15	301	45
茶陵县	Chaling County	43.22	25.82	244	83
炎陵县	Yanling County	15.52	12.81	40	13
醴陵市	Liling City	73.50	47.15	207	535
雨湖区	Yuhu District	19.87	12.39	10	68
岳塘区	Yuetang District	5.32	2.92	6	59
湘潭县	Xiangtan County	99.69	66.62	133	128
湘乡市	Xiangxiang City	95.49	52.22	189	670
韶山市	Shaoshan City	10.52	5.56	49	57
珠晖区	Zhuhui District	3.94	3.66	25	76
雁峰区	Yanfeng District	0.42	0.95	9	33
石鼓区	Shigu District	1.69	1.11	20	36
蒸湘区	Zhengxiang District	2.28	1.16	25	42
南岳区	Nanyue District	4.80	2.03	10	116
衡阳县	Hengyang County	137.86	52.30	223	366
衡南县	Hengnan County	124.31	55.91	401	160
衡山县	Hengshan County	46.82	18.34	134	605
衡东县	Hengdong County	80.90	28.13	164	91
祁东县	Qidong County	70.24	41.08	189	949
耒阳市	Leiyang City	62.75	41.06	327	37
常宁市	Changning City	140.20	41.19	269	82
双清区	Shuangqing District	2.00	3.18	15	2
大祥区	Daxiang District	0.75	4.84	27	6
北塔区	Beita District	5.00	2.30	13	6
邵东县	Shaodong County	54.83	30.84	129	60

注：有效灌溉面积、水库、堤防长度数据由水利部门提供。

The date of irrigated area, reservoirs and length of dikes are provided by the water conservancy department.

20-9 续表 1 continued

市县名称	Cities and Counties	机耕面积(千公顷) Tractor Ploughed Area (1 000 hectares)	有效灌溉面积(千公顷) Irrigated Area (1 000 hectares)	水库(座) Number of Reservoirs (set)	堤防长度(公里) Total Length of Dikes (km)
新邵县	Xinshao County	48.67	21.07	94	36
邵阳县	Shaoyang County	113.24	45.01	240	1
隆回县	Longhui County	83.54	42.43	250	25
洞口县	Dongkou County	62.79	39.65	168	8
绥宁县	Suining County	31.92	18.64	41	95
新宁县	Xinning County	44.59	27.82	117	16
城步县	Chengbu County	13.22	12.77	32	28
武冈市	Wugang City	52.80	35.21	126	19
岳阳楼区	Yueyanglou District	11.07	8.63	69	24
云溪区	Yunxi District	13.50	6.08	38	143
君山区	Junshan District	50.70	25.58	37	256
岳阳县	Yueyang County	93.20	43.52	250	152
华容县	Huarong County	196.80	66.11	74	727
湘阴县	Xiangyin County	99.88	45.97	144	570
平江县	Pingjiang County	67.83	39.20	289	38
汨罗市	Miluo City	97.31	43.52	308	213
临湘市	Linxiang City	43.40	36.62	293	315
武陵区	Wuling District	22.42	6.17	1	157
鼎城区	Dingcheng District	176.72	82.95	200	829
安乡县	Anxiang County	103.75	47.70	11	393
汉寿县	Hanshou County	256.72	85.98	347	867
澧　县	Li County	113.94	72.35	152	401
临澧县	Linli County	82.57	39.95	151	62
桃源县	Taoyuan County	244.13	86.30	323	294
石门县	Shimen County	72.45	36.15	211	241
津市市	Jinshi City	36.39	11.29	28	106
永定区	Yongding District	14.57	14.15	91	72
武陵源区	Wulingyuan District	1.37	1.01	10	54
慈利县	Cili County	24.73	25.33	109	19
桑植县	Sangzhi County	13.60	11.88	54	138
资阳区	Ziyang District	49.96	22.02	36	254
赫山区	Heshan District	71.33	42.36	175	400
南　县	Nan County	183.12	67.06	1	824
大通湖区	Datonghu District	60.17	12.91		189
桃江县	Taojiang County	62.70	38.64	224.00	38
安化县	Anhua County	35.25	25.55	170	913
沅江市	Yuanjiang City	130.67	40.40	17	829
北湖区	Beihu District	6.76	8.78	14	84
苏仙区	Suxian District	17.20	13.50	61	49
桂阳县	Guiyang County	51.35	32.77	254	116
宜章县	Yizhang County	34.88	23.67	134	91
永兴县	Yongxing County	39.24	21.94	147	18

20-9 续表 2 continued

市县名称	Cities and Counties	机耕面积(千公顷) Tractor Ploughed Area (1 000 hectares)	有效灌溉面积(千公顷) Irrigated Area (1 000 hectares)	水库(座) Number of Reservoirs (set)	堤防长度(公里) Total Length of Dikes (km)
嘉禾县	Jiahe County	17.20	13.69	95	2
临武县	Linwu County	26.08	11.61	83	64
汝城县	Rucheng County	32.50	17.90	79	407
桂东县	Guidong County	6.38	9.85	22	152
安仁县	Anreng County	66.00	20.14	110	62
资兴市	Zixing City	19.68	16.28	86	12
零陵区	Lingling District	49.60	31.97	144	64
冷水滩区	Lengshuitan District	62.13	22.10	142	14
祁阳县	Qiyang County	72.10	50.22	258	20
东安县	Dongan County	51.41	37.24	203	350
双牌县	Shuangpai County	11.31	7.53	59	190
道　县	Dao County	44.00	44.08	100	12
江永县	Jiangyong County	20.79	13.30	84	36
宁远县	Ningyuan County	61.30	35.33	168	23
蓝山县	Lanshan County	18.90	15.10	55	83
新田县	Xintian County	22.00	11.89	69	27
江华县	Jianghua County	35.27	20.50	112	20
鹤城区	Hecheng District	7.20	6.72	45	44
中方县	Zhongfang County	13.50	11.46	111	127
沅陵县	Yuanling County	53.95	20.39	113	69
辰溪县	Chenxi County	19.40	16.42	166	97
溆浦县	Xupu County	55.75	32.03	141	103
会同县	Huitong County	15.03	15.20	105	203
麻阳县	Mayang County	12.30	12.57	170	15
新晃县	Xinhuang County	10.14	10.27	53	60
芷江县	Zhijiang County	25.62	16.34	152	36
靖州县	Jinzhou County	15.93	19.48	66	15
通道县	Tongdao County	18.01	12.73	42	26
洪江市	Hongjiang City	48.40	20.07	141	39
洪江区	Hongjiang District	0.52	0.91	7	
娄星区	Louxing District	6.22	5.92	50	49
双峰县	Shuangfeng County	63.86	29.22	219	94
新化县	Xinhua County	34.90	26.22	280	158
冷水江市	Lenshuijiang City	3.47	4.42	31	27
涟源市	Lianyuan City	48.00	28.06	174	35
吉首市	Jishou City	5.06	10.80	43	24
泸溪县	Luxi County	12.00	19.23	141	17
凤凰县	Fenghuang County	4.68	28.11	97	316
花垣县	Huayuan County	16.70	19.50	53	4
保靖县	Baojin County	6.83	20.34	90	28
古丈县	Guzhang County	5.04	10.53	48	55
永顺县	Yongshun County	16.77	33.14	117	145
龙山县	Longshan County	17.79	24.93	95	35

20-10 主要农业机械年末拥有量(2014年)

Year-End Possession of Major Agriculture Machinery (2014)

市县名称	Cities and Counties	农业机械总动力(千瓦) Power of Agri-cultural Machinery (kw)	大中型拖拉机 Large and Medium Tractors		小型及手扶拖拉机 Mini and Walking Tractors		排灌机械 Machinery for Agricultural Drainage and Irrigation	
			台 (unit)	千瓦 (kw)	台 (unit)	千瓦 (kw)	台 (unit)	千瓦 (kw)
芙蓉区	Furong District	86807	432	15075	224	1904	2302	9124
天心区	Tianxin District	56997	66	1040	194	1772	763	5687
岳麓区	Yuelu District	213460	137	3968	948	13911	8858	39861
开福区	Kaifu District	149186	265	9408	640	6388	3364	28580
雨花区	Yuhua District	68590	7	152	82	710	729	14765
望城区	Wangcheng District	585900	321	12888	1963	17700	35508	176950
长沙县	Changsha County	1468300	502	17181	3451	37961	56000	221943
宁乡县	Ningxiang County	1646354	1842	68442	7650	83449	60455	188925
浏阳市	Liuyang City	1486706	4073	157740	8952	116740	25317	124577
荷塘区	Hetang District	50511	31	951	275	2577	895	4155
芦淞区	Lusong District	20638	13	367			442	
石峰区	Shifeng District						56	2185
天元区	Tianyuan District	76547	20	413	228	2026	3007	13485
株洲县	Zhuzhou County	432400	500	20155	950	4751	11000	27524
攸　县	You County	877208	3212	89051	9996	100442	16377	84924
茶陵县	Chaling County	714128	226	8551	8620	101928	12462	75358
炎陵县	Yanling County	160580	596	13153	786	8640	6317	11877
醴陵市	Liling City	841287	495	18346	4354	31392	25955	161956
雨湖区	Yuhu District	108940	823	23889	522	5400	4732	16300
岳塘区	Yuetang District	94077	230	6942	776	8836	6547	17660
湘潭县	Xiangtan County	1445387	2966	90133	4780	44965	86667	327554
湘乡市	Xiangxiang City	974001	724	24040	824	9002	87483	143675
韶山市	Shaoshan City	146020	189	5880	625	6963	33790	37009
珠晖区	Zhuhui District	72630	266	9037	124	1257	5197	39360
雁峰区	Yanfeng District	50956	387	9164	99	891	106	1056
石鼓区	Shigu District	9868	388	6405	150	1515	4389	13845
蒸湘区	Zhengxiang District	57277	276	5527	284	1269	2793	11051
南岳区	Nanyue District	17200	34	852	67	756	3136	4840
衡阳县	Hengyang County	813641	873	40176	3308	39662	46501	109776
衡南县	Hengnan County	897275	1299	48435	1151	12666	38843	103206
衡山县	Hengshan County	367910	101	4309	1008	5233	27487	47737
衡东县	Hengdong County	604195	211	9705	3083	34061	19588	88695
祁东县	Qidong County	889679	1712	71798	698	6533	40820	214269
耒阳市	Leiyang City	789438	848	37314	3021	33208	16611	70685
常宁市	Changning City	634304	587	30030	4240	36800		
双清区	Shuangqing District	125200	255	3950	250	3100	9200	34000
大祥区	Daxiang District	124800	496	14350	230	2300	11100	54000
北塔区	Beita District	77500	517	14150	188	1880	2940	21000
邵东县	Shaodong County	761697	1118	24254	3375	31232	55422	154546

20-10 续表 1 continued

市县名称	Cities and Counties	农业机械总动力(千瓦) Power of Agri-cultural Machinery (kw)	大中型拖拉机 Large and Medium Tractors		小型及手扶拖拉机 Mini and Walking Tractors		排灌机械 Machinery for Agricultural Drainage and Irrigation	
			台 (unit)	千瓦 (kw)	台 (unit)	千瓦 (kw)	台 (unit)	千瓦 (kw)
新邵县	Xinshao County	242575	523	13605	1059	9912	7838	36162
邵阳县	Shaoyang County	481228	514	15776	1011	12667	46882	209655
隆回县	Longhui County	292560	931	26939	736	6793	26168	83802
洞口县	Dongkou County	680591	175	6500	861	10435	25238	90068
绥宁县	Suining County	390061	340	5762	4021	34248	6001	32412
新宁县	Xinning County	460009	606	13774	1503	19520	33521	67163
城步县	Chengbu County	152938	930	19245	870	10440	4879	31274
武冈市	Wugang City	542974	1081	33987	1450	14886	33071	108671
岳阳楼区	Yueyanglou District	288943	1945	34936	1122	13750	2400	18736
云溪区	Yunxi District	121477	516	10453	123	1104	2136	10237
君山区	Junshan District	240594	687	21925	972	11881	2866	33179
岳阳县	Yueyang County	751126	633	20412	2200	21254	13906	49050
华容县	Huarong County	946599	3159	109297	4153	32975	41605	369977
湘阴县	Xiangyin County	854488	1340	39045	4884	69025	23166	201894
平江县	Pingjiang County	789500	2124	73358	2228	30638	23196	90135
汨罗市	Miluo City	892686	2324	78869	3408	36521	26120	221803
临湘市	Linxiang City	732000	1240	47979	1500	12668	23747	142483
武陵区	Wuling District	225520	651	21259	962	10696	6322	28945
鼎城区	Dingcheng District	1175528	2894	103647	3337	40040	34666	185591
安乡县	Anxiang County	565281	1031	47744	3823	48105	19410	116460
汉寿县	Hanshou County	1020517	2158	73379	6082	63410	53723	395894
澧　县	Li County	780301	2475	72091	3137	32610	49532	253747
临澧县	Linli County	366059	1198	40153	2091	27592	12546	70798
桃源县	Taoyuan County	891214	2630	76175	1915	22402	40667	175566
石门县	Shimen County	639015	3752	127845	2555	27240	25846	73199
津市市	Jinshi City	185000	621	23518	902	8583	10804	69003
永定区	Yongding District	329987	1793	29716	2995	29567	9985	75355
武陵源区	Wulingyuan District	7483	9	172	285	2517	219	646
慈利县	Cili County	539067	1682	52031	967	11620	18682	128139
桑植县	Sangzhi County	198079	635	17997	2801	37590	9160	22124
资阳区	Ziyang District	630656	969	41507	3400	34823	28601	199334
赫山区	Heshan District	814914	517	12524	3800	39000	61000	53680
南　县	Nan County	961981	1931	70530	5100	52065	61309	392002
大通湖区	Datonghu District	293290	793	29320	1432	14980	19124	117182
桃江县	Taojiang County	792528	1074	39323	3937	45117	16715	127179
安化县	Anhua County	750853	1613	73605	1681	20333	29381	80673
沅江市	Yuanjiang City	928353	2299	100157	5097	49825	53090	294746
北湖区	Beihu District	234968	2740	91400	350	5000	3700	22940
苏仙区	Suxian District	225670	192	6280	734	7078	6597	28704
桂阳县	Guiyang County	555761	2163	54117	3776	33531	21102	78831
宜章县	Yizhang County	880300	2568	35747	266	2970	23860	123848
永兴县	Yongxing County	275097	381	20168	1934	10685	5262	29540

20-10 续表 2 continued

市县名称	Cities and Counties	农业机械总动力(千瓦) Power of Agri-cultural Machinery (kw)	大中型拖拉机 Large and Medium Tractors		小型及手扶拖拉机 Mini and Walking Tractors		排灌机械 Machinery for Agricultural Drainage and Irrigation	
			台 (unit)	千瓦 (kw)	台 (unit)	千瓦 (kw)	台 (unit)	千瓦 (kw)
嘉禾县	Jiahe County	408962	1768	40377	4082	30043	12640	44845
临武县	Linwu County	330859	52	1276	6033	84462	15000	65462
汝城县	Rucheng County	432060	1370	22099	3471	34995	7805	36930
桂东县	Guidong County	121368	265	4685	1454	19190	1640	7550
安仁县	Anreng County	218326	1237	30593	569	6682	1370	8220
资兴市	Zixing City	331152	543	8989	452	3977	9714	26616
零陵区	Lingling District	638418	1110	50146	2730	35310	30055	107250
冷水滩区	Lengshuitan District	533146	118	2694	820	11403	57898	274057
祁阳县	Qiyang County	847187	1273	31414	2011	25361	87572	492933
东安县	Dongan County	606141	117	9439	1076	9402	25627	90175
双牌县	Shuangpai County	187872	1360	26141	524	7503	6185	17361
道　县	Dao County	467413	3367	104546	2863	22993	24365	104847
江永县	Jiangyong County	226792	1306	33832	2875	32550	11466	71314
宁远县	Ningyuan County	1000100	3580	99970	1940	20900	46500	197300
蓝山县	Lanshan County	377998	96	2615	2188	13128	4330	41568
新田县	Xintian County	391137	1245	35412	3996	38689	18346	47469
江华县	Jianghua County	377562	3112	67313	1820	18745	19849	77096
鹤城区	Hecheng District	175621	103	3539	362	3900	6969	13154
中方县	Zhongfang County	243800	345	14148	381	5352	6612	29087
沅陵县	Yuanling County	412215	428	8790	332	3603	20802	49653
辰溪县	Chenxi County	283588	81	2795	763	8562	16257	57125
溆浦县	Xupu County	591099	332	14907	594	7890	20008	84096
会同县	Huitong County	284802	560	10814	524	5939	12762	28531
麻阳县	Mayang County	184254	167	2728	176	1021	15880	45680
新晃县	Xinhuang County	160297	403	6382	120	1524	6575	17558
芷江县	Zhijiang County	386260	41	1880	403	5293	19622	108430
靖州县	Jinzhou County	350931	859	39644	1094	12650	10276	22364
通道县	Tongdao County	289494	75	2335	3318	20891	6296	16410
洪江市	Hongjiang City	315615	76	3364	967	12046	9453	29717
洪江区	Hongjiang District	14870	49	1225	123	1555	1341	3024
娄星区	Louxing District	413452	675	25260	623	7600	16783	37246
双峰县	Shuangfeng County	961425	908	25033	1148	11792	80090	230903
新化县	Xinhua County	842576	930	25360	1018	14200	22050	143600
冷水江市	Lenshuijiang City	236900	34	725	210		10715	66273
涟源市	Lianyuan City	796414	382	8671	5700	54591	38814	161957
吉首市	Jishou City	198419	1712	36917	867	10423	1484	8201
泸溪县	Luxi County	180328	120	2826	20	120	4816	42771
凤凰县	Fenghuang County	224127	1144	27873	663	6085	6324	43256
花垣县	Huayuan County	186928	392	7779	352	3420	5858	17593
保靖县	Baojin County	171923	1419	34760	533	5867	3685	10613
古丈县	Guzhang County	123189	228	9044	432	5717	2813	4661
永顺县	Yongshun County	361592	1029	30946	3055	35074	10223	33434
龙山县	Longshan County	239557	488	12514	1675	18078	4439	22415

20-11 农林牧渔业总产值(2014年)

Gross Output Value of Farming, Forestry, Animal Husbandry and fishery (2014)

单位：万元 (10 000 yuan)

市县名称	Cities and Counties	农林牧渔业总产值 Gross Output Value of Farming, Forestry, Animal Husbandry and Fishery	指数(上年=100) Indices (preceding year=100)	农业产值 Output Value of Farming	林业产值 Output Value of Forestry	牧业产值 Output Value of Animal Husbandry	渔业产值 Output Value of Fishery	服务业产值 Output Value of Services
芙蓉区	Furong District	7930	104.3	6108		1441	306	75
天心区	Tianxin District	11088	98.8	3007		4283	3724	75
岳麓区	Yuelu District	245923	103.3	153497	7039	64760	13873	6755
开福区	Kaifu District	59572	100.7	36517		20202	2747	105
雨花区	Yuhua District	11625	101.1	7056		3363	1132	74
望城区	Wangcheng District	624773	103.4	380889	7051	189501	39593	7739
长沙县	Changsha County	1118764	103.3	685764	34283	357379	26599	14740
宁乡县	Ningxiang County	1528769	103.1	834778	48466	566810	55096	23620
浏阳市	Liuyang City	1297480	103.3	741477	142091	345154	38946	29812
荷塘区	Hetang District	61331	105.2	38687	2584	16181	3070	811
芦淞区	Lusong District	77812	103.5	39044	548	33793	3594	833
石峰区	Shifeng District	58969	101.8	29168	1967	23787	2984	1063
天元区	Tianyuan District	122610	104.5	72835	877	42350	5425	1123
株洲县	Zhuzhou County	254751	103.8	114189	20822	95871	13778	10091
攸 县	You County	709454	104.1	355580	53933	244634	22304	33003
茶陵县	Chaling County	447041	103.9	206880	48377	165778	19460	6547
炎陵县	Yanling County	114594	104.7	49006	29537	26638	1174	8239
醴陵市	Liling City	631326	104.2	305301	39104	237689	28334	20899
雨湖区	Yuhu District	232685	104.8	87809	6733	122695	5305	10143
岳塘区	Yuetang District	103597	105.9	33108	6127	46246	3499	14617
湘潭县	Xiangtan County	916564	104.0	413742	44118	380464	45397	32843
湘乡市	Xiangxiang City	818000	104.6	363710	46318	341361	41760	24852
韶山市	Shaoshan City	105626	104.5	45159	4157	50154	3781	2376
珠晖区	Zhuhui District	131440	103.1	70885	469	50129	7603	2355
雁峰区	Yanfeng District	40007	102.6	18256	980	17162	2720	890
石鼓区	Shigu District	67467	103.1	28004	2166	32317	4423	556
蒸湘区	Zhengxiang District	64818	103.1	31112	1025	26421	5210	1050
南岳区	Nanyue District	46088	102.7	23148	3307	18047	873	713
衡阳县	Hengyang County	1047354	103.2	388755	60098	478584	95029	24889
衡南县	Hengnan County	966127	103.1	438853	53462	366906	85889	21017
衡山县	Hengshan County	392078	103.4	175548	51886	139468	16943	8232
衡东县	Hengdong County	671165	101.0	271254	75096	272275	37646	14895
祁东县	Qidong County	828073	103.1	399911	27230	292605	87921	20407
耒阳市	Leiyang City	929881	104.5	412566	43955	400641	46330	26389
常宁市	Changning City	718820	103.2	246776	80355	327624	46798	17267
双清区	Shuangqing District	67839	103.0	29304	37	28706	2850	6942
大祥区	Daxiang District	81156	103.5	43096	725	24749	2961	9625
北塔区	Beita District	39679	103.9	16844	178	17311	2270	3077
邵东县	Shaodong County	692711	106.2	462148	2728	184465	38309	5061

20-11 续表 1 continued

单位：万元 (10 000 yuan)

市县名称	Cities and Counties	农林牧渔业总产值 Gross Output Value of Farming, Forestry, Animal Husbandry and Fishery	指数(上年=100) Indices (preceding year=100)	农业产值 Output Value of Farming	林业产值 Output Value of Forestry	牧业产值 Output Value of Animal Husbandry	渔业产值 Output Value of Fishery	服务业产值 Output Value of Services
新邵县	Xinshao County	371481	102.9	202130	14627	139641	8940	6143
邵阳县	Shaoyang County	438164	102.5	251290	17194	154241	11660	3780
隆回县	Longhui County	496229	104.8	311950	19867	149205	11677	3531
洞口县	Dongkou County	693106	102.5	360375	30059	271296	21515	9861
绥宁县	Suining County	235745	102.3	116930	42834	71808	2645	1529
新宁县	Xinning County	273001	105.0	186447	9573	67408	7016	2558
城步县	Chengbu County	155267	103.9	61123	14902	77046	881	1314
武冈市	Wugang City	523855	102.3	276959	13875	218727	12418	1876
岳阳楼区	Yueyanglou District	148496	104.0	71344	4425	34494	30638	7596
云溪区	Yunxi District	116809	103.3	44276	4343	36687	29486	2017
君山区	Junshan District	361416	103.4	190049	9230	91361	68155	2621
岳阳县	Yueyang County	649650	103.1	307262	12342	243415	79572	7060
华容县	Huarong County	882755	103.3	461503	9414	180710	218522	12608
湘阴县	Xiangyin County	687468	103.3	308084	22344	163159	183626	10255
平江县	Pingjiang County	576827	102.9	278537	52395	223130	11740	11025
汨罗市	Miluo City	645866	102.9	279446	12657	276355	66146	11263
临湘市	Linxiang City	383703	103.2	173258	19190	128986	58513	3757
武陵区	Wuling District	162678	107.5	82412	731	36049	25483	18003
鼎城区	Dingcheng District	898434	101.5	395636	39932	329149	98930	34787
安乡县	Anxiang County	496778	102.2	235105	5937	138763	100460	16513
汉寿县	Hanshou County	772283	102.3	362906	9260	267529	106965	25623
澧　县	Li County	862314	101.7	357970	15130	370454	59319	59441
临澧县	Linli County	434091	106.7	191548	8452	198050	28258	7783
桃源县	Taoyuan County	1088636	103.5	521000	11769	499419	43210	13238
石门县	Shimen County	556483	100.6	278965	9845	247243	12591	7839
津市市	Jinshi City	287075	103.6	107424	29939	123032	18538	8142
永定区	Yongding District	248022	102.9	134842	20212	62785	14071	16112
武陵源区	Wulingyuan District	25298	97.5	11372	3775	8792	203	1155
慈利县	Cili County	355687	102.0	198599	35740	104413	11439	5497
桑植县	Sangzhi County	145370	103.8	83606	16511	36563	6249	2442
资阳区	Ziyang District	307373	103.3	188115	2421	81339	33847	1650
赫山区	Heshan District	594693	103.3	287018	24048	247105	29178	7345
南　县	Nan County	895064	103.3	484701	6503	215049	179767	9043
大通湖区	Datonghu District	165976	103.1	111361	2093	18936	32046	1540
桃江县	Taojiang County	558355	103.3	253502	49562	236736	9831	8724
安化县	Anhua County	593172	103.3	267406	39828	251651	26367	7920
沅江市	Yuanjiang City	771057	103.3	369709	10653	185647	197584	7464
北湖区	Beihu District	177281	105.1	108499	12712	48434	4924	2713
苏仙区	Suxian District	222650	101.7	107930	11792	84441	14735	3752
桂阳县	Guiyang County	615578	102.4	342515	34353	207356	17903	13451
宜章县	Yizhang County	292602	101.6	161477	7553	111464	7279	4830
永兴县	Yongxing County	361951	101.6	179969	25990	124870	25004	6118

20-11 续表 2 continued

单位：万元 (10 000 yuan)

市县名称	Cities and Counties	农林牧渔业总产值 Gross Output Value of Farming, Forestry, Animal Husbandry and Fishery	指数 (上年=100) Indices (preceding year=100)	农业产值 Output Value of Farming	林业产值 Output Value of Forestry	牧业产值 Output Value of Animal Husbandry	渔业产值 Output Value of Fishery	服务业产值 Output Value of Services
嘉禾县	Jiahe County	270650	104.5	118805	9952	134218	3074	4602
临武县	Linwu County	189017	104.9	111807	9288	60512	3864	3546
汝城县	Rucheng County	235506	105.2	138636	31078	62417	1041	2334
桂东县	Guidong County	73247	103.3	38314	10224	23108	377	1224
安仁县	Anreng County	266341	100.6	170042	20391	63395	7418	5094
资兴市	Zixing City	335576	106.3	141890	42984	107335	38423	4945
零陵区	Lingling District	597842	103.3	320336	31704	210090	26127	9586
冷水滩区	Lengshuitan District	545830	106.7	276768	24449	202172	34753	7689
祁阳县	Qiyang County	759926	106.9	404677	66203	189438	82444	17165
东安县	Dongan County	551336	99.9	283022	37421	194808	27503	8582
双牌县	Shuangpai County	241052	114.2	54353	113268	55888	6041	11502
道　县	Dao County	667074	104.7	334850	55440	225995	40149	10640
江永县	Jiangyong County	313302	96.5	162664	26361	105349	6566	12363
宁远县	Ningyuan County	449415	92.6	184817	34274	185782	31944	12597
蓝山县	Lanshan County	273910	107.0	116505	47210	94686	2426	13083
新田县	Xintian County	275287	97.0	139891	18184	102559	10688	3965
江华县	Jianghua County	397163	108.2	153604	111636	114471	4127	13325
鹤城区	Hecheng District	147418	103.4	94062	11720	32166	7528	1942
中方县	Zhongfang County	193487	103.3	102655	24408	58040	7981	404
沅陵县	Yuanling County	294112	103.3	159622	41756	70378	21584	772
辰溪县	Chenxi County	264403	103.3	156971	5827	95619	4406	1581
溆浦县	Xupu County	501692	103.3	240491	39542	210998	10368	294
会同县	Huitong County	185798	103.3	88954	40451	51994	4394	6
麻阳县	Mayang County	225653	103.3	168466	5176	48247	3758	6
新晃县	Xinhuang County	132168	103.2	49061	12710	67494	1953	951
芷江县	Zhijiang County	302596	103.4	171483	19462	102992	8549	110
靖州县	Jinzhou County	207830	103.4	128326	18842	55206	5047	408
通道县	Tongdao County	114857	103.3	56875	29648	24671	2884	780
洪江市	Hongjiang City	277364	103.3	157488	36828	73555	9298	194
洪江区	Hongjiang District	24930	103.3	10049	2465	11803	563	52
娄星区	Louxing District	166683	101.8	65811	2527	87258	6439	4648
双峰县	Shuangfeng County	944773	103.9	393080	15914	488721	43953	3105
新化县	Xinhua County	810043	103.5	268479	10909	488594	38254	3806
冷水江市	Lenshuijiang City	142542	100.3	37350	3196	96399	4408	1189
涟源市	Lianyuan City	727122	103.8	314423	7762	382099	20268	2570
吉首市	Jishou City	100588	103.9	75984	2296	19082	2536	690
泸溪县	Luxi County	118091	101.4	80566	5413	29492	2020	600
凤凰县	Fenghuang County	129887	99.4	94583	4324	28903	1348	730
花垣县	Huayuan County	102667	102.0	63307	2519	34153	2089	600
保靖县	Baojin County	125554	101.8	91383	4011	27737	1824	600
古丈县	Guzhang County	67807	103.9	46581	5991	13014	1641	580
永顺县	Yongshun County	237014	104.4	175860	9717	47212	3285	940
龙山县	Longshan County	268067	105.3	208964	12279	42882	2922	1020

20-12 主要农产品产量(2014年)

Output of Major Farm Crops (2014)

单位：吨 (ton)

市县名称	Cities and Counties	粮食合计 Total Grain	稻谷 Rice	小麦 Wheat	玉米 Corn	大豆 Beans	薯类 Tubers
芙蓉区	Furong District	317	317				
天心区	Tianxin District	2339	2112		153	74	
岳麓区	Yuelu District	87837	83674		496	449	2437
开福区	Kaifu District	20724	19509			125	1062
雨花区	Yuhua District	67	67				
望城区	Wangcheng District	370303	351132		3361	1370	12729
长沙县	Changsha County	585871	547103		13365	5724	16725
宁乡县	Ningxiang County	855775	797200	878	41184	5400	8838
浏阳市	Liuyang City	561949	523101	90	15382	7377	13050
荷塘区	Hetang District	34449	32304		216	250	1349
芦淞区	Lusong District	42695	41474		575	127	331
石峰区	Shifeng District	30930	28876		210	581	931
天元区	Tianyuan District	93457	91660		215	135	1327
株洲县	Zhuzhou County	230387	224887		1865	1167	1808
攸　县	You County	465905	455880		1490	2873	4506
茶陵县	Chaling County	318030	310563		1831	2447	1634
炎陵县	Yanling County	91461	79385		2726	1785	6783
醴陵市	Liling City	512172	488423		16293	1348	4211
雨湖区	Yuhu District	131998	129420		648	26	1814
岳塘区	Yuetang District	25287	24579		124	20	437
湘潭县	Xiangtan County	740968	729665		6757	351	3608
湘乡市	Xiangxiang City	537712	528879	25	5799	594	1805
韶山市	Shaoshan City	69385	68814		156	95	273
珠晖区	Zhuhui District	32558	29730		62	378	2053
雁峰区	Yanfeng District	9236	8001		789	81	228
石鼓区	Shigu District	20456	20254				202
蒸湘区	Zhengxiang District	18405	17861		87	110	220
南岳区	Nanyue District	15029	12831		426	325	1162
衡阳县	Hengyang County	625691	579497	190	21900	5625	14524
衡南县	Hengnan County	595830	555542	896	14763	3868	12000
衡山县	Hengshan County	210464	203556		826	492	5080
衡东县	Hengdong County	400075	379353		4710	5674	6617
祁东县	Qidong County	461618	426213	714	19366	3555	9498
耒阳市	Leiyang City	512370	467598	107	5576	7798	26525
常宁市	Changning City	406703	392949	1859	8357	1605	1222
双清区	Shuangqing District	34984	30453	14	1390	486	2363
大祥区	Daxiang District	57729	50638	70	3255	1056	2543
北塔区	Beita District	17889	13318	118	2614	452	1207
邵东县	Shaodong County	445609	364408	2448	45293	10124	18511

20-12 续表 1 continued

单位：吨 (ton)

市县名称	Cities and Counties	粮食合计 Total Grain	稻谷 Rice	小麦 Wheat	玉米 Corn	大豆 Beans	薯类 Tubers
新邵县	Xinshao County	311897	243883	3282	52319	6794	4360
邵阳县	Shaoyang County	450373	375835	536	57464	3564	7089
隆回县	Longhui County	456888	387671	895	30979	2831	30519
洞口县	Dongkou County	446873	376835	1995	42885	6993	12748
绥宁县	Suining County	142478	129480		3429	1485	6631
新宁县	Xinning County	305899	229871	191	62411	1930	10960
城步县	Chengbu County	77743	64093	99	9063	749	2655
武冈市	Wugang City	462990	341933	351	94185	4860	20265
岳阳楼区	Yueyanglou District	67471	60939	324	1604	1482	1972
云溪区	Yunxi District	43710	35477	303	2504	416	4250
君山区	Junshan District	159291	127478	11118	17355	1049	1555
岳阳县	Yueyang County	518885	468462	864	24028	1980	17846
华容县	Huarong County	552639	531631	1899	14028	1344	2533
湘阴县	Xiangyin County	600291	546221	546	32526	2388	12702
平江县	Pingjiang County	429390	397430	844	17644	1688	5033
汨罗市	Miluo City	494843	454455	725	29625	2854	5837
临湘市	Linxiang City	319780	298142	3275	6925	2293	6200
武陵区	Wuling District	115274	112398		1039	1055	501
鼎城区	Dingcheng District	696177	653985	13998	14773	3722	7063
安乡县	Anxiang County	308027	289777	6468	2202	2200	3958
汉寿县	Hanshou County	643322	632212	548	2454	1905	4781
澧　县	Li County	514944	462674	13395	19728	4109	8530
临澧县	Linli County	335700	311631	3700	16715	480	2573
桃源县	Taoyuan County	790680	714176	532	44922	9438	15740
石门县	Shimen County	265415	142107	3263	98066	2145	13921
津市市	Jinshi City	139741	135133	1825	316	485	1434
永定区	Yongding District	146553	88236	75	29874	3157	23442
武陵源区	Wulingyuan District	15178	8886	21	3700	174	2115
慈利县	Cili County	296327	154473	126	99880	4658	34090
桑植县	Sangzhi County	145546	69050	323	35640	4350	35410
资阳区	Ziyang District	277140	268744		792	210	6921
赫山区	Heshan District	501583	490293	1562	2700	300	5161
南　县	Nan County	589213	560252	2913	11026	2790	7266
大通湖区	Datonghu District	119198	112188	1475	5278	26	186
桃江县	Taojiang County	367026	331913	705	20065	1000	11848
安化县	Anhua County	243183	185192	208	44337	2738	9038
沅江市	Yuanjiang City	476924	464613	2411	2320	554	4269
北湖区	Beihu District	55276	46751		2839	726	4760
苏仙区	Suxian District	124225	104170		10103	121	9553
桂阳县	Guiyang County	283963	216341		32552	9114	25587
宜章县	Yizhang County	242061	167494		44453	3764	24902
永兴县	Yongxing County	235616	204675	25	12420	1102	15231

20-12 续表 2 continued

单位：吨 (ton)

市县名称	Cities and Counties	粮食合计 Total Grain	稻谷 Rice	小麦 Wheat	玉米 Corn	大豆 Beans	薯类 Tubers
嘉禾县	Jiahe County	131405	100447	25	18904	3678	7359
临武县	Linwu County	125488	88786		28277	1666	5129
汝城县	Rucheng County	196080	171431		12149	3569	8680
桂东县	Guidong County	63633	53109		8016	401	2107
安仁县	Anreng County	286406	277843		1417	2928	3183
资兴市	Zixing City	126519	96808		20587	707	7047
零陵区	Lingling District	371745	353149	396	5617	3885	6784
冷水滩区	Lengshuitan District	365860	328441		23707	7097	4743
祁阳县	Qiyang County	647010	541618	54	27944	16918	50119
东安县	Dongan County	390681	347692		20130	6576	10971
双牌县	Shuangpai County	72700	53050	113	12300	1056	5473
道　县	Dao County	392604	340649		24549	8748	13322
江永县	Jiangyong County	121741	97147	96	17375	1045	5133
宁远县	Ningyuan County	302441	259742	79	6666	7448	24837
蓝山县	Lanshan County	126359	113085	163	4968	1650	4902
新田县	Xintian County	160430	121565	63	21305	8487	6727
江华县	Jianghua County	217942	143372	25	68015	670	4489
鹤城区	Hecheng District	51902	47316		2610	540	1159
中方县	Zhongfang County	113686	87856	192	19850	315	3894
沅陵县	Yuanling County	221022	166878		32572	5172	15327
辰溪县	Chenxi County	183114	149231	12	25920	909	2982
溆浦县	Xupu County	347669	236995	510	94245	1033	10522
会同县	Huitong County	119216	102755	57	12433	114	2705
麻阳县	Mayang County	109486	92652		12083	82	4180
新晃县	Xinhuang County	78945	49706		21369	110	7641
芷江县	Zhijiang County	209702	142331		40630	612	24973
靖州县	Jinzhou County	124452	112663		4081	475	6864
通道县	Tongdao County	80882	74298		3632	333	2479
洪江市	Hongjiang City	166470	135584		19755	927	9792
洪江区	Hongjiang District	5866	4783		433	156	494
娄星区	Louxing District	76037	65569	73	5492	1293	2631
双峰县	Shuangfeng County	539598	477099	1215	47960	4303	4274
新化县	Xinhua County	477854	381711	2859	78856	3569	5718
冷水江市	Lenshuijiang City	45472	37316	736	5279	321	1076
涟源市	Lianyuan City	475522	377468	1397	72360	7776	7629
吉首市	Jishou City	48351	34336		6550	1341	5694
泸溪县	Luxi County	73711	62240	99	6007	1067	3662
凤凰县	Fenghuang County	120378	83725	133	20022	3251	13078
花垣县	Huayuan County	90945	58032		21014	2850	8809
保靖县	Baojin County	87568	49740		24008	3040	9948
古丈县	Guzhang County	32922	23266		5743	955	2519
永顺县	Yongshun County	209854	121816	1469	32301	3870	49227
龙山县	Longshan County	179327	95974	46	33892	3096	45846

20-12 续表 3 continued

单位：吨 (ton)

市县名称	Cities and Counties	棉花 Cotton	油料 Oil-bearing	#油菜籽 Rapeseeds	黄红麻 Jute and Ambary Hemp	苎麻 Ramie	烤烟 Fluecured Tobacco	茶叶 Tea	柑桔 Citrus
芙蓉区	Furong District								10
天心区	Tianxin District		23	23					
岳麓区	Yuelu District		3091	2839			13	92	8252
开福区	Kaifu District		191	191				5	600
雨花区	Yuhua District								
望城区	Wangcheng Distric		8456	5664		18		644	7805
长沙县	Changsha County	19	14260	12500			133	24151	20100
宁乡县	Ningxiang County	378	14227	6075		17	8910	4793	23483
浏阳市	Liuyang City	180	51590	48274		20	8794	1588	53944
荷塘区	Hetang District		804	762				39	1191
芦淞区	Lusong District	55	663	623				93	2458
石峰区	Shifeng District		851	550				26	1345
天元区	Tianyuan District		1249	761				150	2144
株洲县	Zhuzhou County	423	5818	4168				602	6797
攸　县	You County	638	17479	14098		69		394	11585
茶陵县	Chaling County	989	17066	14879		1525	7347	306	25258
炎陵县	Yanling County	33	2637	1816				210	4067
醴陵市	Liling City	46	10079	9462		14		447	10497
雨湖区	Yuhu District		445	224				106	4193
岳塘区	Yuetang District		529	405				32	1106
湘潭县	Xiangtan County	165	7681	6836		25		961	3538
湘乡市	Xiangxiang City	31	12768	11817		26		762	4042
韶山市	Shaoshan City	8	1142	945				79	240
珠晖区	Zhuhui District		3209	2484					3084
雁峰区	Yanfeng District		302	240					3697
石鼓区	Shigu District		1088	1088					1454
蒸湘区	Zhengxinag District	15	689	533					1667
南岳区	Nanyue District	68	212	121				58	807
衡阳县	Hengyang County	10686	77498	75295	32	22	2134	37	14741
衡南县	Hengnan County	6224	67562	59259			5529	682	21402
衡山县	Hengshan County	835	16114	15185				432	2850
衡东县	Hengdong County	1399	31700	27028		10	21	465	6478
祁东县	Qidong County	324	45737	39770			3503	112	14427
耒阳市	Leiyang City	1240	51549	45570	50	48	2142	214	14118
常宁市	Changning City	2007	39443	33505			7859	657	12777
双清区	Shuangqing District		1154	578					2734
大祥区	Daxiang District	20	2175	1233				13	18153
北塔区	Beita District	4	604	382				8	1951
邵东县	Shaodong County	114	34204	21760		98		400	20321

20-12 续表 4 continued

单位：吨 (ton)

市县名称	Cities and Counties	棉花 Cotton	油料 Oil-bearing	#油菜籽 Rapeseeds	黄红麻 Jute and Ambary Hemp	苎麻 Ramie	烤烟 Fluecured Tobacco	茶叶 Tea	柑桔 Citrus
新邵县	Xinshao County	32	11480	8688		616	98	65	20224
邵阳县	Shaoyang County	24	28614	21386		19	6242	25	13184
隆回县	Longhui County	34	11434	7387		85	4200	268	20875
洞口县	Dongkou County	52	33405	29875		51	46	2670	90369
绥宁县	Suining County		5030	4190		8		85	37308
新宁县	Xinning County		10826	7015		6	3489	19	71335
城步县	Chengbu County		3830	3000				152	2695
武冈市	Wugang City		17963	13193			22	610	80730
岳阳楼区	Yueyanglou District	61	5677	3687				364	9076
云溪区	Yunxi District	544	3230	2618				204	1925
君山区	Junshan District	10331	17381	17078		70		8	13487
岳阳县	Yueyang County	8165	34444	24336				1300	11811
华容县	Huarong County	29958	72072	71933		429		837	27971
湘阴县	Xiangyin County	1290	17766	15254	375	240		2361	26404
平江县	Pingjiang County	1344	28233	20196		100		4092	13075
汨罗市	Miluo City	1188	14821	12226				3330	7710
临湘市	Linxiang City	3476	22566	18008		984		5319	2251
武陵区	Wuling District	2606	10623	10068				6	31485
鼎城区	Dingcheng District	20981	73724	70938		80	41	157	44385
安乡县	Anxiang County	22691	66631	66206		190		23	28556
汉寿县	Hanshou County	14549	78320	75650	38	1639		1359	36993
澧　县	Li County	27260	91897	89515				363	76734
临澧县	Linli County	9315	53165	52460			3143	133	52152
桃源县	Taoyuan County	21375	112875	106962		1380	2400	5050	125000
石门县	Shimen County	4318	46776	45689		16	2892	8533	307538
津市市	Jinshi City	6001	30275	28490				118	18004
永定区	Yongding District	58	19244	14379		1165	3264	318	56002
武陵源区	Wulingyuan District		1896	1470		79		34	2046
慈利县	Cili County	1075	36947	33707		3550	4825	1714	167066
桑植县	Sangzhi County	10	20310	17440		30	7112	356	24244
资阳区	Ziyang District	2052	6799	6762		88		1200	9200
赫山区	Heshan District	30	11237	9891		32		2957	18516
南　县	Nan County	37310	86981	86795		1059			51628
大通湖区	Datonghu District	14257	15014	14986		82			9119
桃江县	Taojiang County	289	33799	28952		17	113	10082	11079
安化县	Anhua County		41526	34281		113		49519	25461
沅江市	Yuanjiang City	18450	58941	58941		1668		150	79293
北湖区	Beihu District		1655	952			1886	187	8196
苏仙区	Suxian District		6088	4830			4964	155	7871
桂阳县	Guiyang County		14620	6164			30550	384	22681
宜章县	Yizhang County	19	11237	4013			6745	245	36800
永兴县	Yongxing County	64	19005	15974			4860	397	104586

20-12 续表 5 continued

单位：吨 (ton)

市县名称	Cities and Counties	棉花 Cotton	油料 Oil-bearing	#油菜籽 Rapeseeds	黄红麻 Jute and Ambary Hemp	苎麻 Ramie	烤烟 Fluecured Tobacco	茶叶 Tea	柑桔 Citrus
嘉禾县	Jiahe County		8988	4039			7850	48	24511
临武县	Linwu County		7099	4472			1100	39	10053
汝城县	Rucheng County	119	7187	4666			34	225	10570
桂东县	Guidong County		2153	2035			1	1985	1125
安仁县	Anreng County	17	33846	29325			8002	890	12937
资兴市	Zixing City	41	7085	6066				1248	76029
零陵区	Lingling District	630	22334	17995	24		466	725	68000
冷水滩区	Lengshuitan District	855	11205	7373			585		25800
祁阳县	Qiyang County	559	40243	29079			168	273	81121
东安县	Dongan County	77	11313	4422		252	1076	6	27268
双牌县	Shuangpai County	236	2057	1490				53	5803
道　县	Dao County	23	14947	9274			3960	22	99150
江永县	Jiangyong County	145	14729	11578			3431	105	118173
宁远县	Ningyuan County	34	9212	6452			11520	205	56980
蓝山县	Lanshan County	401	13863	11160			5838	120	15952
新田县	Xintian County		4736	2275		13	6282	151	780
江华县	Jianghua County	46	12195	5873			7600	450	9958
鹤城区	Hecheng District		3011	2972					8926
中方县	Zhongfang County	221	12395	11682			18	37	21049
沅陵县	Yuanling County	20	21810	19072			96	1007	18712
辰溪县	Chenxi County	529	21943	21623				17	120044
溆浦县	Xupu County	471	24646	23218				975	95218
会同县	Huitong County	49	11744	11507	21	4		450	57900
麻阳县	Mayang County	27	15248	11977					286974
新晃县	Xinhuang County		4171	4128			677		5218
芷江县	Zhijiang County	51	15017	13815			1143	12	118546
靖州县	Jinzhou County		11465	11369	1		5524	7	23326
通道县	Tongdao County	180	9350	9293				10	7758
洪江市	Hongjiang City	18	10366	9840			35	60	128373
洪江区	Hongjiang District		352	352					2956
娄星区	Louxing District		2494	930				1811	6333
双峰县	Shuangfeng County	353	16085	12611		19	27	2239	7985
新化县	Xinhua County	177	13736	7488	82	47	94	1082	5220
冷水江市	Lenshuijiang City		1235	1008				88	11389
涟源市	Lianyuan City	27	12138	7142		23	58	1700	11150
吉首市	Jishou City		7722	6278		33	306	56	105870
泸溪县	Luxi County	119	12789	11628		163	1005	2	183618
凤凰县	Fenghuang County		11731	9397		41	2993	15	85618
花垣县	Huayuan County		7035	5487			3420	5	15445
保靖县	Baojin County		9847	6340			1728	187	112466
古丈县	Guzhang County	8	3860	3492			1557	1644	16828
永顺县	Yongshun County	16	21984	17030		7	6999	138	95064
龙山县	Longshan County		15054	12030			7613	18	62664

20-13 主要林产品产量(2014年)

Output of Major Forest Products (2014)

市县名称	Cities and Counties	油茶籽(吨) Tea-oil Seeds (ton)	油桐籽(吨) Tung-oil Seeds (ton)	松脂(吨) Pine Resin (ton)	板栗(吨) Chestnuts (ton)	棕片(吨) Palm Leaf (ton)	竹笋干(吨) Bamboo Shoots (ton)	木材采伐量(万方) Woods Cuts (10 000 cu.m)	竹材采伐量(万根) Bamboo Cuts (10 000 roots)
芙蓉区	Furong District								
天心区	Tianxin District								
岳麓区	Yuelu District	100			17		14	1.07	0.96
开福区	Kaifu District								
雨花区	Yuhua District							0.00	0.02
望城区	Wangcheng District	4200			6900		7	0.64	5.85
长沙县	Changsha County	30			60		18	1.14	10.00
宁乡县	Ningxiang County	3330						0.61	30.00
浏阳市	Liuyang City	30000		340	2870	2	2	16.91	360.00
荷塘区	Hetang District							0.16	7.24
芦淞区	Lusong District							0.44	
石峰区	Shifeng District	1000						0.21	
天元区	Tianyuan District	2000						0.38	
株洲县	Zhuzhou County	14000	1		57		16500	1.04	182.57
攸　县	You County	30000			800			6.90	80.26
茶陵县	Chaling County	13000	842	1620	362		830	5.99	19.54
炎陵县	Yanling County	16000	30	49	280	68	4233	12.29	38.68
醴陵市	Liling City	35000	100		350	100	180	0.42	5.37
雨湖区	Yuhu District	537						0.02	
岳塘区	Yuetang District	306						0.03	
湘潭县	Xiangtan County	10000			8		4	1.26	30.88
湘乡市	Xiangxiang City	2800	1		357		20	1.14	20.45
韶山市	Shaoshan City	40			50		50	0.02	
珠晖区	Zhuhui District	600					45	0.16	30.01
雁峰区	Yanfeng District							0.03	10.01
石鼓区	Shigu District	150			50			0.17	
蒸湘区	Zhengxiang District				2			0.39	9.00
南岳区	Nanyue District	50			5		50	0.12	38.01
衡阳县	Hengyang County	21250			150		300	1.15	167.04
衡南县	Hengnan County	17000	18		363	8	170	0.39	15.05
衡山县	Hengshan County	4000		230	560		5	0.19	33.05
衡东县	Hengdong County	36000	30	15	1000		10	3.08	317.57
祁东县	Qidong County	6000	1350		9000		60	0.20	2.00
耒阳市	Leiyang City	60000	200		4300		3000	0.41	3.21
常宁市	Changning City	40000	25	40	1000	40	1100	2.28	37.58
双清区	Shuangqing District	110					36	0.23	0.16
大祥区	Daxiang District	900			1000				
北塔区	Beita District	50			1			0.02	0.24
邵东县	Shaodong County	6000						0.03	2.48

20-13 续表 1 continued

市县名称	Cities and Counties	油茶籽(吨) Tea-oil Seeds (ton)	油桐籽(吨) Tung-oil Seeds (ton)	松脂(吨) Pine Resin (ton)	板栗(吨) Chestnuts (ton)	棕片(吨) Palm Leaf (ton)	竹笋干(吨) Bamboo Shoots (ton)	木材采伐量(万方) Woods Cuts (10 000 cu.m)	竹材采伐量(万根) Bamboo Cuts (10 000 roots)
新邵县	Xinshao County	1332	6	112	305		501	1.23	14.34
邵阳县	Shaoyang County	30000			1120		35	0.37	3.24
隆回县	Longhui County	895	20	8	752		502	3.06	2.11
洞口县	Dongkou County	324	8	8	632	6		10.89	27.18
绥宁县	Suining County	2800	100	120	90		600	29.62	243.61
新宁县	Xinning County	500	57		170		78	1.43	6.67
城步县	Chengbu County	3000	127		540	129	1056	18.49	302.89
武冈市	Wugang City	500	22	100	65	250	65	7.90	50.30
岳阳楼区	Yueyanglou District							112.69	
云溪区	Yunxi District	81			910		10	1.51	45.91
君山区	Junshan District								
岳阳县	Yueyang County	140	50		2100		1200	2.51	17.00
华容县	Huarong County	3	10		95			5.99	28.47
湘阴县	Xiangyin County	200		100				4.50	9.00
平江县	Pingjiang County	30000	8160	32	1038	218	248	6.03	43.73
汨罗市	Miluo City	2000	9	550	264	9	24	2.25	12.44
临湘市	Linxiang City	800		120	1600			1.87	95.72
武陵区	Wuling District	1000						2.00	
鼎城区	Dingcheng District	15000	90	140	183	12	100	6.20	220.00
安乡县	Anxiang County							5.62	
汉寿县	Hanshou County	10000						3.98	168.00
澧　县	Li County	505			47			3.93	8.74
临澧县	Linli County	9985	100		60			0.68	
桃源县	Taoyuan County	6965			365			6.34	568.00
石门县	Shimen County	1440	500	4	16110	300	170	2.00	0.27
津市市	Jinshi City	800			1000			1.13	2.60
永定区	Yongding District	1200	300		4000			3.42	0.22
武陵源区	Wulingyuan District				113			0.31	1.00
慈利县	Cili County	1350	1450	420	1400	1650	265	5.71	4.40
桑植县	Sangzhi County	1771						5.20	
资阳区	Ziyang District	2205			65		15	5.50	30.00
赫山区	Heshan District	3648					29	7.67	137.12
南　县	Nan County					10	10	5.59	300.00
大通湖区	Datonghu District							0.90	
桃江县	Taojiang County	800					2658	29	800. 1
安化县	Anhua County	11050	700	350	560	1200	700	14.18	395.28
沅江市	Yuanjiang City							14.45	
北湖区	Beihu District	4461	113		1355		513	0.20	20.00
苏仙区	Suxian District	10000			640		320	0.56	46.19
桂阳县	Guiyang County	11000			68		165	1.23	4.37
宜章县	Yizhang County	560			522			1.03	1.31
永兴县	Yongxing County	30000	300		158	219	1045	2.22	19.17

20-13 续表 2 continued

市县名称	Cities and Counties	油茶籽(吨) Tea-oil Seeds (ton)	油桐籽(吨) Tung-oil Seeds (ton)	松脂(吨) Pine Resin (ton)	板栗(吨) Chestnuts (ton)	棕片(吨) Palm Leaf (ton)	竹笋干(吨) Bamboo Shoots (ton)	木材采伐量(万方) Woods Cuts (10 000 cu.m)	竹材采伐量(万根) Bamboo Cuts (10 000 roots)
嘉禾县	Jiahe County	453			59		4	0.95	2.00
临武县	Linwu County	1500	160		320	90	310	0.36	20.70
汝城县	Rucheng County	1899	158	500	554	80	2925	5.79	119.56
桂东县	Guidong County	2000			32		180	5.20	3.90
安仁县	Anreng County	11000			3465		1100	1.79	6.50
资兴市	Zixing City	10000	280		1100	253	1320	5.98	62.00
零陵区	Lingling District	12000	101	530	1120	114	2800	1.61	160.05
冷水滩区	Lengshuitan District	10165	125	181	110	11	32	1.80	0.96
祁阳县	Qiyang County	20450			1620		755	9.14	9.08
东安县	Dongan County	10000		225	107	331	192	1.65	28.00
双牌县	Shuangpai County	1700	420	1520	5260	147	350	6.47	37.38
道　县	Dao County	20000	296	17980	381	61	156	1.70	0.20
江永县	Jiangyong County	5059	22	1280	40		10	4.89	0.01
宁远县	Ningyuan County	15000	58	18	330	98	398	4.56	2.22
蓝山县	Lanshan County	13800	42		268	110	187	2.38	211.02
新田县	Xintian County	1760	26	132	1532	34	50	1.58	4.24
江华县	Jianghua County	15000	559	8056	1300	101	512	29.42	4.48
鹤城区	Hecheng District	1200			1753		95	0.78	2.72
中方县	Zhongfang County	20000	54	1000	685	780	130	3.02	0.67
沅陵县	Yuanling County	6000	654	138	2220		222	21.21	1.82
辰溪县	Chenxi County	5000	202	10	167	30	40	3.58	0.22
溆浦县	Xupu County	8000	96		120	9	535	6.48	6.15
会同县	Huitong County	15000	6800	200	650	66	850	11.30	14.24
麻阳县	Mayang County	328			689		510	0.57	0.15
新晃县	Xinhuang County				167			3.03	11.00
芷江县	Zhijiang County	2000	870	132	1725	73	76	4.79	0.30
靖州县	Jinzhou County	1030			68			7.75	2.71
通道县	Tongdao County	5000	3	10	160	9	30	10.27	9.78
洪江市	Hongjiang City	5100	1498		505	37	520	3.66	80.12
洪江区	Hongjiang District	242	90		17	6	92	0.49	44.70
娄星区	Louxing District	1058		10	2250	25	60	1.7952	2.5
双峰县	Shuangfeng County	5000			168		30	1.51	7.75
新化县	Xinhua County	8000			300			1.84	7.30
冷水江市	Lenshuijiang City	400			484	32	108	3.27	28.35
涟源市	Lianyuan City	4660							5.00
吉首市	Jishou City	4000	78	2350	435		16	2.08	3.00
泸溪县	Luxi County	170	20	15	245		11	0.03	
凤凰县	Fenghuang County	5000			2880			0.15	
花垣县	Huayuan County	497			63		5	0.42	
保靖县	Baojin County	1000			35		2	1.00	2.00
古丈县	Guzhang County	500	110		800	3	12	1.85	0.00
永顺县	Yongshun County	20000	520	420	2216	15	145	1.90	0.50
龙山县	Longshan County	2020	5000	300	214	40	150	2.70	5.80

20-14 牲畜头数、畜产品及水产品产量(2014年)

Number of Live stocks, Output of Livestock Products and Aquatic Products (2014)

市县名称	Cities and Counties	大牲畜年末存栏数(头) Large Animals (head)	#牛 Cattle and Buffaloes	生猪存栏(万头) Hogs (10 000 heads)	肉猪出栏(万头) Slaughtered Fattened Hogs (10 000 heads)	猪肉产量(吨) Output of Pork (ton)	牛肉产量(吨) Output of Beef (ton)	羊肉产量(吨) Output of Mutton (ton)	水产品(吨) Aquatic Products (ton)	#鱼 Fish
芙蓉区	Furong District	380	380	0.70	0.95	646			300	300
天心区	Tianxin District			2.60	4.30	2495		5	2910	2900
岳麓区	Yuelu District	2350	2350	22.24	41.97	28840	215	63	10661	10655
开福区	Kaifu District	210	210	8.30	17.80	11570		4	2050	2050
雨花区	Yuhua District			0.49	1.20	840			934	934
望城区	Wangcheng District	7502	7502	56.98	114.00	82488	523	172	24766	22433
长沙县	Changsha County	32400	32400	114.30	224.37	166034	2700	400	20240	19846
宁乡县	Ningxiang County	81000	81000	118.60	222.50	166875	7163	1335	35417	35366
浏阳市	Liuyang City	45018	44337	93.02	196.94	142585	2806	11770	25216	24641
荷塘区	Hetang District	1169	1169	9.20	8.40	5988	30	276	3376	3376
芦淞区	Lusong District	1487	1487	8.59	14.46	10405	231	263	2885	2788
石峰区	Shifeng District	700	700	8.54	11.27	7565	30	292	2799	2760
天元区	Tianyuan District	1197	1197	14.11	23.05	17822	84	237	4875	4684
株洲县	Zhuzhou County	6360	6360	27.26	55.42	38797	215	747	11214	10590
攸 县	You County	46045	45959	71.80	122.84	83433	2137	814	22172	21803
茶陵县	Chaling County	80530	80530	54.50	88.48	60166	2812	513	16402	16350
炎陵县	Yanling County	18500	18500	8.08	14.31	10346	325	74	1151	1079
醴陵市	Liling City	16399	16399	80.07	119.41	93139	1645	5437	23900	23501
雨湖区	Yuhu District	4900	4900	39.40	74.00	55500	38	69	6252	6191
岳塘区	Yuetang District	600	600	13.78	26.93	20510	51	296	2822	2822
湘潭县	Xiangtan County	12700	12700	118.56	218.47	169804	617	546	37829	36592
湘乡市	Xiangxiang City	38413	38413	89.30	195.93	151663	732	471	34781	32324
韶山市	Shaoshan City	1443	1443	20.93	27.40	21256	142	132	3326	3310
珠晖区	Zhuhui District	629	629	21.47	25.30	18975	20	17	4315	4137
雁峰区	Yanfeng District	138	138	4.89	7.46	5704	12	10	2176	2176
石鼓区	Shigu District			7.50	11.00	8132			3025	3023
蒸湘区	Zhengxiang District	70	70	4.73	9.52	7313		22	3280	3133
南岳区	Nanyue District	782	782	4.18	6.95	5268	96	45	634	624
衡阳县	Hengyang County	72430	72430	106.39	185.68	141326	2818	1094	64000	62252
衡南县	Hengnan County	38280	38280	108.00	172.11	130718	1404	389	58942	56259
衡山县	Hengshan County	26560	26560	41.85	69.00	52790	2029	395	12214	11593
衡东县	Hengdong County	19711	16700	61.09	104.53	79998	672	816	18216	15332
祁东县	Qidong County	12890	12690	67.29	128.00	97280	1332	5046	53408	51922
耒阳市	Leiyang City	83100	83100	73.92	142.52	93678	4477	601	30309	29172
常宁市	Changning City	43500	43500	65.16	121.66	87595	3433	1888	31886	31165
双清区	Shuangqing District	3900	3900	9.23	21.89	14918	732	146	2703	2675
大祥区	Daxiang District	4680	4380	11.05	21.60	16200	468	281	2617	2490
北塔区	Beita District	4580	4580	4.93	12.06	8425	368	66	1965	1913
邵东县	Shaodong County	26280	26080	74.90	126.30	89110	1455	318	31016	30435

20-14 续表 1 continued

市县名称	Cities and Counties	大牲畜年末存栏数(头) Large Animals (head)	#牛 Cattle and Buffaloes	生猪存栏(万头) Hogs (10 000 heads)	肉猪出栏(万头) Slaughtered Fattened Hogs (10 000 heads)	猪肉产量(吨) Output of Pork (ton)	牛肉产量(吨) Output of Beef (ton)	羊肉产量(吨) Output of Mutton (ton)	水产品(吨) Aquatic Products (ton)	#鱼 Fish
新邵县	Xinshao County	103434	103067	56.52	105.12	75660	3458	870	11855	11607
邵阳县	Shaoyang County	83880	80080	62.00	106.00	72833	4082	698	10800	10632
隆回县	Longhui County	102037	100688	57.19	105.48	71377	5305	999	11017	10966
洞口县	Dongkou County	79601	79301	110.81	208.15	153626	5034	1410	16493	16293
绥宁县	Suining County	78360	77260	40.45	58.53	39800	6289	966	1946	1858
新宁县	Xinning County	106090	100006	36.90	45.65	31845	5205	526	6100	6043
城步县	Chengbu County	86973	85795	17.50	16.88	11505	3709	576	898	898
武冈市	Wugang City	57080	53480	80.80	157.00	110600	3185	864	8600	8151
岳阳楼区	Yueyanglou District	9500	9500	13.22	23.51	16144	533	112	19885	19369
云溪区	Yunxi District	5300	5300	13.39	23.42	15926	252	23	18569	16952
君山区	Junshan District	25250	25200	27.10	42.00	28560	948	195	35500	34310
岳阳县	Yueyang County	67500	67500	81.20	142.83	97124	2844	846	49594	47871
华容县	Huarong County	53150	51900	43.00	84.95	57766	2196	390	135063	129036
湘阴县	Xiangyin County	70098	68900	54.60	99.30	67524	3840	425	132699	130411
平江县	Pingjiang County	137348	137000	75.49	102.19	69744	5040	4020	8198	7481
汨罗市	Miluo City	66100	66100	87.15	166.00	113255	2388	231	45033	38634
临湘市	Linxiang City	30871	30700	36.50	72.94	49599	1068	368	37517	34366
武陵区	Wuling District	8704	8704	7.79	11.05	7956	270	107	21703	21633
鼎城区	Dingcheng District	57801	57801	43.29	87.94	63317	2663	1906	81050	79592
安乡县	Anxiang County	19732	19732	25.33	37.72	27158	676	840	98660	97251
汉寿县	Hanshou County	36795	36795	48.65	97.30	70056	1393	708	91076	86315
澧　县	Li County	63670	63670	48.05	103.58	74578	1986	4458	57943	57012
临澧县	Linli County	39379	39265	32.28	49.54	35669	1570	2066	23636	21852
桃源县	Taoyuan County	139507	139507	59.05	116.75	84060	4711	13235	42850	41174
石门县	Shimen County	90466	90312	45.73	85.34	61445	2787	5523	15583	15583
津市市	Jinshi City	18720	18720	25.83	46.57	33530	582	611	25917	25127
永定区	Yongding District	43699	43219	24.52	28.87	21649	3181	828	7564	7479
武陵源区	Wulingyuan District	3650	3550	1.93	3.50	2730	367	65	58	55
慈利县	Cili County	77200	76000	34.70	52.42	39315	2760	1840	6555	6419
桑植县	Sangzhi County	46814	45000	16.95	21.33	16730	644	560	1482	1359
资阳区	Ziyang District	8200	8200	33.64	49.16	32446	184	42	26886	25819
赫山区	Heshan District	11140	10753	54.64	105.90	80383	1262	368	28228	27373
南　县	Nan County	21027	19600	48.79	80.84	56460	2901	726	132089	119527
大通湖区	Datonghu District	5600	5600	11.45	11.45	8819	313	112	34489	32210
桃江县	Taojiang County	72725	72123	63.66	96.95	71743	3898	248	8726	8658
安化县	Anhua County	212912	211400	61.20	90.60	61558	11271	5088	21800	21410
沅江市	Yuanjiang City	43172	43172	48.78	75.55	57418	2497	592	147281	140082
北湖区	Beihu District	14112	13547	15.37	27.17	19565	922	820	4016	4016
苏仙区	Suxian District	39387	39387	32.90	61.33	43540	1077	1997	14258	14074
桂阳县	Guiyang County	47824	47824	50.52	100.64	70951	1421	981	15911	15371
宜章县	Yizhang County	64197	64186	46.33	68.35	48527	2884	411	6771	6771
永兴县	Yongxing County	57628	57628	38.48	69.72	50065	2594	639	23577	21868

20-14 续表 2 continued

市县名称	Cities and Counties	大牲畜年末存栏数(头) Large Animals (head)	#牛 Cattle and Buffaloes	生猪存栏(万头) Hogs (10 000 heads)	肉猪出栏(万头) Slaughtered Fattened Hogs (10 000 heads)	猪肉产量(吨) Output of Pork (ton)	牛肉产量(吨) Output of Beef (ton)	羊肉产量(吨) Output of Mutton (ton)	水产品(吨) Aquatic Products (ton)	#鱼 Fish
嘉禾县	Jiahe County	17051	17051	42.41	70.22	49659	1454	249	2622	2537
临武县	Linwu County	13572	13491	16.39	27.38	19895	578	1106	3699	3551
汝城县	Rucheng County	11549	11549	21.99	40.60	28635	177	35	725	725
桂东县	Guidong County	40400	40400	10.93	11.55	8200	1564	254	295	287
安仁县	Anreng County	36045	36045	29.16	43.22	30256	989	75	7400	6898
资兴市	Zixing City	36083	36083	33.10	65.41	46637	2223	671	31385	31292
零陵区	Lingling District	72216	72102	54.26	93.41	65387	1342	396	17618	16453
冷水滩区	Lengshuitan District	74000	74000	59.09	104.66	75355	1001	323	23261	22742
祁阳县	Qiyang County	18000	17800	67.30	107.12	76055	1626	825	58007	56125
东安县	Dongan County	61537	60319	55.59	93.71	67471	2565	770	18395	17673
双牌县	Shuangpai County	69246	69216	18.26	22.05	15214	1626	2748	3972	3838
道　县	Dao County	208300	205300	67.43	100.56	68380	8566	1719	27460	26518
江永县	Jiangyong County	168600	167600	32.37	54.42	39182	6627	537	4613	4423
宁远县	Ningyuan County	67705	67600	59.95	93.92	67622	1967	156	19830	19423
蓝山县	Lanshan County	30426	30339	45.28	90.49	65152	1020	406	1306	1181
新田县	Xintian County	15163	15073	30.92	49.64	35740	1359	617	6745	6544
江华县	Jianghua County	125049	125049	41.60	47.34	34084	2737	1832	2733	2624
鹤城区	Hecheng District	7771	7714	9.81	12.62	8720	754	209	6258	6084
中方县	Zhongfang County	26847	26847	17.10	20.75	15980	675	420	5959	5800
沅陵县	Yuanling County	99748	95333	23.01	28.80	22409	1187	1045	15600	15436
辰溪县	Chenxi County	35679	34162	23.08	29.58	20727	897	345	3668	3603
溆浦县	Xupu County	50319	49519	57.38	89.99	68065	866	631	9849	9732
会同县	Huitong County	23044	22931	15.03	18.20	13290	967	1624	4380	4349
麻阳县	Mayang County	41600	41300	17.81	20.39	15191	968	606	3876	3804
新晃县	Xinhuang County	103722	102522	17.05	21.74	15653	6662	653	1740	1711
芷江县	Zhijiang County	54248	54248	28.52	41.00	29559	1342	568	6867	6652
靖州县	Jinzhou County	78032	76732	17.75	23.25	18117	1222	260	4388	3724
通道县	Tongdao County	38700	38700	9.52	10.50	8190	1117	247	2579	2452
洪江市	Hongjiang City	35789	35548	21.52	33.07	26344	455	494	8755	8504
洪江区	Hongjiang District	599	579	1.46	2.54	1920	26	32	500	500
娄星区	Louxing District	22900	22900	18.02	29.01	19901	1272	428	5636	5313
双峰县	Shuangfeng County	47030	47030	100.08	190.06	133042	1565	352	28200	27305
新化县	Xinhua County	228309	225620	88.70	156.58	106474	9786	1557	28466	28084
冷水江市	Lenshuijiang City	17827	17827	18.07	32.79	22622	1559	543	4040	3886
涟源市	Lianyuan City	100050	99538	70.58	126.76	87464	4980	1817	17464	16508
吉首市	Jishou City	21014	21000	7.90	8.01	5607	599	629	3080	3075
泸溪县	Luxi County	45472	45156	11.11	15.10	9938	1053	397	2424	2292
凤凰县	Fenghuang County	44334	44309	15.05	15.68	10526	806	333	1639	1485
花垣县	Huayuan County	26700	26700	13.50	16.46	10699	1200	918	2547	2547
保靖县	Baojin County	33877	33877	10.38	13.05	8993	893	861	2241	2224
古丈县	Guzhang County	22965	22965	6.22	6.01	3937	440	452	1984	1960
永顺县	Yongshun County	75853	75597	21.47	21.90	14235	1785	1140	4006	4006
龙山县	Longshan County	49255	49051	23.39	23.43	15932	932	946	3563	3563

20-15 规模以上工业主营业务收入(2014年)

Revenue of Major Business of Industrial Enterprises above Designated Size (2014)

单位：万元 (10 000 yuan)

市县名称	Cities and Counties	主营业务收入 Revenue of Major Business	#国有经济 State-owned Economic	#集体经济 Collective Owned Economic
芙蓉区	Furong District	4033044	16304	54412
天心区	Tianxin District	4015146	1294703	172509
岳麓区	Yuelu District	10827860	33778	
开福区	Kaifu District	1684762	92345	4809
雨花区	Yuhua District	4871157	7899	40663
望城区	Wangcheng District	17782094	40053	35247
长沙县	Changsha County	8112405	53563	54128
宁乡县	Ningxiang County	16111669	58692	100361
浏阳市	Liuyang City	15853194	6657	43091
荷塘区	Hetang District	2099903	755441	7369
芦淞区	Lusong District	1525744	153289	
石峰区	Shifeng District	7232478	244927	
天元区	Tianyuan District	2791441	31064	6348
株洲县	Zhuzhou County	1028872	31149	8789
攸　县	You County	4338121	21566	19939
茶陵县	Chaling County	1408856	38105	60455
炎陵县	Yanling County	811631	35047	
醴陵市	Liling City	6923034	43773	25557
雨湖区	Yuhu District	7412943	457248	74685
岳塘区	Yuetang District	9347451	430622	36682
湘潭县	Xiangtan County	4162266	21617	4002
湘乡市	Xiangxiang City	5620116	49152	37207
韶山市	Shaoshan City	1445506		
珠晖区	Zhuhui District	1228288	22266	
雁峰区	Yanfeng District	4495715	18671	27031
石鼓区	Shigu District	929816	57795	9877
蒸湘区	Zhengxiang District	2015626	567972	2480
南岳区	Nanyue District	7356		
衡阳县	Hengyang County	1718795		
衡南县	Hengnan County	1771390		56360
衡山县	Hengshan County	763152	2836	7655
衡东县	Hengdong County	1505778	33203	15735
祁东县	Qidong County	2112319		
耒阳市	Leiyang City	3306681	154975	99440
常宁市	Changning City	2910839	31610	37320
双清区	Shuangqing District	1999177	49951	29555
大祥区	Daxiang District	1275339	287878	8342
北塔区	Beita District	573532		

20-15 续表 1 continued

单位：万元 (10 000 yuan)

市县名称	Cities and Counties	主营业务收入 Revenue of Major Business	#国有经济 State-owned Economic	#集体经济 Collective Owned Economic
邵东县	Shaodong County	4214573	3201	13574
新邵县	Xinshao County	1511419	5417	
邵阳县	Shaoyang County	916019	14581	6674
隆回县	Longhui County	1387374	27088	
洞口县	Dongkou County	1464141	5478	17438
绥宁县	Suining County	1361004	21591	
新宁县	Xinning County	559987	18746	
城步县	Chengbu County	175715		
武冈市	Wugang City	671955	4395	6283
岳阳楼区	Yueyanglou District	6884693	462102	2076
云溪区	Yunxi District	8715266		22101
君山区	Junshan District	1888353	91024	57535
岳阳县	Yueyang County	3969694	107144	40420
华容县	Huarong County	4583360	89911	436700
湘阴县	Xiangyin County	5242606	12924	17633
平江县	Pingjiang City	3009376	132015	21683
汨罗市	Miluo City	8143513		11868
临湘市	Linxiang County	3102307	2113	4621
武陵区	Wuling District	8688409	5604426	3766
鼎城区	Dingcheng District	1682514	2305	
安乡县	Anxiang County	372819		
汉寿县	Hanshou County	2068778	240280	
澧　县	Li County	2183788	6906	
临澧县	Linli County	1071827	2388	
桃源县	Taoyuan County	2192556		
石门县	Shimen County	1912320	10733	
津市市	Jinshi City	1536512	84451	2839
永定区	Yongdi District	407726	81691	
武陵源区	Wulingyuan District			
慈利县	Cili County	709924	19719	
桑植县	Sangzhi County	205752	24383	
资阳区	Ziyang District	1907741		16262
赫山区	Heshan District	7789474	309700	130592
南　县	Nan County	1656778	6757	
大通湖区	Datonghu District	640822		
桃江县	Taojiang County	2936420		38477
安化县	Anhua County	1363806	192118	9856
沅江市	Yuanjiang City	2555571		22146
北湖区	Beihu District	2044393	79435	
苏仙区	Suxian District	6307673	425678	14910
桂阳县	Guiyang County	5346121	3832	34190
宜章县	Yizhang County	2263045	2996	7339

20-15 续表 2 continued

单位：万元 (10 000 yuan)

市县名称	Cities and Counties	主营业务收入 Revenue of Major Business	#国有经济 State-owned Economic	#集体经济 Collective Owned Economic
永兴县	Yongxing County	4876319	15777	22819
嘉禾县	Jiahe County	1925199	43920	19839
临武县	Linwu County	698063		9286
汝城县	Rucheng County	489118		
桂东县	Guidong County	161028		
安仁县	Anren County	541493	18529	
资兴市	Zixing City	6511508	62687	
零陵区	Lingling District	1062913	22838	
冷水滩区	Lengshuitan District	2049357	322163	
祁阳县	Qiyang County	1483267	24123	20493
东安县	DonganCounty	898128	50587	22913
双牌县	Shuangpai County	366865	35462	
道　县	Dao County	467043	2075	
江永县	Jiangyong County	276515	2968	
宁远县	Ningyuan County	827473	29590	
蓝山县	Lanshan County	767381		
新田县	Xintian County	430562		
江华县	Jianghua County	610597	2480	
鹤城区	Hecheng District	1102429	251249	2880
中方县	Zhongfang County	1056631	5798	
沅陵县	Yuanling County	1679013	139142	
辰溪县	Chenxi County	662013	90463	38921
溆浦县	Xupu County	653952	37024	5561
会同县	Huitong County	193000		
麻阳县	Mayang County	420427		6986
新晃县	Xinhuang County	408776		
芷江县	Zhijiang County	529757	41525	
靖州县	Jingzhou County	530079		
通道县	Tongdao County	280049	22424	8708
洪江市	Hongjiang City	1062741	117469	
洪江区	Hongjiang District	565488	104954	3229
娄星区	Louxing District	6910002	11777	386503
双峰县	Shuangfeng County	2201656		13547
新化县	Xinhua County	1669654	4001	131089
冷水江市	Lengshuijiang City	4034037	35409	286323
涟源市	Lianyuan County	2254745	2463	34363
吉首市	Jishou County	604691	131642	
泸溪县	Luxi County	611906	25062	
凤凰县	Fenghuang County	126937	10436	
花垣县	Huayuan County	676540	61170	
保靖县	Baojing County	204645	17606	2105
古丈县	Guzhang County	90425	11380	
永顺县	Yongshun County	141251	15919	
龙山县	Longshan County	138046	30120	2001

20-16 规模以上工业企业基本情况(2014年)

Basic Indicators of Industrial Enterprises above Designated Size (2014)

单位：万元 (10 000 yuan)

市县名称	Cities and Counties	利润总额 Total Profits	资产总计 Total Aassets	负债合计 Total Liabilities	全部从业人员年平均人数（万人） Average Number of Empolyment of the Current Year (10000persons)
芙蓉区	Furong District	350981	1577728	618060	1.86
天心区	Tianxin District	167943	4068357	2777433	3.06
岳麓区	Yuelu District	594097	16181766	8581452	7.73
开福区	Kaifu District	104471	1348076	772931	1.67
雨花区	Yuhua District	364133	4274235	1830081	2.68
望城区	Wangcheng District	730123	21769486	14003523	15.89
长沙县	Changsha County	407909	5265922	2965792	4.15
宁乡县	Ningxiang County	1698925	5585932	2182384	10.88
浏阳市	Liuyang City	1108743	4906207	2235096	18.58
荷塘区	Hetang District	31072	2014217	1230963	2.53
芦淞区	Lusong District	55642	2050906	1140408	2.00
石峰区	Shifeng District	548926	7544372	4275319	5.09
天元区	Tianyuan District	111488	3732301	2390199	2.88
株洲县	Zhuzhou County	41707	342803	193098	1.02
攸　县	You County	180705	2027325	684143	5.05
茶陵县	Chaling County	31403	410273	182879	1.94
炎陵县	Yanling County	23090	299908	181130	1.28
醴陵市	Liling City	388653	3684693	920899	26.05
雨湖区	Yuhu District	325559	3519216	1875144	3.93
岳塘区	Yuetang District	92546	12580473	8618812	6.40
湘潭县	Xiangtan County	147617	1130130	394635	3.90
湘乡市	Xiangxiang City	123058	750972	574615	4.77
韶山市	Shaoshan City	29441	260133	12117	0.94
珠晖区	Zhuhui District	35382	796323	508419	1.42
雁峰区	Yanfeng District	152571	2368704	1247624	3.24
石鼓区	Shigu District	49742	999219	601538	0.98
蒸湘区	Zhengxiang District	40631	2876703	2006854	2.55
南岳区	Nanyue District	335	7110	2045	0.02
衡阳县	Hengyang County	114559	814706	446518	3.41
衡南县	Hengnan County	89502	890772	334508	2.16
衡山县	Hengshan County	35831	397334	230394	1.34
衡东县	Hengdong County	52852	645557	399395	2.33
祁东县	Qidong County	164934	805764	382252	2.79
耒阳市	Leiyang City	184250	1532630	952673	4.58
常宁市	Changning City	32238	732021	556905	2.43
双清区	Shuangqing District	122163	1217829	448776	2.34
大祥区	Daxiang District	69253	1240466	728614	1.08
北塔区	Beita District	17394	326210	127171	0.60

20-16 续表 1 continued

单位：万元 (10 000 yuan)

市县名称	Cities and Counties	利润总额 Total Profits	资产总计 Total Assets	负债 合计 Total Liabilities	全部从业人员年平均人数（万人） Average Number of Empolyment of the Current Year (10000persons)
邵东县	Shaodong County	114811	865461	159366	4.01
新邵县	Xinshao County	57160	784217	261610	2.22
邵阳县	Shaoyang County	68379	529214	231861	1.87
隆回县	Longhui County	32210	289376	119502	2.67
洞口县	Dongkou County	50909	455077	166903	1.76
绥宁县	Suining County	70693	356618	123473	1.90
新宁县	Xinning County	35837	281270	142016	1.29
城步县	Chengbu County	-2235	285092	218335	0.35
武冈市	Wugang City	23829	395130	161588	1.02
岳阳楼区	Yueyanglou District	449088	6402310	3705544	6.03
云溪区	Yunxi District	-160226	3653834	1919371	3.43
君山区	Junshan District	67782	398597	67550	2.02
岳阳县	Yueyang County	215894	2092099	576047	2.74
华容县	Huarong County	96384	968460	146395	4.45
湘阴县	Xiangyin County	177294	2145096	602910	4.13
平江县	Pingjiang City	107838	859529	494062	3.48
汨罗市	Miluo City	185169	2431739	909270	6.24
临湘市	Linxiang County	109758	1094711	243727	2.75
武陵区	Wuling District	1058642	6931473	2547998	4.56
鼎城区	Dingcheng District	112930	1508506	892515	1.91
安乡县	Anxiang County	7364	327341	173051	0.62
汉寿县	Hanshou County	135452	1332310	868761	2.35
澧　县	Li County	173886	895992	401374	2.08
临澧县	Linli County	69633	705979	397856	1.77
桃源县	Taoyuan County	134984	2012642	1261119	1.48
石门县	Shimen County	85710	966825	653348	1.78
津市市	Jinshi City	40826	861877	527222	2.44
永定区	Yongdi District	22370	433386	238421	0.64
武陵源区	Wulingyuan District				
慈利县	Cili County	74010	406777	213442	0.96
桑植县	Sangzhi County	27080	227549	109101	0.41
资阳区	Ziyang District	86571	597404	289747	1.64
赫山区	Heshan District	147711	3414398	2132017	5.64
南　县	Nan County	67173	993019	336142	1.99
大通湖区	Datonghu District	6468	367019	116908	0.00
桃江县	Taojiang County	139972	1120414	477327	3.89
安化县	Anhua County	96102	967081	550004	1.49
沅江市	Yuanjiang City	105930	1510154	820854	3.19
北湖区	Beihu District	145452	2683316	1421657	1.60
苏仙区	Suxian District	271568	3942806	2221747	3.92
桂阳县	Guiyang County	238220	2425373	181924	3.05
宜章县	Yizhang County	244775	1122422	483960	2.83

20-16 续表 2 continued

单位：万元 (10 000 yuan)

市县名称	Cities and Counties	利润总额 Total Profits	资产总计 Total Assets	负债 合计 Total Liabilities	全部从业人员年平均人数（万人） Average Number of Empolyment of the Current Year (10000persons)
永兴县	Yongxing County	224455	1691049	823789	2.69
嘉禾县	Jiahe County	232643	582094	84506	1.74
临武县	Linwu County	65666	422821	164877	1.39
汝城县	Rucheng County	9007	390073	221328	0.51
桂东县	Guidong County	10701	66334	25788	0.22
安仁县	Anren County	41681	322358	117707	0.61
资兴市	Zixing City	502742	1873778	875543	5.00
零陵区	Lingling District	107202	870101	222824	0.84
冷水滩区	Lengshuitan District	130375	2469530	1472206	2.77
祁阳县	Qiyang County	44680	870141	461932	2.33
东安县	DonganCounty	10320	281659	126411	1.20
双牌县	Shuangpai County	31043	234362	30689	0.58
道　县	Dao County	5285	241124	141898	1.19
江永县	Jiangyong County	27639	146430	33823	0.49
宁远县	Ningyuan County	42522	496578	239298	1.84
蓝山县	Lanshan County	32742	226718	47329	1.71
新田县	Xintian County	23488	166486	43617	0.83
江华县	Jianghua County	32402	355744	99842	0.63
鹤城区	Hecheng District	24693	1459745	578467	1.17
中方县	Zhongfang County	16446	1309074	893161	0.84
沅陵县	Yuanling County	172216	1170099	375408	1.33
辰溪县	Chenxi County	16801	890765	571555	0.99
溆浦县	Xupu County	-24314	421731	414612	1.22
会同县	Huitong County	6226	166265	116537	0.33
麻阳县	Mayang County	4167	137270	92227	0.38
新晃县	Xinhuang County	13531	210819	96911	0.71
芷江县	Zhijiang County	17015	189189	70208	0.49
靖州县	Jingzhou County	6196	149500	83516	0.56
通道县	Tongdao County	14154	51993	6680	0.32
洪江市	Hongjiang City	27844	1652693	477756	1.65
洪江区	Hongjiang District	15133	293376	211891	0.55
娄星区	Louxing District	284029	6564496	4355807	5.03
双峰县	Shuangfeng County	238848	699728	159993	2.84
新化县	Xinhua County	86739	575790	314537	2.99
冷水江市	Lengshuijiang City	71359	2512161	1800166	4.66
涟源市	Lianyuan County	237517	1559932	746921	3.51
吉首市	Jishou County	43866	825226	370659	1.13
泸溪县	Luxi County	9666	244748	149651	1.20
凤凰县	Fenghuang County	9904	48082	17117	0.28
花垣县	Huayuan County	19048	972511	554749	1.50
保靖县	Baojing County	3585	156340	99492	0.37
古丈县	Guzhang County	10386	127354	76896	0.17
永顺县	Yongshun County	9430	139571	78493	0.37
龙山县	Longshan County	6364	124396	59657	0.40

20-17 固定资产投资、新增固定资产及房屋竣工面积(2014年)

Investment in Fixed Assets,Newly Increased Fixed Assets and Completed Building Floor Space (2014)

市县名称	Cities and Counties	固定资产投资(万元) Investment in Fixed Assets (10000 yuan)	国有经济 State-owned	非国有经济 non—State-owned	房地产开发 Real Estate Develop-ment	新增固定资产(万元) Newly Increased Fixed Assets (10 000 yuan)	房屋建筑竣工面积(平方米) Floor Space of Buildings Completed (sq.m)	#住宅 Residential Buildings
芙蓉区	Furong District	3613572	510218	3103354	1168465	2627162	1021249	628155
天心区	Tianxin District	4185260	697112	3488148	959007	2124143	1020325	682920
岳麓区	Yuelu District	6280952	1293945	4987007	3400760	2711634	3059044	2212743
开福区	Kaifu District	5707939	381955	5325984	1493739	3244005	1593842	945871
雨花区	Yuhua District	5128581	598241	4530340	2060387	4269223	2015570	1510507
望城区	Wangcheng District	5718811	832451	4886360	1361331	3941941	198996	
长沙县	Changsha County	7618986	2461540	5157446	1813869	4839677	4227422	2835470
宁乡县	Ningxiang County	7135153	3034109	4101044	332369	5066873	1431029	907893
浏阳市	Liuyang City	7258167	727781	6530386	515068	3929893	677089	190094
荷塘区	Hetang District	1441030	874400	566630	221012	1474551	347617	210487
芦淞区	Lusong District	2482313	651593	1830720	259835	2128823	859578	452366
石峰区	Shifeng District	2900327	1580047	1320280	320426	1492178	107295	64370
天元区	Tianyuan District	3312993	1299209	2013784	896802	2303981	1039290	850925
株洲县	Zhuzhou County	815371	266384	548987	131867	712880	460032	203941
攸　县	You County	2338317	245990	2092327	147722	1988898	262586	244259
茶陵县	Chaling County	1078232	179554	898678	83279	1030884	136554	78976
炎陵县	Yanling County	969233	252642	716591	77974	948874	354453	111492
醴陵市	Liling County	3033139	374822	2658317	214393	2828539	1664906	615882
雨湖区	Yuhu District	2333400	313600	2019800	662619	1448309	577986	481921
岳塘区	Yuetang District	2085700	826000	1259700	470186	1363654	451875	402743
湘潭县	Xiangtan County	1663000	505500	1157500	130464	1551300	1091195	321342
湘乡市	Xiangxiang City	1598400	409400	1189000	175426	1126860	206836	173605
韶山市	Shaoshan City	731000	381200	349800	32590	705994	34200	33000
珠晖区	Zhuhui District	1450342	602832	847510	69063	8017		
雁峰区	Yanfeng District	1629982	432308	1197674	165882	737518	45402	29963
石鼓区	Shigu District	1377352	231337	1146015	194133	794715	21186	20000
蒸湘区	Zhengxiang District	2145542	323898	1821644	534805	1358547	531326	454462
南岳区	Nanyue District	249149	131492	117657	20785	26000	60170	55286
衡阳县	Hengyang County	1883408	588759	1294649	58065	1191717	325058	286266
衡南县	Hengnan County	1610209	589710	1020499	59151	1526808	183931	158097
衡山县	Hengshan County	744412	205729	538683	38587	446846	52169	45640
衡东县	Hengdong County	1123614	266334	857280	64382	1155356	660198	157741
祁东县	Qidong County	1171550	373480	798070	48230	973715	672259	228329
耒阳市	Leiyang City	2940903	848345	2092558	76177	2436486	113847	101586
常宁市	Changning City	1343663	815392	528271	53662	1146542	149961	120179

20-17 续表 1 continued

市县名称	Cities and Counties	固定资产投资（万元） Investment in Fixed Assets (10000 yuan)	国有经济 State-owned	非国有经济 non—State-owned	房地产开发 Real Estate Develop-ment	新增固定资产（万元） Newly Increased Fixed Assets (10 000 yuan)	房屋建筑竣工面积（平方米） Floor Space of Buildings Completed (sq.m)	#住宅 Residential Buildings
双清区	Shuangqing District	839576	220558	619018	252695	568277	417388	364318
大祥区	Daxiang District	932189	178664	753525	243746	320792	92700	86106
北塔区	Beita District	427536	122695	304841	122032	167619	46752	35469
邵东县	Shaodong County	2165106	211909	1953197	232333	1755027	1314066	232512
新邵县	Xinshao County	1488899	107346	1381553	66009	1249938	203127	169932
邵阳县	Shaoyang County	1299629	272279	1027350	42062	1091621	15850	12650
隆回县	Longhui County	1556788	438723	1118065	91503	1366709	913749	133376
洞口县	Dongkou County	1259514	148274	1111240	144110	957039	370176	298029
绥宁县	Suining County	664020	199884	464136	41812	520218	116676	104590
新宁县	Xinning County	548036	109967	438069	34520	370708	643843	236300
城步县	Chengbu County	343047	95324	247723	8140	314006	129600	122350
武冈市	Wugang City	1153409	107346	1046063	21110	400544	106822	86522
岳阳楼区	Yueyanglou District	1357226	769162	588064	804890	911938	1127488	949407
云溪区	Yunxi District	646297	98514	547783	11900	381215		
君山区	Junshan District	860927	301468	559459	58769	533153	452459	308749
岳阳县	Yueyang County	2044602	79150	1965452	50139	1985018	103671	89862
华容县	Huarong County	2243631	1211140	1032491	60570	1639682	87281	38796
湘阴县	Xiangyin County	2186249	389668	1796581	79257	779655	302645	216890
平江县	Pingjiang County	1647946	743814	904132	124483	334552	291335	191536
汨罗市	Miluo City	2556622	438431	2118191	45691	1723412	76748	70570
临湘市	Linxiang City	1674013	621640	1052373	82091	1188830	85887	78810
武陵区	Wuling District	2221600	591400	1630200	565405	1581021	1692354	409322
鼎城区	Dingcheng District	1934600	993500	941100	179953	1111698	790641	641579
安乡县	Anxiang County	469400	262500	206900	23887	254880	14553	11053
汉寿县	Hanshou County	1646000	425300	1220700	101629	1489631	302288	255706
澧　县	Li County	2262800	381600	1881200	115867	1761345	656161	442195
临澧县	Linli County	1170700	191000	979700	30924	322	395088	140579
桃源县	Taoyuan County	1658100	390500	1267600	66108	1718978	80347	59749
石门县	Shimen County	1439400	84000	1355400	22934	1302628	175232	44809
津市市	Jinshi City	919600	302200	617400	133835	418042	108464	108464
永定区	Yongding District	1191986	392850	799136	437666	516670	348601	187601
武陵源区	Wulingyuan District	211008	103932	107076	12538	210972	14388	10781
慈利县	Cili County	655096	340561	314535	91128	461384	24858	24438
桑植县	Sangzhi County	450887	232389	218498	46170	362584	84501	55856
资阳区	Ziyang District	871691	33464	838227	9318	781052	485473	124870
赫山区	Heshan District	2391840	108641	2283199	497114	1984561	1204825	462193
南　县	Nan County	556871	267970	288901	55301	399173	286998	265158
大通湖区	Datonghu District	321811	31136	278985	11690	323885	180360	166820
桃江县	Taojiang County	1455750	486539	969211	100005	1275544	576338	537579
安化县	Anhua County	1134440	456689	677751	72437	1052575	45652	42157
沅江市	Yuanjiang City	1717799	505893	1211906	277067	1646522	864604	719819
北湖区	Beihu District	2655037	328549	2326488	711079	1487855	333756	263193
苏仙区	Suxian District	2664030	547777	2116253	294418	2054517	472519	393549
桂阳县	Guiyang County	2590885	666083	1924802	136946	1836056	280048	261201

20-17 续表 2 continued

市县名称	Cities and Counties	固定资产投资(万元) Investment in Fixed Assets (10000 yuan)	国有经济 State-owned	非国有经济 non—State-owned	房地产开发 Real Estate Develop-ment	新增固定资产(万元) Newly Increased Fixed Assets (10 000 yuan)	房屋建筑竣工面积(平方米) Floor Space of Buildings Completed (sq.m)	#住宅 Residential Buildings
宜章县	Yizhang County	1661947	270351	1391596	28464	957334	322064	156411
永兴县	Yongxing County	2241529	529609	1711920	48625	1700	130229	130229
嘉禾县	Jiahe County	799938	316419	483519	62837	756861	110190	110190
临武县	Linwu County	947314	266774	680540	20886	656583	253020	224508
汝城县	Rucheng County	635895	257937	377958	39325	584763	581628	138627
桂东县	Guidong County	414420	234224	180196	2260	219162	17637	9631
安仁县	Anreng County	1064935	228167	836768	238531	909948	795063	755097
资兴市	Zixing City	2469663	182726	2286937	36935	2386512	1003929	841334
零陵区	Lingling District	1537286	316029	1221257	143408	869039	246996	213701
冷水滩区	Lengshuitan District	2020123	384028	1636095	133322	966285	724303	541722
祁阳县	Qiyang County	2321914	984028	1337886	102021	627073	362379	293679
东安县	Dongan County	1505420	835483	669937	169508	1380394	930283	776873
双牌县	Shuangpai County	567702	211320	356382	17774	568716	98277	81216
道　县	Dao County	1292520	367186	925334	101549	1344682	1524066	288939
江永县	Jiangyong County	542625	348075	194550	54100	22910		
宁远县	Ningyuan County	1280090	589715	690375	81842	1481421	265788	227599
蓝山县	Lanshan County	632375	192404	439971	36648	527465	180996	180996
新田县	Xintian County	542873	451600	91273	28018	364953	158000	158000
江华县	Jianghua County	792422	331482	460940	61627	536091	759106	455359
鹤城区	Hecheng District	1484900	527700	957200	506988	151843	778703	675889
中方县	Zhongfang County	1233600	459800	773800	30905	177408	211158	56092
沅陵县	Yuanling County	864600	599200	265400	104182	188960	120240	117580
辰溪县	Chenxi County	770500	371900	398600	81195	69765		
溆浦县	Xupu County	807300	446100	361200	39750	265792	470942	285696
会同县	Huitong County	384400	297700	86700	53536	40492	123470	84317
麻阳县	Mayang County	446900	143600	303300	42845	9129	73303	73303
新晃县	Xinhuang County	381900	187800	194100	31330	83657	155777	99377
芷江县	Zhijiang County	440200	334400	105800	7972	29450	121977	107003
靖州县	Jinzhou County	339900	177800	162100	44890	85235	153672	61242
通道县	Tongdao County	289000	219500	69500	35214	64288	414356	262921
洪江市	Hongjiang City	822100	683000	139100	39879	1486756	87613	80501
洪江区	Hongjiang District	248200	48800	199400	6990	204700	144509	129033
娄星区	Louxing District	3670944	1185800	2485144	544769	2084000	982144	579654
双峰县	Shuangfeng County	1349037	498785	850252	102378	1762913	603671	286653
新化县	Xinhua County	1144516	524161	620355	228567	873257	1286241	872589
冷水江市	Lengshuijian City	1654809	625323	1029486	169820	1447893		
涟源市	Lianyuan City	1570072	507995	1062077	51577	1804406	142575	104133
吉首市	Jishou City	801642	256015	545627	275666	61209	278490	251949
泸溪县	Louxi County	191877	138037	53840	6860	120227		
凤凰县	Fenghuang County	383697	231404	152293	59237	351552	72466	29865
花垣县	Huayuan County	160787	58108	102679	6444	81504	19310	13278
保靖县	Baojin County	158258	99473	58785	11312	101399	16000	15500
古丈县	Guzhang County	226970	182135	44835		52074		
永顺县	Yongshun County	473421	422231	51190	5612	234683	207851	67534
龙山县	Longshan County	592847	497330	95517	34951	314853	85372	73240

20-18 社会消费品零售总额(2014年)

Total Value of Retail Sales of Consumer Goods (2014)

单位：万元 (10 000 yuan)

市县名称	Cities and Counties	消费品零售总额 Total Retail Sales of Consumer Goods	批发零售贸易业 Wholesales and Retail Sales Trade	#限额以上 #Above Designated Size	住宿餐饮业 Hotels and Catering Trade	#限额以上 #Above Designated Size
芙蓉区	Furong District	6463251	5708538	3247197	754713	225091
天心区	Tianxin District	4043038	3514787	2251663	528250	282060
岳麓区	Yuelu District	2465541	2220859	1132875	244682	50966
开福区	Kaifu District	5860122	5358080	2618384	502042	169069
雨花区	Yuhua District	5939602	5539297	3692134	400305	251559
望城区	Wangcheng District	826649	747195	465947	79454	21646
长沙县	Changsha County	3208340	3100326	2404013	108014	46793
宁乡县	Ningxiang County	2034732	1777921	656326	256811	51359
浏阳市	Liuyang City	2094186	1851950	705746	242236	40911
荷塘区	Hetang District	510212	457337	447832	52876	18138
芦淞区	Lusong District	2389693	2140092	1233093	249600	14772
石峰区	Shifeng District	470744	428839	150197	41905	8362
天元区	Tianyuan District	672429	575976	481048	96453	66269
株洲县	Zhuzhou County	328307	250172	60158	78135	4209
攸　县	You County	989581	845901	312286	143680	56929
茶陵县	Chaling County	518926	450954	173682	67971	19070
炎陵县	Yanling County	160784	138290	33579	22495	4247
醴陵市	Liling City	1451113	1288170	644865	162943	45563
雨湖区	Yuhu District	1935949	1702355	1432609	233595	47967
岳塘区	Yuetang District	1089917	916653	426529	173265	58750
湘潭县	Xiangtan County	647649	452622	114018	195027	8581
湘乡市	Xiangxiang City	783191	690442	145690	92748	6368
韶山市	Shaoshan City	158800	104808	24402	53992	48508
珠晖区	Zhuhui District	996605	883355	511332	113249	7766
雁峰区	Yanfeng District	880259	778842	508268	101417	25994
石鼓区	Shigu District	869949	771068	706883	98881	23353
蒸湘区	Zhengxiang District	977671	927278	697690	50394	22072
南岳区	Nanyue District	194234	151875	105062	42359	41155.8
衡阳县	Hengyang County	747861	680861	130760	67000	6228
衡南县	Hengnan County	799279	742927	100712	56352	3418
衡山县	Hengshan County	237382	207884	35449	29497	864
衡东县	Hengdong County	713244	621355	83996	91889	18636
祁东县	Qidong County	841397	750376	103554	91022	6292
耒阳市	Leiyang City	1011989	861119	190744	150870	21291
常宁市	Changning City	723243	645165	56910	78078	7814
双清区	Shuangqing District	848134	746358	666151	101776	7355
大祥区	Daxiang District	569448	501114	293299	68334	23413
北塔区	Beita District	92165	81105	32098	11060	8689

20-18 续表 1 continued

单位：万元 (10 000 yuan)

市县名称	Cities and Counties	消费品零售总额 Total Retail Sales of Consumer Goods	批发零售贸易业 Wholesales and Retail Sales Trade	#限额以上 #Above Designated Size	住宿餐饮业 Hotels and Catering Trade	#限额以上 #Above Designated Size
邵东县	Shaodong County	1216671	1070671	247224	146001	15927
新邵县	Xinshao County	494065	434777	136670	59288	17796
邵阳县	Shaoyang County	676447	595273	179531	81174	7714
隆回县	Longhui County	702449	618155	97981	84294	16708
洞口县	Dongkou County	574186	505284	163025	68902	15140
绥宁县	Suining County	279346	245825	58678	33522	6422
新宁县	Xinning County	364403	320674	67354	43728	11853
城步县	Chengbu County	194662	171302	54012	23359	1923
武冈市	Wugang City	601062	528934	236283	72127	5205
岳阳楼区	Yueyanglou District	4597241	3353176	2660487	1244065	166791
云溪区	Yunxi District	181932	144712	42602	37220	11221
君山区	Junshan District	162170	128993	107815	33177	21128
岳阳县	Yueyang County	751531	597783	396288	153748	87327
华容县	Huarong County	811358	645371	523665	165987	27900
湘阴县	Xiangyin County	629268	500533	411179	128735	108935
平江县	Pingjiang City	521569	414866	393169	106702	14432
汨罗市	Miluo City	757323	602390	544679	154933	11599
临湘市	Linxiang County	643698	512010	385952	131687	63689
武陵区	Wuling District	2016765	1915927	972488	100838	48748
鼎城区	Dingcheng District	1352915	1217624	565711	135292	4175
安乡县	Anxiang County	513524	487848	61098	25676	7484
汉寿县	Hanshou County	602263	511923	122092	90339	10784
澧　县	Li County	938089	797376	202319	140714	27089
临澧县	Linli County	472552	425297	96921	47256	4563
桃源县	Taoyuan County	1178711	1001904	102493	176807	5645
石门县	Shimen County	861352	809671	117262	51681	6859
津市市	Jinshi City	483073	425104	70231	57969	5516
永定区	Yongdi District	775008	684434	294426	90574	10435
武陵源区	Wulingyuan District	112301	76716	2173	35585	7640
慈利县	Cili County	430240	350187	77726	80052	4608
桑植县	Sangzhi County	255011	210442	63543	44569	2989
资阳区	Ziyang District	463913	218039	49456	245874	3292
赫山区	Heshan District	1705466	1174673	1010233	530793	16746
南　县	Nan County	686876	607183	468787	79693	14910
大通湖区	Datonghu District	102038	92237	53814	9801	2703
桃江县	Taojiang County	749578	681705	202304	67872	5931
安化县	Anhua County	799842	685943	123486	113899	7732
沅江市	Yuanjiang City	716561	605049	168857	111512	11513
北湖区	Beihu District	2644884	2266368	978394	378517	31395
苏仙区	Suxian District	857956	654364	303090	203592	21618
桂阳县	Guiyang County	841889	706267	526413	135622	48113
宜章县	Yizhang County	661629	608952	248716	52677	27891

20-18 续表 2 continued

单位：万元 (10 000 yuan)

市县名称	Cities and Counties	消费品零售总额 Total Retail Sales of Consumer Goods	批发零售贸易业 Wholesales and Retail Sales Trade	#限额以上 #Above Designated Size	住宿餐饮业 Hotels and Catering Trade	#限额以上 #Above Designated Size
永兴县	Yongxing County	630675	572004	317253	58671	15899
嘉禾县	Jiahe County	184003	150019	68554	33984	9950
临武县	Linwu County	269293	242574	147740	26719	7680
汝城县	Rucheng County	106436	91013	36166	15423	3852
桂东县	Guidong County	69223	57818	32379	11405	3524
安仁县	Anren County	317964	285295	150575	32669	11179
资兴市	Zixing City	634415	590209	342964	44206	24472
零陵区	Lingling District	701643	588355	168370	113288	19977
冷水滩区	Lengshuitan District	933195	904611	362306	28584	12825
祁阳县	Qiyang County	585201	455883	162921	129318	10070
东安县	DonganCounty	449746	410974	160610	38772	16798
双牌县	Shuangpai County	92399	84768	31630	7631	1427
道　县	Dao County	435273	384129	255331	51145	20657
江永县	Jiangyong County	174950	143308	77354	31642	9407
宁远县	Ningyuan County	504112	462739	211286	41373	17303
蓝山县	Lanshan County	300893	277356	152308	23537	6804
新田县	Xintian County	200350	191943	57788	8407	2642
江华县	Jianghua County	329600	291490	162101	38110	15954
鹤城区	Hecheng District	1564055	1486167	1112432	77888	41423
中方县	Zhongfang County	151842	116196	20325	35646	25068
沅陵县	Yuanling County	436761	396632	83897	40130	6850
辰溪县	Chenxi County	365664	294488	36263	71176	20875
溆浦县	Xupu County	485642	422279	121335	63363	29517
会同县	Huitong County	150779	138346	36883	12433	3974
麻阳县	Mayang County	225234	196183	20488	29051	3407
新晃县	Xinhuang County	124724	107359	25267	17365	4983
芷江县	Zhijiang County	304061	278618	28828	25443	4963
靖州县	Jingzhou County	229973	194151	34812	35822	14425
通道县	Tongdao County	106756	90027	8646	16729	1127
洪江市	Hongjiang City	248687	209941	28956	38745	1079
洪江区	Hongjiang District	116608	95030	1264	21578	872
娄星区	Louxing District	892319	840718	615677	51601	14194
双峰县	Shuangfeng County	605306	546754	280663	58552	8824
新化县	Xinhua County	755884	670866	353784	85018	16597
冷水江市	Lengshuijiang City	754587	631154	206829	123433	11308
涟源市	Lianyuan County	906259	829884	682992	76375	11403
吉首市	Jishou County	727948	658512	364345	69437	4293
泸溪县	Luxi County	115692	103413	4032	12280	1876
凤凰县	Fenghuang County	359237	294064	13592	65173	3808
花垣县	Huayuan County	119975	105202	12123	14773	665
保靖县	Baojing County	98622	78122	6105	20500	316
古丈县	Guzhang County	46034	35583	5508	10452	0
永顺县	Yongshun County	287780	247651	28103	40130	1633
龙山县	Longshan County	309354	262736	36203	46619	3150

20-19 地方财政收入与支出(2014年)
Public Budgetary Revenue and Expenditure (2014)

单位：万元 (10 000 yuan)

市县名称	Cities and Counties	地方财政收入 Public Budgetary Revenue	公共财政支出 Public Budgetary Expenditure	市县名称	Cities and Counties	地方财政收入 Public Budgetary Revenue	公共财政支出 Public Budgetary Expenditure
芙蓉区	Furong District	387562	505534	衡山县	Hengshan County	56220	186492
天心区	Tianxin District	340315	423887	衡东县	Hengdong County	81587	290659
岳麓区	Yuelu District	281462	401532	祁东县	Qidong County	64565	370778
开福区	Kaifu District	456929	576604	耒阳市	Leiyang City	150036	429163
雨花区	Yuhua District	526433	618961	常宁市	Changning City	107939	386434
望城区	Wangcheng District	354238	551625	双清区	Shuangqing District	34104	90900
长沙县	Changsha County	741063	1039861	大祥区	Daxiang District	26662	82224
宁乡县	Ningxiang County	353082	658353	北塔区	Beita District	13888	46951
浏阳市	Liuyang City	427414	718500	邵东县	Shaodong County	114438	388136
荷塘区	Hetang District	60589	107301	新邵县	Xinshao County	66116	311595
芦淞区	Lusong District	68444	267615	邵阳县	Shaoyang County	53446	362014
石峰区	Shifeng District	65572	114569	隆回县	Longhui County	62605	381821
天元区	Tianyuan District	322179	141090	洞口县	Dongkou County	52933	319725
株洲县	Zhuzhou County	70872	165413	绥宁县	Suining County	30883	208902
攸　县	You County	194797	495451	新宁县	Xinning County	47085	241222
茶陵县	Chaling County	76840	380871	城步县	Chengbu County	26011	180938
炎陵县	Yanling County	56454	254575	武冈市	Wugang City	58405	282093
醴陵市	Liling City	286666	165413	岳阳楼区	Yueyanglou District	96509	169065
雨湖区	Yuhu District	78918	143548	云溪区	Yunxi District	34937	91218
岳塘区	Yuetang District	77800	106018	君山区	Junshan District	22995	155227
湘潭县	Xiangtan County	165434	383500	岳阳县	Yueyang County	45199	280268
湘乡市	Xiangxiang City	119691	338177	华容县	Huarong County	47996	295445
韶山市	Shaoshan City	36231	89180	湘阴县	Xiangyin County	82553	315120
珠晖区	Zhuhui District	59854	111719	平江县	Pingjiang County	59481	372398
雁峰区	Yanfeng District	26570	52245	汨罗市	Miluo City	114478	301251
石鼓区	Shigu District	38473	76453	临湘市	Linxiang City	37783	225469
蒸湘区	Zhengxiang District	33066	64622	武陵区	Wuling District	125455	192900
南岳区	Nanyue District	48516	71747	鼎城区	Dingcheng District	95100	339168
衡阳县	Hengyang County	80586	362190	安乡县	Anxiang County	25135	238906
衡南县	Hengnan County	109647	377638	汉寿县	Hanshou County	51625	315121

20-19 续表 continued

单位：万元 (10 000 yuan)

市县名称	Cities and Counties	地方财政收入 Public Budgetary Revenue	公共财政支出 Public Budgetary Expenditure	市县名称	Cities and Counties	地方财政收入 Public Budgetary Revenue	公共财政支出 Public Budgetary Expenditure
澧　县	Li County	89842	347486	道　县	Dao County	65190	281687
临澧县	Linli County	37963	205012	江永县	Jiangyong County	24486	126735
桃源县	Taoyuan County	98045	411588	宁远县	Ningyuan County	75897	315619
石门县	Shimen County	61259	287705	蓝山县	Lanshan County	38629	165937
津市市	Jinshi City	38735	181508	新田县	Xintian County	36665	184318
永定区	Yongding District	48651	224901	江华县	Jianghua County	58353	282278
武陵源区	Wulingyuan District	36831	88254	鹤城区	Hecheng District	55143	148324
慈利县	Cili County	60364	301556	中方县	Zhongfang County	30562	135300
桑植县	Sangzhi County	32024	242355	沅陵县	Yuanling County	55679	288197
资阳区	Ziyang District	37706	216700	辰溪县	Chenxi County	40505	223728
赫山区	Heshan District	88992	337770	溆浦县	Xupu County	36642	311468
南　县	Nan County	37211	265497	会同县	Huitong County	27447	170688
大通湖区	Datonghu District	17513	113625	麻阳县	Mayang County	24975	181000
桃江县	Taojiang County	55196	294661	新晃县	Xinhuang County	20816	150223
安化县	Anhua County	61914	386749	芷江县	Zhijiang County	40057	192381
沅江市	Yuanjiang City	69623	321275	靖州县	Jinzhou County	21968	147800
北湖区	Beihu District	118584	224950	通道县	Tongdao County	19540	153542
苏仙区	Suxian District	104962	229927	洪江市	Hongjiang City	51593	266310
桂阳县	Guiyang County	206299	396549	洪江区	Hongjiang District	73375	73375
宜章县	Yizhang County	120135	305631	娄星区	Louxing District	50544	140120
永兴县	Yongxing County	185478	354388	双峰县	Shuangfeng County	58776	346060
嘉禾县	Jiahe County	81833	193166	新化县	Xinhua County	68515	470765
临武县	Linwu County	77881	201343	冷水江市	Lenshuijiang City	90298	249481
汝城县	Rucheng County	59648	245000	涟源市	Lianyuan City	66583	394335
桂东县	Guidong County	13570	126600	吉首市	Jishou City	65952	252198
安仁县	Anreng County	30072	197875	泸溪县	Luxi County	26475	197435
资兴市	Zixing City	237188	429195	凤凰县	Fenghuang County	54808	249339
零陵区	Lingling District	74581	250416	花垣县	Huayuan County	42049	190838
冷水滩区	Lengshuitan District	75099	228227	保靖县	Baojin County	18496	175995
祁阳县	Qiyang County	72527	352397	古丈县	Guzhang County	18481	124991
东安县	Dongan County	58235	239496	永顺县	Yongshun County	26546	265549
双牌县	Shuangpai County	20333	115637	龙山县	Longshan County	32059	263300

20-20 各级学校(2014年)

Schools by Level and Region(2014)

单位：所 (unit)

市县名称	Cities and Counties	中等学校 Secondary Schools	中等职业教育 Vocational Secondary Education	普通中学 Regular Secondary Schools	普通小学 Primary Schools
芙蓉区	Furong District	14	6	8	34
天心区	Tianxin District	11	0	11	37
岳麓区	Yuelu District	38	9	29	88
开福区	Kaifu District	18	3	15	47
雨花区	Yuhua District	35	15	20	53
望城区	Wangcheng District	26	1	25	85
长沙县	Changsha County	49	9	40	166
宁乡县	Ningxiang County	87	6	81	186
浏阳市	Liuyang City	66	3	63	187
荷塘区	Hetang District	19	10	9	19
芦淞区	Lusong District	14	1	13	70
石峰区	Shifeng District	12	1	11	18
天元区	Tianyuan District	11	0	11	30
株洲县	Zhuzhou County	25	2	23	23
攸　县	You County	36	3	33	59
茶陵县	Chaling County	25	1	24	32
炎陵县	Yanling County	20	1	19	9
醴陵市	Liling City	53	4	49	117
雨湖区	Yuhu District	28	6	22	45
岳塘区	Yuetang District	18	3	15	26
湘潭县	Xiangtan County	77	7	70	183
湘乡市	Xiangxiang City	65	6	59	161
韶山市	Shaoshan City	10	1	9	13
珠晖区	Zhuhui District	14	3	11	37
雁峰区	Yanfeng District	22	10	12	26
石鼓区	Shigu District	10	2	8	31
蒸湘区	Zhengxiang District	14	3	11	36
南岳区	Nanyue District	8	1	7	19
衡阳县	Hengyang County	81	4	77	288
衡南县	Hengnan County	59	4	55	214
衡山县	Hengshan County	34	3	31	53
衡东县	Hengdong County	47	1	46	144
祁东县	Qidong County	58	3	55	218
耒阳市	Leiyang City	65	3	62	356
常宁市	Changning City	55	3	52	139
双清区	Shuangqing District	24	9	15	35
大祥区	Daxiang District	31	16	15	44
北塔区	Beita District	6	1	5	14

20-20 续表1 continued

单位：所 (unit)

市县名称	Cities and Counties	中等学校 Secondary Schools	中等职业教育 Vocational Secondary Education	普通中学 Regular Secondary Schools	普通小学 Primary Schools
邵东县	Shaodong County	70	3	67	217
新邵县	Xinshao County	51	3	48	174
邵阳县	Shaoyang County	58	3	55	134
隆回县	Longhui County	75	4	71	178
洞口县	Dongkou County	62	6	56	189
绥宁县	Suining County	24	2	22	26
新宁县	Xinning County	40	5	35	82
城步县	Chengbu County	28	2	26	24
武冈市	Wugang City	54	8	46	84
岳阳楼区	Yueyanglou District	49	14	35	70
云溪区	Yunxi District	11	1	10	25
君山区	Junshan District	9	1	8	29
岳阳县	Yueyang County	34	3	31	74
华容县	Huarong County	38	3	35	74
湘阴县	Xiangyin County	50	4	46	121
平江县	Pingjiang City	61	3	58	254
汨罗市	Miluo City	57	4	53	90
临湘市	Linxiang County	31	2	29	73
武陵区	Wuling District	42	18	24	39
鼎城区	Dingcheng District	49	4	45	62
安乡县	Anxiang County	28	3	25	32
汉寿县	Hanshou County	44	5	39	83
澧　县	Li County	45	5	40	99
临澧县	Linli County	23	3	20	53
桃源县	Taoyuan County	55	5	50	67
石门县	Shimen County	42	5	37	86
津市市	Jinshi City	15	3	12	18
永定区	Yongdi District	36	9	27	59
武陵源区	Wulingyuan District	3	0	3	7
慈利县	Cili County	42	3	39	37
桑植县	Sangzhi County	34	3	31	41
资阳区	Ziyang District	19	5	14	54
赫山区	Heshan District	52	9	43	77
南　县	Nan County	34	2	32	88
大通湖区	Datonghu District	5		5	15
桃江县	Taojiang County	51	2	49	98
安化县	Anhua County	50	2	48	69
沅江市	Yuanjiang City	46	3	43	56
北湖区	Beihu District	30	3	27	29
苏仙区	Suxian District	30	9	21	24
桂阳县	Guiyang County	38	1	37	46
宜章县	Yizhang County	40	3	37	40

20-20 续表2 continued

单位：所 (unit)

市县名称	Cities and Counties	中等学校 Secondary Schools	中等职业教育 Vocational Secondary Education	普通中学 Regular Secondary Schools	普通小学 Primary Schools
永兴县	Yongxing County	32	2	30	84
嘉禾县	Jiahe County	28	2	26	19
临武县	Linwu County	19	2	17	39
汝城县	Rucheng County	26	2	24	118
桂东县	Guidong County	13	1	12	29
安仁县	Anren County	27	2	25	20
资兴市	Zixing City	27	2	25	23
零陵区	Lingling District	33	6	27	61
冷水滩区	Lengshuitan District	40	5	35	31
祁阳县	Qiyang County	46	5	41	97
东安县	DonganCounty	40	6	34	33
双牌县	Shuangpai County	15	1	14	14
道　县	Dao County	40	3	37	47
江永县	Jiangyong County	21	2	19	19
宁远县	Ningyuan County	40	5	35	58
蓝山县	Lanshan County	30	2	28	21
新田县	Xintian County	28	3	25	22
江华县	Jianghua County	29	3	26	52
鹤城区	Hecheng District	49	17	32	27
中方县	Zhongfang County	25	2	23	18
沅陵县	Yuanling County	53	4	49	13
辰溪县	Chenxi County	37	4	33	21
溆浦县	Xupu County	59	2	57	39
会同县	Huitong County	29	2	27	16
麻阳县	Mayang County	26	2	24	21
新晃县	Xinhuang County	22	1	21	18
芷江县	Zhijiang County	30	2	28	24
靖州县	Jingzhou County	17	1	16	14
通道县	Tongdao County	12	1	11	27
洪江市	Hongjiang City	39	6	33	29
洪江区	Hongjiang District	3	1	2	5
娄星区	Louxing District	39	13	26	48
双峰县	Shuangfeng County	67	3	64	206
新化县	Xinhua County	112	9	103	262
冷水江市	Lengshuijiang City	36	6	30	49
涟源市	Lianyuan County	65	5	60	224
吉首市	Jishou County	30	10	20	26
泸溪县	Luxi County	21	2	19	19
凤凰县	Fenghuang County	30	2	28	35
花垣县	Huayuan County	24	3	21	25
保靖县	Baojing County	19	2	17	27
古丈县	Guzhang County	13	2	11	11
永顺县	Yongshun County	38	2	36	42
龙山县	Longshan County	34	4	30	48

20-21 各级学校教职工(2014年)

School Staff and workers by Level and Region (2014)

单位：人 (person)

市县名称	Cities and Counties	中等学校 Secondary Schools	中等职业教育 Vocational Secondary Education	普通中学 Regular Secondary Schools	普通小学 Primary Schools
芙蓉区	Furong District	1879	649	1230	1905
天心区	Tianxin District	1595		1595	1307
岳麓区	Yuelu District	4098	504	3594	2813
开福区	Kaifu District	2322	37	2285	1816
雨花区	Yuhua District	5702	1497	4205	2115
望城区	Wangcheng District	1992	182	1810	1757
长沙县	Changsha County	4034	469	3565	2980
宁乡县	Ningxiang County	5632	425	5207	4060
浏阳市	Liuyang City	5044	256	4788	4141
荷塘区	Hetang District	2313	928	1385	850
芦淞区	Lusong District	1503		1503	1008
石峰区	Shifeng District	1183	229	954	719
天元区	Tianyuan District	1453		1453	945
株洲县	Zhuzhou County	1790	189	1601	795
攸　县	You County	3899	208	3691	1936
茶陵县	Chaling County	2516	107	2409	1791
炎陵县	Yanling County	938	50	888	471
醴陵市	Liling City	3798	484	3314	2661
雨湖区	Yuhu District	2557	664	1893	1392
岳塘区	Yuetang District	1527	258	1269	948
湘潭县	Xiangtan County	4551	506	4045	2473
湘乡市	Xiangxiang City	3583	146	3437	2873
韶山市	Shaoshan City	566	49	517	246
珠晖区	Zhuhui District	932	53	879	1242
雁峰区	Yanfeng District	2339	1174	1165	856
石鼓区	Shigu District	767	19	748	1079
蒸湘区	Zhengxiang District	1705	202	1503	1330
南岳区	Nanyue District	400	17	383	285
衡阳县	Hengyang County	4672	302	4370	3554
衡南县	Hengnan County	4917	182	4735	3614
衡山县	Hengshan County	2204	209	1995	1421
衡东县	Hengdong County	3045	79	2966	2092
祁东县	Qidong County	4569	314	4255	3443
耒阳市	Leiyang City	5572	379	5193	4940
常宁市	Changning City	3994	293	3701	3469
双清区	Shuangqing District	1257	130	1127	1136
大祥区	Daxiang District	2360	905	1455	1331
北塔区	Beita District	332	39	293	307

20-21 续表 1 continued

单位：人 (person)

市县名称	Cities and Counties	中等学校 Secondary Schools	中等职业教育 Vocational Secondary Education	普通中学 Regular Secondary Schools	普通小学 Primary Schools
邵东县	Shaodong County	4306	229	4077	3299
新邵县	Xinshao County	3156	171	2985	2447
邵阳县	Shaoyang County	3366	146	3220	2691
隆回县	Longhui County	6509	329	6180	4973
洞口县	Dongkou County	3529	281	3248	2108
绥宁县	Suining County	1618	96	1522	1302
新宁县	Xinning County	2034	112	1922	1981
城步县	Chengbu County	1372	72	1300	1187
武冈市	Wugang City	3912	565	3347	2427
岳阳楼区	Yueyanglou District	5025	940	4085	3095
云溪区	Yunxi District	918	25	893	568
君山区	Junshan District	624	32	592	616
岳阳县	Yueyang County	2586	257	2329	1877
华容县	Huarong County	3345	167	3178	2277
湘阴县	Xiangyin County	3295	262	3033	1703
平江县	Pingjiang City	3887	216	3671	3716
汨罗市	Miluo City	3643	403	3240	1816
临湘市	Linxiang County	2403	186	2217	1520
武陵区	Wuling District	4226	926	3300	1861
鼎城区	Dingcheng District	3500	34	3466	1850
安乡县	Anxiang County	2692	274	2418	1225
汉寿县	Hanshou County	4199	239	3960	1689
澧　县	Li County	4031	426	3605	2309
临澧县	Linli County	2243	165	2078	1453
桃源县	Taoyuan County	4731	486	4245	2003
石门县	Shimen County	2984	309	2675	2010
津市市	Jinshi City	1093	127	966	564
永定区	Yongdi District	2320	290	2030	1886
武陵源区	Wulingyuan District	314	23	291	209
慈利县	Cili County	3019	243	2776	1635
桑植县	Sangzhi County	2183	177	2006	1522
资阳区	Ziyang District	1605	168	1437	1482
赫山区	Heshan District	4931	527	4404	2531
南　县	Nan County	3266	250	3016	2442
大通湖区	Datonghu District	338		338	292
桃江县	Taojiang County	3582	301	3281	2417
安化县	Anhua County	3929	279	3650	2606
沅江市	Yuanjiang City	3949	303	3646	1883
北湖区	Beihu District	3438	497	2941	1333
苏仙区	Suxian District	2574	650	1924	1485
桂阳县	Guiyang County	2814	92	2722	3283
宜章县	Yizhang County	2438	86	2352	2510

20-21 续表2 continued

单位：人 (person)

市县名称	Cities and Counties	中等学校 Secondary Schools	中等职业教育 Vocational Secondary Education	普通中学 Regular Secondary Schools	普通小学 Primary Schools
永兴县	Yongxing County	3264	222	3042	1675
嘉禾县	Jiahe County	1751	54	1697	1487
临武县	Linwu County	1366	74	1292	1767
汝城县	Rucheng County	1670	109	1561	1187
桂东县	Guidong County	850	57	793	671
安仁县	Anren County	2021	166	1855	1767
资兴市	Zixing City	2129	140	1989	1310
零陵区	Lingling District	2680	265	2415	2224
冷水滩区	Lengshuitan District	3446	285	3161	1931
祁阳县	Qiyang County	5306	480	4826	3906
东安县	DonganCounty	2822	184	2638	2295
双牌县	Shuangpai County	992	119	873	750
道　县	Dao County	3141	578	2563	2398
江永县	Jiangyong County	1524	98	1426	1136
宁远县	Ningyuan County	3173	333	2840	3140
蓝山县	Lanshan County	1946	166	1780	1003
新田县	Xintian County	1971	121	1850	1401
江华县	Jianghua County	1948	174	1774	2047
鹤城区	Hecheng District	4442	1261	3181	1684
中方县	Zhongfang County	1684	151	1533	924
沅陵县	Yuanling County	3969	165	3804	1034
辰溪县	Chenxi County	2254	87	2167	1924
溆浦县	Xupu County	3353	229	3124	2849
会同县	Huitong County	1557	100	1457	1016
麻阳县	Mayang County	1631	88	1543	1290
新晃县	Xinhuang County	1112	72	1040	840
芷江县	Zhijiang County	1644	149	1495	1107
靖州县	Jingzhou County	1241	108	1133	1024
通道县	Tongdao County	946	73	873	1034
洪江市	Hongjiang City	2715	359	2356	1483
洪江区	Hongjiang District	310	36	274	310
娄星区	Louxing District	3891	678	3213	1985
双峰县	Shuangfeng County	4571	279	4292	3119
新化县	Xinhua County	5225	265	4960	3777
冷水江市	Lengshuijiang City	3198	588	2610	1161
涟源市	Lianyuan County	4453	244	4209	3468
吉首市	Jishou County	2297	494	1803	1464
泸溪县	Luxi County	1683	131	1552	1146
凤凰县	Fenghuang County	2074	170	1904	1525
花垣县	Huayuan County	1516	108	1408	1125
保靖县	Baojing County	1578	117	1461	1020
古丈县	Guzhang County	808	11	797	490
永顺县	Yongshun County	2886	103	2783	1725
龙山县	Longshan County	2847	122	2725	2106

20-22 各级学校专任教师(2014年)

Full-time Teachers by Level and Region(2014)

单位：人 (person)

市县名称	Cities and Counties	中等学校 Secondary Schools	中等职业教育 Vocational Secondary Education	普通中学 Regular Secondary Schools	普通小学 Primary Schools
芙蓉区	Furong District	1415	301	1114	1885
天心区	Tianxin District	1444		1444	1299
岳麓区	Yuelu District	3382	371	3011	3053
开福区	Kaifu District	1912	29	1883	1839
雨花区	Yuhua District	4371	995	3376	2215
望城区	Wangcheng District	1715	167	1548	1809
长沙县	Changsha County	3390	329	3061	2999
宁乡县	Ningxiang County	4695	306	4389	4116
浏阳市	Liuyang City	4483	214	4269	4346
荷塘区	Hetang District	1862	673	1189	833
芦淞区	Lusong District	1181		1181	1082
石峰区	Shifeng District	966	170	796	783
天元区	Tianyuan District	984		984	1109
株洲县	Zhuzhou County	1346	164	1182	988
攸　县	You County	2577	133	2444	1905
茶陵县	Chaling County	1777	85	1692	2013
炎陵县	Yanling County	620	39	581	657
醴陵市	Liling City	3153	388	2765	2879
雨湖区	Yuhu District	2137	555	1582	1521
岳塘区	Yuetang District	1252	201	1051	1049
湘潭县	Xiangtan County	4055	429	3626	2419
湘乡市	Xiangxiang City	3024	105	2919	3068
韶山市	Shaoshan City	391	46	345	395
珠晖区	Zhuhui District	799	23	776	1171
雁峰区	Yanfeng District	1645	695	950	780
石鼓区	Shigu District	660	12	648	932
蒸湘区	Zhengxiang District	1417	155	1262	1258
南岳区	Nanyue District	223	13	210	297
衡阳县	Hengyang County	3845	227	3618	3557
衡南县	Hengnan County	3923	111	3812	3648
衡山县	Hengshan County	1664	164	1500	1459
衡东县	Hengdong County	2395	58	2337	2151
祁东县	Qidong County	3891	244	3647	3387
耒阳市	Leiyang City	4292	311	3981	5015
常宁市	Changning City	3185	197	2988	3621
双清区	Shuangqing District	1005	77	928	1054
大祥区	Daxiang District	1825	626	1199	1230
北塔区	Beita District	220	32	188	370

20-22 续表1 continued

单位：人 (person)

市县名称	Cities and Counties	中等学校 Secondary Schools	中等职业教育 Vocational Secondary Education	普通中学 Regular Secondary Schools	普通小学 Primary Schools
邵东县	Shaodong County	3534	174	3360	3517
新邵县	Xinshao County	2684	150	2534	2666
邵阳县	Shaoyang County	2897	126	2771	2835
隆回县	Longhui County	5445	262	5183	5511
洞口县	Dongkou County	2975	215	2760	2297
绥宁县	Suining County	1133	86	1047	1550
新宁县	Xinning County	1819	83	1736	1990
城步县	Chengbu County	1047	69	978	1382
武冈市	Wugang City	3025	431	2594	2851
岳阳楼区	Yueyanglou District	4091	684	3407	3237
云溪区	Yunxi District	739	15	724	611
君山区	Junshan District	599	17	582	611
岳阳县	Yueyang County	2210	172	2038	1957
华容县	Huarong County	2755	121	2634	2429
湘阴县	Xiangyin County	2793	200	2593	1984
平江县	Pingjiang City	3376	197	3179	3784
汨罗市	Miluo City	2913	358	2555	2182
临湘市	Linxiang County	1979	128	1851	1627
武陵区	Wuling District	2931	535	2396	2108
鼎城区	Dingcheng District	2844	27	2817	2058
安乡县	Anxiang County	2185	218	1967	1273
汉寿县	Hanshou County	3170	198	2972	2455
澧　县	Li County	3572	380	3192	2409
临澧县	Linli County	1767	133	1634	1326
桃源县	Taoyuan County	3314	360	2954	2505
石门县	Shimen County	2510	227	2283	2097
津市市	Jinshi City	872	113	759	682
永定区	Yongdi District	1787	202	1585	1894
武陵源区	Wulingyuan District	214	23	191	243
慈利县	Cili County	2347	198	2149	1828
桑植县	Sangzhi County	1638	138	1500	1698
资阳区	Ziyang District	1367	122	1245	1410
赫山区	Heshan District	3721	378	3343	3014
南　县	Nan County	2932	205	2727	2350
大通湖区	Datonghu District	298		298	271
桃江县	Taojiang County	2666	205	2461	2366
安化县	Anhua County	2820	230	2590	2926
沅江市	Yuanjiang City	3164	250	2914	2411
北湖区	Beihu District	2258	389	1869	1903
苏仙区	Suxian District	1861	468	1393	1771
桂阳县	Guiyang County	2495	75	2420	3265
宜章县	Yizhang County	1803	72	1731	2665

20-22 续表2 continued

单位：人 (person)

市县名称	Cities and Counties	中等学校 Secondary Schools	中等职业教育 Vocational Secondary Education	普通中学 Regular Secondary Schools	普通小学 Primary Schools
永兴县	Yongxing County	2098	181	1917	2586
嘉禾县	Jiahe County	1406	43	1363	1632
临武县	Linwu County	1067	65	1002	1829
汝城县	Rucheng County	1155	95	1060	1535
桂东县	Guidong County	664	43	621	743
安仁县	Anren County	1553	127	1426	1806
资兴市	Zixing City	1435	116	1319	1720
零陵区	Lingling District	2238	216	2022	2315
冷水滩区	Lengshuitan District	2448	240	2208	2449
祁阳县	Qiyang County	4114	315	3799	3824
东安县	DonganCounty	2140	143	1997	2360
双牌县	Shuangpai County	723	99	624	877
道　县	Dao County	2471	417	2054	2555
江永县	Jiangyong County	1113	59	1054	1304
宁远县	Ningyuan County	2671	286	2385	3188
蓝山县	Lanshan County	1157	142	1015	1470
新田县	Xintian County	1548	111	1437	1667
江华县	Jianghua County	1672	152	1520	2041
鹤城区	Hecheng District	3465	1019	2446	2083
中方县	Zhongfang County	1239	133	1106	1249
沅陵县	Yuanling County	2347	139	2208	2359
辰溪县	Chenxi County	1725	76	1649	2293
溆浦县	Xupu County	2639	215	2424	3400
会同县	Huitong County	1158	92	1066	1248
麻阳县	Mayang County	1378	86	1292	1445
新晃县	Xinhuang County	829	67	762	975
芷江县	Zhijiang County	1252	111	1141	1320
靖州县	Jingzhou County	1013	102	911	1143
通道县	Tongdao County	741	70	671	972
洪江市	Hongjiang City	1997	261	1736	1865
洪江区	Hongjiang District	298	36	262	303
娄星区	Louxing District	2855	455	2400	2231
双峰县	Shuangfeng County	3887	258	3629	3462
新化县	Xinhua County	4118	205	3913	4202
冷水江市	Lengshuijiang City	2343	439	1904	1707
涟源市	Lianyuan County	3768	207	3561	3574
吉首市	Jishou County	1864	388	1476	1541
泸溪县	Luxi County	1383	111	1272	1323
凤凰县	Fenghuang County	1516	137	1379	1838
花垣县	Huayuan County	1122	98	1024	1331
保靖县	Baojing County	1093	106	987	1359
古丈县	Guzhang County	577	8	569	645
永顺县	Yongshun County	2039	84	1955	2292
龙山县	Longshan County	2255	110	2145	2490

20-23 各级学校在校学生(2014年)

Students Enrollment by Level and Region(2014)

单位：人 (person)

市县名称	Cities and Counties	中等学校 Secondary Schools	中等职业教育 Vocational Secondary Education	普通中学 Regular Secondary Schools	普通小学 Primary Schools
芙蓉区	Furong District	21796	5238	16558	36392
天心区	Tianxin District	22457	1538	20919	24531
岳麓区	Yuelu District	63038	15631	47407	55530
开福区	Kaifu District	30296	263	30033	33076
雨花区	Yuhua District	85802	29283	56519	60548
望城区	Wangcheng District	29044	7808	21236	31852
长沙县	Changsha County	57885	15304	42581	66448
宁乡县	Ningxiang County	73999	7260	66739	77244
浏阳市	Liuyang City	67006	4345	62661	95712
荷塘区	Hetang District	34635	18627	16008	20590
芦淞区	Lusong District	18946	5186	13760	20094
石峰区	Shifeng District	16111	6891	9220	14000
天元区	Tianyuan District	11993		11993	19789
株洲县	Zhuzhou County	13143	2278	10865	12568
攸　县	You County	33718	1638	32080	43929
茶陵县	Chaling County	23535	1247	22288	37992
炎陵县	Yanling County	7809	671	7138	11483
醴陵市	Liling City	42760	7010	35750	57303
雨湖区	Yuhu District	29805	12806	16999	26757
岳塘区	Yuetang District	21777	9061	12716	19325
湘潭县	Xiangtan County	58852	6685	52167	44572
湘乡市	Xiangxiang City	41190	2889	38301	44427
韶山市	Shaoshan City	3819	744	3075	5397
珠晖区	Zhuhui District	19839	9672	10167	21223
雁峰区	Yanfeng District	36425	21492	14933	15916
石鼓区	Shigu District	17083	8452	8631	16305
蒸湘区	Zhengxiang District	27122	5389	21733	25753
南岳区	Nanyue District	4163	366	3797	5943
衡阳县	Hengyang County	68090	3120	64970	77176
衡南县	Hengnan County	64223	5062	59161	64360
衡山县	Hengshan County	23752	2645	21107	27181
衡东县	Hengdong County	39206	2028	37178	46051
祁东县	Qidong County	59584	5096	54488	71313
耒阳市	Leiyang City	74374	5773	68601	109107
常宁市	Changning City	52627	5441	47186	73007
双清区	Shuangqing District	19268	898	18370	23196
大祥区	Daxiang District	44375	21826	22549	29240
北塔区	Beita District	3328	500	2828	8026

20-23 续表1 continued

单位：人

市县名称	Cities and Counties	中等学校 Secondary Schools	中等职业教育 Vocational Secondary Education	普通中学 Regular Secondary Schools	普通小学 Primary Schools
邵东县	Shaodong County	73748	9702	64046	99242
新邵县	Xinshao County	48425	5481	42944	66157
邵阳县	Shaoyang County	44855	2063	42792	62115
隆回县	Longhui County	65449	6635	58814	100425
洞口县	Dongkou County	56823	9109	47714	72499
绥宁县	Suining County	15654	768	14886	26184
新宁县	Xinning County	25314	1435	23879	45310
城步县	Chengbu County	9854	406	9448	20166
武冈市	Wugang City	62535	12429	50106	63515
岳阳楼区	Yueyanglou District	69280	23339	45941	57667
云溪区	Yunxi District	10579	1250	9329	9091
君山区	Junshan District	7364	512	6852	10602
岳阳县	Yueyang County	33620	5001	28619	37536
华容县	Huarong County	29448	3321	26127	30593
湘阴县	Xiangyin County	33856	3855	30001	38237
平江县	Pingjiang City	50737	3381	47356	74097
汨罗市	Miluo City	35012	5205	29807	40425
临湘市	Linxiang County	26331	3658	22673	33729
武陵区	Wuling District	45322	16686	28636	32975
鼎城区	Dingcheng District	26513	1102	25411	29916
安乡县	Anxiang County	19319	3738	15581	19827
汉寿县	Hanshou County	35426	5035	30391	44922
澧　县	Li County	40265	8446	31819	40441
临澧县	Linli County	19459	2134	17325	20800
桃源县	Taoyuan County	42388	8606	33782	44681
石门县	Shimen County	29549	5033	24516	30062
津市市	Jinshi City	8154	1524	6630	8790
永定区	Yongdi District	30882	6345	24537	34793
武陵源区	Wulingyuan District	3405	391	3014	4683
慈利县	Cili County	31362	5230	26132	35647
桑植县	Sangzhi County	22269	1380	20889	32097
资阳区	Ziyang District	18804	3548	15256	21380
赫山区	Heshan District	54501	10990	43511	51452
南　县	Nan County	26550	2461	24089	28951
大通湖区	Datonghu District	3806		3806	4612
桃江县	Taojiang County	36686	3873	32813	45123
安化县	Anhua County	38824	3533	35291	55588
沅江市	Yuanjiang City	27322	2610	24712	31967
北湖区	Beihu District	44591	12424	32167	53491
苏仙区	Suxian District	32105	12647	19458	32366
桂阳县	Guiyang County	41805	2654	39151	68331
宜章县	Yizhang County	33380	969	32411	64618

20-23 续表2 continued

单位：人

市县名称	Cities and Counties	中等学校 Secondary Schools	中等职业教育 Vocational Secondary Education	普通中学 Regular Secondary Schools	普通小学 Primary Schools
永兴县	Yongxing County	27564	2230	25334	56110
嘉禾县	Jiahe County	22697	373	22324	34805
临武县	Linwu County	20620	510	20110	42286
汝城县	Rucheng County	18629	1321	17308	35481
桂东县	Guidong County	9918	1737	8181	13584
安仁县	Anren County	23021	1485	21536	31673
资兴市	Zixing City	17093	1884	15209	23181
零陵区	Lingling District	36201	10724	25477	41808
冷水滩区	Lengshuitan District	36556	4365	32191	48201
祁阳县	Qiyang County	55781	10047	45734	72331
东安县	DonganCounty	22295	1000	21295	37045
双牌县	Shuangpai County	7271	631	6640	10801
道　县	Dao County	44593	10296	34297	66597
江永县	Jiangyong County	12927	722	12205	24189
宁远县	Ningyuan County	39106	2483	36623	70636
蓝山县	Lanshan County	21055	3659	17396	33313
新田县	Xintian County	19071	1626	17445	32404
江华县	Jianghua County	25929	3151	22778	39460
鹤城区	Hecheng District	61900	26960	34940	48670
中方县	Zhongfang County	9660	1322	8338	12858
沅陵县	Yuanling County	24615	2167	22448	35865
辰溪县	Chenxi County	16467	479	15988	27897
溆浦县	Xupu County	34740	2841	31899	60119
会同县	Huitong County	15561	1818	13743	21668
麻阳县	Mayang County	17794	1139	16655	23581
新晃县	Xinhuang County	10170	632	9538	16141
芷江县	Zhijiang County	19173	3640	15533	22698
靖州县	Jingzhou County	13307	2062	11245	16019
通道县	Tongdao County	10084	587	9497	15132
洪江市	Hongjiang City	23470	5268	18202	22806
洪江区	Hongjiang District	2676	330	2346	2920
娄星区	Louxing District	59184	16863	42321	53948
双峰县	Shuangfeng County	48458	4122	44336	58462
新化县	Xinhua County	61512	1481	60031	100915
冷水江市	Lengshuijiang City	28944	8311	20633	31571
涟源市	Lianyuan County	52193	3862	48331	64246
吉首市	Jishou County	36347	13290	23057	26432
泸溪县	Luxi County	18209	1911	16298	19835
凤凰县	Fenghuang County	18959	993	17966	27842
花垣县	Huayuan County	16402	1456	14946	23239
保靖县	Baojing County	14259	1388	12871	17554
古丈县	Guzhang County	6096		6096	7671
永顺县	Yongshun County	27506	2311	25195	35890
龙山县	Longshan County	32175	2581	29594	39592

20-24 卫生机构、人员与床位(2014年)

Health Care Institutions, Personnel and Beds (2014)

市县名称	Cities and Counties	机构(个) Number of Instituti-ons(unit)	床位 (张) Number of Beds(unit)	卫生技术人员(人) Medical Technical Personnel (person) 合计 Total	执业(助理)医师 Assistant Doctors	注册护士 Senior Nurse	药师(士) Pharmaeist	技师(士) Laboratory Technician	其他 Others
芙蓉区	Furong District	272	8996	10860	3646	5591	421	455	747
天心区	Tianxin District	314	3346	4315	1646	2005	196	202	266
岳麓区	Yuelu District	342	8309	8632	3019	4107	426	503	577
开福区	Kaifu District	285	8769	11018	3768	5633	478	527	612
雨花区	Yuhua District	410	13679	12306	4431	5846	609	643	777
望城区	Wangcheng District	453	2554	2732	1035	994	182	130	391
长沙县	Changsha County	507	5588	5199	2055	2190	311	237	406
宁乡县	Ningxiang County	850	5483	4589	1681	1643	394	228	643
浏阳市	Liuyang City	1153	6882	7084	3059	2788	402	391	444
荷塘区	Hetang District	269	2731	2569	979	1237	115	103	135
芦淞区	Lusong District	194	2723	3589	1239	1731	197	197	225
石峰区	Shifeng District	154	1926	1789	642	862	94	103	88
天元区	Tianyuan District	141	3153	3148	1213	1410	172	175	178
株洲县	Zhuzhou County	296	1133	1106	453	368	87	45	153
攸　县	You County	435	3033	2564	1072	872	153	157	310
茶陵县	Chaling County	629	2185	2076	772	679	153	132	340
炎陵县	Yanling County	190	636	832	347	282	88	65	50
醴陵市	Liling City	636	3872	4008	1636	1611	298	187	276
雨湖区	Yuhu District	482	5561	5715	2078	2777	306	323	231
岳塘区	Yuetang District	330	3006	3509	1322	1547	180	195	265
湘潭县	Xiangtan County	794	3268	3511	1523	1240	266	243	239
湘乡市	Xiangxiang City	794	3526	2943	1539	844	218	149	193
韶山市	Shaoshan City	108	466	525	202	180	70	31	42
珠晖区	Zhuhui District	258	3659	2974	1051	1432	177	146	168
雁峰区	Yanfeng District	69	2759	2865	943	1411	140	226	145
石鼓区	Shigu District	101	3647	3340	1063	1780	152	180	165
蒸湘区	Zhengxiang District	66	3039	2837	979	1430	175	137	116
南岳区	Nanyue District	63	718	650	249	285	60	38	18
衡阳县	Hengyang County	1010	3337	2939	1250	819	248	151	471
衡南县	Hengnan County	881	2859	2796	1352	771	225	144	304
衡山县	Hengshan County	379	1428	1344	501	437	167	72	167
衡东县	Hengdong County	660	2253	2127	880	596	320	146	185
祁东县	Qidong County	829	2448	2420	1039	651	249	197	284
耒阳市	Leiyang City	777	2923	3276	1219	911	280	198	668
常宁市	Changning City	749	3527	3801	1419	1271	324	234	553
双清区	Shuangqing District	198	2973	2836	952	1370	149	135	230
大祥区	Daxiang District	217	4694	3589	1437	1612	158	203	179
北塔区	Beita District	87	224	333	220	86	90	7	25

注：本表资料包含医务室、卫生保健所、诊所和村卫生室。 The Infirmary, health care, Clinicc and Village health were included.

20-24 续表 1 continued

市县名称	Cities and Counties	机构(个) Number of Instituti-ons(unit)	床位 (张) Number of Beds (unit)	卫生技术人员 (人) Medical Technical Personnel (person)					
				合计 Total	执业(助理)医师 Assistant Doctors	注册护士 Senior Nurse	药师(士) Pharmaeist	技师(士) Laboratory Technician	其他 Others
邵东县	Shaodong County	1209	3689	3413	1500	1340	198	163	212
新邵县	Xinshao County	855	2826	2172	1005	677	140	138	212
邵阳县	Shaoyang County	958	3386	2501	937	903	163	149	349
隆回县	Longhui County	1251	3847	2865	1373	780	171	207	334
洞口县	Dongkou County	679	1942	2589	1364	684	181	158	202
绥宁县	Suining County	429	1186	1357	497	465	96	107	192
新宁县	Xinning County	733	2150	1952	580	744	121	121	386
城步县	Chengbu County	228	1172	861	325	297	64	59	116
武冈市	Wugang City	582	2904	2788	1143	966	156	160	363
岳阳楼区	Yueyanglou District	272	6990	7541	2591	3619	431	396	504
云溪区	Yunxi District	132	735	654	319	193	34	45	63
君山区	Junshan District	173	905	895	390	295	54	49	107
岳阳县	Yueyang County	697	2026	1671	800	440	102	127	202
华容县	Huarong County	648	1531	1890	766	645	92	143	244
湘阴县	Xiangyin County	618	1688	2089	899	618	136	124	312
平江县	Pingjiang City	1003	3482	3106	1245	1049	381	123	308
汨罗市	Miluo City	710	2434	2899	1416	811	228	165	279
临湘市	Linxiang County	490	1606	1794	640	583	77	82	412
武陵区	Wuling District	321	6486	5677	1989	2622	256	362	448
鼎城区	Dingcheng District	799	3366	2872	1349	981	152	205	185
安乡县	Anxiang County	383	2232	1701	695	604	111	117	174
汉寿县	Hanshou County	789	3500	3145	1376	1111	194	238	226
澧　县	Li County	703	3553	2979	1331	1120	139	168	221
临澧县	Linli County	443	1544	1651	687	571	115	82	196
桃源县	Taoyuan County	863	3868	2915	1387	886	202	168	272
石门县	Shimen County	757	3259	3074	1151	1252	215	176	280
津市市	Jinshi City	225	1134	1304	556	522	83	64	79
永定区	Yongdi District	348	2922	3267	1313	1332	192	181	249
武陵源区	Wulingyuan District	65	194	170	89	55	12	10	4
慈利县	Cili County	531	2476	2184	800	802	222	139	221
桑植县	Sangzhi County	427	1699	1594	661	500	93	99	241
资阳区	Ziyang District	350	2159	2026	801	860	118	120	127
赫山区	Heshan District	754	5980	5709	2158	2546	273	329	403
南　县	Nan County	640	2302	2298	1001	718	186	164	229
大通湖区	Datonghu District	91	624	398	175	146	31		46
桃江县	Taojiang County	376	3461	3220	1281	1177	201	177	384
安化县	Anhua County	979	3406	2960	1436	883	258	178	205
沅江市	Yuanjiang City	697	3359	3389	1353	1182	230	232	392
北湖区	Beihu District	418	6107	6012	2226	2740	243	329	474
苏仙区	Suxian District	391	3157	3078	1233	1452	106	128	159
桂阳县	Guiyang County	686	3324	2968	1054	1155	161	115	483
宜章县	Yizhang County	579	2942	2511	889	1022	133	122	345
永兴县	Yongxing County	561	2987	1963	797	739	96	115	216

20-24 续表 2 continued

市县名称	Cities and Counties	机构(个) Number of Instituti-ons(unit)	床位(张) Number of Beds (unit)	卫生技术人员(人) Medical Technical Personnel (person) 合计 Total	执业(助理)医师 Assistant Doctors	注册护士 Senior Nurse	药师(士) Pharmaeist	技师(士) Laboratory Technician	其他 Others
嘉禾县	Jiahe County	351	1437	1539	518	604	113	97	207
临武县	Linwu County	435	1264	1320	461	493	62	71	233
汝城县	Rucheng County	378	1339	1163	464	437	51	67	144
桂东县	Guidong County	194	785	619	289	205	29	41	55
安仁县	Anren County	379	1610	1541	638	584	102	77	140
资兴市	Zixing City	322	1715	1772	714	703	92	91	172
零陵区	Lingling District	624	3008	2738	1133	1041	127	157	280
冷水滩区	Lengshuitan District	640	5088	4816	1940	2076	208	230	362
祁阳县	Qiyang County	991	3417	3425	1615	1054	207	174	375
东安县	DonganCounty	599	2280	2063	997	707	99	96	164
双牌县	Shuangpai County	242	606	712	332	234	36	42	68
道　县	Dao County	639	2508	1932	707	735	103	114	273
江永县	Jiangyong County	256	805	851	426	274	46	58	47
宁远县	Ningyuan County	692	3073	2251	856	875	115	134	271
蓝山县	Lanshan County	432	1591	1560	541	639	85	87	208
新田县	Xintian County	487	2049	1580	730	553	89	80	128
江华县	Jianghua County	356	2569	2148	886	697	116	122	327
鹤城区	Hecheng District	330	4910	5656	2030	2660	280	289	397
中方县	Zhongfang County	294	919	782	331	210	43	57	141
沅陵县	Yuanling County	491	3173	2473	817	967	141	166	382
辰溪县	Chenxi County	631	2231	2247	818	883	107	121	318
溆浦县	Xupu County	842	3219	2707	1001	958	138	141	469
会同县	Huitong County	455	1666	1298	524	509	57	63	145
麻阳县	Mayang County	334	1896	1649	563	677	103	111	195
新晃县	Xinhuang County	369	1692	1115	389	428	63	71	164
芷江县	Zhijiang County	398	1487	1268	548	358	89	64	209
靖州县	Jingzhou County	281	1058	1207	484	408	56	57	202
通道县	Tongdao County	251	653	941	381	270	45	44	201
洪江市	Hongjiang City	478	3775	3227	1180	1354	178	188	327
洪江区	Hongjiang District	51	520	410	171	127	43	23	46
娄星区	Louxing District	222	4792	5145	1682	2534	249	294	386
双峰县	Shuangfeng County	1074	2486	3091	1760	879	168	140	144
新化县	Xinhua County	1336	4703	3321	1533	898	335	210	345
冷水江市	Lengshuijiang City	300	2338	2467	952	1067	168	115	165
涟源市	Lianyuan County	1045	3091	2708	1471	575	265	130	267
吉首市	Jishou County	476	4266	4279	1418	2015	185	260	401
泸溪县	Luxi County	252	1060	1045	342	432	56	55	160
凤凰县	Fenghuang County	439	1465	1222	430	376	74	76	266
花垣县	Huayuan County	385	1543	1522	478	500	80	100	364
保靖县	Baojing County	463	1089	1292	459	391	71	73	298
古丈县	Guzhang County	165	553	517	148	190	47	32	100
永顺县	Yongshun County	502	2556	1848	564	765	88	111	320
龙山县	Longshan County	607	2491	2014	646	788	92	137	351

20-25 城乡居民收入、支出和住房情况(2014年)

Urban and Rural Residents Income and Expenditure and Houssing Conditions(2014)

市县名称	Cities and Counties	全体居民人均可支配收入（元） Per Capita Annual Disposable Income of Residents	城镇居民人均可支配收入 Per Capita Annual Disposable Income of Urban Residents		农村居民人均可支配收入 Per Capita Annual Disposable Income of rural Residents		全体居民人均生活消费支出（元） Per Capita Consumption Expenditure of living	全体居民人均住房使用面积（平方米） Per capita Floor Space of Houses
			绝对值（元） value (yuan)	增速（%） Growth Rate (%)	绝对值（元） value (yuan)	增速（%） Growth Rate (%)	(yuan)	(sq.m)
芙蓉区	Furong District	38817	38817	9.4			30184	33.8
天心区	Tianxin District	41514	41514	9.0	28900	9.4	30566	39.3
岳麓区	Yuelu District	32163	34508	10.1	24880	12.3	20589	32.5
开福区	Kaifu District	33980	33980	10.0	28188	9.0	22937	31.9
雨花区	Yuhua District	40497	40497	9.0	28400	11.8	33216	38.9
望城区	Wangcheng District	28900	34175	9.0	23632	10.1	16285	58.3
长沙县	Changsha County	28504	33513	9.7	22872	10.0	19612	46.2
宁乡县	Ningxiang County	24889	31125	9.1	19719	10.2	16569	54.7
浏阳市	Liuyang City	28470	33816	9.0	23186	10.2	17245	53.8
荷塘区	Hetang District	32407	33132	9.0	21665	11.3	22533	35.9
芦淞区	Lusong District	32072	34460	9.5	19776	11.2	18598	42.7
石峰区	Shifeng District	32409	33480	9.1	16468	11.1	18693	39.4
天元区	Tianyuan District	33711	38246	9.3	19696	11.4	25439	49.9
株洲县	Zhuzhou County	16408	24637	9.1	13472	11.4	10219	42.2
攸　县	You County	23545	28189	9.0	18873	11.5	13686	85.4
茶陵县	Chaling County	15087	24271	9.2	6660	11.3	8911	51.5
炎陵县	Yanling County	12467	21007	9.0	6155	11.4	9200	59.5
醴陵市	Liling City	23912	28636	9.4	19092	11.2	14947	55.5
雨湖区	Yuhu District	27401	27820	8.9	22380	11.3	20179	44.2
岳塘区	Yuetang District	26927	27219	9.2	22455	11.0	20874	39.9
湘潭县	Xiangtan County	17298	25653	9.0	13344	11.4	11042	59.0
湘乡市	Xiangxiang City	17231	25682	9.1	13183	11.2	13646	58.1
韶山市	Shaoshan City	24839	29649	10.1	18588	12.1	16289	46.8
珠晖区	Zhuhui District	25129	25460	9.4	14675	12.8	19648	35.9
雁峰区	Yanfeng District	24566	24566	8.6	14504	12.0	15516	38.9
石鼓区	Shigu District	25896	25896	8.9	14554	12.0	18232	35.3
蒸湘区	Zhenxiang District	24969	25069	9.2	14623	12.5	17561	35.1
南岳区	Nanyue District	28252	28517	9.1	14672	12.0	20044	42.2
衡阳县	Hengyang County	16256	23853	9.8	12306	12.6	12069	46.1
衡南县	Hengnan County	17902	23534	9.8	14898	12.3	11204	50.4
衡山县	Hengshan County	17988	23817	9.5	15003	12.3	12454	44.9
衡东县	Hengdong County	17501	23799	9.6	14415	12.4	12474	56.6
祁东县	Qidong County	13527	19202	9.2	10240	8.0	8475	55.7
耒阳市	Leiyang City	19524	24968	9.4	14845	12.0	12269	40.3
常宁市	Changning City	16981	23238	9.8	11740	12.3	11396	57.1
双清区	Shuangqing District	18692	19964	10.0	12648	11.0	12491	37.2
大祥区	Daxiang District	17804	19503	9.9	12559	11.2	14407	61.4
北塔区	Beita District	15979	17852	9.7	11554	11.3	9469	51.3

20-25 续表 1 continued

市县名称	Cities and Counties	全体居民人均可支配收入 (元) Per Capita Annual Disposable Income of Residents (yuan)	城镇居民人均可支配收入 Per Capita Annual Disposable Income of Urban Residents 绝对值 (元) value (yuan)	城镇 增速 (%) Growth Rate (%)	农村居民人均可支配收入 Per Capita Annual Disposable Income of rural Residents 绝对值 (元) value (yuan)	农村 增速 (%) Growth Rate (%)	全体居民人均生活消费支出 Per Capita Consumption Expenditure of living (元) (yuan)	全体居民人均住房使用面积 Per capita Floor Space of Houses (平方米) (sq.m)
邵东县	Shaodong County	17304	22473	10.0	13501	13.0	10418	52.4
新邵县	Xinshao County	10637	18994	9.2	7269	11.7	9413	50.6
邵阳县	Shaoyang County	10658	19063	9.3	7040	11.5	7642	53.4
隆回县	Longhui County	9273	18317	9.5	6358	12.8	5126	34.9
洞口县	Dongkou County	11060	19592	9.0	6920	12.0	8849	68.5
绥宁县	Suining County	9261	17522	9.3	6592	12.5	5965	39.7
新宁县	Xinning County	10167	18069	9.5	6375	11.4	7764	43.5
城步县	Chengbu County	7954	16915	8.8	4687	13.2	4975	41.8
武冈市	Wugang City	11416	19054	9.9	7596	13.0	6738	39.3
岳阳楼区	Yueyanglou District	23928	25528	9.0	13940	11.4	19702	44.7
云溪区	YungXi District	21541	26823	8.9	13940	11.4	15239	43.6
君山区	JungShang District	17788	22442	9.3	12804	12.8	12391	46.2
岳阳县	Yueyang County	15046	20350	9.6	11494	13.4	8532	42.4
华容县	Huarong County	16514	20825	9.6	13675	12.7	10571	47.4
湘阴县	Xiangyin County	16859	22368	10.3	13080	13.9	14139	66.4
平江县	Pingjiang County	10467	17035	8.0	6828	1.2	10174	39.2
汨罗市	Miluo City	17579	22535	9.5	12734	10.8	13806	48.3
临湘市	Linxiang City	15049	20068	9.2	11234	12.3	11119	53.6
武陵区	Wuling District	25449	26379	9.6	17553	13.5	22414	52.9
鼎城区	Dingcheng District	16610	24185	9.3	10998	11.8	14812	48.9
安乡县	Anxiang County	13971	19664	8.7	10967	11.4	10672	53.1
汉寿县	Hanshou County	14843	22285	9.0	11497	12.0	11822	56.8
澧县	Li County	14472	21313	9.0	10691	12.0	12340	52.5
临澧县	Linli County	16531	23336	8.8	11987	11.1	12551	53.6
桃源县	Taoyuan County	13595	21600	9.0	10213	11.1	10244	50.4
石门县	Shimen County	11498	18245	8.8	8066	11.1	10554	56.5
津市市	Jinshi City	19090	24158	9.3	10312	11.9	13665	37.8
永定区	Yongding District	13390	20321	8.7	6640	9.7	11177	40.3
武陵源区	Wulingyuan District	16276	20826	9.2	8899	13.2	12747	56.6
慈利县	Cili County	10910	17379	8.8	7091	13.5	9059	59.3
桑植县	Sangzhi County	7057	11687	9.3	4719	11.7	5845	40.5
资阳区	Ziyang District	17243	21136	9.5	13478	12.4	13102	49.5
赫山区	Heshan District	20846	25773	9.6	13185	13.9	14756	47.1
南县	Nan County	14800	20182	9.1	11568	12.2	11538	45.0
大通湖区	Datonghu District	13275	16408	9.4	11220	13.1	9870	43.5
桃江县	Taojiang County	14577	21082	8.5	10976	13.4	13429	62.6
安化县	Anhua County	8037	13092	9.4	6196	8.3	6603	47.1
沅江市	Yuanjiang City	18130	24107	9.3	13202	12.2	13191	52.2
北湖区	Beihu District	23806	25842	9.3	15644	11.5	14741	41.0
苏仙区	Suxian District	21051	25034	9.5	14657	11.6	14851	43.2
桂阳县	Guiyang County	18512	24923	8.9	14182	11.6	12130	39.5
宜章县	Yizhang County	12515	22139	9.1	6534	11.4	10847	54.3
永兴县	Yongxing County	17243	23372	9.3	13028	11.7	8817	40.0

20-25 续表 2 continued

市县名称	Cities and Counties	全体居民人均可支配收入 (元) Per Capita Annual Disposable Income of Residents (yuan)	城镇居民人均可支配收入 Per Capita Annual Disposable Income of Urban Residents 绝对值 (元) value (yuan)	增速 (%) Growth Rate (%)	农村居民人均可支配收入 Per Capita Annual Disposable Income of rural Residents 绝对值 (元) value (yuan)	增速 (%) Growth Rate (%)	全体居民人均生活消费支出（元） Per Capita Consumption Expenditure of living (yuan)	全体居民人均住房使用面积（平方米） Per capita Floor Space of Houses (sq.m)
嘉禾县	Jiahe County	15428	20528	9.1	11957	8.0	8410	43.4
临武县	Linwu County	12113	20077	8.9	8041	11.5	8585	37.6
汝城县	Rucheng County	9454	15681	8.8	6847	11.1	8379	36.6
桂东县	Guidong County	9273	14656	9.0	6419	11.2	7653	44.0
安仁县	Anreng County	11328	17839	9.0	7461	11.0	9761	72.4
资兴市	Zixing City	20492	24706	9.4	14500	11.8	10426	47.6
零陵区	Lingling District	17121	20565	9.4	13431	11.7	11703	56.5
冷水滩区	Lengshuitan District	19558	22525	9.4	14358	11.8	10569	42.2
祁阳县	Qiyang County	14628	21768	7.7	9904	11.0	11624	58.3
东安县	Dongan County	13890	20999	10.1	10260	12.1	10740	53.4
双牌县	Shuangpai County	10424	18045	8.9	6106	11.4	6820	38.3
道县	Dao County	13924	19098	8.3	11017	10.4	10395	45.2
江永县	Jiangyong County	9928	17177	8.2	6895	10.3	8435	39.8
宁远县	Ningyuan County	12730	18502	9.2	9585	11.7	9710	46.7
蓝山县	Lanshan County	13872	19793	7.6	9928	11.4	8594	71.1
新田县	Xintian County	9892	17551	10.1	6377	12.0	8011	56.3
江华县	Jianghua County	10057	17306	9.9	6981	12.0	8023	60.6
鹤城区	Hecheng District	22473	23705	8.8	9608	13.0	16126	32.7
中方县	Zhongfang County	10933	19973	8.9	7577	10.9	8914	43.5
沅陵县	Yuanling County	9624	16361	8.8	6402	12.7	7895	44.7
辰溪县	Chenxi County	9770	16471	9.4	6693	10.9	7717	32.0
溆浦县	Xupu County	10429	16856	9.5	7575	9.1	8249	54.4
会同县	Huitong County	9198	15817	9.6	6672	8.9	8748	35.6
麻阳县	Mayang County	8650	16658	7.6	5373	12.1	6568	38.7
新晃县	Xinhuang County	7974	14582	9.5	5393	10.7	7065	33.7
芷江县	Zhijiang County	8895	16990	9.4	5838	11.9	6516	42.9
靖州县	Jinzhou County	10465	15910	9.3	6435	13.2	7386	28.1
通道县	Tongdao County	7473	15005	9.4	4784	11.9	4445	29.8
洪江市	Hongjiang City	11103	17235	7.8	7519	4.5	8480	44.1
洪江区	Hongjiang District	14584	15492	8.7	7389	12.3	7986	25.9
娄星区	Louxing District	21833	23230	9.1	12256	11.5	16247	50.3
双峰县	Shuangfeng County	9820	15451	8.7	7916	9.5	8058	55.2
新化县	Xinhua County	8308	15117	8.6	5819	12.0	8151	50.9
冷水江市	Lenshuijiang City	23524	25574	8.9	16921	9.8	13310	49.2
涟源市	Lianyuan City	9289	15837	8.7	6639	11.4	8736	68.4
吉首市	Jishou City	17608	21761	8.6	7018	11.9	11406	39.8
泸溪县	Luxi County	9572	16737	8.4	5256	11.7	7405	28.2
凤凰县	Fenghuang County	9480	17557	8.7	6415	11.9	7455	35.0
花垣县	Huayuan County	9774	17537	8.7	5509	12.4	6950	36.6
保靖县	Baojin County	9469	15786	9.0	6168	12.5	6692	36.7
古丈县	Guzhang County	8283	15480	9.2	4626	12.1	5399	27.1
永顺县	Yongshun County	8390	15683	8.8	4906	12.5	7039	37.7
龙山县	Yongshun County	9126	15600	8.9	6095	11.5	6924	35.7

20-26 规模工业增加值能耗降低率(2014年)

Decreasing Rate of Added Value Energy Consumption of Scale Industry (2014)

市县名称	Cities and Counties	综合能源消费量 万吨标准煤 Total Consumption of Energy 10,000 tons of SCE	综合能源消费量增速(%) Increasing Speed of Total Consumption of Energy (%)	增加值能耗降低率(%) Decreasing Rate of Added Value Energy Consumption (%)
芙蓉区	Furong District	33.28	11.5	-4.1
天心区	Tianxin District	26.19	7.3	-24.0
岳麓区	Yuelu District	32.99	7.1	-5.5
开福区	Kaifu District	8.24	7.3	-7.3
雨花区	Yuhua District	13.75	7.0	-2.2
望城区	Wangcheng District	96.80	15.0	-30.6
长沙县	Changsha County	79.85	11.0	-8.7
宁乡县	Ningxiang County	119.45	15.2	-17.3
浏阳市	Liuyang City	110.29	16.7	-8.8
荷塘区	Hetang District	35.49	11.4	-10.2
芦淞区	Lusong District	4.16	11.4	-6.0
石峰区	Shifeng District	163.83	11.5	-20.2
天元区	Tianyuan District	10.03	13.6	-10.2
株洲县	Zhuzhou County	20.12	11.6	-15.7
攸　县	You County	72.37	11.3	-22.6
茶陵县	Chaling County	29.04	11.4	-21.5
炎陵县	Yanling County	5.02	11.5	-25.8
醴陵市	Liling City	80.03	11.3	-14.9
雨湖区	Yuhu District	8.81	8.7	-15.3
岳塘区	Yuetang District	513.23	8.5	-8.1
湘潭县	Xiangtan County	43.63	15.3	-25.6
湘乡市	Xiangxiang City	69.74	14.6	-19.8
韶山市	Shaoshan City	1.88	11.8	-2.7
珠晖区	Zhuhui District	31.79	7.3	-7.8
雁峰区	Yanfeng District	12.28	14.0	-8.9
石鼓区	Shigu District	63.14	10.8	-4.6
蒸湘区	Zhengxiang District	88.23	6.9	-16.6
南岳区	Nanyue District		3.1	-15.8
衡阳县	Hengyang County	17.78	7.4	-26.1
衡南县	Hengnan County	26.29	9.4	-13.9
衡山县	Hengshan County	9.32	6.0	-39.1
衡东县	Hengdong County	27.60	8.1	-44.6
祁东县	Qidong County	22.17	8.3	-18.1
耒阳市	Leiyang City	170.06	8.4	-23.4
常宁市	Changning City	36.95	8.6	-30.4
双清区	Shuangqing District	27.96	10.9	-29.7
大祥区	Daxiang District	100.59	11.9	-11.7
北塔区	Beita District	5.88	11.7	-5.0
邵东县	Shaodong County	25.46	12.5	-22.2
新邵县	Xinshao County	37.38	11.8	-9.7

20-26 续表 1 continued

市县名称	Cities and Counties	综合能源消费量 万吨标准煤 Total Consumption of Energy 10,000 tons of SCE	综合能源消费量增速(%) Increasing Speed of Total Consumption of Energy (%)	增加值能耗降低率(%) Decreasing Rate of Added Value Energy Consumption (%)
邵阳县	Shaoyang County	9.14	8.8	-19.2
隆回县	Longhui County	21.97	12.4	-14.0
洞口县	Dongkou County	19.32	12.3	-10.8
绥宁县	Shuining County	33.77	11.8	-9.0
新宁县	Xinning County	7.68	11.3	-20.9
城步县	Chengbu County	4.29	12.0	-17.2
武冈市	Wugang City	15.65	12.3	-5.9
岳阳楼区	Yueyanglou District	244.88	7.8	-15.8
云溪区	Yunxi District	442.37	-3.1	-4.2
君山区	Junshan District	9.96	12.0	-7.1
岳阳县	Yueyang County	72.08	13.5	53.9
华容县	Huarong County	60.46	11.7	-16.0
湘阴县	Xiangying County	36.72	13.4	-11.4
平江县	Pingjiang County	15.87	5.3	2.0
汨罗市	Miluo City	43.41	12.8	-4.2
临湘市	Linxiang City	74.83	12.2	4.4
武陵区	Wuling District	45.75	9.4	11.7
鼎城区	Dingcheng District	16.12	9.0	-10.0
安乡县	Anxiang County	12.14	3.7	-1.4
汉寿县	Hanshou County	17.98	11.8	-0.1
澧　县	Li County	36.98	7.9	-30.1
临澧县	Linli County	56.54	11.8	-7.1
桃源县	Taoyuan County	169.23	13.0	-14.2
石门县	Shimen County	136.28	3.5	-6.8
津市市	Jinshi City	29.22	14.5	-12.5
永定区	Yongding District	13.41	7.2	-7.3
武陵源区	Wulingyuan District	0.00	0.0	-100.0
慈利县	Cili County	10.02	9.8	-5.5
桑植县	Sangzhi County	17.55	8.7	-1.6
资阳区	Ziyang District	8.75	12.3	-6.6
赫山区	Heshan District	167.99	11.7	-18.2
南　县	Nan County	14.98	9.8	-19.5
大通湖区	Datonghu District	5.64	-30.90	-36.10
桃江县	Taojiang County	83.51	11.90	-10.2
安化县	Anhua County	26.91	10.9	81.1
沅江市	Yuanjiang City	60.01	11.2	-7.4
北湖区	Beihu District	33.62	11.6	-9.8
苏仙区	Suxian District	203.42	12.0	-20.7
桂阳县	Guiyang County	42.95	12.1	-10.1
宜章县	Yizhang County	35.95	12.3	4.0

20-26 续表 2 continued

市县名称	Cities and Counties	综合能源消费量 万吨标准煤 Total Consumption of Energy 10,000 tons of SCE	综合能源消费量增速(%) Increasing Speed of Total Consumption of Energy (%)	增加值能耗降低率(%) Decreasing Rate of Added Value Energy Consumption (%)
永兴县	Yongxing County	40.27	12.5	-9.8
嘉禾县	Jiahe County	18.59	11.8	-15.4
临武县	Linwu County	3.33	11.9	-8.2
汝城县	Rucheng County	3.85	12.2	-3.2
桂东县	Guidong County	6.71	11.7	72.3
安仁县	Anren County	18.68	12.4	73.4
资兴市	Zixing City	174.34	12.1	-11.0
零陵区	Lingling District	8.90	20.7	-42.2
冷水滩区	Lengshuitan District	31.89	12.0	-13.0
祁阳县	Qiyang County	35.50	12.2	-16.4
东安县	Dongan County	35.61	9.9	-31.0
双牌县	Shuangpai County	4.33	12.7	1.5
道　县	Dao County	19.26	14.1	-13.6
江永县	Jiangyong County	2.94	9.8	-30.5
宁远县	Ningyuan County	18.81	14.1	1.2
蓝山县	Lanshan County	6.73	12.2	-13.8
新田县	Xintian County	7.35	18.9	-32.1
江华县	Jianghua County	23.27	20.6	30.0
鹤城区	Hecheng District	22.54	8.0	-26.8
中方县	Zhongfang County	47.12	7.2	-4.6
沅陵县	Yuanling County	12.44	6.3	-13.8
辰溪县	Chenxi County	30.43	1.7	-16.2
溆浦县	Xupu County	22.22	-8.7	1.0
会同县	Huitong County	4.56	6.8	-5.7
麻阳县	Mayang County	5.04	7.8	-5.4
新晃县	Xinhuang County	16.40	7.4	-6.9
芷江县	Zhijiang County	4.34	7.1	-11.5
靖州县	Jingzhou County	18.63	11.2	-9.7
通道县	Tongdao County	9.07	-1.1	-4.4
洪江市	Hongjiang City	21.24	-22.2	-2.3
洪江区	Hongjiang District	10.15	-38.9	-18.8
娄星区	Louxing District	461.20	9.4	-7.4
双峰县	Shuangfeng County	54.23	8.5	-9.4
新化县	Xinhua County	41.87	10.2	0.4
冷水江市	Lengshuijiang City	397.30	8.2	-7.9
涟源市	Liangyuan City	169.96	8.2	-5.3
吉首市	Jishou City	13.68	-3.8	-9.7
泸溪县	Luxi County	17.66	17.0	20.6
凤凰县	Fenghuang County	1.88	10.9	-10.9
花垣县	Huayuan County	19.93	2.8	-4.6
保靖县	Baojing County	3.13	9.0	27.4
古丈县	Guzhang County	11.53	27.1	8.6
永顺县	Yongshun County	2.51	15.6	-28.1
龙山县	Longshan County	6.35	12.2	-24.3

20-27 分行业法人单位数(2014年)

Corporate Units by Sector(2014)

单位：个 (Unit)

市县	Cities and Counties	合计 Total	农、林、牧、渔业 Agriculture, Forestry, Animal Husbandry and Fishing	采矿业 Mining	制造业 Manufacturing	电力、燃气及水的生产和供应业 Production and Supply of Electricity, Gas and Water	建筑业 Construction	批发和零售业 Wholesale and Retail Trade	交通运输、仓储和邮政业 Transport, Storage and Post	住宿和餐饮业 Lodging and Catering Services	信息传输、计算机服务和软件业 Information Transmission, Computer Services and Software
芙蓉区	Furong Distract	12983	23	2	556	6	394	5469	183	225	702
天心区	Tianxin Distract	10792	25	4	530	14	445	4133	112	151	544
岳麓区	Yuelu Distract	9664	138	24	1475	22	276	1665	96	139	968
开福区	Kaifu Distract	9275	55	3	864	6	320	2961	175	157	404
雨花区	Yuhua Distract	11879	8	6	882	7	506	4618	255	136	471
望城区	Wangcheng Distract	4310	755	28	1079	18	265	427	82	72	32
长沙县	Changsha County	8635	688	27	2092	26	241	2239	223	83	128
宁乡县	Ningxiang County	5658	148	151	1493	36	86	1577	64	51	32
浏阳市	Liuyang City	10111	1602	100	3319	126	129	1771	93	63	86
荷塘区	Hetang Distract	1798	28	8	461	5	45	424	56	38	16
芦淞区	Lusong Distract	1873	2	1	278	3	58	493	28	51	37
石峰区	Shifeng Distract	1747	23	6	560	2	63	457	41	51	7
天元区	Tianyuan Distract	2779	96	7	515	8	86	445	23	105	25
株洲县	Zhuzhou County	1492	84	16	290	14	50	251	25	24	6
攸　县	You County	2469	142	271	457	46	38	365	26	50	6
茶陵县	Chaling County	1991	39	89	232	46	47	417	24	37	11
炎陵县	Yanling County	1230	20	11	162	138	17	155	11	18	3
醴陵市	Liling City	5700	206	36	1559	24	109	1067	75	37	12
雨湖区	Yuhu Distract	4652	152	63	926	11	115	1338	58	83	66
岳塘区	Yuetang Distract	3664	46	10	947	14	93	671	79	58	83
湘潭县	Xiangtan County	3647	152	94	742	19	55	404	43	20	10
湘乡市	Xiangxiang City	3087	279	33	586	17	94	337	41	71	10
韶山市	Shaoshan City	907	107	5	124	6	16	96	12	12	6
珠晖区	Zhuhui Distract	2057	65	16	435	3	56	408	71	65	19
雁峰区	Yanfeng Distract	2187	37	6	446	3	74	486	36	51	30
石鼓区	Shigu Distract	2193	59	1	297	10	45	731	40	48	28
蒸湘区	Zhengxiang Distract	3102	36		225	6	184	818	72	91	71
南岳区	Nanyue Distract	691	15		58	7	15	62	4	27	5
衡阳县	Hengyang County	5431	172	197	656	46	58	366	39	111	7
衡南县	Hengnan County	4473	453	66	577	44	51	345	74	32	11
衡山县	Hengshan County	2211	64	134	260	15	49	288	32	14	4
衡东县	Hengdong County	3680	271	55	552	23	115	238	49	97	4
祁东县	Qidong County	3921	358	38	387	21	31	238	31	27	3
耒阳市	Leiyang City	6143	652	226	569	32	92	932	98	353	31
常宁市	Changning City	4425	248	133	740	50	53	374	34	70	6
双清区	Shuangqing Distract	2418	44	19	521	6	55	753	56	36	8
大祥区	Daxiang Distract	2508	48	22	227	4	68	319	25	56	29
北塔区	Beita Distract	651	36	15	157	5	18	63	3	19	8
邵东县	Shaodong County	4251	183	101	1011	20	33	787	65	53	8
新邵县	Xinshao County	2395	231	91	395	34	29	198	20	24	14
邵阳县	Shaoyang County	4110	220	144	438	32	15	440	27	66	7
隆回县	Longhui County	4041	219	111	607	132	65	351	33	97	31
洞口县	Dongkou County	2712	58	96	552	113	19	431	45	75	16
绥宁县	Suining County	1578	525	6	138	58	7	59	10	10	20

20-27 续表1 Continued

单位：个 (Unit)

市县	Cities and Counties	金融业 Finance	房地产业 Real Estate Trade	租赁和商务服务业 Tenancy and Business Services	科学研究和技术服务业 Scientific Research, Technical Services	水利、环境和公共设施管理业 Management of Water Conservancy, Environment and Public Establishment	居民服务、修理和其他服务业 Resident services, repairs and other services	教育 Education	卫生和社会工作 Health and social work sector	文化、体育和娱乐业 Culture, Sports and Entertainment	公共管理、社会保障和社会组织 Public administration, social security and social organizations	国际组织 International Organization
芙蓉区	Furong Distract	189	521	2415	798	40	200	294	109	267	590	
天心区	Tianxin Distract	55	482	2478	691	51	216	179	95	199	388	
岳麓区	Yuelu Distract	44	460	1409	1178	80	168	412	142	315	653	
开福区	Kaifu Distract	68	424	1764	609	65	218	252	96	338	496	
雨花区	Yuhua Distract	87	562	1951	1089	65	209	326	138	190	373	
望城区	Wangcheng Distract	12	169	239	79	69	96	293	72	124	399	
长沙县	Changsha County	17	331	547	356	63	107	460	91	171	745	
宁乡县	Ningxiang County	26	204	249	141	68	55	294	97	97	789	
浏阳市	Liuyang City	18	163	411	284	62	88	444	145	140	1067	
荷塘区	Hetang Distract	29	112	78	27	10	31	140	32	42	216	
芦淞区	Lusong Distract	37	172	149	27	9	30	128	29	70	271	
石峰区	Shifeng Distract	3	90	48	19	8	19	102	28	59	161	
天元区	Tianyuan Distract	58	184	241	77	32	35	142	30	121	549	
株洲县	Zhuzhou County	10	44	68	10	6	11	89	40	38	416	
攸　县	You County	20	56	68	56	12	22	187	46	62	539	
茶陵县	Chaling County	8	49	51	50	30	14	168	54	67	558	
炎陵县	Yanling County	4	32	24	17	8	1	63	124	12	410	
醴陵市	Liling City	30	108	118	217	20	26	388	607	145	916	
雨湖区	Yuhu Distract	28	188	358	110	55	41	255	75	149	581	
岳塘区	Yuetang Distract	53	171	353	138	22	45	165	61	95	560	
湘潭县	Xiangtan County	9	76	124	46	42	16	238	76	102	1379	
湘乡市	Xiangxiang City	10	59	84	116	32	37	104	57	61	1059	
韶山市	Shaoshan City	8	24	63	14	16	6	44	83	39	226	
珠晖区	Zhuhui Distract	15	114	88	33	10	31	153	109	91	275	
雁峰区	Yanfeng Distract	33	140	140	49	19	46	126	53	97	315	
石鼓区	Shigu Distract	27	127	131	37	12	46	97	62	97	298	
蒸湘区	Zhengxiang Distract	90	295	270	135	24	58	159	85	141	342	
南岳区	Nanyue Distract	1	27	50	21	16	6	55	43	34	245	
衡阳县	Hengyang County	16	61	122	124	46	50	364	915	220	1861	
衡南县	Hengnan County	14	92	104	198	71	42	222	558	270	1249	
衡山县	Hengshan County	11	35	40	95	40	11	132	192	146	649	
衡东县	Hengdong County	4	67	91	108	48	18	228	572	176	964	
祁东县	Qidong County	3	35	49	135	46	30	284	729	143	1333	
耒阳市	Leiyang City	31	190	157	40	17	187	410	724	306	1096	
常宁市	Changning City	7	70	70	51	25	101	356	709	263	1065	
双清区	Shuangqing Distract	15	126	110	31	6	64	136	69	72	291	
大祥区	Daxiang Distract	49	105	179	92	25	47	205	124	81	803	
北塔区	Beita Distract	5	27	26	14	2	12	39	21	28	153	
邵东县	Shaodong County	9	104	114	34	21	44	121	107	154	1282	
新邵县	Xinshao County	5	15	41	19	17	15	297	29	43	878	
邵阳县	Shaoyang County	2	29	78	91	32	35	378	960	91	1025	
隆回县	Longhui County	12	73	146	25	37	43	402	61	195	1401	
洞口县	Dongkou County	2	37	57	32	20	35	227	53	48	796	
绥宁县	Suining County	1	11	23	20	10	8	76	44	17	535	

20-27 续表2 Continued

单位：个 (Unit)

市县	Cities and Counties	合计 Total	农、林、牧、渔业 Agriculture, Forestry, Animal Husbandry and Fishing	采矿业 Mining	制造业 Manufacturing	电力、燃气及水的生产和供应业 Production and Supply of Electricity, Gas and Water	建筑业 Construction	批发和零售业 Wholesale and Retail Trade	交通运输、仓储和邮政业 Transport, Storage and Post	住宿和餐饮业 Lodging and Catering Services	信息传输、计算机服务和软件业 Information Transmission, Computer Services and Software
新宁县	Xinning County	1979	195	57	169	105	16	125	13	10	6
城步县	Chengbu County	1182	66	29	104	112	9	56	8	6	5
武冈市	Wugang City	2086	175	78	308	81	24	185	28	26	4
岳阳楼区	Yueyanglou Distract	10163	231	7	925	25	418	3373	308	181	194
云溪区	Yunxi Distract	1556	63	10	290	6	31	335	92	13	14
君山区	Junshan Distract	1183	100	2	356	7	14	168	27	11	5
岳阳县	Yueyang County	4483	120	21	253	13	52	1787	104	258	110
华容县	Huarong County	3391	126	12	770	14	67	592	54	283	9
湘阴县	Xiangyin County	3614	215	13	919	10	168	545	63	114	211
平江县	Pingjiang County	3919	284	107	851	75	40	384	37	111	15
汨罗市	Miluo City	4698	274	49	1455	27	160	755	58	107	41
临湘市	Linxiang City	3149	195	142	646	30	86	547	70	117	22
武陵区	Wuling Distract	12051	170	3	1386	29	274	4811	222	504	118
鼎城区	Dingcheng Distract	5446	220	25	566	42	20	2016	101	99	61
安乡县	Anxiang County	3608	159	1	485	50	35	1105	70	190	21
汉寿县	Hanshou County	4983	296	13	616	29	40	1699	82	224	43
澧　县	Li County	5855	394	118	724	36	108	2166	70	83	15
临澧县	Linli County	2458	87	75	631	32	21	248	44	105	9
桃源县	Taoyuan County	5123	298	36	623	64	70	1856	43	166	23
石门县	Shimen County	2952	102	88	459	31	31	477	31	37	13
津市市	Jinshi City	2543	95	13	520	16	50	589	67	101	13
永定区	Yongding Distract	3614	201	62	295	54	121	624	68	126	45
武陵源区	Wulingyuan Distract	587	60		11	11	9	42	17	73	7
慈利县	Cili County	3528	660	182	463	56	33	180	47	116	34
桑植县	Sangzhi County	1809	129	62	94	56	21	128	18	52	35
资阳区	Ziyang Distract	2244	206		423	4	29	669	27	48	11
赫山区	Heshan Distract	6976	279	34	1390	27	125	2263	99	192	62
南　县	Nan County	3998	228	3	492	42	35	1611	65	141	28
大通湖	Datonghu District	815	146		102	6	12	231	13	19	2
桃江县	Taojiang County	4382	216	62	944	38	43	1451	35	84	9
安化县	Anhua County	4381	271	80	668	83	44	1033	58	164	23
沅江市	Yuanjiang City	5258	303	2	930	28	99	1677	98	199	29
北湖区	Beihu Distract	4647	172	27	229	83	98	1423	104	201	88
苏仙区	Suxian Distract	3449	70	153	367	84	69	603	54	105	25
桂阳县	Guiyang County	3374	91	148	343	175	31	609	31	188	8
宜章县	Yizhang County	3710	309	190	1001	138	56	549	59	88	4
永兴县	Yongxing County	3140	309	72	496	83	10	523	34	96	9
嘉禾县	Jiahe County	1638	165	47	331	31	6	207	20	34	8
临武县	Linwu County	1397	188	85	68	56	7	186	19	29	4
汝城县	Rucheng County	1525	99	105	140	127	18	99	12	18	6
桂东县	Guidong County	1084	132	19	65	142	11	129	7	7	9
安仁县	Anren County	2074	119	21	256	41	24	394	43	81	7
资兴市	Zixing City	2784	104	130	390	166	26	370	53	132	10
零陵区	Lingling Distract	2295	143	56	366	44	27	192	33	34	12
冷水滩区	Lengshuitan Distract	3537	154	54	583	21	78	516	63	61	31
祁阳县	Qiyang County	3629	201	59	528	71	41	198	51	48	14
东安县	Dongan County	2339	94	59	359	74	19	138	37	24	8
双牌县	Shuangpai County	1044	91	6	86	38	17	35	15	7	5
道　县	Dao County	2279	148	37	121	70	20	138	36	10	8
江永县	Jiangyong County	995	21	11	68	34	4	77	14	7	3

20-27 续表3 Continued

单位：个 (Unit)

市县	Cities and Counties	金融业 Finance	房地产业 Real Estate Trade	租赁和商务服务业 Tenancy and Business Services	科学研究和技术服务业 Scientific Research, Technical Services	水利、环境和公共设施管理业 Management of Water Conservancy, Environment and Public Establishment	居民服务、修理和其他服务业 Resident services, repairs and other services	教育 Education	卫生和社会工作 Health and social work sector	文化、体育和娱乐业 Culture, Sports and Entertainment	公共管理、社会保障和社会组织 Public administration, social security and social organizations	国际组织 International Organization
新宁县	Xinning County	2	19	72	51	20	10	78	56	63	912	
城步县	Chengbu County	1	13	29	18	10	1	71	31	18	595	
武冈市	Wugang City	5	29	62	66	36	10	108	67	45	749	
岳阳楼区	Yueyanglou Distract	108	685	1100	266	70	293	602	157	335	885	
云溪区	Yunxi Distract	3	26	91	47	24	60	56	30	37	328	
君山区	Junshan Distract	9	19	13	49	9	4	31	24	73	262	
岳阳县	Yueyang County	4	31	102	96	48	123	213	83	147	918	
华容县	Huarong County	3	59	69	138	43	96	161	58	70	767	
湘阴县	Xiangyin County	8	125	84	86	38	74	127	91	41	682	
平江县	Pingjiang County	17	50	133	132	45	47	308	117	76	1090	
汨罗市	Miluo City	39	69	122	58	39	101	176	99	207	862	
临湘市	Linxiang City	18	75	95	71	50	32	113	64	146	630	
武陵区	Wuling Distract	100	405	774	279	97	820	394	176	311	1178	
鼎城区	Dingcheng Distract	9	68	166	71	50	265	130	119	153	1265	
安乡县	Anxiang County	10	42	66	63	64	158	81	69	202	737	
汉寿县	Hanshou County	9	66	101	51	55	249	154	109	105	1042	
澧　县	Li County	14	90	195	159	59	301	175	125	108	915	
临澧县	Linli County	2	25	57	50	14	62	61	51	76	808	
桃源县	Taoyuan County	5	37	113	70	22	115	147	213	145	1077	
石门县	Shimen County	4	32	73	72	33	46	182	102	50	1089	
津市市	Jinshi City	3	49	77	62	29	211	87	66	88	407	
永定区	Yongding Distract	27	199	378	86	61	100	246	59	57	805	
武陵源区	Wulingyuan Distract	4	8	31	8	21	4	15	16	16	234	
慈利县	Cili County	12	49	91	104	61	32	117	129	79	1083	
桑植县	Sangzhi County	10	26	18	72	24	18	117	80	41	808	
资阳区	Ziyang Distract	5	44	78	76	7	47	108	42	103	317	
赫山区	Heshan Distract	64	222	295	140	55	134	283	163	283	866	
南　县	Nan County	4	23	96	59	36	65	176	83	162	649	
大通湖区	Datonghu District	7	12	20	9	3	10	20	7	29	167	
桃江县	Taojiang County	8	50	142	108	41	54	128	73	118	778	
安化县	Anhua County	17	76	140	124	58	61	144	79	204	1054	
沅江市	Yuanjiang City	6	92	168	228	45	159	190	91	256	658	
北湖区	Beihu Distract	78	380	313	229	31	116	187	97	172	619	
苏仙区	Suxian Distract	41	136	224	104	39	41	168	107	128	931	
桂阳县	Guiyang County	4	48	106	261	33	53	212	142	106	785	
宜章县	Yizhang County	7	35	102	221	23	78	124	45	89	592	
永兴县	Yongxing County	9	41	70	42	15	38	178	91	128	896	
嘉禾县	Jiahe County	11	19	36	24	11	30	122	25	74	437	
临武县	Linwu County	4	23	27	21	9	13	86	33	52	487	
汝城县	Rucheng County	7	36	35	21	15	17	70	33	45	622	
桂东县	Guidong County	5	8	29	18	12	7	46	39	34	365	
安仁县	Anren County	1	41	30	107	29	31	103	265	71	410	
资兴市	Zixing City	5	48	65	175	86	35	155	85	72	677	
零陵区	Lingling District	3	64	62	45	30	11	219	70	57	827	
冷水滩区	Lengshuitan District	57	186	169	83	26	43	291	105	123	893	
祁阳县	Qiyang County	11	32	87	51	36	56	460	145	65	1475	
东安县	Dongan County	8	59	53	58	39	25	204	105	54	922	
双牌县	Shuangpai County	6	11	24	70	21	6	67	134	37	368	
道　县	Dao County	5	51	92	70	28	12	268	47	92	1026	
江永县	Jiangyong County	5	20	24	26	23	8	97	26	33	494	

20-27 续表4 Continued

单位：个 (Unit)

市县	Cities and Counties	合计 Total	农、林、牧、渔业 Agriculture, Forestry, Animal Husbandry and Fishing	采矿业 Mining	制造业 Manufacturing	电力、燃气及水的生产和供应业 Production and Supply of Electricity, Gas and Water	建筑业 Construction	批发和零售业 Wholesale and Retail Trade	交通运输、仓储和邮政业 Transport, Storage and Post	住宿和餐饮业 Lodging and Catering Services	信息传输、计算机服务和软件业 Information Transmission, Computer Services and Software
宁远县	Ningyuan County	2003	109	11	235	41	30	196	26	19	3
蓝山县	Lanshan County	1789	188	26	257	165	11	81	20	13	6
新田县	Xintian County	1759	79	5	137	11	14	78	19	9	6
江华县	Jianghua County	2396	114	29	165	189	15	185	34	15	2
鹤城区	Hecheng Distract	6068	161	28	586	28	158	1527	110	195	102
中方县	Zhongfang County	1456	88	33	192	44	12	45	20	11	11
沅陵县	Yuanling County	1942	132	25	142	32	14	106	24	31	16
辰溪县	Chenxi County	1891	70	120	152	33	12	100	27	18	3
溆浦县	Xupu County	2458	207	97	248	118	10	145	27	81	10
会同县	Huitong County	1303	104	7	98	30	15	60	12	10	4
麻阳县	Mayang County	1266	159	12	73	29	11	76	18	3	2
新晃县	Xinhuang County	1290	128	16	80	26	11	102	25	17	12
芷江县	Zhijiang County	1645	186	19	140	32	8	138	19	23	8
靖州县	Jingzhou County	1213	132	27	162	33	8	90	31	14	6
通道县	Tongdao County	997	131	16	115	54	5	29	13	8	14
洪江市	Hongjiang City	1424	130	25	123	108	10	163	20	32	3
洪江区	Hongjiang District	381	26		70	7	5	9	8	5	2
娄星区	Louxing Distract	6817	185	83	720	32	288	2452	137	156	80
双峰县	Shuangfeng County	3661	227	103	668	24	66	700	38	95	8
新化县	Xinhua County	4118	491	170	555	111	44	396	53	49	15
冷水江市	Lengshuijiang City	2610	183	149	372	15	26	699	65	53	13
涟源市	Lianyuan City	4405	331	255	654	67	48	692	102	104	17
吉首市	Jishou City	3644	121	32	259	29	56	686	53	61	42
泸溪县	Luxi County	1758	48	109	217	25	71	112	26	11	21
凤凰县	Fenghuang County	2072	44	61	64	22	80	103	15	30	6
花垣县	Huayuan County	2105	137	328	92	60	21	169	21	23	18
保靖县	Baojing County	2010	112	84	141	39	26	224	28	15	16
古丈县	Guzhang County	1283	177	34	117	22	58	64	11	8	6
永顺县	Yongshun County	2265	81	73	111	55	93	231	45	24	10
龙山县	Longshan County	2515	129	37	116	31	59	233	44	25	6

20-27 续表5 Continued

单位：个 (Unit)

市县	Cities and Counties	金融业 Finance	房地产业 Real Estate Trade	租赁和商务服务业 Tenancy and Business Services	科学研究和技术服务业 Scientific Research, Technical Services	水利、环境和公共设施管理业 Management of Water Conservancy, Environment and Public Establishment	居民服务、修理和其他服务业 Resident services, repairs and other services	教育 Education	卫生和社会工作 Health and social work sector	文化、体育和娱乐业 Culture, Sports and Entertainment	公共管理、社会保障和社会组织 Public administration, social security and social organizations	国际组织 International Organization
宁远县	Ningyuan County	9	35	38	35	20	13	133	70	29	951	
蓝山县	Lanshan County	4	18	30	46	14	4	116	63	37	690	
新田县	Xintian County	4	29	28	38	15	5	90	444	31	717	
江华县	Jianghua County	4	54	61	36	10	12	131	238	59	1043	
鹤城区	Hecheng Distract	50	405	619	197	64	130	333	144	232	999	
中方县	Zhongfang County	3	27	18	50	10	9	63	37	54	729	
沅陵县	Yuanling County	12	46	43	69	18	11	161	100	108	852	
辰溪县	Chenxi County	2	32	27	44	15	13	98	71	83	971	
溆浦县	Xupu County	8	27	33	44	19	20	175	90	34	1065	
会同县	Huitong County	1	16	17	20	13	9	83	50	67	687	
麻阳县	Mayang County	4	20	21	26	12	7	88	62	45	598	
新晃县	Xinhuang County	1	19	28	40	16	7	64	76	48	574	
芷江县	Zhijiang County	1	20	38	55	40	8	78	80	61	691	
靖州县	Jingzhou County	2	14	41	32	20	13	68	37	64	419	
通道县	Tongdao County	1	12	23	12	6	8	51	31	20	448	
洪江市	Hongjiang City	1	27	18	25	10	8	72	50	59	540	
洪江区	Hongjiang District	1	13	21	10	14	2	19	17	8	144	
娄星区	Louxing Distract	99	418	474	134	36	151	320	101	243	708	
双峰县	Shuangfeng County	11	40	59	21	12	68	214	51	73	1183	
新化县	Xinhua County	16	41	86	29	34	27	273	89	128	1511	
冷水江市	Lengshuijiang City	9	59	85	39	14	47	176	51	132	423	
涟源市	Lianyuan City	4	39	120	67	20	50	224	97	232	1282	
吉首市	Jishou City	54	224	234	198	33	48	218	102	318	876	
泸溪县	Luxi County	1	16	49	51	26	11	92	49	180	643	
凤凰县	Fenghuang County	1	70	66	66	75	10	86	403	115	755	
花垣县	Huayuan County	11	25	50	30	26	26	106	66	161	735	
保靖县	Baojing County	4	17	32	91	39	23	108	97	317	597	
古丈县	Guzhang County	2	9	21	57	23	11	54	66	50	493	
永顺县	Yongshun County	5	26	38	90	79	12	196	164	237	695	
龙山县	Longshan County	2	54	40	82	49	27	170	150	210	1051	

21 各省（市、自治区）主要经济和社会统计指标

Main Economic and Social Statistics Indicators By Provinces, Municipalities and Autonomous Regions

资料整理人员：廖闻菲　　陈　思

21-1 年末常住人口

Population at the Year-end

单位：万人 (10 000 persons)

地 区	Region	2006年	2007年	2008年	2009年	2010年	2011年	2012年	2013年	2014年
全 国	**National Total**	**131448**	**132129**	**132802**	**133450**	**134091**	**134735**	**135404**	**136072**	**136782**
北 京	Beijing	1601	1676	1771	1860	1962	2019	2069	2115	2152
天 津	Tianjin	1075	1115	1176	1228	1299	1355	1413	1472	1517
河 北	Hebei	6898	6943	6989	7034	7194	7241	7288	7333	7384
山 西	Shanxi	3375	3393	3411	3427	3574	3593	3611	3630	3648
内蒙古	Inner Mongolia	2415	2429	2444	2458	2472	2482	2490	2498	2505
辽 宁	Liaoning	4271	4298	4315	4341	4375	4383	4389	4390	4391
吉 林	Jilin	2723	2730	2734	2740	2747	2749	2750	2751	2752
黑龙江	Heilongjiang	3823	3824	3825	3826	3833	3834	3834	3835	3833
上 海	Shanghai	1964	2064	2141	2210	2303	2347	2380	2415	2426
江 苏	Jiangsu	7656	7723	7762	7810	7869	7899	7920	7939	7960
浙 江	Zhejiang	5072	5155	5212	5276	5447	5463	5477	5498	5508
安 徽	Anhui	6110	6118	6135	6131	5957	5968	5988	6030	6083
福 建	Fujian	3585	3612	3639	3666	3693	3720	3748	3774	3806
江 西	Jiangxi	4339	4368	4400	4432	4462	4488	4504	4522	4542
山 东	Shandong	9309	9367	9417	9470	9588	9637	9685	9733	9789
河 南	Henan	9392	9360	9429	9487	9405	9388	9406	9413	9436
湖 北	Hubei	5693	5699	5711	5720	5728	5758	5779	5799	5816
湖 南	Hunan	6342	6355	6380	6406	6570	6596	6639	6691	6737
广 东	Guangdong	9442	9660	9893	10130	10441	10505	10594	10644	10724
广 西	Guangxi	4719	4768	4816	4856	4610	4645	4682	4719	4754
海 南	Hainan	836	845	854	864	869	877	887	895	903
重 庆	Chongqing	2808	2816	2839	2859	2885	2919	2945	2970	2991
四 川	Sichuan	8169	8127	8138	8185	8045	8050	8076	8107	8140
贵 州	Guizhou	3690	3632	3596	3537	3479	3469	3484	3502	3508
云 南	Yunnan	4483	4514	4543	4571	4602	4631	4659	4687	4714
西 藏	Tibet	285	289	292	296	300	303	308	312	318
陕 西	Shaanxi	3699	3708	3718	3727	3735	3743	3753	3764	3775
甘 肃	Gansu	2547	2548	2551	2555	2560	2564	2578	2582	2591
青 海	Qinghai	548	552	554	557	563	568	573	578	583
宁 夏	Ningxia	604	610	618	625	633	639	647	654	662
新 疆	Xinjiang	2050	2095	2131	2159	2185	2209	2233	2264	2298

注：2010年数据为当年人口普查数据推算数，其余年份数据根据年度人口抽样调查推算。

Data of 2010 are the census year estimates; the rest are the estimates from the annual national sample survey of population.

21-2 地区生产总值

Gross Domestic Product

单位：亿元 (100 million yuan)

地 区	Region	2008年	2009年	2010年	2011年	2012年	2013年	2014年
北 京	Beijing	11115.0	12153.0	14113.6	16251.9	17879.4	19800.8	21330.8
天 津	Tianjin	6719.0	7521.9	9224.5	11307.3	12893.9	14442.0	15722.5
河 北	Hebei	16012.0	17235.5	20394.3	24515.8	26575.0	28443.0	29421.2
山 西	Shanxi	7315.4	7358.3	9200.9	11237.6	12112.8	12665.3	12759.4
内蒙古	Inner Mongolia	8496.2	9740.3	11672.0	14359.9	15880.6	16916.5	17769.5
辽 宁	Liaoning	13668.6	15212.5	18457.3	22226.7	24846.4	27213.2	28626.6
吉 林	Jilin	6426.1	7278.8	8667.6	10568.8	11939.2	13046.4	13803.8
黑龙江	Heilongjiang	8314.4	8587.0	10368.6	12582.0	13691.6	14454.9	15039.4
上 海	Shanghai	14069.9	15046.5	17166.0	19195.7	20181.7	21818.2	23560.9
江 苏	Jiangsu	30982.0	34457.3	41425.5	49110.3	54058.2	59753.4	65088.3
浙 江	Zhejiang	21462.7	22990.4	27722.3	32318.9	34665.3	37756.6	40153.5
安 徽	Anhui	8851.7	10062.8	12359.3	15300.7	17212.1	19229.3	20848.8
福 建	Fujian	10823.0	12236.5	14737.1	17560.2	19701.8	21868.5	24055.8
江 西	Jiangxi	6971.1	7655.2	9451.3	11702.8	12948.9	14410.2	15708.6
山 东	Shandong	30933.3	33896.7	39169.9	45361.9	50013.2	55230.3	59426.6
河 南	Henan	18018.5	19480.5	23092.4	26931.0	29599.3	32191.3	34939.4
湖 北	Hubei	11328.9	12961.1	15967.6	19632.3	22250.5	24791.8	27367.0
湖 南	Hunan	11555.0	13059.7	16038.0	19669.6	22154.2	24621.7	27048.5
广 东	Guangdong	36796.7	39482.6	46013.1	53210.3	57067.9	62474.8	67792.2
广 西	Guangxi	7021.0	7759.2	9569.9	11720.9	13035.1	14449.9	15673.0
海 南	Hainan	1503.1	1654.2	2064.5	2522.7	2855.5	3177.6	3500.7
重 庆	Chongqing	5793.7	6530.0	7925.6	10011.4	11409.6	12783.3	14265.4
四 川	Sichuan	12601.2	14151.3	17185.5	21026.7	23872.8	26392.1	28536.7
贵 州	Guizhou	3561.6	3912.7	4602.2	5701.8	6852.2	8086.9	9251.0
云 南	Yunnan	5692.1	6169.8	7224.2	8893.1	10309.5	11832.3	12814.6
西 藏	Tibet	394.9	441.4	507.5	605.8	701.0	815.7	920.8
陕 西	Shaanxi	7314.6	8169.8	10123.5	12512.3	14453.7	16205.5	17689.9
甘 肃	Gansu	3166.8	3387.6	4120.8	5020.4	5650.2	6330.7	6835.3
青 海	Qinghai	1018.6	1081.3	1350.4	1670.4	1893.5	2122.1	2301.1
宁 夏	Ningxia	1203.9	1353.3	1689.7	2102.2	2341.3	2577.6	2752.1
新 疆	Xinjiang	4183.2	4277.1	5437.5	6610.1	7505.3	8443.8	9264.1

注：本表按当年价格计算。 Absolute figures in this table are calculated at current prices.

21-3 地区生产总值指数

Indices of Gross Regional Product

(上年=100)　　　　(preceding year=100)

地 区	Region	2008年	2009年	2010年	2011年	2012年	2013年	2014年
北 京	Beijing	109.1	110.2	110.3	108.1	107.7	107.7	107.3
天 津	Tianjin	116.5	116.5	117.4	116.4	113.8	112.5	110.0
河 北	Hebei	110.1	110.0	112.2	111.3	109.6	108.2	106.5
山 西	Shanxi	108.5	105.4	113.9	113.0	110.1	108.9	104.9
内蒙古	Inner Mongolia	117.8	116.9	115.0	114.3	111.5	109.0	107.8
辽 宁	Liaoning	113.4	113.1	114.2	112.2	109.5	108.7	105.8
吉 林	Jilin	116.0	113.6	113.8	113.8	112.0	108.3	106.5
黑龙江	Heilongjiang	111.8	111.4	112.7	112.3	110.0	108.0	105.6
上 海	Shanghai	109.7	108.2	110.3	108.2	107.5	107.7	107.0
江 苏	Jiangsu	112.7	112.4	112.7	111.0	110.1	109.6	108.7
浙 江	Zhejiang	110.1	108.9	111.9	109.0	108.0	108.2	107.6
安 徽	Anhui	112.7	112.9	114.6	113.5	112.1	110.4	109.2
福 建	Fujian	113.0	112.3	113.9	112.3	111.4	111.0	109.9
江 西	Jiangxi	113.2	113.1	114.0	112.5	111.0	110.1	109.7
山 东	Shandong	112.0	112.2	112.3	110.9	109.8	109.6	108.7
河 南	Henan	112.1	110.9	112.5	111.9	110.1	109.0	108.9
湖 北	Hubei	113.4	113.5	114.8	113.8	111.3	110.1	109.7
湖 南	Hunan	113.9	113.7	114.6	112.8	111.3	110.1	109.5
广 东	Guangdong	110.4	109.7	112.4	110.0	108.2	108.5	107.8
广 西	Guangxi	112.8	113.9	114.2	112.3	111.3	110.2	108.5
海 南	Hainan	110.3	111.7	116.0	112.0	109.1	109.9	108.5
重 庆	Chongqing	114.5	114.9	117.1	116.4	113.6	112.3	110.9
四 川	Sichuan	111.0	114.5	115.1	115.0	112.6	110.0	108.5
贵 州	Guizhou	111.3	111.4	112.8	115.0	113.6	112.5	110.8
云 南	Yunnan	110.6	112.1	112.3	113.7	113.0	112.1	108.1
西 藏	Tibet	110.1	112.4	112.3	112.7	111.8	112.1	110.8
陕 西	Shaanxi	116.4	113.6	114.6	113.9	112.9	111.0	109.7
甘 肃	Gansu	110.1	110.3	111.8	112.5	112.6	110.8	108.9
青 海	Qinghai	113.5	110.1	115.3	113.5	112.3	110.8	109.2
宁 夏	Ningxia	112.6	111.9	113.5	112.1	111.5	109.8	108.0
新 疆	Xinjiang	111.0	108.1	110.6	112.0	112.0	111.0	110.0

注：本表按不变价格计算。Absolute figures in this table are calculated at constant prices.

21-4 人均地区生产总值

Per Capita Gross Domestic Product

单位：元 (yuan)

地 区	Region	2008年	2009年	2010年	2011年	2012年	2013年	2014年
北 京	Beijing	64491	66940	73856	81658	87475	94648	99995
天 津	Tianjin	58656	62574	72994	85213	93173	100105	105202
河 北	Hebei	22986	24581	28668	33969	36584	38909	39984
山 西	Shanxi	21506	21522	26283	31357	33628	34984	35064
内蒙古	Inner Mongolia	34869	39735	47347	57974	63886	67836	71044
辽 宁	Liaoning	31739	35149	42355	50760	56649	61996	65201
吉 林	Jilin	23521	26595	31599	38460	43415	47428	50162
黑龙江	Heilongjiang	21740	22447	27076	32819	35711	37697	39226
上 海	Shanghai	66932	69165	76074	82560	85373	90993	97343
江 苏	Jiangsu	40014	44253	52840	62290	68347	75354	81874
浙 江	Zhejiang	41405	43842	51711	59249	63374	68805	72967
安 徽	Anhui	14448	16408	20888	25659	28792	32001	34427
福 建	Fujian	29755	33437	40025	47377	52763	58145	63472
江 西	Jiangxi	15900	17335	21253	26150	28800	31930	34661
山 东	Shandong	32936	35894	41106	47335	51768	56885	60879
河 南	Henan	19181	20597	24446	28661	31499	34211	37073
湖 北	Hubei	19858	22677	27906	34197	38572	42826	47124
湖 南	Hunan	18147	20428	24719	29880	33480	36943	40287
广 东	Guangdong	37638	39436	44736	50807	54095	58833	63452
广 西	Guangxi	14652	16045	20219	25326	27952	30741	33090
海 南	Hainan	17691	19254	23831	28898	32377	35663	38924
重 庆	Chongqing	20490	22920	27596	34500	38914	43223	47859
四 川	Sichuan	15495	17339	21182	26133	29608	32617	35128
贵 州	Guizhou	9855	10971	13119	16413	19710	23151	26393
云 南	Yunnan	12570	13539	15752	19265	22195	25322	27264
西 藏	Tibet	13588	15008	17027	20077	22936	26326	29252
陕 西	Shaanxi	19700	21947	27133	33464	38564	43117	46929
甘 肃	Gansu	12421	13269	16113	19595	21978	24539	26427
青 海	Qinghai	18421	19454	24115	29522	33181	36875	39633
宁 夏	Ningxia	19609	21777	26860	33043	36394	39613	41834
新 疆	Xinjiang	19797	19942	25034	30087	33796	37553	40607

注：本表按当年价格计算。 Absolute figures in this table are calculated at current prices.

21-5 人均地区生产总值指数

Indices of Per Capita Gross Domestic Product

(上年=100) (preceding year=100)

地 区	Region	2008年	2009年	2010年	2011年	2012年	2013年	2014年
北 京	Beijing	103.7	104.6	104.8	103.8	104.9	105.2	105.2
天 津	Tianjin	111.4	111.1	111.7	110.9	109.2	108.0	106.2
河 北	Hebei	109.3	109.3	110.6	109.7	108.9	107.5	105.8
山 西	Shanxi	107.9	104.9	111.2	110.4	109.6	108.4	104.4
内蒙古	Inner Mongolia	117.1	116.2	114.4	113.8	111.1	108.7	107.5
辽 宁	Liaoning	112.8	112.5	113.4	111.7	109.3	108.6	105.7
吉 林	Jilin	115.7	113.4	113.6	113.5	111.9	108.3	106.5
黑龙江	Heilongjiang	111.7	111.4	112.6	112.2	110.1	107.9	105.6
上 海	Shanghai	105.1	104.6	106.4	105.0	105.7	106.2	106.0
江 苏	Jiangsu	111.9	111.8	112.0	110.3	109.8	109.3	108.4
浙 江	Zhejiang	108.6	107.7	109.5	107.2	107.7	107.9	107.3
安 徽	Anhui	112.4	112.8	118.8	112.6	111.8	109.9	108.4
福 建	Fujian	112.3	111.6	113.2	111.6	110.5	110.2	109.1
江 西	Jiangxi	112.4	112.3	113.2	111.8	110.4	109.6	109.2
山 东	Shandong	111.4	111.6	111.3	109.9	109.2	109.0	108.1
河 南	Henan	111.9	110.2	112.6	112.5	110.1	108.9	108.7
湖 北	Hubei	113.2	113.3	114.7	113.5	110.7	109.7	109.3
湖 南	Hunan	113.6	113.2	112.9	111.2	110.7	109.3	108.7
广 东	Guangdong	107.9	107.1	109.5	108.0	107.4	107.8	107.1
广 西	Guangxi	111.7	112.9	113.9	112.0	110.4	109.4	107.7
海 南	Hainan	109.2	110.4	115.0	111.1	108.0	108.7	107.5
重 庆	Chongqing	113.9	114.1	116.2	115.1	112.4	111.3	110.0
四 川	Sichuan	111.2	114.0	115.7	115.9	112.3	109.6	108.1
贵 州	Guizhou	112.8	112.9	114.7	116.1	113.5	111.9	110.4
云 南	Yunnan	109.8	111.4	111.6	112.9	112.3	111.5	107.5
西 藏	Tibet	108.7	111.1	110.8	111.3	110.4	110.5	109.1
陕 西	Shaanxi	116.1	113.3	114.4	113.7	112.6	110.7	109.4
甘 肃	Gansu	110.1	110.2	111.6	112.3	112.2	110.4	108.6
青 海	Qinghai	112.9	109.6	114.5	112.3	111.3	109.9	108.2
宁 夏	Ningxia	111.3	110.6	112.2	110.8	110.3	108.6	106.8
新 疆	Xinjiang	108.9	106.5	109.3	110.7	110.8	109.6	108.4

注：本表按不变价格计算。 Absolute figures in this table are calculated at current prices.

21-6 地区生产总值和指数(2014年)

Gross Domestic Product and Indices (2014)

地 区	Region	地区生产总值(亿元) Gross Domestic Product(100 million yuan)	第一产业 Primary Industry	第二产业 Secondry Industry	第三产业 Tertiary Industry	#农林牧渔业 Farming,Forestry,Animal Husbandry and Fishery
北 京	Beijing	21330.8	159.0	4545.5	16626.3	161.3
天 津	Tianjin	15722.5	199.8	7731.4	7791.3	201.5
河 北	Hebei	29421.2	3447.5	15020.2	10953.5	3576.5
山 西	Shanxi	12759.4	788.1	6343.3	5628.0	827.5
内蒙古	Inner Mongolia	17769.5	1627.2	9119.8	7022.6	1651.1
辽 宁	Liaoning	28626.6	2285.8	14384.6	11956.2	2403.2
吉 林	Jilin	13803.8	1524.6	7287.3	4992.0	1570.2
黑龙江	Heilongjiang	15039.4	2611.5	5504.0	6923.9	2659.6
上 海	Shanghai	23560.9	124.3	8164.8	15271.9	128.6
江 苏	Jiangsu	65088.3	3634.3	31057.5	30396.5	3835.2
浙 江	Zhejiang	40153.5	1779.3	19152.7	19221.5	1808.7
安 徽	Anhui	20848.8	2392.4	11204.0	7252.3	2481.9
福 建	Fujian	24055.8	2014.9	12515.4	9525.5	2085.1
江 西	Jiangxi	15708.6	1683.7	8388.3	5636.6	1735.3
山 东	Shandong	59426.6	4798.4	28788.1	25840.1	4992.9
河 南	Henan	34939.4	4160.8	17902.7	12875.9	4260.0
湖 北	Hubei	27367.0	3176.9	12840.2	11349.9	3256.0
湖 南	Hunan	27048.5	3148.8	12481.9	11417.8	3266.9
广 东	Guangdong	67792.2	3166.7	31345.8	33279.8	3242.4
广 西	Guangxi	15673.0	2412.2	7335.6	5925.2	2472.8
海 南	Hainan	3500.7	809.6	874.4	1816.7	832.8
重 庆	Chongqing	14265.4	1061.0	6531.9	6672.5	1076.7
四 川	Sichuan	28536.7	3531.1	14519.4	10486.2	3594.2
贵 州	Guizhou	9251.0	1275.5	3847.1	4128.5	1311.1
云 南	Yunnan	12814.6	1991.2	5281.8	5541.6	2027.9
西 藏	Tibet	920.8	91.6	336.8	492.4	93.7
陕 西	Shaanxi	17689.9	1564.9	9689.8	6435.2	1635.9
甘 肃	Gansu	6835.3	900.8	2924.9	3009.6	939.2
青 海	Qinghai	2301.1	215.9	1232.1	853.1	219.0
宁 夏	Ningxia	2752.1	216.8	1343.1	1192.1	229.5
新 疆	Xinjiang	9264.1	1538.6	3927.8	3797.7	1574.6

注：本表绝对数按当年价格计算，增长速度按不变价格计算。

Absolute figures in this table are calculated at current prices, and the growth rate is calculated at comparable prices.

21-6 续表1 continued

地 区	Region	#工 业 Industry	#建筑业 Construction	#交通运输、仓储和邮政业 Transport,Storage and Post	#批发和零售业 Wholesale and Retail Trades	指数(上年=100) Indices (preceding year=100)
北 京	Beijing	3746.8	907.4	948.1	2447.7	107.3
天 津	Tianjin	7083.4	682.5	753.2	1981.1	110.0
河 北	Hebei	13330.7	1702.7	2490.1	2282.3	106.5
山 西	Shanxi	5521.0	825.7	797.1	990.0	104.9
内蒙古	Inner Mongolia	7904.4	1217.6	1379.8	1806.3	107.8
辽 宁	Liaoning	12656.8	1875.7	1486.1	2588.1	105.8
吉 林	Jilin	6420.0	897.0	516.1	1066.6	106.5
黑龙江	Heilongjiang	4741.8	850.0	663.0	1585.0	105.6
上 海	Shanghai	7362.8	825.1	1044.5	3809.3	107.0
江 苏	Jiangsu	27166.5	3899.5	2591.1	6655.0	108.7
浙 江	Zhejiang	16741.8	2445.5	1516.9	4983.0	107.6
安 徽	Anhui	9581.4	1638.3	784.4	1500.3	109.2
福 建	Fujian	10426.7	2112.0	1320.4	1961.2	109.9
江 西	Jiangxi	6994.7	1393.6	710.5	1124.1	109.7
山 东	Shandong	25340.9	3534.5	2278.6	7835.2	108.7
河 南	Henan	15904.3	2079.4	1614.0	2284.0	108.9
湖 北	Hubei	10992.8	1912.9	1181.6	2143.2	109.7
湖 南	Hunan	10749.9	1744.9	1257.6	2211.8	109.5
广 东	Guangdong	29087.6	2323.7	2663.1	8047.5	107.8
广 西	Guangxi	6065.3	1274.6	714.4	1168.8	108.5
海 南	Hainan	514.4	361.2	185.1	419.0	108.5
重 庆	Chongqing	5175.8	1356.1	705.8	1229.9	110.9
四 川	Sichuan	12409.0	2225.4	828.0	1586.8	108.5
贵 州	Guizhou	3140.9	707.3	828.7	624.2	110.8
云 南	Yunnan	3899.0	1389.7	288.5	1246.5	108.1
西 藏	Tibet	66.2	270.7	30.4	64.1	110.8
陕 西	Shaanxi	8090.4	1650.9	675.0	1412.3	109.7
甘 肃	Gansu	2263.2	679.8	280.7	482.7	108.9
青 海	Qinghai	954.3	278.2	81.7	150.6	109.2
宁 夏	Ningxia	973.5	370.3	199.0	137.5	108.0
新 疆	Xinjiang	3179.6	858.2	483.7	541.9	110.0

21-7 电力消费量

Electricity Consumption

单位：亿千瓦小时 (100 million kwh)

地 区	Region	2008年	2009年	2010年	2011年	2012年	2013年
北 京	Beijing	689.7	739.1	809.9	821.7	874.3	913.1
天 津	Tianjin	515.9	550.2	645.7	695.2	722.5	774.5
河 北	Hebei	2095.0	2343.8	2691.5	2984.9	3077.7	3251.2
山 西	Shanxi	1314.3	1267.5	1460.0	1650.4	1765.8	1832.3
内蒙古	Inner Mongolia	1220.6	1287.9	1536.8	1864.1	2016.8	2181.9
辽 宁	Liaoning	1412.0	1488.2	1715.3	1861.5	1899.9	2008.5
吉 林	Jilin	496.5	515.3	577.0	630.2	637.0	653.8
黑龙江	Heilongjiang	669.9	688.7	747.8	801.9	827.9	845.2
上 海	Shanghai	1138.2	1153.4	1295.9	1339.6	1353.4	1410.6
江 苏	Jiangsu	3118.3	3314.0	3864.4	4281.6	4580.9	4956.6
浙 江	Zhejiang	2322.9	2471.4	2820.9	3116.9	3210.6	3453.1
安 徽	Anhui	858.9	952.3	1077.9	1221.2	1361.1	1528.1
福 建	Fujian	1073.5	1134.9	1315.1	1515.9	1579.5	1700.7
江 西	Jiangxi	545.9	609.2	700.5	835.1	867.7	947.1
山 东	Shandong	2727.0	2941.1	3298.5	3635.3	3794.6	4083.1
河 南	Henan	1970.8	2081.4	2354.0	2659.1	2747.7	2899.2
湖 北	Hubei	1058.5	1135.1	1330.4	1450.8	1507.9	1629.8
湖 南	Hunan	905.0	1010.6	1171.9	1293.4	1346.5	1423.1
广 东	Guangdong	3504.8	3609.6	4060.1	4399.0	4619.4	4830.1
广 西	Guangxi	753.4	856.4	993.2	1112.2	1153.9	1237.7
海 南	Hainan	121.7	133.8	159.0	185.3	210.3	232.0
重 庆	Chongqing	484.4	533.8	626.4	717.0	723.5	813.3
四 川	Sichuan	1210.1	1324.6	1549.0	1751.4	1830.7	1949.0
贵 州	Guizhou	679.2	750.3	835.4	944.1	1046.7	1126.3
云 南	Yunnan	829.4	891.2	1004.1	1204.1	1315.9	1459.8
西 藏	Tibet	16.0	17.7	20.4	23.8	27.8	30.7
陕 西	Shaanxi	708.0	740.1	859.2	982.5	1066.7	1152.2
甘 肃	Gansu	677.8	705.5	804.4	923.4	994.6	1073.2
青 海	Qinghai	313.2	337.2	465.2	560.7	602.2	676.3
宁 夏	Ningxia	439.6	463.0	546.8	724.5	741.8	811.2
新 疆	Xinjiang	479.4	547.9	662.0	839.1	1151.5	1539.8

注：2000年及以后为中国电力企业联合会数据。 Data since 2010 are provided by the Association of Power Generation Enterprises.

21-8 固定资产投资

Investment in Fixed Assets

单位：亿元 (100 million yuan)

地 区	Region	2008年	2009年	2010年	2011年	2012年	2013年	2014年
全 国	**National Total**	**148738.30**	**193920.39**	**241430.89**	**302396.06**	**364854.15**	**435747.43**	**502004.90**
北 京	Beijing	3520.95	4149.63	4916.53	5519.84	6064.86	6797.54	6873.44
天 津	Tianjin	3175.14	4446.57	5896.52	7040.68	7913.26	9103.01	10490.37
河 北	Hebei	7463.77	10476.50	12922.66	15780.26	19104.63	22629.77	26147.20
山 西	Shanxi	3194.57	4509.56	5526.60	6837.69	8584.85	10745.35	11976.96
内蒙古	Inner Mongolia	5327.04	7143.84	8687.99	10252.97	11749.77	14072.39	17431.05
辽 宁	Liaoning	8881.95	11605.12	15106.33	17431.46	21535.37	24791.40	24426.83
吉 林	Jilin	4592.71	5958.95	7395.23	7226.65	9262.23	9725.76	11254.84
黑龙江	Heilongjiang	3354.82	4695.74	6292.67	7157.92	9375.44	11121.28	9587.09
上 海	Shanghai	4404.95	4618.91	4630.47	4959.93	5114.64	5644.13	6012.97
江 苏	Jiangsu	11609.71	14266.80	17416.47	26313.46	30473.74	35982.52	41552.75
浙 江	Zhejiang	6551.10	7454.33	8438.08	13651.65	17095.96	20194.07	23554.76
安 徽	Anhui	5948.61	7945.50	10281.29	12007.87	14943.81	18091.21	21069.24
福 建	Fujian	4601.50	5548.61	7385.78	9677.09	12182.52	15045.81	17911.71
江 西	Jiangxi	4325.38	6008.12	7856.94	8753.93	10378.37	12434.95	14677.04
山 东	Shandong	12528.96	15439.10	18844.41	25907.38	30319.76	35875.86	41599.13
河 南	Henan	8721.19	11454.89	13934.82	16934.32	20558.61	25188.06	30012.28
湖 北	Hubei	5148.76	7183.67	9405.63	12195.39	15148.71	18796.85	22491.67
湖 南	Hunan	4879.96	6880.00	8617.98	11407.74	13966.26	17225.19	20575.33
广 东	Guangdong	8640.87	10230.05	12599.26	16599.16	18250.13	21795.52	25843.06
广 西	Guangxi	3325.95	4689.88	6383.26	7580.90	9345.18	11383.93	13287.60
海 南	Hainan	668.02	942.68	1257.50	1599.14	2064.44	2625.59	3039.46
重 庆	Chongqing	3715.90	4855.11	6170.61	7366.95	8610.37	10290.95	12136.52
四 川	Sichuan	6362.08	9090.09	11061.38	13687.75	16530.31	19755.29	22662.26
贵 州	Guizhou	1609.34	2049.83	2609.36	4026.47	5504.95	7102.78	8778.40
云 南	Yunnan	3106.33	4117.51	5052.61	5932.75	7553.51	9621.83	11073.86
西 藏	Tibet	271.25	327.64	404.98	516.31	670.52	876.00	1069.23
陕 西	Shaanxi	4286.42	5888.37	7569.90	9108.98	11705.83	14533.51	16840.44
甘 肃	Gansu	1510.75	2076.36	2808.55	3870.08	5040.03	6407.20	7759.62
青 海	Qinghai	514.05	689.09	840.01	1365.91	1808.67	2285.30	2788.91
宁 夏	Ningxia	735.71	964.16	1292.80	1589.14	2033.03	2577.79	3093.92
新 疆	Xinjiang	2025.64	2434.15	3065.13	4444.99	5857.98	7371.24	9058.31

21-9 房地产开发企业投资和房屋施工、竣工面积

Invesment of Enerprises for Real Estate Development and Floor Space of Buildings under Construction and Completed

地 区	Region	房地产开发投资(亿元) Invesment for Real Estate Development (100 million yuan)		房屋施工面积(万平方米) Floor Space of Buildings under Construction (10 000 sq.m)		房屋竣工面积(万平方米) Floor Space of Buildings Completed (10 000 sq.m)	
		2013年	2014年	2013年	2014年	2013年	2014年
全 国	**National Total**	**86013.4**	**95035.6**	**665572**	**726482**	**101435**	**107459**
北 京	Beijing	3483.4	3715.3	13887	13588	2666	3054
天 津	Tianjin	1480.8	1699.6	10892	10652	2805	2925
河 北	Hebei	3445.4	4059.7	29949	31628	4437	4038
山 西	Shanxi	1308.6	1403.6	14040	15477	2285	2182
内蒙古	Inner Mongolia	1479.0	1370.9	18624	18474	2638	2012
辽 宁	Liaoning	6450.8	5301.3	41626	38617	6152	6147
吉 林	Jilin	1252.4	1030.1	12181	12268	2254	1574
黑龙江	Heilongjiang	1604.8	1324.1	13567	14218	2933	3001
上 海	Shanghai	2819.6	3206.5	13517	14690	2254	2313
江 苏	Jiangsu	7241.5	8240.2	52574	57638	9712	9620
浙 江	Zhejiang	6216.2	7262.4	37647	42144	4692	6390
安 徽	Anhui	3946.2	4339.0	30235	33479	5180	5196
福 建	Fujian	3703.0	4567.4	26287	30052	3370	3584
江 西	Jiangxi	1174.6	1322.5	11996	13333	1790	1872
山 东	Shandong	5444.5	5818.0	50549	54508	7509	7787
河 南	Henan	3843.8	4375.7	35979	38858	5966	7324
湖 北	Hubei	3286.0	3983.8	21866	26322	3041	3431
湖 南	Hunan	2628.3	2883.6	25400	27748	4594	4023
广 东	Guangdong	6489.6	7638.5	46480	53977	6273	7328
广 西	Guangxi	1614.6	1838.5	16040	17472	1713	1866
海 南	Hainan	1196.8	1431.7	6173	7557	609	1204
重 庆	Chongqing	3012.8	3630.2	26252	28624	3804	3718
四 川	Sichuan	3853.0	4380.1	32165	36499	5109	5334
贵 州	Guizhou	1942.5	2187.7	17357	20369	1765	2842
云 南	Yunnan	2488.3	2846.7	18261	20035	2019	1789
西 藏	Tibet	9.7	52.9	58	273	18	52
陕 西	Shaanxi	2240.2	2426.5	17241	19466	1512	2189
甘 肃	Gansu	724.6	721.5	6848	7660	916	813
青 海	Qinghai	247.6	308.3	2377	2546	593	559
宁 夏	Ningxia	559.0	654.8	6043	7019	1104	1204
新 疆	Xinjiang	825.7	1014.8	9460	11289	1722	2086

21-10 商品房销售面积和销售额
Floor Space and Sale of Commercialized Buildings Sold

地 区	Region	商品房销售面积(万平方米) Floor Space of Commercialized Buildings Sold (10 000 sq.m)		商品房销售额(亿元) Total sale of Commercialized Buildings Sold (100 million yuan)		#住 宅 Residential Buildings	
		2013年	2014年	2013年	2014年	2013年	2014年
全 国	**National Total**	**130551**	**120649**	**81428.3**	**76292.4**	**67694.9**	**62395.6**
北 京	Beijing	1903	1454	3530.8	2738.7	2434.7	2102.5
天 津	Tianjin	1847	1613	1615.5	1486.9	1443.3	1294.3
河 北	Hebei	5676	5706	2779.7	2928.0	2329.1	2501.6
山 西	Shanxi	1643	1576	728.3	746.1	625.1	639.8
内蒙古	Inner Mongolia	2738	2457	1177.4	1064.8	874.4	765.0
辽 宁	Liaoning	9292	5755	4759.2	3092.1	3941.9	2518.9
吉 林	Jilin	2215	1582	993.0	808.6	839.7	667.6
黑龙江	Heilongjiang	3340	2476	1582.3	1208.5	1305.9	962.7
上 海	Shanghai	2382	2085	3911.6	3499.5	3264.0	2923.4
江 苏	Jiangsu	11455	9847	7913.7	6898.4	6777.7	5969.6
浙 江	Zhejiang	4887	4677	5396.0	4923.0	4513.9	4172.6
安 徽	Anhui	6265	6202	3182.9	3345.2	2662.0	2691.8
福 建	Fujian	4676	4119	4232.1	3763.5	3410.6	2939.6
江 西	Jiangxi	3167	3067	1647.9	1621.8	1396.1	1379.5
山 东	Shandong	10330	9180	5215.1	4879.7	4461.1	4009.5
河 南	Henan	7310	7880	3074.1	3440.6	2516.3	2739.7
湖 北	Hubei	5299	5602	2790.3	3088.3	2310.0	2543.8
湖 南	Hunan	5952	5440	2525.6	2299.1	2115.0	1858.6
广 东	Guangdong	9836	9316	8941.1	8461.8	7476.1	6960.3
广 西	Guangxi	2996	3157	1375.8	1532.1	1166.7	1274.6
海 南	Hainan	1191	1004	1032.7	935.2	997.0	873.2
重 庆	Chongqing	4818	5100	2682.8	2815.0	2283.6	2253.3
四 川	Sichuan	7313	7142	4020.3	3997.4	3308.6	3145.0
贵 州	Guizhou	2972	3178	1276.7	1370.3	988.8	1000.0
云 南	Yunnan	3309	3194	1487.2	1596.4	1192.6	1165.4
西 藏	Tibet	25	59	10.6	34.3	8.8	28.6
陕 西	Shaanxi	3046	3094	1608.1	1598.0	1413.2	1368.1
甘 肃	Gansu	1220	1326	474.1	602.3	418.1	513.5
青 海	Qinghai	382	416	158.8	211.3	146.3	155.8
宁 夏	Ningxia	1048	1129	443.7	465.0	363.6	352.0
新 疆	Xinjiang	2017	1816	861.0	840.5	710.7	625.3

21-11 按境内目的地和货源地分货物进出口总额

Import Value of Commodities by Place of Destination and Export Value of Commodities by Place of Origin

单位：亿美元 (USD 10 000)

地 区	Region	2008年	2009年	2010年	2011年	2012年	2013年	2014年
全 国	**National Total**	**25632.6**	**22075.4**	**29740.0**	**36418.6**	**38671.2**	**41589.9**	**43030.4**
北 京	Beijing	950.4	870.9	1106.9	1293.0	1286.7	1315.6	1431.6
天 津	Tianjin	869.0	720.3	916.1	1116.8	1228.5	1346.0	1444.9
河 北	Hebei	508.8	402.7	620.5	841.5	822.9	902.2	942.6
山 西	Shanxi	201.9	93.2	138.6	162.2	165.9	171.6	185.2
内蒙古	Inner Mongolia	104.3	94.6	116.8	148.2	139.7	143.9	152.9
辽 宁	Liaoning	821.6	698.5	952.9	1129.5	1183.4	1213.6	1253.3
吉 林	Jilin	136.2	118.8	170.2	230.5	244.8	251.9	270.4
黑龙江	Heilongjiang	204.2	133.6	183.4	261.6	282.1	274.0	294.2
上 海	Shanghai	3138.8	2733.3	3654.4	4331.5	4341.6	4342.8	4526.1
江 苏	Jiangsu	4304.7	3659.3	4987.8	5812.4	5886.7	5933.0	6093.2
浙 江	Zhejiang	2444.1	2107.1	2872.5	3514.1	3481.9	3655.1	3783.9
安 徽	Anhui	195.5	156.6	233.8	303.3	329.6	389.3	432.8
福 建	Fujian	867.2	812.4	1105.5	1345.7	1461.9	1544.8	1645.9
江 西	Jiangxi	150.1	138.3	209.5	279.9	302.4	336.5	391.6
山 东	Shandong	1876.4	1635.2	2251.6	2845.6	2966.5	3149.4	3287.0
河 南	Henan	198.9	150.7	200.2	355.9	543.3	627.7	685.3
湖 北	Hubei	213.6	176.7	260.3	337.5	324.4	356.4	408.7
湖 南	Hunan	136.0	116.1	156.1	201.0	214.5	243.2	285.0
广 东	Guangdong	7177.8	6319.9	8340.1	10067.9	11153.3	12811.9	12421.3
广 西	Guangxi	148.6	135.6	195.5	323.2	408.7	387.0	449.1
海 南	Hainan	95.9	84.8	103.7	134.5	145.6	147.6	169.4
重 庆	Chongqing	90.5	77.2	118.3	244.8	452.4	587.9	825.7
四 川	Sichuan	199.3	215.2	263.0	401.1	517.0	550.9	612.7
贵 州	Guizhou	48.1	27.3	34.6	49.2	50.5	47.6	51.8
云 南	Yunnan	93.3	74.6	103.3	122.6	121.2	158.2	199.2
西 藏	Tibet	3.5	2.9	5.9	11.0	21.2	21.0	21.4
陕 西	Shaanxi	104.6	86.7	117.0	140.8	151.9	202.2	277.3
甘 肃	Gansu	65.6	44.8	73.9	78.3	71.6	68.4	52.7
青 海	Qinghai	8.0	7.2	8.2	7.6	8.1	8.6	6.2
宁 夏	Ningxia	25.8	19.6	25.7	28.1	26.7	26.1	40.1
新 疆	Xinjiang	249.8	161.3	213.6	299.2	336.3	375.7	388.8

21-12 农林牧渔业总产值及指数(2014年)

Gross Output Value of Agriculture, Forestry, Animal Husbandry and Fishery and Related Indices(2014)

地 区	Region	农林牧渔业总产值(亿元) Gross Output Value (100 million yuan)	#农 业 Farming	#林 业 Forestry	#牧 业 Animal Husbandry	#渔 业 Fishery	指数 (上年=100) (preceding year=100)
全 国	**National Total**	**102226.1**	**54771.5**	**4256.0**	**28956.3**	**10334.3**	**104.2**
北 京	Beijing	420.1	155.1	90.7	152.7	13.2	100.0
天 津	Tianjin	441.7	230.7	3.2	117.6	79.5	103.0
河 北	Hebei	5994.8	3453.4	108.1	1952.0	191.0	104.0
山 西	Shanxi	1530.5	984.0	98.5	354.6	9.8	104.0
内蒙古	Inner Mongolia	2779.8	1408.4	96.4	1205.7	29.1	103.1
辽 宁	Liaoning	4498.4	1734.1	152.4	1717.5	699.8	102.4
吉 林	Jilin	2763.0	1342.5	104.4	1195.0	40.1	104.1
黑龙江	Heilongjiang	4894.8	3015.6	195.7	1486.1	102.7	105.5
上 海	Shanghai	322.2	169.5	8.8	69.9	62.5	101.0
江 苏	Jiangsu	6443.4	3362.8	118.2	1182.7	1426.7	103.1
浙 江	Zhejiang	2844.6	1386.0	147.0	472.2	779.4	101.0
安 徽	Anhui	4223.7	2119.2	283.1	1182.1	459.7	104.6
福 建	Fujian	3522.3	1529.6	323.3	522.9	1025.2	104.5
江 西	Jiangxi	2726.5	1144.1	274.2	814.9	400.7	104.8
山 东	Shandong	9198.3	4765.8	131.5	2418.3	1481.7	104.0
河 南	Henan	7549.1	4492.0	152.4	2505.2	105.1	104.2
湖 北	Hubei	5452.8	2761.7	157.0	1427.7	844.2	105.6
湖 南	Hunan	5304.8	2884.7	304.8	1503.2	338.9	104.7
广 东	Guangdong	5234.2	2613.2	279.8	1077.4	1080.3	103.0
广 西	Guangxi	3947.7	1994.0	303.2	1087.2	413.1	103.7
海 南	Hainan	1252.2	568.2	103.2	228.0	310.2	104.9
重 庆	Chongqing	1595.0	967.9	53.6	486.4	64.9	104.3
四 川	Sichuan	5888.1	3078.6	196.0	2318.8	192.4	104.0
贵 州	Guizhou	2118.5	1321.9	99.6	569.3	47.0	106.6
云 南	Yunnan	3263.3	1806.3	303.1	975.8	78.1	106.2
西 藏	Tibet	138.7	63.3	2.6	69.3	0.2	104.2
陕 西	Shaanxi	2741.8	1870.8	73.6	648.3	19.9	105.1
甘 肃	Gansu	1618.8	1174.9	25.5	268.4	2.1	105.4
青 海	Qinghai	327.5	144.2	6.6	169.1	2.2	105.4
宁 夏	Ningxia	445.5	274.0	10.0	126.8	14.9	106.1
新 疆	Xinjiang	2744.0	1955.1	49.4	651.2	19.6	106.8

注：本表绝对数按当年价格计算，增长速度按可比价格计算。
Data in value terms in this table are calculated at current prices, while the indices are calculated at constant prices.

21-13 主要农产品产量(2014年)

Output of Major Farm Products(2014)

单位：万吨 (10 000 tons)

地 区	Region	粮 食 Grain Crops	油 料 Oil-bearing Crops	棉 花 Cotton	糖 料 Sugar Crops	蔬 菜 Vegetables	水 果 Fruits
全 国	**National Total**	**60702.6**	**3507.4**	**617.8**	**13361.2**	**76005.5**	**26142.2**
北 京	Beijing	63.9	0.7	0.01		236.2	96.5
天 津	Tianjin	176.0	0.5	3.8		460.2	62.7
河 北	Hebei	3360.2	150.2	43.1	75.6	8125.7	2019.0
山 西	Shanxi	1330.8	17.3	2.4	8.0	1271.4	770.8
内蒙古	Inner Mongolia	2753.0	170.3	0.2	160.2	1472.7	322.3
辽 宁	Liaoning	1753.9	63.7		10.1	3090.1	870.6
吉 林	Jilin	3532.8	85.7	0.1	6.4	876.0	229.7
黑龙江	Heilongjiang	6242.2	17.1		41.1	985.6	258.7
上 海	Shanghai	112.5	1.3	0.1	0.6	393.2	86.2
江 苏	Jiangsu	3490.6	146.6	16.0	10.1	5417.0	861.6
浙 江	Zhejiang	757.4	30.7	2.5	62.7	1762.8	714.8
安 徽	Anhui	3415.8	228.8	26.3	19.7	2551.0	965.3
福 建	Fujian	667.0	29.8	0.01	53.1	1801.4	790.8
江 西	Jiangxi	2143.5	121.7	13.4	64.5	1312.4	627.1
山 东	Shandong	4596.6	335.9	66.5	0.01	9973.7	3134.0
河 南	Henan	5772.3	584.3	14.7	27.3	7272.5	2560.2
湖 北	Hubei	2584.2	341.7	36.0	30.4	3671.5	972.3
湖 南	Hunan	3001.3	233.8	12.9	65.9	3763.5	920.0
广 东	Guangdong	1357.3	105.5		1504.7	3274.7	1560.7
广 西	Guangxi	1534.4	61.3	0.3	7952.6	2610.1	1560.6
海 南	Hainan	186.6	11.6		424.9	551.5	413.0
重 庆	Chongqing	1144.5	56.9		10.3	1689.1	347.6
四 川	Sichuan	3374.9	300.8	1.2	55.8	4069.3	884.5
贵 州	Guizhou	1138.5	98.0	0.1	168.3	1625.6	196.4
云 南	Yunnan	1860.7	64.7	0.03	2110.4	1735.5	669.0
西 藏	Tibet	98.0	6.4			68.2	1.4
陕 西	Shaanxi	1197.8	62.3	4.2	0.1	1724.7	1849.9
甘 肃	Gansu	1158.7	72.4	6.4	26.4	1705.2	636.6
青 海	Qinghai	104.8	31.5		0.10	158.6	2.6
宁 夏	Ningxia	377.9	16.5			540.8	290.2
新 疆	Xinjiang	1414.5	59.3	367.7	471.9	1815.4	1466.9

注：水果产量含果用瓜。 Data of output of fruits include melons.

21-13 续表 contimued

单位：万吨 (10 000 tons)

地 区	Region	肉 类 Output of Meat	#猪 肉 Pork	#牛 肉 Beef	#羊 肉 Mutton	奶 类 Milk
全 国	**National Total**	**8706.7**	**5671.4**	**689.2**	**428.2**	**3841.2**
北 京	Beijing	39.3	24.0	1.7	1.2	59.5
天 津	Tianjin	46.4	29.9	3.4	1.6	68.9
河 北	Hebei	468.1	281.2	52.4	30.4	496.1
山 西	Shanxi	87.5	64.2	5.8	6.7	97.2
内蒙古	Inner Mongolia	252.3	73.3	54.5	93.3	797.1
辽 宁	Liaoning	429.2	240.3	42.8	8.9	134.5
吉 林	Jilin	262.0	140.4	46.0	4.5	49.8
黑龙江	Heilongjiang	230.2	142.6	40.6	11.9	560.1
上 海	Shanghai	23.4	18.8	0.1	0.5	27.1
江 苏	Jiangsu	379.5	232.4	3.3	8.0	60.7
浙 江	Zhejiang	157.1	127.0	1.2	1.7	15.9
安 徽	Anhui	414.0	264.8	17.9	15.5	27.9
福 建	Fujian	213.7	151.1	2.9	2.2	15.4
江 西	Jiangxi	339.8	259.8	13.1	1.1	12.9
山 东	Shandong	770.2	406.8	66.6	36.0	289.6
河 南	Henan	719.0	478.0	82.1	25.4	342.4
湖 北	Hubei	440.4	339.6	21.9	8.6	16.4
湖 南	Hunan	546.5	458.1	18.9	11.1	9.3
广 东	Guangdong	429.4	282.6	7.0	0.9	13.8
广 西	Guangxi	420.0	266.3	14.4	3.2	9.7
海 南	Hainan	79.5	48.6	2.6	1.1	0.2
重 庆	Chongqing	214.2	158.5	8.4	3.4	5.7
四 川	Sichuan	714.7	527.2	33.4	25.3	71.3
贵 州	Guizhou	201.8	165.6	14.7	3.8	5.7
云 南	Yunnan	378.5	292.4	33.6	14.6	64.6
西 藏	Tibet	26.4	1.5	16.0	7.9	34.3
陕 西	Shaanxi	116.7	91.8	7.7	7.5	192.3
甘 肃	Gansu	95.5	52.7	18.1	17.9	40.3
青 海	Qinghai	33.4	10.5	10.6	10.9	31.3
宁 夏	Ningxia	28.5	7.7	8.8	9.5	135.7
新 疆	Xinjiang	149.3	33.9	39.2	53.6	155.6

21-14 规模以上工业企业主要经济指标(2014年)

Main Indicators of Industrial Enterprises above Designated Size(2014)

单位：亿元 (100 million yuan)

地 区	Region	主营业务收入 Revenue from Principal Business	主营业务成本 Cost of Principal Business	主营业务税金及附加 Tax and Extra Charges from Principal Business	销售费用 Selling Expenses	利润总额 Total Profits	税金总额 Total Taxes
全 国	**National Total**	**1094646.5**	**937493.4**	**16894.0**	**27476.8**	**64715.3**	**48401.7**
北 京	Beijing	19439.6	16422.3	303.7	862.3	1493.2	847.7
天 津	Tianjin	28275.9	24405.0	322.2	630.1	2042.8	1125.8
河 北	Hebei	46532.2	40846.9	463.8	784.9	2421.7	1540.8
山 西	Shanxi	17119.9	14820.7	151.2	560.2	210.6	762.8
内蒙古	Inner Mongolia	19064.0	15615.7	265.2	440.7	1294.4	967.8
辽 宁	Liaoning	49686.1	43541.6	898.0	1052.3	2011.7	2058.7
吉 林	Jilin	23220.0	19352.5	537.1	884.7	1397.7	1165.4
黑龙江	Heilongjiang	13086.0	10485.5	601.6	306.7	985.0	1144.2
上 海	Shanghai	34725.0	28507.8	965.1	1277.4	2646.5	1856.3
江 苏	Jiangsu	142387.9	123159.7	1242.9	3280.5	8839.7	5789.5
浙 江	Zhejiang	63237.0	54099.3	721.1	1601.8	3543.7	2425.2
安 徽	Anhui	36653.6	31968.3	474.9	870.0	1775.2	1394.4
福 建	Fujian	36300.1	31424.0	417.1	914.1	2081.7	1395.0
江 西	Jiangxi	30597.1	26866.2	318.6	505.7	2043.9	1314.8
山 东	Shandong	143488.1	125581.8	1573.1	2647.5	8763.4	5499.7
河 南	Henan	66787.5	58022.7	677.5	1217.9	4771.4	2180.4
湖 北	Hubei	40708.0	34531.1	801.9	1251.2	2174.6	1811.8
湖 南	Hunan	33303.2	27987.8	903.5	904.8	1523.2	2066.1
广 东	Guangdong	113827.8	96949.1	1199.3	3899.3	6611.9	3991.2
广 西	Guangxi	18455.1	15886.6	346.3	437.2	963.8	911.1
海 南	Hainan	1742.3	1436.1	76.2	61.0	88.5	135.0
重 庆	Chongqing	18057.1	15361.3	262.8	509.0	1160.5	937.6
四 川	Sichuan	37559.7	31674.6	614.2	1073.6	2046.3	1851.0
贵 州	Guizhou	8108.0	6432.6	313.6	265.8	530.5	658.3
云 南	Yunnan	10041.6	7823.9	830.6	259.5	478.9	1283.4
西 藏	Tibet	113.5	86.2	1.7	8.4	12.4	11.7
陕 西	Shaanxi	18313.6	14313.1	721.0	471.0	1706.5	1600.9
甘 肃	Gansu	9092.6	7983.7	310.2	138.5	233.2	543.8
青 海	Qinghai	2249.8	1848.1	61.0	77.0	98.9	144.6
宁 夏	Ningxia	3468.9	2985.1	72.3	67.6	102.5	163.5
新 疆	Xinjiang	9005.0	7074.1	446.4	216.0	661.2	823.2

21-15 规模以上工业企业主要经济效益指标(2014年)

Main Indicators on Economic Benefit of Industrial Enterprises above Designated Size (2014)

地 区	Region	亏损企业亏损总额 Total Loss of Loss-making Enterprise	应收账款 Accounts Receivable	存货 Inventory	产成品 Products	资产总计 Total Assets	负债合计 Total Liabilities
全 国	**National Total**	**6917.8**	**105168.0**	**99565.7**	**37109.6**	**925244.9**	**525865.5**
北 京	Beijing	138.4	3574.6	2199.3	750.8	33018.7	16737.8
天 津	Tianjin	193.7	3213.8	2912.8	958.9	23246.3	14411.5
河 北	Hebei	390.8	3073.8	3907.0	1426.8	39177.3	22683.5
山 西	Shanxi	471.7	2234.4	1991.6	792.5	29184.9	21192.5
内蒙古	Inner Mongolia	346.7	1741.2	1585.9	635.7	25751.5	15839.7
辽 宁	Liaoning	409.4	3577.5	4096.1	1429.7	38035.9	21674.1
吉 林	Jilin	179.0	1249.0	1824.6	605.2	16453.7	8876.3
黑龙江	Heilongjiang	238.4	1227.1	1561.4	508.6	14449.7	8181.1
上 海	Shanghai	284.1	5901.3	4423.3	1436.9	34349.7	16951.5
江 苏	Jiangsu	584.2	16325.1	11734.0	4412.1	100150.4	54997.3
浙 江	Zhejiang	282.8	9577.3	8030.7	3294.1	63198.6	37188.7
安 徽	Anhui	212.2	3492.4	3005.0	1191.8	28283.3	16590.5
福 建	Fujian	150.6	3543.1	3439.2	1370.0	27435.1	14953.8
江 西	Jiangxi	44.1	1485.4	1630.1	671.1	15535.7	8042.0
山 东	Shandong	344.6	7615.8	9897.4	3987.0	91367.5	49660.9
河 南	Henan	257.2	4262.4	3798.1	1339.1	48528.8	22716.7
湖 北	Hubei	161.8	3280.2	3696.6	1521.4	31490.4	17109.7
湖 南	Hunan	112.8	2525.4	2474.3	847.0	20843.5	11049.9
广 东	Guangdong	449.8	15118.8	11765.8	4348.8	86745.5	50131.7
广 西	Guangxi	152.6	1277.4	1726.1	721.4	13915.5	8696.6
海 南	Hainan	23.5	154.3	236.5	103.8	2423.0	1257.8
重 庆	Chongqing	96.6	1765.2	1394.4	550.7	14563.1	9033.0
四 川	Sichuan	404.6	3514.1	3480.8	1240.0	36172.9	21797.5
贵 州	Guizhou	139.0	713.5	996.6	290.7	11041.6	7013.3
云 南	Yunnan	218.3	806.4	2145.7	544.9	16595.5	10697.6
西 藏	Tibet	12.2	17.0	22.4	7.8	656.9	258.4
陕 西	Shaanxi	136.7	1690.4	1826.5	762.4	23897.3	13334.7
甘 肃	Gansu	119.5	670.3	1522.7	467.2	10730.6	6759.7
青 海	Qinghai	68.7	230.9	315.6	117.4	5300.9	3585.1
宁 夏	Ningxia	62.1	409.4	711.4	281.2	6769.1	4493.1
新 疆	Xinjiang	231.8	900.4	1213.7	494.7	15932.0	9949.5

21-16 主要工业产品产量(2014年)

Output of Industrial Products(2014)

地 区	Region	原 油(万吨) Crude Oil (10 000 tons)	天然气(亿立方米) Natural Gas (100 million cu.m)	布(亿米) Cloth (100 million m)	水 泥(万吨) Cement (10 000 tons)	生 铁(万吨) Pig Iron (10 000 tons)	粗 钢(万吨) Crude Steel (10 000 tons)
全国	**National Total**	**21142.9**	**1301.6**	**893.7**	**247613.5**	**71159.9**	**82269.8**
北 京	Beijing		12.8	0.0	703.6		2.1
天 津	Tianjin	3074.8	21.2	2.3	957.9	2182.5	2287.1
河 北	Hebei	592.3	17.5	66.1	10677.4	16932.6	18530.3
山 西	Shanxi		31.6	0.8	4700.0	4052.0	4325.4
内蒙古	Inner Mongolia	21.5	15.5		6294.0	1330.7	1661.5
辽 宁	Liaoning	1021.9	8.1	6.7	5807.6	6167.7	6511.4
吉 林	Jilin	663.9	22.3	0.4	3702.7	1132.8	1264.8
黑龙江	Heilongjiang	4000.0	35.4	0.1	3702.6	456.7	476.3
上 海	Shanghai	5.7	2.1	1.4	686.0	1643.3	1774.5
江 苏	Jiangsu	206.0	0.5	141.6	19395.8	7080.1	10195.5
浙 江	Zhejiang			250.7	12390.0	1140.3	1748.3
安 徽	Anhui			12.7	12921.0	1998.6	2451.4
福 建	Fujian			74.3	7760.9	907.7	1820.8
江 西	Jiangxi		0.4	9.9	9831.2	2075.3	2235.3
山 东	Shandong	2713.2	4.9	128.1	16496.3	6719.1	6411.0
河 南	Henan	470.5	4.9	32.3	17080.7	2779.6	2882.2
湖 北	Hubei	79.0	1.5	84.0	11418.1	2437.6	3056.4
湖 南	Hunan			3.9	12060.1	1780.7	1917.6
广 东	Guangdong	1245.4	83.7	43.6	14783.4	1082.4	1710.4
广 西	Guangxi	58.7	0.2	0.5	10706.5	1231.7	2084.3
海 南	Hainan	28.5	1.6		2151.6		22.4
重 庆	Chongqing		7.8	6.9	6688.8	444.6	785.6
四 川	Sichuan	19.2	253.5	20.3	14612.7	1931.4	2243.0
贵 州	Guizhou		0.4		9456.4	498.6	551.6
云 南	Yunnan		0.0		9596.9	1704.9	1689.1
西 藏	Tibet				342.2		
陕 西	Shaanxi	3767.8	410.1	6.7	9129.7	884.0	1038.3
甘 肃	Gansu	71.2	0.2		4931.5	898.8	1074.0
青 海	Qinghai	220.0	68.9		1859.6	127.0	144.3
宁 夏	Ningxia	7.9			1793.9	201.7	161.5
新 疆	Xinjiang	2875.3	296.7	0.6	4974.6	1337.5	1213.4

21-16 续表 continued

地 区	Region	钢 材 (万吨) Rolled Steel (10 000 tons)	汽 车 (万辆) Motor Vehicles (10 000 units)	家 用 电冰箱 (万台) Household Refrigerators (10 000 units)	移动通信 手持机 (万台) Mobile Telephones (10 000 units)	微型计算机 设备(万台) Micro-Computer Equipment (10 000 units)	发电量 (亿千瓦小时) Electricity (100 million kwh)
全 国	**National Total**	**112557.2**	**2372.5**	**8796.1**	**162719.8**	**35079.6**	**56495.8**
北 京	Beijing	195.0	206.3		17983.6	1015.6	364.0
天 津	Tianjin	7303.9	51.2	45.4	9754.2	1100.5	625.5
河 北	Hebei	23995.2	97.8				2499.9
山 西	Shanxi	4701.0			2255.4		2647.0
内蒙古	Inner Mongolia	1763.2	2.4				3857.8
辽 宁	Liaoning	6946.0	112.1	157.0	2895.0	0.2	1647.8
吉 林	Jilin	1412.2	237.4				771.7
黑龙江	Heilongjiang	483.5	10.8			3.5	881.3
上 海	Shanghai	2309.1	247.4	154.0	5484.8	6295.4	792.3
江 苏	Jiangsu	13255.2	121.6	969.7	2884.1	6708.0	4347.6
浙 江	Zhejiang	4171.0	30.9	757.8	3611.3	191.0	2885.3
安 徽	Anhui	3265.7	93.4	2765.8		1715.9	2033.9
福 建	Fujian	3019.6	18.1		1278.0	985.4	1873.4
江 西	Jiangxi	2611.1	46.2	109.5	5540.5		873.3
山 东	Shandong	8939.4	103.0	610.1	6590.8	23.3	3691.1
河 南	Henan	4704.1	40.9	320.9	12065.2		2729.9
湖 北	Hubei	3429.0	174.5	243.5	2888.4	120.7	2382.3
湖 南	Hunan	1989.3	29.5	12.2	60.9	34.2	1313.7
广 东	Guangdong	3447.1	216.8	2139.9	79562.8	2819.5	3948.4
广 西	Guangxi	3262.6	209.2			0.6	1310.0
海 南	Hainan	29.7	9.0				244.6
重 庆	Chongqing	1322.0	231.4	262.0	9418.2	6446.8	675.8
四 川	Sichuan	2935.2	32.4	80.2	411.0	7619.0	3079.4
贵 州	Guizhou	552.4		168.2	6.5		1747.7
云 南	Yunnan	1935.1	11.0				2550.0
西 藏	Tibet	1.1					32.3
陕 西	Shaanxi	1683.9	37.5		29.1		1620.8
甘 肃	Gansu	1108.1	0.7				1241.1
青 海	Qinghai	131.4					580.3
宁 夏	Ningxia	165.6					1156.6
新 疆	Xinjiang	1489.5	1.1				2090.9

21-17 社会消费品零售总额
Total Retail Sales of Consumer Goods

单位：亿元 (100 million yuan)

地 区	Region	2009年	2010年	2011年	2012年	2013年	2014年
全 国	**National Total**	**132678.4**	**156998.4**	**183918.6**	**210307.0**	**242842.8**	**271896.1**
北 京	Beijing	5309.9	6229.3	6900.3	7702.8	8872.1	9638.0
天 津	Tianjin	2430.8	2860.2	3395.1	3921.4	4470.4	4738.7
河 北	Hebei	5764.9	6821.8	8035.5	9254.0	10516.7	11820.5
山 西	Shanxi	2809.0	3318.2	3903.4	4506.8	5139.3	5717.9
内蒙古	Inner Mongolia	2855.3	3384.0	3991.7	4572.5	5114.2	5657.6
辽 宁	Liaoning	5812.6	6887.6	8095.3	9304.2	10581.4	11857.0
吉 林	Jilin	2957.3	3504.9	4119.8	4772.9	5426.4	6080.9
黑龙江	Heilongjiang	3401.8	4039.2	4750.1	5491.0	6251.2	7015.3
上 海	Shanghai	5173.2	6070.5	6814.8	7412.3	8557.0	9303.5
江 苏	Jiangsu	11484.1	13606.8	15988.4	18331.3	20878.2	23458.1
浙 江	Zhejiang	8622.3	10245.4	12028.0	13588.3	15970.8	17835.3
安 徽	Anhui	3527.8	4197.7	4955.1	5736.6	7044.7	7957.0
福 建	Fujian	4481.0	5310.0	6276.2	7256.5	8275.3	9346.7
江 西	Jiangxi	2484.4	2956.2	3485.1	4027.2	4696.1	5292.6
山 东	Shandong	12363.0	14620.3	17155.5	19651.9	22294.8	25111.5
河 南	Henan	6746.4	8004.2	9453.6	10915.6	12426.6	14005.0
湖 北	Hubei	5928.4	7013.9	8275.2	9562.5	11035.9	12449.3
湖 南	Hunan	4913.7	5839.5	6884.7	7921.9	9509.5	10723.5
广 东	Guangdong	14891.8	17458.4	20297.5	22677.1	25453.9	28471.1
广 西	Guangxi	2790.7	3312.0	3908.2	4516.6	5133.1	5772.8
海 南	Hainan	537.5	639.3	759.5	870.8	1090.9	1224.5
重 庆	Chongqing	2479.0	2938.6	3487.8	4033.7	5055.8	5710.7
四 川	Sichuan	5758.7	6810.1	8006.6	9268.6	11001.0	12393.0
贵 州	Guizhou	1247.3	1482.7	1751.6	2075.9	2601.2	2936.9
云 南	Yunnan	2051.1	2542.4	3038.1	3511.6	4112.6	4632.9
西 藏	Tibet	156.6	185.3	219.0	254.6	322.2	364.5
陕 西	Shaanxi	2699.7	3195.7	3790.0	4383.8	5245.0	5918.7
甘 肃	Gansu	1183.0	1394.5	1648.0	1906.5	2368.8	2668.3
青 海	Qinghai	300.5	350.8	410.5	476.0	549.6	620.8
宁 夏	Ningxia	339.3	403.6	477.6	542.9	668.5	737.2
新 疆	Xinjiang	1177.5	1375.1	1616.3	1858.6	2179.5	2436.5

21-18 客运量和旅客周转量(2014年)
Passenger Traffic and Passenger-kilometers(2014)

地 区	Region	客运量（万人）Passenger Traffic (10 000 persons)	#铁路 Railways	#公路 Highways	#水运 Waterways	旅客周转量（亿人公里）Passenger-kilometers (100 million passenger km)	#铁路 Railways	#公路 Highways	#水运 Waterways
全 国	**National Total**	**2209361**	**235704**	**1908198**	**26293**	**30096.5**	**11604.8**	**12084.1**	**74.3**
北 京	Beijing	65063	12709	52354		273.9	135.6	138.3	
天 津	Tianjin	18300	3687	14530	83	246.7	158.1	88.5	0.1
河 北	Hebei	60726	9571	51151	4	1276.7	985.9	290.5	0.3
山 西	Shanxi	34168	6949	27091	128	384.5	202.4	182.0	0.1
内蒙古	Inner Mongolia	18283	4789	13494		363.1	201.7	161.4	
辽 宁	Liaoning	94172	12841	80789	542	991.2	609.1	375.6	6.5
吉 林	Jilin	35004	6935	27866	203	424.5	251.0	173.3	0.2
黑龙江	Heilongjiang	46841	10096	36379	366	493.1	261.4	231.2	0.4
上 海	Shanghai	13317	9194	3754	369	209.9	84.5	124.3	1.1
江 苏	Jiangsu	155207	15374	137270	2563	1455.2	600.2	852.0	3.0
浙 江	Zhejiang	130144	13648	112915	3581	1076.8	513.1	558.1	5.6
安 徽	Anhui	139553	7972	131403	178	1417.3	617.6	799.4	0.3
福 建	Fujian	58719	8345	48580	1794	622.7	284.9	334.9	2.9
江 西	Jiangxi	67795	7840	59674	281	971.3	654.5	316.5	0.4
山 东	Shandong	74378	10304	62052	2022	1143.6	620.4	511.4	11.8
河 南	Henan	140180	11647	128279	254	1746.0	900.6	844.9	0.5
湖 北	Hubei	100730	12379	87803	548	1209.0	722.2	483.9	2.9
湖 南	Hunan	161838	9806	150583	1449	1660.7	881.4	776.5	2.8
广 东	Guangdong	180789	20942	157234	2613	2315.4	674.9	1629.8	10.7
广 西	Guangxi	51905	4770	46623	512	652.7	237.0	413.2	2.5
海 南	Hainan	14209	1543	11042	1624	120.5	28.1	89.1	3.3
重 庆	Chongqing	68399	4057	63630	712	507.1	147.0	352.6	7.6
四 川	Sichuan	138274	8905	126691	2678	954.7	322.0	630.0	2.7
贵 州	Guizhou	86571	4409	80231	1931	635.5	217.4	412.9	5.2
云 南	Yunnan	49080	3479	44502	1099	437.3	113.9	321.1	2.4
西 藏	Tibet	1571	163	1408		45.1	12.3	32.8	
陕 西	Shaanxi	74188	7077	66720	391	804.4	464.7	339.0	0.7
甘 肃	Gansu	38985	2672	36224	89	607.1	377.9	229.0	0.2
青 海	Qinghai	5444	615	4769	60	102.9	56.3	46.5	0.1
宁 夏	Ningxia	9187	657	8311	219	114.2	48.5	65.7	0.1
新 疆	Xinjiang	37176	2329	34847		500.0	220.2	279.8	

21-19 货运量和货物周转量(2014年)

Freight Traffic and Freight Ton-kilometers (2014)

地区	Region	货运量(万吨) Freight Traffic (10 000 tons)	#铁路 Railways	#公路 Highways	#水运 Waterways	货物周转量(亿吨公里) Freight Tonkilometers (100 million ton-km)	#铁路 Railways	#公路 Highways	#水运 Waterways
全国	**National Total**	**4381089**	**381334**	**3332838**	**598283**	**185397.8**	**27530.2**	**61016.6**	**92774.6**
北京	Beijing	26551	1135	25416		1036.7	871.5	165.2	
天津	Tianjin	49753	8874	31130	9749	3602.4	519.3	349.0	2734.0
河北	Hebei	209946	20619	185286	4041	12684.5	4183.1	7019.6	1481.8
山西	Shanxi	164919	76411	88491	17	3710.8	2347.6	1363.2	
内蒙古	Inner Mongolia	191869	65165	126704		4471.1	2367.6	2103.5	
辽宁	Liaoning	222138	19154	189174	13810	12235.7	1181.3	3074.9	7979.5
吉林	Jilin	48311	6074	41830	407	1703.8	511.7	1190.8	1.4
黑龙江	Heilongjiang	60212	11777	47173	1262	1811.1	794.7	1008.5	7.9
上海	Shanghai	89980	549	42848	46583	18633.4	12.4	300.8	18320.1
江苏	Jiangsu	196153	6376	114449	75328	10417.9	352.3	1978.5	8087.1
浙江	Zhejiang	194250	4343	117070	72837	9539.7	223.1	1419.4	7897.2
安徽	Anhui	434298	10488	315223	108587	13500.6	810.0	7392.4	5298.2
福建	Fujian	111757	3402	82573	25782	4780.2	149.7	974.8	3655.7
江西	Jiangxi	151878	4934	137782	9162	3828.0	539.3	3073.3	215.4
山东	Shandong	264458	20268	230018	14172	8253.0	1314.2	5711.4	1227.4
河南	Henan	200801	11770	179680	9351	7401.1	1963.2	4822.4	615.6
湖北	Hubei	150762	4689	116279	29794	5503.6	846.8	2340.6	2316.2
湖南	Hunan	203053	4753	172613	25687	4138.4	849.5	2578.9	709.9
广东	Guangdong	343491	9136	257136	77219	14801.0	279.4	3113.8	11407.8
广西	Guangxi	163023	6684	134330	22009	4089.7	770.4	2068.5	1250.7
海南	Hainan	23632	854	11015	11763	1488.1	12.4	81.5	1394.2
重庆	Chongqing	97377	2054	81206	14117	2595.0	165.8	797.8	1631.3
四川	Sichuan	159034	8541	142132	8361	2465.1	800.4	1510.5	154.2
贵州	Guizhou	85672	6317	78017	1338	1441.8	633.9	776.9	30.9
云南	Yunnan	108544	4823	103161	560	1445.6	430.1	1002.3	13.1
西藏	Tibet	1914	43	1871		110.4	24.4	86.0	
陕西	Shaanxi	157012	37483	119343	186	3521.5	1603.4	1917.5	0.6
甘肃	Gansu	57239	6448	50781	10	2515.5	1522.9	992.6	
青海	Qinghai	14638	3608	11030		506.9	272.6	234.4	
宁夏	Ningxia	41308	6990	34318		836.8	306.4	530.5	
新疆	Xinjiang	72168	7410	64758		1880.9	843.6	1037.3	

21-20 城镇居民人均收入与支出(2014年)

Per capita Income and Expenditure of Urban Households(2014)

单位：元 (yuan)

地 区	Region	人均可支配收入 Per Capita Disposable Income		人均消费支出 Per Capita Consmption Expenditure	
		2013年	2014年	2013年	2014年
全 国	**National Total**	**26467.0**	**28843.9**	**18487.5**	**19968.1**
北 京	Beijing	44563.9	48531.8	31632.2	33717.5
天 津	Tianjin	28979.8	31506.0	22306.2	24289.6
河 北	Hebei	22226.7	24141.3	14970.0	16203.8
山 西	Shanxi	22258.2	24069.4	13762.7	14636.9
内蒙古	Inner Mongolia	26003.6	28349.6	19244.0	20885.2
辽 宁	Liaoning	26697.0	29081.7	19318.4	20519.6
吉 林	Jilin	21331.1	23217.8	15940.7	17156.1
黑龙江	Heilongjiang	20848.4	22609.0	15704.1	16466.6
上 海	Shanghai	44878.3	48841.4	32447.2	35182.4
江 苏	Jiangsu	31585.5	34346.3	22262.3	23476.3
浙 江	Zhejiang	37079.7	40392.7	25253.5	27241.7
安 徽	Anhui	22789.3	24838.5	14593.6	16107.1
福 建	Fujian	28173.9	30722.4	20564.7	22204.1
江 西	Jiangxi	22119.7	24309.2	13843.0	15141.8
山 东	Shandong	26882.4	29221.9	16646.5	18322.6
河 南	Henan	21740.7	23672.1	15248.8	16184.5
湖 北	Hubei	22667.9	24852.3	15334.5	16681.4
湖 南	Hunan	24352.0	26570.2	16867.3	18334.7
广 东	Guangdong	29537.3	32148.1	21621.5	23611.7
广 西	Guangxi	22689.4	24669.0	14470.1	15045.4
海 南	Hainan	22411.4	24486.5	15833.5	17513.8
重 庆	Chongqing	23058.2	25147.2	17123.8	18279.5
四 川	Sichuan	22227.5	24234.4	16098.2	17759.9
贵 州	Guizhou	20564.9	22548.2	13768.2	15254.6
云 南	Yunnan	22460.0	24299.0	14862.3	16268.3
西 藏	Tibet	20394.5	22015.8	13678.6	15669.4
陕 西	Shaanxi	22345.9	24365.8	16398.6	17546.0
甘 肃	Gansu	19873.4	21803.9	14411.3	15942.3
青 海	Qinghai	20352.4	22306.6	16223.4	17492.9
宁 夏	Ningxia	21475.7	23284.6	15806.9	17216.2
新 疆	Xinjiang	21091.5	23214.0	16858.1	17684.5

21-21 农村居民人均收入与支出(2014年)

Per capita Income and Expenditure of Rural Households(2014)

单位：元 (yuan)

地 区	Region	人均可支配收入 Per Capita Disposable Income		人均消费支出 Per Capita Consmption Expenditure	
		2013年	2014年	2013年	2014年
全国总计	**National Total**	**9429.6**	**10488.9**	**7485.1**	**8382.6**
北 京	Beijing	17101.2	18867.3	13563.9	14535.1
天 津	Tianjin	15352.6	17014.2	12491.1	13738.6
河 北	Hebei	9187.7	10186.1	7377.1	8248.0
山 西	Shanxi	7949.5	8809.4	6457.7	6991.7
内蒙古	Inner Mongolia	8984.9	9976.3	9079.6	9972.2
辽 宁	Liaoning	10161.2	11191.5	7032.1	7800.7
吉 林	Jilin	9780.7	10780.1	7523.4	8139.8
黑龙江	Heilongjiang	9369.0	10453.2	7191.7	7830.0
上 海	Shanghai	19208.3	21191.6	13016.2	14820.1
江 苏	Jiangsu	13521.3	14958.4	10759.0	11820.3
浙 江	Zhejiang	17493.9	19373.3	12803.3	14497.8
安 徽	Anhui	8850.0	9916.4	7200.3	7980.8
福 建	Fujian	11404.8	12650.2	9986.2	11055.9
江 西	Jiangxi	9088.8	10116.6	6807.4	7548.3
山 东	Shandong	10686.9	11882.3	6877.3	7962.2
河 南	Henan	8969.1	9966.1	6358.7	7277.2
湖 北	Hubei	9691.8	10849.1	7849.5	8680.9
湖 南	Hunan	9028.6	10060.2	7832.6	9024.8
广 东	Guangdong	11067.8	12245.6	8937.8	10043.2
广 西	Guangxi	7793.1	8683.2	6035.3	6675.1
海 南	Hainan	8801.7	9912.6	6376.2	7029.0
重 庆	Chongqing	8492.5	9489.8	6970.7	7982.6
四 川	Sichuan	8380.7	9347.7	7364.8	8301.1
贵 州	Guizhou	5897.8	6671.2	5291.1	5970.3
云 南	Yunnan	6723.6	7456.1	5246.6	6030.3
西 藏	Tibet	6553.4	7359.2	4101.6	4822.1
陕 西	Shaanxi	7092.2	7932.2	6487.6	7252.4
甘 肃	Gansu	5588.8	6276.6	5653.9	6147.8
青 海	Qinghai	6461.6	7282.7	7505.9	8235.1
宁 夏	Ningxia	7598.7	8410.0	6739.8	7676.5
新 疆	Xinjiang	7846.6	8723.8	7103.1	7365.3

中国统计出版社最新资料书简目

（仅供参考，以最后出书为准）

统计资料

中国统计年鉴 −2015
中国统计摘要 −2015
中国发展报告 −2015
中国经济普查年鉴 2013
国际统计年鉴 −2015
金砖国家联合统计手册 −2015
中国 − 东盟国家统计手册 −2015
中国区域经济统计年鉴 −2015
中国县域统计年鉴 −2015
中国城市统计年鉴 −2015
中国农村统计年鉴 −2015
中国地区经济监测报告 −2015
中国贸易外经统计年鉴 −2015
2014 中国对外直接投资统计公报
中国商品交易市场统计年鉴 −2015
大中型批发零售和住宿餐饮企业统计年鉴 −2015
中国零售和餐饮连锁企业统计年鉴 −2015
中国住户调查年鉴 −2015
中国价格统计年鉴 −2015
中国农产品价格调查年鉴 −2015
全国农产品成本收益资料汇编 −2015
中国环境统计年鉴 −2015
中国能源统计年鉴 −2015
国外资源、能源和环境统计资料汇编 −2013
中国工业经济统计年鉴 −2015
中国建筑业统计年鉴 −2015
中国房地产统计年鉴 −2015
中国城市建设统计年鉴 −2014
中国城乡建设统计年鉴 −2014
中国第三产业统计年鉴 −2015
中国证券期货统计年鉴 −2015
中国科技统计年鉴 −2015
中国高技术产业统计年鉴 −2015
工业企业科技活动资料 −2015
中国劳动统计年鉴 −2015
中国人口和就业统计年鉴 −2015
中国人才资源统计报告 −2013
中国社会统计年鉴 −2015
文化及相关产业统计概览 −2014
中国教育经费统计年鉴 −2015
中国民政统计年鉴 −2015
中国民族统计年鉴 −2014
中国工会统计年鉴 −2013
中国残疾人事业统计年鉴 −2015
2014 中国妇女儿童状况统计资料（英）
中国乡镇街道行政区域简册 −2015

2015 年省级综合统计年鉴系列

北京　天津　河北　山西　内蒙古　辽宁　吉林
黑龙江　上海　江苏　浙江　安徽　福建　江西
山东　河南　湖北　湖南　广东　广西　海南　重庆
四川　贵州　云南　西藏　陕西　甘肃　青海　宁夏
新疆　新疆生产建设兵团

2015 年市（县）级综合统计年鉴系列

天津滨海新区　石家庄　唐山　邯郸　太原　大同
长治　阳泉　晋城　朔州　晋中　运城　忻州　临汾
呼和浩特　通辽　包头　沈阳　大连　长春　吉林市
四平　哈尔滨　黑龙江垦区　上海浦东新区　南京
苏州　无锡　常州　徐州　南通　泰州　宿迁
连云港　盐城　镇江　淮安　江阴　丹阳　杭州
宁波　绍兴　台州　温州　金华　嘉兴　衢州
舟山　福州　福州经济技术开发区　宁德
厦门经济特区　南昌　上饶　济南　青岛　潍坊
枣庄　郑州　洛阳　三门峡　南阳　商丘　武汉
宜昌　十堰　荆州　咸宁　长沙　广州　东莞　惠州
深圳　桂林　南宁　柳州　来宾　河池　海口
三亚　成都　绵阳　贵阳　昆明　庆阳　西安　兰州
银川　乌鲁木齐

2010 年人口普查资料系列

中国 2010 年人口普查资料　北京　天津　河北
山西　内蒙古　辽宁　吉林　黑龙江　上海　江苏
浙江　安徽　福建　江西　山东　河南　湖北　湖南
广东　广西　海南　重庆　四川　贵州　云南　西藏
陕西　甘肃　青海　宁夏　新疆　新疆生产建设兵团
宁波　昆明
中国分县 2010 年人口普查资料
中国分乡镇、街道 2010 年人口普查资料
广东省各市 2010 年人口普查资料丛书
山西省各市 2010 年人口普查资料丛书
河南省各市 2010 年人口普查资料丛书

New Statistical Yearbooks Published by China Statistics Press

National Statistical Yearbook

China Statistical Yearbook-2015
China Statistical Abstract-2015
China Development Report-2015
China Economic Census Yearbook-2013
International Statistical Yearbook-2015
BRICS Joint Statistical Publication-2015
Statistical Manual of China-ASEAN Countries-2015
China Statistical Yearbook for Regional Economy-2015
China County Statistical Yearbook-2015
China City Statistical Yearbook-2015
China Rural Statistical Yearbook-2015
China Regional Economic Monitoring Report-2015
China Trade and External Economics Statistical Yearbook-2015
2014 Statistical Bulletin of China's Outward Foreign Direct Investment
Statistical Yearbook of China Commodity Exchange Market-2015
Statistical Yearbook of Large and Medium-sized Enterprises of Wholesale & Retail Trades and Hotels & Catering Services-2015
Statistical Yearbook of China Chain Stores of Retail Trades and Catering Services-2015
China Yearbook of Household Survey-2015
China Price Yearbook-2015
China Yearbook of Agricultural Price Survey-2015
China Agricultural Production Cost and Yield Data-2015
China Environment Statistical Yearbook-2015
China Energy Statistical Yearbook-2015
Statistical Compilation of Foreign Resources, Energy and Environment-2013
China Industry Economy Statistical Yearbook-2015
China Statistical Yearbook on Construction-2015
China Real Estate Statistics Yearbook-2015
China Urban Construction Statistical Yearbook-2014
China Urban-Rural Construction Statistical Yearbook-2014
China Statistical Yearbook of the Tertiary Industry-2015
China Securities and Futures Statistical Yearbook-2015
China Science and Technology Statistical Yearbook-2015
China Statistics Yearbook on High Technology Industry-2015
Statistics on Science and Technology Activity of Industry Enterprises-2015
China Labour Statistical Yearbook-2015
China Population and Employment Statistics Yearbook-2015
China Human Resources Report-2013
China Social Statistical Yearbook-2015
China Statistical Yearbook on Culture and Related Industries-2014
China Educational Finance Statistical Yearbook-2015
China Civil Affairs' Statistical Yearbook-2015
China's Ethnic Statistical Yearbook-2014
Chinese Trade Unions Statistics Yearbook-2013
China Statistical Yearbook on the Work for Persons with Disabilities-2015
2014 Statistics on Women and Children in China
The Brochure of Administrative Divisions of Township in P. R. China-2015

Provincial Statistical Yearbook in 2015

Beijing Tianjin Hebei Shanxi Inner Mongolia Liaoning Jilin Heilongjiang Shanghai Jiangsu Zhejiang Anhui Fujian Jiangxi Shandong Henan Hubei Hunan Guangdong Guangxi Hainan Chongqing Sichuan Guizhou Yunnan Tibet Shaanxi Gansu Qinghai Ningxia Xinjiang Xinjiang PC Corps

City (or County) Statistical Yearbook in 2015

Tianjin Binhai New Area Shijiazhuang Tangshan Handan Taiyuan Datong Changzhi Yangquan Jincheng Shuozhou Jinzhong Yuncheng Xinzhou Linfen Hohhot Tongliao Baotou Shenyang Dalian Changchun Jilin Siping Harbin Heilongjiang Shanghai Pudong Nanjing Suzhou Wuxi Changzhou Xuzhou Nantong Taizhou Suqian LianyunGang Yancheng Zhenjiang Jiangyin Danyang Hangzhou Ningbo Shaoxing Taizhou Wenzhou Jinhua Jiaxing Quzhou Zhoushan Fuzhou Fuzhou Ningde Xiamen Nanchang Shangrao Jinan Qingdao Weifang Zaozhuang Zhengzhou Luoyang Sanmenxia Nanyang Shangqiu Wuhan Yichang Shiyan Jingzhou Xianning Changsha Guangzhou Dongguan Huizhou Shenzhen Guilin Nanning Liuzhou Laibin Hechi Haikou Sanya Chengdu Mianyang Guiyang Kunming Qingyang Xi'an Lanzhou Yinchuan Urumqi

Data on Population Census in 2010

Tabulation on the 2010 Population Census of China
Beijing Tianjin Hebei Shanxi Inner Mongolia Liaoning Jilin Heilongjiang Shanghai Jiangsu Zhejiang Anhui Fujian Jiangxi Shandong Henan Hubei Hunan Guangdong Guangxi Hainan Chongqing Sichuan Guizhou Yunnan Tibet Shaanxi Gansu Qinghai Ningxia Xinjiang Xinjiang PC Corps Ningbo Kunming
Tabulation on the 2010 Population Census by County
Tabulation on the 2010 Population Census by Township
Guangdong Cities Series
Shanxi Cities Series
Henan Cities Series

Address: No.57 Yuetan Nanjie, Sanlihe, Beijing 100826, P. R. China
China Statistics Press, National Bureau of Statistics of China
Editorial Department: Tel: 008610-63376877, 63376861
E-mail: yearbook@gj.stats.cn
Distribution Department: Tel: 008610-63376907, 68783171
Website http://www.zgtjcbs.com